中共浏阳市委
浏阳市人民政府 主办

浏阳年鉴

（2017）

浏阳市市志档案局 编

方志出版社
Publishing House of Local Records

《浏阳年鉴(2017)》编纂委员会

顾　　问　黎春秋

主　　任　吴新伟

副 主 任　邱山东　秦跃平　吴　敏　周文舜

　　　　　邓阳锋　莫小佳　刘仙娥　邓雪琴　廖伟平

委　　员　唐林军　李贤美　钟伟明　冯早成　李兆佳

　　　　　唐洪胜　陈傲冰　张鲜明　陈洁璐

《浏阳年鉴(2017)》审查领导小组

主　　审　邓阳锋

副 主 审　邓雪琴　屈湘水　黄　刚

《浏阳年鉴(2017)》编辑部

主　　编　李兆佳

副 主 编　张鲜明　陈洁璐

编　　辑　唐继武　王运松　罗腊英

《浏阳年鉴(2017)》组稿人员

(按编目顺序排列)

唐继武	王运松	刘卫红	熊　斌	张　葵	贺　祎	陈　辉	周平波	周如冰	龙卫平
周乐浩	张开伟	张义根	杨顺芳	李晓军	黄　英	王　钧	李　明	陈双球	邓章芙
陶能敏	朱石良	胡立军	罗　琪	李东平	王琼珧	杨　彤	潘　婷	邱双喜	汤　军
吴海宁	黄谷成	罗永昌	于伊漪	罗　莎	戴四辉	兰词贵	袁　帅	陶贤全	罗　炼
彭　睿	李翼运	张忠新	邵　雷	陶　璐	谢洪亮	彭　越	汤　永	王美英	唐　静
张开文	欧阳明	朱宏伟	朱松连	龙春芬	周宏伟	童金花	李菊英	夏文锋	吴宗耀
曾　智	林宝艳	潘艳纯	彭万伟	吴　丹	李　立	兰　娟	周志刚	姚　尧	黄　露
陈芊安	方　钊	胡晓江	张馨怡	李艳玲	李　叶	曾　煦	刘　锋	周宇锋	李思思
陈楚麟	刘智华	肖优珍	唐文波	周文钰	冷正棋	陈统根	熊　璐	杨丽华	张　玮
李葵玉	喻　青	马爱梅	许素琴	陈　果	董小鸥	彭志敏	彭　武	黎　涛	丁凯慧
管恩学	罗　武	程牧野	李　勇	袁　甜	兰雨娟	张欣尧	张　晋	刘　辉	肖吉贤
黄银凤	廖　旭	黄晓梅	刘颖雁	蒋肖丹	贝　丹	张中执	蔡玉红	刘　任	朱良柏
余　旋	廖芳庆	易海平	陶　意	邱　妍	陶慧敏	陈晓娟	谢乃辰	彭江华	寻　慧
刘慧平	陈　玲	肖　琴	张良军	汪坦岳	潭润秋	潘志强	秦　操	黄玉峰	焦元甫
兰双喜	刘正初	吉　喆	沈完乐	付　革	陈　娟	王金红	张会芝	王冷洋	黎　亮
邓日桃	陈建伟	李先义	刘　学	李　伟	陈　科	龚加强	黎　敏	张雪君	刘延喜
谭谚颐	廖　胜	左　佳	曾秀文	徐其文	肖永荣	邱　蓓	叶　巧	钟子阳	郑　磊
陈礼浩	陈　庚	李紫艳	何胜前	陈玮东	刘辉明	陈怀奇	黄　再	戴巧玲	黄锦周
刘　琼	李　璜	伍　洋	何湘为	沈赛群	唐潺潺	易　茜	刘　鹏	熊理格	康兆祯
王芳艳	罗　露	李嘉敏	张　唯						

编辑说明

一、《浏阳年鉴》以马克思列宁主义、毛泽东思想、邓小平理论、“三个代表”重要思想和科学发展观为指导，贯彻落实习近平总书记系列重要讲话精神和治国理政新理念、新思想、新战略，坚持辩证唯物主义和历史唯物主义的立场、观点和方法，系统记述浏阳自然、政治、经济、文化、社会等方面情况。《浏阳年鉴》2017卷主要记载2016年浏阳市行政区域内各部门、各行业和各乡、镇、街道的主要工作、重要事件，收录若干文献和统计资料，集中反映浏阳改革开放的新进程和经济建设、社会发展的新成绩、新经验以及存在的问题，所载资料全面、系统、翔实、准确，是社会各界了解浏阳的权威性工具书。

二、本卷年鉴设类目、分目、子目、条目等层次，条目为记述基本层次，全书共设31个部目，191个分目和子目，939个条目，正文体例有概况、条目、附录、图表等，以条目为主体，书中插排彩色专版。

三、鉴于有关工作的特殊性，本卷年鉴中部分内容适当上溯至2015年或下延至2017年。

四、本卷年鉴所列各机构负责人包括机关、事业单位副科级以上（含副科级）实职领导干部、部分单位内设（二级）机构负责人、民主党派、学会、行业协会负责人，凡未注明任免时间均以2015年12月31日在职者为准。

五、本卷年鉴所载资料均由全市各单位、各部门专人撰写，领导审核，年鉴编辑人员加工整理，年鉴审查领导小组和方志出版社审核定稿。统计资料由市统计局提供，个别组稿单位有些数据由于统计口径和统计时间不同等原因，与统计局公布的数据不完全一致，请读者在查阅和利用时注意。

●2016年全年实现地区生产总值1218.2亿元，增长11%；完成全口径含基金收入财政收入157.7亿元，增长15.2%；完成固定资产投资913.8亿元，增长16.2%；实现社会消费品零售总额281.32亿元，增长15.9%；城乡居民人均可支配收入为39641元、27182元，分别增长8.2%、7.9%；主要经济指标增速稳居省、长沙市前列，实现“十三五”规划良好开局

12月16日，2016年全国县域经济与县域基本竞争力百强县排名出炉，浏阳位居19位，从2011年全国百强县榜单第64位、2012年第60位、2013年第47位、2014年第36位，到2015年第28位，再到2016年的第19位，实现“五连跳”，5年进位45名，为百强县进位最快的县（市）。在县域经济与县域基本竞争力监测色发展指数等7项指标获得“A+”评级

【重大会议】

8月15日至18日，中国共产党浏阳市第十二次代表大会在欧阳予倩大剧院召开，会议选举产生中国共产党浏阳市第十二届委员会委员、候补委员，中共浏阳市第十二届纪律检查委员会委员和出席长沙市第十三次党代会的代表。会议明确未来五年浏阳的发展思路，会议要求围绕奋斗目标，高度聚焦"湖湘宝地、美丽浏阳"城市定位，不断优化"一轴三带""两城七园""三河三山"发展格局，深入实施"交通融城、产业兴城、人才活城、生态美城"发展战略，始终坚持"改革推动、创新驱动、区域带动、项目拉动、城乡联动"发展路径，凝心聚力，开拓创新，为打造更加富饶开放美丽幸福的新浏阳而努力奋斗

【重大会议】

● 11月26至30日，浏阳市第十七届人民代表大会第一次会议在浏阳城区召开。听取和审议市人民政府代市长吴新伟关于浏阳市人民政府工作报告；听取和审议市十六届人大常委会主任鲁建文关于浏阳市人大常委会工作报告；听取和审议市人民法院代院长李波关于浏阳市人民法院工作报告；听取和审议市人民检察院代检察长陈芳关于浏阳市人民检察院工作报告；选举浏阳市第十七届人民代表大会常务委员会主任、副主任、委员；选举浏阳市人民政府市长、副市长；选举浏阳市人民法院院长；选举浏阳市人民检察院检察长；决定浏阳市第十七届人民代表大会法制委员会、财政经济委员会的设立，通过其组成人员人选；选举出席长沙市第十五届人民代表大会代表

【重大会议】

● 2017年2月25日至28日，浏阳市第十七届人民代表大会第二次在城区欧阳剧院召开，会议通过了《关于浏阳市人民代表大会常务委员会工作报告的决议》，通过了《关于浏阳市人民政府工作报告的决议》，通过了《关于浏阳市人民法院工作报告的决议》，通过了《关于浏阳市人民检察院工作报告的决议》，通过了《关于2016年财政预算执行情况和2017年财政预算的决议》以及《关于浏阳市2016年国民经济和社会发展计划执行情况与2017年国民经济和社会发展计划的决议》

【重大会议】

● 11月26日至28日，政协浏阳市第十届委员会第一次会议在欧阳予倩大剧院召开，会议听取李家喜受政协浏阳市第九届委员会常务委员会的委托向大会作工作报告。听取张葵红代表九届政协常委会所作的提案工作报告。大会通过了市政协十届一次会议政治决议

2017年2月24日至25日，政协浏阳市第十届委员会第二次会议在欧阳予倩大剧院召开，会议听取并审议通过了李家喜主席代表政协浏阳市第十届委员会常务委员会所作的工作报告，张葵红副主席代表政协浏阳市第十届委员会常务委员会所作的关于提案工作情况的报告；列席了浏阳市第十七届人民代表大会第二次会议，会议通过了中国人民政治协商会议浏阳市第十届委员会第二次会议政治决议

● 全省首个县级“市民之家”建成启用，浏阳特色县域改革纵深突破

9月1日，湖南省首个县级“市民之家”在浏阳正式落地启用。这是浏阳打造全省审批事项最少、时限最短、成本最低县（市）的民生实事工程，也是创建服务型政府的重要举措。2016年，浏阳市铺排9大类63大项163小项改革任务，其中承担的国家、省级改革试点任务10项，铺排总量和试点数量均居长沙首位。一批改革走在全国前列，一批改革形成浏阳特色，一批改革实现创新突破：大瑶镇正式挂牌成立财税办公室，在全省率先启动国税、地税、财政合署办公；省直管县改革，35个部门从406项省级管理权限中承接了356项，承接率达90.4%，发出湖南第一本不动产权证书；浏阳在全国县级率先推行的建设投资项目审批改革，涉及35个部门，审批提速60%以上

10月20日，新华社总编辑何平考察市民之家

● 11月30日，湖南省美丽乡村建设工作现场推进会在浏阳召开。省委副书记乌兰，省委常委、长沙市委书记易炼红出席会议，副省长戴道晋主持会议，浏阳市作典型发言。3月19日，浏阳举行全域美丽乡村建设试点启动式暨十条休闲农业与乡村旅游精品线路新闻发布会；7月21日，浏阳举行全域美丽乡村示范点推介暨夏季旅游产品发布会；8月22日至23日，在黑龙江省哈尔滨市举行的全国农村精神文明建设工作经验交流会上，浏阳作为全国5个受邀县（市、区）代表之一，向全国推介全域美丽乡村建设和农村精神文明建设的“浏阳经验”

11月30日，省委副书记乌兰（女）、省委常委、长沙市委书记易炼红、副省长戴道晋等领导和全省14个市州有关负责人到浏阳市永安镇坪头村、芦塘村和浏阳市沿溪镇沙龙村现场视察

6月22日，中央文明办一局局长张志雄（中）调研浏阳幸福屋场建设

举办湖南省公共文化设施开展学雷锋志愿服务暨2016年浏阳市首届志愿服务文化节启动式

3月4日，浏阳市第四届道德模范颁奖典礼“靠近你 温暖我”主题活动

举办湖南省公共文化设施开展学雷锋志愿服务暨2016年浏阳市首届志愿服务文化节启动式

● 1月，浏阳经开区获批国家新型工业化产业示范基地。11月29日，“湖南百强民企”榜单正式发布，浏阳三家企业上榜。蓝思科技跻身第3位，永清投资集团排名第32位，尔康制药位居第69位。百强榜单由湖南省工商联（总商会）牵头，根据12次企业调研和企业年报相关数据综合发布，是湖南省上规模民营企业实力风云榜。在12月23日召开的中国证券监督管理委员会主板发审委2016年第193次会议上，盐津铺子食品股份有限公司（首发）获通过，意味着浏阳即将诞生一家新的上市企业

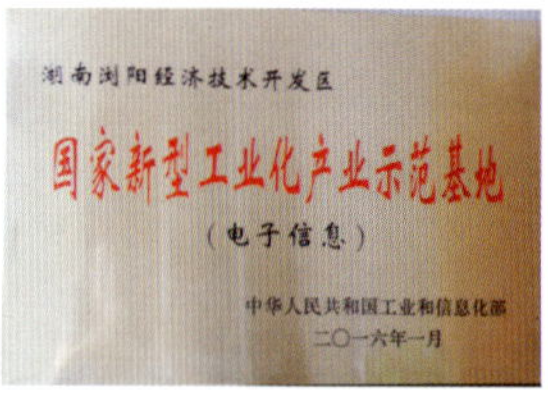
湖南浏阳经济技术开发区
国家新型工业化产业示范基地
（电子信息）
中华人民共和国工业和信息化部
二○一六年一月

浏阳经开区龙头企业——蓝思科技

浏阳经开区入园企业——永清环保

湖南盐津铺子有限公司

尔康制药生产车间

● 4月15日，博士后科研流动站协作研发中心正式挂牌，3位导师进站辅导。7月29日，园区正式升格为浏阳高新技术产业开发区，综合排名居湖南省级以上园区第三，五年内力争晋级国家级高新区

3月24日，浏阳启动创建国家食品安全城市，全市上下迅速行动，不断提升食品安全保障能力和水平，全力确保浏阳人民舌尖上的安全，确保2017年实现国家食品安全城市创建目标

【重要事件】

10月26日，金阳大道一期竣工通车。金阳大道是浏阳连接长沙的无费快速通道，是浏阳今后通往黄花机场和长沙主城区的主通道，也是浏阳交通建设史上自主投资最大、行车路幅最宽、施工难度最大的交通项目

9月，启动推进农村公路建设“三年行动计划”，第一批计划项目共涉及1115条道路，遍布全市31个乡镇（街道）（淮川街道除外），覆盖300多个村（社区），直接惠及80万村民

9月6日，浏阳召开新闻发布会，正式宣布在全市实施“路长制”这一全省首创之举。按照“路长制”，由当地市级政府领导分别担任境内各条公路路长，市公路局领导及公路沿线乡镇长担任分路长，同时明确了公安交警、国土、水务等相关部门职责。“路长”负责管辖路段“路长制”工作的总调度、总协调，监督检查“分路长”和相关单位履职情况，对突出的热点难点问题进行统筹协调。“分路长”负责成立辖区路段公路管理专门班子，制定具体的路段管理方案并组织实施，每周上路巡查不少于2次，确保管辖路段干净、整洁、安全、有序、美观

● 2012年，浏阳启动5358人才工程，至2016年，浏阳市举办人才招聘考试和大型引才引智活动50余场，引进机关事业单位党政人才826名，教育卫生类专业人才2267名，企业中高层管理人才6500余名，专业技能人才突破10万人。引进“两院”院士6人、国家“千人计划”专家5人、省“百人计划”专家5人，引进的机关事业单位人才中硕士研究生以上学历296人

● 6月23日，国土资源部在其官方网站公布《关于同意命名湖南浏阳大围山国家地质公园的批复》，浏阳大围山正式获批国家地质公园。这是湖南省唯一的以第四纪冰川遗迹为主的国家级地质公园

围山清溪　摄影：胡庆祝

浏阳年鉴 2017

LIUYANG NIANJIAN

湖南·浏阳 HUNAN LIUYANG

【重大事件】

围山晨曦　摄影：杨广泉

美丽大围山　摄影：李锦荣

目　　录

中共浏阳市委

工　　业

开发区与园区建设

交 通 · 邮 电

城 建 · 环 保

商 务

财政·税务

金融·保险

科技·教育

人　物

文献选编

榜 上 有 名

附 录

索 引

Catalog

Social groups

Rule of Law

Military

Economic integrated management

Agriculture

Industry

Zone economy

Transportation· post and telecommunications

Urban construction · environmental protection

Business

Tourism

Finance · taxation

Finance · insurance

Science · Technology

Culture · News

Health

Social life

Streets·towns·townships

Character

Selected documents

On the list

Appendix

思邈公园（浏阳电视台航空图片）

建设"两个中心"　进军全国十强
为打造更加富饶开放美丽幸福的新浏阳而努力奋斗

——在中国共产党浏阳市第十二次代表大会上的报告

曹　立　军

（2016年8月16日）

砥砺前行、跨越赶超的豪迈五年

过去五年，面对错综复杂的宏观经济形势、艰巨繁重的改革发展稳定任务，在省委、长沙市委的正确领导下，全市上下大力弘扬"自强不息、敢为人先"的浏阳精神，始终保持干在实处、走在前列的奋斗激情，经受住一次又一次重大考验，取得了一个又一个重大胜利，圆满完成市第十一次党代会确定的目标任务，谱写了赶超奋进、加速崛起的精彩篇章。

——综合实力大步跨越，"浏阳速度"不断刷新。县域发展一年一大步，地区生产总值由556.7亿元增至1112.8亿元，年均增长13.6%；一般公共预算收入由27.9亿元增至85.9亿元，年均增长25.2%；工业总产值、规模以上工业增加值、固定资产投资、社会消费品零售总额分别达到2366.6亿元、580.9亿元、859亿元、242.7亿元，年均增长21.3%、19.6%、24.4%、14.9%，主要经济指标增速连续四年稳居省市前列。全面小康实现程度攀升至87.6%，有望年内率先建成全面小康。县域经济与县域基本竞争力排名从全国百强第65位跃升至第28位，五年进位37个名次，提前两年实现"挺进三十强"目标，圆了浏阳人民期盼多年的赶超梦。

——发展引擎加快升级，"浏阳转型"有力推进。大力实施"产业兴城"战略，产业素质不断提升，产业结构不断优化，三次产业比重调整为8.4∶70.2∶21.4。园区发展势头强劲。经开区跨入千亿级园区行列，综合竞争力跃居全省园区第3位；制造产业基地成功获批省级高新区，经济实力比肩全省中等县（市）；大围山国家级生态旅游示范区旅游收入连续四年实现翻番；两型产业园、花炮产业集中区、浏阳河文化产业园、浏阳河生态经济示范区竞相发展。产业集群不断壮大。电子信息跻身全省信息产业领先地位，生物医药占据全省医药产业半壁江山，智能制造成为全省先进制造业重要力量，鞭炮烟花扛起全球花炮产业转型发展大旗，全域旅游蓬勃兴起，健康食品、文化创意、商贸服务方兴未艾。现代农业提质增效，总产值由80.1亿元增至144.6亿元，农业机械化、专业化、集约化程度大幅提升，进一步夯实了农业强市的基础。科技创新成效凸显。高新技术产业增加值由54.1亿元增至287.9亿元，占GDP比重从9.7%提升至25.9%；2015年专利申请量和授权量分别达到1225件、965件，是2010年的2.7倍和3.6倍，县域创新能力位居全国县级城市第48名，成为湖南唯一进入前50强的县（市）。规模企业大幅增加。坚持引进大项目、培育大企业，累计引进和实施亿元以上项目176个，其中十亿元以上的35个、五十亿元以上的4个；全市规模企业达825家，十亿元企业由3家增至17家，百亿元企业实现"零"的突破，IPO上市企业达5家，新三板挂牌企业达6家，蓝思科技、尔康制药进入全省上市公司市值前10强。

——改革创新纵深突破，"浏阳活力"持续迸发。结合县域发展实际抓改革、攻难点，探索出一条具有浏阳特色的县域改革之路，充分激发了经济社会发展活力。省直管县、农房抵押贷款、集体林权制度、农村宅基地制度、不动产统一登记、"国地财"合署办公、综合行政执法等重点改革走在前列，受到新华社等国家级媒体广泛关注、重点推介。率先举办首届湘赣边区域开放合作交流会，引领周边县市在重点领域密切协作，并推动湘赣边区域合作纳入长江经济带、长江中游城市群发展规划。创造性实施"园镇合一""镇馆合一""一园带四镇"等管理模式，积极推进强镇扩权改革，创新市乡、市园财政管理体制，充分调动了基层加快发展的积极性，去年财政收入过亿元的乡镇(街道)达到7个。深入推进行政审批和商事登记制度改革，政府投资项目和社会投资项目(核准类)可在68个工作日、社会投资项目(备案类)可在56个工作日内办结，新设立企业办照时间压缩至2.5个工作日，去年新登记企业和注册资本分别增长20.6%和24.9%，浏阳已经成为办事最高效、市场最活跃的县(市)之一。

——交通区位极大提升，"浏阳格局"日益优化。强力推进"交通融城"战略，通过交通区位大提升，带动发展格局大优化。"十二五"规划期间，完成交通建设投资301.7亿元，新改建干线公路501.6公里、农村公路3040.2公里。力促大浏、浏醴、长浏三条高速全面竣工通车，境内高速公路总里程达227公里，位居全省县(市)第一。成功争取蒙华铁路经浏设站并开工建设，推动浏阳加快迈进"轨道时代"。全面推进金阳大道建设，全力打造深度融入长沙半小时经济圈的无费快速干道，极大改变了浏阳的融城发展前景。开元大道东延线、荷文、园永、社大等公路建成通车，浏东、浏跃、浏大、大文、张小等公路提质改造全面完成，大围山旅游干线公路全线贯通，南横线、北横线启动建设，"对外大开放、对内大循环"的交通格局已经形成。

——城乡建管统筹实施，"浏阳品质"充分彰显。着力完善城乡规划体系，强力推进城乡建设，大幅提升城乡品质，主城区面积扩大到50平方公里，城镇化率提升至58.2%。高标准提质中心城区。西北环线建成通车，成为一条彰显浏阳形象、富有现代气息的生态景观大道；全面实施城区主次干道新建改造、断头路拉通、背街小巷提质等工程；着力塑造城区入城口、花炮大道、长兴湖片区等城市精美窗口；规划建设"多馆合一"项目，启动实施人民医院整体搬迁，加快推进天然气入浏工程，掀开了建设现代都市的崭新一页。高起点建设美丽乡村。在全省率先启动全域美丽乡村示范县(市)创建，大瑶、永安、镇头、沿溪、大围山等重点城镇建设日新月异，10条精品旅游线路人气兴旺，华山屋场、松山屋场、富家湾屋场、亚洲湖村等典型样板亮点纷呈。高效能实施城乡管理。深入开展城乡环境综合整治、造绿复绿、拆违控违等行动，扎实抓好环境保护工作，最严格、最精细、最到位的城乡管理成为常态，"生态美城"战略成效显著。浏阳大地处处洋溢着清爽、绿色、文明的气息，"湖湘宝地、美丽浏阳"的城市品牌更加响亮。

——民生福祉显著改善，"浏阳能量"广泛汇聚。把增进民生福祉作为工作的出发点和落脚点，用实实在在的惠民举措，提升了广大群众的获得感，凝聚了共促跨越的正能量。坚持七成财力投向民生领域，累计支出达214.9亿元，是"十一五"期间的2.8倍。大力实施创业富民，城乡居民人均可支配收入分别达到36631元、25191元，是2010年的1.7倍和1.9倍。深入实施"八大民生工程"，加快发展教育、卫生、科技、文体等各项事业，新建学校25所，改造薄弱学校213所，新增城区学位9077个，成功创建省教育强市；扎实推进医药卫生体制改革，全面实行基本药物制度，新建改造乡镇卫生院18所、村卫生室216个；大力提升公共文化服务水平，新建乡镇综合文化站26个、乡镇全民健身中心14个；全面夯实水利基础，疏通城区积水堵点198处，完成水库除险加固178座、山塘清淤3000口、河渠疏浚3.3万公里。切实加强社会保障，"五大保险"扩面征缴累计增加102.4万人次，发放各类低保、救助资金共计11.98亿元。扎实推进精准扶贫"十大工程"，6245户18914人脱离贫困线、踏上小康路。高度重视群众生命财产安全，有力推进治安防控，坚决打击违法犯罪；坚持严查严管、严处严罚，盯紧抓牢花炮、矿山、消防、道路交通、建筑施工、食品药品等领域安全监管；严格执行领导公开接访制度，做实做细群众工作，社会大局保持和谐稳定，连续五年保持各特护期进京非访"零登记"，连续两年获得全省综治民调长沙九区(县、市)第1名，获评全省"平安县市区"称号。

——党的建设全面加强，"浏阳作风"切实锻造。认真落实全面从严治党主体责任，致力打造"忠诚、干净、担当"的干部队伍，锤炼"谋事、干事、成事"的过硬作风。深入开展党的群众路线教育实践活动、"三严三实"专题教育、"两学一做"学习教育，精心组织"敏锐性、主动性、责任心"大讨论，切实拧紧党员干部思想"总开关"。出台和实施"三个一律""一线工作法""重点工作季度调度讲评"等制度，促使广大干部以严实作风干事创业；坚持市委常委会每年集中听取领导班子和领导干部考核情况汇报，注重看德才、凭实绩、重公认选用干部，树立了有为有位的鲜明导向。以坚决态度和铁的手腕，深入推进反腐倡廉，驰而不息正风肃纪，坚持划红线、明底线，对违纪违法行为动真碰硬、严肃查处。突出抓基层、打基础，扎实抓好村级班子建设、党员队伍管理，不断加大工作保障力度，去年村级平均运转经费提升至18万元，是2010年的3.5倍。把"人才活城"摆到全新战略高度，大力实施"5358"工程，引进党政机关、教育、卫生类人才3093名，为未来发展储备了宝贵的人才资源。今日浏阳，政通人和、心齐气顺成为发展局面的真实写照，履职尽责、干事有为成为广大党员干部的鲜明标识。

五年奋进，我们打造了倍受瞩目的发展品牌，取得了许多极具影响的发展成果。这五年，我们成功举办胡耀邦同志诞辰100周年纪念活动、中国(浏阳)国际花炮文化节等系列重大活动，城市魅力得到充分展示。这五年，我们跻身福布斯中国大陆最佳县级城市榜前30强、中国全面小康十大示范县(市)，先后获得全国文明城市提名奖、中国十佳生态文明城市、中国生态魅力市、全国休闲农业与乡村旅游示范县等荣誉。这五年，全市累计获得国家级荣誉168项、省级奖项336项，连续四年蝉联长沙绩效考核县(市、区)组第1名，省市核心刊物多次解析"浏阳现象"，各级权威媒体纷纷聚焦浏阳工作。五年加压前行，五年开拓创新，在科学跨越、奋力赶超的豪迈征途上，浏阳发展步入了快速轨道、跃上了更高平台，浏阳人民找回了应有的自信和自豪!

五年的发展实践，饱含奋斗的艰辛和成功的喜悦，蕴含深刻的启示和宝贵的经验：一是必须把谋大谋远、坚持坚守作为基本方略。我们准确把握浏阳发展的阶段性特征，以战略思维、前瞻眼光提出"挺进三十强、再创新辉煌"目标，进而确立"省会副中心和湘赣边区域性中心城市"定位，形成了系统性的发展思路。在实践中，我们坚定信心，保持定力，一张蓝图干到底，一以贯之不动摇，开创了县域发展的崭新局面。二是必须把敢闯敢试、创新创造作为制胜法宝。面对经济社会发展中的种种挑战、重重难关，我们不因困难而退缩、不为陈规所束缚，注重用改革创新这个关键招来寻求突破，打好机制创新、管理创新、服务创新的"组合拳"，闯出了发展新路径。三是必须把务实扎实、认真较真作为干事准则。广大党员干部坚持求真务实，对照既定目标任务，沉到项目现场、企业车间和村组楼栋，一步一个脚印干在第一线，一环紧扣一环抓在关键处，交出了"打头阵、当表率、创一流"的优异答卷。四是必须把亲民利民、共建共享作为重要遵循。我们始终牢记一切为了群众、一切依靠群众、一切以群众满意为标准，坚持替民解忧、为民谋利，做到顺应民意、汇聚民力，赢得了广大群众的理解、信任和支持，调动了全市上下共谋发展、投身发展的积极性。五是必须把同心同德、公开公正作为坚强保障。市委统揽全局、协调各方，"四大家"班子和衷共济、同频共振，坚持带领广大党员干部把心思和精力放在抓工作上，坚持把项目安排、资金拨付、干部选用等工作晒在阳光下，营造了上下齐心、团结干事、公开公正、风清气正的良好氛围。

成绩的取得，是上级亲切关怀、坚强领导的结果，是历届市委继往开来、不懈努力的结果，是全市各级党组织、广大党员干部群众团结奋斗、拼搏实干的结果，是各民主党派、工商联、各人民团体、驻浏单位、各界人士以及离退休老同志鼎力支持的结果。在此，我代表中共浏阳市委，向所有关心、支持、参与浏阳发展的同志们和朋友们，表示衷心的感谢并致以崇高的敬意!

在肯定成绩、总结经验的同时，我们也要清醒看到存在的问题和不足，主要是：经济下行压力持续加大，传统增长动力减弱，新动能亟须加快培育，稳增长、促转型、抓改革任务艰巨繁重；资源环境约束趋紧、生产要素成本上升，面临的资金、土地、项目、人才等竞争更加激烈；城乡发展不协调、不均衡的问题仍然突出，教育、卫生、文化等公共产品供给能力相对不足；影响社会和谐稳定与安全生产的隐患依然较多，推进社会治理体系和治理能力现代化任重道远；少数党员干部能力素质、工作作风与新形势还不够适应，敏锐性、主动性、责任心有待进一步增强。对此，我们必须高度重视，认真加以解决。

大有可为、催人奋进的崭新征程

未来五年，是浏阳建设省会副中心和湘赣边区域性中心城市的关键期，是实现基本现代化阶段性目标的攻坚期。放眼全球，世界经济在深度调整中曲折复苏，产业变革蓄势待发，科技创新酝酿新突破。纵观国内，经济发展进入速度换挡、结构优化、动力转换的新常态，尽管面临持续下行压力，但我国经济发展长期向好的基本面没有改变，供给侧结构性改革红利逐步释放。审视浏阳，发展机遇更好、基础更实、动力更强，美好未来令人期待。

从区域形势来看，我们已经迎来机遇叠加、开放繁荣的黄金五年。长江经济带、长江中游城市群等国家重大战略深入实施，置身在中部崛起大潮中的浏阳，完全可以顺势而为，乘势而上，在长株潭地区担当更加重要的角色、占据更加重要的位置，进而在"中三角"区域大分工、大合作中获得重大利好。随着湘赣开放合作试验区、长沙东部开放型经济走廊两大战略平台的加速建设，拥有金阳大道、南横线、北横线、蒙华铁路等多条战略通道的浏阳，将成为富集更广范围要素的开放高地，迎来大开放、大繁荣的崭新时代。

从比较优势来看，我们完全具备谋求突破、再攀新高的坚实基础。迈入"十三五"规划，浏阳已经成为全国百强第28位、中部第2位的经济强县，具备了千亿级经济体量，七大园区板块引擎强劲，八大产业集群动能充足，城乡基础设施日益完善，各项事业发展生机蓬勃，为新一轮城市竞争打下了良好基础、抢占了宝贵先机。在新起点上再出发，我们要准确把握浏阳所处的历史方位和前进方向，以更大胆略、更宽视野、更高站位来谋划浏阳发展，务求百尺竿头、更进一步，奋力挺进全国百强第一方阵。

从浏阳态势来看，我们务必肩负顺应民心、加速腾飞的历史使命。经过近些年来的努力，浏阳走出了一条由追赶到引领、由蓄势到成势的跨越之路，各个领域正在发生可喜变化，发展成果更多惠及社会民生。踏上新征程，广大人民群众要求发展进步、追求美好生活的愿望更加强烈。我们务必牢记历史使命，顺应人民期待，以高度的责任感和紧迫感，全力保持和巩固浏阳发展的良好势头，争创新优势，推动新跨越，努力创造无愧于时代、无愧于人民的优秀业绩!

今后五年，全市工作的指导思想是：以邓小平理论、"三个代表"重要思想、科学发展观为指导，全面落实党的十八大和十八届三中、四中、五中全会精神，深入学习贯彻习近平总书记系列重要讲话精神，按照"五位一体"总体布局和“四个全面”战略布局，牢固树立创新、协调、绿色、开放、共享发展理念，高度聚焦“湖湘宝地、美丽浏阳”城市定位，紧紧围绕“建设‘两个中心’，进军全国十强”奋斗目标，不断优化“一轴三带”“两城七园”“三河三山”发展格局，深入实施“交通融城、产业兴城、人才活城、生态美城”发展战略，始终坚持“改革推动、创新驱动、区域带动、项目拉动、城乡联动”发展路径，凝心聚力，开拓创新，为打造更加富饶开放美丽幸福的新浏阳而努力奋斗。

“建设‘两个中心’”，就是要打造省会副中心和湘赣边区域性中心城市，这是浏阳争创开放优势、拓展发展空间的战略抉择，已经在全市深入人心、形成共识，并且得到了省、市的高度认可、大力支持。“省会副中心”主要体现在融入大长沙，致力打造省会功能配套中心、新兴产业发展中心、都市休闲度假中心、绿色产品供应中心；“湘赣边区域性中心城市”主要体现在辐射湘赣边，致力打造湘赣边交通物流中心、创新创业中心、金融贸易中心、休闲旅游中心、科教文卫中心。“进军全国十强”，是综合考量自身发展的纵向对比、县域竞争的横向对比，经过深入研究、科学研判所确立的争先进位目标，就是要始终走在中西部县域发展最前沿，确保县域经济与县域基本竞争力全国百强排名年年有突破，力争到2020年跻身全国前十。具体而言，要做到：

——县域更加富饶。经济发展规模和效益全面提升，到2020年地区生产总值接近2000亿元，一般公共预算收入突破145亿元。现代化、智能化、高端化的产业体系更加完善，“大众创业、万众创新”的活力更加彰显，“浏阳智造”走向世界，高新技术产业增加值占GDP比重达30%以上。旅游产业、现代服务、文化创意等蓬勃发展，消费需求更加旺盛。

——格局更加开放。以高速公路、干线公路、客运铁路等为骨架的现代交通体系逐步完善，全面融入全国高速网和铁路网，成为区域性综合交通枢纽城市；经贸、科技、教育、卫生、文化等各领域对外交流合作不断深化，城市知名度、美誉度、开放度大幅提升，吸纳力、辐射力、带动力极大增强，迈入城区人口70万的中等城市行列。

——城乡更加美丽。城市空间布局深度优化，建设水准显著提高，管理服务精细到位，“骨骼强、血脉畅、气质美、活力足”的城市发展新格局全面形成；全域美丽乡村建设深入推进，大气之美、山水之美、环境之美充分展示，浏阳特点、地域特色、文化特质充分彰显，一座现代化生态花园城市以崭新的姿态屹立于三湘大地。

——人民更加幸福。城镇登记失业率控制在4%以内，城乡居民人均可支配收入分别达到56200元和40000元；社会事业全面进步，社会保障更加到位，围绕学有所教、病有所医、老有所养、吃得放心、住得舒心、行得顺心等，加快实现公共服务均等化、便捷化、智慧化；文明程度显著提升，文明风尚日益浓厚；依法治市取得重大进展，治理体系和治理能力现代化建设迈出坚实步伐，社会公平正义得到有效维护。

未来五年的战略举措

今后五年，要紧扣“建设‘两个中心’，进军全国十强”目标，突出重点，统筹推进。

（一）突出改革攻坚的重点领域，打造县域改革的模范先行城市

改革是破难题、激活力的关键。要以供给侧结构性改革为统领，以管理机制、经济体制为重点，前瞻谋划、科学铺排、强力推进，打造领先全国的县域改革标杆。

一是在创新管理机制上求突破。全面理顺园镇体制、逐步扩大基层权限，推动园区、乡镇管理效能最大化、发展能力再增强。要积极探索金阳新区管理新机制，努力推动金阳新区成为全省“新区、园区、乡镇”综合管理模式创新的“试验田”，更好地整合职能、统筹资源；要进一步完善和深化“园镇合一”“镇馆合一”“一园带四镇”等发展模式，在机构整合、要素配置、干部交流上再加力度、再求突破，开创园镇深度融合、协调发展新局面。要把大瑶强镇扩权改革不断引向深入，并将“大瑶模式”推广到更多条件成熟的乡镇，充分激发基层发展活力；要根据不同类别乡镇发展需要，采取委托、授权等形式，逐步下放与乡镇职责任务相适应的部分管理权限，促推基层政府机构转向“专、精、强”。要深化财税体制改革，逐步建立现代财政制度，理顺市级、园区、乡镇财政管理体制，促进基层财权事权更加匹配。

二是在转变政府职能上求突破。充分发挥市场在资源配置中的决定性作用，加快打造服务型政府，当好促进市场健康发展的“服务员”“监督员”，避免越位、缺位和错位。要加大简政放权力度，在承接好省直管县改革下放权限的同时，动态完善权力清单和责任清单，做到“清单之外无权力、清单之内必须为”。要深化行政审批和商事登记制度改革，探索建立集中审批机构，积极推进“宽进严管”“批管分离”，切实规范市场秩序；以“互联网＋政务服务”理念大力推行网上并联审批，逐步实现重点领域“一枚公章管审批”，真正将浏阳打造成为全省审批事项最少、时限最短、成本最低的县（市）。要深化“国地财”合署办公、综合行政执法等改革，加大机构和职能整合力度，切实提升行政服务效能。

三是在激发要素活力上求突破。以改革撬动金融、土地、科技、人才等资源，着力提高要素流通率、利用率。要加强金融领域改革，在深化金融创安、服务创新上重点着力，推动本土金融机构“服务农村沉下来、进军域外走出去”，畅通金融对实体经济的“输血脉络”。要全面完成农村土地承包经营权确权登记颁证、农村“三权”抵押贷款、农村宅基地制度、不动产统一登记等改革试点工作，推动农村资源流转交易市场、建设用地市场、技术交易市场、人力资源市场等服务改善、管理优化，促进“沉睡”的资源转化为“流动”的资本。

（二）把握经济转型的主攻方向，打造能级更大的创新发展城市

浏阳经济增长的主要动能在园区板块、在高端产业、在创新创业。务必牢牢坚持“产业兴城”战略，加快调整原动力、增添新动力、壮大驱动力，进一步提升园区经济、现代产业的比重和质量，推动县域经济实力和创新能力全面增强。

一是推动园区板块向现代化迈进。园区是经济发展

的主战场和排头兵。必须以最大决心、最大力度，把园区打造成为浏阳的人才特区、资本特区和科技特区。发挥园区的平台优势、环境优势，大力实施集群式项目满园扩园和两型化管理提标提档行动，全面促进政策向园区倾斜、要素向园区集聚、产业向园区集群；推动园区产业布局更加科学、经济结构更加优化、政务服务更加高效、配套设施更加完善，打造宜居宜业、产城融合的现代城市工业经济综合体。通过五年时间的努力，推动经开区向2000亿级园区攀升、高新区向1000亿级园区和国家级园区跨越、两型产业园向200亿级园区和省级工业集中区迈进，力推大围山国家级生态旅游示范区、花炮产业集中区、浏阳河文化产业园、浏阳河生态经济示范区等重点园区的经济体量、承载容量、发展质量跃上更大台阶。

二是推动产业层次向高端化攀升。抢抓新一轮产业变革孕育兴起的历史机遇，进一步提升电子信息、生物医药、机械制造、鞭炮烟花、健康食品、生态旅游、现代服务、文化创意等优势产业的层次和效益，不断完善集群化、高端化、绿色化、现代化的产业体系。充分发挥蓝思科技、欧智通、尔康制药等企业的带动作用，突出产业招商、服务引商、环境留商，大力引进上下游配套企业，着力推动电子信息、生物医药等产业走在全国前列。积极对接《中国制造2025》，培育和壮大新材料、机器人、智能家居、新能源汽车等新兴产业。常态化开展“走百家企业、解发展难题”活动，助推小微企业做专做精、大中企业做强做优，不断壮大百亿龙头、十亿骨干、亿元基础的企业梯队，不断提升实体经济的竞争能力。全面巩固浏阳花炮的全球领军地位，以“整合提升、科技攻关、品牌营销、文化创意”四大工程为主要抓手，科学有序淘汰落后产能，重点扶持一批花炮生产、经营、物流、燃放、创意等专业化企业集团，带动花炮产业向“集约化、机械化、标准化、信息化”和“安全型、环保型”加快转型。力推现代服务业蓬勃发展，加快繁荣研发设计、金融保险、现代物流、商务会展等生产性服务业，商贸流通、现代地产、健康养老等生活性服务业。大力发展楼宇经济、总部经济、沿路经济，打造新的增长点、增长极和增长带。

三是推动创新创业向产业链集聚。坚持创新围绕需求和产业转，推动科研成果、创新创意加快转化为现实生产力。要培育创新创业主体。鼓励企业加大研发和创新投入，加强理念创新、技术创新、产品创新，突破一批核心技术，开发一批重点产品，着力壮大浏阳品牌经济；加强与沿海城市对接，大力引进创新创业团队，以专业型、骨干型人才助推“大众创业、万众创新”掀起热潮。要搭建创新创业平台。聚焦中心城区和产业园区，统筹建设院士工作站、创客空间、创新创意中心、大学生创业就业基地等，以成本低、要素全、便利化的创新平台支撑共享经济、分享经济壮大；完善校企、院企合作交流机制，推动跨区域、跨领域的技术应用和协同创新。要树立创新创业导向。大力营造“鼓励创新、宽容失败”的良好环境，让全社会创新智慧、创业活力竞相迸发。健全财税优惠政策，加大对创新产品和服务的采购力度。推动创新与创业相结合、线上与线下相结合、孵化与投资相结合，发挥创新创意对“互联网+”“花炮+”“旅游+”“文化+”的催化作用，为产业跨界融合发展插上腾飞的翅膀。

（三）找准开放合作的科学路径，打造融城聚力的内陆开放城市

始终坚持“交通融城”战略，以新一轮交通大建设为先导，坚持“借力‘中三角’、融入长株潭、辐射湘赣边”协调发力，打造广纳要素、广聚人气的开放高地。

一是加快交通大对接，致力构筑区域性枢纽城市。按照外向相连相通、内部成环成网的思路，积极谋划和建设对接周边经济中心的战略性交通项目，全面完善县域交通内循环，努力建设区域性交通枢纽城市。要加快打通金阳大道这条“长沙市区—金阳新区—浏阳主城”的经济新干线、城市景观轴，着力推动辐射广大城乡的南横线、北横线及其连接线建设，健全金阳大道、南横线、北横线、长浏高速、319国道、开元大道“六路融城”体系。要规划建设境内重点区域、重要节点之间的交通干线，大力实施“农村公路建设三年行动计划”，全面畅通农村“毛细血管”，构建更加快速便捷的城乡交通圈。要提质改造浏阳至株洲、平江、铜鼓、万载、上栗等通道，实现与周边区域的全面对接。要精心服务蒙华铁路建设，确保蒙华铁路浏阳段2019年全面竣工通车；全力争取客运铁路经浏设站，努力实现全市交通建设的重大突破。要大力发展机场直通车服务、公路铁路客运服务，全力争取和建设通用航空机场项目，加快推进浏阳河航道疏浚，力争实现长沙到双江口段全面通航，打造公路、铁路、民航、水运有机衔接的“多层次、立体化”大交通体系。

二是加快融入长株潭，借力构筑“中三角”战略支点。全面加快融城发展步伐，切实提升浏阳在长株潭城市群乃至长江中游城市群中的地位。要坚持金阳新区和浏阳河生态经济示范区融城“双轮驱动”，充分发挥金阳新区的融城“桥头堡”作用，用好毗邻空港新城和武广新城的区位优势，加快与长株潭经济圈的产业承接、服务衔接、功能对接，致力打造高端要素、高端平台、高端功能集聚的“长沙东中心、中部新亮点”；全面承接长沙建设浏阳河文化旅游产业带的重大红利，着力壮大浏阳河生态经济示范区，促推西区高端花木、环保科技、休闲旅游、文化创意等产业做大做强，使其成为带动西区加快发展的核心引擎。要通过融入长株潭加速借力“中三角”，瞄准电子信息、生物医药、汽车零部件、仓储物流等优势领域，全面对接和依托长株潭国家自主创新示范区、湘江新区、东部开放型经济走廊等重大平台，努力加入长江中游战略性新兴产业集群、产业技术创新战略联盟，在中部崛起的大产业链条、大分工体系中抢占一席。

三是加快辐射湘赣边，合力构筑新兴跨省城市圈。推动湘赣边区域交流合作向更广范围、更多领域、更深层次迈进，努力建设以浏阳为中心的湘赣边跨省城市圈。要力促区域合作常态化。着力完善联席会议、利益协调、资源共享和信息通报等工作机制，推动区域合作运转更加顺畅、协调更加高效。要力促区域合作项目化。按照基础设施相连相通、产业发展互促互进、资源要素对接对流、公共服务共建共享、安全稳定联动联防的思路，加强交通、花炮、旅游、经贸、科技、金融、教育、卫生、文化、生态保护、社会治理等重点领域交流合作，实化为具体项目，转

化为实质成果。要力促区域合作平台化。积极推进浏阳—上栗、浏阳大围山—铜鼓大沩山共建区建设，立足各自的产业优势和基础条件，引导企业、项目、资金、人才等向共建区集聚，致力打造跨省合作新典范、开放型经济引领区。

（四）围绕美丽浏阳的形象定位，打造国内知名的现代花园城市

倍加珍惜浏阳得天独厚的山水资源和人文禀赋，深化“生态美城”战略，学习借鉴国内外先进城市建设经验，创新思路、完善规划、明确标准，推动城乡融合再优品质、再提水平，努力打造宜居宜业、精致精美的现代化生态花园城市，进一步擦亮“湖湘宝地、美丽浏阳”的城市名片。

一是彰显“两城”一体发展的大气派、高品位。随着金阳大道的全线贯通和319国道的拓宽升级，浏阳主城和金阳新区时空距离将极大缩短，“两城”相融的条件已经具备。构建以金阳大道为中轴、以蕉溪岭区域为绿心的“两城”融合发展新格局，是提质城市建设、提升城市能级的必然选择。要加快“两城”对接。充分发挥金阳大道的融合纽带作用，科学规划道路两厢开发建设，促进“两城”有机相接、紧密相连；统筹铺排教育、卫生、科研、文化、体育等公共服务设施建设，实现“两城”资源互补、设施共用，不断增强城市集聚承载、辐射带动功能，吸引各界客商投资创业、各方人群安居置业；精心做好蕉溪岭、万丰湖等“绿色”文章，重点打造蕉溪岭城市主题公园，让“两城”衔接区域的青山秀水成为别具一格的城市绿心。要促进品质提升。主城区要坚持“新城拓展、老城提质”并举，规划建设西南环线、东南环线，实现与西北环线无缝对接，全面完善城区外环线；大手笔推进西北环线片区、长兴湖片区、浏阳河风光带等建设，打造一批城市地标、城市符号和品位街区；突出抓好城乡接合部提质、老旧街区改造以及街心花园、城市绿道、公交设施、停车场等建设，全面提升美化、绿化、亮化、便捷化水平。金阳新区要坚持“建新城、聚人气”并重，加快推进核心区建设，着力构建现代化的综合交通、市政设施、公共服务、能源供给、信息网络体系，努力建设繁华靓丽的宜居家园、财富平台。

二是打造全域美丽乡村的升级版、新样板。聚焦“全国一流、全省样板”目标，全面统筹农业农村工作、城乡一体化工作、全域旅游发展等，推动全域美丽乡村建设不断升级，树立与江西婺源、浙江桐庐齐名的浏阳品牌。要建设精品城镇。以“一轴三带”为主骨架，秉持“精而美、特而强”的理念，创新推进大瑶、永安、镇头、沿溪、大围山等重点镇建设，官渡、中和、文家市、柏加、社港等特色镇建设，着力建成一批工业重镇、旅游新镇、农业强镇、边贸大镇、文化名镇，构建布局合理、梯次分明的现代城镇体系。要扮靓农村风貌。紧扣“访千年古县、觅美丽乡愁”主题，按照“保护原有风貌、不搞大拆大建、杜绝千村一面”的原则，结合地方山水禀赋、历史遗存、人文风俗，精心建设示范村100个以上、示范幸福屋场300个以上，逐步推动美丽乡村全域覆盖，使最美河流、最美公路、最美村落、最美屋场等各具特色、尽显其美。高标准实施生活污水处理、生活垃圾处理、绿化亮化提质、休闲场地建设“四大工程”，大力提升基础设施现代化水平。要繁荣全域旅游。把全域旅游作为战略性支柱产业来培育，突出规划引领，注重资源整合，完善基础设施，提升服务水平，做长产业链条，着力构建以大围山为龙头、浏阳河为主轴、10条精品旅游线路为纽带的全域旅游发展格局，并力争大围山国家级生态旅游示范区、“胡耀邦故居——秋收起义文家市会师纪念馆”创建为国家AAAAA级景区。要做强现代农业。全面落实强农惠农政策，在严守耕地红线、保障粮食安全的基础上，大力支持家庭农场、专业大户、专业合作社、农业龙头企业等发展壮大，巩固提升水稻、烤烟、油菜、油茶、花木、水果、蔬菜、畜禽养殖等产业。以两型产业园为依托加快发展农产品深加工，不断丰富电商农业、生态农业、体验农业、观光农业等新业态，以三次产业的深度融合促推农业增效、农民增收。

三是力促城乡管理服务的精细化、智能化。把握城乡发展新阶段的新特征、新需求，全面优化管理、服务、运行模式，促进管理运转更高效、资源整合更智能、公共服务更优质。要构建城乡管理新格局。全面完善信息化平台、网格化模式、综合性执法机制，打造“大城管、互动型、数字式、法治化”城市管理格局。以“城乡统筹、环境同治”行动为载体，力推城市管理向乡村全覆盖，充实专业管理力量，加大镇村常态巡查、卫生保洁、规划执行等管理力度，全面提升美丽乡村管理水平。要打造智慧型公共服务。围绕深层次破解“城市病”难题，全面推进“智慧浏阳”建设，实现“科技让生活更美好”。构建融入互联网、物联网、大数据、云计算的信息服务网，加快推进智慧教育、智慧医疗、智慧交通、智慧社区、智慧景区等建设，通过提升综合服务“软实力”，不断增强城市吸引力。

（五）践行民生至上的根本宗旨，打造普惠共享的和谐幸福城市

深入践行共享发展理念，把民之所盼作为施政所向，从广大群众最迫切的要求出发，从惠及群众最直接的实事着手，从社会治理最薄弱的环节抓起，将浏阳打造成为最具幸福感、安全感、公平感、获得感的城市。

一是让人民群众共享美好生活。继续深入实施“八大民生工程”，将更多的财政支出投入到民生领域，着力提升服务质量、改善群众生活。优先发展教育事业，全面创新教育理念，改善办学条件，加快标准化学校建设，着力破解城区入学难、农村师资紧等难题；大力发展现代职业教育，积极引进大专院校，全面提升教育现代化水平。继续深化医药卫生体制改革，抓好人民医院整体搬迁、基层卫生院（室）提质改造等工作，促进优质医疗资源均衡配置，努力实现公共卫生服务均等化。落实全面两孩政策，提高人口素质。发展养老事业，加快构建多元化社会养老服务体系。健全社会保障体系，实施全民参保计划，全面实行“五险合一”征缴模式，逐步提高社会保障水平。落实更加积极的就业政策，健全公共就业服务体系，多渠道开发就业岗位。加大农村危房、棚户区改造力度，不断改善群众居住条件。扎实推进精准扶贫，大力实施“十大工程”，坚持因地施策、因需施策、因户施策，确保“一户不落、一个不少”共同迈入全面小康社会。

二是让人民群众共享和谐安宁。注重以法治思维、群众观点和创新举措，全面深化“法治浏阳”“平安浏阳”“和谐浏阳”建设，加快推进社会治理体系和治理能力现代化，切实保障社会和谐稳定、人民安居乐业。全面推进依法治市，打造法治政府，促进司法公正，大力营造办事依法、遇事找法、解决问题用法、化解矛盾靠法的浓厚氛围。健全横向到边、纵向到底的治安防控体系，对各类违法犯罪行为重拳出击、严打惩治，营造更加安定的社会环境。树牢安全发展理念，始终坚持严查严管、严处严罚，突出企业主体责任落实，实行党政同责、一岗双责、失职追责，推动责任全覆盖、管理全方位、监管全过程，坚决守住安全生产底线。以创建国家食品安全城市为契机，着力构建食品药品大监管格局，确保浏阳人民“舌尖上的安全”。带着感情、带着责任做好群众工作，认真落实领导公开接访制度，健全诉求表达、利益协调、权益保障和矛盾纠纷多元化解机制，真心实意为群众办实事、做好事、解难事。

三是让人民群众共享文明成果。要大力倡树文明风尚、提升文明程度，让城市更加有序、群众更加舒心。弘扬社会主义核心价值观，深化文明创建活动，健全社会诚信体系，积极倡导健康、文明、低碳的生活方式，全力争创全国文明城市。充分发挥社会公益组织、民间团体、慈善人士等的积极作用，常态开展多形式、广覆盖的志愿爱心活动，打造一座处处涌动温情、时时感受温暖的大爱之城。注重用文化铸就城市之魂，精心呵护、深入挖掘浏阳名河、名歌、名人、名产等地域文化，传承文化基因，弘扬人文情怀，使浏阳文化和浏阳精神成为最强大的城市竞争力。加快文化队伍建设，实施文化惠民工程，完善公共文化设施，丌展群众文化活动，不断增强公共文化服务供给能力。狠抓生态文明建设，认真贯彻新《中华人民共和国环境保护法》，实行最严格的环境保护制度，加强城市绿心保护和两型社会建设工作；新建椒花水库等重大水利项目，重点实施浏阳河、捞刀河、南川河“三河”流域环境治理工程，全面加大大围山、连云山、九岭山“三山”区域生态保护力度，让浏阳人民共享天更蓝、山更青、水更净的宜居环境。

坚持全面从严治党，切实加强党的建设

事业发展，关键在党，关键在人。要按照全面从严治党要求，牢牢把握加强党的执政能力建设、先进性和纯洁性建设这条主线，深入实施党建工作创新工程，不断提高党的建设科学化水平，为“建设‘两个中心’，进军全国十强”提供坚强保障。

（一）加强思想政治建设，激发引领发展的昂扬锐气。思想政治建设是党的根本建设，必须摆在首位、全力抓好。要坚定理想信念，按照建设学习型党组织要求，健全中心组学习制度，深入开展“两学一做”学习教育，切实加强对中国特色社会主义理论体系，特别是习近平总书记系列重要讲话精神的学习，不断强化广大党员干部的政治意识、大局意识、核心意识、看齐意识，始终在思想上政治上行动上同党中央保持高度一致。要抓好道德建设，引导党员干部讲党性、重品行、作表率，从自身做起，从小节抓起，做社会主义道德的示范者、诚信风尚的引领者、公平正义的维护者，以实际行动彰显共产党人的人格力量。要坚持党管意识形态，严格落实《党委（党组）意识形态工作责任制实施办法》，切实管好导向、把好关口、守好阵地。把握媒体格局和舆论生态新变化，促进传统媒体与新媒体融合发展、各显其长，讲好浏阳故事，唱响浏阳声音，在全社会营造和衷共济、共襄发展的良好氛围。

（二）加强班子队伍建设，铸造推动发展的优秀团队。认真执行《中国共产党地方委员会工作条例》，不断加强市委常委会自身建设，带头讲政治、讲担当、讲宗旨、讲团结、讲正气，不断提高把握方向、谋划全局、推进改革的能力，切实肩负领导和推动浏阳发展的重大使命。大力加强各级领导班子建设，认真落实民主集中制、民主生活会等制度，全面严格党内生活，不断提升各级班子的凝聚力和执行力。始终坚持看德才、凭实绩、重公认选用干部，按照“三个区分开来”的原则建立容错纠错机制，牢固树立“让有为者有位、为担当者担当”的鲜明导向。进一步优化干部队伍结构，加强后备干部队伍建设，重视培养和选拔年轻干部、女干部、少数民族干部、党外干部。加强党员干部教育培训，完善精准化、专业化的培训机制，常态化开展“敏锐性、主动性、责任心”大讨论，不断提高党员干部破解难题、推动工作的能力素质，不断增强想为、敢为、勤为、善为的思想自觉和行动自觉。继续坚持“人才活城”战略，大力实施新的五年人才引进计划，广开纳贤之门，广聚天下之才，以非常力度为各类人才提供更好的工作生活条件、更优质的发展平台、更畅通的流动渠道，形成人尽其才、才尽其用的生动局面。

（三）加强基层组织建设，筑牢服务发展的坚强堡垒。党的基层组织是党的全部工作和战斗力的基础。要始终把党建工作的主阵地放在基层，坚持资源向基层配置、力量向基层充实，使基层党组织真正成为服务群众、推动发展的坚强堡垒。稳步加大村级运转经费投入，着力完善村级活动场所，建立健全村级工作制度，创新领导方式、工作方式、活动方式，确保村级有资源、有能力开展好各项工作。全面加强机关、事业单位和非公有制企业、新社会组织党建工作，切实提高基层党组织的覆盖面、渗透力和影响力。充分理解、充分信任、格外关心、格外爱护广大基层干部，突出抓好基层党组织带头人队伍建设，加大村（社区）干部储备、培养、选拔力度，努力提高基层干部的政治待遇和经济待遇，使广大基层干部干事有舞台、发展有空间、工作有激情。把发展党员工作和加强党员教育管理结合起来，深化入党积极分子积分制考评和党员百分制分类考核，从严教育管理监督党员，改进对流动党员的管理服务，及时处置不合格党员，保持党员队伍纯洁性。

（四）加强党风廉政建设，锤炼保障发展的过硬作风。严格落实党风廉政建设“两个责任”，推动各级党组织和纪检监察组织真正将压力层层传导到位、把责任层层压实到位。认真落实“三个一律”，完善党务公开、政务公开、司法公开和各领域办事公开制度，让权力在阳光下行使、在法治轨道内运行。坚持实施“重点工作季度调度讲评”，继续大力践行“一线工作法”，激励广大党员干部把办公室“搬出”机关、“搬到”基层，积极投入招商引资、项目建设、征地拆迁、社会治理、民生服务等工作现场，在一线作为、一线攻坚、一线解难中优化作风、创造实绩。完善作风建设督查考评、问题预警、常态巡察等机制，正确把握和运用“四种形态”，坚持以严的标准来要求，以严的措施来管理，以严的制度来约束，切实做到真管真严、敢管敢严、长管长严，使广大干部心有所畏、言有所戒、行有所止。认真贯彻执行中国共产党《廉洁自律准则》《纪律处分条例》《问责条例》等规定，紧盯重点领域和关键环节，以铁纪管干部、铁腕治贪腐的坚决态度，严肃查处违纪违法行为，着力营造风清气正的政治生态。

（五）加强民主政治建设，凝聚共促发展的强大合力。充分发挥市委统揽全局、协调各方的领导核心作用，实行下级党委定期向上级党委报告工作制度，确保党的路线方针政策和市委重大决策部署全面贯彻落实。大力支持市人大及其常委会履行职责、开展工作，充分发挥人大在推进社会主义民主法治建设、促进经济社会发展上的重要作用。坚持中国共产党领导的多党合作和政治协商制度，充分发挥人民政协政治协商、民主监督和参政议政的职能作用。不断巩固和壮大爱国统一战线，加强同民主党派和无党派人士团结合作，做到同心同德、同心同向、同心同行，着力构建大统战格局。支持人民法院、人民检察院依法独立行使职权。强化国防教育，扎实抓好党管武装工作。努力加强和改进老干部工作，切实做到在政治上尊重、在思想上关心、在生活上照顾。加快群团工作改革步伐，充分发挥群团组织联系群众的桥梁纽带作用，最大程度凝聚广大人民群众的智慧和力量。

各位代表、同志们，伟大的时代赋予我们光荣使命，崇高的事业召唤我们奋力前行。自强不息、敢为人先的浏阳人民，共同铸就了浏阳辉煌的过去，也一定能创造更加美好的未来。让我们在湖南省委、长沙市委的坚强领导下，凝心聚力，开拓创新，为“建设‘两个中心’，进军全国十强”，打造更加富饶开放美丽幸福的新浏阳而努力奋斗！

浏阳市人大常委会工作报告

—— 在浏阳市第十七届人民代表大会第一次会议上

市人大常委会主任 鲁建文

2016 年 11 月 28 日

四年工作简要回顾

四年来，市人大常委会在中共浏阳市委的正确领导下，坚持以马克思列宁主义、毛泽东思想、邓小平理论、“三个代表”重要思想和科学发展观为指导，深入贯彻落实党的十八大、十八届三中、四中、五中全会和习近平总书记系列重要讲话精神，围绕市委提出的“挺进三十强，再创新辉煌”等重大决策部署，按照把方向把准、把中心突出、把载体拓宽、把队伍建好的总体思路，紧扣规范、创新、做实的工作要求，扭住助推发展、关注民生、保护环境、公正司法四大工作重点，认真履行宪法和法律赋予的职责，共组织召开人民代表大会 5 次，常委会议 34 次，主任会议 44 次，作出决议决定 74 个，听取和审议“一府两院”及有关部门工作报告 77 个，提出审议意见 49 项，依法任免国家机关工作人员 256 人，任命人民陪审员 234 人，努力推进我市民主法治建设，为浏阳经济社会又好又快发展作出了新的贡献。

一、扭住中心，服务发展大局

发展是执政兴邦的第一要务。我们始终坚持扭住这个中心，议大事、抓重点、谋全局，在服务全市发展中积极作为、彰显作用。

围绕发展组织调研献策。抓住发展中的路径和措施等关键问题，组织代表积极汇集民智、献计出策。本届先后就旅游开发建设、花炮安全生产、生态经济示范区建设等 4 个重点问题开展调查研究，形成综合材料，为市委科学决策提供了参考。在 2015 年开展的稳增长、促转型的调研献策活动中，组织全市 370 多名代表针对经济发展下行压力加大的新形势，想办法、出主意，为浏阳的发展贡献自己的智慧，共收集到建议意见 1900 多条，经过综合整理，为破解鞭炮烟花、房地产业、招商引资等五个方面的发展难题探寻了路径，提出了思路，受到了市委领导的充分肯定。

紧扣发展进行项目视察。按照抓项目就是抓发展的思路，把推进项目建设作为助推发展的主抓手。组织代表采取发现问题、专题交办、跟踪落实的办法，先后就农村开发建设项目、招商引资企业项目、重大基础设施项目等开展了 3 次系列视察活动，共发现交办问题 80 多个，有效地浓厚了项目建设的工作氛围。2014 年是市委提出的项目攻坚年。围绕市委的安排部署，适时组织开展了“项目推进代表城乡行”活动，60 多名代表分为六个小组，到乡镇入项目进行专题视察，促进了 30 多个问题的解决，有效加快了全市重点项目建设的进程。

助推发展开展创业帮带。以主题活动的形式，着力打造对接和服务全市经济建设的有效平台。利用代表的各自优势，立足本职创业，在经济建设中发挥引领示范作用。组织代表缔结了帮扶对子 400 多对，开展了先进典型经验交流、创业帮扶项目观摩和帮带创业标兵评选，推动活动的纵深发展。广大代表采取融资金、传技术、教管理、助营销的形式，带动了 800 多名群众创业，掀起了创业富民的新热潮。涌现出了博大机械、康明木业、佳海电梯等 24 个创业帮带先进典型，充分展示了代表在经济建设主战场打头阵作表率的良好形象。

二、改进方法，加大监督力度

依法监督是人大工作最主要的职责。我们围绕加大监督力度这根主线，不断改进人大监督工作的方式方法，切实完善监督机制。

开展代表荐题，完善部门评议机制。评议部门工作是人大试行多年的监督形式。本届将其作为工作品牌来打造，坚持以优化发展环境为目标，以科学发展需要、人民群众期盼、社会反映集中的问题为切入点，先后对市国土局、水务局、发改局、财政局、住建局、交通运输局等23个政府职能部门进行了专项工作评议。为提高评议工作的针对性，从2014年开始将评议内容的确定改为代表全员荐题、常委会议票决，更好地反映了人民群众的期盼，促进了问题的有效解决。所评23个单位中，21个被评为整改满意单位。

推进跟踪督办，完善工作审议机制。审议是人大最常用的监督形式。除对"一府两院"的工作报告和国民经济与社会发展计划、财政预算和执行情况进行审议外，还对食品安全监管、工业经济发展、文化产业建设、农村危房改造、城市规划修编、禁毒戒毒工作和"十三五"规划纲要等49个重要议题进行了审议。我们在坚持调研先行，着力提高审议质量的同时，大力推进审议意见跟踪督办，努力提高审议成果的转化率。按分管市长归口分线听取办理情况的报告，开展满意度测评。所听5条线的办理情况，平均满意率为85%。同时启动了"一府两院"报告落实情况全程跟踪，将人大监督融入到政府工作推进的始终，推进了"一府两院"工作报告的实施，促进了人大会议决议的执行。

法规培训入手，完善执法检查机制。执法检查是法律赋予人大的重要监督形式。我们坚持以人民群众的关心关注为导向，先后围绕《中华人民共和国社会保险法》、《中华人民共和国义务教育法》、《中华人民共和国国土管理法》和《物业管理条例》4部法律法规组织了专题讲座，开展执法检查，将收集到的120多个问题及时进行反馈交办，促进了政府职能部门依法行政。针对城区物业管理散乱、矛盾纠纷较多的情况，2015年组织的《物业管理条例》执法检查，很快引起市政府的高度重视，出台了《进一步加强物业管理工作的实施意见》，并率先全省成立了物业纠纷巡回审判法庭，加大了物业管理中矛盾纠纷的依法处置力度，受到市民的广泛好评。同时，认真开展规范性文件备案审查和信访工作，四年共备案审查规范性文件96件，受理来信来访952件1800多人次。

三、拓宽途径，提高履职水平

创新是工作进步的不竭动力。我们大胆探索，不断拓展人大监督的新载体，开辟人大工作新途径，努力推进履职工作水平的提高。

率先开展部门专题询问。专题询问作为一项法定监督形式，过去一直很少使用。根据人民群众的期盼，顺应监督工作的需要，针对社会普遍关注的热点难点问题，我们在长沙地区先期试行了这一监督形式。从2013年开始，先后以浏阳河治理保护、城区交通秩序管理、呵护植被保护生态为主题组织代表开展了3次专题询问，并及时向全市市民进行了电视转播。为了加大监督的力度，2015年，我们扩大了自由询问范围，增加了市民群众的参与，让人大的监督更好地与人民群众的意愿对接，进一步提升了专题询问的监督力和影响力。

探索开展庭审旁听评议。加大司法公正的监督力度是人民群众的热切期盼。为了探索人大对司法公正进行有效监督的新形式，我们率先开展了司法庭审旁听评议。按照监督不干扰的原则，抓住庭审的程序适用、事实把握、判决依据、言行规范等关键问题，先后组织130多名代表对7起案件进行了旁听评议，促进了庭审中40多个问题的有效整改。在2015年对1起诈骗案和1起土地租赁合同纠纷案进行的庭审评议中，除评议整改庭审中的问题外，还启动了社会公信力测评，监督力度得到了进一步增强，有效拓展了人大司法监督的新途径。

创新开展代表"随手拍"。利用现代通信工具，在人大系统首创了"随手拍"这一代表履职方式。从环境同治的主题开始，鼓励代表通过视频、图像的形式反映人民群众的呼声和意见，到2015年扩展到生态保护、水利维修、交通建设、安全生产、城市开发、民生保障等多个领域，形成全方位、多角度、广覆盖的监督网络。四年共收到代表手机"随手拍"照片1485幅。除转作社情民意反馈外，通过活动简报、媒体专栏和情况专报等形式向政府和政府职能部门重点交办了117件，其整改到位率达95%以上，得到了人民群众的广泛好评，受到上级人大的充分肯定。

四、服务代表，发挥主体作用

代表是人大工作的主体力量。围绕代表主体作用的发挥，我们不断加强和改进代表服务工作，努力为代表履职创造良好条件。

搭建代表履职平台。除积极组织代表继续开展"司法公正行""三湘农民健康行""民族团结进步行""农产品质量安全行""环保世纪行"等主题活动外，还重点组织了"助推发展联企业、强化监督联部门、履职为民联群众"的"三联"主题活动。让广大代表通过这个载体，站到这个平台，展示风采、发挥作用。整个活动按照一年一个重点的要求，持续有效地推进。在2013年的帮扶农村偏远学校"十百千"工程中，各级人大代表和人大工作者为偏远学校捐资2400多万元，其中罗自力、黎洪武代表捐资1000多万元，建成了张坊田溪希望学校，受到广大群众的一致赞誉。

加强代表建议督办。议案和建议批评意见的督办是服务代表的重要内容。我们在着力抓好浏阳河生态经济示范区、特色工业园区、花炮产业转型升级3个议案办理的同时，全面加大了建议批评意见督办的力度。建立了重点建议政府市长领办、人大常委会主任联办以及常委会督办的"三办"工作机制，先后有南横线二期、保障性住房、农村危桥改造、普官防洪公路修复等89件重点建议在市政府和有关部门的高度重视下，取得了较好的办理效果。全面实行办理情况"背靠背"测评，对测评不满意的建议件在媒体上公布，并责成有关部门重新办理，确保了十六届人大各次会议收到的1873件代表建议的办理质量。

健全代表联系工作。从完善工作机制入手，努力加强同代表的沟通联系。通过建立"两个接待""两个联系""两个走访"的制度，畅通了闭会期间代表建议意见的反馈渠道。健全了活动阵地，落实了活动经费，代表小组活动得到了进一步的加强。坚持每年邀请代表列席常委会议和参加执法检查、工作评议、专题调研、工作考察，增进了代表对常委会工作的了解和参与。适时组织了政府工作通报会、部门专项工作汇报会，按期寄送人大公报、印发人大刊物、更新人大网站，努力为代表提供各类履职信息。同时，认真做好代表培训和宣传推介工作，四年来通过各种途径培训代表800多人次，在长沙人大、浏阳日报等刊物宣传先进典型60多人。广大代表的履职热情不断得到激发，先后为选区解决各类具体问题600多起，代表为民履职的形象进一步树立。

五、夯实基础，加强自身建设

自身建设是有效履职的关键所在。我们抓住这个关键，从加强思想政治、工作作风和履职能力建设着力，努力加强常委会的自身建设。

抓好学习教育，提高履职素质。坚持把加强学习作为提高履职水平的基础环节。我们先后认真组织学习了十八大以及十八届三中、四中、五中、六中全会精神、习近平总书记系列重要讲话精神和新《中华人民共和国预算法》、新《中华人民共和国环保法》等法律法规。举办了清华大学人大工作专题培训班。深入开展群众路线教育实践活动、“三严三实”专题教育和“两学一做”学习教育，组织了“两性一心”大讨论，结合实际解决问题，切实改进了工作作风。根据群众路线教育实践活动中提出的问题，修改完善了机关相关管理制度16项，制定出台了《人大常委会履职管理若干规定》。常委会带头认真落实这些制度规定，进一步规范了履职行为。

抓好联系指导，夯实基层工作。认真贯彻落实中央关于加强县乡人大工作的文件精神，把推动乡镇人大工作做实作为一项重要任务。规范乡镇人大会议的召开，健全审议程序，提高审议质量。始终坚持委办分片联系指导乡镇人大工作制度，分批邀请人大主席列席常委会，定期举行经验座谈会、工作联系会，加强工作交流。健全上下联动机制，在县乡履职活动中增进配合，促进了人大工作整体水平的提升。

试行述职考核，增强履职实效。人大常委会是代表选出来的，应对代表负责、受代表监督。在坚持每年向代表报告工作的同时，进一步改进履职公开方式，加大公开力度，建立人大履职内容、过程、结果三公开机制。每年将人大会议、代表视察、执法检查、建议办理等工作，通过人大网站、人大公报、人大刊物以及新闻媒体等途径向社会公开，接受群众的评议，确保我们的工作更好地顺应人民群众的期盼。同时，探索开展了代表述职制度，每年年底组织代表向选民公开述职，并对代表履职情况进行测评，增强了代表的责任意识。

回顾总结四年来的工作成绩，我们深切地体会到：做好人大工作必须始终坚持党的领导，服务发展大局，把握正确的政治方向；始终坚持履职为民，回应社会关切，顺应人民群众的期盼；始终坚持求真务实，致力虚功实做，提高依法监督的实效；始终坚持开拓创新，拓宽履职途径，增强人大工作的活力；始终坚持服务代表，依靠代表力量，发挥代表的主体作用。我们这些年来这些成绩的取得，无疑是市委对人大工作高度重视、正确领导的结果，是全体人大代表和人大工作者共同努力、认真履职的结果，是“一府两院”及所属部门大力支持、密切配合的结果。在此，我代表市十六届人大常委会，向全市人民和各级人大代表、人大工作者，向各级各部门的领导和社会各界表示衷心的感谢，并致以崇高的敬意！

在回顾总结四年工作成绩的时候，我们也清楚地认识到：市十六届人大常委会的工作仍存在一些问题和不足，主要表现在监督工作的实效还有待进一步提高；代表建议的办理还有待进一步抓实；队伍建设的力度还有待进一步加强等等。这些问题都需要在下届的工作中认真予以研究，切实加以改进。

今后工作建议

今年8月份召开的市十二次党代会为全市未来五年发展描绘了宏伟蓝图，目标鼓舞人心，责任催人奋进。新的形势、新的要求，需要人大工作有新的作为、新的气象。本次大会将选举产生我市第十七届人大常委会，我们衷心希望新一届市人大常委会和全体人大代表，在中共浏阳市委的正确领导下，始终坚持以马克思列宁主义、毛泽东思想、邓小平理论、“三个代表”重要思想和科学发展观为指导，认真贯彻落实十八大和十八届三中、四中、五中、六中全会以及习近平总书记系列重要讲话精神，遵循省、长沙市和我市党代会议的战略部署，围绕市委提出的“建设‘两个中心’，进军全国十强”的奋斗目标，全面履行宪法和法律赋予的职责，为打造更加富饶、开放、美丽、幸福的新浏阳不断贡献新的力量。

1. 始终坚持正确的政治方向。党的领导是做好新形势下人大工作的根本保证。要坚决维护党委总揽全局、协调各方的领导核心地位，把党委的决策主张作为开展人大工作的政治依据、行动方向和指导原则。坚持党的领导、人民当家作主和依法治国的有机统一，努力推进党委的主张与人民意愿的有效对接，及时让党委的决策通过法定程序成为人民的意志，让党委的人事提名通过法定程序成为国家机关的领导人。坚持重大事项请示报告制度，定期向党委汇报人大工作的情况，确保人大工作始终在党委的领导下沿着正确的政治方向稳步推进，发挥职能作用。

2. 全力服务全市的发展大局。围绕中心、服务大局始终是人大的使命职责所在。要切实增强服从全市大局、服务全市发展的责任意识，紧扣交通融城、产业兴城、人才活城、生态美城的发展战略，改革推动、创新驱动、区域带动、项目拉动、城乡联动的发展路径，认真履行法律赋予的职责。对有利全市发展、符合人民利益的事情，立说立行，善作善成，适时作出决定、决议。全力支持“一府两院”的工作，坚持在支持中强监督，在监督中促发展。动员和组织广大代表积极投身于浏阳经济社会发展的各项事业之中来，为推进浏阳经济社会又好又快地发展积极作为，贡献力量。

3. 不断完善有效的监督机制。加强和改进人大监督工作是全面深化改革和全面推进依法治国的内在要求。要通过进一步规范监督形式，拓展监督途径，改进监督方式，不断完善人大监督机制。按照选择好角度、掌握好尺度、把握好力度的原则，充分运用好听取工作报告、进行执法检查、开展调研视察以及规范性文件备案审查等监督手段，积极回应社会关切，努力推进党和国家的方针政策以及法律法规的有效实施。围绕监督形式的创新完善，着力推进专题询问常态化、专项评议制度化、庭审旁听规范化，使人大监督更具深度、更有刚性、更见实效。

4.充分发挥代表的主体作用。做好代表工作、发挥代表作用，既是坚持和完善人民代表大会制度的必然要求，也是人大工作有所作为的基本保证。要深刻地认识到代表是人大工作的实力所在、活力所在和潜力所在，努力把代表工作摆到一个更加突出的位置，通过组织学习培训、增进联络沟通、强化建议督办、完善阵地建设等举措，为代表积极履职、充分履职、有效履职创造良好条件。通过进一步拓宽代表履职平台，丰富代表闭会期间的履职活动，使人大工作在广大代表的参与支持下焕发出蓬勃生机和活力。

5.切实加强队伍的素质建设。队伍建设是人大有效履职的基础。要认真贯彻落实中央和省市关于进一步加强县乡人大工作的文件精神，切实加强自身建设，努力造就一支政治坚定、作风优良、学识丰富、业务熟悉的人大工作队伍。牢牢抓住基础环节，把学习好、贯彻好、运用好法律法规作为做好人大工作的基本前提和当家本领。健全自身工作制度，做到有规可依、有章可循，促进人大职权行使的制度化、程序化和规范化建设。致力于工作的做实，对人大作出的决议、决定和审议意见加强跟踪监督，确保这些决议、决定和审议意见落实到位，不断提高人大履职能力和水平。

各位代表，我们坚信，新一届人大及其常委会一定能够在中共浏阳市委的正确领导下，在“建设‘两个中心’，进军全国十强”的宏伟征程中，认真履职、务实作为、开拓进取，谱写出我市民主法制建设的崭新篇章，为打造更加富饶、开放、美丽、幸福的新浏阳作出新的贡献。

浏阳市人大常委会工作报告

——在浏阳市第十七届人民代表大会第二次会议上

市人大常委会主任 吴 震

2017 年 2 月 25 日

过去四年,市十六届人大常委会卓有成效的工作,为我们打下了很好的工作基础,积累了宝贵的工作经验,树立了很高的工作标杆。对此,中共长沙市委常委、我市市委书记曹立军同志代表市委给予了充分的肯定。曹立军同志说:“市十六届人大及其常委会团结带领广大人大代表,紧扣市委中心工作,充分发挥职能作用,在助推发展、改善民生、保护环境、依法治市等方面做了大量卓有成效的工作,为经济社会又好又快发展作出了重要贡献。”接过接力棒,我们深感责任重大,唯有牢记宗旨、恪尽职守、扎实工作,方能不负组织和人民的重托。

未来五年人大工作的基本遵循

我们将高举中国特色社会主义伟大旗帜,以马克思列宁主义、毛泽东思想、邓小平理论、“三个代表”重要思想、科学发展观为指导,全面落实党的十八大和十八届三中、四中、五中、六中全会精神,深入学习贯彻习近平总书记系列重要讲话精神,在中共浏阳市委的坚强领导下,紧扣全市工作大局,按照完善工作、提高质量、注重实效的总体要求,依法行使各项职权,为建设更加富饶开放美丽幸福的新浏阳不断作出新的贡献。按照这个指导思想,今后五年我们工作的基本遵循是:

一要确保方向正确。旗帜就是方向。我们要以党的旗帜为旗帜,以党的方向为方向。这既是宪法的规定,更是事业的需要。过来的经验表明,坚持党的领导,人大工作就能行稳致远;偏离党的领导,人大工作就注定没有前途。今后五年,我们将旗帜鲜明地把坚持党的领导、人民当家作主和依法治市有机结合,牢牢把握人大工作的政治方向。认真贯彻执行党的路线方针政策,不断增强政治意识、大局意识、核心意识和看齐意识,与中央省市保持高度一致。坚决维护党委总揽全局、协调各方的领导核心地位,坚持重大事项请示报告制度和人大常委会党组定期向市委报告工作的制度。紧扣市委提出的“建设‘两个中心’,进军全国十强”的奋斗目标,自觉地把人大工作放在全市改革发展稳定的大局中来思考来谋划。准确把握监督的出发点和归宿点,寓支持于监督之中,实现监督与支持的有机统一。健全人大与“一府两院”的协调联系机制,加强沟通联络,使人大与“一府两院”围绕共同的目标追求,在市委的统一领导下,同舟共济阔步前进。

二要依法认真履职。宪法规定,地方人大的基本职责是确保宪法与法律法规在本行政区的遵守和执行。回到法律的原点,履行法定的职责,我们将依法认真行使好决定权、监督权和任免权。在当前和今后一个时期,紧紧围绕市委第十二次党代会提出的“四城五动”发展战略,深入调查研究,力争一届之内,瞄准两至三件事关浏阳人民福祉的大事作出人大决定,发挥代表作用。坚持党管干部与人大依法任免有机结合,通过法定程序及时把市委提名人选任命到岗,圆满完成市委人事意图,为浏阳行政效能的提升和社会管理的进步提供德才兼备的人才支撑。认真做好人民群众来信来访工作,依法受理公民、法人或其他组织对由本级人大及其常委会任命的国家工作人员的批评、意见以及违法失职行为的申诉、控告或检举。民主不是装饰品,监督不是稻草人,我们将致力打造敢于监督、勇于较真、一抓到底的履职风格,始终坚持监督有方、监督有力、监督有效的工作要求,按照一届有主线、年年有重点的工作思路,把党政所需、人民所盼、法律职责所在的各项工作作为人大监督的着力点,精准选题,精准发力,一抓一届,逐年推进。以顶真碰硬的态度、锲而不舍的韧劲、踏石留印的作风,积跬步致千里、聚小胜为大胜,在推进浏阳经济社会发展和民主法治进步中彰显人大的忠诚与担当。

三要始终不忘宗旨。地方人大是地方国家权力机关,我们必须明白权力之源，懂得权力所本，全心全意为人民服务。习近平总书记说："人民对美好生活的向往就是我们的奋斗目标"。省委、长沙市委、浏阳市委都把增进人民福祉当作自己的奋斗目标。党的主张与人民的追求是一致的。为增进人民福祉，我们将不断改进工作，通过主动听取人民群众对人大工作的批评建议，不断扩大社会公众对人大工作的有序参与，使我们的工作更接地气，让民意走进人大，让人大真正贴近人民。进一步发挥人大广泛密切联系群众的优势，在事关浏阳发展的大事面前、关键时刻，及时准确地传递出人民群众的心声，使市委的决策主张、政府的积极作为更好地与人民意愿有效对接。着力践行以人民为中心的发展思想，把更多监督的重点放到群众普遍关注的热点难点问题上，把更多关注的目光聚焦到困难群众、弱势群体上，努力让人民群众在共享发展中有更多的获得感，进而为推进浏阳科学发展汇聚起奔腾向前的磅礴力量。

依据上述基本遵循，今后五年，在工作安排上，要坚持全局性、针对性和前瞻性相统一，在始终与市委工作部署合拍同步的基础上，把事关群众切身利益、社会普遍关注，需要一届乃至几届才能抓好的事项，作为本届的监督方向和重点。在目标量化上，坚持少而精、少而准、少而深原则，每年选择几个社会影响大、群众关注度高的议题深入开展调查研究，提出建议意见。在工作方法上，坚持计划性、系统性、连续性相统一，正确处理好届与年、质与量、点与面的关系，始终围绕本届工作重点，每年选取一个切入点，集中力量，议深议透，抓出实效。今后五年将重点在以下六个方面持续有力地抓好跟踪监督。一是紧盯发展环境优化。良好的发展环境是一个地方发展动力、社会活力和核心竞争力的集中体现，更是经济发展的必备条件。所有的民生福祉都寄托在发展上。因此，促进发展是人大工作的重要任务，优化发展环境人大更是责无旁贷。当前少数政府职能部门对企业的"清"而不"亲"，冷暴力、慢作为、不担当，这跟以私利为纽带的"亲"而不"清"一样都是环境不优的具体表现。针对类似问题，我们将从行政效能和办事作风入手，适时采取人大评议、专题询问等多种方式加强监督，为把浏阳打造成全省体制机制最活、办事效率最高、发展环境最优的县(市)发挥人大作用。二是紧盯民本民生改善。民生问题事关社会和谐和大局稳定。对民生问题的重视程度是丈量人大工作与百姓之间距离远近的最准确的标尺。我们将高度关注民生，促进解决人民群众最关心最直接最现实的利益问题。一地兴衰系于教育，读书改变命运，对个人、家庭和整个浏阳都是一个道理；病有所医人所共盼，但因病致贫依然存在，看病难、看病贵尚难解决；民以食为天，食以安为先，确保老百姓舌尖上的安全还任重道远。我们要在这些群众特别关注的教育卫生事业均衡发展、食品药品安全及农产品质量安全等问题上用心用力，综合运用多种监督方式、整合人大内外监督资源，开展持续监督、长期监督，以看得见摸得着的实际工作成效取信于民。三是紧盯预算编制执行。党的十八大把加强对政府全口径预算决算的审查和监督上升到了推进政治体制改革的高度。落实好这一精神，严格审查和批准财政预算，监督预算执行，是人大依法行使决定权和监督权的集中体现。要把推进政府全口径预算编制的科学性和部门执行预算的刚性作为本届五年内的工作重点，一步步推向深入。要以新《中华人民共和国预算法》为指南，借鉴先进地区做法，出台相关制度，进一步规范财政预算与执行的监督内容、方法和程序。抠住预算、执行和决算三个关键环节，通过事前介入、事中审查和事后问效，使人大对预算的监督更加规范更具实质性。四是紧盯生态环境保护。生态环境没有替代品，用之不觉，失之难续。推进生态环境保护既是落实中央"五位一体"总布局和五大发展新理念的重要任务，也是提升民生品质的现实需要。浏阳是十佳生态城市，山水资源得天独厚，森林覆盖率达 66.2%，远高于全省平均水平。人大常委会和全体人大代表有责任对暴殄天物、破坏生态环境的人和事大声说"不"！我们只有把浏阳的生态环境保护好了，才会有全市人民的幸福家园，才会有千千万万在外地的浏阳人牵肠挂肚的乡情乡愁。要围绕市委"生态美城"发展战略，督促政府职能部门进一步落实好《中华人民共和国环保法》、《中华人民共和国森林法》、《中华人民共和国水污染防治法》等环境保护方面的法律法规，深入推进浏阳河治理、畜禽养殖污染治理和森林植被保护，让浏阳的生态优势进一步凸显，充分展现青山环城、碧水绕城、绿树映城、繁花簇城的山城魅力。五是紧盯社会公平正义。公平正义是中国特色社会主义的内在要求。人们对它的追求早已深植于血液之中。司法公正是维护社会公平正义的最后屏障，"一次不公正的司法判决，其恶果甚至超过十次犯罪"，犯罪污染的是水流，司法不公污染的是水源。我们将在人民代表大会制度的框架下，不断探索人大对公正司法发挥监督作用的有效方式，通过对法官、检察官的监督，对司法制度运行情况的监督，进一步推进司法公正，努力让人民群众在每一个司法案件中都能感受到公平正义。六是紧盯城乡规划建管。城市的气质和品位靠规划来引领，美丽乡村建设也不能紊乱无序。为了共同建设赏心悦目、宜业宜居的美丽家园，我们将认真履行好城乡规划法在规划的编制、修改和实施等方面赋予人大的职权职责。把对城乡的规划、建设与管理(重点是城市管理和集镇管理)的监督列入每年人大常委会的工作计划。通过听取专项工作报告、组织执法检查等方式，对城乡规划实施情况进行监督。力争年年有促进，年年有改善，努力实现生产空间集约高效、生活空间宜居适度、生态空间优美洁净，为推进浏阳全域美丽乡村、全域旅游发展夯实基础。

2017年主要工作安排

2017 年是党的十九大召开之年，是我市建设"两个中心"，进军全国十强的关键之年，也是市十七届人民代表大会及其常务委员会工作的开局之年，做好今年的人大工作意义重大。在新的一年里，我们要按照五年工作的基本遵循，重点抓好以下五个方面的工作。

一、坚持改革创新，拓展监督手段，全力促进科学发展

我们要紧扣经济发展这个中心，谋全局、议大事、抓重点，以精神饱满的工作状态，在服务发展中积极作为。一是完善经济监督制度。以助推供给侧结构性改革为目标，出台《浏阳市人大常委会关于加强经济工作监督的决

定》，进一步明确人大对经济工作进行监督的范围和方式。密切关注经济运行动态，听取和审议国民经济与社会发展计划工作报告，坚持落实经济形势分析会制度。通过开展专题调研、听取部门汇报、走访实体经济等形式，及时发现经济运行中出现的新情况新问题，提出建议意见，促进经济平稳发展。出台《浏阳市人大常委会关于加强政府重大投资项目监督的决定》，强化对政府重大投资项目的审查和监督，规范政府投资行为，促进投资决策的科学化、民主化、法制化。二是深化财政预算监督。我们要在听取和审议年度地方财政预决算、财政同级审及审计问题整改、政府性债务偿还等工作报告的同时，依据相关法律法规出台《浏阳市人大常委会关于加强浏阳市本级预算审查监督的办法》。进一步强化全口径预决算审查监督，督促财政部门完善一般公共财政预算、政府性基金预算、国有资本经营预算和社会保险基金预算制度，不断延伸监督触角，实现预决算监督全覆盖。深化部门预算审查，大力推动编制看得懂、促绩效、强约束、优支出、可监督的部门预算方案。出台《浏阳市人大常委会表决部门预算工作规程》，听取和审议2到4个市直部门2016年预算执行和2017年预算安排情况的报告，并由常委会票决。加强对财政投入重点项目资金使用情况的监督，选择1到2个项目进行跟踪审议，督促政府及相关部门切实把老百姓的“钱袋子”管好。三是推动发展环境优化。当前严峻复杂的经济形势和下行压力，更加凸显了发展环境的重要性。着眼优环境、转作风、提效能，在坚持对市政府半年度工作和副市长主管工作进行测评的同时，继续开展部门专项工作评议。根据人大常委会第四次主任会议的决定，今年将对市科技局、市公安局、市农业局、市城管局、市安监局、花炮局等6个单位进行评议。要加强对评议结果的运用，被评为基本满意和不满意等次的下年度将继续评议，并将评议结果和评议意见以人大常委会党组的名义向市委报告，向市委组织部等相关部门通报。坚持与人为善、于事较真、注重整改、促进工作，使浏阳人大工作的这一品牌更加鲜亮，作用更加明显。围绕市委关于打造全省乃至全国政务服务最优县市的目标，启动“优化经济发展环境”专题询问。以严密的组织、深入的调研、公正的测评、务实的整改来发挥询问的实效，为实体经济的发展保驾护航，为有责任担当的企业加油鼓劲。

二、坚持监督为民，关注社会民生，倾力推动共享发展

厚民生才能聚民心。民生问题涉及诸多领域，人大监督难以面面俱到。要坚持问题导向，抓住群众反映强烈的热点问题，持续推进民生改善，使人民群众有更多获得感。一是聚焦生态环境保护。推进环境保护，就要用好史上最严环保法这柄利剑。关于环境保护状况和环境保护目标完成情况，政府应当每年向人大常委会专题报告，这是新《中华人民共和国环保法》的硬性规定。落实这一规定，今年将听取和审议新《中华人民共和国环保法》执行情况的报告。浏阳河保护治理是我市生态文明建设的重点，今年将开展“保护浏阳河，代表在行动”主题活动，通过代表视察、代表暗访、代表建言等形式深入推进浏阳河生态环境的保护治理。二是助推美丽乡村建设。美丽乡村建设是得民心顺民意的惠民工程。为推动全域美丽乡村建设不断升级，今年将突出规划引领，切实加强对城乡规划实施情况的监督，重点听取总体规划强制性内容落实情况、城市地下综合管廊建设情况、违法建设行为监管和查处情况。针对养殖污染严重影响美丽乡村建设的问题，将对国务院《畜禽规模养殖污染防治条例》的贯彻执行加强监督，督促政府职能部门采取有力措施，推进养殖污染治理。适时听取美丽乡村建设工作情况专题报告，为打造与江西婺源、浙江桐庐齐名的浏阳品牌献智出力。三是关注社会事业发展。要以促进教育均衡发展为目标，重点就城镇学校学位紧张、教师配备缺口较大、代课教师待遇偏低、职业教育有待加强等问题进行人大审议，约见相关部门落实审议意见，促进问题解决。把提升群众文化体育生活质量列入工作重点，采取视察公共文体设施、听取文体工作报告等方式加强监督，督促加大经费投入，搞好规划布局，为群众提供更加丰富优质的公共文化体育服务。近年来，人大代表关于养老服务方面的建议越来越多，回应代表呼吁，今年将听取和审议养老服务专项工作报告，找出薄弱环节，研究解决瓶颈问题，助力政府加快推进养老服务体系建设。

三、坚持法律至上，维护公平正义，大力推进依法治市

在依法行使重大事项决定权和人事任免权的同时，支持和督促“一府两院”严格执法、公正司法，积极营造良好法治环境。一是扎实加强法律监督。以争取启动《浏阳河管理条例》修改为契机，组织开展《浏阳河管理条例》执法检查。配合长沙市人大完成《大围山区域生态和人文资源保护条例》立法工作，为大围山区域生态和人文资源保护提供法律保障。对《中华人民共和国科技进步法》和《湖南省中小学校幼儿园规划建设条例》的落实情况进行调研。做好规范性文件备案审查工作，及时发现并纠正与法律法规相抵触的规范性文件。做好涉法涉诉信访工作，积极化解社会矛盾，维护群众合法权益。二是着力推动公正司法。今年将抽取1~2个案件，继续开展司法庭审旁听评议活动。精心设计工作步骤，重点抓好听前业务培训和案情了解，使代表旁听庭审能看出门道，听后评议能抓准要害。司法公正关键在人，要结合“司法公正行”主题活动的深入推进，探索开展法官检察官“两官”履职评议工作。通过抽查案卷资料、走访相关人员、听取履职报告、评议小组发言的方式对若干名法官和检察官进行履职情况的满意度测评，促进依法履职阳光司法。三是认真开展“五行”活动。督促司法机关加大民商事案件的执行力度，深入开展“司法公正行”活动。突出“守护碧水蓝天”主题，抓好“环保世纪行”活动，对全市大气污染防治、居民饮水安全、土壤污染防治等重点领域加强监督。以抓好剧毒农药追根溯源体系建设为重点，开展“农产品质量安全行”活动。以提高农村卫生服务能力为目标，推进“三湘农民健康行”活动。着眼促进团结、共同发展，继续搞好“民族团结进步行”活动。

四、坚持主体地位，激发履职活力，着力发挥代表作用

要不断完善代表工作机制，搭建代表履职平台，努力保障代表主体作用得到有效发挥。一是提升建议办理实效。要以提高建议撰写质量为重点加强代表业务培训，使代表提出的建议着眼全局有水平、措施可行好办理。把抓

好代表建议办理当成服务代表的头等大事，坚持联络工委全程督办、联系工委对口督办、常委会领导牵头督办的机制，抓好一二次会议代表建议的办理。对重点建议继续实行市长领办、主任联办、常委会督办的“三办”机制。通过召开承办工作汇报会、组织背靠背测评、评选优秀承办单位、公布办理不满意建议等措施推动建议办理工作更加务实有效。二是完善履职相关制度。健全常委会组成人员联系代表、代表联系选民制度。每名人大常委会组成人员至少联系十名代表，每名人大代表都要加强走访联系选民。要建章立制，强化考核，使“双联”活动规范化、制度化、经常化。开展代表年终选区述职、优秀建议评选、优秀代表表彰等活动，进一步增强代表履行职务、参政议政的主人翁意识，更好地兑现人民选我当代表，我当代表为人民的庄严承诺。三是丰富代表履职活动。组织代表积极投身社会公益活动，参与精准扶贫工作，切实为民办实事做好事，充分展示代表心系群众的时代风采。分批邀请人大代表列席常委会议，参与考察调研、执法检查、工作评议、专题询问、旁听庭审等活动，扩大代表对常委会工作的参与。分片区召开“一府两院”半年工作情况通报会，组织开展好代表小组活动，保障代表知情知政更好履职。

五、坚持改进作风，突出能力提升，努力加强自身建设

人大及其常委会要切实担负起宪法和法律赋予的职责，就必须加强自身建设，管理好自身形象，以更高层次的思维视野，更加开阔的胸襟气度推进工作。一要加强作风建设树形象。要认真贯彻执行中央八项规定和省市改进作风建设的有关规定，规范考察调研、执法检查、工作评议等履职行为。人大专门委员会和各工作委员会要大胆履职，切实加强政府各工作部门与人大归口委办的工作联系，通过自身扎实有效的工作，使政府各工作部门自觉增强人大意识。严守党的政治纪律和政治规矩，不断规范言行举止，积极维护浏阳发展稳定大局，凡不利大局的话不说、不利大局的事不做。遵守廉洁自律各项规定和道德规范，正确履职、依法履职、有效履职、积极履职，努力树立为民务实清廉的良好形象。二要加强学习培训强素质。坚持把学习教育作为提高履职水平的重要抓手，采取集体学习和自学相结合、培训讲座和外出考察相结合的方式，认真组织学习中国特色社会主义政治理论、党的路线方针政策和习近平总书记系列重要讲话精神，提高运用马克思主义理论解决实际问题的能力和用党的新观点、新理念指导自己开展工作的能力。还要特别注重学习各种法律法规和人大业务知识，提升法律素养、增强法制意识、培养法治思维，掌握履职行权的看家本领。三要加强宣传联系聚合力。出台《关于进一步加强人大宣传信息工作的意见》，加强与新闻媒体的联系沟通，积极运用人大网站、人大杂志等平台，对各级优秀代表、人大特色工作进行宣传推介，展示代表风采，扩大人大工作的影响力。加强对基层人大工作的指导，坚持常委会正副主任和委办联系基层人大工作制度，邀请基层人大主席列席常委会议、参与相关活动、参加业务培训，完善基层人大主席工作例会制度，加强工作交流，增进上下互动，形成人大工作的整体合力。

各位代表，我们都是浏阳这艘事业发展大船上的水手，我们都是浏阳一个重要领域政治生活舞台上的主角，时代赋予我们重任，人民寄予我们厚望，让我们在中共浏阳市委的坚强领导下，紧紧依靠全市广大人民群众，以更加饱满的精神、更加昂扬的斗志、更加务实的作风，同心同德、开拓进取、扎实工作，共同唱好浏阳科学跨越发展的精彩大戏，全力推进建设“两个中心”，进军全国十强的宏伟进程，为建设更加富饶开放美丽幸福的新浏阳而努力奋斗！

政府工作报告

——在浏阳市第十七届人民代表大会第一次会议上

市人民政府代市长　吴新伟

（2016年11月27日）

过去四年的工作回顾

过去四年，面对错综复杂的宏观经济形势，在市委的正确领导下，在市人大、市政协的监督支持下，市人民政府牢牢把握发展第一要务，开拓进取，扎实工作，较好地完成了市第十六届人大一次会议确定的各项目标任务。

——坚持率先发展，综合实力大步跨越，跑出了经济发展新速度。全市地区生产总值由2012年的811.1亿元增至2016年的1220亿元（预计数，下同），年均增长12.5%；一般公共预算收入由46.8亿元增至95亿元，年均增长19.4%；规模工业增加值、固定资产投资、社会消费品零售总额分别达到684亿元、880亿元、278亿元，年均分别增长16.2%、19.2%、15.2%，主要经济指标增速连续四年稳居省市前列。金融机构存贷款余额由313.3亿元、233亿元分别增长到680亿元、500亿元。城乡居民人均可支配收入由27345元、15719元分别增至39670元、27200元。全面小康实现程度达到90%以上，有望年内率先建成全面小康。县域经济与县域基本竞争力排名从全国百强第60位跃升至第28位，提前两年实现“挺进三十强”目标。

——坚持提质增效，产业素质不断提升，开辟了转型升级新路径。实施“产业兴城”战略，聚力提质升级和结构调整，构筑了多点支撑、多极发展的产业格局。工业主引擎强劲发力。经开区产值年均增长28.2%，跨入千亿级园区行列。制造产业基地产值年均增长31.4%，晋级省级高新区。两型产业园产值年均增长42%，获批湖南省首家特色食品产业园。电子信息、生物医药、机械制造、健康食品等产业集群持续壮大，产值年均分别增长32.5%、25.8%、22.2%、20.6%。全市十亿元企业、上市企业、新三板挂牌企业分别增至20家、5家、6家。鞭炮烟花产业集群产值突破200亿元，浏阳花炮入选中国五星级地理标志。农业现代化进程加快。农业总产值由112.7亿元增长到157亿元。建设高标准农田9.0公顷，完成6大粮食仓储基地改扩建，继续保持全国商品粮基地县和全国油料大县地位。水果、烤烟、油茶、养殖、花卉苗木等特色农业、景观农业快速发展，获评全国休闲农业和乡村旅游示范县（市）。建成农村安全饮水工程81处，除险加固水库92座，疏浚沟渠3.4万公里，完成长兴湖水库建设，实现大旱、大汛之年无大灾。三产新活力全面迸发。大围山国家森林公园基础设施、景观景点全面提质，获批国家地质公园和全国首批国家生态旅游示范区。启动秋收起义纪念园建设，建成耀邦故居西入口广场等旅游配套设施。精心打造荷花—中和—文家市、官渡—达浒—大围山等精品旅游线路，开启全域旅游发展新时代。新引进商业银行6家，新增中国驰名商标5个、湖南省著名商标26个。完成房地产开发投资158.4亿元，销售面积470.8万平方米。成功举办中国（浏阳）国际花炮文化节、浏阳河音乐节等节会活动，浏阳河文化产业园上榜“中国产业园区成长力百强”。

——坚持先行先试，资源要素充分涌流，打造了县域改革新样板。始终把改革作为激发活力与动力、完善体制与机制的重要抓手，全面贯彻落实上级部署要求，积极推进具有浏阳特色的改革。重点改革迈出坚实步伐。扎实推进省直管县、不动产统一登记、农房抵押贷款、农村土地制度、商事登记制度、集体林权制度等改革试点，改革经验得到国家、省市媒体广泛推介。深入实施金阳新区建设管理体制改革，创新推行“园镇合一”“镇馆合一”“一园带四镇”等发展模式。大力推进强镇扩权改革，创新财税管理体制，在全省率先实施“国地财”合署办公、行政综合执法等改革举措，基层发展活力得到充分释放。开放合作取得重大突破。率先发起并举办首届湘赣边区域开放合作交流会，推动湘赣边区域合作成功纳入长江经济带、长江中游城市群发展规划。坚持招大商、引强商，引进亿元以上项目 158 个，其中 10 亿元以上项目 32 个、50 亿元以上项目 5 个。尔康制药淀粉胶囊基地、启泰传感、欧智通、金丰林、百草堂等一批重大项目签约落户，为经济加速发展注入了源头活水。资源要素实现更优配置。建成国家级工程(技术)研究中心 5 个，高新技术产业增加值达 356.9 亿元，县域创新能力排名全国县级城市第 48 位。深化投融资体制改革，发行企业债券 53 亿元。开展"金融一线行"活动，帮助企业融资 104 亿元。完成征地 4.9 万亩，实现 221 个项目征拆"清零"。大力实施"5358"人才工程，引进党政机关、教育、卫生类人才 2627 名，为跨越发展积聚了强大的人力资源优势。

——坚持全域统筹，承载功能全面增强，实现了城乡面貌新蜕变。突出交通先行，大力实施"生态美城"战略，城乡环境显著改善，城乡品质大幅提升。交通路网更密，出行更畅。力促长浏高速竣工通车，启动蒙华铁路浏阳段、金阳大道二期、南横线、北横线等重大项目建设，建成金阳大道一期、开元大道东延线、G106 龙伏至浏阳、南横线柏加段、大围山旅游干线、荷文、园永、社大、沙赤、梁高等公路，提质改造浏东、浏跃、浏大、大文、张小、永社、花木走廊等公路，新改建农村公路 2913 公里，普通干线公路超限超载率降至 0.1%以内。高标准建成西北环线、道吾山路和浏阳河六桥，新建李畋路、纬二路、经四路等城区园区道路 22 条，拉通邮电路、北正南路、石霜路等 6 条城市断头路，全面完成城区道路沥青化改造，形成了"对外大开放，对内大循环"的交通格局。城镇功能更优，品位更高。完成新一轮城市总体规划修改，科学优化了城乡发展格局。奥园广场、长兴湖壹号等城市综合体加快建设，新屋岭、长兴湖、西北环线等片区加速崛起，主城区面积扩大到 50 平方公里。新增公共停车位 3380 个、公共自行车 2600 辆，改造老旧小区 13 个、城中村 59 个，新建街心花园 19 个，精心打造了入城口、花炮大道、长兴湖等城市景观节点。新型城镇化建设亮点纷呈，大瑶入选首批中国特色小镇，大瑶、永安、镇头入选国家重点镇。"一轴三带"新型城镇化格局基本形成，城镇化率达 58.2%。美丽浏阳更靓，影响更大。在全省率先启动全域美丽乡村示范县(市)创建，精心打造了华山屋场、松山屋场、富家湾屋场、亚洲湖村等一批幸福屋场和美丽乡村升级版，荣获"美丽中国典范城市"称号。大力开展文明创建活动，获得全国文明城市提名奖。严格执行新《中华人民共和国环境保护法》，扎实开展畜禽养殖、造纸等专项整治，获评"中国十佳生态文明城市"。创新推动城市管理向乡村延伸，大力推行城乡管理"浏阳标准"，在全省首推"路长制"。深入推进环境整治、拆违控违、三年造绿等攻坚行动，拆除各类违法建设 210 万平方米，打造绿色通道 289 公里，充分展示了"湖湘宝地、美丽浏阳"的城市魅力。

——坚持以人为本，民生民利有效保障，谱写了社会和谐新篇章。将七成财力投向民生领域，深入实施"八大民生工程"，积极回应了人民群众对美好生活的殷切期盼。兜紧民生保障网。大力扶持创业就业，新增城镇就业 6.8 万人，引导农村剩余劳动力转移就业 6 万人。发放各类低保、救助资金 6.9 亿元。新扩建乡镇敬老院 28 所，建成公共租赁住房 10408 套，改造棚户区 9985 户、农村危房 8880 户。扎实推进精准扶贫"十大工程"，34796 人脱离贫困线。织密公共服务网。建成长郡浏阳实验学校等 17 所学校，改造薄弱学校 213 所，新增城镇学位 17446 个，创建省合格学校 150 所，建成全国义务教育发展基本均衡县和省教育强市。落实国家生育政策，推进医药卫生体制改革，实行国家基本药物制度，启动人民医院整体搬迁，新改建乡镇卫生院 15 所、村卫生室 226 个。国家级非遗项目增加至 3 个，获评全国"千年古县"。新建乡镇综合文化站 26 个，成功举办胡耀邦同志诞辰 100 周年纪念活动，精心组织全民健身运动会、欢乐浏阳河、欧阳予倩艺术节等文体活动，人民群众精神风貌更加昂扬向上。筑牢平安和谐网。健全社会治安防控体系，开展"除民患、保民安"等系列专项活动，获评全省"平安县市区"。坚持严查严管、严处严罚，盯紧抓牢烟花爆竹、危险化学品、道路交通、矿山、建筑、消防等领域安全监管，被评为全省安全生产先进县(市)。大力开展国家食品安全城市创建，在全省率先成立县级食品药品环境犯罪侦查大队，保障"舌尖上的安全"。严格执行领导公开接访制度，创新推行"群众工作站 + 网格化" 模式，连续五年实现各特护期进京非访"零登记"，连续两年获得全省综治民调长沙九区(县、市)第 1 名，人民群众的安全感和满意度不断提升。

——坚持转变作风，政府效能持续优化，呈现了干事创业新气象。办理人大议案 3 件、人大代表建议 1806 件，承办政协委员提案 834 件，办结率均为 100%。深化行政审批制度改革，精简行政许可事项 63%。在全国县级城市首推建设投资项目审批改革，政府投资项目和社会投资项目审批均提速 60%以上。全省首个市民之家正式启用，乡镇(街道)政务服务中心标准化建设全面完成。深入开展党的群众路线教育实践活动、"三严三实" 专题教育、"两学一做"学习教育和"两性一心"大讨论，锻造了为民务实清廉的干部队伍。通过"民声通道"、12345 市民服务热线等平台，受理并办结各类诉求 4.5 万余件。严格执行"三个一律"，全面整治"四风"，创新开展重点工作季度调度讲评，全市上下干事创业氛围日益浓厚，连续四年蝉联长沙绩效考核县(市、区)组第 1 名。

围绕经济社会发展大局，人民武装、司法、审计、统计、招投标、市志档案、新闻出版、人防、外事、对台侨务、民族宗教等工作取得新成效，武警、消防、烟草、气象、移民、水文、盐务、邮政、电信、移动、联通、石化、检验检疫、海事、海关等部门展示新作为，工会、共青团、妇联、残联、工商联、文联、科协、关工委、老龄委等群团组织及其他社会团体作出新贡献。

各位代表，过去四年的成绩，是市委坚强领导的结果，得益于市人大、市政协的监督与支持，凝聚了全市人民的辛勤和智慧。在此，我代表市人民政府，向各位人大代表、政协委员，向全市干部群众，向各位老领导、离退休老同志，向各民主党派、人民团体，向驻浏单位、驻浏部队、武警官兵和政法干警，向所有关心支持浏阳发展的社会各界朋友表示衷心的感谢，并致以崇高的敬意！

成绩来之不易，经验弥足珍贵。四年的实践追求，我们有着深刻的体会：一是始终坚持发展为要。紧紧围绕市委的决策部署，在激烈的区域竞争中，不等不靠，自我加压，破浪前行，不断刷新发展速度，不断超越发展目标，打造了县域经济发展新样板。二是始终坚持改革为先。敢于先行先试、大胆突破，坚持以改革解难题、向改革要红利，掀起了“大众创业、万众创新”的新热潮，闯出了转型创新发展的新路径。三是始终坚持民生为本。牢牢守住民生底线，持续加大民生投入，办成了一批事关群众切身利益的大事、难事、实事，赢得了广大群众的真情点赞，凝聚了共建共享的强大合力。四是始终坚持实干为基。大力践行“一线工作法”，坚持眼睛向下看，身子往下沉，在一线查实情、出实招、干实事、求实效，一步一个脚印，一点一滴积累，交出了“年年有突破，四年大变样”的精彩答卷。

在总结成绩的同时，我们也清醒地认识到，发展中还存在不少困难和问题：经济下行压力持续加大，新旧动能转换面临阵痛，转型升级任务艰巨繁重；影响社会和谐稳定的因素仍然不少，安全生产形势依然严峻，社会治理创新仍显不足；城乡发展不够平衡，百姓福祉仍需增进；少数干部创新意识、担当精神还不够强，政府效能有待进一步提高。对此，我们将高度重视，采取有力措施，认真予以解决。

未来五年的发展建议

各位代表，未来五年，浏阳既面临结构调整、转型升级的重重挑战，更面临蓄势腾飞、加速崛起的叠加机遇，“建设‘两个中心’，进军全国十强”目标催人奋进，发展前景可期。纵观全局，区域融合深度推进，浏阳发展空间日益广阔。随着长江中游城市群、长江经济带等国家重大战略的深入实施，处于“中三角”重要区域的浏阳，必将以更加开放的姿态，在更大范围、更高层次参与合作竞争。随着湘赣开放合作试验区和长沙东部开放型经济走廊的加速建设，主动对接、全面融入上级各项战略部署的浏阳，必将成为资源要素涌动的开放高地，迎来大发展、大繁荣的崭新时代。着眼当前，赶超动能加速释放，浏阳发展优势日益凸显。传统产业加快升级，战略性新兴产业快速崛起，十亿百亿级企业迅速成长，百亿千亿级园区不断壮大，产业集群发展势头强劲，跨越腾飞的潜力更加巨大、动力更加充沛。金阳大道、南横线、北横线、蒙华铁路等战略通道加快建设，开放带动的区位优势更加彰显，必将为浏阳进军全国百强第一方阵筑牢根基。展望未来，干事活力全面激发，浏阳发展信心日益坚定。经过多年的发展与积累，县域经济与县域基本竞争力攀升至全国百强第28位，外界高度聚焦浏阳，浏阳经验广受推介，增强了发展底气、提振了发展信心。站在新起点，我们一定要抢抓机遇，主动作为，实现新一轮更加全面、更高质量、更能惠及百万民生的大跨越，努力在长沙建设国家中心城市的征程中彰显浏阳作为，在湖南建设“经济强省、科教强省、文化强省、生态强省、开放强省”中争当县域排头兵。

今后五年，政府工作的指导思想是：以邓小平理论、“三个代表”重要思想、科学发展观为指导，全面落实党的十八大和十八届三中、四中、五中、六中全会精神，深入学习贯彻习近平总书记系列重要讲话精神，按照“五位一体”总体布局和“四个全面”战略布局，牢固树立创新、协调、绿色、开放、共享发展理念，高度聚焦“湖湘宝地、美丽浏阳”城市定位，紧紧围绕“建设‘两个中心’，进军全国十强”奋斗目标，不断优化“一轴三带”“两城七园”“三河三山”发展格局，深入实施“交通融城、产业兴城、人才活城、生态美城”发展战略，始终坚持“改革推动、创新驱动、区域带动、项目拉动、城乡联动”发展路径，凝心聚力，开拓创新，为打造更加富饶开放美丽幸福的新浏阳而努力奋斗。

未来五年的主要目标是：围绕“省会副中心和湘赣边区域性中心城市”发展定位，致力打造省会功能配套中心、新兴产业发展中心、都市休闲度假中心、绿色产品供应中心，致力打造湘赣边交通物流中心、创新创业中心、金融贸易中心、休闲旅游中心、科教文卫中心，着力建设县域改革的模范先行城市、能级更大的创新发展城市、融城聚力的内陆开放城市、国内知名的现代花园城市、普惠共享的和谐幸福城市。力争到2021年，地区生产总值达2000亿元，一般公共预算收入达160亿元，城乡居民人均可支配收入分别达60700元和43200元。固定资产投资年均增长14%；社会消费品零售总额年均增长12.5%；城镇登记失业率控制在4%以内。

为实现上述发展目标，我们将重点抓好七个方面的工作：

一、致力改革开放，全面激发内生动力

以供给侧结构性改革为统领，坚持深化改革、区域合作和招商引资齐头并进，推动内生增长与外延拓展双效提升，不断为转型创新发展注入新活力、开创新空间。

大力度深化改革创新。积极创新金阳新区管理机制，统筹整合“两园四镇”的职能和资源，加快产城融合步伐。不断完善“园镇合一”“镇馆合一”“一园带四镇”等发展模式，促进园镇发展协调互动、深度融合。更大范围推广“大瑶模式”，逐步下放部分管理权限，持续放大强镇扩权改革效应。积极推进财税体制改革，调整理顺财政分配关系，使财力向基层倾斜，不断提升园区、乡镇自主发展能力。坚持“人才活城”战略，深化人事制度改革，大力实施新的五年人才引进计划，着力引进一批紧缺型、专业型、创新型人才，形成广纳群贤、人尽其才的生动局面。

多领域加强区域合作。依托金阳新区和浏阳河生态经济示范区，加快与长株潭、长江中游城市群的功能衔接和产业承接，致力打造“长沙东中心、中部新亮点”。健全湘赣边区域合作联席会议、利益协调、资源共享和信息通报等工作机制，精心策划湘赣边区域交流活动，不断深化交通、花炮、旅游、经贸、科技、金融、教育、卫生、文化、生态保护、社会治理等领域交流合作，激发湘赣边区域合作经济带发展活力。积极推进浏阳—上栗、浏阳大围山—铜鼓大沩山共建区建设，引导企业、项目、资金、人才等向共建区集聚，促进资源要素自由流通、高效配置，致力打造跨省合作新典范、开放型经济引领区。

高质效推进招商引资。坚持精力向招商集中、资源向招商倾斜、力量向招商整合，建立健全招商综合服务机制，积极推行“飞地招商”，构建“领导抓招商、能人跑招商、人人为招商”的大招商格局。全面营造亲商、尊商、护商的投资环境，深入开展“引老乡、建家乡”活动，推行驻点招商、小分队招商，以真诚打动客商，用服务留住客商。

紧盯战略性新兴产业，主攻产业链高端项目，抢抓“万商入湘”机遇，着力引进一批成长性好、市场潜力大、带动性强的企业，力争在招大引强上实现新突破。完善招商引资考核办法，强化业绩评价、跟踪问效，促进招商项目落地生根、投产达效。

二、主攻转型升级，做大做强工业经济

加快“产业兴城”步伐，重点在园区板块、新型工业和花炮产业上发力，引领工业向集聚化布局、规模化发展、高端化迈进。

打造实力园区。立足园区发展定位，加快园区提质提档，完善道路、变电站、污水处理厂、垃圾处理场等基础设施，加强学校、医院、文化、体育等公共服务设施建设，健全融资、技术、人才等服务体系，打造宜居宜业、产城融合的现代城市工业经济综合体。突出专业化、差异化和两型化发展，坚持集约节约用地，推进标准化厂房建设，提高园区投资强度、项目密度和产业集聚度。探索实施“大园带小园”发展模式，力促经开区向2000亿元级园区攀升、高新区向1000亿元级园区和国家级园区跨越、两型产业园向200亿元级园区和省级工业集中区迈进，带动乡镇特色工业集中区规范健康发展，将园区打造成推动县域经济增长的强大引擎。

壮大新型工业。以高端优质为导向，重点发展新一代显示技术、手机零部件及整机产业，全力助推蓝思科技三期、欧智通产业园等项目建成投产，促进电子信息产业向产业链两端延伸、向价值链高端攀升。发挥国家级生物产业基地和国家创新药物孵化基地的领先优势，支持尔康制药、威尔曼、华纳大等企业做优品质、做大体量，不断壮大现代中药和生物医药产业集群。积极对接“中国制造2025”，重点发展智能成套装备制造、汽车零部件配套、新能源汽车、新材料、智能家居、航空航天等产业，扶持华恒机器人、启泰传感等企业升级提速发展，促进“浏阳制造”向“浏阳智造”跨越，努力在湖南打造中国智能制造示范引领区中占据重要一极。强化企业创新主体地位，鼓励支持建立多层次重点实验室、工程（技术）研究中心和企业技术中心，让创新创造成为引领工业发展的第一动力。加强重点企业、重点项目运行监测，深入开展“走百家企业、解发展难题”活动，助推小微企业做专做精、大中企业做强做优。

提质花炮产业。加快花炮产业“四化两型”步伐，深入实施“整合提升、科技攻关、品牌营销、文化创意”四大工程，切实在安全监管和环保攻坚上取得新突破，全面巩固浏阳花炮的全球领军地位。培育壮大花炮产业集中区，淘汰退出落后烟花爆竹生产企业300家以上，发展一批年产值超5亿元的大企业（大集团），鞭炮烟花产业集群产值达到320亿元。强化花炮与旅游、文化等产业的深度融合，积极开发微焰火等跨界产品，推动花炮产业走高端市场之路、科技创新之路、文化创意之路。精心办好中国（浏阳）国际花炮文化节，开展浏阳艺术焰火神州行、全球通活动，鼓励支持花炮企业参与国际展会和国际赛事燃放活动，持续提升浏阳花炮的美誉度、影响力。

三、注重培优增效，加快推动三农发展

全面巩固“三农”基础，加快转变农业发展方式，提质全域美丽乡村建设，促进农业升级、农村发展、农民增收。

以绿色理念发展现代农业。坚持最严格的耕地保护制度，落实粮食安全战略。优化农业产业布局，培育做大高品质、高效益的特色农业，推进现代畜禽规模化养殖和集约化经营，建设优质农副产品供应基地，厚植生态农业产业发展优势。依托两型产业园，大力发展农产品精深加工，扶持一批特色鲜明、竞争力强的健康食品龙头企业。培优培强农产品品牌，助推盐津铺子、贵太太等企业上市。加强农产品质量安全和农药经营监管，健全重大动物疫病风险防控机制，争创全国农产品质量安全示范县（市）。

以全域视野建设美丽乡村。深入开展“美丽乡村建设村庄规划提质行动”，严厉打击违法开采、违规建房、违章搭建等行为，全面规范农村生产建设秩序。紧扣“访千年古县、觅美丽乡愁”主题，挖掘保护乡村文化，因地制宜发展农村特色产业。积极开展高标准农田建设，加快农村自来水普及，除险加固病险水库水闸，完成金鸡水库扩建，新建椒花大型水利枢纽工程。升级改造农村电网，完善农村公交和宽带网络配套设施建设。大力实施生活污水处理、生活垃圾处理、绿化亮化提质、休闲场地建设“四大工程”，精心打造“五美”示范村100个以上、示范幸福屋场300个以上、绿色庭院2000户以上，争创全国美丽乡村建设示范县（市）。

以创新举措促进农民增收。全面落实强农惠农政策，发展多种形式的适度规模经营，培育新型农业经营主体。深化合作社、企业与农业院校的务实合作，培养一批现代农技人才和新型职业农民，加速农业生产新技术、新成果的推广应用，提高农业发展质量和效益。稳妥推进农村土地制度改革试点，拓宽集体经济发展路径，最大力度促进农民增收。加快农村一二三产业融合，深化供销合作综合改革，发展壮大电商农业、生态农业、体验农业、观光农业等新业态，积极培育农村新的经济增长点。

四、聚焦扩量提质，大力发展现代服务业

立足区位优势和产业基础，整合开发县域资源，不断增强现代服务业集聚力和辐射力，促进现代服务业发展提速、质量提升、比重提高。

推动休闲旅游产业全域繁荣。以创建国家全域旅游示范区为目标，优化旅游功能布局，构建以大围山为龙头、浏阳河为主轴、10条精品旅游线路为纽带的全域旅游发展格局。完善提升餐饮酒店、景区公厕、停车场等配套设施，建成全域旅游体验服务中心。紧扣全域美丽乡村建设，加快发展民居民宿、健康养老、农耕文化等业态，深度开发花炮、夏布、菊花石、豆豉等特色产品，不断延伸旅游产业链。加快浏阳河文化旅游产业带开发建设，大力推进大围山国家级生态旅游示范区、“胡耀邦故居—秋收起义文家市会师纪念馆”国家AAAAA级景区创建，全面升级域内旅游景区，打造全省著名、全国知名旅游目的地。

推动金融服务产业创新做优。巩固金融创安成果，规范民间投融资市场和互联网金融，有效防范金融风险。健全金融市场体系，吸引银行、证券、保险、担保和小额信贷等机构在浏设立总部或分支，为“大众创业、万众创新”提供有力的金融支撑。深入开展“金融一线行”活动，引导金融机构加大对实体经济信贷投放。成立产业投资基金，鼓励支持社会资本参与基础设施建设、投入重点产业发展。积极培育融资租赁、股权众筹等金融业态，助推更多企业上市挂牌融资。支持地方金融机构做优做强，推动农村商业银行到域外设立分支或控股银行，努力建设金融创新先行区、合作示范区。

推动商贸物流产业集聚壮大。深化“浏阳蒸菜”标准化建设，推动连锁化、产业化经营。合理布局商贸网点，引进知名商贸企业，培育壮大国际家具城，办好车展、房交会、家博会等节会，激活城乡消费市场。建设电子商务产业园区，支持“浏通天下”等平台与知名电商合作，推进“工业品下乡”和“农产品进城”双向流通。立足交通区位提升，加快现代商贸物流业发展，重点建设集里和关口仓储物流集聚区、金阳新区综合型物流中心、两型产业园冷链物流中心、大瑶花炮物流基地、镇头和柏加花卉苗木物流基地，打造湘赣边交通物流中心。

推动科教文卫产业升级发展。加强校企、院企合作，培育建设一批院士工作站、创客空间、创新创意中心、大学生创业就业基地等孵化平台，推动政产学研协同创新。支持和规范民办教育发展，全力引进大专院校，积极开展联合办学，分类推进现代职业教育，构建多层次、开放式的教育体系。抓好人民医院整体搬迁，支持人民医院、中医医院等医院与中南大学湘雅医学院、湖南中医药大学等高校合作，鼓励社会资本兴办民营医院和医养结合机构。加快“浏阳河”文化品牌体系建设，推进文化与科技、旅游、花炮、互联网等深度融合，促进文化创意产业升级，推动浏阳河文化产业园创建国家级特色文化产业示范园区。

五、坚持品质至上，统筹推进城乡建管

深化“交通融城”“生态美城”战略，加快推进城乡联动，以精致建设完善城市功能，以精细管理提升城乡品质，努力打造宜居宜业、精致精美的现代化生态花园城市。

构建现代交通路网体系。力争客运铁路经浏设站，重点建设金阳大道、南横线和北横线，推动浏阳全面融入长沙“半小时经济圈”。着力建成和提质一批干线公路，大力实施“农村公路建设三年行动计划”，新改建农村公路3000公里以上。提质改造浏阳至株洲、平江、铜鼓、万载、上栗等通道，实现与周边区域的无缝对接、快速通达。强力推进蒙华铁路建设，确保蒙华铁路浏阳段2019年全面竣工。争取和建设通用航空机场项目，力争实现长沙到双江口段全面通航，打造“多层次、立体化”的大交通体系。

力促城镇功能品质提升。加快金阳新区和浏阳主城的对接步伐，重点打造蕉溪岭城市主题公园，构建以金阳大道为中轴、以蕉溪岭区域为绿心的“两城”融合发展新格局。高标准保护改造老城，推进城乡接合部和社区全面提质提档，努力建设品质片区、特色小区；加强海绵城市建设，建成一批城区主次干道，新建改造一批街心花园、公交设施、公共停车场和农贸市场，升级完善水、电、气等管网设施，不断提升城市公共服务配套水平。高品位拓展新城，规划建设西南环线和东南环线，大力推进西北环线、长兴湖等片区建设，建成浏阳河风光带、“多馆合一”、新屋岭公园等重点项目，打造城市建设新标杆。高起点建设金阳新区，建立健全现代化的综合交通、市政设施、公共服务、能源供给、信息网络体系，全力建设繁华靓丽的宜居家园、财富平台。加快打造大瑶、永安、镇头、沿溪、大围山等具有辐射带动作用的重点镇，努力建设官渡、中和、文家市、柏加、社港等一批个性彰显的特色镇，构建布局合理、梯次分明的现代城镇体系。

加速城乡管理全域覆盖。深入实施“城乡统筹、环境同治”，常态化推进“最严城管”，继续推行“路长制”，强化镇村日常巡查、卫生保洁、规划执行、交通安全等管理，力推城市管理向乡村全覆盖。开展文明创建攻坚行动，争创全国文明城市。探索“互联网+”治理模式，构建集智慧交通、智慧城管和智慧社区于一体的智能化运行管理体系。积极开展“新三年造绿大行动”，加大城镇、矿山、重要节点、交通干线、河流沿线绿化力度，提升绿化水平和景观品质。坚持严格准入、严守标准、严肃查处，加强株树桥水库等饮用水源和城市绿心保护，持续开展“清霾”“碧水”“静音”“净土”行动，探索建立“河长制”，深入推进浏阳河、捞刀河、南川河流域环境综合治理，努力让浏阳天更蓝、地更绿、水更清、城更美。

六、突出普惠共享，切实增进民生福祉

坚持把民生需求作为根本导向，以“八大民生工程”为总揽，推动发展成果普惠共享，让发展更有温度、幸福更有质感。

构筑更加完善有力的社会保障。扎实推进精准扶贫“十大工程”，全面实现贫困村“摘帽”、建档立卡贫困户“清零”。大力促进就业创业，新增城镇就业7.5万人以上、农村劳动力转移就业6.5万人以上。完善社会保险制度，实施全民参保计划。鼓励社会力量兴办专业化、连锁化的养老机构，健全以居家为基础、社区为依托、机构为补充的养老服务体系。完善社会救助体系，逐步提高城乡低保和特困供养人员保障水平，切实解决困难群众生活、看病、上学等难题。继续加大农村危房改造、棚户区改造、公共租赁住房建设力度，让困难群众更好地住有所居。完善村级活动场所，强化村级组织运转保障，逐步提高村(社区)年运行经费补助。

发展更加均衡普惠的社会事业。坚持教育优先，逐步普及15年基础教育，全面完成标准化学校建设，大力发展普惠性幼儿园，加快城乡中小学校建设，促进教育优质均衡发展。牢固树立“大卫生、大健康”理念，深化医药卫生体制改革，提质改造基层卫生院和村卫生室，引导优质医疗资源下沉，促进基本公共卫生服务均等化。充分发挥社会公益组织、民间团体、慈善人士等的积极作用，引导和扶持公益事业快速健康发展。加强文化遗产保护传承，实施基层公共文化场(站)提升工程，打造欢乐浏阳河、欧阳予倩艺术节等一批有特色、有影响的文化惠民品牌。加快全民健身设施建设，积极开展品牌赛事活动，推进群众体育普及普惠。

创造更加和谐稳定的社会环境。坚决守住安全生产底线，坚持严查严管、严处严罚，依法强化企业主体责任，全面落实属地管理责任和监管责任，有效防范和遏制较大及以上安全事故发生。实施最严格食品药品监管制度，构建从源头到消费全过程的监管格局，争创国家食品安全城市。完善应急处突机制，推进网络虚拟社会治理体系建设，强化网络舆情应对能力。深化“法治浏阳”“平安浏阳”“和谐浏阳”建设，打造全天候、全方位、立体化的社会治安防控体系，严厉打击各类违法犯罪行为，不断提高人民群众安全感；继续以群众工作统揽信访工作，严格落实领导公开接访制度，大力推行“互联网+信访”模式，及时有效解决群众合理合法诉求，着力打造阳光信访、法治信访。

七、加强自身建设，不断提升政府效能

积极顺应改革发展新形势，以更高的标准、更严的要求、更强的责任，推进政府工作提速增效，努力建设人民满意的法治政府、服务政府、效能政府和廉洁政府。

深化法治政府建设。始终坚持自觉接受人大法律监督和政协民主监督，主动接受社会监督，保障和支持监察、审计等部门依法履行监督职责，构建科学有效的权力运行制约监督体系。始终坚持把公众参与、专家论证、风险评估、合法性审查、集体讨论决定作为重大行政决策的法定程序，确保程序合规、决策科学、过程透明。始终坚持依法治市，运用法治思维和手段，推动改革发展，维护社会稳定，促进公平正义。

深化服务政府建设。继续推进简政放权，在承接好省直管县改革下放权限的同时，动态完善权力清单和责任清单。全面深化“国地财”合署办公、综合行政执法、商事登记制度等改革，积极构建批管分离、权责挂钩的行政审批机制。全面推行“互联网+政务服务”，让信息多跑路，让群众少跑腿，致力打造全省审批事项最少、时限最短、成本最低的县(市)。深化政府信息公开，稳妥推进决策、执行、管理、服务、结果“五公开”，不断提升政府服务水平。

深化效能政府建设。坚持“马上就办、办就办好”的工作准则，坚决查处懒政怠政、慢动久拖的行为。进一步精简会议和文件，腾出更多时间和精力抓落实。深入践行“一线工作法”，激励政府工作人员把办公室“搬出”机关、“搬到”基层，对确定的目标任务，坚决以“钉钉子”的精神一抓到底。完善激励机制，健全目标绩效考核指标体系，强化效能督查和跟踪问责，推动政府工作加速提升、高效落实。

深化廉洁政府建设。严格执行“八项规定”精神，自觉践行“三严三实”要求，坚决纠正“四风”陋习，全面落实“三个一律”，推进作风建设常态化、长效化。以“两学一做”为抓手，加强政府班子自身建设，从严从实教育、管理和监督干部。认真贯彻全面从严治党要求，健全岗位廉政风险防控管理机制，努力从源头上遏制腐败。严格执行“三重一大”等制度，紧盯重点领域和关键环节，严肃查处违纪违法行为，切实做到干部清正、政府清廉、政治清明。

各位代表，宏伟蓝图已经绘就，发展征程催人奋进。站在浏阳发展新一轮起点上，让我们在市委的坚强领导下，在市人大、市政协的监督支持下，紧紧依靠全市人民，不忘初心，继续前进，真抓实干，奋发作为，为“建设‘两个中心’，进军全国十强”，打造更加富饶开放美丽幸福的新浏阳而努力奋斗！

名词解释：

1. 两个中心：省会副中心和湘赣边区域性中心城市。

2. 园镇合一：推动浏阳经开区与洞阳镇、北盛镇，浏阳高新区与永安镇，两型产业园与古港镇深度融合。

3. 镇馆合一：推动文家市镇与秋收起义文家市会师纪念馆，中和镇与胡耀邦同志故居管理处深度融合。

4. 一园带四镇：推动大围山国家生态旅游示范区与大围山镇、张坊镇、达浒镇、小河乡深度融合。

5. 一轴三带：沿浏永公路—浏大公路—大文公路的城镇发展主轴，以浏东公路为轴线的浏东城镇发展带、以浏跃公路为轴线的浏西城镇发展带、以永社公路为轴线的浏北城镇发展带。

6.“五美”示范村：布局美、产业美、环境美、生活美、风尚美的乡村。

7. 多馆合一：浏阳规划展览馆、博物馆和图书馆。

8. 八大民生工程：平安浏阳建设、农田水利畅通、教育扩容提质、卫生均衡发展、食品安全整治、畅通浏阳建设、民风淳化和暖心救助工程。

9. 精准扶贫十大工程：村级道路畅通、农田水利建设、农村电力保障、农村危房改造、农户易地搬迁、特色产业增收、乡村旅游发展、农村教育雨露、卫生文化保障和促进就业工程。

10. 两性一心：敏锐性、主动性、责任心。

11. 三个一律：全市所有市直部门和乡镇(街道)一律实行开门办公，市级领导实行公开接访；各职能部门的行政审批事项一律实行限时办结；各级各部门的财政切块资金和项目专项资金使用情况一律实行公开公示。

12. 一线工作法：干部在一线锻炼、领导在一线指挥、问题在一线解决、能力在一线提升、绩效在一线考核、奖惩在一线兑现。

13. 两城七园：浏阳主城和金阳新区，浏阳经开区、浏阳高新区、两型产业园、浏阳河文化产业园、花炮产业集中区、浏阳河生态经济示范区、大围山国家生态旅游示范区。

14. 三河三山：浏阳河、捞刀河、南川河，大围山、连云山、九岭山。

15. 四化两型：集约化、机械化、标准化、信息化和安全型、环保型。

16. 两园四镇：浏阳经开区、浏阳高新区、永安镇、洞阳镇、北盛镇、蕉溪乡。

备注：根据上级统一安排，浏阳市第十七届人民政府提前一年换届，过去四年是指2013—2016年，其经济指标年均增长速度均以2012年完成数为基数进行计算，2016年数据均为预计数；未来五年是指2017—2021年。

政府工作报告

——在浏阳市第十七届人民代表大会第二次会议上

市长 吴新伟

（2017 年 2 月 25 日）

2016 年工作回顾

2016 年，在市委的正确领导下，在市人大、市政协的监督支持下，市人民政府紧紧围绕建设省会副中心和湘赣边区域性中心城市的发展定位，开拓创新，锐意进取，较好地完成了市第十六届人大五次会议确定的各项目标任务。县域经济与县域基本竞争力从全国百强第 28 位跃升至第 19 位，连续五年蝉联长沙绩效考核县（市、区）组第 1 名，获评“中国全面小康十大示范县市”和全国唯一“美丽中国典范城市”。

——综合实力再攀新高。全年实现地区生产总值 1218.2 亿元，增长 11%；完成全口径财政收入 157.7 亿元，增长 15.2%，其中一般公共预算收入 95.5 亿元，增长 11.2%；实现规模以上工业增加值 689.1 亿元，增长 13.5%；完成固定资产投资 913.8 亿元，增长 16.2%；实现社会消费品零售总额 281.3 亿元，增长 15.9%；城乡居民人均可支配收入为 39641 元、27182 元，分别增长 8.2%、7.9%；金融机构本外币存贷款余额为 640.4 亿元、472.6 亿元，分别增长 21%、8.4%，主要经济指标增速稳居省市前列，实现“十三五”规划良好开局。

——改革创新拓展深化。统筹实施 9 大类 63 大项 163 小项改革，大力推进省直管县、强镇扩权、园镇融合、农村宅基地制度、不动产统一登记、集体林权制度等重点改革；先行先试土地征收制度、集体经营性建设用地入市两项国家改革试点，推出全省首宗集体经营性建设用地挂牌入市；率先推行建设投资项目审批改革，政府投资项目和社会投资项目（核准类）审批可在 68 个工作日内办结，社会投资项目（备案类）审批可在 56 个工作日内办结；全面铺开乡镇国库集中支付改革，创新推出“国地财”合署办公、综合行政执法等改革举措，改革红利有效释放。开通运营湘赣边城市候机厅，实现与万载、铜鼓等县市公积金互认和医保异地结算，湘赣开放合作试验区建设成功纳入《促进中部地区崛起“十三五”规划》。创新开展“银企对接”“人才引进”等工作，促成银行为企业授信 104.9 亿元，引进党政机关、教育卫生类专业人才 695 名，丰富了动力要素，激发了发展活力。

——产业发展优化升级。园区动能日趋强劲，经开区、高新区、两型产业园实现规模工业总产值 1001.2 亿元、350.6 亿元、56.3 亿元，分别增长 16.6%、20.1%、15.3%。经开区获批国家新型工业化产业示范基地和长江经济带国家级转型升级示范开发区，制造产业基地跻身省级高新区行列，两型产业园获批全省首家特色食品产业园，浏阳河文化产业园获评首批省级文化产业示范区。产业集群不断壮大，电子信息、生物医药、机械制造、健康食品产业规模工业总产值分别增长 12.1%、23.8%、23.4%、11.5%。全市高新技术企业增加 30 家，规模以上企业增至 834 家。花炮产业转型升级步伐加快，淘汰落后烟花爆竹生产企业（工区）193 家，成功入选全国产业集群区域品牌建设试点。农业基础地位持续巩固，水稻、蔬菜、油菜、油茶、烤烟、水果、花卉苗木、生态养殖等特色农业效益提升，实现农业总产值 158.3 亿元，获评“国家农产品质量安全县”；投入水利资金 4.1 亿元，实施重点水利项目 34 个，椒花水库建设前期工作有序推进。全域旅游发展提速，启动“国家全域旅游示范区”创建，精心培育 10 条精品旅游线路，大围山森林公园获批国家地质公园。房地产市场稳健发展，销售商品房 144.4 万平方米，增长 25.7%。招商引资成效喜人，全年引进重点项目 200 个，其中 10 亿元以上项目 6 个，50 亿元以上项目 3 个，为经济快速发展注入了强劲动力。

——城乡建设亮点纷呈。交通路网更加畅达，金阳大道二期、蒙华铁路浏阳段建设加快推进，金阳大道一期、大围山旅游干线公路、沙赤公路、梁高公路完成建设，永社公路、花木走廊全面提质，道吾山路、西湖山路等 7 条城市道路全面拉通；启动实施农村公路建设三年行动，改造建设农村公路 1500 公里。城市功能进一步完善，建成淮川河、济川河截污工程，完成浏阳河市场、淮川市场改造，新增公共停车位 1800 个，改造城市绿道 4 条，高标准建成长兴湖中湖西岸和西北环线精品景观工程，启动实施社区全面提质提档三年行动。大瑶入选首批中国特色小镇，大围山获评全国“一村一品”示范镇，永安、镇头、沿溪等重点城镇建设呈现新亮点。生态环境日益改善，大力开展水环境综合治理行动，完成环保违规建设项目清理整治工作，新改建 24 家乡镇污水处理厂，关停拆除浏阳河流域两岸 500 米范围内畜禽养殖场 42.4 万平方米。创新推行“路长制”，扎实开展“城市管理进乡村”，在全省率先启动全域美丽乡村示范县(市)创建，成功承办全省美丽乡村建设工作现场推进会，获评“中国美丽乡村建设示范县(市)”。

——民生福祉持续改善。全年民生领域投入72亿元，占一般公共财政预算支出的75.8%。社会保障逐步完善，积极开展助学、助医、助困等慈善救助活动，发放各类低保金、救助金近2亿元；改扩建敬老院7所，续建公共租赁房1236套，改造棚户区5743户、农村危房3000户；大力实施精准扶贫“十大工程”，3058户10117人实现脱贫，人民群众获得感更强。社会事业加快发展，新扩建学校11所，建成标准化学校70所，严控大班额和阳光招生工作取得实效；启动实施人民医院整体搬迁，新改建乡镇卫生院5所，成功创建全国妇幼健康优质服务示范市；扎实推进“三馆合建”项目，新建提质示范性乡镇文化站7个，精心举办欧阳予倩艺术节、欢乐浏阳河、浏阳河音乐节等群众文体活动，人民群众幸福感更强。社会治理不断深化，成立食品药品环境犯罪侦查大队，保障广大群众吃得放心、用得安心；创新开展安全生产巡查工作，以铁的手腕推动责任落实，安全生产形势稳定向好；健全社会矛盾预防化解机制，连续六年实现各特护期进京非访“零登记”；重拳打击违法犯罪行为，获评全省综治工作先进县市，保持全省“平安县市区”称号，人民群众安全感更强。

——政府效能不断提升。自觉接受人大、政协监督，办理人大议案1件、人大代表建议390件，承办政协委员提案157件，办结率均为100%。完成79个行政村撤并工作。全省首个县级“市民之家”正式启用，率先推行政务服务三级帮代办。通过“12345”市民服务热线受理并办结各类诉求3487件，“市长信箱”被评为国家电子政务精品栏目。严格执行“三个一律”，财税、项目、招投标等管理更加规范。扎实开展“两学一做”学习教育和“两性一心”大讨论，认真落实全面从严治党要求，推进干部作风整顿和经济环境优化，查处各类作风问题876起，政府执行力和公信力进一步提升。

围绕经济社会发展大局，人民武装、司法、审计、统计、市志档案、新闻出版、人防、外事、对台侨务、民族宗教等工作得到加强，武警、消防、烟草、气象、移民、水文、盐务、邮政、供电、电信、移动、联通、石化、检验检疫、海事、海关等作出积极贡献，工会、共青团、妇联、残联、工商联、文联、科协、红十字会、关工委、老龄委等群团组织及其他社会团体均取得新的成绩。

各位代表，成绩来之不易，奋斗饱含艰辛。这一年，最引以为豪的是浏阳综合实力大步跨越、人民幸福指数节节攀升，最令人感动的是广大干部群众为建设美丽家园辛勤付出、无私奉献。成绩的取得，是市委正确领导的结果，是市人大、市政协监督支持的结果，是全市上下团结奋斗的结果。在此，我代表市人民政府，向各位人大代表、政协委员，向全市干部群众，向各位老领导、离退休老同志，向各民主党派、人民团体，向驻浏单位、驻浏部队、武警官兵和政法干警，向所有关心支持浏阳发展的社会各界朋友，表示衷心的感谢和崇高的敬意！

在看到成绩的同时，我们也清醒地认识到，前进的道路上还面临不少困难和问题：产业结构有待优化，经济质量效益还有较大提升空间；大项目、好项目还不够多，招商引资和项目建设力度有待进一步加大；城乡发展不够均衡，园区、乡镇的承载能力需要加快提升；安全稳定、环境保护等工作压力较大，社会治理存在薄弱环节；政府效能与经济社会高速发展的要求还有一定差距。对此，我们将采取有力措施，认真加以解决。

2017年政府工作的总体目标和主要措施

2017年是党的十九大召开之年，是供给侧结构性改革的深化之年，是全面贯彻省市党代会精神的关键之年。纵观国内外形势，世界经济在深度调整中曲折复苏，中国经济在转型升级中提质增效，湖南“创新引领、开放崛起”战略深入推进，湘赣开放合作试验区、长沙东部开放型经济走廊等发展平台加速建设，这些都为我们谋求更高层次跨越开辟了广阔空间、注入了强劲动力。经过多年的不懈努力，全市综合实力不断攀升，经济体量突破1200亿元，县域经济与县域基本竞争力跨入全国二十强，新的发展动能加速形成，发展空间不断拓展，发展路径更加清晰，县域经济呈现出更有质量、更富活力、更可持续的新气质。面对新一轮改革发展大潮，我们要着眼大格局，把握经济新方位，践行发展新理念，以更加鲜明的目标导向、更加紧迫的忧患意识、更加强烈的争先精神，努力在“建设‘两个中心’，进军全国十强”中迈出关键性一步，在长沙建设国家中心城市中走前列、立潮头，在湖南建设“经济强省、科教强省、文化强省、生态强省、开放强省”中贡献浏阳力量。

2017年政府工作的指导思想是：全面贯彻落实党的十八大和十八届三中、四中、五中、六中全会和中央、省委、长沙市委、浏阳市委经济工作会议精神，以及浏阳市第十二次党代会精神，按照“五位一体”总体布局和“四个全面”战略布局，牢牢把握“大项目推进年”工作主题，深入实施“交通融城、产业兴城、人才活城、生态美城”发展战略，始终坚持“改革推动、创新驱动、区域带动、项目拉动、城乡联动”发展路径，践行新理念，打造新动能，朝着“建设‘两个中心’，进军全国十强”宏伟目标阔步前行，以优异成绩迎接党的十九大胜利召开。

2017年，我市经济社会发展的主要预期目标是：地区生产总值增长10%以上，一般公共预算收入增长10%以上，固定资产投资增长14.5%以上，规模以上工业增加值增长12%以上，社会消费品零售总额增长13%以上，居民人均可支配收入增长8%以上，城镇登记失业率控制在4%以内。

为实现上述目标任务，我们将重点抓好十个方面的工作：

(一)着力推进改革创新全面深化。突出供给侧结构性改革主线。全面落实一二三产业扶持政策，加快三次产业转方式、调结构步伐，不断提升产品质量、扩大有效供给。坚持因城施策，调整优化市场结构，积极培育住房租赁市场，有效释放住房需求，保持房地产市场平稳健康发展。扩大试点性承接性改革效应。突出抓好农村宅基地制度、农村集体经营性建设用地入市、土地征收制度、集体林权制度等改革试点，促进农村“资源变资产、资产变资本、资本变资金”。用好用足“省直管县”改革政策，完善与省直管要求相适应的体制机制，争当“省直管县”改革发展排头兵。实现大瑶综合行政执法局挂牌运行，大力推进镇头等重点镇扩权强镇，最大限度下放行政审批、行政执法、公共服务等经济社会管理权限，充分激发基层发展活力。加大自主性创新性改革力度。全力推进金阳新区管理机制创新，不断深化“园镇合一”“镇馆合一”“一园带四镇”等发展模式。大胆探索国有企业改革，大力推动城建集团、水建投等平台公司全方位参与城市建设，提高国有资本配置和运营效率。严格政府债务管理，深化财税体制改革，不断完善市级、园区、乡镇财政收入与经济发展协调增长机制。积极开展涉农资金整合试点，统筹专项资金使用，提高财政资金推动农村发展的整体质量。

(二)着力推进项目建设提速提档。以大项目激发发展新活力。紧扣“大项目推进年”工作主题，在基础设施、公共服务、产业升级等领域，重点谋划、争取一批“顶梁柱”式的大项目，形成对经济社会发展稳定持久的有效支撑。启动金阳大道三期、椒花水库等重大基础项目建设，加快人民医院整体搬迁、“三馆合建”、道吾学校等重大民生项目建设，力促欧智通、百草堂、金丰林等重大产业项目建成投产。全年计划铺排重点项目273个，力争完成投资374亿元。以大招商汇聚发展新动能。大力开展“引老乡、回故乡、建家乡”活动，吸引更多湖南籍、浏阳籍企业家返乡投资创业；成立招商服务中心，精心举办招商推介活动，派出小分队赴长三角、珠三角等重点区域开展精准招商，着力引进一批投资强度大、科技含量高、创新能力强的项目和企业。力争全年新引进项目200个，其中投资过100亿元项目实现“零”的突破、50亿元项目4个以上、10亿元项目9个以上。以大服务增创发展新优势。强力推进“征拆清零”和“环境优化”两大专项行动，努力营造良好的政务环境、项目建设环境；强化政府投资项目资金保障，确保及时足额到位，全力做好社会投资项目投融资协调服务；认真落实领导干部项目联点制，一线攻坚破解项目建设难题，力促重点项目早落地、早开工、早投产。

(三)着力推进工业经济转型发展。推动园区平台再升级。启动经开区中心消防站、垃圾处理厂建设，建成健康大道北延线和电子信息检测检验平台，做好110千伏变电站项目前期工作，不断完善园区基础设施，持续放大平台载体优势。提质改造高新区永和路、鼎盛路、大安路、永镇路等道路，建成科研中心、再制造公共平台等项目，全力争创国家级高新区。推进两型产业园集中供热、供气等设施建设，加快产品展示交易中心、食品安全检测中心、健康食品产业中心等平台建设，不断提升园区聚合要素、承载项目的能力。全面实施“大园带小园”，促进大园小园联动协调发展。推动工业产业再升级。深度参与长沙“中国制造2025”试点示范城市建设，重点发展智能机器人、智能机床、智能专用装备等产业，助推制造业向智能化生产升级；充分发挥蓝思科技、尔康制药等领军企业的带动作用，促进电子信息、生物医药产业向信息化、高端化、集群化发展，致力打造省会新兴产业发展中心。深入实施“整合提升、科技攻关、品牌营销、文化创意”四大工程，淘汰退出落后烟花爆竹生产企业100家以上，重点扶持一批机械化程度高的示范型企业，推动花炮产业不断优化升级。创新推行“浏阳焰火全球通”，全面展示浏阳花炮“安全、环保、科技”新形象。推进“质量强市”建设，弘扬“工匠精神”，加快形成一批全国知名的品牌产品、品牌企业。推动企业服务再升级。精准对接企业需求，以“走百家企业、解发展难题”活动为载体，大力开展“金融一线行”和“春风行动”，强化资金、人才等要素保障，助推企业轻装上阵、放量发展。鼓励民营企业建立现代企业制度，加强上市指导和培育，引导企业通过资本市场做大做强，力争新增挂牌上市企业2家以上。

(四)着力推进现代服务业活跃繁荣。加速发展休闲旅游产业。围绕国家全域旅游示范区创建，加快浏阳河文化旅游产业带建设，启动浏阳河城区至长沙段综合旅游开发，高品位建设沿河风光带，将浏阳河打造成响亮的旅游名片；推进大围山森林公园南大门等基础设施建设，办好“春赏花、夏漂流、秋品果、冬滑雪”四季节会；精心举办秋收起义九十周年系列纪念活动，建成文家市秋收起义纪念园、耀邦故里游客服务中心，全力创建国家5A级景区；紧扣10条精品旅游线路，打造一批食、住、行、游、购、娱一体的多功能旅游综合体，致力打造省会都市休闲度假中心和湘赣边休闲旅游中心。做优做强金融服务产业。以打造湘赣边金融贸易中心为抓手，举办湘赣边区域金融合作论坛，探索共建湘赣边区域诚信体系；深化金融创安，推进“信用村镇”“信用企业”建设，规范民间金融发展，切实防范金融风险；建立园区金融服务中心和社区普惠金融服务站，引导银行在乡镇、园区开设小微支行、社区支行；支持农商行启动上市前期工作、设立域外分支机构。培育壮大商贸物流产业。充分挖掘现代楼宇功能，引导双创空间进楼宇，推动楼宇经济质量效益双提升。积极发展节会和会展经济，精心办好车展、房交会、城市商务节、湖南省第四届家具博览会暨长沙市首届林博会、第十三届中国(浏阳)国际花炮文化节等节会活动，广泛集聚人气，有效拉动消费。加快蒸菜龙头企业触网发展，深化蒸菜文化内涵，推动浏阳蒸菜产品创新、品质提升、产业升级。实施“互联网+商贸流通”行动，大力建设电子商务产业园、电商企业孵化中心。加快标准仓储建设，深度融合运输、信息等产业，全力发展现代物流，致力打造湘赣边交通物流中心。深耕提质科教文卫产业。以打造湘赣边创新创业中心和科教文卫中心为引领，抢抓湖南打造“科技创新基地”机遇，建成创新创业园，加快建设一批国家和省级科技创新平台；依托浏阳河文化产业园，提质升级“智慧浏阳河”文化创意孵化基地、国际烟花创意梦工场；实施“名医名校”工程，支持社港依托骨伤科医院，引进知名医院兴办特色康复养老医院、专科医院，打造湘赣边医养小镇；支持大瑶引进名校兴办高中、初中、小学、幼儿园，建设湘赣边教育名镇；支持园区周边乡镇依托工业园区，大力发展中等职业教育，培养中级技术工人，建设职业教育基地。

(五)着力推进现代农业提质增效。立足生态优势，发展绿色农业。突出优质、安全、绿色导向，在保障粮食安全的基础上，巩固提升水稻、蔬菜、油菜、油茶、烤烟、水果、花卉苗木、生态养殖等特色产业，支持有基础的乡镇争创特色农产品优势区，打造省会绿色产品供应中心。以两型产业园为依托，培育壮大农业产业化龙头企业，引入现代元素改造提升传统名优品牌。加快一、二、三产业融合，推动"互联网+现代农业"深度拓展，大力发展精细农业、休闲农业、品牌农业、生态农业。立足创新突破，提升经营效益。全面开展农村土地承包经营权确权登记颁证，充分发挥农村资源流转交易中心作用，拓宽村级集体经济发展路径。加快推进农村创业创新，积极培育新型职业农民，鼓励支持建设现代农业庄园，力争发展示范农民合作社40家、土地经营合作社30家，建设示范家庭农场30家。大力创建区域公用品牌与企业产品品牌，组织开展"浏阳农产品商超行"，确保既"种得好"又"卖得好"，让农业成为有奔头的产业。立足设施完善，夯实三农基础。提升耕地质量，建设高标准农田12.4公顷。升级改造农村电网，启动葛家110千伏变电站建设，力争完成淳口500千伏变电站立项工作。推进农业节水改造，完善农村宽带网络配套。新增农村自来水受益人口15万人，全面完成小康社会农村自来水普及任务。加快推进马尾皂水库、金鸡水库扩容，抓好大栗坪、宏源等大中型水闸除险加固工作，进一步强化现代农业基础支撑。

（六）着力推进开放合作拓展延伸。在更广范围打造开放通道。深化"交通融城"战略，建成金阳大道二期，启动南横线、北横线、金阳大道三期工程，力促长浏城际铁路尽快启动建设，全面融入长沙"半小时经济圈"。全力助推蒙华铁路浏阳段建设，力争渝长厦铁路经浏设站，提质改造浏阳至株洲、平江、铜鼓、万载、上栗等出市、出省通道，构建互联互通、快捷便利的交通大格局。在更高层次构筑开放平台。依托金阳新区，以黄花机场"东扩"为契机，积极争取第三跑道入浏，深度融入长沙东部开放型经济走廊，打造省会功能配套中心。建设外贸综合服务平台，充分利用"湘欧快线"国际运输通道，打通鞭炮烟花产品快速运转大动脉。深入推进"人才活城"战略，启动实施第二个"5358"人才工程，构建更有吸引力的人才引进机制，致力打造区域性人才高地。在更宽领域推进区域合作。积极参与第三届湘赣边区域开放合作交流会，力促《湘赣开放合作试验区发展规划》出台，努力在重大项目、重大政策上取得更大合作成果。加快浏阳—上栗、浏阳大围山—铜鼓大沩山共建区建设，不断深化产业发展、交通建设、社会治理、民生保障等领域合作，将共建区建成湘赣边协同发展先行地、深度合作示范区。

（七）着力推进城市品质能级提升。打造更全功能的精品城镇。启动建设西南环线和西北环线二期，建成白沙路、秋收路、禧和路、南川路等10条城市道路，完成天然气入浏工程和浏阳河污水干管改造，建设公共停车位1000个以上，安装改造路灯1800盏以上，不断提升城市承载力和宜居度。坚持错位发展、特色发展，全力支持乡镇找准定位、放大优势、打响品牌，打造一批独一无二、全国知名的特色小镇。建设更有魅力的精致片区。坚持"生态美城"战略，完善长兴湖、新屋岭等片区配套设施，启动新屋岭公园建设，加快蕉溪岭城市主题公园、炮台岭公园建设，推进道吾山路、长兴湖中湖东岸精品景观工程，提质升级将军路、浏阳河路绿化带，打造城市建设新亮点。扎实推进社区全面提质提档三年行动，重点抓好联城、神仙坳、唐家洲等7个社区提质提档，不断改善人居环境、提高生活品质。实施更加到位的精细管理。全面加强物业管理，开展"创和谐物业、建幸福小区"活动，培育业主放心、社会满意的物业品牌。深入实施"城乡统筹、环境同治"，推进最严城管常态化，建设数字化城管指挥中心，重点抓好渣土扬尘、拆违控违、噪音油烟污染、餐厨垃圾等专项治理，提升城区净化序化美化水平，努力争创国家卫生城市和全国文明城市。

（八）着力推进美丽乡村全域绽放。筑牢美丽乡村基础。修编美丽乡村建设村庄规划200个，深入实施生活污水处理、生活垃圾处理、绿化亮化提质、休闲广场建设"四大工程"。大力开展新三年造绿大行动，提质改造花木走廊、永社公路两厢绿化，完成造林绿化2.7万亩，创建绿色示范集镇5个、绿色村庄20个。加快乡镇道路建设，建成文家市至官渡公路（一期），启动荆坪至澄潭江公路、七宝山至中和公路建设；继续推进农村公路建设三年行动，新改建农村公路1000公里以上，支持道路"窄改宽""白改黑"，构建更加便捷、畅通、安全的农村交通路网。保护美丽乡村环境。坚持严格准入、严守标准、严肃查处，狠抓源头生态保护，重点治理大气污染和面源污染。加强畜禽养殖污染防治，促进畜禽养殖废弃物减量化、资源化、无害化和生态化；积极推广清洁能源使用，降低燃煤造成的大气污染；深入开展造纸行业专项整治，淘汰一批落后产能；新建续建乡镇污水处理厂11个，实现浏阳河、捞刀河、南川河流域污水处理全覆盖；全面推行"河长制"，将浏阳河保护和治理作为全市"一号重点工程"强力推进，让浏阳的蓝天白云、青山绿水成为常态。打响美丽乡村品牌。聚焦"全国一流、全省样板"目标，推进美丽乡村建设三年行动，分类指导建设特色产业、传统文化、自然生态村落，精心创建美丽乡村示范村45个以上。全域推行"路长制"，深入推进"城市管理进乡村"，促推乡镇、村（社区）、屋场环境整治专业化、常态化。依托全域美丽乡村建设，引导社会资本参与发展优质高端农家餐饮、民居民宿、旅游产品，打造一批休闲旅游引领型、特色产业拉动型、工商资本助推型美丽乡村新样板。

（九）着力推进民生事业普惠共享。全力保障基本民生。坚持就业创业并举，新增城镇就业14000人，失业人员再就业3500人，新增创业主体6000个。逐步实现跨省异地就医结算，拓宽社会保障覆盖面。全面实施城乡低保一体化，提高最低生活保障和特困供养标准。大力发展社区和居家养老，促进养老服务业发展。加快推进保障性安居工程和棚户区改造，完善覆盖城乡的住房保障体系。扎实推进精准扶贫"十大工程"，确保完成贫困村"摘帽"、建档立卡贫困户退出任务。强化村级组织运转保障，村（社区）年运转经费由20万元提高至平均25万元。不断优化公共服务。新建6所公办幼儿园，推进新翰高级中学、石化技校、长沙职院浏阳校区等学校建设，建成新永安中学、长兴湖小学等学校，完成100所标准化学校建设和10所薄弱学校改造，全方位提升教育品质。继续深化医药卫生体制改革，完善分级诊疗和双向转诊制度；启动3

家卫生院整体搬迁，完成21个村卫生室标准化建设；落实全面两孩政策，不断优化计生服务。加强优秀传统文化的传承发展，建设工人文化宫和10个乡镇全民健身中心，办好欢乐浏阳河、经典剧目免费月月看、机关运动会等文体活动，让群众享有更丰富的文体生活。构建和谐稳定大局。加强基层自治，依法开展新一届村（社区）组织换届选举工作。认真落实领导公开接访制度，加大信访积案化解力度，深入实施"互联网+信访"模式，打造阳光信访升级版。牢固树立安全发展理念，坚持严查严管、严处严罚，强力推进安全生产巡查，压紧压实企业主体责任，开展危险化学品全程安全管理整治三年行动，坚决防范遏制较大及以上事故发生。健全农产品和食品药品安全监管长效机制，争创"国家食品安全城市"。大力推进立体化、信息化社会治安防控体系建设，新建视频监控点1000个，完善共建共享的公共安全监控系统。深入开展打击"盗抢骗"、查禁"黄赌毒"等专项整治，依法严厉打击各类违法犯罪行为，确保社会大局和谐稳定。

（十）着力推进政府效能持续优化。全面深化依法行政。将依法行政摆在首位，自觉接受人大法律监督、工作监督和政协民主监督，严格执行重大事项向人大报告、向政协通报制度，加大人大代表建议、政协委员提案办理力度。坚持重大事项集体决策，健全公众参与、专家论证、风险评估、合法性审查等制度，推进行政决策科学化、民主化。全面推进从严治政。深入践行"三严三实"，严格落实全面从严治党"两个责任"，以更大力度、更严要求正风肃纪。紧盯重要时间节点和"四风"新动向，加大纪律审查力度，开展"小官大贪、小吏大腐"专项整治，坚决防治"雁过拔毛"式腐败。坚持从严教育、从严管理，引导广大干部增强政治定力、纪律定力、道德定力和抵腐定力。全面提升服务效能。健全决策、执行、督查、评估工作推进机制，力促部门之间高效协同，不断提升行政效率。深入推进政务公开，对征地拆迁、人员录用、资金拨付等涉及群众利益和社会关心的事项，依法及时向社会公开。完善激励机制和容错机制，激励广大干部撸起袖子加油干、甩开膀子大胆干。围绕打造全省乃至全国政务服务最优县（市）目标，继续深化商事登记制度改革，推动"市民之家"与"掌上浏阳"融合发展，让政府服务更贴心、市民办事更省心。

各位代表，新的一年开启新的希望，新的奋斗成就新的梦想。让我们在市委的坚强领导下，以只争朝夕的干劲、昂扬进取的精神、一往无前的魄力，协力同心、真抓实干、奋发作为，为加快"建设'两个中心'，进军全国十强"而努力奋斗！

政协浏阳市第九届委员会常务委员会
工　作　报　告

——在政协浏阳市第十届委员会第一次会议上

李　家　喜

（2016 年 11 月 26 日）

九届委员会工作回顾

过去四年，是我市政协事业在继承中创新、巩固中发展的四年。在中共浏阳市委的正确领导和市人民政府的大力支持下，九届市政协牢牢把握团结、民主两大主题，围绕中心，服务大局，关注民生，促进发展，切实履行政治协商、民主监督、参政议政职能，为浏阳成功挺进“三十强”、加快建设省会副中心和湘赣边区域性中心城市作出了积极贡献。

一、围绕中心，政治协商更加规范

在履行政治协商职能中，我们不断加强与市委、市政府工作的有效衔接，每年初由市委办、政府办联合下发年度协商计划，确保了政治协商有序开展。一是例会协商有广度。精心组织了 5 次全体会议，20 次常委会议，41 次主席会议，各类专题协商活动 100 余次。每年全会期间，就政府工作报告、法院工作报告、检察院工作报告、财政预决算报告开展政治协商，邀请部门负责人参加小组讨论，并将委员小组讨论以《委员进言》简报呈报给有关领导和部门，许多建议意见得到重视和落实。每年就全市重点项目计划和政府投资项目计划以及财政预算情况开展常委会专题协商，拓展了政协常委会协商议政新领域。二是专题协商有高度。围绕事关全局的重大事项开展专题协商，2014 年就如何推进我市新型城镇化，选择城镇布局、产业支撑、生态宜居、土地利用、公共服务、基础配套、投资融资等 7 个课题组织调研，并召开了专题协商会议，委员们提出的许多建议意见得到采纳，为提高我市城镇化发展水平做出了积极贡献。2015 年开展了“推进全国文明城市创建”专题协商，10 名政协委员从文明城市创建的各个方面提出建议，得到了市委、市政府和分管部门的一致认可，加快了我市全国文明城市创建步伐。三是对口协商有深度。就推进城区公交事业发展、扶持农民合作社发展、加强城市排水管网建设与维护、发展乡村休闲旅游等 21 个重要课题开展对口协商，取得了比较明显的工作成效。如加快电子商务建设对口协商后，市政府迅速出台了《关于促进电子商务发展的实施意见》政策文件，有关协商意见在文件中得到充分吸收。同时，在每年的政协全会上，选择一个对口协商课题由承办部门代表作办理情况汇报，进一步促进了对口协商成果转化。四是界别协商有精度。引导界别工作组根据界别工作特点，积极开展界别协商活动。重点围绕优化西北环线两厢产业布局、优化青年创业环境、推进残疾人康复与就业、加强畜禽产品质量安全管理等 10 个课题开展了界别协商，许多建议意见在部门工作中得到较好体现和落实。五是提案办理协商有力度。坚持把协商贯穿于提案办理全过程，通过提高撰写质量、规范办理程序、落实办理措施、创新督办机制、强化绩效考核，提案工作制度化、规范化、程序化水平有力提升。本届以来，市政协共收到提案 998 件，立案交办 875 件，其中市级分管领导领办重点提案 32 件，提案所提建议意见已经解决或基本解决的 A 类提案 289 件，占比达到 33%，推动解决了一批事关发展和群众切身利益的问题。

二、创新途径，民主监督更加扎实

在履行民主监督职能中，我们不断创新方式方法，力求监督扎实有效。一是开展民主委派监督。四年来，围绕优化发展环境、政协提案办理、部门依法行政等监督主题，先后向41个部门委派211名政协委员担任民主监督员。同时，我们还制订了《民主监督员工作手册》，形成了年初动员、年中汇报、年末总结的工作机制，不仅促进了部门工作，而且在拓宽民主监督途径、完善民主监督机制等方面进行了有益探索，提高了民主监督工作的针对性和实效性。二是开展民主评议监督。2013年，我们选择社会关注度较高的食品安全工作开展民主评议，组织委员成立5个工作组，通过走访调查、明察暗访、征集意见等方式深入企业、市场、农民合作社开展调研，掌握实情，找准问题，向9个食品安全监管相关部门开展了民主评议，有力地推动了全市食品安全工作水平的提升。三是开展民主问政监督。2014年开展了以优化经济发展环境为主要目标的民主问政活动。通过分片召开委员、企业和群众代表座谈会，共收集整理意见建议313条，并从中遴选出20个问题进行了现场问政，集中问政后又组织委员对意见建议落实情况进行跟踪，使民主问政的过程成为发现问题、形成共识、促进工作的过程，为不断优化我市经济发展环境发挥了积极作用。

三、助推发展，参政议政更加深入

在履行参政议政职能中，我们充分发挥委员主体作用，激发委员活力，提升工作水平，为服务党政科学民主决策贡献力量。一是建言献策突出针对性。2013年，围绕热点难点问题确立了10个建言献策课题，开展委员建言献策活动。10个课题中关于免征农田灌溉用水费、促进城区小学扩容、尽快启动人民医院整体搬迁等许多建议得到市委、市政府积极采纳和实施。2015年，我们把献计“十三五”规划委员建言献策活动作为全年工作重点，精心选取了52个课题，由政协联络处和城区工作组组织委员开展课题调研，提出真知灼见，有48个课题的相关建议纳入了我市“十三五”规划内容，有些建议如建设浏阳市博物馆和规划馆、加快天然气进村入户等项目已在实施中，该活动为科学编制我市“十三五”规划和项目库发挥了积极作用。二是课题调研突出前瞻性。围绕市委关切、委员关注、群众关心的社会热点难点，就建立环境治理长效机制、推进智慧浏阳建设、发展生态循环农业等20个课题开展了大会发言；就传统建筑保护、精准扶贫等4个课题开展了专题调研，有关建议意见成为党政决策的重要参考。特别是针对更好地发挥社会公益组织作用的课题，市委、市政府专题听取了调研汇报，对课题组提出的11条建议意见均予以采纳并实施，有力推动了我市社会公益组织进一步发展壮大。三是委员视察突出综合性。围绕事关全市发展大局的重大项目、重点工程、重要工作组织委员广泛开展视察活动，每年全会期间组织委员视察重点项目，激发了委员参政议政热情。同时，就园区建设、城区教育、基层医疗、环境保护、招商引资、花炮产业发展、食品安全监管等21项工作，开展主席会议视察，提出了许多促进工作落实的意见建议，收到了良好效果。四是社情民意突出广泛性。加强信息员队伍建设，完善工作保障机制，社情民意信息工作实现新提升。本届来，共收到涉及经济社会发展方方面面的社情民意信息600多条，编报市委、市政府社情民意专报120多期，得到各级领导批示40多期，部分社情民意信息被省、市政协采用。报送的如《关于建立烟花爆竹企业退出补偿机制的建议》《加强对村级卫生网络的监督与管理》《关于城区主干道路灯实行通宵无间断照明的建议》等一批信息均得到重视和解决。

四、和谐共进，工作主题更加彰显

突出团结、民主两大主题，密切联系社会各界，广泛凝聚各方力量，为构建和谐浏阳集聚合力。一是凝心聚力促发展。本届政协始终把为促进发展建功立业、为社会和谐献计出力、为政协事业增光添彩的“三为”主题活动作为委员贯穿始终的重要履职载体，广泛动员委员立足岗位，发挥优势，主动作为，为浏阳经济社会发展做出了积极贡献。开展了为期三年的“牵手帮扶，联点共建”百名委员助推小微企业发展活动，百名委员与百家小微企业牵手结对，在生产经营、技术创新、开拓市场等方面予以帮扶，促进了企业发展壮大。二是联络联合促团结。在全市各乡镇、街道建立了政协委员活动室，并以此为平台，开展委员学习交流、联络联谊和收集社情民意等活动，着力打造“委员之家”。探索“区域+界别”履职模式，打破条块界限，推动基层政协组织协作联动。同时，将全市委员分为6个片区，每个片区每年开展4次以上经验交流和委员项目观摩活动，激发了委员干事创业的热情。紧密团结少数民族界和宗教界的委员，共同维护我市民族团结、宗教和睦的良好局面。开展了多层次、多形式的对外交流活动，接待外地政协来浏考察80多批次，与北京西城区政协结成友好单位。三是履职为民促和谐。2013年开展了“关心山区教育、关爱山区孩子”主题活动，得到了全体委员的积极参与和社会各界的密切关注，全市政协委员共捐款400多万元，对17所山区学校进行帮扶，有效改善了山区学校教育条件。市政协坚持每年扶助一批困难家庭大学生，四年来共向176名困难大学生发放助学金35.4万元。开展“委员进社区(村)”活动，12个城区工作组对口联系12个社区(村)，城区委员走进基层、服务群众，广泛开展收集民意、扶贫帮困、技术服务、文化下乡、医疗义诊等活动60多场次，推动了政协组织优势在社区聚集，政协委员作用在基层发挥。同时，全市广大政协委员积极投身公益事业，为群众做好事、办实事。四年来，全市政协系统共举办各类公益慈善活动100多次，结对帮扶贫困户200多户，捐款捐物价值3000多万元，展示了委员的良好形象。

五、固本强基，履职基础更加夯实

着力加强政协自身建设，坚持把理论学习摆在首位，切实转变工作作风，不断完善工作机制，强化了政协履职的基础。一是加强学习培训。坚持每年举办一期政协委员培训班，组织委员重点学习了中共十八大和十八届三中、四中、五中全会精神、习近平总书记在人民政协成立65周年庆祝会上的讲话精神以及提案知识、经济形势发展等专题内容。在委员中开展“学法律、讲诚信、促发展”主题实践活动。组织政协联络处主任、工作组组长和专委会主任赴北京大学研修学习，重点学习政协理论知识实践和运用。坚持为全体委员订阅报刊杂志、发放学习资料等。通过学习培训，政协委员和政协机关干部履职的思想政治基础更加巩固，理论水平和履职能力得到进一步提升。二是加强制度建设。争取中共浏阳市委下发了《关于进一步加强人民政协工作的意见》，从27个方面对政协工作作出了详细规定。修订完善了“四规则一规定”，即《全体会议工作规则》《主席会议工作规则》《常委会议工作规则》《专委会议工作规则》和《委员履职工作规定》。出台了《关于保障市政协委员履职的有关规定》《关于建立政协委员退出机制的有关规定》，提升了政协工作的制度化、规范化、程序化水平。三是加强作风建设。以开展党的群众路线教育实践活动、“三严三实”“两学一做”专题教育为抓手，班子成员以上率下，深化学习教育，积极查摆问题，开展谈心谈话，召开专题民主生活会，进一步树立和维护了勤政廉政形象。加强党风廉政建设，严格执行中央“八项”规定和省、市关于作风建设的各项规定，认真贯彻落实“一线工作法”“三个一律”等规定，机关干部服务意识、为民意识进一步增强。四是加强文史宣传。编辑出版了《浏阳乡村教师》《浏阳人的抗战》《浏阳历史建筑遗存录》等文史专辑，刊发《浏阳政协》21期，《人民政协报》《湘声报》等省级以上媒体报道我市30多次，有效扩大了政协工作的影响力。

回顾过去四年，我们深切感受到，市政协工作取得的成绩是市委正确领导、市政府关心支持的结果，是各民主党派、工商联、有关人民团体和广大政协委员共同努力的结果，也是与全市各方面积极配合分不开的。在此，我代表九届市政协常委会，向所有关心、支持和参加政协工作的同志们、朋友们表示衷心的感谢，并致以崇高的敬意！

在肯定工作的同时，也要充分认识到，我们在工作中还有一些方面需要改进，比如：协商民主制度化有待进一步推进，协商成果转化有待进一步加强，界别和委员主体作用有待进一步发挥，服务委员质量和水平有待进一步提升等。这些都需要在今后的工作中认真加以研究和改进。

主要工作体会

四年来，市政协常委会不断深化对政协工作的认识，积累了一些经验和体会。主要有以下几点：

一是必须坚持党的领导，把握政协工作的方向性。市政协坚决贯彻党的路线方针政策，自觉接受中共浏阳市委的领导，坚持重大工作主动报告，重要事情及时反映，始终与市委同心同德、同向同行，使全市政协工作呈现出党委重视、政府支持、政协主动、各界配合的良好局面。

二是必须坚持围绕中心，增强政协工作的实效性。我们始终紧扣党政中心工作，坚持党政工作推进到哪里，政协工作就跟进到哪里。既注重选择全市经济社会发展中的全局性、宏观性、前瞻性问题，从宏观上献计，又注重选择经济社会发展中的热点、难点问题，从微观上出力，始终与市委、市政府方向一致、目标一致，努力把政协的职能履行好，把优势和作用发挥好，为浏阳的跨越发展贡献智慧和力量。

三是必须坚持履职为民，突出政协工作的人民性。我们始终坚持履职为民宗旨，深入接触基层和界别群众，始终把群众关注的问题作为履职的主攻方向，在政协工作的思路上着眼于惠民富民，履职上致力于为民利民，作风上保持亲民爱民，切实做到政为民所议、言为民所建、策为民所献、力为民所出，为和谐浏阳建设发挥不可替代的作用。

四是必须坚持主动作为，体现政协工作的担当性。我们不断增强工作责任感和使命感，无论是政协委员、还是政协干部，都自觉树立有为才有位、有位更有为的观念，用恪尽职守来诠释责任，用奋发有为来回应期望，培养政协情怀，奉献政协事业，以优势和作用推进发展，以实实在在的业绩体现价值，为推进浏阳政协事业发展作出更大贡献。

十届委员会工作建议

未来五年，市第十二次党代会提出的新目标和新任务为我市政协事业发展提供了广阔舞台，也对政协工作提出了新的更高要求。新一届市政协要高举中国特色社会主义伟大旗帜，全面贯彻中共十八大和十八届三中、四中、五中、六中全会精神，以邓小平理论、“三个代表”重要思想和科学发展观为指导，深入贯彻习近平总书记系列重要讲话精神，在中共浏阳市委的坚强领导下，坚持团结和民主两大主题，围绕中心，服务大局，凝聚力量，助推发展，突出推进政协工作制度化、规范化、程序化，为实现“建设‘两个中心’，进军全国十强”目标作出新贡献。

一、把握新形势，在加强理论学习、增进思想共识上取得新进步

重视和加强学习，是适应和引领经济社会发展新常态的需要，是政协坚持正确政治方向和提升履职能力的需要。一是要认真学习贯彻党的路线方针政策，始终与中共中央在政治上、思想上、行动上保持高度一致，切实增强政治意识、大局意识、核心意识、看齐意识。二是要认真学习领会中央、省、市关于加强政协协商民主建设的新部署、新要求，正确把握政协协商民主发展的新形势、新变化，切实增强发展人民政协事业的使命感和责任感。三是要认真学习有关经济发展新常态的政策理论，紧跟时代前进的脉搏和我市发展的阶段性特征，主动适应新常态，助力新跨越。四是要认真学习贯彻市第十二次党代会精神，结合学习贯彻省、市党代会精神，把握履职方向和重点，切实把思想和行动统一到市委的决策部署上来，把智慧和力量汇集到市委确定的各项目标任务上来。

二、紧扣新思路，在围绕中心大局、助推改革发展上创造新业绩

主动把政协工作放到全市工作大局中去谋划和推进，自觉围绕市委、市政府决策部署建言献策，是市政协履行职能的重要原则。一是围绕发展勤协商。要聚焦事关经济社会发展和“两个中心”建设等重大问题，在创新管理机制、转变政府职能、助推改革试点、加快园区发展、推动产业升级等方面多献务实之策；在加快融入长株潭、推动湘赣边区域合作交流等方面多谋长远之道；在提升城市品位、加快城乡一体、发展全域旅游、推进依法治市等方面多建有用之言。二是聚焦效能常监督。要创新监督方式，加大监督力度，以委派民主监督员为主要形式，结合视察、走访、提案、民主评议、民主问政和反映社情民意等形式，加强对热点部门、热门岗位的监督。把民主监督的重心放在事关发展和民生的重大问题上，放在规划、审批、建设、监管等关键环节上，放在多发性、反复性、难解决的重点部位上，通过政协民主监督的理性分析、建言献

策，促进机关服务效能不断提升，经济发展环境不断优化。三是要着眼难点多献策。把助推我市“十三五”规划实施作为履行职能的主线，贯彻创新、协调、绿色、开放、共享发展理念，突出问题导向，强化短板意识，围绕规划实施中的难点问题开展专题调研，组织各领域、各界别精英共商发展大计，为实施“十三五”规划出实招、谋良策。

三、探索新机制，在推进“三化”建设、提升履职实效上开创新局面

推进人民政协协商民主制度化、规范化、程序化，是提高和增强协商民主实效的前提和保证。一是出台协商制度。认真贯彻中央、省、市关于协商民主的重要部署，深入推进政治协商、民主监督、参政议政制度建设，争取市委出台政协协商民主建设实施办法，就政协协商基本原则、主要内容、主要形式、主要程序、保障机制等方面作出明确规定，建立和完善符合我市政协实际的工作规则、工作程序和工作制度。二是规范协商形式。探索建立月协商会议制度，在每年1次全会协商、4次常委会协商的基础上，选择内容具体、针对性强的问题，以对口协商、专题协商、建言献策等形式，开展7次左右的协商活动，基本形成每月一次的协商会议机制，使月协商会议成为服务发展、增进共识、协调关系、凝心聚力的协商平台，充分发挥政协作为协商民主重要渠道和专门协商机构的作用。三是提高协商质量。加强政协协商与党委、政府工作的有效衔接，进一步规范协商议题提出机制，重点议题主动同党委、政府会商提出；完善调研工作机制，制定加强和改进调研工作实施办法，提高调查研究能力；完善协商会议组织制度，规范会议程序和要求，保证协商质量；完善协商成果转化机制，加强协商后的成果汇总、报送、反馈、督办和评估，切实提高政协协商的质量和水平。

四、展示新形象，在关注民生福祉、促进社会和谐上作出新贡献

政协委员来自于民、植根于民、服务于民，关注民生、履职为民，是人民政协的根本宗旨和神圣职责。一是致力民生改善。广泛倾听群众心声，了解群众意愿，把群众所思所想、所忧所急、所需所盼转化为政协提案、社情民意或建议案，真正做到民有所需、我有所为，民有所呼、我有所应。在群众最关心、最直接、最现实的利益问题上寻找政协履职的结合点和切入点，将就业促进、社会保障、住房保障、食品安全、城乡居民收入、教育、医疗卫生、文化体育等重点领域作为政协民主监督和协商建言的重点，通过政协的有序参与、积极作为，让群众早受益、多得益。二是助力扶贫帮困。把服务精准扶贫作为重要政治任务，倡导市政协委员参与“三个一”扶贫行动，即资助一名贫困家庭在校学生完成学业、结对一个贫困家庭增加收入、帮助贫困家庭一名成员解决就业，积极助力脱贫攻坚。充分调动委员利用自身条件和优势，结合“委员进社区(村)”活动，深入开展送科技、送文化、送卫生、送法律和各类扶危济困活动，切实为群众办好事、做实事。三是促进社会和谐。发挥做好群众工作的独特优势，引导委员深入基层、深入群众，协助党委政府做好理顺情绪、化解矛盾、增进团结、维护稳定的工作。认真落实走访委员和联系群众制度，增进各党派、各团体、各阶层的联系和团结。突出文史工作的统战特色，做好文史资料的征集出版，发挥其团结各界的纽带作用。

五、锤炼新队伍，在加强自身建设、提升履职能力上迈上新台阶

政协的履职能力和水平，事关人民政协事业健康发展，也是提升政协地位、扩大政协影响力的重要前提。一是发挥委员主体作用。搭建委员履职平台，进一步深化“三为”主题活动，在引导广大委员立足本职岗位创新创业、科学履职的同时，倡导委员主动服务基层、服务群众、服务社会。加强委员学习培训，制订五年培训规划，落实年度培训计划，努力提高委员的素质和履职能力。突出委员履职评价，通过加强履职考核，增强角色意识，激发履职热情，使每位委员真正做到懂政协、会协商、能监督、善议政、有担当。二是夯实政协工作基础。加强政协常委会班子建设，凸显常委会在政协工作中的领导和表率作用；加强专委会建设，配强专委会班子和队伍，增强工作能动性，充分发挥专委会履行职能的基础性作用；加强界别工作组建设，组织开展界别特色活动，充分发挥界别工作组的纽带作用；加强政协联络处建设，丰富片区活动，深化履职协作，充分发挥基层政协组织的引领作用。三是注重机关效能建设。加强思想建设，抓好政治理论学习，强化机关党建和作风建设，深入开展“两学一做”学习教育，常态化开展“敏锐性、主动性、责任心”大讨论，将“两性一心”内化于心，外化于行，切实转变机关干部作风。加强机关制度建设，进一步完善为政协履行职能服务的各项工作制度。加强政协信息化建设，开通政协门户网站，拓展交流沟通载体，创新知情明政平台，不断提高政协工作的科学化水平。

各位委员、各位同志！成绩令人鼓舞，前景催人奋进！在这承前启后、继往开来的盛会上，我们高兴地看到一批朝气蓬勃的新生力量充实到政协队伍中来了，为政协工作增添了新活力、新气象。我们深信，新一届政协将会在中共浏阳市委的正确领导下，紧紧依靠广大政协委员，凝聚各界智慧，汇集各方力量，同心同德，务实作为，为开创政协工作新局面，为“建设‘两个中心’，进军全国十强”，打造更加富饶开放美丽幸福的新浏阳而努力奋斗！

政协浏阳市第十届委员会常务委员会工作报告

——在政协浏阳市第十届委员会第二次会议上

李 家 喜

(2017 年 2 月 24 日)

未来五年的总体思路

未来五年，是我市建设省会副中心和湘赣边区域性中心城市的关键期，也是我市政协工作继往开来、开拓进取的又一个重要五年。站在新的历史起点上，今后五年政协工作的总体思路是：高举爱国主义、社会主义伟大旗帜，深入学习贯彻中共十八大和十八届三中、四中、五中、六中全会精神，更加紧密团结在以习近平同志为核心的中共中央周围，在中共浏阳市委的坚强领导下，牢牢把握团结和民主两大主题，认真履行政治协商、民主监督、参政议政职能，突出推进政协工作制度化、规范化、程序化，努力发挥协调关系、汇聚力量、建言献策、服务大局作用，为实现“建设‘两个中心’，进军全国十强”目标作出新的贡献。

一、坚持围绕发展，打造智慧政协

发展是永恒的主题，也是人民政协履行职能必须遵循的重要原则。要深刻认识经济发展新常态的阶段性特征，牢固树立创新、协调、绿色、开放、共享发展理念，高度聚焦“湖湘宝地、美丽浏阳”城市定位，紧紧围绕“建设‘两个中心’，进军全国十强”奋斗目标，确定履职重点，明确主攻方向，充分发挥政协“人才库”、“智囊团”的优势，围绕全市发展的大目标，立足全市建设的大格局谋划工作、开展工作，始终做到同市委市政府方向一致、目标一致、工作一致，在围绕发展的实践中找到位置、有所作为，在服务中心的实效中检验工作、体现价值，为实现市委市政府确立的发展目标和各项工作的顺利开展贡献智慧和力量。

二、坚持以人为本，打造亲民政协

以人为本、履职为民，是人民政协适应时代新要求和人民群众新期待的现实需要。要坚持以群众呼声为第一信号、以群众利益为第一追求、以群众满意为第一标准，把实现好、维护好、发展好最广大人民的利益作为政协工作的根本出发点和落脚点。按照共建共享幸福家园理念，将精准扶贫、城乡教育均衡发展、促进创业就业、提升社会保障水平、保障食品药品安全、改善人居环境等民生问题作为协商议政的重要议题、民主监督的重要内容和参政议政的重要领域，努力推动解决人民群众最关心、最直接、最现实的利益问题，让全市的改革发展成果更多更公平地惠及全市人民，让人民群众有更多的获得感。

三、坚持务实创新，打造效能政协

保持务实创新精神，是人民政协事业不断向前发展的动力和保证。要进一步解放思想、勇于实践、开拓创新，不断开创政协工作新局面、新境界。要把推进协商民主贯穿于履行职能的全过程，推动政协协商民主广泛、多层、制度化发展，着力构建全体会议协商、常委会议协商、主席会议协商、专题协商、对口协商、界别协商、提案办理协商、书面协商等政治协商体系；着力丰富民主评议、民主问政、专题视察监督、委派民主监督员等民主监督方式；着力开辟调查研究、委员视察、提案、建议案、大会发言、反映社情民意等参政议政平台，使政协工作在继承中发展、在发展中创新。同时，要大力弘扬求真务实的作风，坚持虚功实做，坚持讲实话、办实事、求实效，使我们的履职紧贴实际，突出针对性、操作性、可行性，并注重建立健全成果采纳和反馈机制，推动履职成果的转化落实，不断提高履职实效。

四、坚持依靠主体，打造活力政协

委员是政协工作的主体，委员强则政协强，委员活则政协活。要紧紧依靠委员这个主体，按照"懂政协、会协商、善议政"的要求，大力加强政协履职能力建设，尊重和保护委员的各项民主权利，支持他们依照章程规定，积极参加各项履职活动，充分发挥作用。要始终把委员的素质建设摆在重要位置，强化学习培训，加强道德素养、知识素养、作风素养的修炼，提升人格形象，提高履职本领。各位委员要增强责任感、使命感，树立胸怀全局、乐于奉献、严格自律、履职为民的意识，从而奋发有为，积极履职，以良好的素养和形象赢得政协委员和政协组织的声誉和地位。要注重通过专委会、工作组、联络处等工作机构，建立联系委员制度，组织委员经常性学习和实践，加强履职考评、动态管理，激发委员履职热情，让政协队伍热起来，让政协工作活起来，让政协作用大起来。

2017年的工作重点

2017年，是实施"十三五"规划的重要一年，是全面深化改革的关键之年，也是十届政协的开局之年。中共浏阳市第十二次代表大会描绘了"建设'两个中心'，进军全国十强"的宏伟蓝图，吹响了高位对标、再攀新高的集结号。中共浏阳市十二届四次全体会议对我市今年经济工作进行了总体部署，并提出了"大项目推进年"工作主题。前景充满希望、目标催人奋进！我们要在中共浏阳市委的坚强领导下，紧紧围绕市委市政府中心工作，团结带领广大政协委员，履职尽责、凝心聚力、积极作为，在全市改革发展大局中体现政协作用、彰显政协价值，以优异成绩迎接中共十九大胜利召开！

一、注重加强学习，广泛凝聚思想政治共识

坚持市政协党组和常委会带头，组织广大委员以集中学习、专题讲座、辅导报告、学习研讨等形式，把学习贯彻活动引向深入。一是加强理论培训，提升政治素质。认真学习贯彻中共十八届六中全会和习近平总书记系列重要讲话精神，及时学习传达中共十九大会议精神，切实把思想统一到大会提出的要求部署上来，把力量凝聚到实现大会确定的目标任务上来，进一步强化政治意识、大局意识、核心意识、看齐意识，更加自觉地在思想上政治上行动上同以习近平同志为核心的中共中央保持高度一致。二是加强方针、政策、法规的辅导，提升履职能力。深入学习省、市党代会精神和市委经济工作会议精神，更加坚定地把"五位一体"总体布局、"四个全面"战略布局的浏阳实践，贯穿于政协履职全过程，切实加强党的方针、政策、法规培训，以最新理论成果武装头脑、指导实践、推动工作，进一步明确政协工作的使命责任和方位重点。三是加强政协知识学习，提升履职水平。深入学习贯彻中央、省、市委关于人民政协工作的新部署新要求，重点学习贯彻《中共中央关于加强社会主义协商民主建设的意见》《中共中央办公厅关于加强人民政协协商民主建设的实施意见》和省委政协工作会议精神，准确把握政协的性质定位和职能作用，不断提高履职能力和参政议政水平。四是加强政协的研讨，提升履职效果。深化基层人民政协理论和实践研究，围绕拓展政治协商新领域、创新民主监督新机制、探索参政议政新途径等主题，系统总结实践经验，丰富理论成果，以理论创新推动制度创新和工作创新，不断开创政协协商民主新局面。

二、服务改革发展，聚焦中心工作献计出力

牢牢把握"大项目推进年"工作主题，紧扣改革攻坚、项目建设、创新引领、开放崛起、城乡统筹、民生改善等六大具体任务推进工作。一是科学制定协商计划。采取市委点题、政府出题、政协选题的办法，与市委办、市政府办共同制定年度协商计划，提高协商的计划性和权威性。二是建立完善月协商平台。全年精心组织1次全会协商，重点围绕"一府两院"报告及计划、财政报告等开展协商；精致做好4次常委会协商，每个季度召开一次政协常委会，重点围绕全市2017年重点（大）项目建设和政府投资项目建设计划编制情况以及全市2017年部门财政预算情况、精准扶贫、政府半年工作汇报及经济发展、重点提案办理情况汇报与测评等议题开展协商；精深做好5次对口协商，重点围绕花炮产业退出和发展、振兴实体经济、推进湘赣边医疗中心建设、完善西区沿河基础设施、创新园镇融合机制等议题开展协商；精细做好1次委员建言献策活动，选择党委政府重视、人民群众关心、政协有条件做好的课题，以专委会、工作组、联络处为依托，以委员为主体深入开展调研，形成一批调研成果，并从这批调研成果中选择具有全局性的问题开展委员建言献策活动。同时，广泛开展界别协商和调查研究活动，就青年职工心理健康、农村安全饮水巩固提升、异地商会建设、推进医养结合、加强金融服务创新、浏阳河城区段项目建设、全域旅游中的文化建设等议题，以界别工作组为主体开展协商活动；就优化营商环境、促进民企发展深入开展调查研究，形成建议案，为党政科学决策提出有参考价值的意见建议。三是促进履职成果转化。建立健全党政主要领导对重要协商意见、提案、建议案、调研报告、大会发言和社情民意的批阅、落实办理、处理情况反馈机制，对主要领导批示件可联合"两办"督查室进行督办，要求承办部门将采纳或转化落实情况以正式文件给予书面答复。同时，对重要协商意见落实和提案办理情况，通过组织委员视察、委派民主监督员等方式，加强跟踪问效，推动更多协商成果转化运用。

三、创新方法途径，着力增强民主监督实效

强化民主监督意识，落实民主监督责任，把民主监督融入履行职能的全过程，做到有措施、有载体、有成效。一是突出提案办理监督。要求委员在深入调研的基础上撰写提案，并鼓励多写集体提案和联名提案，切实提高提案撰写质量。加强提案督办，不断提高提案办结率。对重点提案继续推行主管领导领办、主席督办、媒体跟踪、政协常委会测评的办理机制，实现重点提案重点办理。对其他提案由委办牵头，组织委员分线进行视察督办。同时，组织编办《重要提案摘报》报送市委、市政府主要领导阅示，并严格落实提案办理绩效考核，开展提案办理"回头看"，切实提高提案办理实效。制定《重点提案遴选及督办规定》和《优秀提案表彰规定》，不断推进提案工作的制度化、规范化、程序化。二是深化民主委派监督。明确监督主题，把监督重点放在"十三五"规划重点任务落实、优化经济发展环境、提案办理落实、改进干部队伍作风上。切实加强组织指导，完善工作机制，充分调动派驻委员的工作积极性和主动性，不断提高委派民主监督的针对性和实效性。三是推进委员视察监督。选择委员关注、群众关心的重点项目、民生工程、重要工作开展委员视察监督，重点就司法公开、政务服务、农村公路建设、电商产业园建设、养殖污染治理、西湖山片区保护与整体开发等工作进行视察，寓民主监督于支持服务之中。

四、坚持履职为民，努力增进民生福祉

坚持履职为民的工作理念，体恤民情，畅达民意，善解民忧，着力推动民生改善。一是助力精准扶贫。在全市政协系统广泛开展"三个一"扶贫行动，倡导全市政协委员每人结对一户建档立卡贫困户，围绕资助一批贫困家庭在校学生完成学业、扶助一批贫困家庭增加收入、帮助一批贫困家庭成员解决就业的目标，组织广大政协委员深入困难群众了解脱贫需求，充分发挥委员的专业优势和资源优势，加大"造血"式帮扶力度，并结合实际开展助学助医、走访慰问、解决就业等各项帮扶活动，确保精准脱贫，为我市打赢脱贫攻坚关键战、率先建成全面小康社会贡献政协力量。二是推进委员进社区。城区工作组要突出界别特点，发挥界别作用，以界别工作组为单位开展进社区（村）活动；乡镇街道联络处要按照委员工作单位和居住地就近的原则，组织委员进社区（村）。以"委员进社区（村）"活动为抓手，引导全市政协组织、政协各参加单位和委员广泛开展扶危济困、支教助学、医疗义诊、文化下乡、技术服务等公益活动，倾力为群众解难事、做好事、办实事。三是积极反映民意。进一步健全反映社情民意信息工作机制，加强社情民意信息员队伍建设，畅通反映社情民意渠道，广泛收集社会舆情和群众意愿，实现信息数量和质量"双提升"，切实发挥政协信息"直通车"作用。

五、提升统战功能，加强大团结大联合

顺应经济社会发展和统一战线结构变化，充分发挥优势，推进团结民主。一是广泛凝聚合力。进一步完善主席联常委、常委联委员、委员联群众的"三联"制度，密切与各民主党派、工商联、人民团体、无党派人士、宗教界人士和社会各界的联系，调动一切积极因素，凝聚社会各方力量，共同为和谐浏阳建设搭建"连心桥"。二是助力招商引资。积极参与"引老乡、回故乡、建家乡"活动，以乡情、亲情、友情为纽带，广泛联系，激活资源，延伸视角，积极为招商引资"穿针引线""充当红娘"。三是加强湘赣边政协交流。广泛开展联络联谊，探索建立与湘赣边县（市）政协的联系、交流、合作机制，共同推动湘赣边区域发展和政协事业发展，积极助力"两个中心"建设。四是加强文史研究。突出文史工作的统战特色，协作出版《谭嗣同先生年谱长编》文史专辑，发挥其存史、资政、团结、育人作用。

六、加强自身建设，夯实履职尽责的基础

积极适应人民政协事业发展的新形势新要求，进一步加强政协履职能力建设，不断提高政协工作科学化水平。一是加强制度建设。配合市委出台政协协商民主建设实施办法，建立和完善符合我市政协实际的工作规则、工作程序和工作制度，切实发挥政协作为协商民主重要渠道和专门机构的作用。二是深化"三为"主题活动。组织委员按照"为促进发展建功立业、为社会和谐献计出力、为政协事业增光添彩"的总要求，积极参与到活动中来，发挥专长在本职工作中每年取得1至2项业绩，心系群众在服务社会中做好1至2件实事，肩负责任在参政议政中取得1至2项成果。在全市基层政协组织和全体委员中开展创先争优活动，并将"三为"主题活动与创先争优活动相结合，每年评选表彰一批先进政协联络处（工作组）和优秀政协委员，评选一批优秀提案和调研报告，不断激发委员履职热情。三是加大宣传力度。在充分发挥《浏阳政协》以及各级新闻媒体宣传报道的基础上，开辟"浏阳政协"微信公众号，宣传推介我市政协的重要活动、履职成果和委员风采，不断扩大政协工作影响力。四是加强队伍建设。选优配强界别工作组负责人和专门委员会组成人员，举办委员培训班和专委会主任、工作组长、联络处主任培训班，提升政协委员和政协工作者的履职热情和履职能力。切实发挥各界别工作组和政协联络处的引领作用，立足界别特色和地方实际，积极开展协商、调研、考察、座谈、联谊和委员项目观摩等活动，激发委员履职活力。五是加强机关建设。落实市政协党组全面从严治党主体责任，严格执行《关于新形势下党内政治生活的若干准则》《中国共产党党内监督条例》等各项党内法规，贯彻落实政协各项规章制度。抓好机关干部职工的思想教育和素质提升，深化"两学一做"学习教育，按照市委提出的"两性一心"要求，践行"一线工作法"，努力打造一支有追求、有能力、有担当、有干劲、有规矩的政协机关干部队伍。

各位委员、同志们！集众智才能成伟业，聚合力方可谱新篇。让我们紧密团结在以习近平同志为核心的中共中央周围，在中共浏阳市委的坚强领导下，同心同德，开拓创新，以更加积极的状态、更加奋发的精神、更加务实的作风，为推动人民政协事业新发展，为"建设'两个中心'，进军全国十强"，打造更加富饶开放美丽幸福的新浏阳而努力奋斗！

大 事 记

浏阳河城区段（航拍图片）

1月

5日　湖南省不动产登记证书颁发仪式在浏阳、澧县、芷江三地同时举行，省人大常委会副主任陈君文，长沙市委副书记、市长胡衡华，长沙市委常委、浏阳市委书记曹立军，长沙市副市长黎春秋见证并颁发浏阳首批不动产权证书，当日发证11本。

△ 省人大常委会副主任陈君文，长沙市委副书记、市长胡衡华，长沙市委常委、浏阳市委书记曹立军，长沙市副市长黎春秋等参观《浏阳记忆》历史发展档案陈列。

△ 首届湘赣边县域城市工商联合作交流会在浏阳举行，井冈山市、莲花县、醴陵市、浏阳市、平江县、上栗县、铜鼓县、万载县、修水县、永新县等湘赣十县（市）工商联，共同签订《湘赣边县域城市工商联合作框架协议》。

7日　浏阳市委十一届十六次全体（扩大）暨经济工作会议召开，明确提出“建设省会副中心和湘赣边区域性中心思想”的发展定位，会议审议通过《中共浏阳市委关于制定国民经济和社会发展第十三个五年规划的建议》。

8日　浏阳市人民政府出台《浏阳市促进就业奖励办法》。

10日　远大住宅工业集团股份有限公司携手途家网，与浏阳市政府签订“互联网+度假”——途远原乡休闲旅游项目战略合作框架协议。

12日　广东百草堂药业长沙产业基地奠基仪式在浏阳经开区举行，项目总投资52亿元，占地25.33公顷，长沙市委副书记、市长胡衡华宣布开工。

12日　以第四届、第五届全国道德模范提名奖获得者何平为原型，创作的青少年道德素质教育暨青春励志题材电影《向日葵女孩》在长沙湖南大剧院首映。

12—14日　政协浏阳市第九届委员会第五次会议召开。

13—15日　浏阳市第十六届人民代表大会第五次会议召开。

15日　历时8年，实际投资8400万元的富岭防洪水库枢纽工程建设通过竣工验收，正式投入使用，

17日　广东省湖南商会年会暨2016年浏阳（广州）招商推介会在广州举行。

19日　2014年8月正式动工的浏阳经开区捞刀河景观桥建成通车。

24日　浏阳市博文老街坊托老托养中心开业。

25日　浏阳市人民政府发布编号为LYDR—2016—00001的《关于禁猎陆生野生动物的通告》，规定自2016年3月1日起至2017年2月28日止，全面禁止在本市行政区域内非法猎捕、宰杀、收购、出售、加工、利用、储存、运输、携带国家和省级重点保护的陆生野生动物及其产品，以及为其提供工具或者场所。

27日　湘赣边区域合作中行交流会在浏阳召开。

30日　由浏阳籍农民工朱良成发起的“湖南第五届农民工春晚”在欧阳予倩大剧院举行。

31日　省委扶贫开发暨全面建成小康社会推进工作会议（在长沙召开）上，浏阳市获“2015年度省经济强县”称号。

2月

1日　全国优秀农民工和农民工工作先进集体表彰大会在京召开，浏阳市农民工朱良成、蓝思科技股份有限公司分别被评为“全国优秀农民工”“全国农民工工作先进集体”。

2日　浏阳市第十六届人大常委会第二十七次会议召开，任命李爱民为副市长，并公开向宪法宣誓。

4日　副省长戴道晋到浏阳葛家乡走访慰问省劳模杨意红。

5日　中国科协发布《关于命名首批2016—2020年度全国科普示范县（市、区）的决定》，命名浏阳市等435个县（市、区）为首批“2016-2020年度全国科普示范县（市、区）”，示范期为5年。

6日　浏阳市人民政府出台《关于加速推进花炮产业发展的意见》，加强对花炮产业集群发展的财政支持，

每年财政安排2500万元专项资金，用于支持花炮产业兼并重组、机械化研发及推广应用、科技创新、转型提质、品牌文化宣传、市场开拓、服务平台建设等，从3月6日起实施。

14日 大瑶镇启动国税、地税、财政三方合署办公。

△ 长沙市2015年度“六个走在前列”绩效考核通报讲评暨2016年重大项目推进大会召开，浏阳以绩效考核总分101.89分的成绩，获得长沙市绩效考核县（市、区）第一名。连续4年获此荣誉。

16日 浏阳市政府与溆浦县政府共同举办的浏阳市第十届“揽万名英才•助浏阳腾飞”暨溆浦县2016年“开展春风行动，做实就业扶贫”大型招聘会在警予广场举行。

18—19日 由市人社局、浏阳日报社主办的2016“春风行动”之“创业就业”大型招聘会在浏阳河广场举行。

21日 冠群驰骋投资管理（北京）有限公司与市鞭炮烟花管理局签订花炮产业战略合作协议，为浏阳花炮产业整体授信20亿元。

23日 湖南某陆军预备役步兵师师长刘亚兵、参谋长刘玉德一行到浏阳调研预备役工兵营建设、国防人防等工作情况。

△ 长沙市人大常委会主任袁观清率主任会议成员到浏阳调研经济社会发展和人大工作，视察园区企业和项目建设现场。

△ 人民日报社湖南分社社长刘磊一行到浏阳，了解浏阳全面深化改革的做法和经验，对浏阳先行先试的“农房抵押贷款”改革和大瑶镇扩权改革进行采访。

△ 淮川街道新北社区获评“湖南省2015年文明社区（小区）”。

△ 中国成人教育协会社区教育专业委员会授予浏阳市大瑶镇“2015年全国社区教育示范镇”称号。

23—24日 中央电视台科教频道（CCTV—10）《走进科学》栏目以《烟花爆竹闹元宵》为题，解析浏阳花炮安全环保技术，播出时长1个小时。

24日 浏阳经开区召开2016年经济工作会议。

△ 由宜春市万载县环境监察大队牵头，浏阳市环境监察大队配合，两地共出动环境监察执法人员15人，在南川河流域跨行政区域联合开展专项执法。

△ 蓝思科技股份有限公司周群飞、郑俊龙夫妇，湖南尔康制药股份有限公司帅放文、曹再云夫妇上榜2016胡润全球富豪榜。

24—25日 长沙市政府研究室、市住建委、市财政局和市农委组成调研组到浏阳，走访大围山、永安、中和、大瑶四乡镇，调研浏阳特色小镇发展情况。

25日 浏阳市政府出台《关于加速推进花炮产业发展的意见》，浏阳每年财政安排2500万元专项资金支持花炮产业发展。

△ 湖南省政府办公厅官网公布关于印发《湖南省赋予省直管县经济体制改革试点县（市）部分市级经济社会管理权限》的通知，明确扩大浏阳市等13个省直管县经济体制改革试点县（市）经济社会管理权限。浏阳获得省级各部门赋予的406项市级经济社会管理权限。

△ 长沙市不动产统一登记现场推进会在浏阳召开。

△ 中国工程院院士谭建荣应浏阳市科协邀请到浏阳制造产业基地宇环数控机床、华恒焊接机器人等智能制造企业，指导企业新产品设计与开发工作。

26日 全省安全生产监管执法年动员会在浏阳召开。副省长戴道晋要求，深入学习浏阳经验和做法。

△ 浏阳河、济川河截污系统工程协调会召开，启动浏阳河、济川河截污系统改造。

28日，中央电视台科教频道（CCTV-10）栏目《原来如此》播出题为《美丽烟花的秘密》的烟花科普节目。

29日 浏阳30余家旅游企业参加在南昌举行的2016“美丽中三角•长江中游城市群省会城市旅游展示交流活动”。

3月

1日《浏阳市烟花爆竹企业分类管理实施办法（试行）》开始实施。

△ 浏阳市开展系列活动宣传《中华人民共和国反家庭暴力法》。

2日 中共浏阳市第十一届纪委第六次全体会议召开。

△ 中国工程院院士刘业翔任永清集团首席科学家。

3日 副省长蔡振红到浏阳调研劳动就业和乡镇区划调整、并村工作。

4日 全省疾病预防控制会议在浏阳召开，会上对第一批县级疾控机构等级达标结果进行通报，浏阳市疾控中心成功创建县级甲等疾病预防控制中心。

9日 省工会党组书记、副主席徐文龙一行到浏阳调研工会工作，实地察看蓝思科技股份有限公司、市政务服务中心及浏阳市总工会。

10日 市委全面深化改革领导小组会议召开，讨论并审议市委全面深化改革2016年工作要点。

△ 制造产业基地经济工作会议召开，会议明确未来五年制造产业基地要着力构建“十亿企业、百亿产业、千亿园区”基本格局，力争培育智能制造、汽车及零部件、再制造、新能源、快速消费品、家居建材六大百亿产业，实现技工贸收入1000亿元。

△ 国家工信部科技司发布《第三批产业集群区域品牌建设试点工作组织实施单位和产业集群名单公示》文件，浏阳花炮局和浏阳花炮作为第三批产业集群区域品牌建设试点工作组织实施单位和主导产业入围。

14日 长沙市委副书记徐宏源调研浏阳经开区重点项目建设。

15—31日 浏阳市启动建制村合并工作，完成79个建制村合并工作。建制村合并后新增33村名。

16日 全市2015年度“六个走在前列”绩效考核通报讲评暨公务员大会召开。

19日 浏阳市创建全域美丽乡村示范县（市）启动

式暨十条休闲农业与乡村旅游精品线路新闻发布会在古港镇梅田湖村松山屋场召开。

△ 省农业委员会、省旅游局和省文明办共同下发《关于支持浏阳市创建全域美丽乡村示范县(市)意见》，明确表示下放评定权限，作为省直管县体制改革试点县(市)的浏阳，可开展AAA级以下旅游景区的评定工作(含3A)。

25日 由中国门球协会主办的2016年“龙胄杯”中国门球公开赛(浏阳站)在市体育中心门球场开赛，为期三天。湖南、湖北、江西、贵州、浙江5省40支代表队、300多名运动员参加比赛。

3月25日—4月29日 浏阳市乡镇党委换届选举。

29—31日 2016年度河南省花炮产业发展论坛暨产品推介会在河南省郑州市举办，浏阳组织100余家花炮企业参与，实现产区与销区的对接。

30日 浏阳市召开会议，部署启动“雁过拔毛”式腐败问题和“纠‘四风’、治陋习”专项整治工作。市委、市政府决定，2016年在全市开展“雁过拔毛”式腐败问题专项整治工作。

△《湖南省旅游业“十三五”发展规划纲要》发布，浏阳列为省旅游资源重点县(市)，并纳入定位国际都市休闲旅游目的地的长株潭都市休闲旅游区。

△ 浏阳首个村级慈善基金(沙市镇凤凰台慈善基金)成立。

4月

1日 浏阳市开始正式实行国地税互设窗口、共建办税服务厅的“互驻”模式。

△ 中央电视台九套纪录片频道到浏阳拍摄《百年巨匠欧阳予倩》大型纪录片。

△ 浏阳所有建设投资项目开始采用并联审批模式。

△ 浏阳在全国县一级首推行建设项目审批系统性改革。

7日 浏阳市“走百家企业、解发展难题”金融一线行活动制造产业基地专场活动举办。湖南龙光科技有限公司等11家园区企业与浏阳农商行、中信银行等5家金融机构达成合作意向，授信额度超过3亿元。

8—10日 第十四届浏阳家博会(家装博览会)在体育中心举行。

9日 凌晨2时50分，大围山旅游干线公路隧道(全长2920米)全线贯通。

13日 省委副书记、省长杜家毫率队到浏阳经开区尔康制药淀粉胶囊生产基地调研医药产业发展。

14日 全市2015年度助推经济社会发展突出贡献奖励表彰大会召开。

15日 省纪委副书记李正科，长沙市委常委、市纪委书记李军到浏阳调研基层党风廉政建设工作。

△ 省委宣传部副部长杨金鸢到浏阳调研文化产业工作。

△ 浏阳制造产业基地举行博士后科研流动站协作研发中心授牌仪式暨博士后开题报告会。

15—17日 第十四届浏阳车展在市体育中心举行。

18日 广发银行浏阳支行开业。

△ 凝馨残疾人服务中心暨湘赣边残疾人力资源交流中心在大瑶镇正式挂牌成立。

20日 全国政协常委、中国中共党史学会常务副会长、中央党史研究室原副主任龙新民一行到浏阳，考察调研胡耀邦同志纪念馆和故居、秋收起义文家市会师纪念馆。

21日 中央编办三司副司长马露萍率山西、山东、福建、四川、湖南省编办相关负责人到大瑶镇，调研该镇行政管理体制改革工作。

22—24日 由浏阳市水利建设投资有限公司、浏阳日报社联合主办的长兴湖首届花卉苗木展暨首届公园购房节举行。

△ 在广州花都举行的全国报纸自办发行协会第七届大会上，浏阳日报社连续第四年获评全国自办发行先进集体。

4月25日—5月20日 长沙市大围山第八届杜鹃花节举行。

26日 大瑶公交车开始试运行。

26—28日 “湖湘宝地 美丽浏阳”2016广东省湖南商会企业家浏阳行活动在浏阳举行。

27日 湘赣边区域合作文化体育交流活动启动仪式暨“五彩湘赣边·相约浏阳河”文艺晚会在浏阳举行，湘赣边地区12个县(市、区)(井冈山市、莲花县、醴陵市、平江县、上栗县、铜鼓县、万载县、修水县、永新县、遂川县、湘东区、浏阳市)文化体育部门主要负责人和文体爱好者齐聚浏阳，共商湘赣边区域文化体育合作交流。

4月28日 浏阳市物业矛盾纠纷调处中心在市住保局挂牌成立并办公，调处中心设立在中心的物业纠纷巡回审判法庭开始首场庭审。

5月

1日 全市党政机关开始实施“朝九晚五”错时上班制度，上班时间调整为：夏季作息时间(7月1日至9月30日)9时至12时，13时30分至17时30分；冬季作息时间(10月1日至次年6月30日)上午9时至12时，下午13时至17时。

△ 浏阳全面推行“营改增”试点工作。

△ 长沙滨海华美达广场酒店签约入驻浏阳制造产业基地。

3日 长沙市委副书记徐宏源到浏阳督查调研防汛工作。

5—10日，首届中国(浏阳)国际烟花爆竹交易会在浏阳举行。

6日 出台发布《浏阳市全域美丽乡村建设三年行动计划》。

△ 长沙至浏阳天然气支线管道工程(浏阳段)项目启动建设。

6—10日 2016中国(浏阳)国际烟花爆竹交易会在

市体育中心举行。

9日 全市城乡规范化管理会议召开，全面部署城市管理向乡镇延伸工作。

16日 浏阳市乡村旅游协会成立。

16—17日 省政府副秘书长、省信访局局长许忠建率队到浏阳调研信访工作。

17日 20时左右，位于浏阳市荷花街道嗣同村境内的浏阳市荷花出口烟花厂发生一起火药爆炸事故，导致5人死亡，1人受伤。

△ 浏阳市公安局食品药品环境犯罪侦查大队正式揭牌成立，大队干警进驻浏阳市市场和质量监督管理局办公。

△ 镇头镇办税服务厅挂牌成立，国地税实行合署办公，为纳税人提供"一站式服务"。

17—18日 国务院发展研究中心副主任、研究院张军扩率队到浏阳调研农村改革工作。

18日 省委统战部常务副部长谭平率队到浏阳检查调研贯彻落实统一战线重大决策部署情况。

△ 关口街道"足球进校园、进社区"活动暨绿茵阳光第一届"复兴烟花杯"足球竞标赛启动。

20日 "百年好合，情定小河"——2016年浏阳•小河首届百合花文化旅游节在田心社区开幕。

21日 长沙市完成《浏阳河文化旅游产业带规划研究》编制，确定将浏阳河全线划分为小溪河生态涵养段、大围山生态体验段、浏阳城区都市风情段、乡村风情体验段、特色产业观光段和长沙城区都市风情段共六大功能区来开发。

22日 由34名省直机关女厅级干部组成的合唱团到北盛镇卓然村慰问演出。

△ 蒙华铁路MHTJ-29标段重点项目之一的官渡特大桥启动建设。当日，张坊隧道进口和出口、上洪特大桥同时动工。

23日 浏阳市城建集团成功发行22亿元企业债券。

24日 国务院第七督查组到浏阳开展民间投资政策落实专项督查。

△ 湖南省财政厅、湖南省安全生产监督管理局联合下发《湖南省落后烟花爆竹企业退出奖补资金管理办法》(湘财企〔2016〕14号)。

24—26日 "瑶望李畋"第二届花炮文化产业博览会暨第五届房•车展示交易会在大瑶新城举行。

27日 第二届"中国侧翼"青年创业创新大赛浏阳初赛举行。

29日 浏阳河市场复市开业。

31日 浏阳经开区财税服务中心暨办税服务大厅正式揭牌成立。

△ 浏阳农副产品大市场蔬菜批发试营业。

6月

2日 副省长张剑飞率省经信委、发改委、食品药品监督管理局等七部门相关负责人到国家级浏阳经开区调研生物医药产业，考察蓝思科技公司。

3日 国家发展改革委发布《关于建设长江经济带国家级转型升级示范开发区的通知》，浏阳经济技术开发区入选长江经济带国家级转型升级示范开发区。

3—5日 浏阳经开区第五届房•车展举行。

5日 国家旅游局党组成员刘金平率队到浏阳，对贯彻落实《国务院办公厅关于加强旅游市场综合监督的通知》的情况进行专项督查。

12日 长沙市第二届环保文化节系列活动之探秘九道弯——浏阳河全流域环保漂流骑行活动启动仪式在市花炮观礼台举行。

13—14日 财政部农业司司长、国务院农村综合改革办公室主任吴奇修率队到浏阳调研农村综合改革、美丽乡村建设、农村结构调整、财政供给侧改革等工作。

14日 国务院安委会第三巡查组组长、公安部消防局原副局长陈飞率队到浏阳，开展安全生产巡查。

16日 省人大常委会环境保护法执法组到浏阳，开展水污染防治法执法检查。

17日 省委常委、长沙市委书记易炼红，长沙市委副书记、市长胡衡华与长沙市四大家领导班子及市直部门、区县(市)、园区负责人组成的长沙造绿复绿项目现场观摩团到浏阳现场观摩。

17—21日 首届湘赣边"公仆杯"男子篮球邀请赛在市体育中心室内体育馆举行。

18日 普迹镇首届向日葵民俗文化旅游节开幕。

△ 创意君悦步行街开街。

△ 全国新能源醇基燃料烤房新技术推广观摩会在淳口镇鸭头村举行。

20日 浏阳江淮村镇银行古港支行正式开业。

△ 制造产业基地成立党群工作局。

21日 中国城市竞争力研究会在香港发布2016中国县域综合竞争力百强排行榜，浏阳位列全国第18位。

21—22日 中央文明办一局局长张志勇率队到浏阳调研农村精神文明建设工作。

23日 长沙浏阳大围山国家森林公园入选"2016湖南最佳避暑胜地"名单。

△ 长沙市电商扶贫动员大会暨电商农企对接会在浏阳举行。

27日 制造产业基地100家制造类企业在湖南股权交易所成功挂牌，湖南股交所首个"智能制造行业专板"开通。

29—30日 最高人民法院办公厅副巡视员、联络办副主任张天若，率领来自黑龙江、海南、云南、河南等全国各地的23位全国人大代表到浏阳调研考察法院工作。

7月

1日 由市旅游局和张坊镇政府共同主办的浏阳首届泼水节在张坊镇黄石洞景区开幕。

1—9日 浏阳烟花爆竹生产企业实行分布停产(复工)制度。

2日　“焰遇中国•2016浏阳艺术焰火神州行”同时在深圳、株洲两地开启。

5日　长沙市委副书记、市长胡衡华率队来浏阳检查安全生产和防汛工作。

6日　农业部党组副书记、副部长余欣荣一行到浏阳，调研浏阳市美丽乡村建设、农村信息进村入户等农业农村工作。

△ 市十六届人大常委会第三十一次会议召开，决定任命吴新伟为浏阳市人民政府副市长，代理市长职务；决定接受余勋伟辞去浏阳市人民政府市长职务的请求。会议同时免去张作林浏阳市人民政府副市长职务。

△ 浏阳启动“企企通”信息化建设。

△ 淮川街道启动2016年棚户区改造。

7日　长沙市委副书记徐宏源到浏阳调研精准扶贫工作。

△ 省政府法制办党组书记、主任陈雪楚带队，调研大瑶镇行政执法改革工作。

9日　“一起来唱浏阳河——湘约珠江”文创品牌巡演广州举行。

14日　湖南省人民政府印发《关于设立浏阳高新技术产业开发区的批复》(湖南省人民政府批准设立浏阳高新技术产业开发区)。

16日　“美丽刘乡村发现之旅”在浏阳官渡镇中州屋场启动，200名红网网友走进浏阳，探访浏阳美丽乡村。

18日　省委常委、长沙市委书记易炼红到浏阳调研经济社会发展情况，检查防汛抗灾工作。

19日　蕉溪岭隧道开展消防应急演练。

21日　浏阳市全域美丽乡村示范点推介暨夏季旅游产品发布会在中和镇苍坊社区富家湾荷花博览园举行，揭晓2016年浏阳“十佳全域美丽乡村旅游示范点”。

△ 中和镇公共自行车骑行系统正式开通。

△ 省关工委副主任蔡力峰、徐晨光率队到浏阳，专题调研浏阳党史、国史教育工作，实地察看官渡镇“两史”教育基地中州屋场、孔石泉将军故居和市档案馆“浏阳记忆”陈列展。

22日　国家档案局局长、中央档案馆馆长李明华到浏阳调研指导档案工作，中国档案学会理事长段东升，省档案局局长胡振荣，长沙市委常委、浏阳市委书记曹立军陪同调研。

△ 长沙市副市长李蔚率队到浏阳调研市浏阳河流域环境整治工作。

△ 醴浏铁路浏阳老火车站记忆馆正式揭牌。

△ 大围山镇入选第六批全国一村一品示范村镇(大围山梨)。

23日　国家正式批复蒙华铁路浏阳段。

△ 由长沙市文广新局主办，长沙市非遗中心、长沙市图书馆、浏阳市委宣传部、浏阳市文体广电局、张坊镇政府承办的《纸上春秋—古山贡纸非遗抢救特展》在长沙市图书馆举办。

7月24日—11月底　花木走廊(X036线启动提质改造工作。

25日　长沙市政协主席范小新率长沙、浏阳两级共44名政协委员到淳口镇枫林湖村开展“三个一”扶贫行动。

26日　省委副秘书长郭光文率省委、省政府督查组到浏阳督查全省旅游发展大会精神贯彻落实情况。

△ 2016年度浏阳市青年岗位能手评选表彰会议举行，十人获得2016年度浏阳市青年岗位能手。

7月28日—9月28日　长沙市委巡察第八组对集里街道开展巡察。

29日　浏阳制造产业基地正式升格为浏阳高新技术开发区。(浏阳高新技术产业开发区授牌暨智能制造项目签约仪式在高新区华美达广场酒店举行。

△ 2016第三届湖湘葡萄酒盲品赛浏阳分赛在新月半岛举行。

31日　荷花街道东环村发生一起故意恶性杀人案件，两被害人在家中被人杀害。

8月

5日　浏阳启动安全生产巡查工作，公布《浏阳市安委会安全生产巡查工作办法(草案)》。

△ 长沙银行湘赣边支行正式开业。

5日　浏阳市青年电子商务创业协会成立。

△ 即日起至11月30日，金刚镇组织开展为期4个月的社会治安严打整治“飓风行动”，严厉打击整治“黄赌毒”“涉刀涉枪违法”“非法生产”等违法犯罪行为，深入推进“平安金刚”建设。

8日　深圳天虹百货正式签约入驻创意君悦城，项目总投资超3亿元。

9—11日　椒花水利枢纽工程规模论证报告技术研讨会在浏阳召开。

10日　省文化厅副厅长张帆到浏阳调研非遗工作。

11日　东南干线(203文家市至官渡公路)一期工程(七宝山至官渡段)动工建设。

△ 长沙市督查组进驻浏阳开展换届风气巡回督查。

△ 国家旅游局、国家发改委、、国土资源部、国务院扶贫办等12个部门联合发布《乡村旅游扶贫工程行动方案》，龙伏镇石柱峰村等浏阳市12个村被纳入乡村旅游扶贫重点村。

12日　海南省金融办一行11人到浏阳考察农民住房财产权抵押贷款试点工作。

15日　浏阳市人民政府办公室出台《浏阳市乡村教师支持计划实施细则(2016—2020)》。

16—18日　中国共产党浏阳市第十二次代表大会在欧阳予倩大剧院召开，会上，曹立军代表中国共产党浏阳市第十一届委员会向大会作题为《建设“两个中心”进军全国十强　为打造更加富饶开放美丽幸福的新浏阳而努力奋斗》的工作报告。

19日　浏阳市第十一届机关运动会举行，全市116个单位、乡镇(街道)参加。

20日　湖南尔康制药股份有限公司入选“中国创业板上市公司价值前十强”榜单。

△ 由省委组织部、省扶贫办联合举办的湖南省乡镇党委书记扶贫专题培训班(第一期)到浏阳进行现场观摩交流。来自张家界、邵阳、常德、湘潭、娄底等市的180名乡镇党委书记,先后到沿溪镇沙龙村、永安镇坪头村和浏阳高新区,分别就农业产业化、农村土地流转、村级组织服务中心建设、党小组建设、美丽乡村建设、园镇建设、政务服务等方面进行观摩交流。

22—23日 2016年全国农村精神文明建设工作经验交流会在哈尔滨举行,曹立军以《推进全域美丽乡村建设 提升农村精神文明水平》为题作典型发言。

23日 长沙市人大常委会主任袁观清率领长沙市人大常委会组成人员到浏阳考察美丽乡村建设工作。

26日 人民网、新华网、央广网、新浪网、凤凰网等19家全国知名网络媒体,走进浏阳,聚焦浏阳全域美丽乡村建设。

△ 长沙市方志馆建设调研座谈会在浏阳召开。

29日 葛家镇举行撤乡设镇揭牌仪式。

△ 浏阳乡村旅游协会正式成立。"美丽乡村,一起GO!"浏阳美丽乡村旅游线路正式启动。

9月

1日 市民之家正式启用。

△ 浏阳开始全面实施个体工商户的营业执照、税务登记证、统计证"三证合一"登记制度改革。

2日 浏阳市第十六届人大常委会召开第三十二次会议,审查批准浏阳市2015年财政决算,听取和审议市政府关于2015年财政"同级审"工作的报告及2016年上半年财政预算执行情况的报告,通过换届选举工作有关决定及有关人事任免事项。

△ 大瑶镇通过国家卫生镇创建验收。

5日 中国信息通信研究院(工信部电信研究院)发布2016年中国工业百强县(市)名单及发展报告,浏阳排名第16位。

6日 浏阳市境内国、省干线公路管理开始推行"路长制",由市领导任路长,乡镇长任分路长。

6—10日 浏阳国际家具城首届秋季订货会举行。

7日 省安监局局长李大剑到浏阳调研安全生产工作。

8日 市召开农村公路建设三年行动推进大会,在全省率先启动农村公路建设三年行动。

△ 浏阳高新区与湘潭大学举行战略合作签约仪式,共同搭建产学研合作基地。

△ 浏阳江淮村镇银行镇头支行挂牌开业。

9日 中央统战部副部长、全国工商联党组书记、常务副主席全哲洙一行到浏阳调研统战和非公经济工作。

△ 市教师进修学校更名为浏阳教师发展中心。

13日 全省信访基层基础工作现场会在岳阳召开,浏阳作经验介绍。

△ 浏阳首个社区侨联——集里桥社区侨联成立。

18—19日 2016年全国水稻新品种与新技术展示现场观摩会在长沙举行,全国各地水稻专家到浏阳北盛镇环园村观摩水稻新品种、新技术的试验示范情况。

20日 浏阳汽车西北站至行政中心开通公交车(20路)。

23日 中国市县电视台原创节目交流中心《联盟视界》上线仪式在浏阳举行,全国60多家市县广播电视台首次实现"双屏"同步上线原创栏目"联盟视界",以融媒体理念构建覆盖全国联播网络。

△ 长沙市安监局局长胡春山带队到浏阳开展第三季度安全生产综合督查。

23—25日 浏阳市第四届汽车文化节广电大型车展在政东广场举行。

25日 由湖南省委宣传部、长沙市委宣传部、浏阳市委、浏阳市政府联合出品的30集重大革命题材电视剧《秋收起义》在秋收起义文家市会师纪念馆举行剧组成立新闻发布会暨联合摄制签约仪式。

28日 总投资1500万元黄花机场湘赣边浏阳城市候机厅试运行。

10月

10日 长沙市委常委、浏阳市委书记曹立军,长沙市委常委、统战部部长谭小平及长沙市委统战部有关负责人到浏阳高新区、经开区调研非公经济发展情况。

11日 全省林业法治工作会议上,浏阳市林业局作唯一典型发言。

△ 长沙新奥浏阳天然气分布式能源项目在浏阳经开区开工建设。

12日 浏阳市湘赣边儿童健康学术论坛暨"儿童哮喘之家"成立活动在市妇幼保健院举行。

14日 浏阳市大瑶镇入围第一批中国特色小镇名单。

14—16日 第四届浏阳河音乐节举行。

16日 湘赣边区域12个县(市、区)(浏阳市、井冈山市、莲花县、醴陵市、平江县、上栗县、铜鼓县、万载县、修水县、永新县、遂川县、湘东区)共同签订《湘赣边劳务合作框架协议》,并在蓝思科技建立扶贫基地。同时浏阳市与邵阳县签订劳务合作框架协议。

△ 浏阳市召开纪念黄彰任诞辰100周年座谈会,并举行2016年中美联合高峰论坛,中美医学专家开展学术交流。

17日 浏阳市中医医院患者移动服务平台启动。

17—18日 湘赣边区域合作"扫黄打非"联防协作启动仪式暨合作交流会议在浏阳举行,19个县(市、区)"扫黄打非"办及文化市场综合执法机构相关负责人共同签订"湘赣边区域合作'扫黄打非'联防协作备忘录"。

18日 浏阳市妇幼保健院携手金蝶医疗、长沙银行股份有限公司启动湘赣边首家妇幼移动互联网医院——浏阳市妇幼保健院'云端妇幼'患者移动服务平台。

20日 新华社党组副书记、总编辑何平率领新华社调研组到浏阳,对市经济社会发展和改革创新工作进行调研。

21日 浏阳高新区与长沙智能制造研究总院签约,

共建国内首家智能再制造研究院。

△ 省人大常委会副主任陈君文率省人大常委会组成人员视察株树桥水库饮用水水源保护工作。

△ 浏阳大瑶公安检查站启用运行。

△ 湘赣边住房公积金异地使用区域合作交流会在浏阳举行。

△ 市中医医院庆祝成立60周年。

21—22日 首届国际中医治未病与亚健康学术大会暨首届湖南中医睡眠专科建设研讨会在浏阳召开。

21—30日 浏阳市第十二届房交会在浏阳河广场举行,成交房屋4648套,总成交金额27.9亿元。

22日 2016环洞庭湖国际公路自行车赛热身赛暨湖南省自行车联赛•浏阳大围山爬坡赛开赛,530多名参赛选手参加角逐。

23日 农业部兽医局副局长王攻民到浏阳调研基层兽医服务和兽医扶贫工作。

24日 湖南出入境检验检疫局局长杨杰带队到浏阳调研,实地查看湖南出入境检验检疫局浏阳办事处、长沙美太出口烟花制作有限公司、浏阳出口烟花爆竹燃放检测试验场,并听取相关工作汇报。

△ 长沙市政协主席范小新到葛家镇敬老院开展慰问活动。

△ 上栗县党政代表团到浏阳考察城市建设和产业发展等工作。

25日 浏阳市举行市(第十七届)乡人大代表换届选举。

25—26日 以贵州省安监局副局长孙晓东为组长的国家安监总局烟花爆竹安全监管重点工作交叉督查组到浏阳督查烟花爆竹安全工作。

25—27日 国家发改委城市和小城镇改革发展中心副主任乔润令、总经济师顾惠芳等一行到浏阳调研浏阳市宅基地制度改革、扩权强镇和行政管理体制改革、产业转型和投融资机制等方面的做法和成效。

26日 金阳大道一期(13.765千米,永安—洞阳)试通车。

26—27日 全国中心城市公路局(处)长第32次年会在长沙召开,浏阳作典型经验介绍。27日,与会的80余位公路局(处)长到浏阳,实地考察浏阳"路长制"的实施情况,并到中和镇长安村长寿屋场考察。

26—30日 第三届浏阳市欧阳予倩艺术节举行。

31日 萍乡市安源区党政代表团到浏阳考察产业发展、城市建设等工作。

是月 浏阳启动乡镇国库集中支付制度改革。

11月

1日 浏阳市正式实施乡镇国库集中支付制度改革。

△ 宁乡县党政代表团到浏阳考察道路交通建设工作。

△ 浏阳市成立全国第一个县市级旅游智库学会——浏阳市旅游智库学会。

2日 总投资7751万元的北盛110千伏输变电工程开工建设。

2—4日 市委副书记、代市长吴新伟率浏阳高新区、市商务合作局等部门负责人,组成招商小分队赴深圳、佛山等地开展招商考察活动。

3—4日 全省机关党建暨思想政治工作理论专题研讨会在浏阳召开。

4日 浏阳市食品快速检测中心正式揭牌,免费对市民开放。

6日 由新华社半月谈杂志社、中国国情调查研究中心共同举办的第二届全国生态文明建设高峰论坛暨城市与景区成果发布会在北京举行,浏阳市被授予"美丽中国典范城市"称号。

7日 长沙市委副书记徐宏源到浏阳调研启泰传感物联网产业园、金阳生物科技有限公司和金阳大道建设项目。

△ 长沙市委常委、宣传部部长、副市长黎春秋到浏阳调研基层宣传思想文化工作。

23日 长沙市委常委、浏阳市委书记曹立军,浏阳市委副书记、代市长吴新伟率市有关职能部门和部分企业代表到邵阳县考察,共商对口帮扶工作。

26—28日 政协浏阳市第十届委员会第一次会议在浏阳城区召开。

27—30日 浏阳市第十七届人民代表大会第一次会议在浏阳城区召开。

29日 蓝思科技、永清投资集团、尔康制药三家浏阳企业上榜"湖南百强民企"。

30日 湖南省美丽乡村建设工作现场推进会在浏阳召开。

△ 浏阳市教师发展中心正式挂牌。

12月

2日 全省公共文化设施开展学雷锋志愿服务活动暨"爱心涌动浏阳河"2016年浏阳市首届志愿服务文化节启动仪式在浏阳举行。

6日 湖南首个农村改革展示馆——亚洲湖农村改革展示馆正式开馆。

8日 举办纪念浏阳市关工委成立30周年暨理论研讨会。

15日 国家安监总局监管三司监察专员刘幼贞、调研员肖斌率省、长沙市安监局等相关负责人到浏阳督查安全生产工作。

16日 全国县域经济专业研究机构社会智库中郡研究所发布《县域经济与县域发展报告》,揭晓第十六届全国县域经济与县域基本竞争力百强县名单,浏阳在2015年排名第28位的基础上前进9位,跃升至全国第19位。

17日 以"五大发展理念与全面小康"为主题的2016第十一届中国全面小康论坛在北京召开,浏阳上榜"2016第十一届中国全面小康十大示范县(市)"。

18日　由中国互联网新闻中心主办，中国环境科学学会协办的2016(第二届)“全面小康暨美丽乡村建设发展论坛”在北京举行，会上，浏阳市被授予“中国美丽乡村建设示范县”称号。

20日　浏阳高新区东尤节能有限公司与邵阳学院产学研合作暨战略伙伴企业签约仪式举行。

22日　全省社区戒毒社区康复现场会暨“8•31”工程推进会在浏阳召开。

△ 长沙市举行项目建设流动观摩现场会观摩浏阳四个重点项目(高新区创新创业园、金丰林物联网终端产业项目、浏阳国际家具产业园、浏阳经开区蓝思智能机器人项目)。

24日　长沙市委副书记、代市长陈文浩到浏阳调研，实地考察金阳大道、长沙e中心、蓝思科技及其智能机器人、长兴湖公园等项目。

△ 2016“相约长沙最美乡村”闭幕式暨浏阳市首届旅游民俗文化节活动在官渡镇举行。

28日　长沙市委常委、组织部部长张宏益到浏阳调研组织工作。

29日　长沙市政协主席范小新率队到沿溪镇敬老院开展慰问活动。

31日　投资4.6亿元的道吾山路正式通车。

浏阳河城区段（图片来源：浏阳电视台航拍图片）

浏阳概况

自　然　地　理

【区域位置】 浏阳市位于湘赣边境，湖南省东部偏北，省会长沙市的正东方。市境内浏阳河、捞刀河、南川河分别汇入湘江、渌江，大围山、连云山、九岭山为境内主要大山，浏阳河为湘江一级支流之一。2015 年，根据《湖南省民政厅关于将长沙县跳马镇调入长沙市雨花区的批复》(湘民行发〔2015〕1 号)文件，长沙县跳马镇纳入长沙市雨花区管辖。5 月份，浏阳市民政局与雨花区民政局对双方界限进行勘测，并在界线起止点埋设界桩。雨花区与浏阳市行政区域界线呈南北走向，全长 6.4 公里。至此，浏阳市分别与江西省宜春市袁州区、铜鼓县、万载县，萍乡市上栗县；株洲市荷塘区、芦淞区、石峰区、醴陵市；长沙市长沙县、雨花区；岳阳市平江县等 11 个区(县、市)交界，边界线总长 571.75 公里；浏阳境内东西长 125.8 公里，南北长 80.9 公里，全市居北纬 27° 51′ ～28° 34′ 东经 113° 10′ ～114° 15′，境内总面积 5007 平方公里。占全省总面积 21 万平方公里的 2.38%。

(资料来源：浏阳网 2015-05-27)

【地质地貌】 浏阳整个地势东北高峻，向西南倾斜递降。最高峰七星岭海拔 1607.9 米，最低柏加镇杉湾里的一级阶地，海拔仅 37.5 米高差 1570.4 米。地势高低起伏大。主要山林脉络清楚，皆呈北东至南西走向的雁行背斜山地。岭谷平行相向，形成官渡、大瑶、北盛三个较大盆地和一个浏阳河谷地市内水系发育，地表切割强烈。河曲发育，堆积盛行，出现河漫滩和多级阶地，沿水系形成现代狭长的河谷，溪谷冲积平原。山地丘陵隆起长期处于剥蚀状态，山势陡峭，坡度较大。全县 30 以上的占 47.1%，25° ～30° 占 12.1%，20° ～25° 的占 10.0%，15° ～20° 的占 7.9%，10° ～15° 的占 5.3%，5° ～10° 的占2.4%，小于 5° 的占 14.4%。在外营力作用下，现代地貌继续沿着削高填低的趋势发展。市内地质构造与岩性比较复杂，前震旦系的变质岩面积占 58.67%，第四纪冲击物占 15.48%，红岩占 9.01%，花岗岩占 8.45%，沙页岩占 4.91%石灰岩占 2%，沙砾岩占 1.48%，在内外营力长期交互作用影响下，形成多样地貌类型。各类地貌组合分布，基本上由东北向西南依次为山、丘、岗平呈阶梯状，并大致沿着浏阳河谷地北、东、南三面呈断续性环带状分层排列递降。同时沿捞刀河、浏阳河、南川河谷地两侧逐级抬升，具有高低分层，逐步过渡的分步规律。

【自然资源】 市内已知有各类矿藏、矿点和矿化点共 190 多处，其中大型矿床 6 处中型矿床 12 处，小型矿床 12 处。已知矿种有金、银、铜、铁、铅、锌、钨、锡、钼、汞、锑、钴、锰、锂等 45 种。境内土壤种类多样共有 9 个土类，18 个亚类，63 个土属，181 个土种。耕型土壤以水稻土和红壤为主，水稻土面积 60.4 公顷，占全市总面积的 14.15%，占耕地面积 86.87%，红壤土面积 13.64 万亩，占旱土面积 93.73%，占耕地面积 12.97%. 浏阳野生动植物资源十分丰富，根据 1999 年野生动植物资源普查，境内列入保护的野生动物有 49 种，其中国家一级保护动物有云豹、白獾、黄腹角雉、白颈长尾雉、山鹧鸪、黑麂 6 种，国家二级保护动物有穿山甲等 14 种，省级保护果子狸等 29 种。植物 47 种。其中一级保护植物有伯乐树、银杏、南方红豆杉 3 种，二级保护植物有香果树等 22 种，三级保护植物有穗花杉等 22 种。主要林业资源有松、杉、楠竹、茶、油茶等。

【水文气候】 浏阳属中亚热带季风湿润气候。东北部以中低山为主，夏凉冬冻，光热偏少，降水偏多；中、南部地区，冬少严寒，夏少酷热，光热充足，雨水适中；西北部捞刀河流域属湘中丘陵盆地气候类型。从东部最高点七星岭至西部最低点浏阳河出境处高差1570.4米。气候受地势影响，由湘赣边界山区气候向湘中丘陵盆地气候过渡。且因河谷平原向两侧逐级抬升，平、岗、丘、山依次排列，具有高低分层，逐步过渡的分布规律，从而导致全市水热状况复杂的垂直差异。大围山、连云山两山东北至西南横亘，特别是连云山脉斜劈全市，使北方冷气受阻，因此全市形成了亚热带夏长炎热盆地谷地气候区、亚热带夏凉多雨山区台地气候区、夏凉冬冻高山气候区三大块较明显气候区。市内历年平均降水量为1400毫米～1800毫米，山区较多，平原较少，多雨中心在宝盖一带山区及大围山、连云山地区，年雨量为1700毫米～1800毫米，原宝盖乡寒婆坳高山记录曾达2200毫米。少雨地带在西部盆地和大瑶以南的平原地，年平均雨量在1500毫米以下。2016年为气候正常年份，年平均气温偏高，为18.2℃，比历年同期平均偏高0.7℃；年极端最低气温出现在1月25日，为－7℃，年极端最高气温出现在7月26日和7月30日，为38.9℃。入春早，入夏推迟，3月14日稳定通过10℃(历年同期是3月21日)，入春时间比常年同期提前7天，稳定通过22℃日期出现在6月4日(历年同期是5月30日)，入夏时间比历年同期推迟5天；7月22—31日，受副高控制，全市持续晴热高温天气，连续10天日最高气温≥35℃以上，达到轻度高温热害标准。降水偏多，年降水量为1886.9毫米，比历年同期平均偏多335.6毫米，偏多21.6%，雷暴、大风、冰雹等强对流天气多发，年内多次出现短历时强降水及暴雨、大暴雨天气；7月3—4日出现连续大暴雨天气，累积降水量达230.1毫米，为该站有观测记录以来首次；雨季始于3月20日，比历年同期偏早，雨季结束时间不明显；7月1—10日，浏阳累积降水量249.8毫米，出现雨水相对集中期。年日照时数为1390.2小时，比历年同期平均偏少204.6小时，偏少12.8%。无霜期为302天。

年内多次出现暴雨天气过程，造成全市多个乡镇不同程度受灾，工农业生产影响较严重。6月3日受低层切变配合冷空气影响，全市出现大到暴雨，受灾人口24483人，紧急转移安置人口4789人，因灾死亡1人，农作物受灾面积1084公顷，绝收10公顷，因灾倒塌房屋163间，倒损247间，直接经济损失5500万元。6月15日受高空低槽东移过境、中低层低涡切变线共同影响，域内出现暴雨，局地大暴雨，受灾人口42323人，紧急转移安置人口715人，需紧急生活救助人口227人，农作物受灾面积2727公顷，倒塌房屋225间，直接经济损失5837万元。7月3—4日受高空低槽东移配合低层低涡切变共同影响，域内出现建站以来首次连续大暴雨天气过程，受灾人口67495人，紧急转移安置人口2491人，农作物受灾面积6934公顷，绝收1477公顷，因灾倒塌损坏房屋955间，直接经济损失27779.2万元。7月16—18日高空槽东移配合中低层切变线共同影响，域内出现暴雨，局地大暴雨，受灾总人数66491人，紧急转移安置人口247人，农作物受灾面积2012公顷，倒塌房屋139间，直接经济损失15314万元。

综观全年，出现强冷空气、寒潮、大风、冰雹、大雾、霾、中度连阴雨、暴雨、大暴雨、雨水相对集中期、洪涝、轻度高温热害等天气气候事件，气象灾害损失较为严重。

建　置

【置县】《三国志•吴志•周瑜传》载东汉建安十四年(209年)，孙权拜周瑜为偏将军领南郡太守，以浏阳为其四俸邑之一。清光绪三十三年(1907年)黄徽所纂《浏阳乡土志》断言置县"必始于是时"。建安十五年(210年)，鲁肃继周瑜，置汉昌郡，为太守，浏阳属汉昌郡。建安二十二年吕蒙继鲁肃，夺得荆州，长沙郡为吴所有，于是废汉昌郡，浏阳属长沙郡。隋开皇九年(589年)，改临湘县为长沙县。大业三年(607年)废浏阳，并入该县。唐景龙二年(708年)复置浏阳县。元贞元年(1295年)升为州。明洪武二年(1369年)复降为县。民国元年(1912年)，浏阳属长宝道。民国3年更道名为湘江道。民国7年更道名为湘东道。民国15年起浏阳属第一行政督察区，民国26年成为督察专员公署治所。1949年7月19日浏阳解放。8月浏阳属长沙专区。1952年9月长沙专区更名湘潭专区，1968年又更名湘潭地区，浏阳隶属关系均未变。1983年2月，国务院批准撤销湘潭地区，浏阳县划归长沙市管辖，是年7月正式接管。1993年2月经国务院批准浏阳撤县设市(县级)。

1993年2月11日，浏阳撤县设市暨第三届国际花炮艺术节开幕式，图为游行队伍经过长南路（现金沙路）时的情景
（摄影　李锦荣）

【治所】《湖南通志•古城考》说："浏阳故城在今浏阳县东……隋大业初，省入长沙县而故城废，唐景龙初复置，即今治，元初迁居仁镇；明初复唐旧治。"清同治县志说："唐景龙二年复析置浏阳于故城。"但以《古城考》所说为近，即最初在"县东"，也就是民间传说的今治东街口以外旧城隍庙一带地方；从隋大业三年至唐景龙二年的整整百年间，因废县而故城不存；到复置浏阳县时，在故城西面重建县城，宋末，元兵进入浏阳，县城被破坏，元代

遂迁治所于居陵镇(又名居仁镇,即今官渡镇);终因编于东隅,交通不便,时隔百年之后,明初又迁回今址。民国后县政府数易其址。民国27年(1938年)以前县政府位于西正街(今总工会附近)。民国27年(1938年)11月10日被日机炸毁。迁营盘巷迎福寺(今人民医院内)。民国33年(1944年)6月10日,县城被日军占领,县政府迁往七宝山凤凰岩曾广益宅。民国34年(1945年)日本投降后迁回县城文庙礼乐局内。解放初期。1954年春,迁往才常路谭烈士祠右侧曾子庙院内。1990年7月,于谭烈士祠左侧才常路93号建成八层政府办公大楼,县政府、县人大常委会、县政协同时迁入办公。2004年12月,新建于关口街道汉瑭路的行政中心落成,市委会、市人大常委会、市政府、市政协全部迁往行政中心。

行 政 区 划

【明、清区划】 明嘉靖长沙府志载浏阳"乡四:东南西乡……"其境域即今之东南西北乡。宋元时,全县有75个都。明代,110户为一里,里一级,城区叫坊,郊区叫厢。全县原编75里3坊。明嘉靖十一年(1532年)48里2坊。清康熙十九年(1680年)县志载,全县原编都44,外加坊厢都6,共50个都,每都10甲,共500甲。清同治县志载,康熙三十年(1691年)增加7个都,雍正十一年(1733年)又增6个都,并原都共63个。至民国11年(1922年),新选的议会召开一届一次常会作出决议,逐渐废除都甲。清咸丰年间,为防御太平军,推行团练制。10户为一牌,若干牌为一社(或称境),设社长;若干社为一小团,若干小团为一大团,同治元年(1862年),全县共设21个大团,294个小团。

【民国时期区划】 民国前期,主要沿用清代团的区划。民国元年(1912年)就21个大团的范围设立城、镇、乡,计城1(中立)、镇7(古港、永和、张坊、枫林、振西、普安、冲和)、乡13(其余大团其下仍称小团)。次年又撤城、镇、乡,恢复大团。民国5年,大团全部改为镇,小团全部改为乡,以镇辖乡。民国14年又于乡下设保甲,保甲以下设闾、邻。民国19年划全县为东、南、西、北、中5区。次年改为10个区,其具体隶属为:一区辖中立镇,二区辖古港、高坪两镇,三区辖大瑶、枫林两镇,四区辖冲和镇,五区辖蕉溪、永安、北盛三镇,六区辖沙市、全吉、莲溪、绥和四镇,七区辖永和、达浒两镇,八区辖上东、张坊两镇,九区辖文市(里仁)、金刚两镇,十区辖振西镇。此时,小乡已增至300多个。区以下,按"百户以上之村庄地方为乡,百户以上之街市地方为镇"的原则,划为24镇,134乡,镇、乡由领属关系变为平行关系。民国24年,改设5个区镇,即中立镇和东、南、西、北4个区。区以下并为89个乡镇。民国25年,改为9个区,27年,废区,划16镇、24乡,下设390保、6871甲。30年,合庆康、福仁两乡为一乡,又增设新安镇,全县共辖17镇、23乡。

浏阳河城区段 (1973年摄) (摄影 李锦荣)

【中华人民共和国成立后】 1949年8月1日,浏阳县人民政府成立。县下设东区、西区、南区、北区4个办事处,城关区1个区。1950年4月,进行民主建政,废除旧乡保,划全县为14个区,辖6个居委会和201个乡,乡下设村,村下设组。1951年7月,改为27个区,189个乡,6个镇,6个居民委员会。1952年7月,城关改区为镇。其余各区依旧,全县析为570个乡,14个乡级镇,6个居民委员会。1953年2月调整为22个区(镇),318个乡,12个乡级镇,4个居民委员会。1954年改为21个区,区名由序数改为驻地名称,其中原一区与城关镇合并,改称集里区,驻地迁城关;原四区改称古港区,驻地由三口迁古港;原二十一区改称社港区,驻地由泮春迁社港;其余驻地依旧。1956年下半年,撤销区,将小乡并为大乡,全县共划为61个乡、3个镇。乡以下辖高级社,社以下辖生产队。1958年冬,实现人民公社化,撤销乡镇,成立政社合一的人民公社17个。下辖211个大队和3060个生产队,均为生产与行政合一的基层单位。

1988年,辖11个区,设城关(区级)、永和(区级)、古港、文家市、永安5个镇、62个乡、1008个村,21个居民委员会。1995年6月28日,经省政府同意,长沙市政府办公厅下达《关于浏阳市行政区划调整的通知》,对浏阳市行政区划作以下调整:(一)撤销城郊、古港、官渡、张坊、大围山、大瑶、文家市、镇头、北盛、沙市、社港11个区。(二)保留太平桥乡、葛家乡、溪江乡、官渡镇、达浒乡、白沙乡、大瑶镇、金刚镇、杨花乡、柏加乡、官桥乡、蕉溪乡、赤马乡、山田乡、三口乡、永和镇、淮川街道、集里街道的行政区划不变。(三)将其余49个乡镇调整为22个乡、镇、街道。至2002年末,全市辖4个街道,11个乡,25个镇。2005年,白沙乡与大围山镇合并,山田乡与淳口镇合并,赤马镇与沙市镇合并。2015年11月,浏阳出台《浏阳市人民政府关于调整部分乡镇行政区划的通知》(浏政发[2015]14号)并报经省民政厅批准:浏阳市杨花乡和大瑶镇成建制合并设立大瑶镇;七宝山乡、永和镇成建制合并设立永和镇;三口镇、古港镇成建制合并设立古港镇;溪江乡、关口街道成建制合并设立关口街道;太平桥镇、集里街道成建制合并设立集里街道。1992年浏阳大围山经国家林业局批准开发建设为国家森林公园,96年8月1

日正式开园。2007 年 6 月 8 日被评为国家 AAAA 级景区。2012 年 6 月大围山通过了国家地质公园评审。2013 年 12 月被国家旅游局、环境保护部授予“国家生态旅游示范区”。1997 年浏阳开发建设浏阳市工业园，先后发展成为联合国工业发展组织在中国唯一的合作园区、浏阳生物医药园、国家医药出口基地等。2006 年，与北京、上海、广州共同获批国家级生物产业基地并更名，成为中西部地区第一个国家级生物产业基地。2010 年，获批中部地区第一个国家创新药物孵化基地。2012 年 3 月，被国务院批准为国家级浏阳经济技术开发区，并于同年获批湖南第四家科技兴贸创新基地（生物类）。2013 年，园区已开发 14 平方公里，总投资 190 亿元，总人口 8 万；共注册各类企业 449 家，其中外资企业 21 家，工业企业 230 家。园区以生物医药和电子信息为主导，形成了生物医药、电子信息和健康食品三大产业集群。2000 年启动浏阳现代农业园建设，2012 年更名为浏阳市两型产业园。2003 年 3 月浏阳设立浏阳制造产业基地，控规面积为 30 平方公里，至 2013 年，已建成面积 7 平方公里，拥有规模企业 95 家，产值过亿元企业 20 家，高新企业 20 家。2016 年 4 月，根据《中共湖南省委湖南省人民政府关于开展乡镇区划调整改革工作的意见》（湘发〔2015〕15 号）《长沙市乡镇区划调整改革领导小组关于做好乡镇区划调整改革中合并村工作的通知》（长区改〔2015〕3 号）的文件精神，按照《浏阳市建制村合并工作实施方案》（浏办发〔2016〕1 号），浏阳市 79 个建制村合并工作全面完成。2016 年 8 月，根据长沙市人民政府办公厅《关于浏阳市葛家乡撤乡设镇的通知》（长政办函〔2016〕136 号）葛家乡撤乡设镇。截至 2016 年 12 月 31 日，浏阳市有 4 个园区：长沙国家生物产业基地、制造产业基地、两型产业园、大围山国家森林公园，辖 4 个街道：淮川、集

浏阳河晚唱　　（摄影　熊　剑）

里、荷花、关口，25 个镇：古港、高坪、沿溪、官渡、永和、达浒、大围山、张坊、澄潭江、中和、文家市、大瑶、金刚、枨冲、镇头、普迹、官桥、柏加、洞阳、永安、北盛、沙市、淳口、龙伏、社港、葛家，2 个乡：小河、蕉溪；共 322 个村（社区）。

（唐继武）

浏阳市 2016 年 国民经济和社会发展统计公报

2016 年，全市人民在市委市政府的坚强领导下，深入贯彻落实科学发展观，紧紧围绕“加快建设省会副中心和湘赣边区域性中心城市”目标，砥砺奋进，扎实作为，推动了经济社会又好又快发展，为“建设‘两个中心’，进军全国十强”打下了坚实基础。

2016 年，全市实现生产总值 1218.2 亿元，同比增长 11%。其中第一产业增加值 102.5 亿元，第二产业增加值 840.9 亿元，第三产业增加值 274.8 亿元，分别增长 4.5%、11.2%和 12.9%。三次产业对经济增长的贡献率依次为 3.5%、71.5%和 25%，分别拉动经济增长 0.4 个百分点、7.9 个百分点和 2.7 个百分点；三次产业结构为 8.4∶69∶22.6。

一、农业

2016 年，全市实现农林牧渔业总产值 158.3 亿元，增长 4.8%。其中，农业产值 90.9 亿元，增长 6%；林业产值 18 亿元，增长 7.5%；牧业产值 40.9 亿元，下降 0.4%；渔业产值 4.5 亿元，增长 6.3%；农林牧渔服务业产值 4 亿元，增长 16%。

种植业　2016 年，全市粮食总产量 56.5 万吨，下降 1.4%；蔬菜总产量 138.7 万吨，增长 2%。

主要农产品产量

	计量单位	2016 年	增长（±%）
粮　食	吨	564960	-1.4
其中：稻谷	吨	525629	-1.4
蔬　菜	吨	1387333	2.0
烤　烟	吨	8300	2.2
油菜籽	吨	47155	-2.8
茶　叶	吨	1615	0.5
药　材	吨	21418	0.4
水　果	吨	198059	1.6

林业　2016 年，全市完成造林面积 13053 公顷，森林抚育面积 5334 公顷，年末实有封山育林面积80000 公顷，年度活立木总蓄积量 1406.2 万立方米，增长4%。

畜牧业　2016 年，全市生猪出栏 187.9 万头，下降 2.7%；山羊出栏 70.9 万只，下降 1.7%；家禽出笼1356 万羽，增长 8.4%；肉类总产量 17 万吨，下降 2.5%。

主要牲畜年末存栏量

	计量单位	2016 年	增长（%）
牛	万　头	4.36	-2.1
生　猪	万　头	79.74	-15.7
山　羊	万　只	42.92	-13

渔业　2016 年，全市水产品总产量 2.68 万吨，增长 3.9%，其中鲜鱼产量 2.62 万吨，增长 3.9%。

二、工　业

2016 年，全市实现工业总产值 2689 亿元，增长

13.6%;实现工业增加值769.3亿元,增长11.8%。规模以上工业企业834家,实现规模工业产值2262.2亿元,增长13.9%,实现增加值689.1亿元,增长13.5%,其中产值过亿元企业350家,实现产值1839亿元;产值过10亿元企业20家,实现产值905亿元。

2016年,花炮产业实现销售总额208.1亿元,创税8.1亿元,分别下降5.5%和6.8%;43家生物医药企业实现产值356.9亿元,增长23.8%;101家机械制造企业实现产值288.3亿元,增长23.4%;13家电子信息企业实现产值528.9亿元,增长12.1%。

经开区实现工业总产值1001.2亿元,财税收入35.3亿元(含土地出让金,下同),分别增长16.6%和16.3%。高新区实现工业总产值350.6亿元,财税收入11.6亿元,分别增长20.1%和15.0%。两型产业园实现工业总产值56.3亿元,财税收入1.3亿元,分别增长15.3%和11.9%。

三、建筑业、房地产业和固定资产投资

2016年,全市建筑行业实现增加值74亿元,增长5.5%。拥有四级以上建筑企业30家,实现建筑业产值40.1亿元,增长4.3%。

2016年,全市房地产业实现增加值25.2亿元,增长7.5%。拥有房地产企业70家,实现房地产投资额26.1亿元,下降17.9%;商品房销售面积120.3万平方米,增长17.3%。

2016年,全市实现固定资产投资913.8亿元,增长16.2%。其中工业投资593.7亿元,增长17.6%。

四、财政金融、内外贸易和市场物价

财政　2016年,全市实现财政总收入126.5亿元,增长12.9%。一般公共预算收入(长沙市考核口径)95.5亿元,增长11.2%;其中地方一般公共预算收入58.9亿元,增长18.1%;上划收入36.7亿元,增长1.6%;土地出让金收入30.9亿元,增长18.8%。全市财政总支出95.1亿元,增长11.7%。

金融　2016年,全市金融机构年末各项存款余额640.4亿元,增长21%,比年初增加111.2亿元,其中住户存款余额396.6亿元,增长20.5%,比年初增加67.5亿元;各项贷款余额472.6亿元,增长8.4%,比年初增加36.7亿元。金融机构年末存贷比为1:0.74,不良贷款率2.9%,比年初提高0.9个百分点。

内外贸易　2016年,全市实现社会消费品零售总额281.3亿元,增长15.9%。按消费形态统计,批发零售业商品零售额248.3亿元,增长16%;住宿餐饮业营业收入33亿元,增长15.1%。

2016年,全市实现自营进出口总额15.8亿美元,增长34.3%。自营进口额3.5亿美元,增长16.1%。自营出口额12.2亿美元,增长40.6%,其中鞭炮烟花2.3亿美元、机电产品8亿美元、其他1.9亿美元。

市场物价　2016年,全年居民消费价格总指数(CPI)为101.9,商品零售价格指数为100.9,服务项目价格指数为101.8,工业品出厂价格指数为105.1。

五、交通运输和邮电业

交通运输　2016年,全市公路客运量4698万人次,增长6.1%,公路客运周转量241905.7万人公里,增长2.4%;公路货运量4064.2万吨,增长10.3%;公路货运周转量255647.5万吨公里,增长10.3%。

邮电通信　2016年,全市实现邮电业务总量10.9亿元,增长11.2%。年末拥有移动电话用户132.5万户,增长13.2%;互联网宽带接入用户19万户,增长9.8%。

六、旅游和招商引资

旅游　2016年,全市接待旅游人数1925万人次,增长34.3%;旅游产业收入200.2亿元,增长36%。

招商引资　2016年,全市引进项目200个,其中亿元以上项目49个,10亿元以上项目6个,50亿元以上的3个。外商直接投资实际到位资金2.4亿美元,增长12.9%,实际到位省外境内资金67.2亿元,增长14.7%。

七、教育、文化、卫生和体育

教育　2016年,全市拥有普通小学296所(含散学点),教职员工3960人,本年招生17340人,在校学生101171人,毕业15744人;普通初中52所,教职员工3036人,本年招生15677人,在校学生43458人,毕业13557人;普通高中12所,教职员工1891人,本年招生7635人,在校学生22136人,毕业7338人;中等职业学校3所,本年招生3480人,在校学生8115人,毕业2191人;特殊教育学校1所,本年招生73人,在校学生212人。

文化　2016年,全市拥有文化馆站38个、艺术表演团体1个,艺术表演观众人次26万人次。《浏阳日报》每期发行量4.4万份。全市广播综合人口覆盖率98.5%,电视综合人口覆盖率98.5%,有线、无线数字电视用户31.5万户,增长7.6%。年末图书馆藏书19.7万册。

卫生　2016年末,全市拥有卫生机构50个,其中医院42所。卫生机构床位数7568张,卫生技术人员7259人。年内诊疗360万人次,年内治愈率为60%,年内病死率0.03%。

体育　2016年,全市共组织县级以上运动会6次,参加活动人数3万人次。运动员在省市比赛中获得金牌8枚、银牌12枚、铜牌15枚。

八、环境保护和安全生产

环境保护　2016年,城区空气质量优良天数318天,比上年减少22天;城镇生活污水处理率91.3%,污水集中处理率85%。

安全生产　2016年,全市亿元GDP事故死亡率为0.0081;煤炭百万吨煤生产安全事故死亡率为0。

九、人口、人民生活和社会保障

人口　2016年,全市年末户籍户数42.22万户,总人口为149.1万人,分别增长0.14%和1.46%。其中,城镇人口70.84万人,乡村人口78.26万人。年内出生人口23918人,出生率为16‰。年内死亡人口12107人,人口死亡率为8.1‰;人口自然增长率7.9‰。

人民生活　2016年,城乡居民人均可支配收入33492元,增长8.5%,其中农村居民人均可支配收入27182元,增长7.9%;城镇居民人均可支配收入39641元,增长8.2%。城乡居民人均消费支出20680元,增长10.2%,其中农村居民人均消费支出16580元,增长9.4%,城镇居民人均消费支出24676元,增长10.1%。

社会保障　2016年末,全市参加城镇基本养老保险人数82000人，比上年增加11217人；城镇基本医疗保险的参保人数118950人，比上年增加21人；参加失业保险人数75400人，比上年增加149人；参加新型农村合作医疗人数1247897人，比上年减少37199人，参保率达98.5%；参加新型农村社会养老保险人数842000人，比上年增加24191人。全年发放城乡居民最低生活保障经费13749万元，保障城乡困难居民55969人，城乡低保对象人均月补差标准为333元和152元。

十、为民办实事

省、长沙市重点民生项目31项考核指标全部完成，其中8项指标超额完成。

2016年，全市新农村基础设施建设稳步推进，农村公路安保设施建设70.6公里，农村公路危桥改造9座；农村广播“村村响”工程401个，解决直播卫星户户通2400户。教育卫生文化服务体系进一步健全，全年创建义务教育合格学校18所，农村公办幼儿园5所；农村妇女“两癌”免费检查20007人；建成示范性乡镇（街道）综合文化站7个，乡镇（户外）全民健身中心8个，全民健身工程140处。城乡环境明显改善，农村危房改造1800户，城市棚户区改造5743个，新增管输天然气用户4800户；创建绿色示范村庄12个、绿色示范社区4个，建设美丽乡村示范村1个，精准扶贫16319人。救济制度进一步落实，残废儿童抢救性康复107名，建立公共法律服务中心1个，为困难群众办理法律援助案件788件；建设街道老年人日间照料中心1个，新增养老服务床位1038张。新增城镇就业人员16565人，城镇登记就业率明显提高。

注：本公报数据为初步核实数，单位GDP能耗、社会平均工资数据待省市统计局核实后另行公布；地区生产总值、增加值指标绝对额按现价计算，增速按可比价计算；金融机构存贷款余额、住户存款余额按本外币口径调整；环保数据因国家“十三五”规划环保政策调整，暂无统计汇总数据。

九曲浏阳河

（图片来源：浏阳电视台航拍图片）

中共浏阳市委

中共浏阳市委员会

书　记　曹立军
副书记　余勋伟（2016.06 免）
　　　　吴新伟（2016.06 任）
　　　　邱山东（2016.08 任）
常　委　谭　果（2016.07 免）
　　　　张作林（2016.06 免）
　　　　刘　旭（2016.08 免）
　　　　胡金文（2016.01 免）
　　　　秦跃平（2016.08 任）
　　　　吴　敏　周文舜
　　　　邓阳锋（2016.01 任）
　　　　郭　瑞（2016.08 任）
　　　　莫小佳（2016.08 任）
　　　　戴武明（2016.08 任）
　　　　尹乐平（2016.08 任）
　　孙文君（挂）（2016.10 任）
市委顾问　张若林
副调研员　杨国民

市委办公室

主　任　胡金文（2016.01 免）
　　　　邓阳锋（2016.01 任）
副主任　钟伟明　肖炎强
　　　　熊　文（2016.08 免）
　　　　张之俭（2016.08 免）
　　焦清平（兼）（2016.08 免）
　　　　胡厚坤（兼）
　　　　谢　庆（女，挂）
　　张文初（挂）（2016.01 任）
　　　　赵　理（2016.08 任）
　　吕正红（挂）（2016.08 任）

市委秘书科

科　长　陈治国（2016.04 免）
　　　　罗钦伟（2016.04 任）
　　　　罗钦伟（2016.11 免）
　　　　周平波（2016.11 任）

市委督查室

主　任　谢　庆（女）

市委绩效办

主　任　陈治国（2016.04 免）
　　　　周如冰（2016.07 任）
副主任　陈　全（2016.09 免）
　　　　易　茜（2016.12 任）

市委政研室

副主任　赵　理（2016.01 任）
　　　　赵　理（2016.08 免）
副主任　刘辉成（2016.08 任）

市委党史办

主　任　周如冰（2016.07 免）
　　　　陈慧娜（2016.07 任）

市委深改办

副主任　付秋民（2016.03 免）
　　　　周平波
　　　　张　葵（2016.07 任）

市委接待办

主　任　张文初
副主任（聘）　张　荡
副主任　周　琳（2016.12 任）

机要保密局

局　长　杨新跃（2016.08 免）
副局长　刘海珍（2016.08 任）

【中国共产党浏阳市第十二次代表大会】 8月15日上午，中国共产党浏阳市第十二次代表大会在欧阳予倩大剧院开幕，本次大会应到代表399名，因事因病请假5名，实到代表394名，符合法定人数。上午会议分为三个议程：1.奏《国歌》；2.曹立军作中国共产党浏阳市第十一次委员会工作报告；3.秦跃平作中国共产党浏阳市第十一届纪律委员会工作报告（书面报告）。

8月17日日上午，中国共产党浏阳市第十二次代表大会在欧阳予倩大剧院举行第二次全体会议。本次会议应到代表399名，因事因病请假7名，实到代表392名，符合规定人数。会议由吴震主持。会议以举手表决的方式通过大会《选举办法》，通过总监票人、监票人名单；宣布总计票人和计票人名单。会上，周文舜作选举工作说明。此次大会的执行主席是（按姓氏笔画为序）：王星辉、尹乐平、邓阳锋、刘旭、刘守德、孙建科、李翔、李爱民、李家喜、李渔海、吴敏、吴震、吴新伟、邱山东、沈学军、张葵红、周文舜、周岳云、秦跃平、莫小佳、郭瑞、曹立军、鲁建文、戴武明。

8月18日上午，中国共产党浏阳市第十二次代表大会在欧阳予倩大剧院举行第三次全体会议。会议由曹立军主持。本次会议应到代表399名，因事因病请假6名，实到代表393名，符合规定人数。按照大会《选举办法》的规定，会议选举产生中国共产党浏阳市第十二届委员会委员、候补委员，中共浏阳市第十二届纪律检查委员会委员和出席长沙市第十三次党代会的代表。本次大会的执行主席是（按姓氏笔画为序）：尹乐平、邓阳锋、卢铓、刘旭、李斌、李声义、李家喜、杨厚波、肖赛男、吴敏、吴震、吴新伟、邱山东、张益平、陈国强、周文舜、周岳云、周逢明、秦跃平、莫小佳、郭瑞、曹立军、鲁建文、戴武明。(资料来源:红网、长沙市政府门户网站、新湖南客户端,唐继武整理)

【市委常委会议】 全年共召开常委会会议48次。1月6日,市委第十一届八十三次常委会会议,讨论市委经济工作报告、《中共浏阳市委关于制定浏阳市国民经济和社会发展第十三个五年规划的建议(讨论稿)》、“两会”报告,听取“两会”筹备、“城乡统筹、环境同治”等工作情况汇报,传达学习上级有关文件精神。

1月25日,市委常委会(扩大)会议,传达学习中央“三严三实”专题民主生活会会议精神。

1月27日,市委常委会(扩大)会议,召开“三严三实”民主生活会。

1月27日,市委第十一届八十四次常委会会议,研究有关人事任免和有关违纪案件。

2月15日,市委常委会(扩大)会议,通报长沙对浏绩效考核情况,安排部署当前工作。

2月22日,市委第十一届八十五次常委会会议,传达学习上级有关文件精神、听取党风廉政建设和反腐败工作情况汇报。

3月4日,市委常委会2016年第7次会议,听取建制村合并、乡镇党委换届工作汇报,研究有关人事任免。

3月9日,市委常委会2016年第8次会议,听取2015年市管领导班子和领导干部年度考核情况汇报、2015年绩效考核有关情况汇报和市管领导干部考核划等建议。

3月16日,市委常委会2016年第9次会议,研究有关违纪案件。

3月17日,市委常委会2016年第10次会议,听取工商联换届、安全生产和小型水库除险加固工程建设工作汇报。

4月8日,市委常委会2016年第11次会议,传达学习习近平总书记重要讲话精神,听取《2016年部门预算(草案)》编制、2016年重点项目计划和政府投资项目计划、耀邦故居有关工作和2015年度财政性奖励政策兑现工作(三重一大事项)等情况汇报。

4月14日,市委常委会2016年第12次会议,研究有关人事任免。

4月29日,市委常委会2016年第13次会议,听取关于中央、省委、长沙市委“两学一做”学习教育相关会议精神及我市部署安排建议的汇报,讨论全省优秀共产党员、优秀党务工作者、优秀乡镇(街道)党(工)委书记、先进基层党组织建议名单,听取工商联(总商会)换届、一季度重点工作调度讲评有关情况汇报,审议《大瑶镇集中行政处罚权工作方案》(三重一大事项),讨论《2015年浏阳市委工作报告》,传达学习有关文件精神。

5月10日,市委常委会2016年第14次会议,听取党风廉政建设工作情况汇报,传达学习有关文件精神,听取党务部门2016年工作要点汇报。

5月23日,市委常委会2016年第15次会议,讨论浏阳市第十二次党代会文件起草工作方案,传达学习长沙市委有关区县(市)领导班子换届工作会议和有关文件精神,研究浏阳市委换届考察工作,开展四大家班子成员、法检“两长”谈心谈话。

6月1日,市委常委会2016年第16次会议,研究有关人事任免,听取长沙市优秀共产党员、优秀党务工作者、优秀村(社区)党组织书记、先进基层党组织推荐工作的情况汇报。

6月2日,市委常委会2016年第17次会议,听取荷花出口烟花厂“5•17”爆炸事故有关情况汇报。

6月20日,市委常委会2016年第18次会议,审议浏阳市庆祝建党95周年暨“七一”表彰大会方案和浏阳市优秀共产党员、优秀党务工作者、先进党小组、先进基层党组织表彰对象,并研究有关违纪案件。

6月30日,市委常委会2016年第19次会议,听取安全生产有关工作情况汇报,传达学习有关文件、会议精神。

7月13日,市委常委会2016年第20次会议,听取出席长沙市第十三次党代会代表初步人选汇报,通报有关工作情况。

7月15日,市委常委会2016年第21次会议,研究有关人事任免。

7月22日,市委常委会2016年第22次会议,听取二季度重点工作调度讲评有关情况汇报,审议制造产业基地申请贷款有关工作(三重一大事项),传达学习有关文件精神。

7月27日,市委常委会2016年第23次会议,听取出席长沙市第十三次党代会代表候选人初步人选有关情况汇报,传达学习有关会议精神。

7月29日,市委常委会2016年第24次会议,研究有关人事任免。

8月2日,市委常委会2016年第25次会议,研究有关人事任免,研究市纪委换届有关人事安排方案,研究市“两委委员”候选人初步人选建议名单,研究审议市第十二次党代会代表候选人预备人选、市第十二次党代会分团建议方案及党员市级领导干部到各选举单位参加代表选举安排方案。

8月9日,市委常委会2016年第26次会议,听取市第十二次党代会筹备工作、中共浏阳市第十一届委员会工作报告起草、中共浏阳市第十一届纪律检查委员会工作报告起草等情况汇报。

8月11日,市委常委会2016年第27次会议,听取浏阳市农村公路建设三年行动(三重一大事项)、2016年政策性提标支出和非税收入减收(三重一大事项)等情况汇报。

8月18日,市委常委会2016年第28次会议,研究有关人事任免。

8月26日,市委常委会2016年第29次会议,研究有关人事任免。

9月1日,市委常委会2016年第30次会议,听取关于乡镇国库集中支付制度改革实施情况的汇报(三重一大事项),研究人大、政协换届等相关工作。

9月9日,市委常委会2016年第31次会议,听取文家市煤矿有关情况、经开区关于解决政府性存量债务置换有关问题、浏阳市落后烟花爆竹生产企业退出工作实施方案、出席省第十一次党代会代表候选人推荐人选等事项的情况汇报。

9月13日,市委常委会2016年第32次会议,审议我市拟呈报的长沙市第十二届政协委员推荐人选建议名单。

9月18日，市委常委会2016年第33次会议，传达学习全省市州委书记座谈会会议精神和全国、全省党委秘书长会议精神。

9月23日，市委常委会2016年第34次会议，研究有关人事任免和市第十七届人大换届有关人事安排。

9月29日，市委常委会2016年第35次会议，听取长沙市第十五届人大代表候选人资源摸底、浏阳市农村土地制度三项改革试点统筹推进工作汇报。

10月8日，市委常委会2016年第36次会议，审定浏阳市第十七届人大代表提名人选，听取椒花水库有关工作情况汇报。

10月17日，市委常委会2016年第37次会议，审议我市拟呈报的长沙市人大代表推荐建议人选名单。

10月27日，市委常委会2016年第38次会议，听取三季度重点工作调度讲评有关情况汇报，审议全市专项工作督查组正副组长资源库建议人选名单，传达学习有关文件精神。

11月7日，市委常委会2016年第39次会议，研究有关人事任免。

11月11日，市委常委会2016年第40次会议，听取浏阳市第十届政协委员提名人选、部分常委建议人选调整情况以及“两会”有关筹备工作情况、《浏阳市城市总体规划(2001—2020)》(2016年修订方案)编制情况、浏阳市全域美丽乡村建设村庄规划提质三年行动有关情况和易地扶贫搬迁资金承贷情况汇报。

11月21日，市委常委会2016年第41次会议，审议市十七届人大一次会议有关工作报告、市第十七届人民代表大会第一次会议《政府工作报告》、市政协十届一次会议有关建议名单和工作报告。

11月24日，市委常委会2016年第42次会议，研究市人大常委会法制委员会和财政经济委员会有关人事安排，研究长沙市人大代表候选人建议人选和浏阳市人大常委会组成人员候选人建议人选，听取浏阳市公务用车制度改革工作情况汇报。

11月24日，市委常委会(扩大)2016年第43次会议，部署换届工作。

11月30日，市委常委会2016年第44次会议，研究有关人事任免。

12月2日，市委常委会(扩大)2016年第45次会议，传达学习上级有关文件精神，安排部署国有企业党的建设工作。

12月7日，市委常委会2016年第46次会议，听取有关党组(党委)工作情况汇报，人武部、武警中队、消防大队有关工作情况汇报，听取浏阳市2017—2019年造绿大行动有关情况汇报(三重一大事项)。

12月14日，市委常委会2016年第47次会议，听取关于党的十九大代表候选人初步人选推荐提名工作精神及我市贯彻落实意见的汇报，研究有关人事任免。

12月26日，市委常委会2016年48次会议，审议推荐长沙市出席党的十九大代表候选人初步人选建议名单。 (刘卫红)

【综合服务】 市委办按照“五个坚持”的总体要求，围绕市委中心工作，服务全市发展大局，扎实做好办文办会、统筹协调、信息报送、日常值班、公务接待等工作，较好完成了各项工作任务。一是办文办会突出一个“精”字。深入贯彻落实中央、省、长沙市整治“文山会海”的相关要求，将全市性的重要文件、重要会议、重要活动列入清单管理，实行申报制度，凡是发文依据不充分的文件、没有实质意义的会议、不符合政策规定的活动，一律不列入计划安排清单，从源头和制度上控制了文件、会议、活动的数量。2016年，发文同比减少5%，会议和活动同比减少6%。编制了《浏阳市委办秘书科(总值班室)工作规范》，文件办理和会务组织按章操作，确保工作精细化、规范化运行。文件办理方面，坚持从细节入手，严把公文的政策关、格式关、法律关、文字关，对重要公文，认真征求意见、多方论证，审慎出台。同时，坚持“特件特办、急件急办、平件快办”的原则，加快办文节奏，提高了办文效率。会务组织方面，会前部署做到周密细致，会中服务确保万无一失，全面提升会议的质量和效率。2016年是换届之年，在人手偏紧、事务偏多的情况下，通过科室同志的努力和全办同志的通力合作，保证了市第十二次党代会，市人大、政协换届选举会议等大型会议的顺利进行、圆满成功。二是统筹协调突出一个“畅”字。注重加强对全市性会议和活动的统筹协调，做到提前谋划、主动介入，确保全市各级各部门工作上的衔接运转更加顺畅、高效。树牢全局服务观念，切实加强与四大家办公室之间的联系，继续以周工作安排表科学统筹安排“四大家”工作和市级领导工作。强化超前服务意识，对有市委主要领导出席的会议及活动，积极主动参与，帮助筹备安排；对需要几个部门共同解决的问题，主动牵头协调，明确各自责任，理顺主办协办关系，形成工作合力。坚持精细服务理念，活动和接待方案周密细致，预案安排考虑周全，接待路线和视察点提前踩点，努力做到活动和接待无漏洞、不出错，重点统筹做好了湖南省美丽乡村建设工作现场推进会、长沙市项目观摩等活动的组织，赢得了领导和来宾的肯定。三是信息报送突出一个“准”字。围绕“当科学发展高参”目标，努力推动信息开发、文稿撰写等工作不断进步提升。2015年共向省、长沙市上报信息200余篇，被省委办公厅信息内刊单条采用20余篇，被长沙市委办公厅信息内刊单条采用60余篇。其中，《浏阳市以“互联网+招投标”破解公共资源交易暗箱操作》、《抢抓“一带一路”战略机遇，推动浏阳花炮走向世界》等4篇文稿被省办评为优秀稿件选报中央办公厅；《浏阳成为全省唯一“亿元淘宝县(市)”》《2016年浏阳高新区高新技术产业产值增速超50%》等6篇信息被编为《长沙要情》头条。围绕服务领导决策、促推浏阳发展、反映民生实事，持之以恒高标准办好《浏阳要情》，全年共编发250期，提供各种信息1750多条次，被市委、市政府主要领导批示45件次。四是日常值班突出一个“谨”字。进一步完善值班工作职责、工作程序和值班人员工作守则等制度，安排专人专职负责日常值班，使值班工作更加规范、严谨。继续实行领导带班值班、24小时值班制度，全年编发工作信息2100余条，协调职能部门妥善处置了交通、消防、安全生产等各类事故和应急突发事件。充分发挥秘书科“窗口”作用，用心接待群众来访，热情接待群众来电，认真帮助解决群众难题，着力协调化解了一批信访问题，得到了领导和来访群众的好评。加大了对全市办公室值班的督促检查以及突发事件信息报送的管理，及时通报值班电话不畅通、值班信息报告不规范等情况，确保了全市值班工作高效规范运转。五是公务接待突出一个“严”字。坚持“周全周到、细致细心、依规依制”工作原则，严格落实作风建设规定、突出浏阳地方特色、提升浏阳接待水平。2016年共接待中央、省市领导以及外地党政考察团300余批次5000余人，其中党和国家领导人1批次，省部级领导60余批次，地市级领导80余批次，其他团队160余批次。（刘卫红）

【政研工作】 2016年，政研室围绕“当发展高参、出精品文章、树工作标杆”目标，着力统筹工作重点和难点、参谋广度和深度、文稿数量和质量，较好地完成了目标任务和领导交办的各项工作。一是作精“写”的文章，确保优质文稿磨得出来。践行精品意识、工匠精神，坚持精益求精抓撰写、抓打磨、抓提升，努力把每一篇文稿写好、写出彩、写成精品。圆满完成市委经济工作报告、炼红书记来浏阳调研汇报材料、第十二次党代会报告、中央统战部副部长全哲洙来浏调研汇报材料等重要文稿的起草；积极服务重大活动，高质量完成创建全域美丽乡村示范县（市）启动式暨十条休闲农业与乡村旅游精品线路新闻发布会、全国农村精神文明建设工作经验交流会等重要活动文稿撰写，受到市委主要领导肯定。紧跟领导工作思路，积极服务工作大局，全年共完成各类讲话、汇报和致辞等文稿480余篇，1400多页，采用率达96%以上，无一例大的差错和延误。二是作实“谋”的文章，确保辅政水平提得上来。坚持虚功实做，围绕市委重大战略、浏阳发展大局做实做好参谋辅政工作，努力提升服务决策、宣传推介的水平。全年共撰写调研报告10篇，其中《推进全域美丽乡村建设•提升农村精神文明水平》一文发表于《光明日报》、《打造全域美丽乡村建设的“浏阳样板”》等在《湖南工作》等期刊上发表，撰写的统战、纪检和意识形态和宣传思想等经验文章先后在《长沙晚报》等主要媒体发表。积极协助市委主要领导接受新华社、《长沙晚报》等重要媒体采访，为提升浏阳知名度、扩大浏阳影响力发挥了重要作用。按照“政治立刊、质量优刊、特色强刊、创新活刊”思路，高标准办好《浏阳通讯》4期，编发《市委通报》8期，大力宣传市委政策、传递高层声音，受到领导肯定和读者欢迎。三是作足“学”的文章，确保良好形象树得起来。坚持把工作作风和业务能力摆在同等位置，以学习为主线进一步提意识、提素质、提作风、提形象。常态学习习近平总书记系列重要讲话以及《求是》等权威刊物。同时，把“互联网+”的理念融入学习中，引导全体同志订阅“人民日报”“新闻早餐”等微信公众号，尽可能多地利用零散时间学理论、提水准。建立“一周一课、一文一议”学习交流机制，组织全体同志进行轮流讲课，并对照领导讲话与呈报文稿找差距、谈体会，切实思考自身不足、找准努力方向。按照市委办“两学一做”要求，认真学习党纪国法以及办公室各项制度，重点抓好“敏锐性、主动性和责任心”学习讨论，进一步提振干事创业的精气神、锤炼崇严尚实的好作风。（熊　斌）

【督查工作】 2016年，督查室共开展督查活动439次，其中决策督查116次，专项查办310件，刊发督查公文82份。获长沙市委办公厅授予的2016年度市委网络问政留言办理工作优秀单位；督查工作获得曹立军书记的高度好评。一是突出党委重大决策和部署，抓落实促发展。抓好重要会议精神贯彻落实。严格实行“周督月查季通报”，对市委重要会议（周工作会、月工作会、常委会、书记办公会）部署事项开展跟踪督查、跟踪问效；责任分解市委经济工作会报告，并于年中、年末开展督查。做好重点工作督查。我室深入一线开展明察暗访，切实发挥督查对改革发展的推动作用。先后开展了开门红、两会特护期维稳、精准扶贫、项目建设、农村土地制度改革、拆违控违、安全生产、防汛、村务公开、“路长制”、厉行节约等29项工作的专项督查。二是突出领导批示和交办事项，抓落实促发展。市委督查室采用“分类督办、定期通报、回访复核、考核追责”方式，严谨做好领导批示件的交办、催办、核查和反馈工作，确保领导批示事事有结果、件件有回音。2016年共办理专项查办310件，其中上级领导批示件11件（彭佩云2；杜家毫1；易炼红4；郭树人、胡衡华、徐宏源、李军等各1件），曹立军书记批示件285件，办理人民网及红网主要领导栏目留言14件。在办理领导交办事项中，市委督查室坚持“立说立行”原则，确保领导指示不过夜，确保提供真实准确的一手情况供领导决策。三是突出上级督查部门的专项督查，抓落实促发展。2016年迎接长沙市委督查室的专项督查共15次，我室对上级督查部门下发的每一份《督查通知》都认真研究，针对督查内容组织相关部门进行自查，做好迎检工作，并根据上级的《督查通报》，举一反三抓整改，确保党的决策执行到位。按时效性要求，报送我市相关工作落实情况的材料13篇，及时向上级有关部门报告浏阳市好的经验及做法，推介浏阳。（罗钦伟）

【绩效考核】 2016年，在市委、市政府和市绩效考核领导小组的直接领导和靠前指挥下，我市继续保持了四县（市、区）组排名第一的好成绩，成功顺利实现了市委提出的“五连冠”目标。全市绩效考核工作以围绕中心、服务大局为核心，以推动工作、促进发展为根本，坚持目标引领、督办推动、跟踪问效，绩效考核的指挥棒功能更加彰显，论绩增效的干事创业氛围更加浓厚，阳光透明的考核公信力进一步提升。一是围绕中心、服务大局，本级考核目标引领作用更加凸显。深入贯彻市委、市政府关于2016年工作的决策部署，将市委、市政府中心工作，长沙对浏绩效考核各项指标任务以及纳入政府目标责任状的项目，全部纳入本级考核工作目标体系，实现工作任务责任传递和全面对接。坚持考少考精考重点，加大对项目建设、征地拆迁、精准扶贫、全国文明城市建设、食品安全、环境保护、全域美丽乡村建设、社区提质提档等工作的考核力度，以较高的权重、合理的考核方式，引导全市各级各部门握紧拳头抓重点，集中精力办大事，确保换届之年人心不散、势头不减，发展不止。二是突出重点，注重日常，重点工作季度调度讲评更加精准。将重点工作季度调度讲评作为我市日常考核的重要抓手，通过组织各牵头责任单位，做好经济工作、项目建设、综治维稳与信访、安全生产、环境整治、作风转变等六项重点工作季度考评，并按季度召开全市重点工作调度讲评大会，让先进单位上台作经验介绍，后进单位上台作表态发言，在全市形成了千帆竞发、比学赶超、创先争优的生动局面。三是主动担当，努力作为，长沙对浏考核任务落实更加到位。切实发挥牵头抓总作用，在指标动态管理、工作进度跟踪、任务监测预警和重点难点任务督办等方面敢较真、敢碰硬，勤协调、勤调度，为长沙对浏绩效考核各项任务的顺利完成奠定了坚实基础。一是强化分析反馈。每季度末，及时撰写报告研判形势，分析问题，供领导和各责任单位参考，让被考核单位彼此看到差距，相互传递压力，促进工作任务的全面落实。二是强化督办调研。坚持以查摆问题为重点，以促进工作为目标，对各项指标任务落实情况进行走访调研，全面掌握指标运行情况，形成专题汇报，并针对当前工作难点提出了切实可行的意见建议，对因执行不力导致工作目标完成进度不好、问题较多的指标，进行提醒和预警。三是强化调度推进。2016年年底，收集指标完成情况，紧盯重点难点指标，进行监测分析，通过月工作碰头会、周工作碰头会和提请召开长沙对浏绩效考核工作调度会等多种形式，分析问题，查找差距，促推各部门牢固树立创先争优意识，合力推动工作落到实处。（陈　辉）

【改革工作】 2016年，在市委深改组的正确领导下，改革办紧紧围绕改革参谋、项目推手、落实监工的工作定位，充分发挥统筹协调、督促检查等职能作用，有力推动了全市改革的落实落地，年初铺排的9大类63大项163小项改革均按时如质完成，一批改革走在全国前列，一批改革形成浏阳特色，一批改革实现领先突破，形成了规定动作不折不扣、自选动作亮点纷呈、惠及民生各方认可的生动局面。一是综合协调有作为。贯彻上级改革精神、立足浏阳改革需要，经反复对接、科学论证、多次修改，精心制定了2016年改革工作要点，明晰明确了全年各项改革任务。同时，根据项目化推进、动态化管理、绩效化考核要求，制定了“改革责任分解表”和“改革任务倒排表”，逐条逐项明确责任领导、牵头单位和参与单位，实行时间倒排、任务倒逼、责任倒追，确保各项改革落到实处、产生实效。扎实抓好各项改革的协调推进，先后组织召开领导小组会、专项小组会、改革办主任会等，研究重点改革事项，审议重大改革方案，确保各项改革按照预定进度有序推进。认真做好上级来浏调研督察接待工作，先后完成中国城乡统筹发展研究中心来浏调研、省委改革办农村改革试点专项督察等系列接待任务，进一步拓展了浏阳改革的影响力。二是调研参谋有成果。充分发挥改革办参谋职能作用，紧扣市委决策部署和重点改革事项，深入改革一线开展调研，先后推出了《浏阳：探索启动‘国地财’合署办公改革》等10余篇有质量、有分量的调研文章，全年共有6篇经验文章在省、市改革内刊发表，其中《浏阳坚持以“路长制”推进公路管理创新》等两篇文章被省委《改革专报》单条采用，并被上报至中央改革办，《放活林地经营权，打造林改示范区》一文在国家级刊物《林业经济》上发表，为全国创造了可复制、可借鉴的改革经验。5月份，我们积极协助湖北省委政研室和省委改革办来浏调研，推出了《县域改革　大有可为》调研文章，上报两省主要领导，并获得了原湖北省委书记、现天津市委书记的亲笔批示。三是宣传推介有特色。自觉将为浏阳改革鼓与呼作为改革办的天然使命，积极打好改革宣传主动仗，全年共在新华社、中新社、人民日报、农民日报等国家级媒体上推介浏阳改革30余篇次。特别是7月份中新社推出的“‘花炮之乡’浏阳：县域综合改革的湖南样本”和11月份《半月谈》杂志推出的“浏阳：‘全域美丽乡村’重构希望的田野”等长篇报道，引起了各方的高度关注，“浏阳改革”品牌效应进一步树立。四是改革推进有实效。注重激发改革动力、传导工作压力，常态化实施改革项目跟踪监测、改革进度动态管理，每个月底对各项改革任务进展情况进行全面梳理，通过“任务清单”和“自评表”等形式，督促各单位抓好改革推进。积极会同市委督查室、市政府督查室对改革情况开展督查，将督查情况纳入绩效考核，综合运用交办、批办、督办、转办等方式，充分调动各单位谋改革、抓改革、促改革的积极性。在2016年长沙市委改革办每月改革完成情况通报中，浏阳各项改革数据均保持领先，充分彰显了干在实处、走在前列的改革风貌。（张　葵）

【党史工作】 2016年，市委党史部门围绕省市党史研究室的任务部署，坚持“一突出，两跟进”，全面开展各项党史工作。一是加强征编，丰富党史资料。其一，近70万字的《浏阳革命文献参考资料汇编》通过审读。其二，《中共浏阳2001—2016年专题资料汇编》稳步推进。同时，专题《全域美丽乡村建设的浏阳模式》被中央党史研究室收录在《改革开放实录》中。其三，第七个口述史《319国道浏永高等级公路》专题片脚本撰写初步完成。其四，党史人物研究进一步深化。撰写《长征中的胡耀邦》《罗章龙与早期工人运动》《浅谈信仰的力量——从李贞的故事说起》《邵振维的“敢”字精神探析》被收录在《湘潮》增刊中。二是深化宣传，发挥育人功能。其一，创新载体抓宣传。完成了《红色浏阳》绘本的编撰工作。其二，丰富形式抓宣传。以纪念红军长征胜利80周年为契机，参与武汉电视台“走进中国十大将军县——浏阳”的摄制工作以及浏阳日报、浏阳电视台“浏阳人的长征”专栏撰写工作。联络组老同志以“五老宣讲团”为平台，结合“两学一做”，到机关、学校讲党课10余次，展馆讲解员宣讲特殊党课100余次。（罗业永）

【机要保密工作】 2016年，在市委

的正确领导下，机要保密局积极作为，在文电办理、保密宣教、硬件建设等各方面均取得长足进展，为维护国家秘密、服务社会发展做出应有的贡献。被长沙市委办公厅评为长沙市保密工作先进集体。一是文电办理讲规范按流程。上级党委文电的办理实现全年“零失误、零差错、零容忍”的“三零”目标。全年共办理中央、省、长沙市党委文件 32 种，527 份；送呈领导阅文 278 人次；跟踪书记、常委批办件 127 份；通过协同办公平台向全市各乡镇街道及相关市直单位分发上级党委文件 52 份；全年共清退 473 份涉密文件；所有这些工作均严格规范流程办理，没有出现过一例差错和失误。二是保密宣教有主次显效果。致力于提升党政干部、特别是主要领导干部的保密意识，宣教对象有选择有区别有层次。围绕学习贯彻《保密法》《保密条例》等法律法规进行宣教，宣教内容有主次有重点有不同。利用电子显示屏、微信、短信、论坛、电视等现代传媒手段进行宣教，宣教手段立体、时尚而且效果明显。三是硬件建设讲投入问成绩。夯实保密技术支撑，先后投入 160 万元采购了一批保密装备，指定专人负责设备运行、维护政府门户网站的监控系统以及互联网的检查系统，有效预防涉密信息的传播与散发。加大信号屏蔽仪的投资建设，在各主要会议场所加装固定的手机、wifi 信号屏蔽仪器，严肃市级重大会议的会场秩序。（龙卫平）

中共浏阳市委 2016 年文件目录

浏发〔2016〕1 号　关于巡视整改情况的通报

浏发〔2016〕2 号　关于制定浏阳市国民经济和社会发展第十三个五年规划的建议

浏发〔2016〕3 号　关于 2015 年度“六个走在前列”大竞赛暨绩效考核结果的通报

浏发〔2016〕4 号　关于做好乡镇党委换届工作的通知

浏发〔2016〕5 号　关于印发《浏阳市创建国家食品安全城市实施方案》的通知

浏发〔2016〕6 号　关于加强和改进党的群团工作的实施意见

浏发〔2016〕7 号　印发《关于推进全市纪检监察工作一体化建设的实施方案》的通知

浏发〔2016〕8 号　印发《关于实行市纪委派驻机构统一管理的实施方案》的通知

浏发〔2016〕9 号　关于印发《浏阳市党风廉政建设巡察工作方案》的通知

浏发〔2016〕10 号　关于做好中国共产党浏阳市第十二次代表大会代表选举工作的通知

浏发〔2016〕11 号　关于表彰优秀共产党员、优秀党务工作者、先进党小组、先进基层党组织的决定

浏发〔2016〕12 号　关于转发《中共浏阳市人大常委会党组关于做好市、乡两级人民代表大会换届选举工作的实施意见》的通知

浏发〔2016〕13 号　印发《贯彻落实〈中共中央国务院关于打赢脱贫攻坚战的决定〉的实施方案》的通知

浏办发〔2016〕1 号　关于印发《浏阳市建制村合并工作实施方案》的通知

浏办发〔2016〕2 号　关于进一步加强全市农村基层党组织建设的通知

浏办发〔2016〕3 号　关于印发《中国共产党浏阳市代表大会代表提案、提议暂行办法》的通知

浏办发〔2016〕4 号　关于 2015 年度综治工作考核评估情况的通报

浏办发〔2016〕5 号　印发《关于加强换届风气监督的工作方案》的通知

浏办发〔2016〕6 号　印发《关于在全市党员中开展“学党章党规、学系列讲话，做合格党员”学习教育实施方案》的通知

浏办发〔2016〕7 号　关于印发《中共浏阳市委全面深化改革领导小组 2016 年工作要点》的通知

浏办发〔2016〕8 号　关于“六个走在前列”大竞赛活动 2016 年一季度调度讲评项目考评结果的通报

浏办发〔2016〕9 号　关于印发《浏阳市全域美丽乡村建设三年行动计划》的通知

浏办发〔2016〕10 号　印发《关于进一步做好义务教育招生入学工作的实施办法》的通知

浏办发〔2016〕11 号　关于印发《浏阳市党委（党组）意识形态工作责任制实施方案》的通知

浏办发〔2016〕12 号　关于“六个走在前列”大竞赛活动 2016 年二季度调度讲评项目考评结果的通报

浏办发〔2016〕13 号　关于进一步落实安全生产“党政同责、一岗双责”制度的实施意见

浏办发〔2016〕14 号　关于做好市乡人大代表、市政协委员推荐提名有关工作的实施意见

浏办发〔2016〕15 号　关于“六个走在前列”大竞赛活动 2016 年三季度调度讲评项目考评结果的通报

浏办发〔2016〕16 号　关于印发

《市第十二次党代会报告主要工作任务分解落实方案》的通知

浏办发〔2016〕17号　关于认真学习宣传贯彻党的十八届六中全会精神的通知

浏办发〔2016〕18号　关于印发《浏阳市2017—2019年造绿大行动实施方案》的通知

浏办发〔2016〕19号　转发《中共湖南省委办公厅湖南省人民政府办公厅关于印发〈湖南省党政领导干部生态环境损害责任追究实施细则（试行）〉的通知》的通知

组织工作

市委组织部（市直机关工委）

部　长、工委书记、非公经济组织和社会组织党工委书记　周文舜

副部长　肖赛男（女）

副部长（兼）、老干局局长
　胡国平

副部长、市直机关工委副书记
　邹芳（女）

副部长、非公经济组织和社会组织党工委副书记　李　斌

市直机关工委委员
　张安文（2016.01免）

市直机关工委委员　卜洋（女）

市直机关工委委员、干部科长
　杨　海（2016.07任）

【概况】 2016年，市委组织部（市直机关工委）内设7个科室：办公室、研究室（政策法规科）、组织一科、党代表联络办公室、组织二科（机关工委办公室）、干部科、人才工作科（干部教育监督科），下设1个二级事业机构：党员教育中心（党员干部现代远程教育管理中心），基层党建工作领导小组办公室归口市委组织部管理，非公有制经济组织和社会组织党工委设在组织部。有在职干部30人，离退休人员12人。

党建工作　夯实基层基础。实施“领头雁”和“千名村级后备干部”培养工程，注重选好培训基层带头人。全面加强党小组建设，科学设置2080个党小组，配齐“五长八员”，开展党小组支持项目建设、建设“美丽乡村”等10项大竞赛活动。该项目获评长沙市第五届“组织工作创新奖”，入围全国基层党建创新典型案例。深化乡镇党代会年会制工作，首次实施党代表提案提议制度，组织基层党代表进行项目观摩。加大非公经济组织和社会组织党建工作力度，开展“小党课、小建议、小公益、小竞赛、小典型”为主题的党建活动。强化基础保障，市委持续加大村级运转经费投入，村均运转经费达到20万元。深入推进社区提质提档三年行动计划，投入5000余万元完善社区基础设施。每个党小组每年安排1200元党员教育经费。市财政设立100万元村级集体经济发展引导资金，探索村企共建、融城开发、土地租赁等村级集体经济发展新模式，浏阳市农村资源流转交易中心成为全省首个“互联网+”农村资源流转交易平台。坚持办好《先锋行》电视专栏，精心打造党建文化主题屋场，创新远程教育“指尖课堂”“网络课堂”“移动课堂”和“空中课堂”等平台建设，将党建宣传教育融入到群众的日常生活中。党员队伍管理。全面深化入党积极分子“积分制”考评和党员分类“百分制”考核工作，从规范组织生活、履行党员职责、发挥模范作用等方面分类量化考核党员，2016年我市确定入党积极分子3072名，评出各级优秀党员3831人次，处置不合格党员261名，纯洁了党员队伍。浏阳市在全省发展党员和党员管理工作座谈会作典型发言。建立不合格党员“负面行为台账”，掌握党员干部作风信息，全省机关党建暨思想政治工作理论专题研讨会在浏阳召开。深入推进在职党员进社区党小组活动，中组部《党建研究》专题推介我市做法。创新开展湘赣边区域党建合作，促进干部教育资源、人才资源共享。落实管党责任。全市乡镇（街道）党（工）委书记、市直单位党组织书记向市委全委会述职，并对其履行管党责任进行集中测评和现场评议。率先在全省创新开展基层党建工作民意调查，调查结果在全市通报并纳入绩效考核。结合年度领导班子考核，对基层党（工）委书记履行管党责任工作进行测评，测评满意率低于85%的，取消个人评优资格，对党建工作在全市排名靠后的，取消班子评优资格。　（周乐浩）

【干部工作】 干部选拔任用。严格贯彻落实中央“好干部”标准和长沙市委“六用六不用①”要求，坚持看德才、凭实绩、重公认的用人导向，在县乡换届中，进一步调优配强领导班子。乡镇党委、人大、政府换届中，面向乡镇事业编制人员、优秀村书记、大学生村官等“三类人员”中综合比选，选拔乡镇领导干部54人，提拔重用的干部90%来自于乡镇基层，基本都在乡镇使用。优化班子结构，制定《关于进一步加强机关事业单位中层干部竞争上岗实施办法》，加大年轻干部培养力度，要求30岁左右的干部不少于三分之一。阳光选人用人，市委常委会连续四年集中听取全市领导班子和领导干部考核情况汇报，逐个分析研判班子情况，确定考核等次。注重激励关怀，对干部做到生活上关心，心理上关怀。《湖南日报》对浏阳市激发干部干事创业持久活力的做法进行专版报道。干部监督管理。实行干部监督联席会议制度，制定《对市管领导干部进行提醒、函询和诫勉的实施办法》，提醒107人次，函询个人及单位6批次，诫勉领导干部79人次，实现信访举报“零暂存”。出台《关于浏阳市管领导干部报告个人有关事项的暂行规定》，率先在全省对科级干部报告个人事项全面核实，依规取消13人的提拔资格。深入开展“三超两乱②”专项治理工作，消化超职数配备干部428人。从严从实抓好换届风气监督工作各个环节，浏阳市强化乡镇换届监督、加强换届后乡镇党委班子思想政治建设做法被中组部《中组信息》第40期、第73期刊发推介，浏阳市基层加强换届风气监督建议类信息被中组部《组工参阅》专条采纳，《湖南日报》以两会零违纪为题报道浏阳市两会换届风气监督工作。干部教育工作。组织开展领导干部网络在线学习，强化政治理论教育。抓实专题培训，举办市委主体班12期。加强与高校合作，与浙江大学和上海交通大学联合举办美丽乡村建设发展全域旅游研修班、社会公益组织研修班等专题研修班。探索联合办班模式，出台《关于进一步加强干部调训工作的通知》，对规范部门办班和上级调训作出了具体要求。　（周乐浩）

6月29日，浏阳市庆祝中国共产党成立95周年大会在浏阳市欧阳予倩大剧院召开

（资料来源：市委组织部办公室）

【人才工作】 加大引才力度。在市委的领导下，提前完成“5358[③]”人才引进计划，搭建“党政人才招录考试”、“教育卫生系统院校行”、“揽万名英才，助浏阳腾飞”招聘会等引才平台，共举办人才招聘考试和大型引才引智活动15余次，全年引进机关事业单位党政人才153名，教育卫生类专业人才428名，企业中高层管理人才1200余名，专业技能人才1.5万余名。激活人才资源。注重激活本土人才资源，组织开展社会工作人才、农村实用人才等技术职称培训。积极推动创新创业，支持创建院士工作站，指导建立省级留学人员创业园、“智慧浏阳河”文化创意基地。优化人才服务。实施人才关爱工程，出台《关于进一步加强全市人才工作的实施意见》等政策文件，评选表彰优秀人才，完善财税激励、住房补贴、编制管理等有关政策措施，优化人才服务。（周乐浩）

【自身建设】 以牵头抓总全市“两学一做”学习教育工作为契机，积极抓好部机关干部的学习教育。加强组工文化建设，采取部领导带头讲党课、邀请专家学者和基层党组织书记作报告、纪委领导讲党纪等形式，强化思想武装；开展“两学一做”学习教育四次专题讨论和“敏锐性、主动性、责任心”大讨论等活动，强化宗旨意识和党性观念。组建部机关青年干部学习班，实行轮流讲课制度，结合重点工作和创新工作开展案例讨论，提升组织工作服务水平和专业素养。切实加强组工调研、宣传和信息工作，浏阳市委组织部被确定为中组部信息调研联系点。编印机关规范化管理手册，明晰科室职能、干部岗位、业务流程，全面规范机关工作运行。制定组工干部行为规范，推行工作“零差错、零失误、零容忍”，全方位规范干部履职行为。（周乐浩）

【深入开展“两学一做[④]”学习教育】 全面贯彻中央和省、市委关于“两学一做”学习教育要求，市委常委会专题研究部署，学习传达上级精神，制定市委《实施方案》，对全市“两学一做”学习教育进行整体铺排，成立协调小组。市委常委会成员带头建立联系点，带头讲党课，32名党员市级领导挂点联系软弱涣散党组织，定期调研指导。全市各级党员领导干部在学习教育中带头联系1651个党支部，2045名基层党组织书记带头讲党课，营造浓厚的学习氛围。扎实推进基层党建7项重点任务的落实。全市共排查出288名失联党员，经查找取得联系党员273名；排查清理党代会代表和党员违纪违法对象309人，完成组织处置或党纪处分309人；对1816个基层党组织换届情况进行专项检查，对59个未按期换届的党组织进行集中督导；扎实推进党费收缴工作专项检查，补交党费2955479.35元；集中推进“两个覆盖”，全年新组建非公经济和社会组织党支部41个；向全市322个村（社区）派驻第一书记，向33个贫困村派驻工作组，扎实推进抓党建促脱贫攻坚工作；抓严抓实领导机关党员干部教育学习，制定专项整治方案，全面排查整改基层党支部和党员存在的突出问题。坚持学用结合，开展“党员微服务，群众大满意”活动，投入1100余万元，赋予每名农村党员不少于200元的为群众办实事专项经费，全市党员共办理微实事项目1785个，志愿服务5万余人次。在“浏阳党建”微信公众号开展“两学一做”知识问答随手测活动，在线参与问答10余万人次。

（周乐浩）

【寻找“最美身边共产党员”活动】 在庆祝建党95周年之际，浏阳市结合“两学一做”学习教育，在全市范围内开展寻找“最美身边共产党员”活动。活动改变过去党员评先评优由党组织“一锤定音”的做法，用好新媒体，在“浏阳党建”微信公众号APP、浏阳党建网首页开辟“寻找最美身边共产党员”的推荐端口。同时，发动党员群众积极寻找和推荐心中人选，鼓励党员进行自荐，在微信和网站投票端口专门开辟“我要自荐”模块。打破地域和党组织隶属关系的限制，积极服务家乡建设的流出党员，外地在浏工作生活的流入党员，以及党组织关系不在浏阳的企事业单位党员，均可成为推荐对象。活动通过微信端口、网站平台和各路寻访，共收到党员群众推荐信息5308人次，推荐党员454名，最终评选出100名“最美党员”予以表彰。活动在全市广大党员干部和群众中产生巨大影响，点击量超过200万人次。《中国组织人事报》《湖南日报》湖南电视台聚焦报道，省委组织部向全省专题推介。

（周乐浩）

【乡镇领导班子换届工作】 全面深入考察。市委成立8个换届考察组，对乡镇领导班子运行、整体结构进行分析研判，对领导班子成员的思想状态、履职成效、作风表现等进行了深入谈话、考察、核查，坚持整体与个体相结合，通过班子分析个人、通过个人反观班子，力求客观全面，把干部考准考实。严肃换届纪律。市委同时派出7个换届工作指导组和换届风气现场督导组，重点对组织工作程序

11 月 4 日，省机关党建暨思想政治工作理论专题研讨会在浏阳召开

（资料来源：市委组织部办公室）

和换届风气进行现场督导，确保换届纪律落实到位，在 4 月召开的乡镇党代会和 11 月份召开的乡镇人代会中做到换届纪律入脑入心、换届程序依法依规、换届环境风清气正，乡镇领导班子全票或高票当选，顺利完成选举任务。倾向基层选配干部。在坚持看德才、凭实绩、重公认的原则下，领导班子换届选举产生新一届的乡镇党委、人大及政府领导班子，其中党委领导班子 249 名，人大领导班子 42 名，政府领导班子 150 名。在选拔乡镇领导干部时重点突出基层导向，提拔重用的干部 90%来自于基层，同时还注重拓宽选拔渠道，让更多想干事、能干事、群众认可度高的基层工作人员得到重用，全市新选拔乡镇事业编制人员、优秀村书记、大学生村官等“三类人员”54 名进入乡镇领导班子，其中乡镇事业编制人员 48 名、优秀村主职 3 名、大学生村官 3 名。四是选优配强班子结构。通过换届工作，乡镇领导班子知识、专业和年龄结构进一步优化。全市乡镇新一届党委班子中，35 岁以下 53 名，占 21.3%，女性干部 28 名，大学及以上学历人 197 名，占 79.2%；政府班子中 35 岁以下 38 名，占 25.3%，女性干部 12 名，大学及以上学历 115 名，占 76.7%。（周乐浩）

①从以下六个方面选人用人：选拔一批忠诚为民、务实绩优、清廉正派的优秀干部。选拔重用政治坚定、忠诚可靠的干部；选拔重用改革创新、开拓进取的干部；选拔重用勤奋敬业、扎实肯干的干部；选拔重用公道正派、坚持原则的干部；选拔重用顾全大局、维护团结的干部；选拔重用作风优良、清正廉洁的干部。坚决杜绝提拔使用以下六个方面的干部：坚决不用信念不牢、品德不佳的干部；坚决不用故步自封、精神不振的干部；坚决不用作风散漫、纪律松弛的干部；坚决不用以权谋私、行为失范的干部；坚决不用拉帮结派、破坏团结的干部；坚决不用“官”念过重、脱离群众的干部。

②“二超两乱”指超职数配备干部、超机构规格提拔干部、超审批权限设置机构，擅自提高干部职级待遇、擅自设置职务名称。

③用 5 年时间引进 3000 名党政人才和教育卫生类人才、5000 名企业中高层管理人才、80000 名企业专业技能人才。

④学党章党规、学系列讲话，做合格党员。

宣 传 工 作

部长　刘　旭（女，2016.08 免）
　　　莫小佳（2016.08 任）
常务副部长
　　　陈　刚（2016.03 免）
　　　黎　安（2016.03 任）
副部长　潘　立（女，兼文明办主任）
　　　林湘国　刘家川（兼）
　　　王桃文（兼）
　　　余海波（兼）
　　　高　志（2016.09 挂）

【概况】 市委宣传部内设办公室、理教科、文明办、外宣办、网宣办、文产办 6 个科室，文联、社科联 2 个合署办公机构。2016 年，市委宣传部在职干部职工 20 人，部机关总编制 25 个，实有人员 20 人，退休干部 7 人。在长沙市委宣传部和中共浏阳市委的正确领导下，全市宣传思想文化工作紧紧围绕中心、服务大局，严格落实党委意识形态责任制，坚持正确的舆论导向，弘扬主旋律，传递正能量，为推动浏阳经济社会发展提供有力的思想保证、精神力量、道德滋养和文化条件。（张开伟）

【理论教育】 意识形态管理。出台《浏阳市党委（党组）意识形态工作责任制实施方案》，明确主体责任，纳入绩效考核，首次把党管意识形态纳入履行基层党建工作责任述职评议内容。开展文化市场、户外广告等专项督查，加强属地范围内阵地管理，确保意识形态领域安全。中心组学习。紧扣习近平总书记系列重要讲话精神以及中央、省市重要会议精神，结合“两学一做”学习教育活动，邀请中央政策研究室经济局局长冯海发、《求是》杂志社研究员黄苇町、省委党校硕士生导师龚永爱、省委党史研究室主任张志初等知名学者来浏阳授课，全年组织市委中心组集体学习 8 次，充分发挥中心组学习龙头示范作用。主题宣传教育。邀请长沙市委宣传部副部长李卫政就十八届五中全会精神举行报告会 1 场。各乡镇（街道）、市直单位结合“微理论·微宣讲”“微党课”等活动，开展学习宣讲活动 120 余场次。在长沙市“微理论·微宣讲”活动中，广播电视台林相军荣获二等奖、耀邦故居管理局陈晴柔荣获三等奖、发改局李澳荣获优胜奖，浏阳市获“优秀组织奖”。集里桥社区汤勇荣获长沙市“最美基层宣讲人”称号。学习型城市建设。举办“悦读尚学书香浏阳”全民读书月启动式暨阅读推广活动。在全市积极开展理论“六进”、书香“六进”（进机关、进企业、进学校、进社区、进屋场、进家庭），出刊《浏阳宣传》专报 14 期，切实发挥专报传达上情、传授知识、推介典型的作用。在全市开展流动图书馆、惠民书市、“最美读书人”摄影大赛、全民

捐书等系列活动，通过阅读推广，营造尚学、爱学的全民学习、终身学习氛围。（张开伟）

【新闻宣传】 对内宣传。树立"大宣传"理念，围绕中央、省、市重大决策、重要部署、重点工作，通过"报、台、网、端"等多种媒介平台推介浏阳在农村精神文明建设、全域美丽乡村建设、"路长制①"基层信访、不动产登记、三年行动、国地财合署办公等典型经验和做法。浏阳日报推出"奔浏""天下浏商""获得""中心式"等系列报道，浏阳广播电视台推出"新浏阳""原乡秘境""春来湘鄂赣""美丽特色乡镇"等20多个策划报道。对外宣传。制定《浏阳市2016年对外宣传主题策划方案》，一月一主题，统筹对外对内新闻宣传。全年在中央、省、市级报纸、电视、网络等媒体宣传报道浏阳多达15000余次，其中中央级700余次，省市级14300余次。《人民日报》刊发报道9次，《人民日报海外版》刊发专版报道1次，《光明日报》《农民日报》刊发头版头条各1次，《新华每日电讯》《半月谈》《湖南领导专供》刊发报道1次。《湖南日报》《长沙晚报》刊发头版头条10余次、专版报道30余次。网络宣传。"民声e线谈"等网络问政工作有序推进，新华社《瞭望》刊发《浏阳"网络问政"变迁调查》，得到省委网信办推介。中央、省、长沙市各级新闻网站发布、转载涉浏正面新闻报道15000余条，其中人民网、新华网首页首屏各1条，腾讯、新浪、凤凰等网站首屏首页、头条160条，推稿数量、质量创造新纪录。加强舆情监控，全年编印《网络舆情》日报、周报、专报50余期，通知并指导处理、回复舆情360多条。制发《政务微博微信应用管理制度》《浏阳市微信公众号约谈工作办法》《关于加强微信公众号管理工作的通知》，规范全市微信公众号管理。开展"关键信息基础设施网络安全检查""跟帖评论专项整治""清朗行动"等专项工作，集中查删清理一批违法违规信息。（张开伟）

【文明创建】 全国文明城市建设。严格落实创建工作责任，建立健全督查考评机制，实行日督查、周通报、月碰头、季讲评办法，文明指数测评名列全省第二，在长沙市四个季度测评中位居第一。农村精神文明建设。以全域美丽乡村建设为核心，充分挖掘地域特色文化内涵。6月，中央文明办一局局长张志勇率队对我市农村精神文明建设工作进行调研，给予高度评价。8月，参加2016年全国农村精神文明建设工作经验交流会，并作典型发言。11月，荣获全国唯一"美丽中国典范城市"称号。淳风美德润浏阳系列活动。以"淳风美德润浏阳六比六看②大竞赛"活动为抓手，倡树文明新风尚，指导培育了"大爱澄潭""幸福龙伏""星耀中和""道义金刚"等一批村镇道德品牌。组织开展"屋场里的幸福""美丽乡村我代言"等活动，努力营造敦亲睦邻、融洽祥和的浓厚氛围。大力挖掘推介先进典型，举办浏阳市第四届道德模范颁奖典礼，表彰10名道德模范。1人获"中国好人"称号、4人入选湖南好人榜、1人入选"湖南十大孝行人物"，3人入选长沙市十大孝星及提名奖，4家单位荣获省级文明荣誉，21家单位获评长沙市级文明荣誉。志愿服务活动。以"爱心涌动浏阳河"为主题，打造爱心早餐、爱心救生圈、爱心图书角等十大学雷锋志愿服务品牌，浏阳市公益救援队获评"湖南省学雷锋志愿服务百强社团"。3月，中志联副秘书长段桂青、郭新保一行对我市学雷锋志愿服务工作进行调研，给予高度评价。12月，成功举办浏阳市首届志愿服务文化节，精心组织十大志愿服务活动，得到省文明办、长沙文明办的充分肯定。未成年人思想道德建设。推进"蒲公英乡村青少年成长计划"，深化班班图书角、母亲夜话沙龙等八大活动。在全市各中小学校广泛开展"新年第一课""童心向党"等道德实践活动，提高未成年人思想道德素质。（张开伟）

3月4日，浏阳市举行"靠近你温暖我"第四届道德模范颁奖典礼

（资料来源：市委宣传部办公室）

【文化建设】 公共文化服务。将乡镇全民健身中心、农民体育健身工程和文化屋场建设纳入公共文化服务体系，新建、提质示范性综合文化站7个、乡镇全民健身中心8个，示范性社区（村）文化活动中心10个；对农家书屋进行全面提质改造，2家获省级授牌，2家获长沙市级授牌。群众文化活动。精心组织开展"欢乐浏阳河"广场文艺活动15场、"经典剧目免费月月看"13场、大型廉政题材现代花鼓戏《耀邦兄弟》全市巡演30场、"幸福屋场我的家"送戏进屋场80余场，举行第三届欧阳予倩戏剧艺术节、第四届浏阳河音乐文化节、春秋两季祭孔大典、湖南省第五届农民工春晚、"新年杯"男子篮球赛等精品文体活动。传统文化传承保护。江氏正骨术、浏阳花鼓戏等4个项目列入省级非遗项目，浏阳青面狮、浏阳民间绘画等11个项目列入本级非遗项目。组织了"纸上春秋"拯救浏阳古山贡纸公益行动，编辑出版了《浏阳客家山歌》《浏阳文庙祭孔音乐》，拍摄了古乐抢救性纪录片，编排古乐舞剧，传承和弘扬优秀传统文化。文化产业。大力推进文化与科技、旅游、商贸等跨界融合发

展，充分挖掘鞭炮烟花、浏阳蒸菜、高坪夏布、张坊贡纸等特色产业的文化内涵，签约引入全国首个"文化+中医药+旅游+养生"跨界创意项目"百草园"，促进传统产业向文化产业转型增效。浏阳河文化产业园被评为湖南省特色文化产业示范园区。成立浏阳市文化创意产业协会，整合人才资源，为浏阳文创企业抱团创新发展提供了支撑。（张开伟）

【文联工作】 文艺创作。欧阳予倩文艺创作奖扶专项资金全年共奖扶26个项目(作品)。全年创作各类文艺作品2600多件，获奖300余次。浏阳市文联再次被评为全省文联系统先进单位。彭晓玲的散文集《苍茫潇湘》获第七届冰心散文奖，报告文学《空巢》得到中国作协、省作协两级扶持，省作协在北京举行作品讨论会；书协3次入展全国展，中国书协会员达到9人；美协30多件作品入选省级以上展览，周石山的国画作品入选省政协在北京主办的展览；摄影50多次入选省级以上展览，2件作品入选中国摄影艺术节；文学、诗词、楹联创作出版作品集10多部，获奖60多次，彭晓玲、晓寒的散文，洪佑良、黎凛的诗歌，蔡聪的楹联在《人民日报》等大报大刊发表；鲁丰良的剧本荣获省剧本创作奖，花鼓戏《乡村故事》参与平安长沙巡演；音协推出了多首新歌，《丝路金桥》在省音协获奖。文艺活动。围绕"中国梦"、纪念中国共产党成立95周年、红军长征胜利80周年等主题，开展丰富多彩的文艺活动。美协举办第22届迎春画展，书协举办了第二届书法篆刻展览，舞协举办杜鹃杯舞蹈大赛，音协举办了新年音乐会，摄影家协会、书协、美协、诗词学会组织开展作品看稿会。组织"作家进校园""民间文艺进校园""楹联进校园"等活动。开展"我们的节日""文化进万家"活动，元旦、春节等节日期间送演出、送"福"字、送春联、送"全家福"进企业、进社区、进农村等。

（张开伟）

【举办第四届道德模范颁奖典礼】 3月4日，浏阳市举行"靠近你温暖我"第四届道德模范颁奖典礼。刘良洪、高积武、缪昌联获得敬业奉献模范；罗木香、李钢建获孝老爱亲模范；夏参明被追认为见义勇为模范；陈瑞娥、罗加辉、朱开仁、杨玲等10人获得助人为乐模范。近年来，浏阳市高度重视精神文明建设，除推荐、评选出十位道德模范人物外，同时挖掘、培育一批典型人物：李远护、罗加辉分别荣获"全国百名优秀志愿者""全国优秀敬老志愿者"称号；何平荣获第五届全国道德模范提名奖，以何平为原型的道德素质教育电影《向日葵女孩》在2016年公映。此外，还有6人荣获长沙市第三届道德模范及提名奖，6人入选"长沙·我身边的雷锋"，27人入选长沙"美德少年"。

（张开伟）

【在全国农村精神文明建设工作经验交流会上作典型发言】 8月22日至23日，全国农村精神文明建设工作经验交流会在哈尔滨举行。会上，作为湖南唯一代表和全国5个县(市、区)的代表之一，中共长沙市委常委、浏阳市委书记曹立军以《推进全域美丽乡村建设，提升农村精神文明水平》为题，作典型发言，向全国推介浏阳经验。2013年开始，浏阳将农村精神文明建设与美丽乡村建设、城乡一体化工作、全域旅游发展等全面统筹起来，突出抓好环境改善、文化引领、产业培育三大关键，推进浏阳全域大花园、大景区建设。

（张开伟）

【浏阳市获评全国唯一"美丽中国典范城市"】 11月6日，第二届全国生态文明建设高峰论坛暨城市与景区成果发布会在北京举行，浏阳作为全国唯一城市获评"美丽中国典范城市"。全国生态文明建设高峰论坛由新华社《半月谈》杂志社、中国国情调查研究中心共同主办。围绕"全国先进、全省样板"的目标，浏阳在湖南省率先启动全域美丽乡村建设示范县(市)创建，全面统筹农村精神文明建设与美丽乡村建设。通过全新理念、全民参与、全域推进。截至2016年，浏阳已建成美丽乡村100多个和幸福屋场500多个，实现乡风民风、人居环境、文化生活"三个美起来"。

（张开伟）

【举办湖南省公共文化设施开展学雷锋志愿服务暨2016年浏阳市首届志愿服务文化节启动式】 12月2日，在第31个国际志愿者日来临之际，由湖南省文明办、省志工办、长沙市文明委等部门联合主办，浏阳市文明委承办的湖南省公共文化设施开展学雷锋志愿服务暨"爱心涌动浏阳河"2016年浏阳市首届志愿服务文化节启动仪式在浏阳举行。活动现场对李远护、罗加辉、朱庆国等"十佳志愿者"，浏阳市义工联合会、浏阳市公益救援队、"黄帽子"志愿者服务站等"十佳志愿服务团队"进行表彰。近年来，浏阳市着力提升公民思想道德素质和社会文明程度，以"爱心涌动

12月2日，湖南省公共文化设施开展学雷锋志愿服务暨"爱心涌动浏阳河"2016年浏阳市首届志愿服务文化节启动仪式在浏阳举行 （资料来源：市委宣传部办公室）

6月21日到22日，中央文明办一局局长张志勇（中）一行到浏调研农村精神文明建设工作
（资料来源：市委宣传部办公室）

浏阳河”为主题，打造了爱心早餐、爱心救生圈、爱心图书角等十大学雷锋志愿服务品牌，评选十佳志愿服务团队、十佳志愿者，开展表彰盛典、故事分享会等十大爱心志愿活动，涌现一批优秀的志愿服务团体和志愿服务典型，得到社会各界的广泛认同和赞扬。（张开伟）

【评选2016年“浏阳市十大年度新闻事件”】 2016年底，市委宣传部全面梳理全年对全市经济社会发展具有典型意义，产生较大社会影响的正面典型新闻事件。通过网络投票和专家评审，评选出2016年“浏阳市十大年度新闻事件”。其中包括：浏阳市第十二次党代会胜利召开，提出“建设‘两个中心’、进军全国十强”奋斗目标；县域经济继续保持健康持续快速增长，在2016年全国县域经济与县域基本竞争力百强县排名中位居第19位，5年进位45位，为百强县进位最快县（市）；浏阳行政审批制度改革纵深突破，率先实现国地财合署办公，率先推行县域建设投资项目审批改革，全省首个县级“市民之家”建成启用，在全省首创全面综合管理“路长制”等十大新闻事件。通过省市主流媒体及本级媒体集中发布，2016年“浏阳市十大年度新闻事件”引得社会各界广泛关注，为浏阳“建设‘两个中心’，进军全国十强”营造良好的舆论氛围。（张开伟）

【中央文明办一行到浏调研农村精神文明建设工作】 6月21日到22日，中央文明办一局局长张志勇一行到浏调研农村精神文明建设工作。湖南省委宣传部副部长、省文明办主任刘进能，长沙市领导徐宏源等参加调研或出席相关活动。调研组一行先后走进浏阳市永安镇坪头村华山屋场、芦塘村湾里屋场、古港镇梅田湖村松山屋场、沿溪镇沙龙村村部、沿溪学校少年宫、官渡镇中州屋场。实地了解幸福屋场、乡村学校少年宫等农村精神文明建设阵地建设情况。调研途中，张志勇一行认真听、详细问，实地了解美丽乡村建设、乡风文明培育、农村公共文化服务体系建设情况，感受农村精神文明创建新面貌、新气象。张志勇表示，长沙蝉联全国文明城市，农村精神文明建设工作走在湖南前列，农村乡风民风、人居环境、文化生活美美与共，彰显长沙特色。希望长沙进一步深化文明村镇创建，让广大农村群众享受美好环境、养成美好品德、过上美好生活，推动更高水准的文明城市建设再上新台阶。

（张开伟）

①2016年9月5日《浏阳市公路“路长制”实施方案》正式出台。“路长制”是路段管理人员在路长的统一领导下，对责任路段的公路（含隧道、桥梁）、附属设施、路容路貌、交通秩序、绿化和环境卫生等实施全面综合管理的制度。路长由市领导担任，分路长由市公路局班子成员、沿线乡镇（街道）行政正职担任。

②比孝道，看家风；比诚信，看品行；比友善，看和谐；比学习，看文明；比守礼，看秩序；比创业，看奉献

统 战 工 作

中共浏阳市委统战部

部　长　周文舜（2016.08免）
　　　　郭瑞（女，2016.08任）

常务副部长
　　　　赖才腾（2016.12免）
　　　　焦清平（2016.12任）

副部长　刘付华（2016.08免，兼）
　　　　肖柏林（2016.08免）
　　　　焦清平（2016.08任
　　　　　　2016.12免）
　　　　蔡细毛

工商联党组书记、第一副主席
　　　　肖柏林（2016.08免）
　　　　焦清平（2016.08任，
　　　　　　2016.12免）

台办主任　蔡细毛

台办副主任
　　　　周　斌（女，2016.12免）

侨联主席
　　　　刘付华（2016.08免）
　　　　周　斌（女，2016.12任）

侨办主任、侨联秘书长
　　　　吴娟娟（女）

民族宗教事务局局长
　　　　张　旭（2016.07任）

民族宗教事务局副局长
　　　　何继春

【概况】 2016年，部机关内设办公室（加挂研究室牌子）、侨务办公室（副科级）、党派知工干部科、经济科3个科室，归口管理市委台湾工作办公室（市人民政府台湾事务办公室）、民族宗教事务局、侨联。共有在职干部职工18人。2016年，中央统战部、湖南省委统战部、湖北省委统战部等先后来浏调研“大统战”工作格局构建情况，中央统战部副部长、全国工商联党组书记全哲洙一行对浏阳的“大统战”工作经验做法给予充分肯定，湖南省委常委、统战部部长黄兰香在省委统战工作座谈会上为浏阳的做法点赞并介绍推广。浏阳市对台

宣传工作获评“全国对台宣传工作先进单位”，集里桥社区获评“全国社区侨务工作明星社区”，浏阳市工商联被全国工商联评为“全国五好县级工商联”，浏阳市民宗局《完善“两网一评①”拓展民间信仰管理新路径》被国家宗教事务局采用推介。淳口镇狮岩村成功创建“同心②乡村”省级示范点，“蒸浏记·浏阳蒸菜”产业扶贫项目获评长沙市级“同心项目”，浏阳河文化产业园获评长沙市级“同心园区”。（戴　锋）

【多党合作工作】 畅通党外人士参政议政渠道，召开《政府工作报告》征求党外人士意见座谈会。党外代表人士中的人大代表、政协委员向各级两会提交建议和提案60余件，均被相关部门采纳。发挥民主党派社会服务优势，其中民革浏阳工委帮助沙市镇东门村进行新农村建设，得到民革湖南省委、长沙市委的支持和肯定；致公党浏阳工委在葛家中学建立“同心项目富心工程③”。有序推进特约人员工作，32个政府工作部门新聘续聘特约人员66名，编发了特约人员工作手册198份，明确要求相关单位按照特约人员工作计划开展座谈交流、参观考察、征集意见等活动，并将活动开展情况纳入年终考核。（戴　锋）

【党外代表人士工作】 全面调查摸底，建立957人的党外代表人士信息库。主动探索新的社会阶层人士统战工作，形成《浏阳市新的社会阶层人士统战工作研究报告》。加大党外人才培养力度，年内提拔党外干部20人，交流15人。按照上级要求完成浏阳市政协委员推荐提名、长沙市人大代表和政协委员推荐等工作。开展党外代表人士“两学一助④”学习教育活动，为党外代表人士搭建教育实践锻炼平台。（戴　锋）

【非公有制经济领域统战工作】 指导市工商联（总商会）、基层商会完成换届选举工作，召开市工商联（总商会）第十五次会员代表大会。开展浏阳市首届十大创业领军人物评选活动，举办首届商业投资、经济高峰等论坛，广泛组织开展“村企共建”、“百企帮百村”等活动。继续开展“三建三强⑤”服务非公经济发展主题活动，充分发挥民营企业投诉处理中心和民营企业法律服务中心作用。联合市委党校组成调研组对民营实体企业生产经营成本进行专题调研。开展“走百家民企、解发展难题”大走访活动，联合市金融办和银行开展金融一线行活动，成功举办9场银企专场对接活动。建立湘赣边经贸合作机制，支持湘赣边企业在项目、人才、技术等方面开展深度合作。组织基层商会到福建、广东开展“引老乡、回故乡、建家乡”主题招商活动，组织商会会员赴异地商会考察调研10余次，异地商会组团来浏考察投资项目5次。（戴　锋）

9月5日，“台湾忠顺里·浏阳联城社区‘社会组织与志愿服务发展论坛’”在浏阳市淮川街道联城社区成功举办
（资料来源：市委统战部办公室）

【民族宗教工作】 继续推进蓝思科技省民族团结进步示范点建设工作，在经开区和洞阳镇设立“少数民族员工服务站”。以民族联谊会为平台，举办“同是一家人”、民族同胞“故乡行”等活动。依法管理宗教事务，继续推进和谐寺观教堂及“四型”场所创建活动。以“政策法规学习月”和“两学一助”专题学习活动为平台，指导佛协分片区举办讲经主题交流会和道教高功学习班，基督教“三自⑥”爱国会签订教风建设目标责任状、承办社会服务建设培训班、举办义工培训和青年团契活动。积极推进民间信仰事务管理创新试点工作，探索具有普适性的民间信仰事务管理方法。支持古港镇实行“庙账镇代管”，指导蕉溪乡试行会计委派工作试点。继续实行宗教“两乱”及重大事故“统战工作一票否决”机制。成立“浏阳慈善会宗教界

10月16日，浏阳市召开纪念黄彰任先生诞辰100周年座谈会
（资料来源：市委统战部办公室）

9月29日，“全国社区侨务工作明星社区、示范单位”授牌仪式在浏阳举行。浏阳市集里街道集里桥社区获评国务院侨办2015年度“全国社区侨务工作明星社区”，成为全省首家获评此荣誉的社区 （资料来源：市委统战部办公室）

慈善分会”，引导开展捐资助学等公益慈善活动。 （戴 锋）

【港澳台和海外统战工作】 深化对台交流，为生活在大陆的陆配争取“爱暖两岸”中西部当事人社会工作服务示范项目，举办“台湾忠顺里•浏阳联城社区‘社会组织与志愿服务发展论坛’”。谭嗣同纪念馆被评为长沙市首批海峡两岸交流基地，浏阳河小学、普迹中学、联城社区被评为长沙市涉台教育优秀基地。定期走访慰问台胞台属，积极维护在浏台胞台属合法权益。拓展海内外联络联谊，开展“五个一⑦”服务侨界活动，隆重纪念黄彰任先生诞辰100周年，举行中美医学专家联合高峰论坛、颁发“第六届黄彰任科技奖”和“第二十二届黄彰任奖学金”。维护侨界权益，落实《关于建立浏阳市涉侨案件处理机制的实施意见》。充分发挥侨力，引导海内外侨胞、侨资企业和爱心人士开展扶贫济困、捐资助学等活动，捐款物资达400余万元。积极探索为侨服务重心下移机制，在集里桥社区成立了浏阳市首家社区侨联，集里桥社区被评为“全国社区侨务工作明星社区”。 （戴 锋）

【“四同创建”工作】 2016年，统战部继续推进“同心园区”“同心项目”“同心社区”“同心乡村”创建工作，建立“四库”（人才库、项目库、资源库、问题库），实施“四助”（助力美丽乡村、助力精准扶贫、助力区域合作、助力招商引资），完善“四联”（联席会议、联点指导、联合培养、联审评估）。挑选葛家镇金源村、金刚镇丹桂村等十余个统战资源丰富、开发潜力大的村作为市级“同心乡村”创建示范点，因地制宜挖掘红色文化、宗祠文化、宗教文化，将“同心乡村”打造为“美丽乡村”。鼓励和引导统战成员到农村投资兴业、结对帮扶、修桥修路、帮困助学，72家非公经济企业和72个村达成“村企共建”协议，佳源油茶、蒸浏记蒸菜产业扶贫项目分别入选省市级“同心项目”，致公党浏阳工委、民革浏阳工委分别与葛家乡金源村、沙市镇东门村进行“结对扶贫”。推进浏阳河文化产业园“同心园区”建设，拓展引资平台、延伸招商触角，实现“浏阳河”品牌体系和“同心园区”一体化发展，年内引进文化企业16家。 （戴 锋）

【推进“两学一助”工作】 推进“统战+创新创业”。组织全市开展“三建三强”服务非公经济主题活动、“走百家民企、解发展难题”大走访活动，吸收非公经济人士中的创二代进入工商联会员队伍。工商联兼职副主席、蒸浏记董事长兼CEO彭诚所在公司蒸浏记浏阳蒸菜连锁项目在第二届“中国创翼”青年创业创新大赛中获银翼奖。推进“统战+引才引智”。牵头联系市人社局、各创业产业园区，收集和提供非公企业的人才需求，积极参加各类招才引智活动。已引进企业中高层管理人才5千余名、专业技能人才10万余名，举办引才引智活动30场次。搭建“人才之家”，吸收500余名各行各业新的社会阶层人士加入，有效浓厚“重才、育才、引才、用才”氛围。推进“统战+全面小康”。支持各民主党派组织、市工商联、知联会等围绕实力浏阳、智慧浏阳、美丽浏阳建设，开展光彩事业、温暖工程等品牌活动，各统一战线团体共开展活动100余次，捐资助学高达600余万元。 （戴 锋）

①民间信仰工作网格，民间信仰活动场所管理协会自治管理网络，民间信仰活动场所动态考评。

②同心同德、同心同向、同心同行。

③2015年7月16日启动的一项关注未成年人心理健康辅导的大型公益项目，简称富心工程。该项目由湖南李丽心灵教育中心创办人、2007年度“感动中国”人物、致公党党员李丽发起。

④中共湖南省委统战部决定从今2016年5月起，集中一年时间，在全省党外代表人士中开展“学系列讲话、学优良传统、助力新湖南”（简称“两学一助”）学习教育活动。

⑤建智库、强引导，建讲堂、强素质，建平台、强服务全面优化非公经济发展环境。

⑥自治、自养、自传。

⑦深化一项活动、出台一个文件、开好一个会、办好一次培训班、成立一个异地商会。

市委直属机关事业单位其他工作

·机构编制工作·

浏阳市机构编制委员会办公室

主　任　于逸平（2016.09免）
　　　　张之俭（2016.09任）
副主任　余　洁（女，2016.09免）
　　　　李远标
　　　　沈雁辉（2016.12任）

【概况】 机构沿革 1957年7月，浏阳成立县机构编制委员会，下设办公室，与县人事科合署办公。1959年10月14日，中共浏阳县委对县机构编制委员会组织机构进行调整，调整后的县机构编制委员会与浏阳县委组织部实行合署办公，办公机构设浏阳县委机关内。"文化大革命"期间，县编委机构瘫痪。1968年，浏阳县革委会成立，编制工作由县革委会政治工作组组织组兼管。1973年7月，县委组织部恢复，编制工作归县委组织部办理。1978年9月，浏阳重新设立县机构编制委员会，下设办公室，与县委组织部合署办公。县机构编制委员会自设立至1981年3月，实行委员制管理，1981年4月，改为主任制。1983年机构改革，明确县机构编制委员会为县委直属机构，归口县委组织部管理，1993年2月，浏阳撤县设市，浏阳县机构编制委员会改为浏阳市机构编制委员会。1994年12月，浏阳市机构改革，浏阳设立市机构编制委员会办公室，明确市机构编制委员会办公室是浏阳市委工作部门。

职能与内设机构 浏阳市机构编制委员会办公室(以下简称市编委办)负责全市机构编制管理、事业单位登记管理、行政审批制度改革等工作，2016年内设综合科、编制管理科、改革研究室（挂监督检查科牌子)、行政审批制度改革科，下设浏阳市工资统发审核中心，归口管理浏阳市事业单位登记管理局。2016年末，浏阳市机构编制委员会办公室共有在编人员16人。（陈　驰)

【大瑶强镇扩权改革形成"全国经验"】 创新实施财税合署办公。设立大瑶镇财税办公室，在全国乡镇率先实现国税、地税、财政三部门合署办公，有效提高税收征管效率和公共服务水平。积极探索综合行政执法。将大瑶镇综合行政执法大队更名为大瑶镇综合行政执法局，在大瑶镇开展相对集中行政处罚权试点工作，授权大瑶镇政府集中行使涉及11个市直部门635项行政检查、行政处罚等权限，实现"一个乡镇一支队伍管执法"目标。扩面推广"大瑶改革模式"。赋予镇头镇35项经济社会管理权限，推进其财税合署办公改革、政务服务中心改造和环保科技示范园区开发建设等工作。中央编办高度评价大瑶镇改革试点工作成果，并在其主办的《中国机构改革与管理》杂志上刊文推介大瑶改革经验。大瑶镇的改革内容、改革方向与中共中央办公厅、国务院办公厅联合发布的《关于深入推进经济发达镇行政管理体制改革的指导意见》高度契合，标志着大瑶镇改革试点工作为全国改革创造可复制、可推广的经验。（陈　驰)

【园区行政审批制度改革创造"浏阳速度"】 围绕实现"园区事园内办"的赋权强园改革目标，发动14个政府工作部门赋予浏阳经开区、高新区共144项经济社会管理权限。认真指导两个园区全面梳理制定并公布权力清单、责任清单和审批事项流程清单"三张清单"，明晰园区权力责任，规范权力运行。进一步探索在园区实施建设项目并联审批、比照审批、区域性审批和"三测合一①"、清单式收费，推行服务承诺制、全程代办制，园区改革取得很好的效果，创造了3天办好华纳大医药公司上市守法证明资料的"浏阳速度"。

（陈　驰)

【建设投资项目审批改革全国县级首推】 在全国县级城市首推建设投资项目审批改革，致力为项目建设提速增效。一是出台《浏阳市建设投资项目审批改革实施方案》及《实施细则》，编制审批总流程图，明确将项目审批划分为立项、供地、设计、许可、验收5个阶段，取消、暂停、调整一批无关紧要的审批事项。二是由发改、国土、住建等3个部门牵头开展并联审批，真正实行"一口受理、牵头办理，并联审批、一窗出件"制度。所有审批事项纳入省投资项目在线审批监管平台进行审批，实行"网上审批、在线监察"。三是全面清理并公布全市行政审批中介服务事项清单，依法取消、调整69项行政审批中介服务事项，研究出台了中介机构管理办法，进一步规范中介服务机构管理，有效防范中介稀释改革红利。改革后全市建设投资项目比原来缩短100个工作日左右，减少10—20家部门签字盖章，少提交70多份申请材料，实现行政审批提速60%以上，此举被《人民日报》等多家媒体推介报道。（陈　驰)

【省直管县经济体制改革走在全省前列】 按照试点工作职责分工，组织相关部门做好省级赋权的承接落实工作。对406项地市级经济社会管理权限进行全面梳理，准确把握每项权限的相关要点，及时将异常情况向省发改委、省编办反馈。除已取消、上级部门暂不下放或者浏阳确无条件承接事项外，其他356项赋权事项均已由浏阳市35个市直部门承接到位，承接率达90.4%。针对下放的权限，协同相关部门制定实施细则，规范办事流程，将与群众、企业等关系密切的管理权限及时进驻市政务服务中心对外办理业务。（陈　驰)

【机构编制管理服务发展大局】 严守机构红线，优化机构设置。动态管理机构台账，适时对撤并乡镇落实"三定"情况进行督查，配合纪检监察机关做好纪检监察体制改革工作，依规依程序审核机构职责调整和机构设置等事项；创新设立食品药品环境犯罪侦查大队，争取胡耀邦故里管理局、不动产登记中心、经开区政务服务中心和征地拆迁所、司法所等机构升格，争取新增科级领导职数103名。严控编制总量，盘活编制资源。完成行政区划调整改革所涉乡镇街道人员编制的划转；利用机构编制实名制数据库系统，动态调剂编制，科学下达850名各类人才引进计划；妥善安置12名军转干部、51名退役士兵，确保重点领域和关键部门用人需求，超额完成"5358"人才引进工程目标任务。强化管理服务，提升事登业务水平。市直、乡镇事业单位合并、调整、变更、注销及时，全年共办理事业单位设立登记8家，变更登记387家，注销登记39家。"三证合一、一证一码②"应换尽换；升级转换事业单位网上登记管理在线系统，全面完成全市928家事业单位2015年度报告的申报和公示。加强对机关事业单位网上名称的管理，切实做好年度中文域名统一续费工作。

（陈　驰)

4月21日，中央编办三司副司长马露萍率山西、山东、福建、四川、湖南等省编办相关负责人到浏阳市大瑶镇，考察调研经济发达镇行政管理体制改革试点工作

（资料来源：市编办）

【中央编办调研组点赞浏阳市大瑶镇强镇扩权改革经验】 4月21日，中央编办三司副司长马露萍率山西、山东、福建、四川、湖南等省编办相关负责人到浏阳市大瑶镇，考察调研经济发达镇行政管理体制改革试点工作。先后视察大瑶镇政务服务中心和财税办公室，对大瑶城市建设、产业发展进行实地考察，召开深化经济发达镇行政管理体制改革调研座谈会。考察调研组对大瑶的改革发展给予充分肯定和高度评价，认为大瑶镇充分体现经济发达镇行政管理体制改革试点的成效，希望浏阳继续巩固推广大瑶改革经验，围绕机制、制度的建立和完善进行深入探索并形成好的成果，为下一步全国深化经济发达镇行政管理体制改革工作提供有益的参考和借鉴。长沙市委常委、浏阳市委书记曹立军，长沙市委组织部副部长、长沙市编办主任张白云，浏阳市委常委、组织部部长、统战部部长周文舜，浏阳市委常委、市委办公室主任邓阳锋等陪同调研。（陈　驰）

①"三测合一"是指建设工程项目竣工后由一家测绘中介机构按照规划核实竣工测量、房产测绘、地籍测绘技术标准和规范，一次测量并编制测算三套测绘成果，分别提供给规划、住建和国土资源部门作为规划竣工核实、房产登记和用地复核验收的依据，实行一次性收费。

②是指企业登记时依次申请，分别由工商部门核发工商营业执照、质监部门核发组织机构代码证、税务部门核发税务登记证，改为一次申请、由工商部门核发一个加载法人和其他组织统一社会信用代码营业执照的登记制度。简单地说，就是简化企业登记注册的手续，由原来三个证变成一个营业执照和一个统一社会信用代码。

·党校工作·

中共浏阳市委党校（市行政学院）

校（院）长　吴　震（2016.08免）
　　　　　　邱山东（2016.08任）
常务副校（院）长　李　安
副校（院）长
　　　　张　清（女，2016.09免）
　　　　张安文（2016.01任）
　　　　李晓军（2016.09任）

【概况】 机构沿革　1957年，中共浏阳县委设立"浏阳县干部训练计划委员会"，即中共浏阳县委党校前身。1958年9月，中共浏阳县委正式设立浏阳县委党校，开始有计划对干部进行常年培训。"文化大革命"县委党校被迫撤销，相继改办"毛泽东思想学校"和"五•七干校①"1977年7月，中共浏阳县委党校恢复，1992年，中共浏阳县委党校增设浏阳人才培训中心。1993年2月，浏阳撤县设市，中共浏阳县委党校更名中共浏阳市委党校。1998年，市委党校加挂"市行政学院"牌子。2000年加挂"市社会主义学院"牌子。1996年8月，市委决定撤销校党委，设校务委员会，由市委副书记兼任第一校长。

内设机构、人员与主要职能　市委党校内设办公室、教研室、培训部、后勤科4个职能科室。定编23人，2016年底实有在职教职工21人，其中专兼职教师12人，研究生以上学历6人，中高级以上职称6人。党校事业是党的事业的重要组成部门，中共浏阳党校是浏阳市委的重要工作部门。党校作为教育培训干部的主渠道、主阵地，承担着为领导干部补钙壮骨、立根固本的重要任务。2016年，市委党校在市委、市政府的坚强领导下，坚决贯彻党的十八大和十八届三中、四中、五中、六中全会精神，牢固树立党校姓党根本原则，认真贯彻落实中央党校工作会议精神，扎实推进各项工作，取得较好的成绩。（黄　勇）

【干部教育培训】 围绕中心，全面完成干训任务。2016年度，市委党校坚决落实上级党校工作会议精神，牢牢抓住党的理论教育和党性教育主课核心地位不动摇，高标准完成"精准扶贫专题培训班""创新创业专题研修班""市直机关'两学一做'学习教育培训班""第一期引进党政人才培训班""第二期引进党政人才培训班""安全生产专题培训班""财经管理能力提升班""村（社区）党组织书记培训班"等8期共1647人次主体班培训任务；完成赴外培训班4期，培训学员287人次。同时完成"创建美丽乡村、发展全域旅游研修班""国土系统素质提升示范专题班""政法综治干部培训班""社会公益组织研修班"等4期287人次赴异地研修班培训任务；充分发挥了党校在干部教育培训中的主渠道、主阵地作用。全年共承接市内部门办班28期，服务各单位会议80场次，培训学员人数21200人。承接省委组织部主办的"湖南省国贫省贫县市区贫困村党组织书记抓党建促脱贫攻坚专题培训班"6期733人次；隆平高科、省司法警官学院、临澧、桃江、津市、武冈市、江西萍乡安源区、宜春袁州区等县市区异地培训班共11期750多人次。

11 月 25 日，湖南省国贫省贫县市区贫困村党组织书记抓党建促脱贫攻坚专题培训班第六期培训课堂　（资料来源：市委党校办公室）

通过座谈会、问卷调查、个案访谈，教学服务测评等方式，精准掌握培训需求，做好培训项目策划和课程开发设计，提高教育培训的针对性和实效性。办班过程中，注重从两端发力，一方面注重抓实教学“供给侧”，主课教学足量优质。做到课程安排上足量，确保党的理论教育和党性教育课程不少于总课时的 70%。课程配置上，科学配置理论教育教学板块。课程开发上，注重结合市委市政府的中心工作、社会热点问题、干部思想状况、经济发展情况，以问题为导向，加强课程开发的针对性。教学方式上重实效，以发挥学员主体作用为导向，创新教学方法。“微论坛、微党课”等讨论式课程，“越说越美——我的浏阳故事”等展示式课程，“对话浏阳——先锋模范人物访谈”等访谈式课程，内容丰富，形式多样，大大提高培训的实效性。另一方面注重抓严“需求端”，加强学员管理。班主任全程跟班，严格考勤，一天一点评，一期一通报，通报结果与考核挂钩，做到“一把尺子量到底”，以严格的管理保证教学效果。　（黄　勇）

【理论宣讲】　紧扣热点，理论宣讲精准及时。2016 年度，市委党校紧扣中心工作和时政热点，准确把握时间节点，主动对接基层党组织，先后成立“党员冬春训”“两学一做”专题教育和十八届六中全会三个主题宣讲团，针对机关、社区、企业、农村不同层面的受众，精心准备 35 个精品理论宣讲课程；准确把握省、长沙市、浏阳市三级党代会和浏阳市人大政协两会的时间节点，集体备课，统一制作《如何成为一名合格党代表（人大代表）》和省、市、浏阳市《党代会精神解读》、《十八届六中全会精神解读》等 6 个讲稿和课件，积极开展送课下基层活动，共完成 227 场次 2.42 万人次理论宣讲，在全市取得不俗反响。在进行宣讲时，始终坚持宣讲内容时刻体现科学性、针对性。宣讲内容紧跟时代前沿，把马克思主义中国化的最新理论成果和当今科技前沿知识作为干部培训首选内容。宣讲内容紧跟群众需要，联系实际，贴近群众，围绕群众关心的热点、难点问题进行宣讲。宣讲内容紧跟中心工作，以党的重大理论为主，又紧密结合市委市政府的重大战略决策和工作中心进行宣讲，做到既深入宣传党的精神，又将市委市政府决策思想贯穿其中，让基层群众了解地方经济社会发展大计。　（黄　勇）

【科研资政】　完善机制，科研工作成效显著。研究制定新的科研成果认定办法和奖励方案，加大奖励力度，鼓励教职工立足浏阳市情，围绕中心工作开展科研。全年完成申报省委党校课题 2 项；长沙市情研究会课题 2 项、长沙市社科联课题 1 项，参与浏阳市部办委课题 3 项。完成省委党校结项课题 1 项、长沙市情研究会结题课题 2 项。在《长沙通讯》《湖湘论坛》等报刊杂志上发表论文 9 篇。获省委党校理论征文比赛二等奖 2 项、三等奖 3 项，并代表长沙市在全省党校系统理论研讨会上作典型发言；获长沙市委党校征文比赛一等奖 1 项、二等奖 2 项、三等奖 1 项、优秀奖 13 项，并获得“优秀组织奖”。注重校本教材开发。编撰的《浏阳市全域美丽乡村建设指南》《湖湘宝地，美丽浏阳——县域经济社会发展样本解读》《党员干部经典选读 50 篇》《精选课件集》等校本教材。　（黄　勇）

【师资队伍建设】　提质队伍，加强师资队伍建设。号召教师参与市级活动。组织两位年轻老师参加浏阳市

5 月 23 日，引进党政人才班学员在现场教学点接受党性教育　（图片来源：市委党校）

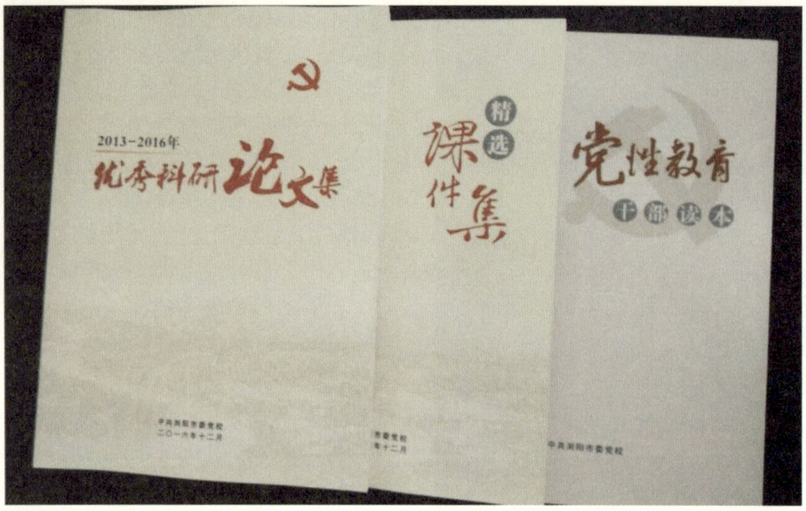

市委党校部分本教材和科研成果 （图片来源：市委党校）

"微理论·微宣讲"竞赛活动、浏阳市青年志愿宣讲团"青年中心式"宣讲比赛、浏阳市"我为美丽乡村代言：电视讲演大赛"，分别荣获三等奖2项；二等奖和三等奖各1项；三等奖1项。选派年轻老师参加长沙市"两学一做"学习教育"三微一大"精品微党课竞赛，其讲授的《将爱党、护党、兴党之责融入血脉》成功入选长沙市"两学一做"学习教育精品微党课。安排教师外出专题研修。选派8位老师分别参加全市"'两学一做'学习教育培训班"，全市"金融知识培训班"，长沙市委党校组织的各类学术研讨会和科研论坛，中央党校参加长沙市党校系统（行政学院）师资班专题研修，省委党校举办的十八届六中全会精神专题学习。组织开展学习交流活动。为深入实施"开放办校"的教学要求，拓宽教师视野，创新教学形式，开发现场教学基地，学校精心组织教师分两批赴湘西、常德等地开展交流学习活动。提供岗位历练平台。在全校范围内组织开展"两学一做"微党课竞赛活动，提高教师教学水平。另外，在党校成立"青年教职工成长计划"，为年轻教职工制定合理学习计划，为浏阳智库建设提供一个学习交流平台，为"建设两个中心，进军全国十强"作出应有的贡献。 （黄 勇）

①五七干校，是"文化大革命"时期，对党政机关干部、科研文教部门知识分子进行劳动改造、思想教育的地方。

·市志档案·

浏阳市市志档案局

局 长 李兆佳

副局长 唐学雷（2016.08免）

张鲜明

张平平（女，2016.05免）

陈洁璐（女，2016.12任）

【概况】 机构沿革 浏阳市档案馆创建于1958年12月23日，1959年12月8日，县委成立浏阳县人民委员会档案科，与档案馆合署办公，档案科于1962年精简机构中撤销，1967—1973年县档案馆因"文化大革命"停止指导、检查、监督的职能，由1968年成立的浏阳县革命委员会办事组代行，1973年8月23日恢复"浏阳县档案馆"，1980年成立县档案局，与档案馆"一套人马，两块牌子，合署办公"。1993年2月10日，浏阳撤县设市，局馆更名为"浏阳市档案局""浏阳市档案馆"。1995年1月浏阳市机构改革，浏阳市档案局、浏阳市党史办、浏阳市县志办合并组建浏阳市史志档案局，8月编制委员会通知另设浏阳市党史办，浏阳市史志档案局更名为浏阳市市志档案局。2004年12月26日浏阳市市志档案局搬迁行政中心办公，2009年10月，根据国家发改委、国家档案局《关于推进中西部地区县级国家综合档案馆建设》文件精神。2010年10月，浏阳启动国家综合档案馆新馆建设，并2013年3月建成投入使用。

主要职能 浏阳市市志档案局作为市委直属事业机构，负责本地区行政区域贯彻执行国家有关档案工作的法律、法规和方针政策，对全市档案事业进行宏观管理；制定本市的档案事业发展计划和档案工作规章制度，并组织实施；指导、监督全市档案工作，依法查处档案违法行为；组织、指导档案理论与科学技术研究、档案宣传、教育和业务培训，负责全市市志档案的对外宣传、交流；编纂出版发行《浏阳年鉴》，负责地方志编纂出版发行的组织协调工作和全市各分志、专业志、部门志续修的指导、审定；负责定期接收科局级行政事业单位的档案资料以及对国家和社会有保存价值的档案，对所保存的档案严格按规定整理和保管，为社会利用档案资源提供服务。

党校教职工前往长沙廉政警示教育基地加强党性锻炼 （图片来源：市委党校）

机构与人员编制 局机关定编

15个，局内设办公室、地方志编纂科、法规宣传教育科、业务科和建设工程档案管理科5个科室。档案馆为参公管理的局属二级事业单位，定编8人，自主用工2人，2016年末，局、馆实有在岗人员26人。

2016年，档案馆共有全宗188个，馆藏档案30余万卷。全年共接待查档18000余人次，查阅26500余卷，利用68040页。7月22日，国家档案局局长李明华一行到浏阳调研档案工作，对浏阳市的新馆建设、陈列馆建设和数字档案馆建设等工作给予高度评价，浏阳档案工作被誉为全国县级标杆。（黄　英）

【地方志工作】 编辑、出版、发行《浏阳年鉴》2016卷，本卷年鉴设部目、分目、子目、条目等层次，条目为记述基本层次，全书共设31个部目，231个分目和子目，1131个条目，正文体例有概况、条目、附录、图表等，全书成书123万字，主要记载2015年浏阳市行政区域内各部门、各行业和各乡、镇、街道的主要工作、重要事件，收录若干文献和统计资料，集中反映浏阳改革开放的新进程和经济建设、社会发展的新成绩、新经验以及存在的问题。做好《长沙市志》浏阳承编部分和省、长沙市年鉴相关资料的报送。年内先后分别安排人员参加《长沙市志·人物志》组稿人员培训、《长沙年鉴》组稿人员培训、长沙地方志年报资料培训，报送《长沙市志·人物志》入志人员名单（共87人）。召开《浏阳乡镇（街道）简志》编纂工作培训会议，全市32个乡、镇、街道（按机构撤并前组稿）分管领导、办公室主任和组稿人员共80余人参加会议和培训，长沙志办副主任贺国成、浏阳市人民政府办公室副主任冯早成出席会议，长沙志办业务处处长高路应邀到会授课，启动《浏阳市乡镇（街道）简志》的编修工作，截至12月31日，完成资料收集工作进入编辑初审阶段。（黄　英）

【档案资源体系建设】 加大档案收集整理力度。加强对重点工作、重大活动、重大建设项目、重大科研项目以及新领域、新机构等档案接收工作的监督指导。依据《浏阳市国家综合档案馆接收档案范围实施细则》，对政府信息公开文件接收进馆做到应归尽归，应收尽收。积极接收土地确权、优抚安置等各类民生档案。同时拓展征集领域，加强对民间名人档案的征集工作，2016年征集一批珍贵档案，包括7份清光绪年间和民国时期的房屋、田土和分关协议，填补清代民间档案的不足，征集著名画家刘世杰先生的26本珍贵书籍，囊括各朝名家画作。（黄　英）

【档案查阅利用体系建设】 创新服务方式。统筹安排好档案查阅、政府信息公开和其他公共服务，努力提供“一站式”服务，做到便民利民；做好档案查阅服务，利用新馆建设和数字档案馆建设契机，优化叫号预约、目录检索设施，改进传统的查阅方式，简化手续，最大限度的满足利用者的需求，共接待查档18000余人次。开发地方志档案资源。创新开展地方志编研利用工作。围绕社会需求和人民群众关注的重大专题，挖掘馆藏档案资料，加大对档案信息内容的研究和开发力度，编辑出版有价值、高品位的档案史料和档案文化产品。推出“浏阳兰台”微信公众号，定期更新地方志档案工作和百姓喜闻乐见的档案资讯。（黄　英）

【档案法制建设】 根据《中华人民共和国档案法》和上级档案部门要求，10月17日至11月11日，组织对全市95家单位进行了贯彻落实第8号令的专项执法检查，并对检查情况进行通报，提出整改要求，督促其落实。开展地方志档案普法教育，组织好“5·18”《地方志工作条例》和“6·9”国际档案日宣传活动，利用电视、报刊、网络等媒体手段广泛宣传地方志档案法律法规，提高社会公众地方志档案法律意识和用法、执法的能力，优化地方志档案工作的社会环境。

规范业务监管，加强业务指导。下发《关于做好2016年度档案业务工作的通知》，加强对全市档案业务工作的指导。开展档案规范化管理工作，全市共有6家单位完成档案工作规范化管理省一级复查，1家单位完成档案工作规范化管理晋升省特级。贯彻落实《长沙市村级档案管理办法（暂行）》，对全市17个乡镇、街道的205个已经参加村级建档培训的村和社区，开展村级建档业务调研指导，规范村级建档工作。指导农村土地经营权颁证、落后烟花爆竹企业退出、不动产登记、水利工程、城市建设等民生档案工作有效开展。（黄　英）

【档案队伍建设】 举办2016年档案员培训班一期，村级和社区档案员培训班各1期和全国档案事业统计年报培训，培训专（兼）职档案员180余人次，为全市的档案员提供专业的岗位技能培训。组织局干部职工参加岗位培训与继续教育，提高业务水平和操作技能。积极引进档案和信息化方面专业人才，充实档案员队伍。（黄　英）

【市人民政府批准设立浏阳市方志馆】 4月22日，经市人民政府同意。浏阳市机构编制委员会办公室批准设立浏阳市方志馆，同年7月，浏阳市方志馆挂牌办公。浏阳市方志馆与浏阳市档案馆是浏阳市市志档案局内设机构，两馆实行信息互通、资源共享，其中方志馆自有库房和资料室1200平方米。8月26日长沙市区、县（市）方志馆建设观摩会在浏阳召开，出席会议的长沙市志办领导提出“方志馆建设的浏阳模式”。（黄　英）

【“浏阳记忆”展览平台】 “浏阳记忆”浏阳历史发展档案展览是典藏兰台向历史课堂过渡的文化体验，是档案利用的良好平台，自2016年元旦正式展出至年末，共接待参观人员280多批、近5000人／次。11月，以“弘扬档案文化，创新档案展览”为主题的首届全国档案文化展览研讨会在江苏常州举行，浏阳市市志档案局作为唯一的县级与会单位作典型发言。元月1日，中共长沙市委常委、浏阳市委书记曹立军率浏阳“四大家”主要领导视察展馆建设。2016年10月，投资380万元对大厅、展厅、多媒体厅、珍贵档案室等进行提质升级，同时，设置一个50平方米的《馆藏赏珍》珍贵档案专题展室，向观众系统介绍浏阳市国家综合档案馆镇馆之宝，档案馆一

7 月 22 日，国家档案局局长、中央档案馆馆长李明华(右二)到浏阳调研档案工作

(资料来源：市志档案局办公室)

批养在“深闺”的瑰宝以原始面貌向观众呈现。融历史味、书卷气和现代感的“浏阳记忆”档案展览平台已成为全国档案系统的标杆和旗帜。

(黄　英)

【数字档案馆建设】浏阳市数字档案馆档案信息化建设项目于 2015 年立项并列入政府投资计划，整个项目投资 1200 万元，分五年进行，2016 年安排投资 240 万元。2016 年实现局域网、政务网系统平台的搭建，完成对新中国成立前各类文书档案的数字化扫描加工 350 万页，启动与市信息中心的电子信息档案完善对接。

(黄　英)

【国家档案局局长李明华调研浏阳档案工作】 7 月 22 日，国家档案局局长、中央档案馆馆长李明华到浏阳调研档案工作，先后参观“浏阳记忆”、听取浏阳市市志档案局工作情况汇报，“浏阳名人辈出、人文荟萃，既有国家第一批建成投用的国家综合档案馆，又有入选《中国档案文献遗产名录》的‘湘鄂赣省工农兵银行发行的货币票券’。”李明华对浏阳市市志档案工作给予高度评价，认为浏阳市委、市政府真心重视，工作成绩突出明显，浏阳市市志档案工作是全国县级中的标杆。中国档案学会理事长段东升，省档案局局长胡振荣、长沙市委常委、浏阳市委书记曹立军，市政府邓阳锋、邓雪琴陪同调研。(黄　英)

1 月 5 日，湖南省人大常委会副主任陈君文、长沙市委副书记、市人民政府市长胡衡华参观《浏阳记忆》展览

(资料来源：市志档案局办公室)

【《浏阳年鉴(2015)》获省年鉴评比综合一等奖】 12 月 28 日，在省地方志编纂委员会组织的第四届湖南省年鉴编纂出版质量评比活动中，《浏阳年鉴(2015)》获得综合一等奖。《浏阳年鉴》创刊于 1986 年，至 2015 年已连续发行 29 卷。《浏阳年鉴》2015 卷主要记载 2014 年浏阳市行政区域内各部门、各行业和各乡、镇、街道的主要工作、重要事件，收录若干文献和统计资料，集中反映浏阳改革开放的新进程和经济建设、社会发展的新成绩、新经验以及存在的问题，全书分 31 个部目、191 个分目和子目、939 个条目，成书 123 万字，总发行量1000 册。　(黄　英)

【“浏阳记忆”办展经验在全国档案文化展览研讨会议上作典型发言】 11 月 22 日至 25 日，由中国档案学会主办，江苏省档案局(馆)、江苏省档案学会协办，常州市档案局(馆)、江苏大美天第文化产业有限公司承办的，以“弘扬档案文化，创新档案展览”为主题的档案文化展览研讨会在江苏常州召开。国家档案局副局长杨继波出席开幕式讲话，江苏省档案局副局长欧阳旭明和常州市委常委、秘书长蔡骏分别致辞。会议邀请南京博物院研究员张小朋作专题讲座。辽宁省档案局、常州市档案局等 10 家省、市、县档案局、展陈公司在大会上作交流发言，其中湖南省浏阳市市志档案局作为出席会议的唯一县级单位发言，“浏阳记忆”浏阳历史发展档案陈列办展经验，受到与会者的好评。此前，国家档案局局长李明华曾到浏阳参观该展览并给予高度评价。　(唐学雷)

·信访工作·

浏阳市信访局

局　长　焦清平(2016.09 免)
　　　　吕正红(2016.09 任)
副局长　龙章平(2016.04 免)
　　　　黄才胜(2016.03 任，2016.12 免)
　　　　任飞跃(2016.04 任)
　　　　宋跃新　胡汉民

【概况】 机构沿革　1951 年，浏阳县在县府机关设立群众来访会客室。

1953年，中共浏阳县委、县人民政府设立处理人民来信办公室。1983年，更名为中共浏阳县委、县人大常委会、县人民政府来信来访室。1985年，改名为中共浏阳县委、县人民政府来信来访办公室。1988年，信访办公室设专职干部7人。1993年2月，浏阳撤县设市，县信访办公室更名为市信访办公室，并于同年明确信访办公室为正科级单位。1995年，市编制委员会办公室核定市信访办公室内设信访接待室、调研督查室，行政编制8名，事业编制1名。2000年，市信访办公室设立政务公开中心来访接待处。2001年11月，市信访办公室更名为市信访局，浏阳市信访局是中共浏阳市委、市人民政府主管信访工作的正科级行政机构。局内设办公室、信访接待科、协调督办科。2005年，浏阳市信访局列入市委工作机构。2010年9月15日，浏阳市人民来访接待中心和浏阳市矛盾纠纷调处中心在市信访局挂牌成立；2011年7月，浏阳市信访信息中心成立，为市信访局内设二级事业单位；同年8月，中共浏阳市委成立群众工作领导小组，批准设立市委群众工作领导小组办公室，为信访局内设二级事业单位。2016年，浏阳市信访局有在职干部职工22人，自主用工4人，临聘人员3人，退休干部5人，内设办公室、财务科、接访办信科（信访信息中心）、协调督办科（联席办、信访复查科）、群众工作办公室等5个职能科室。市信访工作联席会议办公室和市政府信访事项复查工作委员会办公室、市人民来访接待中心和市矛盾纠纷调处中心、市沙建债权债务纠纷接访室设在市信访局，抽调法院、检察院、公安局、司法局、森林公安局工作人员进驻“涉法涉诉接待窗口”工作。

市领导公开接访制度 为满足来访群众与领导直接对话的要求，从1978年3月开始实行领导成员接访制度。1996年7月，市领导成员接待日定在每周星期四上午，地点设在市政府信访接待室。2000年4月—2003年3月17日，地点改设在市政务公开中心，2003年3月20日后接待地点设在市政府信访接待室。后接访地点又改在市人民来访接待中心。2013年3月开始，根据《中共浏阳市委办公室浏阳市人民政府办公室印发〈关于实行“三个一律”工作要求的若干规定〉的通知》（浏办通知〔2013〕21号）、《浏阳市处理信访突出问题及群体性事件联席会议办公室印发〈关于健全领导干部公开接访处访工作的若干规定〉的通知》（浏联办发〔2013〕7号）等关于领导公开接访的有关要求，市级领导按照公开接访安排，每周一至周五轮流到市人民来访接待中心坐班接访（法定节假日除外）。

主要职能 根据《中共浏阳市委办公室关于印发〈浏阳市信访局职能配置、内设机构和人员编制规定〉的通知》（浏办发〔2002〕45号）精神，市信访局是市委、市人民政府主管信访工作的部门管理机构。其主要职责为：1. 负责领导同志接待上访群众的组织工作；负责办理群众来信，接待群众来访，向市委、市政府提供群众来信来访中反映的重要建议和问题。2. 负责办理上级转交的信件，落实领导同志的批示。3. 指导、协调、督促办理有关信访案件。4. 负责信访预测，及时掌握和向领导汇报集体上访、越级上访的苗头，主动处理带倾向性、普遍性的信访问题。协调处理跨地区、跨部门的重大信访纠纷问题。5. 指导全市信访业务，提出改进和加强信访工作的意见。6. 承办市委、市人民政府交办的其他事项。2011年12月15日，市委常委会议就“一推行四公开①”工作进行研究部署，明确市委群众工作领导小组办公室设在信访局，负责全市群众工作的组织指导、决策部署、调度协调、考核考评等工作。2011年12月16日，市委印发《关于进一步做好密切联系群众工作的实施办法》的通知（浏发〔2011〕24号），明确市委群众工作领导小组办公室职责为：1. 组织指导、安排部署全市群众工作；2. 定期分析、研究群众工作形势，针对全市群众工作中存在的困难和问题提出对策建议；3. 及时了解、掌握全市群众工作情况和动态；4. 协调、调度有关责任单位及时处理群众工作中反映的突出问题；5. 督查考核各乡镇（街道）、村（社区）、市直单位群众工作开展情况，对违反群众工作纪律规定的群众工作办、站、室工作人员予以追责；6. 总结交流成功经验，及时推介先进典型。

2016年，浏阳市信访局认真贯彻中央、省、长沙市和浏阳市委、市政府关于信访工作的决策部署，积极推进信访工作制度改革，不断创新工作机制，夯实基层基础，信访工作取得较好成绩。全市信访总量持续下降，越级非访大幅减少，连续5年实现特护期进京非访“零登记”。2月25日，浏阳在长沙市信访群众工作大会上作信访工作典型发言；5月16日至17日，省政府副秘书长、省信访局局长许忠建带队来浏阳调研，并撰写《基层的事就在基层办好——浏阳市夯实信访工作基层基础的实践与思考》专题调研报告，得到省委、省政府领导的批示，省联席会议专门下发文件向全省推介浏阳做法；9月14日，浏阳在全省信访基层基础工作现场会上作经验介绍；12月份，浏阳市信访局被评为“2010—2015年度全省信访工作先进集体”。2016年，浏阳市信访局被长沙市评为信访工作红旗单位，群众工作被评为长沙市一类。（康兆祯）

【推进信访改革】 抓实公开接访。进一步巩固领导公开接访机制，市领导每个工作日轮流到市人民来访接待中心坐班接访，全年接访216场342批1240人次，市领导批示交办件286件，到期办结率100%；组织本级接访1712批5171人次，其中集访63批1536人次。分类处理群众诉求。及时办理中央、省市交办件8件，办理中央巡视组交办案件28件，到期办结率100%。依法受理信访事项复查1件，引导依法维权128起。召开信访工作联席会议2次、信访问题协调会议15次，成功化解信访积案36件，办理省信访局交办信访积案3件。按照救助政策，累计发放救助资金70余万元，救助信访群众116人。夯实基层基础。坚持人民来访接待中心、矛盾纠纷调处中心、涉法涉诉联合接访中心同步接访，打造“一站式受理、一条龙服务”的归口接待机制。组织开展法律咨询、纠纷调处等服务活动，全年共调处化解群众反映的热点难点问题和重大复杂矛盾纠纷61起；深入推进诉访分离，畅通涉法涉诉信访问题出口。推进“互联网+信

5 月 17 日，省政府副秘书长、省信访局局长许忠建率队到浏阳调研

（资料来源：信访局办公室）

访”，开通浏阳市网上信访投诉平台、微信公众号，畅通群众诉求表达渠道；全年共转送网上信访件 961 件，开展网上信访宣传活动 3 次，组织网上信访业务培训活动 2 次，提升信息化时代的信访工作业务水平。组织各类特护期矛盾纠纷排查 4 次，排查矛盾纠纷 458 起、重点人员 527 人。认真做好驻京接访劝返工作，全年协调处理进京访 91 批 175 人次，其中非访登记 4 人次，各特护期保持“零登记”。（康兆祯）

【群众工作】 创新服务模式。建立 114 个重点村和 208 个常态村（社区）群众工作站，选派 82 个市直单位、306 名市直队员进站开展工作。按照群众工作与信访维稳、并村联村、精准扶贫等工作有机结合的要求，开展“与群众交朋友，帮基层解难题、承诺办事和民情问题化解”等系列活动。实施“群工站＋网格化”管理，推行干部联网包片制度，全市 322 个村（社区）细分为 2482 个群众工作网格，实行“1+1+N”②服务模式，有效将信访工作和群众工作的触角延伸到最基层，打通联系服务群众“最后一公里”。强化工作抓手。组织“一推行四公开”业务培训班，举办群众工作分片交流会以及长沙驻浏阳群众工作站交流促进会，加强业务指导。实行层级管理，开展工作督查 62 次，推动形成基层自主抓、市级指导抓，市、镇两级齐抓共管的良好局面。彰显服务成效。全市群工队员走访群众 10.2 万户，解决群众反映问题 3441 个，办实事好事 1120 件，结对认亲 2270 户，帮扶困难群众 15105 人，提供帮扶救助资金 3080 万元，群众工作专项民意调查综合满意度大幅提高，群众的获得感进一步提升。（康兆祯）

7 月 12 日，市委副书记、市长吴新伟到信访局调研

（资料来源：信访局办公室）

【省信访局调研浏阳信访工作点赞“三改三推”信访模式】 浏阳连续五年实现特护期进京非访“零登记”，2015 年全省综治民调位居长沙九区县（市）第一名，浏阳信访工作所取得的成绩得到各级肯定。5 月 16 日至 17 日，省政府副秘书长、省信访局局长许忠建率队来浏阳调研信访工作，高度肯定浏阳做法。他将浏阳的信访工作经验总结为“三改三推”：即改善基层治理模式，推行网格化服务，解决群众找得到人办事的问题；改革信访工作制度，推行分级分类处理，解决群众能办得好事的问题；改进考核评价办法，推行公开评议干部，解决干部主动为群众办事的问题。（康兆祯）

【获评“全省信访工作先进集体”】 12 月 9 日，全省信访工作会议在长沙召开，浏阳市信访局被授予“2010—2015 年度全省信访工作先进集体”。近年来，市信访局坚持用群众工作理念和方法推动信访工作，积极推进信访工作制度改革，“阳光信访”“责任信访”和“法治信访”取得阶段性成果。自 2013 年起，浏阳市在全省县一级率先推行市、乡、村三级领导公开接访制度，市级主要领导率先垂范，每个工作日轮流到市人民来访接待中心值班接访；乡镇（街道）、市直单位和支村两委班子成员则分别坐班、值班接待群众，三级公开接访处访成为常态。五年来，市级领导累计接待来访群众 3214 批 8701 人次，交办化解率达 97.6%；办理网上投诉信访事项 3356 件，办理率达 100%；化解信访积案 265 件，一大批矛盾纠纷和信访问题化解在基层、解决在萌芽状态，确保社会大局和谐稳定。（康兆祯）

①“一推行”，就是要全面推行干部联点驻村制度，实行市级领导驻乡联点，县级领导驻村联点。“四公开”就是要公开联系方式、公开岗位责任、公开监督机制、公开考核方法。

②1名网格员、1名村(社区)干部、N名“两代表一委员”

·老干部工作·

中共浏阳市委老干部工作局

局　长　胡国平

副局长　黎玉立

许运良(2016.01免)

【概况】 机构沿革　1973年4月，按照湖南省委指示，中共浏阳县委组织部设立老干部工作办公室，配备工作专干2人，1978年增至3人。1980年4月，中共浏阳县委组织部老干部工作办公室升格为中共浏阳县委老干部工作办公室，配备正、副主任各1人，工作人员增至6人。1983年12月，根据中共中央《关于建立老干部退休制度的决定》的通知（中发〔1982〕13号)，中共浏阳县委下发《关于县级机关机构设置有关通知》(浏发〔1983〕53号)，撤销中共浏阳县委老干部工作办公室，正式设立中共浏阳县委老干部工作局，归口浏阳县委组织部，局机关设县委机关办公楼。1993年2月，浏阳撤县设市，中共浏阳县委老干部工作局更名为中共浏阳市委老干部工作局。1993年6月，浏阳市老干部工作局搬迁至圭斋西路石板巷14号。1995年6月，浏阳撤区并乡，浏阳市老干部工作局由行政机关转变为事业单位，核定行政编制13人，事业编制8人。2002年3月，中共浏阳市委办公室下发《中共浏阳市委老干部工作局职能配置、内设机构和人员编制规定》(浏办发〔2002〕42号)，明确局机关属于行政性质。2004年12月，浏阳市委老干部工作局入驻浏阳市行政中心附二栋一楼。

主要职能　中共浏阳市委老干部工作局是市委负责全市老干部工作的部门管理机构，其主要职能是：贯彻落实党中央、国务院和市委、市政府关于老干部工作的方针、政策；向市委、市政府报告全市老干部工作情况，提出意见建议；协助市委、市政府制定、完善本市老干部工作的政策、规定。调查研究落实老干部政治待遇和生活待遇工作中的问题，协调有关部门提出解决办法；指导全市各单位落实老干部工作方针、政策，对具体执行情况进行督促检查。做好老红军、抗战、地师级和南下老干部的管理服务工作，做好企业改制后收回统一管理的离休干部及其无固定收入配偶、遗孀的服务工作。指导全市离退休干部党支部建设，“五老”作用发挥工作。负责老干部(老年)大学的教学管理工作。搞好老干部活动中心管理；指导老干部开展科学健康的文化健身活动。负责市关心下一代工作委员会的日常工作。

人员和内设机构　2016年，中共浏阳市委老干部工作局在职干部职工14人，退休老同志14人。内设办公室、组织宣教科、待遇科3个科室。下设老干部活动中心和老干部大学两个二级事业机构。浏阳市关心下一代工作委员会挂靠老干局。

2016年，市委老干局荣获长沙市老干部工作优秀集体，市关工委荣获湖南省关心下一代工作先进集体、长沙市关心下一代工作先进集体。

(李　明)

【老干部“两项建设”[①]】 坚持老干部集中学习、阅文制度，共开展老干部谈心活动800多人次，组织专题学习讨论、举办形势报告会、理论大讲堂20多场。举办102人的离退休干部党组织书记培训班，引导老同志进一步增强角色意识和政治担当。推行离退休干部党员“政治生日”制度，每月为入党当月的老干部集中过“政治生日”，通过“三个五”(五个重温、五个大讲、五个回顾)，强化老党员的身份意识与责任意识。按照全面从严治党的要求，精心组织“两学一做”学习教育，创新推出“庭院党课”、“床头党课”、“音频党课”等学习方式，开展离退休干部党支部书记“送党课下基层”活动134次。深化“五好”支部创建工作，新增长沙市级“五好”离退休干部党支部示范点6个，本级示范点10个，选树“最美”老干部典型30人。每月组织编辑一期《老干部学习宣讲资料》，向400余位四大家老领导、离退休干部党支部书记、“五老”宣讲员等宣传贯彻上级精神及市委、市政府大政方针，宣传全市经济社会发展取得的丰硕成果。老干部网宣员在人民网、红网、微博、QQ群等平台发帖跟帖465篇，盛赞浏阳发展、畅谈幸福生活、传播文明新风。　(李　明)

【老干部服务管理】 全年向老同志听取意见和通报工作9次，全市20余次重要会议、重大活动、项目观摩邀请老干部参加。组织20位四大家老领导赴韶山、醴陵外出考察。重阳节当天，组织42位四大家老领导视察重点建设项目，市委书记、市长等市领导与老同志坦诚交流，征询良言益策，共商推动浏阳发展之计。全年为企业收回离休干部及遗孀配偶发放各类资金328万余元。组织副县级以上退休干部及离休干部300余人进行健康体检，共计参加离退休干部生日祝寿、住院探望、逝世悼念80余人次，接待老同志来信来访20余人次，向老干部推送最新政策、发送生日祝福等近万条，走访慰问老干部及遗孀661人次，送去慰问金42万余元。与浏阳市义工联合会、致恒互助养老义工协会签订公益合作意向书，为离休干部量身定制“便利服务卡”，全年提供家政服务、医疗保健、紧急救助、精神慰藉等1020次。

(李　明)

【老干部文化养老】 认真贯彻落实《长沙市老年教育“三年行动计划”(2016—2018年)》，全市老干部大学开设17个专业，88个班级，在校学员达2870人次，较2015年增长45%。扩大老年教育网络课堂覆盖面，网络课堂收看站点增加至55个，共组织收看网络课堂1200余场次，受众3.6万人次。全市通过老年大学和网络课堂示范点参与学习的老年人达5.7万人次，参加有组织的校外群众性教育活动的老年人达10万人次，形成了“人人皆可学、事事都能学、处处均可学”的基层老年教育网络体系。重阳节期间，与宣传部、民政局、电视台等单位联合开展了“情润夕阳—金婚代言伉俪颁奖庆典活动”，敬老、养老和助老的良好社会风尚得到发扬。联合老年体协举办老年

浏阳市老干部大学　　（资料来源：老干局办公室）

门球赛、广场舞比赛等活动，组队参与长沙市第四届老干部运动会，荣获优秀组织奖。充分运用老干部诗联书画协会、金枫艺术团等平台，组织书画摄影活动、文艺进村演出等30余次。（李　明）

【老干部作用发挥】　深入推进老干部小组建设，注重与党小组、老年协会等工作整合，共创建村（社区）老干部小组212个，创建率达78.2%。牵头召开涉老组织联席会议，各涉老协会充分整合资源，积极发挥自身优势服务大局，关工委3万余名工作人员为促进青少年健康成长做了大量工作；五保基金会拨付救助资金41.42万元，救助散养特困五保户1050人；慈善会通过实施助医、助困、助学等慈善项目，发放善款善物643万元，惠及困难群众5000余人；维稳协会拥有会员近2.6万人，化解矛盾4283起；禁毒协会共组织集中宣传191场次，举办禁毒宣传栏678期；教育基金会资助贫困学生6804人，资助金额近600万元；老年保健协会召开“养生保健”讲座41场，开展义诊活动37次，免费为2万余人把脉看病；老体协成功举办各类比赛60多次；老科协撰写调查报告67篇，开展科学养生讲座170余场；计生协会开展健康宣教100余次，咨询义诊50余次；党史联络组编撰的70万字的《浏阳革命文献参考资料汇编》已通过中共党史出版社审读。继续创建22个“发挥五老作用[2]”示范阵地、15个村（社区）老干部小组示范阵地、10个“四就近[3]”工作示范社区、20个老年教育网络课堂示范站点、40个“关心下一代工作”示范阵地，给予资金补助43万元。组织开展“五老”公益专题宣讲860场次，受众达10万人次。印发《浏阳市“五老”参与精准扶贫工作实施意见》，组建82人的“银发扶贫专家志愿服务队”，下村指导科学种养殖、开展医疗救助、实施关爱帮扶等39次。成立老年大学志愿服务队，参与活动学员达370人，共开展两次精准扶贫慰问活动，到9所敬老院进行演出慰问。全市5000名“五老”志愿者，在环境整治、征地拆迁、综治维稳、文明创建、美丽乡村建设等方面不遗余力开展活动上万次。（李　明）

【老干部工作队伍建设】　进一步突出信息宣传常态化，办好老干部工作网站，及时向中央、省市局报送信息164条，其中《中国火炬》第3、4、7期连续刊发关工委工作动态，湖南日报、长沙晚报2次专题采访报道我市老干部先进典型，省委老干部局微信公众号重点推介浏阳“增添正能量推进会”活动，长沙市局微信公众号报道浏阳老干部工作20余次，长沙市老干部工作局官网、“老有所为”网采纳信息近100条，浏阳本级报台专题报道老干部工作动态、老年大学、网络课堂、“五老”典型等近50次。创办“浏阳老干部”微信公众号，搭建与老同志互动的平台。全市老干部工作亮点纷呈，老干部工作队伍呈现出政治坚定、素质优秀、尊老敬老、爱岗敬业、履职尽责的良好面貌，涌现一批先进典型，浏阳市委老干部局、经济和信息化局、永安镇党委获评“长沙市老干部工作优秀集体”；王琛、林湘、彭晓兰、沈水艳、罗碧亮获“长沙市老干部工作优秀个人”称号。（李　明）

【湖南省关工委调研浏阳党史、国史教育工作】　7月21日，湖南省关工

7月21日，湖南省关工委副主任蔡力峰率队到浏阳专题调研党史、国史开展情况，实地考察浏阳市官渡镇中州屋场两史教育基地　　（资料来源：老干局办公室）

委副主任蔡力峰率队到浏阳专题调研党史、国史开展情况。调研组上午实地考察浏阳市官渡镇两史教育基地中州屋场、参观孔石泉将军故居、听取镇关工委“两史”情况汇报。下午参观浏阳市档案馆“浏阳记忆”展览，并听取市关工委主任李定国和市委党史联络组长李中琪党史、国史教育专题汇报。蔡力峰充分肯定浏阳市“两史”教育工作成果：浏阳市关工委充分利用本土丰富的红色资源，通过全域打造爱国主义教育基地和党史国史场馆升级改造，将美丽乡村、幸福屋场建设与党史、国史教育工作有机融合起来，依托全市完善的关心下一代工作组织网络，围绕党和国家重大节日、庆典，组织“五老”宣讲员开展党史、国史“四进”（进机关、进社区、进企业、进学校）活动，点子多、形式活、效果好。并对浏阳“两史”教育工作提出要求：充分认识的重要性，要紧扣主题，创新形式，区别对象，因材施教，认真总结经验，巩固教育成果；要积极建言，争取领导重视，加强部门配合，提升工作合力，主动作为，自觉践行，久久为功，推进党史、国史教育优化、深化、常态化。省关工委副主任徐晨光、长沙市关工委主任董学生、长沙市关工委常务副主任唐得之等省、长沙市关工委领导参加调研，浏阳市领导周文舜、邓阳锋等陪同调研。（李　明）

9月2日，省委老干部局副巡视员孔寅湘（中）一行到浏阳调研，参观永安镇坪头村华山屋场老干部小组建设（资料来源：老干局办公室）

【省委老干部局调研浏阳老干部工作】 9月2日，省委老干部局副巡视员孔寅湘一行到浏阳，就中办发〔2016〕3号文件、湘办发〔2016〕21号文件精神落实情况进行调研。近年来，浏阳在推动老干部工作为党和人民的事业增添正能量、促进老干部工作转型发展上做出一些有益探索，实现由单一的落实老干部政策待遇到多层次的发挥老干部作用，围绕中心、服务大局上转变，形成上下联动、横向互动的老干部工作网络。截至2016年8月，浏阳已设立关工委、老年大学等16个涉老公益组织，8所老年大学分校、教学点，55个老年教育网络课堂示范点，34个“发挥五老作用”示范阵地，212个村（社区）老干部小组，300名“五老”宣讲员，5000名“五老”志愿者。为有效整合资源便于工作开展，将老干部工作与党小组建设、涉老协会工作、美丽屋场建设等深度整合，实行多块牌子、一套人马，共同推进，达到有老干部的地方就有组织、就有活动。广大老干部们坚持在维护稳定中当表率、在作风转变中树形象、在党建提升中强素质，在平安巡防、交通劝导、卫生清扫、植树护绿、民情联络、公益服务、征地拆迁、维护稳定、调解纠纷等方面不遗余力，形成老干部发挥作用的“群星效应”，成为美丽浏阳、幸福家园建设的一道永不褪色的风景线。通过走访、参观永安镇坪头村华山屋场、集里街道金马南院小区老干部小组建设，住保局离退休干部党支部建设工作，听取工作情况汇报，孔寅湘对浏阳老干部工作给予充分肯定和高度评价，“浏阳的老干部政策精神领会好、传达好、贯彻好；工作有创新、有特色、有成效，浏阳的老干部作风美、心态美、形象美，调研收获很大，希望

8月25日，浏阳市老干局举办“五老”宣讲员培训班，全市150余“五老”宣讲员参加培训（资料来源：老干局办公室）

能继续把老干部事业谋划好、发展好、弘扬好，推动老干部工作再上新台阶。”长沙市委组织部副部长、老干部局局长罗玉环，浏阳市委常委、组织部部长周文舜陪同调研。（李　明）

【举办　“五老”宣讲员培训班】　为深入学习贯彻浏阳市第十二次党代会精神，使“五老”进一步了解浏阳发展的新形势新任务，讲好浏阳故事、弘扬浏阳精神、传播浏阳好声音。8月25日，浏阳市老干局举办“五老”宣讲员培训班，全市150余名优秀“五老”宣讲员参加培训。近年来，浏阳市重点从退休教授、专家学者、领导干部、社会贤达中选聘300名“见识广、阅历丰、体会深、表达强”人员组建“五老”宣讲员队伍。每年通过“五老”金牌讲师团“精品套餐”和基层“五老”骨干宣讲员“科学配餐”送课到基层。市委组织部、市委宣传部分别下发文件，将“五老”金牌讲师团纳入“群众路线”、“两学一做”学习教育宣讲团，要求市级“五老”宣讲员进市直单位离退休干部党支部宣讲，乡镇街道“五老”宣讲员进每个党小组宣讲；市纪委下发文件明确将作风建设、反腐倡廉教育等纳入“五老”宣讲内容；市委政法委、食安办邀“五老”宣讲员加盟禁毒知识宣讲和食品安全知识普及；市委书记多次在群众工作会议、环境整治工作点评会等对“五老”作用发挥给予充分肯定。“五老”宣讲员成为党的政策的传声筒、人民群众的贴心人，美丽浏阳的践行者，为推动浏阳经济社会又好又快发展提供思想保证和智力支持。（李　明）

9月13日，市委老干部局举办离退休干部党组织书记培训班

（资料来源：老干局办公室）

【开展离退休干部党组织书记培训】　为认真贯彻落实《关于进一步加强和改进离退休干部工作的意见》（中办发〔2016〕3号）《关于进一步加强和改进离退休干部工作的实施意见》（湘办发〔2016〕21号）文件精神，进一步提高离退休干部党组织书记的理论和业务水平，不断增强基层离退休干部党组织的凝聚力和战斗力，推动离退休干部党员“两学一做”学习教育深入开展，9月13日，市委老干部局组织开展离退休干部党组织书记培训，全市106个离退休干部党支部书记参加。（李　明）

10月9日重阳佳节，市老干局组织浏阳市四大家实职副县级以上退休老同志共40余人观摩浏阳重点建设项目、参观永安镇坪头村的华山屋场文化景观墙

（资料来源：老干局办公室）

【四大家老领导视察重点建设项目】　10月9日，市老干局组织浏阳市四大家实职副县级以上退休老同志共40余人观摩浏阳重点建设项目，当天，老同志们还参观了华恒机器人项目、长郡·浏阳实验学校项目，近距离了解浏阳的科技发展，感受园区的优质教育资源。市委书记曹立军向退休老同志及全市老年朋友们致以节日的问候和美好的祝福，并对他们的关心和支持表示感谢。曹立军表示，迈入“十三五”规划，浏阳确立“建设‘两个中心④’，进军全国十强”的奋斗目标，务求引领和激励全市人民继续发扬“自强不息、敢为人先”的优良传统，共铸浏阳更大的辉煌。衷心希望各位老同志继续发挥经验足、联系广、威望高的优势，一如既往地为浏阳发展建言献策、加油聚力。市委、市政府将始终重视和支持老干部工作，真正让广大老干部“老有所养、老有所学、

老有所乐、老有所为。”浏阳经开区党工委书记周岳云，市领导吴新伟、邱山东、鲁建文、李家喜、吴敏、周文舜、邓阳锋参加活动。

（李　明）

12 月 2 日，浏阳市组织召开离退休干部为党和人民事业增添正能量活动推进会

（资料来源：老干局办公室）

【召开离退休干部为党和人民事业增添正能量活动推进会】 为认真贯彻落实中央和省、市委为党和人民事业增添正能量活动安排部署，进一步加强思想政治引领，组织离退休干部聚焦主题发挥作用，推进离退休干部为党和人民事业增添正能量活动深入持久开展，12 月 2 日，浏阳市组织召开离退休干部为党和人民事业增添正能量活动推进会。会上，浏阳市委党校常务副校长李安为老同志解读党的十八届六中全会和省、长沙市党代会精神，林业局退休干部粟粒果、官渡镇关工委主任何显指、蕉溪乡退休干部张湘成、社港镇退休干部徐佳国、永安镇退休教师刘谷君、洞阳镇离任村干部杨俊祥等 6 位老同志分别讲述自己退而不休为社会奉献余热增添正能量的故事。老同志们不忘初心，牢记使命，为党再立新功的先进事迹赢得了阵阵掌声。市委组织部副部长、老干部局局长胡国平在总结讲话中指出，开展为党和人民的事业增添正能量活动，是对老干部工作价值的升华，是老干部工作转型发展的关键所在，是老同志助力浏阳建设省会副中心和湘赣边区域性中心城市的有力担当，是老同志老有所为、老有所乐的客观需要，离退休老同志要聚焦主题，积极作为，当好增添正能量的“主力军”；各离退休干部党支部要认真谋划，精心组织，当好增添正能量的“领头羊”；各单位要大力支持，搭建平台，当好增添正能量的“后勤部”，确保增添正能量活动取得实实在在的成效。（李　明）

【举行纪念关工委成立 30 周年暨理论研讨会】 12 月 8 日，浏阳市举行纪念关工委成立 30 周年暨理论研讨会。浏阳市关工委自 1986 年成立至今已走过 30 年奋斗历程，30 年来，浏阳市关心下一代组织不断完善与发展，协会会员由初建时的 4500 多名老同志发展到 3 万多人，关工委工作 2 次获得中国关工委、8 次获得省关工委、25 次获得长沙市关工委表彰。达到了“全市有地位、全省有影响、全国有声音”的目标。浏阳市关工委、大瑶镇杨花村关协、十佳“五老”代表张湘成和住保局关协、关口街道党工委分别在会议上发言，一批关心下一代工作先进集体和先进个人受到表彰。长沙市委常委、浏阳市委书记曹立军到会祝贺，并希望全市各级关工组织和广大老同志深入学习贯彻习近平总书记系列重要讲话精神，以“为党和人民事业增添正能量”为根本取向，用心用情用力做好关心下一代工作，教育引导广大青少年坚定理想信念、锤炼过硬本领，为浏阳事业发展不断注入新鲜血液和蓬勃朝气。长沙市关工委常务副主任姚五零到会祝贺，浏阳市领导邱山东、周文舜、邓阳锋、莫小佳出席会议。（李　明）

【开展“做老干部贴心人”走访慰问活动】 新春佳节来临之际，为进一步弘扬尊老爱老的优良传统，关心老干部生活，倾听老干部呼声，确保老干部过上一个欢乐、祥和的春节，浏

12 月 8 日，浏阳市举行纪念关工委成立 30 周年暨理论研讨会

（资料来源：老干局办公室）

阳市委老干局组织开展“做老干部贴心人”年终走访慰问活动。走访活动由领导班子成员带队，每到一处，慰问组及时送上市委市政府的关怀，细心询问老干部们的生活、家庭、健康及待遇落实等情况，并向他们通报去年工作开展情况及今年的工作思路，认真听取他们对浏阳经济社会发展以及老干部工作的意见、建议。随行的人民医院老干科医护人员们为老干部们进行血压、血糖等常规检查，分析健康状况，解答关于老年病、常见病、多发病的预防诊治。本次活动，共上门走访慰问离退休干部及遗孀661人次，送去慰问金42万余元。（李　明）

①老干部两项建设是指离退休干部思想政治建设和党支部建设

②老干部、老战士、老教师、老专家、老劳模

③“四就近”，即就近学习，就近活动，就近得到关心照顾，就近发挥作用。由中组部在《关于进一步加强新形势下离退休干部工作的意见》（中组发〔2008〕10号）中提出

④“建设省会副中心和湘赣边区域性中心城市”。2016年浏阳市委经济工作报告中提出

中共浏阳市纪律检查委员会

11月11日，省纪委案件审理室主任曾海平、长沙市纪委常委、组织部部长肖波静一行到浏阳检查调研执纪审理等工作　　（资料来源：长沙廉政网　发布时间：11月16日）

中共浏阳市纪律检查委员会

中共浏阳市纪律检查委员会

书记　谭　果（2016.08免）
秦跃平（2016.08.任）
副书记　杨厚波
戴伟平（2016.09免）
潘礼寿
黎星照（2016.09任）
常　委　卢林（2016.09免）
李远为（2016.09免）
肖敏利（女）　陈艳梅（女）
陈　屹
徐昭明（2016.09任）
饶　岚（女，2016.09任）

监察局

局　长　杨厚波
副局长
肖敏利（2016.09任）
唐学锋

预防腐败局

局　长（兼）　杨厚波

【概况】 机构沿革　中共浏阳市纪律检查委员会　1926年10月，中共浏阳县第一次党员代表大会选举产生中共浏阳地方执行委员会（县委），至1940年4月止，另设监察或纪检机构，党的纪律检查工作由县委统管。1940年5月至浏阳和平解放，县委停止公开活动，转入隐蔽斗争。1950年11月10日，经中共湘潭地委上报省委批准，成立中共浏阳县委纪律检查委员会，由县委正、副书记兼任县纪委正、副书记，设专职委员兼秘书1人，兼职委员6人。1956年2月16日，经县委全会选举，省、地委批准，改设中共浏阳县监察委员会，由县委书记兼任监委书记，设专职副书记1人，委员3人。1959年又改为中共浏阳县委监察委员会。1965年1月，县人委人事科行政监察业务并入县委监委会。同年7月分开，次年2月又合署办公。“文化大革命”期间，县委监委机关受冲击停止活动。1973年7月，县委组织部内设纪检组，办理党员干部的组织处理工作。1977年12月，经县委全会选举，报湘潭地委批准，成立中共浏阳县委纪律检查委员会，由县委副书记兼任县纪委书记，设专职副书记1人，专职委员3人，兼职委员6人。1983年，根据中纪委3号文件精神，改为中共浏阳县纪律检查委员会，纪委会设正副书记3人，常委2人。从1985年起，中共浏阳市（县）历次代表大会，均选举产生新的纪律检查委员会。2016年8月18日，中国共产党浏阳市第十二次代表大会顺利闭幕，会议选举产生了新一届市纪委班子，由9人组成，其中新到任班子成员4人，占总人数的44%。

监察局　1950—1986年没有设立单独的行政监察机构，监察工作先后由县人民委员会人事科和县委监委会负责。1987年，根据国务院国发〔1987〕74号文件和长沙市编委〔1987〕1号文件，1988年3月12日，成立县监察局。下设监察、信访、审理3股和办公室，定编15人。1990年7月，经县人民政府同意，监察局下设的1室3股改为4室（办公室、监察室、信访室、审理室）。1988年3月至1993年2月，县监察局设在县政府招待所内办公。1993年2月，浏阳撤县设市，浏阳县监察局更名为浏阳市监察局。1993年3月，市监察局与市纪律检查委员会合署办公，监察业务在市纪委常委会领导下开展。监察局仍为市人民政府系列，受市政府领导，接受市人大监督。2016年，市监察局班子由3人组成。

浏阳市预防腐败局　2012年11月，经上级审批，浏阳市预防腐败局正式成立，这是长沙市首个成立的区县预防腐败局。浏阳市预防腐败局与市监察局、市纪律检查委员会合署办公。①

2016年，市纪委、监察局、预防腐败局在职干部职工44人，退休干部18人。内设办公室、组织部、宣传部、党风政风监督室（市政府纠正行业不正之风办公室）、信访室、案件监督管理室、第一纪检监察室、第二纪检监察室、第三纪检监察室、第四纪检监察室、案件审理室等11个部室。另设一个全额拨款二级事业单位浏阳市纪检监察信息中心。在长沙市纪委监察局和浏阳市委、市政府的正确领导下，市纪委、监察局狠抓全面从严治党监督责任落实，强力推进全市党风廉政建设和反腐败工作，各项工作取得良好成效，并以长沙各区县

(市)中总分第一的成绩被评为长沙市党风廉政建设工作一类单位。

严明纪律规矩，忠诚履职尽责。将“两个责任[②]”层层进行分解，逐级建立责任清单，明确具体目标要求，形成主体明晰、责任明确、有机衔接的完整链条。将“两个责任”履责纪实手册发放到全市各级领导干部手上，实现对履责过程的动态化、痕迹化管理，督促领导干部，特别是主要领导切实把责任抓在手上、扛在肩上、落实在行动上。创新运用四项谈话制度，即针对新任领导干部党性党风党纪教育开展的任职廉政谈话；针对单位落实主体责任和监督责任不力开展的提醒谈话；针对领导干部个人信访举报开展的信访监督谈话；针对领导干部出现轻微违纪违规行为需要进行责任追究开展的诫勉谈话。全年共约谈、诫勉谈话、函询谈话市管领导干部462人次。对市卫计局、畜牧局、文体局等单位的6名党政主要负责人，以及3名纪委书记、2名分管领导进行了立案查处，对18名其他市管干部进行提醒谈话、责令书面检查。对原市卫生局和市畜牧局落实“两个责任”不力的问题向全市下发通报进行剖析警示。

践行“四种形态[③]”，深化标本兼治。开展各类谈话14161件次；给予党纪政纪轻处分366人次，重处分146人次；给予组织轻处理396人次，重处理22人次，其中停职、调离、免职乡科级领导干部共21人次，移送司法处理5人。按处分档次划分：轻处分同比增长90.62%，重处分、移送司法机关分别同比下降26.26%、16.67%。红脸出汗已成常态，轻处分在纪律审查中成为绝大多数。审查重点由“盯违法”向“盯违纪”转变，突出违反“六项纪律[④]”问题，盯牢“三方面人员[⑤]”，聚焦一把手这个“关键少数”，对11名原任和现任单位一把手进行立案查处，并将1名长沙市管领导干部问题线索移交长沙市纪委，对“一把手”的审查力度为历年来之最。编辑印发《纪律审查工作常用法律法规及文件汇编》《违纪案件办理程序及其文书式样》两书，进一步规范了办案程序和质量要求，被省、市纪委推介运用。创新审理方式，推进片组会审、特约审理，审结的党纪政纪案件持续保持100%优质率，案件审理实现连续十年“零申诉”，处分执行实现“零白条”。

扫除作风之垢，涤荡“四风[⑥]”之弊。采取交叉暗访、异地督查等方式开展监督检查，共派出常规查访组106个，开展明察暗访121次，查处各类作风问题876起，党纪政纪立案查处63人，形成了严抓严管的高压态势。加大通报力度，每逢重要节点进行点名道姓通报曝光，通报违反工作纪律、参赌涉赌、违规办酒、滥发钱物等“四风”问题33起、38人。集中开展“纠‘四风’，治陋习”专项整治，查处了市政务服务中心刘某涉赌典型案件。在全省率先铺开“雁过拔毛”式腐败问题专项整治，共排查“雁过拔毛”式腐败问题线索415起，立案查处122人，移送司法机关4人，追缴违纪资金390余万元，通报曝光典型案例43起60人。严格落实中央、省、市关于严肃换届纪律的有关要求，组织专题谈心谈话1734人，签订严守换届纪律承诺书4100份，强化了换届风气的纪律意识和监督意识。会同市委组织部等部门成立督导组，换届期间巡回督查18次。圆满完成市乡两级党委以及市乡两级人大、政府和市政协换届风气监督工作。

9月29日，浏阳市纪委监察局召开全体干部职工会议，学习传达中共长沙市第十三次党代会精神
(资料来源：长沙廉政网 发布时间：10月9日)

高悬反腐利剑，直击“蝇贪蚁腐”。加强与法院、检察、公安、审计、财政等单位的协调配合，发挥各职能部门专业优势，整合执纪执法机关办案力量。重点确定45个市直单位的案件线索报送范围，通过排查对比，共新增备案登记问题线索385条。全年共立案513件，同比增长34.29%。其中，涉及乡科级干部55人，同比增长103.7%。重点查处市畜牧局先后两任局长易华堂、李良如贪污受贿案。湖南省纪委在“两网两微”推荐我市纪律审查的典型经验。采取“点穴”+“全覆盖”的方式，坚持问题导向，针针见血直指“蝇贪”。督促指导乡镇街道采取全覆盖方式，开展村级巡察，全市32个乡镇(街道)已巡察44个村(社区)，4个站办所，发现问题179个，查处村(社区)干部及站办所中层干部60人。

革新体制机制，激发履职活力。创新推行乡镇纪委委员联系站所、村民小组设立廉情信息员的监管模式，让信息收集的渠道直达基层最末端。制定《浏阳市基层纪检监察干部考核评价(试行)办法》，通过调整考核主体、调整考核办法、单独明确“推优”比例等方式，建立起“以实绩论英雄”的考核评价新机制。通过新的考核机制，鞭策纪检干部敢抓敢管，推动纪检部门有为有位。推出交叉办信制度，着力解决各单位办信人手不足、业务不熟、人情牵绊和群众对基层单位不信任而产生的越级信访和重复信访问题。全年共受理信访举报181件，同比下降69.8%，越级信访、重信

浏阳市防汛办工作人员指导群众开展防汛工作

（资料来源：长沙廉政网　发布时间：7月7日）

积极健全村级纪检组织网络。结合并存实际，全市322个村（社区）均设立纪检小组，由村（社区）纪检委员担任组长，纪检小组其他成员一般为2~4名。在5月4日的《浏阳日报》上公开全市村级纪检委员名单，接受社会各界的广泛监督。印发《关于推行乡镇（街道）村（社区）党风廉政建设三个全覆盖的实施意见》，明确村级纪检小组的主要职责，即开展村级“三资”[7]管理的监督工作、协助支村两委抓好村级党风廉政建设，收集上报本村（社区）廉情信息，协助开展本村（社区）党员干部的信访调查和纪律审查工作，监督党员干部廉洁履职，遵规守纪情况和村（居）务、财务等事务公开情况。（杨　辉）

重访、业务外信访分别同比下降80.7%、80.8%、43.1%。

发挥“尖兵”作用，铸造反腐铁军。深入开展“两学一做”学习教育，加强党性修养，增强政治敏锐性和政治鉴别力，做到政治上绝对忠诚。建立较为完备的监督机制，对执纪违纪、以案谋私的乱作为，发现一起、查处一起，严防“灯下黑”。5名纪委书记因履职不到位被调离纪检岗位。组织专题培训3次，培训人员达830余人次。组织市镇两级纪检监察干部分批次到长沙市廉政警示教育基地参观学习。编印《浏学·浏传·浏行》学习交流讨论系列丛书，促使纪检监察干部准确、深刻地领会上级纪委的工作部署和要求，熟练掌握和运用相关法规制度，打牢蓄势待发的能力基础。（何胜前）

【完成市乡两级纪委换届】 严格贯彻落实“各级纪委书记、副书记的提名和考察以上级纪委会同组织部门为主”的要求，积极推进市乡两级纪委换届。历时两个多月，全市28个乡镇纪委换届工作于4月29日圆满结束。各乡镇以换届为契机，配齐5至7名纪检干部，明确3人专职，基层纪检力量得到壮大和优化。8月18日上午，中国共产党浏阳市第十二次代表大会顺利闭幕，会议选举产生了新一届市纪委班子，其中新到任班子成员4人，占总人数的44%。

（杨　辉）

【实现市直单位派驻监督全覆盖】 根据上级纪委要求，积极推进市直单位派驻监督工作，出台《关于实行市纪委派驻纪检组统一管理的实施方案》，对系统大、人员多、业务复杂的单位实行单独派驻，对人员少、职责相近、行业相似、业务单一的单位实行综合派驻，全市85个市直单位共派驻44个纪检组，其中单独派驻18家，综合派驻26家，派驻纪检干部144人。（杨　辉）

【全面设立村（社区）纪检小组】 为将监督执纪的触角向村（社区）延伸，推进纪检监察一体化建设工作，市纪委

【省、市纪委检查调研浏阳市执纪审理工作】 11月11日，省纪委案件审理室主任曾海平、长沙市纪委常委、组织部部长肖波静一行到浏阳检查调研执纪审理等工作。近年来，浏阳市纪委监察局围绕主业主责，准确运用“四种形态”，严把执纪审理关口，创新开展“特约审理”“片区会审”“回访教育”等特色工作，连续6年保持长沙地区案件数量质量排名第一，2015年审理案件总数401件，居全省县市第一，2016年1—10月审理案件439件，同比增长18%；10年中无一例申诉案件，实现“零申诉、零积

1—9月，浏阳市纪检监察机关运用“四种形态”开展监督执纪问责活动共12247件次，其中召开民主生活会、开展批评与自我批评、提醒谈话等共11412件次；党纪轻处分296人，同比增长211.58%。上图廉政谈话走基层之走进北盛镇

（资料来源：长沙廉政网　发布时间：10月25日）

案、零事故”。浏阳市纪委常委、监察局副局长肖敏利从总体概貌、质量保障、特色亮点、执纪效果等四个方面向检查组详细汇报浏阳执纪审理工作的开展情况。通过听取汇报、抽查近三年的案卷，检查组对浏阳市执纪审理工作给予充分肯定，省纪委案件审理室相关同志传达了中央纪委、省纪委对案件审理工作最新精神要求，并领学若干典型案例。曾海平就今后工作提出三点要求：一是要坚持挺纪在前，准确把握运用监督执纪“四种形态”，改变惯性思维，以纪为尺，释放越往后执纪越严的信号；二是要注重抓早抓小，严格执纪标准，宽严相济，确保案件经得起历史检验；三是要准确把握新形势，学习领会新要求，不断创新工作举措。 （杨　辉）

【防汛值班督查】 进入7月，湖南普降暴雨，防汛压力较大，浏阳市在全市范围内启动防汛Ⅱ级应急响应，要求全市各乡镇街道严阵以待、加强值守。7月4日晚，浏阳市纪委召集有关联片负责人，安排部署专项督查，要求市纪委分片区对全市各乡镇街道值班值守情况进行暗访督查。当晚，浏阳市纪委监察局东区片、南区片、西区片、北区片联合工作组分别组成督查小组，采取事先不打招呼、不定地点的方式，对各乡镇街道党政一把手带班值守、值班电话畅通以及水库、骨干大山塘、山洪灾害易发村责任人员到岗值守和履职等情况进行重点检查。根据检查情况，各乡镇街道值班人员全部在岗，值班记录内容齐全，值班电话畅通，党政一把手和带班领导均在岗。电话抽查部分水库值班电话均有人接听，能掌握水库汛情。各单位均传达上级防汛精神，安排镇村干部分区域进行巡查、处险。 （杨　辉）

①机构沿革资料来源于《浏阳市纪检监察志》。

②落实党风廉政建设责任制：党委负主体责任，纪委负监督责任，党的十八届中央委员会第三次全体会议提出。

③2016年10月27日，中国共产党第十八届中央委员会第六次全体会议审议通过《中国共产党党内监督条例》，其中第七条对“四种形态”进行定义，党内监督必须把纪律挺在前面，运用监督执纪“四种形态”：经常开展批评和自我批评、约谈函询，让“红红脸、出出汗”成为常态；党纪轻处分、组织调整成为违纪处理的大多数；党纪重处分、重大职务调整的成为少数；严重违纪涉嫌违法立案审查的成为极少数。

④政治纪律，组织纪律，廉洁纪律，群众纪律，工作纪律，生活纪律。

⑤十八大后不收敛、不收手，问题线索反映集中、群众反映强烈，现在重要岗位且可能还要提拔使用的领导干部等三方面人员。

⑥2013年6月18日在北京召开中国共产党的群众路线教育实践活动工作会议。习近平在会议上强调，这次教育实践活动的主要任务聚焦到作风建设上，集中解决形式主义、官僚主义、享乐主义和奢靡之风这“四风”问题。

⑦农村集体“三资”是指农村集体资金、农村集体资产和农村集体资源。

浏阳市人民代表大会

5月6日，市人大代表对市经济和信息化局等六家单位进行集中评议 （资料来源：浏阳人大 发布日期： 5月9日）

浏阳市人民代表大会常务委员会

浏阳市第十七届人民代表大会常务委员会

党组书记、主任
鲁建文(2016.11 免)
吴　震(2016.11 任)
副书记、副主任
孙建科(2016.11 免)
刘　旭(女，2016.11 任)
副主任　刘仙娥(女)
张友根
刘一江(2016.11 免)
杨　智
陈　清(2016.11 任)
委　员(按姓氏笔画排序)
王承水　王辉文　孔伟兴
邓　君　邓立波　刘　旭
刘仙娥　刘雨文　李　明
杨　菊　杨　智　连志明
肖凤伟　肖孟国(女)
肖赛男(女)　吴　丹
吴　震　何启成
邹甘林(女)　张　竞(女)
张友根　张春果　陈　全
陈　清　陈静娴(女)
罗红艳(女)　罗利平(女)
罗建中　唐林军　涂业清
黄龙明(女)　黄光辉
傅丹阳　焦爱国　鲁忠良
赖才腾　蔡晨波　暨朝佐
潘礼寿

浏阳市人大常委会工作部门

办公室
主　任　唐林军
邓　君(2016.10 免)
孔伟兴(2016.10 任)
陈　全(2016.10 任)

人大法治委员会
主　任　涂业清(2016.06 任)
副主任　王承水(2016.10 任)

财政经济工作委员会
主　任　孙立武(2015.09 免)
傅丹阳(2015.09 任)
副主任　罗建中

内务司法工作委员会
主　任　肖凤伟
副主任　陈兴洪(2013.09 免)
王承水(2013.09 任，2016.10 免)
黄龙明(女，2016.10 任)

选举任免联络工作委员会
主　任　邓立波
副主任　张　竞(女，2016.10 免)
邹甘林(女，2016.10 任)

教科文卫工作委员会
主　任　徐飞跃(2015.09 免)
罗呈瑞(2015.09 任，2016.10 免)
邓　君(2016.10 任)
副主任　蔡晨波

农业工作委员会
主　任　连志明
副主任　朱保朝(2016.10 免)
杨　菊(2016.10 任)

城乡建设环境与资源保护工作委员会
主　任　鲁忠良
副主任　邱元雄(2016.10 免)
王辉文(2016.10 任)

【人大常委会议】全年召开人大常委会 10 次。

1月6日　召开市十六届人大常委会第二十六次会议。会议听取了部分在浏长沙市人大代表向市人大常委会述职的报告。会议审查通过了浏阳市人民代表大会常务委员会 2016 年工作要点，听取了 2015 年市人大常委会工作报告起草情况说明。会议听取和审议了市财政局局长陈清受市人民政府委托所作的《关于 2015 年财政预算执行情况和 2016 年财政预算草案的报告》，听取了市人大常委会财工委副主任罗建中所作的《关于 2015 年财政预算执行情况和 2016 年财政预算(草案)的初审报告》。会议听取和审议了市发改局局长王坤球受市人民政府委托所作的关于《浏阳市国民经济和社会发展第十三个五年规划纲要(草案)》的说明，听取了市人大财工委副主任罗建中所作的关于《浏阳市国民经济和社会发展第十三个五年规划纲要（草案)》的初审意见。

2月2日　召开市十六届人大常委会第二十七次会议。会议听取了市人大常委会主任鲁建文关于提请接受李学荣同志辞去浏阳市第十六届人民代表大会代表职务请求的议案说明。听取了市人民政府副市长吴敏受市人民政府市长余勋伟委托所作的关于提请审议李爱民等同志职务任免的议案说明。听取了李爱民同志的任前陈词。会议以无记名投票表决方式通过了有关人事任免事项。

3月4日　召开市十六届人大常委会第二十八次会议。会议审议通过了市人大常委会关于交办市十六届人大五次会议议案的意见。会议听取和审议了市住保局局长陈旭受市人民政府委托报所作的关于《物业管理条例》执法检查审议意见办理情况的报告，听取了市人大常委会城环工委副主任邱元雄所作的关于对市人民政府贯彻落实《物业管理条例》执法检查审议意见情况的调查报告。会议听取和审议了市公安局副局长刘贤桂代表市人民政府所作的关于进一步加强禁毒工作审议意见办理情况的报告，听取了市人大常委会内司委主任肖凤伟所作的关于禁毒工作审议意见办理情况的调查报告。

4月27日　召开市十六届人大常委会第二十九次会议。会议组织全体机关干部听取了《十八届五中全会会议精神》专题讲座。听取了市政府办副主任周孟德受市人民政府委托所作的《关于市人大常委会有关农业方面审议意见办理情况的报告》，听取了市人大常委会农业与农村工作委员会主任连志明所作的《关于农业方面审议意见办理情况的调查报告》，会议以无记名投票的方式对浏阳市人民政府《农业方面审议意见办理工作情况》进行了满意度表决，满意度为96.6%，基本满意度为3.4%。

5月24日　召开市十六届人大常委会第三十次会议。会议听取了市人大常委会主任鲁建文关于提请审议涂传秀等同志任免职的议案说明。听取了市人民政府副市长吴敏受市人民政府市长余勋伟委托所作的关于提请审议陈傲冰等同志职务任免的议案说明。听取了市人民法院院长戴智明关于提请审议任免陈钟婧等同志职务的议案说明。听取了市人民检察院副检察长王金振受市人民检察院检察长喻湘川委托所作的关于提请审议蔡亮等同志职务任命的议案说明。听取了陈傲冰等同志的任前陈词。会议以无记名投票表决方式通过了有关人事任免事项。

7月6日　召开市十六届人大常委会第三十一次会议。会议听取了市人大常委会主任鲁建文关于提请审议吴新伟等同志职务任免的议案说明，关于提请接受余勋伟同志辞去浏阳市人民政府市长职务的议案说明，关于提名吴新伟副市长为浏阳市人民政府代理市长的议案说明。听取了吴新伟同志的任前陈词。会议以无记名投票表决方式通过了《浏阳市第十六届人民代表大会常务委员会关于接受余勋伟同志辞去浏阳市人民政府市长职务的决定》，并报浏阳市第十六届人民代表大会备案。通过了《浏阳市第十六届人民代表大会常务委员会关于吴新伟副市长为浏阳市人民政府代理市长的决定》。听取了市经信局局长邓科建代表市人民政府所作的关于市十六届人大四次会议议案办理情况的报告。听取了市人大财经工委副主任罗建中所作的关于市十六届人大四次会议议案办理情况的调查报告。听取了市人民政府办公室副主任冯早成代表市人民政府所作的关于教育文化卫生方面的审议意见办理情况的报告，听取了市人大教工委主任罗呈瑞所作的关于教育文化卫生方面审议意见办理情况的调查报告。并对市政府办理教育文化卫生方面人大审议意见工作进行了满意度测评，满意率达100%。

9月2日　召开市十六届人大常委会第三十二次会议。会议听取和审议了市财政局局长陈清受市人民政府委托所作的《关于浏阳市2015年财政决算(草案)的报告》，听取了市人大常委会财经工委副主任罗建中所作的《关于浏阳市2015年财政决算(草案)的初审报告》。会议听取和审议了市财政局局长陈清受市人民政府委托所作的《关于2016年上半年财政预算执行情况的报告》，听取了市人大财经工委副主任罗建中所作的《关于2016年上半年财政预算执行情况的调查报告》。会议以无记名投票表决的方式通过了《关于批准浏阳市2015年财政预算（草案)的决议》。会议听取和审议了市审计局局长杨俊钦受市人民政府委托所作的《关于2015年度市本级财政预算执行和其他财政收支的审计工作报告》。会议听取了市人大常委会主任鲁建文关于提请审议浏阳市人民代表大会常务委员会关于设立浏阳市选举委员会的决定(草案)的议案说明，关于设立大围山镇等乡镇选举委员会的决定(草案)的议案说明，关于市乡两级人民代表大会换届选举时间的决定(草案)的议案说明，关于重新确定部分乡镇的人民代表大会代表名额的决定(草案)的议案说明，听取了市人大常委会副主任张友根关于重新确定部分乡镇的人民代表大会代表名额的决定(草案)的说明。会议以无记名投票表决的方式通过了上述四个决定。会议听取了市人大常委会主任鲁建文关于提请接受戴智明同志辞去浏阳市人民法院院长职务的议案说明。会议以无记名投票表决的方式通过了《关于接受戴智明同志辞去浏阳市人民法院院长职务的决定》。会议听取了市人大常委会主任鲁建文关于提请审议李波同志任职的议案说明，听取了关于提名李波副院长代理浏阳市人民法院院长职务的议案说明。以无记名投票表决的方式通过了《关于李波副院长代理浏阳市人民法院院长职务的决定》。会议听取了市人民政府副市长吴敏受代市长吴新伟委托所作的关于提请审议莫小佳戴武明同志免职的议案说明和关于提请审议李翔等同志职务任免的议案说明，听取了市人民法院副院长周超受市人民法院院长戴智明委托所作的关于提请审议任免李宏伟等同志职务的议案说明。会议以无记名投票表决的方式通过了有关人事任免事项。

10月26日　召开市十六届人大常委会第三十三次会议。会议审议了市第十六届人大常委会主任鲁建文在浏阳市第十七届人民代表大会第一次会议上的工作报告，讨论决定了《浏阳市人民代表大会常务委员会关于召开浏阳市第十七届人民代表大会第一次会议的决定》。会议听取和审议了浏阳市人大常委会主任鲁建文《关于提请审议许可浏阳市森林公安局对第十六届人大代表何绍平采取强制措施的议案说明》，许可浏阳市森林公安局对浏阳市第十六届人大代表何绍平采取取保候审强制措施。会议听取和审议了市人大常委会主任鲁建文关于提请审议邓君等同志任免职的议案。

11 月 18 日　召开市十六届人大常委会第三十四次会议。会议听取和审议了市财政局局长陈清所作的《关于浏阳市 2016 年财政预算调整方案(草案)的报告》，听取了市人大常委会财经工委副主任罗建中所作的《关于浏阳市 2016 年财政预算调整方案的初审报告》。市十六届人民代表大会常务委员会决定批准《浏阳市 2016 年财政预算调整方案》。会议听取和审议了市城乡规划局局长屈文毅所作的关于《浏阳市城市总体规划（2001—2020)》(2016 年修订）方案编制情况的说明。听取了市人大常委会城环工委主任鲁忠良所作的关于《浏阳市城市总体规划(2001—2020)》(2016 年修订）方案的审查报告。市人大常委会对《浏阳市城市总体规划(2001—2020)》(2016 年修订)方案进行了审议。会议听取浏阳市人民政府常务副市长吴敏所作的 2016 年人大代表建议办理工作报告。听取市人大常委会联工委主任邓立波所作的关于市十六届人大五次会议代表建议、批评批评和意见办理情况的调查报告。听取了市人大常委会办公室主任唐林军关于浏阳市第十七届人民代表大会第一次会议筹备情况的报告。决定调整浏阳市第十七届人民代表大会第一次会议召开时间。听取了市人大常委会副主任张友根关于浏阳市第十七届人民代表大会代表资格的审查报告。会议听取了市人大常委会主任鲁建文关于提请接受喻湘川同志辞去浏阳市人民检察院检察长职务的议案说明，以无记名投票表决的方式通过了《浏阳市第十六届人民代表大会常务委员会关于接受喻湘川同志辞去浏阳市人民检察院检察长职务和决定》。会议听取了市人大常委会主任鲁建文关于提请审议陈芳同志任职的议案说明，关于提名陈芳副检察长代理浏阳市人民检察院检察长职务的议案说明，通过了《关于陈芳副检察长代理浏阳市人民检察院检察长职务的决定》。

12 月 20 日　召开市十七届人大常委会第一次会议。会议审议接受了个别代表辞去长沙市第十五届人大代表职务的请求。会议听取和审议了市人民政府关于《对花炮产业实行精准帮扶助推产业转型升级议案》办理情况的报告。

12 月 20 日　召开市十七届人大常委会第二次会议。会议补选了长沙市第十五届人大代表。（焦　毅）

【人民代表大会】 全年召开人民代表大会 2 次。

1 月 12 日至 15 日，浏阳市第十六届人民代表大会第五次会议在浏阳城区召开。听取和审议市人民政府市长余勋伟关于浏阳市人民政府工作报告；书面审查浏阳市国民经济和社会发展第十三个五年规划纲要(草案)；书面审查市发展和改革局局长王坤球关于浏阳市 2015 年国民经济和社会发展计划执行情况与 2016 年国民经济和社会发展计划(草案)的报告；审查和批准浏阳市 2015 年国民经济和社会发展计划执行情况的报告与 2016 年国民经济和社会发展计划；书面审查市财政局局长陈清关于浏阳市 2015 年财政预算执行情况和 2016 年财政预算(草案)的报告；审查和批准浏阳市 2015 年财政预算执行情况的报告和 2016 年财政预算；听取和审议市人大常委会主任鲁建文关于浏阳市人大常委会工作报告；听取和审议市人民法院院长戴智明关于浏阳市人民法院工作报告；听取和审议市人民检察院检察长喻湘川关于浏阳市人民检察院工作报告；补选市十六届人民代表大会常务委员会委员。

11 月 26 日至 30 日，浏阳市第十七届人民代表大会第一次会议在浏阳城区召开。听取和审议市人民政府代市长吴新伟关于浏阳市人民政府工作报告；听取和审议市十六届人大常委会主任鲁建文关于浏阳市人大常委会工作报告；听取和审议市人民法院代院长李波关于浏阳市人民法院工作报告；听取和审议市人民检察院代检察长陈芳关于浏阳市人民检察院工作报告；选举浏阳市第十七届人民代表大会常务委员会主任、副主任、委员；选举浏阳市人民政府市长、副市长；选举浏阳市人民法院院长；选举浏阳市人民检察院检察长；决定浏阳市第十七届人民代表大会法制委员会、财政经济委员会的设立，通过其组成人员人选；选举出席长沙市第十五届人民代表大会代表。

（焦　毅）

【人大主任会议】 2 月 1 日　市十六届人大常委会举行第三十六次主任会议，会议审议通过市十六届人大常委会第二十七次会议议程(草案)；审议有关人事任免事项；审查优秀代表评比；审查评定优秀履职材料；审定干部职工困难补助。

3 月 2 日　市十六届人大常委会举行第三十七次主任会议，会议审议通过市十六届人大常委会第二十八次会议议程(草案)；审议市十六届人大五次会议议案交办意见(草案)；审议市政府关于《物业管理条例》执法检查审议意见办理情况的报告；审议市政府关于禁毒工作审议意见办理情况的报告。

3 月 23 日　市十六届人大常委会举行第三十八次主任会议，会议听取市政府关于森林防火工作情况的汇报。

4 月 22 日　市十六届人大常委会举行第四十次主任会议，会议研究专项评议工作；审议通过市十六届人大常委会第二十九次会议议程（草案)；听取关于农业农村方面审议意见办理情况报告。

5 月 24 日　市十六届人大常委会举行第四十一次主任会议，会议审议通过市十六届人大常委会第三十次会议议程(草案)；审议市十六届人大常委会第三十次会议有关人事任免议题。

6 月 23 日　市十六届人大常委会举行第四十二次主任会议，会议审议通过市十六届人大常委会第三十一次会议议程(草案)；审议第十六届人大五次会议议案办理情况的报告；审议教育、科技、卫生、文化方面的审议意见办理情况的报告。

11 月 16 日　市十六届人大常委会举行第四十四次主任会议，会议

8月23日，长沙人大到浏阳考察美丽乡村建设，参观永安镇华山村

（资料来源：市人大办公室）

审查通过市十六届人大常委会第三十四次会议日程安排（草案）；审查批准2016年财政预算调整方案；审议《浏阳市城市总体规划（2001—2020）》（2016年修订）方案；听取市人民政府关于代表建议意见办理情况的报告；讨论决定市十七届人大一次会议有关事项；人事任免；听取关于专门委员会人选情况的汇报。（焦 毅）

【人大评议、执法检查与调研考察】2月25日，长沙人大常委会选举任免联络工作委员会来浏调研基层人大工作开展情况及代表履职情况、落实中发〔2015〕18号和湘发〔2015〕26号文件情况。

3月10日，召开对市经济和信息化局、市教育局、市住房和城乡建设局、市财政局、市环境保护局、市交通运输局等六个单位开展专项工作评议动员会议。

3月15日，广西壮族自治区百色市人大常委会副秘书长、办公室副主任陈玉荣一行9人到浏阳考察学习红色历史文化资源保护和立法工作的经验和做法。

3月17日，江西省宜春市人大常委会副主任黄志荣一行19人到浏阳学习考察"两型"社会发展经验，召开座谈会，参观典型项目。

3月22—23日，贵州省都匀市人大常委会主任郭玉山率人大常委会部分组成人员到浏阳考察学习城市建设、招商引资及人大工作.

4月22日，桃江县人大常委会副主任吴小玲一行10人到浏阳考察乡村文化旅游产业发展。

4月28日，江西省泸溪县人大常委会一行6人到浏阳调研考察浏阳花卉苗木产业发展情况，经营和管理经验。

4月29日，省人大常委会办公厅扶贫工作队队长肖诗军一行4人到浏阳考察美丽乡村建设。

5月6日，市人大常委会组织部分市人大代表对六家被评议单位进行第一次集中评议。6个被评议单位作书面工作汇报，6个评议工作组作评议发言，市经信局局长邓科建代表6家被评议单位作表态发言。

5月13日，长沙市人大常委会党组书记、主任袁观清率领长沙市人大常委会有关领导、长沙市市直部门领导、天心区主要负责人到浏阳调研张坊镇富溪村精准扶贫相关工作。

5月17日，常德市人大常委会副主任谭弘发同志一行10到浏阳考察株树桥水库饮用水水源保护情况并进行实地考察座谈。

5月26日，湖北省通山县人大常委会原副主任（正县级）、县地方文化研究会会长一行6人到浏阳考察。考察活动采取实地考察和座谈，交换文献资料的方式进行。

6月16日，永兴县人大常委会党组成员、副主任曹丽珠一行7人到浏阳考察。考察内容为：政府融资平台融资业务流程及操作方式、财务核算管理和融资建设项目管理等工作经验；人大常委会开展政府投融资和重大项目建设监督工作做法和先进经验。

6月22日，江西省上栗县人大常委会副主任刘志中一行9人到浏阳考察学习危爆物品安全管理工作的经验做法。

8月1日，长沙市人大常委会副主任芮英姿一行9人到浏阳对浏阳非物质文化遗产保护工作开展专题调研，先后到浏阳张坊镇油脂伞厂、古山贡纸加工厂、高坪镇夏布制造基地、李舟菊花石雕刻厂进行视察调研。

8月23日，长沙市人大常委会组成人员、长沙市人大农业与农村委部分委员、长沙市人大常委会办公厅有关负责人、长沙市人民政府分管农业和交通的副市长、副秘书长、长沙市农业委、长沙市交通运输局主要负责人到浏阳对浏阳美丽乡村和公路建设情况进行集中视察。

10月21日，省人大常委会副主任陈君文率省人大常委会部分组成人员一行到浏阳视察株树桥水库水源保护情况。（焦 毅）

【人大代表集中评议六单位工作】5月6日，市人大组织市人大代表召开会议，对市经济和信息化局、教育局、住房和城乡建设局、财政局、环境保护局、交通运输局等六家单位进行集中评议。这是3月份，市人大启动的对专项工作的评议。市人大代表组成六个评议工作组，分别对市经信局的全市工业企业投资、技术改造以及服务工作，教育局的教育布局、业务指导及管理工作，住建局的村镇建设指导、村镇管理等工作，财政局的全市财政投入、债务管理以及财政监督工作，环保局的全市重点流域、重点园区以及重点林区环境监管工作，交通运输局的全市农村公路建设、养护以及管理工作进行专项评议。会议上，六个评议工作组分别通报评议意见，在肯定各单位工作成绩的同时，重点指出各自存在的问题和不足。市经信局等六家单位分别就近三年来的主要工作、存在的主要问题及其原因和今后的打算、措施等方面的情况进行书面汇报。市经信局局长邓科建代表被评议的六家单位作表态发言，表示将诚恳接受评议意见和建议，不折不扣抓好整改。市委副书记、市长余勋伟指出，人大代表的评议意见实事求是，集中民智，反映民意，为此全市各部门的认识要深，要正确对待。同时行动要快、措施要实，要虚心接受评议意见，全部打好收条，迅速研究整改工作，制定整改措施，将每一个问题每一项责任细化到岗、量化到人，确保每一条整改任务有人抓、有人管、有人做。市委副书记吴震希望被评议的单位要举一反三，找准原因，主动担当，积极整改存在的问题，认真落实整改要求，迅速补齐短板、破解薄弱环节；未被评议的单位要自觉比照。市人大常委会主任鲁建文表示，人大代表的评议意见代表了基层群众的呼声，各被评议单位要正确对待评议意见，深入分析问题原因，扎实抓好整改工作，做到方案具体、保障有力、效果明显。市人大常委会副主任张友根、刘一江、杨智参加会议；市领导张作林、吴敏、邓雪琴、戴武明、喻湘川列席会议。（焦　毅）

浏阳市人民政府

浏阳市人民政府

浏阳市人民政府

市长　吴新伟（2016.07—2016.11任代市长，2016.11任）
余勋伟（2016.07免）
常务副市长
吴　敏（2016.08任）
张作林（2016.07免）
副市长　邓阳锋（2016.02免）
莫小佳（2016.09免）
戴武明（2016.09免）
邓雪琴（女）
詹萍萍（女，2016.11任）
沈学军
李爱民（2016.02任）
周耀辉（2016.11任）
王坤球（2016.11任）
郑杰（挂职，2016.08离任）

市人民政府办公室

党组书记、主任
屈湘水（2016.12任）
王星辉（2016.12免）
党组成员、副主任　陈大友
缪传良（2016.08任）
周孟德（兼）
郭　曦（兼，2016.08免）
韩　昶　李在跃冯早成
邓尧林（2016.12任）
黎　安（兼，2016.03免）
黄　根（2016.04任）
唐朝晖（2016.08任）
谭应启（兼，2016.03任）
李　峰（兼）
黎　靖（2016.07免）
党组成员、纪检组长　黎茂章

【政府常务会议】 全年召开市政府常务会议20次，主要研究事项如下：

2月4日　研究荷文公路有关工程变更和增加征拆费用有关事宜；研究浏阳至大围山绿色通道建设项目工程变更有关事宜；研究有关人员行政撤职处分事宜。

3月1日　研究浏阳市建制村合并工作有关事宜；听取关于市政府领导班子"三严三实"专题民主生活会的情况通报。

3月9日　研究国家食品安全城市创建工作有关事宜；审议《浏阳市人民政府关于促进电子商务发展的实施方案》；

研究浏阳河智慧低碳产城融合示范区项目解除协议有关事宜；研究市民之家项目建设工作有关事宜；研究白沙西路（禧和路—集里路）道路工程变更及大浏高速公路溪江连接线滑坡治理工程变更有关事宜；研究椒花水库建设工作有关事宜。

3月19日　研究人民医院整体搬迁有关事宜；研究规划馆、博物馆、图书馆合建项目有关事宜；研究道吾学校建设工作有关事宜；审议《国家专项建设基金使用管理办法（试行）》（代拟稿）；审议《政府投资工程建设类项目价款结算暂行办法》（代拟稿）；传达上级关于天津港"8.12"瑞海公司危险品仓库特别重大火灾爆炸事故处理有关精神。

3月30日　审议《关于2015年度财政性资金奖励政策兑现的通知（送审稿）》；审议《浏阳市2016年重点建设项目计划（草案）》和《浏阳市2016年政府投资项目计划（草案）》；研究荷文公路两厢房屋立面改造工程变更有关事宜。

4月18日　审议《浏阳市大瑶镇开展相对集中行政处罚权工作方案（草案）》；研究北区交管站综合楼项目工程变更有关事宜；研究有关人员行政处分事宜。

5月4日　审议《关于进一步做好义务教育招生入学工作的实施办法（代拟稿）》；研究乡镇污水处理厂建设及运营有关事宜。

5月13日　研究市民之家建设有关事宜；研究浏阳市农村公路建设三年行动有关事宜；听取关于安全生产工作的情况汇报。

7月1日　专题研究安全生产工作。

7月14日　传达贯彻国务院领导同志岳阳座谈会讲话精神；研究浏阳市全市域农村环境综合整治项目有关事宜；研究制造产业基地管委会下属公司向农业发展银行申请10亿元贷款有关事宜；研究浏阳市禁毒工作有关事宜；研究浏阳市消防工作有关事宜。

8月1日　研究规划展览馆、博物馆、图书馆合建项目建设规模修改有关事宜；审议《浏阳市乡村教师支持计划（2016—2020年）实施细则（送审稿）》；研究2016年政策性提标支出和非税收入减收有关事宜；研究乡镇国库集中支付制度改革工作有关事宜。

8月11日　研究计划生育有关事宜；研究浏阳市生物无害化处理项目建设有关事宜；审议《浏阳市浏阳

河流域畜禽养殖污染专项整治行动工作方案(送审稿)》;审议《浏阳市农村自来水工程建设运营管理办法(送审稿)》;审议《浏阳市生态保护红线划定(第二次修改意见)》。

8月31日　审议《浏阳市落后烟花爆竹生产企业退出工作实施方案(送审稿)》;审议《浏阳市2016—2017年农村自来水普及工作方案(送审稿)》;研究文家市煤矿改制退出有关事宜;审议《浏阳市公路"路长制"实施方案(送审稿)》;研究经开区政府性存量债务置换有关事宜;听取有关人员行政处分情况汇报。

9月20日　审议《长沙市大围山区域生态和人文资源保护条例(草案)》;听取招商引资工作情况汇报;听取安全生产工作情况汇报;研究市民之家工作人员就餐、经费及大厅运行经费有关事宜;研究椒花水库工作班子成立有关事宜。

10月14日　研究浏阳市"新雅中学"筹建工作有关事宜;研究G319提质改造工程(永裕北路至健福大道段)项目建设内容及总投资额有关事宜;研究蓝思科技培训楼地块用地性质变更有关事宜;研究浏阳市第三次全国农业普查经费预算有关事宜;研究城建集团2016年政府投资项目资金支出计划有关事宜;研究易地扶贫搬迁资金承贷有关事宜;研究S324浏阳荷花至沿溪公路(一期)("园永公路")工程变更有关事宜。

10月28日　审议《浏阳市城市总体规划(2001—2020年)》(2016年修订)方案;研究全域美丽乡村建设村庄规划提质三年行动有关事宜;审议《浏阳市人民政府关于鼓励和支持飞地招商工作的暂行办法(送审稿)》;研究老年大学改建有关事宜;研究道吾山路绿化提质有关事宜;研究社区全面提质提档三年行动有关事宜;研究精准扶贫专项工作资金有关事宜。

11月14日　审议《政府工作报告(市政府换届用)》;

审议《浏阳市林地经营权流转证登记管理办法(试行)(送审稿)》;研究成立浏阳市旅游发展委员会和浏阳市文化旅游产业发展有限责任公司有关事宜;研究"平安浏阳"治安电子防控系统公共点建设合作协议续签有关事宜;研究机关事业单位养老保险制度改革启动实施有关事宜;听取《国务院安委会第三巡查组交办问题整改实施方案(代拟稿)》和《浏阳市开展遏制较大及以上事故试点工作方案(送审稿)》有关情况汇报;学习宣传贯彻党的十八届六中全会精神。

11月21日　审议《浏阳市2017—2019造绿大行动实施方案(送审稿)》;研究浏阳市公务用车制度改革有关事宜。

11月24日　审议《浏阳市出租车新一轮经营权许可及车辆更新换代工作方案(送审稿)》;研究2016年退役士兵安置工作有关事宜。

12月16日　审议《浏阳市债务额度控制管理办法(送审稿)》;审议《浏阳市镇头镇扩权强镇改革试点工作实施方案(送审稿)》;审议《浏阳市环境保护监督管理职责规定(送审稿)》;审议《浏阳市政府投资建设项目管理办法(送审稿)》和《浏阳市国有投资项目招标投标管理办法(送审稿)》;研究政府投资项目工程变更有关事宜(大围山茶林互通至白沙公路隧道机电工程、梁高公路);审议《浏阳市高标准农田建设项目资金管理办法(送审稿)》;研究浏阳市司法行政工作有关事宜。　(万　玲)

【法制办工作】　2016年共审查各类文件390余件,办理行政复议案件41起,代理行政诉讼案件9起,完成领导交办事项90余起,协调执法矛盾10余起,指导部门应诉19起;直接参加招商引资洽谈6起,审查各类合同325份,其中作较大修改70余份。　(何生军)

【督查工作】　2016年组织开展各类督查活动55次,编发《政府督查》16期、《督查专报》22期,撰写督查调研报告2篇;直接接待上级来浏督查13次,会同相关单位接受上级督查42次,向上级政府及有关部门报送书面汇报材料20余篇;承办市级领导批示件120件,受理并办结本级"市长信箱"有效信件635件、长沙市"市长信箱"信件50件、省市领导批示件2件。浏阳"市长信箱"栏目被国家电子政务理事会授予2016年政府网站政民互动类精品栏目奖。分解下发长沙市、浏阳市两级《政府工作报告》既定的全年目标任务,按季开展督促检查。对年初"两会"期间人大代表分组讨论时提出的意见建议、政协委员分组讨论时的建言献策进行整理汇总,分解交办226条意见建议和276条建言献策到50个单位,并跟踪督查,各单位于6月15日前办理落实到位。对浏阳市重点项目特别是政府投资项目的建设进展情况进行5次专项督查,督查项目313项,及时发现问题,提出对策建议,推动项目建设。围绕精准扶贫、食品安全、安全生产、防汛工作、政务公开、村(居)务公开和民主管理、敬老院建设、畜禽养殖污染治理、乡镇污水厂建设及运营、环保违规项目清理、切坡建房、

11月2-4日,浏阳市委副书记、市人民政府代市长吴新伟(中)率队到深圳、佛山等地开展招商考察。上图考察深圳巴斯巴科技发展有限公司　(资料来源:浏阳高新区)

12月1日，市委副书记、市长吴新伟(左三)到大瑶镇调研

私搭乱建、保障性安居工程和棚户区改造、学生暑假安全教育、黄标车老旧车淘汰、非法集资防范、美丽乡村建设、农村自来水普及等老百姓关切的工作适时开展督查，加快民生工程建设进程。对政府常务会议议定的166项重要事项、市长碰头会议定的68项全市重要工作和市政府专题会议议定的各项任务的落实情况进行督促检查，有效地提高执行力。围绕食品安全城市创建、烟花爆竹安全监管与落后企业退出、地质灾害防治和隐患排查、防汛工作、荷文公路与永社公路建设、治理超限超载、实施"路长制"、财源建设、两帮两促、政务服务、环境治理、扶贫小额信贷等工作开展专项督查，推动各项工作落到实处。认真衔接落实长沙对浏督查，全面客观汇报安全生产、食品安全城市创建、防汛工作、造绿复绿观摩、重点项目建设、重点工作、电子政务工作、经济社会发展综合情况、企业办社会职能移交及国资国企改革工作、国检民间投资以及长沙对浏每季度落实《政府工作报告》等督查内容，实事求是反映困难和问题。出台《关于加强市政府重大决策等事项贯彻落实情况督办的通知》，建立市委市政府重大决策、重要事项、重要会议、重要批示等每5个工作日反馈落实进展情况的机制，"齐抓共管、快捷高效"的督查督办工作网络日益健全。

落实领导交办工作，跟踪督办领导批示件，规范批示件和市长信箱信件办理流程和要求。对市委、市政府和政府办领导交办督查室办理或落实的工作，做到"交必办、办必果"，件件有落实、事事有回音。撰写《浏阳切坡建房督查调研报告》《近年来政策落地和深化改革工作督查调研报告》，充分发挥政府督查室的工作抓手和参谋助手作用。（王琼玳）

【政府研究室工作】 起草换届和年度2个《政府工作报告》，撰写市政府工作部署会、半年经济社会发展情况通报、重点工作季度讲评、"两学一做"学习教育、情况汇报、对外推介等综合性主题报告67篇。起草或修改专项工作会议讲话、主持词、致辞182篇，整理领导讲话录音16.5万字，撰写《政府常务会议纪要》20期，审核把关有关材料80.1万字。参加各类调研活动15次，撰写精准扶贫、行政审批改革等专题调研文章5篇。升级改版并编发《政府工作》4期，编发《调研参考》2期，在《县域经济与参考》《决策参考》《决策咨询》等国家、省市重点刊物发表文章7篇。报送领导活动等新闻信息55条，上报政务信息413条，其中省政府办公厅采用21条，长沙市新闻信息处采用77条，信息报送工作稳居长沙九区县(市)前列。（黎升灿）

【电子政务信息工作】 规范网站管理。一是完善管理制度。把政府网站和信息内容建设纳入市委、市政府对各单位的年度绩效考核，修订出台《浏阳市政府网站管理办法》，坚持落实信息报送、保密审核等系列制度，健全网站年度考核评估和督查机制以及安全保障制度。二是推进部门网站集约化建设。按照"基本栏目+特色栏目"方式，在市政府门户网站统一平台上整合34个部门(乡镇街道)网站，所有网站共用统一平台、服务器和硬件设备，共用安全防护平台，实现源数据管理和信息共享。三是加强日常管理。安排专门人员每天对政府网站进行检查，每周统计通报上周信息保障情况，每季度对信息保障和部门网站运行情况进行通报点评。四是部署专业监测。委托湖南网数公司对全市政府网站实时监测，对发现的问题坚持"随发现随整改"，始终保持政府网站运行稳定。五是组织读网阅评。全年共上报长沙市电政办阅评报告12篇，本市各单位共撰写阅评报告189篇，有效杜绝"开天窗"等不良现象。六是组织开展专门督查和培训。会同市政府督查室等开展2次政府网站建设和信息内容保障专项督查，3月份组织了全市信息员业务培训，提升了信息员能力素质。强化安全保障。一是强化日常安全监测整改。委托华中测评中心继续对我市政务外网和内网、政府网站等开展7×24小时实时监测，及时发布预警，组织整改加固。每次对长沙市电政办发布的政府网站安全漏洞整改报告，均在第一时间督促整改工作，所有网站漏洞均在规定时间内完成了整改加固工作。督促各单位及时清理网站和业务系统的错链、暗链等安全隐患，严格信息审核把关，始终保持了较高的站点可用性和全网的安全稳定运行。二是提升硬件防护水平。采购了4台高性能的网站服务器，升级了网页防篡改、Web防护器等安全设备和数据存储备份系统。做好政务外网核心交换机的续保工作，对相关软件进行优化。完成政务外网和政府网站的等级保护备案，组织开展等保测评工作。全年没有发生网络网站和信息安全事故。丰富功能应用。一是推广新功能。主动适应手机上网和微博、微信传播发展趋势，开发“微信矩阵”，建设好了“微政浏阳”。督促各单位积极通过官方微博、微信发布通知，解读政策，回应网民咨询投诉，加强网络舆情引导，化解社会矛盾。开发浏阳网站移动版，展示了政府网站终端自适应的良好效果。会同政务服务中心、广电台等开发了“掌上浏阳”。重点建设了“浏阳政务通”，集中展现了政务动态等9个方面的内容。同时完善政府网站的全文检索、智能搜索功能，开发“智能知识库”，大大方便网民检索查阅。二是推进政民互动。组织及时回复“市长信箱”、咨询投诉等栏目。全年共受理本级“市长信箱”来信505件，咨询投诉96件，长沙市政府网站“市长信箱”交办信件50件，全部按时高效进行回复。开展调查征集，全年共实施网上调查征集8次，调查结果全部及时在政府网站予以反馈。全年共通过网站对问题疫苗、低钠盐安全、农村危房改造、蓝思科技公司风潮、花炮企业退出等热点问题及时回应，积极主动公布事实真相，解读相关政策，有效防止了网络舆情发生。三是升级党政协同办公系统。持续做好党政协同办公系统的优化升级，全年通过该系统制发文件5633个，传阅文件21993个，确保该系统的高效运转。四是高效保障视频会议。高标准完成市本级视频会议的开发建设和使用推广，做好各级视频会议技术保障工作，全年共保障90余次视频会议的顺利召开。此外，按照上级要求完成电子地图的开发。根据长沙市电政办的统一部署，推进浏阳市社区提质提档信息化工作。

（胡立军）

【吴新伟率队到珠三角地区招商】 11月2—4日，浏阳市委副书记、市人民政府代市长吴新伟率副市长詹萍萍、高新区党工委书记周剀、副主任张露，市商务合作局局长唐小红到深圳、佛山等地开展招商考察活动。先后实地考察深圳市银宝山新科技股份有限公司、地上铁租车(深圳)有限公司、深圳市科陆电子科技有限公司、深圳巴斯巴科技发展有限公司、广东省湖南商会家具协会、广东嘉腾机器人自动化有限公司等汽车核心零部件、新能源汽车、智能制造产业的优质企业。1月至11月，浏阳高新区共引进项目41个，其中引进优质汽车零部件项目达到17个。

（资料来源：浏阳高新区　发布时间：11月07日）

浏政发〔2016〕文件目录

序号	文　号	文　件　名　称
1	浏政发〔2016〕1号	关于对长沙市、浏阳市2016年《政府工作报告》主要目标任务实施责任管理的通知
2	浏政发〔2016〕2号	关于加速推进花炮产业发展的意见
3	浏政发〔2016〕3号	关于做好第三次全国农业普查的通知
4	浏政发〔2016〕4号	关于授予2015年度全市见义勇为奖的决定
5	浏政发〔2016〕5号	关于印发《浏阳市政府法律顾问管理办法(试行)》的通知
6	浏政发〔2016〕6号	关于加强新时期爱国卫生工作的意见
7	浏政发〔2016〕7号	关于促进电子商务发展的实施意见
8	浏政发〔2016〕8号	关于发布《浏阳市国民经济和社会发展第十三个五年规划纲要》的通知
9	浏政发〔2016〕9号	关于关闭浏阳市文家市煤矿的决定
10	浏政发〔2016〕10号	关于关闭浏阳市龙洞水泥厂石灰石矿的决定
11	浏政发〔2016〕11号	关于印发《浏阳市突发事件总体应急预案》的通知
12	浏政发〔2016〕12号	关于进一步推进户籍制度改革的实施意见
13	浏政发〔2016〕13号	关于公布规范性文件清理结果的决定
14	浏政发〔2016〕14号	关于印发《浏阳市安全生产巡查问责办法》的通知
15	浏政发〔2016〕15号	关于集里路建设及城乡结合部改造项目房屋征收决定
16	浏政发〔2016〕16号	关于白沙路延伸及城乡结合部改造项目房屋征收决定
17	浏政发〔2016〕17号	关于印发《浏阳市镇头镇扩权强镇改革试点工作实施方案》的通知

浏政办发文件目录

序号	文　号	文　件　名　称
1	浏政办发〔2016〕1号	关于印发《浏阳市气象灾害应急预案》的通知
2	浏政办发〔2016〕2号	关于印发《浏阳市促进就业奖励办法》的通知
3	浏政办发〔2016〕3号	关于调整完善市人民政府部门权力清单和责任清单项目的通知
4	浏政办发〔2016〕4号	关于印发《浏阳市安全生产示范奖评选办法》的通知
5	浏政办发〔2016〕5号	关于印发《浏阳市老城区私人房屋改建管理办法》的通知
6	浏政办发〔2016〕6号	关于进一步加强物业管理工作的实施意见
7	浏政办发〔2016〕7号	关于印发《浏阳市政府合同管理办法》的通知
8	浏政办发〔2016〕8号	关于印发《浏阳市招商引资工作贡献奖奖励办法》的通知
9	浏政办发〔2016〕9号	关于印发《浏阳市深化园区行政审批制度改革实施方案》的通知
10	浏政办发〔2016〕10号	关于印发《浏阳市科学技术奖励办法》的通知
11	浏政办发〔2016〕11号	关于印发《浏阳市食品药品违法行为举报奖励办法》的通知
12	浏政办发〔2016〕12号	关于印发《浏阳市进出口贡献奖奖励办法》的通知
13	浏政办发〔2016〕13号	关于印发《浏阳市新型职业农民培育认定管理办法（试行）》的通知
14	浏政办发〔2016〕14号	关于印发《浏阳市赋予浏阳经开区、制造产业基地部分经济社会管理权限目录》的通知

招标投标监督管理

浏阳市招标投标监督管理办公室

党组书记、主　任
邓尧林（2016.12免）
党组成员、副主任　袁　锋
向前进（2016.06任）
党组成员、纪检组长
向前进（2016.12免）
副主任　罗　娟（女）

【概况】 机构和职能　浏阳市招标投标监督管理办公室（以下简称市招投标办）由市纪委监察局于2010年牵头组建试运行，2013年正式批复成立，2015年8月31日在全市机构改革动员大会上，正式被明确为市人民政府正科级直属事业单位。主要职责：1.贯彻执行国家、省市有关招标投标和政府采购等法律法规及政策，拟订全市招标投标管理的规范性文件。2.依法监督管理全市国有投资项目招标投标工作，对招标投标活动进行全过程监管，核准项目招标投标申请，并对招标公告、招标文件、中标合同进行备案。3.受理国有投资项目招标投标活动中的投诉、举报，组织开展招标投标执法检查，查处招标投标活动中规避招标、虚假招标、围标、串标等违法违规行为。4.牵头组织相关行政管理部门对评标专家、招标代理机构进行审查和监督管理。5.对市公共资源交易中心进行管理。6.会同相关行政主管部门开展招标投标业务的统计、分析和培训工作，对招标投标工作中的重大问题进行调研，定期向市招标投标领导小组报告工作情况。7.会同相关行政主管部门推进招标投标诚信体系建设，制定招标投标信用体系建设办法，建立信用评级、信用记录、失信惩戒等诚信体系管理办法，规范招标投标各方交易行为。8.承办市委市政府交办的其他事项。“三定方案”核定编制21人，现有在编人员18人。内设综合科、业务一科、业务二科、法规科等4个科室，辖二级机构1个，即市公共资源交易中心，是全市国有投资项目集中交易的综合服务平台。2016年，共完成各类交易项目414个，成交金额达29.57亿元，节约财政资金2.74亿元。其中，工程建设项目320个，成交金额26.25亿元，节约财政资金2.52亿元；政府采购项目94个，成交金额3.32亿元，节约财政资金0.22亿元。

（王　超　杨　彤）

【招投标改革】 整合交易平台。一是整合交易项目。将国有投资的建设工程、政府采购、国土部门的土地使用权交易、浏阳经开区的公开招标项目纳入市公共资源交易平台，由市公共资源交易中心为其提供交易场所、实现交易信息同步发布。二是整合信息资源。对浏阳市招投标监管网进行改版升级，引入专用VPN设备，用于开、评标视频监控系统的数据对接，实现市县平台间视频监控数据传输交互和信息同步发布的互联互通，推动招投标电子化、信息化和智能化。实行全流程公开。一是实行信息公开。依法公开招投标流程，在法律、法规允许范围内，依照利害关系人申请，对每个招标项目的立项、预算编制、财评、环评、施工图审查、标书编制及备案、开标评标记录、综合评分等环节向利害关系人进行信息公开，确保其知情权。二是实行视频直播。在全省率先对公开招标项目的开标过程进行网络同步视频直播，对评标情况进行阶段性通报，投标人、供应商、社会公众可以通过浏阳市招标投标直播网观看开标全过程，了解评标阶段性进程。三是实行社会监督。从市人大代表、政协委员、纪检监察部门、检察机关、网络媒体、社会知名人士中选聘十余名特约社会监督员，对市国有投资项目的招投标工作提建议、献计谋，营造公开、公平、公正的招投标环境。建立小额工程企业库。市招投标办牵头，联合发改、住建、教育、工务、城建集团、制造产业基地等单位建立小额工程企业库，通过考察，最终筛选湖南柏加建筑园林(集团)有限公司等13家浏阳本地注册施工企业及邵阳南方建设工程有限公司等7家外地注册企业为市国有投资项目小额建设工程施工企业库入库单位。小额工程企业库的建立，有效简化程序，缩短时间，减少资质挂靠。组建资深专家委员会。会同市科协组建浏阳市国有投资项目资深评标专家委员会，邀请省、市在房建市政和交通公路工程等方面的10位专家担任资深评委，负责对招投标活动中招标文件、评标过程、评标结果出现的重大争议进行商讨裁决，进一步提高招投标结果的权威性和公正性。

(王　超　杨　彤)

2016年5月5日，召开浏阳市2015年度烟田和烟叶生产基础设施工程开标会场

(资料来源：市招标办)

【招投标监管】　一是重拳治理违法行为。利用“互联+”、大数据库、云计算等手段，分析投标单位清单报价，搜集围标串标线索，严厉打击违法违规行为。2016年，全年共查处围标串标15起，涉及投标单位63家；弄虚作假24起，涉及投标单位35家，对98家违法违规单位实施行政处罚，共缴罚款168万余元。制定《关于规范执法办案工作的若干规定》《行政执法案件集体会审制度》等文件，将执法办案程序、岗位责任、办结时限、审批事项等工作做了详细的规定，大大提升案件承办人员的办案效率和执法水平。重大案件全部纳入集体会审范畴，确保案件办理依法依规依程序。二是实施标后联合监管。强化“刷脸”考勤，全年完成309个项目的项目部关键岗位人员人脸识别考勤工作，其中定期复录的项目近100个，录入信息超3500人次。组织发改、财政、住建、交通、水务、国土、审计等部门，对投资额大、社会关注度高的年度重点民生项目进行每年2次标后联合大检查，对小额工程企业库内企业中标项目进行不定期专项性检查，对履约不良的施工单位进行全市性通报或记录公共资源交易不良行为信息档案。三是推进诚信体系建设。2016年不良行为认定103起，其中串通投标43起，关键岗位人员未按时进行人脸识别信息初录1起，关键岗位人员有在建42起，弄虚作假7起，其他不良行为为10起，进一步规范招投标各方主体行为。四是加强招标评标从业管理。一方面对评标专家从抽取到履职全过程督查，出台《浏阳市公共资源交易评标专家现场管理办法（试行)》《浏阳市国有投资项目评标专家抽取暂行办法》。将评标专家行为纳入不良行为记录管理范畴，对在评标过程中违反相关规定的评委进行处理，情节严重的取消评标资格并在网上曝光；对参与抽取评委工作人员及评委名单、评委接送等信息实行保密制度，防止相关人员信息泄露，杜绝人为干扰评标因素的产生。另一方面，对招标代理机构“宽进严管”，组织招标代理机构新一轮备案报名工作，目前在浏阳备案入围的代理机构数量达到37家。对代理机构业务承接、开评标秩序、招标公告、信息发布等工作进行规范与统一，持续推行“一标一考核”制度，每个季度末进行集中考核排名，对排名靠后的及时清理出库。

(王　超　杨　彤)

【单个项目投标保证金创历史新高】2016年5月5日，浏阳市2015年度基本烟田土地整理和烟叶生产基础设施建设项目开标。此次开标，吸引298家公司前来竞标，投标保证金达1.19亿元，创浏阳单个项目投标保证金历史新高。(王　超　杨　彤)

【召开全市招标代理机构培训会】6月14日，组织召开全市招标代理机构工作会议，50余名招标代理工作人员参加会议。会议针对当前招标代理机构出现的问题提出四点要求：一是要加强业务学习。不断提高招标文件编制工作水平，作为开、评标活动的组织者与参与者，要努力掌握招投标相关的法律法规和各项政策，以便对招投标各方当事人进行正确的引导，确保招投标活动健康、有序、规范、高效运行；二是要严格遵守制度。代理机构要带好头做好榜样，严格程序、严格操作，确保信息保密，坚决杜绝与招标人或投标人串通违规操作等不良行为的发生；三是要加强自身建设。技术人员务必选优配强，不断提高服务水平，不断完善代理项目档案资料，提升业务竞争力；四是要加大宣传力度。要从自身机构性质以及在招投标中的地位、作用入手强化宣传意识，培树阳光代理品牌，增进社会各界对招投标工作的理解与支持。(王　超　杨　彤)

【召开特约社会监督员座谈会】　7月15日，为进一步加强国有投资项目招投标活动的监管，充分汇聚社会力量，不断推进招投标活动健康、有序发展，市招投标办从市人大代表、纪检监察部门、网络媒体等群体中选聘12名特约社会监督员，希望社会监督员对招投标工作加大宣传和监督力度，群策群力，集思广益，共同营造一个公开、公平、公正、阳光运行的招投标环境。（王　超　杨　彤）

机关事务管理

浏阳市机关事务管理局

局　长　张春明

副局长　李　异　刘　恋

【概况】机构职能　2004年8月，通过整合市委办公室行政科、市政府办公室行政科成立浏阳市行政中心后勤服务中心，2008年正式更名为浏阳市机关事务管理局。浏阳市机关事务管理局是市委办公室主管的负责市直机关后勤服务工作的全额拨款事业单位。主要职能是负责机关管理、后勤产业开发、安全保卫、后勤网站建设、物业管理、基本建设、环境卫生、市级领导后勤服务、重大会议活动后勤服务、机关精神文明建设等工作。2016年，市机关事务管理局内设办公室、安全保卫科、物业管理科、后勤事务科、纪检政工科、公共机构节能办公室6个职能科室，在编在岗干部职工20人。（潘　婷）

【后勤保障】会务服务。坚持“四落实、四确保”，即：落实会前准备和布置，确保服务有序推进；落实会务联系和协调，确保服务周到细致；落实会务人员学习与培训，确保服务水平不断提升；落实会务督查与检查，确保服务质量持续优化。全年共组织安排会务约700多场次，重要会议约300场次，会务服务满意率保持在98%以上。食堂管理。严抓食品安全，全年共计对职工餐厅食品、蔬菜、卫生抽查100余次，合格率为100%。成立以行政中心各单位办公室主任为成员的伙食委员会，并建立QQ群和微信群，加强与各单位的联系，更好地提高食堂服务质量。全年共组织不定期民主测评2次，满意率90%以上。物业管理。年内，先后完成机关房屋维修和生活用品采购、机关食堂四个公共卫生间的改造、电梯日常维修保养、中央空调（制冷、采暖）机组维修、主楼顶盖钢结构维修、物业会议中心和接待室维修改造、附楼外墙装饰围栏维修、物业配电系统改造等工程，同时，新建西、北广场两个大型生态停车场，有效缓解行政中心停车难问题。10月下旬，对行政中心主楼地下车库门禁系统进行升级改造，并制定新的车辆准入制度，有效缓解地下车库停车拥堵问题。安全保卫工作，针对行政中心机关食堂、机关会务中心、消防中控室等重点区域开展消防隐患排查，确保各个区域达到消防安全标准。对行政中心已有监控设施进行改造升级，实现行政中心零治安刑事案件的目标。（潘　婷）

【车改工作】根据省、市公车管理改革要求，积极配合开展公务车辆改革工作。一是制定车辆管理办法，严格执纪监督。规范公务用车使用管理，保障公务用车制度改革后机关公务出行和执法需要，根据中央和省、长沙市公车改革的政策要求，结合浏阳实际情况，制定《浏阳市党政机关公务用车使用管理试行办法》《浏阳市党政机关公务用车使用管理实施方案》和《浏阳市党政机关公务租赁用车管理试行办法》。二是规范公务用车服务管理平台，保障公务出行。根据中央和省、市公车改革的政策要求，实施公车改革后留用车辆按照“统建统管、调配使用”的原则，对保留的应急、机要通信等车辆建立统一集中管理服务平台，为公车改革后的公务出行提供保障。成立公务用车服务管理中心，系机关事务管理局内设二级机构管理，负责平台的管理、台账登记、监督检查、维护保养和各单位车辆租赁费用结算等工作。公务用车服务管理中心与浏阳市交通投资有限公司合并办公，浏阳市交通投资有限公司负责车辆的具体调度。并通过政府采购选定租赁公司作为市本级公务出行的社会化保障。三是完成全市相关车辆封停，顺利推进我市车改工作。11月25日召开全市公务用车制度改革动员大会，11月30日完成全市相关车辆的封存工作。为做好相关工作，及时确定封存场地、公务用车平台派车流程、派车审批单，核定第一批车改单位车辆数据，基本完成过渡期公务出行的保障。（潘　婷）

【办公用房管理与公共机构节能】一是不断巩固办公用房清理整改成果。协助长沙市委督查室和浏阳市委督查室分别在7月份、11月份对全市党政机关办公用房进行年度督查，发现问题及时督促整改到位，确保各单位办公用房使用达标。同时，建立办公用房统一管理制度，入驻行政中心主附楼单位腾退的办公用房统一交由机关事务管理局管理和调剂，其他市直单位和乡、镇、街道腾退的办公室调剂使用方案统一报本局备案，按照市办公用房统一管理使用的办法进行管理。2016年，在主附楼办公用房异常紧张的情况下，认真做好部分单位小范围的办公用房调整，为全市中心工作的开展提供办公用房保障。二是不断创新公共机构节能降耗工作。2016年，市公共机构总能耗13778.83吨标准煤，与2015年同期相比，总能耗下降3.39%，人均能耗下降10.55%，单位建筑面积能耗同比下降5.17%。推进行政中心合同能源效益分成模式，对行政中心内外环线158盏250W高压钠灯改造为120WLED灯，节能成效高达52%，每年减少碳排放10.14吨，节约财政资金6.6万元以上，不到三年时间即可全部收回投资成本，具有良好的经济效应、环境效应和示范效应。（潘　婷）

政务服务

浏阳市政务服务中心

党组书记、主任

黎　安（2016.03免）

党组书记、主任

谭应启（2016.03任）

党组成员、副主任　熊满初

副主任

刘卉芳（女）（2016.09免）

党组成员、纪检组长　刘帅成

党组成员、副主任

刘开义（2016.09任）

【概况】机构沿革　1999年11月13日，中共浏阳市委召开常委会议研究，同意成立浏阳市人民政府政务公开中心管理办公室，11月25日，浏阳市机构编制委员会办公室下发《关于成立浏阳市人民政府政务公开中心管理办公室的批复》（浏编办发〔1999〕38号），确定浏阳市人民政府政务公开中心管理办公室为浏阳市人民政府办公室内设机构，负责市人民政府政务公开中心的管理工作，核定事业编制3名。11月，中共浏阳市委、市人民政府下发《关于在全市进一步推行政务公开的意见》（浏发〔1999〕39号），完善了政务公开的范围、内容和方式，并统一推行“五个一”服务模式（即一个厅办事、一个窗口办证、一厅制收费、一条龙办公、一次性办成）。2000年3月15日，坐落在浏阳河中路216号、投资100余万元，占地面积890平方米的浏阳市政务公开中心建成投入使用。2003年，浏阳市政务公开中心更名为浏阳市政务服务中心，2003年5月，经浏阳市机构编制委员会办公室申报，长沙市机构编制委员会办公室审批并下发《关于明确浏阳市政务服务中心机构级别的通知》（长编办发〔2003〕55号），明确浏阳市政务服务中心为正科级事业单位，归口浏阳市人民政府办公室管理。2004年12月，浏阳市行政中心建成投入使用。2008年6月，坐落在行政中心西北角、总建筑面积逾10000平方米、其中办公区域面积8000平方米的浏阳市政务服务中心办公大楼建成投入使用，全市42个职能部门共212项审批服务项目入驻政务中心。市机构编制委员会办公室明确浏阳市政务服务中心为市人民政府直属事业单位，核定编制13人。

4月1日，浏阳启动建设投资项目审批改革　　（资料来源：浏阳市政务服务中心办公室）

主要职能　（一）拟订全市政务公开工作和政务服务机构内部建设规划，并组织实施。（二）负责提供全市政务咨询服务，协调督办中心政务窗口各类行政许可事项的受理、审批和反馈，负责全市行政审批项目的联合踏勘和联合审批的组织和协调工作。（三）负责全市政务公开、公共企事业单位办事公开的指导、协调、服务、监督和考核等工作。（四）负责中心政务窗口工作人员的管理，受理、交办、督办中心政务窗口行政效能投诉。（五）承办市委、市人民政府交办的其他事项。

2016年政务服务中心管委会共有干部职工45人，其中帮代办人员20人，内设办公室、督查科、业务指导科、热线管理科4个职能科室。中心大厅拥有34个部门单位的221项审批服务事项入驻，共有工作人员260余人，全年共办理各类审批服务事项35万余件，收缴税费13.5亿元。（邱双喜）

【行政审批工作】　建设投资项目审批改革。4月1日，启动建设投资项目并联审批系统性改革，实现审批提速60%以上，全市建设投资项目在省建设投资审批平台的网上审批事项达325项，居全省市州区县第一。推进“两集中两到位①”。除132项因取消、下放、体制内审批、涉密涉隐私、场地等原因经请示市政府同意不入驻外，推进全市353项行政许可、行政确认、行政备案项目的221项全部入驻中心办理，实现“一窗式”受理，“一站式”办结，“一条龙”服务。推进网上办理。编制项目流程清单并在

浏阳市民之家大厅实施全国首家县市级国地财联合办税
（资料来源：浏阳市政务服务中心办公室）

9月1日，浏阳市民之家建成投入使用
（资料来源：浏阳市政务服务中心办公室）

11月4日，政务服务中心成立专业的帮代办服务队伍

（资料来源：浏阳市政务服务中心办公室）

市政府门户网站对外公布。除涉密和取消等22项外，推进331项行政审批事项全部实行网上审批，限时办结。 （邱双喜）

【信息公开工作】 制定《浏阳市2016年政务公开工作要点》，指导全市各单位编制政府信息公开年报、指南和目录，依托市政府门户网站，主动公开政府信息，特别是重点领域政府信息，将331项市级行政审批事项、赋予园区的141项审批权限、61项公共服务事项的办事时限、所需材料等19个要素予以公布。由市委市政府督查室牵头，定期组织全市政务公开工作督查。及时处置网络舆情，依法依规受理依申请公开事项35件，稳妥回应社会关切。 （邱双喜）

【市民服务热线工作】 建立月通报季考核制度，发布季度情况通报3期；召开热线工作调度会3次，解决重点难点工单问题；提升热线领导和专干素质，举办业务培训班2期；在政务中心网站开辟12345专栏，与浏阳日报、电视台、市政府门户网站联合，多途径畅通民意诉求渠道。全年签收长沙市热线办转派工单3529件，办结3379件，按时签收率100%，按时办结率100%，回访满意度97.07%。在九区县（市）综合排名位列长沙市第一。在10月份长沙市12345市民服务热线工作讲评会议上作为九区县市唯一代表作典型发言。 （邱双喜）

【建设投资项目审批改革】 4月1日，启动建设投资项目并联审批系统性改革，改革后，项目审批只需一个部门窗口进、一个部门窗口出，政府投资项目审批时限只需68个工作日，社会投资项目（备案类）只需56个工作日，分别提速103和96个工作日，提速均超过60%以上，其力度之大、配套之完整为全国县级首创，为全市广大企业主带来改革红利，浏阳市建设投资项目审批改革工作被人民日报、湖南日报、长沙晚报等中央、省、市等媒体报道。（邱双喜）

【启用省内首个市民之家】 3月份，政务服务中心启动市民之家建设，按照改革创新、便民利民、服务发展的思路，设置9个功能区域，36个单位入驻，办事窗口180个，办理审批服务事项300项，实现“一厅式办公、一窗式受理、一站式服务、一票制收费、一网式运行”。9月1日正式建成并启用省内首个市民之家，首批入驻国税局、地税局、财政局、国土局、住保局等5个单位，主要办理国地财联合办税、不动产登记、二手房交易、金融服务等业务。国地财联合办税服务是全国首家县市级国地财联合办税创新试验田，新华社、省、长沙市等领导先后参观考察。 （邱双喜）

【开通省内首个掌上政务虚拟办事平台】 9月1日，政务服务中心联合“掌上浏阳”，开通掌上政务手机APP平台，成为湖南首个虚拟办事平台。掌上政务具有发布动态要闻、公示公告、政策法规，网上大厅、咨询回复等功能，方便手机用户随时随地查询全市392项审批服务事项的办事流程，实现在线咨询、投诉建议、办件查询等功能，成为手机用户指尖上的“政能量”，为市民打造“永不下班”的网上政府。 （邱双喜）

【帮代办服务】 为让市民和企业少跑路、好办事、不添堵，11月，市政务服务中心在省内率先推行帮代办服务，聘请20名工作人员，成立专业的帮代办队伍，无偿为市民提供帮代办服务，内容涵括入驻中心的所有审批服务事项，针对重点项目和特殊人群，推行上门服务和保姆式服务。依托市、乡镇和街道、村（社区）三级政务服务机构，设立帮代办窗口，建立帮代办队伍，全面推行行政审批服务事项三级帮（代）办服务，实现“只进一扇门、只找一个人、只需一趟事办成”目标。全年共帮代办事项10万件。 （邱双喜）

①审批服务事项向审批科室集中，审批科室向政务服务中心集中，经办人员到窗口服务，分管领导到窗口坐班审批。

政协浏阳市委员会

政协浏阳市委员会

政协浏阳市委员会

党组书记、主席　李家喜
副书记　郭瑞(兼、女)
　　张葵红(女)
副主席　张葵红(女)　谢建国
　　郭荣华(2016.11 免)
　　廖伟平(女)　谢鹤林
　　刘来宏(女,2016.11 任)
秘书长　许百经(2016.09 免)
　　李贤美(2016.09 任)
常委(55 人,按姓氏笔画排序)
王　持　王娟(女)　王　斌
王朝晖　尹桂云　龙　科
朱树昌　刘　友　刘　琳(女)
刘正初　刘学文　刘亮汝(女)
刘美成　汤　卓　汤华伟
孙梦侬　李　双(女)
李　珊(女)　李　凌(女)
李　雄　杨　明　杨　郁
肖永林　肖建平(女)
邱晓年　邹　芳(女)
沈铁军　张　晔
陈　炼(女)　易　征
易　群(女)　罗　斌
罗道英　金先林　郑　榕(女)
胡　波　胡　磊　晏美成
徐尔央(女)　徐治如
郭　辉　唐柱辉　黄伟成
彭金龙　傅　恒　焦清平
释照性　鲁　培(女)
蔡细毛　熊　剑　熊南京
黎星照　潘　立(女)
魏远德　瞿桂平(女)

政协工作机构
政协办公室
　　主　任　李贤美(2016.09 任)
　　　　许百经(2016.09 免)
　　副主任　甘本洪
文教卫体委员会
　　主　任　王　斌
提案法制委员会
　　主　任　王　持
　　副主任　孔　原
经济科技委员会
　　主　任　刘美成(2016.09 任)
　　　　肖成新(2016.05 免)
群团联络委员会
　　主　任　李　珊(女)
人口资源环境委员会
　　主　任　熊南京

【政治协商会议】 九届五次会议　1月11日至14日,中国人民政治协商会议浏阳市第九届委员会第五次会议在浏阳城区召开。会议听取并审议通过李家喜主席代表政协浏阳市第九届委员会常务委员会所作的工作报告,张葵红副主席代表政协浏阳市第九届委员会常务委员会所作的关于提案工作情况的报告;列席了浏阳市第十六届人民代表大会第五次会议,协商讨论余勋伟市长所作的政府工作报告和 2016 年财政预算草案等报告。会上就"保护建筑遗产传承古县文明""适应发展需求,加快推进现代职业教育""发展生态循环农业,维护农村良好生态""进一步加大成长性好企业扶持力度"和"将休闲农业和乡村旅游打造成浏阳经济新增长点" 等 5 个方面进行大会发言,受到与会领导和委员们的高度认同。大会讨论通过本次会议政治决议。会议期间,中共长沙市委常委、浏阳市委

9 月 21 日,市政协主席李家喜率政协主席团成员、部分政协委员视察安全生产工作,实地察看了颐和隆烟花集团和顺一厂、市烟花爆竹视频监控系统总控平台

(资料来源:市政协办公室)

8月2日，市政协主席团成员考察市青年企业家商会建设　（资料来源：市政协办公室）

书记曹立军，长沙市政协副主席刘明理等领导和历届市政协主席、副主席参加会议。

十届一次会议 11月26日至28日，中国人民政治协商会议浏阳市第十届委员会第一次会议在浏阳城区召开。会议听取并审议通过李家喜同志代表政协浏阳市第九届委员会常务委员会所作的工作报告，张葵红代表政协浏阳市第九届委员会常务委员会所作的关于提案工作情况的报告；列席浏阳市第十七届人民代表大会第一次会议，协商讨论中共浏阳市委副书记、市人民政府代市长吴新伟所作的《政府工作报告》。会议分组协商市十七届人大常委会主任、副主任候选人建议人选；协商市人民政府市长、副市长候选人建议人选；协商市人民法院院长、市人民检察院检察长候选人建议人选。会议选举产生政协浏阳市第十届委员会主席、副主席、秘书长和常务委员。会议期间，中共长沙市委常委、浏阳市委书记曹立军，长沙市政协副主席刘明理等领导和历届市政协主席、副主席参加会议。（余　涛）

【政协常委会议】 九届十七次常委会　4月1日，市政协召开九届十七次常委会议，专题学习浏阳“十三五”规划和供给侧改革等内容，以更好地适应新常态，履行政协委员职责。市发改局局长王坤球从发展定位、奋斗目标、空间布局、重大建设项目等四个方面，对浏阳“十三五”发展规划进行详细解读。李家喜主席要求，按照“懂政协、会协商、善议政”的要求，政协委员要不断加强学习，了解党和政府方针政策和重大决策，深入基层开展调研，有针对性的准确掌握第一手材料，更好地履行职责、建言献策，为浏阳“两个中心”建设和经济社会发展作出应有的贡献。

九届十八次常委会　7月20日，市政协召开九届十八次常委会议，听取市政府2016年上半年经济社会发展情况和城建集团工作情况的汇报。市政协主席李家喜对市政府上半年工作和城建集团工作表示肯定。他提出，市政府要进一步研究花炮产业的转型升级、全域美丽乡村旅游景点化、项目建设用地、精准扶贫等问题。同时建议在城市建设过程中要注重新城开发和旧城改造、功能与靓丽、主道与背街小巷等关系。

九届十九次常委会　9月29日，市政协召开九届常委会第十九次会议暨重点提案办理工作测评会，对2016年督办的七件重点提案办理工作进行测评。会上，经过政协常委们投票测评，七件重点提案办理工作的满意率均超过80%，其中五件超过90%，最高为95.2%。截至2016年9月，市政协共收到委员以提案形式提交的建议意见187件，内容多涉及生态环境、政务服务、交通出行、学前教育等诸多方面，其中159件交付政府承办。目前，政协提案办理工作基本结束，做到见面率100%、办复率100%。

九届二十次常委会　11月11日，市政协召开九届二十次常委会议，会议确定政协浏阳市第十届委员会第一次会议将于11月26日至28日在城区召开。会议协商并审议通过浏阳市第十届政协委员提名人选、政协浏阳市第十届委员会第一次会议议程及日程（草案）、政协浏阳市第九届常委会工作报告及提案工作报告（草案）。（余　涛）

【政协提案工作】 2016年，市政协共收到委员以提案形式提交的意见建议173件，经提案委员会审查立案159件，其中153件交付政府承办。做到见面率100%、办复率100%、满意度94.34%。其中，袁波等委员提交的

8月24日，市政协举行2016年度助学金发放仪式，当天来自全市的40名贫困大学新生每人获得一次性资助2000元　（资料来源：市政协办公室）

8份提案确定为重点提案，李成林等委员提交的4件提案为主席督办提案。市政协进行督办，要求承办单位做到六个一：一把手亲自领办、召开一次协商会议、制订一个工作方案、提交一份答复文件、形成一份总结材料、进行一次宣传报道。（余　涛）

【参政议政】 2016年，市政协组织召开全体会议2次、主席会议12次、常委会议4次、各类专题会议30余次。政协全会期间，组织委员就政府工作报告、“两院”工作报告、财政预决算报告开展政治协商，围绕推进产业转型、项目建设、生态宜居、区域发展等工作开展小组讨论，提出意见建议300余条，并以《委员进言》形式呈报给有关领导和部门，许多建议意见得到重视和落实。选择生态循环农业发展、促进中小企业发展、促进乡村旅游发展、加强历史建筑保护等4个议题开展对口协商；选择畜禽产品质量安全、残疾人就业保障等2个议题开展界别协商。协商开放度进一步提高，推动部门工作的改进与落实。2016年，共收到委员社情民意信息135条，向上级政协编报20条，长沙市政协采用5条，报送市委、市政府社情民意专报27期，其中市领导批示15期。（余　涛）

【民主监督与调研考察工作】 根据“统一管理、协调服务、监督不越位、建言促发展”的原则，向农业局、文体广电局、卫计局、城管局、安监局和商务合作局等社会关注度较高的6个部门，委派31名政协委员担任民主监督员，重点围绕部门中心工作、提案承办情况开展协商和监督，充分发挥民主委派监督“发现问题、形成共识、促进工作”的作用。高度关注浏阳市经济社会发展中的热点难点问题，选择公共卫生、安居工程和棚户区改造、市工商联基层商会建设、城市建设项目、市青年企业家商会建设、安全生产等工作，开展主席会议视察，提出促进工作落实的意见建议，寓民主监督于支持服务之中。（余　涛）

【开展市政协委员参与“三个一”扶贫行动】 充分发挥广大政协委员的资源优势，调动一切积极因素，根据各自专长，立足本职岗位，主动参与精准扶贫工作，倡导市政协委员参与“三个一”扶贫行动，达到资助一批贫困家庭在校学生完成学业、扶助一批贫困家庭增加收入、帮助一批贫困家庭成员解决就业。将“三个一”扶贫行动作为市政协工作的重点内容，思想上更加重视，作为上更加务实，成效上更加精准。为浏阳打赢脱贫攻坚关键战、率先建成全面小康社会作出贡献。（余　涛）

3月29日，长沙市政协党组书记、主席范小新（左三）到浏阳就“加强浏阳河流域水生态环境防治”开展调研（资料来源：长沙市政协网站发布时间2016-3-31）

【深化“三为①”主题活动】 将“委员进社区”作为深化“三为”主题活动的重要抓手，组织委员走进社区，倾听民声、反映民意，并开展扶贫帮困、医疗义诊、文化下乡、技术服务等便民服务活动。同时，在浏阳日报宣传推介了5位“三为”活动中的先进典型，展示委员风采，进一步激发了委员履职热情。机关继续开展助学行动，向40名困难家庭大学生发放了8万元助学金。（余　涛）

【范小新调研浏阳河流域水生态环境防治】 3月29日，长沙市政协党组书记、主席范小新到浏阳就“加强浏阳河流域水生态环境防治”开展调研。浏阳河是湘江的一级支流，以其逶迤秀美的面貌以及歌曲《浏阳河》闻名于世。近年来，随着沿河地区经济社会发展和城镇化水平的快速提高，大量工农业废水和生活污水排入浏阳河，导致浏阳河水环境质量出现下降。范小新一行先后到浏阳市高坪镇南车湾、浏阳河双江口、普迹镇河家湾老渡口、镇头镇老码头、柏加镇黄柏大桥等处调研。仔细察看浏阳河水质状况，了解沿河地区经济社会发展对浏阳河水质的影响，询问当地政府对浏阳河流域水生态环境防治采取了哪些措施。调研中，范小新对浏阳市在浏阳河流域水生态环境防治工作取得的成绩给予肯定。他指出，调研有喜有忧，喜的是各级党委、政府和沿河人民群众高度重视浏阳河流域水生态环境防治工作，忧的是浏阳河流域水生态环境现状离人民群众的要求还有很大距离。他要求，要进一步提高对做好浏阳河流域水生态环境防治工作的认识，政协调研要突出问题导向，提出务实有效的建议，协调各方力量，共同促进浏阳河流域水生态环境明显改善。他强调，“加强浏阳河流域生态环境防治”是2016年长沙市政协重点调研课题之一，要立足当前着眼长远做好调研工作，积极为加强浏阳河流域的水污染防治和水生态保护建言献策，促进浏阳河流域水生态环境明显改善。市政协副主席袁志恒、秘书长彭志一等参加调研。（余　涛）

①为促进发展建功立业、为社会和谐献计出力、为政协事业增光添彩

民主党派·工商联

12 月 3 日，民革浏阳工委组织民革党员举行“纪念孙中山诞辰 150 周年、萍浏醴起义 110 周年”纪念活动　　（资料来源：浏阳市统一战线网站　发布时间：12 月 6 日）

民革浏阳市工作委员会

工委主委　刘仙娥
副主委　谢建国　吴海宁
　　　　金先林

【概况】 注重教育培训，强化队伍建设　2016 年是浏阳民革队伍建设年。1 月，为每位党员订阅一份《团结报》。3 月，组织全体党员集中培训一天，工委主委刘仙娥为党员讲授“增强政党意识，切实履行职责”、副主委谢建国讲授“关注浏阳发展，积极参政议政”、市统战部常务副部长赖才腾讲授“怎样加强修养”课程。全体党员围绕“怎样做一名合格党员”和“两学一助”工作进行热烈的讨论。通过学习活动，更加坚定广大党员的政治责任感和历史使命感，提高党员履职的能力和水平，明确今后工作奋斗目标。组织支部骨干参加了民革长沙市委“两学一助”学习教育动员会。有 23 名党员参加省委统战部组织的网上社院学习，按教学进度完成统战理论学习课时；12 月 3 日，邀请党校讲师传达中共省、长沙、浏阳市党代会精神。6 月，工委推选的 8 名党代表参加民革长沙市第十四次代表大会，刘仙娥当选为市委常委，周利和当选为市委委员。在 11 月市人大、政协换届中，刘仙娥继续任市人大常委会副主任，谢建国继续任市政协副主席，张卫为市人大代表，谭娟为长沙市人大代表。协商推荐吴海宁、黄焕华、谭晓琴、袁波、何桂海、金先林、刘琳、唐文波、李瑶瑶、彭正平、肖迎春、张晔、朱树昌、胡磊、邓秀丽等同志为浏阳市政协委员，其中金先林、刘琳、张晔、朱树昌、胡磊 5 位同志当选为政协常委，政协常委数、人大代表与政协委员总数与上届相比有明显增加。党员中，现有 5 名副科级（职）、2 名正科级（职）、2 名副处级领导干部。全年发展党员 4 名，党员总数达 70 名。

组织开展各项活动，增强民革的凝聚力。张卫、刘琳、刘强、谭娟、林云、吕立生等同志组队参加民革长沙市委组织的首次羽毛球比赛，并且获得亚军；11 月，新任的政协委员与部分党员参加民革省委主办、民革长沙市委承办的纪念黄兴、蔡锷逝世 100 周年“黄兴与辛亥革命”主题书画展。黄彦如、卢光正组织老龄党员开展活动，丰富老党员精神生活。民革浏阳市摄影家协会组织一次作品点评欣赏会，摄协主席周利和对会员作品逐一点评，组织赴安化县的采风活动。摄协积极参加长沙市首届科技摄影大赛，周利和的《人与自然风光系列》获金奖，张红霞、朱树昌、陈建平、谭晓琴等党员分别获 4 个银奖、10 个铜奖、20 个优秀奖，摄协获得优秀组织奖。在 11 月 15 日举行的颁奖仪式上，周利和作为组织奖获得者唯一代表讲话。周利和参加省委统战部举办的“同心绘一行进中的统战力量”主题摄影赛，获一级收藏奖 1 个，网络人气奖 1 个，入选奖 4 个。为纪念孙中山诞辰 150 周年和萍浏醴起义 110 周年，工委 12 月 3 日举办主题为“弘扬优良传统，助力浏阳发展”的演讲比赛。谭娟获一等奖，唐文波、李瑶瑶获二等奖，肖迎春、刘强、黄颖获三等奖。6 名人民陪审员全年参加各类陪审案件 234 件，刘若平克服公司业务繁忙的困难，挤出时间陪审案件 125 件。根据党员综合表现，由各支部推选，报工委审议，唐文波、曹湘黔、徐涛、黄颖、黄彦如、肖桂炎、罗冬连、袁波、刘勇、刘若平、雷文娟、刘强、谭娟评为优秀党员。

调研反映民情，积极参政议政　1 月，浏阳市政协、人代会相继召开，政协委员、民革浏阳市工委委员黄焕华、工委副主委吴海宁、工委委员周利和先后接受电视、广播等媒体访谈；政协副主席、工委副主委谢建国代表民革浏阳市工委作题为《保护建筑遗产，传承古县文明》的大会提案发言；周利和在小组讨论中代表民革浏阳市工委提出的《关于建立教师流动》的建议，引起长沙市委常委、浏阳市委书记曹立军的关注，曹立军高度评价“做好了是利在千秋的事”。《浏阳日报》与浏阳论坛网站组织讨论，浏阳论坛点击率超过 3000 次。《浏阳日报》连续两天报道；工委党员袁波的提案：《推动商业升级，提升城市品位》获得曹书记特别批示“请商务局、规划局及城区街道认真研究，科学完善和提升浏阳商业发展规划”，市政协将该提案列入 1 号重点提案；《让老年人活动中心成为未来小区的标配》。吴海宁的《树立公共服务意识，提升公交服务水平》与周利和的《提升“老屋场”内涵，打造我市“幸福屋场品牌的建议》被列入本次大会表彰的20件优秀提案中。部分党员参与民革长沙市委农业供给侧改革调研活动。工委党员身份政协委员共计撰写提案21件，其中吴海宁的《城区公交车覆盖原太平桥镇、溪江乡的建议》定为主席督办提案。党员委员的提案发布在市主流网站“浏阳论坛”政协委员栏目，点击率名列前茅。报送统战与社情民意信息62件，其中吴海宁的《保留被撤销乡镇政府所在地集镇地域文化印记的建议》《在城区开展垃圾四分法处理的建议》《增供非碘食盐，方便民众选择》《设置农村路名、地名指示标牌和门牌，助力新农村建设》信息被市政协采用，并得到中共浏阳市委、市政府、政协领导批示，其中《增供非碘食盐，方便民众选择》《设置农村路名、地名指示标牌和门牌，助力新农村建设》同时被长沙市政协采用，并得到长沙市领导的批示。工委党员唐文波的《建议建立档案推动农民工体检常态化》《关于尽快启动建设农村微型污水处理厂的建议》，曹湘黔与吴海宁的《关于居民社会保障卡与健康卡二卡合一的建议》、魏卫红与吴海宁的《建议发改、国土、规划推行“一表式”受理审批》、吴海宁的《民革浏阳市工委举办党员全员培训班》《废电池、废灯管等有毒有害垃圾急待无害化处理》《提高起义投诚定期生活补助和社会救济标准的建议》《应该明确叫停不合法的官员晋加薪与提前退休》《建议提前公示间接选举的人大代表与政协委员候选人资格审查相关信息》信息被长沙市委统战部采用。吴海宁被民革长沙市委评为社情民意、统战信息撰稿积极分子。

践行“两学一助”，聚力精准帮扶博爱牵手东门村。在民革中央、湖南省委支持下，民革长沙市委牵头，工委组建团队实施，与沙市镇东门村深度合作，以东门村为实验点，汇集民革党员智力资源库、人才团队基础，帮扶东门村打造“博爱牵手•美丽乡村”旅游示范基地，探索民主党派助力长沙经济社会发展的新模式，为推动美丽乡村体验经济发展闯出新路径。工委多次组织专家团队到东门村实地考察，并现场解决问题。7月，民革党员、高级园林工程师周利和带领的团队进入东门村，帮助设计、策划、景观规划、基础设施建设。并提供15万元资金支持。

坚持关爱抗战老兵。春节前组织党员走访慰问抗战老兵，为他们送去冬衣帽、食物和纪念抗战胜利70周年的挂历、春联。各个支部负责联系老兵的党员按照规定动作，在老兵生日当天专程前往送上祝福，并赠送生日蛋糕与礼金。2016年刘宪玉、张宜方、王贵行、刘光德、欧阳树槐、向心桂6位老兵先后去世。工委负责人与联系的支部党员都前往悼念。除夕前夕，定居台湾台南市的金刚镇籍抗战老兵张兆田回乡，工委成员专程看望到。工委联合华夏保险公司致敬抗战老兵，在重阳节为部分抗战老兵送去慰问金每人2000元;，工委组织党员参加长沙唐人万寿园春秋两季祭拜安葬抗战老兵活动，协助老兵古光全家属将古光全老兵安葬抗战老兵主题公墓唐人万寿园。工委一支部联合普迹镇政府为老兵体检，并送上慰问品;工委二支部为抗战老兵邓杏生老人筹备90岁寿宴，联合国土资源厅机关支部和湖南省第二测绘院志愿者慰问困难老兵。

倾力帮扶民强学校　为深入落实中共中央关于精准扶贫工作的重要部署和民革中央“博爱•牵手”同心项目工作的要求，切实做好2016年同心项目工作，民革党员和长沙市委机关部分干部，到永和镇增加台村民强小学开展教育精准帮扶活动。邀请阅读推广人、湖南省第一师范副教授葛慧芳和工委优秀家长代表唐文波分别为学生和家长讲授“怎样学会阅读”和“怎样做好家长”课程，培养学生家长建立教育孩子的先进理念;为学校捐赠各类儿童图书200册，电脑2台，乒乓球、篮球、跳绳、呼啦圈等体育器材若干；共为贫困学生捐款1.58万元（其中刘勇和雷文娟各捐款6000元）。

立足岗位要求，干好本职工作　工委党员在参与民革工作的同时，认真做好本职工作。工委党员、市中医院专家朱树昌主持救治特重度烧伤患者40余例，抢救成功率达98.5%；作为主要参入人进行“自拟中药洗剂治疗增生性瘢痕瘙痒的作用机理研究”课题研究，获市中医院第五届“十佳医师”称号。刘强在东紫门小区青少年成长服务中心担任义工，多次参加浏阳市政工程的各种复杂问题处理和抢险救灾的技术工作。刘若平发明的烟花爆竹热风干燥节能系统通过省安全认证，被省科技厅评价为国内同类系统领先水平，被长沙市政府确定为节能产品推荐目录，被中国烟花协会聘请为烟花鞭炮机械设备专家。谭晓琴倾心创作的长篇小说《我曾离你那么近》已完稿，计划在来年初正式出版。彭正平被任命为浏阳市人民医院肿瘤血液科主任，以优异成绩通过湖南省卫生高级职称（正高）评审的笔试和面试。李朝红认真履行本职工作，得到学生的认可，辅导的学生考入四川音乐学院、云南艺术学院，指导学生参加本校歌唱比赛多人获一、二等奖。谭娟认真履行本职工作，热情对待落后学生，帮助他们提高成绩，效果显著。王好平被聘为中国妇幼保健协会儿童早期发展专业委员会委员和高危儿学组成员，赴新疆阿克苏和霍城授课及专业指导2次。唐文波2016年第二季度“长沙好人•身边雷锋”推评中，被评为“雷锋式学习标兵”；并被评为长沙市优秀工会会员、市奎文实验小学“十佳家长讲师”；汤学文参加第七届全国中学物理特级教师代表大会，并作《重视基础，注重方法，适当拓展，双考同抓》的发言，该发言材料被《特级教师通讯》杂志发表，出版专著《物理高考领航》。罗丹将孙过庭[①]《书谱》翻译成白话文，并将其用简化字写成手札，由吉林文史出版社出版，填补由白话文行书书写《书谱》的空白。曹湘黔三天时间内组织动员1500多学生接种腮腺炎疫苗，使在古港中小学流行两个多月的腮腺炎得到全面控制，在全市率先平稳组织完成减少4个行政村的并村任务，组织古港镇代表队参加市健康素养知识竞赛荣获第一名。黄颖主管完成高新区319改造（永安收费站至人人家）等市政道路工程4公里，平地33.33公顷，安置房建设2万平方米，河道改道及污水管线建设600米，供水供电建设4公里。胡磊完成高新区新增1809亩征地工作，拆迁房屋 75 栋，为 5 个新项目的实施打下坚实的基础，完成保障房抽签和社保审批、上报、公示工作。徐涛积极所负责的大瑶电信支公司业绩名列浏阳电信公司前茅。张晔组织编制浏阳市十三五能源发展规划和十三五农村电网改造升级规划，负责的浏阳市境内天然气管道敷设和主要控制性工程年底完成。肖迎春负责按照撤乡并村要求，进行乡镇区划调整改革以及第二次全国地名普查。赵闽组织完成经开区 52 个项目公开招标，中标金额 7 亿多元，出具结算初审报告 213 份总金额 5.1 亿元。黄彦如参与政协扶贫助学金发放，资助 3 名贫困学生升大学；参与发放黄彰任奖学金，奖励优秀高考生 10 名；组织发放黄彰任科技奖励基金，扶助科技优秀工作者 10 名。江山如关注美丽乡村建设，积极帮助沙市镇秧田村、东门村解决创建中的困难；周利明积极参加社会公益活动，到敬老院、特殊教育学校帮助残疾人。　（吴海宁）

【纪念孙中山诞辰 150 周年暨萍浏醴起义 110 周年】 12 月 3 日，民革浏阳工委组织民革党员举行“纪念孙中山诞辰 150 周年、萍浏醴起义 110 周年”纪念活动。活动首先通过对中共十八届六中全会、湖南省、长沙市与浏阳市党代会精神进行解读，进一步坚定民革党员的政治责任感和历史使命感；然后以“弘扬优良传统，助力浏阳发展”主题进行演讲比赛，11 名民革党员通过演讲，展示了民革党员良好的素质和风貌。2016 年，民革浏阳工委组织民革党员积极调研反映民情，参政议政。民革党员中的人大代表和政协委员撰写 30 多件建议和提案，得到浏阳市委、市政府的采纳。同时，民革浏阳工委组织民革党员践行“两学一助”，聚力精准帮扶，开展“博爱•牵手”、关爱抗战老兵、助力帮扶民强学校等活动，收到良好实效。市委常委、统战部部长郭瑞出席会议并希望民革浏阳工委进一步围绕中心大局，积极调查研究建真言、献睿智；立足本职岗位，提升社会服务贡献度、影响力；加强自身建设，切实增强党派凝聚力、向心力。市人大常委会副主任、民革浏阳工委主委刘仙娥参加活动。　（吴海宁）

【民革帮扶浏阳东门村打造旅游示范基地】 2016 年，由民革中央、民革湖南省委倾心指导，民革长沙市委牵头，民革浏阳市工委组建团队实施，帮扶东门村打造“博爱牵手•美丽乡村”旅游示范基地，探索民主党派助力长沙经济社会发展的新模式，为发展美丽乡村体验经济闯出新路径。推进“美丽工程”，为东门村村级集体经济、三产融合发展取得实效。工委负责人多次组织专家团队到东门村实地考察，并现场解决问题。民革党员、项目总设计师、高级园林工程师周利和率领的民革团队进入东门村主持和帮助设计、策划、景观规划和基础设施建设。年内已完成主体体验旅游区的景观入口——“东门郚”城楼、配套专用停车场景观墙改造等项目以及 4.5 公里的乡村主干道和自行车道的路面改造。各类园路铺设基本到位；并刷上色彩鲜明、功能清晰的路标。其他子项目正在规划设计或施工建设。　（吴海宁）

【民革浏阳市摄影家协会参加长沙市首届科技摄影大赛并获奖】 11 月 15 日，长沙市首届科技摄影大赛结果揭晓，本次大赛共收到参赛作品近 2000 幅，其中相机类有 119 件（组）作品获奖。总计 4 个金奖12 个银奖 28 个铜奖 75 个优秀奖作品中，民革浏阳市摄影家协会组织 19 人参赛，报送参赛作品 397 幅。其中民革浏阳市摄影家协会主席周利和的《人与自然风光系列》获金奖，张红霞、朱树昌、陈建平、谭晓琴分获 4 个银奖，10 个铜奖，20 个优秀奖，民革浏阳市摄影家协会并获得组织奖。在 11 月 15 日举行的颁奖仪式上，周利和作为组织奖获得者唯一代表上台讲话。　（吴海宁）

①孙过庭（646—691），唐代书法家、书法理论家。

（资料来源：浏阳市统一战线网站　　发布时间：11 月 23 日）

中国致公党浏阳市工作委员会

主　委　邓雪琴（女）
副主委　彭晓玲（女）
　　　　陈静（女）　李　明　孔伟兴

【参政议政】 专题调研。市人民政府副市长、工委主委邓雪琴带队赴广东江门、惠州等地考察调研职业教育，形成了以《适应发展需求，加快推进现代职业教育》为题的调研材料，并由工委在政协浏阳市九届四次会议上作大会发言，得到市委书记曹立军当场批示和与会委员的一致好评，同时被相关部门重视和采纳；积极参加致公党长沙市委课题招标。工委《进一步优化经济环境促进中小企业转型升级》中标，已形成重要调研材料，由致公党长沙市委在“两会”期间提交长沙市委市政府。建言献策。2016 年，党员中人大代表、政协委员向长沙市、浏阳市“两会”提交建议和提案 15 件，均被相关部门采纳。陈静撰写的《关于解决城区“停车难”的建议》，

周利和摄影作品《人与自然风光系列》　　（资料来源：浏阳市统一战线网站　　发布时间 11 月 23 日）

相关部门按照提案所提建议组织落实，获得良好成效；李凌提交的关于《推动全境旅游的建议》列为浏阳市政协重点提案。浏阳市人民政府加大旅游事业发展，启动全域旅游；刘丽萍提交的《建议浏阳河生态经济区做好总体规划，实现功能分区，基础设施共享》《建议扩展职工医疗保险药品项目和提高医保报销额度》等建议，促使相关部门加强了这方面的顶层设计，出台相关规定。民主监督。工委党员李明、柳梦兰担任长沙市人民检察院监督员，2016 年多次听取长沙市相关部门的情况通报会，并积极建言献策；根据市委统战部统一安排，工委推荐彭晓玲、李明、李凌、孔伟兴、戴学文等 18 名党员担任各职能部门的民主监督员。按市政协安排，彭晓玲、叶昌新、易跃三位党员分别派驻市商务合作局、交通局及财政局担任民主监督员，能积极督办提案办理及其他重要事项的落实，受到了各职能部门的好评。　　（黄谷成）

【社会服务】 继续坚持“六个一”社会服务项目。即一村（葛家镇金源村）一镇（大围山镇水果基地）一社区（淮川街道联城社区）一企业（湖南省盐津铺子食品有限公司）一基地（鹤源油茶林基地）一学校（浏阳市特殊学校、淳口镇向坪小学），树立社会服务品牌。公益助学。一是协同致公党精神助学基地“湖南李丽心灵教育中心”及华德博才爱心助学公益基金会，3 月 31 日，在葛家中学举行同心项目富心工程“关爱农村未成年人公益助学活动”现场捐赠仪式，为葛家中学及青新小学 115 名困难学生赠送爱心学习用品，并开展心理健康互动活动，为每一位困难学生建立了长期结对帮扶档案。11 月 9 日，工委牵线组织长沙湘贵实业有限公司、湖南商务职业技术学院到葛家镇金源村青新小学开展捐资助学活动，湘贵实业捐资 5 万元帮助学校改善教学条件。二是发动二支部为主的党员为向坪小学捐款 10500 元。5 月 21 日，党员李明、戴学文、黄谷成组织向坪小学 20 多名留守儿童及其监护人，到长沙动物园、海底世界等地游玩，陪孩子们度过愉快的一天。三是承办“致公微善行——爱心妈妈在行动”。9 月 25 日，邓雪琴主委等 30 位女致公党员组成的“爱心妈妈”团队，与淳口镇黄荆坪村的 30 个留守儿童家庭“一对一”结对，对 30 位孩子进行长期的心理、生活、学习等方面的辅导、关爱和帮扶。现场还对 30 位结对帮扶孩子赠送了书包、书籍和生活用品等礼物。为特殊群体义诊。5 月 27 日，一支部李亚清、周志勇、刘志坚率领各自的医生团队和支部党员到工委帮扶的浏阳市特殊教育学校开展献爱心义诊活动，为特校全体学生进行了血常规、腹部 B 超、心电图三个项目的检查，为 60 名学生进行了眼科查治，为 30 多名学生进行了康复培训及诊疗。

帮扶企业发展　工委主委邓雪琴于 6 月 26 日率工委班子成员及党员代表赴湖南省盐津铺子食品有限公司进行调研，就盐津铺子品牌拓展、产品研发、食品安全等方面提出了许多合理化建议；争取部门各方面扶持资金，引导支持大围山镇水果基

3 月 31 日，致公党长沙市委、浏阳工委、“湖南李丽心灵教育中心”、华德博才爱心助学公益基金会，在浏阳市葛家中学举行同心项目富心工程“关心农村未成年人公益助学活动”现场捐赠仪式

（资料来源：致公党浏阳工委办公室）

5 月 21 日，党员李明、戴学文、黄谷成组织向坪小学 20 多名留守儿童及其监护人

（资料来源：致公党浏阳工委办公室）

地整合发展。发挥党派资源优势，争取资金 10 万元，精心指导淳口镇佳源生态农林产业开发有限公司发展成为省内面积较大、配套较为完善的高产优质油茶林示范基地，树立了湖南省内致公党“三级同心联动”的典型。“同心”服务基地建设。一是打造“同心”社区品牌。1 月 30 日工委成员慰问了联城社区的 10 户贫困居民；年初二支部组织部分党员深入联城社区开展送温暖活动，给“五保户”、高龄老人等送去了慰问金；重阳节期间，工委与联城社区共同组织开展了“同心同行，孝暖联城”志愿者服务系列活动，筹划了老年节文艺汇演、千叟宴、书画展和免费健康义诊等活动。二是建设“同心致福村”。工委与致公党长沙市委与葛家镇金源村签订了五年结对帮扶协议，在教育培训、医疗救助、村庄规划、生态保护等方面开展精准帮扶，并为该村争取扶持资金 5 万元。同时帮助该村升级打造美丽屋场，成功列入了长沙市 100 个美丽乡村建设示范村。

（黄谷成）

【自身建设】 工委换届。经致公党长沙市六届三次常委会议决定，组成了以邓雪琴为主任委员，彭晓玲、陈静、李明、孔伟兴为副主任委员，寻益人、龙科、戴学文、李凌、周坤为委员的致公党浏阳工委第四届委员会，顺利完成了工委换届和工作交接，新工委进行了工作分工。举荐代表参会履职。一是经工委充分酝酿、党员会议投票，选举产生了出席中国致公党长沙市第六次代表大会 10 名代表。10 名代表是：孔伟兴、邓雪琴、龙科、李明、李亚清、寻益人、陈静、易跃、易修平、夏育林。另有 4 名列席代表：李红、周坤、黄谷成、彭晓玲。二是有龙科、李凌、肖建平、周斌当选政协浏阳市十届委员会常委，另有潘登、邓恩等 9 名党员成为政协浏阳市第十届委员会委员；有李明、孔伟兴当选为浏阳市十七届人大代表和人大常委会组成人员；有邓雪琴被当选为长沙市十五届人大代表，陈静、彭晓玲被推荐为政协长沙市十二届委员会委员。三是选派党员陈静、戴学文赴中央统战部苏州培训中心参加了致公党湖南省委组织的参政议政和基层组织建设培训班学习，组织了 20 多位党员骨干参加了致公党长沙市委举办的履职培训班。“两学一助”学习教育。按照中共浏阳市委统战部的统一部署，工委从 7 月份开始，深入开展“两学一助”学习教育。成立了“两学一助”学习教育工作领导小组，制订了《致公党浏阳工委“两学一助”学习教育实施方案》；7 月 23 日召开了“两学一助”学习教育动员会议，当日邀请浏阳市委党校校长李安为全体党员作了学习习近平总书记系列讲话精神专题辅导报告。

活动开展以来，工委三个支部都积极开展了不同形式的“两学一助”活动。一支部发挥自身优势，召集支部党员赴浏阳特殊教育学校义诊；二支部组织党员集中学习习近平总书记“四个全面”的重要论述，并主动参与公益组织孵化基地建设；三支部组织全体党员认真学习中共中央办公厅印发的《关于加强政党协商的实施意见》，并专程赴“同心致福村”金源村调研美丽乡村建设。阵地建设。一是工委发动 28 名党员参加了网上社院学习，并发展部分党员参加湖南致公微信群，并充实发展了浏阳致公党微信群、浏阳致公 QQ 群。二是着力抓

5 月 27 日一支部党员到浏阳市特殊教育学校开展献爱心义诊活动

（资料来源：致公党浏阳工委办公室）

7 月 23 日，致公党浏阳工委召开党员会议暨"两学一助"学习教育动员大会

（资料来源：致公党浏阳工委办公室）

好宣传工作。年内，《湖南致公》《长沙致公》《和网》《浏阳日报》《浏阳论坛》等网刊采用党员文章 65 篇次。《浏阳致公》编发 4 期，刊发文章 22 篇计 22600 余字。党员建功。刘世杰一次性捐赠了 26 本珍稀书籍给浏阳市档案馆；黄谷成被中国致公党中央委员会评为宣传思想理论工作先进个人；李亚辉美术作品先后应邀参加"澳大利亚首届全国美术作品展览""感知中国文化"法国展、中国美协"河山画会"全国巡展及在全国政协文史馆展出的"潇湘灵韵"当代湖南国画（山水）作品展等；彭晓玲荣获中国第七届"冰心散文奖"，她创作的长篇报告文学新作《空巢——乡村留守老人生活现状启示录》，由中国作家出版社出版，并在北京召开了作品研讨会，受到全国文学界高度评价，并当选为湖南省作家协会第八届全委会委员；甘艳平原创舞蹈《梅花颂》情景剧《因为选择》均获湖南省少儿才艺大赛创作一等奖，承揽了湖南省第十届园长学术年会总导演、浏阳市第四届音乐节导演、浏阳市首届杜鹃花舞蹈大赛总策划等，并为群众艺术捐资 3.7 万元；党员陈辉光 2016 年全年为公益活动出私车 30 余次，行程 3000 公里，并为公益活动积极捐款。人文关怀。每个党员生日，工委坚持送上鲜花表示祝福；工委或支部组织适时对老党员、困难党员和患病党员进行了上门慰问；党员或党员家属逝世，工委均组织党员前往悼念慰问；组织老年党员参观望城铜官窑、瞻仰胡耀邦故居及联城社区重阳节系列活动，丰富了老年党员生活。

（黄谷成）

【侨海联谊】 开展"致公万里行"活动。8 月 8 日至 10 日，组织全体工委成员和部分党员赴福建陈嘉庚集美学村考察，并专程学习致公党厦门市委在社会服务、参政议政、侨海联络等方面的工作特色和做法经验。举办社会组织与志愿者服务发展论坛。9 月 5 日，由工委副主委李明牵头组织了"台北忠顺里　浏阳联城社区"社会组织与志愿者服务发展论坛。来自台湾浏阳同乡会访问团的 9 位成员与浏阳 11 位社区、社会组织及企业代表人士就两岸"社区社会组织与志愿者服务发展"话题进行探讨，共同表达了"两岸一条心，两岸一家亲"的美好愿望。工委委员、浏阳经开区经济发展局局长龙科组织园区 20 余家企业参加湖南省海归人员及高层次人才交流展示会，邀请 10 批海归团队到园区考察，全年为园区 6 家人才服务重点单位引进海外智力项目 12 项，为园区企业争取人才专项资金支持 130 万元。受美国加州蒙特利公园市邀请，视觉设计跨界艺术家、党员宋旦汉字艺术美国（洛杉矶）展于 7 月 31 日在洛杉矶长青书局开幕。宋旦创作的 80 幅"中国汉字"作品，在太平洋彼岸，吹起了浓郁的"中国风"。当天，美国政要、文化名流、专家学者、收藏家、企业家、在美华人、艺术爱好者和媒体记者近千人出席开幕式，一致赞扬宋旦的汉字艺术"很有意思，越品越有味"。（黄谷成）

浏阳市工商业联合会

主席　郭荣华（2016.11 免）
　　　刘来宏（2016.11 任）

党组书记、第一副主席
　　　肖柏林（2016.08 免）
　　　焦清平（2016.09 任
　　　　2016.12 免）

党组成员、纪检组长
　　　黄　森（2016.04 任）
　　　姜怡明（2016.04 免）

党组成员、副主席
　　　黄　萍（女）
　　　姜怡明（2016.04 任）

党组成员　刘　凯

党组成员　唐效湖

兼职副主席（副会长）
　　　叶长江　黄兢雄　黎洪武
　　　王藏兵　郭　辉　宋怀智

8 月 10 日，致公党浏阳工委班子成员一行 8 人到致公党厦门市委学习和交流

（资料来源：致公党浏阳工委办公室）

12 月 8 日，湘潭县政协原副主席、工商联主席成极中率工商联到浏阳交流

（资料来源：工商联办公室）

彭　成　黎　建　李杏义
陶长彪　杨　郁　刘　勋
刘　颖　陈飞豹　陈开义
罗海波　周雄伟　易　跃
黄亿昌　蒋剑锋　师艳林

秘书长　唐效湖

【概况】 2016 年，工商联在编干部 11 名（1 人 11 月退休），自主用工 1 名，临聘人员 2 名。截至 12 月 31 日，第十四届工商联共有执委 169 人，其中常委 65 人，兼职副主席 6 人，兼职副会长 13 人。全市新增个体工商户 2075 家、农民专业合作社（不含农场）143 家、私营企业 657 家、工商联会员 3257 名，同比增长率分别为 6.2%、4.8%、5.9%和 6.2%。（罗永昌）

【工商联组织建设】 工商联换届。浏阳市工商联积极落实省市统战部和工商联相关要求，做好工商联（总商会）换届选举工作，集中推进基层商会的换届选举工作。努力把思想品质优、社会贡献大、公众形象好、参政议政能力强的非公有制经济代表人士纳入到了工商联和基层商会的队伍中来。5 月 11 日，我会在欧阳予倩大剧院成功召开了浏阳市工商联（总商会）第十五次会员代表大会，700 余名会员代表参加了大会，突破了历次会员代表大会的规模。长沙市委常委、浏阳市委书记曹立军同志在会上做了重要讲话，他要求广大非公经济企业家要争做现代市场的开拓者、争做创新驱动的引领者、争做工匠精神的践行者、争做社会责任的担当者。全市 32 个乡镇街道商会均按照我会统一部署，在 4 月底 5 月初完成了换届工作。“两代表一委员”综合评价。以“换届”为契机，成立专门工作组，积极配合组织部、统战部抓好了非公有制经济代表人士政治安排的综合评价。严格按照习近平总书记“三强一好”的重要指示将符合条件的非公经济人士推荐为党代表、人大代表和政协委员资源摸底人选，对 4 批次 81 名人大代表候选人、3 批次 156 名政协委员候选人按照中统部要求进行了审查。今年，共有 49 名非公经济人士当选为浏阳市第十七届人大代表，71 名非公经济人士被推荐为浏阳市第十届政协委员。主题鲜明抓好学习教育。组织开展专题报告会、辅导讲座、高峰论坛等活动。在第十五届第一次常委会议上，市工商联组织非公经济人士深入学习党的十八届五中全会精神、《中国共产党统一战线工作条例（试行）》、习近平总书记系列重要讲话精神和省市经济工作和统战工作会议精神。与浏阳日报社、集里街道办事处、利通太悦城一起成功举办“中心崛起，巅峰论道”2016 浏阳市首届商业投资高峰论坛，五百名城市财富领袖、企事业单位代表参加此次活动。与浏阳市电视台、奥园广场联合举办“经济新常态，财富新机遇”高峰经济论坛，200 多非公经济人士参加了此次活动。11 月还组织召开市工商联（总商会）十五届第二次常委会议，传达党的十八届六中全会、湖南省、长沙市、浏阳市三级党代会精神。分批选派企业家赴井冈山参加理想信念教育培训活动。通过这些教育培训，坚定非公经济人士思想信念，巩固了党与非公经济人士的思想基础，提升了非公经济人士发展能力，促进了非公经济苗壮成长。形式多样参与了精准扶贫。2016 年，召开四次有关精准扶贫的党政联席会议，制订驻村帮扶工作方案、研究扶贫资金、人员安排、帮扶措施等事项。为切实做好精准扶贫工作，与市扶贫办联合印发《浏阳市“百企帮百村”精准扶贫行动实施方案》（浏扶组办联发〔2016〕2 号），引导基层商会、行业商协会及会员企业参与“百企帮百村”精准扶贫行动，筹措“产业扶贫”“就业扶贫”“教育扶贫”与“电商扶贫”等活动，将新农村建设工作、精准扶贫工作与光彩事业工作、感恩社会光彩大行动工作紧密结合。长沙电视台、长沙晚报、浏阳电视台和浏阳日报多次专题报道我会精准扶贫工作开展情况。长沙市政协主席范小新率长沙、浏阳两级共 44 名工商联界别政协委员到淳口镇枫林湖村开展“三个一”扶贫行动，与建档立卡贫困户进行结对帮扶。市工商联与联点的淳口镇枫林湖村开展“下乡送温暖，结对认亲”活动，对建档立卡贫困户进行一对一帮扶。浏阳市青年企业家商会还带领会员到淳口镇枫林湖村、荷花街道西环村和张坊镇田溪村开展“精准扶贫，青商同行”系列活动，对三个贫困村开展产业帮扶，定点扶贫。10 月 8 日会员企业浏阳利通集团和浏阳创意实业发展有限公司分别为太平桥中学捐资 30 万元，用于该校入校道路建设，以缓解学校上下学高峰期间道路交通拥堵状况。10 月 18 日，会员企业湖南立康制衣有限公司董事长朱恩馀向沙市镇文光中学和沙市小学捐资 300 万元助学，同时向沙市镇卫生院捐赠价值 42 万元的急救车一辆。

（罗永昌）

【服务非公经济发展】 强化商会作用。始终把“五好①”作为工商联工作和基层商会建设的基本要求。9 月，中央统战部副部长、全国工商联党组

书记全哲洙到浏阳视察工作，充分肯定浏阳市工商联“五好”建设取得的成绩。11月24日，受全国工商联委托，天津市工商联副主席牛予其到浏检查“五好”县级工商联工作时，同样给予高度评价。在长沙市工商联“五好”商会创建工作中，浏阳商会下属大瑶镇花炮产业商会、镇头镇商会、浏阳市青年企业家商会、张坊镇商会和沙市镇商会等五家基层商会获评长沙市“五好”商会。市政协还专题调研行业商会和基层商会，对浏阳工商联商会建设工作成绩予以肯定。注重把那些政治素质高、专业知识好、发展后劲强，具有代表性的创二代吸收到会员队伍中。牵头联合市总工会、市工信局、市烟花鞭炮管理局、浏阳日报等单位开展浏阳市首届十大创业领军人物评选活动，培育行业的标杆典型。基层商会深入学习贯彻中国特色社会主义理论，坚持“五自②”方针，为当地经济社会发展做出了一定的贡献，成绩比较突出。由直属行业商会--浏阳永安家具行业商会和浏阳国际家具城承办的2016年中国?浏阳第一届家具展销会（浏阳国际家具城首届秋季订货会）吸引10万家各地采购商现场采购，活动期间成交额达10亿元。为解决中小企业融资难的问题，乡镇街道商会与市金融办、商业银行对接，成功举办6场银企专场对接活动。其中在大瑶镇举行的银企对接活动上，浏阳农商银行、中国邮政储蓄银行等9家银行为24家企业以及大瑶花炮产业商会授信额度达2.3亿元。在关口街道的银企对接活动中，四个企业获银行授信2.7亿元。北盛镇商会在各片区和各行业都设立联络员，掌握第一手的会员情况，因地制宜开展服务。淳口镇商会成立浏阳市中小企业服务公司，安排专人每日值班，召开各类协调会5次，联系银行和担保公司进行银企对接，为会员企业放贷1500余万元。社港镇商会帮助周洛景点的承包商积极协调整改事项。永安镇商会牵头成立义务巡防队，商会班子和会员多次为巡防队捐资捐物。蕉溪乡商会组织会员企业慰问贫困生病学生。葛家和枨冲镇商会实现花炮企业资源共享，在购买原材料时让厂家享受优惠和便利。古港、枨冲和镇头商会组织为会员企业进行消防知识讲课，组织企业进行应急演练等，增强消防安全意识。柏加镇商会举办花卉苗木园艺培训班，提高从业人员的专业技能。小河乡商会健全内部安全监督管理机制，组织会员企业每月对本行业内企业进行安全检查，并督促就检查中发现的问题进行整改。沙市镇与张坊镇商会组织会员企业赴长沙县、宁乡县等地考察学习，学习先进的管理经验和生产技术。深化交流合作。1月5日—6日，第一届湘赣边县域城市工商联合作交流会在浏阳召开，江西省井冈山市、莲花县、上栗县、铜鼓县、万载县、修水县、永新县和湖南省浏阳市、醴陵市、平江县等十县市工商联共同签订《湘赣边县域城市工商联合作框架协议》。深入落实湘赣边经贸合作机制，助推行业抱团发展。支持湘赣边企业在项目、人才、技术的等方面开展深层次合作。经常组织开展考察调研，推动形成有利于区域产业发展的政策环境、法治环境和市场环境。3月29日，江西萍乡市6区县工商联在萍乡市工商联副主席张明南的带领下到浏阳考察学习，湘赣边7个区县工商联就“五好”县级工商联建设经验进行交流学习，还就湘赣边县域城市工商联合作机制进行探讨。5月19—20日组织会员前往江西宜春市袁州区和万载县、萍乡市上栗县等地考察学习，深入江西省航宇新材料股份有限公司、江西成上光电有限公司等由浏阳籍老乡创办的企业参观考察，向他们介绍家乡的发展情况，推介浏阳招商引资的优惠政策，希望他们与浏阳的同类企业加强交流合作。同时准确把握沿海地区产业转移的趋势，切实发挥商会联系广泛、信息灵通的优势，精心做好“引老乡、建家乡”的工作。北盛镇、沙市镇、淳口镇商会、青年企业家商会和大瑶花炮产业商会等基层商会分别组织召开回乡创业老乡座谈会。加强与外省市工商联、商会之间的交流合作，重点面向珠三角、长三角等重点招商区域，北上广深等经济发达地区，以及其他具备条件地区。福建省、广东省和贵州省等地的商会组团来浏考察各类投资项目，取得良好的效果。此外2016年还有湖北、河南等省市统战部、工商联到浏阳考察交流工商联工作。抓实维权服务。充分发挥民营企业投诉处理中心、法律服务中心和市工商联法律顾问团的作用，开展法律知识讲座，提高企业知法、守法、用法和风险防范意识，指导商会和会员企业合法维权，维权到位。2016年，先后召开

9月9日，中央统战部副部长、全国工商联党组书记全哲洙（左二）到浏阳调研。省委常委、统战部长黄兰香、副省长何报翔，长沙市委常委、浏阳市委书记曹立军的陪同调研

（资料来源：工商联办公室）

5 月 11 日，浏阳市工商联(总商会)第十五届会员代表大会在欧阳予倩大剧院召开

(资料来源：工商联办公室)

非公经济发展环境座谈会 3 场次，收到促进非公经济发展意见和建议 56 多条，处理投诉 3 起，调处各类矛盾 5 起。接受法律咨询 460 人次，组织法商讲座 1 场，为会员企业起草、修改、审查商事合同 13 件，向会员企业发出法律风险提示 5 次，交永安镇、澄潭江镇政府处理企业维权问题 2 个。为维护花炮产业企业的合法权益，牵头成立浏阳市花炮企业维权服务中心。还在积极筹备成立长沙市仲裁委员会浏阳分会，为企业调处矛盾纠纷，化解法律维权难题。做好参政议政。在政协九届五次全会期间，工商联工作组作《将休闲农业和乡村旅游打造成浏阳经济新增长点》的大会发言，该发言得到曹立军书记的批示，并列为政协对口协商课题。组织工商联界别委员们撰写提案和社情民意。政协九届五次会议期间，两组委员共撰写提案 19 件，其中“打造便民政务服务”和“大力发展医养结合养老产业”两个提案被列为重点提案。还组织政协委员与旅游局进行发展乡村旅游的对口协商，委员们提出的 10 余条建议均被采纳。

(罗永昌)

【第一届湘赣边县域城市工商联合作交流会在浏召开】 1 月 5 日 -6 日，第一届湘赣边县域城市工商联合作交流会在浏阳召开，来自江西省井冈山市、莲花县、上栗县、铜鼓县、万载县、修水县、永新县和湖南省浏阳市、醴陵市、平江县等十县市工商联共同签订了《湘赣边县域城市工商联合作框架协议》。《湘赣边县域城市工商联合作框架协议》的主要内容是：一是建立日常工作交流机制，组织商会代表团、项目考察团、企业商贸团定期互访交流。二是搭建湘赣边“数字工商联”信息化服务平台，实现数据共享、信息互通。三是建立经贸合作机制，支持企业进行项目、人才、技术的深层合作，并定期举办产业发展新闻发布会、招商推介会、贸易洽谈会、产品交易会、产业合作论坛等活动。四是成立区域性行业商会(协会)，发挥行业商会在服务产业发展、加强行业自律和规范行业秩序中的作用。相互建立异地商会，加强会员服务。五是鼓励会员在合作县市开展扶贫帮困、捐资助学、创业帮扶等社会公益事业，树立商会形象，扩大商会影响。签订《湘赣边县域城市工商联合作框架协议》，是进一步落实首届湘赣边区域开放合作交流会湘赣边十县市达成的《湘赣边区域开放合作浏阳共识》，对深化湘赣边区域经济合作和发展有着十分重要的意义。

(罗永昌)

【市工商联(总商会)召开第十五次会员代表大会顺利召开】 5 月 11 日，市工商联(总商会)召开第十五次会员代表大会，市政协副主席、工商联主席郭荣华代表市工商联（总商会)十四届执委会作工作报告。选举产生新一届市工商联（总商会)常务委员会常委、正副主席、正副会长、秘书长，市政协副主席郭荣华再次当选新一届工商联（总商会)主席、会长。长沙市委常委、浏阳市委书记曹立军要求新一届工商联(总商会)和企业家要把握新形势、坚定信心，抓住机遇。要谋求新突破、彰显加快非公经济发展的新作为，要争做现代市场的开拓者、创新驱动的引领者、工匠精神的实践者、社会责任的担当者。全市各级各部门要强化新举措、凝聚加快非公经济发展的新动力，要深入一线、强化帮扶意识，

1 月 5 日 -6 日，第一届湘赣边县域城市工商联合作交流会在浏阳召开

(资料来源：工商联办公室)

创新举措、优化发展环境，履行职责、聚力改进服务。为浏阳“建设省会副中心和湘赣边区域性中心城市”做出新的更大的贡献。长沙市政协副主席、工商联主席彭继球、长沙市委统战部副部长、工商联党组书记丁文，浏阳市市领导吴震、鲁建文、李家喜、周文舜、郑杰出席会议。（罗永昌）

【再次获评全国“五好”县级工商联】 8月3日，全省工商联组织工作会议在长沙金辉大酒店举行。会上，通报全省工商联组织工作绩效考核评定结果，宣布2015年度全国、全省“五好”县级工商联名单。浏阳市工商联被全国工商联评为全国“五好”县级工商联。这是继2013年被全国工商联授予“五好”县级工商联建设示范点后浏阳市工商联获得的又一殊荣。（罗永昌）

【全哲洙一行到浏阳调研】 9月9日，中央统战部副部长、全国工商联党组书记、常务副主席全哲洙一行到浏阳调研统战工作和非公有制经济工作情况，先后参观考察商会大厦，听取工商联的工作报告。对浏阳工作给予充分肯定。省委常委、统战部部长黄兰香，副省长、省工商联主席何报翔，长沙市委常委、浏阳市委书记曹立军参加调研。（罗永昌）

美国当地7月21日，致公党员宋旦汉字艺术海外百城展在美国洛杉矶隆重启幕

（资料来源：致公党浏阳工委办公室）

社会团体

5月10日下午，全国总工会基层组织建设部副巡视员张智君（左三）一行到到浏阳调研工会工作　（资料来源：市总工会办公室）

浏阳市总工会

党组书记、主　席
　　李建军（2016.07免）
党组书记、副主席
　　魏远德（2016.07任）
党组成员、副主席　李翠（女）
　　曾凡波（2016.07任）
党组成员、纪检组长　刘旭建
经审委主任　罗孝松

【概况】 2016年，市总工会机关内设办公室、组织科、劳保宣教科、民管法保科等4个科室，下辖工人文化宫和职工服务（帮扶）中心，共有在职职工16名。全市共有工会联合会55家，其中市直工会联合会23家，乡镇工会联合会28家，街道工会联合会4家。全市已建基层工会3794家，其中行政事业单位、国有企业工会共358家，非公企业工会3436家，全市现有工会会员27万，已建工会职工入会率达95%。　（于伊漪）

【职工文体活动】 市总工会职工艺术团编排以反黄赌毒为主题的情景剧《乡村故事》，在欧阳予倩大剧院、张坊等地演出，吸引大批职工群众观看。先后组织青年职工足球赛、“三人制”篮球联赛、篮球俱乐部精英赛、职工羽毛球比赛、气排球比赛、乒乓球比赛、广场舞比赛、门球比赛、冬季马路赛等，协助市委市政府举办市直机关运动会。　（于伊漪）

【职工素质提升】 开展“中国梦•劳动美”等主题教育活动，组织开展“劳动最美•醉美乡村”职工摄影比赛，在《浏阳日报》、浏阳电视台分别开设《劳动者风采》专栏，组织贺学禹、缪昌联、苏雪珍等劳模到一中、田中、浏阳河中学开展宣讲活动，宣传劳动模范和一线职工的优秀事迹，激励和引导广大职工以先进人物为榜样，牢固树立正确的价值观。广泛开展以“学技术、练本领、赛能力、比贡献”为主要内容的劳动竞赛和“安康杯”竞赛活动，认真抓好“技术能手”评选表彰和“芙蓉杯”竞赛活动，深入开展“工人先锋号”创建活动。组织开展浏阳市美发技能比赛，联合花炮局、安监局主办“花炮技艺匠人”评选活动，有效激发广大职工学技术、练本领的工作热情。　（于伊漪）

【帮扶维权工作】 爱心温暖环卫工人。发起“爱心早餐”众筹活动，组织环卫工人免费看电影，为全市一线环卫工发放保温饭盒，并在全市发出“我陪环卫工人过节日”倡议，组织近百名志愿者参加义务清扫活动。实心帮扶困难职工。在春节前夕、“五一”前夕、“七一”前夕，均开展慰问困难职工或困难党员活动，共发放困难救

5月12日，市总工会联合花炮局、安监局举行2016年“浏阳花炮技艺匠人”评选总决赛　（资料来源：市总工会办公室）

助金 80 万元。真心关爱外出人员。组织第五季“爱心温暖回家路”送在浏务工人员回家过年活动，联合市妇联、浏阳日报社举办“端午回家·关注留守儿童”活动，组织工会志愿者为田溪希望小学的留守儿童们送去书包、文具等学习用品。扎实开展职工医疗互助活动。2016 年为 303 个单位 29503 名职工办理在职职工医疗住院互助活动，为 1663 人次报销医药费 55.4 万元，个人最高补助达 5 万元。开展金秋助学活动。资助 47 名考入高校的困难职工子女，发放助学资金 28 万元。开展“清凉一夏、关爱同行”高温送清凉活动。8 月 12 日，组织到重点项目建设工地及交警、城管、环卫等工作岗亭开展送清凉活动，发放价值 13 余万元的防暑解暑物资。（于伊漪）

【劳模服务工作】 扎实做好各级劳模的推荐评选关爱工作。2016 年，孔标获评全国五一劳动奖章。组织开展劳模生活状况调查，实现劳模关爱常态化和劳模慰问全覆盖。春节期间，给浏阳本级劳模每人发放慰问金 600 元。及时组织劳模代表进行体检。9 月 21 日，组织劳模到宁乡灰汤、郴州苏仙岭进行疗休养。走访慰问张剑、孔庆好等 20 多位国家、省市级劳模，为劳模们争取上级各类补助资金 30 余万元。（于伊漪）

【基层工会建设】 按照省、市总要求，组织乡镇（街道）、园区工会联合会对照非公企业数据库对全市非公经济组织开展“拉网式”排查，摸清全市工会底数。2016 年新建工会组织 372 家，涵盖法人单位 515 家，吸纳新会员 2.1 万人，其中农民工 2 万人。蓝思科技等 6 家单位获评长沙市模范职工之（小）家称号，新期绿合作联社、三景种养合作社工会成为长沙市示范工会创建培育单位，蓝思科技成为长沙市明星企业工会创建培育单位。打造 40 家非公企业样板工会，新增湖南正兴记食品有限公司等 8 家本级模范职工之家。（于伊漪）

【劳动关系协调】 健全工资集体协商工作考核标准，对考核指标进一步进行细化和量化。召开工资集体协商动员会，对工资集体协商工作进行部署，重点推动工资集体协商工作向非公企业延伸，向劳动密集型企业拓展，不断扩大工资集体协商覆盖面。2016 年，全市共有 1847 家企业签订工资集体协议，覆盖职工近 10 万人。（于伊漪）

【举行困难职工专场招聘会】 2 月 26 日，浏阳市总工会联合市人社局人才市场举办困难职工专场招聘会。切实推进“一户以产业工人”培养工程，做实困难职工服务工作，通过深入了解职工就业需求并进行整理分析，市总工会积极与市人社局联系，有针对性地组织此次专场招聘会，增加就业成功率。此次招聘会共组织 34 家招聘企业，提供人力资源专员、质检员、行政文员、司机等 2900 个岗位，共有 1300 多名求职人员参加招聘会，达成就业意向的 700 人。（于伊漪）

【省总工会党组书记、副主席徐文龙调研浏阳工会工作】 3 月 9 日，省总工会党组书记、副主席徐文龙一行到浏阳调研工会工作，实地踏看蓝思科技有限公司、市政务服务中心以及市总工会。徐文龙对浏阳总工会的工作给予充分的肯定，要求充分发挥工会的地位和作用，凝聚好、服务好困难职工、培育出一批精益求精的工匠；要统筹资源，精准扶贫，坚持农民工困难职工帮扶以及城镇职工扶贫“两手抓”；要维护好职工权益，保证职工身心健康，丰富职工文化生活；要求打造好工人文化宫等阵地，给工人们提供活动平台。（于伊漪）

【开展“劳模精神进校园”宣讲活动】 4 月 26 日，市总工会和教育局组织的“劳模精神进校园”宣讲活动走进浏阳河中学，近四百师生一起聆听劳模故事，学习劳模精神。贺学禹老师从立志当一名好老师谈起，克服重重困难，扎根山区教育，书写无悔青春。市劳模苏雪珍老师放弃高薪聘用而选择献身教书育人，创办“珍姐信箱”“珍姐热线”“珍姐聊吧”，关爱困难学生。鲁成英老师通过视频与演说，让师生们看到了市劳模缪昌联老师 38 年如一日的坚守，做大山内学生的摆渡人的感人故事。在场的全体师生为劳模伟大的精神而喝彩，为他们的艰苦付出而感动。（于伊漪）

【全国总工会基层组织建设部副巡视员张智君调研浏阳工会工作】 5 月 10 日下午，全国总工会基层组织建设部副巡视员张智君一行来到蓝思科技有限公司调研工会工作，实地踏看了蓝思科技职工俱乐部、听取了工会工作汇报。张智君详细了解了蓝思科技工会主席的提名办法、会员代表的产生过程、工会作用的发挥情况，对蓝思科技工会的工作给予了充分

8 月 12 日，市总工会组织开展“清凉一夏、关爱同行” 高温送清凉活动

（资料来源：市总工会办公室）

5月12日，市总工会与市委宣传部、市文体广电局、市卫计局联合举办的“生命之光”专场文艺晚会在浏阳河广场举行 （资料来源：市总工会办公室）

肯定，同时希望蓝思科技工会进一步创新思路，在增强“三性”、去除“四化”、提升职工素质、提高职工之家含金量、提高职工凝集力等方面创造经验、树立典型。省总党组成员、副主席周乐红、组织部长彭晛丹，长沙市总党组书记、副主席郑耀频、党组成员唐再明，浏阳市总主席、党组书记李建军陪同调研。 （于伊漪）

【启动市工人文化宫建设】 8月30日，市总工会与市国有资产经营公司、市政务服务中心签订《国有资产转让协议》，同意以3274万元为转让价格向市总工会转让市政务服务中心，并支付首付款982万元。10月11日，召开市工人文化宫建设方案座谈会，确定文化宫建设的方向和思路。完成签订国有资产转让协议、办理产权过户、编制项目可行性研究报告、立项等手续。 （于伊漪）

【发起“爱心早餐”众筹活动】 2月22日，市总工会、市文明办、浏阳日报社、市城管局、市环卫局等单位，联合发起爱心早餐公益活动，为浏阳城区环卫工人提供免费早餐。并于10月26日在才常广场举行 “爱心早餐”现场募捐活动，众多市民、爱心单位、企业踊跃募捐，现场共筹集爱心早餐款177705.7元。截至10月26日，“爱心早餐” 募集社会爱心款近24万元，为环卫工人提供免费早餐5.2万份，完善爱心早餐示范店管理、环卫工人就餐制度、爱心早餐基金监管等各项制度做到有章可循。 （于伊漪）

【举办“因园有爱”相亲会】 10月28日，与浏阳经开区共同主办的2016浏阳经开区首届“因园有爱”大型相亲会在嘉利·新世界广场举行，活动现场设置线上、线下相亲两个分区。线上相亲区域，8位优秀单身男女青年分别走上主舞台进行自我介绍和才艺展示。线下相亲的“玫瑰传情区”，10位公益红娘带领单身男女分组相亲，男女双方可以向中意对象献上玫瑰。现场共有16对有缘人牵手成功。 （于伊漪）

青 年 工 作

共青团浏阳市委员会

党组书记、书记
　　汤　卓（2016.08任）
党组成员、副书记
　　黄银凤（女，2016.08任）
党组成员、纪检组长
　　李丽莎（女，2016.03免）
党组副书记、副书记（主持工作）
　　黄珍敏（2016.08免）

【概况】 2016年，浏阳市有18—35岁青年326084名，共青团员142516名，乡镇团委28个，街道团（工）委4个，村（社区）团组织322个，市直机关单位团青组织70个，两新团组织105个。共青团浏阳市委下设青年联合会，共有青联委员122名。主管浏阳市志愿者联合会、浏阳市义工联合会、浏阳市公益救援队、浏阳市青年创业者协会、浏阳市爱心助学行动协会、浏阳市青年电子商务创业协会、浏阳市畅心心理公益服务中心、浏阳市蓝色天使爱心协会、浏阳市农村青年致富带头人协会等9个青年社会组织。团市委机关核定编制6名，实际在编在岗干部5名。

2016年，共青团浏阳市委结合“两学一做”专题学习阶段性教育主题，开展“两性一心”、“团干部如何健康成长”、“浏阳青年这样说” 等线上线下大讨论。开展“践行社会主义核心价值、争做向上向善好青（少）年”、“我的一次志愿者经历”、“红领巾相约中国梦——听党的话，做好少年”等主题活动。举办五四青年节主题活动——践行“一线工作法”、勇当发展主力军先进青年典型评选，决选出12名在一线工作的先进青年典型，《湖南日报》《长沙晚报》、长沙新闻等媒体对活动进行了报道。“浏阳共青团” 微信公众号获2016年度湖南省“青媒奖——最具影响力微信”。组建浏阳市青年专业技术人才库，共有303名个人或团队报名加入，对接屋场规划建设、乡村旅游包装策划、工程项目咨询等10余个项目。组建青年志愿宣讲团，吸引209名来自全市各机关事业单位的青年人才报名参与，2016年，青年志愿宣讲团为全省美丽乡村建设推进会、浏阳市第十二次党代会、浏阳市“两会”等重大活动提供志愿服务。举办第二届青年创新创业研修班，对来自全市32个乡镇街道的80名青年创业者进行为期一周的创新创业培训。筹备举办浏阳市青年“创业之星”评选活动，并建立浏阳“青创之家”，为青年创业者提供场地等服务，孵化创业项目。在“十一”黄金周期间，组织近千名“浏阳蓝”青年志愿者在全市20余个乡镇、街道提供文明旅游劝导服务，省、市各级媒体和到浏游客纷纷为“浏阳蓝”点赞。举办“至爱浏阳河·环保千人行”浏阳市共青团保护母亲河行动，组织百人沿浏阳河环保骑行，近千人在浏阳河沿线进行环境清扫活动。向省青年基金会争取获得“足球支教”项目落定在文家市里仁学校。“大手牵小手——志愿百团服务留守儿童行动”项目在蕉溪乡高升完小圆满完成。争取团中央实业发展中心对中和中学基础设施建设支持，第一期80万资金在9月份签约落地。2016年“圆梦行动”共计资助准大学生104名，每人给予3000—5000元的学费资助。引导青年电子商务创业协会捐资助学，共计资助初、高中生14名。组织长沙市天心区善行者公益联盟到张坊守和小学开展留守儿童助学活动。对接大学生“三下乡”团队到中和、文家市、枨冲、沙市、小河、张坊、柏加等地开展关爱留守儿童、支教等公益活动。认真开展社区闲散青少年和问题青少年调查摸底工作，4578个重点帮教人员的档案全部录入长沙市重点青少年信息管理平台。构建青少年维权队伍，全市共成立维权岗12个，青少年维权队伍37支，维权志愿者400余人。开展“一乡一课”大型自护宣教活动，2016年共送课下乡33节，2万余名青少年、家长参与学习，活动广受好评。引进“壹基金儿童平安计划”落户浏阳，联合浏阳义工联和长沙大爱无疆公益促进会志愿者为中小学生开展“减灾小课堂”活动75场。推进乡村青少年综合服务平台建设，官渡镇群团服务中心、淮川街道城西社区、柏加镇仙湖村团支部被授予省级“青年之家”综合服务平台，其中淮川街道城西社区被评为长沙市示范性“青年之家”综合服务平台。加强青年协会组织建设，团市委主管的义工联合会和公益救援队被评为浏阳市“十佳志愿者服务团队”。加强学校团队建设，强化全团带队工作，首次组织“红领巾相约中国梦——听党的话，做好少年”的全市性少先队观摩活动，全年共有5所学校少先队获评长沙市优秀少先中(小)队。建立团干部直接联系青年制度，通过团中央开发的“1+100”系统，与联系的青年进行网上互动。通过实地调研，与乡镇街道、园区、教育系统、学校、卫生系统、金融系统、社会组织等各个领域的50多家单位交流团青工作意见，并以此为基础编制《浏阳市中长期青少年发展纲要》。

(熊　叜)

【浏阳市第二期青年创新创业研修班开班】　3月28日，由市委组织部、团市委牵头举办2016年青年创新创业专题研修班在市委党校正式开班。此次培训为期一周，经过全市乡镇街道推荐选拔的正在创业或准备创业的70名学员青年参加培训。本次有团中央创业导师、中南大学创新创业中心、创业富民办、浏阳文化产业园等专家传授创业理念、解读创业政策，省股交所副总经理、博大电商机构团队等实战经验丰富的企业家分享创业经验。培训期间，组织学员到浏阳市经开区、制造产业基地、长沙高新区孵化企业基地、金融服务中心、创客空间等实地企业进行观摩学习。

(熊　叜)

5月4日，浏阳市召开庆祝五四青年节暨践行“一线工作法”、勇当发展主力军先进青年典型评选表彰会议

(资料来源：团市委办公室)

【“践行‘一线工作法’，勇当发展主力军”青年典型表彰会议召开】　5月4日，浏阳市召开庆祝五四青年节暨践行“一线工作法”、勇当发展主力军先进青年典型评选表彰会议。全市150余名80后科级干部、各单位团委书记共300人参加会议。本次践行“一线工作法”、勇当发展主力军先进青年典型评选活动，经过前期单位党委(党组)推荐、部门联审、媒体公示、微信投票、走访考评、评委会审议等诸多环节，从79名扎根于党政服务、经济建设、政法执法、城乡建设、农村农业、科教文卫等一线的青年干部中，选出20名青年候选人在全市庆祝五四青年节会议上进行现场展示，并最终决选出了12名在经济发展一线工作的先进青年典型。

(熊　叜)

【浏阳青年志愿宣讲团成立】　7月13日，浏阳青年志愿宣讲团举行成立仪式。青年志愿宣讲团由全市各单位优秀青年干部组成，年龄在32周岁以下，主要服务全市性的重点项目观摩，重大节日、节会，重要接待以及外事活动，宣传推介浏阳故事，传递浏阳名片。当天，针对青年宣讲员的培训班同步开班，200余名青年干部参加培训。培训班安排浏阳市国民经济与社会发展“十三五”规划纲要、产业发展、浏阳名片、谈讲解艺术等理论课程，同时还有宣讲竞赛、案例分享、实地项目观摩等实践课程。

(熊　叜)

【举办2016年度浏阳市青年岗位能手评选表彰会议】　7月26日，2016年度浏阳市青年岗位能手评选表彰会议隆重举行。3月份，浏阳启动青年岗位能手评选活动，得到各乡镇街道、市直各部门的积极响应。经过层层推荐、听取意见、微信投票，产生18名候选人共同角逐“2016年度浏阳市青年岗位能手”荣誉称号。18位选手通过五分钟的自我展示，讲述一

"十一"黄金周期间，团市委组织"浏阳蓝"青年志愿者开展文明旅游劝导服务
（资料来源：团市委办公室）

个个成长的故事，诉说自己在岗位上得到的锻炼、完成的蜕变，集中展现浏阳市青年新一代的精神风貌，本次评选活动　共 10 人获得 2016 年度浏阳市青年岗位能手称号。
（熊　煛）

【浏阳市青年电子商务创业协会正式成立】 8 月 5 日下午，浏阳市青年电子商务创业协会成立大会在浏阳市政务中心三楼会议室隆重召开。市人民政府副市长莫小佳，市委统战部副部长、工商联党组书记肖柏林，市商务合作局局长唐小红，共青团浏阳市委副书记（主持工作）黄珍敏，市民政局纪检组长王慈秀等出席会议，浏阳市青年电子商务创业协会理事会和全体成员共 100 余人参加会议。大会由共青团浏阳市委副书记（主持工作）黄珍敏主持。市民政局纪检组长王慈秀宣读《关于同意成立浏阳市青年电子商务创业协会的行政许可决定》，浏阳市青年电子商务创业协会会长李敏介绍协会的基本情况。市商务合作局局长唐小红宣布浏阳市青年电子商务创业协会正式成立。本次会议，浏阳市青年电子商务创业协会现场捐资 1.5 万元，帮助浏阳的贫困高中生顺利安心地完成学业。教育局代表受助方接受捐资。
（熊　煛）

【"浏阳蓝" 服务浏阳全域旅游】 "十一"黄金周期间，为推动浏阳美丽乡村建设升级，助推浏阳全域文明旅游工作，团市委组织"浏阳蓝"青年志愿者开展文明旅游劝导服务。活动期间，中和镇胡耀邦故里景区、大围山森林公园景区、谭嗣同故居前坪、古港镇松山屋场、小河乡金葵岛、沙市镇赤马湖休闲度假区、龙伏镇、淳口镇等乡镇、街道均设立志愿者服务站，共有近千名志愿者参与志愿服务，为万余名游客提供景点咨询、道路指引、文明劝导及清洁环境卫生等志愿服务，有 300 余名游客写下留言点赞"浏阳蓝"。湖南卫视、新湖南、掌上长沙、掌上浏阳等多家省市媒体推介"浏阳蓝"志愿服务全域旅游活动。
（熊　煛）

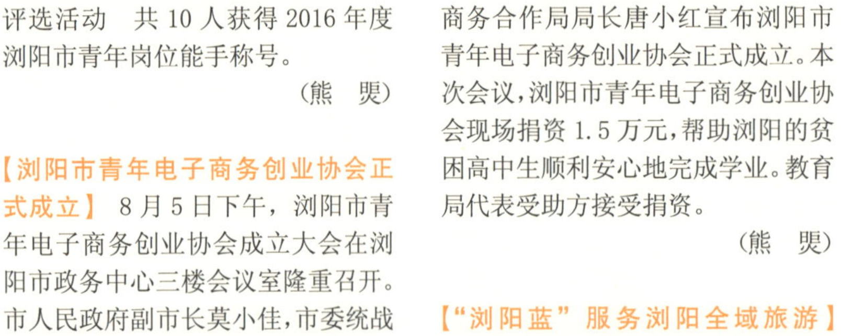

12 月 5 日上午，共青团浏阳市委组织开展"至爱浏阳河•环保千人行"保护母亲河系列活动
（资料来源：团市委办公室）

【浏阳市预防青少年违法犯罪"一乡一课"活动有效开展】 浏阳市 2016 年预防青少年违法犯罪"一乡一课"活动于 4 月上旬启动，团市委根据对乡镇青少年的需求摸底，针对性地设置"学法懂法健康成长""青少年常见心理问题的疏导与预防""预防未成年人性侵犯"等课程可供选择，不仅惠及浏阳全市学校上万的青少年学生群体，还制定"构建孝友之家，培育创新后代""科学减压、快乐生活"等适合企业青年职工、社区家庭的课程，使预防青少年违法犯罪的宣传教育普及到青年职工、闲散青少年等更多青少年群体。截至年底，共送课下乡 33 节，2 万余名青少年、家长接受心理、法制教育。（熊　煛）

【开展保护母亲河行动】 12 月 5 日上午，为弘扬志愿精神，宣传环保知识，倡导通过身体力行保护母亲河—浏阳河，共青团浏阳市委组织开展"至爱浏阳河环保千人行"保护母亲河系列活动。活动内容主要分为沿浏阳河环保骑行、环境清扫、环保知识宣传宣讲等。志愿者骑行队伍分别向关口街道、荷花街道志愿者交接传递了"爱心种子"。浏阳河沿线的各乡镇街道团（工）委陆续组织志愿者在辖区内的浏阳河流域进行环境清扫活动。团市委在浏阳河广场集中开展"保护母亲河"环保知识宣传，向前来的市民发放环保资料。（熊　煛）

妇　女　工　作

浏阳市妇女联合会

党组书记、主　席
龙花明（女）
党组成员、副主席
刘玉丰（女）
党组成员、纪检组长

肖　娟（女，2016.01 免）
陈洁璐（女，2016.01 任）
副主席　刘　艳（女）

【概况】 浏阳市妇女联合会成立于1950年3月。1993年，浏阳撤县设市，更名为市妇联，为正科级单位。浏阳市妇女联合会是浏阳各界妇女在中国共产党领导下为争取进一步解放而联合起来的社会群众团体，是党和政府联系妇女群众的桥梁和纽带，是国家政权的重要社会支柱。市妇联的基本职能是代表和维护妇女权益，促进男女平等。浏阳市妇联内设6个部室：办公室、组织联络部、宣传部、妇女发展部、权益部、儿童工作部。浏阳市妇女儿童工作委员会办公室设在妇联。机关共有8名在编在岗工作人员。市妇联有6个团体会员单位：浏阳市女领导干部联谊会、浏阳市女能人协会、浏阳市“廉内助”联谊会、浏阳市妇女儿童互助会、浏阳市知青家园艺术团、浏阳市“半边天”健康联谊会。浏阳市妇联先后被全国妇联、教育部评为全国妇联基层组织建设示范市、全国家庭教育示范市；被省妇联评为创先争优活动先进集体、妇联系统先进集体、宣传工作先进单位、巾帼建功先进单位；被长沙市妇联评为目标管理考核红旗单位。党群共建创先争优、多机构合作反家暴、促进农村妇女参政、小额担保贷款等工作特色鲜明，作为典型经验在全国、省、市交流推荐。2016年，在市委、市政府的坚强领导下，浏阳市妇联认真贯彻中央、省、市群团工作会议精神，坚持围绕中心、服务大局，立足基层、服务妇女，突出重点、主动作为，全市妇女儿童发展事业迈上新台阶。

突出发展主题，统筹城乡妇女在创业创新中展示风采　搭建妇女创业创新平台。举办3期“巾帼创客堂”女性创业创新电商论坛，邀请专家和本土优秀创业女性代表作不同主题交流分享。联合农业局举办新型职业女农民培训班。组织女能人协会会员按季开展主题学习、爱心帮扶等活动，增强协会凝聚力。积极对接妇女创业创新新政策，发放小额担保贷款35笔，102万元。推动城乡妇女岗位建功。创新形式在全市范围内开展“寻找身边最美的她——最美基层巾帼之星”评选活动，得到社会广泛关注，2天时间内，12万多人参与互动投票。深化“巾帼文明岗”评创，1家获评省级、8家获评长沙市级巾帼文明岗。联合农业、畜牧等部门推动巾帼示范基地创建，创省级1个，长沙市级2个。坚持推进“春风送岗位”“巾帼种烟示范户”“城乡环境整治女标兵”等工作。启动“最美创业”评选表彰活动，激发全市女性参与经济社会建设热情。

发挥协调优势，让妇女儿童在维权行动中得到帮助　开展维权普法宣传活动。“三八”维权周、“11.25”期间，全市各级妇联通过设立咨询台、发放资料、签名、知识抢答赛等形式广泛宣传男女平等基本国策和《反家庭暴力法》，参与群众达3万人。开展“送法律　促和谐·巾帼在行动”普法宣讲活动10余场，近3000名妇女姐妹参加。组织“禁毒妈妈联盟小分队”，广泛开展“不让毒品进我家——无毒万家兴”系列宣传活动，筑牢家庭拒毒防毒防线。创新婚姻家庭矛盾纠纷调解机制。推进市婚调中心建设，11月至12月，调处纠纷77起，调和41对，作用初步彰显。指导乡镇（街道）因地制宜设立婚姻家庭调适服务工作室、调解室，构建大格局的婚姻家庭调处网络。继续推进多机构合作反家暴网络建设，针对中、高危家庭暴力案件及时有效介入。全年共接待来信来访244件，处理中高危案件32件。推进妇女儿童发展规划实施。召开妇儿工委全会。积极推动将妇女儿童发展目标纳入经济社会发展总体布局，编制《浏阳市“十三五”妇女儿童发展规划》审定稿。

浓厚宣传氛围，引导广大妇女在家庭建设中倡树新风　“最美家庭”竞相绽放。指导各级妇联结合实际常态化推动寻找“最美家庭”活动开展。邀请北京大学齐大辉教授为全市500多户家庭代表作《家风文化与家庭公约》主题讲座。利用“浏阳妇联”微信公众平台，多角度宣传报道“最美家庭”典型。2016年全市各级评选表彰“最美家庭”3216户，其中浏阳市级“最美家庭”55户。家庭建设内涵丰富。推进“两型”家庭创建，200户家庭获评长沙示范户。开展以书香飘万家为主题的“家庭阅读年”活动。促推“平安浏阳”建设，签订“平安家庭”创建承诺书30万份。继续开展“勤廉家风入万家”活动，召开“廉内助”年会，邀请长沙市委党校的伍贤华老师作专题讲座，通过廉内助家风座谈会、访苦思廉等活动，助推全市党员干部家风建设。组织“让爱更有智慧”家风家教讲座100场，坚持四年打造“母亲夜话沙龙”家庭教育工作品牌。一流意识不断增强。加强舆论宣传引导，开通“浏阳妇联”微信平台，5万余名粉丝关注。2016年，接受兄弟单位和省、市妇联调研指导18次；新华社、中国妇女报等各类媒体刊发报道浏阳妇联工作437件，浏阳妇女儿童工作的知名度、美誉度进一步提高。

关注妇儿民生，让儿童在快乐环境中健康成长　重点推进妇儿民生实事。筹集慰问款50余万元，对800多名贫困妇女儿童进行救助。2万余名妇女接受“两癌”免费筛查，争取国家、省、市救助金100多万元对100多名“两癌”妇女进行救助。组织女村官、兼职副主席和执委等700余人参加免费健康体检。争取“春蕾”资金对45名女童进行资助；争取解放军空军部队爱心款9万元对接石柱峰小学建设；争取省儿基会33.4万元推进2所小学“水印计划①”实施。开展“六一”关爱主题活动。组织策划“你我牵手·助梦飞翔”关爱活动，116户爱心家庭和人士与孩子结成帮扶对子。引导廉内助、女能人协会代表慰问南冲学校和高坪完小30名困境儿童。在市活动中心开展“共同成长·为爱护航”亲子心理游园活动，300余名孩子参加。真情帮扶贫困留守儿童。及时更新全市留守儿童成长档案，对监护不力或监护缺失的留守儿童，通过代理家长、爱心妈妈等形式开展帮扶。组织第二届为期一周的留守儿童家长专场招聘会，从源头上减少留守儿童。招募30名拥有国家心理咨询师资格证的志愿者，成立“启程”心理健康辅导工作站。从心理健康角度在泮春中学建立首个留守儿童心理健康辅导工作站，组织别具特色的主题活动。承办“致公微善行——爱心妈妈在行动”活动，淳口镇30名留守儿童与

3 月 8 日，浏阳市召开女干部代表座谈会　　（资料来源：市妇联办公室）

省致公“爱心妈妈”建立了为期三年的帮扶对子。开展“梦想花开季•圆梦百名困境儿童”活动，搭建爱心平台，全市 100 多名困境儿童与爱心人士结对圆梦。

加强组织建设，激发妇联干群在学习创新中奋力作为　扎实推进基层妇联组织改革创新。全市32 个乡镇（街道）妇联全面完成充实执委工作，产生执委 839 人，配备兼职副主席 113 人；31 个试点村（社区）全面完成改建妇联工作，产生兼职副主席 91 人，执委 643 人，充实了基层妇联社会力量。推动全市“妇女儿童之家”优秀品牌创建工作，集里桥社区“黄帽子②”项目获长沙二等奖。指导浏阳经开区、高新区建立妇联；指导富丽真金、湖南一朵、湖南百宜、长沙永昌等 20 家企业建立妇委会。推进市妇女儿童活动中心建设，全年组织开展活动 32 场次。推动妇女参政议政。建立优秀女性人才资源库，利用换届，向市委、人大、政协推选优秀女性人才，确保“两代表一委员”的数量和比例。组织召开全市“女领导干部代表座谈会”，向市委建言加大对女干部的培养、选拔和任用力度。组织“浏阳市女干部沙龙”，搭建女性人才提升成长平台。加强妇联干部队伍建设。深入开展“两学一做”学习教育活动，提高妇联干部服务群众的意识和水平。持之以恒开展“下基层、访妇情、办实事”调研活动，选派干部驻村开展“群众工作”，推动妇联干部走出机关、走进基层、走近妇女，让妇联工作真正做到群众心中。　（戴四辉）

【浏阳市妇联成立“启程”志愿者心理健康辅导工作站】　为更好的服务全市广大妇女、儿童的身心健康，为全市广大妇女、儿童提供专业化、细致化心理健康教育、咨询与辅导，打造一支专业的心理健康辅导服务团队，1 月 26 日下午，浏阳市妇联“启程”志愿者心理健康辅导工作站成立会议在浏阳市妇女儿童活动中心举行。市妇联党组书记、主席龙花明在成立会议上指出，“启程”志愿者心理健康辅导工作站的成立是市妇联适应新常态，主动应对妇女、儿童和家庭心理需求，实行分层服务的有效举措，对浏阳妇女儿童身心健康事业发展和妇女维权工作开展具有积极的促进作用。启程志愿者心理健康辅导工作站在今后工作中要明确目标方向，树立特色品牌，更好地关注关爱、服务妇女儿童，全力打造妇女儿童成长的“温暖之家”，为浏阳市精神文明建设贡献新力量。浏阳市妇联“启程”志愿者心理健康辅导工作站由 27 名热心社会公益事业、拥有国家二级、三级心理咨询师资格证、从事教师、医生、公务员以及心理咨询师等工作的专业志愿者组成。2016 年工作站将通过“四开”服务形式：即开设温“心”咨询室、开通心理专家服务平台、开展心理服务“五进”活动、开办“心理驿站”沙龙，为全市广大妇女儿童和家庭成员搭建一座疏通心理障碍、缓解心理压力的“连心桥”。　（戴四辉）

【召开庆祝“三八”国际妇女节暨“寻找身边最美的她”表彰大会，10 名“最美基层巾帼之星”揭晓】　3 月 7 日下午，浏阳市召开庆祝“三八”国际妇女节暨“寻找身边最美的她”表彰大会。长沙市妇联党组副书记周小春、浏阳市级领导吴震、刘旭、刘仙娥、邓雪琴、张葵红、廖伟平出席会议。浏阳市妇联党组书记、主席龙花

4 月 21 日，省妇联党组成员、副厅级纪检员郑丽东等一行 14 人到浏阳市就家庭建设开展情况进行调研　　（资料来源：市妇联办公室）

明回顾总结2015年的妇女儿童工作，对2016年的工作进行安排部署。市委副书记吴震代表市委、市政府致辞。浏阳市妇联组织主办的“寻找身边最美的她——最美基层巾帼之星”评选活动自去年12月份启动以来，得到社会各界的大力支持和积极参与，通过组织推荐、他人推荐、自我推荐等方式，收到各界推荐的优秀妇女典型代表百余名。经过提名推荐，群众投票，评委会评审三个阶段，最终周思等10名候选人当选为浏阳市“最美基层巾帼之星”，邓俐丽等12名候选人获得浏阳市“最美基层巾帼之星”提名奖。（戴四辉）

5月13日上午，浏阳市妇联组织举办“浏阳市最美家庭表彰暨家风家教宣讲大会”

（资料来源：市妇联办公室）

【浏阳市召开女干部代表座谈会】 3月8日，浏阳市召开女干部代表座谈会，长沙市委常委、浏阳市委书记曹立军与60名来自各条战线的女领导干部、机关女干部、女村官代表共度节日、共话发展。市妇联党组书记、主席龙花明汇报妇联开展女干部培训、培养、服务及推动妇女参政议政工作。曹立军高度肯定过去的一年浏阳妇女同胞特别是广大女干部，在各条战线、各自岗位上施展才华，为经济社会发展做出突出贡献。要求广大女干部要进一步增加学识、增长见识、增强胆识，树立新理念，不断拓展视野和思维；要深入一线扎实干事、发挥优势主动干事、严格自律干净干事，创造新业绩，充分展示担当和作为；要永葆快乐之心、常怀感恩之心、秉持包容之心，畅享新生活，努力平衡家庭和事业。曹立军表示，市委将进一步加大对女干部的选拔任用，为广大女干部干事创业、脱颖而出搭建平台、创造条件。市妇联要充分发挥培养、输送优秀女干部的基地作用，切实履行职能，真诚做好服务，不断推动浏阳妇女事业蓬勃发展。市委副书记吴震主持会议，市领导邓阳锋、刘仙娥、邓雪琴、张葵红、廖伟平参加。（戴四辉）

【湖南浏阳制造产业基地妇联成立】 湖南浏阳制造产业基地是长株潭“两型社会”建设的重要组团之一，基地总规划面积50平方公里（含金阳新区核心区），已建成区面积约12平方公里（含永安镇）。基地拥有规模企业95家，产值过亿元企业20家，高新企业20家，有各类专业技术人员2000余人，产业工人2万余人。3月31日，湖南浏阳制造产业基地第一次妇女代表大会在管委会召开，来自园区各企业及管委会97名妇女代表参加会议，会议根据《中华全国妇女联合会章程》和有关条例的规定，通过园区第一届妇联执委会《选举办法》，选举产生由19人组成的第一届妇联执委会委员和园区第一届妇联主席、副主席。浏阳市妇联主席龙花明，园区党工委书记周剀，党工委委员、工会联合会主席蒯正红，党工委委员、管委会副主任张露出席会议。（戴四辉）

【省妇联郑丽东书记带队到浏阳开展家庭建设工作调研】 4月21日，省妇联党组成员、副厅级纪检员郑丽东等一行14人到浏阳市就家庭建设开展情况进行为期一天的调研，市人民政府副市长邓雪琴陪同调研。上午，家庭建设工作座谈会在政府四楼会议室召开。浏阳市妇联主席龙花明就浏阳市家庭建设工作从“创新三美”最美之花竞相绽放；落实“三个注重”全面提质家庭文明创建；主动参与作为探索创建婚调联动平台；关注发展多举措服务女性二孩生育等几个方面作工作汇报。邓雪琴表示，浏阳将继续按照省、长沙市群团工作会议精神，进一步加大对妇联工作的支持力度，鼓励妇联创造性地开展工作，提升广大妇女儿童群众的满意指数，引导妇女群众在全市发展进程中创造新的更大的业绩。郑丽东对浏阳市在家庭建设工作方面所取得成绩给予高度的肯定，并表示将认真收集来自基层的合理化建议与意见，为出台相关政策提供第一手资料。按调研行程安排，下午，郑丽东等相关领导对浏阳市集里街道集里桥社区在邻里守望反家暴、黄帽子志愿服务、心愿墙等方面所开展的工作进行实地参观与调研，并为特困妇女送去了慰问金。（戴四辉）

【举办“浏阳市最美家庭表彰暨家风家教宣讲大会”】 为庆祝5.15国际家庭日，5月13日上午，浏阳市妇联组织举办“浏阳市最美家庭表彰暨家风家教宣讲大会”，来自基层、市直单位的妇女儿童工作分管领导、乡镇（街道）妇联主席、市妇委会主任（妇女小组长）、实职副科级及以上女领导干部代表、廉内助会员代表、市直机关干部代表、优秀家庭代表等400余人出席会议。大会分为两个阶段进行。在第一阶段的最美家庭表彰会上。浏阳市妇联党组书记、主席龙花明介绍浏阳市最美家庭活动开展情况，并要求各级妇联从紧跟时代步伐，丰富家庭文明建设内涵；创新活动形式，让寻找活动更接地气；坚持全员参与，巩固和转化活动成果三个方面着手，推动全市家庭文明建设工作再上新台阶。市委宣传部副部长潘

5 月 30 日下午，市妇联在大围山镇白沙完小开展的“你我牵手·助梦飞翔”——“带着爱心下乡去”庆祝“六一”国际儿童节主题活动 （资料来源：市妇联办公室）

立宣读最美家庭表彰文件。市人民政府副市长邓雪琴出席会议并对近两年来市妇联与文明办联合开展的家庭文明建设工作给予充分的肯定，并号召全市广大家庭向“最美家庭”学习，注重家风的习得和养成。同时要求各单位将最美家庭建设与全国文明城市创建、屋场建设等工作相结合，丰富和延伸家庭文化的内涵和载体，将“最美”的理念深植每个家庭。在第二阶段中，来自北京大学的齐大辉教授，从“家长教育是家庭教育基础、公民素质源头、群众工作桥梁、党群关系抓手”、市民公约从家庭公约做起等方面着手，深入浅出的阐述关于“如何学会做优秀家长、培养杰出孩子、建设最美家庭”的观点，并提出“抓党建促家建 正家风助党风”的全新理念。 （戴四辉）

【江苏省妇联来浏阳考察农村妇女参政议政工作】 5 月 24 日，江苏省妇联副主席李玉娟率江苏省妇联系统考察团一行 20 人在湖南省妇联领导周迎春、钟斌陪同下到浏阳考察农村妇女参政议政工作。先后考察永和镇永福村、古港镇梅田湖村松山屋场、枨冲镇新南桥村。浏阳市自 2011 年启动“推动中国妇女参政”项目试点工作以来，注重加大各级妇女干部的培养选拔力度，狠抓农村妇女进村“两委”、女干部培训和监测、提高人大女代表和政协女委员比例、提高决策者意识、组织村规民约性别歧视筛查等工作。提高妇女参政比例和参政议政水平，推动妇女参政议政及反家暴工作在全国前列。先后有山东省东营市、甘肃省靖远县、江苏省等省、市妇联系统组团到浏阳考察学习。市妇联主席龙花明陪同考察。 （戴四辉）

【举办“你我牵手·助梦飞翔”——“带着爱心下乡去”庆祝“六一”活动】 5 月 30 日下午，浏阳市大围山镇白沙完小，来自全市 36 个爱心家庭代表带着 600 元爱心款与学习用品与白沙完小的贫困、留守儿童汇聚一堂，参加由市妇联开展的“你我牵手·助梦飞翔”——“带着爱心下乡去”庆祝“六一”国际儿童节主题活动。“六一”国际儿童节前夕，市妇联围绕“你我牵手，助梦飞翔”活动主题组织策划开展“带着爱心下乡去”活动，116 名爱心家庭和爱心人士与贫困儿童、留守儿童结成帮扶对子。湖南庆泰烟花制造有限公司董事长黄蔚德先生、浏阳市葛家席兴油茶专业合作社总经理彭席文先生为白沙完小捐赠了价值 5 万元的不锈钢学生餐桌椅。 （戴四辉）

【浏阳市举行“心灵相约·快乐工作”女干部沙龙活动】 6 月 23 日，浏阳市委组织部、市妇联联合举办“心灵相约·快乐工作”女干部沙龙活动，市委常委、宣传部部长刘旭、市人大常委会副主任刘仙娥等副科级以上女领导干部、机关事业单位“80 后”优秀女干部代表共 130 余人参加。沙龙活动邀请市心理研究会会长聂续红及其团队，通过“缘来是你、幸福探秘、幸福大舞台”等环节活动，让女干部们在体验和互动中更好地平衡身心、放松心情，增强有效沟通的方法和技巧。 （戴四辉）

【湖南省督导组到浏阳督导农村适龄妇女“两癌”免费检查工作】 9 月 20 日，

9 月 20 日，湖南省“两癌”督导组组长、省妇联副主席鲁华率省农村适龄妇女“两癌”免费检查第二督导组到浏阳，就农村适龄妇女“两癌”免费检查工作进行督导

（资料来源：市妇联办公室）

湖南省“两癌”督导组组长、省妇联副主席鲁华率省农村适龄妇女“两癌”免费检查第二督导组到浏阳，就农村适龄妇女“两癌”免费检查工作进行督导。通过听取市人民政府副市长邓雪琴关于浏阳市2016年农村适龄妇女“两癌”免费检查工作情况汇报，到妇幼保健院和葛家镇卫生院调阅工作资料、查看工作流程、随机访问受检妇女群众，督导组对浏阳市“两癌”免费检查工作给予充分肯定和高度评价。 （戴四辉）

【浏阳村(社区)妇联改建试点工作完成】 2016年，市妇联深入推进基层妇联组织改革创新，率先启动充实乡镇(街道)妇联执委工作，32个乡镇、街道共配备兼职副主席113人，选举产生执委839人。全面完成村(社区)妇联改建试点工作，产生村(社区)妇联执委489名，有效解决了村(社区)妇联组织力量薄弱的问题。11月17日，召开2016年全市妇联组织改革创新工作总结暨培训会，来自全市乡镇(街道)、工业园区、村(社区)妇联改建试点村及社会组织的160名妇联组织干部参加会议。下阶段，市妇联还将进一步打造网上妇女之家，加强女性社会组织培育，并通过集中培训、分批培训等多种方式加强妇联系统干部业务培训。(戴四辉)

【婚姻家庭关系调适服务中心成立暨揭牌仪式】 11月25日上午，由市妇联牵头组织市委综治委、法院、司法局、财政局、民政局六家单位，在市婚姻登记大楼二楼举行浏阳婚姻家庭关系调适服务中心成立暨揭牌仪式。市委常委、政法委书记戴武明及相关单位负责人参加会议。婚姻家庭关系调适服务中心10月24日试运行至11月24日，共受理案件62件，成功调和22对家庭纠纷矛盾。 （戴四辉）

【举办“梦想花开季·圆梦百名困境儿童”爱心见面会】 按照市委宣传部“爱心涌动浏阳河•2016浏阳市首届志愿服务文化节”活动要求，市妇联在全市范围内开展“梦想花开季•圆梦百名困境儿童”活动，11月下旬通过浏阳报纸、浏阳妇联等平台公布100名困境儿童的心愿后，引起全社会的强烈反响，不到五天内，孩子们的心愿即被全部认领。12月9日下午，爱心见面会在市国税局3楼会议室举行。来自全市的100名困境儿童收到爱心人士送来的自行车、学习机、新衣服、新棉被、课外书籍等礼物。活动现场为45名“春蕾女童”发放爱心助学金。同时还为龙伏镇石柱峰小学发放9万元“春蕾计划”帮扶资金。市委常委、宣传部部长莫小佳，市政协副主席张葵红，市宣传部副部长、文明办主任潘立出席活动。

（戴四辉）

①“水印计划”是全球领先水企赛莱默公司于2008年在瑞典斯德哥尔摩“世界水周”期间向外界公布的全球慈善计划。在中国，赛莱默自2009年起与中国妇女发展基金会合作启动“水印计划”之中国行动，为偏远的学校提供安全饮用水和卫生设施，并推广卫生教育。

②小黄帽是学生群体的交通安全标识，采用亮黄色反光面料制成，白天颜色鲜亮、分辨度高，夜晚反光醒目，能从各个角度高度提醒道路交通参与者注意避让，有效遏制交通事故发生。同时，小黄帽附带中国智能电子学生证，一旦发生事故，学生将第一时间得到确认和救助。

残　联

市残疾人联合会

党组书记、理事长　　周卫东

党组成员、副理事长　罗人歌

党组成员、纪检组长

邓章荣(女，2016.03任 2016.12免)

【概况】 残疾人联合会负责指导全市开展残疾人工作，发展残疾人事业；听取残疾人意见，反映残疾人需求，代表残疾人利益，维护残疾人权益，为残疾人服务；开展残疾人康复、教育、就业、托养、扶贫、文体活动和辅具供应。2016年，市残联内设办公室、教就部、康复部和组联、维权部4个部室，下设残疾人就业服务中心加挂残疾人辅助器具服务站牌子，有在编在岗职工11人，临聘人员5人。市残联第三届主席团委员25人、各专门协会主席5人，理事会成员12人，截至2016年12月全市共有持证残疾人29988人。集里和大瑶分别新建扬馨和凝馨两家残疾人服务中心，为80余名残疾人提供日间照料服务。

（兰词贵）

【残疾人康复实事】 实施“0—14岁贫困残疾儿童抢救性康复”项目，免费为267名贫困残疾儿童提供康复训练服务，在训儿童康复训练显好率95%，儿童家长满意率100%。实施“义肢助残”工程，免费为75名残疾人装配假肢78例。实施“光明•关爱”工程，免费为150名低、弱视力患者和200名白内障患者配发助视器、实施手术。辅具适配进家庭项目，根据残疾人自身需求“量体裁衣”，免费为86户残疾人家庭配备坐便椅、护理床等价值10万余元的辅助器具195件。（兰词贵）

【残疾人教育就业】 依托古港、沿溪、达浒、官渡等乡镇为400余名残疾人开展水果栽培、蔬菜种植培训，提高残疾人群体的致富本领。与相关企业对接，有针对性地介绍残疾人去企业试岗就业，全年新增城镇残疾人就业100多名。完成按比例安排残疾人就业年审工作，全市用人单位共安置残疾人310人(福利企业除外)，财政代扣、地税代征、自行征收残疾人就业保障金1100余万元，较上年度增长近100万元。为28名残疾人争取创业扶持资金35.88万元，为82名残疾人争取贷款贴息项目资金43万元。（兰词贵）

【残疾人权益维护】 开展领导信访接待日活动，全年共接待来信来访残疾人180余人次。与浏河律师事务所签订合作协议，为残疾人免费提供法律咨询和法律救助30多人次。12345市民热线进一步畅通残疾人诉求反映渠道，直接协调解决10起残疾人关注的事件。加强矛盾排查，及时化解纠纷，全年没有发生越级群访和涉残事件。实施残疾人家庭无障碍改造工程，投入30余万元，对60户残疾人家庭的灶台、卫生间、楼道扶手、入户地面等设施进行了改造。（兰词贵）

【残疾人扶贫保障】 配合市民政局做好重度残疾人护理补贴和困难残疾人生活补贴，受益残疾人超过1.41万人。实施残疾人居家托养项目，为180名智力、精神和重度肢体残疾人发放补助18万元，由其自主选择托养服务。落实扶残助学政策，为358名残疾人高中生、大学生和残疾人家庭子女大学生发放补助73.92万元。落实危房改造残疾人户跟进补贴政策，为296户残疾人家庭补助资金118.4万元。结对帮扶永和镇菊香社区建档立卡贫困家庭8户，全年走访10余次，帮扶产业发展、生活设施改造资金5.84万元。（兰词贵）

【残疾人精神文化生活】 第二十六次“全国助残日”期间成功举办首届残疾人才艺比赛，共有183名热爱生活、喜欢才艺的残疾人报名参赛，最后有44名选手从声乐、器乐、舞蹈、书法、绘画和演讲等六类项目中脱颖而出，荣获比赛的一、二、三等奖。省残联第一届“活力、健康、自强、快乐”主题文体活动评比中，浏阳仁爱残疾人服务中心自编自导录制的《相信自己、勇往直前》手语舞获评一等奖，极大地激发了残疾人群体的艺术创作热情。推介淮川街道城东社区等扶残助残先进典型，成功获评长沙市扶残助残“善行四十佳”。（兰词贵）

法　　治

政法委及综治

中共浏阳市委政法委员会

书　记　邱山东（2016.09 免）
　　　　戴武明（2016.09 任）
常务副书记　高志仕
副书记　孙仕定
　　　　卢俊英（2016.08 免）
　　　　陈　局
　　　　周　翔（2016.09 任）
　　　　沈学军（兼）
　　　　戴智明（兼）（2016.08 免）
　　　　李　波（兼）（2016.08 任）
　　　　喻湘川（兼）（2016.11 免）
　　　　陈　芳（兼）（2016.11 任）
　　　　苏柏松（兼）（2016.08 免）
　　　　肖柏林（兼）（2016.08 任）
　　　　彭世明（兼）
　　　　屈湘水（兼）
　　　　李志勇（兼）（2016.07 任）

社会管理综合治理委员会办公室

主　任　高志仕
副主任　张伟华（2016.08 免）
　　　　吴碧辉（2016.03 任）
　　　　周　达（2016.09 任）

维护社会稳定工作领导小组办公室

主　任　孙仕定
副主任　凌　剑
　　　　陈向前（2016.07 免）
　　　　蒋雪峰
　　　　易先超（2016.07 任）

2016 年，全市政法工作在市委、市政府的正确领导下，紧紧围绕“保稳定、创平安、促和谐”的工作主题，扎实推进平安浏阳、法治浏阳、和谐浏阳和过硬队伍建设，实现社会大局和谐稳定，人民群众安居乐业，为浏阳“建设‘两个中心’，进军全国十强”营造安全稳定的社会环境、公平正义的法治环境和优质高效的服务环境。

坚持源头防范，全市社会大局持续稳定　强化情报预警。加强对重点群体、重点对象以及各类不稳定隐患和苗头的排查管控，完善情报信息共享研判机制，调动群工站、维稳协会等基层组织力量，协调国安、国保、网安、网宣等专业职能部门，全面搜集各类情报信息，为预测预警预防风险奠定了基础。注重源头预防。深入推进社会稳定风险评估，成立市重大决策事项社会稳定风险评估指导中心，对 117 个政府投资项目、118 个社会投资项目（包括续建项目）进行重大不稳定情况核查，建议暂缓实施项目 4 个，风险评估结论采信率 100%，风险控制率 100%，省、市有关部门多次来进行调研，对全市稳评工作给予充分肯定。做好应急处置。依法妥善处置各类群体性、突发性事件 180 余起，实现“两会”、清明、“五一”“六四”“九三”“九三零”“国庆”等特护期进京“零登记”目标，没有发生影响大的集访和群体性事件。

坚持打防结合，平安浏阳建设深入推进　完善治安防控体系。制定下发《关于加强社会治安防控体系建设的实施方案》和《社会治安防控体系建设项目化任务责任分解表》，确保各项防控措施落到实处。全面推进“天网工程”第三期，建成电子卡口 20 个、微卡口 110 个，新增、更新高清监控设备 2650 个。大瑶湘赣省际公安检查站建成启用，在边界矗立一座社会治安防控的桥头堡。各乡镇街道进一步整合专职、义务巡防队员，落实专业队伍控面、义务队伍巡线、志愿者队伍守点的要求，涌现街店联防、十户联防、邻里守望等一批群防群治的先进典型。持续开展“除民患、保民安”“夏季攻势”“禁毒会战”“扫黄治赌禁毒”等系列专项行动，全市刑事发案 5101 起，同比下降 18.36%，其中侵财类案件 4089 起，同比下降 20.85%；刑事拘留 1594 人，逮捕直诉 1748 人，同比上升 1.86%；破案 2282 起，同比上升 2.25%。集里、洞阳、大围山、北盛等乡镇街道召开退赃大会，为群众挽回经济损失 40 多万元。推进棋牌娱乐场所巡查、监管、整治常态化，临街门面、交通要道两侧、校园周边、市场等地方麻将馆已经销声匿迹，麻将馆整治成效得到进一步巩固。治理麻将馆工作经验在《长安》、三湘综治网等媒体刊登，在全省禁赌工作会议上予以推介。

优化多元化解机制。继续开展“三调联动化矛盾、息诉息访促平安”专项活动，全市共调解矛盾纠纷 7825 起，调解成功率 98.8%，防止群体性上访事件 35 起，防止民转刑案件 33 起。重点推进专业调解组织建设，建成医疗、物业、道路交通事故、婚姻家庭等专业矛盾纠纷调处中心，率先成立全省首家物业纠纷巡回法庭，形成行政调解、人民调解、司法调解、法律服务、诉调对接“五位一体”一站式服务的调解体系。夯实综治基层基础。扎实推进“一站两会一室①”的规范化建设，加强基层综治、司法队伍建设。进一步完善网格化管理制度，形成“人在格中走，事在网上办”的工作格局。深入推进“十百千万[②]”平安创建工程，以平安企业创建为抓手，创新安全监管的模式被《长安》杂志报道。推进平安家庭创建，在全国首创多机构合作的识别和干预家庭暴力工作模式。开展平安边界创建，推进湘赣边区域综治、警务、检务、司法等协作，澄潭江镇、小河乡、官桥镇等乡镇分别与市际、省际周边乡镇成立平安边界共建理事会，共创共享平安边界。强化政法综治宣传，发放50余万份宣传资料进村到组入户，发送宣传短信140万条，召开综治述职会议1353场，利用“平安浏阳”微信公众号编发政法综治动态125期，在三湘综治网和三湘等省级综治平台刊登政法工作经验文章30余篇，人民群众对政法综治工作的知晓率、参与率、满意率大大提升。抓实专项组工作。强化护路护线联防工作，重点做好沪昆高铁沿线的护路工作，进一步完善专职巡防队、高铁保安、高铁志愿者三支队伍，建立“六微”护路机制。加强寄递物流安全管理，集中开展危爆物品寄递物流清理整顿专项行动，加快寄递物流监管中心建设，全面落实“三个100%”[③]制度。推进“三实[④]”信息采集工作，采集录入新增数据量居长沙地区第一。通过信息采集，协助侦破各类案件64起，抓获违法犯罪嫌疑人51人。加强校园及周边社会治安综合治理，共开展全市性集中整治行动12次，查处校车违法违规行为82起，整改安全隐患415处。健全政府、社会、家庭三位一体的关怀帮扶体系，做好刑满释放人员、社区矫正对象、易肇事肇祸精神障碍患者、吸毒人员等特殊人群的衔接接收、服务管理、教育帮扶等工作，全市在册的600名社区矫正对象和4019名刑释人员无一脱管漏管。

坚持公正执法，法治保障作用日益凸显 规范执法司法行为。开展执法监督、专项督查、案件评查等“三项检查”，评查案件50件，协调案件27起，召开协调研讨会26次。开展“两个规定”(《领导干部干预司法活动、插手具体案件处理的记录、通报和责任追究规定》《司法机关内部人员过问案件的记录和责任追究规定》)专项督查活动，确保司法公正。推进高效为民司法，打造“互联网+诉讼公开”新模式，通过网络平台公布各类裁判文书9736份，发布信息64次，直播案件23场次；组织巡回开庭98场次，上门立案13案次，有效缓解诉讼难的问题。落实司法体制改革。深化涉法涉诉信访制度改革，共接访178人次，共受理信访问题54件，全部予以办理并依法回复。建立律师参与化解和代理涉法涉诉信访案件制度，在市司法局公共法律服务中心、市人民法院、市公安局设立律师值班室，共接待来电来访群众75人次，受理信访人委托5起。稳妥推动法官、检察官员额制改革工作，市法院遴选65名优秀法官进入全省首批法官员额，市检察院已组织参加全省检察官遴选考试。完善案件繁简分流机制。适用简易程序或速裁程序审结民事案件5944件，审结刑事案件490件，平均审理周期缩短至7天左右，当庭宣判率100%，上诉维持率100%。健全司法监督和职务犯罪预防机制，制定《保护和奖励职务犯罪举报人工作实施办法》，共立案查处职务犯罪案件11件15人，组织开展警示教育、预防职务犯罪专题讲座6场次。保障经济社会发展。组织政法各单位开展“服务经济月”活动，为企业和项目建设提供优质服务。市法院及时审理招商引资、融城对接、产业升级等事关浏阳发展大局的各类案件，探索破产案件通过“债转股”方式助推企业转型升级、渡过难关。市检察院严厉打击以非法吸收公共存款、集资诈骗、骗取贷款等犯罪为代表的涉众型经济犯罪，受理审查案件4件，批准逮捕5人，起诉9人。市公安局先后两次在经开区及周边开展治安秩序集中整治专项行动，查处案件135起，打击处理86人。市司法局组建浏阳市公共法律服务中心法律服务专业团队和“法润三湘”公共法律服务志愿者团队，全年共办理法律援助案件784件，公共法律服务中心接待来访群众2.3万批次。市森林公安局查处各类涉林案件384起，为国家、集体和个人挽回直接经济损失252万元。

坚持素质引领，政法队伍形象不断提升 加强思想政治教育。加强政法系统经常性思想政治工作，组织政法机关认真学习中国特色社会主义理论体系和习近平总书记系列重要讲话精神，扎实开展“两学一做”学

3月18日，长沙市综治办主任会议在浏阳召开

（资料来源：市委政法委办公室）

11月11日，平安长沙主题文化演出浏阳行活动

（资料来源：市委政法委办公室）

习教育活动、"两性一心"讨论活动，政法队伍的四个意识得到进一步强化。开展教育培训活动。举办政法综治干部培训班2次，组织政法干警、各乡镇街道分管领导、综治办主任到井冈山进行党性锻炼。开展执法办案、合成作战、视频侦查、网安和科技信息化随岗培训、警务实弹射击等专题培训，政法干警入选长沙市级以上专家、骨干人才库达30多人，有效推进了政法队伍的正规化、专业化、职业化。深化党风廉政建设。制定《浏阳市政法系统纪律作风考评办法》，严格落实全市政法机关纪律作风考核情况月报表制度，每季度组织对全市各基层政法单位的纪律作风情况进行全面督查通报，并及时跟进整改。加强党风廉政建设，组织政法机关认真开展"纠四风、治陋习"和"雁过拔毛"式腐败问题专项整治，组织观看《永远在路上》等专题教育片，政法队伍作风进一步好转。（李碧文）

【召开市委政法工作会议】 4月11日，市委政法工作会议在欧阳予倩大剧院召开。全市各乡镇（街道）分管综治维稳工作负责人、综治办主任、司法所所长，城区街道各社区书记、平安村（社区）代表；市直各单位分管综治维稳工作负责人；政法委全体干部；法院、检察院、公安局、司法局、防范和处理邪教问题领导小组办公室、森林公安局中层副职以上干部；消防大队、武警中队主官；执法监督专员，市维稳协会正、副会长；"见义勇为"先进个人代表等600多人参加会议。会议表彰先进，全面总结2015年政法工作，对2016年工作进行安排部署。市领导邱山东、刘一江、沈学军、谢鹤林、戴智明、喻湘川出席会议。（市委政法委办公室）

①综治工作站、治安保卫委员会（治保会）、人民调解委员会（调委会）、警务室。

②十个平安行业、百个平安单位、千个平安企业、万个平安家庭。

③寄递物品100%先验视后封箱，寄递物流100%实名制，邮件、快件100%通过X光机安检。

④"三实"是指实有人口、实有房屋、实有单位。

公　　安

浏阳市公安局

副市长、公安局党委书记、局长　沈学军

党委副书记、政委　刘　广

党委副书记、市纪委驻公安局纪检组长　李汉能

党委委员、副政委、政工室主任　郭　彦（女）

党委委员、副局长　彭树红

党委委员、副局长　谭建辉

党委委员、副局长　吴　洵

党委委员、副局长　黄先辉

党委委员、副局长　刘桂贤

【概况】 2016年，浏阳市公安局设有55个二级机构（20个正科级单位），其中内设科室5个，直属大队13个，公安检查站1个，监管场所2个，派出所（分局）34个。在市委、市政府和长沙市公安局的坚强领导下，在市人大、市政协的监督支持下，浏阳公安深入贯彻落实全省公安局长会议、长沙市公安工作会议和浏阳市委经济工作会议精神，紧扣"走向全省、全国前列"工作目标，深化改革创新，强化担当作为，公安工作和队伍建设取得了较好成绩。社会治安呈现出"两降两升"的良好局面（刑事发案同比下降10.6%、多发性侵财犯罪发案同比下降8.9%，打处多发性侵财犯罪人数同比上升6.5%、全年综治民调总分数提升2.96分），国保、禁毒、禁赌、网安、内保、监管工作先后在全省作先进发言，全省社区戒毒社区康复工作现场会在浏阳召开，公安局被评为全国公安机关执法示范单位，全省公安队伍建设、侦破命案工作、"三实"信息集中采集、收缴整治枪爆物品专项行动成绩突出单位和全省公安机关执法规范化示范单位。（袁　新）

【维稳保安】 面对境内外暴恐事件连发、全市利益群体矛盾诉求不断、重大节点安保活动增多等严峻形势，浏阳公安认真履行维稳保安工作职责，强化担当作为，确保社会大局持续平稳。强化情报预知预警。积极灵通情报信息，建立健全"大情报"工作网络。全年收集各类情报信息1184条，整合深层次情报信息600余条，上报情报信息358期，被长沙市局采用203期，被省厅采用61期。通过数据量化、动态评估和系统跟踪，实现了情报信息的有效共享和精确预警，为全市维稳工作提供强力支撑。强化重点人员管控。围绕征地拆迁、企业改制、劳资纠纷、环境污染、涉法涉诉等重点领域，涉军、农电工等重点群体开展全面摸排和梳理，列管重点对象178人，逐一落实"五包一①"稳控措施。全年共办理信访案件348起，劝返进京上访人员175人次（其中全

2月4日，浏阳市人民政府副市长、公安局党委书记、局长沈学军慰问武警官兵

（资料来源：市公安局办公室）

国“两会”“G20”峰会等特护期间劝返进京上访人员116人次），实现“两会”“G20”峰会等特护期进京非访“零登记”。强化依法稳妥处置。加强维稳、处突专业化队伍建设，出台《处置重大复杂警情指挥调度工作规定》，组织开展重大突发性事件特别是群体性案（事）件现场处置和应急预案合成演练。稳妥处置长浏高速部分债权人围堵收费站，“9·30”部分退伍军人非法集会等群体突发事件106起，溺水、自杀、事故等非正常死亡事件249起。强化对敌专项斗争。严密防范影响国家安全、政治稳定等违法犯罪行为，积极开展专案侦查，坚决打击各类煽动、渗透、破坏活动。侦办部批“10·11”专案，得到省厅通报表扬。加大对邪教的查处力度，破获反宣案件4起，刑事拘留1人，行政拘留5人。强化安全保卫工作。全力以赴，恪尽职守，圆满完成N223警卫任务、2016中国（浏阳）国际烟花爆竹交易会、大围山国家森林公园登山季湘赣挑战赛等保卫工作120余场次。（袁　新）

【打防管控】　严打整治攻势凌厉。组织开展“维稳保安”、打击“盗抢骗”等专项行动，严厉打击黑恶势力、多发性侵财、“黄赌毒”等违法犯罪活动。全年共接处警81105起，受理刑事案件5161起，破获刑事案件1934起，刑事案件破案率为37.5%，逮捕直诉1563人；查处行政案件3895起，行政拘留3956人；抓获网上逃犯187人。现行案件破案率、打黑除恶、打击涉毒犯罪等工作均排名长沙前列。全力侦破“大要案”。始终坚持“命案必破、黑恶势力必除”的工作原则，通过多警种合成作战，成功侦破荷花“7·31”、大瑶“9·8”等10起命案，实现命案全破。先后侦破“5·29”破坏高铁交通设施案、央批“10·27”专案等大要案件，打掉恶势力团伙22个，抓获团伙成员78人。重拳出击“盗抢骗”。充分发挥指挥作战中心、刑侦、情报、治安、网安、派出所等警种作用，始终保持对“盗抢骗”等多发性侵财犯罪的凌厉攻势。一年来，破获多发性侵财案件1148起，破案率为26.9%（现行案件破案率为23.6%）；刑事拘留602人，逮捕直诉606人，起诉588人，行政拘留78人，打掉侵财犯罪团伙76个，成功侦破城区钟表店被盗案、湘鄂赣三省系列盗窃车内财物案、省督“5·22”冒充公检法电信诈骗案、“12·11”社港镇张万福珠宝店被抢劫案等大要侵财案件，为人民群众挽回直接经济损失近千万元。铁腕整治“黄赌毒”。坚持问题导向，民意引领，及时组织对人民群众反映强烈的治安问题进行重点整治，取得明显成效。全年共查处“黄赌毒”案件2028起，刑事拘留395人，逮捕直诉419人，行政拘留2800人，强制戒毒379人，社区戒毒472人，收缴毒品折合海洛因36.28千克。相继侦破“8·22”吉某明、彭某等人开设赌场案、部督“2014—981”聂玉良贩毒案、省督“2016—108”杨坤武贩毒案。严打彻查“食药环”。成立全省县级公安机关首支食品药品环境犯罪侦查大队，组织开展“利剑整治”“清水蓝天”等行动。全年查处食药环案件23起，刑事拘留29人、行政拘留10人，摧毁犯罪团伙4个。立体防控不断完善。高标准建成大瑶公安检查站，推进“天网工程”视频监控系统建设，建设电子卡口73个、手机采集热点9个，依托“天网工程”、公安检查站构筑“中心城区、周边乡镇、环浏边界”三道防线。发挥大瑶公安检查站打防犯罪“桥头堡”作用，强化检查站实战运行，开展常态化设卡盘查。2个月内，检查站共开展反恐防暴、快速堵截等实战演练12次，共盘查车辆2000余台次，人员4500余人，抓获违法犯罪嫌疑人11人，逃犯1人。建立湘赣边联防联控工作新机制，推进检查站、湘赣边界派出所人防、技防、联防的有效对接，实现重要部位的轮流值守和应急警力的支援配合。建立常态化民警、武警联勤武装巡逻机制，坚持机关民警夜巡制度。深化“红袖章”工程，充分发挥专职巡防队和义务巡防队的作用，街面见巡率、警情处置率、现场抓获率和群众满意率得到有效提升。安全监管从严从实。坚持“严查严管、严处严罚”，深入开展安全生产大排查大管控大整治专项行动，压实企业主体责任和部门监管责任，全面提升公共安全监管水平，确保全市安全生产形势整体平稳。推进交通安全管理，先后组织开展道路交通综合整治、暑期交通安全隐患集中整治等专项行动，突出“两客一危一校”[②]车辆，严管“三类公路”[③]，严查“三超一疲[④]”、酒后驾驶五种违法行为。全年查处道路交通违法行为23万余起，处理道路交通事故20691起，刑事拘留82人，行政拘留38人，侦破死人交通肇事逃逸案件21起；发现整改安全隐患267处，排查重点车辆9256台，重点驾驶员8510人。强化危爆安全管理，加大对烟花爆竹等危爆物品的日常监管，深入开展收缴整治枪爆物品、“打非治违”“缉枪治爆”等专项行动，破获涉枪涉爆刑事案件40起，刑事拘留18人，逮捕直诉27人；查处行政案件295起，行政拘留367人，处理涉案企业110家；收缴黑火药（含烟火药）17477千克、烟花爆竹半成品4266件、成品7802件，引火线66万米。12月5日，通过合成作战、精准导侦，破获一起跨省非法买卖、运输爆炸物案，刑事拘留3人，公安部缉枪治爆专项行动领导小组办公室专题发来贺电。加强消防安全管理，先后组织开展今冬明春、夏季消防安全等消防检查专项行动，检查单位2163家次，发现火灾隐患2011处，整改火灾隐患1981处，行政处罚79家，查封22家，“三停”[⑤]25家，行政拘留15人，全年没有发生亡人火灾事故。提升单位内部安全管理，加强对党政首脑机关、金融、水电油气、教育、医疗、大型超市等单位企业的安全管理，督促完善110联网报警系统，列管重点单位665家，实现单位内部安全零事故。联合邮政等部门，强化寄递物流行业安全监管，督促17家寄递企业（196个网点）、16家物流企业全面落实“三个100%”要求，查处违规寄递违禁物品案件3起，行政拘留3人。深化监所安全管理，大力推进监管场所医疗专业化、社会化，不断优化监管勤务模式，联合武警中队积极开展防脱逃、反劫持人质等预案演练，确保了监所安全。看守所通过耳目夹控、教育感化查获一名隐匿16年的外省命案逃犯。（袁　新）

【警务改革】　围绕省厅“四个中心”[⑥]和市局“六大中心”[⑦]建设要求，以实战化为核心、信息化为支撑、规范化为保障，先后出台《警务改革总体实施方案》《深化侦查工作改革实施意见》《深化执法规范化建设改革实施方案》等文件，全力推进警务机制改革。“三个中心”作用日益凸现。整合刑侦、治安、法制、政工等警种力量和情报、网技、视频等专业手段，组建指挥作战中心、基础防控中心、执法保障和新闻舆情中心，实现部门力量合署，警种工作合推，情报手段合用。一年来，指挥作战中心牵头组织侦破刑事案件 1348 起，破案作用率达 69.7%。基础防控中心指挥调度，各单位精准防范，全市“两抢”、盗窃车内财物、扒窃、寻衅滋事等街面案件发案分别下降 38.7%、44.9%、15.7%、38.1%。执法保障和新闻舆情中心充分发挥监督和保障作用，统筹调度，稳妥处置“新屋岭小学附近抓小孩”“浏阳出现 H7N9 禽流感”等不实舆情 20 余起，行政拘留 6 人。执法规范化建设深入推进。以创建全国执法示范单位为契机，深化执法规范化建设。成立受立案管理中心，接入长沙警务综合管理服务平台、长沙市应急联动指挥调度平台，实现受立案网上流转、闭环管理、全程留痕。推行刑事案件“三统一”[⑧]、派驻法制员、办案积分管理制度，同时以“湖南阳光警务执法公开平台”为载体，实现“六公开一投诉”[⑨]，确保各个执法环节依法、规范、严谨，执法质量和执法公信力不断提升。全局刑事强制措施准确率、行政处罚决定准确率均为 100%。微改革微创新成果广泛应用。情报分中心成功研发“浏阳公安实战研判平台”，建立通讯话单、银行流水、淘宝数据、专案研判等 78 个实战模型，实现海量数据一键式分析。“一键式通讯数据智能分析系统”获全省公安机关首届“平安湖南杯”微改革微创新金牌。网安、危爆大队研发的“易制爆危险化学品流向备案系统”，实现对全市易制爆危险化学品的网络化管理，全年备案高氯酸钾、硝酸钾等易制爆危险化学品交易 4881 次、备案数量 11108 吨，为企业节省费用上千万元。该系统获得长沙市公安机关微改革微创新银牌。基层基础工作不断夯实。全面完成 DNA 实验室，官渡、关口派出所业务用房建设和 110 指挥中心、九楼会议室、视频会议室升级改造；启动强制隔离戒毒所，社港、普迹、柏加派出所等单位业务用房建设。同时集全局之力、聚全警之智，扎实开展“三实”及车辆信息采集，全年新增采集录入“三实”及车辆信息 2462681 条，其中实体建筑 338129 栋，实有房屋 433733 间，实有人口 1366534 人，实有单位 16446 个，从业人员 211239 人，车辆信息 96600 条，标注户籍人口 315143 人。协助破获各类案件 64 起，抓获违法犯罪嫌疑人 51 名(其中网上逃犯 28 人)，在全省“三实”专项行动考核中采集率、准确率均达到 100%。（袁　新）

【护航发展】 重点整治优环境。以优化企业项目发展环境为抓手，紧紧围绕市委、市政府重点项目工程，先后两次组织在经开区开展治安秩序集中整治专项行动，化解涉企矛盾纠纷 148 起，依法果断处置堵门、堵路等阻挠重点工程建设的群体突发事件 47 起。先后侦办君悦城强迫交易案、尔康二期工程、“E 中心”建设工地阻工等破坏投资环境、影响企业发展刑事案件 28 起，刑事拘留 32 人；查处涉企行政案件 77 起，行政拘留 54 人。严厉打击促发展。重拳打击合同诈骗、职务侵占、伪造印章等直接侵害企业合法权益和串通投标、商业贿赂等破坏市场竞争秩序，以及非法吸收公众存款、集资诈骗、贷款诈骗、虚开增值发票等严重危害经济发展环境的经济犯罪行为。全年破获经济犯罪案件 21 起，刑事拘留 36 人，逮捕直诉 38 人。成功破获涉案参与传销人员 2000 余人的“CNY”国际金融网络传销案、杨某思等人非法吸收公众存款案等案件。创新举措赢满意。建设“互联网 +”便民服务平台，提质改造入境服务大厅，增加服务区面积 358 平方米，在政务中心、人口与出入境接待大厅、交警大队车管所设立自助服务区，增设预受理机，接待服务能力明显提升。全年共办理二代身份证 80333 张，临时身份证 4839 张，受理出国境申请 61119 人次（其中自助发证 32000 余本），有效改善人民群众办证排队难的问题。积极推进户籍制度改革，对务工人员、投资兴办企业落户等 10 项业务，均可在派出所办结，为更多人才落户浏阳提供便捷。（袁　新）

【警察队伍建设】 深入实施“三个一流”“五标准五工程”警务战略，积极推进“三型警队”建设，努力打造“五过硬”公安队伍，为公安事业发展提供坚强保障。铸魂提能强担当。坚持以党建带队建，持续推进“两学一做”学习教育、“两性一心”学习讨论，认真组织党委中心组(扩大)学习，深入学习党的十八大、十八届三中、四中、五中、六中全会和习近平总书记系列重要讲话精神。先后组织开展升国旗、重温誓词、“我为党徽添光彩”征文等党建活动，坚定理想信念，增强政治责任感和使命感。扎实开展“三联三访”“结对共建”和精准扶贫工

5 月 17 日，公安局食品药品环境犯罪侦查大队正式成立

（资料来源：市公安局办公室）

作，全年共走访群众200余户，送慰问金12.6万元，民警为民服务宗旨意识不断增强。严优并举激活力。坚持从严治警，先后开展"纠'四风'、治陋习"和"雁过拔毛"式腐败问题专项整治，查处违纪案件4起，处理民警8人，对15名有违纪倾向民警进行帮扶教育。出台《财务工作制度》《机关民警值班备勤制度》等16项制度，全面规范民警日常工作行为。坚持暖心惠警，为66名民警解决公务员身份，通过职务职级并行为60名民警提高职级待遇，帮助6名民警解决两地分居问题。坚持局领导接访日制度，完善民警身心健康管理体系，开展心理危机干预，加强民警职业健康保护，推行个性化体检制度，开通民(辅)警重病急病绿色救治通道，慰问因公负伤、因病住院民警及特困民警262余人，送去慰问金71余万元；丰富警营文化活动，成立文艺分中心，组建文体协会，积极组织民警参加长沙市局首届警察运动会和浏阳市第十一届机关运动会。创先争优树形象。建立"政工、警种、随岗训练点、民警"四位一体教育培训新机制，开展警务实战、法律知识、舆情应对等专题培训50期，培训民警、辅警3000余人次，民警综合素质不断提升。全局有3名民警被聘为长沙市警校兼职教官，2名民警入选长沙公安专家型人才。充分发挥表彰奖励作用，扎实做好典型选树和宣传工作。浏阳公安微信公众号关注量突破12万，全局共有36个单位和210名民警被记功、嘉奖或专项奖励，其中一等功1人，二等功2人，三等功22人。队伍中先后涌现出"我最喜爱的人民警察"李兴佳，"雷锋式忠诚卫士"陈亮，"最美社区民警"和"最美巾帼之星"周才铭，为公安工作注入"正能量"。（袁 新）

【成功侦破公安部"2016-157"毒品目标案】 3月27日，历经2个多月的专案侦查，转战湘粤两省多地，成功侦破公安部"2016-157"毒品目标案件。斩断一条由广东转运永州到浏阳的贩毒渠道，逮捕直诉贩毒嫌疑人33人，行政拘留28人，强制戒毒12人；缴获毒品K粉22公斤、仿"六四"手枪1支、高压气枪2支、管制刀具6把。（袁 新）

【食品药品环境犯罪侦查大队揭牌成立】 5月17日，在浏阳市委、市政府的高度重视下，浏阳市公安局食品药品环境犯罪侦查大队正式成立，大队民警进驻浏阳市场和质量监督管理局办公。浏阳在全省率先成立县级公安机关食品药品环境犯罪侦查大队是浏阳创建食品安全城市的创举，标志着浏阳食品药品环境监管体制改革、机制创新迈出了关键一步。（袁 新）

【浏阳大瑶公安检查站揭牌启用】 10月21日上午，湖南省长沙市浏阳大瑶公安检查站揭牌仪式在大瑶镇李畋村举行。省公安厅党委委员、副厅长谭和平，长沙市局党委委员、副局长夏晓鸥等领导出席仪式并为检查站揭牌。大瑶公安检查站是全省25个省际公安检查站之一，检查站分设办公区、检查区、生活区三大功能区，占地面积4.1亩，总投资1000余万元。检查站的竣工启用将在打击违法犯罪、维护社会稳定上发挥重要的"桥头堡"作用，为推动全省"四门落锁"治安防控机制作出重要的贡献。（袁 新）

【全省社区戒毒(康复)工作现场会暨"8•31"工程推进会在浏阳召开】 12月22日，省禁毒委在浏阳召开社区戒毒社区康复现场会暨"8•31"工程推进会。上午，与会代表先后参观大瑶镇政府社区戒毒(康复)工作办公室、大瑶镇汇丰社区戒毒(康复)工作站、大瑶公安检查站、浏阳市银江出口烟花制造有限公司等四个观摩点。下午，会议在浏阳市机关会议中心举行，会议传达贯彻全国社区戒毒社区康复"贵阳会议""上海会议"精神，交流各地经验做法，通报全省工作情况，部署加快推进全省社区戒毒社区康复"8•31"工程。省委常委、省政法委书记、副省长、省禁毒委主任、省公安厅厅长黄关春出席会议并作重要讲话。会议由省禁毒委副主任、省政府副秘书长张银桥同志主持。长沙市和浏阳市、北塔区、武

6月2日，长沙市人民政府副市长、公安局党委书记、局长唐向阳调度"5.29"专案侦破工作

（资料来源：浏阳政务网　发布时间6月6日）

10月21日，省公安厅党委委员、副厅长谭和平，长沙市局党委委员、副局长夏晓鸥为大瑶公安检查站揭牌

（资料来源：市公安局办公室）

12 月 16 日，成功侦破“12•11”社港镇张万福珠宝店被抢劫案
（资料来源：市公安局办公室）

12 月 22 日，全省社区戒毒（康复）工作现场会暨“8•31”工程推进会在浏阳召开
（资料来源：市公安局办公室）

陵区等 7 个单位分别在会议上作交流发言。（袁　新）

【“一键式”通讯数据智能分析系统荣获“平安湖南杯”微改革微创新大赛金牌】 11 月 29 日，全省公安机关首届“平安湖南杯”微改革微创新大赛优秀项目展示暨颁奖仪式在长沙举行。浏阳市局“一键式”通讯数据智能分析系统荣获金牌。全省公安机关微改革微创新大赛开展以来，浏阳公安着眼长远、紧贴实战，按照“自主研发、快速迭代、持续更新”的建设思路，研发搭建“浏阳公安实战研判平台”，建有通讯话单、银行流水、淘宝数据分析等 78 个功能模型，实现海量数据“一键式”分析。

①包掌握情况、包解决问题、包教育转化、包稳控管理、包依法处置。

②指从事旅游的包车、三类以上班线客车和运输危险化学品、烟花爆竹、民用爆炸物品及接送学生的道路专用车辆。

③高速公路、景区公路、农村山区公路）。

④超速、超员、超载、疲劳驾驶。

⑤停水　停电　停气。

⑥指挥情报、侦查实战、治安防控和新闻舆情“四大中心”。

⑦大情报指挥中心、大侦查作战中心、大治安防控中心、大基础服务中心、大联合交通管理中心、大执法保障与新闻舆情中心。

⑧刑事案件统一审核、统一出口、统一入口。

⑨案件办理情况公开、涉案财务措施信息及实物照片公开、行政处罚决定书公开、法律法规依据公开、办案办事流程公开、服务与监督电话公开和执法问题投诉受理为一体的“六公开一投诉”的湖南阳光警务执法公开平台。

检　察

浏阳市人民检察院

党组书记、检察长
　喻湘川（2016.11 免）
　陈　芳（女，2016.11 任）
党组成员、副检察长
　王金振　杨志雄　钟　斌
党组成员、纪检组长　李文锋
党组成员、政工室主任　陈再光
党组成员、反渎职侵权局局长
　杨辉平
党组成员、反贪污贿赂局局长
　陈文明
副检察长　肖建平（女）

【概况】 机构沿革　浏阳市人民检察院成立于 1955 年 7 月 24 日，时称浏阳县人民检察院。1967 年 3 月，浏阳县成立临时公、检、法革命委员会，取代原公、检、法机关。同年 10 月，中国人民解放军驻浏“支左”部队对公、检、法实行军事管理。1969 年 3 月，浏阳县革命委员会人民保卫组履行检察职能。1973 年，浏阳县恢复县公安局、县人民法院，但县人民检察院未恢复。1975 年元月，第四届全国人民代表大会第一次会议修改通过的《中华人民共和国宪法》，规定检察机关的职权由各级公安机关行使，检察机关实际上被取消。1978 年 8 月 10 日，根据第五届全国人民代表大会第一次会议通过的《中华人民共和国宪法》和中共中央（1978）21 号文件精神，浏阳县人民检察院恢复重建。1983 年 7 月，浏阳县从湘潭专署划归长沙市管辖，浏阳县人民检察院也从原隶属的湖南省人民检察院湘潭分院划归长沙市人民检察院管辖。1993 年 2 月，浏阳撤县设市，浏阳县人民检察院也随之更名为浏阳市人民检察院。

（资料来源：浏阳市人民检察院网站 2017.06.30）

主要职能　检察机关是国家法律监督机关，其主要职能是：对叛国案件、分裂国家案件以及严重破坏国家的政策、法律、政令统一实施的重大犯罪案件，行使检察权；对刑事案件，进行侦查；对公安机关和国家机关、监狱侦查的案件进行审查，决定是否逮捕、起诉或者不起诉，对公安机关的侦查活动是否合法实行监督；对刑事案件提起公诉，支持公诉，对人民法院的审判活动是否合法实行监督；对刑事案件判决、裁定的执行和监狱、看守所、劳动改造机关的活动是否合法实行监督；对人民法院民事诉讼、行政诉讼活动是否合法实行监督，以确保国家法律的正确统一实施。

内设机构与编制 浏阳市人民检察院现内设反贪污贿赂局、反渎职侵权局、公诉科、侦查监督科、民事行政检察科、监所检察科、控告申诉科、林业检察科、职务犯罪预防科、案件管理科、法警队、办公室、政工室、纪检监察室等14个局、科、队、室，现有编制112个，在职干警104人。

（罗 炼）

【服务全市经济社会发展】 强化服务发展的责任担当。摒弃就案办案思想，养成办案考虑发展、履职促进发展的高度自觉。服务经济发展，严厉打击破坏市场经济秩序和破坏企业生产经营的犯罪，批捕26人，起诉40人。服务“美丽乡村建设”，严厉打击涉林犯罪，批捕3人，起诉33人。开展“优化经济发展环境专项侦查监督活动”、“破坏环境资源犯罪专项立案监督活动”，针对破坏资源、侵犯注册商标、非法捕捞水产品等违法犯罪行为向行政执法单位发出检察建议3件，监督立案2件2人。践行执法为民的根本宗旨。高度关注民生民本，着力维护人民群众根本利益和合法权益。积极参与打击侵犯知识产权和制售假冒伪劣商品专项行动。加大对涉及危害环境安全、食品药品安全等民生领域犯罪打击力度。注重对特别困难当事人的司法保护，在消费者权益保护、农民工讨薪等领域办理支持起诉案件3件，起诉拒不支付劳动报酬案件1件，为农民工追回300多万元的欠薪，维护了弱势群体的合法权益；与民政、慈善等部门联合开展司法救助工作，办理司法救助案件2件，救助人民币6万元。探索建立“除虫护花”工作机制。主动站在企业发展的角度换位思考，对涉企案件坚持既铁腕“除虫”，又柔情“护花”。注重办案的策略方法，开展案件风险评估，尽量将办案对企业发展的负面影响降至最低。发挥检察职能优势，结合查办的侵犯商业秘密案件和非法集资类案件，走访多家民营企业，召开检企联络座谈会，为企业提供法律服务，帮助企业完善内部管理制度，规避经营风险。联合开展烟花爆竹打非治违专项行动，批捕非法制造、储存、运输、买卖爆炸物12件14人，起诉13件17人，有效地打击非法生产，维护合法企业的利益和公共安全。

（罗 炼）

【刑事检察工作】 依法打击各类刑事犯罪。共受理提请批准逮捕各类刑事犯罪案件1010件1307人，批准逮捕840件1095人，共受理移送审查起诉各类刑事犯罪案件1285件1764人，起诉1160件1556人。加大对群众反映强烈的严重暴力犯罪、恶势力团伙犯罪、多发性侵财犯罪和黄赌毒犯罪的打击力度，批准逮捕501件699人，起诉654件901人，维护了社会大局稳定。准确适用从宽刑事政策。把握宽严尺度，对主观恶性小、犯罪情节轻微的初犯、偶犯、过失犯，积极稳妥适用刑事和解，共相对不捕191人，相对不诉102人，促进了社会和谐。以办案规范化、队伍专业化、帮扶社会化为目标，扎实推进未成年人刑事检察工作，依法不捕19人，不诉2人，维护了未成年人的合法权益，体现了司法的温情。积极参与社会综合治理。把握检察机关的职能定位，认真分析多发性案件特点，选择典型案例，组织开展“检察官进社区”等活动，有效地提高了群众的懂法守法意识。对在押再犯罪人员、社区矫正再犯罪人员、监狱服刑再犯罪人员、刑满释放再犯罪人员分批走访调查，对近年有犯罪前科人员再次犯罪的现状、特点、原因进行深入分析，提出对策建议，为社会治安综合治理建言献策。进一步加强社区矫正工作，加强刑罚执行变更及社区重点服刑人员的监督，对不遵守法律法规和社区矫正相关规定的，及时发送收监的检察建议，全年监督收监8人，维护了法律的威严。

（罗 炼）

【惩治职务犯罪行为】 肃贪腐查办大要案件。共立案查处职务犯罪案件11件15人，其中贪污贿赂案件5件8人，渎职侵权案件6件7人。所办案件中大案8件12人，要案1件1人，副科级以上8人。查办市畜牧局原副局长凌某、市环保局原党组书记、局长易某、市供销社原党组书记、主任李某以及长沙市残疾人联合会原党组书记、理事长熊某等贪贿案件。案件的办理取得良好的社会效果。护民生惩治“蝇贪蚁腐”。将惩治民生领域的职务犯罪作为全年工作的重点，贯穿于诉讼的各个环节。加强对畜牧业补贴专项资金的监管，在畜牧水产领域立案侦查渎职侵权犯罪案件6件7人。针对卫生等领域所立案件，集中力量快侦快结和促诉促判，在保证案件质量的情况下，侦查终结并移送审查起诉8件11人，法院作出有罪判决14件18人，确保打击力度，有力地震慑犯罪。重预防深化源头治理。坚持侦防一体，打防结合，多次深入相关部门、行业开展预防咨询、案例分析、预防专项调查活动；组织相关部门、单位开展警示教育、预防职务犯罪专题讲座8场次。把好工程建设招投标的廉洁准入关，开展行贿犯罪档案查询工作1687次。市委统一领导、检察机关发挥职能作用，各部门共同参与的预防工作格局进一步形成。

（罗 炼）

【诉讼监督工作】 强化刑事诉讼监督。紧紧围绕人民群众反映强烈的执法不严、司法不公问题，加强对侦查活动的监督，监督纠正侦查活动违法41件，监督侦查机关立案24件33人，撤案17件，追加逮捕漏犯38人，追加起诉漏犯1人，追加起诉漏罪22条，无逮捕必要不捕191人，证据不足不捕45人；加大对追捕漏犯移送起诉、判决等环节的跟踪监督，共监督移送起诉33人，判决39人，确保了监督效果。加强对刑事审判活动的监督，针对规定的十五类案件向法院发送量刑检察建议710份，采纳率98%，促进了量刑规范化。强化民事诉讼监督。建立多元化民行检察监督格局，共办理各类民行监督案件33件。加大对行政职能部门履职行为的监督力度，办理督促履职案件4件。高度关注和积极维护群众的合法权益，办理劳动争议纠纷支持起诉案件8件，办理商品房买卖合同纠纷支持起诉案件14件。加强对民事审判活动的监督，办理审判活动违法监督案件1件，有效地维护司法公正和社会公平正义。强化刑事执行监督。坚持日常驻看守所检察制度，防止超期羁押现象的发生，维护监管场所的安全。加强对律师诉讼权利保障的监督，监督纠正多起律师会见违规问题；开展羁押必要性审查68次，审查后改变强制措施42人，有效地维护监管秩序的稳定和被监管人的合法权益。认真开展集中清理判处实刑罪犯未执行刑罚专项活动，共清查出判处实刑罪犯未执行刑罚14人，监督纠正11人。（罗　炼）

【规范检察执法】 加强内部执法监督。加强对统一业务应用系统的管理，进一步完善案件删除、统计导入及审核、安全保密等机制，规范案件的流程监管。加强执法监督，对拟不捕、不诉、决定取保候审等重点案件，纪检监察部门同步审查监督，并报检察长批准；对“不捕、不诉、撤诉、无罪、撤案”等“五类案件”开展专项督查，有效防范金钱案、人情案和关系案的发生。完善执法质量月考评机制，建立系统内案件天天查、普通案件月抽查、专项案件集中查的工作机制，全年检查重点案件和抽检普通案件376件，发现和整改各类问题400余个，执法行为进一步规范。健全冤错案件源头防范与纠正机制。对近年来全国范围内纠正的冤错案件进行深入剖析，对近5年来办理的所有案件组织“回头看”，查找各类问题16个，制定和完善执法办案规范、细则4件，建立纠正和防范冤错案件的常态化工作机制。全年因不构成犯罪法定不起诉4件6人，因犯罪事实不清、证据不足的，存疑不起诉20件25人；因犯罪情节轻微、依照刑法不需要判处徒刑以上刑罚或者免除刑罚的，相对不起诉69件97人，维护了诉讼参与人的合法权益。主动接受外部监督。自觉服从市委和上级检察机关的领导，坚决贯彻执行各项决策部署，及时请示汇报有关要案和重特大案件，及时报告重要检察工作情况、重大问题和重要事项，努力营造良好的执法环境。真诚接受人大监督，贯彻执行人大及其常委会的各项决议，专题报告“司法公正长沙行”等重大检察工作开展情况，促进工作提升。组织“检察开放日”活动，广泛听取意见，主动接受监督。自觉接受政协、新闻媒体和社会各界监督，重视涉检网络舆情处理，不断加强和改进检察工作。（罗　炼）

市人大常委会主任吴震（中）、副主任陈清（右二）、市政协副主席谢鹤林（左二）、检察院党组书记、检察长陈芳（右一）参加宣誓仪式

（资料来源：浏阳人大　发布日期：2017-6-15）

【检察队伍建设】 思想建设有效加强。以问题为导向，扎实开展“两学一做”学习教育，持续整改“四风”问题，干警执法为民的行动自觉和责任担当进一步增强。高度重视意识形态工作，定期分析研判意识形态领域新情况，辨析思想文化领域新问题，对重大事件、重要情况中出现的苗头性倾向性问题，有针对性地进行引导。配合司法体制改革，全面开展交心谈心活动，排除思想障碍，队伍面貌焕然一新，各项检察改革有序推进。纪律作风有效强化。建立健全作风建设月讲评制度，对隐患性、苗头性问题高度重视，防患于未然，对典型案例认真剖析，警钟长鸣。针对检察机关执法办案的实际，界定廉政风险防控关节点，推进廉政考核与绩效考核的有机结合，压实“一岗双责”，强化廉政风险责任担当，将党风廉政建设贯穿于执法办案的始终。严格落实各级各部门对政法干警的禁令要求，严格执行市委关于纪律作风建设的相关规定，全院干警的纪律意识和规矩意识进一步提高。执法效能有效提升。将侦查机关移送起诉的所有侦查卷扫描制作电子卷宗，推动办案工作的信息化发展。积极保障律师执业权利，及时公开案件信息，做好预约查询和接待、服务、保障工作，共接待律师阅卷149人次，接待当事人查询315人次，满意率达100%。扎实推进检务公开，在“检察信息公开系统”上公开案件程序性信息2824条，案件终结性法律文书506份，促进执法行为的规范化发展和执法质量的提升。坚持以党建带队建，内部挖潜，最大限度地激发队伍活力，在全年案件数居全省第一的情况下，实现全部案件零超期、办案质量零过错目标。（罗　炼）

【获“全国检察宣传工作先进单位”】 市人民检察院通过多种形式和方法，充分利用网络、传统媒体、新媒体等力量，不断加大检察工作的宣传力度，提高检察工作透明度，提升执法公信力。2016年，该院共在各级各类内参、报刊杂志、新闻网络上发表文章及信息百余篇，其中国家级30余篇，省级40多篇，长沙市级10多篇，浏阳市级20余篇，有力宣传和推介检察职能和检察工作，促进执法工作的公开、公正、透明，被最高人民检察院、《检察日报》社评为“全国检察宣传工作先进单位”。（罗　炼）

【浏阳首批47名员额检察官宣誓】 6月7日上午，在庄严的升旗仪式后，浏阳首批47名员额检察官在市人大、政协、政法委相关领导和部分代表委员的监督见证下宣誓。员额检察官制度是司法体制改革的重要内容之一，凡进入员额的检察官，要在一线办案，对案件终身负责。经过严

格的遴选程序，市人民检察院47人成为全省首批员额检察官。浏阳市人民检察院也成为湖南员额检察官人数最多的基层(县级)检察院。

（浏阳人大网）

法　院

浏阳市人民法院

党组书记、院　长　李　波

党组成员、副院长　周　超

高德懋　陈花梅(女)

副院长　肖永林

党组成员、副院长

李宏伟(2016.09任)

党组成员、政工室主任

李守荣

党组成员、执行局局长

李　维

党组成员、市纪委派驻法院纪检组长　陈向前　(2016.07任)

【概况】 2016年，市人民法院在编干警166人，其中有本科学历110人、法学(法律)硕士及以上学历46人、大专10人。全年受理各类案件21049件，结案16581件，收、结案总数及人均结案数均位居全省基层法院第一，整体司法质效位居长沙法院系统前列，被授予"长沙市先进法院"荣誉称号。　(杨　柳)

【刑事审判】 全年受理刑事案件1267件，审结1231件，判处罪犯1568人。坚持宽严相济、打防结合的刑事政策，严厉打击涉抢涉盗、涉毒涉爆以及涉众涉恶等危害人民群众生命财产安全的犯罪，判处三年以上有期徒刑208人，严厉打击危害公共安全犯罪，切实增强人民群众的安全感；加大对严重破坏社会主义市场经济秩序犯罪的惩处力度，依法对李良节、朱玉琴等一批非法吸收公众存款、集资诈骗案件进行公开审判；从严惩治职务犯罪，共审结贪污贿赂、渎职犯罪案件27件，有力推动浏阳党风廉政建设和反腐败斗争深入开展；从严惩处破坏环境资源犯罪，着力构建生态修复机制，加快推进浏阳生态文明建设与绿色发展；规范未成年人刑事案件量刑程序，对未成年被告人适用非监禁刑比例达40%，最大限度教育、感化、挽救未成年被告人。　(杨　柳)

【民事审判】 全年受理民商事案件11123件，审结8368件。高度关注民生案件，依法审理婚姻家庭、劳动争议、教育医疗、人身损害赔偿等与群众利益密切相关的案件3809件；注重对市场经济秩序的维护，审慎处理民间借贷、房地产纠纷、企业破产等商事案件4559件，在沙建集团破产案件中，创新性引入"债转股"方式处理，效果良好；加强对新型产业、小微企业的司法保护，慎用查封、扣押、冻结等司法强制措施，最大限度保障企业生产经营活动；充分发挥确认之诉的定分止争作用，主动以判决方式界定财产归属秩序，划清产权界限，促进社会财富的增长与经济的繁荣。　(杨　柳)

【行政审判】 全年受理行政案件131件，审结118件。加强行政行为合法性审查，全年以限期履行法定职责等方式结案12件，切实保护行政相对人的合法权益；注重行政纠纷实质性化解，加强对当事人的释法析理和行政机关的联系沟通，督促行政机关变更或撤销违法行政行为，行政案件协调撤诉率达25.8%；及时处理土地征用、房屋拆迁等事关浏阳发展大局的各类案件，全年受理非诉执行案件376件，办结371件，成功处置金阳大道重点建

7月5日，来自黑龙江、河南、海南、云南代表团的23位全国人大代表到浏阳市人民法院参观考察　(资料来源：法院办公室)

7月13日，人大代表和媒体共同见证浏阳市人民法院执行现场　(资料来源：法院办公室)

8月2日，浏阳法院成功执结以湖南省某食品饮料有限公司为被执行人的系列涉民生案件，为14案申请人挽回经济损失120余万元　　（资料来源：法院办公室）

设项目征拆案件等一大批矛盾纠纷，通过"执行一案、带动一片"，取得良好效果；利用司法建议推进社会综合治理工作，全年向相关行政机关发出司法建议书7份，有效提升行政管理和社会治理的法治化水平。　（杨　柳）

【执行工作】　全年受理执行案件8152件，执结案件6493件，兑现标的额9.65亿元，实际执结案件数量同比增长40.3%。开展"小额民生执行""执行百日攻坚"等系列专项行动，依法化解一批重大复杂案件和长期未结案件，有力保护弱势群体的合法权益；强化对失信被执行人的司法惩戒力度，依法采取司法拘留、罚款等强制措施145人次，扣划案款3540次，共3.65亿元，移送评估、拍卖被查封财产470宗，纳入失信被执行人名单3892人次，曝光"老赖"256人；加快执行信息化建设，初步建成具备网络查控、远程指挥、视频监控、信息公开等功能齐全的执行指挥中心；继续牵头推动湘赣边区域10家基层法院加入的司法协作机制发挥作用，实现执行、送达工作互帮互助、共建共享，做到无缝对接、有利有效。　（杨　柳）

【完善案件繁简分流机制】　充分利用简易程序、小额诉讼、支付令、刑事速裁等便捷法定程序，着力构建一个立体、动态、分层的分流体系，实现案件繁简分流。全年适用简易程序、小额诉讼程序、支付令程序审结民商事案件5944件，适用速裁程序审理刑事案件490件，刑事速裁案件平均审理周期缩短至7天左右，当庭宣判率和上诉维持率均为100%。　（杨　柳）

【推动成立专业巡回法庭】　对矛盾多发领域引入多元化解纠纷机制，依靠党委综合统筹，积极成立专业巡回法庭，促进人民调解、行业调解、行政调解与司法调解的有机衔接。4月份，依托浏阳市物业纠纷人民调解委员会，成立全省首家物业纠纷巡回法庭，5月份，依托浏阳市道路交通事故矛盾纠纷调处中心，成立道路交通事故巡回法庭，两个专业巡回法庭成立至年末，共审结物业纠纷案件324件、机动车交通事故责任纠纷案件118件。　（杨　柳）

【"互联网+"诉讼公开新模式】　以建设审判流程公开、庭审活动公开、裁判文书公开、执行信息公开四大平台为载体，打造"互联网+"诉讼公开新模式，全年公布裁判文书9736份，录入执行案件8075件，直播庭审25场次，发布信息90期，实现依法可公开的100%公开。　（杨　柳）

【法官员额制改革】　深入贯彻落实司法体制改革推进会相关精神，稳妥推动法官员额制改革工作，逐步建立以法官为中心、以服务审判工作为重心的法院人员配置模式，力促优秀法官向审判一线集中。通过法官入额遴选，严格遴选程序和入额标准，全院共有64名优秀法官确定进入全省首批法官员额。　（杨　柳）

司　法　行　政

浏阳市司法局：

党组书记、局　长
　肖柏林（2016.08任）
党组副书记、副局长
　孙家栋
党组成员、副局长　邱先棠
党组成员、政工室主任
　贝　倩（女，2016.04任）
党组成员、纪检组长　郑小平

【概况】　2016年，市司法局内设办公室、政工科、基层科、法管科、社区矫正科、宣教科7个科室，下辖2个中心（公共法律服务中心、法律援助中心）、1个公证处，32个司法所，7个律师事务所，11个法律服务所。全市司法行政系统共有272人，其中局机关干警35人，公证员3人，司法助理员62人，律师76人，法律工作者96人。　（唐娇莲）

【人民调解工作】　全面加强司法所规范化建设。结合公共法律服务站点建设，对原来的规范化司法所、模范化司法所进行回头看，进一步提升规范化建设水平。2016年，全市20个司法所被授予规范化司法所。推动完善矛盾纠纷多元化解机制。推进专业性人民调解组织建设，加大医疗、物业、交通事故、婚姻家庭四个调解中心建设力度，公开招聘20名专职调解员、助理调解员，充实中心工作力量。健全工作机制，确保中心运行有序。落实人民调解"以奖代补"[①]制度。全年核查调解案件8891件，对其中的5513件给予"以奖代补"奖励，奖励金额达94万元，人民调解工作质量不断提升。全年各级调解组织共受理调处纠纷9094件，调解成功率达97.8%。防止民转刑48件270人，防止群体性上访50件554人，确保大局和谐稳定。发挥群众工作站的优

势，把调解工作做到田间地头、屋场楼栋，让“小事不出村、大事不出镇、矛盾不上交”成为常态。（唐娇莲）

【普法依法治理工作】 认真贯彻长沙市局的普法依法治理工作要点精神，以“法治浏阳”创建为抓手，突出重点，彰显特色，打造品牌，推动普法依法治理工作深入开展。普法形式多样。以“七五”普法为契机，深入开展“法律六进”②活动，运用群众喜闻乐见的方式，不断增强法制宣传实效。结合“精准扶贫”工作，深入32个乡镇（街道）开展农村法治宣传月活动，为群众提供最需要、最密切的关于生产生活方面的法律法规，提高村民学法、用法、守法的法律意识和法律素质。灵活运用“互联网+”思维，充分利用网络、微信、微博等新兴媒体开展法制宣传，每天至少发送一条法律知识信息，方便市民及时接收最新普法资讯，让法律知识“触”手可及。考法严肃认真。组织全市2万名国家工作人员参加湖南省司法厅“如法网”的学法考试，通过扎实宣传，严肃纪律，强化措施，参考率达到99.8%，及格率达到99.7%。夯实普法阵地。为进一步加强青少年法治教育，向省司法厅申报，加大投入，完善设施，将我市青少年素质教育培训中心打造为全省优秀青少年法治教育中心。开展法治文化主题公园（广场）、长廊建设工作，通过设置法治文化元素，把法治文化公园建成一处集健身休闲、普法学习、文化教育于一体的主题学习娱乐场所，让广大群众在潜移默化中受到法治、道德教育和文化熏陶，起到耳濡目染的效果。深入开展“法治单位”“法治行业”和“民主法治示范村（社区）”等创建活动，倾力打造“法治浏阳”，全面推进依法治市。（唐娇莲）

【监管帮教工作】 完善规章制度。重新编印《浏阳市社区矫正工作管理手册》，完善社区矫正人员周汇报、月面谈、季走访、“三小时”点到制和社区服刑人员外出请销假制度，增强制度的操作性和实效性。加强业务培训。召开全市社区矫正工作座谈会9场、业务培训会3次，对全市社区矫正工作进行集中讲评，全面加强对基层社区矫正工作指导，提高了社区矫正工作人员的业务水平。严格管理执法。充分利用电子腕带加强日常监管，定期或不定期对全市566名矫正人员在位情况进行抽查。今年已对13人进行警告，收监8人，提高社矫工作的严肃性。开展专项督查。认真落实《2016年度湖南省社区矫正“防脱管”专项活动实施方案》，对全市社区矫正人员在位情况、学习情况及各司法所社区矫正工作文书档案管理等各项工作进行专项督查153次，提高了社矫工作的内务管理水平。注重人文关怀。采取谈话、互相交流、家庭走访、集中教育学习、开展公益劳动等方式对矫正对象进行人性化的挽救。如关口司法所组织召开“扬起正能量风帆，昂首迈向守法新征程”活动，重点发挥刑释解教人员正能量榜样效应。荷花司法所开展“德馨润荷花·关爱你我他”的矫正对象心理援助活动，重塑健全人格和提高适应社会的能力。加强帮扶力度。切实加强刑释解教人员管理帮扶，均实行一人一档分类管理。严格落实“一帮一”、“多帮一”措施，使帮教工作由“软任务”变成“硬指标”，刑释解教人员重新犯罪率控制为2.5%以下。2016年，全市累计接收社区矫正人员3960人，解矫3394人，在册566人。全面启动政府购买社区矫正社会服务工作，社区矫正工作将再上新台阶。倾力打造“平安浏阳”，突出严防与严打、治理与服务、专业队伍与群防群治相结合，把社会治理的触角延伸到社区、楼栋等社会末梢，确保社会大局稳定。（唐娇莲）

9月13日，浏阳市司法局组织浏阳河律师事务所到关口办事处长兴胡社区开展“万名律师乡村（社区）行”专项法律服务活动，现场讲授法制课、解答法律知识，发放宣传资料400多份
（资料来源：司法局办公室）

【法律服务工作】 以公共法律服务体系建设统领全市法律服务工作，实施公共法律服务体系“市、镇、村三步走”战略。健全三级工作平台。加强中心工作制度建设，明确中心各窗口、平台职责，提升中心规范化、流程化管理水平；建成淳口、龙伏、枨冲等6个公共法律服务示范站；北正、新北、集里桥、长兴社区等8个村（社区）建成公共法律服务示范点，聘请法律顾问到服务点坐班，面对面为群众提供服务。形成公众参与模式。面向社会选聘30名律师、法律服务工作者，组建浏阳市公共法律服务专业团队。公开招募志愿者408人，组建“法润三湘”公共法律服务志愿者团队，向社会公众“借力”，广泛动员社会力量参与公共法律服务。全年中心接待来访群众2.4万人次，共办理法律援助案件1111件（长沙考核指标数420件/年），共办理各类公证2160件。发挥法律服务职能优势。组织安排律师参与化解和代理涉法涉诉信访案件，共接

4 月 28 日，浏阳市物业矛盾纠纷调处中心成立并举行揭牌仪式

（资料来源：司法局办公室）

永安镇社区服刑人员 “三小时”到位现场点训

（资料来源：法治浏阳网 发布日期：12 月 02 日）

访 11 起。今年“万名律师乡村（社区）行”专项法律服务活动中律师联村 98 家，各法律服务机构新增法律顾问 273 家，共办理各类法律事务 2445 件，挽回经济损失 1.1 亿元。建设现代法律服务业。2016 年挂牌执业的两家律所致力于个性化服务。湘卓律师事务所是以女性律师为主创建的律所，及时参与婚姻家庭纠纷的调处，在妇女维权方面取得较好的社会效果。鼎忠律师事务所以团队合作和专业化建设为核心，突出特色服务和拳头产品服务，提高法律服务的知名度。 （唐娇莲）

【普法依法治理办公室获评“长沙市‘六五’普法‘先进办公室’”】 浏阳市普法依法治理办公室以“法治浏阳”创建为抓手，突出重点，彰显特色，打造品牌。开展“法治单位”“法治行业”和“民主法治示范村（社区）”等创建活动；灵活运用“互联网 +”思维，充分利用网络、微信、微博等新兴媒体开展法制宣传；组织全市 2 万名国家工作人员参加湖南省司法厅“如法网”的学法考试，参考率达到 99.8%，及格率达到 99.7%。（唐娇莲）

【落实“三小时”点到制情况突击检查】 为有效预防、减少浏阳市社区矫正服刑人员脱管失控和重新犯罪，杜绝服刑人员冒名顶替、不假外出，强化服刑人员悔罪改造意识，同时，加强社区矫正工作人员规范执法水平，11 月，浏阳市司法局社区矫正科相继对沙市、葛家、小河、永安、张坊、镇头等乡镇的社区矫正人员面对面点名训话，督查人员在位率、腕带在线情况。检查中要求各司法所长及工作人员流利回答监管对象整体情况，并对矫正小组成员进行电话询问。对抽查的社区服刑人员采取“三小时”到位现场点训，对态度懒散、无故迟到的社区服刑人员进行口头警告和队列训练。此次检查是突击性检查，从检查的结果来看，大部分司法所安全监管意识增强，人员管控基本到位，社区矫正对象的身份意识、改造意识有所加强。 （唐娇莲）

①为解决基层人民调解工作经费不足的问题，省司法厅、省财政厅联合下发《湖南省人民调解案件“以奖代补”管理暂行办法》，确保人民调解工作有钱办事、有人做事。暂行办法明确要求市（州）、县（市、区）司法局和财政局要联合制定具体实施细则，所需经费纳入同级财政预算，明确奖励标准和办理程序。

②进机关、进乡村、进社区、进学校、进企业、进单位，是中宣部、司法部、全国普法办 2006 年提出并布置的为期五年的一项普法工作。

防范和处理邪教问题工作

市委防范和处理邪教问题领导小组办公室

主 任 彭世明

副主任 刘 颖（女）

【概况】 2016 年，在市委、市政府的坚强领导下，在省、长沙市各级业务主管部门的正确指导下，市委防范和处理邪教问题领导小组办公室认真开展“两学一做”学习教育实践活动，积极贯彻落实省“两办”《意见》，进一步明确各级工作任务，完善各项工作机制，强化基层基础建设，加强干部管理培训，提升干部能力素质，出色地完成了年度目标管理考核的各项工作任务。

贯彻湘办发〔2015〕35 号文件精神 2015 年，中共湖南省委办公厅、湖南省人民政府办公厅下发湘办发〔2015〕35 号，结合浏阳实际制定贯彻落实湘办发〔2015〕35 号文件精神的工作方案，明确职责分工，同时及时向长沙市委常委、浏阳市委书记曹立军汇报。1 月 21 日制定下发《关于加强防范和处理邪教基层基础工作的意见》。要求各乡镇街道和市直单位党（工）委、党（组）认真学习文件精神，并严格贯彻落实。市防范和处理邪教问题领导小组协同市委市政府督查室，分三个小组，于 2 月初至 4 月底，对 32 个乡镇街道和 20 个成员单位对落实湘办发〔2015〕35 号文件情况进行实地督查，督促落实整改。5 月 10 日，市委常委召开专题会议研究贯彻落实湘办发〔2015〕35 号文件精神，会议同意增加反邪教网宣工作等业务经费；会议决定在市委党校专门设置“浏阳市法制教育中心”供市委防范和处理邪教问题领导小组办公室使用，并配备中心主任一名，由

刘颖兼任。4月15日，就落实湘办发〔2015〕35号文件，召开全市防范和处理邪教问题专干会议，并对成员单位和乡镇街道、市直单位下发目标管理考核细则和《无邪创建工作方案》，分别明确成员单位、市直单位、乡镇街道、村（社区）相关工作职责、工作目标、工作任务。无邪创建工作网络做到横向到边、纵向到底的工作格局。进一步传达学习省办相关文件：湘陆发〔2016〕9号文件：关于印发《反邪教基层基础工作规划（2016—2018年）的实施意见》、湘陆发〔2015〕37号：《贯彻落实湘办发〔2015〕35号文件工作进度表》的通知。对照以上两个文件，划定教育监控科、综合科两个科室各自的工作职责、完成时限，并每季度向市办报送落实情况。6月2日，专门召开领导小组成员单位会议，再一次深入学习35号文件精神，要求各成员单位全力支持，形成合力，公安、法院、检察院、司法局加大情报信息搜集和打击处理力度，宣传部、浏阳日报社、电视台、电台加大反邪警示教育宣传力度，财政、民政加大经费支持。九、十月份，与市委政法委一起分两批组织全市分管防范和处理邪教问题工作领导、专干、综治办主任赴井冈山进行业务学习和党性锻炼，集中组织收看翻录自中央电视台《朝闻天下》的“邪教的谎言”专题节目。（张忠新）

【反宣币收缴工作】 根据省、长沙市的安排部署，11月14日，召开收缴邪教“法轮功”反宣币专项行动工作会议，全市各乡镇街道、市直单位分管领导、专干参加会议，政法委副书记、防范和处理邪教问题办主任彭世明宣读《开展收缴邪教“法轮功”反宣币专项行动工作方案》，公安局副局长黄先辉安排部署专项打击整治工作，市委常委、政法委书记戴武明作重要讲话，会议下发工作方案等文件，并发放1万余份公告。11月15日，市公安局召开全局科、所、室、队长会议，部署专项打击整治行动，11月17日开始，浏阳电视台新闻频道、掌上浏阳、微浏阳、浏阳论坛、浏阳日报、浏阳电台交通频道、村村通广播、乡镇通广播全媒体全方位播报《关于抵制邪教“法轮功”邪教利用人民币进行反动宣传的公告》，全市各大单位和银行网点LED屏滚动播出清缴反宣币宣传标语，收缴“法轮功”反宣币工作有序推进。（张忠新）

【教育转化和解脱工作】 积极筹备，联合转化。制定下发《2016年度全市教育转化和回访巩固工作方案》。19名邪教“法轮功”诬告滥诉人员，被长沙列为需要转化的重点对象，采取集中办班、分级实施、联合转化的方法，先由相关乡镇街道做好铺垫工作，再送市委党校的“法制教育中心”进行集中帮教。2016年，与旅游局、淮川街道、大围山镇、古港镇等单位配合，顺利转化章久平等5名诬告滥诉对象。多管齐下，逐个审核。与11个相关乡镇、2个市直单位签订解脱责任书，分解工作任务。成立市乡村三级回访巩固工作小组，对37名重点巩固对象，进行多层走访考察。先由乡镇（街道）和村（社区）对每个对象进行基本情况摸底，发动家属进行回访巩固和办班巩固。收集每个对象的基本情况，逐个进行指导、审核。对思想认识还不是特别到位，没有彻底摆脱邪教“法轮功”精神枷锁的人员，继续进行思想教育，关心帮助，达到正常人状态之后，逐个进行解脱会审，办理相关程序。截至目前，已上报长沙市委防范处理邪教办批准解脱人员20名。（张忠新）

【警示宣传教育】 将反邪警示教育进党校、进学校、进社区、进家庭、进庙宇。2016年，安排反邪警示教育课程进党校三个主体班：青年创新创业研修班、第一、二期引进党政人才培训班，增强到课人员的反邪防邪意识。同时还通过如初中学生素质教育轮训、社区开展“无邪创建”活动等多种措施，将反邪教知识进学校、进社区、进家庭、进庙宇，进行防邪反邪宣传教育；和每个家庭签订反邪、防邪责任状，在庙宇进行警示宣传教育。开展形式多样的反邪宣传。与浏阳电台交通生活频道合作策划制作反邪知识访谈录，并刻录成U盘，发放到全市各个村、社区，在村村通广播播放。浏阳日报刊登反邪宣传2个专版，浏阳电台交通频道每天滚动播出《关于抵制“法轮功”邪教利用人民币进行反动宣传的公告》以及“崇尚科学、关爱家庭、珍惜生命、反对邪教”公益宣传6次。年度累计播出960多次。同时利用电子显示屏宣传反邪知识。利用群众节会赶集，在人口集中、流动量大的场所播放宣传光碟，摆放宣传展板36场次，共发放宣传读本及资料8万余份。通过团市委、妇联、组织部、纪委、人社局、全市各乡镇的微博、微信、电教网络系统进行反邪教警示教育宣传累计千余次。全市今年共发送反邪教微信46.8万余条。在交通要道、旅游景点、宗教场所安放不锈钢永久性宣传牌12块，宣传标语100块。下发文件，安排部署各乡、镇、街道、市直各单位610专干负责本人及本单位相关工作人员的手机客户端完成“岳麓红枫”APP下载。目前，总下载人数达到500人。强化网宣和情报信息工作。网宣工作和情报信息任务超额完成。“凯风湖南”上稿13篇，其中专业稿件5篇，超过目标任务2篇；非专业稿件8篇，超过3篇。“岳麓红枫网”上稿10篇，超过目标任务5篇。湖南红星网上稿8篇，超过目标任务4篇。省办《情况通报》上单篇1篇，单条7条，超额完成任务。（张忠新）

【涉邪教案件防控处置】 按照“政治效果、社会效果、法律效果有机统一”的工作要求，统筹防控打击。5月份，协同市司法局组织全市168名律师和法律工作者进行反邪教政策、法规培训，此项工作，被省防范和处理邪教问题领导小组办公室《情况通报》第12期刊发。8月份，组织法院、检察院、公安局、司法局分管国安领导和科室负责人传达学习省委防范处理邪教问题领导小组办公室联合省法院、检察院、公安厅、司法局和国安部门下发的《关于进一步规范涉邪教刑事案件办理工作的意见》。9月21日上午，文家市派出所按群众举报，在市人民路8号出租屋内现场抓获4名非法聚会的“全能神”邪教人员，并依法对4名“全能神”邪教人员实施行政拘留7日。11月12日，关口派出所在辖区内现场抓获从事教唆、诱骗、煽动他人从事“法轮功”活动的邪教人员，并依法给予拘留5日处罚。明确各级责任，重点加强对诬告滥诉的防范控制。强调党(工)委书记是反邪防邪工作第一责任人的反邪意识，明确“三个零指标”的高压线。年初全市政法工作大会上跟各成员单位和各乡镇街道签订防范控制目标管理责任状。党(工)委书记每月必须安排部署反邪教工作，亲自督办诬告滥诉案件工作。完善乡镇（街道）、村(社区)基层信息预警、防控网络。各乡镇(街道)均成立诬告滥诉信件和反宣币收缴行动小组，并每周对乡、村办公场所及商铺、公交站、菜市场等场所进行巡查收缴。对重点对象实施全程动态监控管理，严防参与诬告滥诉及其他反宣活动。调整完善防范处理邪教突发事件及接访分流工作预案，加强对重点时段、敏感节点的守控，省办《情况通报》第19期对浏阳G20期间的防控工作进行报道。

（张忠新）

【无邪教创建工作】 5月26日，召开防范和处理邪教问题工作会议，举办全市防范和处理邪教问题工作骨干培训班，就“无邪创建”工作进行全面动员和指导督促。9月7日，在全市综治工作推进会上，就防范和处理邪教问题工作进行专门部署。按市防范和处理邪教问题办公室的要求，统一规范“无邪创建”相关内容上墙样式，统一制作下发了960块村（社区)、单位(学校)的“无邪创建”工作机构、职责、目标及门牌，要求各地各单位按标准落实到村（社区)、学校(单位)。二是签订“无邪创建”承诺书。2016年，上报长沙“无邪创建”达标乡镇(街道)6个、村(社区)3个通过验收。

（张忠新）

森林公安工作

浏阳市森林公安局

党组书记、局　长　李志勇
党组副书记、政委　陈明霞
党组成员、副局长　朱　力
黎有顺
沈华裕(2016.08免）

【概况】 浏阳市森林公安局与市森林防火指挥部办公室合署办公，担负着全市森林刑事案件侦查、林区治安管理和行政执法职能；同时承担本级人民政府森林防火工作职能，负责全市森林防火日常工作和森林火灾预防、组织指挥扑救和灾后处置工作。内设办公室、政治工作室、法制科、森林消防科、装备计财科、刑事侦查大队、治安管理大队7个机构；下辖张坊、大围山、官渡、古港、南区、西区、北区、城区8个基层派出所，其中张坊、官渡派出所为公安一级派出所。现有在编民警74人（女民警7人)，其中共产党员70人；警务辅助人员15人；2016年，浏阳市森林公安局荣获湖南省森林公安机关执法质量考评县市区森林公安局考评优秀单位、官渡派出所荣获全国森林公安机关执法示范单位。各类媒体报道浏阳森林公安新闻稿件456条，其中国家和省市级媒体181篇、浏阳日报和浏阳电视台等本地媒体75篇、门户网站类信息200多篇。1月6日，经中共浏阳市委同意，浏阳市森林公安局成立中共浏阳市森林公安党组和中共浏阳市森林公安局纪检组。3月24日，浏阳市森林公安局特勤中队成立。4月28日，浏阳市森林公安局官方微信订阅号“浏阳森林卫士”正式启用。

（邱明智）

【森林公安警察队伍建设】 全年组织安排132人次参加各级调训，先后聘请湖南师大教授、湖南警察学院教官及公安部门的实战专家到浏阳进行5次专题培训；分五批组织50余人次到江西、株洲、怀化、岳阳等地学习先进经验；安排20人次一线民警到法制科、办公室、刑事侦查大队及市公安局跟班学习。聘请浏阳市心理健康专家为全局警进行心理健康辅导。3名试用期公务员、3名试用期副科级干部办理按期转正；提拔3名优秀民警到中层干部岗位；1人解决正处级、5人解决副处级、2人解决正科级、12人解决副科级工资待遇，37名民警办理乡镇补助、23名民警办理警衔首授或晋升、13人套改三级警长。30名民警参加公安机关高级、中级执法资格考试、57位民警参加浏阳市普法考试。全体民警参加本局法律业务知识测试2次。

（邱明智）

【林业执法】 密切关注林区动态，先后组织开展“春雷行动”[1]“清网行动”[2]“利剑行动”[3]“缉枪治爆”[4]等专项行动，侦破唐某某失火案、卜某等人盗伐林木案、李某等人持枪非法狩猎案、世纪红烟花制造有限公司非法占用农用地案等一批有影响的案件。2016年共接处警478起，查处各类森林案件407起，其中立刑事案件82起，刑事拘留42人、抓获网上逃犯3人、批准逮捕16人、取保候审70人、监视居住2人，侦查终结移送起诉57起、71人；查处公安行政案件52起、行政拘留47人、治安罚款6人次；查处林业行政案件273起，林业行政处罚550人次；收缴木材430立方米，上缴木材变价款38万元，林业行政罚款224万元，没收违法所得6万元，共计为国家、集体和个人挽回直接经济损失268万元。实施“日清、周查、月评、季讲评”执法工作制度；开展案件互评互查，对执法工作情况实行逐月通报，点评典型案例，通报不规范个案，全年共发执法通报15期，进行现场执法指导10余次。成立案件审查委员会，组织召开案件集体讨论会14次，对61起案件进行集体讨论。落实行政处罚公开制度，324份行政处罚决定书在政府门户网站和本局门户网站进行公开，接受群众监督。开展2016年“司法公正长沙行”活动、继续推行轻刑快办及刑事速裁机制。执行案件质量考评标准，实现网上流转，全年共审批、考评案件407起。投入50万元，建成一个高标准的中心执法办案区，为民警执法办案提供保障。

（邱明智）

【森林防火】 全年共接处山火火警87起，实际发生森林火灾34起，受害森林面积110公顷，山火均在较短时间成功处置，实现打早、打小、打了的工作目标，将火灾损失降到最低程度。坚持高位推动，防火得到高度重视。进一步落实森林防火行政首长负责制，市委、市政府多次专题研究森林防火工作，市人大专题询问市政府森林防火工作的开展情况。向长沙市林业局申请支持浏阳的森林防火现代化建设配备的5台消防水车配发到关口、荷花街道，北盛、大瑶、普迹镇，提高乡镇的科技灭火的能力。坚

5月20日，承办浏阳首次森林消防大比武　（资料来源：森林公安局办公室）

持做精做实，预警监测不断强化。加强森林防火信息的监测，利用林火卫星监测系统、12119报警系统、110接处警平台组成立体火情监测网络，全方位、全天候对火情进行监控。10月底成功搭建了浏阳市本级森林防火指挥地理信息系统，收录相关地标物信息近万条，初步实现在地图上的可视化指挥操作。利用网络信息、手机短信、微媒体等平台实施通知下达和信息反馈，随时掌握动态，有效提高森林防火信息化管理水平。坚持督查督办，“三化”⑤管理步入常态。2016年春节、国庆节等重点时段，市级领导率队抓防火督查，多个督查组赴全市各乡镇、街道和大围山国家森林公园、胡耀邦同志故居等地进行高火险期督查。积极推进乡镇街道森林防火工作落实“党政同责”，防火专业队伍和非专业队伍按要求配备到位，“三化”管理步入常态。实行森林防火24小时值班和领导带班制度；组织开展了落后烟花爆竹退出企业森林火灾隐患大排查、安全生产监管执法集中整治月活动。坚持严格管理，实战能力不断提升。5月20日，在荷花训练基地举办全市首次森林消防大比武竞赛，市森林消防总队15个大队的330名森林消防员参加；8月8日，50名队员参加了长沙市森林消防业务技能集训与比武；经长沙、浏阳两级森林防火指挥部协商组建的森林消防快速反应机动大队——长沙森林消防浏阳机动大队在洞阳镇成立。全年，共组织乡镇、街道开展森林火灾应急救援培训34场次，参训人员达2800多人。　（邱明智）

存在困难　警力较为紧张。2016年，浏阳共有34.5万公顷山林，在职民警管护面积达到4700公顷／人，一线民警管护面积达到6700公顷／人，同时浏阳森林公安队伍年龄结构老化。警力明显不足。警车保障不足。2016年浏阳市党政机关公务用车制度改革实施后，浏阳市森林公安机仅保留1台机要通信应急用车和9台执法执勤警用车辆，全局共有10个实战单位，不能保障每个实战单位一台警车。　（邱明智）

11月28日—12月9日，组织民警在长沙警校参加业务轮训

（资料来源：森林公安局办公室）

【浏阳首次举行森林消防大比武】

5月20日，由浏阳市森林公安局组织的浏阳首次森林消防大比武在市森林消防总队荷花训练基地举行，来自市森林消防总队15个大队的330名森林消防队员开展森林消防技能大比武，洞阳大队荣获团体总冠军。　（邱明智）

【中心执法办案区建成投入使用】

10月上旬，浏阳市森林公安局投资50余万元，按照《湖南省公安机关执法办案场所建设标准》建造，使用面积达240平方米的浏阳市森林中心执法办案区建成并投入使用。　（邱明智）

①“春雷行动”。针对浏阳春节期间森林火灾多发态势，2月16日起迅速开展查处森林火灾案件的专项行动。共查处各类涉火案件34起，刑事拘留8人、治安拘留13人、行政罚款25人次。

②“缉枪治爆”行动。从2月起开展了“缉枪”专项行动，共收缴猎枪1支、鸟铳4支、弹珠枪1支，有效地消除了治安隐患及不稳定因素。

③“清网”行动。开展打击破坏野生动物违法犯罪专项行动，全年共立野生动物刑事案件13起，刑事拘留12人；查处野生动物行政案件43起，罚款1.8971万元、没收违法所得0.167万元；收缴兽夹、捕鱼机等猎捕工具一批，放生国家和省重点保护动物娃娃鱼、虎纹蛙、棘胸蛙等一批，销毁野猪肉、黄麂残体、果子狸残体等野生动物制品200余千克。

④“利剑行动”。开展严厉打击非法占用林地等涉林违法犯罪专项行动，共立林地刑事案件8起，刑拘1人，取保候审6人，移送起诉10起(其中积案3起)；查处林地行政案件34起，处罚57人次，罚款204.03万元，查处违法用地面积达213.7公顷。

⑤标准化建设、实战化训练、规范化管理。

军　　事

人民武装

中国人民解放军
湖南省浏阳市人民武装部

党委第一书记　　　曹立军
党委书记、政委　　尹乐平
纪委书记、副部长　曾雪峰
党委委员　项　渝　彭智峰

【概况】 2016年，浏阳市人民武装部在警备区党委和浏阳市委、市政府的坚强领导下，按照"坚持根本、保障打赢、夯实基础、确保稳定"的总体思路，坚决贯彻上级党委决策部署，围绕服从和服务于全市经济发展大局，以提高民兵遂行多样化军事任务能力为目标，大力推进和开展武装工作，圆满完成了上级军事机关和市委、市政府赋予的各项工作任务，人武部和民兵预备役建设呈稳步发展的良好态势。被警备区评为"基层建设先进团级单位""军事训练先进单位"和"安全工作先进单位"，现就年度全面工作开展情况总结如下：

一、扭住红线铸军魂，大力加强思想政治建设。牢牢把准听党指挥这一最高政治要求，确保部队绝对忠诚、绝对纯洁、绝对可靠。一是在突出理论武装中铸牢军魂。坚持把学习贯彻习主席系列讲话和建党95周年"七一"讲话精神作为头等大事，与两项重大教育统筹安排，落实领导带头学、区分层次学、丰富形式学、联系实际学等措施，先后组织3次专题学习，2次体会交流，引导官兵固牢听党话、跟党走的思想根基。二是在深化政治教育中坚定信念。紧紧围绕国防和军队建设主题主线，大力加强思想政治教育。重点突出"两学一做"学习教育，及时组织开展思想调研，召开专题党委会议。在同步参加省军区、警备区集中授课的基础上，坚持集中辅导、个人自学、撰写心得体会；深入开展党员承诺践诺活动；观看了警示教育片，参观文家市秋收起义纪念馆和胡耀邦故居等红色教育基地；围绕改革进行专题讨论交流，激发了干部职工拥护支持改革的强大动力。三是抓好干部思想工作。在改革大考面前，干部面临进退去留，思想波动大。特别是去年转业工作启动后，单位人员调整幅度大，个人面临的实际情况多，容易产生不稳定因素。我们主动倾听干部心声，采取一对一谈心的方法，普遍谈心多次，了解其真实想法，掌握思想动态，及时做好说服和释疑工作，确保了思想上的稳定。四是抓好国防教育工作。积极探索新时期开展国防教育的方法路子，依托浏阳日报、电视台《国防时空》栏目、秋收起义纪念馆、名人故居等市属主流媒体和红色教育阵地，广泛开展国防教育。通过系列学习教育，激发了干部职工全身心投入工作的热情，干工作的劲头更足，履职尽责的信心更强。

二、坚持团结谋发展，不断提高班子和干部队伍能力素质。我部党委严格贯彻民主集中制原则，能够正确对待"用心、用人、用钱、用时"问题，通过加强学习、增强素质、改进作风，不断提高科学决策能力和工作执行力，较好地发挥了核心领导作用。在人员少，任务重的情况下，"一班人"心往一处想，劲往一处使，主动作为和分忧解难的意识比较强。工作中分工不分家，不为家事私事分心走神，一心扑在工作岗位上。能够团结协作，严格按程序办事，重大问题集体研究，不搞个人说了算，始终坚持集体把关指导全面建设，分工负责抓好工作落实。班子成员能够带头执行上级规定，以上率下，以实际行动引领和培育新风正气。"一班人"廉洁自律意识强，在敏感问题上自觉接受群众监督，赢得了干部职工的信任。党员干部能自觉做到不打牌赌博，不涉足不健康场所，不做违反政策规定的事。目前，我部班子成员奋发进取、团结协作精神进一步加强，全体干部职工政治意识、大局观念得到进一步提高，党委的核心战斗堡垒作用更加坚强。

三、着眼任务要求，持续推进军事斗争准备。坚持把"能打仗、支援保障打胜仗"作为部队建设发展的根本目标，一切工作向战斗力建设聚焦，实现了主业主抓，主业主为。一是突出抓好战备工作。年初，我们积极与地方应急部门对接，将本部应急预案纳入全市整体应急方案体系，对本部防卫作战、国防动员、非战争军事行动、重要目标防卫等9大类战备方案主案和30多种子方案进行了修订。将去年基层抓建试点时规范的基层武装部4类方案预案制成范例，下发各单位。对本部战备器材仓库进行了点验清理，建立了账物卡，规范了管理程序，实行了"三分四定"，根据市民兵应急连的建制要求，协调地方政府维修、更换和添置部分器材，充实了应急应战物资储备。二是统筹抓好军事训练。积极稳妥推进“一拓三改”，通过对训练内容、训练方法、训练条件的改革创新，扎实推进军事训练有效落实。在抓好现役干部在职训练以及专武干部普训的基础上，重点抓好基干民兵训练，全年共开展了4批次、435人的基干民兵训练，进一步提高了民兵遂行多样化军事任务的能力。三是重点抓好民兵整组。3月份认真落实民兵整组要求，会同市应急、人防、交战、水务等部门，召开任务部署会，传达上级精神，成立组织机构，下发整组方案。充分利用市属企事业单位人才、技术、装备资源优势，组织性、专业性强等特点，进一步拓展行业编兵，将通信支援、交通运输、医疗救护、物资油料、装备维修等支援分队在7个企事业单位抽组；考虑到防卫作战要求，将公路护路分队和新增的蒙华铁路护路分队在交通沿线乡镇组建；在株树桥水库管理局成立了30人的防空作战分队，在工业园区的一朵企业建立了40人的民兵分队，充分发挥了“平时服务，急时应急，战时应战”作用。通过一系列行之有效的措施，全市基干民兵区分应急、支援、储备3支队伍共91支、3389人，民兵组织结构进一步得到优化，民兵队伍进一步建强编实，整体遂行任务能力进一步提高。四是征兵工作有序展开。针对当前“当兵冷”“征兵难”的问题，不等不靠，立足于早准备、早动员、早筹划、早宣传，严格落实兵役登记工作，针对今年征兵入伍优惠政策的调整，要求专武干部下村组社区进行宣讲，确保家喻户晓；协调市政府签发印制了《兵役登记通告》，并将通告下发至各乡镇、村、社区；针对辖市没有一所高校的实际情况，协调市教育局下发了《关于做好高中（中专）毕业生征兵工作的通知》，并在各学校设立征兵工作站，指定专门负责的征兵干事，力争提高大学生征集比例，高标准完成年度征兵任务。4月份落实了兵役登记工作，6月中旬召开了全市征兵工作会议，学习新的政策标准，分析当前形势，明确职责任务。先后印制征兵宣传手册3500余份，利用短信平台、市属报纸、电台、电视台，以及出租车、公交车电子广告牌等媒介，深入广泛发动。同时，会同政府督查室到基层逐一进行督导。把住了宣传发动、网上报名、严格审检、集体定兵等环节，圆满完成了新兵的征集任务。

四、深化军民融合，党管武装力度不断加大。市委、市政府坚持富民强市与拥军兴武有机统一，不断强化国防意识和工作指导，有力推动了国防后备力量建设与经济社会协调发展。一是领导高度重视。我部凡有征兵、训练、演练等重大活动，市领导都亲自参与和指导，在人员、物资、经费上给予重点倾斜和大力支持，为圆满完成任务提供了有力支撑。二是基本制度落实。市委、市政府将武装工作纳入全市年度工作绩效考评、专武干部纳入全市党政干部一并考察、民兵基层正规化建设纳入乡镇街道规范化建设内容统筹安排，为武装工作的开展提供了制度保证。三是“三队”作用明显。我们着眼在用兵中练兵，积极组织民兵参建参治，有为有位树好形象。我们坚持在用兵中练兵。2016年，出动民兵600多人次，参加森林扑火和环境整治等任务，反应迅速，完成任务较好。尤其是在防汛期间，武装部针对降雨周期长、降雨量大，发生洪涝灾害等级较高的实际情况，积极加强与市防汛指挥部和水文气象局工作对接，提前做好防大汛、抢大险准备，做到思想认识到位、物资保障到位、人员准备到位、现场勘查到位、方案演练到位。特别是在冒险固定大围山金钟村洪流中脱缰失控沙船；连夜机动至普迹镇，解救夹洲岛被洪水围困群众42人，确保洪峰过境无一人伤亡等重大任务中，民兵应急救援力量能够立即拉得出、用得上、起作用，在人民群众中树立了军事机关的良好形象，受到地方党委政府的高度好评。2016年共走访慰问共走访慰问28户特困军烈属和伤残军人家庭，送去慰问金共30000元。走访慰问浏阳市敬老院，送去了节日的祝福和爱心物资。

五、凝神聚力，坚决推动大项任务落实。在省军区召开“围绕改革强军目标抓建基层工作会议”后，我市永安镇成为抓建示范点。我部在受领任务后，认真进行了研究论证，会同永安镇党委、政府制定了严密的实施计划，从硬件设施的正规化建设，到经验材料拟制、建设规范修订、录像片制作，都能深入其中进行具体指导，并且投入专项经费推动工作落实。特别是录像片制作过程中，省军区、警备区专门抽调干部进行指导帮助，加班加点对录像片进行了多次修改完善，确保了录像片制作标准，圆满完成了拍摄任务。9月初，国防动员部政委朱生岭中将到永安镇工业园市一朵生活用品有限公司，调研党管武装和国防教育工作，听取企业汇报，给予高度评价。

六、深入终端抓落实，提高正规

8月1日，“欢乐浏阳河”庆八一文艺晚会集里专场晚会现场

（资料来源：市委宣传部）

化管理水平。我们始终把安全稳定工作作为事关全局的基础性、经常性工作来抓。一是安全教育经常。坚持每天交班会一次提醒，每周对重点目标进行一次清查，每月办公会一次安全形势分析，每次党委会一次研究部署，经常开展谈心交心，切实加强安全防范，干部职工安全意识明显增强。二是安全制度落实。始终把人、车、枪、弹、密和营院作为安全管理的重点，进一步完善各类规章制度，注重在落实上下功夫。规范请示报告制度，对干部职工实行跟踪管理；严格派车手续，加强预防车辆事故工作；对武器库、器材库、保密室等重点部位定期进行安全检查，及时消除安全隐患。三是安全整治到位。从3月1日开始，扎实开展了“百日安全无事故”活动，对营区水、电线路进行全面维修整治；对聘用司机和全体干部职工进行集中教育整顿，邀请交警进行安全行车授课辅导；按要求改建了文印室，增添了相关设备器材。同时，进一步完善库房安防设施，开展了安全隐患排查，增强了安全意识，确保了安全稳定。四是涉军问题得到有效控制。针对浏阳涉军群体大、诉求多的特点，健全完善了人武部、部队和地方“三位一体”的联防联控机制，为有效控制和解决涉军敏感问题做了大量政策宣传和矛盾化解工作。今年以来，共受理涉军维权事件50多起，接待退伍军人上访20余批82人次，为协助地方解决涉军敏感问题发挥了积极作用。（刘　娟）

武警消防

中国人民武装警察部队浏阳市公安消防大队

党委书记、政治教导员　王宾国
党委副书记、大队长　王凤文（2016.11任）
党委成员、副教导员　罗　战
党委成员、副大队长　陈铭飞（2017.01任）
党委成员、参谋　罗　威
党委成员、关口中队指导员　黄倪君（2017.01任）
党委成员、集里中队指导员　肖锦程（2017.01任）

【概况】　浏阳市公安消防大队成立于2008年，为副团级单位，下辖集里、关口、大瑶3个消防中队，现有172人，其中大队干部9人、中队干部12人、现役战士46人、政府专职消防队员96人、政府专职消防文员10人。全市共有执勤消防站3个，其中一类站2个，普通二类站1个。全市消防部队共有消防车15辆。全市共有列管的消防安全重点单位189家，其他单位日常监督由公安派出所负责管理。2016年，浏阳市公安消防大队在各级党委、政府和公安机关的正确领导下，以带好“人民满意”队伍、打造“长沙消防”品牌、落实战斗力标准为目标，以“六大体系”建设为载体，牢记宗旨，团结拼搏，攻坚克难，以扎扎实实的工作业绩全面完成了全年工作任务，保持全市火灾形势平稳和部队内部高度稳定。全面建设呈现出稳中有进、稳中向好的良好态势。全年关口中队被支队评为全市消防部队全面建设先进中队，政治工作先进中队，集里中队被支队评为执勤训练先进中队。集里中队政治指导员肖锦程于2016年度被评为长沙市“雷锋式爱民官兵”。浏阳大队大队长王凤文、集里中队中队长张练、大瑶中队中队长邱劲柏被评为优秀共产党员。

一年来，我们坚持认认真真学好党的创新理论，讲看齐、见行动，四个意识更加坚定。面对艰巨繁重的工作任务，部队各级牢记使命、凝铸警魂，以“两项重大教育”为载体，特别是将习主席系列重要讲话、党的十八届六中全会精神作为主线贯穿党委中心组学习、主题教育，作为根本遵循落实到部队建设方方面面。一是全面落实《2016年浏阳公安消防部队思想政治教育实施方案》，统筹抓好基础教育、经常性教育、形势政策教育、反腐倡廉教育、遂行任务思想教育、政府专职消防队伍思想政治教育，每次政治专题教育都组织官兵认真学习，开展讨论，撰写心得体会和剖析材料，领会其精神实质，并将其落到实处，确保每次政治学习都取得实实在在的效果。二是以全面从严治警为抓手，开展队伍突出问题专项整改、党风廉政建设专项检查督导、夏季百日安全大检查等活动，并加强对基层中队管理教育督察检查，严格认真落实“两个责任”，积极部署纪律作风教育整顿活动，大力开展“雁过拔毛腐败问题”“纠四风、治陋习”“整治酒驾”等专项整治工作，认真组织开展了“三个一”、家庭助廉促学“五个一”等活动，制定党委班子廉政制度，与官兵层层签订《廉洁自律承诺书》，建立了干部廉政档案；加强监督制约机制，严格遏制执法行动中“吃、拿、卡、要”等行为发生。一年来，大队班子自我净化能力显著增强，无一名官兵因违反廉洁自律有关规定受到党纪政纪处分，确保了部队风清气正、队伍和谐稳定。

一年来，我们坚持兢兢业业尽好主业职责，强素质、抓源头，中心工作更加有效。面对浏阳严峻复杂的消防安全形势和艰巨繁重的灭火救援任务，我们聚焦能打胜仗和火灾形势稳定，抓中心强能力。一是大力开展实战化练兵活动，持续深入开展消防业务技能大比武、建制中队实战化比武竞赛集训、部队安全管理“五无一创”活动等一系列活动，有效提高了部队的执勤战斗能力与区域联防能力。全年，共接警出动779次，出动消防车1166辆次，消防人员7837人次，抢救被困人员156人，疏散人员1908人，抢救财产价值2466.7万元。出色完成了G20峰会安保、抗洪救灾、“4·19”大瑶镇崇文九华出口烟花厂起火爆炸，“5·23”浏阳市永安镇丰裕“恒达食品厂”火灾，“6·6”浏阳蕉溪岭106国道天然气槽罐车侧翻事故，“12·22”浏阳康明木业家具厂火灾等急难险重任务。二是市委书记曹立军、市长吴新伟、副市长沈学军等各级领导多次召开专题消防工作会议就加强消防工作作出重要批示指示、带队检查消防工作。深入开展了今冬明春、夏季消防安全、劳动密集型场所、易燃易爆危险品场所、地下公共建筑、文物古建筑、辖区居民小区、文化娱乐场所等10余个专项整治行动。全年共检查单位2333家，发现火灾隐患1985处，整改火灾隐患1951处，责令整改996处，对77家存在隐患的单位进行了行政处罚，对火灾隐患较大的25家单位进行了查封，“三停”25家，罚款94.09万，拘留16人。全市未发生一起较大以上火灾事故。

4 月 21 日上午，浏阳召开 2016 年全市消防工作会议　　（资料来源：消防大队办公室）

三是不断加大消防宣传力度，大力开展社会化宣传教育，推动中小学校将消防知识纳入教学、军训，组织消防宣传“七进”“5•12 防灾减灾宣传日”“119 消防宣传日”等大型活动，并积极组织对社会各类单位消防进行了消防安全培训，有力提高社会人员的消防安全意识和全社会抵御火灾的能力，确保了全市消防安全形势持续平稳。

一年来，我们坚持踏踏实实做好自己的功课，打基础、增实力，自身建设更加扎实。大队全体官兵心无旁骛谋发展、凝心聚力抓落实，呈现出多点突破、亮点纷呈的良好态势，基层实力迈上新台阶。一是预算经费呈突破性增长。全年累计争取消防业务经费可达 1100 万，同比增长 56%；二是专职消防队伍有新的突破。完成政府专职消防队单编执勤试点工作，现大瑶中队作为市公安局二级机构完成了事业单位法人登记，并解决 2 名事业编制，为政府专职消防队单编执勤走出了关键性的一步；三是基础设施建设得到进一步加强。在城区新建了市政消火栓 100 个，确保了全市消火栓建有率和完好率分别达到 90%、97%以上。政府同意出资统一采购 4 台消防车，约 765 万元；购置一批特种消防器材和个人防护装备，约 130 万元；加快了浏阳市经开区中心消防站建设，目前已完成立项、建设方案、概算、初步设计、施工图设计等工作。四是消防安全管理基础得到进一步夯实。落实了乡镇的消防工作考核和责任追究。组织对乡镇（街道）进行消防工作考核，将考核结果作为对乡镇（街道）及相关职能部门主要负责人和领导班子综合考核评价的重要依据。市政府专题研究部署了“十三五”消防规划和城区、全国重点镇以及 60%的其他建制镇的消防规划编制修订工作，并解决了专项经费 150 万元。推进了市政府将消防宣传教育纳入政府购买公共服务范围，解决购买消防培训服务经费 150 万元，同时，为全面加强媒体消防宣传，拓展消防宣传平台，12 月 7 日浏阳市委常委议军会议审议通过了在浏阳电视台、浏阳日报设置专栏、充分利用城区主干道电子屏，长期有效的滚动播放消防安全宣传内容的请求，并明确每年 50 万的消防宣传专项经费，由财政直接拨付给相关单位。

存在的困难与问题从火灾防控上看，一是消防安全责任体系仍不健全。一些地方“一岗双责”和职能部门“管行业必须管安全”的理念树得还不牢，“红线”意识还不强，消防安全工作“重部署、轻落实”，消防部门“单打独斗”的局面还未有效改变。有的乡镇、街道消防安全网格化管理存在“空转”现象。部分社会单位主体责任意识淡薄，没有真正建立“安全自查、隐患自除、责任自负”的管理机制，火灾隐患“整治、反弹，再整治、再反弹”的问题依然突出。此外，少数消防设施维保单位不作为、乱作为，出具虚假报告等问题也屡禁不止。二是社会火灾防控风险加剧。浏阳近年来经济发展迅速，2016 年，县域经济与县域基本竞争力已从全国百强第 28 位跃升至第 19 位，并获得长沙市绩效考核县（市、区）组第 1 名，获评“中国全面小康十大示范县市”和全国唯一“美丽中国典范城市”。经济快速发展的同时，消防安全风险聚集。加之消防工作社会化水平还不够高，社会火灾防控体系还很不完善，基层防控工作落实还不到位，火灾防控的压力持续加大。从基础工作上看，一是信息化建设基础还较为薄弱。当今世界已经进入一个移动互联网、物联网和大数据、云计算的时代，给社会治理思维和治理模式带来重大机遇和挑战。如何牢牢把握科技创新潮流，向科技要战斗力、向数据要战斗力，由“传统消防”向“现代消防”转变，是摆在我们面前的一个现实而紧迫的课题。二是公共消防基础还较为薄弱。已建市政消火栓维护保养不到位、政府专职消防队伍战斗力不强、微型消防站作用发挥不明显、消防培训社会化程度不高、群众消防安全意识不强等问题也比较突出。　（彭　越）

【市委、市政府领导“春节”前夕慰问大队官兵】 2 月 5 日，中共长沙市委常委、浏阳市委书记曹立军率“四大家”领导一行到武警消防浏阳大队，看望慰问春节期间奋战在防灭火救援第一线的消防官兵。曹立军书记代表市委、市政府向全体官兵表达亲切的慰问，对消防官兵为浏阳经济发展做出的突出贡献给予充分肯定和高度赞誉，并视察消防车辆装备，详细地了解大队车辆装备建设情况。他指出，消防大队是一支特别能吃苦、特别能战斗、特别能奉献的消防铁军，在刚刚过去的 2015 年，全市消防官兵在全市各类急、难、险、重等特殊任务面前，以及人民群众需要的时候，都能挺身而出，化险为夷，圆满地完成了第十二届中国（浏阳）国际花炮文化节安保及“11•18”枨冲火灾等各项救援任务，事实证明浏阳消防大队是一支让市领导放心、让人民满意的消防铁军。曹立军书记强调，春节即将来临，灭火和应急救援任务异常繁重，消防官兵要严格落实部署要求，进一步加强执勤战备，坚决遏制重特大火灾尤其是群死群伤恶性火灾事故的发生，确保全市火灾形势稳定，让百姓过一个平安祥和的春节。　（彭　越）

【召开 2016 年全市消防工作会议】 4 月 21 日上午，浏阳召开 2016 年全市消防工作会议。市委常委、市政法委书记邱山东，市人民政府副市长、公安局局长沈学军，市政法委常务副书记、综治办主任高志仕，市公安局党委副书记、纪委书记李汉能，消防大队教导员王宾国等领导出席会议。市消防安全委员会各成员单位负责人，各乡镇、街道、经开区、两型产业园、制造产业基地分管消防工作负责人，公安派出所所长，市消防安全重点单位负责人参加会议。会议由市政府办副主任郭曦主持。李汉能通报 2015 年暨 2016 年一季度全市火灾情况，王宾国教导员作全市消防工作报告；高志仕副书记宣读《关于表彰 2015 年度消防工作先进单位和个人的通报》。邱山东对全市消防安全工作提出三点要求，一是深刻认清形势。应当清醒地认识到，当前消防形势依然不容乐观，诱发火灾的因素还大量存在，一些制约消防工作发展的深层次矛盾和问题还没有得到有效解决，消防安全形势仍然不容乐观。二是准确把握重点。以深入贯彻国务院 46 号和省政府 4 号“两个文件”精神为主线，坚持防消结合、依法管控，深化消防责任体系，公共消防基础，防控火灾能力“三项建设”，坚决杜绝较大以上亡人火灾事故的发生，推动我市消防工作迈上新台阶。三是强化责任保障。要建立公共消防安全评价体系，切实做到“四个纳入”，即将消防工作纳入本行业、本单位的整体发展规划之中，做到同部署、同研究。（彭　越）

9 月上旬，根据《湖南省人民政府办公厅关于对重大和区域性火灾隐患实施挂牌督办的通知》和《长沙市人民政府关于对 13 家重大火灾隐患单位实行挂牌督办整改的通知》，召开经开区入驻企业湖南辰景生物科技有限公司重大火灾隐患整改推进会

（资料来源：消防大队办公室）

【召开 2016 全市今冬明春消防工作会议】 10 月 27 日，全市今冬明春消防工作会议在市公安局召开。市人民政府副市长、市公安局长沈学军、市公安消防大队政治教导员王宾国、市公安消防大队副大队长王凤文等出席会议，市消防安全委员会各成员单位，经开区、产业园、两型示范园管委会及各乡镇、街道主管消防工作领导以及市消防大队全体官兵共 60 余人参加会议。会议由市政府办公室副主任缪传良主持。会议由王凤文通报 2016 年 1 月至 10 月全市火灾形势，由王宾国教导员宣读《浏阳市今冬明春消防工作方案》，对全市今冬明春消防工作做出部署。沈学军结合当前火灾形势，就如何做好今冬明春消防工作强调了几点意见，一是清醒认识当前面临的形势，切实增强做好消防工作的责任感和紧迫感。二是突出“四个重点”，进一步完善消防工作社会化监管体系。要深入开展重大节日期间的消防安全专项整治；切实加强消防安全源头管控；要建立健全常态化火灾隐患排查整治机制；要不断提高全民消防安全意识。三是加强领导、狠抓落实，做到“全面管理不放松”。具体而言，要着力实现“三个转变”：要在抓统筹上下功夫，实现“被动管理”向“主动管理”转变。要在抓网格上下功夫，实现“部门专管”向“群防群治”转变。要在抓督考上下功夫，实现“日常督导”向“问效追责”转变。（彭　越）

【经开区中心消防站设计方案专家评审会】 9 月 27 日，经开区管委会二楼会议室召开浏阳市经开区中心消防站设计方案评审会，湖南大学两名专家应邀参加评审会议，市住建局、国土分局、规划建设局、长沙华艺工程设计有限公司等多个部门负责同志参加此次会议。会上，首先由长沙华艺工程设计有限公司设计师详细汇报了项目规划设计中消防安全布局、消防站、消防通信、消防供水、消防通道、消防供电等内容。在听取项目设计介绍后，与会专家组对项目规划和设计方案进行充分讨论。一致认为设计依据充分，技术路线正确，涵盖消防安全布局、通讯、道路、供水、供电等多个方面的内容，满足消防规划长远发展要求，项目符合城市总体规划，原则上同意经开区中心消防站初步设计方案。同时针对项目规划和设计方案中的不足之处，专家组提出在进一步修改意见。（彭　越）

【全市乡、镇长和村“两委”负责人消防安全培训会】 为落实《浏阳市人民政府 2016 年度消防工作责任状》要求，进一步提升基层干部消防工作水平，推动落实政府消防工作领导职责，8 月 31 日，浏阳市政府在行政中心旺都酒店会议室召开全市乡镇长和村“两委”负责人消防安全培训会议，市政府副市长、公安局局长沈学军，市公安局副局长谭建辉，浏阳大队政治教导员王宾国、副大队长王凤文出席会议，各乡镇政府职能部门、村（社区）“两委”人员共计 400 余人参加了会议，会议由谭建辉副局长主持。会议由浏阳大队政治教导员王宾国宣读《浏阳市乡镇长和村“两委“负责人消防安全培训实施方案》。近年来，消防工作有了很大的发展，社会抗御火灾能力明显增强，消防安全环境进一步改善，但仍然存在一些突出

8 月 31 日,召开全市乡镇长和村“两委”负责人消防安全培训会议

(资料来源:消防大队办公室)

问题和薄弱环节,沈学军强调,农村防火工作是全市消防工作的薄弱环节。要做好农村消防工作,必须全力抓好消防设施、组织机构、群防群治和消防队伍建设。在消防技能上有新提高,全面掌握日常防火灭火、火场逃生自救、人员组织疏散、报警注意事项等基本常识,提高消防技能。会议邀请湖南省协成消防培训学校吴化恺教官为参会人员专业授课,针对消防法规政策及消防组织建设、消防设施建设、火灾预防工作、消防队伍建设、消防宣传教育工作等内容进行详细的讲解。（彭　越）

【市政府召开常务会议专题研究消防工作】 7 月 14 日上午,浏阳市政府组织召开第四十三次政府常务会议,专题研究消防工作。市委副书记、市人民政府市长吴新伟、副市长吴敏、戴武明、郑杰、沈学军,副调研员宋福生、肖云、文建辉、彭琼等领导出席会议,市各相关职能部门、镇街党政负责人参加会议。会议由吴新伟市长主持。浏阳大队政治教导员王宾国汇报全市消防工作基本情况、当前消防安全形势及消防工作中存在的问题和困难。各参会单位及相关领导结合各自职责就推进消防工作分别作发言。吴新伟市长指出,近年来,在市委市政府的坚强领导下,消防安全责任制得到落实,灭火救援能力得到提升,消防安全环境持续优化,但也要重视消防工作和部队建设中存在的突出问题。就如何做好下一步消防工作,吴新伟市长要求,一、高度重视。消防工作关系民生、关系发展、关系稳定,全市必须高度重视消防工作的开展。二、切实解决消防工作中存在的问题。一是保障消防工作与经济社会发展相适应。市政府每年召开一次以上常务会议专题研究消防工作;年内编制完成“十三五”消防规划,完成城区、全国重点镇(大瑶、镇头、永安)以及 60%的其他建制镇的消防规划(消防专篇)编制修订;2016 年消防业务经费预算增加至 950 万元。二是落实消防工作考核和责任追究。组织对乡镇(街道)及相关职能部门进行消防工作考核,将考核结果作为对乡镇(街道)及相关职能部门主要负责人和领导班子综合考核评价的重要依据。三是进一步推进微型消防站建设,11 月 30 日前,建成 2 个街道、26 个社区以及 38 个重点单位微型消防站。四是加速推进经开区消防站建设。要将经开区消防站建设为具有一流建设水准、符合综合功能要求的中心消防站,经开区、制造产业基地管委会、消防大队需高度重视,力争在今年年底完成主体建设。土地建设费用由经开区负责,建设、装备、办公生活设施经费按经开区、制造产业基地管委会今年可用财力比例分摊,后续运行经费由市财政每年补贴 60 万,其他按经开区、制造产业基地管委会按今年可用财力比例分摊。五是加强消防基础设施建设。2016 年在城区新建市政消火栓 100 个、同时加强农村消防车通道、消防水源等基础设施建设,配套建设水塘、水渠、水库等天然水源的取水设施,督促行政村配备消防机动泵、消防水带、水枪等消防器材。六是加强消防装备建设。同意采购干粉车、20 吨重型水罐泡沫车、6 吨水罐车和照明车各一台,以及一批器材装备。七是加强多种形式消防队伍建设。落实大瑶消防中队政府专职消防队事业单位法人代表登记,解决大瑶中队 2 名事业编制。八是深化消防安全教育培训。将消防宣传教育纳入政府购买公共服务范围。2016 年先完成学校的消防教育培训工作,明年根据效果逐步推进社区、机关等单位的教育培训工作。（彭　越）

【市政协副主席谢建国带队调研乡镇消防基础设施建设】 7 月 14 日,浏阳市政协副主席谢建国率市政协、住建局、消防大队等部门相关人员,对大瑶消防基础设施建设进行实地调研。调研组一行分别对通程商场、浏阳花炮文化产业园、瑶正街等地进行了调研。在调研现场,重点查看各单位消防设施完备情况,疏散通道及安全出口畅通情况,消防安全检查、巡查制度落实情况,消防控制室值班人员在位情况等,并详细询问相关负责人开展消防安全培训情况,实地察看了监控中心,要求各单位要切实提高安全意识,强化消防安全管理。座谈会上,浏阳大队副大队长王凤文就消防工作基本情况、乡镇多种形式消防队伍建设情况以及当前消防工作亟待解决的瓶颈性问题等三个方面进行简要汇报。随后,调研组一行就目前消防工作的开展情况及存在的问题展开交流讨论,并提出当前消防安全工作中存在的几个主要问题,一是城市(镇)消防规划落实不到位,乡镇市政消火栓配置不完备,城市(镇)抗御火灾能力不强。二是消防站建设远远滞后于城市建设,微型消防站建设未能有效推动。三是消防装备难以满足当前需求,消防基础设施建设有待进一步夯实。四是消防宣传力度不强,居民消防意识薄弱,部分单位消防安全管理人消防业务不熟练。调研组指出,针对目前消防工作存在的困难和不足,将认真进行总结并采取相

应措施。各单位要时刻紧绷安全的弦，充分认清当前消防安全工作形势，牢固树立安全发展理念，根据实际着力解决瓶颈问题，必须加强城市(镇)消防设施建设，加强消防安全宣传工作，加强消防队伍专业化建设，确保消防安全理念深入人心、消防安全责任落实到位、消防安全网络全面覆盖、消防安全形势持续稳定，切实推进“平安浏阳”建设。（彭 越）

人民防空

浏阳市人民防空办公室

党组书记、主任 郭 曦(2016.08 免)

党组书记 缪传良(2016.08 任)

主任 陈 静(女,2016.08 任)

党组成员、副主任 寻子俊

张建新(2016.03 任)

【概况】 市人民防空办公室于2015年8月31日机构改革由市政府办二级事业单位升格组建为政府工作部门，负责全市人民防空工作，也是市国防动员委员会常设办事机构。内设机构有综合管理科（宣教法规科）、工程管理科(行政审批科)、指挥通信科，管理的事业单位有浏阳市人防工程服务中心。现有干部9人。2016年，市人民防空办公室按照“准军事化”建设原则，落实“长期准备、重点建设、平战结合、融合发展”方针，围绕“战时防空、平时服务、应急支援”使命任务，认真履行战备职能、积极参与城市建设、大力服务经济发展，开创性地推进人防建设跃上新的台阶，被评为全省人民防空工作先进单位。（刘康文）

【工程管理】 一是实施人防工程审批。依照《中华人民共和国人民防空法》、《湖南省实施〈中华人民共和国人民防空法〉办法》《湖南省人民防空工程建设与维护管理规定》《湖南省物价局湖南省财政厅关于核定人防系统行政事业性收费标准的通知》(湘价费〔2014〕60号)等法规规定，落实浏阳建设投资项目审批改革精神，依法完成人防工程各类审批24个，下达建设批复项目3个、竣工验收7个。二是完成人防资产普查。完成全市人防工程和资产设施普查，对防空地下室和老式防空洞详细登记建立台账，并绘制准确的工程布局图。完善人防资产维护，落实全市人防工程设施建设和使用单位维护管理责任，对年久失修、符合报废条件的依法报废，对具备人防功能的加大维护投入，确保资产保值增值。三是开展工程质量检查。配合长沙市人防质监站开展质量大检查，对在建工程加强监督指导，对已建成的工程严把质量验收关，凡不符合审批结果和质量要求的一律责成整改，直至合格。四是落实安全生产监管。全方位落实“党政同责、一岗双责”安全生产责任，强化监督管理，开展安全巡查，与在建项目签订安全责任状，不定期进入工地进行现场巡查，及早发现、及时消除安全隐患，全年实现安全生产零事故目标。（刘康文）

【指挥通信】 一是实现系统升级。采购安装第三代军用短波台，实现与省市短波通信联络，效果良好。完成超短波网络建设，移动车载超短波信号稳定，实现固定和移动相结合。新增3台防空警报器，扩大警报覆盖范围。参加省市组织的两次人防机动指挥通信演练，车载装备运行正常，性能稳定，各项演练任务圆满完成。二是完成警报试鸣。11月1日，按照全省统一部署，由市政府印发通告，周密调度各方，组织全市30个防空警报器完成试鸣，准时准点鸣响率100%。（刘康文）

【宣传教育】 按照“日常宣教稳中有热、集中宣教全面覆盖”的思路，开展人防宣传教育“五进”(进机关、进社区、进学校、进企业、进媒体)活动，在人口集中区设置宣讲台、发放宣传资料、翻印赠送人防小品《触警生情》光碟、接受政策和技能现场咨询、组织观看电教片和知识讲座、悬挂横幅、张贴宣传标语、播出电子显示屏、设立文化墙，结合防灾应急演练，向城区各小学赠送《人防小博士》刊物，组织全市中小学生人防知识竞赛，建设户外大型LED屏开展室外宣传，联合浏阳电视台、浏阳日报社依托《国防时空》举办专题专栏。（刘康文）

【政策法规】 按照省人防办业务培训和《行政执法案卷示范样本》要求，耗时三个月，对近年来行政审批案卷进行全面整理，规范整改“易地建设”项目卷宗52本，“结建”项目卷宗5本。重新梳理和建立一套完整的审批流程。（刘康文）

【浏阳经开区和浏阳高新区纳入管理】 主动对接、积极协调，通过审批事项赋权的方式，由市政府办下发《关于将市本级人民防空行政许可权力事项赋予浏阳经开区和浏阳高新区实施的通知》(浏政办发〔2016〕34号)，依法将浏阳经开区、浏阳高新区纳入管理范畴，明确要求园区规划区内的重点防护目标建设项目新建、扩建民用建筑（工业生产厂房除外）按规定履行人防义务，消除多年的管理盲区。（刘康文）

2017年5月10日，浏阳市人民防空办公室在神仙坳社区长南路小学、举行人防知识宣传和“防灾减灾”应急救护演习

经济综合管理

发展和改革

市发展和改革局(物价局)

党组书记、局长
王坤球(2016.08免)
李　翔(2016.08任)
党组副书记、副局长
龙春湘(2016.08免)
刘忠良(2016.08任)
党组副书记、纪检组长
李赣文(女)
党组成员、副局长
周　晖　陈飞雁
党组成员、总经济师　游湘江
副局长(挂职)、湘赣边区域合作办公室主任　戴圣伟(2016.11免)
吕立生(2016.11任)
副局长(挂职)、政府投资项目管理局局长　刘忠良(2016.08免)
黄　琦(2016.08任)
副局长(挂职)、能源局局长
张　晔(2016.11免)

【概况】 2016年，市发展和改革局(物价局)主要承担宏观经济管理、全面小康社会建设、两型社会建设改革、能源管理、重点建设项目管理和服务、投资管理、争融资管理、物价管理、湘赣边区域合作联络协调、统筹协调全市铁路建设管理和浏阳区域内生态绿心区的保护和发展等职能。内设办公室(国民经济动员办公室)、财务科、综合规划科(宏观经济研究室、市经济体制改革办公室)、社会投资项目管理科(行政审批科)、项目争融资科(市争融资办公室)、价格收费管理科(市人民政府价格调节基金办公室)、项目稽查办、政工人事科、服务业办9个科室；下辖价格监督检查局、价格认证监测中心、政府投资项目管理局、两型社会建设综合配套改革办公室、能源局、重点工程建设管理办公室(铁路建设管理办公室)、湘赣边区域合作办公室7个二级机构。其中，11月8日，经市编委办批准同意设立浏阳市加快推进现代服务业发展领导小组，领导小组下设办公室(设在发改局)，由市发改局局长兼任办公室主任。全局现有人员75人，其中编制人员61人，临聘人员8人，借调6人。在2016年度绩效考核结果通报中，发改局被评为一类单位，在党政服务工作、宣传思想工作、社会治安综合治理工作、精准扶贫工作、重点项目建设工作、加速推进新型工业化工作、招商引资工作、两型社会改革建设工作方面被评为优秀单位。　(蔺姿慧)

【宏观经济研究与管理】 坚持统筹谋划，科学推进全市经济社会发展。完成《浏阳市国民经济和社会发展第十三个五年规划纲要》的编制，并汇编成书。"十三五"规划包括33个专项子规划，铺排218个重大项目，总投资3371.7亿元。加强年度、季度经济形势分析和预测、预警，致力优化固定资产投资，力促全市经济平稳较快发展。全年实现固投913.8亿元，同比增长16.2%，其他主要经济指标排名省市前列。准确研判政策动态，精细谋划经济发展，深入开展调查研究，相继对东部开放型经济走廊建设、全面小康社会建设、现代服务业发展等课题进行多次调研，成果进入市委、市政府主要领导决策视野，有效发挥参谋助手作用。申报国家、省重大项目5个，其中高新区2个，经开区3个，长沙市项目103个，在长沙区县(市)中走在前列。　(蔺姿慧)

【改革工作】 牵头推进涉及经济体制、生态文明体制、行政体制3大类25项改革，将改革合作作为激发县域经济活力的重要抓手，结合浏阳实际，走具有浏阳特色的改革之路。省直管县改革推进有力，争取长沙市政府印发《浏阳推进省直管县经济体制改革试点工作实施方案》，为浏阳发展赢得政策支持。争取省直管县改革示范项目专项资金300万元。公车改革稳步推进，牵头起草《车改实施方案》等9个方案，并获长沙市车改领导小组批复。召开全市公务用车改革动员大会，对全市的车改工作进行部署。积极探索完成药品价格改革、阶梯水价制度改革、行政事业性收费管理制度改革，降低民生服务价格和行政事业性收费。全面开展行业协会商会与行政机关脱钩工作，完成脱钩任务55家。推进投资项目审批体制改革、投融资体制改革和招投标体制改革，推动政府投融资平台转型。　(蔺姿慧)

【项目建设管理和服务】 扎实开展项目攻坚，优化投资融资，致力为浏阳发展夯实基础、增强后劲。2016年全市铺排重点项目245个，年度计划

9月28日，浏阳湘赣边城市候机厅正式营业，这是湖南首家城市候机厅

（资料来源：发改局办公室）

投资371亿元，实际完成投资396.2亿元，超计划6.8%。蓝思科技三期、启泰物联网产业园等数十个项目建设齐头并进；安靠电源项目、华恒机器人一期等项目相继竣工；创新创业园、一朵二期、蒙达新能源等项目已封顶；西北环线、金阳大道一期全面建成通车。蒙华铁路浏阳段加快建设，一个月时间内征拆工作全面推进，红线内625户已完成征拆623户；9月28日蒙铁浏阳段全长10704米的连云山隧道1#、2#隧道贯通。天然气入浏工程取得新突破，5月6日上午在永安举行天然气入浏项目开工仪式，并启动建设。推进长浏城际铁路规划论证，积极争取渝长厦高铁经浏设站。全面落实事前指导、事中服务、事后跟踪的机制，简化和优化流程。全年共核准、备案社会投资项目160个，投资额71.78亿元，分别增长10.3%、32.9%。严格中央投资项目管理，顺利通过省市十余次项目稽查，确保中央资金安全使用。在全市人大重点项目专项工作评议活动中，涉及市发改局重点工作、重大项目、重大改革等方面的建议意见15条，通过梳理分析研究，制定整改方案，15条意见建议全部整改落实到位。2016年度长沙市重大项目考核排名长望浏宁（区县）组第一名。（蔺姿慧）

【争资争项工作】 争资争项成效显著，修改完善《浏阳市争融资考核办法》。2016年，全市25个目标责任单位争资完成36亿元，完成目标任务的110%。发改局完成争资2.57亿元，占年度任务的142%。全年争取国家发改委核准城市建设集团、浏阳高新区投资公司发行债券40亿元。

（蔺姿慧）

【投资项目管理】 严把政府投资项目“计划编制关、立项审批关、招标监管关、工程变更关”，将项目管理、项目变更、概算审查合三为一，完善《浏阳市政府投资建设项目管理办法》，严控项目资金、优化审批流程、规范项目管理。2016年，审批政府投资项目314个（含用地、融资批复），审查概算127个，节省财政资金1.38亿元，下达项目变更批复13个，有效控制政府新增投资；企业备案项目167个，总投资72.35亿元。（蔺姿慧）

【两型社会改革建设】 两型创建成效明显，沙市镇长春社区、古港镇梅田湖村2个单位获评2016年省级两型创建单位。两型认证亮点突出，胡耀邦故居管理局通过两型旅游景区认证，并得到典型推介。两型产业园获批两型产业双创基地。制订《浏阳市浏东两型综合示范片区2016年工作要点》《长沙生态绿心两型综合示范带柏加创建圈创建实施方案（2016年—2018年）》，组织绿心保护联合执法大行动，柏加绿心保护工作得到全面加强。2016年获得长沙市绿心保护先进单位。（蔺姿慧）

【服务业发展】 成立浏阳市加速推进现代服务业发展领导小组，统筹推进服务业加速发展。建立本级现代服务业重点项目库，收集86个重点项目；建立服务业企业名录库，全市共有服务业登记企业6951家。大力发展服务业优势产业，电子商务迅速发展，全市工商注册登记电子商务公司达400余家，60%以上的企业已经启动电子商务平台运作，获评“亿元淘宝县”“湖南省农村电子商务示范市”。先后出台《关于鼓励和支持文化产业发展的若干意见（试行）》《关于促进电子商务发展的实施意见》《浏阳市旅游宣传促销奖励办法》等系列扶持政策，修改完善《浏阳市加快发展现代服务业三年行动计划》《浏阳市服务业综合考核办法》《浏阳市加快发展现代服务业三年行动计划的若干政策》等文件，为服务业加速发展夯实基础。2016年，浏阳市实现第三产业增加值274亿元，同比增长12.9%；服务业占GDP比重22.4%；实现社会消费品零售总额274.5亿元。

（蔺姿慧）

【能源工作】 保障能源供应，天然气管道入浏工程项目已完成约40公顷管线建设用地征用，年底完成31公里管线敷设，实现管通，预计2017年6月份实现通气。提前完成7个生态能源网络化服务体系建设项目，为6200户农户提供能源服务。建成小型沼气综合利用工程10个、大型沼气工程1个，农民技术培训267人次，全市3.5万户实现沼气综合利用4534公顷。严格进行节能评估和审查，2016年共受理386个项目的节能评估和审查申请，其中备案登记项目377个，节能评估项目9个。全年争取节能专项资金350万元，争取农村能源建设资金460多万元。

（蔺姿慧）

【物价工作】 制定《市场价格网格化监管工作方案》，对市民营医院医疗收费、各旅游景点门票价格、10所市直高中高招期间代收费用等情况开展全面的价费巡查工作，价费行为得到有效规范。组织开展减轻企业负担收费措施情况专项检查，查处违法案件12起。共接待来电来访来信价格投诉及咨询260余件，上报常规品种监测任务250余次，完成动态分析30次，形成各类文字材料30余篇，

上报率、准确率和及时率均达到100%。全年开展各类涉案物价格认定1092起，标的8652余万元。

（蔺姿慧）

【湘赣边区域开放合作】 建立考核机制，将湘赣边区域开放合作纳入我市绩效考核范畴。强化统筹协调，制定下发《浏阳市2016年全面深化湘赣边区域开放合作工作方案》，明确10个合作领域的重点任务及责任单位，铺排52个项目活动，并定期调度合作进展。深化新闻媒体、花炮产业、交通建设、金融建设、综治维稳等领域合作，探索建立文体事业、就业扶贫、住房公积金、生态环保、公路管理等新领域合作机制，联合开展警务、打非、烟花爆竹运输监管、环保执法等合作行动。湘赣边区域合作成功纳入长江经济带发展规划和长江中游城市群发展规划，浏阳发展进入国家战略视野。

（蔺姿慧）

【全面建设小康社会工作】 2016年全面小康综合实现程度达到91.5%，较上年提高3.9个百分点，提前实现全面小康目标。其中：经济发展实现程度85.7%；人民生活实现程度93.5%；社会发展实现程度96.8%；民主法治实现程度96.3%；生态文明实现程度100%。在2016年第十一届中国全面小康论坛评选中，浏阳成为湖南唯一获得“中国全面小康十大示范县市”称号的区县，小康工作得到了国家和社会的认可。

（蔺姿慧）

10月21日，湘赣边住房公积金异地使用区域合作交流会在浏阳举行。长沙市、宜春市、新余市三地住房公积金管理中心签订《住房公积金异地使用合作协议》，正式建立住房公积金异地使用合作关系

（资料来源：发改局办公室）

【人才培养】 继续推进“人才工程”，搭建“发改讲坛”，完善人才培养导师制度。建立岗位职责AB角制，确保工作延续性。年内引进人才5人，在局跟班学习5人，推荐提拔3人，到省发改委跟班学习2人，考入长沙市发改委3人。

（蔺姿慧）

【建设投资项目审批体制改革取得重大突破】 作为建设投资项目审批体制改革主要牵头部门，通过“联合踏勘、会议联审、并联审批”，政府投资项目和社会投资项目（核准类）可在68个工作日、社会投资项目（备案类）可在56个工作日内办结。推动全市建设项目在“湖南省投资项目在线审批监管平台”申报审批，全年上线项目数量321个，全省排名第一。

（蔺姿慧）

【公务用车改革】 11月25日召开全市公务用车改革动员大会，对全市的车改工作进行部署。11月30日下午5时前，全市除保留使用车辆外，对其他涉改车辆进行封存。稳步推进公务交通补贴发放、取消车辆处置、拍卖、司勤人员安置等工作，加强公务用车平台建设。

（蔺姿慧）

【湘赣边区域开放合作纵深推进】 9月28日，浏阳湘赣边城市候机厅正式营业，为湖南首家城市候机厅。湘赣边区域县市的商旅客人可以在这里享受到“一站式”登机服务。10月15日—16日，湘赣边区域合作12个县（市、区）共同签订劳务合作框架协议，并在蓝思科技建立就业扶贫基地。截至9月20日，12个湘赣边区域合作县（市、区）已有8000余劳动者在浏阳经开区工作。10月21日，湘赣边住房公积金异地使用区域合作交流会在浏阳举行。长沙市、宜春市、新余市三地住房公积金管理中心签订《住房公积金异地使用合作协议》，正式建立住房公积金异地使用合作关系。湘赣边区域买房使用公积金无障碍，走出第一步。

（蔺姿慧）

5月6日，由长沙接入浏阳的西气东输天然气管道工程在首站永安举行开工仪式

（资料来源：浏阳之窗网站）

【浏阳市上榜“中国全面小康十大示范县市”】 充分发挥全面建成小康社会的目标引领作用，统筹抓项目、促转型、推改革、惠民生，经济社会实现快速发展，全面小康综合实现程度稳步提升。在第11届中国全面小康论坛评选活动中，浏阳市上榜“中国全面小康十大示范县市”，成为湖南省唯一获此殊荣的县市。（蔺姿慧）

【天然气入浏工程全线正式开工】 长沙－浏阳天然气（以下简称长浏支线）管道工程是湖南省“十二五”规划的重点建设项目，也是浏阳市重大民生项目。长沙－浏阳天然气管道始于长沙星沙首站，止于浏阳太平桥镇浏阳末站，工程总概算为29514.64万元（其中建设工程费用16166.84万元，工程建设其他费用11172.74万元，预备费1640.38万元，建设期利息534.68万元）。途经我市永安镇、洞阳镇和集里街道，线路全长31千米，设2个阀室1个站场，分别为洞阳镇3#阀室、太平桥镇4#阀室和浏阳末站。该项目于4月初全线正式开工，项目启动后，发改局会同住建、国土、规划等部门以及项目所在乡镇街道，在项目报建、征地拆迁、工程建设等环节开辟绿色通道，加大综合协调力度，力争项目在2017年6月20日前完成设备调试和试运投产手续办理。（蔺姿慧）

【成功举办浏阳花炮材料制造产业基地工业用水、污水处理费价格调整听证会】 为理顺浏阳花炮材料制造产业基地（以下简称基地）工业用水、污水处理费的价格关系，促进基地企业可持续发展。4月15日在大瑶烟花国际商贸城组织召开基地工业用水、污水处理费价格调整听证会。5月16日，综合听证会的意见和市花炮材料制造产业基地实际情况报经市人民政府同意，将基地工业供水价格调整为0.8元/吨，污水处理收费标准调整为3.15元/吨。（蔺姿慧）

审　　计

浏阳市审计局

党组书记、局　长　杨俊钦
党组副书记、副局长
　　吕正红（2016.08免）
党组成员、副局长
　　阙一飞（女）
党组成员、副局长
　　杨　旭（2016.09任）
党组成员、总审计师
　　傅鹏飞（2016.12免）
　　袁　晓（2016.12任）

【概况】 机构沿革　1982年12月4日，中华人民共和国第五届全国人民代表大会第五次会议通过的《中华人民共和国宪法》第109条规定：县级以上地方人民政府设立审计机关，依照法律规定独立行使审计监督权，对本级人民政府和上一级审计机关负责。1983年，国务院下发《关于建立审计机关的通知》。1983年11月29日，中共长沙市委办公室下发《关于批复浏阳县县级党政机关机构改革方案的通知》（长办发〔1983〕49号）明确浏阳县人民政府设立审计局。1983年12月7日，中共浏阳县委、浏阳县人民政府下发《关于县级机关机构设置有关问题的通知》（浏发〔1983〕53号）明确浏阳县人民政府新设审计局，1984年4月22日，浏阳县审计局正式挂牌成立。1993年2月，浏阳撤县设市，浏阳县审计局更名为浏阳市审计局。

单位职能　浏阳市审计局主要职能是1.贯彻执行国家审计方针、政策，制定审计工作规章制度和工作规划并组织实施。2.负责对全市财政收支和法律法规规定属于审计监督范围的财务收支的真实、合法和效益进行审计监督。3.向市人民政府提出年度市本级预算执行和其他财政收支情况的审计结果报告。受市人民政府委托向市人大常委会提交市本级预算执行情况和其他财政收支情况的审计工作报告、审计发现问题的纠正和处理结果报告。4.根据《中华人民共和国审计法》的规定，进行下列审计，出具审计报告，在法定职权范围内做出审计决定或向有关主管机关提出处理处罚的建议。⑴市本级财政预算执行情况和决算以及其他财政收支。⑵乡镇人民政府、街道办事处预算执行情况、决算和其他财政收支。⑶市直各部门及其下属单位预算执行情况、决算和其他财政收支。⑷市属国有企业和市属资本占控股或主导地位的企业的资产、负债和损益情况。⑸市人民政府部门管理的和其他单位受市人民政府委托管理的社会保障基金、社会捐赠资金以及其他有关基金、资本的财务收支。⑹市政府投（融）资和以市政府投（融）资为主的建设项目的预算执行情况和决算；与政府投资项目直接相关单位的财务收支；政府投资项目工程结算和其他费用的结算。⑺市政府接收的国际组织和外国政府援助、贷款项目以及赠款项目

4月27日，浏阳市审计局青年干部学习班举行开班仪式　（资料来源：审计局办公室）

的财务收支。(8)其他法律、法规规定应由审计局审计的其他事项。5.负责市领导干部经济责任审计领导小组办公室日常工作，按规定对市管党政领导干部及依法属于市审计局审计监督对象的其他单位主要负责人实施经济责任审计。6.负责对与国家财政收支有关的特定事项进行专项审计调查。7.负责上级审计机关授权的审计项目和专项审计调查项目的组织实施。8.指导和监督内部审计工作，核查社会审计机构对依法属于审计监督对象的单位出具的相关审计报告。9.承办市委、市人民政府交办的其他事项。

机构和人员 市审计局内设办公室、法规计算机科、审计一科、审计二科、审计三科、审计四科6个内设机构和浏阳市领导干部经济责任审计局、浏阳市审计局政府投资审计专业中心2个副科级事业单位。市审计局机关共有行政编制为20名；机关后勤服务全额拨款事业编制1名；浏阳市领导干部经济责任审计局核定全额拨款事业编制12名；浏阳市审计局政府投资审计专业中心核定全额拨款事业编制12名。2016年实有在编人员41名，其中行政编制17人，工勤编制1人，事业编制23人。

2016年，市审计局完成审计项目1183个，查处管理不规范资金7.81亿元、违规资金4456.27万元，收缴财政320.43万元，节约财政资金36479万元，移送问题线索146条，移送案件线索5起，提出审计建议70条。强化审计宣传工作，树立全员宣传理念，在《中国审计报》刊发信息6篇、《中国审计》杂志刊发信息2篇、审计署网站采用信息1篇，省级以下媒体刊物采用信息12篇，《审计要情》获得领导批示6篇，较好地推介了浏阳审计形象。 (黄　俊)

【同级预算执行情况审计】 紧紧围绕预算编制、收支执行和结构调整、政府性债务和政府性基金、民生保障、行政运行等5大主题开展市本级财政预算执行审计，延伸国土局、发改局等7个部门，发现问题40个，提出审计建议24条，寓服务于监督之中，促进被审计单位整改落实，充分发挥审计的建设性作用。审计结果得到了人大领导的充分肯定，并在政府门户网站进行了公示。 (黄　俊)

1月26日，召开落实“两个责任”[①]和作风建设专题会议　(资料来源：审计局办公室)

【领导干部经济责任审计】 2016年经济责任审计统一工作方案、统一进点，对13个单位20名领导干部开展任期经济责任审计，查处问题61个，提出审计建议35条。完成48个单位62名领导干部的离任交接，涉及经济事项256项、资产301.81亿元、债权债务130.58亿元。在市委组织的全市领导干部财经管理能力提升班上进行领导干部任期经济责任审计专题授课。 (黄　俊)

【政府投资审计】 全年共完成结算审计项目1150个，送审金额21.02亿元，审减3.65亿元，审减率17.35%，是政府投资审计专业中心成立以来审结工程项目最多、审减额最大的一年，为市政府节约了建设资金，提高了财政资金的使用绩效。 (黄　俊)

【专项资金审计】 坚持把保障和改善民生作为审计监督的重要着力点，实施了科技三项经费、彩票公益金、水库移民专项资金、就业补助资金等专项资金项目审计，查处问题18个，提出审计建议8条，促进了长效运行机制的建立和完善，督促惠民政策落到实处。 (黄　俊)

【上级交办项目审计】 配合审计署长沙特派办、省审计厅、长沙市审计局的工作部署，抽调业务骨干2010人天完成了芙蓉区公安局负责人任期经济责任审计、长沙县国土局土地集约审计调查等交叉审计项目6个，审计成果得到上级一致好评，为浏阳审计树立了良好的形象。 (黄　俊)

【“五统五创”式管理机制构建审计大格局】 2016年，浏阳市审计局坚持以科学审计理念统领审计工作全局，按照“全面推进、突出重点、健全制度、规范管理、提高质量、深化发展”总体思路，把握审计规律，拓展审计方式方法，探索“五统五创”式管理机制。一是统筹审计资源管理，创新审计组织架构。通过组织架构、组织模式调整，整合调整科室，集中调配审计资源，实现“统分结合、以统为主”的工作模式。二是统筹审计计划管理，创新审计组织方式。根据被审计单位的性质、类型、资金量等划分计划管理级别，在分类管理的基础上由计划管理部门每季度安排审计主题，并成立主题项目组在业务科室中执行实施。三是统筹审计工作方案，创新审计现场管理。主题项目审计组长统一制定审计工作方案，统一确定审计内容重点、统一现场审计实施时间、统一配置项目人员，统一开展业务培训，统一审计质量管理，统一汇总审计成果形成综合报告。四是统筹审计处理处罚，创新审计整改机制。由主题项目审计组长、法规审理部门负责人和业务科室共同讨论后用同一把标尺进行审计定性并提供统一的处理处罚依据。在此基础上实行审计整改销号制，建立审计整改台账，将被审计单位的整改结果逐项登记，并进行跟踪管理。五是统筹审计成果提炼，创新审计结果运用。审计结束后，主题项目审计组对各审计组审计发现的问题进行分类汇总，综合性分析后总结出具有苗头性、倾向性和普遍性的问题，提炼审计成果，撰写审计信息、编写审计要情，形成具有实际运用价值的分析报告和经验材料，为党委政府提供有建设性的审计建议。在"五统五创"式管理机制实施的审计工作有新的突破，审计效率、审计质量取得较大进步，这一做法在国家审计署网站得到推介。

（黄　俊）

①党的十八届三中全会提出的落实党风廉政建设责任制，党委负主体责任，纪委负监督责任。

1月5日，湖南省不动产统一登记首证颁发仪式在国土局举行。省人大常委会副主任陈君文（左三）出席仪式并颁发首证　　（资料来源：国土局办公室）

国土资源管理

浏阳市国土资源局

党组书记、局长　王英定
党组副书记、副局长　邓忠社
党组成员、副局长　王艺辉（女）
党组成员、纪检组长　黎　飞
党组成员、副局长、经开区分局局长　寻　文（2016.04免）
党组成员、副局长
黎成红（2016.03任）
党组成员、副局长
朱启明（挂职　2017.01任）
党组成员、工会联合会主席
周　瑛（女）
党组成员、总工程师
戴仲和（2016.03任）
党组成员、执法监察大队队长
焦旭辉（2016.03任）

【概况】 机构沿革　1987年5月12日成立浏阳县国土管理局。1993年2月10日浏阳撤县设市，浏阳县国土管理局更名为浏阳市国土管理局。2001年12月机构改革，市矿产管理办公室与市国土管理局合并为浏阳市国土资源局。2015年8月31日，中共浏阳市委、浏阳市人民政府下发关于印发《浏阳市人民政府职能转变和机构改革方案的实施意见》的通知（浏发〔2015〕6号）和《浏阳市人民政府机构设置的通知》（浏发〔2015〕7号），根据这一文件房屋登记、农村土地承包经营权登记（予以五年过渡期）、林权登记、水域滩涂养殖权登记职责划入市国土资源局。设立浏阳市不动产登记中心。2016年，浏阳市国土资源管理局下设副科级分局1个（经开区国土分局）、二级机构11个（其中副科级机构5个）、国土资源所31个。内设科室12个。

主要职能　1.贯彻执行国家有关土地管理、矿产资源管理、测绘管理和不动产登记管理的方针、政策和法律法规；研究拟定本市土地资源、矿产资源管理办法并组织实施；贯彻实施土地资源、矿产资源、测绘管理和不动产登记管理的技术标准、规程、规范和办法。2.组织编制和实施全市土地利用总体规划，指导和审核乡镇土地利用总体规划；参与编制、修订、审查城市总体规划、村庄和集镇规划；组织土地资源、矿产资源调查评估；编制全市矿产资源保护与合理利用规划等有关专项规划；承担报省、市人民政府审批的涉及土地、矿产的相关规划的审核报批工作；协助做好农业区划工作。3.负责全市土地登记、房屋登记、农村土地承包经营权登记、林权登记、水域滩涂养殖权等不动产登记工作。4.依法保护土地资源、矿产资源所有者和使用者的合法权益，组织调处土地、矿产资源、不动产权属纠纷，依法查处土地、矿产、测绘违法案件。5.拟定并实施耕地保护和鼓励耕地开发政策，负责土地用途管制，指导、监察和组织实施基本农田保护、农村土地综合整治和土地开发、土地复垦工作。6.组织开展全市不动产权籍调查、土地变更调查、土地统计和动态监测，负责不动产登记发证和土地分等定级等管理工作，参与全市建设项目联合竣工验收。7.负责全市土地的征收、出让、划拨和收购储备工作，承办全市范围内报上级政府批准的各类用地的审核、报批，贯彻落实节约集约用地政策，承担市政府审批的改制企业的国有土地资产处置责任。8.依法依规负责全市征地拆迁、补偿安置工作，组织拟订征地拆迁补偿安置的政策草案。9.依法管理矿产资源采矿权的审批、登记发证和转让审核登记，依法对探矿权进行审核；负责地质勘查行业、矿产资源储量管理工作；承担矿泉水、地热水和黄金资源的行业管理职责。10.监管土地、矿业权市场，负责土地使用权、房屋所有权和矿业权转移等工作；为农村集体土地流转提供交易平台。11.组织本市基准地价评测和上报审核；审查从事土地评估机构的资格，确认土地出让价格。12.组织监测、防治地质灾害和保护地质遗迹，组织拟定重大地质灾害应急预案草案并负责实施；依法管理水文地质、工程地质、环境地质勘查工作，保护地质环境；依权限管理地质遗迹保护区。13.组织并管理全市测绘工作;依法审查测绘单位资格;负责测绘任务登记和测绘基准的管理,负责测绘纠纷的调解工作,指导监督各类测绘成果的管理和测量标志的保护。14.依法征收有关土地、矿产资源收益,配合有关部门拟定收益分配制度并组织实施。15.负责国土资源信息化建设、档案管理和数据资源安全保密工作。16.承办市委、市政府交办的其他事项。

其他事项说明 1.设立浏阳市不动产登记中心,为市国土资源局管理的全额拨款事业单位,核定人员编制47名。市不动产登记中心主要职责为:承担不动产登记、发证、信息平台维护和登记信息查询、簿册档案管理等事务性、技术性工作。派驻各乡镇(街道)国土资源所挂浏阳市国土资源局××不动产登记所牌子。2.河道采砂管理职责分工。市国土资源局对河道内砂石资源合理开发利用负责,市水务局对河道采砂影响防洪安全、河势稳定、堤防安全负责,市交通运输局对河道采砂影响通航安全负责。由市水务局牵头,会同市国土资源局、市交通运输局、市城市管理和行政执法局等部门,负责河道采砂监督管理工作,统一编制河道采砂规划和计划。3.矿泉水、地热水管理职责分工。开采已探明的矿泉水、地热水,由市水务局先办理取水许可证,确定开采限量。其中用于营业经营的,凭取水许可证向市国土资源局登记,办理相应的采矿许可证,并按照市水务局确定的限量采水。市水务局负责对其进行监督。

人员编制 浏阳市国土资源局核定机关行政编制25名,其中:局长1名、副局长3名、总工程师1名、纪检组长1名。机关后勤服务全额拨款事业编制3名。截至2016年12月,市编委核定该局编制415人,实际人数386人。

2016年,浏阳市国土资源局完成各项财政收入34.69亿元,相比2015年增加5.99亿元,同比增长20%。获全省国土资源行政处罚案卷质量评查先进单位,长沙市国土资源优秀学术论文评选组织奖,浏阳市绩效考核一等单位、党风廉政建设优秀单位、先进基层党组织、统战工作优秀单位、精准扶贫工作优秀单位、票据管理先进单位、老协工作优秀单位、老年体育工作先进单位、关协工作优秀单位、两型示范机关、无偿献血工作先进单位,市政务服务中心国土局窗口被评为文明示范窗口。 (张开文)

【土地出让、收储与报批】 全年出让地块143宗,总面积514.56公顷,成交总价款33.14亿元,超额完成市政府年初下达计划的32.55%。全年收储入库土地295宗,面积413.93公顷。通过省政府审批的国有建设用地432.21公顷。节约集约用地:加大供地率考核力度,全市2012年—2015年供地率考核达标,平均供地率在长沙地区排名第一。加大闲置土地清理力度,清理闲置土地22宗,面积79.48公顷。 (张开文)

【土地利用总体规划】 全年参加联合踏勘216宗,依法依规依权限办理建设项目预审54宗、立项审查403宗。积极协调,争取追加经开区、地质公园、耀邦故居用地指标4.5平方公里,单独追加省"十三五"规划交通能源水利项目建设规模1.39平方公里。同时,快速启动全市土地利用总体规划中期评估和调整完善工作,完成第三轮矿产资源规划编制。 (张开文)

【耕地保护】 建立健全以政府为主导的耕地保护责任体系,全面开展基本农田划定工作。全市耕地保有量77314.41公顷,实际划定基本农田面积67329.47公顷,分别超过长沙市目标任务的4.42%和1.17%。 (张开文)

【国土资源执法】 开展执法监察动态巡查8292次,发现、制止土地违法行为948起,立案查处矿山违法行为32起,收缴罚没款54.62万元。检查矿山企业128家,打击取缔非法开采点58个,安全生产工作各个季度考核在长沙市国土资源系统排名第一。参与、配合开展城乡统筹环境同治工作,全年拆违拆旧2604起,面积40.22万平方米。实施省、市投资12个土地整治项目建设,总规模3598公顷,总投资1.12亿元。完成土地利用年度变更,发布浏阳市2015年度土地变更调查主要数据成果公报。依法依程序开展土地确权10宗,调处土地权属纠纷16宗,配合做好测绘巡查与测绘地理信息质量监督抽检工作。审核行政处罚决定书、征地公告、合同、协议等法律文书1400余件,组织听证会10次。主动做好79起行政复议、行政诉讼案件应诉工作,出庭参加法院强制执行听证会12次。对当事人拒不履行法律义务的案件,申请法院强制执行18起,移送公安机关2起。 (张开文)

3月10日至11日,全省不动产统一登记工作会议在浏阳召开,省国土资源厅厅长方先知、副厅长颜学毛,各市、州局领导、不动产登记机构负责人参加会议,并现场观摩浏阳市不动产登记中心
(资料来源:国土局办公室)

10月25日，国家土地督察武汉局石一连副局长、省国土资源厅王善明副厅长、长沙市国土资源局陈晓阳副局长等一行莅临浏阳，组织召开了农村土地制度改革试点工作座谈会，专题研究讨论《浏阳市农村土地制度改革试点实施方案》 （资料来源：国土局办公室）

【征地拆迁安置工作】 全年完成在建项目征地913.33公顷，征收房屋1027栋、36.5万平方米，“点对点”支付征拆补偿款8.90亿元，被征地农民新纳入社保4309名，收缴社保资金6.46亿元。实现人民医院、道吾西路等42个项目征拆清零，保障了蒙华铁路、金阳大道等国家、省市重点项目顺利推进。 （张开文）

【矿产资源管理】 全年办理采矿权年检65宗，抽检采矿权33宗。征收两权价款1344万元、矿产资源补偿费415万元。完善2015年度整合企业—湖南浏阳新松矿业有限公司的采矿登记发证，推动洞阳镇龙洞片石灰岩资源整合。加快推进浏阳市山下九龙煤矿等6家落后煤矿退出。

（张开文）

【地质灾害预警治理】 加强地灾监测巡查，发布地质灾害三级以上预警信息10次，累计发送预报预警短信79条、35万人次。开展地质灾害应急调查230次，出具《地质灾害应急调查简报》73份。联合高坪镇政府开展突发地质灾害应急演练。投入资金600余万元，组织实施澄潭江镇渠城村滑坡等7个地质灾害治理项目。

（张开文）

【土地、房产测绘】 完成土地测绘2795宗、1102.30公顷，房产测绘1600宗、373.80万平方米，为金阳大道、南北横线、沪昆高铁、蒙华铁路等重点项目提供勘测定界成果。

（张开文）

【不动产统一登记】 1月5日，颁发全省首批不动产权证书，长沙市、湖南省不动产统一登记工作会议相继在浏阳召开，对浏阳市探索形成的不动产统一登记“浏阳经验”予以大力推介。不动产统一登记运行平稳、规范有序，全年办理各类不动产登记业务54992宗，颁发不动产权证书15277本，出具不动产登记证明27569份。3月10日至11日，湖南省2017年度不动产统一登记深入试点工作会议在浏阳召开，确定浏阳市为深入推进不动产统一登记试点县（市），试点自然资源资产确权登记，不动产统一登记进一步纵深推进。

（张开文）

【统筹协调推进农村土地制度改革三项试点】 宅基地制度改革试点先行先试已全面结束，出台宅基地管理6项制度，推动宅基地有偿使用、确权发证、有偿退出、有序流转等试点内容向全市全面铺开。全市共办理宅基地确权9403宗，自愿退出宅基地189户、面积34020平方米，达成退出意向1000多户，收取宅基地有偿使用费320万元，规划整理新的集中连片宅基地89宗。9月21日，国土资源部召开农村土地制度改革会议，要求浏阳等33个试点地区进一步统筹协调推进农村土地征收、集体经营性建设用地入市、宅基地制度改革三项试点，无条件把这项政治任务落实好、完成好，积极审慎稳妥推进。10月25日，国家土地督察武汉局石一连副局长、省国土资源厅王善明副厅长、长沙市国土资源局陈晓阳副局长等一行到浏阳，组织召开农村土地制度改革试点工作座谈会，专题研究讨论《浏阳市农村土地制度改革试点实施方案》。10月31日，浏阳召开农村土地制度改革试点工作动员会议，对统筹协调推进农村土地制度改革三项试点任务进行安排部署。截至12月31日，初步形成13项制度文本，出台农村集体经营性建设用地基准地价体系，开发集体建设用地网上交易平台，12月8日推出全省首宗集体经营性建设用地挂牌出让。

（张开文）

【高标准农田建设】 制订高标准农田建设综合改革试点工作方案、资金整合方案、年度实施方案、项目管理办法等制度规范，提升资金使用效益，提高项目建设水平。全年共整合涉农建设资金2.13亿元，完成高标准农田建设任务9000公顷（合13.5万亩）。 （张开文）

【编制《浏阳市矿产资源总体规划（2016—2020）》和《浏阳市矿产资源总体规划（2008—2015）调整方案》】 以“规模利用，绿色开发”为原则，结合《湘江流域露天开采非金属矿开发利用与保护专项规划（2016—2020）》，组织编制《浏阳市矿产资源总体规划（2016—2020）》和《浏阳市矿产资源总体规划（2008—2015）调整方案》，合理控制采矿权总数、开采总量，科学布局矿产开发，严格矿产开发准入条件，指导全市矿业科学、健康发展。 （张开文）

【省总工会调研模范职工之家创建工作】 10月12日，省总工会党组成员、副主席周乐红到浏阳市国土资源局调研省模范职工之家创建工作，长沙市总工会党组书记郑耀频、浏阳市委副书记邱山东陪同调研。周乐红高度评价该局的创建工作：一是党政领导高度重视；二是“五型”之家标准把握到位；三是创建效果非常良好，符合省模范职工之家的考核验收标准。（张开文）

统　计

市统计局

党组书记、局　长
陈傲冰（2016.03 任）
周森源（2016.02 免）
党组成员、纪检组长
彭隆华（2016.12 免）
唐润东（2016.12 任）
副局长　郑　榕（女）
党组成员、副局长　陈志刚
党组成员、总统计师（聘）
黎　义
统计普查中心主任
李小林（2016.01 任）

【概况】 浏阳市统计局是浏阳市人民政府工作部门，其主要职责是贯彻执行国家、省、长沙市统计工作的方针、政策和统计法律、法规，完成国家和地方统计调查任务；指导和协调全市统计业务工作，组织实施各项统计专项调查，指导统计基层业务与基础建设，推进统计现代化建设；建立健全统计数据质量审核、监控和评估制度，开展对重要统计数据的审核、监控和评估，依法审批或备案统计调查项目、部门统计调查方案；检查监督统计法规的实施情况，查处各类统计违法行为，组织实施全市统计人员从业资格培训考试和继续教育工作；组织实施全市人口普查、经济普查、农业普查等重大国情国力普查，汇总、整理和提供有关市情市力方面的基础统计数据；对全市国民经济和社会发展等情况进行统计分析和预测，统一核定、管理和定期发布统计公报以及有关普查和专项调查公报，为市委、市政府提供统计信息和咨询建议；组织实施各项社情民意调查，汇总整理、分析研究调查资料，提供有关社会动态和社情民意信息；承办市委、市人民政府和上级主管部门交办的其他事项。根据上述职责，市统计局设办公室（加挂财务科牌子）、业务一科、业务二科、综合分析科（加挂法规培训科牌子）4 个内设科室和统计普查中心、经济调查队、民意调查中心 3 个二级事业单位，2016 年，有在职干部职工 28 人、退休干部 12 人。

强调一个精字，统计业务取得新突破　精准诠释经济发展。坚持科学统计，质量为先，统计业务工作走在长沙各区县前列。巩固和完善“企业一套表”联网直报，扎实做好农业、工业、能源、贸易、服务业、科技、劳资、房地产、建筑业等各专业年报和订报工作。全面完成文化产业、新型城镇化、妇儿“两纲”[①]、高新技术、1%人口抽样、月度劳动力、民间投资、商品房供应、体育产业等 14 个专项调查任务。通过抓实预警监测，为浏阳 GDP、财政收入、工业增加值、固定资产投资等指标在长沙排名进位提供统计保障。预计全市实现地区生产总值 1220 亿元，增长 10.8%，各项主要经济指标均能胜利完成目标任务。精心组织农业普查。成立市乡两级三农普工作领导小组，选聘普查“两员”[②]，充实队伍力量，编制经费预算，确保机构高效运转；开通农普宣传专用通道，通过报刊、广播、电视、互联网等方式，营造浓厚农普氛围；开展入户综合试点，进行农普清查摸底，确保入户调查“心中有数”；组织农普业务培训，为三农普顺利开展做好充分准备。精细管理单位名录库。抓好新增入库，做好 13946 家法人、1535 家产业活动单位的名录库动态维护管理，比上年增长 9.34%和 4.76%，成功申报“四上”[③]单位 168 家，其中现代服务业 115 家，申报家数创历史新高，确保了名录库量质齐升，实现了动态更新和全面覆盖，经济家底监测更清晰。

立足一个实字，双基建设跃上新台阶　将规范化基础夯实。继续实施统计基层规范化建设“打造样板、全面铺开、巩固深化”三年行动方案，推荐沙市镇统计站参与长沙市局观摩，将示范效应突出的优秀统计站在全市推广，开展优秀统计站创建专项督查，全市基层统计形成了“互评互比、互学互促”的良好氛围。将法制化工作做实。以会代训，以考促学，组织全市统计系统 110 人次以闭卷考试的形式学习统计知识和法律法规，组织 213 人参加继续教育；消除数据质量隐患，2016 年开展三次“数据造假、以数谋私”、“防范和遏制统计弄虚作假”、“回头看”等隐患排查专项治理行动，确保统计数据质量；统筹机关、专业、部门、基层“四级联动”的执法模式，开展以数据质量为重点的统计常态化执法检查，全年依法对 47 家报表单位开展执法检查，行政处罚 5 起，曝光两起，责令整改 6 起，统计公信力进一步增强。将统计制度落实。施行重点企业联系服务制度，遴选 150 家行业代表重点企业，8 场次走访座谈，为市委市政府掌握企业一手资料提供决策参考；施行统计巡回办公制度，干部联乡、科室联片，将业务指导、矛盾化解下沉到一线，全年分区域分行业召开 12 场业务培训会；完善乡街统计工作目标管理，编印《乡镇（街道）统计工作指南》，强化业务指导，规范业务流程，提高源头数据质量。

着眼一个细字，统计服务实现新提升　服务决策参考优质高效。一是服务争先进位。盯紧看牢“进军二十强”目标，将全国百强排名 11-30 的县市近万余个指标数据进行比对研究，撰写《2016 年浏阳百强进位预测》，为全市百强进位目标提供统计支持和保障。加强长沙对浏绩效考核、省小康、现代服务业考核指标的动态监测、跟踪汇报，努力提升上级部门对浏阳的考核认可。积极推介浏阳发展经验，撰写《“两个中心”展开浏阳“十三五”发展新蓝图》被《中国统计年鉴 2016》采用，撰写《“十二五”期间浏阳经济社会发展报告：红色浏阳换新颜》刊发在《数说“十二五”——长沙经济社会发展成就辉煌》，充分展示浏阳形象。分析研究长沙“十强十快”乡镇考核体系，研判调度 32 个乡镇街道和 15 个部门经济社会发展数据，全力服务争创工作，年内有集里、永安、洞阳获此荣誉。二是监测经济预警。围绕重大关注和重要关切，以《浏阳经济运行快报》《决策参考》《数据浏阳 2016》《手机短信快把》为载体，及时精准为领导和部门报送第一手信息，全年共撰写调研分析 18 篇，编制《决策参考》8 期，编发手机短信快报 24 期，编印《经济运行快报》12 期，编制《浏阳市 2015 年统计年鉴》，形成囊括2000—2015年的全市经济社会发展综合性统计大年鉴。调研材料《“十三五”末浏阳百强进位预测》对2020年浏阳百强进位情况进行前瞻性预测，作为浏阳市党代会新目标“建设两个中心，进军全国十强”提出的重要参考依据，专题材料《“十二五”期间浏阳市服务业统计监测汇报》为全市调优经济结构，发展服务业提供决策参考。服务社会公众形式丰富。畅通民意通道。引进专业人才，充实队伍力量；优化升级软件系统，分层分类更新样本库；公示公开调查项目，提高调查透明度，全年共开展调查7项12次，收集意见建议2万余条，提交调查报告12篇，进一步畅通党委政府和群众的连心桥。服务省市对浏的民调考核，为全市创建平安县市、绩效争先提供民调支撑，切实提升民调贡献度。提供信息咨询。构建了多媒体信息服务机制，利用网站、“浏阳统计”微信平台与社会公众、调查对象共享统计信息，全年提供各类信息咨询2万人次，统计“服务窗口”作用充分展现；形式多样开展统计宣传，以“统计开放日”“统计五进”“三农普宣传”等活动，广泛宣传统计知识，普及统计法律法规。（黄惠芳）

【基层统计规范化建设】 为了贯彻落实基层统计站规范化建设要求，全面推进基层日常统计工作，浏阳市统计局对32个乡镇（街道）统计站进行现场督导，对乡镇（街道）的统计站规范化建设情况进行现场打分，并通过座谈会上针对基层统计工作提出以下三点建议：一是严格规范落实“四上”企业申报流程，加强监管，及时调查核实并按时上报新增、变更、注销单位情况。二是以创建优秀统计站为目标，积极开展基层统计站规范化建设工作。各基层统计站除了对照统计阵地建设、人员安排、经费保障等工作要求积极开展统计工作外，还应不断规范、加强基层统计台账、统计报表的收集整理和归档管理工作，同时，督促辖区统计报表单位做好日常统计报表的报送和管理工作。三是继续进行统计及相关知识学习，不断提高基层统计员统计工作水平。各基层统计员应当积极参与统计培训，熟悉掌握统计知识，增强基层统计员的业务指导能力和统计分析能力，充分发挥基层统计服务各级政府、领导的积极作用。（黄惠芳）

【两纲监测统计】 为确保“两纲”监测数据准确、及时、完整，全面实现终期目标，浏阳市统计局采取务实措施，做好“两纲”监测统计工作。一是高度重视，把“两纲”监测统计工作列入重要议事日程。明确专人负责统计指标数据的收集、整理、审核和上报工作。二是部门联动，加强与部门之间的协作联系。为确保数据质量，统计局主动加强与各部门之间的联系，搭建“两纲”监测统计工作良好的协作环境，以确保监测统计数据准确、及时。 三是提前谋划、认真抓好业务培训。召开专题会议，采取以会代训的方式，培训指导统计人员，提高其业务素质，确保“两纲”数据收集顺利实施。四是层层审核，确保“两纲”数据质量。采取部门初审、单位负责人复审、统计部门再审、市妇儿工委办公室领导小组终审的四级审核模式，发现问题及时修正，确保监测统计数据的准确性。五是加强管理，建立“两纲”数据库。为确保历史数据不丢失，便于纵向对比，对每年的数据都整理在一张电子表格上，历史数据一目了然，每年的评估都存有电子文档，查阅方便。同时要求各部门对本部门的数据、实施情况建立电子文档，上报的报表都做好备份。六是加强分析，为领导决策提供科学依据。根据监测统计数据撰写“两纲”监测统计分析文章和监测评估报告，分析现状，预测发展趋势，为市委、市政府制订有关妇女儿童的政策和指导工作提供科学的依据。（黄惠芳）

【长沙市统计局副局长韦薇一行到浏阳调研规模以上工业企业】 为提高基层企业统计业务能力和水平，确保统计数据的真实性、准确性，了解企业经营情况。10月26日，长沙市统计局党组成员、副局长韦薇来浏阳指导调研规模以上工业企业。调研组一行先后到长沙大福乳胶制品有限公司、湖南佳海电梯设备制造有限公司、湖南汇大生物饲料有限责任公司、浏阳湘友肉制品厂走访调研，深入企业生产一线，详细查看生产场地，仔细询问企业产品生产、市场占有和销售情况。随后详细查看企业财务报表、统计台账、出库入库单据等，并与联网直报平台数据进行比对，与企业统计人员就个别指标进行深入的沟通交流。最后，从统计的口径、报表中常见问题以及报表流程等方面现场做耐心的指导。韦薇表示，统计部门要深入企业，了解企业实际生产经营情况，加强对企业统计业务的指导交流，切实提高基层统计数据质量。（资料来源：浏阳政府网 发布时间10月30日）

①妇儿两纲是指我国各级政府制定的妇女发展纲要和儿童发展纲要，是基于男女平等和儿童优先制定的用于妇女儿童生存、发展和保护的纲领性文件。

②普查指导员、普查员。

③四上企业”是指规模以上工业企业、资质等级建筑业企业、限额以上批零住餐企业、规模以上服务业企业这四类规模以上企业的统称。

市场和质量监督管理

浏阳市场和质量监督管理局

党委书记、局长　孙玉樟
党委副书记、副局长　张良发
党委成员、副局长　戴　宁
余湘怀　周学群
王足明　杨凌云（女）
党委成员、食安委办专职副主任
陈水清
党委成员、副局长　沈雪岭
黎　青　武耀华
喻斌辉　陈细江
杨　辉
党委成员、纪检组长　张存根

【概况】 2015年8月31日，中共浏阳市委、浏阳市人民政府下发关于印发《浏阳市人民政府职能转变和机构改革方案的实施意见》的通知（浏发〔2015〕6号）和《浏阳市人民政府机构设置的通知》（浏发〔2015〕7号），根据文件精神将市食品药品监督管理局（市食品安全管理办公室）的职能、市商务局酒类流通食品安全监管等行政职能、市卫生局餐饮服务许可和餐饮业、食堂等消费环节食品安全监管的职责、市工商行政管理局的职能、市质量技术监督局的职能整合，组建市场和质量监督管理局。不再保留原市食品药品监督管理局(市食品安全管理办公室）和市工商行政管理局、市质量技术监督局。原市食品药品监督管理局(市食品安全管理办公室)、市工商行政管理局、市质量技术监督局所属机构调整为市场和质量监督管理局所属。浏阳市场和质量监督管理局是浏阳市人民政府工作部门，挂市食品药品监督管理局、市食品安全委员会办公室牌子。市场和质量监督管理局从2015年8月31日起启动运行。2016年，共有干部职工452人，其中在职296人。　　(朱宏伟)

3月24日，浏阳召开创建国家食品安全城市动员大会

（资料来源：市场和质量监督管理局办公室）

【食品安全监管】　突出抓好责任落实和机制创新，聚力食安监管和示范创建，有效保障人民群众“舌尖上的安全”。一是责任体系覆盖全到位。成立由市委书记任顾问、市长任组长的高规格创建工作领导小组，各乡镇(街道、园区)和成员单位相应成立创建办，市乡村逐级签订目标责任书，实现任务逐层传递；构建市、乡、村、组四级食品安全监管网络，重点打造村级食品安全协管员队伍，发展7900名村组食品安全信息员，补齐了基层监管短板。二是工作机制创新多亮点。促成浏阳成立全省首支食品药品环境犯罪侦查大队，有效推进行刑衔接，全年破获食品犯罪案件13起，摧毁犯罪团伙5个，抓获并刑拘犯罪嫌疑人24名；建立全市首个食品快速检测中心，免费为公众提供食品快检服务；推动农村聚餐管理创新，引导成立农村餐饮服务公司、引入行业协会自治，实行集体聚餐登记备案和上户指导，规范农村集体聚餐活动；创新实施“一日一调度、一月一督查、一季一点评、一年一兑现”的“四个一”督查考核机制，全面激发创建积极性。三是重点项目推进有力度。推行“明厨亮灶”工程，完成视频厨房、透明厨房改造685户，补助资金25.5万元；落实18.6万名中小学生和731家餐饮单位的食品安全责任保险，征缴保险费58万余元；推动69家单位、企业通过长沙、浏阳两级示范创建验收，完成一期肉菜追溯体系建设；组织创建大型宣传活动10余次，印发资料70万份，培训食品安全监管人员1.1万余人次。四是食品安全监管见成效。全年检验检测食品及食品相关产品22561批次，合格率达99%；开展十大专项执法行动，查处食品安全违法案件242起，捣毁黑窝点28个，取缔小作坊40家，查扣不合格食品15.2吨；发布“红黑榜”10期，处置投诉举报案件39起，兑现举报奖励8.1万元。　　(朱宏伟)

9月1日，浏阳颁发第一本“三证合一”个体工商户营业执照

（资料来源：市场和质量监督管理局办公室）

【市场培育服务】　一是以优质化服务培育市场主体。全面推行个体工商户“三证合一”登记模式，激发市场内生活力，全市新增企业3563户，同比增长24.2%，新增个体工商户9245户，同比增长22.4%；简化行政审批流程，推行食品流通、餐饮服务、保健食品销售“三证合一”制度，最大化地简政放权提高效率，后置审批办证率达82.9%。二是以多样化举措助力企业发展。搭建银企对接平台，为企业办理股权出质、动产抵押110件，融资8.9亿元；建立全省县级唯一的条码业务办理点和标准信息查询服务平台，办理商品条码业务31个；推荐申报国家级“守重”企业4家、省级53

家，确立非公党建联系点52家，凝聚企业发展的正能量。三是以专业化战略推动产业转型。实施商标品牌战略，新增省著名商标68件、中国驰名商标和地理标志商标各1件、湖南名牌3家、长沙名牌8家，申报省长质量奖2家；推行标准化战略，完成企业标准备案84个，推荐各级标准化项目23个，其中省级3个，国家级美丽乡村标准示范区项目1个；实行质量强市战略，聚焦传统重点产业，出台烟花爆竹产品质量提升方案，组织全市700余家企业开展烟花爆竹国家新标准宣贯培训。　　（朱宏伟）

【市场监督管理】　一是日常监管实现全覆盖。对食品、药械、特种设备等重点领域监管覆盖率达100%，对新办商事主体全部实行初期回访；“双随机”抽查市场主体1407户，公示行政处罚信息118条，依法将1348户企业、522户农民专业合作社纳入经营异常名录，对1284户个体户实行经营异常状态标记；清理无证无照经营户4654户，核查年报公示信息1387户，全市商事主体2015年度综合年报率达94.8%，位居长沙地区第二。二是专项整治实现常态化。开展烟花爆竹专项整治，做好国、省及本级抽检不合格产品后处理工作，查处生产销售不合格烟花爆竹案件65起；开展以特种设备为重点的大检查大排查大整治，排查安全隐患300余处；开展综合整治，加强农资、医疗器械、网络市场、保化品等重要领域的市场监管，强化对霸王条款、美容美发养生行业的专项整顿，产生良好的社会效应；开展打击传销专项行动，遣送涉传人员16名，全年未出现越级涉传投诉举报。三是案件查处实现新突破。案件数量显著攀升，全年立案查处各类违法案件404起，同比增长42%；典型案件取得突破，查处假冒知名白酒、无证销售医用氧、公用企业限制竞争行为等一批大要案件；案件质量明显提升，在长沙市政府法制办对浏考核中，抽取浏阳市场和质量监督管理局行政处罚案卷进行评查，案卷得分排名靠前。　　（朱宏伟）

【基层基础工作】　一是技术支撑力更实。优化质计中心能力建设，检定计量器具9496台件，完成产品质量监检任务697批次，接受委托检验3019批次；加大监督抽查力度，抽检农资化肥、家具、烟花爆竹及原辅材料等1200多批次，查处或整改不合格产品553批次。二是基层执行力更强。启动基层规范化建设，对12个基层分局、所进行基础设施提质改造；继续推动系统整合调整，精简内设机构3个，选拔任用科所正、副职14名，交流轮岗干部33名，解决26名干部的编制遗留问题；升级改造系统办公网络，加大基层信息设备投入，配备执法记录仪22台。三是单位影响力更广。宣传渠道全面拓展，开通单位公众微信号，建立官网，创办《监管动态》4期；新闻宣传结出硕果，刊发新闻报道181篇，其中国家级媒体7篇，省、长沙市级47篇；特色活动彰显担当，开展3.15消费者权益保护、3.31主题宣传等活动，举办面向监管对象的全市性培训90多次。　　（朱宏伟）

【成立全省首个公安食品药品环境犯罪侦查大队】　为进一步创新食品药品环境监管工作体制和工作机制，全力确保人民群众的饮食用药安全，市场和质量监管局促成浏阳市公安食品药品环境犯罪侦查大队于5月17日成立，这是全省首个县级专门从事食品药品环境犯罪活动侦查的机构。2016年，浏阳市公安食品药品环境犯罪侦查大队共破获食品犯罪案件13起，摧毁犯罪团伙5个，抓获并刑拘犯罪嫌疑人24名。（朱宏伟）

【建立食品快速检测中心】　11月4日，浏阳市食品快速检测中心正式落成，中心拥有实验室面积150平方米，检验检测设备及设施30余件，具备开展食品中的农药残留、吊白块等41个项目的检测能力，并免费向公众开放。中心充分发挥快速检测在监管执法中的作用，使食品安全监管从靠眼观鼻闻手摸的粗放型向技术型转变，实现快速定性，高效执法。　　（朱宏伟）

安全生产监督管理

浏阳市安全生产监督管理局

党组书记、局　长
屈湘水（2016.12免）
熊湘东（2016.12任）
党组成员、副局长　蔺传球
黄东风　陈鹏飞
王义勇（2016.06免）
党组成员、纪检组长　卢利平

【概况】　浏阳市安全生产监督管理局是负责全市安全生产监督管理的市人民政府工作部门，主要职责是贯彻执行国家、省、市有关安全生产工作的方针、政策和法律法规及规章；承担全市安全生产综合监督管理责任，指导协调全市安全生产工作；依法承担全市烟花爆竹、危险化学品生产经营单位和非煤矿矿山企业安全生产监督管理职责和安全生产行政许可相关工作；承担工矿商贸生产经营单位（煤矿除外）的安全生产监督管理责任；承担用人单位职业卫生监督检查责任，依法负责职业卫生安全许可相关工作；依法组织职责范围内的一般安全生产事故的调查处理、办理结案工作；负责组织指挥和协调安全生产应急救援工作；负责监督检查职责范围内新建、改建、扩建工程项目的安全设施与主体工程“三同时”情况；组织、指导全市安全生产宣传教育工作，组织、指导、监督管理特种作业人员和主要负责人、安全管理人员的安全培训工作；指导协调全市安全生产检测检验工作（煤矿除外）；承办市委、市政府和上级安全生产监督管理部门交办的其他事项。2016年，市安监局以依法治安为核心，坚持“严查严管、严处严罚”，突出“预防从严、关口前移”，扎实推进安全监管工作，全市安全生产形势总体保持平稳。在安全监管创新上，先后创造刚性执法、记分管理、黑名单制度、分类管理、安全生产巡查等一批有效的经验。2016年全省安全生产“监管执法年”活动动员会在浏阳召开，浏阳安监执法模式在全省安监系统推广，安全生产生产巡查工作在长沙推广。

（郑晓伟）

【安全监管】　科学编制、严格实施年度安全生产监督检查计划。1—12月，开展监督检查7887次，下达隐患整改指令书3440份，整改复查意见书3813份，烟花爆竹、矿山、危险化学品、工贸等行业立案处罚256起，罚款553.3万元。制订烟花爆竹、矿山、危险化学品、工贸行业《生产经营单位安全生产监督检查指南》，明确执法检查必须按26项内容逐项检查到位。加强执法质量考评，对每起行政处罚案件实施办案质量计分考评。实行执法信息公开，每周公开曝光企业安全生产违法违规行为及处罚情况。加强信息化建设，在安监系统配备移动执法设备，全面推行软件执法，并实现与省安监局行政执法管理系统联网互通。完善烟花爆竹、非煤矿山、危化三大高危行业刚性执法、记分管理办法，在刚性执法查处的同时严格予以记分，对169家烟花爆竹企业、8家非煤矿山企业予以记分，9家烟花爆竹企业被纳入“黑名单”管理，处罚和记分情况在浏阳日报公示曝光。（郑晓伟）

【安全生产基层基础工作】 开设安全周刊、安全生产信息网和“浏阳安监”微信公众号等平台，采取安全知识进学校、进社区、进企业等宣教模式，着力普及依法治安、安全发展意识。扎实开展全国第15个安全生产月活动，14个重点单位制作安全宣传专题片，每天在浏阳新闻频道播出两次；制作烟花爆竹和其他行业安全事故警示教育片，在《浏阳日报》设置“安全小贴士”栏目，刊登“安全小贴士”190篇次；结合“幸福屋场”建设，推进安全文化进屋场和安全文化示范企业建设。2016年共培训高危行业特种作业人员、安全员10868人；分批组织开展烟花爆竹行业造粒工、药物线管理员、生产厂长、技术员、法人代表、实际控制人等专题培训，共培训4519人；组织开展为期三天的乡镇综合安全监管业务培训，培训130多名乡镇综合型的业务骨干。开展“安全生产巡回大讲堂”活动，免费送培训进企业，举办大讲堂700场、培训7.1万人。建立、健全职业病防治联席工作机制和安全生产应急管理机构，完善了相关制度，理顺监管职能，全面开展用人单位职业卫生基础建设。建成了烟花爆竹安全生产应急救援基地，组织了非煤矿山冒顶事故应急救援演练，市级和32个乡镇（街道）均组织开展综合演练，全市1400余家高危行业企业均开展应急救援演练活动。编制烟花爆竹重点岗位应急处置卡，作为国家安全生产应急救援指挥中心应急预案优化范本在全国推广使用。加强安全生产示范乡镇（街道）创建工作，现有省级示范乡镇3个、长沙市级示范乡镇16个，新申报省级示范乡镇创建验收2个、长沙市示范乡镇4个。

（郑晓伟）

【淘汰落后产能】 持续推进非煤矿山整顿关闭工作，2016年关闭非煤矿山3家。有序推进落后烟花爆竹生产企业退出工作，按照“出台整改标准、开展联合执法、乡镇分类指导、引导自愿退出、组织实施退出、验收兑现奖补”的工作思路，依法依规推动，2016年共有143家企业、49家工区申报自愿退出。（郑晓伟）

【科技兴安】 推进高危行业企业电子监控监测系统工程建设，建成浏阳市总控平台和27个乡镇视频分控平台，530家烟花爆竹、61家危险化学品、38家非煤矿山企业新建监控系统，7家非煤矿地下矿山企业完成安全避险“六大”系统①提质升级工程建设。推进烟花爆竹机械化生产工程，研发烟花爆竹混药、装药、组装机械一体化的整装生产系统和无硫、微烟、小药量等安全环保新材料、新产品。全面实施非煤矿山中深孔爆破技术，淘汰无捕尘凿岩机械，积极推进非电起爆技术。（郑晓伟）

【安全生产“打非治违”】 分季度推进“打非治违”春雷、飓风、霹雳、清剿等专项行动，实行“打非治违”举报与110接警平台并网运行，编印发放“打非治违”专刊等资料5万份，鼓励群众自觉抵制非法生产经营烟花爆竹行为，对举报属实的，给予1万~5万元的奖励。2016年共发放“打非”举报奖励资金32.3万元，侦破涉爆类刑事案件16起，刑拘15人，移送起诉27人，查处行政案件267起，行政拘留354人，处理涉案企业108家，收缴烟花爆竹半成品、成品12016件、引火线66万米、黑火药17477千克。（郑晓伟）

【综合安全】 开展安全生产大宣传、大排查、大管控、大整治专项行动。在烟花爆竹行业组织开展打击转包分包、遗留危险性废弃物排查清理、黑火药安全管理、药物配送和干燥、生活区药物清理、防静电检测、“三库四房”改造、安全厂长和技术员培训等专项整治。煤矿领域深入开展防治水、机电运输、一通三防及顶板管理等专项整治，关闭煤矿1家，保留煤矿2家。非煤矿山行业开展2次地下矿山尾矿库和通风安全、露天矿山边坡安全、矿山图纸和基建矿山专项整治，完成对8家矿山的“攻坚克难”工作，对全市非煤矿山进行分级分类管理。全面开展危险化学品和易燃易爆物品安全专项整治行动，突出抓好四类小区隐患排查、危化运输、仓储经营、甲醇燃料（俗称“环保油”）等专项整治。开展职业健康监护信息卡普及推广工程，发放监护信息卡7965张，开展工作场所职业病危害因素检测160家。开展粉尘防爆、涉氨制冷、食品和造纸企业安全专项整治。其他行业领域按照“四大行动”要求，有效治理安全隐患，杜绝事故发生。

（郑晓伟）

【全省安全生产监管执法年动员会在浏阳市召开】 2月26日，湖南省安全生产委员会在浏阳市召开全省安全生产监管执法年动员会。省人民政府副省长戴道晋出席会议并讲话。省政府副秘书长、省安委办主任、省安监局局长邓立佳主持会议。会上，省安委办副主任、省安监局副局长李大剑解读《全省安全生产监管执法年活动方案》，省安监局副局长罗德龙宣读《湖南省人民政府办公厅关于2015年度安全生产示范单位考核情况的通报》。浏阳市、桃源县政府主要负责人分别介绍安全生产的监管执法经验和示范创建经验，长沙市政府、省煤炭管理局、省住建厅、省交通运输厅、省公安厅负责人表态发言。戴道晋在会上讲话指出，加强安全监管执法是依法治国、依法治安的必然要求，是实现湖南安全生产形势根本好转的治本之策，是依法落实部门监管责任的重要抓手，是推动企业主体责任落实的有效措施。戴道晋要求，各地各有关部门要全面开展计划执

2 月 26 日，全省安全生产监管执法年动员会在浏阳市召开　（资料来源：安监局办公室）

法和集中执法，抓细抓实。统筹推进打非治违、专项整治，着力推动严格规范执法，建立落实六项制度。做到阳光执法，自觉接受媒体和社会舆论监督。切实强化安全生产"监管执法年"活动的组织保障。戴道晋强调，要全力维护"两会"期间的安全稳定，加强应急值守。各地各部门要把"两会"期间和节后复工复产的安全工作放在突出位置，严把复工复产安全关，坚决做到相关证照不齐全不复产，安全条件不具备不复产，安全措施不落实不复产。立即组织开展"两会"和节后复工专项执法行动。各市州人民政府分管副市州长、各市州安监局长、安全生产重点县市区安监局长，负有安全生产监管职责的省直有关部门负责人、2015 年度省级安全生产示范县区政府和示范企业主要负责人以及浏阳市有关人员共 200 多人参加会议。会前，与会人员还现场观摩浏阳市大瑶镇安全生产监管执法工作和浏阳市颐和隆烟花公司安全管理情况。（郑晓伟）

【召开落后烟花爆竹生产企业退出工作动员大会】 9 月 10 日下午，浏阳召开落后烟花爆竹生产企业退出工作动员大会，下发《浏阳市落后烟花爆竹生产企业退出工作实施方案》，明确退出企业和保留企业标准，并公布企业自愿退出的奖励补偿方案。按照会议部署，我市将根据"调结构、降产能、保安全"总体要求，对全市烟花爆竹生产企业依法依规进行全面整顿，关闭不具备安全生产条件的企业，鼓励和引导落后烟花爆竹生产企业自愿有序退出。计划用两年时间，全市退出落后烟花爆竹生产企业 300 家以上，其中 2016 年退出 200 家以上，2017 年退出 100 家以上。根据上级要求，《安全生产许可证》《工商营业执照》两证齐全的烟花爆竹生产企业（工区），在 2016 年 1 月 1 日至 2017 年 12 月 31 日期间自愿退出生产，并按规定程序申报验收合格的，给予奖补。为此，浏阳制定退出企业奖补标准，并对各级财政奖补资金和行业筹集资金制定详细的分配工作方案。方案将烟花爆竹生产企业划分为爆竹生产企业、烟花生产企业、引火线生产企业、黑火药生产企业和混合型生产企业。根据企业的类别、建设规模、建筑面积等制定了奖补标准，最高不超过 270 万元。工区退出奖补标准为，按照整体退出企业的生产类别退出标准的 70%计算（不包括黑火药、引火线企业工区）。对 2016 年 11 月 1 日之前自愿退出的合法企业（工区），提前兑付 20%的奖补资金；同时对仍具备安全生产条件的自愿退出企业（工区），经安全评价合格，可申请用于消耗性生产的过渡期安全生产许可（最长期限至 2017 年 8 月 1 日）；并鼓励烟花爆竹退出企业转型为烟花爆竹仓储基地。市委副书记、代市长吴新伟要求，各级各部门要在思想认识上高度重视，在工作推进上把握重点，在责任落实上勇于担当。在烟花爆竹生产企业淘汰退出工作中，坚持公开、公平、公正，依法依规推进该项工作。各企业也要吃透、用好政策，根据自身实际情况，做出相应的决定，为优化产业、完善发展做贡献。吴新伟强调，在抓退出工作的同时，不能放松矿山、危险化学品、工贸行业、道路交通、建筑施工、消防、特种设备、旅游等其他行业的安全监管，要始终保持安全生产的高压态势，确保浏阳安全生产形势持续稳定向

9 月 10 日下午，浏阳召开落后烟花爆竹生产企业退出工作动员大会
（资料来源：安监局办公室）

好。市领导吴敏、刘一江、沈学军、李爱民、谢建国、唐强跃出席会议。

（郑晓伟）

【国家安监总局党组成员、总工程师王浩水一行到浏阳调研烟花爆竹生产机械化工】 9月28日下午，国家安监总局党组成员、总工程师王浩水一行到浏阳，调研烟花爆竹生产机械化工作，实地察看了华冠出口烟花公司、东信烟花集团等企业。华冠出口烟花公司历时三年研发出全智能安全环保组合烟花联动生产线，将传统手工生产工艺制作组合烟花的13道工序，实现智能自动化生产。特别是涉药工序等操作中易发安全事故的环节，通过远程智能操作，实现人机分离，从根本上杜绝人员伤亡的安全事故发生。目前，整条生产线研制已基本完成，其中创新性技术达100多项，申请专利48项。东信烟花集团则与北京理工大学及多家机械制造公司合作，耗时一年多成功研制出全自动烟花亮珠生产线、全自动组合烟花内筒装药生产线和组合烟花自动组装生产线等3条自动化生产线。通过对称重配药装置、混药筛药装置等9项重点部位进行技术改造，实现了机电分离、人机分离、人药分离，可大幅减少安全事故，并节约人力成本。王浩水对浏阳烟花爆竹生产机械化工作表示肯定。他指出，烟花爆竹自动化生产线的生命力在于安全，要始终将安全生产摆在第一位。企业要在实际运用中不断检验、完善自动化生产线，并注重机械化知识产权的保护；浏阳要通过推动机械化，不断创新研发，提高花炮生产自动化、远程控制水平，提升安全生产系数，牢牢巩固烟花爆竹主产区地位。湖南省安委办主任、安监局局长李大剑，长沙市安监局局长胡春山，浏阳市委常委、常务副市长吴敏陪同调研。（郑晓伟）

9月28日下午，国家安监总局党组成员、总工程师王浩水一行到浏阳，调研烟花爆竹生产机械化工作

（资料来源：安监局办公室）

【国家安监总局交叉督察组到浏阳督查烟花爆竹安全监管工作】 10月25日至26日，根据国家安监总局安排，以贵州省安监局副局长孙晓东为组长的国家安监总局烟花爆竹安全监管重点工作交叉督查组，到浏阳督查烟花爆竹安全工作。省安监局副局长杨国庆陪同督查。2016年，浏阳全力推进分包转包专项整治，切实加强黑火药企业安全管理等烟花爆竹安全监管重点工作，确保各项重点工作真正落实落地，确保烟花爆竹安全形势总体平稳。截至10月24日，全市已有131家企业、34家工区申报自愿退出。督查组听取浏阳烟花爆竹工作汇报，并到东信烟花神奇分公司、浏阳市万发引线厂、庆典烟花、华辉烟花等企业进行现场督查。对个别企业存在部分电线线路布局不合理、环境卫生需加强等问题，督查组现场要求企业立即予以整改到位。在督查过程中，督查组还对浏阳落后烟花爆竹生产企业退出工作提出建议，要求谨慎处理退出企业余废料清理，最大限度地将余废料消耗完毕，降低安全风险。市领导李爱民、唐强跃，市安监局局长屈湘水陪同督查。（郑晓伟）

10月25日—26日，国家安监总局烟花爆竹安全监管重点工作交叉督查组到浏阳督查烟花爆竹安全工作

（资料来源：安监局办公室）

①监测监控、人员定位、供水施救、压风自救、通讯联络、紧急避险等安全避险六大系统

农业·水务·气象

种　植　业

浏阳市农业局（中共浏阳市委农村工作办公室）

党委书记、局长（主任）
　黄永忠（2016.12 免）
　谢　波（2016.12 任）
副书记、副局长（副主任）
　王　建
党委委员　副局长
　汤水成　廖上鉴
　罗　旭（挂职）
　熊　伟（2016.01 任）
　赵永红　廖义和
　刘茂柱（2016.01 任）
党委委员、工会联合会主席
　赵　勇（2016.01 任）
党委委员、市纪委驻农业局纪检组长　许寒恩
副局长（挂）、扶贫办主任
　瞿桂平（2016.09 任）

【概况】 2016 年，农业局系统有干部职工 605 人，其中在编 305 人，离退休 300 人。局内设办公室、政工人事科、计财审计科（挂农业项目办公室牌子）、生产发展科、政策法规科（挂行政审批科牌子）、乡镇企业科、农产品质量安全监管科（挂市场信息科牌子）、新农村建设办公室（挂农业现代化办公室牌子）、农村基层党风廉政建设科 9 个科室。下设浏阳市农业技术推广中心、浏阳市农产品质量监测中心、浏阳市农机安全监理站、浏阳市现代农机技术推广服务中心、浏阳市人民政府农科教办公室、浏阳市人民政府扶贫工作办公室、浏阳市农业执法大队（参公）、浏阳市农村经营管理办公室（参公）、浏阳市蔬菜管理和技术推广中心、浏阳市农业科学研究所、浏阳市农业环境保护站、浏阳市果药花茶开发中心、浏阳市农机研究所、浏阳市原种场 14 个二级机构。主要职责：贯彻执行上级有关农业、农村、农机工作的政策法规，拟订全市农业发展计划并组织实施。组织指导全市农业科技推广与服务、农产品质量安全监督管理、乡镇企业管理、农业机械使用管理与示范推广、农机安全监管、农业农机行政执法、农业环境保护、城乡一体化和新农村建设、农业现代化建设、农村土地承包管理、扶贫开发工作、农村基层党风廉政建设、农民培训等职能。全年实现农、林、牧、渔总产值 158.3 亿元，增长 4.8%，农村居民人均可支配收入 2.72 万元，同比增长 7.9%。5 月 6 日，《农民日报》头版头条报道“浏阳市全域美丽乡村建设”工作，该文被农业部官网、中国文明网等 30 多家中央、省市媒体全文转载。12 月，浏阳市农业局被农业部评为全国农业先进集体。（宋新兵）

【农业生产】 2016 年，全市种植水稻 7.533 万公顷，总产 56.496 万吨。完成春收油菜 3.067 万公顷，冬种油菜 3.067 万公顷，并连续 6 年跻身全国油料生产大县。种植蔬菜（复种）3.04 万公顷，总产值 11.5 亿元。新增水果面积 133.33 公顷，提质改造茶园 53.33 公顷。（宋新兵）

【项目争资】 铺排现代农业重大项目 21 个，完成投入 7.3 亿元，完成年度计划的 104.2%。组织各类项目申报 4 批次 256 个。先后实施浏阳市 2014 年度（延续），2015 年度、2016 年度（新建）高标准农田建设（新增粮食生产能力规划田间工程）项目，建成高产稳产田 333.33 公顷。（宋新兵）

【农产品质量安全监管】 成功创建国家农产品质量安全县（市），农产品农药残留检测合格率 99%以上，人民群众对农产品质量满意度达到 80%以上。完善乡镇农产品监管队伍建设，构建市、乡（镇）、村、组四级农产品质量安全监管体系。定期对农产品开展监测，全年抽取样品 8732 批次，合格率 99.35%。全市新增绿色食品企业 1 家，无公害农产品企业 7 家，大围山镇井头富康林果种植专业合作社被认定为湖南省绿色食品示范基地。（宋新兵）

【农业执法】 全年出动执法人员 848 人次，检查农资批发、零售企业 489 家，检查农药、肥料、种子样品共计 584 批次，抽样 121 个，送省检 28 个，查处违法案件 25 起，进入一般程序案件 19 起，罚款 11.558 万元，为农民挽回直接经济损失 693.6 万元。3 月 8 日至 10 日，全省春季农资打假联合行动启动仪式在浏阳市举行。（宋新兵）

【农业管理】 农机推广：2016 年，完

成农机购置补贴中央财政资金1388.8万元，机具成交价格5054万元。申请补贴的机具、设施2478台(套)，受益农户2029户。全市水稻生产早、中、晚三季机插总面积2.03万公顷。发展15家具有水稻生产全程机械化服务功能和33.33公顷以上生产能力的省级现代农机专业合作社。农机监管：举办拖拉机、联合收割机驾驶考试4期，200人获得拖拉机驾驶证和联合收割机操作证。规范机车上户登记工作，全年办理拖拉机、联合收割机注册登记471台，无一违规办理。抓好农机和驾驶人年检年审，检验运输型拖拉机、联合收割机2035台。开展农机安全检查126次，出动农机监理人员718人次。 (宋新兵)

【农产品加工与休闲农业】 全市有农产品加工企业1860家，其中产值2000万规模以上企业122家，实现总产值405亿元，同比增长18%；休闲农业经营主体个数364家，接待旅客330万人次，实现营业收入5.52亿元。新增省级龙头企业3家、市级龙头企业10家；桂园农庄获评“中国最美休闲农庄”，2家农庄获评“国家四星级农庄”；新增省级五星级农庄3家、四星级农庄14家、三星级农庄6家。 (宋新兵)

【城乡融合发展和全域美丽乡村建设】 全年铺排推进城乡融合发展重点项目23个，完成投入31.4亿元。启动全域美丽乡村示范县（市）创建，出台《浏阳市全域美丽乡村建设三年行动计划》，以10条精品旅游线路为轴线，形成“多点布局、串点成线、联点成片”的全域美丽乡村布局。成功创建长沙市级美丽乡村示范村、特色村39个，获评“全国休闲农业与乡村旅游示范县(市)”“中国美丽乡村建设示范县”“湖南省美丽乡村建设先进县”。11月30日，全省美丽乡村建设工作现场推进会在浏阳市召开。 (宋新兵)

【农民培训】 全年举办农业实用技术培训班44期，培训农民3750人(其中精准扶贫农业实用技术培训12期，培训精准扶贫对象826人)，指导乡镇农科教中心完成农业实用技术培训430期，培训农民3.92万人次；举办新型职业农民培训班6期，培育生产经营型和社会服务型新型职业农民301人；组织21名优秀农民参加中国农大现代农业经营主体带头人培训；制定并印发《浏阳市新型职业农民培育认定管理办法(试行)》，认定新型职业农民350人。全年建设农民田间学校11个，农民科技书屋6个，免费向农民赠送农业技术资料光盘4.3万份。 (宋新兵)

【扶贫工作】 全年投入各类精准扶贫资金5亿元，实现减贫10111人。统筹安排7200余名干部与贫困户结对帮扶，全市33个省定贫困村都派驻有4人以上驻村工作队，做到干部帮扶、驻村帮扶全覆盖。坚持产业发展“四跟四走”(资金跟着穷人走、穷人跟着能人走、穷人能人跟着产业项目走、产业项目跟着市场走)，积极探索扶贫开发与旅游发展有机结合，促进贫困户增收脱贫。创新金融扶贫服务站、电商服务站、农业信息服务站“三站合一”，推进便民服务。重点围绕水、电、路、业、房等项目建设，加快改善贫困人口的生产生活条件，全力打造专项扶贫、行业扶贫、社会扶贫“三位一体”的大扶贫格局。对口帮扶邵阳县，开展携手共建。2016年，浏阳市精准扶贫工作获全省非贫困县(市)类第一名。 (宋新兵)

【农村基层党风廉政建设】 2016年，市级网站公开涉农项目170余项，涉及资金1亿元，乡、村网站公开40类惠农补贴，涉及资金1.5亿元。对涉农项目资金进行全面审计清查，查处乡镇虚报、冒领、漏领粮食适度规模补贴经费14.18万元，追回资金13.92万元，补发补助1623.3元，党纪政纪处分6人。查处浏阳市连云山药材专业合作社套取2015年度长沙市经济作物产业发展项目资金问题1起，收回资金10万元。改版升级阳光三农网，新版网站点击访问量40万多人次，解决群众知情难、诉求难、监督难的问题。通过网站排查“雁过拔毛”式腐败线索6条。在全省农委系统“雁过拔毛”式腐败问题专题整治工作推进会上，浏阳市以《聚焦专项整治 强化综合施策坚决遏制“雁过拔毛”式腐败》为题作典型发言。 (宋新兵)

【农村改革工作】 农村土地承包经营权确权登记颁证：明确全市298个村(社区)有确权登记任务，其中293个村完成第一阶段入户调查摸底工作和第二阶段工作底图和指界工作，288个村张榜公示。农村资源流转交易中心运转：全年成交土地(水田、旱土、林地、水面、四荒地等)409宗，流转交易面积3866.67公顷，有效盘活全市农村闲置资源。新型农业经营主体壮大发展：全市农民合作社发展到4429家，家庭农场1408家，种植大户1900余户。有国家级示范社8家，省、市示范社241家，联合社11家。 (宋新兵)

【浏阳市农业执法大队被农业部命名为2016年全国农业综合执法示范窗口】 1月28日，农业部决定命名湖南省浏阳市农业执法大队等30个农业综合执法机构为2016年度全国农业综合执法示范窗口（农政发〔2016〕1号）。浏阳市农业行政执法大队成立于1997年，是全省第一批农业综合执法试点单位和成立最早的农业综合执法机构。2011年，该大队实施全国农业综合执法规范化建设示范项目，2012年、2014年两次实施全省农业综合执法规范化建设项目。2014-2016年，该大队查办各类农业投入品案件89起，没收不合格农资产品300多吨，罚款50多万元，为农民挽回经济损失1200多万元，确保浏阳市农产品质量安全提供重要保障。 (宋新兵)

【2016年全省春季农资打假省市县联合行动在浏阳市启动】 3月9日，省农委在浏阳市举行2016年全省春季农资打假省市县联合行动启动仪式，正式拉开农资打假工作序幕。2016年，浏阳市农业局积极开展春季农资打假专项治理行动和农产品质量安全整治行动，重点对农资批发市场和乡镇销售集中门店进行整治，对所经营的肥料的有效成份含量、未经审定经营推广的杂交水稻种、经营禁限用农药和农药中非法添加隐性成份的违法行为进行重点排查。并将检测

11 月 30 日，全省美丽乡村建设工作现场推进会在浏阳召开，湖南省省委常委、省委副书记乌兰（左三），出席会议并讲话，省委常委、长沙市委书记易炼红出席会议

（图片来源：市农业局办公室）

结果向社会公示。经整治，全市农资产品质量得到有效提高，农资市场秩序进一步规范。（宋新兵）

【浏阳市被农业部命名为第一批国家农产品质量安全县（市）】 2015 年，浏阳市被确定为全国首批 107 个（湖南 4 个）农产品质量安全县创建单位之一。2015～2016 年，该市以创建国家农产品质量安全县为契机，强化工作举措，落实监管责任，全面完成"国家农产品质量安全县"创建工作各项指标任务，农产品农残检测合格率均在 99%以上，省检、国检全部达标，人民群众对农产品质量的满意度达到 80%以上。2016 年 10 月，顺利通过农业部委托省农委对该市国家农产品质量安全县（市）创建工作考核验收。12 月 7 日，农业部发文（农质发〔2016〕15 号）正式命名浏阳市为第一批国家农产品质量安全县（市）。（宋新兵）

【浏阳市获"中国美丽乡村建设示范县"】 12 月 18 日，由中国互联网新闻中心主办，中国环境科学学会协办的 2016（第二届）"全面小康暨美丽乡村建设发展论坛"在北京举行。会上，湖南省浏阳市被授予"中国美丽乡村建设示范县"荣誉称号。2016 年，浏阳在全省启动全域美丽乡村示范县（市）创建，通过共建共享全域美丽乡村，打造"村村有景点、处处是景观"的大花园和大景区。同时，推出浏阳休闲农业与乡村旅游十大精品线路，以"历史之韵、山水之美、乡村之乐"邀四方宾客共赴美丽浏阳。发布全域美丽乡村建设三年行动计划，全域提质提标，建设示范乡镇 10 个，示范片 20 个，示范村 100 个，示范"幸福屋场"300 个，基本实现美丽乡村全域覆盖。5 月 6 日，《农民日报》头版头条详细报道浏阳全域美丽乡村建设情况。截至 12 月，全市建成幸福屋场 500 多个，实现美丽乡村全覆盖，涌现出永安镇坪头村、大瑶镇南山村、沿溪镇沙龙村、官渡镇竹联村等一批全域美丽乡村建设的样板。（宋新兵）

农业技术推广

浏阳市农业技术推广中心

主　任　田丰（2016.09 聘）
党支部书记、副主任　喻仲生
副主任　王学明　黄汉军
张再仁（2016.11 任）

【概况】 2016 年，浏阳市农业技术推广中心在编干部职工 71 人。内设办公室、计财科、农业信息站、粮油作物站、经济作物站、植保植检站、土壤肥料管理站、种子管理站。主要职责是负责全市种植业技术推广；农业有害生物防治、耕地质量保护；农业技术的培训和咨询；新品种、新技术、新成果的引进、试验、示范和推广；农药、肥料、种子质量的监管及植物检疫等工作。托管农业局属两个二级机构（农业环境保护站、果药花茶开发中心）。（童金花）

【粮油生产发展】 全年全市粮食播种总面积 8.2 万公顷，单季产量每公顷 7089 千克，总产量 59 万吨，其中水稻播种面积 7.53 万公顷，总产 54.87 万吨。组织落实早稻集中育秧主体 484 个，早稻大田集中育秧面积 0.67 万公顷，核实秧田面积平均吻合比例为 97.6%。全市完成油菜播种面积 2.73 万公顷。全市适度规模经营户 2028 户，种植面积 1.19 万公顷。双季超级稻示范面积 2.52 万公顷，核心示范片早稻超级稻亩平均产量 540.3 千克。粮食生产整体呈现持续向好的态势。（童金花）

【重金属污染耕地修复治理与种植结构调整试点项目】 2016 年，浏阳总试点面积 4144.86 公顷，其中达标生产区 3039.27 公顷、管控专产区 663.33 公顷、作物替代种植区 442.27 公顷，涵盖永和、北盛、沿溪等 15 个乡镇（街道）。全年推广镉低积累水稻品种 17.12 万千克；采购生石灰 768.5 万千克，完成试点面积 3569.27 公顷；采购土壤调理剂 502.12 万千克，完成试点面积 1765 公顷；采购 10625 升水剂型和 4400 千克粉剂型叶面阻控剂，完成试点面积 4144.86 公顷；采购紫云英种子 7.1 万千克，种植紫云英 2666.67 公顷；深翻耕试点面积 2192.27 公顷；全面落实优化水分管理 3933.33 公顷。全年落实作物替代种植区域试点 106.49 公顷。承担 2 个 VIP+n 重金属污染耕地修复技术模式标准化千亩示范片、5 个"VIP+n"重金属污染耕地修复技术模式标准化百亩示范片工作。完成土样采集 664 个，稻谷样品 660 个，灌溉水样品 258 个。在可达标生产区北盛、淳口、官桥、沿溪、焦溪 5 个乡镇 10 个行政村开展休耕试点面积 340.29 公顷。

（童金花）

【农作物病虫害防控】 全年各类作物病虫草鼠害发生面积 58.13 万公顷次，防治面积 87.73 万公顷次。全

年编发《病虫情报》12 期、印发 13 万份，做到《病虫情报》进村率 100%，防控信息入户率 98%以上。2016 年全市水稻病虫发生情况：病虫危害损失较 2015 年轻，为中等偏轻发生年份(3 级)。主要病虫是“三虫三病”(稻飞虱、稻纵卷叶螟、二化螟，纹枯病、稻瘟病、南方水稻黑条矮缩病)，其中稻飞虱偏重发生(4 级)，稻瘟病轻发生（1 级)，稻纵卷叶螟中等发生(4 级)，纹枯病中等偏重发生(4 级)，二化螟、稻曲病中等偏轻发生(2 级)，南方水稻黑条矮缩病大发生(5 级)。南方水稻黑条矮缩病发生程度比 2015 年重；稻飞虱、稻瘟病、稻曲病、二化螟、黏虫、纹枯病、稻纵卷叶螟、稻螟蛉等发生程度比 2015 年相轻；稻水象甲面积与 2015 年相近，但为害轻；稻象甲、负泥虫、稻蓟马、稻叶蝉、稻苞虫、稻螟蛉、水稻细菌性褐条病、水稻菌核病、水稻细菌性基腐病、水稻细菌性条斑病等病虫轻度发生(1 级)，为害轻。蔬菜病虫发生情况：蔬菜病虫发生的种类与 2015 年相似，属中等发生年份(3 级)。发生较重的主要病虫害有莴苣霜霉病、黄瓜霜霉病、黄瓜疫病、辣椒疫病、辣椒病毒病和菜青虫、黄曲条跳甲等病虫，其次是菜蚜、烟青虫等，与，2015 年相似。开展专业化统防统治面积 2.4 万公顷，获得经济效益 4166 万元，减少农药用量 4.6 万千克，农药使用量比 2015 年下降 4.1%，有力地控制农业面源污染，保护农业生态环境。全年签证调出种子 14 批次 13 万千克，调入种子 121 批次 34 万千克，均未发生检疫事故。结合早稻病虫防治对稻水象甲疫情进行统一扑灭，开展检疫联合执法，销毁柑橘溃疡病苗 1.5 万株，阻止疫情扩散蔓延。调处各类农药药害事故 50 起，为农民挽回经济损失 200 万元。（童金花)

【耕地质量管理】 编制《浏阳市到 2020 年农作物化肥使用量负增长行动实施方案》，明确化肥减量增效途径和实施技术路径。坚持土壤加密采样与检测，落实种植大户个性化指导服务。全年完成土壤或植株采样 350 个、检测 1300 余项，为水稻、玉米、蔬菜等种植专业合作社开展测土配方施肥个性化服务。规范开展耕地质量与土壤墒情监测预报。上报农业部土壤墒情预报 14 期，浏阳市耕地质量定位监测已新增成为国家级定位监测点。（童金花)

【种子市场监管】 继续在沙市、张坊两镇进行新品种生态适应性鉴定工作，试验品种 41 个、面积 1.33 公顷；在淳口黄荆坪、北盛环园村开展新品种示范和评价工作，示范品种 140 个、面积 10 公顷；在集里办事处景美村开展低镉品种集中展示示范工作，面积 6.67 公顷、品种 16 个，引导农民种植优良品种。加强水稻种子非质量问题调处。上半年，“落地谷”和南方水稻黑条矮缩病在部分乡镇较严重，中心及时派技术人员临田调查调处；7～9 月，出动技术人员 65 人次，调处非质量纠纷 230 余起，没有出现大的纠纷。（童金花)

【经济作物标准化生产】 着力打造以大围山万亩生态水果精品示范区为中心、浏东公路沿线“百里水果走廊”、现代农业园示范区 133.33 公顷水果基地为连线的浏阳市农村一、二、三产业融合发展示范带。全年完成大围山万亩生态水果精品示范区建设投资 6000 万元，完成计划投资 120%。突出标准化生产，抓好水果、茶叶、中药材食品安全示范基地建设，重点抓好大围山梨、桃基地，官渡、沿溪金柑基地、古港天岩寨果园等基地的提质增效和标准化生产示范基地建设。为浏阳现代经济作物产业发展提供新技术、新设备、新模式等先导示范面积 4053.33 公顷。（童金花)

【农业环境保护】 全力做好秸秆禁烧和综合利用工作，制定工作方案，组织各乡镇及辖区种粮大户、农机手签订禁烧和综合利用责任书 1890 余份，及时扑灭火点 120 余个，全年未出现一起大面积农作物焚烧事故；开展稻草移除试点，初步建立稻草收储运利用体系，收集稻草 1.2 万吨至企业加工成青贮饲料、燃料颗粒、人造纤维板。扎实开展外来物种防控，全年公开采购 70%杀螺铵可湿性粉剂 375 件、苦参碱生物药剂 864 瓶，分发至各乡镇，引导农户科学施用，确保农业生态安全；以“两减一提高”(减少化肥、农药使用量，提高废弃物资源化利用率)为目标，综合组装配套推广“五项清洁技术”(即推广测土配方施肥技术、稻田还草技术、稻鸭共生技术、频振式杀虫及农作物病虫草鼠综合防治技术、禽畜便无害化处理和资源化利用技术，修建生态拦截沟等)在北盛镇乌龙社区和关口街道办事处升坪村积极开展农业面源污染防治工程。（童金花)

【农业信息服务】 与浏阳人民广播电台(959 交通频道)合作启动“农业信息＋村村响”模式，提升信息进村入户水平和信息化覆盖率，开辟“农事通”专家访谈栏目，让农民获得农业资讯。全新改版“浏阳农业信息网”，打造“浏阳农业 12316 互联网 E 家”。建立乡镇农业信息报送制度，每季度评选优秀信息员，全年收到报送农业信息 967 篇，“浏阳农业信息网”采用 647 篇，上级农业网站采用 136 篇。做好重点领域信息公开工作，在全市政府网站内容保障季度考核排名中稳居前五位，走在全市前列。

（童金花)

【农业技术推广服务】 全年开展农业技术知识培训 136 期，培训农民 26800 人次，发放技术资料 65 万份，推广病虫害绿色防控等实用技术 30 余项，开展新品种筛选、农药药效、肥料等试验 62 个，展示推广水稻、油菜等粮油高产优质新品种 216 个，组织推广桃、梨、葡萄、茶叶等果、茶优良新品种 32 个。推广高效低毒新农药 15 吨，推广面积 20 多万公顷次，农药助剂 4 万多公顷次，推广背负式机动喷雾器 980 台、担架式机动喷雾器500 多台。在永安、古港、小河等乡镇开展绿色防控示范面积 0.8 万公顷。

（童金花)

烤 烟 生 产

浏阳市烤烟生产指导中心

党组书记、主　任　罗　旭

党组成员、副主任　张俊贤

彭　江(聘)

【概况】 2016年，全市种植烤烟4168.67公顷，收购烟叶16.62万担(8310吨)，完成年初指导性计划的100.7%,收购均价27.58元/千克,实现烟叶总产值2.29亿元(不含补贴),完成烟叶税5009万元,烟农户均烟叶收入9.24万元，烤烟亩均纯收入1915元,户均纯收入4.86万元。

烟基建设 投资4950万元实施1000公顷烟田土地整理，项目烟区基本实现“路相通、渠相连、旱能灌、涝能排”。投资1924万元,完善烟水烟路、育苗工场、烘烤工场等设施建设。争取烟草援建资金7320.72万元,对金鸡水库进行扩建。出台《烤房维护管理指导意见》，提升基层管护烤房的主动性和积极性。

烟农培训 围绕烟叶生产、专业化烘烤和专业化分级等工作，开展市、乡、村三级培训252场次,关键技术掌握率达到100%。加强新品种和新政策宣传,提升烟农生产技能。各烤烟乡镇(街道)坚持一线指导,开展田间服务,技术员包干进行田间示范操作,2016年培育3.33公顷以上的烟叶生产示范家庭农场14家。

全面开展专业化烘烤 发挥合作社组织管理作用，全市12个烘烤工场和条件成熟的895座烤房,全部实施专业化烘烤，覆盖面积1333.33公顷。全面推行“采编烤分”和“边烤边分”组织管理模式,全面实施烟叶专业化采收、分类编竿、专业化烘烤和站外专业化分级。2016年上等烟比例68.6%,比2015年提高2.4个百分点。 (周利梅)

【烤烟宣传工作】 抓好烟草行业政策、烟叶市场形势、新品种栽培技术宣传，提升基层干部和烟农政策、质量和科技意识;利用电视电台、报社、《清风》杂志、政务信息网、QQ群、微信公众平台以及《烟情简报》《宣传专刊》自办刊物,多渠道报道烤烟工作,营造宣传氛围;针对烤烟生产阶段工作,采用工作动态、基层连线、典型示范等方式,宣传烟草科技发明、优秀职业烟农、优秀种烟能手和家庭农场建设典型。 (周利梅)

【招商引资工作】 围绕产业发展做好争资融资工作。一是争取湖南中烟工业公司北盛仓储基地建设项目到位资金1.19亿元；二是金鸡水库扩容提质工程已纳入国家烟草局水源性工程援建项目,国家烟草总局援建资金7320.72万元,项目于11月17日正式动工建设;三是争取烟基项目到位资金2833.02万元。全年争取项目到位资金1.47亿元，完成市政府下达任务的128%。 (周利梅)

林　　业

浏阳市林业局

党委书记、 局长 赵文兵
副书记、纪委书记
唐天真(女,2016.08免)
副书记、纪检组长
黎　云(女,2016.12任)
党委委员、副局长
王　纲　李志勇(兼)
寻树人　廖文晖
党委委员、工会联合会主席
池步云
党委委员、总工程师(聘)
陈希见

【概况】 浏阳市林业局机关内设办公室（信息和宣传中心)、政工人事科、计财审计科、营林管理科(林场管理科)、资源林政科(行政审批科)、法制科、野生动植物和湿地保护管理科、纪检监察室8个科室;下属二级站所22个，分别是林权管理服务中心(副科级)、林业行政执法大队(木材检查总站,副科级)、林业有害生物防治检疫所(副科级)、大围山自然保护区管理所(副科级)、林业基金和项目管理站、局森林资源管理站、绿化委员会办公室、林业技术推广站(林业科学研究所)、林业调查规划设计院(森林资源监测中心)、林木种苗管理中心、林木良种服务中心(永安苗圃)、木材行业管理办公室、浏阳湖国有林场和9个片资源林政管理站;其中计财审计科与林业基金和项目管理站合署办公,资源林政科与行政审批科及森林资源管理站合署办公,林权管理服务中心与木材行业管理办公室合署办公。2016年,该局实有工作人员445人，离退休人员188人。全年全市造林3733.33公顷,低改抚育9800公顷，建成绿色示范集镇4个、绿色示范村庄(社区)16个、绿色屋场40个、绿色示范庭院,提质城乡绿色通道11条，在长沙市三年造绿复绿考评中,浏阳市连续三年被评为一类单位。存在的问题及不足。1.转型方向不明确,思维停留在植树造林阶段,生态建设和保护理念有待提升,林地和湿地保护贯彻落实不够深入;2.造绿机制不健全,城乡造绿缺乏统筹调度,没有形成有效工作合力,绿化精品、亮点工程少;缺乏投融资平台，面临筹资困难,育林基金停征后,经费存在较大缺口;3.责任追究不到位,森林防火带建设及防火装备不完善,容易导致火灾不能得到有效控制,相应责任追究难以到位。 (夏文锋)

【资源管护】 落实“三年禁伐减伐行动”,打造采伐管理阳光工程,全年办理林木采伐蓄积11.4万立方米、木材运输蓄积3.8万立方米。从严审核建设项目使用林地,强化绿心区林地保护监管,完成全市林地保护利用规划修编，全年办理征占用林地手续61宗、面积335.7公顷。推动浏阳河国家湿地公园建设，建成南车湾、夹洲岛等一批湿地示范景点。古树名木保护实施“一树一策”,破解“管养”难题。推进虫情监测预报,全年测报准确率99%。飞防作业精准防治竹蝗3300公顷、木荷空舟蛾333.33公顷,防治率100%。全面完成林业有害生物普查,获评省市优秀、参评全国先进。启用浏河源林火视频监控系统,全天候实时监测森林近66666.67公顷，森林防火跨入智能化新阶段,全年火灾受灾率控制1‰以下目标。推行综合执法，集中优势快查严处,强化林政执法震慑力。发布史上最严“禁猎令”,行政处罚77人次,追究刑事责任15人次。联合森林公安局开展“利剑”、烟花爆竹“百日联合执法”和严厉打击非法占用林地等涉林违法犯罪专项行动,全年查处涉林刑事案件21起,行政案件327起,破坏森林资源行为得到有效遏制。依法治林工作在全省林业法治大会上推介。 (夏文锋)

【林业改革】 出台《林地经营权流转证登记管理办法》，颁发全省第一本林地经营权流转证，全市林地流转面积1733.33公顷，交易金额3160万元。实行“三权分离”（集体林地所有权、承包权、经营权分离），放活林地经营权，开辟林农增收致富新途径，全市经营面积40666.67公顷，实现产值32亿元，带动15.6万人就业增收。开发森林旅游，2016年大围山杜鹃花节期间游客人数突破20万人，实现旅游收入8400万元。行政审批项目实施“零收费”，8项审批平均用时7.4个工作日，为林企减负松绑。基层林业站推行“一站式、全程代理服务”试点，实行“保姆式”服务，该局和大围山、沿溪林业站被省厅授予“一站式”全程代理服务示范单位称号。花木产业提质增效，全年销售额达10亿元。油茶产业提质增量，全市油茶经营面积46666.67公顷，油茶保花保果技术推广应用5333.33公顷，年产值10亿元。发展林产工业，实现产值35.5亿元。2家企业获批全国龙头企业，10家企业获批省级龙头企业，成功举办浏阳市首届家具展销会。引进湖南省第四届家具博览会暨首届林业博览会落户浏阳国际家具城。（夏文锋）

养　殖　业

浏阳市畜牧兽医水产局

党委书记、局长
余慧佳（2016.07免）
孙　龙（2016.07任）
党委委员、副局长
江洪兵（2016.04任）
陈飞虹（2016.12任）
陈奇志（2016.12免）
党委委员、工会联合会主席
罗新源
党委委员、纪委书记
罗录取（2016.12免）
市纪委驻畜牧局纪检组组长
刘　平（女，2016.12任）

【概况】 2016年末，全市畜牧兽医水产系统有在编干部职工275人（其中局机关及二级事业单位86人，基层动物防疫检疫站189人），离退休人员248人。市畜牧兽医水产局内设办公室、纪检监察室、政工人事科、计审财务科、法规科技科、兽医科、定点屠宰监管科、质量安全和饲料工业管理科8个科室，下辖市动物卫生监督所（加挂“浏阳市畜牧兽医综合执法大队”牌子）、市动物疫病预防控制中心（加挂“浏阳市畜禽水产品检测中心”牌子）、市畜牧工作站（加挂“市黑山羊开发服务中心”牌子）、市水产渔政管理站（“浏阳市水生动物防疫检疫站”牌子）4个全额二级事业单位和市料源鱼种场1个自收自支事业单位，其中市动物卫生监督所、市动物疫病预防控制中心为二级副科级事业单位。全市32个乡镇街道均设立动物防疫检疫站。2016年，全市出栏（笼）生猪187.92万头、牛3.82万头、山羊70.87万只、家禽1356万羽，水产品总量2.81万吨，养殖业总产值37.34亿元。有规模养殖场（户）生猪8779家、肉牛331家、山羊835家、家禽657家。新建国家级标准化养殖示范场1家、省级标准化养殖示范场2家。浏阳市获评第一批全国农产品质量安全示范县（市）。

动物疫病防控工作　精心组织部署，筑牢安全防线：组织召开全市春、秋季重大动物疫病防控工作会议，将重大动物疫病防控工作纳入镇、村工作考核内容，层层落实。实施重大动物疫病集中免疫劳务外包模式，2016年免疫高致病性禽流感1545.8万羽、猪瘟214.22万头、猪口蹄疫214.22万头份、高致病性蓝耳病214.22万头、牛羊口蹄疫86.25万头份、小反刍兽疫34.5万头，全市动物疫情保持平稳。加强日常监测，及时掌握疫情动态：完成国家、省、市监测采样猪血样1868份、禽血样1230份、牛羊血样1200份、拭子样986份、OP液70份；开展抗体检测猪瘟1612份、O型口蹄疫1957份、高致病性蓝耳病1612份、禽流感1990份、鸡新城疫800份、小反刍兽疫463份、布病360份，经检测全部合格。强化队伍建设，提升专业技能：选派业务骨干参加兽医实验室培训、疫病监测和流行病学调查培训等25人次，实验室技能比武7人次，长沙市兽医技能竞赛3人次，1人代表长沙市参加全省兽医技能竞赛，获第三名，1人参加湖南省农产品质量安全检测技能竞赛，获三等奖。举办两期新型职业农民培育暨村级动物防疫员培训班，培训人员175名，均取得村级动物防疫员证，做到持证上岗。

养殖投入品监管工作　积极宣传，夯实责任：推进“三进”（进社区、进农村、进企业）质量安全宣教活动，印发《宣传单》《农产品质量安全倡议书》《畜禽水产品质量安全专刊》共计4万余份，制作《农产品质量安全制度牌》50多份发放到重点监管企业；与500户畜禽产品生产经营户签订《农产品质量安全承诺书》，严格落实安全生产经营主体责任。严格检查，加大处置力度：各乡镇动物防疫检疫站设立专职农产品质量安全监管员，实行监管员包片责任制。组织开展畜禽产品质量安全专项检查5次，检查药饲料生产经营企业136家，兽药生产经营企业50家，完成各类畜禽产品的日常监测54089批次，养殖投入品质量监测434份，合格率100%。严厉打击兽药生产、经营单位违反《兽药管理条例》的行为，全年出动执法人员90余人次，查处案件13起，收缴罚款63592元，办案数位列长沙市第一。开展示范性企业（单位）创建活动：综合评定10家“浏阳市兽药标准化经营示范店”，4个乡镇动物防疫检疫站通过“长沙市农委2016年农产品质量安全监测站项目”验收；湖南百宜饲料科技有限公司等3家企业获评“长沙市农委2016年饲料质量安全管理规范示范性企业”称号。

动物卫生监督工作　严把产地检疫关：完成新增8个乡镇检疫申报点项目建设；全年检疫生猪190.7万头、牛3.86万头、羊65.1万头、禽1359万羽，产地检疫申报率100%。严把违禁药品抽检关：严格按要求对“瘦肉精”进行抽检，养殖环节累计抽检45889例，屠宰环节累计抽检2857例，检验结果均为阴性。严把病死畜禽无害化处理关：2016年，养殖环节病死猪无害化处理认定10885头，下拨2013年11月至2015年2月18858头病死猪无害化处理补助150万元。重新启动占地1.333公顷、日处理能力20吨的动物无害化处理中心建设，完成项目招投标，以及相关手续的办理。严把监督执法关：对定点屠宰场、动物诊疗场所、活禽交易市场、冷库、生猪发猪台等开展专项执法检查864次，监督检查规模养殖场3066场次，下达整改意见268份。严厉打击各类违法，立案10起，结案10起。该市上报的“未按规定处理死因不明动物尸体案”在2016年度全省动物卫生监督执法案卷评查活动中获二等奖。

定点屠宰监管工作　设立定点屠宰监管科，健全执法巡查、举报查处制度，建立企业黑名单、重大案件报告、联合执法、专项整治等规章制度。日常执法与“扫雷”专项行动同步推进。2016年开展执法检查62次，出动执法人员248人次，取缔私屠滥宰点3个，查处违法案件3件，移送公安机关3件，刑事拘留3人。同时，加强对康益定点屠宰场监管，指导督促屠宰场完善内部管理，确保生产安全和肉品品质安全。

水产渔政工作　特色养殖模式推广：推广三文鱼、石蛙、大闸蟹等特色水产养殖品种和“稻田+”特色养殖模式，浏阳市神泉生态水产养殖合作社通过农业部部级健康养殖示范场评审。“三证合一”工作：全市登记发放新船牌、内陆渔业船舶证书133份，并将相关信息逐一录入渔业船舶管理系统，科学管理。水生资源养护：继续开展春季禁渔和人工增殖放流活动，在3月至9月禁渔期间，累计在浏阳河、捞刀河、南川河等水系投放鱼苗430万尾。渔政执法：出动执法人员1500人（次）、执法车（船）280天（晚）次，组织开展大型执法检查行动12次，收缴违规放置的网具25条计5000米，没收违禁渔具地笼网38个、背包式电鱼机42台（套），没收电渔船5艘，办理案件15起，行政处罚违法人员14人，移送案件1起，行政拘留1人。

科技推广工作　推行“专家+技术指导员+科技示范户+辐射带动户”养殖技术推广新模式，培育科技示范基地3个，科技示范户149户；遴选市级科技指导员42名、乡级科技指导员31名、技术专家组12人，上户开展技术指导，提升养殖业科技发展水平；举办全市肉牛、黑山羊和家禽标准化养殖技术培训班1期，邀请省畜牧研究所与中科院亚热带农业生态研究所专家授课，260余人参加培训。开展科技下乡培训，分别到张坊、永和等乡镇举办养殖技术培训9次，参加培训人员900多人次。在浏阳河广场现场接受群众咨询300多人次，发放资料500余份，悬挂横幅34条，张贴标语110张。

存在的困难与问题　由于执法人数配置少、执法工作经费缺乏，该市对生猪屠宰监管工作无法全面覆盖；基层兽医队伍存在年龄结构偏大、文化程度偏低、待遇不高等问题，基层工作兽医工作开展困难；春季禁渔期长，影响渔民家庭生活，渔民反响强烈，且有上访现象发生，形成不稳定因素。　（张子易）

【湖南省兽医社会化服务体系建设试点工作研讨会在浏阳召开】　6月30日至7月1日，湖南省兽医局在浏阳市召开兽医社会化服务体系建设试点工作研讨会，长沙、娄底、衡阳、永州等四个试点市及浏阳、双峰、新化、衡山、耒阳、冷水滩、东安等七个试点县的相关领导和工作人员参加会议。长沙市农业委员会兽医处从行业背景、实施过程及方式、实施情况、管理措施等几个方面，向会议报告兽医社会化服务体系建设试点工作的进展情况及实施效果。作为购买客体，浏阳市浏阳河劳务服务有限公司列席会议，并向会议介绍公司组织建设、运营模式、管理制度及在承包动物防疫劳务业务方面的具体操作细节。会后，与会人员一同参观浏阳河劳务服务有限公司、葛家动物防疫检疫站、新康种猪场和清泉养殖专业合作社等单位。　（张子易）

【浏阳河流域畜禽养殖污染专项整治工作】　8月19日，浏阳市召开浏阳河流域畜禽养殖污染专项整治行动工作部署会议，副市长李爱民就专项整治行动作安排部署，市委副书记、代市长吴新伟向各乡镇（街道）下达《浏阳河流域畜禽养殖污染专项整治工作目标责任书》。19个乡镇（街道）和20个相关市直单位负责人等140余人参加会议。截至年末，浏阳河沿岸500米范围内养殖污染专项整治任务全面完成。8-12月，与2494家规模养殖场（户）签订退养协议，其中2353家全部拆除栏舍、141家部分拆除栏舍并限期全部拆除，拆除养殖面积42.36万平方米，并通过长沙市农委和环委会联合验收。　（张子易）

【2016年湖南省第二届动物防疫职业技能竞赛在浏阳举办】　9月7日，湖南省第二届动物防疫职业技能竞赛在浏阳市淳口镇举办。来自湖南各地州的14支队伍、28名动物防疫精英参加比赛。比赛由湖南省畜牧水产局主办，浏阳市畜牧兽医水产局等单位承办，分为理论知识竞赛和现场技能操作竞赛，理论知识竞赛采用闭卷形式进行考试；现场技能操作竞赛分5个竞赛项目，包括猪瘟疫苗免疫注射、猪前腔静脉采血、鸡翅静脉采血、鸡心脏采血和鸡体解剖与采样。根据现场操作竞赛规则，每队的2名选手须参加全部项目，并在规定时限内按程序完成，由评委计时打分。市畜牧兽医水产局沙市动物防疫检疫站选手罗璋获个人第三名。（张子易）

【“瘦肉精”专项监测】　9月22日，湖南省畜牧兽药水产局派出8个监测组分赴浏阳镇头、官桥、枨冲、沙市、淳口、荷花、官渡、关口等乡镇街道，对牛猪（牛、羊）规模养殖场开展拉网式“瘦肉精”专项监测。监测组共抽检120个规模养殖场，其中生猪养殖场100家，牛羊养殖场20家，每个养殖场抽取3个尿液样品，共抽取检测样品360多份。结果显示，所有样品“瘦肉精”检测均为阴性，检出率为零。浏阳是养殖业大县（市），在全国猪牛羊肉总产量百强县（市）中排名第21位。浏阳市以质量安全监管为主线，积极创建全国农产品质量安全县和全国食品安全城市，至2016年，连续12年“瘦肉精”检测阳性率为零。　（张子易）

【农业部调研浏阳市兽医社会化服务体系建设工作】　3月，浏阳市获全国首批“兽医社会化服务体系建设试点县（市）”。10月13日，农业部兽医局处长刘占江率调研组到浏阳，实地走访基层动物防疫检疫站和养殖场（户），询问相关措施落实情况和实际效果；与基层兽医干部、村级动物防疫员、养殖场（户）代表及承接政府公益性服务的社会组织展开座谈，就基层兽医社会化服务体系建设的实施条件、方式方法、运行效果、发展思路、存在问题及相关建议等，听取各方面意见。调研组对浏阳市积极推进兽医社会化服务体系建设试点工作的做法和取得的成效给予肯定，并要求浏阳市进一步丰富兽医社会化服务体系建设的内容，引导培育多种形式的社会化服务组织，不断积累经验、大胆创新、树立典型，打造可以向全国大多数地区推介的成功模式，为中国深入推进兽医体制改革做出贡献。

（张子易）

【全国畜牧总站组织督查基层畜牧技术推广示范站创建工作】 11月17日，由全国畜牧总站组织的交叉督导组到浏阳督查基层畜牧（草原）技术推广示范站创建工作。督查组在湖南省垅上青农牧业科技发展有限公司，实地察看青贮窖和粪污设施建设、天然草地改良和人工玉米饲草地建植等情况，并对"畜禽－沼－草"生态养殖模式实施养殖污染处理给予好评。随后查看畜牧工作站基础设施建设和实验室情况，并召开座谈会。会上，市畜牧局党委书记、局长孙龙从"五到位"（机构、队伍、制度、设防、服务到位），详细介绍该局相关工作开展情况，督查组充分肯定浏阳市基层畜牧（草原）技术推广示范站创建工作。2016年11月15日，浏阳市畜牧工作站被全国畜牧总站授予"基层畜牧技术推广示范站"称号。

（张子易）

【吴石平调研浏阳生态治理综合模式】 12月20日，长沙市农业委员会主任吴石平、副主任尹莉亚先后到普迹镇湖南百宜生态智能养殖基地、湖南百威生物科技有限公司调研生态治理综合模式。百威生物科技有限公司积极探索生猪粪污处理方式，通过"一场一厂一池一园"（一场：湖南百宜各生态智能养殖场，一厂：湖南百威有机肥厂，一池：生态养殖猪场配套的沼气池，一园：百合花卉苗木种植园及周边各种植基地）的生态综合治理模式，生猪粪污综合治理取得较好成效，得到省市主管部门的肯定。吴石平要求，企业要加快科技攻关和新技术的推广力度，加快产业升级改造，确保养殖业持续健康发展。

（张子易）

10月13日，农业部调研浏阳市兽医社会化服务体系建设工作座谈会

（图片来源：市畜牧兽医水产局）

水　务

浏阳市水务局

党委书记、局长　邓　华
副书记、副局长　李红兵
党委委员、副局长　欧阳成林
市纪委驻水务局纪检组长
　冯　旻（2016.12 任）
党委委员、工会联合会主席
　张　毅（2016.09 免）
　彭孝健（2016.12 任）
党委委员、副局长
　卢清红（2016.10任，免纪委书记）
党委委员、副局长　王正道
　周方旺（2016.12任，免挂职副局长）
　邱自强（2016.09 免）
　刘光红（2016.12 免）
　刘良琨（2016.09 免）

【概况】 浏阳市水务局为市政府组成局，主要承担防汛抗旱、水利建设、水土保持、水资源开发利用和节约保护等职能。2011年实行水务一体化后，增加城镇供水、排水和污水处理职责。2015年，城市供水、城镇排水和城镇污水处理职责划转市住建局。2016年，全市投入水利资金4.06亿元，铺排水利建设项目34个，其中椒花水利枢纽工程成功纳入国家"十三五"大型水库新建规划；金鸡水库扩建工程成为浏阳市烟草基金援建项目；大栗坪和宏源闸水闸全面除险加固中；在长沙市精准扶贫暨农村工作会议上，浏阳市被评为"2015年农田水利建设优秀单位"；在长沙地区水利建设质量考核中，市水务局获评A级单位。

防汛抗旱工作　2016年主汛期，启动应急响应4次，发送预警短信15次3.5万余条，出动检查人员230余人次，实现"大雨大汛无大灾"。开展浏阳河流域枯水期应急水资源调度演练，干旱季节未成旱灾，夺取防汛抗旱全面胜利。

水利建设　完成《浏阳市水利发展"十三五"规划》等5项专题规划编制工作，做好17项重点水利工程储备。8月9-12日，湖南省椒花水利枢纽工程规模论证报告技术讨论会在浏阳召开。全面完成永安联合、大瑶团结等10处农村自来水普及工程，全市新增自来水受益人口50551人，农村自来水普及率达到70%。争取长沙市补资金689万元，完成14座水库在线视频监控、大坝安全监测和雨水情采集系统建设，完成永安、淳口等乡镇水表信息智能化改造。

创建水生态文明城市 加强水资源保护和利用，开展全市水域环境整治行动，水库退出投肥养殖，实行科学生态养殖，防范水库暴发蓝藻；劝阻下水游泳、水库钓鱼等行为，保护好水域环境。开展水土保持和流域综合治理，基本完成南川河金刚段、浏阳河柘冲段的河道治理工程，以及关口溪江生态清洁小流域、沿溪大光河流域治理工程。开展多部门联合水政执法工作，处理涉水区域乱采行为6起，违填行为9起，维护水事秩序。同时做好城区三河保洁工作，借助微信群、QQ群等媒介，开展"河面垃圾随手拍"活动，基本实现水面垃圾及时清理。（水务局办公室）

8月9-12日，湖南省椒花水利枢纽工程规模论证报告技术讨论会在浏阳召开

（图片来源：市水务局办公室）

【椒花水利枢纽工程项目】 2016年，椒花水利枢纽工程成功纳入国家"十三五"大型水库新建规划。该工程位于浏阳河上游大溪河左岸支流椒花河上，距浏阳城区40千米，是浏阳市规划建设的一座大(2)型水库，工程任务以城市生活和工业供水、防洪为主，兼顾灌溉、发电，并为改善下游生态环境创造条件。枢纽工程由椒花水库工程、大溪河引水系统、供水系统和灌溉系统四个部分组成。拟建水库坝址以上控制流域面积132.5平方千米，占流域面积92%。椒花水库正常蓄水位182米，总库容约1.87亿立方米，兴利库容1.48亿立方米，预留防洪库容3000万立方米。8月9日至12日，湖南省椒花水利枢纽工程规模论证报告技术讨论会在浏阳召开；8月12日，项目规模论证通过水利部水规总院审查。截至12月，项目征地实物调查细则通过省移民局审查；地质灾害危险性评估专题通过省国土资源厅备案；项目区压覆矿产资源情况取得省国土资源厅意见；特有鱼类保护专题、文物勘察专题报送至省行政主管部门待审中；其他专题正在编制中。（水利局办公室）

【谢建宏调研金鸡水库扩建工程】 12月21日，省烟草局副局长、长沙市烟草局局长谢建宏一行到浏阳调研烟基水源援建项目金鸡水库扩建工程。调研组首先检查金鸡水库扩建工程现场，随后在官渡镇政府召开座谈会，市水务局、官渡镇政府分别汇报工作进展情况。金鸡水库扩建工程概算总投资11130.55万元，其中烟草行业援建资金7320.72万元，自筹资金3809.83万元，是浏阳市开工建设的最大规模烟草基金援建项目。工程扩建内容主要为大坝加高培厚，新建溢洪道及引水输水隧洞、灌区输水渠道及渠系建筑物改造等。截至12月，金鸡水库扩建工程完成原坝区清表、围堰填筑及隧洞进出口基础开挖及安全防护等工作。

（水务局办公室）

【启动大栗坪水闸和宏源水闸除险加固工程】 11月30日，浏阳市大栗坪水闸除险加固工程与宏源水闸除险加固工程启动开工建设。中央和地方预算共同投入5038万元，对大栗坪水闸进行闸墩加固，溢流堰体加固，闸基、闸肩防渗等建设；宏源水闸除险加固工程预算总投资6787万元，为宏源水闸扩宽泄洪闸孔数，重建消力池、溢流面及鼻坎修补等。大栗坪水闸位于集里街道平水村，横跨浏阳河，始建于1976年，1979年5月竣工投入使用，已运行30多年，14孔泄洪闸大都处于关闭状态，闸基渗漏，闸门启闭机达到报废标准，下游消能设施严重毁坏，水闸存在多个严重安全隐患。2013年，大栗坪水闸被水利部确认为三类闸。宏源水闸修建时间早于大栗坪水闸，已运行40多年，同样出现水闸泄洪断面不足、闸门及启闭设施故障等问题。（水务局办公室）

【2016年"水法宣传周"宣传活动】 2016年3月22日是第二十四届"世界水日"，主题是"水与就业"，3月22日—3月28日是第二十九届"中国水周"，主题是"落实五大发展理念，推进最严格水资源管理"。3月22日，该局组织全系统举行"水法宣传周"启动仪式，六十余人参加登西湖山和发放宣传手册活动，《浏阳日报》专版刊登宣传标语和"节水小天使在行动"征文，浏阳电视台、959交通频道、出租车队分别利用电视、广播、移动电子屏播放宣传标语，各乡镇、站所同步开展相关宣传活动，拉开水法宣传活动序幕，在全市营造浓厚宣传氛围。3月23日至28日，市水务局还组织开展水法知识校园讲座、普法骑行公益宣传、张贴水利部宣传画等系列宣传活动，提高市民节水护水意识。（水务局办公室）

水利建设投资

浏阳市水利建设投资有限公司

董事长　王　武
总经理　熊　赛（女）
副总经理　雷文浩　陈　虎
　　　　　唐　丰

【概况】 浏阳市水利建设投资有限公司成立于2011年9月，是浏阳市政府组建的具有独立法人资格、自主经营、独立核算的国有公司，主要负责水利工程项目投资以及城乡供水、

城市排水、污水处理、大中小水库等水利国有资产的营运管理。公司设综合部、财务融资部、规划开发部、招商经营部、工程技术部、征地拆迁安置部共6个部室，工作人员42人。2016年公司围绕“规划引领、产业支撑、精准招商、品位提升、项目驱动”发展思路，加快推进项目建设，全力攻克征拆难题，努力拓宽融资渠道，积极创新经营模式，不断加强内部管理，圆满完成各项工作任务。

基础建设　完成工程项目总投资7.06亿元，建设重点项目14个。泰安路、菊花石路二标段顺利通车，白沙路、复兴路、李畋路年底完成路基施工。长兴湖中湖西岸景观工程全面建成，获评省级标准化工地，代表浏阳接受长沙市造绿复绿观摩团检查。南湖景观工程开工建设。安置区一期二标和济川河截污工程竣工，浏阳河截污工程建设中。

征地拆迁　完成土地征收52公顷，房屋拆迁35户，迁坟300余座，签订青苗设施补偿协议240余份，成功引导20户拆迁户选择指标回购安置模式。完成李畋路、长兴湖小学、万事达加油站等重点建设项目征拆清零。拆除违章建设5000余平方米。

招商经营　黑龙江佳木斯市盛景天下项目正式签约，签约面积2.047公顷，总投资3.2亿元。西湖楼总部项目正式摘牌，总投资1.5亿元。

财务融资　向上级部门争取资金361万元，融资到位14.5亿元。获批农发行关于浏阳河流域综合治理贷款35亿元，发放到位7亿元，期限18年，年利率5.15%。成功发行8亿元中期票据。成功推出城乡污水处理厂网一体化项目，纳入省PPP示范项目库。

存在的困难和问题　少数拆迁户对征拆补偿预期过高，征拆工作受阻，影响项目进度；公司负债率升高，融资压力增大；经济持续下行，招商引资难度大。（卢湘文）

【济川河截污工程竣工验收】　10月20日，济川河截污工程顺利通过竣工验收。该项目历时7个月，总投资1777万元，完成截污干管清淤2.3千米，修复破损、渗漏管道1.15千米，新建截污支管1.4千米。济川河截污系统工程起自双拥路，终至洗药桥下侧浏阳河截污管道进口。（卢湘文）

【长兴安置区一期二标工程通过验收】　12月9日，长兴安置区一期二标工程通过验收。安置区二标工程项目总建筑面积6.13万平方米，建有8栋住宅，其中2栋高层、6栋多层，共282套安置房，工程总投资约1.2亿元。该项目工程建设严格落实浏阳市社区提质提档三年行动计划和城乡统筹环境同治，建成后的小区基础设施齐全，环境整洁，绿化率14.9%，受到征拆户一致好评。长兴安置区位于浏阳市关口街道办事处，北临菊花石路，西靠博德路，南至道吾路，东临清风路。一标工程于2013年12月26日竣工验收。（卢湘文）

6月17日，省委常委、长沙市委书记易炼红（左二）率队观摩造绿复绿项目

（图片来源：公司综合部）

株树桥水库管理

浏阳市株树桥水库管理局

党委书记　张安平

党委副书记、局长

李万仕（2016.09免）

黄永忠（2016.12.任）

党委委员、副局长

李幸平（2016.08免）

周孟秋

张泱泱（2016.09.任）

党委委员、工会联合会主席

刘柏平（2016.12.任）

党委委员、市纪委驻株树桥水库管理局纪检组长　张芙蓉（女）

【概况】　浏阳市株树桥水库管理局成立于1990年3月，2007年机构升格为副县级事业单位，内设办公室、水资源保护科、工程管理科、经济建设科、政工人事科（纪检监察室）、财务审计科6个正科级职能科室，下设枢纽工程管理所、资源管理所、水电调度与灌溉管理所、水质环境监测监督管理站4个正科级二级机构。有干部职工291人。2016年完成经济产值8452万元，实现利税600万元，完成争融资2350万元；完成发电量7180万千瓦时，向长沙市供水1.5亿吨，取得良好的经济和社会效益。

防汛保安　以“以防为主，蓄泄结合，科学调度”做好防汛保安工作。1.汛前检查到位。组织专业技术人员对大坝、防汛机电设施设备进行安全检查，发现和处理安全隐患7处。2.按时完成大坝枢纽监测。坚持做好大坝外部监测，在高水位期间对大坝进行加密观测。密切关注大坝的各项运行参数，及时掌握大坝运行情况，做好大坝观测数据成果报表和大坝运行分析报告。3.严格落实枢纽工程日常巡视检查工作，进入主汛期后增加高水位日常巡视检查和大坝监测次数，密切注意▽128点和量水堰的变化并派专人定期监视。2016年，水库库区总降雨量1971.2毫米，比2015年增加23%。主汛期降雨量1614.4毫米，面对降雨量增多，该局积极开展防汛大检查，做好腾库迎汛准备，严格实行24小时三级值班制度，领导带队值守防汛一线，严密观测雨水情况，及时掌握汛情第一手数据。4.对大坝枢纽工程设施进行安全隐患排查和处理工作，在大坝周边设置安全警示牌。5.安全度汛。全年泄洪3次，7月4日、6日、18日期间，局部地区降雨比较集中且降雨量较大，及时泄洪，实现年度安全度汛。6.组织枢纽所技术人员进行汛后检查，对水库坝体全面检查，并做详细记录。7.做好业务培训。聘请市气象局专家讲解气象知识，对新进人员进行水情业务知识培训，组织观看防汛教育视频和启闭系统实际操作培训，进一步提高防汛技术能力。

水源保护　以重要饮用水源地安全保障达标建设为核心，推进水源保护工作，促进水生态文明建设。1.与16个成员单位和5个乡镇签订《目标责任书》，明确参与株树桥水源保护的工作任务和考核细则，按月组织对保护区乡镇进行精细化考核；划定环境保护生态红线区、水源保护区、畜禽养殖区、矿产资源开发保护区；组织各乡镇落实垃圾无害化处理、农业面源污染防控以及生态保护措施，建设三格化粪池467个；2.装设视频监控装置44个，实现重要区域24小时智能监控；组织完成耙齿山重金属污染治理项目竣工验收相关工作；3. 开展水陆面巡查2900余次，出动车、船执法检查1200余次，劝离违规钓鱼1000余人次，查扣违法捕鱼作案工具110余件，制止涉农、林、水等违法行为20余起，发现并协调处置水土保持、畜禽养殖排污、违规砍伐等问题10多起；协调市人民政府下发“禁止运输有毒有害物资车辆在水库沿岸公路通行”的通告；4. 加强保护区专项资金情况督查，对保护区乡镇进行走访调研，调整2016年补偿方案。五是完成株树桥、蒋埠江、丁家湾、江口四个监测断面水质监测12次，联合长沙市水环境监测中心发布《株树桥水库水资源质量通报》12期，编制《水质分析报告》12期；坚持每月对大坝取水口▽132、▽152水位点进行监测监督管理，监测水质24次；增加电站发电尾水水质监测项目；利用自动监测设备对大坝取水口监测点实施自动监测1400次，全年水库水质均保持在国家《地表水环境质量标准》的Ⅱ类及以上标准。

供水发电　全年完成发电量7180万千瓦时，产值2390万元，完善水电站增效扩容改造工程后续工作，配合水利部、财政部对湖南省增效扩容改造项目的绩效评价，对2号机组定子消缺改造进行论证并组织实施，确保设施设备正常运行，保障发电收入持续稳定。积极对接长沙供水工作，向长沙供水1.5亿吨，产值2625万元。积极跟进星沙水厂、长沙六水厂、永安联合水厂的建设进展，再次就争取株树桥水库向浏阳城区供水事项进行多方汇报。

（林宝艳）

【湖南株树桥物业管理责任有限公司】　2016年，该公司围绕“项目管理抓质量、经济效益强品质”的工作思路，规范管理，创新模式，完成市人民医院、大瑶镇政府环卫项目、长沙花桥污水处理厂等16个项目物业服务工作，创产值3047.7万元，上缴税收198万元，安排社会就业人员800余人。以ISO9001质量管理体系、ISO14000环境管理体系、QHSA18001职业健康与安全管理体系为依据，强化品质，优服务，业主综合满意率98.55%，品质巡查率100%，零安全责任事故，获“湖南诚信百强品牌”“湖南省质量服务双优单位”“湖南信用等级AAA企业”“长沙十强物业服务企业”“湖南省五星级物业服务项目(地税局项目)”等称号。　（林宝艳）

【浏阳市株树桥水利水电工程有限公司】　2016年，该公司主要完成：株树桥水库取水口机电设备维护、大坝防汛设施维修，株树桥水电站1#、2#、3#机小修维护、开关站高压设备检修、110千伏线路维护、10千伏线路和低压线路维护，圣源水电站机电设备小修，办公场所水电维护，长沙花桥污水处理厂高压试验项目，长沙长善垸污水处理厂高压试验项目，长沙暮云污水处理厂高压试验项目，长沙新开铺污水处理厂高压试验项目、两台隔栅设备大修及闸门维护检修等项目。　（林宝艳）

灌区管理

官庄水库浏阳灌区管理处

党支部书记、主　任　周方旺

【概况】　官庄水库浏阳灌区按渠系布设和自然地形，分为高灌区和低灌区两大灌溉系统，引水水源为官庄水库。截至2016年，灌区建成干渠4条，分干渠8条，支渠28条，渠线总长396千米，灌溉浏阳西区官桥、普迹、镇头、葛家、枨冲5个乡镇共9400公顷农田，占全市旱涝保收面积的1/4，受益人口13万。

防汛防旱　按照防汛工作要求，建立管理处、管理所两级防汛岗位责任制，落实重点工程、重点部位责任人。严格执行24小时值班和领导带班制度。汛前和汛期在全灌区范围内开展防汛安全大检查，落实整改、排除隐患。6月3日、7月4日，浏阳西区乡镇大范围持续暴雨，灌区水损严重，各类滑坡、塌方等险工险段100余处、病涵11处、病闸14处，一度造成通水中断。管理处迅速行动，采取应急措施处险排险，完成水损应急处理和修复任务，确保及时通水。灌溉期间，与官庄水库积极协调，科学安排，合理调度，充分利用水资源，为灌区农业保收创收提供优质服务。

水利建设　2016年，管理处争取中央、省、市资金2803.4万元，其中续建配套1917万元、水价综合改革400万元、农村安全饮水431.4万元、危旧房改造55万元。续建配套与节水改造项目：完成续建配套2015年度项目扫尾工程。启动2016年度项目，计划投资1517万元，改造渠道30.19千米，附建物34处。项目于10月16日开工，截至年末，实际完成投资1365万元，完成土石方4.92万立方米，混凝土0.92万立方米，浆砌石0.13万立方米，渠道衬砌改造27.2千米，附建物改造30处，完成工程任务90.4%。11月中旬，省厅下达的追补资金400万元项目已由长沙市水务局对方案进行评审。5—6月，接受国家水利部、审计署对2000年至2015年度项目的稽查、审计和长沙市质监对2015年续建配套项目的绩效评价。水价综合改革项目：继续争取省级对农业水价改革项目的投入，计划投资400万元，渠道衬砌11.6千米，建筑物改造40处，量水设施78处，已正式进入施工阶段。农村饮水安全工程：2016年主要项目镇头水厂和普迹水厂普及扩网工程，计划投资431.4万元，解决普迹镇新府社区，官桥镇集镇、八角亭等8804人饮水不安全问题，已完成项目任务95%。其他工程：水损修复和渠系岁修。汛前对所有渠系工程进行清污扫障，汛期重点对石灰咀渠下涵、化子楼明渠等4处水损进行修复。启动葛家管理所旧房改造。

水利经济　升级改造消毒设备，更新潜水泵1台和镇头水厂取水泵房4条供电线路。经协商，镇头环保科技示范园及安置区实现通水。全年新增入户512户，其中新增企业入户24户，供水收入183万元，比2015年同期增长24.7%，最高日供水量2100吨，比2015年同期增长16.7%。

安全生产　成立安全生产领导小组，签订安全生产责任状，建立安全生产隐患治理台账；开展汛前、汛期检查，保证汛期安全。加强在建工程安全管理，与承建方签订安全生产责任书，安排专人现场管理，确保在建水利工程不发生安全事故；全年召开安全生产专题会议4次，开展安全生产检查12次，全处安全生产形势稳定。（潘艳纯）

移民开发管理

浏阳市移民开发管理局

党组书记、局长
王运平（2016.03免）
谭　力（2016.03任）
副局长　何昌全（2016.04任）
纪检组长　熊善良（2016.08免）

【概况】　浏阳市移民开发管理局组建于2006年11月28日，为正科级事业单位。2016年，有在编干部职工12名，内设两个职能科室（办公室、业务管理科）和一个二级机构（移民后期扶持服务中心）。全市境内有株树桥大型水库1座，马尾皂、南康、关山、横山头、仙人造、清江、道源、梅田、板贝、富岭10座中型水库，登记在册的大中型水库农村移民现状人口25522人，分布在全市32个乡、镇（街道）的284个村（居）。该局围绕服务宗旨和职能，以落实直补政策、推动项目实施、创新产业扶持、开展技能培训、做好新建水库前期工作为重点，圆满完成年度各项工作任务，被长沙市局考核评为优秀单位。2016年5月，被评为“长沙市文明单位”。2016年度绩效考核，被评为省、长沙市人口与计划生育综合治理工作优秀单位。（彭万伟）

【移民后期扶持】　落实资金直补政策。按照政策要求，加强后扶人口动态管理，做到“一季度一审核”，全年依据政策核减因死亡等原因丧失扶持条件的移民人口162人，通过银行“一卡通”发放移民直补资金1204万元、口粮补贴款169万元。推动规划项目实施。筛选、编制2016年项目计划，全年完成项目实施199个，拨付资金1930.68万元。推进产业开发扶持。继续加大油茶、水果、蔬菜、花卉苗木产业扶持力度，改善库区和移民安置区的产业结构，促进产业快速发展和移民持续增收。全年扶持油茶基地346.67公顷，提质改造水果基地73.33公顷。组织移民技能培训。8月，在永和镇组织125人开展为期20天的花卉园艺师就业技能培训。6月、11月，分别在镇头镇、中和镇举办两期食用菌种植等实用技术培训，培训人员472人，超额完成上级下达的年度培训任务。维护“两区”社会稳定。落实维稳工作责任，定期对库区和移民安置区不稳定因素进行综合分析，对移民群体的不稳定因素进行动态排查，全年移民上访、信访事件各1次（件）。开展走访慰问活动，年初组织机关干部深入移民重点乡镇，走访慰问特困移民家庭63户，发放慰问金6.3万元。履行计生综治职责。开展关爱计生特困家庭行动，扶助因独生子女伤残死亡、手术并发症特困家庭12户，发放扶助款1.2万元，平均每户1000元；开展“特困移民家庭医疗补助”工作，对参加城乡居民基本医疗保险、2016年缴费仍有困难的大中型水库农村特殊贫困移民独生子女户和计划生育两女户给予不超过4000元的补助，1户特困移民享受该政策。2016年该局计生综治工作省、市考核均获一类单位。规范资金项目管理。6月，制定下发《浏阳市大中型水库移民后期扶持资金和项目管理办法》，对资金项目申报、使用管理进行全面规范。对每个项目建立管理台账。4月、6月和7月，该局先后接受浏阳市本级、长沙市局、省局审计及省局对浏阳市政策实施情况与落实14部委文件情况进

8月11日，湖南省移民局副局长童康宁（中）在省移民局资金财务处处长周娟华、长沙市移民局局长张水平的陪同下，听取浏阳市移民局“三个专项”治理情况汇报

（图片来源：市移民局办公室）

行全面监测评估，经综合反馈，总体评价较好。搞好新建水库前期工作。配合水利部水利水电规划设计总院组织对椒花水利枢纽工程建设进行规模论证，配合省移民局组织对《椒花水利枢纽工程建设征地实物调查细则》进行审查，推进项目报建、实物调查、项目可研、编制移民安置规划大纲、安置规划等工作。拓宽新闻宣传渠道。10月，开通“浏阳移民”微信公众号和“掌上浏阳”浏阳移民客户端，及时播刊《国务院关于完善大中型水库移民后期扶持政策的意见》（国发〔2006〕17号）文件等法规政策解读和工作动态，累计播发信息20余条，点播阅读超万人次。（傅小柳）

【接受长沙市移民局内审稽查】 根据《湖南省水库移民开发管理局关于认真做好2016年度移民资金内部审计工作的通知》（湘移函〔2016〕49号文）要求，受长沙市移民局的委托，湖南湘楚会计师事务所有限责任公司派出内审组，于6月20日至30日采取“听、看、查、访”等方式，对浏阳市2014、2015年度的移民资金管理和使用情况及大中型水库移民后期扶持政策实施情况进行内审稽查。内审组总体认为，浏阳市认真贯彻落实《国务院关于完善大中型水库移民后期扶持政策的意见》文件，移民资金管理和使用比较规范，大中型水库移民后期扶持政策和有关规定得到全面落实，政策实施效果比较明显，库区和移民安置区大局稳定。

（彭万伟）

【接受省移民局“三个专项”整治督查】 8月11日，省移民局副局长童康宁一行对浏阳市移民局“雁过拔毛”式腐败问题、“纠‘四风’、治陋习”和移民资金管理使用的治理情况进行专项督查。督查组听取该局“三个专项”治理情况汇报后，对浏阳市的移民资金管理、资金投入机制给予充分肯定，认为浏阳重视制度建设、监管举措和改革探索，基础工作扎实，有亮点，很系统。为了解实情，督查组一行在古港镇梅田湖村，就移民后期扶持效果、政策落实及项目资金公开透明度情况与移民进行座谈；到永和镇铁山村实地察看移民避险安置工程情况。省移民局资金财务处处长周娟华、长沙市移民局局长张水平、浏阳市副市长李爱民陪同督查。

（彭万伟）

【兑现移民计生奖学政策】 10月，该局兑现计生奖学政策，对2016年考上全日制大学的27名大中型水库农村移民独生子女、两女户家庭学子，每人给予2000元奖励，发放奖学金5.4万元。自2012年起，该局开展移民“金秋助学”行动，及时兑现移民独生子女和两女户家庭子女奖学政策，造福移民计划生育困难家庭，五年共帮助90名学子圆了大学梦，累计发放助学金18.6万元。（彭万伟）

水　文

浏阳市水文局

党支部书记、局长　吴佳忠

副局长、工会主席　陈家福

【概况】 浏阳市水文局属垂直管理单位，下设监测科、水情水资源科和办公室三个职能科室。2016年，浏阳水文局有职工16人，其中在编人员7人，临聘人员4人，退休职工5人。2016年7月正式搬入城区机关办公。水文局主要职责：统一管理浏阳市范围内水文资料的收集、整理、汇总，并报送上级水文部门审定；为浏阳市人民政府及防汛抗旱指挥机构提供实时雨水情服务，进行洪水趋势和过程预报、预测；协助水行政主管部门管理保护水资源，在实施取水许可、水资源管理中，负责有关水质监测、分析、评价及水功能区划等基础工作；协助有关工程建设项目的水资源论证、防洪评估、水土保持监测评价等工作；负责全市范围内水文站网规划、依照有关行政法规承担水文测报设施保护工作，同时为浏阳市防汛抗旱指挥部、株树桥水源保护成员单位。

水文监测　市水文局管辖6个水文站，38个水位站，55个雨量站，81个简易雨量站，1个泥沙、墒情、蒸发站，全面收集浏阳区域内的雨水情资料。2016年，完成沿溪站、沙市站应急监测工作，编制水位—流量关系曲线；开展测验方式改革，完成双江口站流量巡测方案分析和电波流速仪、自动蒸发仪的比测，新增雷达波在线测流系统。

水文资料整编及全年雨水情　2016年，双江口、清水2个水文站，金刚、达浒、镇头3个水位站，管辖的基本委托雨量站、中小河流雨量站参与年报资料整编，其中寒婆坳为高山雨量站，年降水量为最大（2452.0毫米），最大日降水量为214.0毫米。双江口站（水位数据采用冻结基面高程）：全年测流124次，取单沙191次，输沙20次；实测最大流量1750立方米每秒，年径流量26.25×108立方米，平均输沙率12.0千克每秒；年降雨量1884.1毫米，属丰水年份，年蒸发量590.8毫米，全年出现1998年以来最高水位25.94米（7月5日），最低水位19.50米（3月29日），年变幅6.44米。全年出现高水位洪水7次。全年最大洪峰出现在7月5日，其峰顶水位25.94米（水位均为冻结基面以上水位）。清水站（水位数据采用黄海基面高程）：全年降水量为2101.1毫米，属丰水年份，降水时空分布不均匀，主要集中在3—7月。7月4日出现年最高水位182.88米，6月23日出现年最低水位181.85米，年水位变幅为1.03米。实测最大流量34.3立方米每秒，相应水位182.68米，实测最小流量0.206立方米每秒，相应水位181.98米。

水情服务　保证汛期仪器正常运行，汛前巡查、维护所辖水文站、水位站、雨量站设备。2016年汛期，定期向上级主管部门上报水情旬、月特征值，及时向各级政府和省、市防办汇报雨水情，进行洪水预报4次；答复各级防汛单位咨询，及时收集各报汛站雨水情况。在防汛会商会上，及时向市领导分析、汇报雨水情势。

水资源工作　新增万家庄、杨潭、镇头3个水质监测断面，管辖双江口、浏阳等9个水质断面，每月将监测结果和形成原因及时向市政府、市水务局等单位汇报，提出水资源保护的参考意见。（吴　丹）

【基本水文站情况】 双江口站位于浏阳市高坪镇双江村，北纬28°

12′，东经113°41′，为浏渭河区域代表站，控制流域面积2067平方千米，属二类精度站。测验项目包括水位、流量、泥沙、降水、水温、水面蒸发、水质项目。清水站位于浏阳市古港镇宝盖寺村，北纬28°21′，东经113°43′，属三类精度小河站，集水面积为22.1平方千米，断面以上干流长9.05千米，距河口18.9千米，该站设站目的为易发洪涝灾害区的提前预警，收集与小河流洪水相关的水文资料，用于分析、研究洪灾发生的特点和规律，为山区的洪水预报提供科学依据；测验项目包括水位、流量、降水。（吴 丹）

【站网建设】 完善基本站网、中小河流、山洪预警三大站网体系建设，2016年，所辖文家市、沿溪、沙市3个中小河流水文站点的水文仪器设备安装到位，并投入使用，新建1个城区地下水水位站。（吴 丹）

气 象

浏阳市气象局

局长 李春梅（女，2016.07任）

党组副书记 姜翠文

副局长 陈力强 李 立

【概况】 浏阳市气象局属垂直管理事业单位，2016年，有干部职工22人，其中在编11人，聘用11人。内设办公室、法规科、气象台、防雷中心、气象科技服务部5个职能科室。承担浏阳市气象要素观测、天气预报、气象服务、气象预警、防雷安全管理、人工影响天气等工作。全年该局围绕地方经济发展和气象防灾减灾，努力做好各项气象服务，圆满完成各项工作任务。

气象业务工作 气象服务。全年发布《浏阳专题天气》42期、《重要天气消息》20期、《天气情况汇报》16期，各类为农服务材料近200份，与国土部门联名发布《浏阳地质灾害气象风险预警消息》14期，发布三级地质灾害气象风险预警14次，发布二级地质灾害气象风险预警4次，发布各类气象预警短信280余万条。同时利用党政信息网、电视、广播、微信平台等渠道传播气象信息，服务浏阳社会经济发展。7月，浏阳出现连续大暴雨天气过程，该局充分利用防指微信群平台，即时现场服务，短时临近预报，为浏阳河洪峰过城区提供准确的预报服务，为防指科学调度避免灾害奠定基础。气象观测。浏阳国家气象站数据质量稳定，传输及时，无缺漏现象。各区域自动气象站运行正常，出现问题时能及时修复，数据传输率、可用率高。

气象灾害防御基础设施建设 完成65套区域自动站的更新换代，全部更新为第三代自动观测设施；启动危爆行业气象灾害保障系统建设，年内完成64套大气电场仪、2套闪电定位仪的硬件建设；启动突发事件预警信息发布系统建设。

防雷安全管理及防雷减灾体制改革 3月20日，全面取消涉批技术服务型收费，从防雷安全管理和技术服务并重，转向纯粹的安全管理；承担危爆新防雷工程验收工作，完成2016年危爆涉批验收任务，保证烟花爆竹企业顺利换发证；联合市政府、安委会开展“打非治违”“九打九治”“百日攻坚”“安全生产月”等活动，全面排查防雷安全隐患，保障危爆等重点行业无防雷安全事故发生。（李 立）

【气候评价】 2016年为气候正常年份，年平均气温偏高，为18.2℃，比历年同期平均偏高0.7℃；年极端最低气温出现在1月25日，为−7℃，年极端最高气温出现在7月26日和7月30日，为38.9℃。入春早，入夏推迟，3月14日稳定通过10℃（历年同期是3月21日），入春时间比常年同期提前7天，稳定通过22℃日期出现在6月4日（历年同期是5月30日），入夏时间比历年同期推迟5天；7月22—31日，受副高控制，全市持续晴热高温天气，连续10天日最高气温≥35℃，达到轻度高温热害标准。降水偏多，年降水量1886.9毫米，比历年同期平均偏多335.6毫米，偏多21.6%，雷暴、大风、冰雹等强对流天气多发，年内多次出现短历时强降水及暴雨、大暴雨天气；7月3—4日出现连续大暴雨天气，累积降水量230.1毫米，为该站有观测记录以来首次；雨季始于3月20日，比历年同期偏早，雨季结束时间不明显；7月1—10日，浏阳累积降水量249.8毫米，出现雨水相对集中期。年日照时数为1390.2小时，比历年同期平均偏少204.6小时，偏少12.8%。无霜期为302天。

年内多次出现暴雨天气过程，造成全市多个乡镇不同程度受灾，工农业生产影响较严重。6月3日受低层切变配合冷空气影响，全市出现大到暴雨，受灾人口24483人，紧急转移安置人口4789人，因灾死亡1人，农作物受灾面积1084公顷，绝收10公顷，因灾倒塌房屋163间，倒损247间，直接经济损失5500万元。6月15日受高空低槽东移过境、中低层低涡切变线共同影响，全市暴雨，局地大暴雨，受灾人口42323人，紧急转移安置人口715人，需紧急生活救助人口227人，农作物受灾面积2727公顷，倒塌房屋225间，直接经济损失5837万元。7月3—4日受高空低槽东移配合低层低涡切变共同影响，全市出现建站以来首次连续大暴雨天气过程，受灾人口67495人，紧急转移安置人口2491人，农作物受灾面积6934公顷，绝收1477公顷，因灾倒塌损坏房屋955间，直接经济损失27779.2万元。7月16—18日高空槽东移配合中低层切变线共同影响，全市出现暴雨，局地大暴雨，受灾总人数66491人，紧急转移安置人口247人，农作物受灾面积2012公顷，倒塌房屋139间，直接经济损失15314万元。

综观全年，出现强冷空气、寒潮、大风、冰雹、大雾、霾、中度连阴雨、暴雨、大暴雨、雨水相对集中期、洪涝、轻度高温热害等天气气候事件，气象灾害损失较为严重。

（兰 娟）

工 业

工业和信息化

浏阳市经济和信息化局

党委书记、局长 邓科建

副书记、纪委书记

李耀明(2016.12 免)

党委委员、市纪委派驻经信局纪检组组长 傅鹏飞(2016.12 任)

党委委员、副局长 彭庆辉

朱志龙(2016.04 免)

李远为(2016.08 任)

党委委员、工会联合会主席

陆伟光(2016.04 任,2016.12 免)

副局长 周悦(2016.04 任)

党委委员、工会联合会主席

黄 彬(2016.12 任)

【概况】 2016 年,全市 3635 家工业企业,其中规模工业企业 834 家,亿元以上规模企业 350 家,10 亿元以上规模企业 20 家,上市企业 5 家(蓝思科技股份有限公司、湖南尔康制药股份有限公司、永清环保股份有限公司、熊猫金控股股份有限公司、湖南浏阳花炮有限公司),实现工业总产值 2689 亿元,同比增长 13.6%;工业增加值 769.3 亿元,同比增长 11.8%。规模工业总产值 2262.18 亿元,同比增长 13.9%;规模工业增加值 689.11 亿元,同比增长 13.5%;完成工业税收 35.67 亿元,同比增长 3.8%。电子信息、医物医药、机械制造、健康食品四大新兴产业分别实现规模工业总产值 529 亿元、356.9 亿元、288.3 亿元、175 亿元(报表数),分别同比增长 12.1%(剔除介面光电因素是 25.4%)、23.8%、23.4%、11.5%。实现规模工业总产值 1349.2 亿元,占全市的 60%。全年规模工业总产值增长率、规模工业增加值增长率等主要考核指标一直稳居位长沙市九区县(市)第一位。浏阳市获评“2016 年度长沙市加速推进新型工业化工作优秀单位”和“2016 年度全省工业经济运行监测协调工作先进单位”,市经信局获评“2016 年度全省经济和信息化系统规范行政执法示范单位”。

(周志刚)

【企业服务工作】 优化环境。全年编印《浏阳经信》4 期,在《浏阳日报》刊发《经信专刊》24 期。在各级媒体报道浏阳工业经济 30 余次,在《湖南经信》发表浏阳工业经济推介文章 1 篇。5 月,浏阳市中小企业网正式上线,完成 360 家企业信息注册,发布服务信息超过 500 个。人才引培。在溆浦县、长沙市、新化县成功举办 3 届“揽万名英才·助浏阳腾飞”工业企业人才招聘活动,为企业招聘员工 5200 多人;组织开展、参加传统产业企业电商转型升级、“浏交会”展览知识、两创空间训练培训等 24 批次,900 余家次企业 1300 余人次得到培训提升。开展“进园区、下企业、送服务、稳增长”主题服务。6 月,分 4 个片区召开工业经济运行情况调研座谈会;结合人大评议工作,7 月,开展市人大代表、政协委员及各界成功人士共 600 余人次的大走访活动,寻求破解难题、推动发展的新措施、新途径。自 3 月份以来,开展“进园区、下企业、送服务、稳增长”主题服务活动。全年进园区下企业 316 次,参与人数 774 人次,服务项目(企业)428 项。四是争资融资。争取上级扶持资金 6154.39 万元,其中省级资金 2310 万元,长沙市级资金 3844.39 万元。组织召开 23 家金融机构、192 家中小微企业参加的浏阳市 2016 年银企对接会,现场签约授信 7.95 亿元,新增到位融资近 3 亿元。对 162 家中小微工业企业实行 200 万元的贷款贴息。

(周志刚)

【产业结构调整】 招大引强。全年新引进工业项目 110 多个,引进外资 1.7 亿美元,招商到位内外资总额 76.6 亿元。全市安排 168 个重点工业建设项目,其中 56 个企业(项目)竣工投产。收录、整理 60 多个企业(项目),列入省“四千工程”项目库;收录整理 12 类近 200 家企业(项目)入库长沙(2015-2016)工业与信息化项目库;受理、审查 36 个技术改造备案项目,完成 3 个产业政策前置审批事项。创业创新。成立市小微企业创业创新工作领导小组。湖南安全食品产业中心创业基地被认定为全国小微企业创业创新示范城市核心基地,浏阳宏伊科技开发有限公司等 3 家企业被认定为湖南省中小微企业创业创新基地,浏阳经开区生物医药众创空间等 9 家单位被认定为长沙市众创空间,其中浏阳经开区生物医药众创空间还被认定为全国小微企业创业创新示范城市核心基地(示范众创空间)。浏阳市中小企业服务中心等4家单位被认定为湖南省中小微企业核心服务机构。5家企业申报“百项重点新产品推进计划”,3企业申报战略性新兴产业重大关键共性技术需求。完成市级以上技术创新项目立项数39个,超出年度目标56%。实现新产品产值560亿元,同比增长20%。全市工业企业拥有国家驰名商标18个,湖南省名牌产品38个,湖南省著名商标125件。“两化融合”。全年完成“两化融合”企业建设120家,完成35家企业的两化融合评估诊断和对标引导工作,组织开展“企企通”信息化建设推广会3场,落实信息化应用推广企业180家。开展花炮产业信息化调研走访工作,召开2次花炮产业信息化建设座谈会。9月6日,举办浏阳市花炮产业信息化对接会,250家花炮企业和30家信息化服务企业现场交流对接,4组8家企业现场签订合作协议。成功申报省信息产业和信息化项目、省移动互联网产业发展项目、长沙市移动互联网产业发展项目共计30个,获得扶持资金1210万元。培育信息传输、软件和信息技术服务业规模以上企业2家,成立浏阳市互联网智能科技产业园开发建设筹备小组,拟定于2017年建成浏阳市互联网智能科技产业园。安全生产。4月、10月分别组织开展电力行业春季、秋冬季安全大检查行动,6月份开展安全生产集中执法月活动,第三季度开展安全生产大宣传大排查大管控大整治集中行动;吸取“11•24”江西丰城电厂事故教训,组织开展电力、通信、邮政、发电企业岁末年初安全生产大检查行动。及时处理金刚镇村民挖土破坏110千伏输电线路铁搭塔基行为,对8家企业采取强制停止生产性供电。全年开展安全生产督查检查26次,出动人员75人次,并配合国土、环保等部门开展执法行动5次。根据文家市煤矿的申请,对安全生产难以达标的文家市煤矿作出关闭退出决定;成立文家市煤矿改制工作领导小组,多次组织召开煤矿职工协商会议,十余次到省市争取资金、政策支持,改制方案制订及农田受损赔偿、水利设施受损赔偿及房屋受损赔偿正在有序推进中,煤矿关闭退出大局基本稳定。

(周志刚)

【园区发展情况】 经开区(国家级园区)、高新区(省级工业集中区)、两型产业园(市级园区),共有规模企业244家,占全市规模企业比重58.5%。实现规模工业总产值1408亿元,占全市比重62.2%。同比增长17.4%,高出平均增速3.5个百分点。其中经开区规划面积60平方千米,建成面积16平方千米,已投产规模工业企业104家,其中生物医药45家、电子信息7家、健康食品21家、新材料能源13家、其他18家。高新区规划面积8.4平方千米,已建成面积6.12平方千米,已投产规模工业企业110家(其中机械制造63家,新材料能源28家,其他19家)。两型产业园规划面积21.05平方千米,已建成面积5平方千米。投产规模以上企业30家(其中健康食品13家,新材料能源3家,其他14家)。城区(关口+荷花)、大瑶、镇头、龙伏、沙市、官渡等乡镇工业集中区6个,总规划面积52平方千米,已建成面积13平方千米。共有规模以上企业142家,实现规模以上总产值310.1亿元。

(周志刚)

【综治稳定工作】 接待来访人员35批次380多人次,办理信访事项8件,其中领导批示件6件,网上信访件1件(医药设备总厂),群众来访1件(原医药公司及附属机构),办理原医药公司改制时所属的站点核实注销工作。

(周志刚)

【举办3场大型工业企业人才招聘活动】 2月16日、7月9日、12月8日、10月24日,组织近300家次企业分别在溆浦县、长沙市、新化县举办3场“揽万名英才•助浏阳腾飞”大型工业企业人才招聘活动,为企业招聘员工近5200人。

(周志刚)

【文家市煤矿关闭退出】 浏阳市文家市煤矿是浏阳市属国有企业,1969年建矿,1970年投产。因市场及经营生产情况影响,企业负债严重。根据《国务院关于煤炭行业化解产能过剩实现脱困发展的意见》(国发〔2016〕7号)文件精神,2016年8月31日,市政府第47次常务会议同意文家市煤矿退出;9月12日,全矿职工大会同意文家市煤矿退出、直接关闭意见并选举产生改制工作职工代表。10月8日,市政府根据文家市煤矿申请作出关闭决定(浏政发〔2016〕10号)。11月20日,关闭工作通过省验收。

(周志刚)

【经验推介文章抄报央办和国办】 7月26日,推介浏阳工业经济发展经验的文章《浏阳工业逆势增长的诀

2016年度,浏阳市“揽万名英才•助浏阳腾飞”大型工业企业人才招聘活动(图为新化招聘现场,市经信局提供)

窍在哪里》被省经信委单条采用刊发（经信快报总第 307 期），并将该文推荐到工业化信息化部。8 月 1 日，该文以《湖南浏阳工业逆势增长的诀窍》命名被工业和信息化部单条采用（工业和信息化部信息第 470 期），并抄报中共中央办公厅、国务院办公厅。（周志刚）

供　电

国网湖南省电力公司浏阳市供电公司

党委副书记、总经理　周弘明
党委书记、副总经理
　刘正谊（2016.06 免）
　浣世纯（2016.12 任）
副总经理　曾　健　李　力
纪委书记、工会主席
　张　杰（2016.06 任）

【概况】 2016 年，国网湖南省电力公司浏阳市供电公司累计完成售电量 32.26 亿千瓦时，同比增长 7.28%；累计综合线损率 6.42%；累计到户均价（含税）708.8 元 / 千千瓦时；累计应收电费 22.86 亿元。城市、农村综合电压合格率分别达到 99.999%和 99.934%，供电可靠率分别达到 99.972%、99.9062%。星阳及星辰农电公司全年完成主营业务收入 1.54 亿元。全年同业对标处于县供电企业综合评价 A 段，全省县公司排名第七，获县公司标杆。

安全生产　始终坚持“安全第一，预防为主，综合治理”的安全工作方针，以“精益安全年”活动为主线，全面落实上级安全工作要求。强化责任落实，突出执行制度、治理隐患、严控风险，确保各项安全生产工作规范有序。坚持严抓严管，持续抓好安全监督日常开展与专业督查并举，全年 725 个施工现场 100%稽查到位，查处违章现场 39 个。扎实开展春安、秋安检查工作，连续三年获长沙市公司春季安全检查先进单位。成功经受住连续暴雨洪涝、晴热高温和浏阳电网负荷屡创新高（最高负荷 61.6 万千瓦，同比增长 20.38%）的多重考验，公司首次实现全年 110 千伏输电线路雷击零跳闸，未发生变电设备事件。圆满完成春节春运、“两会”、高考、胡耀邦诞辰 100 周年等 60 余次重要活动保障供电，顺利实现“六不三减少，三保两实现”安全工作目标，连续三年获省公司“安全生产先进集体”荣誉称号。截至 2 月 15 日，公司连续安全生产 4704 天。

电网建设　顺利完成电网建设年度目标，规划项目准确率 98%以上，农网 10 千伏及以下优质工程创建率 90%以上，配网建设标准化率 100%。有序推进重点项目建设，顺利完成 220 千伏云淮线输电工程、220 千伏医药园变 110 千伏配套工程、110 千伏沙市变扩建工程、110 千伏澄潭江 35 千伏配套输变电工程、110 千伏古港变增容改造扩建工程和 35 千伏柏加变输变电新建工程等项目。切实推进 70 个小城镇（中心村）及 26 个贫困村电网改造升级工程，圆满完成上级下达的 1.024 亿元投资计划。协助省公司完成落实长沙－南昌 1000 千伏特特高压线路走廊红线图确认、浏阳 500 千伏变电站新建项目选址工作。

营销服务　开展营销服务全面诊断及反违章稽查，规范队伍行为，提高团队素质。搭建营销服务监控中心，推进营销现代化建设工作，逐步完善台区网格化服务，逐步推进营销专业化管理改革，深化营销专业化管理延伸至供电所的工作机制。全力完成 17.36 万户集抄改造任务，实现远程自动抄表率 99.5%。深化营配调贯通，精简报业扩装手续资料。推进台区降损增效，扎实开展高损台区跟班稽查活动，高损台区数量整改率 48%。积极推广“掌上电力”、银行、拉卡拉等多维缴费渠道，“掌上电力”推广 63803 户，超额完成市公司指标。坚持服务为本，切实树立客户导向，建立一口对外、协同快捷、管控高效的服务机制。不断强化优质服务管控，强化营业厅和服务人员规范管理，加大供电服务监督管控。公司获评省公司 2016 年度“营销服务先进集体”。深入推进星级供电所创建工作，全面提升农电管理水平，永安供电所获评“国网公司首批五星级供电所”，工业园供电所被省公司命名为“四星级供电所”。（姚　尧）

鞭炮烟花管理

浏阳市鞭炮烟花管理局

党组书记、局长　汪剑波
副书记、副局长　李定平
副局长　李仕飞
　陈湘涛（2016.09 任）

【概况】 2016 年，浏阳市花炮产业集群实现总产值 208.1 亿元，同比降低 5.5%，其中出口销售额 27.6 亿元，同比降低 8.9%；国内销售额 132 亿元，同比降低 5.1%；原辅材料及相关产业实现 48.5 亿元，同比下降 4.3%。出台《关于加速推进花炮产业发展的意见》纲领性文件，明确花炮产业集群发展专项资金由 2000 万元提高到 2500 万元，重点用于支持花炮产业兼并重组、机械化研发及推广应用等。争取长沙市工信委落实浏阳花炮产业三年扶持计划，兑现工发资金 1000 万元助力浏阳花炮做优做强。评选出 2015 年度花炮产业“四新”科技奖、花炮企业规范化建设示范奖等五大奖项，获奖企业 71 家，兑现奖励资金 620 万元。首创烟花爆竹企业分类管理办法。评定出一类企业 92 家，二类企业 488 家，三类企业 205 家，通过扶优限劣推动行业整体素质提升。启动花炮产业人才素质提升培训工程，创新乡镇合作培训机制，全年培训超过 3000 人次。创建浏阳花炮中青年企业家联盟，每两个月开展一次交流互动活动；每周举办一期花炮沙龙主题分享，增强产业凝聚力。开展技术职称培训评审，新增助理工艺美术师 157 名。创新举行“金融一线行”花炮专场活动，与冠群驰骋投资管理有限公司签订 20 亿元花炮产业战略合作协议，争取浏阳农商行、长沙银行等 8 家银行对浏阳花炮产业集群授信 60 多亿元，有效破解企业融资难题。（黄　露　陈芊安）

【科技创新】 加大浏阳花炮七大技术难题项目指导和督查，三大新材料项目进入配套生产工艺和配方的优化研究阶段，四大新机械项目进入样机调试、仿真药和真药运行阶段，其中华冠烟花承担的全自动烟花生产线进行试生产。推进“机械化换人、自动化减人”建设,加大危险工序自动化机械的研发应用,中洲烟花集团自主研发的组合烟花全自动生产线通过国家鉴定验收,东信烟花主导研发的烟火药制造自动设备、组合烟花内筒装药自动生产线先后通过省级鉴定。全面梳理56个通用类、涉药类、无药类机械标准目录,提升花炮机械安全性能。重点指导企业研发出微烟发射药、火焰染色剂、无硫环安剂发射药等11种安全环保新材料,以及自动喷花装药机、亮珠自动成型线、烟花内筒机器人装药设备等14种安全机械,提升产业安全环保水平。

(黄　露　陈芊安)

【焰火文化】 2016年,举办长沙橘子洲、浏阳观礼台周末焰火燃放47场,其中橘子洲周末焰火首次采用微信直播形式,突出创新焰火编排设计。成功打造纽约春节焰火,浏阳花炮再度作为文化部指定的“国家形象品牌”走出国门。精心策划“浏阳艺术焰火神州行”活动,与云南大理、海南三亚等国内10个旅游胜地合作,开展突显地域特色的焰火燃放活动,进一步提升景区旅游人气,扩大浏阳花炮品牌知名度。支持企业与景区合作打造常态化燃放项目,分别在深圳世界之窗、珠海长隆欢乐世界和14个省(市)方特主题乐园等地进行周末微焰火燃放,有效实现焰火文化与旅游文化的融合发展。指导浏阳花炮企业全程策划2016中秋太湖鼋头渚烟花大会焰火燃放。借助“浏交会”契机创新探索“经典焰火秀”模式,首次将实景特效、荧光舞等现代元素和弦乐、梵乐等古典艺术融入焰火燃放中,丰富焰火表现形式,提升焰火创意水平。创新举办首届浏阳花炮“技艺匠人”评选活动,倡导和发扬工匠精神。开展烟花爆竹民俗类的国家级非遗项目申报,启动成立湖南省民协烟花爆竹专业委员会。开展花炮文化专题调研,集结编印出《花炮文化产业发展研究报告》。 (黄　露　陈芊安)

【宣传推介】 推进国家级出口烟花爆竹质量安全示范区建设,助力颐和隆烟花获评全国唯一“AA级”烟花出口企业。浏阳花炮产业集群成功入选全国第三批产业集群区域品牌建设试点。全年接待湖南省级及以上媒体采访45次,其中中央电视台3次,湖南卫视11次。中央电视台二套、十套和英国BBC电视台摄制的浏阳花炮专题纪录片,帮助公众全面客观认识浏阳花炮,优化产业发展舆论环境。编印《浏阳花炮》专刊四期,发放10000多册至本地花炮企业和省外经销商,促进行业资讯共享和技术交流,宣传浏阳花炮品牌形象。加强官方网站和官方微信改版升级,发布各类行业信息500多条,实现行业信息交流共享。 (黄　露　陈芊安)

【品质管控】 重奖举报制售假冒浏阳花炮及原辅材料行为,加大原材料和超规格产品、原材料经营市场、印刷品市场抽检查打击力度,确保浏阳花炮产品质量。先后赴海南、福建等10余省市,开展浏阳花炮打假维权行动,为企业挽回损失上千万元。创新出口监管模式。运行“沪湘通”平台,打造“互联网+监管”烟花爆竹全流程可追溯监管链条,提升出口烟花质量安全水平。与醴陵、上栗、万载、临澧、宜章5县(市)共同签署《湘赣边烟花爆竹主产区发展协作宣言》,在“产业标准宣贯、质量安全监管、优化舆论环境”等方面建立长效合作机制。深化行业自律自救。促成四大主产区联合发布强化安全质量意识和回归产品理性价格的倡议,共同推动行业自律,扩大产区联盟影响力。

(黄　露　陈芊安)

【市场发展】 举办首届中国(浏阳)国际烟花爆竹交易会,吸引国内外客商1万余人参加,达成订单4.2亿元。组织500余家企业参加山东、辽宁、四川等10余个省市的备案供货会议,指导东信烟花、八仙奔鹿烟花等10多家企业举办专场订货会。支持浏阳花炮连锁京东商城、花火公司51花炮、三联集团烟花易购等网上交易平台建设,实现传统产业电子商务化,有效对接现代消费方式。

(黄　露　陈芊安)

【存在的困难和问题】 (一)品牌建设有待加强。1.缺少系统规划。当前浏阳花炮品牌建设工作缺乏宏观规划,没有与之相配套的扶持政策和专项资金,缺少从事品牌推广工作的专业人才,国内外品牌推广活动不多,浏阳花炮区域品牌影响力有待进一步提升。2.自主品牌意识不强。很多花炮企业还处于粗放式经营模式,品牌意识比较薄弱,在市场竞争中滥质滥价现象严重。大部分企业不愿在品牌培育上投入资金和人才,特别是出口企业多为贴牌生产,自主品牌突显不强,品牌要素在产品价值体系中的占比较低。(二)科技创新任重道远。1.人才制约。高素质创新人才是浏阳花炮发展的一大短板,花炮专业科研院所不多、科研基础条件薄弱、创新

5月6日,首届中国(浏阳)国际烟花爆竹交易会开幕式在市体育中心举行

(图片来源:市鞭炮烟花管理局办公室)

型人才培养机制不健全，直接制约浏阳花炮科学技术创新。2. 资源分散。行业内部资源分散、相互竞争、产研脱节，各企业在科技创新上各自为政，忽视交流合作，研发资源整合力度不够，重复研发、无序研发现象严重，成为低效无效研发，不利于花炮行业科技创新发展。3. 观念不强。多数生产企业认为做新不如做旧，对微烟发射药、开苞药等新材料基本持保守态度，而继续选用军工硝作为发射药。同时，研发产品的成本、安全性、稳定性都是生产厂家考虑范畴，众多考虑因素直接制约新材料、新产品、新机械的推广应用、发展。

（黄　露　刘　恒）

当地时间2月6日晚，浏阳花炮绽放在美国哈德逊河上空

（图片来源：市鞭炮烟花管理局办公室）

【实行烟花爆竹企业分类管理】 3月，出台《浏阳市烟花爆竹企业分类管理实施办法（试行）》，将全市烟花爆竹生产企业根据安全生产状况、质量管理水平、信用等级、标准化登记、机械化率、全员培训率等不同情况，划分为一类、二类、三类三个管理类别，并针对不同类别企业采取不同管理措施，评定工作原则上一年开展一次，通过扶优限劣和动态管理推动行业整体素质的提升。

（黄　露　刘　恒）

【举办首届中国（浏阳）国际烟花爆竹交易会】 5月6日，首届中国（浏阳）国际烟花爆竹交易会开幕式在市体育中心举行，浏交会秉承“传承发展，共享共赢”的办会原则，共有烟花爆竹展览展示、湘赣边花炮机械暨原材料展、安徽省烟花爆竹订货会、焰火文艺晚会、产品燃放展示推介会、金融一线行花炮专场活动等12项子活动，内容涵盖产品交易、金企对接、焰火燃放、行业研讨各方面。在为期4天的节会期间，浏交会吸引来自13个县市的143家烟花企业、50多家花炮机械企业参展，展出产品达9大类、10000多个品种；接待来自安徽、辽宁、河南、山东、江西、广东等十多个省市600多家烟花爆竹经销商观摩，观展烟花客商人数超过10000人次。（黄　露　刘　恒）

【浏阳烟花再次以国家形象品牌亮相美国】 由文化部主办、中央美术学院承办，浏阳市银达利焰火燃放有限公司、唐人艺术焰火文化策划有限公司、浏阳市新年烟花制造有限公司三家浏阳企业共同打造的2016年“欢乐春节•艺术中国汇”之《心象之音》新春大型主题焰火晚会，于当地时间2月6日晚在美国纽约哈德逊河上演，美丽焰火点亮曼哈顿西区夜空。该场焰火主题音乐由音乐大师谭盾创作，是浏阳花炮首次与谭盾合作，以国家形象品牌第二次亮相美国。（黄　露　刘　恒）

【浏阳花炮产业入选全国产业集群区域品牌建设试点】 6月，浏阳花炮被确定为工信部第三批产业集群区域建设试点，9月22—23日，在工业和信息化部主办的2016年产业集群区域品牌建设工作座谈会上，“浏阳花炮”获得集群区域品牌建设试点授牌。（黄　露　刘　恒）

【举办首届浏阳花炮“技艺匠人”评选活动】 传承花炮记忆，鼓励花炮人创新传统文化，推动产业安全环保转型提质。3月15日至5月24日，浏阳市在全市范围内开展首届浏阳花炮“技艺匠人”评选活动，传承花炮技术工艺人才的“工匠精神”。评选活动由浏阳市花炮局、安监局、总工会主办，由浏阳市花炮总会承办。活动分为选手推荐、专家评审、现场比赛、闭幕式暨颁奖典礼四个阶段进行。花炮“技艺匠人”评选分为礼花弹撞球、组合烟花手工组盆、喷花手工褙皮、鞭炮手工结鞭、燃放产品安装（礼花弹）五大类进行，专家评审团从专业技能造诣、专业领域获奖情况、行业贡献和影响等方面对参赛选手进行评选，经专家评审团选出的选手再进行现场技能比赛。10名分别来自礼花弹装球、组合烟花手工组盆、手工褙皮、手工结鞭、燃放产品安装等五项传统花炮手工生产领域的一线员工，被评为“浏阳花炮十佳技艺匠人”，并分别获得万元奖金。（黄　露　刘　恒）

【浏阳颐和隆贸易有限公司获评出入境检验检疫信用管理“AA级”企业】 5月，国家质量监督检验检疫总局发布公告称，经企业申请、各直属检验检疫局审查，国家质检总局核准，包括浏阳颐和隆贸易有限公司在内的279家企业被评为出入境检验检疫信用管理“AA级”企业。浏阳颐和隆贸易有限公司是全国烟花出口企业中首家获评“AA级”的企业，也是浏阳唯一获评“AA级”的进出口企业。根据《出入境检验检疫企业信用管理办法》，“AA级”企业是检验检疫部门给予企业的最高信用等级。被授予“AA级”的企业在享受A级企业鼓励政策的基础上，可优先办理进出口货物报检、检验检疫和签证放行手续；优先安排办理预约报检手续；优先办理注册、备案等手续；优先安排检验检疫优惠政策的先行先试，优先推荐申报出口免检。

（黄　露　刘　恒）

【浏阳两家烟花企业入选国家文化出口重点企业名单】 5月，商务部、中宣部、财政部、文化部、新闻出版广电总局公布2015-2016年度国家文化出口重点企业和重点项目，湖南浏阳花炮有限公司、湖南浏阳金生花炮有限公司被认定为国家文化出口重点企业。湖南浏阳花炮有限公司旗下拥有数家优质成员企业及海外派出机构，形成以花炮生产、销售、燃放为主，涉及印刷、园林、金融等行业的企业集团。曾被评为湖南省文化企业三十强、湖南省百强私营企业、湖南省侨界科技兴湘先进单位。湖南省浏阳金生花炮有限公司是焰火燃放、礼花弹等产品专业生产加工的有限责任公司，公司总部设在湖南浏阳，专业从事国内国际贸易，拥有完整、科学的质量管理体系。

（黄　露　刘　恒）

【湖南首条烟花自动生产线通过国家鉴定验收】 9月，湖南首条对传统手工生产工艺制作组合烟花的13道工序实现智能自动化生产的烟花自动生产线，在浏阳中洲烟花集团通过国家鉴定验收。烟花自动生产线大幅减少人员操作，效率比传统生产提升5倍，土地使用减少五分之一，大幅节约成本，特别是在涉药工序等传统工艺操作中最易发生安全事故的环节通过远程操作，全部实现烟花生产人机分离，从根本上杜绝人员伤亡安全事故的发生，是花炮实现机械化生产的一次革命性创新。

（黄　露　刘　恒）

烟花爆竹产品检测

湖南烟花爆竹产品安全质量监督检测中心

主　任　黄茶香(女)
副主任　朱玉平　张济水
　　　　徐　莉(女)

【概况】 湖南烟花爆竹产品安全质量监督检测中心是湖南省质量技术监督局直属副处级事业单位。中心实行主任负责制，2016年有在岗人员41名，分设办公室、财务科、标准科研办、综合科、检验科、产检所、监督检验科、业务一科、业务二科9个科室。中心主要职责：宣贯执行烟花爆竹相关标准；承担全国范围内烟花爆竹标准、检验、技术培训工作；接受全国范围内行政部门、社会团体、企业单位、个人等客户的委托检验服务；承担国家、省、市质量技术及安全生产监督行政管理部门的烟花爆竹及原辅材料监督抽查和检测任务；承担SAC/TC　149秘书处和ISO/TC　246秘书处工作；承担ISO/TC　246国内技术对口单位工作；完成国家、省局交办的其他工作等。（方　钊）

【检测检验工作】 全年完成各类检验6791批次，其中监督检验2687批次(包括第1季度湖南省重点工业产品抽查1200批次，长沙市监督抽查181批次，黑火药风险监测30批次，浏阳市“浏阳花炮”地标专项抽查86批次，浏阳市防静电专项抽查500批次，　第4季度国家专项抽查130批次、湖南省重点工业产品抽查560批次)，企业或个人委托检验4104批次，公检法司委托检验920批次，完成非税收入400万。继续承担着国家监督抽查组长单位，检验业务延伸至海南、四川、黑龙江、上海、辽宁、湖北、江西、湖南、福建、广东等十几个省市，圆满完成G20杭州峰会焰火产品国家监督抽查108批次，杭州市峰会筹备工作领导小组验收检验102批次，为长沙橘子洲头焰火和浏阳市周末烟花全面把好质量检验关，全年未出现一例因检验结果、检验程序引起诉讼。（方　钊）

【标准科研工作】 国际标准化工作：顺利组织召开ISO/TC264第五次会议(瑞典斯德哥尔摩)和中国专家组工作会议，开启九项国际标准FDIS缺省投票和《第三方测试-自愿计划》的CD投票(委员会投票)工作，并通过《焰火燃放通用指南》《烟花中禁用化学物质检测方法》2项国际标准的立项投票，确定下次工作组会议。国内标准化工作：全面梳理《烟花爆竹燃放安全技术规程》《烟花爆竹架子烟花》等17项国家标准，组织召开烟标委年会、核心专家会及标准研讨会10余次，组织审查《烟花爆竹环保性能评价方法》《烟花爆竹默认分类表》2项国家标准，以及《烟花爆竹烟火药　摩擦感度的测定》等4项国家和行业标准。烟花爆竹科研工作：全年完成《废弃烟花爆竹销毁安全技术研究》《烟花爆竹产品检测技术研发公共服务平台》等科研和平台项目立项4项；《烟花爆竹安全分等分级国家标准研制》《烟花爆竹产品及烟火药燃放后产生烟雾量的检测》等5项科研、技改项目成功验收，其中2项研究项目获得国家部委奖励。

（方　钊）

【服务地方工作】 按照省质监局要求，在浏阳、宁乡、临澧、宜章、永兴等烟花爆竹重点县开展《烟花爆竹　组合烟花》《烟花爆竹　包装》等6个国家标准的培训宣贯活动，培训4000余人次；继续在全市范围内确定的55家重点烟花爆竹企业实行重点质量服务，成立专家技术服务组，帮助企业解决技术难点，指导企业建立健全质量管理体系；全面清理行政事业性收费项目，取消产品质量定期监督检验收费，涉企委托检验收费分别降低标准30%和10%执行，规范质监收费行为，减轻企业负担。（方　钊）

烟花爆竹行业管理

浏阳市烟花爆竹总会

名誉会长　卢炳辉
会　长　钟自敏
秘书长　张明福

【概况】 浏阳市烟花爆竹总会成立于1995年，是由全市花炮生产、经营企业组成的非营利性行业组织，下设科学技术标准化委员会、安全事故防控论证专业委员会、焰火燃放专业委员会、出口专业委员会、内销专业委员会、品牌文化宣传专业委员会、网络信息(电子商务)专业委员会、成本核算监督专业委员会和融资协调专业委员会9个专业委员会。截至2016年，总会有会员企业700余家。

服务会员企业　坚持基础服务工作，提升总体服务质量。1.总会与各省分会沟通协调，召开各省供货备案会议，由各省分会分别指派专人统一在总会定点进行资料收集，由总会统一组织开具，组织十余省份的资料收集工作，为会员企业赴省外参加订货会议做好前期服务工作。2. 出口分会与商检浏办沟通协调，由总会提供运行费用，商检浏办提供运行车辆，免费为出口企业提供上门验货服务，全年为出口会员企业直接减轻成本近50万元。3. 组织三次出口企业专职检验员培训；举办一期欧盟烟花爆竹标准培训；举办一期涉外法律知识培训。4. 自2013年以来，总会设立更改车牌服务窗口，提供一条龙免费服务，2016年更改车牌近4万车次。5. 投入资金对观礼台和金滩燃放场内部设施和场地进行改造，保证金滩燃放场各类焰火晚会和试样的秩序与安全。不断拓展分支机构，激发行业内部活力。1. 成立浏阳市烟花爆竹总会玩具烟花分会和礼花弹分会。2. 规范整合浏阳出口烟花爆竹市场，设立湖南(浏阳)进出口贸易综合服务有限公司，各项准备工作正有序推进。3. 创建浏阳花炮中青年企业家联盟，总会分期组织全市花炮中青年企业负责人参加户外徒步拓展、参观学习等活动，为中青年企业家搭建学习交流平台。4. 组织会员企业赴湖南省浙江商会、长沙市邵阳商会参观学习先进组织管理经验；与山东省烟花爆竹协会就推进行业诚信体系建设、建立信息共享互通机制签订战略合作协议；接待北京大学生命科学学院社会实践小组到浏阳开展花炮文化探究。积极反映行业诉求，充分发挥桥梁纽带作用。1. 促成市政府召开多部门协调会议，并于4月份达成会议纪要，暂时解决2016年度烟花爆竹出口的困局。2. 多次组织因与通讯塔安全距离不足，导致部分会员企业不符合安全条件，无法通过安全审查，企业无法正常按日期完成整改换证工作。总会多次组织会员企业与通讯公司、铁塔公司协商并请求市人民政府妥善解决此矛盾，协助企业组织材料统一上报省安全生产监督管理局请求予以解决。3. 促成省安全生产监督管理局就浏阳提出“两铁一弹”的具体问题通过召开局长办公会议给予解决，浏阳17家礼花弹生产企业通过协会组织专家实地核查，报长沙市、省安监局批准，同意过渡延期至2017年7月31日。打造新型产销融合平台，促成买卖双方市场转变。5月5～10日，总会举办“2016中国(浏阳)国际烟花爆竹交易会”。活动包括烟花爆竹展览交易会、焰火文艺晚会、产品燃放展示推介会、有关省份烟花爆竹备案订货会议和产销对接座谈会、烟花爆竹创新经营主题研讨会（共三场)、2016湘赣边烟花爆竹主产区协作交流会、第九届花炮机械暨原材料展等活动，吸引国内外客商1万余人次，达成订单4.2亿元。

行业发展　建立产区合作机制，促进行业健康持续发展。与醴陵、上栗、万载、临澧、宜章等县(市)共同签署《湘赣边烟花爆竹主产区发展协作宣言》，在“产业标准宣贯、质量安全监管、企业退出补偿、文化保护传承、优化舆论环境”等方面建立长效合作机制；联合烟花爆竹四大主产区发布强化安全质量意识和回归产品理性价格的倡议，要求企业坚守安全生产红线、强化质量为先的理念、回归产品价格的理性，共同推动行业自律，扩大产区联盟影响力。

（市烟花爆竹总会）

【举办2016年度浏阳创意音乐焰火大赛】 大力尝试和探索“焰火经济”，倡导游客与焰火亲密接触，近距离实地感受浏阳花炮品牌魅力。与浏阳日报报业集团合作，利用《浏阳日报》加强宣传和营销。5月1日至10月1日，在浏阳河观礼台每周六晚20时至21时，以“文艺+焰火+文化+旅游”模式举办2016年度浏阳周末创意音乐焰火大赛。全年燃放创意音乐焰火23场，吸引数十万人次及媒体前来观看和报道；探索市场运营模式，多次策划“焰火+节会”专场活动，创新引入儿童音乐剧、狂欢演唱会、人体艺术表演等舞台艺术形式，提升周末焰火的文化性和知名度，使周末焰火成为浏阳区域旅游的新亮点。（市烟花爆竹总会）

【承办首届浏阳花炮“技艺匠人”评选活动】 4月6日至5月24日，由浏阳市花炮局、安监局、总工会主办，浏阳市花炮总会承办的首届浏阳花炮“技艺匠人”评选活动在全市范围开展。评选活动分选手推荐、专家评审、现场比赛、闭幕式暨颁奖典礼四个阶段，花炮“技艺匠人”评选分为礼花弹撞球、组合烟花手工组盆、喷花手工褙皮、鞭炮手工结鞭、燃放产品安装(礼花弹)五大类进行，专家评审团从专业技能造诣、专业领域获奖情况、行业贡献和影响等方面对参赛选手进行评选，经专家评审团选出的选手再进行现场技能比赛。全市2000多名参选人员参加评选，通过层层选拔与竞赛，最终评选出燃放产品安装、礼花弹装球等五个项目50名“花炮技艺匠人和技艺能手”，并于5月24日在李畋先师诞辰1415周年祭典上进行授奖。20世纪80年代初，浏阳就开始花炮技术制作工艺方面的培训，并先后成立花炮技术协会、焰火燃放协会以及安全生产教育培训中心，专门负责花炮技术和工艺的培训。90年代，进一步加大培训力度，结合技术职称培训，开展生产安全操作、安全管理、焰火燃放操作、焰火设计等培训，累计培训20多万人次。截至2016年，浏阳20多万从业人员中有5000多人具有烟花爆竹行业专业技术职称，其中亚太地区工艺美术大师1人，国家级工艺美术大师2人，湖南省工艺美术大师14人，为花炮技艺的传承和创新提供强大的人才支撑。（市烟花爆竹总会）

【开展落后烟花爆竹生产企业淘汰退出筹资工作】 根据《浏阳市落后烟花爆竹生产企业退出工作实施方案》和《浏阳市落后烟花爆竹生产企业自愿退出奖励补偿方案》，加速落后产能淘汰退出。总会牵头成立浏阳市烟花爆竹行业自筹资金管理领导小组，负责对烟花爆竹生产企业退出补偿资金进行筹集、使用和管理等工作。依照行业倡导，政府协调，企业自愿，分类筹集，专款专用的筹资原则，从全市保留的烟花爆竹生产企业筹集资金，作为政府奖补资金以外的补充资金，对为烟花爆竹产业发展做出贡献的企业和个人予以一定奖补。8月26日，总会发布《我与行业共命运，齐心协力渡难关》筹资倡议书，截至年末，共有15家烟花爆竹生产企业筹资720万元。

（市烟花爆竹总会）

开发区与园区建设

浏阳经开区远眺 (图片来源：浏阳经济技术开发区管理委员会)

浏阳经济技术开发区

浏阳经济技术开发区管理委员会

党工委第一书记 曹立军(兼)
党工委书记 周岳云
党工委副书记、管委会主任 郭力夫
党工委委员、纪工委书记 杨围山(2016.08 免)
党工委委员、管委会副主任 寻院豪
党工委委员 胡汉圣
党工委委员、管委会副主任 邹先瑜 罗其胜 伍建明
管委会副主任 陈志高(聘)

【概况】 2016 年，浏阳经济技术开发区(以下简称浏阳经开区)积极应对宏观经济形势下行的压力，以产业结构调整为主线，突出招商引资、项目攻坚、产城融合、改革创新，较好地完成年初既定目标，实现“十三五”规划良好开局。

主要经济指标 实现工业总产值 1003 亿元，同比增长 16.8%；实现规模工业增加值 336.4 亿元，同比增长 15.6%；实现财政总收入 35.3 亿元，增加 4.75 亿元，同比增长 16.28%。实现固定资产投资 155 亿元，同比增长 22.3%，其中工业固投完成 139.5 亿元，同比增长 30.8%。工业总产值、财政总收入、工业增加值的增长速度排名长沙市国家级园区第一。高新技术企业产值在工业总产值中的占比由上年的 84.7%上升到 93.7%，工业经济税收占财政总收入的 89%，工业增加值在工业总产值中占比 33.6%，比长沙园区平均值高 10 个百分点；单位面积产值 7425 万元 / 公顷，万元产值税收贡献率 3.55%，万元产值能耗降低 5.5%。

招商引资 全年引进项目 22 个，合同引资 193.77 亿元。其中长安保险湖南省总部和呼叫中心落户园区，广东百草堂药业项目投资 52 亿元，香港泰凌医药项目投资 10 亿元。

项目建设 铺排重点项目 66 个，完成投资 159 亿元。尔康制药淀粉胶囊项目、蓝思科技南园项目全面建成，蓝思科技总部建设完成封顶、欧智通智能终端产业园完成设备调试。爱康新材、金阳生物、威尔保新材、豫园生物、鑫侑触控、丰灼科技、生物医药集团、华纳大制药二期等项目建成投产。开工建设全省第一个分布式能源项目，园区规划馆完成升级改造。全年完成征地 205.33 公顷，完成平地 133.33公顷，完成道路建设 12 千米。金阳大道园区段建成通车，园区首座立交桥暨东入园口投入使用。

企业发展 2016 年，园区纳税过 1000 万元企业总数有 23 家，税收过 500 万元企业比 2015 年增加 5 家，其中蓝思科技税收过 12 亿元、尔康制药税收过 1.5 亿元，威尔曼制药税收过 8000 万元，永清环保、盐津铺子、九芝堂医药税收过 5000 万元。大力支持盐津铺子股改上市，促其成为“中国零食自主制造第一股”；丰日电气在新三板上市；威尔曼制药、华纳大制药、九典制药上市材料获证监会受理。蓝思科技、尔康制药、永清环保入选深港通股票名单。永清环保并购美国环保企业 IST 公司、加拿大环保

永清环保股份有限公司 (图片来源：浏阳经济技术开发区管理委员会)

企业MC2公司，实现海外扩张。新增湖南省著名商标9件，新增省级“重合同、守信用”企业9家，新增专利授权250件，新获批省级“院士工作站”1个。在福布斯湖南十大富豪榜中，浏阳经开区企业家独占3席。

改革创新 公布权力清单139项，并制定相应责任清单、流程清单。大力推进供给侧改革，有效降低企业成本，免除新建企业的燃气、蒸汽开户费共154.5万元，全年降低大工业用电电价约1842万元。推行“三证合一”“一照一码”工商登记和商事制度改革，探索“一照多址、一址多照”改革。

存在的不足 1.开发成本快速增加，部分土地成本每亩单价突破100万元；2.部分企业效益低下，个别企业落户十年纳税为零；3.城市功能仍显不足，城市化短板尚未完全补齐。（胡晓江）

【浏阳经济技术开发区入选长江经济带国家级转型升级示范开发区】 5月25日，国家发展和改革委员会发布《关于建设长江经济带国家级转型升级示范开发区的通知》（发改外资〔2016〕1111号），明确湖南省、上海市、江苏省等省市的33个开发区入选长江经济带国家级转型升级示范开发区。其中国家级浏阳经济技术开发区为湖南省三个入选长江经济带国家级转型升级示范开发区的园区之一，标志着已纳入国家发展战略布局。2015年，浏阳经开区实现技工贸总收入1002亿元，成为湖南省第五个“千亿园区”。高新技术产业比重达到84.7%，居湖南首位。2016年上半年，园区工业总产值实现430.92亿元，同比增长15.6%；实现规模工业产值421.69亿元，同比增长15.8%。招商到位资金30.1亿元，同比增长19.4%；园区生物医药、电子信息和健康食品三大主导产品均快速增长，各主要经济指标在长沙乃至省内园区中名列前茅。（胡晓江）

【企业兼并重组】 浏阳经开区积极助推企业兼并重组，促进产业转型升级。截至2016年底，促成介面光电、宏灏基因、继蒙制药、立德新材料、沙东钢结构等27个产业项目实现兼并重组，盘活闲置土地近133.33公顷，新增投资87.6亿元，其产能优化经验在长沙市推广、交流。（胡晓江）

【开启“情系湘赣边 携手奔小康”就业扶贫区域合作行动】 推进精准扶贫工作，打赢脱贫攻坚战。10月16日，湘赣边12县（市、区）及对口帮扶县邵阳县相聚浏阳市经开区蓝思科技厂区，共同开启“情系湘赣边 携手奔小康”就业扶贫区域合作行动。活动现场，浏阳市与邵阳县签订劳务合作框架协议。同时，湘赣边区域合作12个县（市、区）共同签订《湘赣边劳务合作框架协议》，并举行就业扶贫基地揭牌仪式，在蓝思科技建立就业扶贫基地。（胡晓江）

【财税服务中心暨办税服务大厅正式挂牌运行】 5月31日，浏阳经开区财税服务中心暨办税服务大厅在园区正式挂牌运行，成为湖南省园区中第一个集国税、地税、财政三方合署办公的“一站式”服务机构。纳税申报、领取发票、缴纳税款等业务均可在服务大厅实现“一站式”办理，达到进“一家门”办“三家事”的成效。该财税服务中心由园区政务服务中心牵头、历时一个多月筹备成立，统筹园区国税分局、地税分局、财政局三个部门职能。（胡晓江）

【蓝思工业机器人项目试生产】 3月，蓝思科技股份有限公司收购控股广东东莞市优势达机械科技有限公司，并将其整体搬迁至浏阳经开区，在此基础上投资新建一家制造工业机器人的高科技企业。7月，蓝思智能机器人（长沙）有限公司落户浏阳经开区，蓝思智能机器人项目正式落地并启动建设。该项目注册资本1亿元，主要生产和组装工业机器人、高端智能装备生产线。由于合理利用其他企业的闲置厂房，实现当年引进、当年试生产，并填补园区工业机器人项目的空白。（胡晓江）

【湖南金阳投资集团有限公司】 湖南金阳投资集团有限公司原名浏阳经开区开发投资有限公司，成立于1999年11月，是由浏阳市人民政府出资，浏阳经济技术开发区管理委员会直接管辖的国有独资企业，注册资本10亿元。经营范围包括房地产开发经营，土地管理服务；城市基础设施建设，建设工程施工；环境污染治理项目投资，污水处理及再生利用，实业投资；互联网金融信息咨询（不得从事金融业务），创业投资，股权投资等。为实现国有平台公司向市场化转型，经开区管委会着眼当前国企转型升级和园区产城融合机遇，调整公司经营机制，推进公司跨越式发展决定组建成立集团公司。2016年12月22日，湖南金阳投资集团有限公司举行揭牌仪式。此前，浏阳经开区采取积极措施规范政府债务管理，全年完成40亿元政府债务置换，理顺政企关系，扫清发展障碍。（胡晓江）

浏阳高新技术产业开发区

浏阳高新技术产业开发区管理委员会

党工委书记 周 剀
党工委副书记、管委会主任
　周耀辉（2016.08免）
　喻 辉（2016.08任）
党工委副书记、管委会副主任
　赵志武
党工委副书记（兼） 李 建
党工委委员、纪工委书记
　何 勇（2016.08免）
党工委委员、工会联合会主席
　翦正红（女）
党工委委员、管委会副主任
　张 露（女）
　马超容（女，2016.04任）
管委会副主任（兼）
　唐万明（2016.08任）
党工委委员、纪检组长
　黄才胜（2016.12任）
管委会副主任
　喻武强（2016.12任）

【概况】 浏阳高新技术产业开发区（原湖南浏阳制造产业基地，2016年7月经湖南省人民政府批准设立浏阳高新技术产业开发区）创建于2003年，园区总规划面积50平方千米（含金阳新区核心区），建成区面积约12平方千米（含永安镇）。已纳入长沙市市区总体规划，是国家再制造产业示范基地和湖南省新型工业化产业示范基地，是长沙空港新城的核心区、浏阳对接长株潭的桥头堡和金阳新区的重要组团。辖区内有礼耕村、坪头村、水山村、永安社区和永新社区5个涉园村(社区)。

经济发展状况 2016年实现规模工业总产值350亿元，同比增长20%；规模工业增加值91亿元，同比增长17%；财政总收入11.66亿元，同比增长15%；完成固定资产投资105亿元，同比增长24%。新增规模企业12家，规模企业总数113家。各项经济指标全面完成任务，以参评园区第1名的成绩成功获批省级高新区，综合评价排名居全省134个省级以上园区第三名，并获“中国循环经济十佳绿色发展园区”称号。全年引进项目53个，合同引资108亿元，投资10亿元以上的项目3个，投资5亿元以上的项目5个。引进智能装备制造项目7个、汽车零部件项目19个、家具项目4个，其中东尤节能、瑞士欧拓集团、深圳银宝山新、奥飞智能等项目属于行业领先或开创性的项目，实现项目引进数量和质量双量提升。全年到位资金21.05亿元，报批土地183.33公顷，征地124.27公顷，拆迁房屋204栋，清零项目13个，平地93.33公顷。代建工业厂房3.5万平方米。全年铺排重点项目93个，完成工业投资97亿元，增长25%，19个项目竣工投产，8个项目实现当年开工当年竣工。全年申请专利237件，同比增长64.1%；16家传统企业转型为高新技术企业，全年高新技术产业产值175亿元，增长50%以上。宇环数控磁流抛光机入选湖南省技术创新十大标志性成果；佳能泵业、五新重工等5家企业产品获省市“首台(套)”，新增3家院士专家工作站、2个省级企业技术中心，成功获批省级科技孵化器及省创新创业基地，成立国内首家智能再制造研究院和工程机械再制造产业联合会，34家企业被评为长沙市智能制造示范企业。管委会下属投资公司浏阳现代制造产业建设投资开发有限公司成功发行全国首支再制造绿色企业债券，并通过直接融资，全年置换一类债务6亿元，融资成本降低3个点，节省财务成本近3000万元。

基础建设 全年新修道路9.2千米，提质改造5.2千米，对永安收费站入口及园区主干道绿化、亮化进行升级改造。实施城市精细化管理，提升园区形象和品质。启动博大中央广场首家邻里服务中心建设，进驻洲际酒店、红星美凯龙、京东商城、咖啡之翼、佳兆业影院等商业品牌。首家星级酒店滨海华美达广场酒店对外营业，华润华天大酒店顺利封顶。文体中心、公租房、幼儿园、市民公园等生活配套项目完成选址，即将启动建设。

企业服务 推进行政审批制度改革，申请下放浏阳市级管理权限98项，社会投资项目审批部门由16个减少至5个，全年办结审批类事项867宗，办理服务类事项3000余件。加强人力资源服务，组织100余场招聘会，解决企业用工4000余人。成立金融服务中心，引进11家金融机构，实现省内首个智能制造专板挂牌。开展“助保贷”金融服务，两家企业获担保贷款。全年组织企业申报项目193个，争资1.5亿元，继续深化“保姆式”企业服务，实现即时对接、零障碍服务。立足智能制造，推进“产、学、研”合作，园区与中南大学、湘潭大学、省质检院、长沙智能制造研究总院等10余所科研院所建立技术合作关系。70%的企业与国内外知名院校或科研机构开展项目合作，高新技术产值贡献率50%。

社会管理 强化安全生产工作，开展安全、环保“大宣传、大排查、大管控、大整治”专项行动，及时消除安全隐患。加大食品安全管理和国家食品安全城市创建的宣传力度。通过严防严控，全年未发生较大安全生产事故、环境影响事件和食品安全事故。畅通信访渠道，积极做好信访和矛盾纠纷排查调处工作，全年未发生越级非访，确保园区和谐稳定。强力推进拆违控违工作，全年组织拆违专项行动8次，拆除违章建筑5000平方米。加强交通安全、文明施工、渣土运输、环境卫生、超限超载等方面严查严管，提升园区形象和品质。

民生保障 解决劳动力就业2万余人，企业职工社会保障工作积极推进，工伤保险、养老保险覆盖率分别达到98%和70%以上。依法依规落实农民社保，缴纳社保资金1.4亿元，发放老龄补助664万元。全年建设安置房15栋，安置拆迁户68户，做到拆迁与安置同步。 (何昌品)

【浏阳制造产业基地博士后科研流动站协作研发中心正式挂牌】 4月15日，湖南浏阳制造产业基地博士后科研流动站协作研发中心正式挂牌。省人社厅副厅长黄赞佳，浏阳市政府副市长郑杰，省人社厅专技处处长周建中，省人社厅专家中心主任张跃雄等领导，中南大学、湖南省机械研究所相关专家及园区企业代表和高级人才代表参加授牌仪式。园区党工委书记周剀致欢迎词，党工委委

4月15日，博士后科研流动站协作研发中心正式挂牌

(图片来源：湖南浏阳制造产业基地管委会)

员、工会联合会主席蒯正红主持仪式。黄赞佳为湖南浏阳制造产业基地管理委员会博士后科研流动站协作研发中心和湖南浏阳制造产业基地管理委员会博士后创新创业实践基地授牌。张跃雄宣布首次进站博士后及合作导师名单，黄赞佳、郑杰、周剀为博士后合作导师颁发聘书。仪式后，首批进站博士后举行开题报告会。（何昌品）

【浏阳高新技术产业开发区授牌暨14个智能制造项目签约仪式举行】 7月29日，湖南省浏阳高新技术产业开发区授牌暨智能制造项目签约仪式在长沙滨海华美达广场酒店举行。湖南省科技厅副巡视员刘琦宣读《湖南省人民政府关于设立浏阳高新技术产业开发区的批复》文件，湖南省人民政府办公厅巡视员黄卫东为浏阳高新技术产业开发区授牌。中共长沙市委常委、浏阳市委书记曹立军出席，湖南省人民政府巡视员黄卫东、省政协经科委主任吴金明、省商务厅副厅长罗双峰及省市发改、经信、科技等部门领导，浏阳市委副书记吴震、市人大常委会主任鲁建文、市政协主席李家喜、市委常委邓阳锋、副市长郑杰等领导与会。浏阳市委副书记、代市长吴新伟主持。当天，台湾常裕工业高强度汽车部件生产项目、平安综合金融电商物流项目、湖南东尤水汽能项目、传感物联网产业园项目等14个智能制造及关联项目集中签约落户园区，投资总额达到56亿元。浏阳高新技术开发区原为浏阳制造产业基地，创建于2003年，2012年10月经省发改委批准为省级工业集中区。2016年4月21日，省科技厅组织召开评审会，对浏阳工业集中区等7个省级开发区申请转型为省级高新技术产业开发区进行审查论证，省发改委、省经信委、省国土厅、省住建厅、省环保厅、省统计局、省商务厅参加论证会。评审数据以各园区所在市州统计部门审核上报数据和《2015年湖南开发区年鉴》公布数据为准。评审会专家组认为按照《湖南省省级高新技术产业开发区申报认定办法》(湘科高办字〔2014〕19号)的要求，浏阳达到设立省级高新区的条件，同意推荐为省级高新区。5月19日，在北京举行的第十一届循环经济论坛上，湖南浏阳制造产业基地获“中国循环经济十佳绿色发展园区”。6月27日，湖南股权交易所首个“智能制造专板”正式开通，浏阳高新区百家企业实现集体挂牌。7月14日，湖南省人民政府印发《关于设立浏阳高新技术产业开发区的批复》(湘政函〔2016〕104号)，同意在浏阳工业集中区基础上设立浏阳高新技术产业开发区。截至2016年7月，园区有工业企业200余家，其中规模以上企业122家，年产值亿元以上企业63家，过20亿元企业5家，形成先进装备制造、汽车及零部件、再制造三大主导产业，以及新材料、生活消费品、烟辅材料等其他产业，构建主业突出、多点支撑的产业发展格局。（何昌品）

7月29日，湖南省人民政府办公厅巡视员黄卫东(左)为浏阳高新技术产业开发区授牌
（图片来源：浏阳高新技术产业开发区管理委员会）

两型产业园

浏阳市两型产业园管理委员会

党组第一书记
　　李爱民(2016.01任)
党组书记
　　刘守德(2016.08加任)
　　黎星照(2016.08免)
党组副书记　陈　建
管委会主任
　　杨沅光(2016.11任)
　　陈　建(2016.11免)
党组成员、副主任　王卫民
　　俞　凌　陈飞虹(2016.12免)
管委会副主任
　　唐柱辉(2016.07任)
市纪委驻园纪检组组长　王卫民

【概况】 浏阳市两型[①]产业园地处浏阳古港、沿溪两镇交界处，距浏阳城区20千米、黄花国际机场60千米、省会长沙市80千米，大浏高速、湘赣309省道、浏东高等级公路穿园而过。园区创建于1999年，前身为现代农业园，2007年更名为农业科技产业园，2012年更名为两型产业园，是一个主攻食品产业、兼顾新型工业的综合型园区，被列为全国农产品加工示范基地、湖南特色食品产业园。2016年，园区建成区面积3平方千米，有入园企业50家，全年完成总产值86亿元，同比增长13.16%，完成规模工业产值56.25亿元，增长17.97%，完成财政税收1.327亿元，同比增长12.45%。

招商引资　围绕食品产业，突出招优引强，实施精准招商。通过优化招商资源信息库、主动拜访企业、派专人在广州驻点招商、组织参加招商节会等方式，与200多家企业进行对接，与35个项目进行深度洽谈，签约引进环保电子香烟、农商行东区中心支行等项目入园。同时，针对招商用地不足，重点推介加盛安全食品产业中心，引导企业租(购)标准厂房，引进13个小微项目入驻。全年园区招商到位资金13.4亿元，占全年任务的115.5%，增长18.06%。

项目建设 全年启动19个建设项目，湘典食品、酷口食品、玩美食品、鼎米佳食品、君满福食品、宝林木业、航凯建材、宝隆兴源8个产业项目和公租房二期、东区水厂园区段管网铺设、蜜蜂产业公共服务平台3个基础配套项目完成建设并投产，德康工业园、宏伟纸业、福悦食品等8个项目实现新开工建设。

企业发展 2016年，园区年产值过亿元企业19家，新增省规模企业5家、湖南名牌产品1个、省级龙头企业1家、长沙市级龙头企业2家，获批长沙市小巨人企业7家，申请专利42件。绝艺公司推出新品20多件，并启动二期扩建工程；湘典食品投产；飘香、彭记轩、湘鹰等企业紧跟电商发展，线上线下双向融合。

功能配套 配套产业发展需求，全年投入建设资金1.2亿元，加快完善水、电、路、管网等基础建设。完成120套公共租赁房、东区水厂供水工程等建设并投入使用。完成土地平整10.67公顷、土石方40万立方米，铺设供水及排污主管10千米，绿地改造面积2万多平方米。全面启动东进路、政务服务中心、广宇二路向北延长线建设。

社会管理 借力园镇融合，构建园镇维稳联动机制。新成立园区警务室，推进"平安园区"建设，积极化解征地拆迁、企业债务、涉法涉诉等重点领域问题，调处各类矛盾纠纷57起。加大安全生产管理，全年未出现大小安全事故。注重环境保护，完成园区整体环评编制并通过审批，严格落实企业环保"三同时"（建设项目中防治污染的设施，必须与主体工程同时设计、同时施工、同时投产使用）制度，定期监测企业排污情况，各项环保指标持续稳定达到排放标准；持续开展环境卫生综合整治，积极拆违控违，保持园区整洁。开展食品安全示范创建工作，建立食品检测检验中心，引导5家企业创建食品安全示范企业。（李　叶）

【余勋伟专题调研两型产业园】 1月7日，中共浏阳市委副书记、市长余勋伟率发改、住建、财政、国土等12个单位主要负责人到市两型产业园调研，实地察看食品项目建设情况，并组织召开两型产业园工作调研会议，听取园区建设工作情况汇报，重点对园区建设发展中存在的问题和困难进行研究和调度。调研会上，余勋伟指出：园区发展来势好，各项工作成效显著；全市各级各部门要高度重视，全力支持两型产业园的发展，从浏阳产业结构、区域发展、人民致富三个方面看待两型产业园建设发展的意义和作用。同时，园区要迅速做好相关基础工作，做好规划、定位、招商、配套、项目建设和矛盾化解。（李　叶）

4月8日，"农商银行入园区、十亿资金促发展"银企对接会

（图片来源：市两型产业园管理委员会）

【举行"农商银行入园区，十亿资金促发展"银企对接活动】 4月8日，"农商银行入园区、十亿资金促发展"银企对接活动在两型产业园举行，副市长李爱民出席并指导活动，市金融办、浏阳农商行、两型产业园及园区各企业等参加活动。活动以"走百家企业、解发展难题"为主题，围绕解决中小企业融资难题，搭建金融服务与企业对接的桥梁，促使银行与企业面对面交流、点对点授信，推动银行、企业、园区共同发展。当天，浏阳农商银行对两型产业园及企业整体授信10亿元，飘香、绝艺、聚成、惠农等企业获得授信支持。同时，农商行与园区在现场签订农商行东区中心支行项目入园协议，拟在园区投资建设一个片区中心支行，服务园区和企业。（李　叶）

【开启园区与古港镇融合发展模式】 8月，按照市委"园镇合一"体制改革方向，古港镇党委书记加任园区党组书记，园区与古港镇开启融合发展模式。通过厘清园镇关系，明晰各自职能重点，在领导力量、人员队伍上灵活调度、相互协作，初步实现园镇在规划建设、征地拆迁、综治维稳、环境整治等工作上联动合一，形成融心融力、共建共荣发展局面。（李　叶）

【广宇公司对外非公开发行6亿元公司债券】 筹集园区建设资金，自年初开始，园区以浏阳市广宇高科技有限公司为主体，筹备对外非公开发行公司债券。经过半年多准备和组织，于7月通过上海证券交易所审核，获准非公开发行总额不超过6亿元的公司债券。经多轮洽谈筛选，最终与财富证券、中信建投基金管理2家公司签订认购协议，并于9月成功非公开发行公司债券6亿元，期限3年。（李　叶）

【湘典食品项目实现试生产】 10月30日，湘典食品项目实现试生产。该项目是2014年3月招商引进落户于园区的重点食品产业建设项目，由湖南湘典食品有限公司投资建设，用地

面积6公顷，总投资1.5亿元，主要进行餐桌食品的研发、生产和销售。项目总建筑面积约9万平方米，其中冷库面积1万平方米，库容量1万吨，研发车间3千平方米，综合楼1万2千平方米，生产车间2万余平方米，共设计12条半自动加工生产线。2015年2月，一期工程开工建设，投资8000万元，完成建筑面积4.5万平方米，建有3.1万平方米的生产厂房和产品研发检测中心、产品文化展示中心、办公楼等。湘典食品主要立足"湘菜"产业化发展，挖掘具有地方特色的食材，开发酒店特色菜原料、家庭餐桌风味美食、家庭营养养生食品等系列餐桌产品。公司旗下拥有"聪厨""食得迷""湘典"3个品牌，已开发出速冻调理制品、酱卤制品、蔬菜制品、水产制品、冷冻产品、家庭方便菜六大类特色产品，产品远销全国各大城市，深受经销商和消费者好评。（李　叶）

【长沙市两型办授予浏阳市两型产业园"长沙市两型产业双创基地"称号】 发挥两型示范带动作用，11月底，长沙市两型办授予浏阳市两型产业园"长沙市两型产业双创基地"称号。12月19日，长沙市举行两型标准认证试点总结暨两型产业双创基地授牌工作会议，启动两型产业双创基地试点工作，现场为浏阳市两型产业园等授牌。2016年，长沙市两型办牵头开展两型旅游景区、两型村庄、两型机关、两型园区和生猪生态养殖5个标准的实施与认证试点，通过组织对试点单位进行两型标准集中培训，指导各试点单位制定并实施对标贯标工作方案，推动全市两型社会建设进入更高层次的规范化、标准化新阶段。自2012年以来，园区立足两型发展，将"两型"理念贯穿建设发展中的各个环节。实行同类项目集中布局、同类企业连片配套，集约节约用地，共享配套资源；严格落实环境保护责任制和节能降耗工作，污水集中处理、达标排放；实现经济发展与资源节约、环境保护的有机统一。（李　叶）

①资源节约型、环境友好型

文化产业园

浏阳市文化产业园管理委员会

主　任　高　志（女）

副主任　黄国靖（聘）李璀（女）

【概况】 浏阳市文化产业园管理委员会是2012年10月经浏阳市委、市政府批准成立的全额拨款正科级事业单位。2016年，管委会有在职在编人员8名，内设办公室、规划招商科、产业发展科3个科室。浏阳河文化产业园入选湖南省首批特色文化产业示范园区、长沙市同心园区，"智慧浏阳河"文化创意孵化基地被评为长沙市创新创业带动就业示范基地。"无地有园"的特色理念和较为成熟的实践经验得到了学术界、理论界的关注和认可，在国际园区合作论坛专题推介，并被光明日报社录入《特色文化产业园区》理论专辑。2016年，浏阳市实现文化产业增加值217.1亿元，GDP占比17.87%。园区引进文化企业23家，引进产业项目5个，完成招商引资8000万元。（曾　煦）

【园区发展】 确立"四化两型"（化无为有、化散为聚、化虚为实、化旧为新，打造资源生长型、业态增值型园区）发展方向，落实"一个核心、两大文化品牌、三类平台体系、四个重点基地、五大主导产业"发展理念，通过"品牌创园、平台建园、产业活园、特色立园"发展园区。提质升级"智慧浏阳河"文化创意孵化基地，2家企业获"中国创翼"青年创业创新大赛金翼、银翼大奖。发挥"创意格子铺""创意集市"等平台的孵化作用，引进小微文创企业4家。整合社会资源打造"国际烟花创意梦工场"，至2016年，有入驻20家，签约企业12家，年内新增投资4200万元。"百草园"中医药文化体验基地项目在深圳文博会签约，"米仓"项目全面完成腾地置换。与城建投、水建投、公路局、工务局、市政园林局等单位及各乡镇开展合作，在城市交通、市政设施、幸福屋场建设、美丽乡村建设、鞭炮烟花等方面，全面融入"文化+"元素。搭建"浏阳河上看浏阳""创意集市进景点""创意生长季"等产业延伸平台，引导园区各企业实现跨界创意增加值5亿元。推动浏阳夏布走出去，在北京服装学院开设夏布专业研习课程，在纽约时装周、北京国际设计周分别举办"中国开放日"和"夏布新生展"。永和菊花石博物馆建设取得阶段成果，夏布非遗传习中心与湖南省博物馆合作，走出产业活化的步伐。7月9日至11日，在广州举办"一起来唱浏阳河—湘约珠江"文创品牌巡演，吸引9000余人次现场参观，现场签约8个项目。10月14日至16日，第四届浏阳河音乐节沿城区浏阳河

5月4日，长沙市两型办主任彭鉴西（右二）到园调研飘香食品公司）

（图片来源：市两型产业园管委会）

两岸布点6大板块12个子活动，“至爱浏阳河”儿童环保剧、“创意生活大健康”文化消费集市等六大活动吸引线上线下近30万人次参与，新华网、凤凰网、《湖南日报》《长沙晚报》等30家媒体集中报道。（曾 煦）

【四个项目免费入驻“创意格子铺”】 2月22日晚，由文化产业园管委会主办的“一路芬芳创时代，魔法倍增文化+”主题沙龙在南市街创意孵化中心举行，园区40多家企业参加活动。管委会主任高志解读“文化+”在“活化城市存量空间、柔化社会心理期待、固化品牌符号价值、泛化资源整合平台”等方面的作用和探索感悟。“智慧浏阳河”孵化成功的企业长沙市海茗玥文化传播有限公司、长沙市诚人信息技术有限公司、心之夏文化创意有限公司为在场的创业伙伴分享各自的“经验之谈”。随后，6个创意项目进行路演，通过现场提问和评委合议，菲卓3D科技、九养+坤品养生、天匠文化传媒和每日E店四个项目免费入驻“创意格子铺”，新蓝图教育项目意向引入文化产业园。（曾 煦）

【杨金鸢到浏阳调研文化创意产业工作】 4月15日，湖南省委宣传部副部长杨金鸢一行到文化产业园调研文化创意产业工作，先后调研创意集市、“智慧浏阳河”文化创意孵化中心、创意格子铺、国际烟花创意梦工场、庆泰花炮文化博览中心，听取关于浏阳文化创意产业发展的汇报，并对园区工作给予高度肯定，指出园区要进一步用好、用活现有发展思路，主动汲取全国范围内的先进经验，推进浏阳文化创意产业发展。（曾 煦）

【举行“一起来唱浏阳河——湘约珠江”湖湘文创品牌巡演】 7月9日至11日，由中共浏阳市委宣传部、中共海珠区委宣传部主办，浏阳市文化产业园、广州积优文创承办的“一起来唱浏阳河—湘约珠江”文创品牌巡演在珠江边上凤凰仓里举行。活动用浏阳河流域10个非遗文创品牌，创意营造唯美生活意境，精心策划组织“湘约好镜头，最美浏阳河”三行情书影像展、“文化心湘粤，创意优生活”非遗文创品牌巡演、“粤策越创意，智慧浏阳河”主题文创沙龙、“湘逢是首歌，唱响浏阳河”全球传唱吧四大主题活动，吸引9000多人体验，现场签约8个创意合作项目。长沙市委常委、浏阳市委书记曹立军出席开幕式并讲话，广州市委宣传部副部长伍第政，长沙市委宣传部副部长陈海波，浏阳市委常委、宣传部长刘旭，浏阳市委常委、市委办主任邓阳锋，长沙市委宣传部文创办主任刘新宙，海珠区委宣传部副部长王艳慧，海珠区龙凤街道办事处党工委书记陈德等领导出席活动。（曾 煦）

【肖凌之考察省级特色文化产业示范园区创建工作】 8月5日，湖南省文化厅副厅长肖凌之一行到文化产业园实地考察省级特色文化产业示范园区创建工作。考察组实地考察国际烟花创意梦工场、浏阳花炮连锁经营有限公司、智慧浏阳河文化创意孵化基地、创意集市等项目，听取关于示范园区创建工作的汇报。肖凌之肯定浏阳河文化产业园突破“画地为园”概念，引入众创理念、链接产业资源、孵化文创企业、构建开放园区的实践成果，并强调示范园区要姓“文”，要强调创意的转化，推动文化创意与其他相关产业深度融合。长沙市文广新局副局长张明清、中共浏阳市委常委、宣传部长刘旭陪同视察。（曾 煦）

【承办第四届浏阳河音乐节】 10月14日晚8时起至16日，由中共浏阳市委宣传部主办、浏阳市文化产业园管理委员会承办、浏阳市水利建设投资有限公司与浏阳市关口街道办事处协办的浏阳市第四届浏阳河音乐节在长兴湖广场正式启动。第四届浏阳河音乐节主张“音乐生活化、大众化、项目化、产业化”，包含“一起来唱浏阳河”全球传唱分享活动、“浏阳河上长兴湖”音乐生活创享夜、“至爱浏阳河”儿童环保情境剧、“创意生活大健康”消费集市、“智慧浏阳河”文创金融对话会、“创意生长季”演出活动暨颁奖晚会六大板块活动，其中子活动“一起来唱浏阳河”全球传唱分享活动9月上旬启动，通过线上线下齐发动，18天内席卷全球22个国家，7万多人参与传唱，20多万粉丝转载分享。六大项目以各自策划亮点和价值魅力“双向对接”找到合作方，新华网、凤凰网、《湖南日报》、《长沙晚报》等30家媒体集中报道浏阳河第四届音乐节，探索出“群众点菜单，企业当主厨，全民享盛宴”节会运营新模式，激活以“浏阳河”为核心符号的文化产业能量和品牌价值空间。活动期间（10月14日至16日），每日上万人次市民到访长兴湖。14日上午，长沙市委常委、浏阳市委书记曹立军在长兴湖广场观摩“湖上好生活”音乐消费集市，视察音乐节各项筹备工作。（曾 煦）

【浏阳河文化产业园被授予长沙市“同心园区”称号】 12月23日，长沙市凝心聚力“十三五”规划行动促进会在长沙召开，现场授牌“同心园区”“同心项目”“同心社区”“同心乡村”，浏阳河文化产业园被授予“同心园区”称号。浏阳河文化产业园是浏阳市文化产业园管理委员会重点打造的创意园区，成立于2012年。四年来，园区不断完善“一个核心、两大文化品牌、三类平台体系、四个重点基地、五大主导产业”的发展理念，始终坚持践行统战思维，互联共享、同心众筹、创新创业。其中，统筹推进“同心园区”快速发展的“一起来唱浏阳河”全球传唱分享品牌活动，以“浏阳河”作为情感牵引、产业推力和品牌拉力，较好地凝聚党内党外、海内海外、线上线下高度共鸣，实现业内业外、异域联动、跨界结盟的产业融合。（曾 煦）

交通·邮电

交通运输

浏阳市交通运输局
　　党委书记、局　长　李声义
　　党委委员、副局长
　　　刘舒展(2016.03 免)
　　　田美元(2016.09 免副局长，2016.09 免党委委员)
　　　罗　成　张小芳　唐志鹏
　　党委委员、纪委书记　胡雄伟
　　党委委员、工会主席
　　魏湘江(2016.04 任)
　　党委委员、总工程师(聘)兼城乡客运管理局局长　胡　浩

【概况】 2016 年，交通运输局有在职干部职工 243 人，离退休人员 65 人。局机关设办公室、政工人事科、计划财务科、法规安全科、规划建设科、运输管理科、纪检监察室 7 个职能科室，辖二级机构有：城乡客运管理局、交通运输管理所、农村公路管理局、交通建设质量监督站、公共交通公司、市交通建设投资有限公司和城区、东区、南区、西区、北区、工业新城 6 个交通管理站 12 个事业单位。全年完成争融资 2.97 亿元，超额完成年度目标任务。完成安防工程 70.6 千米，积极推进部安全防护生命示范工程 Y140 路段建设，如期通过省专家组验收。全年更新局门户网站各类信息 240 余条，被市政府网站采用 100 余篇。办理人大代表建议 68 件(协办 4 件)，委员提案 15 件(协办 2 件)，并全面完成见面走访，被评为浏阳市十六届人大代表专项工作评议满意单位。协助机关事务局完成公车过户手续 198 台、公车拍卖 104 台，办理公车报废手续 30 台。协助长沙市雨花区政府开展对社港镇龙华村的精准扶贫工作，投入 172.8 万元提质改造村道 7.8 千米。全年处理领导批示件 20 件、市长信箱 18 件、12345 市民热线 95 件，网络信访件 15 件，做到事事有回音，件件有落实。2016 年，全市公路客运量 4698 万人次，增长 6.1%，公路客运周转量 241905.7 万人公里，增长 2.4%；公路货运量 4064.2 万吨，增长 10.3%；公路货运周转量 255647.5 万吨公里，增长 10.3%。（刘　锋）

【交通项目建设】 (一)干线公路建设。1. 金阳大道：2016 年 10 月 26 日，一期工程正式通车，获得全省干线公路质量考评第一；二期基本完成路基工程；三期工程完成《工程项目可行性研究报告》批复、初步设计评审及文本修改，正在办理其他省市手续。2. S202、S319 大浏高速茶林互通至白沙公路(大围山旅游干线公路)：项目全长 19.6 千米，2014 年 6 月 9 日开工，2016 年 12 月上旬竣工试通车，全线按设计速度 40 千米 / 小时二级公路标准建设，其中起点至中塘段 6.7 千米，路基宽 10 米，路面宽 8.5 米；中塘至四方丘段 12.9 千米，路基宽 8.5 米，路面宽 7 米；沥青混凝土路面。3. S324 浏阳沙市至赤马湖公路（沙赤公路）：2015 年 8 月初开工建设，2016 年 12 月底主体工程通车。项目全长 6.43 千米，全线按设计速度 60 千米 / 小时二级公路标准建设，路基宽 10 米，路面宽 8.5 米，沥青混凝土路面。4. 大浏高速蕉溪互通至 G319 公路（梁高公路）：项目全长 4.09 千米，全线按设计速度 40 千米 / 小时二级公路标准建设，路基宽 8.5 米，路面宽 8.5 米，沥青混凝土路面。2015 年 9 月开工建设，2016 年 12 月底竣工通车。5. G106 大瑶绕镇线：项目全长 4.35 千米，全线按设计速度 60 千米 / 小时二级公路标准建设，路基宽 12 米，沥青混凝土路面，2016 年 12 月建成通车。6. S203 文家市 - 官渡公路（一期）：项目全长 9.157 千米，总投资 1.0572 亿元，全线采用二级公路标准建设，设计速度为 40 千米 / 小时，路基宽 8.5 米，路面宽 7.5 米，沥青混凝土路面。2016 年 8 月 12 日开工，已完成驻地建设、全线导线、横断面复测等工作。7. 长沙市南北横线：南横线东起浏阳市文家市镇玉泉村(湘赣边)，西至宁乡县龙田镇冬塘村(长娄界)，全长约 257 千米，估算投资为 81.7 亿元，其中浏阳境内线路全长 108.6 千米（新修 75 千米)，估算投资为 35 亿元，途经文家市、澄潭江、大瑶、金刚、枨冲、官桥、普迹、镇头和柏加 9 个乡镇，浏阳已启动征地拆迁工作，普迹至柏加段完成《工程项目可行性研究报告》批复、初步设计批复、施工图设计评审、勘查定界。北横线起于浏阳市大围山横山界(湘赣界)，止于宁乡县与安化县交界处的茆山溪(长益界)，全长约 275 千米，新建里程约 230 千米，途经浏阳市、长沙县、开福区、望城区、宁乡县 5 县(市、区)的 25 个乡镇(街

道），其中浏阳境内线路全长104.263千米，途经大围山、达浒、沿溪、古港、淳口和沙市6个乡镇，截至年末，浏阳段已完成所有路段的矿产压覆、水土保持、节能评估、环评、防洪评价、通航手续、交通行业意见、规划选址等前期手续办理工作。8.G354浏阳至官渡公路（李家湾至官渡段）：项目全长11千米，全线按设计速度80千米／小时二级公路标准建设，总预算1.13亿元，2013年10月10日，项目一期建成通车。截至2016年末，官渡集镇段二期完成官渡互通至集镇2.6千米的建设，完成官渡大桥全部桥墩、系梁、盖梁浇筑及全部T梁架设。（二）农村公路建设。截至2016年末，投入8.5亿元启动项目1150个，完成33个扶贫村公路提质改造123.17千米，新建公路102.78千米。完成省市计划544.2千米、危桥改造9座。（刘　锋）

【安全监管工作】　定期开展集中整治行动，对黑车比较集中的乡镇和人流量大的区域开展67次集中整治，劝导、警告违规班线车260台次、非法营运嫌疑车辆575台次，暂扣非法营运小车180台次、非法营运摩的20台次，维护良好的客运秩序。开展安全检查，排查安全隐患56起，下发整改通知书8份，查处各类违法违章车辆322台次。（刘　锋）

【治超工作】　按照“逢车必检、逢超必卸、逢超必罚”的原则，强化源头治超，扎实开展专项治超行动，严厉打击超限超载违法运输行为，全年检测车辆27856台次，查处超载和改装车辆86台次，卸载货物631吨。

（刘　锋）

【货运驾培维修管理工作】　抓好行政许可工作提速，全年许可道路货物运输企业8家，许可机动车维修企业14家。引导市鼎顺物流集团有限公司和市东进物流有限责任公司在黑火药产品运输方面探索公车公营模式，并达成合作协议。培训机动车学员3.7万余人，培训道路运输从业人员840人，开展道路运输从业人员继续教育培训12期。规范货运信息配载服务行为，联合部门和乡镇（街道）打击非法维修经营行为；主动与工商部门衔接，督促从事道路运输的企业及时办理经营许可，商事登记向后置许可的转换率由2015年的15%提至2016年的73%。（刘　锋）

【城乡客运管理工作】　春运安全输送旅客47万人次。推进公交优先发展战略，赴浙江东阳等地进行城乡公交一体化考察学习，开通20路、21路公交和大瑶及周边区域乡镇公交，制定金阳新区（两园四镇）公交体系建设初步方案。延伸农村班线车线路，全市322个行政村（社区）实现通班车率100%。积极协调长浏城际公交开通和推进黄花机场浏阳城市候机厅建设项目。加强出租车监管稽查，重点做好出租车更新换代。完成行政许可96份，发放旅游包车线路牌400余块。（刘　锋）

【“城乡统筹、环境同治”工作】　全年组织开展大小环境整治行动60余次，对各客运站场例行督查50余次，下发整改通知30余份；办理网格化交办件20余件，全部按时整改到位。制作迎接全国文明城市测评的公交公益广告牌120多块；撤换不规范医疗广告20块；更换公交车内垃圾桶30个、投放便民药箱40个、整改公交便民亭有序经营82次，清洗维护公交站停牌4000多处次。

（刘　锋）

公　路　管　理

浏阳市公路管理局

党委书记、局长	陈建政
党委委员、工会主席	黄　峰
党委委员、副局长	罗学贤
娄杏明　黎初文	高　峰

【概况】　浏阳市公路管理局是浏阳市属正科级全额拨款事业单位。全局有干部职工505人，其中在职299人，退休206人。局机关设办公室、政工人事科、财务审计科、工务科、法规安全科、纪检监察室、工会办，辖路政执法大队、养护服务中心2个副科级单位。负责市辖国道2条（G319、G106）、省道5条（S309、S310、S103、S211、S520）和主干县道16条共计627.395千米干线公路的建、管、养工作，其中国道157.301千米，省道218.932千米，县道251.162千米，桥梁197座，隧道6座。2016年，该局紧扣“交通融城是第一菜单”发展战略，以服务全市经济发展为宗旨，以“更畅、更美、更安全”为目标，通过管理体制创新，区域合作联动，项目建设加速，日常养护升级，超限治理发力等措施，较好地完成各项工作任务。（唐松林）

【创新实施“路长制”】　9月5日，浏阳市人民政府办公室关于印发《浏阳市公路“路长制”实施方案》的通知，决定在全市推行“路长制”管理制度。“路长制”即按照“属地管理、分段负责”的原则，明确由一名市级领导担任主要干线公路“路长”，由市公路局班子成员和沿线乡镇、街道行政正职担任“分路长”，以各乡镇、街道辖区为责任区域，对公路实行网格化管理变以前公路管理部门“一家职事”为沿线单位“众人之责”，形成市领导包主干道、包乡镇，乡镇干部包农村公路、包村，村（居委会）干部包车辆、包路段、包驾驶人的农村道路交通安全包干责任体系。市公路局作为牵头单位，组建专门办公室，制定实施方案，建立健全各项工作制度，开展定期监督巡查。通过“计划下达、职责下放、重心下移”，公路工作实现从平面管理向立体管理、从粗放管理向精细管理、从行业管理向整体管理的转变，有效破解公路管理中理念滞后、管理滞后、处置滞后等难题，取得良好效果，得到上级主管部门认可和中央、省、市新闻媒体关注。10月26日至27日，全国中心城市公路局（处）长第32次年会在长沙召开，浏阳就“如何全力推进公路治理体系和治理能力现代化建设”作典型经验介绍，浏阳“路长制”经验获得充分认可。10月27日，80余名全国中心城市公路局（处）长到浏阳，实地考察浏阳“路长制”实施情况。（唐松林）

【首届湘赣边区域公路工作联席会议在浏阳召开】　9月24日，首届湘赣边区域公路工作联席会议在浏阳召开，湘赣边8县市（莲花县、上栗

9月24日，首届湘赣边区域公路工作联席会议在浏阳召开

（图片来源：市公路管理局）

县、铜鼓县、万载县、修水县、萍乡市湘东区、平江县、浏阳市）公路部门负责人参加会议，就如何推动区域公路建设、养护、管理、服务等领域合作进行磋商。会上，与会各方共同签订《公路发展战略合作框架协议》，会后现场踏看“湖南最美乡村公路”荷文公路。（唐松林）

【工程建设】 全年投资2.72亿元，完成107.466千米干线公路提质改造。5月26日，投资13000万元，启动G106线K1638+009～K1650+350（社港至龙伏）段、X011线K0+000～K28+866（龙伏至永安）段共41.207千米提质改造，9月31日完工；6月28日，投资2700万元，启动S326（S310）线（大文公路文家市镇岩前至铁山界）段共7.000千米提质改造，9月25日完工；7月24日，投资4800万元，启动X036（花木走廊帐冲至柏加）段共39.288千米提质改造，11月30日完工；8月9日，投资1300万元，启动X112线（官渡至达浒）段共8.829千米提质改造，10月30日完工；10月3日，投资5400万元，启动G106线（大瑶至金刚）段共11.142千米提质改造，2017年元月31日完工。（唐松林）

【公路养护】 投入2600万元，修补路面坑槽2.7万平方米，清灌缝210万米，压浆3.7万平方米；对管养的197座桥梁、6座隧道和地质灾害隐患地段进行日常检查、定期检测和维护维修；迅速处置和化解1月份低温雨雪天气路面结冰、春夏雨季多处垮方塌方等险情。12月23日，正式接养S520线（荷文公路）。（唐松林）

【路政执法】 全年开展公路管理法律、法规宣传，出动宣传车辆20台次，发放宣传资料800余份，上户宣传近300人次；集中开展公路拆违、整顿马路市场、清理非公路标志标牌、整治车辆“抛洒滴漏”等专项行动12次。下达《消除违法行为通知书》《暂停施工通知书》400余份，制止公路建筑区内建房178次，查处路政赔（补）偿案件34起。治超工作。采取固定检查与流动巡查相结合，24小时全天候对所属路段进行全方位监管。全年检测车辆4.22万台次，查处超限车辆759台次，卸载或转运货物8247吨；新建镇头毛塘、大瑶东风界两个治超站，安装路面监控和车辆称重管理设备；在全市主要公路边界和关键节点增设6套不停车预检系统；新建治超综合信息平台。非现场治超执法工作被列为全省试点。5月，接受长沙市人大常委会对浏阳《中华人民共和国公路法》实施情况检查。（唐松林）

【安全生产】 严格执行“一岗双责、党政同责”规定，落实领导正职每月不少于1次，副职每月不少于2次的带队检查制度，明确责任区域和责任分工。开展公路安全隐患地毯式排查和整改为主要内容的安全生产“大宣传、大排查、大管控、大整治”行动4次；6月10日，完成G106 1692+100米（蕉溪岭）段急弯改造；7月20日，联合消防、交警、救护等部门在蕉溪岭隧道举行隧道消防联合演练；8月，开展安全隐患网络大问计，收集网络意见建议共306条；9—11月，投入2000余万元完善G106线（浏阳段）临水临崖、急弯陡坡、事故多发路段的安防设施。（唐松林）

地方海事

湖南省浏阳市地方海事处

党支部书记、处长 危 恒

【概况】 浏阳市地方海事处是湖南省长沙市地方海事局内设派出机构，正科级全民事业参公管理部门。内设办公室、安全监督科、船舶检验科、船舶船员科、航道管理科和运输管理科6个科室。2016年，全处干部职工7人。

安全监督 定期现场安全监管浏阳通航水域10个乡（镇）、街道共21道渡口（其中2道渡口丧失服务功能，于2016年向市人民政府请示，已予以撤销），“四客一危”营运船舶检验率100%。在辖区全面推行渡口“县管、乡包、村落实”管理体制机制，逐级签订递交《水上交通安全目标管理责任书》《乡镇船舶和渡口安全目标管理责任书》各13份、《渡工安全生产承诺书》17份，建立健全市、乡、村、渡工四级安全管理责任制。全年日常例行安全检查80余天，出动执法人员830人次，下达安全隐患整改通知书9份；整改水上交通安全隐患11处；排查制止违法行为3起。全年分解报废老旧乡镇船舶9艘，登记新型标准化客渡船14艘，公务船登记1艘，变更登记2艘。举办签单员、船管员、船员（渡工）培训班2期，参加培训130人。召开辖区系统安全生产会议3次。发放各类宣传资料800余本（份）。发布安全生产应急预警信息1170余条，报送安全生产方面信息130余件。配合市河道疏浚等部门对采砂运砂乡镇船舶进行督察4次；联合相关部门对库区（景区）水上旅游

船舶综合检查2次，检查旅游船舶10艘；配合旅游部门对漂流行业进行安全检查，检查漂流企业8家。全年实行水上交通安全管制22次。

基础工作　张榜公布服务承诺、岗位职责、多项制度、体系建设、办事工作流程，重新修订《制度汇编》《职责汇编》；建立健全水上交通安全管理体系和党风廉政建设长效机制。

惠民工作　全年免费送救生衣(浮具)250件(具)。积极联系售后厂家及时排除船舶故障，保证新型标准化客渡船运营，方便群众出行。《浏阳市客渡运公交化改革试点实施方案》呈报市局及长沙市人民政府，推进渡运公交化试点工作。（李思思）

邮　政

中国邮政集团公司湖南省浏阳市分公司

党委书记、总经理　邱博力(2016.07任)

副总经理　文拥军　胡文利

【概况】 2016年，中国邮政集团公司湖南省浏阳市分公司完成业务收入10306.2万元，超过计划收入796万元，完成计划进度108.37%，同比增长29.89%，其中函件(含商演、美丽乡村宣传画册售卖)收入101.15万元、发行业务收入430.33万元、快递包裹收入956.06万元、集邮业务收入328.13万元、电子商务收入(含绿卡短信、商旅、代理汽车保险)、代办业务76.57万元、分销业务143.51万元、零售业务43.53万元、储蓄收入6923.08万元、代理华夏及人寿保险收入329.44万元、其他收入172.34万元。（廖碧娟）

【金融业务】 储蓄：截至12月31日，储蓄规模达到43.92亿元，年净增103619万元，点均余额1.33亿元，年新增增幅30.88%，排全省第二名；活期余额17.46亿元，活期比重39.8%；理财：理财保有量4.65亿元，年新增保有量1.32亿元；基金定投新增427户，基金销售601万元；中邮证券账户数1550户；代理保险趸交完成8924.5万元，期交完成1279万元。

（廖碧娟）

【邮务业务】 全年完成代理汽车保险1705台；发放绿卡(储蓄卡)8.97万张；办理绿卡(储蓄卡)短信13.2万笔；销售经典作文4220册，流转额63.3万元；收订校园报刊4.98万份，流转额106.5万元；完成报刊收订金额1793万元，其中投递员私费报刊收订金额698万元。（廖碧娟）

【生产业务】 农村电商发展及渠道平台建设：贯彻落实省公司“一体两翼”经营发展战略，对接政府、整合资源、积极推进农村电商发展，促进邮政渠道快速延伸，主动争取政府支持，结合文“关于促进电子商务发展的实施意见”(浏政发〔2016〕7号)，制定推进落实方案，截至10月底，建成综合便民服务平台600个，其中完成邮掌柜283个，完成计划的108%，商品进销存录入超额完成计划。快递包裹业务平稳发展：全年召开快递包裹业务培训及营销奖励政策宣传与贯彻4次，成立以邮务中心各专业及城区所主任为主的5个营销小组，全员动员、发放楼层贴及取件区域联系卡、宣传资料、搜索淘宝阿里巴巴购物网、跟踪其他快递收件员、策反等方式，采集客户信息，截至12月31日，发展协议客户103户，日均出口3500件，累计出口925287件，创收891.67万元，完成年计划119.51%，比2015年同期收入增幅86.9%，长沙地区量、业务收入排名第三，增幅第二名。代理金融及跨赛组织：2016年跨赛。实现余额净增10.5亿元，一季度净增8.65亿元，截至12月31日净增10.36亿元。2016年储蓄收入计划6111万元，实际完成6916.6万元，完成计划113.18%。2017年跨赛。研究出台2016—2017年跨年度“8341”工程方案，确定2017年跨赛计划10亿元，其中2016年第四季度2亿元，2017年开门红8亿元。通过“重阳节活动、金融知识讲座、免费量血压、周二套圈圈、周三幸运转盘转惊喜、邮商联盟购物享优惠”等活动加大宣传，增加客户黏合度和忠诚度，锁定目标客户10万户，2016年第四季度新增储蓄2亿元。2017年开门红分四个阶段。1.保险兵团战，主攻保险产品销售，重点发挥保险优势资源策反他行客户，同时做好到期转化营销。2.黄金大会战35天，开展获金活动，针对2016年第四季度锁定的目标客户采取电话邀约，通过积分兑礼和疯狂周六抽奖活动达到新增储蓄5亿元。3.目标攻坚战，突出储蓄余额发展，多方式争抢客户，达到新增储蓄2亿元。4.目标冲锋战，开展策反防流失，并对前期的目标客户进行梳，进行再次邀约到网点办理业务，新增储蓄1亿元。10月16日，召开2017年跨赛启动会，并对2016第四季度竞赛方案和“8341”工程实施方案进行政策和具体实施细节解读，出台《跨赛包点人员管理办法》。（廖碧娟）

电　信

中国电信股份有限公司湖南省浏阳分公司

党委书记、经理　陈　浩

副经理　钟　旭　张龙秋

【概况】 2016年，中国电信股份有限公司湖南省浏阳分公司有职工393人，其中在职职工262人，离退休(含退养)职工131人，设有3部(综合部、销售部、网络部)及23个支局。全年完成全业务收入12032万元。新增宽带18786户、移动用户30611户、ITV用户30913户。

渠道建设　开展老门店改造升级，全年改造升级门店18个，新建渠道网点96个，其中城区专营厅16个、品牌店6个、城区代理店4个、农村专营厅51个、农村代理店11个、村级代理店8个；抓渠道渗透率，城区、农村并重，城区核心商圈的渗透率由5%升至18%，实现渠道建设补贴约349万元。

机制创新　2016年，分公司发挥薪酬、职业发展的激励作用，激励小CEO创业闯业激情，镇头、普迹支局业绩突出，获得长沙市公司岗位激励奖金。加强岗位工作分析，探索岗位轮换机制，实行全员竞聘上岗，鼓励优秀员工到一线工作。

网络建设 截至2016年12月，累计完成光网建设投资2亿元，城区光网全覆盖，普通宽带网速达到100M；完成全市传统交换设备、ADSL设备退网，完成322个行政村（社区）光网改造，光网覆盖率达到99%，2016年10月，成功创建全光网市。全年数据网络投资2200万元，宽带网络出口带宽达到300G，乡镇宽带带宽扩容至40G；投资1亿元建设4G站点，新建4G-800M站点238个，4G基站达到500个；宽带网络、4G基站覆盖全市。

工会工作 "三人制"篮球比赛、羽毛球团体赛、"爱我长电"演讲比赛分别获长沙市公司第一名、第二名、第二名；组织员工参加"美丽乡村食堂点赞"活动，职工食堂获省公司"四小"建设中"员工满意食堂"优胜奖；激励员工参与岁末年初营销活动，工会组织"营销政策晒朋友圈点赞达人"活动，奖励员工45名，发放红包4000余元。（陈楚麟）

移动通信

中国移动通信集团湖南有限公司长沙市浏阳市分公司

副总经理 张慧（女，主持工作）
文　磊
副总经理、工会主席 黄　海
总经理助理 蔡　萍（女）

【概况】 中国移动通信集团湖南有限公司长沙市浏阳市分公司下设综合部、市场部、网络部、政企客户中心、互联网运营中心，建立5个区域营销中心和1个自营服务厅，2016年有在职员工212人。分公司主要负责中国移动通信网（包括2G、3G和4G网）在浏阳地区的建设、维护、发展与管理，经营范围包括移动话音、数据、手机终端、光宽带和多媒体业务，并具有计算机互联网国际联网单位经营权和国际出入口局业务经营权。除提供基本话音业务外，还提供传真、数据、专线、集团固话、一网通、物联网、校讯通等多种业务，拥有"全球通（4G套餐）""神州行""动感地带"三大服务品牌，2013年推出主打商业品牌"和"；客户号码段包括"139、138、137、136、135、134（其中134号段中的1349段被分配给'全球星'卫星手机）""147""159、158、157、152、151、150" "178、182、183、184、187、188"。

业务发展 2016年，浏阳市分公司切实提升"4G发展、业务增长、市场把控、网络支撑、企业管理"五大能力建设，高效推动转型升级，圆满完成生产经营目标任务。全年运营收入超过5亿元，完成税收3000多万元；拓展4G用户50余万户，移动通信市场份额占比75%；发展光宽带2万余户；新增渠道119家，一、二级渠道累计1000余家，解决就业人员5000余人，渠道服务网点遍布各乡镇、行政村。建设"数字浏阳"，大力拓展"无线浏阳"广场WIFI、安监专线、政府内网及外网、财政专线、视频林火监控、警务通、审务通等行业应用，积极推进移动互联网与现代服务业的融合发展。

网络建设 全年新增投资2.8亿元，快速推进LTE三期工程，完善农村4G网络，为4G行业应用及信息化推进提供环境。截至2016年12月，累计建设4G基站1500多个，实现农村地区4G网络覆盖率99.8%。实施"信息惠民·宽带乡村"工程与全面建成小康社会相结合，推动光纤信息宽带服务入户建设，全年建设光宽带端口6万线。切实做好2016浏阳国际烟花交易会、永安家具城国际家具节、大围山杜鹃花节、2016环洞庭湖自行车热身赛期间的通信保障，公司出动通信应急车100余次、油机300多台、1000余人次。

客户服务 公司牢固树立"客户为根、服务为本"的理念，创新服务方式、提升客户感知，加快将服务领先优势转化为市场竞争优势，实现整体客户满意度、NPS、网络质量满意度领先程度均名列全区前茅。1.以客户体验管理、全方位协同、全触点管理为抓手，构架互联网服务体系，加快将互联网打造成服务客户的主阵地，形成实体渠道、10088外呼、网厅、微信、微博等线上线下资源共享、无缝衔接的服务格局；2. 强化投诉处理，维护客户权益。深化投诉集中化管控，坚持对标管理、闭环管理，优化投诉处理流程，压缩处理时长，提升处理效率。同时，狠抓垃圾短信、不知情定制等客户关注的焦点、难点、热点问题解决，严肃惩处、问责侵害客户利益的行为；3.面向客户感知，开展网络优化。2016年主要针对长浏高速、平汝高速、浏阳至北区社港、浏阳至东区大围山、浏阳至南区文家市、浏阳至西区镇头共计6条重点干道进行网络优化，处理问题点80余处。在36个乡镇及三大园区LTE专题优化工作中，将城区LTE下载速率提升到40Mbps以上；4.积极致力惠民，以"两节促销"、"5·17"电信日、节假日优惠促销活动为契机，开展存话费送4G手机、办理宽带送礼品等系列优惠活动，真正回馈广大用户。

精神文明建设 积极配合浏阳市委、市政府开展各项创建活动。2016年携手浏阳市委宣传部连续十五年开展万副春联送万家活动；牵手浏阳市集里街道禧和社区开展"美丽浏阳 幸福家园"文明社区共建活动；围绕"爱心涌动浏阳河"主题先后开展爱心助学、"爱心图书角"、义务献血等公益活动，切实担当起社会责任。同时，分公司成立学雷锋志愿服务队定期开展文明劝导、旧物捐助、敬老院服务行以及参与公益救援等活动，每月开设道德讲堂按照"九个一"流程组织学习，内提素质、外树形象，积极践行"正德厚生 臻于至善"的核心价值观，塑造良好企业公民形象，力争为浏阳发展作出更大贡献。2016年，公司再次成功创建"湖南省文明单位"。（郑楚芳）

联合网络通信

中国联合网络通信有限公司浏阳市分公司

党支部书记、总经理 廖伟林
总经理助理 于　锦 朱茂雄
工会主席、纪检组长 周景龙

【概况】 截至2016年12月，中国联通浏阳市分公司从业人员200余人，产业链上从业人员2800余人，全年综合收入1.7亿元。

网络建设 落实国家"宽带中国"以及"互联网+"行动计划，积极推进“宽带提速降费、光进铜退”工作。9月，公司累计投资500余万元率先在系统内完成光纤改造工作。同时，完成108个接入网项目的建设任务和495万的投资竣工项目。提升浏阳市群防群治能力，促进“平安浏阳”发展。针对该市基层治安防控网建设，公司通过3G、4G智能手机终端与WCDMA 3G、4G网络配合，积极推进“995十户电话联防”项目发展。稳步夯实2G、3G基础，全力加大4G网络覆盖，截至2016年12月，中国联通浏阳市分公司有2G宏站353个、3G宏站612个、4G宏站552个，2G、3G、4G、固话和宽带用户突破32万户，移动网络覆盖全市各乡、镇、街道，覆盖率98.74%。

客户服务 为市民提供基于现代化通信网的信息化服务。通过联通网络平台，构建“多渠道、多终端、多元化、多层次”的现代农村信息综合服务网。推进城乡信息化建设，光纤覆盖到全市所有行政村。

社会责任 自筹资金近百万元，完成市整治办治理线路整改、入地及环境治理工作；积极响应市委、市政府号召开展“精准扶贫”工作，对8位扶持对象进行帮扶。 （李秀华）

城建·环保

浏阳市花炮大道　　(图片来源:市住建局办公室)

住房和城乡建设

浏阳市住房和城乡建设局

党委书记、局长　张益平

副书记、副局长

袁德政(2016.08免)

副书记、纪委书记

陈昌清(2016.08免)

党委委员、副局长

潘润华　黎　毅　寻　江

副局长、总工程师　金先林

党委委员、工会联合会主席

高俊杰

【概况】 浏阳市住房和城乡建设局是主管全市住房和城乡建设工作的政府工作部门。负责全市建设工程质量与安全生产监督、建筑行业管理、勘察设计行业管理、建设市场管理、燃气行业管理、村镇建设管理和指导、建筑节能、市政园林、给排水等行政管理工作。2016年,该局围绕“深耕住建文化、切实履职担当”工作主线,大力推进项目建设,坚持全域统筹,增强承载功能,强化行业监管,城乡品质大幅提升,城镇功能更优,品位更高,浏阳住房和城乡建设事业实现科学跨越发展。

城乡建设　城市品位全面提升:投入3100余万元,完成将军路、浏阳大道、烟草路、金沙南路4条道路绿化提质改造;建成龙泉港、百宜社区等4个街心花园;提质改造金沙南路、烟草路、浏阳大道新天地人行道和北旺里、北岭路等15条背街小巷;完成龙泉港、北岭花炮厂等处400个停车位建设和大润发、大坡街等36处排水堵点改造。加强“绿线”“绿章”管理和2个风景名胜区的行业监管。公用事业快速发展。城乡管道天然气项目顺利推进,建成大瑶、镇头液化天然气瓶组站及附属管网工程和重点储气场所视频监控系统,启动洞阳、北盛燃气管网建设,新增城镇管道天然气用户4800户(省民生实事项目)。建成中和镇公共自行车系统,实行与城区一卡通用,加强公共自行车系统日常运营管理,公共自行车总量达4600辆、站点230个,城区公共自行车日均借车9000次以上。组织对原34家污水处理厂进行调研并制定建设运营方案,完成28个乡镇污水处理厂的结算审计,建成24家乡镇污水处理厂。村镇建设成效明显:争资9232万元指导村镇建设。镇头镇、沿溪镇等5个乡镇、官渡镇、沙市镇等7个乡镇分别获批长沙市示范镇“以奖代补”项目、小城镇建设“以奖代补”项目;组织大瑶镇、永安镇等30个乡镇申报新型城镇化省级引导专项资金项目。大瑶镇入选首批中国特色小镇。国家发改委到浏阳调研新型城镇化工作时给予高度评价。完成农村危房改造3000户。农村劳动力新增转移就业1.19万人,城镇化率63%,增长4.8个百分点。

市场监管和行业管理　推进行政审批制度改革:建设投资项目审批改革的五个阶段中有三个阶段由该局牵头实行并联审批。执行行政审批权力清单和责任清单,做好权限下放到大瑶镇、镇头镇政府及园区工作。完成非国有投资招投标项目17个,合同备案项目128个。办理施工许可证310本,建筑面积214万平方米,工程造价42.2亿元。建筑业平稳发展:建筑业企业完成产值35亿元(预计数),同比持平。培训村镇建设管理及建筑工匠200人。组织建筑业企业换证,新增资质19家,监控房产项目20个,实现农民工工资保障金3952万元,并适时解控。执法监督:大力整治住建领域违法行为,开展“打非治违”专项行动,加大对违法违规行为查处力度,全年执法巡查280余次,下发限期整改通知书85份、停工通知书46份,行政处罚50宗,约谈违法项目负责人11人次。加强法制审查工作,案件合格率100%,行政执法工作全年没有受到投诉、行政复议和出庭应诉案件。

建设工程安全质量管理　现场管理施工安全:安全监督严格执行监督规范化、信息化,全面推动安全质量标准化建设。新增受监工程155个、建筑面积约218万平方米,受监工程监督覆盖率100%。开展“打非治违”“领导带队开展安全生产专项检查”等检查10次,检查工程项目164个,建筑施工安全得到巩固,全年未发生工程质量事故和一般(以上)安全事故。质量监督:切实规范五方责任主体行为,将工程质量责任落实到人,严厉打击违反基本建设程序和建筑施工转包违法分包行为。深入开展“两年行动”,组织开展在建项目质量常见问题专项检查16次。组织常见质量问题示范工地观摩及召开交流会，在浏阳市设立省级质量常见问题示范项目2个；申报纳入安全、质量标准化工地目标管理项目22个，申报结构质量优良工程21个。办理竣工验收备案工程202个，工程竣工验收合格率100%。城建档案管理：严格执行“一书两证”制度，主动开展业务指导，与建设单位签订报送档案责任书106份，审查竣工验收资料项目128个，开出初验认可证120份、合格证23份，收取档案服务费166万元。

建筑技术稳步推进 勘察设计和建筑节能管理：做好工程初步设计评审工作，为工程设计把好技术关，对金阳大道三期等市政工程、奥园广场项目等建筑工程共126个项目下达初步设计批复，办理施工图审查备案199项。办理节能设计备案135项、节能专项验收备案61项，建筑节能工作在省建筑节能与科技工作会议上作经验交流。新增银天东湖广场、浏阳奥园广场等7个绿色建筑项目。重启大围山中学和张坊中学可再生能源建筑应用示范项目。建材工作：强化墙材产品质量、安全生产管理，积极推广应用预拌砂浆；完成中和镇、金刚镇、官桥镇、柏加镇4个乡镇2016年度长沙市农村推广应用新型墙材示范乡（镇）的验收工作；积极推广散装水泥、新型墙材等节能产品。房屋安全和装饰装修：组织开展全市房屋（构筑物）安全隐患排查5次、危房治理督办2次；对全市存在安全隐患的房屋进行排查摸底，建立房屋安全隐患管理台账；主动应对群众关于房屋安全方面的投诉，督促责任人及时进行鉴定和加固处理。规范装饰装修行业报建和做好矛盾调处工作。（唐文波　林　茂）

【浏阳市建设工程质量安全管理办公室】 浏阳市建设工程质量安全管理办公室为市住房和城乡建设局管理的副科级差额拨款事业单位，有干部职工40人，负责贯彻执行国家和地方有关建筑工程质量、安全生产的法律、法规、标准、方针、政策，依法依规对全市建设工程质量、安全实施监督管理。2016年，受理质量安全监督工程155个（其中市政工程24个），建筑面积约218.7万平方米，造价约369758万元；竣工验收工程143个，建筑面积约195万平方米；备案工程202个，建筑面积约379.8万平方米，验收合格率100%；办理78台机械设备使用登记；申报21个工程质量结构优良工程，22个质量标准化示范工地；未发生质量事故和一般（含一般）安全事故。规范建筑市场管理，加强落实工程质量终身责任制度，组织开展各项质量安全执法检查，推进建设行业诚信体系建设，实施差别化管理；提升工程质量水平，开展“质量强市”工作；维持安全态势平稳，专项治理与全面排查有机结合，开展安全生产教育宣传工作；全面推进安全生产标准化工作。（冷正棋）

花炮广场　（罗豪正／摄影）

【浏阳市建设监理公司】 该公司是一家拥有房屋建筑工程甲级资质、市政公用工程乙级资质的监理单位，有职工97人，其中全国注册监理工程师23人，注册造价工程师2人，注册一级建造师6人，全国公路专业监理工程师6人，省专业监理工程师、监理员60余人。公司秉承“诚信规范，追求卓越”的公司宗旨，传递“和、信、精、勤”的企业精神，坚持“诚信、守法、公正、科学”的方针，牢固树立质量意识和服务意识。围绕“外创品牌树形象，内抓管理增效益，稳中求胜谋发展，创新机制添活力，理顺关系创佳绩”的指导思想，积极开拓市场，全年与建设单位签订监理委托合同52个，营业收入748.40万元，完成税收近68万元。主要对恒大华府二期、君悦城二期、太悦城、市民之家、长兴湖景观工程、荷文公路提质改造工程、花炮大道提质改造工程等58个项目进行监理，已竣工工程质量合格率100%，其中融城尚都工程被评定为湖南省优质工程。所有在监工程零质量安全事故。（陈统根）

【浏阳市建筑勘察设计院】 该院创立于1978年，是一家拥有地质勘察乙级资质、市政行业设计丙级资质、建筑设计行业丙级资质的专业单位。主营业务有地质勘察、桩基检测、建筑设计、环境设计、市政设计、园林设计等。2016年有干部职工40余人，其中拥有全国注册岩土工程师2人，注册一级、二级建筑师、结构师6人，高级工程师1人，技术力量浑厚扎实，从业30多年来，精益求精，未出现任何质量安全事故。始终坚持“守职笃行、担当奋进、忠诚奉献、务实求精”的浏阳住建文化精神，以质量过硬创一流品牌，以服务贴心赢优良口碑，秉持“两升一降两加强”与“两提一规两发挥”的发展战略，坚持不懈，开拓进取，建设浏阳，服务浏阳。2016年，完成合同产值1200多万元，其中设计业务350多万元，勘察检测业务850多万元，基本负责涵盖整个浏阳

地区的地勘及检测工作;完成勘察及设计所有资质换证。（熊　璐）

【浏阳市建筑业管理服务中心】浏阳市建筑业管理服务中心成立于2014年7月，为市住房和城乡建设局管理的自收自支事业单位，核定编制50人,实有在岗人员74人,另有临聘人员16人。该中心负责为建设工程提供相关服务;为建设工程质量检测试验提供保障和服务,从事规定范围内的建设工程质量检测试验相关社会服务。2016年,成立浏阳市建设工程质量检测中心园区分中心,为“两园三镇”(经开区、高新区、洞阳镇、永安镇、北盛镇)工程保驾护航。全年实现收入738万元,完成既定目标，其中交易中心完成交易项目13项,收取交易费85万元;检测中心收取检测费653万元，稳定浏阳地区90%以上的市场份额。（黎小玲）

市政园林管理

浏阳市市政园林管理局

党支部书记

陈昌根(2016.09任)

局　长　王志革(聘)

【概况】浏阳市市政园林管理局是浏阳市住房和城乡建设局下属副科级事业单位，在编在职干部职工52人,内设办公室、政工科、财务科、市政一科、市政二科、园林绿化科、公园管理科7个科室。2016年6月,选调录用2名市政与园林专业技术人才。

市政园林绿化管理　围绕“生态美城”的战略目标,推进市政园林设施管理维护工作。进一步加快城市绿地系统规划修编,强化“绿线”“绿章”与市政设施管理;深化市场化运作,引进新的绿化维护公司,市政维护发包进行公开招标;积极参与绿化建设与提质改造,加大公园规范化管理,全面维修烈士公园,加强桥梁巡查力度,落实桥梁检测评估,重点抓城区雨污检查井安全防坠网检查和排水应急改造工作,强化汛期城市排水应急处置管理,确保各项设施安全运行,全面提升城区环境品质,彰显绿城新貌。2016年,全市城区绿地面积847.59公顷，人均公园绿地面积8.56平方米/人,绿地率34.45%,绿化覆盖率38%。完成行道树换植、绿化护栏安装、地栽花、春节摆花,以及浏东公路绿化提质改造和道吾山路绿化建设现场管理及技术监理等工作。全年办理绿化报建1宗，绿化验收5宗，发放临时占用或挖掘城市绿地审批5张，办理道路挖掘与临时占道许可共计74宗。正式接管天马公园一期、浏阳河六桥及花炮大道地下通道。

市政园林绿化维护　继续推进城区园林绿化和市政设施市场化、精细化、专业化维护,定期考核玉禾田、金鹰建筑园林两家维护公司工作,并专人专车加强日常巡查与监管,通过零星维护加集中维护方式,确保绿化景观效果和市政设施良好运行。全年修剪绿篱75万平方米、草地65万平方米,补栽行道树35株、苗木1250平方米,施肥31吨,行道树刷白2.2万株，清除邈公园蚁巢穴235个;维修城区人行道（麻石)7071.54平方米、彩砖5507.49平方米、透水砖2722.46平方米、人行道混凝土路面1232.13平方米、车行道混凝土路面122.5平方米、沥青路面8826.62平方米,新安装麻石球230个、砖砌墩36个、隔离桩1066个,维修和更换石桌椅22套、路边石417.55米,更换木栏杆与木地板1500米、维修木栏杆160米，更换老旧健身器材56套;清理排水检查井652次、漏水栅6090处,更换水栅419套,更换井盖170套,补、换装防坠网356套。维修加固风光桥、白川里桥、罗家坝桥、白沙路桥,完成烈士塔挡土墙加固和烈士公园围墙整体改造。完成水岸尚街和南兴街交接处排水井改造、石霜路和花炮大道交接处排水堵点等城区9处积涝点排水改造。（杨丽华）

城　乡　规　划

浏阳市城乡规划局

党组书记、局长　屈文毅

副书记、副局长　刘贤波

党组成员、市纪委驻城乡规划局纪检组长　陈树松(2016.12任)

党组成员、纪检组长

黄　峰(2016.08免)

党组成员、副局长

周平湘(2016.08免)

孔祥礼　李忠宏

党组成员、总规划师　尹振国

【概况】浏阳市城乡规划局是市政府直属事业单位,主要承担城市规划编制组织、镇乡村规划审查、规划许可、规划实施的监督检查和规划行政处罚工作。全局核定编制112名、实际在编人数108名，机关内设办公室、政工人事科、法制科、规划编制科(总工室)、建设用地科、建设工程科、市政工程科、规划执法科8个科室。下辖规划勘察测绘院、规划设计院、村庄集镇规划管理办公室、规划信息服务中心。2016年,围绕“班子创优秀、业绩争一流”目标,以创新转型为主题,推进科学规划、效能规划、法制规划、和谐规划建设进程,积极服务全市经济社会发展大局,较好地完成全年工作任务。

规划编制工作　按照建设“省会副中心和湘赣边区域性中心城市”的战略定位，基本形成以城市总体规划、乡镇总体规划、控制性详细规划为主体,空间发展战略规划、专项规划、规划研究成果为支撑,修建性详细规划、村庄规划为基础的城乡规划体系。1.顺利推进浏阳市城市总体规划修改工作。市城市总体规划2016年修订方案通过浏阳市政府常务会议、市人大常委会审议,已上报省人民政府审批实施。2.积极完善村镇规划。做好美丽乡村建设顶层设计,制定《浏阳市全域美丽乡村建设村庄规划提质工作方案》，实现村庄规划1.0版升级为2.0版,完成15个村庄规划编制，编制出小河乡潭湾村、皇碑村“美丽乡村”规划等作品。完成古港镇镇区总体规划修改,协助园区梳理整合已制定的园区各项规划,配合园区搞好规划图斑核查和开发区目录修订工作。3.完善城市控规和专项规划。组织编制浏阳市主城区海绵城市专项规划、主城区物流产业布局规划、主城区控规动态维护、水佳片区控规修编等。4.加强宏观规划研究。开展浏阳市主城区道路交通专项研究，配合编制西北环线片区概念规划,推进浏阳市“多规合一”试点工作,完成“多规合一”规划纲要方案编制。5. 加强城市设计。组织开展水佳片区、新屋岭片区、白沙路等重点地段城市设计，塑造城市景观。

规划管理工作 1. 围绕中心任务，服务好重点项目。围绕全市重点片区、重点工程建设任务，配合经开区、制造产业基地、两型产业园等园区发展，重点服务好镇头、沿溪等5个长沙市试点中心镇及文家市、中和、柏加等特色镇，以服务屋场建设为突破口，深入北盛亚洲湖、大围山中岳村等村庄提供技术服务，积极推广《长沙市村庄整治规划技术导则》，打造新的村镇建设亮点。优质高效为人民医院搬迁、三馆合建、道吾学校、椒花水库、金阳大道三期、南北横线、蒙华铁路拆迁安置、永社公路提质改造等重大、重点项目做好规划服务。2. 提升服务理念，主动开展对接服务。全面开展“改进作风，服务一线”活动，提前介入，主动服务，及时为城区精神病医院、公租房、集镇棚户区改造、乡镇敬老院、污水处理厂、农村公路建设等民生项目办理规划手续，促进民生项目建设。积极配合搞好燃气管道路由方案审核，行政中心生态停车场、西广场临时停车场选址建设等，城市配套功能进一步完善。组织编制西北环线等城区八条道路和金阳大道三期的工程方案设计、浏东公路提质改造方案设计等，进一步拓展城区路网骨架，提升通行能力。3. 创新规划管理机制，提升规划服务水平。探索推进并联审批，精简前置审批条件，建立部门联合审图机制、部门联合竣工核实机制，在方案审查、规划竣工核实阶段实现部门一站式并联审批。创新规划技术管理，积极开展《长沙市城市规划管理技术规定》规划研究，配合搞好城区道路横断面研究。积极探索通过模拟规划，充分论证规划条件指标核发的科学性和可行性。4. 明晰权责关系，纵深推进授权管理。落实简政放权，进一步推进完善经开区、制造产业基地、大瑶镇规划管理授权事项，规划行政许可事项基本实现在园区、乡镇一站式办结。5. 规范规划管理实施，提升规划管理效果。制定《浏阳市老城区私人房屋改建管理办法》，规范城区私人房屋建设行为。坚持执行专家部门评审制度、重大项目专家咨询制度和业务例会制度，组织召开精神病医院等项目评审会和人民医院搬迁、三馆合建项目专家咨询会，增强审批科学性。严格落实项目公共服务设施配套，控制重点区域规划审批和公共设施用地的动态管理。加强城市景观控制和色彩规划管理，引导建设特色街区和标志性建筑。6. 提升二级机构服务质量，推进全局规划服务事业发展。提升二级机构技术服务水平，推进信息化服务平台向经开区和制造产业基地拓展延伸，整理和更新信息平台入库规划成果数据60平方千米、地形图成果数据135平方千米，冠湘公司积极参与园区建设。严格落实首任责任制、一次性告知制、限时办结制，行政许可办理在法定时限基础上提速50%以上。全年核发建设项目选址意见书4宗，建设用地规划许可978宗，用地面积121万平方米；建设工程规划许可259宗，建筑面积118万平方米；乡村建设规划许可40宗，用地面积2.2万平方米；建设工程规划竣工核实142宗，建筑面积128万平方米，市政类工程规划许可15宗，道路总长6千米，管线长度16千米。

规划执法工作 1. 坚持依法行政。执行规划公示和听证制度，在媒体上批前公示审批项目200余宗，批后公布审批项目50余宗，共享规划成果60多个。组织召开2宗违法案件听证会，应对行政诉讼案件2起，均胜诉。配合城管部门进行违法建设性质认定107宗。2. 加大规划宣传力度和工作透明度。着重开展规划法规入社区进村庄活动，并组织全市规划执法人员进行执法资格换证。加大网站更新和政务公开力度，及时主动更新各类规划信息400余条。3. 注重网络舆情。第一时间回应和处理媒体和社会关心的热点问题，受理答复申请信息公开20起，办结“12345”市民服务热线25件。4. 做好拆违控违、城乡环境同治工作。落实重点区域违法建设“零指标”管控，对禁止建设区和重点区域实施严控严管。加强网格化巡查，落实联合大执法，强化部门、街道、乡镇联动。逐步规范自由裁量，落实行政处罚决定网上公布制度，进一步规范执法流程、法律文书和案卷制作。及时指导和协助乡镇组织开展拆违控违，逐步规范授权执法乡镇和园区的执法行为。严厉整治新增违法建设行为，联合各部门从严从速查处。严肃处理涉诉违法建设案件，妥善消化历史建成违法建设。全年回复违法建设投诉举报43起，对城区87处在建项目进行批后监管，及时改正和制止新增违法建设行为19处，协助棚户区提质改造，拆除私搭乱建行为59户。全年立案查处违法建设31宗，均处理终结，拆除违法建筑47处，建筑面积6254.36平方米。 （周 思）

【规划勘察测绘院】 该院属自收自支的事业单位，具有勘察乙级资质、测绘乙级资质、地理信息系统丙级资质，主要为浏阳城区、各乡镇和各园区建设单位提供工程勘察、工程测量、规划测量、地理信息等技术服务。2016年有职工61人，办公地点设环府路23号。该院成立于1997年，前身为规划测绘队。自成立以来，始终坚持“立足服务，开拓创新”的发展思路，致力于为浏阳市城乡规划建设提供最基础、最精准的勘察、测绘资料。2016年，该院加大技术更新力度，更新换代仪器设备，采用“仪器高配，人员精简”模式提高生产效率；投入使用“测绘生产办公系统”，结合原有ISO900质量管理体系，实现测绘生产全程内网流转与质量严格监控，达到测绘生产与质量管理的规范化、标准化和程序化；尝试由平面测绘向三维测绘发展，与先进技术单位合作，成功制作出行政中心片区1.5平方千米三维立体模型；引进勘察、测量等专业技术人才9人；总工办、勘察室定期组织技术人学习培训，不断培养职工的创新能力，促进该院技术水平全面提高。全年完成勘察大小项目82个，孔位1100个；地形图新测13.5平方千米；勘界1413.33公顷；放线2000多点；私人建房测图1002户；管线竣工测量103千米。在保障基础测绘服务的同时，该院根据自身发展需要，加大基础地理信息库的建设力度，已完成浏阳城区共98平方千米1:500地形图入库；为统一国家2000坐标系的顺利过渡，完成城区各控规坐标转换

52平方千米、乡镇总规坐标转换100多平方千米。 （李珊娜）

【规划设计院】 该院属自收自支的事业单位，拥有城乡规划设计甲级、市政行业设计乙级、建筑工程丙级资质。围绕“抓质量、重服务、优效率、促发展”的思路，形成以规划为主体，以市政为支撑，以建筑为补充的整体格局，以城区、园区和乡镇三大板块为基础和重点，主动对接老客户，积极与万载、长沙县等周边县市进行交流，拓展周边市场，挖掘潜在商机，稳定项目产值。由生产经营部专门负责市场投标和合同管理，积极参与投标，开拓业务市场。充分利用甲级院的优势到江西南昌、宜春等地成功办理设计单位入库，并在万载、常宁等地开展业务。2016年，签订项目合同372份，其中完成规划项目254个，市政项目74个，建筑环境项目44个，实现设计产值与2015年基本持平。主动为人民医院搬迁、三馆合建、道吾学校、南北横线、蒙华铁路、道吾路、长兴湖沿湖景观等重大、重点项目，提供选址、规划、市政、景观等技术服务。承担局下达的各项编制任务，有序推动各项任务完成，为局规划管理和规划决策提供参考依据。主城区海绵城市规划编制时间紧、没有类似项目经验、没有可参考的成熟案例，该院市政所采取任务分解到人，倒排时间计划，咨询专家、收集资料，按时完成规划文件编制。积极参与美丽乡村规划提质工作，参加长沙市美丽乡村规划竞赛，由规划所和长沙事务所负责、各所室共同参与的潭湾村、皇碑村美丽乡村规划分别获三等奖、优胜奖，参加浏阳市美丽乡村规划竞赛获一等奖。全年完成大围山鲁家湾、大瑶天河社区、官桥石灰嘴村、张坊富溪村等美丽乡村规划15个，得到各界好评。全年组织专业技术人员外出参加学习培训11次。参加省规协组织的论文竞赛，该院5篇论文获奖。 （朱继高）

【村庄集镇规划管理办公室】 该办属市财政全额拨款的副科级事业单位。2016年该办加强规划指导，促进村镇建设科学合理发展。完善规划管理依据：完成古港镇镇区总体规划修改；会同经开区、高新区梳理整合已制定的各类规划，按照省市要求配合搞好规划图斑核查和开发区目录修订工作。做好美丽乡村建设顶层设计，制定全域美丽乡村建设村庄规划提质工作方案，实现村庄规划1.0版升级为2.0版；农村乡风民风、人居环境、文化生活三个美起来。因地制宜，分类指导村镇建设：重点服务好永安、大瑶、沿溪、镇头、大围山等长沙市试点中心镇，文家市、中和、柏加等特色镇及两型产业园，以服务屋场建设为突破口，深入北盛亚洲湖、大围山中岳村等村庄幸福屋场提供技术服务，积极推广《长沙市村庄整治规划技术导则》，引导乡镇在幸福屋场建设中不大拆大建、依山就势、保持原有风貌，打造新的村镇建设亮点。明晰权责关系，推进简政放权：根据《浏阳市人民政府办公室关于印发〈浏阳市深化园区行政审批制度改革实施方案〉的通知》和《浏阳市人民政府办公室关于印发〈浏阳市赋予浏阳经开区、制造产业基地部分经济社会管理权限目录〉的通知》要求，授予园区规划管理权限，保证园区授权依法依规。建立健全沟通协调工作机制，加强业务指导。提升服务理念，服务重点项目：提前介入，主动服务，与重点项目建设单位主动对接，了解诉求，与建设方一道共同商定办理推进计划，确保项目规划手续按时间节点办理，全年为金阳大道三期、南北横线、蒙华铁路拆迁安置、永社公路等干线公路提质改造、椒花水库等重点项目及集镇棚户区改造、公租房、乡镇敬老院、污水处理厂、农村公路建设等民生项目做好相关规划服务工作。探索推进并联审批：依法依规，精简与项目建设、产业发展无直接关联的前置审批条件，建立联合审图机制，减少评审过程中的重复环节和重复内容，减少评审耗时，减轻项目单位负担；完善技术审查与行政审批相分离运行机制，审批过程中，行政相对人提供的核心要件齐全，其他条件和材料有所欠缺的，在提交承诺后，可实行“容缺受理”（先受理其技术审查的申请，提出技术审查意见，待项目达到法定许可条件后再依法审批）。全年核发建设项目选址意见书2宗、规划选址审查意见35宗、私人建设用地规划许可证722宗、单位建设用地规划许可证38宗、私人建设工程规划许可证111宗、单位建设工程规划许可证27宗、私人乡村建设规划许可证27宗、单位乡村建设规划许可证13宗、私人建设工程规划核实46宗、单位建设工程规划核实23宗、地块条件31宗、总图65宗。

（周　思）

【规划信息服务中心】 该中心属自收自支的事业单位，负责全市规划信息、地理地形数据处理、存贮、规划一站式平台系统更新维护、规划成果资料信息化管理以及开展建筑核面、日照分析、技术审查等相关社会服务，为规划管理提供支撑和保障。2016年，推进规划行政审批改革，优化审批流程，提高审批效率，该中心与长沙信息中心签订规划信息平台系统升级和技术支持协议，期限4年，并办理2017年度财政采购；在推进信息平台系统全面运行基础上，新增建设工程规划核实业务类型，确保实际审批与规划法的有效对接，与浏阳高新技术开发区签订信息平台运行维保技术服务协议，解决运行中发现的问题。指导经开区信息化建设，协助机房设备招标标底制作。截至12月底，高新区规划分局、经开区规划建设分局分别在信息平台内正常运行、试运行。组织ARGIS技术培训3次。在《中国建设信息化》国家级期刊发表《基于规划数据的增量更新及决策应用分析研究》论文。全年规划窗口资料扫描录入1475份20.3G，其中单位项目615份，私人项目860份。累计备份数据140G，刻录光盘40张。整理和更新入库规划成果数据60平方千米、地形图成果数据135平方千米。解决各种表格、电脑软硬件故障和整理线路累计110余次。升级改造机房交换机，优化服务器，保障一站式平台中的数据及时入库。根据市政府要求，改版升级局网站。及时更新网站信息，发布网上公示信息429条，其中工作动态90条，批前公示198条，批后公布57条，规划成果62条，计划总结2条，人事信息4条，财政信息9条，行政处罚7条。

（曾玉龙）

城市建设

浏阳市基础设施建设投资管理中心（浏阳市城市建设集团有限公司）

党组书记、主　任、董事长
熊　文(2016.08 任)
副书记、副主任、总经理
王辉章
副书记、纪检组长　许　智
党组成员、副主任　李　勇
党组成员、副主任、副总经理
黄建平
副总经理　刘运龙
瞿　伟(2016.12 免)
于永强　叶良永

【概况】 浏阳市城建集团成立于1999年4月，与市基础设施建设投资管理中心“两块牌子、一套人马、合署办公”，主要职责包括：城市经营职能、融资平台功能、城市开发建设。2016年，公司内设监察内审部、行政部、总工办、战略发展部、融资部、计划财务部、资产运营部、招商合作部、征地拆迁部、工程管理部10个部(室)，下辖恒远房产公司、天马公司、鸿达公司、花木公司4家全资子公司和开元发展(浏阳)公司1家控股公司，有干部职工135人。坚持“抓住工程重点、突破征拆难点、打造工作亮点”的工作思路，稳中求进，开拓创新，全年融资34亿元，完成项目投资9.89亿元，批回土地100公顷，实现土地经营收入12.88亿元，上缴税收2.69亿元，较好完成年度目标任务，项目建设、作风转变、环境整治等工作在“六个走在前列”大竞赛活动季度讲评中被评为“优秀”等次。

多元发展　招商经营：科学包装项目，组织小分队赴浙江、福建等地招商18次，与保利、绿地、奥园、碧桂园等知名企业洽谈对接，成功引进江西祥贸公司开发新屋岭片区，签订招商协议3.6亿元；引进湖南投资集团股份有限公司开发原教师进修学校地块项目，实现到账收入1.97亿元。成功挂牌出让多宗小地块，实现到账收入2632万元，成交溢价70%。全年出让土地85.27公顷，实现土地经营收入12.88亿元，比2015年增加2.88亿元。全年批回土地100公顷，比2015年增加54.93公顷，为道吾学校、人民医院搬迁、“多馆合一”等重点项目建设提供用地保障。财务融资：2016年首次实现发改委、证交所、银行间交易商协会“三大”通道产品全覆盖。全年实现融资34亿元，以4.45%的票面利率成功发行22亿元企业债券，融资成本降低，全年平均融资成本5.49%，较2015年下降1.93个百分点，同比节约成本约2.8亿元。协调市财政将短期高利率债务6.46亿元置换为长期低利率债务，利用公司闲置资金稳健理财投资，全年增加利息收入500余万元。严格执行资金管理制度，及时还本付息，足额拨付工程款和征拆款，为推动项目建设提供资金保障。子(控)公司发展：发展多元经营，拓宽增收渠道。天马公司与和顺石油就城区加油站合作建设经营达成初步协议，就参股江淮村镇银行达成意向。加强国资经营管理，采取公开拍租形式，实现租赁收入510万元。开元公司成功申请国开发展专项资金3860万元，并以道吾山路项目和人民医院整体搬迁项目为载体，探索以政府购买的形式申请贷款6亿元。

项目建设　征拆工作：践行“一线工作法”，发扬“白加黑、五加二”工作精神，推进征拆工作。全年完成征地168.20公顷，签订房屋拆迁协议225份，青苗设施补偿483户，迁坟121座，累计完成征拆投入6.75亿元。对铺排的24个征拆项目采取领导包干联系，部门联动配合等方式，集中人、财、物，打响征拆“清零”攻坚战，实施强拆2户，人民医院搬迁、道吾山路、海威花园、教师进修学校、平水路、南泥湾路、东沙路、道吾山路两厢开发等15个项目实现清零。重点项目建设：科学制订2016年政府投资计划，铺排项目58个，以“科学合理、功能完善、绿色节能、优质降费”为原则做精做优项目设计，依法依规做好招投标和项目前期工作。规范操作流程，狠抓现场管理，加快项目建设进度，做好变更审查，严抓工程质量和安全，全年未出现一起质量安全责任事故，确保合格率100%。优质高效完成西北环线绿化美化工程；拉通道吾山路、平水路(花炮大道—集里路)、东沙路(道吾山路—菊花石路)等城区主干道；完成礼花路(花炮大道—白沙路)提质改造。全年累计完成项目建设工程投入3.14亿元。民生工程建设：推行精细化管理，建成城东片区、浦梓港片区、西北环线片区(禧和、丁家、七子樟)等保障性住房79058平方米，可安置拆迁户697户。制定科学分房方案，完成浦梓港、禧和保障房源分配工作，城东、丁家、七子樟等保障房源分配工作有序推进，及时足额为1621户拆迁户支付过渡费4100万元。加强环境整治，累计处理环境整治问题70余起；配合市拆违办、市城管局做好拆违控违工作，做好造绿复绿工作，公

西北环线景观绿化造型　　(图片来源：市城建集团有限公司)

城东片区保障性房源　　（图片来源：市城建集团有限公司）

司被评为“长沙市三年造绿大行动”优秀单位。（郭　狄）

【道吾山路主路竣工通车】 12月31日，道吾山路项目正式竣工通车。浏阳市道吾山路（外环线～浏阳大道）建设项目位于浏阳集里街道东沙、杉松、道吾村3个村内，呈东西走向，西起西北环线，东至浏阳大道，是浏阳城区的主要交通道路。项目线路全长3778米，宽42～60米（其中外环线至燎原路长2622米，宽60米；燎原路至浏阳大道长1156米，宽42米）。设计时速60千米/小时，道路等级为城市主干路，总投资约4.5亿元。2015年12月9日，浏阳启动道吾山路项目建设。（郭　狄）

【发行22亿元企业债券】 5月23日，经国家发改委核准批复，2016年浏阳市城市建设集团有限公司公司债券（简称“16浏阳城建债”）在中央国债登记结算公司簿记发行，成功募集资金22亿元，经过54家机构投资者超过90笔报价，最终确定发行利率4.45%，本期债券为7年期固定利率债券，主要以浏阳市禧和片区等五个安置房建设项目和浏阳市百宜片区等六个安置房建设项目为募投项目，是浏阳城建集团继2014年发行15亿元债券后第二期成功发行的企业债。有效认购总金额89.4亿元，认购倍数4.06倍。同比近期同等级别的发行主体，发行利率低约0.8%，为公司节约成本超过1亿元。（郭　狄）

工　　务

浏阳市工务局

党组书记、局长

刘美成（2016.04免）

胡汉堂（2016.04任）

副书记、副局长

涂业清（2016.09免）

党组成员、副局长

罗金卫（2016.09任）

周正佳　黎河清

党组成员、纪检组长

陈树松（2016.12免）

党组成员、市纪委驻工务局纪检组长　易森林（2016.12任）

党组成员、总工程师

陈　锋（聘）

【概况】 浏阳市工务局是市人民政府直属的负责除水利、交通、土地开发整理、地质环境治理外经市政府授权的非经营性政府投资建设项目的建设管理事业单位。内设办公室、投资管理科、前期科、工程技术科、工程管理一科、工程管理二科、财务科、招投标管理科，下设二级机构代建服务中心。2016年，有在编人员29人。

项目建设　负责新、续建项目103项，总投资20.4亿元。全年计划完成投资10.09亿元，实际完成投资10.2亿元，占计划投资101%，其中市民之家、西湖山路提质改造、天马山游道二期、浏东公路绿化提质、永安中学整体搬迁、人民路二小综合楼、八中学生宿舍楼、达浒卫生院、普迹卫生院等51个项目全面竣工；长兴湖小学、李畋小学教学楼等17个项目完成主体建设；精神病医院、李贞小学等19个项目有序推进中。配合绿色建筑发展和海绵城市建设，启动人民医院整体搬迁项目、“三馆”（规划展览馆、博物馆、图书馆）合建项目、道吾学校申报海绵城市建设示范项目工作。年内永安中学整体搬迁等项目获“省质量、安全标准化工地”称号。

项目管理　对重点建设项目的设计，通过国内公开招标、专家论证、部门参与，广泛开展项目前期调研和方案对比选优，对关注度高的民生重大项目，积极拓宽渠道广泛征集民意。对确定的年度建设项目，开工前充分熟悉和调研，通过召开现场调度会、制定具体方案、协调相关单位，积极完善启动条件，全年完成立项76宗，可研批复21个，办理各类许可122宗。严格审核概算和招标控制价，全年完成长兴湖小学等52个项目的招标控制价编制及财政投资评审，送审金额3.41亿元，审定招标控制价3.19亿元，审增（减）金额2131.5万元；遴选建立招投标代理库，2016年，完成新开工项目公开招标上网68个，延续及配套服务类招标项目9个，总控制价2.48亿元，通过公开招标竞价优惠3513.5万元，平均优惠率16.6%；完成90个单项合同的结算工作，送审金额2.82亿元，审定2.32亿元，审减4993.12万元。

队伍建设　定期召开党组成员会议，建立健全和落实民主集中制度、民主生活会议制度。落实“两学一做”学习教育要求，组织开展微型党课进支部、“两性一心”大讨论、“不为困难找借口、只为落实想办法”主题教育活动、参观胡耀邦故居等主题活动；开展“党员争先锋、工地党旗红”党建示范创新；做好党员管理和发展党员工作，机关党支部被评为市先进基层党组织。制定出台《简易工程招投标管理办法》《项目变更管理集体决议制度》《概算管理责任追究制度》。开通“工务廉信”，设立“项目清风站”，聘请廉政监督员，对项目变更、物资采购以及廉洁履职等方面主动接受群众和社会监督；深入践行“一线工作法”；全年开展作风督查30余次，通报4次；开展“青年读书班”“一对一传帮带”等主题活动。年内有5人取得建造师资格，3人获评工程师职称，1人被提拔到乡镇任职，1人当选市政协委员。（陶小松）

【“三馆”合建项目】“三馆”（浏阳市规划展览馆、博物馆、图书馆）合建项目位于浏阳市集里街道办事处道吾路侧（道吾山路和南泥湾路交汇处，道吾山路南侧、南泥湾路东侧），主要包括规划展览馆、博物馆、图书馆主体建筑及道路、绿化景观、亮化等附属工程。建设规模：建筑采用三馆围绕中央大厅布置的布局，总用地面积49999.83平方米，总建筑面积29777.54平方米，其中地上总建筑面积23996.88平方米（含规划展览馆建筑面积6171.12平方米，博物馆建筑面积8187.05平方米，图书馆建筑面积9638.71平方米），地下总建筑面积5780.66平方米。项目总投资33080.03万元。（陶小松）

【人民医院整体搬迁项目】项目位于浏阳市杉松金桥片区、道吾山路以北、禧和路以东、胡家路以西、城际铁路以南。占地面积113557.70平方米（11.356公顷），规划总建筑面积271315.84平方米，地上总建筑面积195426.4平方米，地下总建筑面积75889.44平方米；该项目总体设计床位数1480张，其中一期设计床位数1480张，总建筑面积148827.63平方米，地上建筑面积113363.19平方米，地下建筑面积35464.44平方米。一期主要有门诊综合楼、高压氧舱、停车场、能源供给站等其他设施。一期总投资估算65476.00万元。（陶小松）

【道吾学校建设项目】项目位于湖南省长沙市浏阳市集里街道办事处境内，地块四至为北至博德路，南至予倩西路，西至胡家路，东至南泥湾路。项目规划用地面积127510.27平方米，净用地面积118042.65平方米。规划办学规模为小学、初中各48个班，可招收小学生2160名（每班45人），初中生2400名（每班50人），总建筑面积66345.21平方米。建设内容包括与96个班相配套的教学教辅用房、办公用房、学生宿舍、综合楼、体育馆和运动场、篮球场、门卫室、地下室工程建设等。项目总投资2.6亿元。（陶小松）

【浏阳市永安中学整体搬迁一期建设工程项目】该项目位于浏阳市永安镇坪头村境内，计划总投资约4200万元，建设规模：项目总建筑面积约18000平方米，其中教学楼12095平方米，宿舍楼2943平方米，生活服务楼2630平方米和门卫室、部分挡土墙、围墙以及部分道路、水电、亮化、绿化等基础配套设施（不包含运动场）。经公开招标，湖南高岭建设集团股份有限公司中标，中标价39493869.72元，该项目于2016年2月动工建设，年底完成主体建设。

【长兴湖小学建设项目】该项目位于浏阳市长兴湖片区，计划总投资约3854万元，建设规模：本项目总规划用地面积31961平方米，总建筑面积约13500平方米，其中包含有教学食堂、综合楼、体艺楼各1栋及运动场、绿化等附属工程。经公开招标，湖南顺天建设集团有限公司中标，中标价35844561.37元。该项目于2016年8月23日动工建设，建设工期210日历天。（陶小松）

住房保障

浏阳市住房保障局（房屋产权管理局）

党委书记、局长　陈　旭

副书记、副局长　陈文波

党委委员、副局长

欧阳维　林湘（女）

【概况】2016年，全市铺排保障性安居工程和棚户区改造目标计划49个6979套（户）。支持大瑶、官渡、北盛、枨冲等18个乡镇（街道）对5331户城镇居民实施棚户区改造和配套基础设施建设。续建园区、乡镇、乡村教师和乡镇卫生院25个项目1236套，全年争取到中央、省市保障性安居工程和配套基础设施专项资金2.37亿元。出台《浏阳市定向公共租赁住房管理办法》《关于调整我市公共租赁住房租金标准的通知》《关于明确我市住房保障准入标准的通知》《浏阳市保障性住房审批管理操作规程》等文件。开展全市第一次住房保障对象资格年审工作，对全市4321户已纳入住房保障实物配租对象资格进行逐户审查集中审核。全年新增实物配租302户，清理退出148户，发放住房租赁补贴341户29.3万元。开展“给环卫工人一个温暖的家”活动，解决特殊低收入群体住房困难。（徐陶浩）

【房产市场运行】2016年，全市有在建在售房地产开发项目63个，完成房地产开发投资20.62亿元，商品房新开工68.99万平方米，实现商品房销售144.36万平方米，同比增长25.7%，商品房成交金额69亿元。借助湘赣边区域合作交流平台，与湘赣边6县（市）合作，先后在上栗、铜鼓、万载、修水、醴陵、平江及浏阳城区，举行以“湖湘宝地·美丽浏阳”为主题的城市形象、品牌地产推介活动。邀请长沙市、宜春市、新余市等16个湘赣边区域市、县住房公积金中心和房地产管理局负责人，召开湘赣边区域住房公积金异地使用合作交流会议，达成长沙市与宜春、新余市签署住房公积金异地使用合作协议，建立公积金异地使用合作关系，提升浏阳城市的吸引力和辐射力。（徐陶浩）

【浏阳市第十二届房交会】10月21日至30日，浏阳市第十二届房交会在浏阳河广场举行，37家房产企业38个楼盘参加交易展示。房交会现场设置参展楼盘展示区、二手房专区、政务服务区、金融服务区四大功能区，及时为购房者提供政策解释和服务说明。房交会期间，全市成交房屋4669套，成交面积59.32万平方米，成交金额28.29亿元，其中：商品房网上签约3825套，签约面积49.72万平方米，合同金额25.91亿元；二手房成交844套，成交面积9.6万平方米，成交金额2.38亿元。比第十一届房交会成交房屋套数增长75.92%，成交面积增长73.76%，成交金额增长99.79%。房交会成交房屋的购房群体中，本市户籍人员购房面积 47.99 万平方米，占总成交面积 80.89%；非本市户籍人员购房面积 11.33 万平方米，占总成交面积 19.11%。房交会期间商品房住房平均销售单价 3811 元 / 平方米，商品房非住宅平均销售单价 7528 元 / 平方米。本届房交会实行政府购房补贴政策，对住房、非住房（不含工业厂房）购房户，按契税实缴额的 100%进行补贴。经统计，第十二届房交会成交商品房以住房为主，住房销售面积 39.2 万平方米，占总成交面积 66.08%；浏阳域外群体占比 19.11%，较第十一届房交会域外群体占比 16.58%增加近 3 个百分点。（徐陶浩）

【物业管理】 4 月 28 日，成立浏阳市物业矛盾纠纷调处中心，市人民法院在调处中心设立浏阳市物业纠纷巡回审判法庭，并首次公开庭审一起“因不满物业服务而拒缴物业费，湖南省浏阳市两名小区业主被小区物业公司状告至浏阳市物业纠纷巡回审判法庭”物业矛盾纠纷案件。调处中心构建人民调解、行政调解、司法调解三调联动，形成物业小区、社区、街道、调处中心四位一体的物业管理和社会管理新格局。全年排查调处各类纠纷 1732 起，结案率 95%。开展“创和谐物业、建幸福小区”评选活动，对小区物业管理满意度指数、幸福感指数进行测评，获业主赞誉。加大物业宣传力度，编印发放《物业知识漫画》《物业服务 80 问》等宣传资料 4 万本，打通物业管理“最后一公里”。（徐陶浩）

【住宅专项维修资金管理】 住宅专项维修资金是指专项用于住宅共用部位、共用设施设备保修期满后的维修和更新、改造的资金。1999 年，浏阳市开始建立住宅专项维修资金制度，截至 2016 年 6 月，全市住宅专项维修资金累计使用超过 1700 万元。2016 年 1 至 11 月，归集住宅专项维修资金 10699 户 1.046 亿元，维修资金缴存余额 4.69 亿元。全年使用维修资金 116 笔，使用资金 419 万元，14609 户业主受益。破解物业维修资金使用、电梯安全运行等管理难题，出台《住宅专项维修资金使用公示制度》《浏阳市物业维修资金审计造价咨询管理制度》和《住宅专项维修资金电梯应急维修使用办法》，探索“反向表决”、业主代表会议等便民、利民、物业新机制。（徐陶浩）

【出台《住宅专项维修资金电梯应急维修使用办法》】 2016 年上半年使用住宅专项维修资金近 200 万元，其中电梯维修资金占比专项维修资金超 40%。国家政策规定使用住宅专项维修资金必须“双三分之二”业主（即专有部分占建筑物总面积三分之二以上的业主且占总人数三分之二以上的业主）同意。为快捷方便使用住宅专项维修资金维修电梯，5 月 4 日，市住房保障局联合市场和质量监督管理局出台《住宅专项维修资金电梯应急维修使用办法》（以下简称办法）。根据《办法》，住宅专项维修资金的提取时限缩短至 8 小时，程序由 7 个缩减至 4 个环节，电梯应急一般修理在报修后 24 小时内恢复安全运行，电梯应急重大修理、改造于报修后 3 天内恢复安全运行，资金使用由一方监管到三方共管。《办法》出台，打通电梯维修资金应急使用“绿色通道”。小区电梯需要用住宅专项维修资金维修，走“绿色通道”无须先征求双三分之二业主签名同意，由电梯维保单位确认故障和隐患后，可直接申请，节省时间。（徐陶浩）

【二手房屋交易】 建立健全二手房屋交易网上签约系统和二手房屋交易资金监管制度，出台《浏阳市二手房屋交易网上签约及资金监管办法》和《浏阳市二手房屋交易网上签约及资金监管办法实施细则》。全年完成二手房屋网签 2265 宗，成交面积 294181.21 平方米，资金监管 8 宗，监管金额 400.8 万元，租赁备案 3 宗。（徐陶浩）

【白蚁防治工作】 全年签订白蚁预防合同 258 份，签订预防面积 143.93 万平方米，实现白蚁预防收入 323.92 万元，完成白蚁预防施工 126.17 万平方米；进行白蚁补治 127 宗，签订白蚁灭治合同 3 份，灭治面积 6500 平方米，白蚁灭治收入 13.27 万元。对 29 个小区 IPM 项目示范点安装的饵剂系统进行检查维护”，检查维护面积 230.7 万平方米，新安装饵站 1672 个，安装面积 21.75 万平方米。（徐陶浩）

住房公积金管理

长沙住房公积金管理中心浏阳市管理部

党支部书记、主任　袁祖平

副主任　胡咏梅

【概况】 2016 年，全市新增住房公积金开户单位 71 个，新增开户职工 11292 人，累计开户单位 1316 个，76759 人；住房公积金归集金额 5.61 亿元，同比增长 23.8%；提取住房公积金 28756 笔，提取金额 2.42 亿元，提取额占当期归集额的 43.22%；全年发放个贷 1214 户、个贷金额 3.9 亿元，同比增长 59.3%。截至 2016 年 12 月，全市累计归集总额 31.3 亿元，归集余额 17.38 亿元；累计发放住房公积金个人贷款 22.2 亿，个贷余额 12.7 亿，帮助 13571 户中低收入家庭解决住房困难。2016 年，浏阳市管理部主要业务指标完成在长沙住房公积金管理中心综合排名第三，被评为“先进管理部”，管理部党支部被评为长沙市“先进基层党组织”，浏阳市管理部公积金事业继续保持稳步健康发展态势。（王星星）

【公积金归集工作】 多措并举实现归集扩面逆势提升。1. 加强信息比对，及时更新社保、工商等部门提供的信息数据，梳理全市未建制企业名单。对应建不建、应缴不缴的单位约谈企业负责人，上门走访 78 家，发放宣传资料 116 份，下发催建通知 17 份，限期整改通知 5 份。联合 4 家合作银行召开“住房公积金制度推进会”，推动非公企业、社区专职工作人员和机关事业单位编外合同制人员的建制缴存。截至 2016 年年末，浏阳所有建制社区均已开户，共 88 家单位为 2773 人编外合同制人员缴存住房公积金，建制率 94.62%。2. 规范单位公积金缴存，督促行政机关、事业单位及时调整缴存基数及相关补缴工作；对缴存比例低于8%的和有能力提高缴存基数的企业，力促提高缴存基数和缴存比例；为减轻企业负担，对困难企业实施缓交和阶段性降比工作。3. 力推灵活就业人员规范建制，根据《关于灵活就业人员建立住房公积金制度的通知》，积极开展政策宣传，让灵活就业人员享受住房公积金政策优惠，全年新增开户人数83人。4. 加大依法行政力度，积极受理职工投诉，督促单位及时足额为职工缴纳公积金。（王星星）

【信贷工作】 2016年，管理部优化业务办理程序，落实贷款新政，采取一系列政策惠民、服务便民措施，满足缴存职工贷款使用需求，保障浏阳市居民住房消费和促进房地产市场平稳健康发展发挥重要作用。深入开展宣传活动：利用电视台、报纸、网站、微信等媒介，向社会公开各项政策规定、业务流程和要件，不断提升制度影响力和政策知晓度；做好咨询答复，开展"学雷锋志愿者服务队"下基层送政策活动，宣传制度优越性。第十二届房交会期间，与市政府联合举办湘赣边住房公积金异地使用区域合作交流会，推动湘赣边区域性发展。继续深化审批改革：对符合住房公积金贷款条件的职工，进一步理顺和简化业务流程，做到资料递交、审批、面签当场办结。规范资金风险管理：内部明确操作权限、定期开展岗位风险排查和稽核检查；充分利用征信系统、房源系统信息，加强对贷款人资格和贷款资料的审查，进一步完善工作流程，从管理上杜绝骗提、骗贷行为发生；重视贷款楼盘的风险管理，做好按揭楼盘要件收集、审核、实地考察、签订合作协议等各工作环节；发挥新系统终审校验关卡的作用，确保信息准确。贷后由专人管理，对逾期一个月以上贷款进行不定期催收，最大限度降低逾期贷款，防范和控制贷款风险。（王星星）

【优质服务】 改善服务环境：公开服务制度、办事流程、服务承诺、工作人员基本信息、"12329"公积金服务热线和投诉电话，设置咨询、投诉窗口，服务设施齐全，为群众营造温馨、整洁的办事环境。强化服务管理：加强窗口规范化管理，严格执行首问负责制、一次性告知制、限时办结制等制度；加强对服务工作考核，强化监督检查机制，充分调动职工工作积极性和主动性；继续开展"雷锋式服务明星"和"优秀柜员"评选活动，激励员工提高服务水平；加大员工培训力度，每月至少开展一次业务知识及服务礼仪培训，不断提高窗口服务水平。拓宽服务手段：推广住房公积金"综合服务平台"，积极引导缴存单位和职工运用住房公积金官网、网上服务厅、手机app、微信、"12329"服务热线、"12329"短信平台、银行自助终端等服务平台，拓宽服务渠道，推动住房公积金业务智能化发展。开展延伸服务：坚持每周五到经开区集中办理公积金业务；组织单位专管员和楼盘贷款员培训，提高资料审核效率；积极开展上门服务和延时服务，对特殊人群和网上预约人员开辟绿色通道服务，为群众提供优质服务。（王星星）

城市供水

浏阳市自来水公司

党委书记　邹利明
副书记、经理　周树成
副经理　张大勇　江和平
　　　　陈松柏

【概况】 2016年，浏阳市自来水公司在编人员188人，内设14个科室，全年完成总产值4129万元，同比增长6.4%；售水量1739万吨，同比增长8.7%，管网漏失率控制在15%以内，水费回收率99%以上。供水水质符合国家生活饮用水标准，全年无大小安全责任事故。

安全供水　落实安全生产"一岗双责"制度，切实执行检查督办制度与月例会制度。水厂实行24小时轮班值守，每日巡检取水口、工艺水池、变压线路等重点部位，杜绝出现任何安全隐患。加大对供水设施的维护维修力度，完成送水一号新泵、二期反应池喷淋装置安装调试，水厂起重设备、源水加氯机、加矾泵及三期排泥行车污泥泵等维修。做好三水厂变压器增容改造，由630千伏安增至1260千伏安。全年水厂单位电耗比2015年下降3.2%，单位氯耗下降3.3%。

水质把关　确保城区水质安全达标，公司水质检测站严格按照《生活饮用水卫生标准》全方位对出厂水、管网水进行日常检测，每年接受省、市多家水质检测机构随机抽检。2016年，公司出厂水、管网水的106项指标合格率均100%　。新增非常规农药残留指标"六六六"(六氯环己烷)和"林丹"(γ-六氯环己烷)两个项目的检测，至2016年12月，水质综合检测能力增至55项。每月定期在政府和公司门户网公示水质检测报告。

科学管理　1. 启动"智慧供水"建设。正式启动城区供水管网地理信息系统(简称GIS)项目建设，并确定总体规划、分步实施原则。2016年已做好第一期确定招标机构和探测区域准备工作。推出以4G手机网络为依托的智能手机抄表系统，保证抄表的及时率、到位率和准确度。推出电磁远传水表，实现对用水量、管网压力的实时监控。优化微信平台，实现水费预存功能，有水费缴纳方式9种，水费个人预存户表占总用户数63%。2. 理顺内部管理体制。聘请会计师事务所全面核查和清理公司账务和管网资产，新增管网资产3900余万元，确保国有资产保值增值。完成工威安装公司体制转换，经职代会同意，决定将工威安装公司转换为浏阳市自来水公司的全资子公司。3. 加大新老城区管网建设和改造力度。投资600余万元配套完成道吾路、白沙路、西湖山路、翠园路、菊花石路、浏阳大道DN300—DN600全长20千米的供水管网新建和改造。积极为大型房产项目、公益改造项目服务，完成君悦城、大悦城、新月半岛、恒大华府、水岸山城、四季花城、鑫岛明珠等大型房产项目供水管线建设和城东保障房、烟草局小区等老旧管网改造。（陈　果）

【浏阳市第三水厂一期滤池提质改造工程竣工】 提升水质水量，降低生产能耗，2016年，公司推进三水厂一期滤池提质改造工程。该工程投资约300万元，将原有的虹吸工艺改造为先进的气水反冲洗工艺，并实行全自动监测。公司成立工程建设指挥部和工艺创新自主科研小组，制定项目进度安排表，每周一例会，及时调度。6月，进场施工，历时7个月。年底，该工程顺利竣工，产水量由改造前的3万吨/日增至改造后的3.6万吨/日。 （陈 果）

城市管理

浏阳市城市管理和行政执法局

党委书记、局长 唐洪胜

副书记、副局长

张达宗（2016.09任）

唐朝晖（2016.08免）

党委委员、副局长

张先锋（2016.09任）

党委委员、爱卫办主任

罗永昌（2016.03任）

党委委员、纪检组长

胡 湘（2016.04任）

党委委员、工会联合会主席

胡忠敏

党委委员、执法大队政治教导员

汤继兴（2016.09免）

【概况】 2016年，浏阳市城市管理和行政执法局有在编人员293人（其中环卫在编人员145人），临聘人员270人（其中环卫临聘人员209人），内设办公室、政工人事科、法规宣教科、综合业务科、创卫办（基层指导科）、监察督查室、爱卫办7个职能科室、9个城区执法中队；辖城市管理综合执法大队（正科）、拆违控违大队（正科）、市容环境卫生管理局（正科）和市爱国卫生运动委员会办公室（副科）4个二级机构。根据《湖南省人民政府关于在浏阳开展相对集中行政处罚权工作的批复》（湘政函〔2004〕100号），浏阳市城市管理和行政执法局在城市管理领域开展相对集中行政执法权工作，行使12个方面的行政处罚权，即在国务院明确规定的市容环境卫生管理、城市规划管理、城市绿化管理、市政管理、环境保护管理、工商管理、公安交通管理7个方面职能的基础上，增加道路运输、城市燃气、烟花爆竹燃放、城市公共客运、河道与矿产资源管理5个方面的行政处罚权。2011年机构改革，将市政基础设施、公用事业、园林绿化、出租车、公共交通管理5项管理职能移交个相关部门，同时将集中行政处罚权职能里的道路运输、城市燃气、城市公共客运3项职能移交给相关部门。 （董小鸥）

【城市管理】 机制创新：1.深化城管重心下移。加强对各街道（乡镇）城市管理工作的指导、督查、考核，对集镇、乡村、屋场管理实行常态业务指导，全面推进城市管理向乡村延伸。2.完善环卫市场化改革。环卫“两清一保”（清扫、清洗，保洁）市场化改革提质扩面，将新增区域纳入改革范围。截至12月，服务面积392.1万平方米，基本实现城区街道全覆盖。3.实施网格化管理。将城区划分为19个城市管理网格，每日对市政设施、园林绿化、环境卫生等问题进行巡查检查，发现问题及时交办，限期整改，对责任单位实行周检查、月排名、季讲评，并纳入年度考核。全年交办问题3557个，整改落实3526个，整改率99%。4.落实“门前三包”责任制。强化沿街门店、单位“门前三包”责任，实行周检查、月排名、季奖惩，全年评选“星级门店”414个、“不合格门店”80个，组织对“不合格门店”执法40余次。“门前三包”成为省、长沙市城市管理品牌。5.健全社区考评机制。出台社区考评办法，每月进行明察暗访，每季进行考评奖惩，并将排名情况在《浏阳日报》公示，全年安排70多万元资金以奖代补，社区参与积极性明显提高。6.创新拆违控违联动机制。实行季督查、年考核，建立控违双向巡查、物业小区防控和查处等机制，落实属地管理责任制、部门联动配合机制，建立专业摩托车控违巡查分队，坚持以街道为主体，城管、国土、规划参与，其他责任单位密切配合的“1+3”执法模式，拆违控违合力进一步增强。市容管理：坚持最严处罚，对乱扔垃圾和车窗抛物等行为继续实行50元罚款，先后取缔城东新村和解放路马路市场；开展主干道喷绘广告“清零”和“三点停放”整治行动；坚持渣土运输“四个一律”（一律要求设置车辆冲洗配套设施、一律要求围挡施工、一律要求办理渣土运输准运证和按线路行驶、一律要求密闭运输）和渣土审批“三个必须”（即渣土车辆必须合法、渣土倾倒必须进消纳场、渣土工地必须建设清洗平台）管理规定，建立浏阳市首个全自动清洗平台。2016年，教育、纠违、查处各类城市管理违法行为为6.2万多起，办理各类案件6480件，其中处罚乱扔垃圾行为1200多例，月均100例，车窗抛物240多例，月均20例；查处车辆带泥污染路面、洒漏飞扬、随意倾倒等渣土案件302件，处罚违规车辆289台；坚持“牛皮癣”治理电话追呼，全年追呼号码626个，处罚乱张贴“牛皮癣”行为581起。拆除喷绘广告招牌1200多块，城区主次干道竖式和喷绘广告招牌全部“清零”。拆违控违：继续推进“史上最大规模拆违控违行动”，始终保持拆违控违高压态势，通过强化源头控违、铁腕拆违，基本实现“一年基本拆除，两年基本清零”的目标。明晰工作责任。出台《关于建立健全整治违法用地和拆违控违工作长效机制的通知》《严控严管利用违法建筑从事生产加工、仓储、经营活动场所工作方案》等长效管理文件，进一步明确拆违控违目标任务、工作要求、工作责任。坚持“两零”工作目标。以拆违促拆迁服务重点项目建设，开展项目范围内违法建设“清零”和重点区域新增违法建设零增长“双零”行动，拆除项目内违法建设2.67万平方米，确保全市重点项目快速推进；开展“无违小区”“无违社区”和“无违道路”创建行动。全年组织拆违行动300多次，拆除违法建设19万多平方米，完成政府下达目标任务238%。宣传教育：报纸、电视报道和进村入户宣传相结合，全方位开展拆违控违宣传教育。印发《关于开展违法建筑整治的通告》3000多份，在城区设置立柱宣传标语8块、墙面宣传标语200多块，发放宣传资料20000多份，利用宣传车、电子显示屏、社区、村组广播、党员干部微信平台、手机短信平台等宣传拆违控违。环境卫生：延长环卫作业时间，建立两个快速保洁分队，实行早、中、晚休息时间无空档管理。实行机械保洁、定岗保洁与快速保洁相结合方式，增加清扫保洁和洒水降尘次数，主街道基本做到“垃圾落地不超过

10 分钟”。在城区 4 个社区实行垃圾分类试点，效果初显。做好城乡垃圾收集、运输、处理，入场垃圾无害化处理率 100%。环卫设施全面维修、维护，新增一批垃圾箱（桶）、作业车辆、公共厕所，新建环卫工人休息室 5 间，积极倡导环卫工人爱心早餐活动。城市管理进乡村：1. 深入开展城市管理向乡村延伸工作。历时 7 个月，20 个乡镇实现城市管理标准、人员、机制进乡村目标。2. 科学谋划，精心部署落实。明确“建立标准、打造样板、全域覆盖”三步走的整体工作思路，将“最严格、最精细、最到位”的城市管理措施向乡镇推进。3. 党政班子成员蹲点指导，每周到乡镇进行业务指导，参与环境整治；选派 6 名中层骨干到乡镇挂职镇长助理，每日报告工作进展，每月组织考核考评；抽调 3 名业务骨干组成指导组，精选 20 名执法人员组成突击队，指导、帮助乡镇开展环境整治 1000 多人次。4. 建章立制，规范乡村管理。建立健全工作机制。印发《城市管理向乡村延伸工作方案》《乡镇集镇管理标准及考评细则》《美丽乡村、幸福屋场管理标准及考评细则》等文件，明确工作标准和目标。指导 10 个乡镇城管中队设立处罚室、配备法制员，严格按照“三单办结制”和“限时办结制”依法依程序开展执法工作；指导永安、官渡、镇头、北盛、洞阳、古港、沙市等 10 多个乡镇建立屋场管理办公室；专题举办 2 期城市管理向乡村延伸业务培训班，提高城市管理人员业务素质和常态管理意识；指导乡镇建立“门前三包”“庭院三包”检查考评制度和屋场管理办法，发动群众参与乡村管理。宣传工作：坚持“人民城市人民管”理念，开展“城市管理全民宣传”活动，营造全民参与氛围。1. 宣传教育。深入开展城市管理宣传“进机关、进学校、进门店、进社区、进企业、进乡镇”六进活动。发放《再致市民的一封公开信》《致机关干部职工的一封信》《再致门店的一封信》《致中小学生的一封信》和《致驾驶员的一封信》等公开信 20 万份，并致函全市机关单位和乡镇街道组织学习。在城区主干道、高架广告、电子屏上设置公益宣传 2000 多处。2. 互动体验、全民参与。开展“美浏行动，我支持我参与”“告别不文明行为万人签名”、免费向市民发放 3000 个车载垃圾桶、“小小城管”、大学生村官和“两学一做”党员网友体验城市管理等活动，倡导干部职工、市民积极参与城市管理。6 月 29 日，《长沙晚报》以“城管来了、乡村靓了、游客多了”为题对浏阳市城市管理向乡村延伸工作进行专题报道；7 月 19 日，《湖南日报》以“破解‘天下第一难’”为题对市创新城市管理模式进行全面推介。（董小鸥）

【创卫工作】 健全爱国卫生组织：明确爱卫成员部门职责和任务，及时调整市爱国卫生运动委员会组成人员，调整充实市直单位、乡镇街道及村级爱卫组织机构，健全市、乡、村三级爱卫组织网络。完成创建工作：2016 年，成功创建国家卫生镇 1 个、省级卫生镇 2 个、省级卫生村 5 个、省级文明卫生单位 3 个、长沙市卫生镇 2 个、长沙市卫生社区 2 个、长沙市卫生村 10 个，超额完成年度目标任务。完成农村改厕任务：按照《关于印发 2016 年农村改厕项目实施方案的通知》文件要求，在 21 个乡镇街道 25 个村实施农村改厕项目，完成农村改厕任务 2600 座。病媒生物防制验收达标：开展公共环境及重点部位病媒生物防制基础设施建设，建设灭鼠毒饵站 10000 多个，“三防”（防蚊、防蝇、防鼠）设施示范街 2 条，示范小区 1 个。10 月，浏阳市成功通过省爱卫办病媒生物密度控制水平三项达标验收；爱卫工作和城乡整洁行动在长沙市督查考核中名列前茅。组建快速保洁分队：组建快速保洁分队 2 个，每个分队配备保洁队员 30 名，电动保洁车 30 台，增加每日清扫保洁频率，做到“垃圾落地不超过 10 分钟”。城区喷绘广告“清零”：拆除城区喷绘广告招牌 1200 多块，实现主次干道喷绘招牌全部“清零”。成功取缔“两个”马路市场：历时半年值守，成功取缔城东新村和解放路马路市场，城市管理难点问题基本“清零”。（董小鸥）

【渣土扬尘治理】 出台渣土运输管理“四个一律”（超载运输一律查扣、使用黑车参与运输一律查扣、车身不洁一律查扣、污染道路一律查扣）规定和“三个必须”（渣土车辆必须合法、渣土倾倒必须进消纳场、渣土工地必须建设清洗平台）。首个可拆装式全自动渣土车清洗平台投入使用。树立“城管从严、城管为民”理念，致力体制机制改革，坚持“最严格、最精细、最到位”管理，城市管理走在前列，成效明显。城区基本实现“三个一个样”和“六个基本看不见”，即晚上和白天一个样、假期和平常一个样、不检查和检查一个样；基本看不见流动摊担、基本看不见店外经营、基本看不见违规破旧广告、基本看不见垃圾、基本看不见乱搭乱建、基本看不见渣土污染。（董小鸥）

市容环境卫生

浏阳市市容环境卫生管理局

党总支书记　胡　舟

局　长　张达宗（2016.09 免）

【概况】 浏阳市市容环境卫生管理局是政府负责城区环境卫生管理和服务的职能部门，系浏阳市城市管理和行政执法局下设正科级二级机构，全局在编正式干部职工 143 人，临聘职工 270 余人。内设机构包括办公室、考核办公室、乡镇业务办、财务科、政工人事科、后勤设备科，下设机构有清扫保洁队、环卫费征收办公室、渣土管理办公室、垃圾清运队、修理厂 5 个部门。2016 年，该局按照国家卫生城市的标准，探索环卫工作新模式，加大管理与服务力度，有力推进市容环境卫生管理与服务工作。

清扫保洁　实现城区环境卫生质量“三个一个样”，抓好精细化作业：成立快速保洁分队，购置电动三轮车 55 台，以“垃圾落地不超过十分钟”为目标进行巡回式快速机动作业，提高保洁效率；实行“六位一体”（墙面、人行道、绿化带、辅道、机动车道、沟渠）全覆盖作业，确保卫生无死角；每日分两班次清洗城区主次干道人行道和路边沟渠，安排专门队伍巡回清洗环卫和公用设施，保证人行道和公共设施清洁；提高洒水频率，对重点路段和时段进行重点作业，提高车行道清洁水平，有效遏制扬尘污染产生。

垃圾运输处理　加强安全教育，

消除安全隐患：坚持安全生产月工作例会制度，通报处罚日常运行过程出现的违反安全生产行为，聘请专业人员讲授安全知识提升安全意识，落实安全帽、反光背心等安全措施，全年未出现较大安全责任事故。开展死角垃圾“清剿”行动：先后出动车辆1000余台次，彻底清运城区死角垃圾和部分乱堆砌的建筑垃圾、废旧家具。优质乡镇垃圾中转服务：全年为10个乡镇运输垃圾9.4万吨1.4万余趟，运输里程79万余千米。延长垃圾清运作业时间：每日4时至21时，收集车辆负责城区街道垃圾收集，全年清运垃圾近20余万吨。

生活垃圾处理费征收　2016年，该局强化服务，公平征收，规范减免程序，建立电子征收台账，拓宽环卫费征收渠道，全年征收城区生活垃圾处置费1210万元，完成财政下达的非税收入任务。实行目标管理：分解收费任务到班组，逐一签订目标责任书。完善制度，堵漏洞：完善内部管理制度，规范减免程序，杜绝“人情费”征收。坚持文明征收：严格按照文件标准收取生活垃圾处理费，对拒缴对象依法立案强制征收。

考核管理　考核办公室履行对城区“两清一保”项目环境卫生检查考核职能，对城区环境卫生考核检查，全年检查记录1264条，扣分1515.5分。并对该局业务工作检查200余次，处理、回复市民投诉24起，发布督查通报29期，处罚违反制度7人次。

市容执法　实行案件主办责任制，提高队员业务能力。加强对欠缴环卫公用事业费的单位、商户及个人的立案查处和劝导缴费，立案查处恶意欠缴环卫费的商户和个人；加强对市容环境卫生投诉案件的查处，全年处理投诉案件160余件，做到及时处理，即时回复。实行堵疏结合原则治理“牛皮癣”，通过追呼系统，严厉打击非法小广告，全年追呼非法小广告电话626个，处理非法小广告张贴案件581起。

安全生产　根据“党政同责、一岗双责”和“管行业必须管安全，管业务必须管安全，管生产经营必须管安全”要求，成立安全生产工作领导小组，签订安全管理工作责任书。通过邀请老师讲座、观看教育宣传片、集中讲评等方式，加强安全作业、道路交通法规、车辆保养与安全驾驶等方面的学习教育，全年组织全体干部职工集中学习9次；采取发放公开信、电子屏刊播和发短信等形式，加强安全管理知识宣传。根据工作实际，督促各部门完善作业流程，健全管理制度，将安全工作纳入日常工作和常态化管理。加强安全隐患督导排查，采取定期检查、不定期巡查相结合方式，督导和检查各部门安全管理工作，及时排查安全隐患，做到预防为主、严格管理，警钟长鸣。

基础设施建设　投资3000万元的垃圾渗滤液处理项目和投资350万的粪便无害化处理厂先后正式进入运营；完成垃圾处理场C区土建施工，防渗膜铺设工作中；积极准备垃圾无害化处理场验收评级前期工作，完成垃圾场绿化及部分资料准备；建成垃圾中转站、公厕各1座，并对部分公厕维护改造；完成环卫工人作息室5座。　（彭志敏）

环境保护

浏阳市环境保护局

党组书记、局长
　易华堂（2016.03免）
　刘美成（2016.04任，2016.08免）
　雷　义（2016.08任）
党组成员、副局长
　陈光友（2016.09免）
　陈　铁　刘鹏程
党组成员、纪检组长
　古红兰（女，2016.01免）
　肖　娟（女，2016.01任）
党组成员、副局长
　张　旭（2016.07免）
党组成员、总工程师（聘）
　林琼国（女）
党组成员、副局长
　李洪湖（2016.09任）

【概况】2016年，浏阳市环境保护局机关内设办公室、纪检监察室、管理科、总量控制和污染防治科、自然生态保护科、法制监督科、财务科、高新区环保办8个科室（办），下辖环境监察大队、环境保护监测站、环境保护局经开区分局3个二级机构。全年该局狠抓项目建设、提升环境质量、强化环保执法、注重环保宣传，扎实开展“清霾、碧水、静音、净土”四大行动，圆满完成各项环保工作目标任务。

环境管理　严格准入：严格执行建设项目准入制度，全年组织各级联审会15次，直接否决建设项目28个，从源头上控制环境污染和生态破坏。严守标准：严格执行“三同时”制度，不能完全满足验收条件坚决不予验收，全年对19个不符合验收条件的项目实施停产整改。严肃查处：全年开展专项执法行动61次，出动监察执法人员750人次，检查企业510家次，下达监察文书360余份，立案47起，查封企业4家，实施停产2家，行政拘留12人，罚款89万元。同时，严格执行排污收费程序，依法足额收缴排污费1118.03万元，完成年计划的104.45%。在省环保厅组织的2016年全省环境监察与应急管理高级研修班上，该局作为唯一区（县）先进代表作题为“打造‘三个执法’、推进‘两法’衔接”的经验介绍。根据《浏阳市清理整治环保违规建设项目工作实施方案》，按照上级部门指导意见严格落实分类整治，完成2066个环保违规建设项目的清理整治和资料归档工作。

环境质量改善　大气污染治理：牵头划定浏阳市高污染燃料禁燃区，建立重污染天气应急响应机制，完成3家重点涉气企业脱硝技改工程、7家企业挥发性有机物治理、8台燃煤锅炉改烧清洁能源任务。全力推进黄标车淘汰工作，全年淘汰黄标车及老旧车2054台，超额完成目标任务。水环境污染治理：牵头划定浏阳河流域畜禽养殖禁养区和全市千人以上集中式饮用水水源保护区，积极开展浏阳河流域环境违法行为打击处理“亮剑行动”，启动实施全市域农村环境综合治理整县推进项目。土壤污染治理：完成永和镇含重金属废渣污染综合治理工程、七宝山地区历史遗留废渣治理工程和耙齿山、塘窝里尾矿库重金属污染防治工程。2016年，全市空气质量优良天数318天，城区空气优良率86.8%。全市流域干支流稳定达到Ⅲ类水质以上标准，实现出境断面水质达标率100%。

监管水平提高 实施网格化管理:全市划分7个一级网格、32个二级网格,定区域、定人员、定职责、定任务、定奖惩,形成组织完善、责任明确的网格化监管体系。落实双随机制度:将全市污染源划分为113家重点监管单位和194家一般污染源监管单位,利用"随机抽取被检查对象、随机选派执法检查人员"的双随机抽查机制,有效消除"人情执法""关系执法"。推行"一企一档"管理模式:对全市113家A类重点企业从环境管理、日常监管、整改情况、社会监督四个方面进行量化考评,每季考核排名情况在《浏阳日报》公示,促使企业增强环保意识。监测技能水平提升:石敏、王静代表长沙市参加湖南省环境监测分析技能竞赛活动,分获二、三等奖,助力长沙市夺得团体一等奖。积极推进突发环境事件应急预案备案工作:环境风险企业实行全备案,全市涉危涉重风险企业备案率100%。辖区内无等级环境污染事故发生。

环保宣教工作 加强环保舆情引导:充分利用"浏阳环保"微信平台扩大公众影响力,及时发布环保动态,每周定期发布一周环情。组建环保专业人员网评队伍,确保第一时间发现问题,及时作出相应处理,准确化解环保舆情。面对重大环保舆情及时发现、详细调查、迅速处置,有效控制不良影响。开展"六·五"环境宣教:浏阳市第二届环保文化节活动以"守护蓝天碧水,共建美丽浏阳"为主题,开展浏阳河全流域环保漂流骑行、环保微课堂进校园、"做自律模范 树环保新风"主题演讲赛、固体废物环保知识培训、新环保法知识问答赛、环保主题焰火等系列活动,发放宣传资料2万余份,受众8万人次。推动环保公益宣传:组织100多名冬泳爱好者开展第二届"环保杯"畅游浏阳河活动。大型原创环保儿童剧《至爱浏阳河》在全市公演,借童心宣传环保。2016年,成功创建"两型"学校2所、"两型"示范学校1所,投放大型环保公益广告2块,固定公交线路上设置环保宣传标语。浏阳电视台节目《浏阳新闻》后10秒环保宣传片全年固定播放,利用LED屏幕在城区繁华地段常年播放环保公益宣传短片,"美丽浏阳、绿色出行"标志覆盖225个浏阳公共自行车站点、5950个车位。

存在的困难 环境压力持续增大,部分区域水环境未得到根本改善;道路及施工扬尘、餐饮业的油烟污染等问题尚未有效解决,环境改善任重道远。随着工业化、城镇化的迅速推进,该市污染物排放量刚性增加,减排项目、产业集聚区污水处理设施、污水管网等建设滞后,畜禽养殖污染治理欠账较多,机动车排放量明显增加,治理工作尚未跟上,造成减排压力增大,形成环境容量不够的紧张局面。人民群众对生存环境提出更高要求和期待,由于环保监管能力和基础建设薄弱,乡(镇)政府肩负辖区环境质量重任,仅有的一名环保专干不能形成执法能力,不能较好履行环境服务职能,无法满足环境应急需求,与日益繁重的环保工作任务和日益突出的环境污染问题不相适应,存在环境监管难、执法难、治理难。 (彭 武)

【浏阳市通过环境应急能力标准化建设达标验收】 1月6日,省环境保护厅应急中心副主任张文佳带领省环境保护厅、长沙市环境保护局环境应急专家评审组一行,对浏阳市环境应急能力标准化建设情况进行现场验收。环境监察与应急标准化建设是省政府"十大环境保护工程"的重要组成部分。按照《全国环保部门环境应急能力建设标准》要求,浏阳市环境保护局根据已编制的环境应急预案,组建环境应急与事故调查中心、环境应急分队、环境应急专家库等多级别响应的环境应急处置队伍,严格执行应急调查、培训演练、物质调用、案例管理制度,加强部门联动,环境应急装备建设水平不断提高。经验收核查,专家评审组对浏阳市环境应急能力建设工作给予高度评价,一致同意浏阳市通过标准化建设县级三级达标验收并授牌。浏阳市环境保护局成为长沙地区首家通过环境应急能力达标验收单位。 (彭 武)

【启动首轮跨区域环保联合执法】 2月1日,接群众投诉反映,南川河水质异常、部分河段河水呈现红色。经现场调查,污染源疑似位于南川河浏阳市入境断面上游。该局联系南川河上游的江西省宜春市环保部门,申请开展一次跨行政区域南川河流域联合排查执法,共同维护南川河水质安全。2月24日,由万载县环境监察大队牵头,浏阳市环境监察大队配合,两县(市)出动环境监察执法人员15人,从浏阳市入境口溯南川河而上,联合开展专项执法,排查企业(加工厂、个人经营户)8家,依法查处南川河上游、位于万载县境内的两处污染源,下达现场监察文书2份,责令万载县黄茅镇大土竹材加工厂立即停止非法排污行为;责令万载县黄茅镇大土村村民谢某某立即停止河道挖沙行为,并恢复周边环境现状。此次行动是该局首次进行跨地域、跨省份的联合执法。 (彭 武)

【召开市生态环境保护委员会第一次全会】 5月9日,浏阳市环委会第一次全会召开,会议下发2016年浏阳市生态建设环境保护项目安排表等11个文件,要求年内须完成水污染防治、大气污染防治、农村环境综合整治等7大类,共21个生态建设环境保护重点项目。根据上级文件精神,生态建设环境保护项目纳入单位年度考核。2016年,浏阳市环保工作的主要目标是:城区空气质量优良率保持在80%(PM2.5)以上;河流出境断面水质及饮用水水源保护区水质达标率均达到100%;区域声环境质量全面达标;完成主要污染物年度综合减排目标任务;土壤污染治理取得积极进展;稳步推进农村环境治理,实现农村环境质量全面提升;确保不发生较大及以上环境污染事件。浏阳市委副书记、市长、环委会主任余勋伟指出,环境保护工作是保障浏阳持续健康发展的根本,各级各部门要进一步落实好新环保法的各项要求,坚持守住环保的"底线"和"红线",坚持"污染排放做减法,环境改善做加法";要切实做好环保审批、产业调整、项目建设、污染治理、宣传引导、环保执法等工作;要理清理顺体制机制,形成齐抓共管的大环保格局。会上,市经信、住建、公安、水务、农业等7个环委会成员单位负责人作生态文明建设和环境保护工作履职发言。 (彭 武)

【开展浏阳市第二届环保文化节活动】 提高全社会的环境意识和环保素养，倡导绿色发展理念，推进环境质量改善和生态文明建设，浏阳市生态环境保护委员会组织开展浏阳市第二届环保文化节活动，活动时间从6月至8月，持续时长两个月。此次浏阳环保文化节以“守护蓝天碧水，共建美丽浏阳”为主题，共设置探密九道湾—浏阳河全流域环保漂流骑行启动仪式，百堂环保微课堂进校园，“做自律模范树环保新风”主题演讲赛，环保公益随手拍，固体废物环保知识培训，新环保法知识问答赛，环保主题焰火，绿色朋友圈健康签到等八大主题活动，旨在吸引全市人民共同参与环境保护，建设“秀美、精美、优美”浏阳，彰显“湖湘宝地、美丽浏阳”城市形象。 （彭　武）

【开展黄标车及老旧车“百日清零”行动】 加快推进黄标车及老旧车淘汰，切实改善和提升全市空气环境质量，浏阳市决定从9月22日起集中时间、集中力量在全市范围内开展黄标车及老旧车“百日清零”行动，利用100天的时间，对全市列入淘汰计划的黄标车进行集中清理。9月25日，该市召开长沙对浏绩效考核环保工作推进会，对全市21个生态环境保护项目进行重点调度；同时，安排部署大气污染防治“冬病夏治”工作和黄标车及老旧车“百日清零”行动。根据统一安排部署，该市按照属地管理、分级负责原则，通过分解量化任务落实淘汰，严格监管执法重点淘汰，贯彻补贴政策促进淘汰等举措，确保年底前完成所有黄标车淘汰任务。“百日清零”行动开展以来淘汰黄标车及老旧车2054台，超额完成目标任务。 （彭　武）

【完成环保违规建设项目清理整治任务】 截至11月20日，浏阳市全面完成环保违规建设项目清理整治任务。对前期排查出来的2066个环保违规建设项目，参照长沙市环保违规建设项目清理整治分级分类处理指导意见，全部完成分类处理，完成率100%，分成承诺认可746个，补办275个，验收89个，备案819个，关闭129个，非环保违规建设项目8个。为扎实推进清理整治工作，浏阳市专门成立领导小组，制定印发《浏阳市清理整治环保违规建设项目工作实施方案》，明确对2014年12月31日前已建成未经环评审批或竣工环保验收的环保违规建设项目，按照“严查一批”“搬迁关闭一批”“限期整改一批”“备案管理一批”的总体思路，进行分级分类处理。从2016年3月起，全面展开环保违规建设项目清理整治行动。 （彭　武）

商　务

商务合作

浏阳市商务合作局

党委书记、局长　唐小红

党委副书记、副局长　宋继红

党委委员、工会联合会主席

张开明(2016.01 任)

党委委员、副局长

宋妮(女,2016.01 任)

李武(2016.01 任)

段云鹏

刘　平(2016.01 任)

党委委员、纪委书记

许运良(2016.01 任)

副局长

李　凌(女,2016.01 任)

【概况】 2016 年，全市实现社会消费品零售总额 281.32 亿元，同比增长 15.9%；完成自营进出口总额 15.78 亿美元，同比增长 3.17%，完成长沙市外境内资金形成固定资产 121.05 亿元；外商直接投资实际到位资金 2.4 亿美元。

招商引资　包装项目。收集浏阳河生态经济示范区项目 10 个，特色项目 70 个，向长沙市包装上报项目 41 个，其中精包装项目 15 个。推介项目。2016 年，市主要领导带队并引导园区、乡镇(街道)及平台公司采取小分队形式上门招商、敲门招商，派出近百批次小分队分赴广州、东莞、深圳、珠海、厦门、河南等地精准招商；成功举办 2016 浏阳(广州)招商推介会；组织开展广东省湖南商会企业家、东莞常平电商协会企业家、珠海湖南籍企业家等浏阳行活动。帮扶项目。为蕉溪乡青少年培训基地等 9 个重点项目联审；制定《浏阳市重点招商引资签约项目调度推进机制》，针对列为长沙市重点调度的 2014—2015 年度 18 个项目和浏阳市 247 个重点签约项目，明确专人，每月跟踪，确保进展；加强项目调度与协调，有 198 个项目履约，179 个项目开工，195 个项目有资金到位，项目履约率、开工率、资金到位率分别为 80.2%、72.5%、40.5%。

外经外贸　出台《浏阳市进出口贡献奖奖励办法》(浏政办发〔2016〕12 号)。做好星沙海关驻浏阳办事处的工作协调和后勤保障工作。完善对外劳务信息网络建设，市、镇(乡)、村三级工作网络逐步形成。建立重点龙头企业帮扶机制，加大对蓝思科技、庆泰烟花等企业的帮扶与指导力度。加大外贸主体培育力度，年内新增中宇供应链等外贸主体 54 家；从外地引进新设 3 家外贸公司，完成 1 亿美元进出口总额。加强业务知识培训，年内开展外贸政策宣讲等 6 次大型培训会议。组织 11 家企业赴港首次参加烟花玩具展、德国纽伦堡玩具展等 5 次国内外大型展会。拓宽外派劳务输出渠道，外经企业扩大至 9 家。

内需监管　出台《关于促进电子商务发展的实施意见》(浏政发〔2016〕7 号)，召开长沙市电商扶贫动员大会暨电商农企对接会，上榜“亿元淘宝县市”，跻身湖南省农村电子商务示范县(市)和长沙市电商扶贫

4 月 26 日，广东省湖南商会企业家浏阳行活动，企业家在高新区洽谈项目

(图片来源：市招商合作局)

试点县（市）。注重浏阳蒸菜典型示范，指导蒸菜连锁企业加快走出去步伐。引导天虹百货等大型商场超市布局浏阳。举办浏阳市第九届城市商务节等大型节会活动，促进消费增长。助推苗木、花炮等传统、特色行业加快触网步伐。完成6家农贸市场、2家专业市场提质改造；健全生猪重要商品储备调控机制和生活必需品应急管理制度；强化成品油市场经营和安全生产管理，从严打击成品油非法经营行为，规范市场秩序。（黎　涛　丁凯慧）

【举办“湖湘宝地·美丽浏阳”2016广东省湖南商会企业家浏阳行活动】 4月26日至28日，由广东省湖南商会、浏阳市人民政府主办，浏阳市商务合作局承办的“湖湘宝地·美丽浏阳”2016广东省湖南商会企业家浏阳行活动在浏阳举办，活动邀请广东省湖南商会理事以上会员企业代表约60人参加，代表们先后参观考察浏阳市经开区、制造产业基地，城区花炮大道新屋岭片区、西北环线道吾新城建设和长兴湖片区，秋收起义会师纪念馆故居、胡耀邦故居、大围山森林公园，并与业主单位沟通洽谈。广东省湖南商会是以在粤湘籍企业家为主体发起设立的民间社团，会员企业5000多家，涉及IT、电子电器、通信、贸易、建筑、服装、餐饮、物流、家具、医药化工、房地产开发、皮革皮具、珠宝、机械制造、农业、酒业、照明、汽车摩托配件、服务业等30多个行业。

（黎　涛　丁凯慧）

【“引老乡、回故乡、建家乡”福建小分队招商暨在闽部分浏阳籍老乡恳亲座谈会】 4月19-21日，由市级领导带队到福建地区开展“引老乡、回故乡、建家乡”福建小分队招商活动，并组织召开福建地区浏阳籍企业家恳亲座谈会。座谈会上，市级领导向“老乡们”介绍浏阳整体发展情况，重点推介浏阳六大园区平台和招商项目。在厦门考察期间，招商考察团走访部分在闽浏阳籍企业家，实地考察国越包装、松霖集团等重点企业。（黎　涛　丁凯慧）

【2016长沙市电商扶贫动员大会暨电商农企对接会】 6月23日，由长沙市商务局、长沙市扶贫办、浏阳市人民政府主办，浏阳市商务合作局、达浒镇人民政府、长沙市电子商务协会承办、搜农坊协办的2016长沙电商扶贫动员大会暨电商农企对接会在浏阳市达浒镇椒花新村举行。政府相关职能部门、长沙电商协会、长沙农企、浏阳本土电商平台、媒体嘉宾等单位代表在会上分享电商发展经验，探索电商扶贫新模式，加强电商农企对接，促进农村电商发展，为湖南电商扶贫支招把脉。浏阳市委副书记吴震致辞，长沙市商务局局长高伟宣读电商扶持政策相关文件。现场，搜农坊与浏阳市人民政府签订战略合作协议，搜农坊代表在会上介绍寻找、售卖椒花土货的过程，展示“农民为自己产品代言”的新型“互联网+媒体”的营销。（黎　涛　丁凯慧）

【“利用香港国际平台，发掘一带一路商机研讨会暨香港玩具展推介会”举行】 6月8日，由香港贸发局和湖南省商务厅主办的“利用香港国际平台，发掘一带一路商机研讨会暨香港玩具展推介会”在浏阳举行。会上，香港贸发局阐述香港在“一带一路”战略部署下的商机，并详细介绍吸引大陆企业投资兴业的优惠政策和配套服务，其中，香港玩具展平台和参展条件，引起浏阳花炮企业关注。浏阳与香港经贸往来密切，蓝思科技、威尔曼制药、科利达印刷等一大批港资企业先后入驻浏阳、创业浏阳、扎根浏阳，事业发展取得巨大成功。浏阳市重视依托香港国际网络及平台组织企业拓展海外市场，大力实施“走出去”战略。会后当天，香港贸发局代表拜访浏阳烟花爆竹总会并就组织企业参展等相关细节进行沟通交流。（黎　涛　丁凯慧）

海　关

中华人民共和国星沙海关驻浏阳办事处

主　任　朱建平

副主任　管恩学

【概况】 星沙海关驻浏阳办事处位于浏阳市白沙路与复兴路交界处，是经海关总署批准的副处级机构，主要负责浏阳辖区各项海关业务，具体包括一般贸易进出口、加工贸易进出口、外贸企业注册及变更、减免税等海关业务。2016年，浏阳办事处监管报关单10040票，监管货运量23.2万吨，查验出口烟花爆竹100票，其中出口报关单10031票，出口货值35.7亿元；进口报关单9票，进口货值66万元，开征税款19.2万元；运输企业备案3家，运输工具备案76辆，注销7辆，现有69辆，驾驶员备案28人；办理新企业注册54家，变更114家，企业巡查13家。截至2016年底，共有注册企业374家。

（彭铃涵）

【海关监管场所安全管理】 加强监管场所标准化建设和规范化管理工作，立足现有监管力量积极主动开展工作，先后实现3家海关监管场所视频监控系统高清数字化改造以及联网监管，建成视频监控室，建立视频监控管理制度，建立日常视频监控台账，将海关驻场监管与远程视频监控相结合，实现监管力量合理配置。（彭铃涵）

【支持县域经济发展】 积极走访调研蓝思科技、永和阳光等20多家具有行业代表性的企业，开展税源调查，宣传海关政策，了解企业进出口情况，解答在通关过程中存在的问题；积极服务招商引资，协助浏阳市高新区惠普、华勤通讯等项目招商工作，派专人负责对接，设立海关咨询台，详细解答海关通关、加工贸易、减免税等方面问题；积极配合处理辖内介面光电(湖南)有限公司停产事宜，深入浏阳市经开区和浏阳市人民法院了解停产后的具体情况，了解介面光电有关法律案件的情况，协助做好补税的前期工作，避免国家税款流失；继续开展政策宣讲，召开浏阳市进出口企业海关政策宣讲会，根据企业需求，详细介绍《海关法》相关规定、进出口商品规范申报、区域通关一体化、加工贸易、海关企业信用管理等知识，帮助进出口企业更好地了解和用足用好国家各项海关优惠政策。

（彭铃涵）

【服务地方政府决策】 每月定期向地方政府及相关单位提供浏阳市进出口外贸数据及分析，同时对地方政府关注的重点商品烟花等进行专题分析，对浏阳市外贸流向情况进行分析，形成《2016年1-2月湖南省烟花爆竹出口量降价涨》《2016年上半年湖南烟花出口量价齐跌产业发展绕不开安全问题》《2016年1-7月浏阳市外贸流向情况分析》等分析文章，便于地方及时掌握内外贸企业的重大行业动态，为地方政府决策提供参考。 （彭铃涵）

【引导外贸业务回流】 通过媒体宣传、企业走访调研、各类宣讲会等方式广泛宣传浏阳办事处的机构职能，改变浏阳企业奔波长沙、星沙办理海关业务的习惯，引导企业及时变更海关编码，就近办理企业管理业务、咨询通关问题，真正享受属地海关、“家门口”海关的通关便利。同时，通过引导企业及时变更海关编码，不定期在海关统计查询系统以更新列值参数的方式，解决浏阳市进出口统计数据口径不统一、无法单列查询的困境，方便及时掌握浏阳市外贸情况及企业经营情况。积极探索企业服务便利化方法，在已建立的海关QQ群、微信群，及时发布海关政策相关动态，答复解决企业通关疑难，将企业办理注册、变更及年报报送等资料，编制成业务办理须知和电子表格，及时上传到网络，方便企业办事。 （彭铃涵）

7月8日，星沙海关驻浏阳办事处与浏阳市商务合作局联合召开进出口企业海关政策宣讲会 （图片来源：星沙海关驻浏阳办事处）

出入境检验检疫

湖南出入境检验检疫局浏阳办事处

党支部书记、主　任　曹建全
纪检监察员、副主任　钟建军
副主任　张　毅
副调研员　罗武（2016.02任）
　　　　　邓年祥
检验监管科科长　王胜芝
副科长　黄　健

【概况】 湖南出入境检验检疫局浏阳办事处是国家质量监督检验检疫总局批准，直属湖南出入境检验检疫局的正处级办事机构。设办公室、综合业务科、检验监管科3个科室和湖南检验检疫局烟花爆竹检测中心，负责浏阳辖区出口烟花爆竹检验及监装、出口包装性能鉴定及使用鉴定、出口打火机检验及原产地证书签发等工作。2016年，有在编人员14名，聘用人员51名。10月11日，ECIQ主干系统（中国电子检验检疫主干系统）在浏阳地区正式上线。

检验检疫工作　2016年，浏阳办事处共检验出口烟花爆竹1.62万批，1328.5万箱，货值4.05亿美元，同比分别增长3.0%、-7.6%和-11.4%。产品出口至美国、德国、印度尼西亚等90多个国家和地区。一次检验不合格烟花爆竹227批，19.06万箱，货值575.4万美元，全年无一例因产品质量问题引起的索赔和退运事件。监装查验出境烟花爆竹1.44万个集装箱，1.18万批，金额5.67亿美元。完成危险货物包装检验（含包装性能检验和包装使用鉴定）2.99万批，3409.3万件，同比分别增长5.3%和-6.5%，其中一次检验不合格33批1.73万件不合格。检验出口打火机153批，18.1万箱，货值866万美元，分别同比增长10.8%、7.1%、-12.9%。全年签发各类单证6.01万份（含电子通关单），签发各类原产地证1424份，签证金额6700万美元。完成出口生产企业登记备案84家，其中危包生产企业1家。

质量统计与分析工作　按季度向总局和浏阳市人民政府提交《湖南局浏阳办事处产品质量状况分析报告》，按月向省局业务主管处室上报“浏阳办事处出境危险化学品及其包装检验监管情况统计表”。负责全国出口烟花爆竹质量分析报告的汇总工作。

质量安全示范区建设工作　全年开展示范区质量负责人培训1次，专职检验员培训1次，技术员、生产厂长专题讲座1次，联合检查1次，并对示范区企业进行动态调整。落实示范区示范企业优惠扶持措施，加大示范企业扶持力度。通过示范区创建，提高辖区企业质量安全管理意识，规范企业质量安全自检自控能力，提高质量体系运行能力和示范企业在行业内的示范作用。

培训工作　组织针对企业检验员培训和出口欧盟的企业生产、技术管理人员的欧盟标准培训，免费培训600多人次。

认证工作　组织实施针对浏阳市出口烟花爆竹质量安全示范区企业质量管理体系认证活动监督检查。2016年，办事处从55家示范区企业中，抽取20家示范企业，共涉及6家认证机构及其签发的质量管理体系认证证书，通过文件检查、到获证企业现场进行座谈询问、查看生产情况及调阅资料等方式，完成质量管理体

9月27日,检验检疫电子主干系统上线浏阳地区企业推进会在浏阳办事处举行

（图片来源:湖南出入境检验检疫局浏阳办事处）

系认证活动监督检查。

诚信管理　将日常检验中发现的不诚信行为和企业产品质量信息、国外通报、退运信息、日常监管异常及报检员报检差错信息采集到诚信管理系统,全年采集信用信息150余条。定期公布企业诚信等级,将不诚信企业的行为在行业内通报。提升辖区企业诚信意识,推荐并经湖南检验检疫局审查和质检总局核准,授予浏阳市颐和隆贸易有限公司为出入境检验检疫信用管理AA级企业称号。

分类管理　实施分类管理,聚焦质量安全风险、合理分配检力资源、提高通关效率。办事处综合运用风险分析、诚信管理、质量分析结果,确立二类企业烟花爆竹"批批实施共同性项目检验＋电子监管抽批燃放检验"模式,抽批率动态调整,结合日常监管,分类等级动态调整。再次修订《出口烟花爆竹生产企业分类管理工作细则》。2016年,浏阳辖区有二类企业56家,三类企业176家。

烟花爆竹生产源头和出口环节管理　按照《烟花爆竹安全管理条例》(国务院令第455号)《关于进一步加强烟花爆竹安全监督管理工作的意见》(国办发〔2010〕53号)以及国家质检总局1999年第9号总局令《出口烟花爆竹检验管理办法》及相关文件要求,办事处加强烟火药物安全性监控工作,抓好出口烟花爆竹产品源头管理,有计划、按步骤开展辖区出口烟花爆竹烟火药物安全性监控工作,保证出口产品符合出口国家地区标准要求,破除技术壁垒。全年对辖区内出口企业的成品、原材料进行药量、禁限药物检测705份,药物安全性检测519份,共检出34份样品存在有禁限用药物或药量超标现象。对于6寸及6寸以上礼花弹进行跌落试验91批次,产品定级试验33批次。全年无一例因禁用、限用药物退运与投诉。加强样品管理,消除安全隐患。2016年办事处租用3辆专用危爆车辆,样品抽样后由检验员送至跃龙试验场检测燃放。

（罗　武）

【推行无纸化报检】　进一步深化通关放行模式改革,为企业提供高效快捷服务,结合浏阳辖区实际情况,将辖区符合条件的4家代理报检企业和91家出口烟花爆竹生产企业纳入无纸化报检范围,并帮助其建立企业无纸化报检档案管理制度,对企业无纸化报检和档案管理进行培训和指导。8月至11月,浏阳办事处无纸化报检批次0.8万批,无纸化报检率88%,进一步简化出口烟花爆竹报检手续,提高通关效率。　（罗　武）

供销合作

浏阳市供销合作总社

党组书记、理事会主任

　　李良如(2016.03免)

李恒海(2016.04任)

党组成员、副主任

　　张　平(女)

　　陈光友(2016.09任)

　　沈　华(2016.12任)

党组成员、纪检组长

　　沈　华(2016.12免)

党组成员、工会联合会主席

　　杨　旭(2016.04任)

副主任　李晓芳(2016.08免)

【概况】　浏阳市供销合作总社系市政府直属全额拨款事业单位,机关参照公务员管理,内设综合办公室、财

11月30日,湖南省委副书记乌兰(前排左一)到浏阳沙龙村电商服务站调研指导工作

（图片来源:市供销合作总社）

务审计科、经贸发展科、合作指导科、政工人事科5个职能科室，在编在岗人员25人。2016年，市供销社系统全年营业总收入8.58亿元，利润总额1329万元，增长6.7%。资产总额2544.8万元，所有者权益1.12亿元，增长39%。9月12日，全国总社电子商务工作会议在江苏常熟召开，浏阳供销合作总社作为全省唯一代表作经验交流。12月16日，省社下发专文刊载浏阳供销综合改革的经验材料，要求各市(州)供销合作社学习、参考、借鉴。12月29日，全省供销经贸工作座谈会上，浏阳供销作典型发言。11月份成功申报2017年湖南省深化供销合作社综合改革惠农综合服务工程示范县项目，并获得专项支持资金300万元。省委副书记乌兰、省社主任曾震亚、全国总社财务部副部长荆泽生、长沙市委副书记徐宏源、长沙市社主任杜强等先后到浏阳调研指导工作，对浏阳供销综合改革所取得成效给予肯定和支持。《长沙晚报》、长沙电视台新农村频道、长沙市政府《调研参考》等媒体多次报道浏阳供销深化综合改革工作。

维稳工作　针对供销改制企业职工居住分散、群体庞大、思想复杂等实际情况，继续采取“内紧外松、责任包干”方式，落实“三注重、两强化”举措，坚持定期联系走访，及时掌握信息，积极主动帮助改制企业职工解决困难和问题，将不稳定因素化解在萌芽状态，确保系统大局稳定。全年累计接待改制职工因各种原因来信来访78批893人次，化解不稳定因素47起，未发生一例群访和越级非访事件，保持系统大局稳定。

经营服务　农资供应网络建设：充分发挥农资公司及420多个连锁网点在全市农资冬储和供应的主渠道作用，冬储农资3000余万元，在农资旺季及时保质足量供应，平抑市场价格，确保农耕需求。全年实现农资销售总额1.62亿元，占同期农资市场份额的70%以上。

基层组织建设　成立市农民专业合作社服务中心，确定专门人员编制。以农民专业合作社联合社为平台，充分发挥组织协调、指导扶持职能，带动社员单位实现健康持续发展：以领航农业科技发展有限公司为依托，进一步加强产销对接；指导蜜蜂哥哥、大围之珠、湘朵蔬菜、凯丰种植等合作社引入网上订购模式，拓宽销售渠道，方便群众购买；同时，加强联合社社员单位之间的经验交流和工作观摩，使专业合作社在规范运作、品牌营销上取长补短互促发展。2016年，新创建省级农民合作社示范社1家，五星、四星级综合服务社各1家，三星级综合服务社37个。

供销综合改革　一、成立浏阳供销综合改革领导小组，草拟《关于深化供销合作社综合改革实施方案》(代拟稿)。二、出台依托供销电商服务站恢复供销社基层网络的实施方案。三、推进开放合作。浏通天下电商创业大厦完成招商引资及项目前期工作；指导湖南领航农业发展有限公司争取中央项目资金，与湖南福悦食品饮料公司在两型产业园合作建设千吨气调保鲜库项目。　(符雪茹)

【电商综合服务平台建设】　指导支持浏阳湘宝地供销电子商务公司打造“浏通天下电商综合服务平台”，与浏阳农商银行战略合作，整合惠农资源，依托各村社区村级活动场所、乡村超市或农资网点建设乡镇惠农服务中心3个，电商服务站40多个。同时，延伸服务功能，以此恢复重建供销基层网络。承担电商精准扶贫项目，建设精准扶贫电商服务站10个，累计帮助贫困村农户依托电商平台销售蜂蜜、土鸡蛋、黑山羊等农产品1800余万元。在淘宝网、苏宁易购、全国总社供销e家、网上供销社等平台开设浏阳特色馆，全年销售浏阳农特产品6000余万元。湘宝地供销电子商务公司现为“省电子商务企业”、中国供销电子商务发展联盟成员单位、市电商协会副会长单位，先后四次派代表参加长沙、浏阳两级农村电商推进会并作工作交流。　(符雪茹)

粮　油　业

浏阳市粮食局

党委书记、局　长　吴世平
党委委员、副局长　刘　瑜
党委委员、纪委书记
　刘平(女,2016.04任,2016.12免)
副局长　寻雄光(2016.03任)
党委委员、工会联合会主席
　张高峰(2016.04任)

【概况】　2016年末，浏阳市粮食局机关有在岗人员32名。局党委下设机关、老干、北盛、湖南军粮储备加工有限责任公司（以下简称军粮公司）支部和购销公司总支委员会5个基层党组织，有党员103名(其中女性19名)。机关设办公室、调控科、监督检查科、财审科、政工科5个科室、1个粮食监督执法大队、1个粮食行业

6月23日，浏阳市供销合作总社“浏通天下”正式上线
(图片来源：市供销合作总社)

指导中心。局机关下辖浏阳市粮食购销有限责任公司和北盛等8家粮站(沙市粮站未明确法定代表人)。浏阳市粮食购销有限责任公司设总经理、副总经理各1名;粮站设主任1名,并兼任法定代表人,具有一级法人资格,并履行一级法人的义务和职责。军粮公司属合作控股企业,公司设立董事会、监事会机构,其中董事会由1名董事长、4名董事组成,监事会由1名监事会主席、2名监事组成。全市保留仓廒135栋,总仓容18.8万吨(麦容)。

粮食种植与粮食行业指导　继续协助政府抓好遏制土地抛荒和良田保护工作,开展粮食供求市场调查研究,把握市场导向,综合市场信息,根据市场需求和消费特点指导粮食主产区乡镇发展粮食生产,优化粮食品种结构,推广高档优质稻,增加农民收入,鼓励民营资本投入粮食生产,扶持种粮大户走粮食产业化规模经营。全市稳定粮食种植面积7.8万公顷。浏阳市粮食购销有限责任公司建立优质粮食产业可持续发展体系,加大优质稻产业基地建设,采取"公司+基地+农户"的经营模式,在东、西、北区推广优质稻品种,在南区地少人多地区主要推广高产优质稻。全市稳定高档优质稻3667公顷,保持订单面积11000公顷,为"放心粮油"提供优质粮源。

粮油购销　国有粮食企业按照国家统一部署,启动早稻和中、晚稻最低保护价收购政策。早稻收购自7月30日正式启动,持续到9月30日,收购点设在镇头、北盛丰裕点,共收购早稻5187.14吨。10月24日正式启动中晚稻最低保护价收购预案,截至2017年1月31日,设百宜省储备库、古港粮站两个收购点,共收购粮食12313.33吨,其中百宜9905.48吨、古港2407.85吨。以最低保护价收购的粮食粮权均属中央粮食储备库,各收购点均为委托代收点,交由当地储备库负责管理,由中央粮食储备库长沙直属库负责监管。全市期初库存粮食31511吨,本年收入粮食1120843.5吨(湖南军粮有限责任公司收购的粮食不在本统计范围内,时间至2017年1月31日),其中从生产者购进68595吨、从企业购进975797.8吨、储备粮油转入10037吨、加工成本收回66413.7吨;本年支出1111142.7吨,其中销售76793.7吨、转作储备粮油10037吨、加工原料付出67725吨、转化用粮(饲料粮油)956587吨,年末库存41211.8吨。全市本级储备粮10000吨,省级储备粮20000吨。期初库存玉米20379吨,本年收入玉米1120843.5吨,其中从生产者购进587289.4吨;本年销售585822吨,其中转化用粮(饲料)585822吨,年末库存21846.4吨。豆类期初库存7267吨,本年收入236153.4吨,其中从企业购进236153.4吨;本年销售233366吨,其中转化用粮(饲料)233366吨,年末库存10054.4吨。菜籽油期初库存354吨,本年收入7535.8吨,本年销售6909吨,年末库存980.8吨。花生油期初库存1吨,本年收入8吨,其中从企业购进8吨;本年销售7吨,年末库存2吨。大豆油期初库存298吨,本年收入14474吨,其中从企业购入14474吨;本年销售14123吨,年末库存649吨。棕榈油本年收入1851吨,其中从企业购进1851吨;本年销售1851吨。油茶籽油期初库存96吨,本年收入8975吨,其中从企业购进8975吨;本年销售7437吨,年末库存2434吨。其他油期初库存43吨,本年收入1676吨,其中从企业购进1676吨;本年销售2134吨,年末库存185吨。

储粮管理　新粮入库后,进行封仓整理,落实保管人责任,机械通风降温,环流熏蒸灭虫,建立相关台账,及时记录粮温粮情,掌握粮食的基本状况,科学配备贮藏设施,严格督查粮食库存管理,指导企业做好清仓消毒等工作,达到国家粮食安全标准。强化储粮管理责任,确保粮食安全。1.建立粮食管理责任制。凡有条件储存粮食的国有企业,由负责人提出申请,签订风险责任状,实行粮食管理责任制,谁收粮谁负责,谁出问题谁担责,对收购和储粮责任进行明确。同时,有收购存储任务的分管领导负领导责任,形成一体化的责任共同体。2.落实奖惩机制。出台《浏阳市粮食购销有限责任公司关于实施2016年粮食仓储管理奖励办法》和检查计分标准,由浏阳市粮食购销有限责任公司责任单位负责组织实施,对所有承储粮企业进行检查评分,以平时检查占60%、突击检查占20%、上级检查占20%的考核机制,确定年终奖罚等级,从粮食管理费用提取奖励基金用于奖励,对检查评价低的予以处罚。3.加强检查与督查。按照规定一年检查四次,并采取交叉检查。承储企业基本做到账账、账表、账实相符,粮温达标。4.落实储备费用。市财政通过自筹和调节,下拨本级储备粮管理费用,解决储粮费用及价格倒挂所产生的亏损。2016年,全市储存粮食11.46万吨,分别储存于百宜、永安、北盛、镇头、官渡、古港、张坊等公司和粮站,储粮仓房41栋55廒,主要有省级储备粮5.03万吨和本级储备粮1万吨、托市粮和临时存储粮5.43万吨。

粮食监察执法　在报刊等媒体上宣传最低保护价收购政策,并将收购政策和标准在各收购点张贴公示。在世界粮食日,在城区和乡村组织爱粮、节粮、惜粮、科学储粮宣传活动,发放宣传资料。加强粮食样品的检验检测和粮情检查。早稻收购后,对全市储粮进行全面检查检测。分夏、秋两季扦样,及时送达长沙市粮油检测中心。在粮食食品安全管理中,积极组织参与市食安办食品药品安全科普知识系列宣传,宣传粮食条例和食品安全的法律法规。积极参与市食安办食品安全专项整治工作、食品安全知识大型宣传活动,积极配合市食安办在重大节日期间组织食品安全检查活动。加强粮食收购许可证的监管,对已取得粮食收购许可证的62家(其中国有及国有控股企业11家,民营企业17家,个体工商户34家)粮油加工经营企业进行年度核查,现场察看审核合格62家。对全市各产粮乡镇发放《粮食收购行政指导告知书》,同时在收购现场张贴公布,明确收购企业在获得县级以上粮食行政管理部门审批的收购许可证方可从事粮食收购活动,并严格遵守"五要五不准"收购守则规定。对未执行国家粮食质量标准和未及时支付售粮款等情况责令改正,予以警告,警告后仍不改正,并造成粮食生产者利益受到损害的,处以20万元以下的罚款,同时公布举报投诉电话。收购期间,接到举报投诉电话及时回复并协调解决。采取联合执法形式,对粮食生产者、经营者、储存者重点进行执法检查监督,对粮食经营活动中的违法行为进行依法查处。与国有企业签订食品安全责任书,与社会粮食经营企业签订《粮食质量安全承诺书》,对市级龙头企业和规模以上粮油企业建立质量诚信档案。

粮油统计　落实粮食经营台账的建立和统计制度。粮油加工、经营企业和转化用粮企业建立粮食经营台账,加强对粮油加工的登记管理和粮食购销统计工作,达到"一符四无"(帐实相符,无鼠雀、无虫害、无霉变、无事故)和"三专四落实"(专仓储存,专人保管,专账记载;落实仓房,落实时间,落实地点,落实费用)的要求,按照粮食统计制度的要求及时准确报送统计报表和有关资料。督促企业执行国家粮食收购政策和质量标准,搞好日常质量监测,重点是出证索证及出入库检验制度情况,完善粮食质量档案,落实粮食质量安全责任追究制度。早、中晚稻收购结束后,对全市储备粮进行冬季储粮安全和春季库存检查,确保储粮安全。（李　勇）

【储粮仓房设施与设备】 从2013年开始至2016年底,东盈、西满、南丰、北盛、永安、百宜六大中心仓储基地全面建成并投入使用。通过新建、危仓老库提质改造,全市标准仓房达到29栋,其中金鸡1栋、古港1栋、张坊1栋,东盈粮食储备库(官渡)3栋,西满粮食储备库(镇头)新建2栋,北盛粮食储备库(北盛)维修3栋、新建1栋,永安新建4个5000吨浅圆仓,百宜新建4栋标准仓。全面启动最低保护价收购工作时,运营地磅4台、皮带运输机8台、清杂机4台,设立收购、结算网点4个,腾仓4栋。（李　勇）

【粮食供需平衡调查】 全面掌握浏阳市2015年粮食流通情况,准确反映粮食行业发展状况,服务粮食宏观调控。根据《湖南省粮食局关于做好2015年度社会粮食食用植物油及油料供需平衡调查工作的通知》及长沙市局关于做好年度社会粮食供需平衡调查工作的文件部署和意见要求,1月,浏阳市粮食局开展2015年度社会粮食供需平衡调查工作,主要调查六个方面(农户粮食收支平衡、城镇居民户口粮收支平衡、国有粮食经营企业粮食收支平衡、非国有粮食企业粮食收支平衡、粮食转化企业粮食收支平衡、省际粮食流向情况调查),共调查企业46个,包括国有粮食企业9个、社会米厂19个、粮店6个、饲料厂4个、豆豉厂、食品加工厂和酿造制酒作坊8个;调查走访住户149户,其中城镇居民40户,农户104户,涉及街道4个、乡镇17个、乡村33个。2015年全市社会粮食总供给量1393763吨,总需求量1333548吨,供求总体平衡。与2014年比较,各项指标增多减少。2015年全市社会粮食总产量572895吨,比2014年增加10946吨。粮食供求总量增长的因素有生猪饲料量的变化、人们口粮消费的变化及工业和食品、副食品用粮的变化。该市省外购进主要是饲料企业生产耗用的原料玉米、豆粕等。2015年玉米、豆粕总购进量803570吨,比2014年增加150519吨。省外销售稻谷19907吨,比2014年增加1114吨。年末粮食总库存量285650吨。调查显示,消费总量变化不大,消费品种和结构有改变,农户口粮消费的品种逐步走向多样化,从单纯的稻米改为玉米,豆类,面粉等杂粮消费;城镇人口的消费体现在外餐饮的增加。该市豆豉制作、米粉制作,传统酿酒、浏阳茴饼、炒米等原料的消耗有不同程度的增长。根据调查推算,该市社会粮食供需基本是紧平衡,主要是农田抛荒,产业结构调整不合理导致种粮面积减少,及无法预测的自然灾害是导致粮食生产不稳定的主要因素。（李　勇）

【粮站改革】 2002年启动"两个置换"(通过产权转让,置换企业的国有性质,解除企业对政府的依赖关系,让企业走向市场;通过一次性补偿,置换职工的全民身份,解除职工对企业的依赖关系,让职工走向市场)改革,至2003年底全面结束后,浏阳市保留城郊、古港、官渡、张坊、大瑶、镇头、北盛、沙市、社港9家粮站。至2005年7月11日,沙市粮站与社港粮站合并为沙市粮站,全市保留城郊、古港、官渡、张坊、大瑶、镇头、北盛、沙市8家粮站。因此前粮站亏损严重,经局党委反复调查研究,决定实行"自负盈亏、自主经营、自筹资金"的承包经营模式,并签订目标管理责任书。通过10年运行,亏损逐步消化,并实现扭亏增盈。为更好谋求企业发展,局党委决定实施新的改革:1.将粮站资产收归良友公司管理;2. 即将退休的企业管理人员收归浏阳市粮食购销有限责任公司统筹安排,到退休年龄办理退休手续,可以正常退休,享受退休待遇。2016年,城郊粮站、镇头粮站资产顺利过户良友公司,2名粮站主任安排在粮食购销公司任副经理;由粮食购销有限责任公司总经理兼任城郊和镇头两站主任(兼法人代表),在镇头粮站设立1名副主任,具体负责粮站储粮、大米加工业务和资产的管理。改革实施后,平稳过渡,企业运转正常。（李　勇）

【浏阳市粮食购销有限责任公司新址挂牌】 2月3日,浏阳市粮食购销有限责任公司在关口街道办事处金口村境内新址正式挂牌,副市长莫小佳为公司揭牌。该公司2015年9月30日从集里街道境内原百宜粮库搬迁至关口街道金口村境内新址正式办公。新百宜库库区占地面积5.04公顷(其中0.05公顷在范围内正办理过户手续),新建办公楼1栋,后勤服务中心1栋,一站式服务中心1栋,仓房5栋(仓容5.1万吨),加工车间1栋,机械器材室一栋。7月,该公司下属浏阳河米业有限责任公司大米加工生产线正式建成投产。8月,原城郊粮站、镇头粮站先后并入购销公司。该公司拥有浏阳市浏阳河米业有限责任公司、浏阳市食美放心粮油有限责任公司两个独立核算单位和百宜粮库、城郊粮站、镇头粮站3个报账制单位,员工28人,各级储粮6万吨。8月19日,由公司控股的浏阳市食美放心粮油有限责任公司君悦城旗舰店开业,随后行政中心店、人民西路店相继开业。年内公司收购早籼稻3000多吨,中晚籼稻近万吨。（李　勇）

【浏阳市浏阳河米业有限责任公司成立】 该公司是浏阳市粮食购销有限责任公司全资子公司，是一家集粮食收购、加工、销售于一体的国有企业。2016年7月，公司在浏阳市场和质量监督管理局注册登记，10月取得食品生产许可证，注册资本500万元，办公楼设在浏阳市关口街道金口村百宜粮食储备库，主要经营谷物磨制、粮食收购、粮油零售、农产品初加工服务、自营和代理各类商品及技术的进出口、农副产品、农产品的销售、谷物、豆及薯类、米、面制品及食用油的批发（国家限定公司经营或禁止进出口听商品和技术除外）。公司设董事长1名，董事4人，董事长柳易林兼法定代表人，生产经营决策实行董事会领导下经理负责制。公司拥有普米加工、精米加工生产线各1条，年大米加工能力5万吨，配套有原粮仓、成品库2栋，年末资产总额1321.65万元。2016年7月试产，全年加工、销售大米3556吨，实现销售收入1161.61万元。　（李　勇）

【浏阳市食美放心粮油有限责任公司】 认真落实粮食安全省长责任制，切实做好“放心粮油”工程创建工作。浏阳市人民政府将“放心粮油”工程建设列入创建食品安全城市实事工程之一。8月，成立“浏阳市食美放心粮油有限责任公司”。该公司是由湖南省粮食集团与浏阳市粮食局合作共建，浏阳市粮食购销有限责任公司具体负责，按“政府引导、市场运作、质量第一、服务民生”的原则，根据创建食品安全城市的工作要求，打造的一个安全、放心、健康的粮油经营服务平台。8月19日，庆泰路君悦城“放心粮油”旗舰店开业，年内，人民西路、行政中心、沙市店、比一比超市四店一柜相继开张营业。　（李　勇）

【湖南军粮储备加工有限责任公司】 该公司成立于2012年4月28日，是一家股份合作制公司。2016年，公司存储各类粮食6.13万吨，其中动态储备粮0.55万吨，公司省储粮1.6万吨，其中代长沙直属库储粮1.4万吨，代军供站储存省级储备粮1.58万吨，代浏阳市购销公司储粮0.4万吨，油脂0.6万吨。完成军供站委托的省级储备粮5.343万吨的集并移库及划转存储和新增省级储备油3000吨移库调入。　（李　勇）

【浏阳市红旗米业有限责任公司】 该公司是集粮食购销、加工和产业开发于一体的股份制合资企业，企业位于湖南军粮储备加工有限责任公司内。2016年继续实行“公司＋基地＋农户”模式，推广泰优390品种，收购订单粮食1000多吨。“浏阳河”品牌精米系列和富硒生态米、浏阳河无公害优质大米的产能和市场份额保持稳定，全年收购粮食31370吨，大米加工量30130吨，产值8370万元。　（李　勇）

【湖南湘纯农业科技有限公司】 该公司成立于2009年6月，是一家专业从事油料及五谷杂粮种植、粮油产品精深加工的现代化民营科技型企业。2016年5月，公司信用等级认定为“AAA”级（湖南省企业评信中心）。7月，公司打造的线上线下品牌连锁店——“湘纯五谷鲜油坊”正式运营；11月，茶油、菜籽油、亚麻籽油、芝麻油四个系列产品获第十八届中国中部（湖南）农业博览会“产品金奖”。　（李　勇）

【笑哈哈食品厂】 该厂是一家以生产和营销速冻主食为主的食品生产企业。成立于2009年，厂区位于荷花街道境内，是长沙市级农业产业化龙头企业。企业主要生产真手工水饺、包点、汤圆、粽子、烧麦、馄饨、灌汤水饺、土豆饼等56个产品。2016年3月30日，厂房改造升级，增加生产车间900平方米，增加速冻隧道2条，包子生产线1条，面点发酵房40平方米，面点蒸汽柜1台。全年实现销售收入8000万元，利税476万元，利润396万元。获浏阳市“2016年度助推经济社会发展－兴工强市专项‘企业品牌建设奖’”“2016年度助推经济社会发展—兴工强市专项创建‘两型示范’单位奖”。12月12日，在长沙第18届农博会，“新发现”牌烧麦、老长沙蒸饺、盐菜包3个品种获农博会金奖。　（李　勇）

【湖南贵太太茶油科技股份有限公司】 该公司成立于2008年9月，注册资本7000万元，是一家集茶油科研、开发、种植、加工、销售于一体的湖南省农业产业化龙头企业。2016年度公司工业总产值71324万元，产品销售收入66534万元，实现利税9038万元，公司总资产69881万元。　（李　勇）

【湖南省美津园粮油食品有限公司】 该公司成立于2008年4月，注册资金4000万元，地处浏阳市农业科技产业园，是一家油茶林基地开发、茶油生产销售的企业。公司生产的美津园牌茶油销售网络遍布全国三十多个省市的大中城市。2016年生产调和油5361吨，茶籽系列油1581吨，菜籽油17066吨，大豆油16426吨，实现销售收入40930万元，利润1616万元，税收241万元。　（李　勇）

石油经营

中国石化销售有限公司湖南长沙浏阳石油分公司

经　理　罗建平（女）
党支部副书记　冯先富
副经理　刘建光

【概况】 中国石化销售有限公司湖南长沙浏阳石油分公司系中国石化驻浏企业，公司主要从事成品油、润滑油以及便利店商品的销售工作。2016年，中石化浏阳石油分公司拥有在营加油站35座（城区站5座、高速服务区站4座、国道站2座、乡镇站24座），其中万吨级加油站2座，5000吨级以上加油站5座，3000吨级以上6座，3000吨级以下22座；其中全自助加油站8座，发卡网点30座。

轻油销售　全年轻油总销量14.45万吨，同比增长1.26%，其中零售总量11.97万吨，与2015年持平，汽油零售7.63万吨，同比增长20.61%，柴油零售4.34万吨，同比减少19.6%；批发、配送油品2.48万吨，同比增长3.33%。

IC卡　全年充值总金额2.02亿元，同比减少15.83%。IC卡日均沉淀资金3434万元，完成任务的

106.64%,同比增长 11.8 %。加油站持卡消费比 30.7%,同比减少 7.05 个百分点。下放 IC 卡大客户积分优惠政策,加强 IC 卡促销活动,新增 10 座发卡网点。

轻油损耗　全年零售总量 15444.3 万升,总损耗 15.86 万升,综合损耗率 1.03‰,同比减少 0.03‰,其中汽油销售 10262.63 万升, 损耗 15.36 万升,损耗率 1.5‰;柴油销售 5181.67 万升,损耗 -0.69 万升,损耗率 -0.13‰。

非油品销售　全年浏阳片区非油销售 1630 万元,任务完成率 71%,比 2015 年同期增长 3%。实现毛利 171 万元,完成率 49%,比 2015 年同期减少 14%。

网点建设　7 月,办好跃兴加油站危化证,正式营业;文家市加油站通过消防等验收,正完善各类权证。

地罐交接　完善 25 个站点的液位仪探棒开孔及埋线工作,实现液位仪全覆盖,地罐交接工作开展中。

油品置换　11 月,开展 35 座加油站国五油品置换工作,截至 12 月 15 日,所有加油站完成正式挂牌。(袁　甜)

盐　业

浏阳市盐务管理局（湖南盐业股份有限公司浏阳市分公司）

局长、经理　邓　宁(女)

副局长、副经理　欧存龙

【概况】 2016 年, 盐业公司全年各项经济指标完成情况:年计划购进各类盐 14500 吨, 实际购进 15024 吨, 完成年调运计划的 103.61%。年计划销售各类盐 14500 吨, 实际销售 16093 吨, 完成年销售计划的 110.99%, 其中 400g 绿色小包盐 4074 吨,多品种盐 1470 吨,工业盐 153 吨,加碘精制盐 2430 吨,非碘精制盐 6240 吨,海湖盐 127 吨,饲料用盐 1599 吨。全年实现利润总额 1097.5 万元。(兰雨娟)

【企业管理】 食盐销售终端网络建设:2016 年,公司对各片区商品陈列每月进行标准化梳理,核销未使用网点,对新增网点进行档案归集。截至年末,公司建成"为我所用,受我所控"的具有完整食盐配送、延伸、商品陈列等零售功能的食盐销售终端网络。售后服务:不断完善业务工作流程,提高售后服务质量。采取电话访销、电话预约、市场访销商品陈列相结合,培养片区经理服务意识,向客户提供超值服务和亲情化售后服务,坚持"访销、配送、商品陈列、市场管理"四合一,与客户深层沟通,及时了解客户的需求。公司以"食品安全周"为契机,对全市食盐特许经营户及学校、幼儿园、企事业单位食堂等用户进行一次全面检查。完善制度:2 月,出台完善《绩效考核与薪酬管理办法》《公司内部管理制度》, 确保公司各项工作顺利开展。利用已建立的信息评价工具,每星期召开一次市场营销中心工作会议,对销售情况进行形势分析,及时开展针对性的盐政稽查和市场访销。财务管理:贯彻落实湘盐财发〔2014〕15 号《关于规范 POS 机收款的通知》精神及《两化融合目标考核细则》的要求,规范工作流程,提高经济运行水平。(兰雨娟)

【盐政监管和宣传】 日常盐政稽查:1-10 月,查获涉盐案件 4 起、违法盐产品 63.95 吨。边界协作机制构建:2016 年多次走访醴陵市盐务管理局(醴陵盐业支公司)和江西省萍乡市盐务局,商议边际市场共建,完善部门盐政管理长效协作机制,共同打击涉盐犯罪。盐政法律法规宣传:以"3•15"消费者权益保护日和"5•15"消除碘缺乏病宣传日为契机,在浏阳城区中心区域设置宣传台,讲解真假盐辨别方法、发放盐业宣传资料、宣传盐业法律法规 500 余份。(兰雨娟)

烟草专卖

浏阳市烟草专卖局(分公司)

党组书记、局长、经理

刘　智(女)

党组成员、副局长

姜青云(2016.09 免)

朱开林　邹　瑾(女)

党组成员、纪检组长　刘光庆

副经理　曹煊昊(挂职)

【概况】 浏阳市烟草专卖局 (分公司)成立于 1984 年 12 月,为长沙市烟草专卖局(公司)下辖县(市)级局(分公司), 下设 10 个职能部室和 5 个标准化烟草站, 有在岗在编职工 184 人,其中研究生 22 人,本科以上 75 人, 中级以上专业技术员职称 16 人。主要职能是为全市 2732 户烟农和 5288 户零售户服务, 开展烟叶生产收购经营、卷烟批发营销和烟草专卖执法管理。2016 年实现两烟销售收入 19.17 亿元, 同比减少 1.45 亿元;实现税利 5.7 亿元,其中税金(不含企业所得税)3.48 亿元,同比增加 3490 万元;三项费用总额 1.38 亿元,同比下降 0.2%。

烟叶生产　全年落实烤烟种植面积 3973.33 公顷(同比减少 146.67 公顷),烟农 2732 户,烟叶收购 16.38 万担 (同比增加 590 吨), 户均规模 1.45 公顷,户均收入 9.8 万元(同比增加 0.5 万元), 亩均收入 4496 元,烟叶工作获地方政府与烟农好评。实行"三级培训"(市、乡镇、村逐级培训)模式 +"三统一"(统一课件、师资、内容)培训制度,烟蚜茧蜂实现烟田全覆盖, 并在果林中推广应用 1 万亩,被腾讯网和浏阳电视台报道。永安"4+1"(4 项技术 +1 项管理:烟株个体发育和群体结构调控技术、上部烟叶 4～6 片一次性采收技术、中温中湿调制工艺技术、土壤改良综合技术,成熟采收管理)科技项目得到湖南中烟认可;淳口"边烤边分、专业分级"模式,被树为全省合作社典型;烤烟大田长势获工业企业、技术依托单位和省局领导好评。试点原收原调,开展"采编烤分一体化"服务,降低烟农成本 238.25 元 / 公顷。落实"9S"(整理 SEIRI、整顿SEITON、清扫 SEISO、清洁 SEIKETSIJ、节约 SAVING、安全 SAFETY、服务 SERVICE、满意 SATISFICATION、素养SHITSIJKE)管理,单线收购效率提高 15.5%,单担收购费用降低 23.08%。接受国家局、省局工商交接检查,烟叶质量受到上级肯定。全年投入烟基建设资金 4198 万元,完成建设项目 335 项;基本烟田土地整理项目 13 处, 面积 666.67 公顷。11 月,由中国烟草援建的水源性工程——湖南长沙浏阳金鸡水库扩建工程开工建设;新增 1 家省局示范社(金东)、1家行业示范社(金沙),2家省局示范社(金永、金卫)通过复验。

卷烟营销　全年销售卷烟5.93万箱(同比下降6.33%),累计销售收入达15.03亿元(同比下降5.4%),单箱均价达2.96万元(同比增加1%)。全员营销:发扬"一家人一起来"精神开展全员营销,将185名员工"关系网"变为卷烟"销量网",全年全员营销带动卷烟销售14026条。分市场抓协同:东区借力全域旅游,西区着眼赶圩集市,南区瞄准产业经济,北区紧盯"两烟"(烤烟、卷烟)互动,被作为品牌培育典型案例在《东方烟草报》上报道推广。借助工商协同会、零售客户答谢会、品牌培育会等平台,打造"工、商、零、消"销售闭环,实现"工、商、零、消"协同推进。创新营销:创新开展"消费者在哪里,我们就到哪里"主题活动,推动卷烟营销工作从"推销"向"拉销"全面转型。跨界营销分享大客户,与中国银行、长沙银行等形成战略合作关系,建立资源共享体系。场景营销找准消费者,通过驻店促销、事件营销、旅游营销、园区营销、工地营销、"两烟"互动营销准确定位消费群体。精益营销实现高效率,通过农村市场调研、"卷烟促销物资精益管理系统"研发等举措实现营销工作有的放矢与降本增效。物流配送精准到位,全年零事故。

专卖管理　案件查处:全年查处涉烟案件274起,查获各类违法违规卷烟913万支,同比增长108%;涉案总值409万元,同比增长99%。其中五万元以上案件40起,同比增长208%。破获假烟网络案件2起,涉案金额220余万元,逮捕6人。守好规范经营"高压线",真品卷烟外流被查数量排名全市九区(县、市)最后一名,切实维护浏阳卷烟市场秩序,保障消费者权益。专卖服务:对接商事登记平台,提升办证服务主动性。通过逐户上门,提前介入,共分类处置涉烟商事登记事项1105项,办证率85%,完成市政府考核任务。业务竞赛:在长沙市专卖技能竞赛比武中,夺得团体和个人两项第一。全年迎接国家局及省、长沙市局专卖案卷检查7次,案卷合格率100%,在长沙市系统上半年专卖案卷评查中获处罚卷与许可卷两项第一。

获奖荣誉　全年在省级以上期刊发表论文16篇,其中获得中国烟草学会2016年优秀论文二等奖一项,长沙市科协二等奖、三等奖各一项。申请专利11个,9个已获授权,其中发明专利2项,实用新型专利7项。正在申请软件著作权2项。作为主要承担单位之一参与《G80优质适产综合配套技术研究》,获湖南省局科技进步二等奖。2月5日,浏阳市烟草专卖局(分公司)工会被中华全国总工会授予"全国模范职工之家"荣誉称号。3月24日,在2015年度全省系统QC小组活动成果评审会上,《半自动散叶成捆的研制》项目获评一等奖。4月22日,"紫荆进取"QC小组被中华全国总工会、中国质量协会等四家单位联合授予2015年"全国优秀质量管理小组"荣誉称号。8月12日,在全省第三十七次质量管理小组代表大会上,该局(分公司)QC课题《散烟打捆机的研制》获全省一等奖,课题实施者"紫荆进取"QC小组被命名为"湖南省优秀质量管理小组"。9月2日,QC课题《散烟打捆机的研制》获全国首届质量创新大赛一等奖;《降低烟叶收购单担费用》课题成果被国家烟草局发文向全行业推广应用;裴晓东代表浏阳参加行业"滕王阁"杯全国烟草行业精益改善达人大赛获年度"精益改善达人"。9月22日,在浙江嘉兴召开的全国第三十八次质量管理小组代表大会上,该局(分公司)紫荆进取QC小组被中华全国总工会、中国质量协会、中国科学技术协会、中华全国妇女联合会评为"2016年全国优秀质量管理小组"荣誉称号。

存在的困难与问题　2016年,烟草行业受"四大难题"(增长速度回落、工商库存增加、结构空间变窄、需求拐点逼近)凸显、"三大压力"(全球经济下行、卷烟提税顺价、控烟过激)叠加的影响,"三个持续下滑、两个居高不下"(卷烟产销大幅下滑、重点品牌产销大幅下滑、税利总额大幅下滑,卷烟和烟叶库存居高不下)的严峻形势没有根本扭转。湖南烟草固有的"增长、规范、烟叶守红线、两烟互动、库存高位"的"五大压力"越来越突出。2016年浏阳市烟草专卖局(分公司)"两烟"销售收入同比减少1.45亿元,下降7.04%;利润总额同比减少7344万元,下降24.81%。　(杨　坤)

【实施"五个计划"】　提高员工创新积极性、工作效率和安全意识。2016年,该局积极推进并落实长沙市局提出的"五个计划"(金点子计划、学习计划、健康计划、休闲计划、安全计划),将"五个计划"与全体干部职工获得感、归属感和幸福感相结合,为干部职工打造"阳光书房""食堂书架""部门书角""支部书柜",通过全员"众筹"书单,添置全新书籍近2630余册;通过自主研发"微信智能阅读管理交流系统",打造浏烟"阅读生态圈",出版学习计划第二季成果——《书香》姊妹篇《书韵》,形成"学思践悟"氛围。局党组带头落实带薪年假制度,员工自发组建"夜跑""瑜伽""足球"等8个兴趣小组,开展"绿色毅行""新春团拜"等活动,激发全员活力。全年无一起安全事故,成功创建长沙市平安单位。　(杨　坤)

【张鸣一调研指导QC工作】　3月22日至23日,国家烟草专卖局经济运行司张鸣一处长及行业QC小组成果评委一行10人到浏阳,调研指导QC工作。调研组一行首先参观2015年行业QC一等奖获奖课题《降低烟叶收购单担费用》的示范现场,详细了解"电子定级标签"改进措施的技术要点、投入成本、实际效益和推广情况,听取浏阳烟草近年来开展QC活动成果汇报。随后,参观浏阳市局"科技走廊"和"金点子"活动成果展示,并召开专题调研会。　(杨　坤)

【陈江华调研指导浏阳烟叶生产工作】　9月1日,中国烟叶公司总经理陈江华、副总经理关博谦一行到浏阳调研指导烟叶生产工作,省局(公司)党组成员、副总经理李民灯参加调研。陈江华一行到浏阳永安、淳口镇,深入烟农家中与其亲切交谈,认真倾听烟农心声与建议,询问烟叶质量、种植规模及成本收益等情况,并听取烟农合作社运行、专业化服务及综合利用等情况介绍。随后到沙市烟叶收购点,慰问一线收购人员,查看烟叶收购质量以及现场管理情况,详细了解烟叶收购进展和服务烟农工作。　(杨　坤)

旅　　游

竹林深处有人家　（邓立波 摄）

旅游管理

浏阳市旅游局

党组书记、局长
　谭　力（2016.03 免）
　陈　刚（2016.03 任）
党组成员、副局长　李运胜
党组成员、纪检组长
　陈　庆（2016.04 任，2016.12 免）
党组成员、副局长
　陈　庆（2016.12 任）
　陈炉强
副局长　杨　菊（2016.09 免）

【概况】 2016 年，全市有 A 级景区 11 个，其中 AAAA 级景区 2 家，AAA 级景区 7 家；星级旅游饭店 6 家，其中五星级 1 家；星级农家乐 38 家，其中五星级 7 家；旅行社（分社、网点）110 家，其中 4 星级 4 家；旅游星级餐馆 2 家，旅游餐饮、娱乐、购物点 100 多处；旅游系统从业人员近 10 万人。被列入省旅游业“十三五”规划旅游资源重点市，获“省旅游产业发展十佳县（市）”“文化旅游产业发展示范（县）市”“美丽中国典范城市”等荣誉称号，成功入选“国家全域旅游示范区”创建名单，周洛大峡谷创建为国家 AAA 级景区。全年接待游客 1925 万人次，同比增长 34.3%；旅游收入 200.2 亿元，同比增长 36%，圆满完成年度工作目标和任务。存在的问题：旅游总体规划滞后；全市缺乏具有龙头带动效应的 AAAAA 景区；旅游产品同质化严重，个性特色不鲜明；旅游商品缺乏大品牌统领。　（张　晋）

【统筹谋划】 8 月，浏阳市第十二次党代会召开，旅游产业被纳入《浏阳市第十二次党代会报告》，市人民政府办公室出台《浏阳市全域美丽乡村建设三年行动计划》《浏阳市促进现代服务业发展的若干政策》；筹备成立浏阳市旅游发展委员会，强化统筹协调和综合执法职能；新成立浏阳市文化旅游产业发展有限责任公司，加大对旅游资源的控制、开发、运营力度；高规模召开创建全域美丽乡村、发展全域旅游的推进会，财政每年安排专项资金 2000 万元；成立全国首家县级旅游智库学会，集聚多方智慧助推旅游发展。　（张　晋）

【旅游项目建设】 旅游规划：注重多规合一，修编《浏阳市旅游发展总体规划（2015－2025）》，确定“以大围山为龙头，浏阳河为主轴，十条精品线路为纽带”的旅游新格局；积极对接湖南省“神奇大湘东”旅游精品路线；配合长沙市做好浏阳河文化旅游产业带的规划，重点扶持 21 个建设项目；鼓励支持乡镇、景区编制专业旅游规划。2016 年新出台《金刚镇旅游总体规划》《小河乡旅游总体规划》《石霜寺景区修建性详规》等 12 个规划。项目进展：深入挖掘乡村旅游资源，以建设美丽乡村和幸福屋场为突破口，发布 10 条休闲农业与乡村旅游精品线路，开通乡村旅游专线大巴，打造亚洲湖、长寿屋场、华山屋场、松山屋场等乡村旅游景点，乡村旅游呈现“井喷式”发展。加快浏阳河文化旅游产业带开发建设步伐。大围山国家森林公园完成泥坞西大门综合服务区建设、旅游干线公路全线贯通；官渡“万紫千红”花海、“一道湾”美食街、沿溪加勒比水世界成功开业，拉动浏阳河沿线旅游繁荣发展。启动云峰台、狂野水世界、荷花博览园、花花世界大观园等新项目建设，耀邦故居、文家市秋收起义会师纪念馆、周洛、桂园国际、中澳蓝鹰等项目持续提质，支撑全域旅游新格局。基础配套：抓好景区道路建设。将景区道路优先纳入“农村公路建设三年行动计划”，全市各个重要景点串珠成链，有效提升景区（点）可进入性；创造性推进“六个一”（一个大型导览图、一个直饮水机、一个多媒体高清 LED 宣传屏、一个旅游厕所、一个电子地图、一套旅游标识标牌）工程建设，投入 600 余万元建设 40 多个标准化示范点；采取以奖代补形式，鼓励建设生态停车场、游客服务中心、游步道、自行车道、应急救援设施等配套项目。推进蒸菜体验店、民居民宿、房车露营等新业态；推进“智慧旅游”建设。旅游电子地图全市覆盖，“智游浏阳”APP 开通，实现浏阳旅游一键导航，大围山国家森林公园等 6 景区率先使用电子门票。　（张　晋）

【宣传营销】 节会宣传：举办民俗文化节、油菜花节、杜鹃花节、漂流节、水果节、避暑音乐节、滑雪节等系列节会，提升浏阳知名度和影响力。3 月 19 日举行创建全域美丽乡村示范县（市）启动式暨十条休闲农业与乡村旅游精品线路新闻发布会，7月21日举办浏阳市全域美丽乡村示范点推介暨夏季旅游产品发布会。品牌建设：积极参加北京、深圳、宁波旅游博览会，组织11家企业参加2016中国湖南（第七届）旅游产业博览会，2016中国湖南旅游商品大赛中，浏阳市获2金1银2铜；实行宣传“走出去”策略。在机场、高铁站、地铁、长永高速天桥广告位投放旅游宣传，发放《十条精品线路画册》6000本，充分运用网络、微博、微信等新媒体宣传营销，开辟宣传新途径。区域合作：加强湘赣边区域合作，启动湘赣边全域旅游服务体验中心项目，推动产业区域融合发展；围绕创建文明城市，倡导文明旅游，以文明劝导、志愿行动等方式助推全域旅游和谐发展，树立“湖湘宝地　美丽浏阳”品牌形象。

（张　晋）

【旅游行业监管】 安全监管：落实安全生产责任制，开展安全大排查，联合相关职能部门开展旅游安全联合检查，排查安全隐患，实现全年零事故。提升品质：指导旅游协会组织从业人员开展岗位培训；强化整治，净化市场环境。以旅行社、景区、旅游饭店为重点，开展旅游市场综合检查等专项督查整治行动；全面开展“景区质量提升行动”，集体约谈景区，督促整改，对道吾山风景区、周洛景区进行停业整顿，提升旅游品质。

（张　晋）

【浏阳创建全域美丽乡村示范县（市）启动式暨十条休闲农业与乡村旅游精品线路新闻发布会】 3月19日，由长沙市委宣传部（文明办）、长沙市农委、长沙市旅游局、浏阳市人民政府主办，浏阳市委宣传部（文明办）、浏阳农业局、浏阳市旅游局、古港镇人民政府承办的浏阳市创建全域美丽乡村示范县（市）启动式暨十条休闲农业与乡村旅游精品线路新闻发布会在古港镇梅田湖村松山屋场举行。启动仪式宣读省农委、省旅游局、省文明办联合下发的《关于支持浏阳市开展全域美丽乡村建设试点县（市）的意见》（以下简称《意见》）。《意见》指出，三部门将全力支持浏阳，用五年时间，全域提质提标，建设100个示范“美丽乡村”，300个示范“幸福屋场”，力争美丽乡村全域覆盖，创建全省美丽乡村示范县（市）和全国美丽乡村先进县（市），全面实现布局美、产业美、环境美、生活美和风尚美的“五美”乡村格局，为全省全面推进美丽乡村建设提供借鉴和指引。同时，省旅游局今后将从纳入中央和地方预算内投资支持对象；支持旅游基础设施建设；安排旅游外交、宣传推广重点活动；纳入国家旅游宣传推广重点支持范围；支持A级景区等国家重点旅游品牌创建等五个方面优先支持浏阳做好全域美丽乡村旅游建设。同时结合浏阳省直管县体制改革试点，赋予浏阳项目直接申报、权限直接下放、证照直接发放等管理权限。当天还对外发布浏阳休闲农业与乡村旅游十大精品线路和浏阳春季赏花线路，推出玩转十条精品线路微信集赞活动，以历史之韵、山水之美、乡村之乐，邀四方宾客共赴美丽浏阳。发布会上，浏阳市旅游局、总工会、旅游协会举行现场签名活动，联合签署为游客提供“优质服务，优惠价格”的双优承诺书，共同承诺努力为游客提供更加舒适的旅游休闲环境，及时为来浏阳旅游的游客提供最新、最实用的旅游信息，加强对全市旅游行业的监督管理。（张　晋）

【十大休闲农业与乡村旅游精品线路】 3月19日，浏阳发布十大休闲农业与乡村旅游精品线路。一、高坪（欢乐农家　长寿之乡）。路线：福溪景区（南车湾湿地公园游道探幽、自驾、亲水观光、蔬菜采摘）→古风洞风景区→天岩寨林场（徒步、露营）→浏阳湖→浏阳最美毛家湾（观千年古樟）→大坪夏布文化展示馆（生产展示、制作工艺体验）。二、古港—沿溪—永和（幸福屋场　千年宝盖）。路线：古港片区。梅田湖松山屋场（幸福屋场）（赏油菜花）→梅田湖风景区→皇龙峡漂流→中澳蓝鹰素质教育基地→富根、沔江水果采摘基地→凯丰生态园→大湾同心屋场→千年宝盖禅寺。沿溪片区。沙龙万亩蔬果公园→老街幸福屋场→沿溪九孔古桥→浏河樟盘湾（水上游乐）→大光湖景区（大光书院、赏紫薇花、户外体验十万亩竹林踏青挖竹笋）。永和片区。菊香小镇（工艺品展示销售、亲水游乐）→磷矿老工业基地→狮子山森林公园（骑行、徒步、露营）。三、官渡—达浒—大围山（象形山水　围山芬芳）。路线：官渡片区。桂园国际度假村→南岳金橘屋场农耕文化体验→官渡古镇景区→竹联中州屋场→南边农场（垂钓、采摘）。达浒镇片区。象形风景区（赏油菜花、采摘金橘）→达浒古桥→达浒古街→榴花洞生态度假基地（观千年银杏）。大围山片区。井头水果基地（观赏桃花、李花、梨花）→东门古镇→楚东传统村落→锦绶堂→狮口战地漂流（浏阳河溯源）→围山书院→三元桥（赏薰衣草）→大围山峡谷漂流→大围山国家森林公园（观赏樱花、杜鹃花，登山、赏景、溯溪、拓展）。四、张坊—小河（回家之旅　客家原乡）。路线：张坊片区。湖洋梯田（赏梯田、品农家特色）→黄石洞漂流→王首道故居→大成坑野生红豆杉林→红杉国际千亩精品水果基地（采摘梨子、柚子、石榴）→浏阳河源头几字湾→板溪湖（农家乐体验、垂钓、泛舟）→李白烈士故居。小河片区。田心百合花→千年罗汉松→烈士陵园→石湾水库风景区→鳄鱼嘴湾。五、荷花—中和—文家市（最美乡村公路　红色人文之旅）。路线：城区。谭嗣同故居→文庙→天子湾休闲度假基地（垂钓、拓展、露营）。中和片区。锦绣长廊（千亩油菜、稻草人公园、长寿屋场）→胡耀邦故居（赏荷花、自行车游道格桑花海：赏格桑花）→清江湖水库→客家集镇（客家小镇、百和廊、百景展、百联汇、摇钱湾滨河区、胡氏家庙、荷花博览园）→苍坊社区荷花园。文家市片区。文家市镇景观大道→秋收起义文家市会师纪念馆→杨勇故居→文家市镇湘龙村红旗屋场。六、大瑶—金刚（花炮之都　禅宗祖庭）。路线：大瑶片区。汇丰慧园农庄→中国花炮文化博物馆→枫林汉唐文化艺术公社→棠花出口花炮厂体验手工制作花炮工艺→老桂骑行（自驾游）路线（九龙寺朝佛、垂钓）→老桂古村乡愁体验（农家民宿、帐篷露营）。金刚片区。千年古刹石霜寺→星星村六栋堂→金市社区何家大屋→丹桂村桃树湾清代民居→平辉生态休闲农业园。七、葛家－普迹－镇头－柏加（百里花木　浏河风情）。路线：

葛家片区。宋任穷故居→新店桥油菜花→金塘村蝴蝶兰。普迹片区。夹洲岛亲水休闲基地(运动拓展、渔民生活体验、烧烤、露营、餐饮住宿)→河家湾幸福屋场、龙庭山庄(寺庙祭拜、蔬菜采摘、农事体验、骑行垂钓、乡村特色餐饮住宿)→金江青少年素质教育基地(户外拓展、露营、烧烤)。镇头片区。钟佛寺宗教文化旅游综合区→章甫爱国主义教育基地→百步洲旅游开发区→金牌村车田屋场(看皮影戏)。柏加片区。金科山水洲(婚纱摄影基地)→柏铃社区(精品苗木园)。八、社港—龙伏(闻香周洛谷 探险石柱峰)。路线:龙伏片区。龙伏社区水果基地→石牛寨风景区(摘草莓、攀登"江南小华山"、体验山谷自助烧烤)→凤凰峡漂流(赏油桐花)→尚埠梯田油菜花基地→石柱峰(露营、观日、探险)。社港片区。周洛风景区(看瀑布、赏野生桂花、玉兰花、樱花、美国紫薇)→丹霞湖→寻淮洲故居→新安古桥。九、沙市—淳口(四季冰雪休闲赤马)。路线:沙市片区。赤马湖休闲度假区(瑞翔冰雪世界)(赤马湖泛舟、大源生态峡谷赏花、户外拓展、垂钓、赏油菜花)→东门村(赏栀子花、樱花、垂钓、户外拓展、农耕文化体验)。淳口片区。茶叶基地(鸭头村淳峰、鹤源村银峰茶叶基地,茶叶采摘、购买、工艺展示)→狮岩村现代观光农业示范基地→枫林湖景区(六叠泉硒漂流、千年母子杏)。十、蕉溪—洞阳—北盛—永安(洞天福地 养身养心)。路线:蕉溪片区。蕉溪岭、摇钱岭(攀登、赏景、赏荷花)→上云溪·沐云栖谷文化旅游度假村→万丰湖景区(赏荷花)→唐德祠堂。洞阳片区。沿河油菜花→观前村二十四洞天道观(孙思邈炼丹处)→九溪村云族老屋农事体验基地(稻谷的种植、耕田、收割)→经开区(湖南医药科技文化馆、汉元药材基地、工业旅游、养身养心)。北盛片区。王震故居。永安片区。礼耕村万亩油菜花基地→芦塘村湾里屋场(千亩板栗林)→坪头村华山屋场(体验葡萄采摘)→大安村华盛综合水上乐园→制造产业基地(体验现代工业旅游)。(张　晋)

【刘金平率队到浏阳督察旅游市场监管工作】 6月5日,国家旅游局党组成员刘金平率队到浏阳,专项督查《国务院办公厅关于加强旅游市场综合监管的通知》的贯彻落实情况。督查组实地查看中和镇长寿屋场、胡耀邦故居、胡耀邦同志纪念馆、秋收起义文家市会师纪念馆等景区(点),并对浏阳全域旅游的发展情况进行考察。考察过程中,刘金平指出浏阳旅游市场综合监管力度大、办法多,营造了公平、透明、有序、诚信的好环境,并对浏阳市全域旅游建设工作予以充分肯定,"浏阳推进全域旅游建设取得的效果显著,特别是在配套设施建设、乡村旅游景点打造方面有很多值得借鉴的经验。"(张　晋)

【长沙市第八届浏阳河漂流文化节暨浏河源自驾车房车营地启动仪式】 7月16日,长沙市第八届浏阳河漂流文化节暨浏河源房车自驾车营地启动仪式在狮口战地漂流开幕。本届漂流文化节由长沙市旅游局、浏阳市人民政府主办,浏阳市旅游局、大围山国家森林公园、大围山镇人民政府、狮口战地漂流承办,浏阳市漂流协会、浏阳市旅行社协会协办。开幕式上发布长沙市漂流文化节形象标志和主题LOGO,同时,长沙浏阳河风光带上游生态度假区之浏河源国际自驾车房车营地开营。作为长沙浏河源头生态型营地,浏河源国际自驾车房车营地将自然的生态与家文化相融合、原生态的山水和漂流景区融合,创造旅游产品新形式,开发新业态。漂流节上还推出夏季旅游亲水避暑套餐,打造集"旅游、户外体育、亲子互动、幸运抽奖"为一体的多功能活动项目。(张　晋)

【浏阳市全域美丽乡村示范点推介暨夏季旅游产品发布会】 7月21日,浏阳市全域美丽乡村示范点推介暨夏季旅游产品发布会在中和镇荷花博览园举行,向各地游客推介该市十佳全域美丽乡村旅游示范点,并对外整合发布八款夏季旅游产品,再次向四方宾客发出畅游"湖湘宝地、美丽浏阳"的邀约。为进一步推介浏阳美丽乡村的建设成果,让更多游客感受浏阳全域旅游的魅力,继发布十条休闲农业与乡村旅游精品线路后,此次活动,评选出中和镇苍坊社区荷花博览园、古港镇松山屋场、官渡镇中州屋场、金刚镇桃树湾古民居群、永安镇华山屋场、社港镇淮洲村、高坪镇南车湾、中和镇长寿屋场、普迹镇河家湾景区、达浒镇象形村等十佳全域美丽乡村旅游示范点并进行推介。同时,针对夏季旅游特点,对外发布"名山避暑、蒸菜美食、清凉水韵、水果采摘、浪漫花海、激情冰火、亲子研学、屋场体验"之旅等八款夏季旅游产品。(张　晋)

【浏阳"十佳全域美丽乡村旅游示范点"】 切实推动全域美丽乡村建设

7月21日,浏阳市全域美丽乡村示范点推介暨夏季旅游产品发布会

(图片来源:市旅游局办公室)

与全域旅游示范县(市)创建工作,展示休闲农业与乡村旅游发展新成果,进一步推介全域美丽乡村旅游示范点,根据《浏阳市美丽乡村建设工作领导小组＜关于开展2016年浏阳“十佳全域美丽乡村旅游示范点”评选活动的通知》(浏美建办发〔2016〕3号)文件精神,经乡镇推荐、专家评审、部门投票等环节,中和镇荷花博览园、古港镇松山屋场、官渡镇中州屋场、金刚镇桃树湾古民居群、永安镇华山屋场、社港镇淮洲村、高坪镇南车湾景区、中和镇长寿屋场、普迹镇河家湾景区、达浒镇象形村被评为2016年浏阳“十佳全域美丽乡村旅游示范点”。 (张 晋)

【省委、省政府督查组到浏阳督查湖南旅游发展大会贯彻落实情况】 7月25～26日,由省委副秘书长郭光文带队的省委、省政府督查组到浏阳督查湖南旅游发展大会精神落实情况,督查组一行先后实地考察大围山国家森林公园、大围山泥坞小镇、狂野水世界、官渡古镇以及中州屋场等景区景点,查看重点旅游项目、旅游基础设配套设施建设,了解旅游商品开发销售等情况。2016年3月召开的湖南旅游发展大会,确定实施全域旅游战略,形成以县域为基础,景区景点为支撑、旅游功能为载体、旅游走廊为纽带的全域旅游规划布局。浏阳在全省率先启动全域美丽乡村示范县(市)创建工作,发布十条休闲农业与乡村旅游精品线路。进一步贯彻落实省旅游发展大会精神,5月,浏阳启动“全域美丽乡村建设三年行动计划”,7月21日,举办全域美丽乡村示范点推介暨夏季旅游产品发布会。截至7月下旬,浏阳十条精品旅游线路沿线标识标牌完善工作已完成50%;新增符合条件的旅游厕所90个,全部录入国家旅游局旅游厕所管理系统。2016年上半年,全市铺排旅游招商项目37个,在建旅游项目60个,全市接待游客956.92万人次,实现旅游收入99.51亿元,同比增长20%和22%。督查结束时,郭光文肯定浏阳在旅游发展工作方面取得的成绩,表示将及时总结调研结果,形成反馈意见,为省委省政府决策部署相关工作提供参考。他要求,浏阳要继续贯彻落实好省旅游发展大会精神,充分发挥自身良好的生态文化旅游资源优势,做大做强“全域旅游”,助推地方经济社会又好又快发展。 (张 晋)

【浏阳开展旅游等级景区质量提升专项行动】 8月4日,浏阳市旅游局制定并下发《浏阳市等级旅游景区质量提升专项行动方案》,决定8月8日至8月12日,该局在全市开展旅游等级景区质量提升专项行动,重点督查安全隐患、经营秩序、服务质量、环境卫生、设施设备五个方面,规范和整治旅游景区中存在的各种乱象和不规范行为,实现景区管理和服务水平提升,提高该市旅游的知名度和满意度。9日,召开32个乡镇(街道)旅游工作主要负责人和10家A级景区负责人集体旅游工作约谈会,提出,对存在问题并整改不力的A级景区,采取“零容忍”的态度,通过主动摘牌、降级、红牌警告等方式进行惩处。8月15日,组织召开集里街道、达浒镇、官渡镇、高坪镇、古风洞、道吾山景区负责人约谈会,对各景区存在的突出问题作重点部署,明确责任,要求迅速整改到位。专项行动中,针对长沙市局检查反映问题较突出的象形山、道吾山、官渡古镇,再次督查,明晰责任,限期整改;对所有景区设定督查整改方案,派专人指导扶持。周洛景区、道吾山景区分别被责令停业整顿、被通告暂停营业。经整改,8月23日,周洛景区恢复对外营业。 (张 晋)

【浏阳市旅游智库学会成立】 11月1日,浏阳市旅游智库学会成立大会在华尔宫大酒店隆重举行。来自旅游产业相关领域的政府机关工作人员、专家学者、企业界精英及媒体代表近100人参会。长沙市旅游局副局长廖双寅、浏阳市人民政府党组成员詹萍萍、浏阳市旅游局局长陈刚出席会议。会议审议通过《浏阳市旅游智库学会章程》(草案)和《浏阳市旅游智库学会选举办法》(草案),选举产生浏阳市旅游智库学会理事会和监事会,钟子平当选为浏阳市旅游智库学会主席。

(张 晋)

【2016湖南省(第七届)旅游产业博览会浏阳5旅游产品获奖】 12月23日至2017年1月3日,湖南省(第七届)旅游产业博览会在长沙红星国际会展中心举行。浏阳市大围山国家森林公园、耀邦故居、长兴湖、秋收起义文家市会师纪念馆、中澳蓝鹰国防教育基地、天子湾风景区6家景区,浏水燕香系列燕菜、燕浏记系列燕菜、玉叠妃彩色菊花石、张太傅牛胶和香何竹5家特色旅游产品参加博览会。在博览会子活动2016中国湖南旅游商品大赛中,浏阳市选送的5件旅游产品全部获奖,其中菊花石雕—文房及茶艺组合和浏阳夏布创意系列获金奖,浏阳蒸菜系列获银奖,“文家市会师”红色记忆食品系列和寞心豆豉获铜奖。 (张 晋)

大围山国家森林公园

湖南省浏阳大围山国家森林公园管理处

党组书记 徐强国
副书记、主任 涂向阳
副书记 熊湘东(2016.03挂,2016.12免)
刘飞舞(2016.03挂)
傅爱华(2016.12挂)
党组成员、常务副主任
傅爱华(2016.12免)
副主任 寻雄光(2016.03免)
党组成员、副主任、纪检组长
张新平(2016.08免)
党组成员、副主任
刘双辉(2016.12任)
罗 平(2016.04任)
邵 劭(2016.08任)

【概况】 2016年,大围山国家森林公园管理处下设办公室、财务科、安全保卫科、防火科、经营销售科、地质研究和建设科6个科室(副科级内设机构),2个下属企业(大围山旅游投资开发有限公司、杜鹃实业有限公司);并设泥坞西大门游客服务中心、花门工区、中岳苗圃基地、张坊南大门建设指挥部、东麓园管理科5个办事处。该处围绕“旅游新方向•中国大围山”目标,锐意进取,务实工作,全年争融资3.8亿元,超额完成年度争融资任务；启动、完成项目140余个，项目投资4亿多元；接待游客80万人次，实现旅游收入3200万元，保持持续高位增长态势。12月，《长沙市大围山区域生态和人文资源保护条例（草案）》通过长沙市十四届人大常委会初审。（刘　辉）

【园镇融合】 深化和完善“一园带四镇”“三统四分”的管理体制和发展模式，召开示范区经济工作会议，不定期召开示范区调度会，在森林防火、控违拆违、综治维稳以及节会活动等方面联动协作，加大干部交流力度，大围山镇、张坊镇主要领导兼任森林公园和旅游投班子成员，推行园镇联合议事，实现规划同图、思路同向、发展同步。（刘　辉）

【生态保护】 注重宣传，强化巡查，全年实现零火警、零火灾的目标。健全联防联治机制，组织召开湘赣边森林防火联席会。新建防火宣教碑10处，新挂防火警示牌120块，新修防火隔离带和防火林道8千米。《大围山生态旅游示范区总体规划》完成二审；《长沙市大围山区域生态和人文资源保护条例》通过长沙市人大常委会初审。完成泥坞森林小镇生态修复、干线公路边坡植草复绿工程。投资300多万元完成七星岭、红莲寺、栗木桥及樱花谷绿化提质改造。（刘　辉）

【重点项目建设】 投资4.5亿元的旅游干线公路全线贯通。干线公路于2014年6月9日开工，2016年12月8日完成路面沥青摊铺实现全线贯通。泥坞森林小镇全面建成。泥坞西大门总投资约1亿元，建设桥梁2座，拥有生态停车位300个，建成AAAAA级游客服务中心、停车场及客家特色商业街，泥坞已打造成为美丽的森林小镇。张坊南大门加紧建设，已完成征地拆迁、规划评审；祷泉湖游客服务中心完成主体工程；四方丘交通枢纽中心完成征地拆迁、规划评审。（刘　辉）

【景区管理】 严格落实“安全生产、一岗双责”制度，实施日常检查表格化、制度化、规范化。加强在建工程项目安全生产管理，确保施工安全。加大交通隐患排查力度，确保交通安全。完成七星山庄至东麓园路面改造，新增警示牌50块、广角镜40面、防护墩680个，严查严管，杜绝货车超载现象。开展食品安全专项行动，确保舌尖上的安全。全年园区未出现任何安全事故。垃圾处理中心建成并运行正常，新购环卫车，每月实行环境卫生大评比；建成红莲寺木门面、栗木桥和樱花谷摊担经营点，规范摊担经营；重点做好节会活动、游客高峰期的安全保卫工作和特护期综治维稳工作，确保园区安全有序、和谐稳定。加强企业管理，召开行业协会，开展常态化、文明化执法检查。加强岗前业务技能培训，规范保安、导游、售票员着装、文明用语等窗口服务礼仪，提升服务水平。（刘　辉）

【品牌创建】 历经三年多时间，总计投入近亿元，完成地质博物馆等各项建设任务，2016年6月23日，顺利通过国土资源部验收，成功获批并正式命名“湖南浏阳大围山国家地质公园”。年内，园区还获评“湖南省最佳避暑胜地”“省赛车运动基地”“省文明风景旅游区”，并积极推动AAAAA级景区和国家风景名胜区创建工作。突出“春赏花、夏避暑、秋登高、冬滑雪”四季旅游特色，成功举办四季节会以及自行车赛等各类主题活动，活动形式不断创新，办节水平不断提高。2016年杜鹃花节吸引逾游客21万人次，5月14日当天游客人数3.8万人。积极开拓江西旅游市场，实施区域经理制，签订南昌、萍乡等7个城市区域总代理协议；举办湘赣登山挑战赛，吸引周边区域近千名登山爱好者参加；组织赣西300多家旅行社到大围山踩线活动；接待江西各单位到园调研考察12批次。全年江西游客到园旅游人数突破6万人次，占整个市场的8%。杜鹃花节、避暑节、登山季等受到《人民日报》等国家级媒体关注，新华网首页图文并茂重点推介。（刘　辉）

【大围山国家地质公园成功通过国土资源部验收】 4月11日至13日，国土资源部、省国土资源厅、长沙市国土资源局有关领导和专家到浏阳，就大围山国家地质公园建设工作进行检查验收。通过现场察看并召开验收汇报会，以88分的成绩成功通过国土资源部验收。6月23日，国土资源部下文《关于同意命名湖南浏阳大围山国家地质公园的批复》，大围山国家地质公园成为长沙市唯一的国家级地质公园、湖南省唯一的以第四纪冰川遗迹为主的国家级地质公园。大围山国家地质公园，于2005年申报创建省级地质公园，2007年9月揭碑开园，后又积极申报创建国家地质公园，2012年4月获批国家地质公园建设资格。公园第四纪冰川遗迹丰富且保存完整，具有很高的科研科普价值；同时，生态环境优良，动植物种类丰富。近四年来，长沙市、浏阳市对照国家地质公园创建标准，加大投入，开展相关建设工作，完成包括地质公园规划与地质遗迹保护、地质公园解说与标识系统、地质公园科学研究与科普活动、地质公园管理机构设置与信息化建设等四个方面的建设任务。对照《国家地质公园验收标准》组织自查，自查评分达到合格国家地质公园的标准，于2015年12月以91.4分的高分顺利通过湖南省国土资源厅初验。（刘　辉）

【长沙市第八届杜鹃花节】 大围山景区着力打造“春赏花、夏避暑、秋登高、冬滑雪”的四季旅游品牌，4月20日，湖南省浏阳大围山国家森林公园在长沙佳兴世尊酒店举行长沙市第八届杜鹃花节推介会。4月25日至5月20日，长沙市第八届杜鹃花节在大围山国家森林公园举行。杜鹃花节期间，以“行走长沙之巅，漫游杜鹃花海”为主题，以杜鹃花为媒介，举行“走进大围山”“情定大围山”“探索大围山”“赏花大围山”四大主题篇章活动。通过登山健身、科普探索、赏花露营等多种体验活动，让游客在步行、自驾、露营中体验运动的乐趣，“手机摄影大赛”“微信大传播”“长沙市广场舞总决赛”等众多游客参与趣味活动，让游客在互动游戏中体味赏花的快乐。截至2016年，大围山已查明的杜鹃有30多种，其中映山红、鹿角杜鹃、云锦杜鹃，猴头杜鹃，红毛杜鹃等品种为大围山所独有。大围山杜鹃花主要分布在七星岭、红莲寺、五指石景区海拔1200米至1600米区域的溪谷及坡顶，以七星岭、五指石一带最为密集。杜鹃盛开期有先有后，观花期从4月下旬至5月中旬。（刘 辉）

【大围山国家森林公园获评“2016湖南最佳避暑胜地”】 6月22日，“2016湖南夏季乡村旅游节”在岳阳平江县开幕，现场，湖南省旅游协会公布13个“2016湖南最佳避暑胜地”名单，浏阳大围山国家森林公园成为长沙地区唯一上榜景区。大围山位于湘赣交界处，森林植被覆盖率99.5%，夏季平均气温22℃，其中海拔1400米的红莲寺景区在夏季白天最高温度20℃，晚上温度5～10℃，有“自然空调”之称，适宜避暑度假。公园着力打造“夏避暑”品牌，不断完善基础配套设施建设，每年举办“避暑节·音乐露营季”，吸引游客约30万人次。（刘 辉）

【大围山登山季·湘赣挑战赛】 9月25日，中国大围山登山季·湘赣挑战赛开幕，挑战赛分9月25日、10月7日、10月15日三轮预赛，近千人参加挑战。比赛从森林公园管理处前坪出发，经栗木桥、船底窝、五指石，最终到达湘东最高峰七星峰，全长20.5千米。10月29日进行总决赛，45名运动员入围，其中男子组选手27人，女子组选手18人。最终，来自长沙的曾文波以93分42秒成绩获得男子组第一名，贵州省的杨光梅获得女子组第一名。围绕“旅游新方向·中国大围山”总体目标，大围山形成“春赏花、夏避暑、秋登高、冬滑雪”四季旅游品牌，建成湖南省首条国家级登山步道，连续多年成功举办全国性群众登山健身大会，大围山登山品牌逐步显现。（刘 辉）

【2016环洞庭湖国际公路自行车赛热身赛暨湖南省自行车联赛·浏阳大围山爬坡赛开赛】 10月22日，2016环洞庭湖国际公路自行车赛热身赛暨湖南省自行车联赛，在大围山举行首站爬坡赛，530多名参赛选手(包括数名外国选手)开展激烈角逐。爬坡赛由湖南省体育局、浏阳市人民政府主办，湖南体运通信息技术股份有限公司(以下简称体运通)、大围山国家森林公园管理处、湖南环洞庭湖体育文化发展有限公司、湖南省赛车运动协会承办。开幕式上，浏阳市委副书记、代市长吴新伟致欢迎辞，体运通公司总经理蔡曙致辞，湖南省体育局党组书记、局长李舜为大围山国家森林公园管理处授湖南省赛车运动基地牌匾。比赛分为男子精英组、男子大师组、女子巾帼组，参赛选手最大年龄76岁，最小年龄19岁。大围山赛道全程18千米，海拔提升1200米，共计700多个转弯。经过近三个小时激烈较量，最终，周克强、刘杨、陈凯分获男子精英组(18~39岁，赛程20千米)前三名，陈湘源、王家东、黎海平夺得男子大师组(40~60岁，赛程20千米)前三名，何冲、朱晓云、廖丽芳分别获得女子巾帼组(18~60岁，赛程20千米)前三名。（刘 辉）

浏阳市大围山旅游投资开发有限公司

浏阳市大围山旅游投资开发有限公司

总 经 理　邓　勇
副总经理　赵　坤
　　　　　胡　亮(挂职)

【概况】 2016年，大围山旅游投资开发有限公司紧扣“旅游新方向·中国大围山”的战略目标，不断发展壮大，设有办公室、计划财务部、投资发展部、工程建设部，有员工16人。公司以推动“一园四镇”旅游产业发展为契机，积极做好大围山示范区旅游建设，助推浏阳旅游事业发展。融资工作：2016年公司争取长沙市补资金2720万元；新增贷款3.1亿元，其中工商银行26000万元，中信银行浏阳支行5000万元；合理偿还公司贷款4600万元，其中中信银行3100万元，工商银行1500万元；积极与农业银行协商沟通，给予公司减免利息429.56万元；与证券公司对接，拟在2017年发行期限为7年的10亿元企业债券，降低公司运营成本。土地调规：积极争取旅游建设项目供地，对涉及大围山镇、张坊镇范围内大围山旅游区建设项目进行摸底，将2020年前大围山旅游区需要建设的项目范围线，上报并纳入浏阳市土地利用中期评估工作。储备招商引资项目用地，积极对接国土部门，对园区内符合土地利用总体规划的土地进行全面摸底，通过现场指界、调查走访、公示公告等流程，办理生态保护线划定工作，将大围山省级自然保护区核心区与缓冲区共38.727平方千米划为一类管控区，园区的其他范围划定为二类管控区。招商引资：整合“一园四镇”旅游资源，完成大围山宣传片和大围山国家生态旅游示范区招商手册制作。与山星园宾馆达成招商引资合作协议，通过招标拍卖挂牌制度出让土地0.3186公顷。接待远大住宅工业集团股份有限公司、广东省湖南商会等投资商考察10余批次，多次组织和参与参

西大门　　(图片来源：公司办公室)

加招商推介会。品牌打造:组建运营旅游车队,建设8个公交场站节点,成立指挥中心;积极开发旅游商品,注册品牌商标,形成公园礼品开发系列;考察学习先进,探索建设森林迷宫、原始穿越、溯溪、攀岩、滑索等旅游运动项目。规范管理:加强资金管理,完善审批手续。规范建设项目审批申报流程,制定《简易工程项目自行招投标工作流程》,全年申报政府采购简易项目130个,完成网上备案付款手续81个,成功办理财评报告书13份。(林 靖)

【大围山旅游干线公路工程】 大围山旅游干线公路(大浏高速茶林互通至白沙公路一期工程)全长19.6千米,是连接张坊茶林互通至大围山森林公园的主要通道,全线设1座隧道和3座大桥,隧道全长2920米。工程于2014年6月开工,2016年4月9日隧道全线贯通,截至12月8日,干线公路全部完成路基、桥梁、隧道的土建工程和沥青路面摊铺,两厢景观工程(包括两侧人行道、行道树、公路两厢景观打造等)完成前期手续。(林 靖)

【大围山森林公园南大门游客服务中心建设项目】 该项目规划总投资1.7亿元,分三期进行。设计总用地面积约27万平方米,绿地率47.02%,停车位约1000个。2016年已完成南大门游客服务中心立项和可研批复,设计方案原则性通过评审。南大门建设区涉及拆迁户47户,2016年已签订拆迁协议户数40户,竹塅安置区计划安置45户;计划征地面积30公顷,已征地10公顷。

(林 靖)

秋收起义文家市会师纪念馆

秋收起义文家市会师纪念馆

党支部书记

谭应启(2016.03免)

卢 铠(2016.03任)

馆长 刘柏平(2016.12免)

熊 玮(2016.12任)

纪检组长 罗定坤(2016.12任)

副馆长 曾艳敏(女,2016.04免)

于承明(2016.09免)

陈 英(女,2016.04任)

余子牛(2016.10任)

【概况】 秋收起义文家市会师纪念馆现归口中共浏阳市委宣传部管理,为正科级事业单位,下设办公室、研究室、宣传科、宣教科、项目招商科、工程科、安保科7个科室,2016年有工作人员37人,其中在编人员23人,聘用制人员14人。该馆围绕“机构升格、景区升级、陈列升位”目标,实施“文化立馆、项目强馆、宣教名馆、人才兴馆、产业活馆”发展战略,圆满完成年度工作目标任务。中共秋收起义文家市会师纪念馆党支部被评为浏阳市“优秀基层党组织”。

宣教工作 落实“一人开讲”“绩效挂钩”制度,全年接待观众150万人次,讲解率80%以上,讲解评价满意度99.9%。开展“红色文化进课堂”“特殊党课进支部”“小小讲解员培训班”等特色宣讲活动,全年进校园授课34场,为23个党支部送去“秋收起义星火燎原”主题党课。参加省文物局“讲史育人”比赛,余小平、胡丹分别获二等奖和三等奖。巩固新媒体宣传阵地,全年发布微信新闻50多条,点击量10万人次;抓住重要节点,开展“5·18”国际博物馆日与“6·11”中国文化遗产日活动,红网、凤凰网等多家媒体发布相关报道。

文物保护 全年征集文物260件,新鉴定出二级文物5件,三级文物47件,一般文物105件。完成文物普查平台信息录入,录入馆藏文物687件。开展文史研究,先后在各类正式刊物上发表文章8篇,编辑出版书籍《秋收史话》。

项目建设 秋收起义纪念园项目一期通过初步验收,二期全面开工,相关附属配套设施工程建设进展顺利,已完成电梯、中央空调、网络、监控设备项目的公开招标采购,室内外消防管网施工和消防栓的安装。陈列布展工作编制完成内容设计方案,并通过专家评审会议。馆镇融合项目进出口道路建设、春泉路及会师广场周边房屋立面改造、停车场及旅游厕所建设、南川河景区段治理、会师广场周边环境治理、高升岭与文华山林相改造、里仁屋场建设、文华路提质改造等八大工程有序推进中。(邵 颖)

【筹备纪念秋收起义会师90周年活动】 2016年,浏阳市委、市人民政府成立以曹立军、余勋伟为顾问,吴震为组长的筹备工作领导小组,7月1日吴震主持召开调度会议并形成《浏阳市纪念秋收起义90周年相关活动筹备工作调度会会议纪要》(浏办会纪〔2016〕1号)。省、长沙市委宣传部相继到馆调研,并作出安排部署。纪念活动请示文件上报省委。9月28日,该馆应邀参加在永新县三湾改编纪念馆召开的秋收起义“一线十馆”第七届协作会,与会各方友好对接,达成共识,拟共同举办好秋收起义会师90周年纪念活动。(邵 颖)

【启动“两创建、一申报”工作】 国家AAAAA级旅游景区创建:浏阳市第十二次党代会提出“胡耀邦故居—秋收起义文家市会师纪念馆”创建国家AAAAA级旅游景区,市政府组织召开创建工作前期会议,中和镇、文家市镇、胡耀邦同志故居管理处、秋收起义文家市会师纪念馆共同组建创建班子,制定创建工作方案,以AAAAA标准推动纪念园项目建设。国家三级博物馆创建:完成国家三级博物馆创建前期工作,编制申报材料约15万字,包括130多个表格、230张图片的申报材料,完善软、硬件设施建设。秋收起义旧址群申报国保工作:秋收起义旧址群申报国家保护工作取得阶段性成果,完成前期调查勘察、方案编制工作,全国人大代表刘绍英提交的《关于加快推动浏阳红色旅游发展的建议》得到国家发改委、国家文物局的回复,表示将在第八批全国重点文物保护单位申报评审工作中对秋收起义旧址群给予重点关注。

(邵 颖)

胡耀邦故里管理

胡耀邦故里管理局

党组书记、主任 胡厚坤

党组副书记 陈文全

党组成员、副主任(聘) 邹周超

党组成员、副主任 徐志强

党组成员、市纪委驻胡耀邦故里管理局纪检组组长 罗定坤(2016.12任)

【概况】 根据湖南省机构编制委员会办公室《关于胡耀邦故里管理局（胡耀邦同志纪念馆）机构编制事项的批复》（湘编办复字〔2015〕75号）、长沙市机构编制委员会办公室《关于明确胡耀邦故里管理局（胡耀邦同志纪念馆）有关机构编制事项的通知》（长编办发〔2016〕89号）、浏阳市机构编制委员会《关于胡耀邦故里管理局（胡耀邦同志纪念馆）主要职责内设机构和人员编制规定的通知》（浏编委发〔2016〕21号）精神，2016年5月16日，胡耀邦同志故居管理处更名为胡耀邦故里管理局（胡耀邦同志纪念馆），为直属于中共浏阳市委管理的副处级事业单位，核定局长（馆长）职数1名。内设办公室（人事管理部、纪检监察室）、宣传教育部（研究室）、对外联络部、文物资料部（陈列艺术部）、行政事务管理部（园林环卫管理部）、保卫部6个部（室），编制名额为30名。年末，有工作人员137人（含临聘人员107人）。11月，胡耀邦故里旅游景区列入全国第三批红色旅游经典景区名录。同时，景区年内获评湖南省首批文物保护与利用“五好”园区、浏阳首个湖南省两型示范景区。 （张自成 张 丽）

【重大接待】 景区全年接待游客211.4万人次，先后接待100余批次中央、全国各地、省部级领导到景区考察指导，接待省、市直机关到馆进行党团活动800余批次，全年免费讲解1万余场次，做到重大接待无差错，日常接待不松懈。 （张自成 张 丽）

【项目建设】 完善景区配套基础设施工程建设，积极争取中央、省、市政府投资公共设施建设项目资金，年内争资8565万元，其中荷文公路到位资金3494万元、国家重点文物补助经费（环境整治项目）2410万元，西入口停车场、场馆提质等项目资金2000余万元。同时，对照全国红色旅游经典景区发展规划纲要，围绕革命老区发展与脱贫攻坚目标，规划编制“十三五”规划红色旅游项目24个。启动胡耀邦同志塑像树建、纪念广场提质改造、游客服务中心和胡氏家庙修缮工程、西岭公路及文博园红色剧场建设。 （张自成 张 丽）

【创新管理】 试行民营资本进入，市场化运营，公司化运作。4月，管理处与海南长城集团旗下的三沙江鹏旅游开发有限公司签订合作开发协议，将故居山庄、西入口停车场、电瓶游览车、狮子桥坝水上乐园4个项目租赁给该公司经营，实现社会、经济效益双丰收。7月，管理局正式启动创建国家AAAAA级旅游景区筹备工作，依托现有资源优势，强化景区提质升级。对照创建方案和《旅游景区质量等级的划分与评定》（GB-T17775-2003）标准要求，全面提升景区的软硬件综合水平，实行自评、自纠、自查。在景区环境卫生、安全隐患排查、旅游服务配套、景区综合管理等重点环节上大力整改，确保游客参观安全有序和管理规范常态化。建立运转高效、职责权限清晰的内设管理机构，引进涉及旅游管理、营销策划、讲解接待、文物保护等岗位人才12名，并建立红色旅游从业长效培训机制，推行讲解员评星定级制度，开展“修业讲堂”青年干部培训班，提高旅游服务质量，提升红色旅游品牌。 （张自成 张 丽）

【文物保护】 全年完成5636件（套）可移动文物普查工作。投资100余万元完成文物库房预防性保护设施设备添置，确保现有馆藏文物、文献资料科学分类保管，并进行信息录入工作，同时加强口述历史、抢救性保护等文物征集工作。完善文物安全保护制度，加强对故居、纪念馆、文博园、文物库房等重点区域安全保护，做到24小时不间断监控、巡查，全年无一例文物消防、安防事故发生。 （张自成 张 丽）

【社会教育】 抓好免费开放，利用红色资源服务公众、奉献社会。继续推行“四服务、八免费”惠民举措，坚持免费不免责。结合重大节日和景区实际，年内先后组织开展“怀念耀邦追思会、读书会，‘追寻耀邦足迹 弘扬长征精神’胡耀邦101周年纪念活动，‘人民的耀邦’文艺演出”等系列活动。同时，积极参与国家、省、长沙市组织的大型旅游推介活动，全年累计发放宣传折页20余万份，播放宣传片1万余场次，大范围内弘扬伟人精神、推介景区特色；组织讲解员参加湖南省文化厅主办的“服务‘两学一做’，讲好特殊党课”讲解大赛，获三等奖；宣传教育部获评2016年度“长沙市巾帼文明岗”；发挥爱国主义教育基地的宣传教育功能，继续开展“耀邦故事”进校园、进社区、进单位义务宣讲活动，其中“耀邦教我做合格党员”特殊党课，先后为浏阳市40多个支部、2000多名党员授课，广受好评。 （张自成 张 丽）

胡耀邦故居 （图片来源：胡耀邦故里管理局）

财政·税务

财 政

浏阳市财政局

党组书记、局长 陈 清
副书记、副局长 武安磐
副书记、纪检组长
周世文(2016.08 免)
党组成员、副局长 彭金龙
党组成员、副局长(兼)、浏阳经济技术开发区财政分局局长
陈 浩
党组成员、总会计师 廖亿球
党组成员、副局长 邹志德

【概况】 浏阳市财政局下设 29 个职能科室(办、局、中心),其中支出管理科室 7 个,业务管理科室 13 个、综合管理科室 9 个。有干部职工 155 人,其中本科以上学历 109 人,具有专业技术职称 91 人。公开选调招录 18 人。2016 年,市一般公共预算收入在省直管县(市)中排名第 1 位,县域经济基本竞争力排名跃升至全国百强县第 19 位。获"市县财政总决算工作先进单位""部办会计报刊宣传发行工作先进单位""招商引资工作优秀单位""创建食品安全城市示范优秀成员单位""长沙市财政信息化先进单位""全省农业综合开发信息宣传工作先进县(市)"等称号。 (杨 丽)

【财政收支情况】 2016 年,全市完成全口径收入 157.7 亿元,同比增长 15.2%;一般公共预算收入 95.5 亿元,同比增长 11%,占年初预算的 100.5%,其中,地方一般公共预算收入 58.8 亿元,同比增长 17.9%;分部门完成情况:国税部门完成一般公共预算收入 44.8 亿元,同比增长 15.2%,剔除"营改增"影响上年基数 51624 万元,同口径增长 1.6%;地税部门完成一般公共预算收入 31.3 亿元,同比下降 1.1%,剔除"营改增"影响上年基数 51624 万元,同口径增长 18.1%;财政部门完成一般公共预算收入 19.4 亿元,占调整预算 117.8%,同比增长 25.6%;一般公共预算支出 95 亿元,同比增长 11.8%。其中积极调整优化支出结构,新增财力持续向改善民生倾斜,民生支出 72 亿元,占一般公共预算支出的 75.8%。 (杨 丽)

【财政工作成效】 财政收入壮大壮强:培植财源抓项目。加大投资拉动力度,筹措资金 14.5 亿元,启动蒙华铁路、南北横线、金阳大道二期等项目建设,建成金阳大道一期、大围山旅游干线、梁高、沙赤等国省干线,提质改造永社、花木走廊等干线公路,开展农村公路三年行动,推动人民医院搬迁、三馆合一等重点项目建设,建成"市民之家"并投入使用,为浏阳经济发展营造好环境。统筹财政资金,夯实发展基础,促进蓝思三期等一批项目落地、建设、投产,增强经济社会发展动力。加大对经开区、高新区等产业园区的支持力度,推进大瑶、永安、镇头、沿溪和大围山等重点城镇建设,抢抓强镇扩权机遇先行先试,激发经济发展活力。改革创新引转型。加强项目申报管理,促进产业可持续发展。全年向上争取产业发展专项资金近 7.4 亿元,支持地方经济发展。统筹安排战略性主导产业发展资金 1.3 亿元,推动以科技引领的电子信息、生物医药、机械制造等八大产业集群升级发展。做好落后烟花爆竹生产企业退出关停工作,支持烟花企业做大做强。统筹安排 2.7 亿元推进兴工强市三年行动和科技创新、筹集资金 1.1 亿元引导文化产业发展、统筹安排 3.8 亿元用于节能减排和环境治理,提升创新能力和文化活力、夯实绿色发展基础。搭建平台优环境。扎实推进"营改增"税收改革,落实国家税收优惠和结构性减税政策,大幅减轻企业负担。构建长期稳定的银企关系,在 7 月的银企对接活动暨签约仪式会议上有 13 家银行为企业授信近 8 亿元,有效缓解企业"融资难""融资贵"等问题。多管齐下勤征管。加大财税部门联动协作,加强财税任务督促,严格落实财税收入考核,出台财税超收地方收入全返激励机制,制定任务完成奖励办法,激发全市上下齐抓共管局面,促进财税收入增长。

财政支出有序有力:财政供养提待遇。加强人员经费保障,提高差额人员待遇并纳入统发,积极落实上级工资制度改革、职务与职级并行改革等政策。全年支付全市财政供养人员工资 21.4 亿元,拨付全市行政事业单位运转经费 12.8 亿元。服务发展

强支撑。统筹、盘活、撬动各类资金10.8亿元，支持10条精品旅游线路、水利三年行动和“路长制”等工作，推进美丽乡村建设，带动全域旅游持续活跃。整合财政资金3.6亿元建设高标准农田和推进375个“一事一议”财政奖补项目建设，完善基础设施，服务产业发展。全市村级运转经费补助标准提高至20万元/村。全年计发放各项惠民补贴3.8亿元，促进农民增收。农业保险奖补规模达5800万元，提高农业生产抗风险能力。财政助力第十二届房交会，成交金额28亿元，补贴资金8554万元。促进和谐见成效。继续实施教育三年行动，公共财政教育支出突破20亿元。推进养老保险制度改革，统筹资金改扩建敬老院7所。拨付6.5亿元，全面提升城乡居民基础养老金、弱势群体等各类社会保障补助标准。投入7790万元完成全市农村3000户危房改造。筹措资金2亿元，推进精准扶贫工作，改善建档立卡贫困户住房条件，解决子女入学、医疗保障等困难，帮扶产业发展，提高家庭收入。以全面建成小康社会为目标，统筹各项资金，全面助推项目攻坚、产业升级、城镇提质、社会事业等，取得显著成效，获“2016年中国全面小康十大示范县(市)”。

财政管理高质高效：坚持思路、制度、方法创新，提升财政资金的经济效益和社会效益。(一)夯实财政管理基础。落实“三个一律”“阳光政务”等制度，推进预算公开，全年公开公示财政专项资金262项3538批次32.4亿元。严格落实厉行节约有关规定，加强公车管理，及时办理公务用车的处置申报审批，做好公车改革工作。加强乡村财政财务管理，确保精细化管理落到实处。强化会计基础作用，推进各单位内控制度建设，依法履行会计管理职责。(二)注重财政资金绩效。建立全过程预算绩效管理机制，加强专项资金的绩效管理，不断推进绩效监控覆盖面和拓宽绩效评价范围。全年纳入绩效目标管理项目332个，涉及金额23.6亿元。强化预(结)算审核，严把工程预算关，全年完成评审金额34.3亿元，审减1.4亿元，审减率4.1%。1—11月，全市机关事业单位“三公”经费同比减少193.1万元，下降4%。(三)创新财政管理机制。出台《浏阳市债务额度控制管理办法》，防控债务风险，规范政府性债务举借、使用、偿还行为，全年向省财政厅争取置换债券资金53.7亿元。创新办法，协助城投、交投、水投、园区等平台公司融资到位资金69.9亿元。细化收支计划，国有平台公司管理逐步完善。推进国有资产管理信息化建设，进一步澄清全市国有资产底数，国有资产使用管理得到加强。规范政府采购，完善廉政制度体系，优化平台，加强代理机构与评标专家管理，注重项目招标监管，全年实现零投诉。健全预算国库联动机制，盘活存量资金，减少资金沉淀和固化。

财政改革创新创优：打造规范财政。科学编制2017年部门预算，将所有政府性收入纳入预算管理，严格预算约束，规范支出管理，完善分配制度。加强全口径预算管理，促进“四本预算”的统筹协调，构建完整统一、规范透明的现代预算管理机制，推进“双控”管理精细化升级。实施乡镇国库集中支付改革，建立以国库支付网络为支撑、以国库单一账户体系为核心的现代国库管理制度，形成比较完备的国库支付信息平台，实现支付改革横向到边、纵向到底的管理网络，规范财政管理，提升全市统筹能力和资金使用效益。打造高效财政。在全省率先进行国税、地税、财政合署办公试点并有序铺开，力促三方信息资源共享，堵住征管漏洞，降低行政成本，提升办事效率。全省首次引入竞争机制选择政府投资项目融资银行，交建投通过“竞争性磋商”机制确定两家银行融资9亿元；全省首创通过改革金融特许经营和场区捆绑的方式，公开拍租两家银行进驻“市民之家”。制定《财政业务流程优化建设方案》，建立财政业务一体化平台，进一步简化申请流程，提升财政信息化水平，实现单位“少跑腿”、数据“多跑路”。打造法治财政。建立“1+10”财政内部控制制度，协同推进财政信息化和监督工作等各项改革，确保实现资金使用效益最大化。加强监督“三结合”，即财政监督与财政管理相结合、源头监管与全程监控相结合、预警防治与处理处罚相结合。

(杨　丽)

【启动国地财合署办公】 整合三部门资源，实施国税、地税和财政合署办公，方便企业办税，满足纳税人“进一家门，办三家事”的需求，实现三方征管信息资源共享，堵塞征管漏洞，提高征纳双方办税效率、降低运行成本。2月14日，浏阳市启动国地财合署办公，大瑶镇正式挂牌成立财税办公室，同时财税大厅正式揭牌对外开办业务，成为湖南省第一家集国税、地税、财政三方合署办公的“一站式”服务大厅。湖南省财政厅巡视员易继元，长沙市委常委、浏阳市委书记曹立军，浏阳市委副书记、市长余勋伟，长沙市财政局党组成员、纪检组长熊清溪，长沙市国税局党组成员、总会计师潘斌，长沙市地税局党组成员、副局长邹志，以及浏阳市领导张作林、邓阳锋，浏阳市委办、政府办、编委办、财政局、国税局、地税局、改革办等单位主要负责人，部分纳税大户企业代表和村组代表，共同出席大瑶镇财税办公室的揭牌仪式。

(杨　丽)

【全面启动乡镇国库集中支付制度改革】 进一步规范财政资金支付，深化财税体制改革。11月1日，浏阳市正式实施乡镇国库集中支付制度改革。自2007年1月1日起，浏阳实施国库集中支付制度改革，先后完成市直单位、二级机构、教育系统等216个单位和专户的国库集中支付制度改革。至2016年，国库集中支付机制顺畅，运行平稳，提高了财政资金运行效率和透明度，保证了财政资金安全，同时也为乡镇国库集中支付制度改革积累了丰富经验。确保改革顺利推进，该市扎实推进六项机制，为改革保驾护航。(一)谋思路、定格调，建立改革调研机制。2016年3月，浏阳启动改革前期调研工作，派专人，分批次、有针对、有计划地走访所有乡镇，广谋思路，出台《浏阳市人民政府办公室关于乡镇国库集中支付制度改革的指导意见》，为改革奠定主基调。（二）促实效、聚群力，推行改革责任机制。制定《浏阳市财政局乡镇国库集中支付制度改革工作责任分解方案》以及《乡镇国库集中支付制度改革工作联系表》，对改革进行动作分解，业务落实到具体科室及责任人，实行首问责任制，确保责任上肩。同时各科室根据《浏阳市财政局关于调整班子成员及科室（局、中心）联系乡镇（园区）财政所（局）的通知》安排，负责联系财政所（局）所在乡镇的国库集中支付制度改革的督导工作，对改革成果负总责，并将联系乡镇的改革成效纳入科室年度绩效考核。（三）多平台、多手段，丰富改革宣传机制。分步骤对改革工作进行宣传，制定多方合作的《浏阳市乡镇国库集中支付制度改革宣传方案》。以浏阳电视台、《浏阳日报》、微浏阳、财政部门官网等为宣传平台，做到全城、全程宣传，浓厚改革宣传氛围，形成改革共识。（四）分批次、全覆盖，夯实改革培训机制。制定翔实、针对性强的《浏阳市乡镇国库集中支付制度改革培训方案》，10月8日至10月28日，分层次、分批次对乡镇行政正职、分管财经领导、财政所所长、总会计、单位会计、部门会计、村会计等进行改革业务培训，现场教学、实战训练，确保乡镇财经相关人员能读懂改革、熟练操作。（五）重安全、强支撑，做优改革运行机制。针对本次改革，浏阳市财政局制定《2016年乡镇（街道）国库集中支付改革信息化支撑建设方案》，强化硬件支撑建设，根据当前财政所硬件配备情况购置一批硬件设施，建立乡镇硬件运维机制；强化财政专网建设，实施双上行专线接入技术，构建可网管网络；强化技术支撑建设，构建远程协助系统，部署防病毒系统，构建多维支撑体系。（六）抓实操、优服务，落实改革指导机制。制定《乡镇国库集中支付制度改革现场业务指导工作方案》，自11月1日起，6名业务指导员开始分片包干下乡进行业务指导，现场诊断问题，手把手操作教学，及时反馈改革实施情况，确保改革过程中出现的问题得到及时解决，乡镇财务人员熟练操作相关业务，以此保障改革“零障碍”过渡。（杨　丽）

【助力创建全域美丽乡村】 2016年，浏阳市不断推进完善全域旅游景点的基础设施建设，逐步完善10条精品旅游线路沿线的标识标牌，积极推动以“一个大型导览图、一个直饮水机、一个多媒体高清LED宣传屏、一个高品质旅游厕所、一套电子地图、一套旅游标识标牌”为内容的“六个一工程”建设。截至年末，完成15个旅游景点的建设，浏阳全域美丽乡村初步形成“多点布局、串点成线、联点成片”的布局。浏阳市财政局坚持把乡镇财政管理和农村综合改革的重心落在促进乡村建设、激活农村发展潜力上，促农业增效、使农民增收、让农村更美。发挥财政资金的保障作用。2015年以来，统筹整合各类财政资金15亿元，扎实推进村容大整治、造绿大行动、道路大畅通、河流大净化等工作，把环境综合整治、基础设施建设与“美丽乡村”建设有机结合。全市硬化乡村道路1920余千米，植树近3000万株，重点打造“美丽乡村”示范工程40个、创建以“环境美、人文美、民风美”为内涵的“幸福屋场”400多个及荷文公路、浏东公路等一批美丽乡村示范带，乡村呈现出美景与文化并存、生态与经济齐飞的态势。发挥财政资金的引导作用。在全域美丽乡村建设过程中，注重发挥财政资金的杠杆作用，坚持严格标准、严明程序，对验收合格的“美丽乡村”和“幸福屋场”分别给予50万元、10万元的财政奖补资金，带动群众筹资、企业捐资和社会投资，形成全民参与、共同建设维护局面。至年末，全市乡乡创建美丽乡村，村村创建“幸福屋场”，投入建设资金2亿元，其中自筹资金80%。发挥财政资金的造血作用。坚持将财政资金的投入重点放在发展产业、富裕农民上，2015-2016年，市财政统筹安排资金5亿元，铺排农业产业项目29个，从产业与配套项目、税收优惠、信贷融资等方面给予大力支持，有力带动农村产业发展和农民增收致富。精心打造10条休闲农业与乡村旅游精品线路，引导沿线区域因地制宜发展乡村旅游业。2016年，浏阳市乡村旅游接待游客近千万人次。（杨　丽）

【乡镇财政监督工作】 财政监督作为公共财政四大职能之一，是推进依法科学理财、推进国家财税政策落实、维护财经纪律的重要前提。乡镇财政监督作为其中一环，浏阳财政局坚持三举措，努力做好新形势下的乡镇财政监督工作。（一）以制度为根本，力促乡镇财政监督规范化。该局针对乡镇财政监督存在的监督力量弱、监督手段软、监督效果差等问题，出台系列文件，从账户源头加强监管，对镇村两级的管理职权、账户、会计核算和责任追究等方面进行详尽的规范，确保财政管理有规可依、按章办事。同时对专项资金公开公示的范围、内容、职责和要求作明确规定，扩大社会监督面。全年全市公开公示专项资金262项3538批次32.35亿元。（二）以问题为导向，力促乡镇财政监督长效化。坚持“一季一抽查、半年一巡查”工作机制，确保乡镇财政监管全覆盖，以监管促整改，将问题化解在萌芽。2014—2016年共组织抽（巡）查18次，发现和整改问题200多个，有力促进乡镇财政资金使用更加规范、透明和高效。以“雁过拔毛”专项整治工作为契机，联合审计、纪委等部门对财政工作进行大检查，查处6人次、涉及金额22.87万元，有效提升财政监督震慑力。（三）以学习为引领，力促乡镇财政监督自主化。结合新《中华人民共和国预算法》提出的新要求，强化各级监督意识。进一步加强乡镇主要领导和站所负责人的财政法律知识培训，组织乡镇分管财经领导到上海财经大学参加业务培训，逐步增强乡镇领导主动接受监督的意识。同时搭建乡镇财政所干部互动观摩学习、交流平台，提升监管能力和水平，有力促使乡镇财政

管理由“被监督”向“要监督”转变。（杨 丽）

【举行“市民之家”金融服务区公开拍租会】 5月8日，浏阳市成功举行“市民之家”金融服务区公开拍租会。浏阳农村商业银行股份有限公司以185万元成功拍下“市民之家”金融服务区1号标的，长沙银行股份有限公司浏阳支行以165万元拿下“市民之家”金融服务区2号标的。“浏阳市民之家”是浏阳市建设服务型政府，提高政府办事服务水平的重要窗口，总建筑面积1.7万平方米，是一座集收入征管、证照办理、商事登记、行政审批、公共资源交易于一体的多功能服务平台。建成后的“市民之家”拟入驻政府部门和公共服务单位36家，审批和备案事项213项，设立办事窗口214个。为筹集“市民之家”的建设资金，同时为进一步丰富和完善市民之家“一站式”服务功能，需要遴选两家金融机构在市民之家金融服务区设立窗口，开展配套金融服务。市政务服务中心和市工务局在设计规划市民之家布局方案时，划出约200平方米的金融服务区，并将市民之家金融特许经营权和金融服务区捆绑，向符合条件的金融机构进行公开拍租。该次拍租会打破以往邀请金融机构免费进驻的做法，按照公开、公平、公正的原则，以市场的手段，通过改革金融特许经营和场区捆绑的方式，在传统的国有资源有偿使用收入征收管理办法上实现新突破，最大限度地确保国有资产（资源）的保值升值。拍租会结束后中标的两家银行在“市民之家”金融服务区设立窗口并开展金融配套服务。（杨 丽）

国家税务

浏阳市国家税务局

党组书记、局长 彭勇坚
党组副书记、副局长 丁洪武
党组成员、副局长 郭学龙
袁辉芳 周共平
王恩柱（挂职）
党组成员 向 前（挂职）
党组成员、纪检组长 柳 韬

【概况】 浏阳市国家税务局内设办公室、财务科、机关党委办、收入核算科、监察室、人事教育科、征收管理科、税政法规科、工会办、税源管理一科、税源管理二科、进出口税收管理科、纳税服务科、信息中心14个科室，下设稽查局和城区、古港、官渡、大瑶、镇头、工业园、沙市7个分局。全年组织税收收入44.8亿元（不含车购税），同口径增加7000万元，增长1.6%。2016年，该局获评“湖南省文明标兵单位”，官渡税务分局、工业园税务分局分别被评为“国家税务总局表彰各省（区市）税务局先进集体”“湖南省模范职工小家”。该局在长沙市国税局2016年度绩效管理考评中排名第一，连续三年被评为“绩效管理先进单位”，同时在浏阳市绩效考核中获评垂直管理部门一等单位。孙淼、王凤两人获全省2016年度“岗位大练兵 业务大比武”竞赛第一名，并跻身全国竞赛行列。（刘 强）

【组织收入】 强化经济税收分析与预测，加大收入督导考核力度，扩大重点税源监控面，充分发挥稽查、评估作用，促进税收收入足额入库。强化税种和行业管理，对长亏不倒的企业采取重点监管，定期巡查，约谈负责人等措施，促进企业所得税足额入库，获省国税局肯定。专项清理房地产、药品零售等行业，整顿行业税收秩序。打造综合治税大平台，积极主动向地方党政汇报组织收入工作，由政府牵头，召开税收共治专题会议，各乡镇、园区成立协税护税领导小组，建立健全“党政领导、税务主责、部门合作、社会协同、公众参与”的税收共治新格局。2016年，在烟花爆竹行业开展安全生产大整顿，与市花炮局、安监局等部门协作，实现花炮内销入库税款的正增长。利用税收大数据开展区域、行业和税种分析，为浏阳地方党政决策提供税收数据支撑，多项建议被市委、市政府采纳。贯彻落实稳增长、促改革、调结构、惠民生政策，全年办理减免退税11.06亿元。（刘 强）

【征管改革】 全面推开“营改增”工作，推动成立浏阳市“营改增”税收管理办公室。全年承接“营改增”纳税人4486户，入库税收6.39亿元，“四大行业”（建筑业、房地产业、金融业、生活服务业）税负均有明显下降。深化国地合作。认真落实《湖南省深化国税地税征管体制改革实施意见》，推动成立浏阳市大瑶镇财税办公室和浏阳市经开区财税服务中心，开创全省“国地财”合署办公模式。全市实现国、地税融合办税服务，在“市民之家”全面推行“一人一机双系统”办公。推进商事制度改革。配合开展“五证合一”“两证整合”，对2845户新增市场主体补充登记税务信息，按月分析新增市场主体涉税活动情况，出台后续管理配套措施。（刘 强）

【执法服务】 依法治税促公平：建立以税收执法责任制为基础的执法风险管理机制，严格规范进户执法，建立征收、管理、评估、稽查、审理五分离机制，执行重大涉税事项集体审理制度，加强行政审批后续管理，简化小微企业税收优惠备案手续。优化服务惠民生：积极落实全国税务机关纳税服务规范（2.3版），创新开展税企沙龙活动及税法进企业等优化服务举措，借助全媒体加强征纳互动，《湖南日报》、红网等媒体11次报道该局纳税服务工作。督导巡查抓落实：全年派出8个促收组不间断开展促收工作，加大“一案双查”（在查处纳税人、扣缴义务人税收违法案件中，对涉案税务机关或税务人员违法违纪行为进行调查，并依照有关规定追究税务机关或税务人员的责任）力度，对行政审批、行政处罚、纳税评估、出口退税等重点领域、重要岗位和关键环节进行监督检查。（刘 强）

浏阳市国家税务局各项税收计划完成对比表（2016 年）

（编报机关：浏阳市国家税务局）　　2016 年 12 月

项　　目	本月入库（万元）	累计入库（万元）	年度计划（万元）	为年度计划（%）	比 2015 年同期	
					增加额（万元）	增长（%）
各项税收收入总计	75530	465362			55186	13.45
（一）、工商税收合计	73422	447159	469789	95.18	57093	14.64
一、增值税	55218	295574	320789	92.14	55973	23.36
1. 酒	0	7			-35	-83.33
2. 纺织品	266	1731			104	6.39
3. 煤炭	50	312			-171	-35.4
4. 电力	216	7241			-325	-4.3
5. 化工产品	4802	34027			-543	-1.57
其中：鞭炮烟花	4325	28222			-3199	-10.18
外销	2677	20244			-1477	-6.8
内销	1648	7978			-1722	-17.75
6. 建材产品	811	4000			-280	-6.54
7. 商业	2865	25618			2420	10.43
其中：烟草	1199	9995			823	8.97
8. 造纸及纸制品	975	4039			-400	-9.01
9. 机械交通运输设备制造	798	3768			973	34.81
10. 通用、专业设备制造	846	9629			833	9.47
11. 电子产品	1468	4704			4281	101.21
12. 仪器仪表	31217	75855			-13382	-14.99
13. 医药制造	2818	30425			3006	10.96
14. 食品	672	7219			-1111	-13.34
15. 电信	-2015	1711			-3552	-67.49
16. 其他	9429	85288			64155	303.58
二、消费税	7453	59162	59000	100.27	-281	-0.47
1. 卷烟	1864	16612			897	5.71
2. 鞭炮烟花	5576	42194			-1359	-3.12
其中：外销	4462	33743			-2457	-6.79
内销	1114	8451			1098	14.93
3. 其他	13	356			181	103.43
三、个人所得税	0	0			0	0
四、企业所得税	10751	92423	90000	102.69	1401	1.54
1. 酒	0	2			2	100
4. 建材产品	0	1282			-419	-24.63
6. 商业	9	5711			-759	-11.73
7. 房地产	1	5121			-292	-5.39
9. 机械交通运输设备制造	0	1015			621	157.61

（续上表）

项目	本月入库（万元）	累计入库（万元）	年度计划（万元）	为年度计划(%)	比2015年同期	
					增加额（万元）	增长(%)
10. 通用、专业设备制造	10	3898			299	8.31
11. 电子产品	1	24			-167	-87.44
12. 仪器仪表	8200	36483			6261	20.72
13. 医药制造	642	10658			1085	11.33
14. 农副产品及食品	301	2663			-248	-8.52
15. 其他	1587	25566			-4982	-16.31
（二）车辆购置税	2108	18203			-1907	-9.48
附：代征税费	0	0			0	0
1. 个人所得税	466	1735			800	85.56
2. 城市建设维护税	77	286			177	162.39
3. 教育费附加收入	38	134			69	106.15
4. 地方教育附加收入	25	89			45	102.27

地方税务

浏阳市地方税务局

党组书记、局长　周叙述

副局长

刘季峰（女）（2016.12免）

黎茂美

黎元元（2016.03免）

彭宏辉　曾　锋

赵　瑶（女，2016.03任）

【概况】 浏阳市地税局组建于1994年9月11日，全局现有干部职工183人，其中在职干部146人。内设行政科室7个，直属行政机构2个，直属事业机构1个，下设税务分局6个，管理单位纳税人9169户，个体纳税人29296户。2016年，组织入库省计划口径收入316467万元，剔除“营改增”因素，同比增收51357万元，增长19.49%，入库其他费金1837万元，圆满完成各项收入任务。浏阳市局获评“长沙市‘六五’普法依法治理先进单位”，四分局获评“全省依法办事示范窗口单位”，一分局获评“长沙市文明标兵单位”，二分局、三分局获评“长沙市文明单位”，六分局被评为“浏阳市文明单位”，五分局获评“长沙市地税系统五星级税务分局”。局道德讲堂获评“2015年度长沙市先进道德讲堂”。祝顺阳获评“全国税务系统业务大比武税务稽查岗位优胜个人”，周叙述获评“长沙市‘六五’普法依法治理先进个人”，刘云、刘莹莹获评“全省地税系统优秀办税服务员”，王清瑶、李若鸿获评“全省地税系统金税三期系统应用技能全员考试先进个人”。（周　再）

【税收征管】 征管创新：组建风险管理团队，利用风险管理平台，通过“抓观念转变、抓工作创新、抓考核成效”，做好“连续三个月零申报、附加税费缴纳不足、个体户和报验登记户地税附征税费缴纳不足”等3批次共计268条风险任务应对工作，追缴入库税款535.6万元；积极做好不动产登记试点工作，采取“存量评估、增量自缴、土地审核、集中管理、先税后证”的征管模式，累计入库地方各税106095.94万元。专项清理：抓营业税“清零行动”，清理入库营业税18107万元；推进房产税、土地使用税、土地增值税等七个税种及漂流、花炮、学校、医院四个行业专项清查，查补税款4700万元；落实城市基础设施配套费清查，补缴契税119万元；加强行政事业单位个人所得税征管，239户行政事业单位代扣代缴个人所得税1976万元，同比增长39.35%。综合治税：依托浏阳市税收保障信息平台，查补入库各项税费2083万元；寻求国土、房管、住建、法院等部门支持，理顺“先税后证”，推动“以地控税”；提请政府制定下发《浏阳市建筑业项目税收保障制度》，成立“营改增”税收管理办公室，推进“营改增”后四大行业收入持续稳定增长；做好城区个体及零散税收委托代征工作，4个街道办事处共代征个体零散税收1586万元。（周　再）

【依法治税】 税务稽查：突出重点行业、重点企业的税收专项检查、重点税源企业检查、大要案查处和打击发票违法犯罪活动，探索开展国地税联合稽查，同时，加大力度宣传和曝光重大税收违法案件，实施联合惩戒。执法监督：实行执法工作目标责任管理，落实“一案双查双报告”制度，加强对税收执法权和行政管理权的监督，以涉税行政审批、存量房交易税收征管、税额核定、税收减免、注销结算等工作为重点，强化执法监察和专项审计；审批下达行政处罚文书428份，罚款8.1万元，无一起行政复议、行政诉讼及涉嫌犯罪案件。政务公开：实时发布税收新政、办税日历、个体工商户定税缴税等情况，发送纳税提醒短信及各类涉税信息6万余条；持续开展阳光定税，定期张榜公布全市 19881 个体工商户核定结果，利用媒体平台公告 576 户鞭炮烟花内销企业和黑火药企业的地方各税定税情况，主动公示私有经营性房屋税额核定、征收、欠税、审批减免等情况，诚心接受社会监督，营造公平、公正、公开的良好氛围。（周　再）

【纳税服务】 税收宣传：依托纳税人学堂，分主题开展 10 期政策辅导，培训纳税人 2800 余人次；利用浏阳电视台、浏阳交通广播、《浏阳日报》、掌上浏阳 APP 等主流媒体，打造宣传阵地；联合市国税局、财政局，与浏阳电视台、电台合作，分区域推选纳税人代表，开展纳税人财税知识抢答赛和税法知识有奖问答活动；印发税法宣传笔记本，开展送税法进校园活动；联合团市委建立纳税服务志愿者轮流导税机制，招募志愿者为纳税人导税，使税收宣传扩面增效。办税服务：继 2 月 14 日，全国第一个国税、地税、财政三方合署办公的“一站式”服务大厅——浏阳市大瑶镇财税办公室正式挂牌成立后，国税、地税采取互派办税员、合署办公等形式，相继设立经开区第一办税服务厅、镇头办税服务厅、市民之家、大瑶办税服务厅四个国税、地税联合办税服务点，并进一步完善政务公开、限时办结、首问责任制、领导值班制等制度，实现便民办税服务再升级；开展“全员大走访”，走访纳税人 1998 户；深化“诚信地税•共建共享”，对 6913 户纳税户作出信用评价。税收优惠：落实税收优惠政策，多举措促进小微企业、高新技术企业发展，支持重点群体创业就业，助推房地产企业消化库存，确保结构性减税落实到位，健全跟踪问效机制，取消、归并审批前置环节等方式，为纳税人快速高效办理税收优惠减免，全年累计减免 57940 户次，减免税款 17637.34 万元。（周　再）

【“营改增”工作完成】 2016 年 5 月 1 日，“营改增”试点工作在全国范围内全面摊开。4 月 30 日，浏阳市地税局将建筑业、房地产业、金融业、生活服务业 4 个行业共计 5105 户纳税人和 4502 个建安项目的征管信息移交至市国税局，“营改增”工作顺利完成，地税工作步入新时代。2013 年 8 月 1 日，浏阳市正式启动“营改增”（将以前缴纳营业税的部分应纳税项目，改为缴纳增值税，并由国税局负责征收管理）试点工作。“营改增”涉及“1+7”个行业，“1”即交通运输业，“7”即部分现代服务业的 7 个行业（研发和技术服务、信息技术服务、文化创意服务、物流辅助服务、有形资产租赁服务、鉴证咨询服务、广播影视服务）。“营改增”是继分税制度改革之后的重大税制改革之一，改革的目的是给企业减负，解决重复征税问题，让企业有更大的发展空间。（周　再）

【“建筑业项目税收管理办公室”挂牌成立】 加强“营改增”后全市建筑业项目税收管理工作，做好建筑业项目纳税人服务，进一步深化国、地、税合作，全面加强联合征管，有效防堵税收漏洞，根据《浏阳市营业税改征增值税试点工作方案》精神，市政府决定成立浏阳市建筑业项目税收管理办公室。5 月 17 日，“建筑业项目税收管理办公室”在浏阳市地税局挂牌成立。成员名单由市国税局局长彭勇坚、副局长郭学龙，地税局局长周叙述、副局长赵瑶，财政局总会计师廖亿球，市政府财源办副主任李兆杰等组成。征管范围包括：（一）在城区及园区注册登记，且 2013 年度缴纳税（费）总额在 100 万元以上的建筑安装企业；（二）县级以上投资额在 3000 万元以上的重点建设项目；（二）县级以上投资额在 3000 万元以上的重点建设项目；（三）全市的政府性投资项目、政府性投资公司及其下属子公司代收代缴税收等所有财政性资金支付工程项目；（四）城区、大瑶及园区房地产开发企业涉及的所有建筑业工程项目；（五）其他建安项目税收本着有利于税收征管的原则随项目所在地所属分局管辖。城区范围指：荷花街道、关口街道、淮川街道、集里街道，枨冲镇、葛家镇。园区范围指：经开区、制造产业基地。（周　再）

【“营改增”杯财税知识抢答赛】 4 月 29 日，由浏阳市政府财源办牵头，浏阳市国税、地税、财政 3 家单位主办的浏阳市“营改增”杯财税知识抢答赛在浏阳市国税局举行。来自各企事业单位的 54 名财会人员参加比赛，比赛题目以“营改增”最新政策为主，涵盖国税、地税、财政 3 家的重点业务知识。抢答赛活动旨在“营改增”全面实施前，由国税、地税、财政三家联手，共同组织浏阳的财会人员认真学习领会中央关于全面推开营改增工作的相关文件，掌握最新政策，夯实业务基础，为企业和社会提供更专业、优质的财税工作支持。经过预赛、决赛，尔康制药获浏阳市“营改增”杯财税知识抢答赛冠军。（周　再）

4 月 29 日，浏阳市“营改增”杯财税知识抢答赛在浏阳市国税局举行

（图片来源：浏阳市地方税务局）

【风险管理】 利用风险管理平台，通过“抓观念转变、抓工作创新、抓考核成效”，做好“连续三个月零申报、附加税费缴纳不足、个体户和报验登记户地税附征税费缴纳不足”3 批次共计 268 条风险任务应对工作，追缴入库税款 535.6 万元。（周　再）

【绩效管理】 结合浏阳地税实际，完善绩效管理制度体系，针对不同单位、不同岗位之间工作难度、强度差异，设立甲、乙两类工作强度系数，进行分类管理，深化“周会、月报、季查、年评”机制，初步形成“人人有指标，个个担责任，处处提质效”的局面。2016 年，各单位（地税分局、科室）共计扣组织绩效 35.4 分，扣罚干部月度绩效奖金 20865 元，月度绩效奖金最高差距达 2500 元，扣发年终奖 48806 元。（周　再）

浏阳市地税入库情况统计表（2016 年）

单位：万元

项　目	计划数	入库数	为年度计划（%）	比上年同期（±）	比上年同期（%）
一、地方税收总计	303303	312883	103.16	–3173	–1
其中：中央级		24382		4670	23.69
省　级	30400	18370	60.43	–8389	–31.35
浏阳市级		270131		546	0.2
1. 营业税		33889		–44682	–56.87
2. 资源税		365		–141	–27.87
3. 土地使用税		15787		6341	67.13
4. 企业所得税		8015		1070	15.41
5. 个人所得税		31741		5834	22.52
6. 城市维护建设税		25280		829	3.39
7. 印花税		5695		215	3.92
8. 土地增值税		26602		–13907	–34.33
9. 车船税		4831		712	17.29
10. 房产税		10937		–2208	–16.8
11. 烟叶税		5009		129	2.64
12. 教育费附加收入		12996		971	8.07
13. 契税		92781		31980	52.6
14. 耕地占用税		29345		7315	33.2
二、地方教育附加		8015		774	10.69
三、文化事业建设费				–2	–100
四、工会经费	1650	1765		231	15.06
五、残疾人就业保障金收入	1150	1163		133	12.91
六、水利建设基金	2420	2421		5	0.21
七、价格调节基金		66		–219	–76.84

（周　再）

金融·保险

金 融 工 作

浏阳市金融工作办公室

主　任　李　峰

副主任　钟琼乳（女，2016.08 免）

李艺探（女，2016.09 任）

【概况】 浏阳市金融工作办公室成立于 2007 年，2015 年 8 月从市财政局单列出来，属市政府管理的正科级事业单位，内设综合管理科、金融服务科、市场发展科 3 个科室，有在职干部职工 8 人。主要工作职责：（一）贯彻执行国家有关金融工作法律法规和方针、政策；督促落实市委、市人民政府关于金融工作的各项决策部署。（二）协调拟订并组织实施全市金融业发展规划和政策措施，参与开展区域金融合作。（三）牵头建立全市金融工作联系机制和考核机制。（四）配合上级部门做好小额贷款公司、融资性担保机构等地方金融机构的申报和日常监管工作。（五）指导地方金融机构深化改革和发展，协调推进全市农村金融改革与发展。（六）参与拟订金融业密切相关的中介服务机构发展的政策、规划，促进金融中介服务业发展；引导和推动地方金融自律组织发展。（七）协调有关部门推动全市保险市场规范发展。（八）负责全市上市工作的统筹规划和组织协调，落实推进企业上市的政策措施并组织实施。（九）牵头推进政府产业引导基金的规范发展和制度建设；牵头推动股权投资基金发展。（十）会同有关部门推进金融安全区建设，参与信用乡镇和信用村的创建工作，优化金融生态环境。（十一）牵头维护市域金融稳定，会同有关部门防范、化解和处置全市金融风险；配合有关部门查处和打击非法金融机构和非法金融活动，维护金融安全。（十二）承办市委、市人民政府交办的其他事项。2016 年全市金融发展状态：助力实体经济发展。截至 12 月底，金融业增加值 17.7 亿元，同比增长 16.4%，金融业纳税 4.5 亿元；房地产行业贷款 85.4 亿元，比年初增长 21.2%；涉农贷款 281.3 亿元，比年初增长 11.1%；花炮企业贷款余额 48.0 亿元，园区开发贷款余额 18.5 亿元，园区企业贷款余额 45.0 亿元，金融在重点行业、重点项目、重要领域中的贡献力不断提升。着力完善金融体系。构建立体式、多层次金融体系，实施“引进来”战略，促成广发银行、华林证券落户浏阳，长安保险湖南省总部与经开区签订入驻协议；培育企业进军资本市场，年内新增新三板挂牌企业 2 家，盐津铺子首发审核获证监会通过，蓝思科技、尔康制药、永清环保 3 家上市企业入围“深港通”。全力服务民生改善。推进金融扶贫，坚持“输血”与“造血”并重，推动自主脱贫与“金融 + 产业”扶贫落地实施，打好脱贫攻坚战。发放扶贫小额贷款 8171 万元，覆盖贫困农户 3603 户，建成金融扶贫服务站 33 个，金融扶贫专项工作考核在长沙四县（区、市）中排名第一。（贝　丹）

【金融安全维护】 信用建设：推进诚信体系建设，运用新兴媒体、传统媒体等平台，开展诚信宣传，营造“守信激励、失信惩戒”的氛围。开展信用村、镇评选，做好行政区划调整后信用村、镇认定工作，新增信用乡镇 2 个、信用村（社区）39 个。开展打击恶意逃、废债专项行动，对失信被执行人采取强制措施 145 人次，扣划案款 2118 万元，曝光“老赖”256 人，形成有力的警示震慑效果。打非宣传：坚持全领域、全方位、全覆盖宣传，推动防非、处非知识普及精准化、多元化、信息化，确保打非宣传教育常态长效。累计发放宣传资料 32 万份，发送宣传短信 90 余万条，推送“浏阳金融”打非专栏资讯 59 条，联合《浏阳日报》推出打非专版 8 期，扩大打非工作的宣传面和影响力。举办金融干部培训班，开展金融知识进校园活动，全市 18 万中、小学师生同上金融知识课，增强市民防范和识别非法金融能力。整顿治理：对重点产业、重点行业、重点领域清理整顿，营造良好金融秩序。开展非法集资风险排查、综合清理整治、P2P 专项整顿三大集中整治行动，集中约谈 P2P 企业负责人 11 人次，年内非法集资案件立案 3 起、涉案金额 6570 万元。8 月，开展长沙市非法集资综合清理整治行动，浏阳是唯一一个在规定时间内完成普查任务的县（区、市）。（贝　丹）

【金融改革创新】 推进农民住房财产权抵押贷款试点工作，促成设立风险补偿资金；开展“金融改革惠万农”

集中宣传活动，为期两个月；参与集体经营性建设用地入市改革试点工作，促推金融改革不断深入。2016年6月，《湖南日报》以“看地方金融发展的浏阳路径”为题，专版报道浏阳金融工作经验。推动金融跨区互动，支持本土法人金融机构走出浏阳、域外发展。农商行在江西新余等地设立村镇银行4家，另有4家启动筹建，首次实现浏阳本土银行跨区经营。促成长沙银行、江淮村镇银行在大瑶镇设立湘赣边支行，进一步健全金融服务网络。践行“一线工作法”，创新开展“走百家企业，解发展难题”金融一线行活动，搭建金企对接平台。举办专场对接活动10次，157家企业获得金融机构授信104.87亿元，有效缓解中小微企业融资难题。助推企业上市挂牌，出台《关于鼓励企业在场外市场挂牌有关事项的通知》，制作《企业上市挂牌知识手册》，建立重点企业一线服务制度，解决企业上市过程中遇到的困难和问题。建立上市挂牌后备企业资源库，有41家企业入库；增强企业的金融意识、股权意识和资本意识，举办企业专题培训8场，参训企业532家。（贝　丹）

中国人民银行浏阳支行

中国人民银行浏阳支行

党组书记、行长　　寻　真
党组成员、副行长　李　旻
党组成员、纪检组长　彭亚青

【概况】 2016年末，全市金融机构人民币各项存款余额640.37亿元，比年初增长21.02%；各项贷款余额467.49亿元，增长8.56%；银行业金融机构表外融资余额34.24亿元，较年初下降40.62%。不良贷款比率2.9%，比年初增加0.9个百分点；全市银行业金融机构全年实现账面利润13.74亿元，比2015年增长18.77%。（焦　萍）

【支持浏阳地方经济发展】 做好货币政策管理工作：做好存款准备金管理。实施存款准备金平均法考核，认真落实差别准备金动态调整政策，引导地方法人金融机构信贷合理增长；对浏阳农村商业银行定向降准机构开展动态考核和调整，对农村商业银行开展新增存款比例管理考核，认真执行农业银行三农金融事业部改革差别化存款准备金政策。落实利率市场化改革各项要求。继续做好辖内地方法人金融机构合格审慎评估工作，浏阳农商行被纳入基础成员。加强再贷款管理。加强对发放江淮村镇银行的1亿元支农再贷款的监督和管理，加强再贷款投向、用途、数量、利率等情况的监测，落实好再贷款政策支农要求。加强对常备借贷便利业务的政策落实和宣传，确保银行流动性合理充裕，满足中小金融机构短期流动性需求。加强信贷政策窗口引导：积极开展金融精准扶贫。实现贫困村金融扶贫服务站全覆盖。引导辖内农商行、邮政银行和农业银行对口全市33个贫困村开展金融扶贫站建设，6月30日在社港镇新光社区挂牌成立长沙市首个省定贫困村金融扶贫服务站，展开先行试点工作。该服务站由浏阳农商行主办，采用“金融扶贫+便民服务+农村电商平台”三站合一的建站模式，为全省首创。至11月末，33家扶贫服务站建成，提前一个月实现贫困村金融扶贫服务站全覆盖经营主体的金融支持。信贷与扶贫精准对接，农商行对全市农户进行家庭经济信息采集，对全市32.67万户建档立卡，贫困人口评级授信面100%，发放扶贫小额信用贷款8120万元；中国农业发展银行浏阳支行全力支持易地搬迁工作，异地扶贫搬迁项目投入基金500万元，发放异地扶贫搬迁贷款2000余万元。长沙银行浏阳支行采用“龙头企业+农户”模式，发放小额农贷1.2亿元。继续加强和改进小微企业金融服务。与市金融办、工信局、财政局联合组织银企融资对接活动，制定《浏阳市2016年银企对接会活动方案》，通过《浏阳日报》、政府网站、乡镇企业办等多种途径收集中小企业融资需求信息120个，金额近12亿元。深入推进农房抵押贷款试点。出台政策，搭建工作平台，成立以分管副市长为组长的农房抵押贷款试点工作领导小组，建立联席会议制度，研究出台《浏阳市集体土地上房屋抵押贷款办法》《浏阳市农民住房财产权抵押贷款试点实施方案》《浏阳市农房抵押贷款风险补偿资金管理办法》等系列配套制度。积极推进确权颁证、价值评估、流转交易、风险补偿、抵押物处置等配套机制建设，打通制约业务开展的滞碍。全市参与农房抵押贷款的银行由最初的1家发展至5家，农商行推出以“人品、产品、押品”为主要内容的“三品授信评级”办法，邮政银行创新推出家庭农场贷款。截至12月末，浏阳市农房抵押贷款余额18.73亿元，比2015年同期增加6.5亿元，同比增长53.37%。全年累计发放贷款25932笔，发放额21.33亿元，惠及农户20812户。不良贷款率低于整体贷款不良率。农房房产确权率和颁证率24.1%，宅基地确权率和颁证率分别为88.6%、48.3%。（焦　萍）

【营造良好的金融发展环境】 做好国库集中支付改革相关工作：11月起，浏阳市实施乡镇国库集中支付改革，中国人民银行浏阳支行按照长沙中支及总行国库局要求，再度承办乡镇国库集中支付的直接支付业务，确保乡镇集中支付改革顺利推进。开展农村信用体系建设工作：全年创建信用乡（镇、街道）2个，三星级信用村（社区）5个、二星级42个、一星级82个。截至12月末，农商行重新完成农户信息采集32.67万户，信息采集面达到100%，发放农户贷款证29.24万本，用信户6.8万户，发放福农一卡通22610张，便民卡59364张，授信总额104亿元，累计用信171亿元，余额50亿元。推进经开区小微企业信用体系建设工作：积极推动知识产权质押融资，对兴嘉生物、天地恒一等12家企业累计授信额度逾3亿元，累计融资1.5亿元，走在全省前列。做好征信查询服务工作：购置一台个人信用报告自助查询机并安装使用，截至12月底，共查询企业信用报告1020笔，查询个人信用报告19458笔，司法查询1500笔。按照中共浏阳市委要求，对全市1327名浏阳市人大代表和政协委员候选人进行个人信用记录审查，对27位有较严重不良记录的候选人出具不合格意见。（焦　萍）

【金融管理与服务】 加强金融风险监测，维护金融稳定：开展金融生态评估，对民生银行开展不良资产评估，督促2家地方法人金融机构及时交纳存款保险保费。加强金融管理和消费者权益保护：加强开业管理，按规定做好江淮村镇银行古港支行、镇头支行、湘赣边支行及中国银行现代产业园支行的开业管理工作。开展金融消费权益保护工作，收集上报金融消费权益保护环境评估相关数据，对辖内银行、保险2015年金融消费权益保护工作进行评估，及时处理好金融消费者投诉案件，维护好消费者权益。依法开展执法检查。对中国银行浏阳支行、中国光大银行浏阳支行和浏阳农商行开展征信业务检查，对农商行违规查询行政处罚执行情况进行约谈和催缴到位；联合市场和质量监督管理局突击检查2个小学周边商铺及浏河市场，没收非法人民币图样1500多张。完成新址建设，实现整体搬迁：4月25日实现整体搬迁。做好会计国库和支付结算、反洗钱工作：全年办理国库业务895940笔，金额419.83亿元；清算及其他业务214109笔；会计业务6835笔，金额9297.11亿元。加强国债发行管理，2016年组织辖内承销机构发行储蓄国债4291.35万元。加强支付结算管理，协同市公安局成立浏阳市联合整治支付结算重大违法犯罪办公室，并组织召开联席会议。开展身份信息真实性核实工作，推动助农取款业务，2016年年末辖内银行卡助农取款服务点762个，办理各类业务58680笔，金额8.53亿元；组织召开辖内反洗钱工作联席会议，做好反洗钱监管信息综合管理系统中相关数据录入工作，结合系统数据和现场监管情况对辖内16家银行业金融机构2015年反洗钱工作开展情况进行评估，同时对光大银行和民生银行开展反洗钱现场评估和现场检查。加强发行库管理：加强分析预测，确保现金供应。坚持早预测、早调查，及时向长沙中心支行提出调拨申请，在总量和结构上确保辖内现金的合理供应。全年办理发行基金出库业务318笔，6155 箱(袋)，金额83.92亿元，重143吨；办理入库业务894笔，3987箱(袋)，金额68.08亿元，重112吨；调拨出入库21笔，6515箱(袋)，70.21亿元，重145吨。加强制度约束，确保库款安全。坚持“简单的货币金银工作复杂做”理念，实行制度上墙、制度入心，开展“学制度、讲制度、遵制度”竞赛，确保每一笔业务不出差错，实现全年出入发行基金业务无差错。加强发行库日常风险排查。坚持发行库主任、副主任、股长查库制度及股长每日跟班作业制度，确保发行基金账账、账簿、簿实相符，确保各项设施运转正常，确保各项制度执行到位。 (焦　萍)

国家外汇管理局浏阳市支局

国家外汇管理局浏阳市支局

局　长　寻　真

副局长　李　旻

【概况】 2016年，该局以“控流出、扩流入”为工作重心，严控资金异常流动，强化数据监测工作，加强与银行间的业务沟通和对企业的监管，优化管理和服务方式，稳步推进各项工作。

完善基础工作 7月，新贸易信贷调查系统上线，浏阳辖内蓝思科技被列为出口月度调查企业和进口年度调查企业。8月，上线新版银行考核系统。截至2016年12月31日，全辖进出口规模21.60亿美元，较2015年减少0.81亿美元，下降3.61%，其中出口17.35亿美元，进口4.25亿美元。收付汇总额15.86亿美元，其中收汇12.37亿美元，付汇3.49亿美元，资金呈顺差8.88亿美元。国际收支笔数9702笔，国际收支申报总额11.12亿美元，同比下降50.22%。完成FDI存量权益登记的企业35家，其余24家由于逾期未申报按照省局最新指示在集体审议之后，已按相关流程对其进行资本项目业务管控。成功办理上市公司蓝思科技增资变更业务，截至12月31日，全辖新增货物贸易名录企业38家，全辖共有货物贸易名录企业359家。

强化“控流出、扩流入”工作 从2015年下半年至2016年，伴随人民币贬值，全国呈现较大资金流出压力，外汇储备和汇率持续下滑。浏阳支局以“控流出、扩流入”为工作重心，以资金对外流出业务为主要核查点，严格保证流出资金的合理性、合规性及合法性。对资金流入业务，在确定其合规合法的情况下，予以一定的业务便利支持。对于风险较大的资本业务，及时与银行沟通，要求银行加强风险防范意识，对于可疑、金额较大的资本业务，应及时报告外汇局审核，降低风险发生的概率。对于货物贸易业务，继续加强事后监管的力度，重点关注贸易信贷和大额购付汇。通过及时约谈、跟踪监测工作，掌握各家企业大额出口延付货款和进口预付货款数。对短期内出现大额购付汇的企业，通过约谈企业负责人了解其具体业务信息，并通过非现场核查的手段验证信息的可靠性，保障大额交易的合规性。

落实新政新规 全面清理资本项目档案，确定归档范围与文件保管期限。详细审核每笔外债金额和属性，核查控制数据与实际数据差异，作出修正。清理FDI企业注销档案，导出外方股东的清算信息，逐一核查外方股东的类型、地区、清算所得金额等，对照国内FDI企业的档案数据，按照相关规定进行归档或销毁处理。11月3日，支局、浏阳农商行派员参加参加2016年第二期国际收支新政暨新闻信息宣传专题培训后，约谈辖内各商业银行负责人传达新政和精神。11月23日，派员参加湖南省资本项目外汇管理政策培训。

强化跟踪监测 加强日常非现场核查，杜绝误查、漏查，及时了解违规企业整改情况。改统一按季监测为不定期跟踪核查，发现异常，及时约谈企业负责人并做好相关记录。根据浏阳辖内的个人结售汇情况和国际收支数据，结合当前经济形势，6月，完成《旅行收支统计研究及测算》调研报告。 (焦　萍)

中国工商银行股份有限公司浏阳支行

中国工商银行股份有限公司浏阳支行

党总支书记、行长　罗向红
副行长　王自乐　邹祖国
　　　　戴朝文　梁国树
纪检书记　彭冬玲

【概况】 中国工商银行浏阳支行隶属中国工商银行股份有限公司湖南分行营业部,2016年,支行内设综合办公室、公司业务部、个人金融业务部、业务管理经营部3部1室,下辖支行营业室,4个二级支行（天马路支行、城北支行、环府路支行、工业园支行),员工102人,其中合同制员工72人,柜员合同工30人。截至12月31日，支行各项存款余额21.03亿元,比年初增加36450万元,其中储蓄存款时点余额11.95亿元,比年初增加7767万元；储蓄存款时期余额11.96亿元,比年初增加10623万元;对公存款时点余额9.08亿元，比年初增加28759万元;对公存款时期余额8.02亿元，比年初增加13453万元。各项贷款余额48.27亿元,比年初增加135286万元，其中公司贷款余额27.12亿元，累放额241160万元,比年初增加99252万元;个贷余额20.80亿元，累放额72855万元,比年初净增31516万元;小企业贷款余额3530万元，比年初减少700万元。不良贷款余额1934万元(其中对公不良贷款346万元、个人不良贷款1　588万元),不良率0.4%。实现中间业务收入3912万元,比2015年增加1153万元；实现拨备前利润10108万元,比2015年增加1176万元;实现净利润6098万元,比2015年周期增加573万元。在发展业务的同时,加强内部管控,坚决遏制违规经营和违法犯罪行为，支行未发生任何大小风险事件和案件。被浏阳市人民政府授予“2016年度助推经济社会发展一金融工作专项先进单位”称号。

资产业务壮大　公司信贷方面：2016年，参与浏阳经开区政府融资平台公司的政府债务置换并中标,全年成功发放贷款20.5亿元，占该政府购买服务项目贷款总额68%。个人信贷方面:2016年末,个贷余额突破20亿元，全年累计发放个人贷款72855万元,比2015年底增加31516万元。

负债业务拓展　加强大堂管理,提高大堂客户辅导体验工作,针对客户需求,做好保本理财、财富稳利等产品配置，利用工行的大额存单、存管通、节节高、薪金溢产品吸引客户,促进存款增长。加大电子银行、信用卡、商友卡、互联网金融等业务,结合个贷、转账、购物消费、分期付款等需求,及时宣传新产品、新资讯、新金融安全等知识，积极营销介质性产品,实现储蓄资源最大化,夯实存款增长基础。

资产质量保卫　树立正确发展观、业绩观和风险观,从源头防范信贷风险：做好尽职调查，从选择客户、评级授信、控制用途、防范过度融资、分析报表、抵押担保及还款能力等环节把控，有效地防范信贷风险。加强贷后管理:加强信贷客户的资金管理，密切关注有贷户的货款回笼,加强“裸贷”治理,防范新的风险发生。清收不良贷款,缩小逾期贷款“剪刀差”。

内控案防及安全保卫　定期召开内控案防及员工思想动态排查会议,分析部门、网点风险事件和风险隐患,分析支行信贷客户变化情况及信贷资产质量,关心关注员工思想动态；定期召开安全保卫工作会议,保卫专干按照要求定期对支行保卫工作进行检查,督促;定期组织员工业务培训和规章制度学习,各部、室按期召开相关会议,组织员工学习内控制度和文件,让员工牢固树立案防意识。开展“遵章守纪、廉洁从业”主题教育活动,配合“内控合规基础强化年”主题活动,积极开展合控合规案例巡展活动;组织观看湖南分行“从严治行警示教育”案防形势分析视频会议;组织全行员工参加员工合规教育培训学习并考试。组织完成员工异常行为及投资股市相关风险排查及员工违规经商办企业风险排查工作。

优质文明服务　抓网点服务工作,促网点管理上台阶。结合省分行开展的服务“大教育、大讨论、大检查、大整顿、大改进大提升”活动,组织网点一线员工开展“五声服务”(迎声、答声、谢声、歉声、送声)及“七步服务法”(举手迎、笑相问、礼貌接、及时办、巧营销、提醒递、目相送)培训演练,签订《服务承诺书》,落实网点环境整治与靓化工程。

（支行综合办公室）

中国农业银行股份有限公司浏阳市支行

中国农业银行股份有限公司浏阳市支行

党委书记、行长
　　陈锴锋(2016.02免)
　　凌庆联(2016.02任)
党委委员、副行长
　　陈　广(2016.04免)
　　张兴华(2016.05任)
　　刘勇波　丁　华
　　熊　云(2016.04任)

【概况】 截至2016年底，中国农业银行浏阳市支行有正式员工194人,内设综合管理部、风险管理部、运营财会部、个人金融部、公司业务部5个部门,下辖支行营业部、城郊分理处、西郊分理处、浏阳大道分理处、集里支行、古港分理处、官渡分理处、永和分理处、大瑶支行、文家市分理处、永安支行、镇头分理处、北盛分理处、工业园支行14个网点、21个在行/离行式自助银行。各项存款余额503436万元，比年初增加68502万元,其中:对公存款185700万元,比年初增加38071万元，个人存款317737万元，比年初增加30432万元;各项贷款余额334968万元,比年初减少15387万元,其中:公司类贷款176778万元,比年初减少9062万元;个人类贷款158195万元,比年初减少6319万元。实现中间业务收入1742万元,账面利润负1897万元。

（支行综合管理部）

【经营转型】 完善经营机制:完善考核办法,突出存款类、客户类、收入类、产品类等经营转型考核指标,对团队单独考核,突出结果运用,严格落实考核结果与员工绩效工资挂钩，与评优、评先严格挂钩。调整设置个贷团队、卡电团队、清收团队和“惠农通”流动服务团队，选拔优秀团队负责人，加强团队履职管理。针对重点工作和重点产品开展竞赛，提高员工营销积极性。推进网点建设与转型，2016年完成沿溪惠农服务站建设，实现永和自助银行开业；通过支行营业部和集里支行参与深化转型第二批网点导入、西郊分理处瘦身、弹性排班优化劳动组合，以提升营销效能、降低运营成本和缓解人员紧缺。加快推进扩户提质：将政府重点建设项目、招商引资客户和园区企业作为对公客户的重点营销目标，通过落实营销责任、绩效考核、奖罚政策、过程管理等措施推动目标客户营销进程。在推进网点结算账户营销扩户的同时，开展客户维护活动和账户“唤醒”活动。挖潜个人贵宾客户潜力，建立分层维护机制，通过加强产品交叉销售力度，提高客户忠诚度和价值贡献度，开展“金钥匙电影节”“关爱女性健康”知识讲座、“小小银行家”“农行•广电•创维跨界营销”等活动，推进“六进”外拓和大堂“微沙”日常化，提高活动对客户的覆盖度和客户对活动的响应度。突出存款核心地位：对财政、社保、电力、烟草等存量重点机构客户实施多层级联动营销维护机制，建立上下通畅的信息沟通反馈渠道。对重点客户及项目实行名单制营销，成功营销浏阳湘赣边城市候机厅、浏阳江淮村镇银行等客户存款，实现大润发营业额缴存该行。实施零售客户名单制营销，通过积分兑换活动、季度竞赛、重点产品竞赛等措施持续激发营销潜力。加强对客户存款异动的分层报告制度，倒逼网点、团队落实管户责任。逐步做优资产业务：对接政府相关部门，积极参与浏阳市“金融一线行”活动，增进银企交流，对目标客户落实营销责任。入围经开区债务置换项目，营销储备交建投农村公路建设项目、水利投污水处理项目和沿浏阳河文化旅游开发项目等。大力发展个人住房按揭贷款，重点加强对“新月半岛”“君悦城”“碧桂园”三个存量楼盘的营销，大力宣传“农民安家贷”，利用优惠政策做好支持农民进城购房工作；成功实现新个贷品种“网捷贷”的发放。拓宽中间业务发展渠道：充分发挥网点渠道优势，通过柜面识别客户和系统邀约客户，做大代理保险、代销贵金属、基金、理财等产品规模。积极推进分期业务，定期调取大额透支明细筛选优质目标客户，大力推进消费分期，通过客户到网点领用信用卡，及时引导其进行激活，利用刷卡手续费新政营销信用卡分期。

（支行综合管理部）

【“三农”服务】 增强“三农”贷款有效投放：积极稳妥发展农村生产经营贷款和小额农户贷款，与湖南农信担保和中华联合保险公司加强合作，主要以新型农业主体、种养殖大户为重点，以种植、楠竹、花卉、油茶、林业等大户为行业支持对象。此外，成功试点农民住房财产权抵押贷款的发放。做实“金穗惠农通”民生工程：组建“惠农通”流动服务团队，加强服务点人员培训，实施流动服务常态化，对低效机具进行业务辅导激活，对无效机具进行撤并或迁址。推动电费和话费的代收业务普及和政府惠农补贴的代理支付，做大现金汇款、转账汇款和助农取款的交易量。建设金融扶贫服务站：与市扶贫办、乡镇和贫困村对接沟通，把惠农通服务站建设与金融扶贫服务站建设有机结合，分别在湘龙村、山枣潭村和雅山社区建设三个金融扶贫服务站，切实为群众送资金、送政策、送知识、送便利。

（支行综合管理部）

【基础管理】 信用风险管控：严格落实不良贷款的管控责任，按照客户分层管理、属地管理和条线管理相结合的原则，落实信贷风险化解“四包”责任制，定期召开专项会议督导进度。对大额不良客户实行名单制管理，果断、及时诉讼，紧密跟踪胜诉案件的执行。多渠道清收表内外不良贷款，健全已核销贷款清收管理制度。着力做好重点客户的风险化解工作，在清收贷款本息的同时，加快推进诉讼清收进度，集中人员、集中时间，积极推进打包转让和风险化解方案报批。财务运营管控：完成全辖网点剖析和全面查库，边检查、边辅导、边整改，有效规范柜面业务操作，严控操作风险。“营改增”上线、固定资产清理、信息技术维护等阶段性重点工作圆满完成。通过提升超级柜台应用、推广临柜业务智能控制等系统，提高操作风险机控能力。内控合规管控：落实班子成员、本部部门联点包片机制，主动与员工谈心谈话，了解员工思想动态，对重点领域和重点人员加大排查力度，及早发现和处置案件风险隐患，强化员工行为管理。通过合规宣传栏、警示教育、宣讲等方式，加强合规经营、廉洁从业和反腐倡廉教育。加强对重大案件、责任性风险事件、舆情风险的识别和管控工作；对违纪

1月29日，举办贵宾客户金钥匙电影节活动

（图片来源：支行综合管理部）

违法问题发现一起，查处一起；巩固“三化三达标”管理质量，重点抓好人防、物防、技防、消防建设，确保支行全年平稳运行，获2016年度全市单位内部治安保卫工作成绩突出集体。

（支行综合管理部）

中国建设银行股份有限公司浏阳支行

中国建设银行股份有限公司浏阳支行

党支部书记、行长　张朝晖

经开区支行行长　曾　睿

浏阳支行副行长　暨淑丰（女）

刘建红（女）

彭宇辉（女）

营业主管　甘　泉（女）

【概况】 2016年，中国建设银行股份有限公司浏阳支行有正式员工52人，内设办公室、公司业务部2个部门，下辖支行营业部、天马路分理处、集里桥支行、经开区支行4个网点，8个在行/离行式自助银行。截至12月31日，全口径存款余额309737万元；日均存款余额317227万元；对公贷款余额89358万元，纯新发放对公贷款6.74亿元（不含存量回收再贷），净增（存量贷款已到期回收和政府一类债务被置换）对公贷款3.789亿元；全年发放个贷19915.7万元，个贷余额81297.8万元，比年初新增9168.99万元；实现中间业务收入3832万元；不良贷款余额2100.44万元。

转型发展　重大项目营销：成功营销发放浏阳市水利建设投资有限公司3亿元贷款置换其他金融机构债务，积极营销并参与浏阳市交通建设投资有限公司政府购买服务融资项目竞争性磋商成功中标，授信额度申报已上会审批，积极营销浏阳市城市建设集团有限公司的债务性融资工具发行业务，争取主承销商资格等等。个人业务基础：坚持以网点营销为体，以外出营销为翼，秉承“大堂致胜”的理念，深入开展“进社区，进园区，进乡镇，进校园，进企事业机关单位”各类营销活动，使得个人客户基础不断夯实，金融IC卡全年发卡33386张。信用卡业务：截至12月31日，信用卡客户年内净增5966户。电子银行业务：截至12月31日，该行手机银行客户118524户，手机银行活跃客户26681户。

风险管理　信贷基础管理：落实省行信贷管理“315”工程要求，明确风险管理职责进党委，实行“一把手”工程，形成齐抓共管的良好局面。不良置产处置：核销东方顺达、达浒烟花联保体不良贷款1212万元。起诉案件回收贷款223.64万元。加大已核销资产催收，全年累计回收已核销资产161万元。强化贷款管理考核，有效控制新暴露不良。内控管理：深入推进“双基”管理，提高柜面人员合规操作意识和负责人案防职责履职意识，提高信贷人员风险防范和合规意识。全力配合审计检查，认真落实审计整改，组织开展员工行为排查，严防员工参与民间借贷、“飞单”。反洗钱监测水平提升，实现零案件、零处罚。平安建行创建：开展“平安建行”创建活动，有效保证安全稳定。积极防范和化解声誉风险，全年未发生重大负面舆情。开展柜面业务处理系统业务应急演练，提高突发事件处置能力。

（蔡玉红）

中国银行股份有限公司浏阳支行

中国银行股份有限公司浏阳支行

行　长　曾　滔

副行长　胡　斌

李　清（女，2016.09辞职）

邓永红（女，2016.09任）

鲁志钢（2016.11任）

【概况】 中国银行浏阳支行为中国银行湖南省分行直属县支行，内设综合管理部、公司金融部和个人金融部3个部门，下辖支行营业部、礼花路支行、劳动路支行、经济技术开发区支行、大瑶支行、制造产业基地支行6个营业网点，现有合同制员工100人。2016年，该行围绕省行“树正气、建机制、严管理、防风险、求发展”十五字方针精神，以“打基础、利长远、干实事、控风险”为工作主题，坚持以效益为中心，全力推进业务发展与风险管控两项核心工作，实现业务收入稳定增长、产品多元化程度不断提高、风险管控与服务水平逐步优化、队伍凝聚力与战斗力持续增强。截至年末，支行各项存款余额33.23亿元，四大行口径人民币存款市场份额23.49%；各项贷款余额30.93亿元，四大行口径人民币贷款市场份额23.48%；实现业务净收入1.51亿元，实现净利润1.16亿元；不良余额2544万元，不良率为0.82%，资产质量在浏阳17家同业金融机构中保持最优。

业务发展　客户基础夯实：实现社保征缴管理中心收入账户开立；个金条线方面，立足社保卡、代发薪等产品，拓展个人有效客户，截至12月末，开立社保卡18万余张，发放15万余张。产品创新及推广：公司业务方面。强化国际结算产品营销，紧抓重点客户，加强跨境人民币、区间宝、贸易融资等产品的营销。截至11月末，该行叙做跨境人民币业务14.76亿元，占浏阳当地市场份额93%，继续保持浏阳地区第一；完成国际贸易业务量9.57亿元，占浏阳地区市场份额85%以上，其中进口3176万元，占浏阳地区市场份额100%，出口9.26亿元，占浏阳地区市场份额81%。紧盯园区两大客户，为蓝思科技积极叙做出口商业发票贴现，满足客户资金需求，同时，锁定客户回款及结汇需求，确保出口业务市场份额；跟进营销尔康集团，为其子公司提供进口开证，锁定客户购付汇需求，确保进口业务市场份额。拓展东洋烟花、中宇供应链、孝文电子、金导材料、孟隆商贸等一批新客户，稳住泰通、长城、富华等一批优质烟花企业份额，挖掘威尔曼跨境红利、尔康集团进口开证、长城烟花出口融信达等业务需求，保持该行市场份额奠定基础。拓展国内结算产品，指派专职产品经理对网点进行产品推广指导，三方存管客户数和现金管理平台开通数均完成省行目标任务。个金产品方面，派驻专人驻点浏阳市车管所办理ETC业务，截至12月末，新增ETC用户600余户，分期交易量1.19亿元，省行任务完成率122%，银行卡新增2800余户，其中有效客户新增2259户，省行任务完成率116%，在省行第四季度的信用卡发卡联赛中，该行获全省第一名。

风险内控管理　制定完善《2016年内控检查考核奖惩实施办法》《2016年内控副职绩效考核实施办法》《2016年风险内控检查计划》等规章制度，并严格兑现。1-11月，奖励150人次、奖励金额2.88万元，处罚129人次、罚款7090元。按照制度规定，定期组织各类风险内控竞赛活动、召开内控副行长分析会议，组织员工进行各类风险内控培训，学习"风险管控50条"，培养一批"网标"兼职辅导员定期为网点员工进行"网标"培训。加强内控检查力度，采取现场检查、非现场监控、突击检查、风险排查相结合的方式，对单位存在的问题进行通报、对责任网点进行内控绩效扣分，对问题经办责任人管理责任人进行相应内控绩效扣分和经济处罚，提升员工合规意识。

渠道建设　成立该行第6家网点，3月，中国银行浏阳支行制造产业基地支行成功入驻永安；与浏阳市公安局出入境管理中心合作，在出入境中心设立出国金融"一站式"自助服务区；成立澄潭江自助服务银行，将便民金融服务点延伸到乡镇，服务该镇4万余名社保卡用户；扩建并局部装修改造大瑶支行，将营业厅重新功能分区，更新自助终端设备；全面改造升级支行本部办公楼一楼，并成立个贷中心、银行卡中心、出国金融咨询工作室，12月26日正式投入使用；完成辖属礼花路支行、劳动路支行、大瑶支行、经开区支行ATM自助服务区9台机具更换，全行53台ATM机开机服务率达到97.36%，全省排名第三。

不良贷款清降　2016年，支行加大不良贷款清收力度。开展专项清降活动，通过上门催收方式、外包律师事务所催收方式以及启动法律程序强势催收等方式开展不良清降，并及时跟进；加大不良清收考核力度，调动全行员工积极参与清降活动。10月16日，成功实现介面光电（湖南）有限公司8831.32万不良贸易融资本息全额现金收回。截至12月末，该行不良率比年初下降1.64个百分点，其中公司不良资产余额降至零。成功转让浏阳市喻佳采石厂不良贷款260万元，并成立喻佳采石基金催收小组，通过系列运作和积极催收攻势，成功处置抵押人名下部分资产。

（中国银行浏阳支行综合管理部）

中国农业发展银行浏阳市支行

中国农业发展银行浏阳市支行

行　长　谭蜀湘

副行长　袁水清（女，2016.02免）

张爱民（女，2016.10任）

【概况】2016年，该行围绕省分行及营业部年初行长会议精神，坚持第一要务，抓业务营销，落实主体责任，助推党建强化，各项工作稳步开展。截至12月底，有信贷客户10家，各项贷款余额为294957万元，比年初增长65900万元，增幅28.82%；各项存款余额为123503万元，比年初增长1504万元，增幅1.23%；实现账面利润6848万元，同比增加2650万元，增幅为63.13%，完成全年利润计划的131.69%。

业务发展　支行先后5次向浏阳市委、市政府汇报项目贷款发放进展情况，推动市委、市政府2次召集水建投、城建投、水务、规划和国土等相关部门统一协调，建立审批手续绿色通道，落实好行政审批手续。全年累计审批项目贷款45亿元，实现项目贷款投放14.32亿元。加强对风险客户的管理监督。将个别民营企业客户纳入重点维护管理，先后2次对其财务报告真实性、经营情况的持续性进行重点核实，对客户资金流和物资流进行重点监控，7月8日已全部收回企业贷款。

贷后管理年活动　组织学习上级行文件，阐明"建机制、利长远"的贷后管理年活动宗旨：要求客户经理做到"三心"（诚心、虚心、用心）："诚心"，不刻意回避问题，积极反馈和反思存在哪些问题；"虚心"，虚心向同事、其他支行学习；"用心"，重拾制度要求，渗透到日常经营管理中，强化支行信贷基础管理。落实责任，全面开展贷后管理自查：成立贷后管理年活动领导小组，按照"岗位自查、业务主管复核、行长审查"程序对2015年底有贷款余额客户的贷后管理进行一次全面梳理，做到同类问题不留自查死角，不遗漏细节和漏洞，检查能覆盖支行整体业务和各类风险。树立典型，争创贷后管理年活动标兵：通过"比、学、赶"三步骤，全行形成创先争优的良好氛围。比"，多次召开会议，在全行树立贷后管理的优秀典型，将优秀客户经理贷后管理资料作为范例共同学习，比自身在贷后管理中存在的不足；"学"，由优秀客户经理介绍在贷后管理中应注意的问题和体会，其他客户经理认真学习领会，并根据自身不足迅速完善贷后管理的漏洞；"超"，先进不安家，每次风险例会对客户经理贷后管理情况进行点评，对管理到位的客户经理进行表扬，对贷后管理提出问题未及时完善的提出批评，形成争先创优加强贷后管理的氛围。建机制，制定贷后管理规范操作方案：本着"利长久，建机制"的贷后管理思路，针对支行经营特点，以风险例会为主线，按照信贷管理制度，制定风险例会操作流程和贷后管理操作流程，分别对政策性粮油、自营性、项目贷款规定必要贷后管理的操作要点，制定贷后管理和检查报告模板和表格。每月风险例会时，客户经理按照规范的贷后管理要求整理好资料，通过多媒体向风险例会委员汇报客户经营情况，贷后监管重点分析情况，并接受委员的质询。　（刘　任）

【业务经营管理面临的突出问题】（一）区域内同业竞争激烈。截至2016年，浏阳境内开设分支机构的银行有18家，有贷款业务的银行26家，至2015年底贷款余额为429亿元，其中小微及农户、合作社贷款243亿元，对公业务中平台公司贷款竞争激烈，大部分商业银行认为平台公司贷款风险较低，抱团营销平台公司，形成恶性竞争。上半年工商银行、农行、交行浏阳支行营销经开区投资公司债务打包项目30亿元，全用贷款，基准利率不上调；建行、交行浏阳支行投标浏阳市交建投9亿元农村公路三年行建设项目，采用全额信用贷款，基准利率下浮10%，不限制资金的使用用途，不要求人大纳入预算决议，其中部分信贷条件与当前农业发展银行制度形成刚性冲突。浏阳市项目贷款逐步向国有商业银行、政策性银行集中。(二)浏阳融资环境变化,业务发展面临严峻形势。至2016年,浏阳市5家平台公司已发行公司债80亿元,另有30亿元已报发改委。政府一类债务置换到位资金17亿元以上,至少3家银行收到还款通知书。部分商业银行无底限放贷,公司债券大额发行,浏阳平台公司资金比较充沛,其流向主要为:1.区域内项目资金需要;2.置换部分利率较高贷款,降低财务成本;3.置换抵押物较多的贷款,释放抵押物,为项目开发提供可自由处置的土地资产,为以后在资金困难的情况下全额抵押进行融资做好安排。2016年,浏阳市农业发展有限公司为释放对应的全额抵押,偿还贷款1.1亿元;浏阳市土储中心通过债券置换,降低财务成本,降低政府一类债务总额,偿还贷款4.6亿元。同时,客户资金充沛对已营销项目贷款的发放产生影响。支行协调制订部分客户2017年度贷款投放计划时,缺乏积极性,个别项目提出暂时不需要新的信贷资金支持。(三)规模紧张,部分贷款发放跟不上项目进度。2015-2016年,该行审批三个项目累计额度70亿元,按照项目评估报告资金使用计划,应发放贷款29亿元,实际发放贷款19.32亿元,其中两个“两区同建”项目进度远超贷款投放进度。(刘　任)

长沙银行股份有限公司浏阳支行

长沙银行股份有限公司浏阳支行

行　长　彭　洁(女)

副行长　黄志斌

邱常松　暨淑丰

【概况】 2016年,长沙银行股份有限公司浏阳支行辖13家网点、181名员工。截至12月31日,支行各类存款余额109.6亿元,较年初增长28.8亿元,增速35.5%;存款时期数81.7亿元,较年初增长17.8亿元,增速27.9%。不良率为0.598%。

服务“三农” 相继推出农户小额无抵押贷款、林权抵押贷款、农房抵押贷款等“三农”金融产品,为存在资金需求而缺乏传统有效抵押物的农户提供资金支持,有效解决农民贷款门槛高的难题。截至12月底,长沙银行浏阳支行表内贷款余额59.75亿元,较年初增加15.2亿元,增幅34.13%。

社保卡发放 2015年11月至2016年1月,支行组织9支社保卡分队进入8个乡镇81个村组开展金融宣讲530余场,进行社保卡发放、使用及相关金融知识宣传服务,累计发卡近19万张。

便民服务 在浏阳边远乡村设立助农取款点,设乡镇网点8个。

(张　文)

湖南浏阳农村商业银行股份有限公司

湖南浏阳农村商业银行股份有限公司

党委书记、董事长

罗成林(2016.08免)

邓来发(2016.08任)

副董事长、行长　李寿树

监事长　刘毅敏(女)

副行长　胡琦文　谭继友

行长助理　毛　圣

【概况】 湖南浏阳农村商业银行股份有限公司(简称浏阳农村商业银行),其前身是诞生于20世纪50年代的浏阳县农村信用社,2005年通过股份制改造为湖南浏阳农村合作银行,2010年改制为湖南浏阳农村商业银行,是由企业法人、社会自然人自愿入股组成的股份制、商业化、地方性的金融机构。全行现有总股本12.8亿元,共有员工648人,下辖1个营业部、26个支行、51个分理处、9个离行式自助银行,网点遍布浏阳全市各乡镇。截至2016年12月末,该行各项资产300.02亿元,较年初增长50.43亿元,增幅20.21%,其中各项贷款160.96亿元,较年初净增15.32亿元,增幅10.53%;总负债261.22亿元,较年初增长47.50亿元,增幅22.23%,其中各项存款240.58亿元,较年初净增36.38亿元,增幅17.82%;所有者权益38.80亿元,较年初增长2.92亿元,每股净资产3.03元,每股增值8.2%;存贷款市场份额分别为40%和34.09%。不良贷款余额2.07亿元,占比1.29%;实现利润6.61亿元。资本充足率17.2%,拨备覆盖率228.85%,拨贷比2.96%,杠杆率11.39%。(朱良柏)

【改革创新】 机制创新:积极推进集团化发展战略,成立村镇银行管理部,强化村镇银行建设与管理。江西新余市渝水区和湖南安化、冷水江、湘潭四家湘淮村镇银行挂牌开业。截至2016年12月末,湘淮村镇银行各项存款余额23.56亿元,各项贷款余额11.7亿元,实现经营利润2030万元,各项业务稳健发展。第二批津市、桃源、新邵、邵东等4家村镇银行启动筹建,邵东湘淮村镇银行试营业。进一步理清发展战略,充实领导班子力量,对各专门委员会职能重新明确,探索构建中长期发展战略。拓展业务,推进机构管理扁平化,新成立文明规范服务管理办公室、资产保全中心、国际业务结算部。制定完善《股权激励管理暂行办法》,建立成果共享、风险共担机制,规范激励行为,实现员工与企业利益趋同,增强“主人翁”意识。业务转型:积极适应“三农”发展新常态,深耕农村、商圈、社区、园区等本地市场,对市域支柱产业加大支持力度,累计投放贷款20多亿元,支持科技环保、实力雄厚、发展潜力大的花炮企业转型升级,及引线、家具、军工硝、建筑建材行业等协会的发展壮大。择优扶持13家农业产业化龙头企业,为20家家庭农场、354家农民专业合作社、25个“公司+农户”型产业提供资金支持。全力应对转型升级新挑战,策应地方党政发展战略,开展“金融一线行活动”,先后在集里、关口街道,大瑶、澄潭江镇,两型产业园、制造产业园、环保科技园等地开展9场“政、银、企”对接活动,共对乡镇、园区、企业授信78.6亿元,累放贷款40多亿元。做优做强农屋抵押、林权抵押等成熟贷款品种,有效破解抵押担保难题,创新开办“创业贷”“银保贷”“产业链贷”“扶贫贷”“汽车按揭贷”“房屋按揭贷”。对接国际金融,外汇业务实现快速发展,成功代理醴陵、韶山、永州、湘潭农商行外汇结算，累计结售汇 3656 万美元。优化资产配置结构，提高资金使用效益，实现资金业务收入 3.88 亿元。成功代理浏阳国安广电收视费、烟草资金等收缴，拓宽中间业务收入渠道。服务提质：大力发展电子银行业务，截至 2016 年 12 月末，累计发行福祥“三卡”82618 张，营销手机银行用户 124934 户，网银 20521 户，安装各类自助设备 313 台，发行湖南高速 ETC 卡 13410 张。积极推进“新三卡”(校园卡、社保卡、健康卡)发行，其中在湖南农村商业银行系统成功首发“校园卡”，社保卡发卡 612971 张，发卡率 80.82%。落实与供销社合作，抓“四个平台”建设，在大围山等地建成金融服务便民站 25 个。 (朱良柏)

【风控管理】 切实防范各类风险，力促经营提质。1.坚定控险理念。坚持客户有退有进，主动对接去产能、去库存、去杠杆，出台鼓励、限制、禁止信贷服务目录，对资金链即将断裂、风险显现、具备发展潜力的客户，积极牵头协调帮助企业平稳过渡，防止风险扩散；对房地产、建筑行业客户重点关注；对“两高一剩”(高污染、高能耗的资源性和产能过剩行业)贷款，实施严控准入；对烟花、花木、生猪行业贷款实施结构调整，切实做好花炮企业退出信贷风险管理，从源头上防止风险积聚，全力做小做优做强。截至 12 月末，全行有贷款客户 87710 户，户均贷款金额 17.52 万元，其中 500 万元以上贷款 278 户，金额 43.91 亿元，户数与金额分别占贷款总额的 0.31%和 28.57%，最大户贷款金额 2.5 亿元，单一客户集中度 7.26%，符合监管审慎要求。2.完善控险机制。设立风险总监，充实风险合规部力量，成立资产保全中心，强化不良管控。对照监管要求和相关法律法规，进一步完善“三品”(人品、产品、押品)授信准入机制，“三表”贷后管理机制，“三评”利率定价机制，推进信贷管理流程化与标准化。按照“责、权、利”对等原则，健全“收、核、赔”问责流程，紧扣“到期贷款收回率”和“新增不良贷款”两道红线，严控新增不良贷款，严格问责“把关堵口”，贷款风险保持可控水平，有效防止经济下行压力传导蔓延，全年收回表内外不良贷款本息共计 3247.42 万元。3.增强控险能力。继续推进信贷、财务基础工作规范化进程，完善稽核审计和授权、监控中心的作用，发挥事前参与、事中控制与事后监督职能，有效促进管理质量与业务水平全面提升。接受银监部门“两加强、两遏制”专项检查，继续推行案防三方联保，签订责任书 629 份。结合“雁过拔毛”式腐败问题和“纠‘四风’、治陋习”专项整治工作，积极开展案防教育，推进员工异常行为监督，强化全员主动合规意识，确保全行大局稳定。 (朱良柏)

【人本管理】 队伍建设：通过劳务派遣等平台，自主招聘湘淮村镇银行员工 62 人；行内实行自愿报名、党委审定，选聘中层骨干和优秀员工 29 人派驻村镇银行开展筹建；提拔和起用新人 42 人次，其中分理处主任提拔为支行行长 2 人、中层副职提拔为正职 8 人、新提拔启用副职 14 人、新选拔“三员”(委派会计、稽核员、信贷内勤)18 人。继续推进支行行长助理资格确认，10 人获得资格。聘请上海起航培训公司开展精品网点打造与优质文明服务规范化活动培训。全面更新员工教育培训考试知识题库，新聘和续聘 12 名内训师，对全行客户经理、柜员，村镇银行新招员工进行业务培训，组织覆盖全员培训 62 期，参训人员 4092 人次。坚持节日走访慰问困难职工、“七一”期间慰问困难和高龄党员。作风建设：成立优质文明规范服务办公室，完善《文明规范服务考核办法》，协同监控中心、稽核大队等部门，结合“雁过拔毛式腐败问题和“纠‘四风’、治陋习”专项整治工作，对全行的优质文明服务、日常操作行为等进行常规检查、抽查，对违纪违规行为记录台账，给予通报处罚。推行柜员星级、客户经理等级管理机制，加大业绩考核与服务评价力度，提升全员服务水平。坚持“快乐工作、幸福生活”的人本理念，完善绩效考核、按量计酬分配机制，打造企业年金、股权激励、延期支付和案防保证金相结合的职业操守基金制度，完善退休员工企业补差制度。形象建设：全面推行亲民利民的工作举措，利用网站、电子屏、报纸、电台、微信公众号等载体，开展多渠道、立体化、全方位宣传，以“全省农村信用社存款突破 7000 亿元”金融宣传为主题，在《浏阳日报》连载福祥“三卡”等新业务知识，在永安、大瑶、镇头、古港等地组织金融知识宣传和手机银行抽奖暨客户答谢活动；对小河等 12 个网点进行装修提质改造，设立蕉溪高升、朝阳社区两个社区银行，进一步亮化网点形象。承担社会责任，响应精准扶贫号召，做实小额扶贫信贷，对全市 16075 户贫困户建档立卡，授信 13716 户，授信金额 23073 万元，累计投放扶贫小额信用贷款 8135 万元；开展春季助学，捐助困难学生 55 人次，金额 7.15 万元，截至 2016 年 12 月，累计资助 200 多人，发放助学金 122 万余元。2016 年，省联社党委书记、理事长张志军等领导到浏阳农村商业银行调研指导工作，湖北省联社到浏考察交流，接待国内主流媒体、各级政府、兄弟行社到行调研“两权”抵押贷款和跨区经营发展 20 余次，应邀参加国务院、人民银行、银监局等部门调研座谈，企业品牌知名度和美誉度进一步提升。

(朱良柏)

中国邮政储蓄银行浏阳市支行

中国邮政储蓄银行浏阳市支行

党支部书记、行长　王晖(女)

副行长　李娴(女)

黄祥(2016.05 任)

【概况】 截至 2016 年年底，中国邮政储蓄银行浏阳市支行网点数 37 个，其中自营网点 4 个，代理网点 33 个，自助设备 118 个。个人存款余额 49.14 亿元，全年净增 9.98 亿元。日均余额 46.86 亿元，全年净增 8.82 亿元。公司业务时点余额 3.92 亿元，年增 1.66 亿元；日均余额 2.93 亿元，本年净增 1.38 亿元。信贷业务余额 23.39 亿元，其中个人信贷：小贷余额 7375.62 万元，放款 7073.5 万元；消费贷余额 91093.56 万元，放款 44740.59 万元；个商贷款余额 68974.46 万元，放款 58718.3 万元；

大型公司贷余额 5.18 亿元，年增长 1.84 亿元。小微企业余额 14936 万元，放款 15634 万元。

金融产品创新　2016 年，支行信贷业务以“保质量、稳存量，求发展”为宗旨，稳步推进信贷业务，继续立足“三农”，服务“两小”；加强与政府平台合作，相继推出信用消费贷团办、农房抵押贷款、制造园和经开区“助保金贷款”(借款人提供一定担保的基础上，由借款人缴纳一定比例的助保金和政府提供的风险补偿金共同作为增信手段的信贷业务)等贷款创新产品，服务“三农”、服务小微客户；注重风险把控，对“两高一剩”(高污染、高能耗，产能过剩)行业的贷款客户逐步退出。针对持续发展行业，继续挖掘浏阳特色的行业，在原有贷款产品基础上创新，推出贴合市场、接地气的产品；针对东区丰富的林业，继续推动家庭农场林权抵押贷款；针对北区活跃的经济，对家具制造协会推出专项联保贷款；针对南区的花炮行业推出担保公司担保贷款；针对单位平台客户推出个人信用消费贷款；针对小微企业推出小微企业助保金贷款。

服务“三农”　截至 2016 年，该行农房抵押贷款放款量 4320 万元，全年新增 1820 万元，其中主推家庭大农场农房抵押贷款发放，真正做到服务好“三农”。2016 年，与永安丰裕国际家具城、家具协会合作，在原有合作基础上，进一步升级联保贷款，调整改进不适应该行业的还款方式，降低该产品的利率，深受贷款客户好评，截至 12 月底，该行业结存贷款笔数 72 笔、余额 2492 万元。

支持政府项目　支持政府推出的“烟花财信通”项目，通过产品创新进一步推进与担保机构合作，继续支持浏阳传统花炮行业，从 2014 年开始，支行引入担保公司为花炮企业担保，至 2016 年，贷款余额 5500 万元，未出现一笔花炮企业的不良贷款代偿。便捷服务政府员工个人信用消费团办贷款客户群体，2016 年下半年，支行推出“优享贷”，该产品只需 5 名单位职工到支行团办“优享贷”，即可享受月收入的 24～36 倍的贷款授信，最高 50 万元，手续更加简便，利率更加优惠，深受市场好评。截至 12 月底，共营销公务员卡 1500 多张，结余信用消费贷 12560 万元。

做实小企业贷款　支行在原有的两型产业园助保金贷款合作基础上，2016 年新增对浏阳制造园助保金贷款的批复，截至 12 月，支行支持规模工业贷款余额 1.6 亿元。

支持房地产　恒大二期、浏阳碧桂园、新月半岛、君悦城、太悦城、奥园国际、长兴湖一号等楼盘一手房贷款项目获省行批复并成功放款，全年对各楼盘放款 3 亿元。　(余　旋)

中信银行股份有限公司长沙浏阳支行

中信银行股份有限公司长沙浏阳支行

行　长　曾　钊(女)

副行长　易　辉

行长助理　文峰　罗娟娟(女)

【概况】　中信银行股份有限公司长沙浏阳支行成立于 2008 年 12 月，内设支行营业部、浏阳小企业部，下设浏阳经开区小微支行。2016 年，有在职正式员工 36 人。截至 12 月 31 日，该行存款时点 18.3 亿元，其中：公司存款时点余额 14.38 亿元，一般个人存款时点 3.88 亿元；各项贷款余额 22.42 亿元；全年实现经济利润 3028 万元。

内控管理　支行根据总、分行相关政策及考核指引，先后制定相关管理办法及行业行规，组织员工认真学习《中信银行企业文化手册》《中信银行员工安全手册》，通过管理办法和规章制度明确责任与监督。

机构平台业务发展　紧抓“三大”(大客户、大项目、大单品)。该行采取总、分、支三级联动营销模式，支持浏阳地方经济发展，支持浏阳上市公司和拟上市公司业务，在经济下行时期创新产品，通过表内、表外、表表外、投行 + 商行等撮合业务，与客户深层次合作。2016 年，新增机构存款金额 6 亿元，成功消化花炮联保到期保证金 5 亿元；新增表内表外授信余额 15 亿元。与浏阳浏阳市城市建设集团有限公司、浏阳市水利建设投资有限公司等平台公司建立良好合作关系。现代服务业“银医通”添新户。3 月，该行投放 200 余万元与浏阳市中医院“银医通”项目成功上线。银医合作成为中信银行浏阳支行特色品牌业务。

风险控制　2016 年，该行重点针对花炮联保贷款及林业种子基金进行有效防控和清收。6 月，该行进行花炮联保“拆链”工作，成功化解花炮联保问题贷款 1.86 亿元，并核销不良贷款 1.56 亿元。　(廖芳庆)

华融湘江银行股份有限公司浏阳支行

华融湘江银行股份有限公司浏阳支行

副行长　黄艳君(女，主持工作)

行长助理　谢新征

【概况】　支行各项业务指标完成情况：截至 12 月 31 日，存款余额 8.02 亿元，其中公司一般性存款 6.74 亿元，储蓄存款 1.52 亿元；贷款余额 7.64 亿元，其中公司贷款余额 5.88 亿元，个贷余额 1.76 亿元；支行华融卡 15080 张，比年初新增 2000 张，销售理财 3986 笔，金额 10.5 亿元。

资源营销　成立营销小组，分组、分块、分任务对浏阳市财政局、五大平台公司等单位进行关系营销和维护，存款规模稳步保持在 3 亿元以上。加强联系，安排专人持续跟进政务平台公司资金收支和出入情况，掌握其融资需求和节奏，做好服务。

业务储备　继续维系好各个平台公司的存量授信业务；以“白名单”客户授信和战略合作伙伴协议签订等方式对该行优质客户主动授信，有效获取融资需求和融资项目；以政务类新信贷产品主动寻求各平台公司新需求，加紧项目对接和推动。

业务发展　公司业务：把握主流客户，加大双向合作，通过战略合作模式，给予优质客户授信，同时有效地支撑支行资金的留存；小微业务：新增授信严把准入关、优中选优，存量业务逐步调整客户结构降低风险隐患；零售业务：加大楼盘按揭授信、做好按揭客户的综合贡献度，分组“走出去”营销。2016 年，获长沙分行

"盛情之夏拓户增存"零售业务竞赛第一阶段储蓄存款B、C组优胜奖。

安全运行 发挥网点阵地优势，做好品质服务，获2016年网点6S三等奖，并参与总行五星级网点创建；加强安保工作，获2016年度单位内部安全保卫工作"成绩突出集体"奖。

风险管控 提前做好存量授信客户的续贷工作，全行近100笔存量业务实现续贷及时，有效缓解企业资金压力，赢得企业好评。做好贷前调查、贷中监测、贷后管理工作，新增授信业务严把客户准入关；高度重视风险化解工作，及时推进，化解成效显著，2016年上半年，获总行重点风险项目处置推动奖。

内部管理 建立健全支行考核管理制度，制定奖惩措施；分公司、零售、运营三个条线管理，由部门经理负责日常工作安排，分管领导负责关系协调和工作调排；精细化管理，定岗定责。（易海平）

交通银行股份有限公司长沙浏阳支行

交通银行股份有限公司长沙浏阳支行

行　长　汤捍东

副行长　熊　华　郑　重

何曼曼（女）

【概况】 2016年，支行各项业务实现快速稳健增长，成功创建中银协千佳示范网点。截至12月末，支行人民币各项存款余额15.76亿元，较年初新增2.87亿元，其中储蓄存款余额4.47亿元，较年初新增9048万元；人民币日均存款余额15.98亿元，较年初新增3.96亿元，其中储蓄存款日均余额4.34亿元，较年初新增1.14亿元；各项贷款余额22.32亿元，较年初新增8.18亿元；实现利润总额6123万元，完成率149.34%。被中国银行业协会评为2016年度中国银行业文明规范服务"千佳示范单位"。

公司业务 加强渠道建设，新拓展浏阳市人民医院WIFI项目；与浏阳市住房保障局签订二手房资金监管协议，9月，成功上线二手房资金监管业务系统，成为浏阳市二手房交易中心唯一指定合作银行。将项目与"渠道""客户"列入支行发展三大支柱，全年项目投放基本实现预期，稳步推进客户工程，推行"走进园区发现未来"项目，提升园区业务发展，在专项活动中获省行奖励。

个金业务 制订竞赛活动方案，从储蓄存款、信用卡、贵宾客户、财管销售等方面布局各季度重点主攻方向，个金资产业务、品牌客户、特色客户群、信用卡双卡联动等指标提前完成全年计划任务。2016年，支行走进企业、社区举办企业行和社区行活动20多场，提升中端客户500多户，超额完成全年计划。全年个贷新增发放额10025万元，完成全年计划的120.79%，房贷净增额9221万元，完成全年计划的111%。

合规经营 积极贯彻省分行提出的"业务经营、风控先行"经营理念，认真把握各条线业务风险点，注重落实，确保资产质量和营运质量。2013-2016年期间，支行无不良贷款，2016年，获"会计营运示范行"称号，安全保卫工作实现零案件。（卢亚辉）

【金融知识宣传活动】 6月21日，交通银行浏阳支行和浏阳市教育局联合开展的"小小金融家"创新素质教育活动正式启动，该活动首批在浏阳城区六所小学试点，活动时间从6月持续到12月，主要围绕"四个一"主题开展，分别为：一次小小大堂经理厅堂实习，组织学生分批到交通银行浏阳支行大厅，开展参观银行厅堂、使用自助银行、学习银行服务礼仪、识假钞、点钞王比赛等活动；一场亲子财商讲座，由交通银行总行"小小金融家"讲师，进行主题为《教育不能等，财商绕不开》的亲子财商讲座，开展现场亲子互动游戏、小小金融家亲子合影等活动；一次跳蚤市场爱心义卖，组织开展我是小老板、虚拟银行、小小童心•大爱无疆等活动；一次理财本领展示秀，开展小小金融家体验心得、或理财小故事活动。从2012年10月17日交通银行浏阳支行开业起，着手开展小小金融家公益培训，至2016年已持续开展4年。同时，2016年，"小小金融家"活动与浏阳市金融办联合开展的新农村"三进"（进小微、进郊区、进社区）活动，让交行财商讲座走进新农村示范村。为浏阳一中高中学生讲解金融安全知识，获得家长和老师的认同。9月，浏阳市政府组织"大手牵小手"打击非法集资活动，唯一指定交行理财师精选课件，通过视频教学与现场直播相结合的方式，实现全市18万师生同上一节金融安全知识课程，《长沙晚报》、湖南经视进行报道。该行先后走进社区和学校开展16场金融知识户外宣传活动，组织"网络支付安全""防范电信诈骗"宣传6场，开展抵制民间借贷专题讲座10场，接受市民咨询5000余人次，发放宣传彩页、知识读本2万多份。（卢亚辉）

中国光大银行股份有限公司长沙浏阳支行

中国光大银行股份有限公司长沙浏阳支行

副行长

熊漫江（主持工作，2016.12免）

欧阳灿（主持工作，2016.12任）

【概况】 截至12月末，存款总额5.1250亿元，较年初减少1.145亿元；各项贷款余额3.5405亿元，较年初减少3.94亿元。

公司业务 积极营销市财政局、住保局，市大围山旅游投资有限公司、交通建设投资有限公司、水利建设投资有限公司等，争取做大机构客户群体，提升核心存款；走访浏阳经开区、高新技术产业开发区和两型产业园，立足园区做大做强；全年发展大资产业务客户4户，其中市人民医院授信5000万元，已投放贷款1000万元，交通建设投资有限公司、城市建设投资有限公司、水利建设投资有限公司3户贷款得到批复，批复金额18.20亿元；对华升印刷重组，退出不良贷款金额1450万元。

零售业务 电子银行迅速突破。截至12月31日，手机银行、微信银行同步率及理财线上销售比例达到85%以上。理财业务特色化发展。以"阳光理财"为特色品牌，大力发展理财业务，形成"宣传＋体验"立体营销模式；贯彻"用理财品牌感染客户，用理财体验打动客户,用理财产品留住客户"发展模式,重点加强对理财经理、大堂经理和柜员的培训和引导,形成营销体系,截至12月末,支行九项资产总额达到3亿元。个人贷款业平稳发展。信用卡客户数量快速增长。社区银行立足社区。个人贷款业务方面,龚家桥社区支行引入恒大华府和创意君悦城两个楼盘的按揭业务,开展个贷业务,同时带动开卡量及有效客户;业务宣传方面,本着立足社区、服务社区,有效导入社区周边客户的原则,该行专用宣传栏基本覆盖周边小区楼栋,宣传活动从主动找业主委员会合作到业主委员会主动要求与浏阳支行合作开展活动,真正融入小区居民。截至年末,大运营平台建设初见成效,形成白天办理柜面业务,晚上自动加班打电话营销的局面;柜台人员坚持每周自考,每半个月柜台经理组织考试,增强柜员责任心。营造和谐家园文化,培养员工团队协作意识,加强员工归属感,把握员工心理动态,发挥员工主观能动性,员工工作意识从"要我做"转变为"我要做"。

存在的问题及不足 光大银行品牌在浏阳当地影响力还有待提升;对公客户经理队伍建设有待加强;员工风险意识有待提高;合规风险教育需要高度重视;柜台方面阳光服务有所欠缺,主要表现在接人待物和笑容。 (刘 婷)

招商银行股份有限公司浏阳支行

招商银行股份有限公司浏阳支行

党支部书记、行长 胡杨多

行长助理 周 毅

【概况】 招商银行浏阳支行坐落在浏阳市车站东路21号鑫远名城一楼,于2014年1月21日正式营业。下设公司银行部、零售银行部、个人信贷分部和运营管理部4个部门,拥有1家小微支行和2个离行式自助银行网点,在职员工21人。2016年,支行按照总、分行年度工作会议精神,提出以"立足市区做零售,辐射园区做公司、放眼全国做同业"的发展战略开展业务。截至年末,全行实现全折存款余额合计15亿元,较年初增长9.6亿元;实现全折一般性贷款投放合计5.39亿元,实现经营利润4342万元。 (邱 妍)

中国民生银行股份有限公司长沙浏阳支行

中国民生银行股份有限公司长沙浏阳支行

行 长 胡荣华

【概况】 民生银行浏阳支行坐落在浏阳市车站中路139号,于2014年2月28日正式营业,有员工24人。2014-2016年,支行为浏阳本地授信35亿元,投放15亿元;截至2016年末,支行各项存款8.28亿元,各项贷款5.19亿元。

内部管理 加强队伍建设,支行实施"每周一例会"开展专题讲座、现场培训,重点加强员工队伍建设工作;加大绩效管理,充分发挥员工积极性,激励员工营销潜能,为员工提供发展空间;完善工会、团组织工作建设,不定期组织全行员工参加运动会、春游、羽毛球比赛、爬山比赛、泡温泉、家访等活动,传递该行"简单做人、认真做事、快乐工作"的文化理念。

风险防控 有效防控和清收支行各类贷款。强化员工合规意识培养,杜绝案件和监管处罚;加强贷款发放管理,严格落实贷款审批制度,确保支付方式合规、专款专用;落实贷后管理,密切关注客户经营情况;定期召开业务分析会;成立专业清收队伍;针对不良贷款采取包括法院起诉、上门催收、积极向分行争取各种政策等措施进行挽救。坚决遏制违规经营和违法犯罪行为,全年未发生任何大小风险事件和案件。

业务发展 支持地方经济发展,通过表内、表外、表表外等撮合业务,有效地与客户进行深层次合作;运用MIT、移动运营、一体机和外拉终端,全线推出健康卡(居民健康卡是基于区域卫生信息平台、居民电子健康档案和医疗机构电子病历,可用于居民身份识别、个人基本健康信息存储、实现跨区域跨机构就医数据交换和费用结算的电子信息卡),通过上门开卡,5天开卡475张;民生银行直销银行,秉承"简单的银行"服务理念,从互联网客户需求出发,创新推出如意宝、定活宝、基金通、银行理财、民生金、好房贷、随心存、利多多、轻松汇、支付缴费等金融服务,得到业界和用户的广泛认可,获"2016年度互联网金融业务创新奖";民生二维码收银台,支持信用卡支付,资金由银行直接清算,安全有保险,费率低至0.35%,满足不同消费者的消费需求和支付场景,可以为商户降低经营成本,提高收款效率,减轻工作压力,引领同行业务的前沿。(陶慧敏)

湖南浏阳江淮村镇银行股份有限公司

湖南浏阳江淮村镇银行股份有限公司

行 长 胡祖越

副行长 谭 晓(女)

【概况】 2016年,湖南浏阳江淮村镇银行股份有限公司(简称浏阳江淮村镇银行)有在编员工51人,内设营业部、市场营销部、风险管理部、办公室四个部门,下设4家一级支行,1家社区支行。该行坚持服务"三农"及中小微企业的战略定位,提出走"差异化、特色化"的发展之路和打造"小而精、小而美"农村金融机构的目标愿景。截至12月末,全行各项存款余额108411.37万元,比2015年末增加57133.22万元,增幅111.42%。其中:储蓄存款25471.26万元,比上年末增加11318.01万元,增幅79.97%;对公存款82940.11万元,比上年末增加45815.21万元,增幅123.41%。各项贷款余额为64989.25万元,比2015年末增加31745.24万元,增幅95.49%。实现总收入4504.70万元,比2015年末增加3128.59万元,增幅227.35%。实现利润总额467.94万元,比2015年末增加464.50万元;缴纳所得税134.14万元;实现净利润333.80万元,比2015年末增加331.22万元。该行资本充足率17.70%,存贷款比率59.95%,贷款拨备率2.50%。各项监管指标达到银监会监管要求。在湖南省32家开业的村镇银行中排名前列，在浏阳市18家金融机构中贷款增幅排名靠前，被市委、市政府授予突出贡献奖。

网点建设 2015年5月至2016年，该行先后成立3家支行（古港支行、镇头支行、湘赣边支行）并正式开业。启动2家支行筹建工作，高新区支行完成选址、装修等筹建工作，人民支行和金库综合楼启动设计。

支农支小 截至12月末，该行有个人客户9687户，比2015年年末增加6874户，增长244%；企业客户380户，比2015年末增加191户，增长101%；发放贷款1304户，2738笔，累计发放贷款137200.08万元，12月末贷款户数1051户，户均额61.84万元，其中50万元以内贷款834户，50万元—100万元以内贷款68户，占总贷款户数的85.82%；涉农贷款余额60384.25万元，1015户，累计发放128208.48万元，1256户，比年初增加23665.64万元，增幅64.5%；易贷卡开卡665张，授信额度11912万元，用信余额8586.87万元。

风险管理 坚持市场定位，恪守经营宗旨，确立"三禁止"及"小额、流动、分散"的信贷策略。严格大额贷款管理，涉及"房地产项目、他行联保贷款、民间借贷"三不贷；严格把握烟花企业授信门槛，杜绝市场风险。在浏阳市烟花企业分类退出机制中，该行未出现一户退出的三类企业。强化声誉风险管理，主动开展宣传，《湖南日报》、湖南卫视《湖南新闻联播节目》、《浏阳日报》等主流媒体对该行宣传报道，维护良好形象。严防操作风险，严密岗位制约，强化远程授权、事后监督和对账工作。与员工签订《银行员工"八小时"之外行为规范承诺书》，严禁员工参与各类违法违规活动。开展廉政教育和风险排查，加大违规行为处罚力度，促进员工爱行爱岗、敬业乐业。

爱心捐献 6月7日，该行开展以"爱心护航　助力高考"为主题的志愿服务活动，《浏阳日报》、浏阳电视台、浏阳广播电台对此进行报道，反响良好；6月20日，古港支行举行开业典礼暨助学捐赠仪式，捐助古港镇教育基金会3万元；9月8日，镇头支行开业，捐助镇头镇北星完全小学3万元；11月25日，湘赣边支行开业，捐助老桂小学3万元。7月，组织员工募集捐款1万多元捐献给受洪涝灾害的安徽省桐城县。（陈晓娟）

兴业银行股份有限公司长沙浏阳支行

兴业银行股份有限公司长沙浏阳支行

行　长　张瑞胤

副行长　杨振威

【概况】 兴业银行股份有限公司长沙浏阳支行坐落于浏阳市集里街道庆泰南路32号，2015年12月24日正式开业。2016年，支行有员工22人，平均年龄不到30岁。该行秉承"真诚服务，相伴成长"的经营理念，致力于为客户提供全面、优质、高效的金融服务。截至12月末，支行各项存款余额58186.27万元，其中个人存款余额5306.89万元；各项贷款余额21709.05万元。做好内控安防工作，全年无大小事故发生，被浏阳市公安局评为"2016年度全市单位内部治安保卫工作成绩突出集体"。

公司业务 年末企金存款余额5.3亿元，实现比年初正增长。银政合作：以支行行长牵头，深耕银政合作，积极与市政府主要领导对接，加大财政局和政府融资平台营销，加大对地方建设的支持力度。客户基础建设：支行每季度设置竞赛方案，引导企金条线员工加强对客户的引入和深度营销，实现新开户完成率居分行前列，有效基础客户较年初增长14户。资产业务平稳发展：加大对资产业务的奖罚力度，强化对客户经理创利的要求，全年营销上报小微企业15户，已审批5户，落地4户；上报平台公司5户，金额合计9亿元，已审批1户；上报中票10亿元1户，总行审批中。

零售业务 依托产品做大金融资产：截至12月31日，支行零售综合金融资产达1219万元，其中个人存款5306.89万元，全部为开业以来新增。推出理财产品"现金宝"，以低风险的产品属性、中等偏高的收益率、随存随取的便利性吸引大量高端优质客户，在年末业务冲刺活动中，支行产品"现金宝"释放存款达3000多万元。利用商圈发展基础客户：支行依托周边商圈资源，进行上门营销工作，大润发商圈内大部分商家已在支行开立兴业通或营业款存款卡，实现用该行理财卡代发工资。截至12月底，支行零售客户达4946名，其中核心客户1687名。扩大业务打造品牌特色：截至年末，发展的零售业务有一手房按揭、二手房按揭、消费贷、经营贷，全年合计放款2110万；充分发掘信用卡类业务，全年信用卡发放量1万多张，逐步实现以贷引存，存贷相依的发展思路。（谢宗达）

广发银行股份有限公司浏阳支行

广发银行股份有限公司浏阳支行

行　长　彭迎春

副行长　赵国庆

【概况】 广发银行股份有限公司浏阳支行位于浏阳大道118号，于2016年4月18日正式营业，是广发银行长沙分行在县域设立的第一家支行。开业以来，该行坚持以"夯实基础，科学布局，创新模式，勇于超越，加快业务发展，提升核心竞争力，全面建设一流商业银行"为指导方针，以客户为中心，以市场为导向，以效益为目标，以创新为动力，找准发展定位，积极拓展市场，夯实发展基础。截至12月31日，存款余额4.66亿元，其中对公存款4.16亿元，对私存款0.5亿元。

业务发展 零售业务：满足客户金融服务需求，该行推出"天天利业务""自信一贷"产品。天天利业务，支持指定理财产品在线质押贷款，实现冲动性和收益性兼备；自信一贷，支持线上出账，随借随还，产品设计方便快捷，受到市场关注。公司业务：紧盯各级政府的重点项目和支柱产业的行业龙头企业、源头企业，立足核心客户、战略核心客户，兼顾中小企业，全面展开链式营销。稳定发展小微金融业务，以批量化、专业化方式拓展优质小企业，大力支持本地经济发展。

团队建设　坚持“客户为先、真情服务”的服务理念，尊重和关爱客户、吸引客户，确立“了解风险，管控风险”的风险理念打造一支品德优良、业务优秀的员工队伍，内控管理非常规范，开业以来，各项业务运转正常，未出现风险事故，无不良贷款。（杨开兰）

中国人民财产保险股份有限公司浏阳支公司

中国人民财产保险股份有限公司浏阳支公司

党支部书记、经理　李兵

副经理　陶帅

经理助理　田丰

【概况】 2016年，中国人民财产保险股份有限公司浏阳支公司实现保费收入16440万元，同比增长21.65%。累计承担风险责任金额超过8527376万元；受理有效报案11776件，支付各项赔款7483万元；上缴和代收税款1727万元。

保险保障方面　继续加强对本地区重要产业、重点工程、重大项目的风险管理和保障，积极开办车辆保险、企财险、工程险、建筑施工企业意外险、信用险、健康险等险种。主动参与社会管理，积极协调促进住建行业安全生产责任险、校园方责任险、治安保险、环境污染责任险、食品安全责任险、农房统保等险种的推广，充分发挥保险的保障功能和经济补偿作用。2016年，与市委政法委、市综治办积极对接，配合市综治办在全市32个乡镇（街道）开展治安保险推进工作，为45290余户居（村）民的家庭财产提供158亿元风险保障。

交通安全管理方面　继续配合做好浏阳市道路交通事故快处快赔工作；做好农村“五小车辆”保险工作，配合交警部门加强对涉牌涉证摩托车的整治，积极配合参与农村中队上牌办证工作，提高摩托车上牌办证比率；进一步加快理赔速度，实行万元以下案件1小时通知赔付。发挥费率的杠杆作用，激励投保人提高安全驾驶意识，减少交通事故的发生，改善道路安全状况，产生良好的社会效应。

服务“三农”方面　全年为43.06万户农户承保水稻6.07万公顷、油菜2.6万公顷、育肥猪16.4万头，烟叶3973.33公顷，承担风险保障6亿元，全年支付农险赔款1509万元。继续推进“三农”保险基层服务体系建设工作，积极打造集承保、理赔及服务咨询于一体的三农营销服务部，同时加强站点建设，进一步提高网点的覆盖面，让服务更贴近一线，更贴近农民。截至2016年底，浏阳支公司在沿溪、大瑶、沙市、镇头、集里和永安6个乡镇建立“三农”营销服务部，文家市营销服务部正在筹建中。

防灾减损方面　充分发挥风险管理专业优势，通过风险评估和防灾减损，促进社会风险管理水平提升。建立联动机制，将生产经营企业的安全评级、重大隐患整改情况与费率浮动挂钩，推动企业安全生产工作落实；开展防灾减损工作。为重点风险标的提供专业培训，加强风险防范，帮客户规划防灾防损策略，发挥风险顾问和安全检测员的作用。为投保客户提供免费气象预警信息服务，及时向客户发送实时灾害动态短信通知。

（人保财险浏阳支公司）

中国人寿保险股份有限公司浏阳支公司

中国人寿保险股份有限公司浏阳支公司

总经理　吴思沙

副经理　姜峰

【概况】 2016年，中国人寿保险股份有限公司浏阳支公司完成保费收入27654.53万元，同比增长22.15%，营销人力其中定期寿险13682万元，短期意外险保费3069.85万元，同期增长11.56%，续保率96%以上。全年为客户办理理赔共支付理赔及满期给付金额11844.93万元，短险赔付率47.53%，风险管理良好。保费收入占浏阳寿险市场36.9%的市场份额，继续占据浏阳寿险市场主导地位。

优化产品结构　2016年，公司推出百万随行、如意随行、国寿福等产品，满足客户提高风险保障和客户理财的需求。壮大个险渠道，为社会提供就业机会，提升公司认可度。团险渠道继续维融洽代办线关系，注重队伍发展，与政府合作健康险服务，成绩明显。银保渠道注重客服服务，理财队伍送服务到家，解决客户的心理隐患。

优质服务　组织全体员工学习推广公司“国寿e家”“e宝帐”“云助手”等电子服务系统，提升公司服务水平和质量，减少客户排队时间；每季组织新进人员礼仪培训、业务质量管理培训，并制作理赔资料收集PPT到职场宣导，及时和业务渠道沟通。提高意外险承保质量和学生保险承保收费，抓理赔时效监控与调查力度，提高从接案环节到理赔金到账环节考核相关人员端对端理赔时效。

风险管理　全年进行全员反洗钱学习4次，B柜面每月学习3次；组织全员反非法集资培训3次及反商业贿赂、小金库、反腐倡廉学习；开展每月单证清理、印章检查、四大缺陷整改、新单、委办保全件回访等工作；加强销售人员依法合规教育，杜绝任何销售误导。（彭江华）

中国平安财产保险股份有限公司浏阳支公司

中国平安财产保险股份有限公司浏阳支公司

总经理　林康礼

副总经理　周建波

【概况】 2016年，中国平安财产保险股份有限公司浏阳支公司实现保费收入1.4亿元，增速19.3%，纳税总额2235万元。获浏阳市“2016年度纳税贡献奖”。全年全市约有4.5万名私家车主选择平安保险，车险市场份额占比24.3%；积极参与政府主导的各项民生保障工程，推出包括全市烟花行业安全生产责任保险、医疗行业责任保险、商品林保险、校方责任保险、政府采购车辆保险等多个险种。注重经济效益和社会效益并重，得到市委市政府的高度认可。强化合规意识，公司持续健康发展，贯彻落实社会治安综合治理工作要点，为“平安浏阳”建设做贡献，被评为“2016 年度综治工作合格单位”。升级、创新客户体验，全面建设成客户导向型服务金融体系。1. 公司实行 7×24 小时免费非道路救援服务；2. 长沙地区推出对 3000 元内仅本车受损，无第三者物损及人伤的单方事故，可以免现场查勘即可获得赔款；3. 新推出“两车损、无人伤”可直赔到店政策，不用客户垫付修车费用；4. 万元以下纯车损，客户愿意可直接免派现场，免上门交单、直接拍照上传公司公众微信产台即可一键理赔。售后服务简单、方便、快捷，获得广大车主们一致好评。“互联网 + 金融与非金融”的发展模式向全行业开放，推出小微产品、研发创保网平台，平安财险成为浏阳保险市场第一个开放式互联网金融平台机构。（罗　亚）

中国平安人寿保险股份有限公司浏阳支公司

中国平安人寿保险股份有限公司浏阳支公司

总经理　韩　雪

【概况】 2016 年，浏阳支公司及所属大瑶、洞阳营销服务部共完成首期保费 8214 万元，完成年度计划 110%，年内累计受理赔案 1820 件，结案率 99.6%，给付金额 1562 万元，全年办理生存给付 1835 件，金额 2921 万元，较好地完成年度目标管理计划。人力发展：年初，支公司通过招聘综合金融平台招募优秀营销人才，加强各层次培训体系的健全、加大辅导力度，并借助荣誉表彰、追踪体系、培训班表彰、推送平安大学学习的系列举措，培养精英保险团队，营销人力由年初的 1168 人增至年底的 1531 人。全年缴纳个人所得税 556 万元，获浏阳市人民政府“税收贡献奖”。业务推动：公司持续推动部门活动率，节奏前置、推动入钻人员提高人均产能和收入，调整产品结构，分红险和年金险补充传统保险产品中，产品多元化，并利用平安综合金融大平台发展产险业务、证券业务、平安银行信用卡业务，每月分部门或集中学习各行业务知识，包括反洗钱与防范非法集资学习，拓宽展业渠道，增加业务收入。（刘慧平）

中国太平洋财产保险股份有限公司浏阳支公司

中国太平洋财产保险股份有限公司浏阳支公司

总经理　甘元席

【概况】 2016 年，中国太平洋财产保险股份有限公司浏阳支公司实现保费收入 4651.31 万元，综合赔付率 60.94%，实现利润 362.71 万元。税务贡献总额 646.6 万元（含代扣代缴）。2016 年，太平洋产险浏阳支公司围绕上级公司工作重心业务“3+N”（“3”：电销、车商、交叉销售，“N”：面向农村市场的个人销售代理渠道）转型发展。以“优增员、稳晋升、促健康、细经营、强保障”五大核心为要点，引导团队经营模式转型，倡导建立从优质增员到优质展业再到优质晋升的可持续发展模式，帮助渠道做大做强、提升产能，最终实现价值成长。电销业务渠道：2016 年，公司以电网销售为契机，大力推动电销业务渠道。对人员进行培训及专业队伍打造，持续推进业务转型。车商渠道：拓展业务稳固发展，支公司在浏阳东、南西、北区乡镇车行及城区 4S 店均有业务咨询点。2016 年，非车险业务同比增长 25.8%，交叉销售渠道业务不断增长，同比增长 18.5%。借助太平洋保险专业风险保障平台，拓展农业保险，服务“三农”。2016 年承保商木林业 15 万公顷，实现保费收入 288 万元。该公司设立的大瑶镇“三农”服务站获上级分公司“综合功能发挥一等奖”。

2016 年，太平洋保险围绕打造“数字太保”战略目标，以新技术应用驱动公司商业模式转型升级。“神行太保”成为营销员“标配”，加载云投保等 62 项功能，覆盖销售、契约、服务、管理四个类型。其中“神行太保”手机版 APP 上线“移动理赔”功能，该功能加载于“神行太保”手机版 APP，授权全司各渠道业务人员使用，通过自有客户理赔案件的移动端推送、客户身份资料 OCR 识别技术以及理赔进度实时查询等功能，为营销员提供更加便捷、通畅、快速的使用体验；为客户提供移动报案服务，总体运行顺利，流程通畅。

（陈　玲）

科技·教育

科技管理

市科学技术局(市知识产权局)

党组书记、局长　汤相福
党组副书记、副局长　罗　铭
副局长　周　华
　　周双都(2018.08 免)
　　陈兴洪
副局长、纪检组长
　　黎云(女,2016.12 免)

【概况】 根据《中共浏阳市委浏阳市人民政府关于印发＜浏阳市人民政府机构改革方案实施意见＞的通知》(浏发〔2011〕1 号)和《中共浏阳市委浏阳市人民政府关于＜浏阳市人民政府机构设置的通知＞》(浏发组〔2011〕2 号)精神,设置浏阳市科学技术局(以下简称市科技局),加挂浏阳市知识产权局牌子。市科技局是市人民政府负责全市科学技术和知识产权工作的市人民政府工作部门。2016年,市科技局认真贯彻国家、省、长沙市科技会议精神,围绕"推进两创、搭建平台、强化合作、促进转化"工作要求,实施"科技强市"战略,全面推进浏阳"湖南省可持续发展实验区"建设,积极作为,为浏阳县域经济与县域基本竞争力跃居全国百强第 19 位提供强有力的科技支撑和动力。

高新产业 推动高新技术产业提质增效。积极开展高新技术企业申报、认定的组织和服务工作,完成湖南省火炬统计调查和 100 家浏阳科技型中小企业备案,年内新增高新技术企业 30 家,认定科技创新小巨人企业 25 家。实现高新技术企业增加值 367.4 亿元。全力培育和发展一批拥有自主知识产权且具有国际竞争力的高新技术企业集团,其中经开区蓝思科技、尔康制药等进入全省上市公司市值前 10 强。

科技项目 加强上级科技计划项目的申报组织。完成 83 家省级科技项目企业注册,申报湖南省重点科技研发计划项目 70 个,申报长沙市科技项目 79 个,组织申报长沙市小微企业"两创"专项 5 项,完成争资任务 2537.9 万元。做好本级科技计划项目的组织实施。严格按照《浏阳市科技计划项目和科技专项资金管理办法》、《浏阳市科学技术奖励办法》等文件要求,落实《浏阳市科技计划项目管理十个严禁》,邀请市纪委、市人大代表、市政协委员、市科技特约人员全程监督科技计划项目和科技奖励评审,得到科技服务对象好评。围绕科技项目管理、科技奖励、专利申请补助等重点领域和关键环节,建立健全权力运行监督制约机制。对科技局上报省、长沙市科技计划项目和本级科技计划项目流程进行梳理,明确所有科技项目增加基层(乡镇、园区、主管部门)推荐意见,科技项目管理更科学、更精准、更公正。全年安排三批本级科技计划项目 122 个,资金 548 万元;全市鼓励发明、创新的氛围日益浓厚,项目支撑作用发挥良好。

创新创业工作 举办浏阳市"智慧浏阳　智造未来"创新创业大赛,邀请第一财经中部事业部城市与园区运营中心商务总监曹晶等专家在浏阳市生产力促进中心、两型产业园为市域有关企业代表开展"创新创业"指导培训。举办一系列活动,提升市域创新创业水平,营造创新创业氛围,促进科技与金融结合。长沙国家生物产业基地创业服务中心的浏阳经开区生物医药众创空间项目和湖南天诚烟花爆竹检验服务有限公司的浏阳市烟花爆竹公共技术服务平台项目被长沙市两创办重点支持扶助。

科技平台 加大重点实验室、科技孵化器、创客空间等重要科技平台建设。投入 1.8 亿元,建成国家航天员中心动物行为学重点实验室、医药科技创业中心、试验动物中心、药品安全评价中心等科技公共服务平台。2016 年全市拥有国家级科技平台 5 家,省级技术中心 14 家,长沙市级技术中心 61 家。尔康制药、安邦制药、兴嘉生物等单位先后获批建设湖南省、长沙市院士专家工作站。聚力共建中南大学(国家)技术转移浏阳分中心、中南大学(浏阳)大学生创新创业基地,浏阳"智库"平台建设彰显规模。

科普活动 5 月 29 日,举办 2016 年浏阳市科技(知识产权)活动周启动式,活动围绕"创新驱动发展、科技引领未来"主题,结合浏阳实际,弘扬科学精神,营造普及科学知识、展示科技成就、宣传知识产权、激发创新创业激情的良好氛围。全年组织农、林、畜牧等行业专家教授、科技特派员,举办各类培训班、政策宣讲活动 20 期,举办"田间课堂"150 余次,

5月25日，中南大学专家顾问团到浏阳调研指导工作　　（图片来源：科技局）

发放技术资料5000余份，现场为群众解答疑问140余人次。各园区、乡镇街道结合自身特点，举办技术培训、科普集市咨询、医疗义诊、科普进校园等一系列群众喜闻乐见的科普活动。

科技扶贫　围绕“拓宽服务领域、延伸服务网络、突出精准发力、提高服务效果”四大重点，点面结合，统筹协调年内科技扶贫和农业科技工作。出台《浏阳市科技扶贫专项工作实施方案》，派遣长沙、浏阳两级科技特派员，实施星火科技12396科技助农直通车信息工程，为迅速、及时、精准解决农户在种、养、销等方面遇到的问题和困难。派出干部到张坊镇陈桥村任第一书记，开展精准扶贫和群众工作。在长沙市科技局召开的星火科技12396助农直通车2016年工作部署会议上，浏阳市新期绿种植专业联合社、浏阳市永安镇农业技术推广站获得长沙市科技局表彰，浏阳市大围山水果专业合作联合社等5家单位被认定为长沙市级信息服务示范站。

知识产权工作　强化知识产权工作考评机制。通过完善乡镇、园区科技创新目标管理考核机制，制定专利工作全年任务目标，制定全市“双打”工作责任书，对各有关单位工作责任进行量化，知识产权工作做到年初有部署，年中有通报，年末有考评，有效推动全市知识产权工作。2016年，全市完成专利申请1387件，同比增长32.1%；其中发明专利申请424件，同比增长12.7%，专利申请数量和质量同比均有提升。加大知识产权工作维权力度。2016年，重视专利执法和宣传工作。充分发挥报刊、网络、电视、广播等媒体作用，开展一系列宣传活动，营造知识产权工作社会氛围；通过集中整治与日常执法相结合，打击侵犯知识产权和制售假冒伪劣商品违法行为，净化商品生产、流通市场，确保消费安全。2016年全市双打工作出动执法人员1830人次，开展执法行动117次，办结案件151件，办理结果全部依法在网站公开。确保知识产权工作经费投入。出台《浏阳市知识产权补助办法》、《关于加强知识产权工作的若干意见》等相关政策文件，为全市知识产权工作提供强有力政策支撑。2016年，市领导落实2015至2016年度知识产权专项经费229.9万元，要求从2017年起将专利工作试点示范建设经费和知识产权专项补助经费按每年不低于12%递增比例分别单列入财政年初预算，为市域知识产权事业提供可靠保障。　（汪坦岳）

【浏阳市2016年科技（知识产权）活动周】　5月17日至23日在全市范围内广泛开展以“创新驱动发展　科技引领未来”为主题，以提高公民科学素质、科技惠及民生为重点的系列群众性科技活动。市科技领导小组下发《关于举办2016年浏阳市科技活动周的通知》，本届科技活动周在全市范围内开展科技成果展示、科技宣传培训、科技下乡等群众性科技活动。5月19日，2016年浏阳市科技（知识产权）活动周举行。市委、人大、政府、政协领导，园区、乡镇、街道分管负责人、科技专干，村、社区代表参加启动仪式。启动仪式上，市委副书记吴震强调，提高自主创新能力、推进科技创新是引领和支撑浏阳发展的重要战略选择。全市上下要积极倡导科学精神，营造出尊重科学、崇尚文明的良好氛围。科技创新也必须要与人民群众生活、与浏阳产业经济深度融合，推动浏阳社会经济的快速发展。　（汪坦岳）

【企业与科研院校技术对接】　5月25日下午，浏阳市人民政府专家顾问团（中南大学教授）2016年度咨询座谈会在行政中心主楼二楼接待室举办。座谈会上，围绕浏阳“十三五”

10月18日，长沙市委常委、宣传部长高山（左三）政产学研调研　　（图片来源：科技局）

科技创新规划，来自中南大学的十多名专家学者与浏阳制造、医药、花炮、食品等行业的企业家们进行讨论互动。浏阳市委副书记、市长余勋伟表示，浏阳科技创新能力居全国第一方阵，是湖南进入全国50强的唯一县市，如今浏阳"智库"建设初具雏形，全面合作的大格局已初步成型，有助于进一步提升浏阳的科技实力，助推浏阳经济社会发展。浏阳市与中南大学开展全面市校合作以来，有17家企业与中南大学相关技术领域专家实现"一对一"对接，"多级离心泵关键部位材料表面强化"等11个技术项目取得阶段性重要成果，申报专利39个。采取"请进来，走出去"相结合的方式，组织市内科技企业、技术成果、技术需求参加长沙科交会，走进中南大学、湖南大学，开展技术交流对接，全市科技企业与北京大学、国防科大、南京理工、中南大学等科研院所签订产学研合作合同800余个，金额8.2亿元。10月18日，长沙市委常委高山到浏阳市专题调研，对政产学研工作给予高度评价，并提出建设性指导意见。 （汪坦岳）

【智能制造创新创业大赛】 5月23日，由浏阳市科学技术局、浏阳高新技术产业开发区和浏阳广播电视台联合组织开展的浏阳市智能制造创新创业大赛正式启动。大赛旨在营造理解、重视、支持智能制造行业创新创业的良好氛围，掀起"大众创业、万众创新"热潮，推动工业和信息化发展。大赛自5月份启动以后，吸引中南大学、湖南大学团队、湘赣边地区相关企业，以及来自上海、广东等地的智能制造创新创业项目报名参赛，还有来自浏阳的十多个创新项目参与本次活动。浏阳市添瑞机器人自动化有限公司的双舵轮动潜伏举升AGV项目获得本次大赛的第一名，高新区将为其配套500平米厂房免租一年等支持政策。此次大赛共设立170万元综合奖励，在大赛期间比赛组织方吸纳包括财税、金融、管理、创业投资机构在内的社会力量广泛参与对科技型创业项目的投入，搭建投身智能制造、服务智能制造的展示交流、资源对接平台。

（汪坦岳）

科 学 普 及

市科学技术协会

党组书记　沈村正（2016.09任）
刘美成（2016.08任，2016.09免）
魏远德（2016.07免）
主　席　张　晔（2016.11任）
刘来宏（2016.11免）
党组成员、副主席
周秀星（2016.04任）
戴定杰（2016.08免）
党组成员、副主席、纪检组长
刘开义（2016.09免）
副主席（兼）　王大辉　赵永红
陈飞荣　罗　铭
武安磐　傅　恒
周秋涛

【概况】 2016年，浏阳市科学技术协会内设办公室和科普科，下设二级机构中国农业函授大学浏阳分校，在编在岗工作人员8名，负责统筹协调全市科普工作的开展，致力于普及科学知识，推广先进技术，提高全民科学文化素质，管理和指导自然科学学会研究会业务工作，组织开展学术交流活动，反映科技工作者的意见和诉求，维护科技工作者合法权益，为广大科技工作者服务。2016年，浏阳市科普网络逐步完善，科普基础不断稳固，科普氛围日渐浓厚，科普成效日益显现，浏阳市获"2016-2020年全国科普示范县（区、市）"称号。

科学普及　举办"全国科普日"，2016年"全国科普日"活动围绕"创新放飞梦想，科技引领未来"主题，组织开展全国科普日启动仪式、院士园区企业行、中国科技馆科普剧表演、科普大篷车进社区、科普"随手拍"有奖征集、科普知识微竞赛、浏阳市中小学生科技节等七大主题活动，活动时间为9月至11月。其中，"浏阳科普地图"上线启动，方便人民群众和科技爱好者出行查询使用，浏阳市科协被中国科协评定为2016年"全国科普日特色活动组织单位"。为促进《科学素质纲要》顺利实施，引导社会公众了解、参与科普活动，10月份在"科普浏阳"微信公众号上启动科普知识微信竞赛活动。活动共吸引两万人次参与，共评选150余位获奖者和30家优秀组织单位，推动全民科学素质的整体提升。

创建"院士专家工作站"。院士专家工作站建设内容纳入《浏阳市兴工强市三年行动计划（2016-2018）》、《浏阳市2016年人才工作要点》之中统一部署。2016年，确定永清环保、湖南一朵、华恒机器人三家企业作为重点申报对象。7月份，湖南一朵公司正式与中国科学院院士周其凤签约，成立国产纸尿裤品牌的第一个"院士专家工作站"。2016年，浏阳市科协深入官桥、小河乡、社港、张坊等乡镇贫困地区，实地走访勘察当地产业发展状况，提出产业帮扶、智力扶贫、先产出后投入等扶贫新模式。同时联合相关市直部门和当地政府，通

浏阳市2016年全国科普日系列活动之科普大篷车美丽乡村行　（图片来源：科技协会）

浏阳市2016年全国科普日系列活动之浏阳市科普地图上线　　（图片来源：科技协会）

过科普讲座、技术现场会、专题产业培训等形式，引导贫困地区广大农民树立科技意识，提升科学素质，学会科学种养。

组织科技咨询服务，完善科普设施建设。9月份，组织开展“院士园区行”活动，先后邀请周其凤、谭建荣等院士到浏阳进行调研考察和技术诊断，为推进高新技术产业结构调整、生产技术改造和产品优化升级提供智力支撑。组织“科技专家基地行”活动，通过项目建设带动、科普基地示范、科技下乡指导、新型实用技术培训等形式，推进全民科学素质行动。加强全市科普设施建设，完善全市科教场馆布局。浏阳市科技馆建设纳入“三馆”建设设计规划之中；同时，向中国科协申请配备的“科普大篷车”7月份正式到位，通过深入基层、学校、屋场、社区开展“科普美丽乡村行”活动，将科普知识和科学精神传播到千家万户。

开展特色科普活动。针对社区科普工作对象众多、层次不同、要求各异等不同特点，积极寻求各种载体，开展典型性、新颖性、多形式、多渠道的“科普进社区”活动，分别组织“科普宣传小分队”深入新北社区、集里桥社区等开展形式多样的科普活动，推进社区科普工作的协调发展。5月，浏阳市科协和浏阳市人民医院联合主办护理科普浏阳行活动，来自湘雅三医院的专家开展义诊与健康咨询活动，举行病人健康教育讲堂、护士科普能力提升培训等活动。2016年，利用“科普下乡”、科技活动周等活动，到官桥、荷花、蕉溪、张坊、集里等乡镇组织大型送科技下乡活动9次，开展实用技术培训52期，组织200余块科普展板进行巡展，向群众免费发放科普资料1.6万余份，提高农民运用实用技术增收致富的能力。组织开展青少年科技教育工作，对全市广大青少年重点开展创新能力和实践能力培养，提高青少年的科技素质。第十二届全市中小学生科技节开设小论文、小制作、小发明、机器人、科幻绘画等九大类15个小项的比赛，引导青少年踊跃投身科技实践活动，共收到各类作品2000余件。5月份，第115届国际发明展览会在法国巴黎举行，浏阳市田家炳实验中学学生张紫漾、施嘉发明的“气导型低分贝耳机”获得铜奖。

建设“科技工作者之家”，加强学术交流活动。2016年，浏阳市科协走访慰问袁隆平、周其凤两院院士和杨意红、李东海等基层科技工作者，听取他们的建议。3月，召开科协十一届二次常委会，提出要依托科协系统人才优势，组织“院士专家浏阳行”活动，通过引进消化吸收，带动原始创新与集成创新，加快传统产业高新化、传统产品高端化步伐。5月份召开以“加强科技社团融合、助推农业产业发展”为主题的第六届自然科学学术年会，全市18家自然科学学会（协会）的秘书长、32家乡（镇、街道）科协的秘书长、全市优秀农村专业技术协会、合作社和家庭农场代表近200人出席会议。结合长沙市学术年会论文征集工作文件要求和浏阳市产业发展特点，启动浏阳市第七届自然科学学术年会论文征集工作，组织基层科技人员撰写并申报学术论文，并申报参评长沙市学术年会优秀论文评选，有3人次获长沙市一等奖，7人次获二等奖，15人次获三等奖。

队伍建设　成立党风廉政建设责任制领导小组，印发《党风廉政建设责任分解表》，明确党组书记在党风廉政建设上的第一责任人责任和纪检组织的监督责任。与各领导干部分别签订年度《领导干部党风廉政建设目标责任书》，与全体党员签订《党员干部廉政承诺书》，建立健全《党组贯彻执行民主集中制的实施办法》、《党组贯彻落实“三重一大”事项集体决策制度的实施意见》，组织生活会、谈心交心制度，以及学习制度、财务管理制度、车辆管理制度、请销假制度、上下班制度等20项规章制度。

依托党组会、行政例会、机关党员干部大会，定期汇报履行“一岗双责”情况，查找问题和寻求对策。对落实八项规定，反对“四风”情况进行专项检查，分别在春节、清明、五一、端午、中秋、国庆、元旦等节庆前期，重申市纪委作风建设相关禁令，引导干部职工更新观念、严守纪律。抓实党员百分制考核及评议，加强组织和干部队伍建设，深化对“一岗双责”重要性的认识，实行廉政承诺上墙公示，重大事项、项目扶持均公开公示，自觉接受监督。宣传党风廉政和反腐败工作，通过传达会议精神、观看廉政警示教育专题片、通报典型案例等形式，常态化地开展廉政警示教育。

党组书记沈村正履行抓党建的主体责任，执行民主集中制。机关党支部与官桥镇涧江河村开展支部“双联共建”活动，单位党员深入贫困党员、农户家中，开展“一帮一”和“一进二访”活动，帮扶党员和贫困户26户。2016年，组织党员进行岗位练兵，开展“两性一心”讨论活动，落实党员进社区工作，开展“红色教育基地行”等“七一”系列教育活动。定期举行“三会一课”，经常性组织学习教育，党组书记讲党课2次，全年开展微型党课、故事党课、法纪学习12次。　（谭润秋）

【中国工程院院士谭建荣到浏阳指导智能制造产业】　2月25日，中国工程院院士谭建荣应浏阳市科协邀请，到浏阳制造产业基地宇环数控机床、华恒焊接机器人等智能智企业，指导企业新产品设计与开发工作。谭建荣院士是中国著名机械设计与研究专家、国家973项目首席科学家，现任浙江大学机械工程学院院长。谭建荣院士团队于2015年在浏阳市智能制造领域成立首家院士工作站，和浏阳园区相关智能制造企业的技术开发团队建立长期的培训和技术服务合体系。谭建荣浏阳此行与宇环数控机床就高档数控机床制造过程数字化车间的应用项目达成合作，将院士专家及其团队引领带动企业自主创新能力的要求落到实处。（谭润秋）

【浏阳市召开第六届自然科学学术年会】 5月31日，浏阳市第六届自然科学学术年会暨“新型农业经营主体发展策略”专题培训活动在浏阳市委党校召开。浏阳市级学会（协会）秘书长，特邀单位代表，各乡镇（街道）科协秘书长，乡镇专业合作社或家庭农场主代表，各农村专业技术协会负责人共120余人参加此次会议活动。会议表彰2015年优秀学术论文成果及作者，邀请浏阳市烟花爆竹技术协会青年人才分会负责人分享花炮沙龙活动模式及活动经验。2015年，浏阳市自然科学学术成果丰硕，有8篇学术论文获得长沙市科学技术学术年会奖励，占获奖总数的12.7%，有26篇（件）学术成果获得长沙市自然科学学术成果评奖，占获奖总数的12.1%。（谭润秋）

【浏阳市配备首台科普大篷车】 7月15日，浏阳首台科普大篷车从江苏南京运抵浏阳。科普大篷车车型为Ⅳ型依维柯，是中国科协为促进基层科普工作而配发给地方科协的一个现代化、多功能科普载体，装备有多媒体广播系统、电源供电系统、车内照明系统等科普宣传专用设备，包括设置科普宣传用工作台和工作柜以及大容量的展品箱固定装置。科普大篷车满足针对社区、学校、乡镇以及条件允许的农村及山区的科普宣传要求，为浏阳市科普工作进一步向基层纵深发展提供有力保障。（谭润秋）

【浏阳市科协获评中国科协2016年全国科普日特色活动组织单位】 2016年9月至11月，浏阳市科协围绕“创新放飞梦想，科技引领未来”的全国科普日活动主题，联合湖南省科技馆、浏阳市教育局、浏阳市卫生局、浏阳日报社等多家单位策划完成2016年浏阳市全国科普日七大系列活动。其中中国科技馆科普剧表演、浏阳科普地图上线、院士园区企业行、科普知识微竞赛、科普“随手拍”有奖征集等特色活动，通过线上线下相结合的活动模式，覆盖全市多个人群，有效地激发民众学科学、用科学、爱科学的兴趣，活动取得良好的社会效应，受益群众上万，受到中国科协的表彰肯定。2016年11月，中国科协会同教育部、科技部、中科院对全国科普日工作进行考核，浏阳市科协被中国科协评为“2016年全国科普日特色活动组织单位”。（谭润秋）

教育管理

浏阳市教育局

党委书记、局长　汤显华

党委委员、副局长

黄　朴(2016.08任)

傅　恒(聘)　罗荣棠

党委委员、市纪委驻教育局纪检组组长　刘　恋(2016.12任)

党委委员、联合工会主席

钟晨曦

【概况】 2016年，浏阳市有各级各类学校407所，其中小学296所，初级中学52所，普通高中10所，中等职业学校5所，艺术学校1所，特殊教育学校1所，教师进修学校1所，素质教育培训中心、校外活动中心各1所，九年一贯制和十二年一贯制学校各1所，乡镇（街道）社区学校37所。在校学生16.68万人，在编教职工9076人。另有幼儿园354所，在园幼儿5.9万人。2016年，浏阳市制定发布《浏阳市教育事业“十三五”发展规划》。争取省级教育消化债务1.03亿元。社区教育、群文阅读、质量监测、改造薄弱学校4项工作获国家奖励或推介，阳光服务、档案管理、教师培训、安全工作、乡村教师支持、素质教育、课堂改革、教育通联8项工作获省级奖励或推介，另有28项工作获长沙市级表彰奖励，新华网、《中国教育报》《中国教师报》《湖南日报》等国家、省级媒体正面报道浏阳教育113篇次。

教育党建工作　加强系统党建工作，全系统认真开展“两学一做”学习教育和“两性一心”大讨论，开展青年党员微党课竞赛，组织“四讲四有”做合格党员专题学习。调整充实系统基层单位党组织书记，按程序做好换届，规范发展新党员，实现组织的全覆盖。完成公开承诺制、首问责任制，考核评议制，抓实“两项整治”，查处违反中央八项规定作风问题10个，立案查处5人，组织处理5人；查处“雁过拔毛”式腐败问题1起，立案查处1人。深化结对共建，突出“党建＋”特色，推动初高中、市内外、部门间党建工作大融合、大交流、大发展。

办学条件　投入5.6亿元，全面完成标准化学校建设任务70所，完成房屋改造和安全项目560余个，新（扩）建学校11所，全面改造设施薄弱学校14所，增加学位7700个，建成6所公办幼儿园；新永安中学、李畋小学二期、长兴湖小学等6个重点项目加快推进；完善职业教育硬件设施，扩充职高学位；推进职业中专城区分校交接和省石化技校移交工作。投入3821万元，完成“班班通”（投影式或交互工电子白板）1099套，计算机网络教室21间，音乐美术劳技专用教室及科学实验室50间，办公电脑800台；启动“教育信息化创新应用十百千万工程”，全面提升教育现代化、信息化水平；推进“明厨亮灶”改造工程，改造透明厨房54个、视频厨房374个，保障校园食品安全。

教师队伍建设　公开招聘教师312人，其中北京师范大学等部属院校优秀毕业生34名，面向全市招生定向培养免费师范生88名。招聘（引进）教师90%以上分配至农村学校，有效改善农村教师结构。深化师德师风建设，评选李辉明等10名浏阳市第二届“十大魅力老师”，张坊中学卢长云老师获评“湖南最可爱的乡村教师”；推进管理干部、教师轮岗交流工作，选拔交流系统管理干部144人，

9月1日，停办近十余年的中和镇雅山村雅山小学提质改造后重新开学

（图片来源：浏阳市教育局）

交流校长教师551人。2016年度考核民主测评中，106位学校正职中有96人优秀，优秀率超过90%，43人100%。全年投入教师培训经费850万元，开办培训班260多个，培训教师12000人次；组织三期“教育大讲堂”，安排三批教育管理干部、骨干教师“异地高端培训”。全面深化校务公开民主管理，深入落实教代会制度，教师的主人翁精神和集体荣誉感不断增强。成功举办第九届“园丁杯”篮球赛、教师教学比武等活动。

教育教学质量 致力打造高效课堂，增加课程改革实验校15所，全市中小学课程改革实验校28所；浏阳市奎文小学和文家市里仁小学成为全国青少年校园足球特色学校。年内课题立项省级2个，长沙市级15个，本级46个；社港中学被推荐参评湖南省课程改革样板校。全市学生参加科技创新大赛、学科竞赛、艺术参演等获国际奖项7人，国家级奖项259人，省级奖项520人，市级奖项6095人。人民路小学5名学生获世界珠心算赛团体特等奖；田家炳中学、柏加中学的学生发明获国际奖项；长郡·浏阳实验学校代表队获评“2016年中国教育机器人大赛”团体特等奖。高考成绩连续九年蝉联长沙市四县（市、区）第一名。

教育督导工作 制定《浏阳市全面实施素质教育督导评估五年规划（2015-2019）》，围绕“促进学生发展、教师发展、学校发展，提高教育质量”的核心目标，分阶段启动素质教育督导评估，以评促建、以督促改。推进“挂牌督学创新县”工作，创新督学责任区的管理模式，形成“梯级推进、合作提升，让每一所学校都有进步”的浏阳督导特色。圆满完成国家义务教育阶段质量监测任务，获评国家优秀组考县；6所浏阳市直管学校接受长沙市督导评估，第九中学、特殊教育学校被评为综合优秀。

教育发展环境 推进校园平安建设，落实安全管理责任，及时排查、整顿、改造各类安全隐患，加强校车、食品、饮用水等重点领域安全管理控制，落实安全工作网格化、痕迹化管理，全年创建浏阳市安全文明校园21所，长沙市安全文明校园6所，长沙市平安校园25所。开展暖心工程，健全关爱留守儿童、随父母迁移子女、残疾儿童、家庭经济困难学生、贫困教师的机制，扎实推进教育精准精细扶贫工作。开展困难职工慰问和贫困学生救助，发放慰问金130多万元。组织城镇优秀青年教师500余人，志愿服务偏远山区学校65所，全年支援山区课堂5000余课时。全年资助各级各类贫困学生3.4万人次，发放补助金2340多万元，为436名贫困大学生办理发放“助学贷款”355.25万元。全市教育基金总额9431万元，个人教育基金140个，全社会尊师重教氛围不断浓厚。（石自行）

【连续8年获长沙市绩效考评优秀】 1月22日，2016年长沙市教育工作会议通报2015年度“六个走在前列”大竞赛暨绩效考核结果。浏阳市教育局以考核排名第一的成绩获评优秀奖，连续8年获长沙市绩效考评优秀奖。近五年来，全市教育经费总投入达57.45亿元，由2011年的5.34亿元增加到2015年的17.73亿元，增长率232%。实施教育发展三年投入10个亿的行动计划，确保一批教育重点工程相继建成，教育债务逐步化解，教师待遇落实到位。浏阳各类教育协调发展、教育民生有效改善、服务能力全面提升、内外环境日趋优化，积极实施学校布局调整、城镇学校扩容、关爱山区留守儿童、扶助家庭困难学生等“四大工程”，努力化解教育热点、难点，努力推进教育公平。2011年浏阳市接受省“两项制度评估”获优秀等次；2013年顺利通过国

11月29日，浏阳教师发展中心挂牌成立　　（图片来源：浏阳市教育局）

家"义务教育基本均衡县"督导评估，成为湖南省首批通过国检的县级市；2015年接受省级评估验收，正式认定浏阳市为省级"教育强市"，并达到优秀等次。（石自行）

【开展管理干部轮岗交流公推竞聘】2月，浏阳市教育局分别组织开展中层干部轮岗交流和初级中学校长公推竞聘。交流竞选职位包括办公室、人事科、计财科等17科室的17个正职、22个副职以及部分初级中学校长岗位。竞聘分竞职演讲和投票公推两部分进行，竞聘者进行竞聘演说后，由局班子成员、科室党政正职以及特聘评委(由教育系统校长、特级教师、党代表、人大代表、政协委员等担任)进行投票，将票数按比例折合成得分，按高分到低分同时结合地域等因素，确定拟聘对象及后备人选。7月7日，浏阳市举行暑期干部交流公推公选大会。根据近三年年度考核民主推荐情况和初级中学校级班子意见共产生97名候选人。公推大会上，先用PPT播放候选人基本简介，再由教育局中层以上干部，各学校校长、书记，还有党代表、人大代表、政协委员、特级教师代表等组成的评委团对候选人进行投票，根据公选结果经局党委集体研究最终确定55名考察对象。（石自行）

【免除建档立卡贫困高中学生学杂费】2016年春季学期，在全省率先为建档立卡普通高中贫困学生免除学杂费，建档立卡免学杂费共1156人次，金额112.1821万元；秋季学期，率先对义务教育非寄宿建档立卡学生进行补助，建档立卡学生资助3321人次，金额179.9875万元。资助工作在长沙市学生资助工作会议上作经验介绍。（石自行）

【成立教育信息中心】教育信息中心2月设立，暂安排3名工作人员，属教育局内设机构。主要负责全市教育信息化"三通两平台"规划设计、管理维护、应用研究和推广；教育网络安全监管和技术支撑；"网络联校"管理与应用等工作。2016年信息中心在长沙市现代教育技术工作考核中获目标管理一等奖。（石自行）

【农村学校涌现回流潮】2016年春季开学中，浏阳城区学校有400多学生转回到乡村学校就读，全年将近1000名学生回流。2016年，浏阳投入10亿多元用于城乡薄弱学校改造以及新建学校、维修校舍、购置设备等，每年招聘的老师，超过80%分往农村学校，并且定点定岗、实行服务期制，这使得乡镇学校的办学条件和师资力量不断提升，吸引不少学生回乡就读。《湖南日报》、湖南卫视对此进行专题报道。（石自行）

【浏阳一中被国防科技大学确定为"优质生源基地"】3月16日，中国军事院校的最高学府——国防科技大学确定浏阳一中为"优质生源基地"。浏阳一中的生源一直受到各大高校认可，先后有华中科技大学，北京林业大学，南方科技大学，北京化工大学等院校确定浏阳一中为优质生源基地。（石自行）

【实施阳光招生政策】市委、市政府出台《关于进一步做好义务教育招生入学工作的实施办法》(浏办发〔2016〕10号)文件)，义务教育阶段就近入学、划片招生、严格控制大班额，城镇小学和初中的起始年级班额分别控制在50人、55人以内，杜绝"打招呼、递条子、搞特殊"等不良现象，确保招生公平公正。取消高中计划外招生，普高录取7715人，无一名择校生。（石自行）

【教育阳光服务工作获省、长沙市肯定】全面完成教育阳光服务县校两级联动的服务模式建设，全市建立69个服务站，实现"一校一站(点)"。各服务站广泛运用家校通、手机APP等为群众提供服务。所有服务站全部开通微信公众号，及时发布教育政策，接受咨询和投诉。5月11日，省教育厅副巡视员柴世钦一行到浏阳市调研教育阳光服务平台建设工作。柴世钦充分肯定了浏阳教育阳光服务工作，认为组织建设有保障，场地建设温馨精致，县校两级联动的服务模式和以微信平台广泛使用为代表的网络平台建设特色突出，7月7日，长沙市阳光服务工作推进暨经验交流会上，浏阳市获长沙市教育阳光服务平台建设一等奖，并在会上做经验介绍。（石自行）

【教育精准扶贫工作】浏阳有湖南省核定贫困村33个，建档立卡贫困学校有37所，浏阳将贫困村学校标准化建设作为扶贫工作的重要内容，2016年，投入2776万元对其中8所省级贫困村学校（高坪镇石湾小学、张坊镇田溪小学、沙市镇赤马小学、小河乡凰岗小学、中和镇雅山小学、枨冲镇庆仪小学、淳口镇山田小学、社港镇晨光小学)，按标准化学校建设标准进行新建或改造，赤马小学、庆仪小学、山田小学、晨光小学等学校的运动场、功能室、教师宿舍等均得到全面改造。小河乡乌石完小、中和镇雅山小学等停办小学根据实际情况评估后重建使用，凰岗小学、石湾小学等一批"省级贫困村"学校相继开学。9月，新华网以《浏阳河畔山区:停办村小再次响起上课铃声》进行专题报道。

（石自行）

【启动教育大讲堂】5月21日和11月5日，中国科学院附属玉泉小学校长高峰，上海市嘉定区教师进修学院副院长、嘉定区教研室主任、华东师范大学教师教育兼职教授罗松，在浏阳欧阳予倩大剧院分别主讲《学校文化认同与课程重构》和《有效教学的设计与评价》。全市各学校的管理干部以及一线教师代表2000余人聆听讲座。2016年浏阳将"教育大讲堂"列入常态化管理，建立专家学者库，制定系统培训主题，每年定期举办四期。将教育大讲堂打造成为教育管理者和一线教师接触最前沿的教育理念和最先进的教育成果的重要平台。（石自行）

【学前教育专业委员会】6月29日成立学前教育专业委员会，成立大会上通过《浏阳市学前教育专业委员会章程》，投票推选并确定学前教育专业委员会26个理事单位，成立以浏阳市机关幼儿园罗姣为会长的十人常务理事会。（石自行）

【"网络联校"工程】浏阳市在长沙地区率先启动"湖南省教育信息化创

新应用十百千万工程暨网络联校工程”，利用现代信息技术手段实现城区优质学校与农村偏远山区教学点同步互动课堂教学。通过“一托三(四)”模式，确定浏阳河小学、黄泥湾小学等5所网络联校主校，用网络对点连接16个点校。6月24日，在长沙市基础教育“网络联校”启动仪式上，浏阳市作典型经验介绍。网络联校工作受到《湖南卫视》、《湖南日报》、《科教新报》、《红网》等媒体宣传报道。（石自行）

【校园周边安全工作在省市推广】 全年投入安保经费2000余万元，整改校园安全隐患135起，全年没有发生一例安全事故。浏阳市分别在长沙地区校园及周边治安综合治理工作会议和全省中小学生暑期安全工作视频会议上作典型发言，“校园周边治安综合治理责任岗公示牌制度”在长沙九区县予以推广。获长沙市“六五”普法依法治理先进集体称号和长沙市2016年度“扫黄打非”工作有功集体。职业中专创建为“湖南省安全文明校园”；洞阳中学创建为“湖南省防震减灾示范校”；浏阳六中等14所学校被评为省市禁毒先进单位。（石自行）

【成为“全国群文阅读十大示范基地”】 2016年，浏阳正式启动“群文阅读”特色课程建设项目，成立群文阅读实验学校22所，纵深推进全市中小学“书香校园”工程，各学校常态化开展“群文阅读”教学，将“群文阅读”纳入课表，设置专门的课时，通过组建教师读书沙龙、周三读书会等倡导老师阅读；组织老师外出学习，培养群文阅读教学研究种子教师；组织教师参加阅读课比赛，组建名师工作室、学校教研组，同时建立班级阅读会、组织“书香寒假”等活动，引导学生广泛阅读。开展学生诵读活动；组织实验学校相互间开展教学观摩展示活动、阶段小结会、专题研讨会等。2016年浏阳获评“全国群文阅读十大示范基地”。（石自行）

【浏阳学子夺得湖南2016年高考文科裸分状元】 2016年浏阳市7645名考生报名参加高考，普通文理科一、二批上线3473人，文理科上线率及总分平均分、各学科平均分均居长望浏宁四县(市、区)第一，连续第九年保持四县(市、区)领先位置。其中浏阳田家炳中学学生张佳兰以卷面分655分获全省文科裸分总分第一名。9月，长沙市召开全市高三教学质量研讨会。浏阳作为唯一区县发言单位介绍浏阳市高中教育工作经验。（石自行）

【乡村教师支持工作在省、长沙市会议上作经验介绍】 2016年，浏阳努力推进乡村教师支持工作，除追加乡村教师的乡镇补贴5600万元外，争取浏阳市财政增加拨款每人绩效奖金4000元，安排专项资金300万元，发放边远农村学校教职工津贴；增加义务教育阶段学校寄宿生晚自习教师补助826万元，班主任津贴850万元，乡村学校校长岗位津贴120万元。乡村班主任教师比同级别的城区教师最高每月可多出1500元。10月19~21日研讨会在长沙举行，乡村教师支持工作在长江中游四省(湘、赣、鄂、皖)会城市“中国教师发展·乡村教师支持计划研讨会”上作先进经验介绍。（石自行）

【“湖南省足球协会青少年人才培养基地”挂牌】 11月17日，“湖南省足球协会青少年人才培养基地”挂牌暨浏阳市2016年首届“新文杯”中小学校园足球邀请赛在新文学校开幕。湖南省足球协会秘书长安忠，湖南省教育厅校园足球办公室秘书长王冬冬等出席活动。浏阳市共有6所学校入选全国青少年校园足球特色学校。中小学共16支球队、256名队员参加“新文杯”中小学校园足球邀请赛，比赛分初中U15组(七、八、九年级学生)、小学U12组(五、六年级学生)、小学U10组(三、四年级学生)，通过10天30场的激烈角逐产生各组别的前四名。（石自行）

【新文学校课改项目亮相中国教育博览会】 9月，在北京师范大学主办的第二届中国教育创新博览会(教博会)上，新文学校课堂微创新三元素项目从4730多个项目中脱颖而出，成为最终确定192个参展项目之一，是湖南省唯一亮相教育博览会的项目。2012年，该校立足顶层设计，经反复论证，最终明确课改重点三个元素，即学习目标撰写、四人小组合作和学生完整表达。经过四年的实践，项目成果得到全国教育同行的认可，先后吸引100多批次来自贵州、湖北、深圳及湖南省内同行参观学习，项目负责人商南花应邀到上海、厦门、武汉、长沙等地推介课改经验近200场次。（石自行）

【校车安全管理工作在全市推介】 2016年，浏阳有校车394台，校车运行线路1152条，接送261所学校(幼儿园)学生、幼儿2.0万人。按“政府主导、市场运作、公司管理、财政补贴、部门履职”的校车管理模式，全年无一例安全事故。9月，浏阳承办长沙市校车安全管理现场会并作典型发言，并获2015年度湖南省校车安全管理工作优秀单位，湖南卫视专题进行报道。（石自行）

【增加四个名师名校长工作室】 10月9日，浏阳市第四批名师名校长工作室授牌和2016年名师名校长工作室建设与管理培训班开班仪式如期举行。刘文章初中校长工作室、朱凌云高中地理工作室、林根淮初中物理工作室和罗姣学前教育工作室正式授牌。2016年，浏阳名师工作室已有22个，涉及幼儿园至高中各个学段，涵盖心理、幼儿、职业教育等各个领域，124位名师名校长加盟助力，800名骨干教师进站学习，引领全市教师队伍素质整体提升。（石自行）

【成立教师发展中心】 11月，在湖南省教师发展中心指导下，浏阳市将教师进修学校与市教育局教科所、信息中心进行资源整合，组建一所研训一体化的浏阳教师发展中心。中心由“教师学习与资源中心”“科研教研与指导中心”“业务咨询与服务中心”“教育信息化管理与评价中心”四个分中心组成，形成了教师培训、课改研修、教学交流、指导服务的工作机制。（石自行）

【承办全省中小学教师发展工作年会】 11月29日至12月1日,2016年湖南省中小学教师培训机构管理专业委员会年会在浏阳市教师发展中心召开。省教育厅、省教师发展中心、省教师教育学会领导以及全省各地州市区县教育局、教师培训机构相关负责人等200多人参加会议。会议选举产生新一届常务理事会。浏阳在会上作教师发展中心建设经验和师资训练工作典型发言。 (石自行)

【黄启龙获评“感动星城·十大魅力教师”】 12月9日,长沙市第四届“感动星城·十大魅力教师”现场决选暨颁奖典礼在长郡双语实验中学举行。经过10位专家代表、400名大众评委(其中20人是来自中央、省市新闻媒体的评委)的投票打分。金刚镇金石完小老师黄启龙以最高票获评“感动星城·十大魅力教师”,张坊中学老师卢长云获得“魅力教师提名奖”。

黄启龙,男,1965年生,浏阳市金刚镇金石完小校长。1983年到金石完小任教,多次被评为“浏阳市优秀教师”,多次受到浏阳市政府嘉奖,连年被评为“金刚镇师德教育工作先进个人”。

卢长云,男,土家族,1973年生,湖南永顺县人,1995年毕业于邵阳师专中文系,分配至浏阳市张坊镇上洪中学教书,并校后到张坊中学。他多次获得长沙市优秀班主任、浏阳市优秀教师、浏阳市百名读书积极分子等荣誉称号,5次荣获嘉奖。

(石自行)

【教育事业“十三五”发展规划通过评审】 12月13日,浏阳召开教育事业“十三五”发展规划评审会。按照发展规划,至2020年,将新建幼儿园76所,通过新建、改建扩建等方式增设16000名以上幼儿容量的学前教育机构;全市初中毕业生升学率达96%。普通高中在校总人数将达到27930人以上,增加学位5610个,每年招生总量在9300人以上,确保基本实现普及高中阶段教育需要。以湖南师范大学教科院教育系主任、教授、博士生导师常思亮为组长的评审专家组一致认为,《浏阳市教育事业“十三五”发展规划》客观分析教育发展现状,统筹推进各类教育协调发展,规划内容详实明确,具有可操作性和指导性。原则上通过评审。 (石自行)

浏阳市第一中学

浏阳市第一中学

党委书记 卢从发
党委副书记、校长 袁章军
党委委员、副校长 潘 明
柳 喆 苏飞跃(2016.01任)
校长助理 赖章武 罗中平
赖毓(2016.02任)
艺术学校党总支书记
罗世良(2016.02任)
艺术学校校长
罗中平(2016.02任)
校务委员 汤学文 寻多求
郑雀林 罗世良

【概况】 2016年,浏阳一中有99个教学班,5306名学生,448名教职工,外籍教师2人,省特级教师5人。2016年度,学校全面推进素质教育,通过全体教职工的共同努力,教育质量稳步提升,各项工作有序推进,办学实力有效增强。

队伍建设 学校领导班子坚持以作风建设为主线,以师德师风建设为抓手,以“两学一做”学习教育活动为重点,优化队伍建设,继续深化作风建设,认真落实党风廉政建设责任制。严格执行作风建设“八项规定”和党风廉政建设的有关规定落实党务、校务公开和阳光招生政策,形成良好的政治生态环境。组织中层干部竞聘上岗,有7名35岁以下优秀青年教师走上中层管理岗位。全体干部勇挑重担,干部兼课率81.8%,22.7%的干部同时兼任班主任。落实干部陪餐制度、夜间住校值班制度和首问责任制、一线工作法,干部队伍的服务意识、责任意识和公信力有效提升。深入开展师德师风建设,重点进行依法执教、廉洁从教、全面育人专项教育和价值观教育,组织年度师德考评,评选师德先进个人,形成爱岗敬业、潜心育人的良好氛围。年内教职工中无违法乱纪和严重违反师德规范的行为发生。全面实施教职工年度聘任制、绩效工资制和年度绩效考核制,形成一个较为规范的岗位竞聘、合作竞争、优质优酬的教师管理机制。落实名师兴校战略,名师的示范引领作用有效发挥。学校现有潘明高中英语、汤学文高中物理、周闽湘高中生物、聂续红高中心理、寻湘沅初中化学等五个浏阳市名师工作室,有省特级教师5人、长沙市骨干教师16人,浏阳市骨干教师30人,李辉明、寻湘沅被评为浏阳市十大魅力教师,学校名师团队不断成长和壮大。同时,“青年教师成长计划”有效落实,本年度公开招聘和调入12名优秀青年教师,学校35岁以下青年教师比例26.5%,青年教师断层的矛盾基本得到解决。通过“师徒结对”、读书沙龙、

浏阳一中与马恩岛巴拉克明中学共同庆祝友好往来10周年 (尹水军)

教学竞赛等措施，促使青年教师迅速成长。扎实开展教师继续教育，促进教师业务能力的提升。开展暑期全员培训和网络继续教育培训，邀请省内外专家学者和一线优秀教师到校讲学培训30余堂次，选送10人参加国家级培训，22人参加省级培训，72人次参加长沙市级培训，45人参加浏阳市级培训，分学科组织教师校际学习交流20余次。

全面育人　学校坚持立德树人、全面育人、以人为本、和谐发展的育人理念，以“培养现代文明人”为目标，以培养学生核心素养为重点，以优化校纪校风、丰富校园生活为切入点，切实加强学生德育教育和管理，努力为学生搭建一个自主发展、健康成长的平台。一是德育队伍建设多元化。学校通过加强班主任的选聘和培训、强化科任教师教学育人功能、增强学生会、团委会、班委会的自主管理、开展家长工作日活动、聘请法制副校长等多种途径，形成一个全员育人的教育机制。二是学生常规管理常抓不懈。切实抓好学生仪容仪表检查、就寝纪律督查、五星级寝室评选、三操和早晚自习督查、班级学风评比、文明餐桌行动等系列常规管理，促进学生良好的行为习惯养成和优良校风的建设。三是以社会主义核心价值观教育为重点，精心组织“纪念长征胜利80周年”“法制与人生”“学雷锋志愿服务”等主题教育活动；认真落实每周一次的主题班会和团会制度，形成系列化的学校德育活动体系。四是坚持开展体育大课间活动和阳光体育锻炼，认真做好学生心理健康教育和心理咨询、学生体检和体质监测、学生多发病、常见病和季节性传染病的预防，促进学生身心健康。五是组织校园文化节、社团文化节、科技节等系列活动，丰富学生的校园生活，锻炼学生的综合能力。浏阳市电视台对2016年十佳和才艺展示大赛进行全媒体图文直播。六是丰富多彩的学生社团活动拓展学生的发展空间。全校现有22个学生社团，吸引近千名学生积极参与。本年度，成功举办浏阳市学生社团示范观摩活动、浏阳市首届中学生模拟联合国大会，暖阳志愿服务队被评为浏阳市优秀志愿者团队。本年度，学生综合素质评价合格率100%，学生体质监测合格率超过98%，学生中无违法犯罪和严重违纪现象发生；接受长沙市全面实施素质教育督导评估，得到评估团专家的高度肯定，“三点、三心、四导”潜能生转化模式被认定为长沙市德育特色项目，综合评分在受检学校中名列前茅。

教学教研　学校坚持以教学为中心，切实加强教学管理，着力培育优良教风和学风，积极推进课堂教学改革，着力打造高效课堂，形成“导学、引探、结练、评迁”的“先学后教”新课堂模式。全体教师潜心教学，广大学生勤奋学习，课堂教学水平和学生学习能力有效提高，促进教学质量的全面提升，进一步凸显在全省同类学校中的领先地位。2016年，高考一本上线率42.3%，一二本上线率83.9%。高二学生水平考试一次性合格率98.92%，高一联考成绩在全市处于明显领先优势。在学科奥赛中取得优异成绩，有3人获国家级一等奖，44人获国家级二、三等奖。全国中学生语、数、外能力竞赛，有177人获省一等奖，318人获省二等奖。学校田径队参加全国体育传统项目强校田径联赛，获得南方赛区团体总分第五名的优异成绩，1人获国家一级运动员称号，7人次获国家二级运动员称号。本年度，学校获得长沙市全面实施素质教育督导评估唯一的教学质量单项优胜奖，本部和艺校高三高考、高二学考、高一联考、艺校初中中考和联考全部获得浏阳市教学质量评价一等奖。学校坚持立足课堂，以教研组为龙头，积极推进课堂教学改革，开展教育科学研究，营造良好的教研氛围。学校现有《中华国学融进中学语文教学》《校内走班选课满足学生发展需求的实践探索》《高中理化生教学疑点与难点处理经验研究》等国家级课题3个，有《师生人文素养与科学素养培养研究》《提高教学效益减轻中小学生课业负担的实践研究》《学生自主学习与高效率学习的心理学研究》等省级课题3个。有82名教师参与课题研究，教师参与率37.4%。本年度，组织开展全员课堂教学评优和系列示范课、教研课活动，长沙素质教育督导评估课堂教学优良率80%，有10人次获得浏阳市第20届课堂教学评优一等奖，有40余篇论文在省级以上刊物发表或省级以上获奖。承办浏阳市级以上各类教研活动16次，全年接待省内外兄弟学校来校教学交流观摩21批次。

特色工作　全面加强学校治理体系和治理能力建设，坚持统筹发展，开展特色工作。一是平安校园建设。学校进一步改善安全设施建设，切实加强安全管理，严格落实安全工作责任制，开展安全教育和紧急疏散演练，增强师生安全意识，确保校园平安稳定，全年无综治安全责任事故发生。在浏阳市2016年度综治工作中，得分100分，被评为综治工作先进单位。二是群团工作开展。学校党委加强工会、团委、教代会、老干、关协的组织领导。学校工会组织开展教

体育大课间　(尹水军)

职工运动会、园丁杯篮球赛等系列活动，贴心服务教职工；努力为困难教职工排忧解难，组织为重病教职工捐款12万余元；组织召开教代会，较好地发挥民主管理和监督作用。三是办学条件有效改善。本年度投资近2000万元，新建四号学生公寓，进行北校园道路油砂改造和运动场扩建改造，扩宽南北校园停车场，及时进行校舍维修维护和教学设施添置。四是后勤管理再上台阶。进一步强化食品卫生安全，引进食品安全第三方监管制度，装备食堂安全监控系统，强化食堂楼层安全责任制，完善干部教师陪餐制度；进一步规范财务管理，严格执行财经纪律和有关规定，接受省市财务检查和审计，得到一致好评；进一步规范物业管理和固定资产管理，提升校园绿化品位，增强后勤的服务保障功能。在中国教育学会后勤专业委员会年会上，苏飞跃副校长代表湖南省做《精准文化建设，打造教育品牌》的典型经验介绍。五是宣传工作。全年在湖南日报、浏阳电视台、浏阳日报等主流媒体发表学校宣传报道15篇/次，推送校园信息146条，校园网发布信息520余条，一中官方微信公众号有4万余人长期关注，成为浏阳市极具影响力的微信公众号。六是国际交流不断深化。本年度开展与英联邦马恩岛巴拉克明中学、韩国元堂中学师生互访，举行与巴拉克明中学建立友好学校十周年庆祝活动，派遣2名教师到巴拉克明中学“孔子课堂”进行教学交流，应邀参加国家汉办举办的2016年全球孔子学院(孔子课堂)年会。七是扶困助学全面落实。学校教育基金会不断壮大，基本实现教育基金“双千万”工程。全年资助学生1800人次，发放助学金179.12万元。履行“不让一个学生因贫困而失学”的社会公开承诺。（秦　操）

【素质教育督导获得长沙市优胜奖】2016年10月14日，由长沙市教育局6位同志组成的素质教育督导评估团到浏阳一中，对学校素质教育实施情况进行了全面的督导检查。督导评估团专家通过听课、查看校园、开展问卷调查、查阅资料、评课等一系列活动，对学校各个方面进行全方位的督导检查。督导评估团专家对所听的9堂课进行细致深入的点评，对教师上课的优秀表现给予高度的评价。在11月份的长沙市素质教育督导评估报告会上，浏阳一中以102.5的高分被评为本次督导评估当中唯一的教育教学质量单项优胜奖。（秦　操）

【省级以上竞赛学生成绩】2016年，在学科奥赛方面，学校1617班曾凡磊同学获全国信息奥赛一等奖(指导老师：尹水军)；1410班王啸宇、1419班罗纪发两位同学获全国化学奥赛一等奖(指导老师：朱清平)，另有44位同学获国家级二、三等奖。全国中学生语、数、外能力竞赛中，有177人获省一等奖，318人获省二等奖。学校田径队参加全国体育传统项目强校田径联赛，获得了南方赛区团体总分第五名的优异成绩，1人获国家一级运动员称号，7人次获国家二级运动员称号；男子篮球队夺得浏阳市2016年高中生男子篮球比赛冠军。（秦　操）

【学生活动有声有色】2016年，浏阳一中组织开展校园文化节、社团文化节、科技节等系列活动，丰富学生的校园生活，锻炼学生的综合能力。2016年，成功举办浏阳市学生社团示范观摩活动、浏阳市首届中学生模拟联合国大会。学校暖阳志愿服务队被评为“浏阳市优秀志愿者团队”，学校团委被评委“活力团组织”。2016年的“十佳才艺展示大赛”和“元旦文艺晚会”，浏阳市电视台进行全媒体图文直播，受到社会各界人士的广泛关注。（秦　操）

【举办家长工作日活动】11月20日，浏阳一中2016年下学期家长工作日顺利开展。此次家长工作日在以前活动的基础上，新增家长课堂这一活动，让家长们走上讲台，为同学们带来了不一样的课堂。家长们在一天的时间里，深入课堂、寝室、食堂等地，了解校园的学习生活。21日下午，家长们在科学馆二楼会议室参加本次家长工作日的总结大会。会上，家长代表们对学校教学、食堂、寝室等各个方面提出许多合理的建议，对本次活动组织的严谨性及学校开放开明的办学态度给出高度的评价，对老师们用心尽力的工作态度给予充分的肯定。同时，也为学校提出很多中肯的建议和意见，尤其在学生的心理健康教育方面，家长们希望老师和家长共同努力，促进学生们健康成长。（秦　操）

浏阳市田家炳实验中学

浏阳市田家炳实验中学

党委书记　朱玉喜

校长、党委副书记　刘会成

副校长　汤坤池　屈加亮　寻鹏飞

工会主席　张继极

校务委员　黄玉峰　刘贤明(2016.08任)

【概况】浏阳市田家炳实验中学创办于1998年，是以香港爱国儒商田家炳先生无私捐献的400万元作为启动资金，由浏阳市人民政府主办的一所普通高级中学。2004年晋升为湖南省示范性高级中学。学校坐落于浏阳市关口街道长兴湖畔，占地面积21.6公顷，建筑面积8万平方米，教学大楼、生活服务大楼、教师公寓、学生公寓、体艺馆、图书馆等主体建筑错落有致，现代教育设施一应俱全。2016年，学校有51个教学班，学生3000余人；教职工255人，其中特级教师2人，外籍教师1人，省级优秀教师5人，高级教师79人，市级名师30人，市级骨干教师66人。2016年，学校围绕“铸田中品牌，创三湘名校”的目标，内抓管理，外树形象，积极推进以德立校、科研兴校、人才强校战略，不断改善办学条件，切实提高教育教学质量，在管理、德育、教学、教研、培优、体艺、科技创新、基础建设等各个方面取得可喜的成绩。2016年，学校获得浏阳市高考、高二学考和高一联考质量评价三个一等奖。特别是高考取得全面丰收：1004人参加高考，一本上线301人，上线率30%；二本以上上线724人，上线率72.1%。学校自2001年第一届毕业学生参加高考以来连续16年获得浏阳市高考质量评价一等奖。2016年，学校被北大清华认定为湖南十大名校之一。

学校管理　一是规范办学行为，坚持依法治校。加强教育政策法规宣传，规范财经制度和收费行为，健全财务后勤管理制度，实行校务、党务公开，杜绝家教家养和违规办班补课行为。加强党组织和党风廉政建设，完善廉政监督机制，推进廉洁文化进校园工作。加强文明卫生创建工作。二是加强精细管理，提升管理效能。学校实行校长统一领导下的科室部分管责任制，管理权力下放到科室部。行政管理注重落实，从细处入手，做精做优每一个环节，不断增强工作执行力。改变干部工作作风，工作重心下移，深入课堂调研，指导教学，深入师生中间发现问题，解决问题。对教师实施三维评价：质量评价、民意评价、常规评价，三维评价形成学校教师管理评价体系，进一步增强管理的活力和效能。发言民主，广开言路，积极吸纳教职员工的合理意见和建议，完善学校各项管理制度。三是加强师德建设，促进教师成长。以丰富多彩的活动为载体，开展行风建设，不断改进干部作风和教师教风。大力倡导教师爱岗敬业，忠于职守，遵纪守法，自觉树立起教师的良好形象。为促使年轻教师快速成长，学校实施青蓝工程，开展师徒结对活动，积极发挥经验丰富的老教师传帮带作用；结对师徒形成教学教研共同体，实行捆绑考核。经过多年努力，逐步打造一支师德高尚、业务精良的教师队伍。

德育工作　学校注重以活动为载体，提高德育实效。2016年，共举办校园艺术节、科技节、体育节、社团节，开展德育大讲堂、“家校互动日”、“手拉手，心连心”、“建美丽浏阳，创幸福校园”、“走进社会主义新农村综合实践”等系列德育活动，丰富学生的校园生活，锻炼学生的综合能力。通过军训、跑操、运动会、升旗活动、成人仪式、经典诵读等活动，打造激情澎湃的校园，塑造学生阳光人生。爱心教育、传统美德教育、心理教育、礼仪教育成为学校德育工作四大亮点，受到上级表彰和社会肯定。学校获得“湖南省心理教育先进学校”、“礼仪教育先进学校”等多项荣誉称号。2016年1月20日，《中国教师报》头版文章《让每个学生都有出彩的机会》报道浏阳市田家炳中学德育工作先进经验。

安全教育　学校始终把学生安全放在第一位，通过安全教育，例如消防教育、逃生演练、禁毒教育、防溺水教育等，采取有效措施，让学生增强自护自救意识，培养学生安全应急能力；完善安全管理制度，明确岗位安全责任；不断强化措施，加强校园值班和巡查。多年来，学校未出现任何重大安全事故，打造了平安校园。

教学教研　一是加强常规管理，打造高效课堂。围绕“教学是中心，质量是核心，全面发展是根本”的工作思路，在“精、细、严、实”上下功夫，以常规管理为重点，以课堂为中心，稳步提高教育质量。坚持做到“三抓”：即“抓重点（常规、课堂、教研）”、“抓落实（各项工作有计划、有检查、有总结）”、“抓质量（做到三清：节节清、天天清、周周清）”。在2016年12月举行的浏阳市第二十届课堂评优活动中，田家炳中学有语文吕敏，数学陈正，外语周雯，物理邓吕兵，化学阳婷，政治谭水霞，历史罗玲，地理卢珊，综合张尔海9位老师获得一等奖。饶芳老师获长沙市数学核心概念片段教学一等奖。刘明上党课比赛获得市教育系统一等奖。田家炳中学数学组获长沙市数学解题大赛高中组团体一等奖（浏阳唯一），其中雷春老师获长沙市特等奖（复赛省二等奖），李永久获长沙市一等奖（复赛省二等奖）、陈正获长沙市一等奖，袁柳平获长沙市二等奖。同时，加大课堂教学改革力度，构建“高效课堂”。加强学科建设，打造特色学科组和备课组。2016年底，学校已建成数学、政治、地理等三个浏阳市级的名师工作室。2016年暑假，学校教职工男子篮球队参加浏阳市文体局组织的三人制篮球赛，获得38岁以上组冠军。10月29日，学校教职工男子篮球队参加浏阳市第九届“园丁杯”高中组男篮决赛夺冠军。学生参加长沙市2016年中小学生三独比赛，5人获得一等奖。学生朗诵节目参加长沙市2016年中小学校园文化艺术节，获一等奖、最佳原创奖、优秀组织奖等三个奖项。组织全校师生参加“一起来唱浏阳河”活动，获得第四届浏阳河音乐节全球最美传唱队第二名。组织学生参加浏阳市田径运动会获得团体二等奖和道德风尚奖。二是加强教育科研，深化教研教改。学校坚持办好《田中探索》，加强教师理论学习和课题研究，加强校本课程的开发与实施，增加教育科研经费，保障教育科研正常开展。加强对教研工作的领导和监督，做到教研工作有目标，有主题，有方法，有积淀。明确教科研活动目标，丰富活动内容，不断催生教研成果，促进教师专业成长，积极探索适合学校实际的教育科研模式。2016年，学校有多个课题研究成果获省市级或国家级奖励，有几十篇论文在省级以上专业报刊发表或获奖，有多个老师参加浏阳、长沙赛课获得奖励。学校与长郡中学等名校开展英语等学科共建活动。

基础建设　学校多方努力，争取上级领导和上级部门的政策支持和资金扶持，不断改善办学条件，夯实办学基础。2016年，上半年建成教师宿舍1栋并投入使用；下半年，投资2000万元的学校新食堂破土动工，年底基本完成主体工程。完成校舍的维修维护，继续办好绿色无公害蔬菜基地，确保食品安全，后勤管理再上台阶。学校被评为浏阳市食品安全示范学校，通过长沙市两型示范学校创建申报评审。

奖学助学　学校教育基金会不断发展壮大，至2016年，教育基金总数已达468万元。同时学校还设立杭州东华链条集团、湖南西城实业集团（春晖班），田家炳、唐自力、陈平轩、罗加辉等公司或个人专项奖学和助学基金。2016年，学校帮扶贫困生1000多人次，奖励、扶持或减免各项资金上百万元，真正兑现学校“不让一个学生因为贫困而失学”的承诺。7月，在湖南西城实业集团资助学校组织西城春晖班的全体同学开展北京夏令营活动，反响良好。

（黎　凛）

【学校被北京大学清华大学认定为湖南十大名校】　2016年3月，田家炳中学被北大清华认定为湖南十大名校之一。依据北京大学博雅计划、清华大学领军计划2015年的资格初审数据，梳理出两所学校认定为各省名校。北京大学、清华大学认定的湖南名校一共12所（有3所中学并列第十名），其中长郡中学名列湖南名校榜的第1名，雅礼中学名列第2名，湖南师大附中名列第3名，长沙市一中名列第4名，浏阳市田家炳实验中学成为浏阳市唯一“入围”的高中，位列第9名。这份名单评价主体权威，评价标准科学，评价数据可靠。

（黎　凛）

【“高考、学考、联考”全面丰收】 在12月7日召开的浏阳市2016年高中教育工作会议上，田家炳中学荣获浏阳市2016年高考、高二学考、高一联考质量评价一等奖。2016年高考田家炳中学获得全面丰收：1004人参加高考，一本上线301人，上线率达30%；二本以上上线724人，上线率72.1%。600分以上70人，居长沙、望城、浏阳、宁乡四县（市）高中之首。文科包揽浏阳市前10名，张佳兰同学以655分勇夺全省文科裸分第1名；理科有5人进入浏阳市前10名。在湖南省2016年高考文理前1000名中，田家炳中学占35人，名列全省前茅。有张佳兰、易娇艳、伍旭、马清川四人被北京大学正式录取。学校自2001年第一届毕业生参加高考以来已连续16年获得浏阳市高考质量评价一等奖，是浏阳市唯一一所每年都获此殊荣的学校。稳定过硬的教学质量使学校的社会声誉进一步提高，学校教育品牌的打造已初显成效。（黎　凛）

【名师工程】 2016年，学校继续积极推进人才强校战略，名师工程建设卓有成效。学校现有刘会成高中数学、王意成高中政治、朱凌云高中地理等三个名师工作室，经常开展研讨、交流活动，积极发挥名师的引领、示范和辐射作用。学校涌现一批浏阳市和长沙市的名师、骨干教师以及学科带头人、奥赛金牌教练、科技发明省级优秀辅导老师。刘志辉老师被评为“湖南省教育系统优秀共产党员”、“浏阳市最美共产党员”。汤坤池老师荣获长沙市华天优秀教师奖，文小华老师被评为“感动浏阳十大魅力教师”。在第32个教师节上，田家炳中学沈申文、于为民、毛明明、卢珊、李琼等7位教师分获浏阳市年度“优秀教师”、“优秀教育工作者”、“优秀班主任”荣誉称号。在浏阳市2016年高中教育工作会议上，田家炳中学刘贤明老师获高中优秀年级组长称号，文小华老师获高中优秀班主任称号。

（黎　凛）

【学科竞赛成绩】 学校在注重学生全员发展和全面发展的同时，着力优生培养和学科培训，取得一系列成绩。2016年，学科竞赛又结硕果。奥赛方面，邓吕兵老师指导胡翔宇、李常昊同学获得全国物理奥赛一等奖；李永久老师指导游祺同学获得全国数学奥赛一等奖。另有39位同学获得全国奥赛二、三等奖。学生参加第十五届全国英语创新大赛，获全国一等奖3人，二等奖5人，三等奖3人；学生参加第十一届全国语文创新作文大赛，获全国二等奖1人，三等奖1人。（黎　凛）

【科技创新获评优秀组织单位】 2016年，学校科技创新教育再上新台阶。张紫漾、施嘉同学的气导型低分贝耳机获湖南省第36届青少年科技创新大赛金奖、法国巴黎第115届国际发明展览会铜奖。学生参加第33届长沙市青少年科技创新大赛，获2块金牌5块银牌2块铜牌，学校被评为优秀组织单位。科学DV“猪粪托起青山”参加第37届湖南省青少年科技创新大赛获金奖。参加第12届宋庆龄发明奖省初赛，获1块银牌1块铜牌奖。参加第10届中国高中生才艺展示大奖赛，学生作品《金银手饰目标扫寻器》获创造发明组金奖，《野外防火发电凳》获铜奖。参加浏阳市中小学科技节，24个作品获奖，其中9个作品获一等奖；刘志辉、刘丙松、谌雷、唐铁石四位老师荣获“优秀科技辅导员”称号。本学年共申请8项实用新型专利，已授权5项。

（黎　凛）

浏阳市职业中专

浏阳市职业中专
　　党总支书记　姜兴武
　　　　　　　　赖才腾（2016.12任）
　　党总支副书记、校长　陈　奎
　　副校长　陈中西　易贵辉
　　校长助理　蔡　礼

【概况】 学校占地面积21.34万平方米，建筑面积56515平方米。实习实训设备总值3560万元，拥有校内实训基地3个，实习实训室39个，校外实训基地30个。教职员工196人，其中省级专业带头人3名，长沙市级专业带头人5名，省级优秀教师2名，高级教师45名，双师型教师45名，湖南省职业教育名师空间课堂2个，县级名师工作室2个。有国家规划课题1个，省级重点课题2个，长沙市级课题2个。2016年有教学班级56个，全日制在籍学生3217名。开设机械加工技术、电子电器应用与维修、会计电算化、电子商务、市场营销、服装设计与工艺、音乐、汽车运用与维修、计算机应用、旅游服务与管理、建筑工程施工等专业。其中服装设计与工艺专业为省级精品专业，服装制作与生产专业群为长沙市示范性特色专业群，机械类专业为长沙市现代学徒制重点立项建设专业。学校坚持以科学发展观和省市职教工作精神为指导，以“创办学生向往、家长满意、社会认可的职教名校”为发展目标，以提高质量为核心，以改革创新为动力，坚持务实高效，提升发展内涵，增强服务能力，推进特色发展。

环境发展　向省、市争取职教专项经费680余万元，改善校园建设和实习实训设备的添置。引进职教专业人才，通过编办和人社局向大学本科院校引入13名新教师，自主聘用19名教师。成功创建为现代学徒制试点单位，学校绩效考荣获一等奖，成为连续三年荣获一等奖的红旗单位。年内获得“湖南省安全文明单位”。

德育工作　建立管理制度和健全学生评价体系。建立学生管理、教师德育管理等一系列管理制度，并进行严格实施，如全员值日制度每大周公示实施结果，及时督促教师到岗到位；建立健全学生评价体系，对违纪学生注重收集保存违纪资料进行登记，及时介入教育，同时建立表扬制度，对学生中的好人好事、学习进步、比赛获奖等诸多项目及时表扬，张榜表彰，教育效果明显。加强注重学生

学校机械加工专业获长沙市现代学徒制试点重点项目专业　　（图片来源：职业中专）

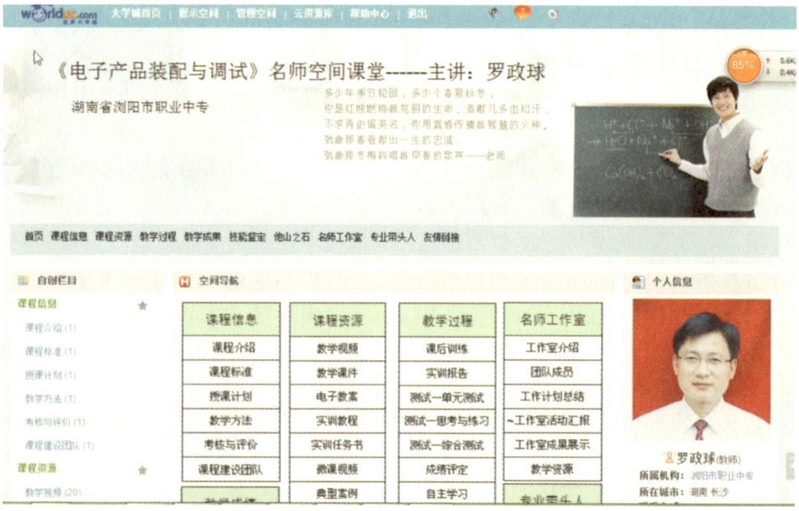

《电子产品装配与调试》和《服装设计基础》立项为湖南省“名师空间”重点建设项目
（图片来源：职业中专）

思想转化工作，严格要求班主任下班，学生就寝前到位，并耐心细致经常性找学生谈心谈话。丰富活动开展形式，除深入开展一些应有的常规活动外，本年度组织“问题学生”的家长学生沟通会和受过处分的学生到少管所参观学习；开展“防治校园欺凌与校园暴力”的教育；组织学生参加职业学校文明风采大赛等活动，有近300人在以上活动中获各种奖项，让积极向上的文化活动占领着学生的课余生活。注重校园安全教育，聘请派出所，请消防队员、综治办专业人员对学生进行安全知识教育，注重平时的安全排查工作。组织全体教职员工普法学习与考试，参与率、合格率为100%；组织全体学生参加“全国青少年禁毒知识竞赛”及“长沙市首届青少年学法用法知识竞赛“活动，成绩优异。一年来校园安全事故为零。

教学教研　落实教学常规。认真做好教学工作日督查，周通报制度。加强备课作业听课检查，打造高效课堂；聘请市、县教科所专家开展教学诊科与改进，助力教师专业成长，深化和丰富推门听课要求。狠抓实习实训。按照6S管理模式，规范采购、使用、维护、培训等环节，加强实训管理，提高设备利用率。建立机制，打造全校性学生技能竞赛和技能抽查活动。机械加工专业获长沙市现代学徒制试点重点项目建设立项，并在长沙市教育局作典型经验介绍。学校实习实训成果丰实：高二年级会计证考试一次性合格率43.92%，创历史新高。学生职业能力考试参考率100%，合格率100%，劳动等级证考试合格率100%。参加长沙市学生技能竞赛获服装专业团体一等奖，夺得单项竞赛一、二等奖共计13人次。参加湖南省学生技能竞赛分获银牌1枚，铜牌2枚。注重教研教改。《电子产品装配与调试》和《服装设计基础》均立项为湖南省“名师空间”重点建设项目。广泛开展汇报课、公开课、示范课、优质课竞赛活动，参加长沙市“创新杯”信息化教学设计和说课比赛获二等奖两个，参加“星城杯”教师片断教学和技能展示获长沙市二等奖两个。教研教改成果显著，电子教研组的国家级课题年内验收结题，两个长沙市立项资助课题正大力推行。全年有98篇论文在报刊杂志发表或省市评选中获奖，教师主持、参编教材教辅资料13本。选送教师123人次分别参加国、省、市、县培训；联合华东师范大学开办教师职业素养高级研修班，分二批共培训教师120人。科技艺术教研成果喜人。参加浏阳市艺术节科技节荣获13个一等奖；参加长沙市艺术展演获二等奖；参加第十七届全国中小学电脑制作活动2人获长沙市一等奖并晋级湖南省决赛；参加第十届全国中职学生“文明风采”大赛，有7件作品获全国优秀奖。本年度有24人考取本科院校，所有参考专业均有本科上线人数。学校荣获浏阳市高考工作优胜单位。

后勤保障　2016年新增绿化面积3500平方米。完善硬件设施配置。新建49个蹲位冲水式公厕一栋、500平米学生餐厅一个、350平方米电焊实训室一间，改造破旧厕所8间；更新教学楼一、三栋北面木窗，做好实训楼墙面防水和走廊护栏改造等工程，添置课桌椅800套、床铺100张、餐桌100张。做好财务账目公开和校务公开工作，采购招标工作严格按市纪委、教育局的要求上网公开、程序规范，手续齐全，监管到位，质优价实。实施对后勤人员培训考评，提升服务水平，落实食品安全管理工作，

师生满意率整体提升。定期做好校产、资产核查工作。注重开源节流，控本增效。

招生就业 2016年招录新生1491人，超额完成年度招生计划，并出现提前“关门”的良好局面。继续深化校企合作，零距离对接名优企业，稳妥推行预备员工制和现代学徒制。本年度新增4家校企合作单位。全年安排就业学生728人。就业率98.5%，其中对口就业率87.7%，本地就业率91.9%，实习学生的良好表现受到用人单位的高度认可。

工会和其他工作 组织教职工篮球赛和兄弟学校间篮球友谊赛4次，开展青年教师座谈会和退休教师座谈会、青年教师拓展训练等活动，积极组织教职工参加义务献血活动。教工男子篮球队参加市教育工会组织的“第九届园丁杯篮球赛”取得第六名的佳绩。关心教职工生活。开展“送温暖聚人心”的传统活动，春节期间慰问5位困难教职工；学校积极参与教职工的婚、庆、病、丧工作。邀请退休教师回校参加重阳节座谈会；组织教职工健康体检；慰问因病住院的6位老师，尽量帮助有困难教职工解决生活中存在的实际困难。校教育基金会发放151名家庭经济困难和58名品学兼优的学生的奖学金和助学金，最大程度的使经济困难学生得以安心学习。为两名患绝症的学生捐款共计42335元，高一新生家长会筹集教育基金款886624元。（焦元甫）

浏阳市第三中学

浏阳市第三中学

校　　长　张小宝

党总支书记　赖毓（2016.03免）

易晖（2016.11任）

副校长　柳升超　张德喜

工会主席　苏耀斌

【学校概况】 浏阳市第三中学简称浏阳三中。2016年，有49个教学班，2706名在校生，219位教职工，专任教师188人，其中：中、高级教师124人，硕士研究生18人，18人被评为浏阳市骨干教师，13人被评为长沙市骨干教师，5人被聘为浏阳市兼职教研员，3人被评为浏阳市名师，5人当选为浏阳市教育学会专业委员会（副）理事长，1人入选湖南省国培计划专家库。

德育工作 一是着力加强班主任队伍建设，充分发挥班主任在学校德育工作中的主力军作用。2016年制定《浏阳三中德育纲要》，在学校德育工作领导小组领导下，实行教育处，年级部共同管理的运作模式对班主任进行有效的指导和管理。二是重视团委、学生会、班委会机构的建设、健全和优化。学生干部通过竞选、民主投票推选。学生干部配备得力，工作能力强。三中每学期开展的丰富多彩的主题班会、社团活动、志愿者服务等活动中，月月有主题，周周有活动，如每年3月的学雷锋活动、5月的心理健康教育月活动及心理趣味运动会、环保主题等、以“青春•责任•感恩•拼搏”主题词十八岁成人仪式。10月“百名教师访千家”活动，11月校园文化艺术节。三是创新德育教育的阵地。以主题班会课作为班集体建设的一个抓手，让学生在活动中得到教育，在活动中健康成长。积极推进“学生自主管理德育项目化建设”，学校注重学生素质的全面发展，关注学生的心理健康教育和行为习惯教育。2016年“香润狮山，书传学弟学妹”为主题的“2016届高三学生毕业赠书活动”，《科教新报》等多家媒体给予报道。

教学工作 2016年高考一本上线109人，一、二本上线417人，600分以上13人，连续15年获高考质量评价一等奖；高二学业水平考试全科合格率98.78%，获学考评价一等奖；高一获全市联考质量评价一等奖；数理化生学科能力竞赛有232人次获长沙市级以上奖励，其中5人获国家二等奖，52人获省级奖；成功举办第38届田径运动会；体育代表队参加浏阳市中小学生田径运动会获团体总分第三名的成绩；参加长沙市中小学生田径运动会获团体总分第七名的成绩；学生大课间评比获长沙市二等奖；通过长沙市体育传统项目的检查验收。

学校非常重视提高教师业务水平，学校每年组织教学比武和业务考试，促进教师的专业发展。李盛华老师获全国青年教师物理创新大赛一等奖，聂畅老师获省一等奖，2016年在浏阳市第20届教学比武大赛中，10人参赛，6人获得一等奖。2016年10月份省示范性普通高中现场督查中，三中抽课18堂，10堂优秀，优良率88.9%。先后有广东仁化一中、师大附中、宁乡四中、长沙县三中、浏阳一中、浏阳六中、浏阳二中、浏阳八中、浏阳四中等学校到校参加教育教学交流研讨活动。

教研工作 三中积极探索新形势下校本教研助推优质教育发展的新方向，鼓励教师积极参与教研教改，充分发挥教育科研在课堂教学改革中的引领作用。一是课堂教学研究有声有色，学校建立校本教研制度，坚持全员参与，注重实效。通过每学期“人人一堂公开课”教研活动，广泛开展课堂教学研究。2016年度全校开设公开课205节，课堂研究参与率100%。二是课题研究有棱有角，2016年学校继续推行“大课题+微型课题”的立体式课题研究思路，以“微型课题”研究为抓手引导教师养成一种研究、思考的习惯，促进教师专业成长。学校获得国家级子课题1项、省级课题4项、市级课题4项，校级课题6项，参与课题研究教师200人次，参与课研究的教师所占比例50%以上。三是教改成果成绩突出，学校坚持“科研立校、科研兴校”的策略，鼓励教师开展教学研究，撰写教育教学论文。2016年度学校教师在省级以上刊物发表论文和获奖论文131篇，在省市各类教学科研竞赛或评比中获得奖励教师150余人。红网以《浏阳三中网上“晒”课获好评》对三中教研教改进行报道。

国防教育 2016年三中将国防教育纳入学校教育体系，将国防教育课程化、常态化。一是坚持国防教育与革命英雄主义、革命传统教育相结合。把学校校史馆、学校国防教育展室、中澳蓝鹰国防素质教育基地、古港烈士墓、古港敬老院等作为固定的国防教育基地。教育处、团委会、学生社团根据方案把国防教育列入工作计划中，并按计划落实到日常工作中。学校专门聘请中澳蓝鹰国防素质教育基地教官、浏阳市消防大队教官、浏东红色历史研究专家张祖明老师等为讲师团成员，发放《国防教育》教材和学校开发的校本教材，每月开设一节国防课，每年9月份定为国防教育活动月。二是坚持国防教育与校内外活动相结合。开辟国防教育专栏。充利用学校的橱窗、宣传栏、校园广播站等开辟国防教育专栏，以宣传国防知识，增强学生的国防意识。坚持周一和节假日的升国旗活动进行爱国主义教育。坚持每周的班团活动，培养学生的爱国之情与报国之志，利用重大节日开展纪念活动。举行革命传统故事讲座、“国旗在我心中”、“学雷锋、学英雄”演讲、参观军营征文、革命歌曲竞赛，诗歌朗诵等活动。三是国防教育与行为规范相结合。师生参观消防大队，学习军人行为，促进师生良好行为习惯的养成。把国防教育、爱国主义教育同爱学校、爱班级与自己的言行紧密结合在一起。2016年被评为浏阳市国防教育示范学校，8月湖南教育电视台“国防频道”、浏阳电视台国防时空栏目报道三中国防教育特色。

校园环境　2016年浏阳市委、市政府投资660万元新建标准400米塑胶田径场、新篮球场与乒乓球场。实验室装备全部到位，各教学功能室设施大大完善。教室全部更新使用电子白板。投入20万元修建校园油砂道路，校园亮化、绿化与美化有质的提升，校园环境面貌一新。2016年荣获国际生态学校、全国生态文明示范学校称号。（李友祥）

【浏阳三中狮山文学社】 浏阳三中狮山文学社成立于1980年，是浏阳市最早校园文学社团之一，以“创建校园文化，推进素质教育，培育文学新苗，展现青春风采”为宗旨，2015年拥有会员456人，2016年拥有会员528人。定期出版刊物《桂花雨》，《狮山文苑》。2015年组织学生参加全国中学生语文能力大赛，8人获全国一等奖，20人获全国二等奖。2016年蒋思鑫同学荣获全国语文报杯作文大赛荣获全国一等奖。（李友祥）

文体·新闻

文体艺术

浏阳市文化体育广播电视局
浏阳市新闻出版局

党委书记、局长　余海波
党委副书记、副局长
楚海华(2016.08 免)
党委委员、副局长
张先锋(2016.09 免)
党委委员、副局长
张孟兰(女,2016.12 任)
党委委员、副局长　陈　栋
党委委员、市纪委驻文体广电局纪检组组长　郑席法(2016.12 任)
党委委员、工会主席　陈东红
党委委员、副局长
许　征(2016.08 任)

【概况】 2016 年，文体广电局围绕建设“文化强市”的工作目标，以“弘扬浏阳精神，繁荣浏阳文化，唱响文化浏阳”为己任，坚持文化自信和文化自觉，全系统干部职工团结一心、锐意进取、奋力拼搏，党的建设全面加强，品牌活动魅力凸显，重点项目有序推进，文遗保护焕发活力，文体惠民全民共享，文化市场繁荣稳定。2016 年，获湖南省文化、文物工作先进单位。

文体设施　基础设施建设：完成欧阳予倩大剧院维修改造工程，建成图书分馆 7 家。图书馆、博物馆建设纳入市政府投资重点项目，务实推进“云阅读”和数字博物馆建设。基层文化阵地建设。新建(提质)示范性综合文化站 7 个，提质示范性村(社区)文化活动中心 10 个，提质农家书屋 30 家，打造城区公共文化服务示范点 4 个，建设乡镇全民健身中心 8 处。有效整合乡镇文体设施、文物保护等资源，全市建成具有地域特色的孝文化、和文化、廉文化和乡贤文化等文化屋场 300 余个，为浏阳市创建全域美丽乡村示范县(市)增添浓郁的地方文化元素，有效促进浏阳城市美誉度和浏阳文化影响力的提升。

文体惠民　全面开放文化、文博场馆和爱教基地，湖南省大型体育场馆免费低收费开放工作现场会议在体育中心召开，文体广电局作典型发言，工作经验在《中国体育报》刊出向全国推介。开展“经典剧目免费月月看”13 场，“欢乐浏阳河”广场文艺活动 15 场；文化馆专业人员辅导农民艺校 105 次，培训人员 2800 余人次，开展文化进校园辅导活动 62 次，皮影戏演出 700 余场次；剧团送戏下乡 173 场，其中大型廉政题材现代花鼓戏《耀邦兄弟》在全市 30 个乡镇、街道巡演，开展“幸福屋场我的家”送文化进屋场活动 28 场，流动博物馆在各学校、屋场展览 32 场、送讲座 66 场，受众 3 万余人次。图书馆全年送图书下乡 3.3 万余册。全年投放、新增体育器材 140 套，填补空白村 15 个；为基层培训社会体育指导员 60 余人，举办第十一届机关运动会，指导北盛镇举办“亚洲湖杯”篮球邀请赛，下乡开展三对三篮球赛 339 场，带动乡村篮球运动的开展。全面激发全民参与文体活动，以群众需求为导向，不断提升公共文化体育服务效能。

文遗保护　文物安全管理。为确保文物安全，文物局通过季度巡查、联合消防大队协查等形式，加大对文物、古建筑的巡查，确保浏阳市辖区

2016 年秋季祭孔大典　(彭红霞 / 摄)

3月1日，湘鄂赣区域合作文体交流活动　　（图片来源：文体广电局）

内文物安全无事故。文物保护项目申报。文物局全面梳理上报浏阳市34处各级革命文物维修保护经费申报工作；完成湖南省苏维埃政府旧址（锦绶堂）的消防、防雷工程，配合做好中国传统村落整体规划方案申报工作；市博物馆组织申报的《浏阳文庙文物保护规划立项报告》、《浏阳文庙“十三五”文物保护利用设施建设规划项目》、《浏阳文庙展示利用工程立项》和谭嗣同故居及墓祠维修项目均通过国家文物局批准；谭嗣同纪念馆被确定为“长沙市海峡两岸交流基地”。非物质文化遗产保护传承。浏阳本级非物质文化遗产项目——浏阳造纸（古山贡纸）经省市媒体、书画家的重点推介，抢救保护和传承工作取得进展；2015年5月，江氏正骨术、浏阳花鼓戏、浏阳客家山歌、浏阳皮影戏列入省级非物质文化遗产项目名录；增加浏阳夏布、浏阳豆豉等6个长沙市级非物质文化遗产项目；浏阳青面狮、浏阳民间绘画等11个项目列入本级非物质文化遗产项目。着手开展省级浏阳河流域文化生态保护（实验）区规划工作，完成专家实地考察，力争带动沿河两岸的文化资源保护利用。

文体活动　举办湖南省第五届农民工春节晚会，开展元宵节系列文化体育活动。“记忆千年　古乐韵春”浏阳文庙祭孔音乐展演、春秋两季祭孔大典的精彩呈现。成功举办第三届浏阳市欧阳予倩艺术节，五天四大篇章五大活动，首次采用新媒体直播，近2万人在线观看，社会反响良好。“欢乐浏阳河”广场文艺活动，已连续举办5年，成功演出近100余场，成为浏阳“一县一特色”的群众文化活动品牌。体育运动管理局连续举办9届“新年杯”篮球赛，被湖南省体育局评为“‘一县一品’特色体育项目市”，机关运动会、篮球俱乐部精英赛、“三对三”篮球赛、冬季马路赛等特色品牌赛事在全市全面铺开，全民健身运动呈现快速健康发展态势，文体广电局获长沙市“第五届全民健身节”最佳组织奖。启动湘赣边区域合作文化体育交流活动，牵头组织开展“五彩湘赣边　相约浏阳河”系列文化活动，举办湘赣边“公仆杯”篮球赛、湘鄂赣乒乓球协作赛等系列赛事。10月，湘赣边区域合作“扫黄打非”联防协作启动式在浏阳市召开，实现湘赣边区域合作由文体活动向文化执法领域的拓展。

市场监管　依法规范行政许可，2016年审核登记文化市场经营单位有611家（含体育、新闻出版）；承接省市行政审批权限下放，赋予大瑶镇、镇头镇等中心乡镇文化市场行政审批和行政处罚权。坚持文化市场“多业态发展、多模式创新、多元化服务”的工作思路，倡导和引导文化市场消费潜力加速释放，推动网吧行业转型升级，不断提升行业形象，促进行业规范、繁荣发展。加大对文化市场安全生产巡查力度，执法局全年出动检查人员3300余人次，立案调查66起，办结49起；警告51家、责令整改58家违规经营单位。（蒋　慧）

【丙申年祭孔大典】　2016年9月28日，是我国伟大先哲孔子诞辰2567周年纪念日。浏阳市在浏阳文庙内隆重举行丙申年秋季祭孔大典，表达对这位伟大先哲的尊崇与怀念。祭祀仪式随着乐声与舞姿循序渐进，分为行迎神礼、行初献礼、行亚献礼、行终献礼、撤馔、行送神礼等流程。行初献礼时，各级领导和嘉宾分别向先师孔子敬献花篮，市委常委、宣传部长莫小佳主持仪式，市委常委、常务副市长吴敏恭读祭文。为保持大典的原真性，本次大典除按以往的祭孔流程进行外，在阵容和服饰方面都按清朝规制进行复原。身着古典汉服的学生手持羽和籥，以八佾舞献礼孔子诞辰，这成为本次大典的亮点环节。本次祭孔活动是对去年恢复秋季祭孔大典活动的一次提升，将进一步弘扬儒家优秀传统文化，丰富与完善浏阳文庙祭孔音乐这一国家级非物质文化遗产，助推浏阳本土文化与全域旅游的融合发展。（蒋　慧）

【湘赣边区域合作文体交流活动】　4月27日，井冈山市、莲花县、醴陵市、平江县、上栗县、铜鼓县、万载县、修水县、永新县、遂川县、湘东区、浏阳市等12个县（市、区）相聚浏阳河畔，围绕如何加强区域文化体育合作交流、促进区域经济社会发展展开座谈讨论，举行湘赣边区域合作文化体育交流活动启动仪式暨“五彩湘赣边、相约浏阳河”文艺晚会；6月17日，浏阳首届湘赣边“明义烟花•公仆杯”男子篮球邀请赛开赛，共有8个县市（区）10支代表队参与角逐；10月，湘赣边区域合作“扫黄打非”联防协作启动式在浏阳市举行，一系列的文体交流活动为湘赣边各县市（区）搭建一个文化体育交流合作的平台，进一步加强区域文化体育交流，实现湘赣边区域文化体育工作联动发展。（蒋　慧）

【浏阳市体育协会成立】　1月13日，在体育中心成立浏阳市体育协会之家，体育部门由“撑船”转为“掌舵”，构建全新的管理模式。以浏阳河文化艺术团为龙头，成立5支文化志愿服务队，开展全域文化志愿服务活动，其中开展“文化暖心　和谐浏阳”关爱特殊群体等文化志愿者活动68次，文化志愿者朱良成被省文化厅评为“最美基层文化人”，成为全省较有影响力的文化志愿服务形象代表。文化志愿服务活动的深入开展，进一步扩大群众对文化活动的参与度，强化文化工作的群众基础。（蒋　慧）

浏阳市文学艺术界联合会

常务副主席　熊水芳
副主席　朱玉喜　楚海华
胡宜忠　唐柱子
刘正初
秘书长　刘正初

【概况】2016年度，浏阳市文联团结和带领广大文艺工作者，深入生活认真开展工作，文艺事业呈现新变化、新气象，文联工作取得新进展、新成效，为浏阳的经济发展、社会进步作出应有的贡献，再一次被省文联评为全省文联系统先进单位。

文艺创作　自2011年以来，坚持文艺创作的专业性，对接上级文联，力挺党报党刊，看重核心期刊，瞄准专业大奖，实施年度最佳作品评选奖励制度，挺进高原，攀登高峰，出现精品力作不断的良好现象。开展集体创作活动，美协举办第22届迎春画展，书协举办第二届书法篆刻展览，舞协举办杜鹃杯舞蹈大赛，音协举办新年音乐会，摄影家协会、书协、美协、诗词学会组织开展作品看稿会。2016年全年共创作发表展演各类文艺作品3000多件，各个艺术门类均取得新成绩。全市文艺工作者形成千帆竞发、百舸争流之势，精品力作纷纷不断涌现，如：彭晓玲的散文集《苍茫潇湘》获第七届冰心散文奖，报告文学《空巢》得到中国作家协会、湖南省作家协会两级扶持，省作协在北京举行作品讨论会；书法协会3次入展全国展，中国书协会员9人，“浏阳书法现象”继续升温；美术协会30多件作品入选省级以上展览，周石山的国画作品入选省政协在北京主办的展览；摄影50多次入选省级以上展览，2件作品入选中国摄影艺术节；文学、诗词、楹联创作出版作品集10多部，获奖60多次，彭晓玲、晓寒的散文，洪佑良、黎凛的诗歌，蔡聪的楹联在《人民日报》等大报大刊发表；鲁丰良的剧本获省剧本创作奖，花鼓戏《乡村故事》参与平安长沙巡演；音协推出多首新歌，《丝路金桥》在省音协获奖；多个舞蹈作品在上级比赛中获奖；皮影新排多个现代戏和校园课本剧，企事业文联推出一批企业之歌、企业广告语等企业文化作品，菊花石雕、剪纸、灯谜等民间文艺门类有新的发展。可以说，浏阳文艺园地花红果硕，成绩喜人。

附：2016年浏阳市文艺作品不完全统计

一、作家协会

散文集《苍茫潇湘》，作者：彭晓玲，获中国散文学会主办的第七届冰心散文奖；

长篇报告文学《空巢》，作者：彭晓玲，作家出版社出版；

散文《西夏，西夏》等20多篇，作者：彭晓玲，发表在《人民日报》《天津文学》《散文百家》等报刊；

短篇小说集《泥土生香》，作者：陈文，湖南文艺出版社出版；

长篇小说《青龙河》，作者：朱赫，线装书局出版；

电影文学剧本《红色女谍》，作者：朱赫，《中国作家》杂志第6期发表；

电影文学剧本《中国丰田，爱情生长的地方》，作者：刘运华，《电影文学》杂志发表；

苏启平散文诗集《浏阳河畔的乡愁》，由万卷出版公司出版，入围叶圣陶教师文学奖，同时在《星星》、《散文诗》等刊物发表散文诗、散文等10余篇；

黄国其诗品老子修订本《道德资本》，由中国出版集团现代出版社出版；

黄谷成的纪实文学《大围山下青春祭》由中国文化发展出版社出版；

周乐冰的文集《时代展痕》由中国出版集团现代出版社出版；

中篇小说《堆雪菩萨的女人》，作者：喻咏槐，2016年7月发表在《湖南文学》第七期；

散文《燕燕于飞》等16篇，作者：喻咏槐，发表在《中国教师报》等报刊；

散文《草木深》，作者：晓寒，2016年4月2日《人民日报》大地副刊发表；

散文《在灯火中奔跑》，作者：晓寒，2016年9月12日《人民日报》大地副刊发表；

散文《捕蛇人》等20多篇，作者：晓寒，发表在《湖南文学》《雨花》《山东文学》《工人日报》《辽河》等报刊；

诗歌《写给母亲的诗》等20多首，作者：洪佑良，发表在《湖南文学》《湖南日报》《重庆晚报》等报刊；

散文《过年耍灯》等10篇，作者：张星波，发表在《工人日报》《长沙晚报》等报刊；

诗歌《谷雨》等20多首，作者：黎凛，发表在《湖南日报》等报刊；

诗集《猛虎与蔷薇》，作者：黎凛，团结出版社出版；

儿童文学集《天鹅光圈》，作者：刘咏夏，湖南少年儿童出版社出版。

二、诗词协会

李光前的作品，获首届‘湘天华杯’全球诗词大赛入围奖；

罗传学的作品，获香港《蔡丽双草源情杯》诗词大赛佳作奖；

唐仕国，吴泉源的作品，获第三届全国百诗百联大赛优秀奖。

三、楹联学会

楹联《求索五千年》，作者：蔡聪，在中宣部宣教局、《党建》杂志社主办，中国楹联学会、中华诗词学会承办的“把楹联写在党旗上”“诗词飞扬党旗飘”活动征稿中获一类优秀作品；

徐和初等19人各有一件作品，在中国楹联学会主办的孟繁锦奖全国联墨大赛获得二等奖5个，三等奖1个，12个；

蔡聪楹联作品，先后获得中央电视台猴年春联征集优秀奖、黑龙江省全民阅读联赛优秀奖、长沙市“天心法韵”诗词楹联创作大赛二等奖；

四、书法家协会

篆刻作品，作者：江敏，入展文化部主办的第十一届中国艺术节书法篆刻展览；

行书《东坡文一篇》，作者：叶年

洲，入展中国书协主办的第八届全国书法篆刻新人新作展；

楚篆《沁园春》，作者：徐其文，入展湖南省文化厅、省书协主办的湖南省爱国主义书法展、第三届湖南省国家公务员书法大赛；

江敏篆刻作品，入展“百年西泠 湖山流韵”西泠印社诗书画印大展、湖南篆刻艺术展（最高奖）、浙江－湖南篆刻家作品联展等展览；

徐其文篆书作品，入选山东省书协主办的春联网络书法展、首届华佗杯全国书法篆刻作品展、魅力宜昌－全国书法美术家作品展览（优秀奖）、全国楚文字书法作品展等展览；

柳光行书作品，入展湖南省文联主办的纪念高希舜120周年书法展览；

柳光、张文、胡小辉、徐斌的各一件书法作品，入展湖南省书协主办的爱国主义题材书法展；

付力、王凌的书法作品各一件，入选湖南省书协主办的首届兰桂吉首书法作品展；

喻国宝、王凌、刘柏青、柳锋、周方旺、唐运乐、何飙、陶渠成、何沙、周立广、付力、付志稳、刘良跃、朱光荣、李光耀、李运璋、陈建钦、罗丹、柳光、雷勇的各一件书法作品，入展长沙市书协主办的建党95周年暨长征胜利80周年书法展，其中喻国宝获优秀奖（最高奖），刘柏青获提名奖；

周方旺、唐运乐、何沙、何飙、陶渠成的作品，分别入展长沙第四届小品书法展。

五、美术家协会

黎越常、汤远志、陈国建、张柏立、伍艳辉、袁柏平、左琼、申和平、林康明、罗英姿、徐积文、林简等人的美术作品，分别入选长沙市委宣传部、市文联主办的“醉美浏阳河、神奇九道湾”美术摄影展；

周石山的4副山水画，入选湖南省政协主办的“潇湘灵韵”湖南国画（山水）展；

汤远志的山水画，入选湖南师大美术学院主办的陈慰民师生画展；

伍艳辉的浏阳夏布画，分别入展省文联主办的省女画家协会12人联展、“中国梦潇湘情湖南省女画家协会探源母亲河采风写生作品展”、省青年美术家通道采风写生作品展、精神视觉——2016青年美术家五四提名展、追梦之路——长沙市首届优秀青年美术人才作品展等展览。

六、摄影家协会

摄影作品《山乡新象》，作者：梁鹏，入选中国文联摄影艺术中心、宁远县委县政府主办的“九嶷山”杯全国摄影大展；

摄影作品《身边有顶小红帽》，作者：贺再亮，入展中国摄影家协会主办的“好山好水 好人好事”——弘扬社会主义核心价值观大型摄影创作征集活动；

摄影作品《晨练》，作者：周国良，入展中国摄影家协会主办的“好山好水 好人好事”——弘扬社会主义核心价值观大型摄影创作征集活动；

摄影作品《环卫工人爱心早餐》，作者：彭红霞，在湖南日报、新华网、凤凰网等多家媒体发表；

摄影作品《九曲浏阳河》，作者：邓霞林，入展国务院新闻办公室等单位主办的“感知中国·湖南文化走进法国”展览；

摄影作品220多件，在各级各类报刊发表，在各种赛事评选中获奖；

七、音乐家协会

歌曲《丝路金桥》，作词：卢义方，在省音乐家协会主办的“潇湘好歌——2016年原创歌曲征集”活动中获银奖，在“品质长沙 我在现场”原创作品征集中荣获三等奖；

二胡分会表演的《新赛马》等节目，在湖南省民族管弦乐学会主办的“洞庭杯”全省首届千人二胡大赛中获金奖；

八、舞蹈家协会

龚瑶原创情景舞蹈《雅乐古礼》获湖南省“欢乐潇湘”舞蹈专场比赛二等奖；

龚瑶原创音乐快板舞蹈《倾情调解写春秋》湖南省“两学一做先进个人事迹比赛三等奖；

刘丹、彭晓波、肖峰《返乡》获长沙市舞蹈家协会举办的长沙市青年舞蹈教师比赛金奖；

高慧《胭脂扣》获长沙市舞蹈家协会举办的长沙市青年舞蹈教师比赛银奖；

黄铭、罗梦晗的舞蹈获长沙市舞蹈家协会举办的青年舞蹈教师比赛银奖；

刘丹《草原情》、《红星闪闪》参加长沙市舞蹈协会举办的2016年长沙市首届青少年舞蹈比赛均获金奖；

肖峰《一条红领巾》、《画廊》参加长沙市舞蹈协会举办的2016年长沙市首届青少年舞蹈比赛分获金奖、银奖；

李越丽《苗女银绣》参加长沙市舞蹈家协会举办的2016长沙市首届青少年舞蹈大赛金奖；

邹媛《悄悄话》参加长沙市舞蹈协会举办的2016年长沙市首届青少年舞蹈比赛荣获银奖；

董伏艳《曲胡声声》参加长沙市舞蹈协会举办的2016年长沙市首届青少年舞蹈比赛荣获银奖。

九、戏曲协会

花鼓戏剧本《书记念起环保经》，作者：鲁丰良，荣获湖南省文联、省剧协、省艺术研究院全省广播剧、戏剧优秀剧本评选获剧本奖；

新编花鼓戏《乡村故事》参加长沙市委政法委“平安长沙”巡演。

十、民间文艺家协会

陈继武创作的菊花石雕“万佛朝宗”、苏波创作的菊花石雕“龙行天下”获得湖南省收藏博览会凤翔金质奖；

徐怀友创作的菊花石雕“盘虬卧龙”获得中国（凤凰）国际传统工艺技术博览暨特色旅游精品推介会金奖；

湖南省第七届工艺美术精品大奖赛，徐怀友创作的菊花石雕“烟雨柳絮春江暖”、周贤耀创作的菊花石雕“自然世界”获得金奖，苏波创作的菊花石雕“丰收”、罗伟创作的菊花石雕“香满神州”获得银奖。

汤浩浪主创的稻雕作品200多件，分别展示在荷文公路景观带、长沙磁悬浮快线沿线景观带、宁乡丰收湾屋场、望城乔口古镇；

周学明主创的废物雕塑“十二生肖”，展示于金刚镇石霜村；

丁子文、唐新娥的剪纸作品，在湖南省剪纸展览中展出；

十一、影视艺术

王继斌等主创的专题片《秘境·冰川的故事》在中国电视艺术家协会第四届全国市县电视台推优活动中荣获一等奖。

文艺活动 市文联组织各协会

开展一系列以“深入生活、扎根人民”为主题的实践活动，引导文艺工作者深度融入市委市政府中心工作，融入浏阳人民追梦铸梦的火热实践。围绕美丽浏阳建设，举办各种文艺赛事，开展一系列采风创作活动，通过文艺作品反映浏阳重大项目建设、文明城市创建、美丽乡村建设、精准扶贫等工作的过程和成就，用文艺作品发掘浏阳深厚的文化底蕴。推动文艺对接群众多层次的精神文化需求，拉近文艺与人民群众的距离，传播社会主义核心价值观。围绕“中国梦”、纪念中国共产党成立95周年、红军长征胜利80周年等主题，开展丰富多彩的文艺活动，传递爱国主义精神。组织“作家进校园”“民间文艺进校园”“楹联进校园”等活动，用多种文艺形式弘扬社会主义核心价值观、传递正能量、传承优秀中华传统文化。开展“我们的节日”“文化进万家”活动，元旦春节等节日期间送演出、送“福”字、送春联、送“全家福”进企业、进社区、进农村等。注重运用多种渠道扩大浏阳文艺影响力。市文联致力于通过互联网等新媒体的不同渠道扩大浏阳文艺影响。率先设立“浏阳文艺”微信平台，全年发出微信60多期200多条，阅读量2万多人次。全年《长沙晚报》、《浏阳日报》以及新华网、腾讯、红网等媒体累计对我市文艺工作进行相关报道500多篇。

人才培养　市文联始终把文艺队伍建设和人才培养发掘摆在突出的位置，通过多种举措“领跑助飞”，努力造就一支老中青相结合、德艺双馨的文艺人才队伍。一是精心“育苗子”，培育后备人才。积极推荐优秀中青年文艺工作者参加上级机构组织的培训教育活动，并通过组织文艺培训、文艺活动、文艺赛事，为文艺人才提供更多交流、学习、展示、锻炼的机会。如：林自立等3人参加首期长沙市中青年文艺人才研修班，唐新娥、柳姿萍参加中国民协剪纸培训班，陈东红、苏启平、黎凛参加鲁迅文学院诗歌培训班，伍艳辉参加省文联青年文艺人才培训班，鲁丰良等参加中国戏剧家协会培训班，周方旺等参加中国书协培训班。二是重点“树尖子”，助推艺术名家。注重文艺工作者队伍的艺德修养，倡导全市文艺工作者学习和践行《中国文艺工作者职业道德公约》，进一步加强行业自律，倡导行业新风。高度重视和切实加强文艺评论，多次组织召开高规格的作品研讨会，邀请新闻媒体，在各种平台推荐浏阳文艺工作和文艺作品。作协、书协举办了年度作品评选奖励，助推了文艺人才的成长。三是大胆“开口子”，奖励文艺新人。2016年开展“2016年度新人新作奖”的评选，并将此作为市级常设文艺奖项。凡年龄35岁以下，户籍归属地为浏阳市或在浏阳市工作、生活、学习2年以上符合条件的文艺工作者均可申报。今后，“新人新作奖”将每年评选一次，突出青年文艺人才的发掘与推介，努力打造成品牌文艺评奖项目，让更多优秀青年文艺人才借助这个平台脱颖而出。　（刘正初）

【设立欧阳予倩文艺创作奖扶专项资金】　2016年，浏阳市设立欧阳予倩文艺创作奖扶专项资金，每年支持100万元促进精品创作。为管理和使用好这笔资金，市委宣传部、市财政局、市文联联合制定《欧阳予倩文艺创作奖扶专项资金使用管理办法（试行）》，规定专项资金的主要用途：一是组织评奖，开展“欧阳予倩文学艺术奖”“年度最佳作品奖”和“新人新作奖”的评选；二是配套奖励，对获得全国性、全省性重要文艺奖项的作品进行奖励；三是项目扶持，对一批重点创作项目给予专项扶持；四是人才培养，对中青年文艺人才进行培养扶持。2016年是专项资金实施的第一年，确定公平公正、公开透明的工作原则，制定公开申报、专家评估、领导小组审议、媒体公示、合同签订、项目验收等较为完善的工作程序，严格要求，严格管理，力求让资金产生更大的政策效应。支持协会资金21.6万元；确定扶持26个项目，拨付扶持资金60多万元；配套奖励2件作品，奖励资金6万元；奖励年度最佳作品和新人新作20件，奖励奖金4万元。通过文艺创作奖扶专项资金的合理使用，激发更大的创作活力，从机制上助推精品力作的产生。

（刘正初）

群众文化

市文化馆

党支部书记　杨振文
馆　长　许　征（2016.08免）
　　　　奚　杰（2016.08任）
副馆长　肖远平
　　　　欧阳继勇（2016.10任）
　　　　王娜娜（女）
　　　　谭晓琴（女）

【概况】　文化馆为市文化体育广播电视局管理的副科级事业单位。根据事业单位登记管理局授权，市文化馆主要履行下列职责：负责组织群众文化活动，负责文化宣传、管理业余文艺团体；负责文艺创作组织，群众文艺理论的研究，组织文艺交流活动；负责对村级文化室的业务指导；负责民族民间文化艺术遗产收集整理与保护。属财政补贴全额事业编制，现有编制人员26人，其中管理人员7名、专业技术人员17人、后勤服务人员2名、核定领导职数为副科级1名。2016年文化馆围绕“出精品、强队伍、树品牌”目标，坚持“开门办馆、人才兴馆、创作立馆、科技强馆”的方针，构建阵地服务、基层服务、网络服务“三位一体”的服务格局，实现文化馆各项工作的全面提质、为实现“文化强市”和打造省会副中心、湘赣边区域性中心城市而积极努力。

场馆阵地建设　为确保文化馆达到国家一级标准、场馆使用面积达到4000平方米，文化馆扎实跟进文化艺术综合楼使用权的收回诉讼。浏阳市人民法院组织进行判决，2016年年底，已经向长沙市中级人民法院提起反诉。争取把文化艺术综合楼提质改造工程纳入2017年政府投资计划预备项目。

公共文化服务　1、推动文化馆总分馆服务体系建设。组织召开城区群众文化工作座谈会，以城区为重点和示范，践行“整合推动、示范带动、团队撬动、群众互动”的工作理念，联合4个街道办事处和文艺团队，打造城区公共文化服务示范点。以此为切入点，逐步实现公共文化服务城乡一体化建设目标。推动文化馆总分馆服务体系建设。2、实施“全民艺术普及工程”。开展“种文化”活动，深入乡镇、村（社区）、屋场，开展群众文化辅导120余次。浏阳河文化艺术团启动团员招募，发展正式团员153人。2016年10月，以浏阳河文化艺术团成员为班底，结合热心慈善、公益、文化事业的社会各界人士组成立浏阳河文化艺术团志愿服务队，旨在充分展示浏阳文化志愿者的精神风貌和精神文明创建成果，以文艺的形成培育和践行社会主义核心价值观。11月25日，组织队员参加长沙市“我们都来跳”社会主义核心价值观原创广场舞（曲）志愿者推广展演活动。3、场馆设施免费对外开放。继续实施免费开放进校园活动，声乐、舞蹈、文学、书法等专业老师走进老年大学、黄泥湾、奎文、人民路等小学，全年进行专业辅导62次。探索培训管理机制的新模式。根据公共文化服务体系建设的形势要求，引进科迪文化培训机构合作，联合办班，上缴包干，促使培训供需相适，简化校务管理。全年招生300余人。努力以活动促发展，全年组织植树节活动和市首届100余人的机器人大赛。

文化合作交流　1. 湘赣边晚会承办。2016年4月组织策划、对接落实湘赣边区域合作文化体育交流活动启动式暨“五彩湘赣边 相约浏阳河”文艺晚会。联合浏阳电视台制作宣传片《跨越省际边界的行动派》，设计制作晚会背景视频和《文涓艺韵》宣传画册，反复策划敲定启动仪式和宣传推介，联系对接参演单位，参与场地、舞台、灯光、音响设备布置，撰写各类文案。活动启动式和文艺晚会取得圆满成功。省、市各类媒体均进行宣传报道，并首次实现在中国文化网络电视平台进行现场直播，点击量超过5万。2. 合作联盟交流活动。为加快构建湘赣边区域文化战略框架，深化湘赣边区域文化合作交流，促进文化艺术工作的繁荣发展，2016年10月举行湘赣边县（市、区）文化馆合作联盟交流活动。包含文艺交流晚会、座谈会、屋场文化展示三大主题，邀请湘赣边11个县（市、区）文化馆长及文艺代表参加。与会代表共同探讨湘赣边区域合作文化交流机制、平台。经过深入的沟通和交流，各县（市、区）文化馆长在活动开展、人才培养、传承交流、宣传造势等方面达成共识，签订《湘赣边区域文化馆合作交流备忘录》。交流活动加强湘赣边区域文化馆发展战略、规划等方面的对接，将战略伙伴关系纳入区域文化发展的整体规划，为实现协调发展、互联互通、互利共赢提供有利契机与平台。

群众文体活动　文化馆本年共参与、编排、策划和组织“欢乐浏阳河”广场活动16场：浏阳市2016年“金猴闹元宵”系列文化活动；欧阳予倩话剧社专场演出；雅韵戏迷俱乐部专场演出；卫计局专场演出；红叶歌友队建队十周年专场演出；“杜鹃花”奖舞蹈大赛颁奖晚会；荷花街道“庆祝建党九十五周年”专场演出；国税局“培育和践行社会主义核心价值观”专场文艺晚会；集里街道“舞动集里　梦想飞扬”庆“八一”文艺晚会；浏阳市打击乐协会专场文艺演出；“耀邦故里 青秀中和”中和镇专场文艺演出；“雅韵淮川 爱在重阳”朝阳艺术团重阳专题晚会；“甲子回望 礼赞杏林”浏阳市中医医院专场文艺晚会；“追寻 传承 开拓”文家市镇专场文艺演出；浏阳市公路管理局专场文艺演出；浏阳广播电视台“庆元旦”专场文艺晚会。组织开展“共圆中国梦 文化惠万家”长沙市优秀群众文艺下基层惠民演出暨名家春联送万家活动2场；承办湖南省农村精神文明建设工作经验交流会期间“美丽乡村”摄影展；参与组织2016年湖南省第五届农民工春节联欢晚会；组织参与湘赣边区域合作文化体育交流活动暨“五彩湘赣边 相约浏阳河”文艺晚会；组织参加长沙市庆祝建党95周年“红旗颂”大型群众合唱比赛，获得银奖及优秀组织奖；组织参加2016年“欢乐潇湘　品质长沙”群众文艺汇演长沙总决赛，舞蹈《雅乐 古礼》获金奖；组织参加2016年长沙市第二届“百姓大舞台 有艺你就来”千团万户百万市民才艺大赛活动；组织参加第三届浏阳市欧阳予倩艺术节开幕式暨文艺演出；组织参加“民族魂 中国梦”纪念建党95周年暨红军长征胜利80周年全省美术、书法、摄影作品展览；组织参加长沙市2016年“我们都来跳”社会主义核心价值观原创广场舞（曲）宣传推广文化志愿者服务活动。完成全市业余文艺团队摸底工作；开展业务学习12次；拟定规范“欢乐浏阳河”广场文艺活动相关事项；组织艺术团声乐爱好者赴长沙参加听课活动；组织部分艺术团团员参加“同心援”——温暖重阳大型联动敬老助老活动。

非物质文化遗产传承保护　1. 调查挖掘工作。深入社港、龙伏、洞阳、溪江、高坪、张坊、小河、文市、沿溪、中和、普迹、官桥等乡镇调查挖掘浏阳弹词、祖传药方、武术、造纸、新安古石木桥、蒸菜、夏布、沙龙周氏古法酿酒、豆腐制作、盒子印刷、牛皮膏制作、春锣、牛皮鼓制作等非遗项目，并且从项目的历史渊源，历史文化价值，文化特征，分布状况，活态传承及濒危状况做全面的了解，掌握丰富的数据资料。开展省级浏阳河流域文化生态保护（实验）区和浏阳客家文化生态保护（实验）区的申报调研工作，深入浏阳河沿岸17个乡镇和沿途自然景区进行考察，撰写近5万字的详细科学报告书和规划书。8月23日浏阳河流域文化生态保护（实验）区通过评审和陈述答辩，11月25日非遗司张兵、省厅领导及专家到浏阳进行实地考察。2. 升级保护工作。立足保护，县、市、省三级体系的非遗代表性保护的申报全面铺开，按照“确立项目、认定保护主体、指导申报、初级评审”的程序，开展系列具体工作。本级名录保护方面：浏阳民间绘画、中华养蜂、浏阳陈氏五雷掌、浏阳嗦螺制作工艺、关羽捞刀、西湖烟雨、浏阳茴饼制作工艺、浏阳花木栽培技术、浏阳王氏武术、浏阳青面狮表演和浏阳米酒酿制技艺共11个项目被列为浏阳市（县）级第四批非物质文化遗产代表性名录；11月29日浏阳夏布、浏阳豆豉、浏阳油饼、浏阳油纸伞、浏阳造纸、浏阳蒸菜六个非遗项目通过评审程序，入围第五批市级非遗代表性项目公示名录；2月14日浏阳市庆典烟花文化集团有限公司、浏阳市关口苏波菊花石工艺厂、湖南永和菊花石工艺美术有限公司3处成功申报为长沙市第二批长沙市非物质文化遗产生产性保护基地；浏阳花鼓戏、浏阳客家山歌、浏阳皮影、浏阳江氏正骨术共四个非遗项目被列为湖南省级第四批非物质文化遗产代表性名录。3.活态传承工作。积极传承，浏阳皮影开展3进校园演示、展示交流活动，先后两次到奎文路小学，一次到龙伏中学进行演示交流活动，艺人们手把手教学生操作影子动作，讲解皮影文化的历史和皮影戏剧情教学；4月19日，组织浏阳市浏阳皮影和浏阳弹词传承人张明星、刘丹拜国家级长沙弹词传承人彭延坤先生为师，成为彭老先生的关门弟子；3月28日和9月28日，组织国家级非遗项目浏阳文庙祭孔音乐，在浏阳孔氏家庙和浏阳文庙进行成人礼，开笔礼，再现当年的浏阳祭孔大典的盛况，省、市报刊、电视、微信媒体广泛报道；上海东华大学服装设计系毕业生梁艳和英国皇家艺术学院留学生钟敏拜夏布制作技艺传承人梁长进为师学习夏布制作技艺；菊花石雕刻技艺传承人李舟被聘为湘潭大学艺术学院硕士研究生导师。4.宣传推广活动。利用传统节日，开展非遗项目的宣传推广活动。元宵节期间，组织全市舞龙、舞狮竞技表演比赛，青面狮杂耍技艺在比赛前进行展演；正月初三开始对外组织浏阳祭孔大典活动，湖南经视进行现场直播；2月份，组织中央电视台第七套“农广天地”栏目组，拍摄国家级非遗项目菊花石专题片准备向全国播放，并组织菊花石项目和浏阳农民画项目参加湖南长沙国际收藏产业博览会；6月12日，与市文物局、市博物馆和相关非遗项目保护单位进行协调和督导，制定总体宣传推广工作方案。在谭嗣同大夫第广场举行第十一个中国文化遗产日宣传展示活动，展出文化遗产展板42版，印制发放宣传资料8000多分。组织浏阳花鼓戏、皮影、浏阳弹词、浏阳客家山歌、菊花石、浏阳夏布、浏阳蒸菜参加长沙市的文化遗产日的展演展示活动。参加长沙市“醉美浏阳河 神奇九道湾”非遗项目的宣传推广活动，浏阳65个非遗项目被收录在长沙市委宣传部主编的浏阳河非物质文化遗产系列丛书。

文艺创作研究 2016年，文化馆文艺创作硕果累累，全年完成文学作品15件，获省市级奖项3件；摄影作品1万多幅，获省市级奖项5幅；另有多幅作品送省、市展出；书法作品6件，送展一幅，参与出册一本；舞蹈作品15件，获省市级奖项7件；声乐作品5件，获市级奖项1件。组织“深入生活，扎根人民”创作采风活动，对南区各乡镇进行民间艺术和民间艺人采风。对大瑶火烙画、青面狮、花炮手工艺；澄潭江舞龙、砂罐；金刚湘剧；文家市爆发龙灯、皮影家班子；中和绘画、雕刻进行深入挖掘。参与“神奇九道湾 醉美浏阳河”系列活动协助长沙市歌大型情景剧《浏河人家》采风；为《浏阳河颂》交响套曲组织工作。

业务优化提质 注重新媒体宣传和应用。建立“浏阳文化馆”微信平台，及时发布信息。发起建立湘赣边区域文化交流群、城区文化交流群等微信、QQ群，增进联络沟通。注重创新开展业务工作。强调各项工作平日“打基础”和打造“升级版”，全面摸底群众文化、非遗项目、文艺创作等方面的基础资料，创新方式方法，找准工作抓手，对各项工作有明确的“任务书”和“路径图”。注重实施规范精细管理。每一场活动要摄影存档，每一次外出要登记备查，每一月考勤要会上通报，项项强调精细化、痕迹化管理。安全生产、计划生育、环境整治、综治爱卫、文明创建、工青妇等工作都明确专人负责，常抓不怠。

队伍建设管理 一是加强理论武装。以“两学一做”学习教育为重点，提高理论学习实效性，重点学习习近平总书记在文艺工作座谈会上的重要讲话，把学习成果体现到指导实践、解决问题、推动工作上，更好地发挥党支部的战斗堡垒作用和党员的先锋模范作用。二是加强制度建设。制定《浏阳市文化馆制度汇编》，全面明确免费开放、文艺培训、群众文化、岗位工作考核、事务公开、考勤、学习、会议、奖惩、公务用车、公务接待、安全保卫等方面的管理制度，做到有章可循，按制度办事，用制度管人。三是创新学习形式。围绕新时期文艺工作的特点，一方面将专家老师“请进来”授课指导，一方面安排业务人员“走出去”参加各类培训班，与兄弟馆交流，到先进馆学习。赴井冈山、遂川、上栗等县市文化馆进行了业务交流，加强湘赣边区域合作县市文化馆的交流合作。 （吉　喆）

图书发行

湖南省新华书店有限责任公司浏阳市分公司

经　理、党支部书记　罗　斌

党支部副书记、副经理　陈学雷

副经理　李玉娟

【概况】 2016年公司全年实现销售14308.49万元，同比增长10.66%；实现利润1799.31万元，继续保持稳健增长的良好态势，实现公司“十三五”规划的良好开局。

政治性图书发行 公司以高度的政治责任心做好政治理论读物的发行，积极宣传党的路线、方针、政策。积极配合全市党员“两学一做”学习教育，协助市委宣传部重点做好《习近平总书记系列重要讲话读本》（2016版）等重要文件文献和党建读物的发行，通过对口征订、系统发行、送书上门等措施，共发行各类政治性图书1.56万册，满足广大党员干部和人民群众的学习需要。

教材发行 为确保全市教材“课前到书、人手一册”，公司克服出版周期缩短、仓库库容不足、金沙路货车限行等因素带来的压力，努力在征订、物流、发行、调剂等各个环节不断改进管理措施，强化服务意识，提高服务质量。2016年继续密切联系各学校，做到主动服务上门，响应及时，保证全市教学工作的顺利开展。

一般图书发行 提升对外形象、狠抓门店服务质量，争创《全国新华书店实体店服务标准》示范店。2016年结合门店实际，从提升门店购书环境、增强贴心服务入手，增设阅读座椅、设置阅读区、会员活动区、精心组织各类读者活动，全力为广大读者打造舒适悠闲的购书读书环境；努力做好政治类图书的征订发行工作，满足党员干部和广大读者的学习需要。连续多年保持省公司颁发的三星门店、优秀门店的荣誉称号，一般图书销售1072万元，业绩名列全省前三，比肩地州市公司门店。

2016年度，民营资本强力介入浏阳市图书发行业，营业面积均超1200平方米的卡乐书城和阿卡西书城于12月相继落户浏阳城区和经开区。一般图书发行开始呈现出百家争鸣百花齐放的局面。

公司管理　公司继续以"树新华新形象，做百年老品牌"为奋斗目标，不断改善门店阅读环境，努力提升服务效率和服务质量，全力助推全民阅读，同时积极寻求集团公司的支持，以谋求企业在仓储建设、新门店建设方面的突破性进展。公司经过反复研究、多次讨论，着手对浏阳市关口街道杉松金桥片一地块投资进行可行性分析并取得初步成交意向；和地产商东紫门进行意向性的项目合作磋商，拟开设3600平方米的实体书店；向市委市政府提交在新三馆中布局新华书店网点的请求。

新华书店的企业运营模式在近年先后考察学习浙江、江苏、上海、河南等地先进单位的经验之后，紧密结合现代化文化企业的发展需要和企业特点，对外引进专业人才，设立与企业发展相匹配的运营部；建立微信公众号，利用微信开展宣传推广。2016年运营部和微信公众号在企业活动组织方面取得初步成效，为企业的进一步发展打下良好的基础。2016年度公司在业务、财务、党风廉政建设、综治等各方面共获得省、市公司的16个奖项。罗斌经理第5次荣获"湖南省出版投资控股集团2016年度先进个人"荣誉称号。

社会公益事业　公司始终坚持将社会效益摆在首位，积极运用市场机制来发展文化产业，又通过壮大文化产业来反哺文化教育事业，积极履行社会责任。2016年联合市教育局开展"爱心涌动浏阳河"图书募集捐赠活动，在城区浏阳河小学、人民路小学、人民路二小、嗣同路小学、奎文小学、黄泥湾小学、长南路小学、教师进修学校附小、禧和小学等9所小学2.3万师生的积极参与下，募集18534册、37万余元爱心图书，分别捐赠给双狮坪大洛完小、泮春相市小学、岩前小学、岩前泉井小学、山下西源完小、山下桥头完小、洞阳枫浆小学、枨冲肖家坪完小、七宝山升平教学点9所边远小学。积极组织开展青少年国学大赛和创文大赛，其中国学大赛浏阳代表队获长沙地区一等奖并代表长沙市参加省级决赛，荣获第三名。积极参加捐资助学公益活动，为全市中小学校捐赠现金和实物500万元；为全市各幼儿园捐赠图书和书架、玩具等共计32万元；对贫困家庭学生的书籍费进行了减免，共计20余万元。积极组织在职党员进社区报到、捐资助残等活动，共参加社区志愿服务活动246人次。4月份公司员工罗爱莲捐献造血干细胞的善举被省内多家电视、报纸、网络媒体报道。（沈完乐）

浏阳广播电视台

浏阳广播电视台

市委宣传部副部长，广播电视台党委书记、台长　王桃文

党委副书记、副台长　王继斌

党委委员、副台长

于承明（2016.08任）

党委委员、副台长

郑　霞（女，2016.08任）

党委委员、副台长

洪佑良（2016.08免）

党委委员、副台长

周红阶（2016.08免）

【概况】　2016年，浏阳广播电视台与浏阳广播电视集团有限公司合署办公，下辖浏阳电视台、浏阳人民广播电台、浏阳市道吾山发射台、浏阳国安广电宽带网络有限责任公司、国安浏阳数据通信有限公司、浏阳市广电无线网络有限公司、浏阳广电云商公司、13个乡镇广播电视中心站。2016年，广播电视系统干部职工733人（含在编、聘用、代理维护人员）。浏阳广播电视台设2个频道，在岗职工293人，按编制所在单位：机关13人，电视台38人，电台8人，发射台7人，集团51人，乡镇站131人，电影45人。退休143人。全国市县台原创节目交流中心落地浏阳。浏阳市广播电台设2个频点，2015年"户户通"工程通过长沙市绩效测评。4月22日，全国区域媒体融合发展论坛暨研发中心在浙江成立，浏阳广播电视台等28个单位被确定为中心副主任台。10月24日，浏阳广播电视台受邀中宣部深化"基层工作加强年"督查调研座谈会，并作为唯一市县广电代表作典型发言。11月29日，浏阳广播电视台在中国区域广电融合发展与创新传播学术研讨会上，就建立全国市县电视台原创节目交流中心的实践和探索做专题发言。湘鄂赣毗邻城市广电联盟成员台增至33个台。全年经营收入13368万元，同比增长10.32%，经营规模、媒体收入、增长速度稳居全省市县广电第一，成为全国市县级广电逆势增长的样板。

广播、电视、网站管理　稳定网络老用户、实施网格化管理，全年新增电视用户1万户，宽带用户4500户，广电用户稳定在30万户，其中有线数字电视用户20万户，无线数字电视用户10万户，宽带用户2万户。广播电视综合覆盖99%以上。推进网络双向改造和光纤入户，覆盖20万用户。与中信国安广视网络有限公司合作推出高清互动电视，发展4万用户，与联通公司合作推出"无线＋宽带"，用户3000户。全新建设电视台高清直播室，逐步对采编制播设备进行高清全数字化改造。建设运营浏阳楼宇电视系统，成为提升电视台影响和宣传浏阳的重要平台。发射台完成1600米砂石路硬化与前坪提质改造工作。湘鄂赣广电联盟成员台新增10个加盟台。加强广播电视电影系统国有资产管理与经营，确保国有资产保值增值。推进全市电影产业发展和农村、社区电影公共服务体系建设，按要求实施农村公益电影放映工作，按时按质完成3806场公益电影放映任务。10月18日，总投资100多万元的道吾山发射台上山道路硬化工程通过验收。该道路全长1600米，宽4米。

广播电视事业经营　领办上栗电视广告经营，创办927"上栗之声"电台。围绕"湖湘宝地　美丽浏阳"城市形象定位，策划实施"中和首届荷文化节""我为美丽乡村代言""欢乐浏阳河"活动；围绕创建全国文明城市和"淳风美德润浏阳"主题，做好"屋场里的幸福""德润校园"活动，成功举办"第四届道德模范颁奖典礼""首届志愿服务文化节"晚会。"大型活动举办专家"品牌价值日益提升。承建"天网"工程，成为全省广播电视台承建"天网"的唯一范例。举办"汽车文化节""海宁皮草节""电视内购"

“自驾游专家”等系列活动。通过跨界发展，延伸产业链条，不断开发拓展经营新领域，发展格局得到优化，后劲有效增强。5月23日，浏阳制造产业基地、浏阳市科技局和浏阳市广播电视台联合举办2016年浏阳市智能制造创新创业大赛。

广播电视节目采制和播出　高标准、高质量做好浏阳本级广播电视节目的采制和播出，安全转播和传播中央、省、市广播电视节目。新闻宣传。重大新闻、突发事件第一时间全媒体调度发布。手机台日均访问量突破10万，峰值达到18万，80%的浏阳本地新闻资讯首发，当年上线总访问量突破1000万，获评2016年湖南十大最受欢迎移动应用软件产品。1月1日，浏阳广播电视台推出新闻开年之作《方法论·浏阳新答卷》，报道分变、合、攻、扶、顺、活等6篇，探究浏阳社会经济发展的背后故事。在湖南剧院首映电影《向日葵女孩》。推出年度“新闻大片”《新浏阳》，结合阶段工作重点推出《三年行动看浏阳》《与世界对话》《春来湘鄂赣》等重点报道。坚持“贴紧基层、贴近群众”，推出《“浏”言板》《浏阳双声道》等栏目，反映基层呼声，并力促问题解决，得到群众信赖。《爱在浏阳》栏目播发80余期报道，仅暑假就为8位贫困大学生筹集30余万元学费。加大舆论监督，《安全生产曝光台》推出近30期报道。959交通广播《下班哒》《80碰90》《兰心吧》《网评24小时》不断提质。专业视频。全年拍摄《浏阳党建与时代同行》《浏阳美丽乡村实践论》《浏阳深呼吸》等20多个专题片，高清摄制，成为宣传、推介浏阳的重要载体。《浏阳美丽乡村实践论》在浏阳手机台和腾讯视频的综合浏览量14万人次，创浏阳原创视频点击最高纪录。向外宣传。2016年11月，中国视协市县电视委员会（下简称“中视协”）将全国市县电视原创节目交流中心建在浏阳。全年向省级以上媒体供稿100余条次，蝉联湖南卫视优秀通联单位，10余件作品分别获得省市级奖励，2件作品获全国市县电视台推优活动一等奖。

广播电视电影系统新技术的研究、开发和利用　积极开展节目创新和科技创新，广播电视的声画质量和传输质量得到较大提高。成功举办《联盟视界》上线，《联盟视界》“双屏”播出，覆盖全国近1亿人口，手机用户点击量超过80万，该项目被评为全省视听示范项目，浏阳广电区域融合发展成功经验获全省推广。“广电+政务”正式上线，市委市政府将“掌上政务”作为全市政务信息官方发布平台，“掌上浏阳”成为“智慧浏阳”重要组成部分，浏阳广播电视台被市委政府明确为“智慧浏阳”建设主体单位。“村村响”有线共缆传输技术属湖南首创，项目获评湖南省先进。电台开设对涉农节目《农事通》，“村村响”成为具有独特功能的宣传工具与优质广电产业项目。浏阳959”微信年初编发了《我叫浏阳，英文名Liuyang City》的文章，点击量6万多，评论上万条。6月12日，浏阳959策划从山、水、路、花、食等角度，通过图片分门别类来展示美丽浏阳。短短两天，文章获得100000+的阅读量，评论接近2万，成为浏阳点击和评论数量最多的微文。

队伍作风转变　浏阳广播电视台围绕“团结同心、忠诚可靠、积极作为、社会公认”的干部职工队伍建设目标，创新开展工作。实施党员网格化管理，实现党员管理教育常态化；推进廉政建设，领导班子带头落实不在内部“做生意、卖产品、搞经营、做项目”；狠抓执纪监督问责，经常性开展监督检查，每季度开展财务内审，规范权力运行。坚持用制度管人、管钱、管事。坚持职工代表大会制度，让干部职工当家作主；坚持深入开展“书记夜访90分”“书记谈心日”等党建品牌活动，倾听呼声，解决诉求。广电内部开展员工“师徒结对”活动，营造“传帮带”良好氛围；聘请浙江传媒学院王文科教授为电视台创优顾问，电视台被授予“浙江传媒学院产学研实践教学基地”；精心策划《浏阳广电声屏》，做到每月有主题；坚持开展“广电周三大讲堂”，提升队伍素质；实施全员绩效制，每季度召开总结点评会议，开展“明星团队、明星员工”评选，设立10万元创新基金，营造了创先争优的良好氛围。　（付　苹）

8月30日，浏阳市副市长莫小佳、邓雪琴为省委省政府“为民办实事”项目——“村村响”总控平台揭牌　（图片来源：广播电视台）

【中国市县电视台原创节目交流中心在浏阳广电建立】　9月23日，中国市县电视台原创节目交流中心在浏阳广电建立。当天，中国市县电视台原创节目交流中心原创栏目“联盟视界”正式上线。湖南平江、江西安源、河北正定、广东高要等60个县（市）广播电视台及其创办的手机电视台‘联盟视界’栏目同步播出。栏目设“走读中国”“民俗中国”“美食中国”“匠心中国”等版块。11月22日，召开中国市县电视台原创节目交流中心成立大会，当天浏阳手机台开展多场直播报道和快速报道，全天相关报道阅读量超过4万次，加上其他日常新闻报道，当日阅读总量超过17万次，为浏阳手机台上线以来单日阅读量最高。来自全国各地的100余家市县电视台台长在浏阳市现场签约，正式达成媒体战略联盟，决定共同打造中国市县电视台原创节目交流中心。下午举行的全国首届市县台节目原创与媒体融合台长论坛上，与会台长和多位专家学者围绕“互联网+广电”展开讨论。中央电视台原台长、中国文联副主席、中国电视艺术家协会主席赵化勇出席活动。（付　苹）

【“浏阳·全域美丽乡村实践”网络点击过十万次】 11月30日，湖南省美丽乡村建设工作现场推进会在浏阳召开。由浏阳电视台摄制的《浏阳·全域美丽乡村实践》宣传片在活动现场播放，并通过全媒体调度在腾讯视频、掌上浏阳（浏阳手机台）推送，视频点击播放量达14万多人次，成为浏阳电视台首个网络点击过十万次的视频。（付　苹）

【推出电影《向日葵女孩》】 1月12日，以第四届、第五届全国道德模范提名奖获得者，浏阳女孩何平为原型创作的道德建设主题暨青春励志题材电影《向日葵女孩》在长沙湖南大剧院首映。《向日葵女孩》由浏阳广电与邵阳广电联合出品，中央电视台著名导演刘艳臣执导，全片时长86分钟。（付　苹）

【浏阳广电与上栗广电联手打造“上栗之声”】 3月26日，FM92.7上栗之声私家车电台正式开播。这是在湘赣边区域开放合作交流、湘鄂赣城市广播电视联盟大融合背景下，浏阳广电、上栗广电推进两省广电传媒合作发展的具体举措。调频92.7上栗之声私家车电台是浏阳广播电视台与上栗县广播电视台联手共同打造的一个新锐专业音乐文艺广播频率，自2015年10月20日试播，24小时不间断播出。（付　苹）

【浏阳市农村广播村村响正式播出】 8月30日，浏阳市农村广播村村响（应急广播）正式播出，布点在全市的近万个广播终端同时响起。对农广播节目通过村村响系统向农村发声。浏阳市农村广播村村响工程是省委省政府“为民办实事”项目，浏阳市重点工程项目。项目于2015年立项，9月通过省市验收。总控中心设在浏阳广播电视台。（付　苹）

【“掌上浏阳——掌上政务”上线】 9月1日，长沙市委常委、浏阳市委书记曹立军启动“掌上浏阳—掌上政务”上线按钮，湖南省第一家县级移动政务综合平台开始正式运行。掌上浏阳定位于浏阳政务信息官方发布平台，开通掌上政务栏目，由浏阳市政务服务中心和浏阳广播电视台联合建设。掌上浏阳加大新闻发布和转发分享力度，平均每天阅读量超过12万，到2016年12月30日中午13:07分，掌上浏阳总阅读量突破1000万。12月29日，由湖南省网信办指导，湖南省新媒体协会、湖南省新闻工作者协会网络分会主办的“2016年湖南十大最受欢迎的移动应用软件产品”评选活动中，掌上浏阳是全省唯一入围的县级客户端，同时入围还有新湖南、时刻、芒果TV、掌上湘雅、友阿海外购等客户端。（付　苹）

11月22日，中国市县电视台原创节目交流中心成立暨首届市县台节目原创与媒体融合台长论坛在浏阳举行，中央电视台原台长赵化勇等领导出席活动　（图片来源：广播电视台）

文　物　管　理

市文物管理局

局　长、支部书记　凌江楼

副局长　王晓梅（女）　章家荣

【概况】 2016年，文物局坚持“保护为主，抢救第一，合理利用，加强管理”的文物保护方针，着力在研究和解决文物工作遇到的新情况新问题上下功夫，确保全市文物事业顺利开展和稳步推进。

文物保护　1. 传统村落工作。（1）苏维埃政府旧址文物保护修缮方案、大围山楚东村环境整治等工程方案获得国家文物局通过，共争取到位国家重点文物保护专项补助资金2200余万元。启动湖南省苏维埃政府旧址本体维修和环境整治工程招投标前期准备。（2）启动实施湖南省苏维埃政府旧址（锦绶堂）消防、防雷工程，2016年两项工程完成验收。（3）湖南省苏维埃政府旧址陈列展示工程和湖南省苏维埃政府旧址壁画保护修缮立项获得国家文物局通过，陈列展示工程方案编制正在进行招标前期准备工作，壁画保护修缮方案正由设计方进行修改。（4）编制上报中共湘鄂赣省第一次代表大会旧址（楚东山大屋）本体修缮立项，获省文物局通过，2016年完成方案编制招标工作。（5）对湖南省苏维埃政府旧址部分红军标语和油印文字进行抢救性保护。(6)配合大围山镇政府做好中国传统村落整体规划方案申报工作,配合文家市、金刚、龙伏、小河等乡镇做好省、市级传统村落的申报工作。2.文物保护工作。按照轻重缓急的原则,通过多渠道争取经费,做好部分文物保护单位维护维修和方案申报工作。(1)启动欧阳予倩故居维修工程,并邀请省文物专家对故居开展维修前的调查测绘工作,2016年底欧阳予倩故居修缮工程方案得到湖南省文物局审批通过,正在进行工程施工招标前的相关准备工作。(2)自筹资金17万余元,完成田波扬故居、浏阳县第一次工农兵代表大会旧址等文物保护单位维修维护工程。(3)现场指导并监督沈家大屋、桃树湾民居、陈氏焕章祠堂(初仪公享堂)、浏阳县第六次代表大会旧址、徐氏总祠等省市(县)级文物保护单位抢救性维修工程;(4)完成六栋堂中门制作。(5)编制上报王首道故居维修方案。(6)协助龙伏镇做好焦达峰故居修缮方案编制及经费申报,并获得省文物局通过,启动焦达峰故居修缮工程。3.文物基础工作。(1)完成市级以上文物保护单位保护范围划定和标志牌安放工作,成为长沙地区最先完成此项工作的区县;投资6万多元购置一台GPS定位仪,用于保护范围的划定,及时完成市内新增8处不可移动文物GPS定位、测绘等工作。(2)完善所有省级以上文物保护单位"四有"档案编制工作,其中锦绶堂"四有"档案编制是全市唯一符合标准要求的样板,得到上级部门的充分肯定。(3)完成"一普"2016年新增数据的审核工作,认真对市博物馆和胡耀邦故居提供的7000余件文物资料数据进行审核并录入,并上报长沙市一普办。(4)完成《红军长征相关不可移动文物普查情况表》、《长沙市不可移动文物实力统计表》、《长沙市不可移动文物名录》上报工作;(5)完成浏阳市碑刻拓片清单及碑刻文物点照片上报工作。乡镇合并后,重新对全市324处不可移动文物资料进行完善更新。4.项目申报。(1)完成2017年省、市等文物保护工程项目的清单报备和立项报告编制工作,共申报项目16个,经费3690万元。(2)完成省文物局"十三五"文保保护工程储备项目的清单报备和表格报送工作,共申报项目36个,经费6826万元。(3)完成革命文物保护工程储备项目清单报备和表格报送工作,共申报项目34个,经费1.9789亿元。7.文物信息核查。根据市文物局通知要求,11月份,执法科对市域22处疑似变化的文物保护单位和不可移动文物点参照"三普"信息进一步进行复核,尤其是业内解译难以确定变化类型、地物属性的文物图斑,坚持到实地进行野外踏查作业,如实记录每个疑似变化类文物点变化情况,并对外面复核变化的文物点及周围环境进行现场拍照取证,以确保每一处不可移动文物都能够通过遥感监测。

行政执法工作 1.健全完善文物安全管理制度。进一步加强不可移动文物安全管理三级网络建设,落实三级文物保护网络责任制。年初与各乡镇、街道签订《文物安全管理协议书》,并将此项工作纳入到各乡镇、街道年终绩效考核内容。与辖区内的全国重点文物保护单位的使用单位(锦绶堂除外)签订文物保护协议,做到每一处文物都有专人看守负责,加强文物守护员的安全保护意识,提高他们的业务能力。年初组织各乡镇、街道的文物专干和部分守护员进行培训,应部分乡镇的请求,对当地的所有文物守护员进行面对面的培训,随时随地对各个点上的守护员进行沟通培训,及时了解情况,传授经验和做法。2.加大文物安全巡查力度。(1)通过电话督查和下乡巡查等方式对市内不可移动文物保护单位进行全面督查,覆盖率为100%。(2)加强与公安消防部门联合检查力度。与市消防大队联合开展以文物古建筑为主的消防安全专项检查,对检查中发现用电线路存在安全隐患的多处文物保护单位拿出专项资金立即整改,有效确保文物本体安全。针对不同时期、节假日或不良天气等情况,及时通过短信平台发送安全警示信息,提醒并督促各乡镇文物专干、守护员或机构负责人加强巡查管理。截至2016年底止,发送各类安全警示信息40余条,出动巡查人员700余人次,车辆180余台次。3.严格文物行政审批执法工作。(1)服从市政府行政审批改革工作大局,全年完成行政审批立项88起,办结42起。对不按法律规定和不依程序办事的,予以耐心解释和回复,对违规的单位及时下达责令整改通知书。坚持严格的行政审批和行政执法,注重结合实际情况,从重大民生项目出发,切实维护好人民群众的切身利益,主动想办法协调帮助解决高坪镇李志民故居建控范围内拆房建房的手续办理。(2)协助政府重大工程项目手续办理。多次陪同市水务局前往省考古队所协调做好"椒花水库"库区调查勘探工作,促成在全省同类水库建设中以最低费用开展调查勘探工作。(3)文物行政执法严格规范。2016年8月份,根据当地守护员的情况报告,出动执法人员,及时制止金刚镇桃树湾民居族人在文物本体建筑内的不当装修工程以及寻淮洲故居保护范围内未经行政审批擅自动土施工等事件。12月份,浏阳和信花炮文化传播股份有限公司擅自损毁不可移动文物古墓葬案被国家文物局评为2016年度全国文物行政处罚优秀案卷。

文物法律法规宣传教育 2016年,文物局以"5•18国际博物馆日"、"世界文化遗产日"、"12.4法制宣传日"等为契机,策划文物安全知识系列宣传活动,精心制作20余块浏阳文化遗产保护工作展板,分别在谭嗣同广场、中和镇、文家市镇等地进行巡回展出,对浏阳文物进行全面介绍。通过设立咨询台、发放宣传资料,悬挂标语以及利用网络、报纸、电视台等媒体加大对文化遗产和文物法律法规的大力宣传,以此达到全社会人人参与、共同保护的目的,并着力提高民众的文化遗产保护意识,增强民众对文化遗产保护的使命感和责任感,营造全社会共同保护文化遗产的良好氛围。

无编制爱教基地监督指导规范到位 6月16日,文物局组织全市无编制爱教基地、文博单位和部分开放文保单位的讲解员和安保员以及各乡镇、街道文化专干进行业务培训,并特邀省市各级专家前来授课。

对个别管理不到位，制度不落实的无编制爱教基地进行督促改正，提升爱教基地规范化建设，使其真正发挥好爱教基地宣传教育的阵地作用。

（陈　娟）

【组织参加首届湖南文物价值解读与传播大赛】 8月9日组织召开浏阳市市（县）级以上不可移动文物比较集中的16个乡镇、街道文化站负责人及文博单位负责人参加的首届湖南文物价值解读与传播大赛筹备会议，对参赛有关内容进行详细解读和安排部署，并就如何撰写讲解词对与会人员进行培训。浏阳市共投稿55篇，入围17篇，入围作品数量居长沙市各区县第一位，并取得一等奖、三等奖各一名。

（陈　娟）

【浏阳市文物管理局文物行政处罚案卷获评全国优秀案卷】 国家文物局公布2016年全国文物行政处罚案卷评查结果。此次评查由国家文物局主办，全国有20个省、自治区、直辖市按要求报送参评案卷。经过专家初评、实地复核、专家终评，最终共评出“十佳案卷”10份，“优秀案卷”20份。由浏阳市文物管理局报送的“湖南省浏阳市和信烟花文化传播股份有限公司擅自损毁不可移动文物古墓葬案”案卷获“2016年度全国文物行政处罚案卷评查优秀案卷”殊荣。

（陈　娟）

浏 阳 日 报

浏阳日报社

党组书记、社长　刘家川

党组成员、总编辑

龙章平（2016.04任）

党组成员、副社长

罗　红（女）

党组成员、纪检组长　李先伟

党组成员、副总编辑　陈　江

党组成员、副总编辑

熊　玮（2016.12免）

【概况】 2016年，浏阳日报社有员工108人，其中在编人员34人，合同制员工74人。按工作性质划分为采编线（总编室、全媒体生产中心、编辑发布中心、新媒体部）、经营线（浏阳日报报业发展有限责任公司、浏阳市浏阳河新媒体网络有限公司）、行政后勤线（办公室、财务室、浏阳河发行投递有限责任公司）。全年50件新闻作品获全国、省、市新闻奖项，浏阳网获“全国地方网络媒体十大最具品牌价值奖”，微浏阳获评“全国最佳微信公众号”，“周末焰火”项目获全国县市区域报经营成功案例金奖，发投公司连续四年获“全国自办发行先进集体”称号。报业经营稳健发展，广告经营创收2700万元。

建置沿革　《浏阳报》于1956年4月1日创刊，当时为四开两版，周一刊。1959年1月《浏阳报》改为日报，由周二改为周五刊，四开四版，年发行量由8000份增加到12000份。1961年由于整风整社，精兵简政，经济处于困难时期，县财政无力拨给报社经费，历经5年1个月的《浏阳报》于1961年4月27日停刊，总计出版980期。《浏阳报》1988年元月5日复刊，全年发行53期，报刊号为新出函(87)15号。1994年1月经省新闻出版局批准，《浏阳报》由周一刊改为周二刊，报纸登记证规定：周二报由中共浏阳市委主管，全国公开发行，国内统一刊号CN43—0010，四开四版。1994年《浏阳报》被评为公开刊号一类报和全省报纸系统经营管理先进单位。1995年《浏阳报》成为“中国县市报研究会”团体会员单位，在全省报纸质量评比中被评为二类报纸。1996年，《浏阳报》改为《浏阳日报》，一周四期。2000年浏阳日报社实现办公搬迁，结束13年来租借办公场地的历史。2001年1月报社成立浏阳日报报业发展有限责任公司。4月，报社成立发行部，改变邮局发行的被动局面。2004年9月1日，新报徽正式启用。2005年1月1日在全国县市级区域报中率先成立的发行投递公司正式运行。经市委、市政府批准、市发改局立项位于行政中心内的新办公大楼于2006年4月9日正式破土动工，新办公大楼与市司法局联建，用地面积共1.4公顷，总建筑面积7000余平方米。2006年12月7日举行创刊50周年庆祝大会，并在庆祝大会上开通湖南惟一的县级新闻门户网站“浏阳网”。2006年12月25日《浏阳日报》改为四开十二版。2007年5月1日实现了行政中心办公大楼的顺利搬迁。

新闻宣传　紧扣全市工作大局，围绕党代会、市委经济工作会、市“两会”等重要活动，策划推出“新常态新出发”“奔浏”“获得”等系列专栏，刊发专版100余个。连续九年派记者赴北京参加全国“两会”报道，提升新闻品牌。与凤凰网联合主办“浏•乡——看身边变化，写美丽浏阳”主题征文（摄影）比赛，设立奖金10万元，收到作品1200余组，引发在外浏阳人的乡愁共鸣。策划“天下浏商”人物报道，刊发“南粤弄潮”“京华逐梦”“起舞云南”等篇章稿件30余版，受到市委领导的高度肯定。推出“中心式”年度策划，分为7个篇章，对深化改革、全域旅游、美丽乡村、项目建设、湘赣边合作等进行专题报道，刊发版面80余个，全面展现浏阳经济社会发展成就。加大外宣推介力度，103篇报刊稿件、1300余篇网络稿件被上级媒体采用，提高浏阳美誉度。创新公益形式，“爱心温暖回家路”（第五季）免费送195名新化、溆浦籍在浏务工人员返乡过年；策划推出“爱心早餐”公益活动，募集捐款42万余元，为环卫工人提供免费早餐近6万人次，活动获评浏阳市“十大爱心志愿服务品牌”之首，受到上级媒体的高度关注。连续多年开展“圆梦大学”公益活动，帮助1000余名贫困大学新生解决学费问题。关注浏阳河城区段溺水事故，推动设置救生圈120余个，传递社会正能量。拓展舆情收集渠道，编印《新闻参考》11期，专题反映社情民意。提高热线帮办效率，公益帮扶报道100余次，切实帮助群众排忧解难。开展民生监督，开设“舌尖上的安全”“亮剑执法在现场”等专栏，对食品安全、安全生产、环境保护等进行舆论监督，促进行业发展。

报业经营　面对经济下行形势，细分节会市场，组织举办浏阳车展、城市商务节、家博会、花炮机械展、网络文化节、七夕文化节、房•车展，小记者节、市民观察团等品牌活动；策划长兴湖花卉集市、高峰创意集市、人才招聘会、园区相亲会等新型活动，承办全年22场周末焰火，策划推出“嗨，浏阳！”五一专场、“欢乐方特”

六一专场、“红豆音乐节”七夕专场。办好人居、花炮、金阳、理财等周刊，新增经信、教育、旅游周刊，增强行业话语权和广告吸附力。精心策划特刊主题和版式，推出元旦特刊、人居环境发展报告、花炮产业安全与发展特刊等，增强报纸活力，确保全年广告经营目标的完成。调优报纸发行结构，通过报纸进门店、进社区，与教育、移动等大客户进行合作，推进报纸有效发行，稳定发行数量。加强与邮政部门的沟通协调，抓实投递员队伍管理，强化投递服务水平的提升。将4月定为“投递质量月”，开展“万名读者大走访”活动，通过下村入户走访、信息调查、电话回访等方式，加大与读者的联系与沟通，及时发现、解决投递问题。

新媒体建设　媒体融合　对报纸、网络、论坛、微信公众号、新闻客户端等全媒体进行改版，统一工作平台，建设全媒体中央控制室，实现“一次采集、多元生成、多种发布”的传播新格局。强化浏阳论坛的管理，稳定网络舆情，弘扬网络正能量。在市纪委的指导下，坚持办好《民声通道》《百姓呼声》栏目，增强投诉实效，办理投诉670余条。在市委宣传部的指导下，举办“民声e线谈”活动8期，邀请市领导及部门负责人开展在线交流，深化网络问政。新媒体发展出台《浏阳日报新媒体管理办法》等制度，规范新媒体管理。加强“微浏阳”建设，提高新闻质量，提升微信吸引力，稳定用户18万。发展微信托管业务，达成微信托管合作单位6家。开发智慧浏阳新闻客户端，注册用户8.2万，对新闻信息进行直播。完善“羊淘”电商平台建设，定位“名产+特产”，注重特色经营和公益品牌，推进报业实质转型。

队伍建设　引进人才。组织报社专场事业编制人员招聘，解决2位员工的编制问题，招聘大学本科员工6人，进一步优化人员结构，激发工作活力。班子建设。全面落实习近平总书记在党的新闻舆论工作座谈会上的讲话精神，坚持党性原则，增强政治家办报意识，提高班子成员政治素养。深入开展“两学一做”学习教育，开展“敏锐性、主动性、责任心”大讨论，加强党组中心组学习，组织业务培训等活动，提升党性修养和履职能力，着力建设忠诚、干净、担当的领导班子。加强民主集中制建设，定期召开民主生活会，做到政治坚定、团结协作、廉洁务实。作风优化。认真落实“两个责任”，履行“一岗双责”，深入推进党风廉政建设。抓严抓实中央“八项规定”、市委“三个一律”等规定要求，推动作风优化。规范内部管理，实行一卡通制度，开展“联合轮值督查周”“治会风　强作风”专项整治等活动，进行集中督查34次，发出通报13期，增强干部职工遵章守纪的自觉性和约束力。践行一线工作法，组织“新闻扶贫”“记者走基层”等具有报业特色的活动。今年报社二支部被评为全市“先进基层党组织”。

党建、纪检监察、党政服务、综治维稳、信访、统战、计划生育、工青妇、环境同治、编制人事、文明创建、精准扶贫、群工站等工作，均按照上级要求扎实推进，落实到位。　（王金红）

卫　生

卫生和计划生育

卫生和计划生育局

党委书记、局长　欧阳武
党委副书记、副局长　张卫国
党委委员、副局长　刘冰(女)
　卢林(2016.08 任)
党委委员、副局长　邱晓年
党委委员、副局长
　蒋奇文(2016.08 免)
党委委员、纪委书记　李峥嵘(女)
党委委员、工会主席　周才仁
党委委员、副局长　何梅林(女)
党委委员、副局长　周秋涛(挂)

【概况】 队伍建设　学习党的十八大精神和习总书记系列讲话精神，认真研究医改、计生新政策，不断提高新形势下履职能力；注重选拔培养年轻干部，公选10名35岁以下年轻干部担任乡镇卫生院正、副院长，市属医院竞争性选拔20多名35岁以下年轻干部担任中层干部；筛选58名学科带头人后备人才；招聘120名大学生；委托长沙职业卫生技术学院培养40名本土化乡村医生。大规模大力度推进理论与技能培训考核，开展医疗护理三基理论、三基技能竞赛活动，318人参加，及格率92.45%，全市排名通报；组织200多人参加护理骨干班学习；举办院感培训班7期，54家单位1100多人参加；开展三期中医药适宜技术培训，培训近500人；举办基本公共卫生服务项目培训和技能竞赛；“全面两孩”政策实施后，先后组织卫计办主任、法制员、奖扶员、流管员、办证员进行业务培训，确保计生干部掌握“全面两孩”政策。严格履行基层党建和党风廉政建设责任人的职责。开展“两学一做”学习教育和“转作风，优服务”主题活动。开展卫计系统“六个走在前列”大竞赛活动，对业务发展、安全生产、综治维稳、环境整治、作风建设、项目建设等工作进行月通报、季点评。扎实推进精准扶贫工作，与普迹镇五丰村开展结对共建活动，为每个省定贫困村开展2次义诊。按照“把权力关进制度的笼子里”的要求，出台《浏阳市卫计系统人事人才管理办法》、《浏阳市卫生计生系统投资项目管理办法》，制定医疗机构准入、设备采购等审批工作流程，规范权力运行。始终保持正风肃纪态势，实行单位主要负责人半年履责报告制，开展财务管理专项巡察，对社港骨伤科医院进行党风廉政建设专项巡察，本系统干部例行廉政谈话、提醒谈话、诫勉谈话、任前廉政谈话713人次。开展药品“清点行动”，对排名靠前的药品进行追踪倒查和用药合理性分析。实行总务、财务、药剂、项目、设备采购等重点敏感岗位轮岗交流，共轮岗交流46人次。编印《党风廉政建设和行风建设文件汇编》和《廉洁自律微课本》，实现廉政教育系统全覆盖。举办“生命之光”大型文艺晚会，对“十佳医师”、“最美护士”、“十佳计生专干”进行表彰，弘扬行业正能量。

医疗体制改革　出台《浏阳市分级诊疗工作实施方案(试行)》，以高血压、糖尿病为突破口，逐步建立基层首诊、双向转诊、急慢分治、上下联动的分级诊疗制度。推广家庭医生签约服务，建立家庭医生与居民契约关系，提高基层首诊比例。整合区域医疗资源，建立医疗联合体，促进优质资源下沉，首批由市人民医院、中医院、妇幼保健院、集里医院与小河、太平桥、杨花、官桥等10家乡镇卫生院建立医疗联合体，促进基层医疗机构的良性运转。加强药品使用监管，重新规范药品采购流程，邀请市人大代表、政协委员参与常用低价药品集中招标、统一议价，市级公立医院和基层医疗机构分别议价药品205个、144个，有效降低药品采购价格。在市妇幼保健院开展以岗位薪酬和工作量考核为核心的薪酬分配改革试点。支持社会资本办医，完成8家新设置医疗机构的审批及发证工作。

提升医疗服务质量　成立病案、院感、护理、中医药管理等四个质量控制中心。组织对全市医疗卫生单位开展医政医管、核心制度、病历、处方、护理、院感、精麻药品、依法执业、优质服务工作督查，对问题进行点评和约谈，共约谈6人。抓医疗服务过程中重点时段、重点岗位、重点人群的管理，降低医疗风险，防范医疗事故。实行医政双月例会制，及时研究分析发生在身边的医患纠纷，举一反三，持续改进质量。进一步规范医疗市场秩序，开展打击非法行医行动，调查案件98起，立案查处87起。全面落实医疗机构安全生产目标责任，定期开展督查，安全生产形势持续平稳。配齐中医药服务设备，推广中医药适宜技术，提高中医药服务能力。以提升满意率、降低投诉率为导向，开展在院一次评价、离院一次评价、出院一次回访为主要内容的“三个一”随访优质服务活动，着力改善群众看病就医感受，构建和谐医患关系，全年医患纠纷较去年明显减少。

增进公共卫生水平 将全部基本公共卫生项目资金按比例分到每个具体项目，实行量化考核，每季度进行一次督导考核，加大奖罚力度。对上年度考核落后的乡镇卫生院开展精准帮扶，大围山、小河等卫生院公卫服务水平显著提升。市疾控中心成功创建甲等县级疾控机构，高分通过全省县（市）级疾控质量认证实验室。加大对传染病防控，对违反《传染病防治法》的21家单位行政警告处罚和全市通报批评，全年未出现重大传染病疫情流行或重大突发公共卫生事件。加强疫苗管理，确保疫苗接种安全。开展对游泳场、美容美发、洗浴场等公共场所专项整治，覆盖率100%。开展集中式供水单位及城区二次供水单位专项检查，立案查处2起。加强学校卫生安全综合监督，检查各类学校、托幼机构330家。开展消毒产品专项卫生安全监督。通过微信公众号、LED滚动屏等媒介宣传健康教育知识，开展健康教育知识讲座385次，健康教育咨询318次，发放资料42万余份，提高了群众健康知识知晓率。

计划生育管理 推进计划生育服务管理改革，推动计划生育工作由控制人口数量为主向调控总量、提升素质和优化结构并举转变。构建计划生育月督查、季点评、年划类工作机制，进一步强化党政“一把手”亲自抓、负总责意识。以计划生育“百日攻坚”活动为契机，大力宣传“全面两孩”新政。开展以“二孩生育健康直通车”为主题的“一免三送”活动，积极做好高龄孕产妇及新生儿的保健和医疗服务。加强出生缺陷综合防控，将婚前医学检查、孕前优生健康检查和叶酸增补纳入基本公共服务内容，出生缺陷发生率稳步降低。综合治理出生人口性别比，查处“两非”（非医学需要的胎儿性别鉴定；非医学需要的选择性别人工妊娠）案件5起。将社会抚养费征收纳入社会信用体系。落实利益导向政策，确认奖励扶助对象37353人，发放奖励扶助金2800多万元。开展生育关怀活动，发放生育关怀资金200余万元。开展流动人口卫生和计划生育基本公共服务均等化工作和示范创建工作，促进流动人口社会融合。完成市计生协换届选举，3个村通过省级基层群众自治示范村验收。

项目建设 积极推进市人民医院整体搬迁项目，与财政局、城建集团共同签署《浏阳市人民医院建设合作协议》，就出资方式、组织架构、土地价格及资产分配等达成一致意见，总体规划及建筑设计方案通过专家评审，全面完成土地征收和拆迁工作以及新址土地报批手续和地勘、土方开挖招标。市精神病医院住院综合楼建设项目开工。新建达浒、普迹、沿溪卫生院，维修改造官渡、古港镇中心卫生院，完成30个村卫生室建设。以补助方式引导乡镇卫生院更新检验设备，张坊、小河等8个卫生院统一购买数字化的X光机、CR等设备，并依托市人民医院成立医学影像中心，开展远程诊断，提高基层服务能力。推进居民健康卡信息采集工作，完成居民健康卡应用受理环境改造，与长沙银行就集成预约挂号平台、远程医疗平台达成初步合作意向。 （李先知）

【获评全国妇幼健康优质服务示范市】 2016年，出台《浏阳市2016年创建妇幼健康优质服务示范工程实施方案》，按照“县级合、乡加强、村共享”原则，全面完成县、乡、村三级妇幼保健和计划生育服务机构职能整合，围绕领导重视好、规范管理好、服务质量好、指标落实好、人民满意好的“五好”目标，立足县域资源，全面落实各项指标，积极创新服务方式，努力打造“群众满意、社会放心”的妇幼健康服务品牌。11月7-8日，国家卫计委妇幼司副司长宋莉一行到浏阳市开展妇幼健康优质服务示范工程复核评审工作，对浏阳市创建工作给予高度评价，浏阳市成功创建全国妇幼健康优质服务示范市。

（李先知）

【蓝思科技亚健康关爱基地项目获评国家卫计委流动人口健康促进和社会融合典型案例】 蓝思科技股份有限公司是浏阳经济技术开发区最大的上市企业，有在职职工3.7万人，其中省内外流动人口3万人。调查结果显示，企业近60%的员工处于亚健康状态，社会融合压力大。为此，市中医医院在蓝思科技股份有限公司建立亚健康关爱基地，以流动人口健康促进为切入点，推动企业流动人口的社会融合。该项目多次接受国家、省、长沙市各级领导调研，并获得高度评价，获评国家卫计委流动人口健康促进和社会融合典型案例。 （李先知）

【分级诊疗工作在全省深化医药卫生体制改革试点会议上作典型发言】 出台《浏阳市分级诊疗工作实施方案（试行）》，以高血压、糖尿病为突破口，逐步建立基层首诊、双向转诊、急慢分治、上下联动的分级诊疗制度。推广家庭医生签约服务，建立家庭医生与居民契约关系，提高基层首诊比例。全市家庭医生签约团队174个，重点人群签约率30%以上，基层医疗机构诊疗量占全市总诊疗量的50%，全市区域内就诊率达95%，基本实现“小病不出乡、大病不出市”。6月份，浏阳市分级诊疗工作代表长沙市在湖南省省委召开的全省深化医药卫生体制改革试点会议上作典型发言。 （李先知）

浏阳市人民医院

浏阳市人民医院

党委书记 陈全礼（2016.08.26免）
周　平（2016.12.14任）
副书记、院　长 张　勇
党委委员、副院长 邓宗伟
周秋涛 刘智勇
梁　鹏（2016.05任）
党委委员、纪委书记 邓宗伟
党委委员 邱喜鸣 汤华章
汤淼云（女）

【概况】 2016年，浏阳市人民医院实现门急诊人次81.25万，比上年同期增长3.91%；住院人次6.16万，比上年同期增长 4.76%；平均住院天数 7.7 天，与上年同期持平；出院病人药占比 32%，比上年同期下降 1.75%；完成住院病人手术 32455 台次，比上年同期增长 43.03%；3 月 18 日，市政府第 38 次常务会议决议通过浏阳市人民医院整体搬迁项目，新院建设按照一流三级甲等医院标准。

医疗护理 2016 年，医院医疗、护理以创建"三甲"和建设湘赣边区域性中心医院、进一步提高服务治疗为目标开展工作。一是抓好制度落实，进一步提高质量安全意识。以提高医疗质量为工作重点，从抓基础工作着手，重点抓好核心制度的落实；结合《长沙市护理质控手册》和《三级综合医院评审标准》，修订完善医院《护理质量控制标准和评分办法》、《健康教育服务指南》等，进行多层次培训与考核，纳入绩效管理。二是强化质控管理，进一步提高医疗质量水平。为进一步降低医疗风险，持续改进质量，医院加大质量控质管理力度，扩大督查覆盖面，加强围手术期督查，发现和改进问题。2016 年，医院作为浏阳市医疗病案质量控制中心主委单位，接受上级委派在全市范围内进行包括医疗质量检查、创建全国百姓最满意乡镇医院以及每季度排名靠前药品使用情况的督查工作。三是围绕重点学科和名医工作室建设，进一步提高学科建设水平。为加强学科建设，医院相继出台《学科评价标准》和《学科建设发展三年规划》(草案)。医院通过长沙市重点专科的复评审，继续保留烧伤整形外科、内分泌科两个重点专科。普外科、妇科等 8 个科室作为湖南省县级重点专科带动全院科研工作的开展，医院申报 2016 年省级科研课 1 项，市级科研课题 2 项；通过长沙市卫计委组织专家进行现场审查、评估，批准医院烧伤整形重建外科成立以蒋章佳主任为领衔人的名医工作室，蒋章佳主任也被评为"长沙市重点学科十佳带头人"。四是以打造湘赣边区域性医疗中心为目标，深化交流与合作；医院成立分级诊疗办公室，积极开展双向转诊、分级诊疗、医联体(区域医疗联合体)帮扶等各项工作。建立"基层首诊、双向转诊、急慢分治、上下联动"医疗模式。医院与六大乡镇中心卫生院及淮川社区卫生服务中心、官桥、普迹卫生院 10 家单位成立"医疗联合体"，与 33 家基层卫生院签订双向转诊协议；帮助 24 家基层卫生院安装医疗影像学远程会诊系统，已开展远程会诊 200 余例；建立与湘赣边区各级医院的良好关系，院领导带队，组织医院重点学科负责人到湘赣边区 11 个县（区）人民医院进行走访、交流学习，并建立湘赣边区医师交流微信群，将医院重点学科新技术、新项目推广到湘赣边区医院，扩大医院影响力；加强与基层的互动，每两个月请专家对六大中心卫生院(大瑶中心卫生院、官渡中心卫生院、古港中心卫生院、永安中心卫生院、北盛中心卫生院、镇头中心卫生院）的院长和医务人员进行行政管理和业务技术的培训，不断提高基层管理和服务能力；积极参与社会健康管理，努力建立防病和治病相结合的办医理念，全院大部分临床科室都与有关单位开展健康管理活动；医院在市民之家开设健康管理服务窗口，为前来办理业务的广大市民提供便民服务，并组织相关义诊活动。2016 年，全院共抽调医务人员上百人次，高质量完成高考体检、公务员体检、征兵体检等全市中心工作任务，参与公共突发事件、重大活动的医疗救护 20 余次，顺利通过全国结核病防治工作现场核查、创建国家妇幼健康示范市评审等工作；医院工会活动形式多样，职工生活丰富多彩，参加全市各项文体竞赛均取得好成绩；2016 年，医院在"全国模范职工之家"基础上，又获"创建全国模范职工之家示范单位"荣誉称号，妇二科获"湖南省巾帼文明岗"称号，2016 年，护理部主任李红当选"2016 年全国优秀护理部主任"，为县级医院护理管理者争得荣誉；张川波主任被评为"长沙市基层名中医"，心血管内科护士刘芳苹被评为 2016 年度浏阳市"最美护士"。

培训科研 强化学习培训工作，进一步提升医务人员业务水平，增强服务技能。全年举办各种学术活动 54 次，专题学术讲座 25 次，先后有烧伤整形外科、心血管内科、护理、儿科、内分泌科 5 个学科举办省级继续教育培训班和学术论坛，吸引来自湘赣边区共计上千人次医务人员参加论坛会。10 月，为纪念黄彰任先生诞辰 100 周年，举办中美医学联合高峰论坛。全年，医务人员共撰写医学论文 100 余篇，发表 80 余篇，其中，国家级 8 篇，省级 70 余篇，在长沙市自然科学优秀论文评选活动中，乳甲外科张燕、周飞渡撰写的《E-cadherin 在乳腺癌新辅助化疗中的预测价值》获一等奖，2016 年，医院参加市卫计局组织的"三基"排位赛，获第一名。（王冷洋　黄　静）

【8 个专科成为县级标杆】 1 月，医院心血管内科、呼吸内科、普通外科、骨科、妇产科、儿科、感染性疾病科、急诊医学科 8 个专科被省卫计委确定为省临床重点专科，数量在全省县级医院中位列第一。通过浏阳市人民医院近年来的内涵建设和专业能力提升，这 8 个重点专科高起点开展内涵建设、人才培养、技术创新，都形成各自的特色和优势，成为全省同级医院的引领者，有的甚至具备与三甲医院同台竞技的能力和水平。

心血管内科 2004 年在全省同级医院中率先开展心脏介入治疗，能独立完成冠脉造影、冠状动脉支架植入术、临时及永久性心脏起搏器安装术、射频消融术、先心病封堵术等，每年收治 2000 多病人，截止 2016 年 12 月完成各类手术 1500 台，危重病人抢救成功率 95%以上。

普通外科分为肝胆、胃肠、乳甲三个专科。肝胆专科主攻肝胆胰脾专业领域疾病，完成各类腔镜手术 1 万余台，是湘赣边区腔镜治疗指导中心；胃肠专科拥有多套腹腔镜、超声刀、电子胃镜、电子肠镜、肛肠测压仪等先进设备，对胃肠道恶性肿瘤(癌)标准化根治及术后化疗等具有丰富临床经验；乳甲专科是全省同级医院中规模最大、专业技术力量最强、设备最齐全的乳腺甲状腺疾病治疗中心。

妇产科由肿瘤妇科、普通妇科、产科组成。肿瘤妇科以手术、化疗、放疗综合治疗妇科恶性肿瘤为主，普通妇科以微创手术治疗内分泌疾病、卵巢肿瘤、盆腔肿块、生殖道畸形等为主，微创手术率 95%以上，产科以高危妊娠、病理产科为特色，是浏阳市孕产妇急救中心。

儿科分设门急诊、PICU（儿童重症监护室）、儿一科、儿二科、儿三科五个病区，床位178张，另设儿童康复中心，在省内同级医院中率先实现一体化运行，对危重病人的救治能力达到三级医院水平，PICU已成功救治危重患儿4000余例。

骨科分为关节外科和脊柱外科，关节外科每年有200多台手术，关节镜下交叉韧带重建术达到省内领先水平，创伤骨折采用先进微创闭合复位固定技术，断肢、断指再植术成功率达90%以上。脊柱外科广泛开展各种脊柱外科疾病治疗，在全省同级医院中率先开展微创腰椎间盘镜下治疗腰椎间盘突出症、胸腰段椎体成形治疗脊柱骨折等手术。

2013年，中国健康与教育协会授予呼吸内科为慢性气道疾病规范化管理培训全国示范点，该科在呼吸危重症医学、呼吸道感染性疾病、慢性阻塞性肺病（COPD）、支气管哮喘、胸膜疾病等方面有丰富临床经验。

感染性疾病科承担全市公共突发卫生事件定点救治任务，曾是非典、禽流感、手足口病等公共突发事件的主力军，是我市肝病中心和结核病防治中心，对各类肝炎、肝硬化、麻疹、水痘、流行性腮腺炎、流行性出血热、败血症、发热查因、黄疸查因等感染性疾病具有高水平的专业救治能力。

危急重症医学科经过多年的磨练，造就一支反应迅速、经验丰富、协作紧密的精干队伍，对各类危急重症的抢救具有一流的能力和水平，拥有全省同级医院中最强大的后备支持团队。（王冷洋　黄　静）

【湘赣边首家掌上医院上线】 2016年1月10日，医院开通湘赣边首家“互联网+医院”，开启移动医疗新时代，开通智能导诊、当日挂号、预约挂号、缴费、手机上查检查检验报告、查询住院费用信息等项目。此项举措成效明显，绑卡患者54691人次，交易次数125692人次，平均每天受理与处理患者咨询信息10余条，移动医疗替代率到21%，普及速度高于预期，大大改善就诊流程，使门诊窗口近三分之一的患者通过移动平台得到有效分流，为全市居民提供就医便捷的同时，有效缓解就诊、看诊压力，进一步提升医院的医疗服务质量。

（王冷洋　黄　静）

【县级最大医学检验中心启用】 血常规、尿常规、大便常规等常规检验半小时内可出结果，每天可检验标本3700个，处理单项检测可达2万份。1月8日，医院新医学检验中心投入使用，专业技术水平和检测仪器、环境设施在全省县级医院中均处于领先位置。新医学检验中心面积1000余平方米，按照国家一流标准建设层流检测室和层流检验实验室。该中心现分为免疫、细菌、输血、临检、生化五个专项检查组，有140余个小检查项目。（王冷洋　黄　静）

【市人民医院启动择址重建工程】 3月18日，市政府第38次常务会议决议通过市人民医院整体搬迁项目。新址位于集里办事处杉松金桥片区、道吾路以北、禧和路以东、胡家路以西，占地面积170.34亩，一期总建筑面积148827.63平方米，设计床位数1200张。（王冷洋　黄　静）

【烧伤整形外科获评“长沙市名医工作室”】 4月，从长沙市委组织部副部长易敏华和长沙市卫计委主任周敏手中接过“长沙市烧伤整形科名医工作室”的牌匾，蒋章佳感受到了肩上沉甸甸的责任。继首开省内先河、市级医学主委单位挂靠县级医院之后，医院烧伤整形外科再次因为在学术领域的权威地位，成为长沙市9家名医工作室之一，也是浏阳唯一一家。在3年时间里，由医院副院长刘智勇为负责人、烧伤整形外科主任蒋章佳为领衔人的名医工作室，将对大瑶和镇头两个中心卫生院展开全方位的支持和帮扶。（王冷洋　黄　静）

【李红获评全国优秀护理部主任】 在2016中国护理管理大会上，医院护理部主任李红作为全国县级医院6个代表之一，与全国103名优秀护理部主任一道，得到国家卫计委领导的表彰。在她任职主任的8年多时间里，所管理的700多人的护理队伍，没有出现过一起质量问题。李红，43岁，湖南浏阳人，中共党员，副主任护师，现任湖南省护理学会烧伤专业委员会委员、长沙市护理学会常务理事、护理质控中心委员、浏阳市政协委员、浏阳市护理学会、护理质控中心主委。浏阳市人民医院护理部主任。她刻苦钻研学习，2008年竞聘担任护理部主任。至今，发表了10余篇论文，参与3项护理科研技2本护理书籍的编写。她是700多人护理队伍的带头人，在她任职主任的8年多时间里，医院护理工作得到长足发展；她是护理改革的积极推动者，率先在浏阳推行护理垂直管理，引进品管圈、PDCA、根因分析法等先进管理理念，成为全市护理行业的标杆；她是浏阳护理质控中心主委，努力搭建平台，增进行业之间的交流与合作，将先进经验与作法和大家一起分享，有力促进了行业整体水平的提升和进步；她是市政协委员，参政议政、散发着为医疗卫生事业鼓与呼的热情，多次撰写提案，积极建言献策；在浏阳护理行业，李红是一面旗帜，她是同行眼中的护理能人，是同事心中的知心姐妹，更是病友心目中最美的天使。（王冷洋　黄　静）

【举行黄彰任诞辰100周年纪念活动】 2016年10月16日，浏阳以中美医学交流、座谈会等形式，纪念黄彰任先生诞辰100周年，缅怀老人为世界及家乡医疗和教育事业发展所作出的突出贡献，黄老先生的亲属也专程从美国赶回来，参加纪念活动。黄彰任老先生祖籍浏阳，曾经投身抗日战场，先后在泰国、美国经商创业，在世界各地捐资逾8000万美元助医助学，成为享誉世界的华人实业家、慈善家。2016年是老人诞辰100周年，尽管老人已经去世4年，家乡人民还是以隆重而淳朴的方式缅怀。（王冷洋　黄　静）

浏阳市中医医院

浏阳市中医医院

党委书记　盛志新

副书记、院长

邱晓年（2016.12任）

副院长　吴海波

党委委员、纪委书记　廖　镇

党委委员、副院长
周月红(女,2016.05任)
周明亮(2016.12任)
副院长　刘密(挂职)
党委委员、工会主席　刘速成
党委委员　黄小英(女)

【概况】浏阳市中医医院是一所集中西医疗、急救、教学、科研、康复、预防、保健于一体的三级甲等中医医院。2016年,在职干部职工1317人,其中高、中级职称462人,博士2人,硕士研究生92人。设有28个临床科室,9个医技科室。2016年,共完成门急诊53.7万人次,住院4.58万人次;手术7381台;体检51139人次;治愈好转率为97.4%;患者满意率为98.28%。获评为“全国百姓放心百佳示范医院”。

医疗、护理　建立发挥中医药特色的激励、疗效观察与评价总结机制,提高中医药参与治疗率与疗效。门诊中医非药物治疗率12.1%,住院汤剂使用率89.5%,优势病种中医治疗率75%,中医特色护理63万余例次。大力实施中医“治未病”工程,开展第十五届“冬病夏治”节、第五届膏方节、三九贴灸等养生保健服务活动。加大医疗、护理、医技等核心制度与多科协作会诊的落实力度,加强院感、传染病与慢病管理。严格推进“四个合理”(合理检查、合理用药、合理治疗、合理用血),建立查房反馈、通报、整改、落实机制,共组织院级业务查房98次、医疗核心制度专项检查14次,院级病例讨论15次,组织疑难危重病例多科协作会诊445次。严格执行药品用量动态监测和超常预警、处方点评与药占比排名通报,提升医疗质量与服务水平。持续改进护理服务质量,开展中医特色护理,共实施中医护理方案39种,各科开展中医护理项目6项以上;积极推进护理“品管圈”(发现问题、总结问题、改进问题的方法)的应用,举办第一届成果汇报比赛。举行“八段锦”(一种健身功法)养生功比赛、新护士岗前培训暨授帽仪式;强化护理人员培训,共举办不同层级护理业务讲课75次,组织40批次“三基”(基本理论、基础知识、基本技能)理论考试及24批次的护理操作考核,在浏阳市卫计局组织的急救技能和基础理论排位赛中获市属医院护理组排名第一。按照“三甲”标准,不断完善和优化学科建设体系,出台《重点专科建设管理办法》,积极实施“培植、培养、培优”计划,保证专科建设的整体发展。加大学科硬件设施建设和先进技术设备引进力度,积极引进应用新技术、新项目,强化专科专病专药专治,提升学科影响力。成功举办首届国际中医治未病与亚健康论坛、2016年省针灸学会学术年会、长沙市急诊学术年会,“全国健康管理示范基地”落户该院。

队伍建设　制定党政领导班子成员党风廉政建设、“一岗双责”等制度,出台《落实党风廉政建设责任制分级预警实施办法》与《干部职工作风问题负面信息快速反应实施办法》;完善重点部门、重点岗位、重要环节的监督制约;开展药品“清点行动”与整顿损害群众利益不正之风专项治理活动;组织进行新任与敏感岗位中层干部廉政谈话;强化党务院务监督与公开,工作作风进一步优化。全年择优引进各类人才105名,其中临床医疗33人,护理46人,医学技术5人,药学5人,硕士研究生22人;提拔中层干部19人;晋升高级职称18人,初、中级职称89人。选派优秀人才到上级知名医院进修32人次,短期培训520人次。引进协和远程实际案例教学平台,组织远程网络讲座学习92期。开展“三八红旗手”“最美杏林天使”“十佳青年岗位能手”“杏林模范党员”与第五届“十佳医师”“十佳青年医师”等创先争优活动。邹先智、扶挂升分别获评长沙市“名中医”“基层名中医”,刘速成获评长沙市“优秀工会干部”,周燕飞获评长沙市“优秀工会积极分子”,吴铁军获评浏阳市践行“一线工作法”勇当发展主力军先进青年典型、浏阳市“优秀共产党员”,潘沁心获评浏阳“最美基层巾帼之星”;罗海兰获评浏阳市“最美护士”;陈培亮获评浏阳市“十佳志愿者”。

科研教学　建立健全科研教学质量管理考评体系,出台《学术论文、著作奖励办法》,组织申报各类科研课题13项,其中立项5项,2项已结题;发表论文103篇,参与编著1本。科技部重点基础研究项目(华中地区不同体质正常人脉象研究)落户该院。切实加强教学医院建设,完善院科两级教学职能,完成湖南中医药大学见习班149人的教学任务与8所高等院校225人的临床实习工作。

管理工作　注重优质服务。实施“进一步改善医疗服务行动计划”,成立优质服务办公室,开展“三个一”(在院一次评价、离院一次评价、院后一次回访)随访优质服务活动、“优质护理服务示范科室”流动红旗评比与

“名医进屋场”义诊公益活动　(图片来源:浏阳市中医医院)

每季度“优质服务之星”评选;举行医患沟通训练体系培训,提供城区中药免费配送到家服务,增强优质服务品质。深化文明创建。以建院60周年为契机,不断深化中医文化内涵,举办“欢乐浏阳河”医院专场文艺晚会、职工运动会等丰富多彩的文体活动与中医文化活动,增强凝聚力。围绕创建“省级文明单位”目标,开展特色鲜明的创建活动,在检查验收中,得到评审组的高度肯定。严格医保管理,认真贯彻执行有关医保政策,严格医疗费用与诊疗行为的监督管理,医保质量明显提高,全年服务特殊门诊患者64299人次,接收医保住院43910人次;城镇职工与城乡居民住院报销比例77%与44.5%。推进信息建设,完善HIS、LIS、PACS(医院信息管理系统、检验信息系统、影像归档和通信系统)等系统;完成社保卡应用系统改造与患者移动服务平台建设,实现微信、支付宝在线预约、挂号、缴费与报告查询;建设移动OA(办公自动化)系统;开通全院无线WIFI,实现住院与门诊银医互联自助系统全履盖。强化后勤保障,推进财务规范化运行,强化成本、预算与精细化管理。进一步规范设备、耗材与物资采购管理,提升设备、后勤维护保养等主动服务能力。完成老年病科VIP病房装修与制剂室提质改造,通过制剂GPP(优良制剂规范)认证。进行医院电力双回路改造,加强安全生产、综治维稳、爱卫创卫、环境整治、内保与消防管理,保障医院正常的医疗秩序。

惠民活动　举办2016湘赣边“微笑行动”,开展“名医进乡村”“名医进屋场”、义诊咨询、导医导诊、文明劝导、无偿献血、赛会服务等仁心志愿服务活动,全年参加志愿服务1178人次,累计志愿服务7000余小时,服务群众1.2万多人次。加大对基层医疗服务能力建设帮扶力度,与达浒、杨花、关口等基层医院建立医疗联合体,与33家乡镇卫生院签定双向转诊合作协议。发展慈善公益事业,全年进行慈善优惠、帮扶减免金额57.4万元,赢得群众的好评。完成120急救中心搬迁升级改造,完成院前急救、应急医疗救援、重大赛会的医疗保障等工作。全年

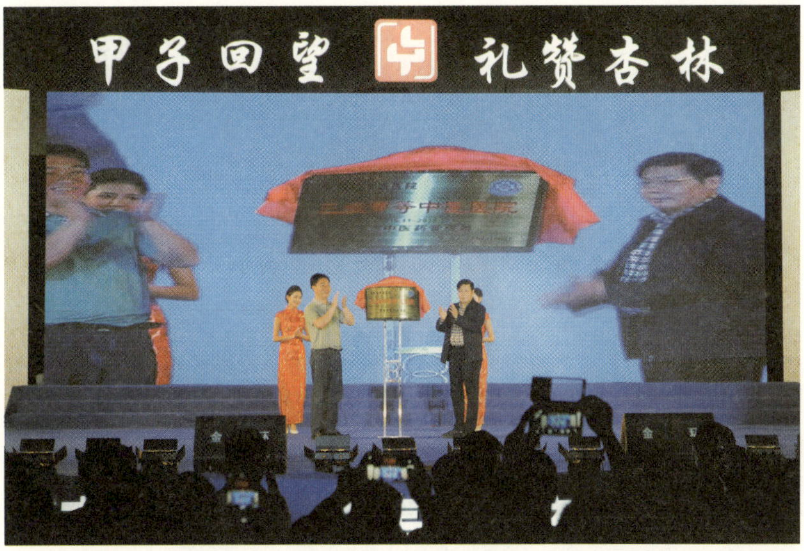

湖南省卫生计生委副主任、党组成员、湖南省中医药管理局局长邵湘宁(右),浏阳市委副书记邱山东(左)为市中医医院“三级甲等中医医院”揭牌　(图片来源:浏阳市中医医院)

120急救中心急救出诊10252车次,救治8693人次,成功处置3人以上事故91起,抢救成功率97.5%;网络调度出诊1534次;完成各类医疗保障服务26次。成立基层中医管理科,健全全市三级中医药服务网络,开展基层中医药服务督查与指导,举办5期中医药适宜技术培训班,提升基层中医药服务能力。在蓝思科技设立健康管理中心,为企业流动人员提供优质的公共卫生计生服务,其先进经验获全国推广。开展群众工作站工作,推进精准扶贫与结对帮扶。一年来,共结对帮扶29户,帮扶脱贫5户;走访慰问110户,解决群众诉求45件,化解矛盾纠纷12起,慰问困难群众87人次,赢得群众的广泛认可。　(黎　亮)

【免费治疗湘赣边76名唇腭裂患者】　8月18日-22日,由中华少年儿童慈善救助基金会主办,市中医医院承办的2016年湘赣边“微笑行动”在该院举办,来自美国、英国、丹麦等多个国家地区的90余名医疗志愿者为湘赣边地区的76名唇腭裂患者提供了免费手术和相关治疗。(黎　亮)

【邹先智、扶桂升获评长沙市名中医与长沙市基层名中医】　9月1日,长沙市卫生计生委召开长沙市名中医、基层名中医和十佳医学重点学科带头人的授牌以及名中医传承工作室的授牌会议。会上,市中医医院老年病科邹先智主任医师被授予“长沙市名中医”称号,心血管病科扶桂升主任被授予“长沙市基层名中医”称号。邹先智从医30多年,重医德,济贫病,治学严谨,坚持用中医理论、方药治病救人,研制出“银星养脑片”“瘫康胶囊”等在治疗中风病方面疗效显著,被广大患者誉为“可以托付生命的人”。扶桂升师承国医大师孙光荣教授,从医20多年来,精勤不倦,严谨求实,在国家级核心期刊发表论文10多篇,主持完成中医科研项目多项,研发的“益心调脉片”“心痛膏”“养心膏”在治疗冠心病、心绞痛、心衰等病疗效显著。　(黎　亮)

【获评“全国百姓放心百佳示范医院”】　10月15日,全国百姓放心示范医院动态管理第五周期总结交流暨第六周期启动会在北京召开,会上市中医医院被授予“全国百姓放心百佳示范医院”荣誉。近年来,该院本着“需求为导向,满意为目标”的服务理念,紧密结合“全国百姓放心百佳示范医院”活动主题,推行精细化管理和品牌化建设,内抓素质、外塑形象、强化职责、严格管理,在学科建设、中医特色、人才培养、科研教学、优质服务等方面取得了显著成效,受到了百姓的认可和称赞。　(黎　亮)

【湘赣边首家移动互联网中医院落户】　10月17日上午,市中医医院携手金蝶医疗、长沙银行举办“精诚

浏阳市中医医院扶桂升与苏建斌两位主任医师拜国医大师孙光荣为师

（图片来源：浏阳市中医医院）

创新，协力惠民——湘赣边首家移动互联网中医院”启动仪式，正式上线移动互联网医院——患者移动服务平台。湘赣边患者只需用手机绑定诊疗卡或身份证，就可随时随地完成挂号、缴费、查看账单、查看检查报告、预缴住院金等服务。（黎　亮）

【庆祝浏阳市中医医院成立 60 周年】 10 月 21 日，浏阳市中医医院成立 60 周年，当晚，以“甲子回望礼赞杏林”为主题的欢乐浏阳河浏阳市中医医院专场文艺晚会在浏阳市体育运动中心隆重举行。活动现场，省卫生计生委副主任、党组成员、省中医药管理局局长邵湘宁，浏阳市委副书记邱山东为市中医医院“三级甲等中医医院”揭牌；浏阳市中医医院扶桂升与苏建斌两位主任医师拜国医大师孙光荣为师。现场还对医院首届“名老中医”“名中医”“最美杏林天使”，第五届“十佳医师”“十佳青年医师”等优秀医务工作者进行表彰。作为庆祝市中医医院 60 周年系列活动之一，首届国际中医治未病与亚健康学术大会暨湖南中医睡眠专科建设研讨会于 10 月 22 日在浏阳市成功举行。国家中医药管理局原副局长孙涛，国医大师孙光荣，湖南中医药大学校长秦裕辉，湖南中医药大学副校长何清湖，长沙市卫计委副主任吴敏泉，浏阳市领导莫小佳、邓雪琴、廖伟平参加活动。（黎　亮）

【“全国健康管理示范基地”落户】 10 月 22 日，由中国健康促进基金会主办的第六届全国健康管理示范基地建设研讨会在合肥开幕。大会评选出 2 家“健康管理示范基地旗舰单位”和 47 家“健康管理示范基地”，市中医医院获“全国健康管理示范基地”称号。该院健康管理中心近年来由于极大程度改善软硬件条件，优化体检项目和体检套餐，进行科学规范的分层次环节管理，健全质量控制体系，完善检后干预和跟踪服务，狠抓各流程服务和质量，使得大众的认可度飞跃提升，在健康体检人次大幅提升的同时，客户满意度也全面提升。（黎　亮）

浏阳市精神病医院
浏阳市荷花街道社区卫生服务中心

浏阳市精神病医院
浏阳市荷花街道社区卫生服务中心

党总支部书记　邹　冰（聘）
院　　长　李　宇（2016.05 任）
　　　　　张飞跃（2016.01 免）
副院长　蒋章荣　何军旗
　　　　刘　姗

【概况】 浏阳市精神病医院（荷花街道社区卫生服务中心）是一所集精神疾病防治、综合医疗、老年病康复治疗、预防保健等为一体的新型综合专科医院，也是社会精神病人免费药物救助项目的具体实施单位。现有干部职工 220 人，其中高级职称 4 人，专业技术人员 188 人。院内开设有老年康复治疗和精神疾病专科及综合医疗科，8 个病室，开放床位 500 张。设有中医门诊、全科门诊、精神科门诊、心理检测、康复治疗室、预防接种室、儿童保健室、健康教育室、心脑电图、化验、B 超、放射、头痛失眠、生物反馈等多个功能科室。2016 年，门急诊 47653 人次，收治住院 2072 人次，日均住院病人 700 余人次。

队伍建设　2016 年 6 月，医院调整主要领导，班子成员能既分工又合作地开展工作，切实维护班子的团结和执行力。按时进行支部换届选举和预备党员转正工作，完成市人代代表换届选举工作，毛玲湘同志被推选为长沙市党代表，刘姗同志被推选为浏阳市政协委员，罗成钢、孔贤明 2 名同志公开竞选为基层医院院长，高俊、彭晓春、杨丽华 3 名同志公开竞聘为医院中层干部。各支部按上级工作安排部署，认真落实“三会一课”制度，抓好党员经常性教育。召开“两学一做”学习教育活动动员部署会，采取自学和集中学的形式，学习党章党规、系列重要讲话、廉洁自律准则、十八届六中全会精神等内容，党支部书记和党员干部到所联系的支部讲党课和微党课，各支部分阶段开展专题讨论，积极撰写发言提纲。结合医院行业特点，多次开展仁心志愿者活动，与镇头镇煅口村、普迹镇五丰村和牛石岭村的困难患者广泛开展结对帮扶、精准扶贫，帮助他们走出困境。利用媒体、报刊、微信等平台呼吁社会共同关爱精神病患者，让弱势群体不受歧视。召开季度行业作风和党风廉政建设工作会议，定期召开医院院委会议和院科干部会议，组织学习传达落实上级相关作风建设文件要求，认真落实“一岗双责”制度。邀请市纪委潘礼寿副书记讲专题党课，组织党员干部参观长沙市廉政教育基地，提升廉洁意识。

医疗护理　一是开展“安全生产月”活动。自 8 月份起，在全院开展“抓质量、排隐患、保安全”为主题的“安全生产月”活动，狠抓医疗护理质量，排查重点部位隐患，确保患者安全。继续实行医疗质量与医疗安全分级责任制，签订目标管理责任状，层层落实，责任到人。进一步抓好医疗查房和护理查房、行政领导不定期查房，每月组织科室进行一次安全大检查和评估，每周到各科室督查，及时发现和解决各科室存在的问题和隐患，有效保证医疗安全。二是规范医疗质量内涵管理。树立医院3～5年创建“二级”甲等精神专科医院目标，成立创二甲筹备办公室，按照创建标准要求，学习经验，制定方案，全面动员，苦练内功，加强医疗护理质量管理。积极创建重点专科，“精神科”成功申报为市卫计局“23511”工程特色重点专科。三是加强业务学习培训。全年聘请湘雅附二教授现场授课4次，进行现场视频教学4次，组织《精神卫生法》等相关法律学习2次，院内业务学习12次，派遣医务人员外出短期学习16次，提高业务水平。坚持以考促学，全年共组织全院三基考试和技能考核4次，医疗护理技能操作在全市竞赛中获得优异成绩，选派高俊同志加入湖南代表队参加全国精神卫生知识竞赛获得第三名。四是完善各项规章制度。建立健全各类技术规范和操作规程，使医疗护理活动有章可依、有规可循。进一步完善入院告知、病历书写、辅助检查、探视制度等核心制度。对交接班本每日一记、每周一查，形成一种常态化医疗行为。严格落实医疗文书书写规范，全年查阅归档病历1600余份，组织归档病历点评2次，提高病历书写质量。五是建立三级护理安全监控网。逐级收集护理危险因素，每周召开护士长例会，每月组织护理安全讨论会，就现存和潜在的安全问题进行讨论，提出切实可行的防范措施。

优质服务 一是提升全员优质服务意识。组织近三年新进人员岗前培训及新护士岗前培训，开展优质服务理念教育，强化服务理念转变，倡导多主动换位思考，从患者的衣、食、住、行、治方面提供舒适与安全的照顾。二是开展优质护理服务。开展护理用心服务与感动服务，坚持责任护士每天与病人交谈制度，通过开展科室茶花会，为卧床患者喂饭，为住院患者理发，为生日患者送上一碗鸡蛋寿面等，创新服务，创造感动。三是规范医保报销行为。严格落实审计整改及医保政策要求，加强对医疗保险农村合作医疗的监管力度，强化职责意识和服务意识。四是积极开展公益服务。开展“世界精神卫生日”义诊和健康教育讲座，成立医院心理咨询师服务团队，积极为社区、学校、残疾等特殊群体讲授心理健康课程。五是积极配合部门工作。政府夏季征兵体检工作，完成1800余人次的心理检测，为新兵的心理素质严格把关；配合残疾人联合会精神残疾鉴定工作，全年进行200余次精神残疾鉴定，维护患者合法权益。

公共卫生 一是认真开展基本公共卫生服务。完成辖区内居民健康建档4.71万人，建档率97%；对辖区内社区及行政村65岁及以上老年人开展健康干预，体检率66%；0-6岁儿童健康管理登记在册4360人，建档4333人，建档率99.38%；对辖区内22所幼儿园和11所小学进行体检，应补种人数707名，实补种人数692名，补种率97.9%；每月25日左右开展“妈妈班”，共培训265人。加强对流动儿童的管理，制订管理方案和流动儿童专册；积极做好传染病工作，在人口密集且流动大的建材市场、水果市场等地区多次开展搜索。二是继续实施686项目和社会精神病人免费救助项目。各乡镇都对辖区内的重性精神病人建档造册，重性精神病患者报告率4.5‰，继续对5533例重性精神病人进行随访，顺利完成5次下乡巡诊发药工作，共计发药11793人次，发放药品近200万元；新增办证患者128人，免费实施三项检查共计8006人次，做好精神卫生知识的宣传和普及工作，形成精神卫生知识宣传的长效机制。三是加强公卫队伍建设。选派公卫人员参加全市公共卫生服务项目技能赛中获得团体第一名。医院公共卫生工作在全市年度考核中名列第二。

项目建设 市精神病医院住院综合楼建设项目完善相关报建手续，完成大部分走土。内容管理增收节支，艰苦奋斗，集全院之力稳步推进项目建设，改善患者就医环境。

环境整治 全面整治医院环境卫生，设立院内环境周工作巡查公示栏，以督查促整改，保障整洁舒适的就医环境。利用宣传栏和电子显示屏，向职工宣传控烟知识，设立控烟咨询台，禁烟标识明显，切实落实控烟工作。

计划生育管理 签订计划生育目标管理责任书，B超备案登记，不断提高干部职工依法生育的自觉性。

工会、红十字会工作 组织职工无偿献血20人次。参加市直机关运动会获得趣味运动竞赛第一名，并在市卫计系统乒乓球赛取得男子团体分排名第一，女子团体排名第三的好成绩。 （邓日桃）

浏阳市疾病预防控制中心

浏阳市疾病预防控制中心

党总支书记 肖蓬（女）
总支副书记、主任 许欣
总支委员、副主任 张浩
黎彬（女，聘）

【概况】 浏阳市疾病预防控制中心是政府设置的疾病预防控制和公共卫生检测检验的公益性事业单位，加挂“浏阳市健康教育所”。主要职能是疾病预防与控制、突发公共卫生事件应急处置、疫情报告及相关因素信息管理、健康危害因素监测与干预、实验室检测分析与评价、健康教育与健康促进、技术管理与应急研究指导。共有编制数102名，其中核定市疾控中心财政全额拨款事业编制98名，核定市健康教育所全额拨款事业编制4名。2016年底实际在岗在编99人，空编3人。疾控中心承担国家基本公共卫生服务十三项工作中的八项，分别是传染病及突发公共卫生事件报告和处理服务、老年人健康管理服务、高血压患者健康管理服务、Ⅱ型糖尿病患者健康管理服务、肺结核患者健康管理服务、居民健康档案管理服务、健康教育服务、预防接种服务。

急性传染病防治工作 贯彻落实省市传染病防制工作会议精神，组织召开全市传染病防控工作部署会，组织各医疗卫生单位进行传染病信息报告管理规范、寨卡病毒、人禽流感防控知识、登革热、布病、基本公共卫生项目培训，共培训市属医院、乡镇卫生院（医院）分管领导和乡镇卫生管理所所长、疾控专干400人次。二是结合基本公共卫生服务项目工作加强传染病信息报告工作考核，每月对二级以上医院开展门诊日志登记、出入院登记、检验登记与反馈、影像登记与反馈、传染病疫情报告情况等的督查，每季度对基层医疗机构开展一次督导，每半年对全市医疗机构开展一次传染病疫情漏报调查，每两月以《工作质量报告》形式将信息系统传染病报告质量反馈给各医疗机构。三是做好传染病预警工作，对所有预警信号及时进行分析、核实、调查和处理，并进行记录。2016年，处置预警信号466次。四是做好重点传染病监测工作。按照省、市疾病预防控制中心下发的监测方案，开展手足口病、霍乱、人感染高致病性禽流感、菌痢、伤寒及副伤寒、感染性腹泻、出血热、钩体病等传染病的监测。五是做好传染病疫情网络直报与分析工作。定期检索国内外疫情，开展疫情周分析44期，月分析10期。

突发公共卫生事件处置工作　一是继续加强应急体系建设。加强市疾控中心突发公共卫生事件组织领导和指挥体系建设，形成上下贯通的组织指挥网络。进一步修订、完善救灾防病、群体不明原因疾病、新发的各类传染病等各类卫生应急单项预案和工作方案。落实全年24小时卫生应急值班工作。二是参与建立应急管理"一网四库"及卫生应急指挥决策系统。参与完善应急组织体系网络、应急处置队伍数据库、应急物资储备数据库、应急专家库、突发事件典型案例库，建立应急管理"一网四库"，补充数据，动态管理。三是加强应急队伍能力建设。共组织参加应急演练3次，包括组织学校感染性腹泻疫情应急演练、突发中毒事件应急演练和参加长沙市突发公共卫生事件应急演练。结合季节性传染病疫情，加强对登革热、埃博拉出血热和学校传染病的防控知识学习。四是做好应急事件处置。2016年，出动机动队40次，处置突发公共卫生事件25起，其中18起发生在学校或托幼机构。25起事件中较大事件1起，一般事件11起，未分级事件13起。事件暴露人数26859人，处置病例977人，死亡病例3例，检测样品数307个。事件以传染病疫情为主，共处置21起传染病疫情，4起食源性疾病。未发生重大食物中毒事故和重大疫情。

艾滋病性病防治工作　一是加强艾滋病疫情监测，最大限度发现感染者。2016年全市共计检测14万人份，完成全年任务，发现74例艾滋病病人和病毒感染者。按现住址统计，浏阳市累计报告艾滋病病人和病毒感染者490例，存活415例，死亡75例。其中，男性373例，女性117例，性别比为3.19:1；注射毒品传播5例，异性性传播352例，男男性行为传播126例，性接触＋注射毒品3例，输血／血制品传播3例，母婴传播1例。二是认真做好艾滋病病人和病毒感染者及其密切接触者管理工作。定期开展艾滋病防治数据质量评估，各项指标均达到全年工作要求。本年度对新报告的74例艾滋病疫情在接到疫情报告信息后10个工作日内完成首次随访（流调），首次随访（流调）率100.00%；对存活病人进行随访，共随访856人次，CD4检测275人；向长沙市传染病医院开具治疗介绍信131人份；孕妇母婴阻断5例。三是加强健康教育，努力提高市民艾滋病性病防治知识水平。发放各种艾滋病宣传资料5万余份；3月22日、28日分别对田家炳中学、浏阳六中进行艾滋病防治知识讲座，4月29日对集里街道计生专干进行艾滋病防治知识培训；市电视台、浏阳日报组织宣传报道。进行艾滋病防治知识知晓率调查，包括农村居民、城市居民、外来务工人员、暗娼、男男性行为者、性病门诊男性就诊者、在校学生艾滋病知识知晓率调查。四是认真做好性病监测管理工作。按照《性病防治管理办法》、《中国预防与控制梅毒规划(2010-2020年)》和《中国遏制与防治艾滋病"十二五"行动计划》，根据浏阳市实际情况，开展一系列性病防治工作，完成国家下达的性病监测工作任务。

结核病管理工作　一是结核病病人发现，完成活动性肺结核患者887例，完成全年任务数的111.85%(887/793)，其中新涂阳任务完成291例，完成全年任务数的102.11%(291/285)。二是结核病疫情追踪工作，2016年全年对报告的结核病疫情进行追踪，总体到位率90%以上。三是耐多药筛查情况：2016年，筛查耐多药可疑者220例，完成全年任务129.41%(220/170)；登记耐多药病人10人，完成全年任务数的111.11%(9/8)。四是顺利接受国家督导，2016年10月，浏阳市代表湖南省接受国家对结核病防治工作的交叉督查，浏阳市的结核病防治工作得到国家督查组和省、市上级单位的充分肯定。

免疫规划管理工作　一是做好预防接种人员上岗资格培训工作。分两批次组织全市各乡镇203名预防接种从业人员进行集中培训，让从事免疫规划工作的人员进行知识更新，熟练掌握预防接种知识和操作规程，进一步增强专业技术水平和规范疫苗接种的操作能力，确保工作质量。二是创新形式，广泛开展免疫规划健教宣传工作。按照省卫计委要求，积极推广疫苗接种的手机管理软件"小豆苗"APP，具备有电子接种证、接种提醒、医生答疑、妈妈课堂、家长交流等五项主要功能。三是积极做好麻疹、AFP、风疹、流脑、乙脑等病例的主动监测工作。每月对8月龄儿童进行麻疹类疫苗的查漏补种工作，全年网络共报告居住在浏阳市的疑似麻疹病例175例，经检测实验室确诊13例。四是扎实开展预防接种证查验工作。春季查验工作，全市311所托幼机构和264所小学均参与本项工作，对10059名新入托、新转学儿童进行查验，查验率100%。共补预防接种证290本，补证率为100%；补种2717人，补种率为98.66%。秋季查验工作，全市326所托幼机构和273所小学均参与本项工作，对35248名新入托、入学儿童进行查验，查验率100%。共补预防接种证888本，补证率为99.89%；补种8586人，补种率为99.21%。五是组织开展全市的接种率调查。扩大国家免疫规划工作，免疫规划疫苗按乡镇分苗分剂次接种率90%以上，全市32个乡镇全部达标。

慢性病管理工作　一是居民健康建档工作。全市共建立居民健康档案 1357361 份（其中 0-6 岁儿童 115692 人，0 次体检 223297 人），规范化电子档案数 1249756 份，规范化电子建档率为 96.50%。二是 65 岁以上老年人健康管理工作。全市建立 65 岁以上老年人专项卡 159832 人，年度内已录入老年人体检 82626 人，年度老年人健康管理率为 51.70%。三是高血压、糖尿病管理工作。高血压 91516 人，管理率为 46.98%。糖尿病 28077 人，管理率为 27.93%。五是进一步做好死因监测和肿瘤、心脑血管事件登记工作。浏阳市 2016 年度辖区内死亡病例报告数为 6645 人，粗死亡率为 4.90‰，年化粗死亡率为 6.2‰，医疗机构死亡病例报告及时率 100%，疾控机构审核及时率 100%，并在每个季度对辖区内死亡报告数据进行质量分析并下发各报告单位。登记心脑血管事件 3232 人次，新发率为 238.22/10 万，报告死亡 2284 人，死亡率 168.34/10 万。各项指标达到国家级监测点及慢病示范区的要求。六是 CKB 项目以及中国成人慢性病和营养监测项目顺利开展。浏阳市项目办共上报 1596 例发病死亡，其中上报发病 1220 例，死亡 376 例。所有常规同步、备份及设备维护工作都按国家项目办要求有序开展。

健康教育与健康促进工作 一是规范健康教育网络。建立健全覆盖全市乡镇、村（社区）、学校、卫生医疗单位的健康教育网络信息，逐步建立自上而下，遍布城乡，分工协作的健康教育网络体系。二是利用各种契机加大健康教育宣传力度。对全市32 个乡镇（街道）政府的卫计工作分管领导、卫计办主任进行健康教育和健康促进的社会意义和工作方法培训，并发放《全民健康生活方式行动倡议书》等宣传资料，进行广泛宣传，发动学习，培养人们的健康生活方式。利用卫生日整合部门资源，分别联合组织安监局、盐务局、食安办、科协等部门，多点联动开展宣传咨询活动。充分利用浏阳日报、浏阳电视台、959 交通广播等平面媒体和立体媒体，定期地开展健康知识传播。三是以特色活动带动健康教育工作全面开展。为进一步贯彻全民健康生活方式行动、健康素养促进行动工作，以市直带乡镇、干部带群众的双带方式，组织全市乡镇、街道办事处的机关干部以及辖区内单位干部职工、群众范围内开展的《浏阳市全民健康生活方式行动知识抢答赛》。四是积极参加上级组织的健康教育活动，并取得优异成绩。譬如组织知青家园艺术团和红叶歌友队参加 2016 年“骨动长沙”健骨操广场舞竞赛，分别获得二等奖、三等奖荣誉。

（陈建伟）

浏阳市卫生计生综合监督执法局

浏阳市卫生计生综合监督执法局
局长 许勇（2016.09 任）

【概况】 浏阳市卫生计生综合监督执法局于 2016 年 9 月新挂牌成立，根据省湘卫办发〔2015〕25 号和长编办发〔2016〕103 号文件精神，由原市卫生监督所更名而来。为副科级参照公务员管理事业单位。受浏阳市卫生和计划生育局委托，负责全市卫生计生综合监督执法工作，由市财政全额预算，人员参公管理。设有一室五科，分别是综合办公室、公共场所卫生监督科、医疗执业监督科、学校卫生监督科、生活饮用水监督科、计划生育执法科担负着全市卫计综合监督工作任务。监管对象包括公共场所、自来水厂、二次供水单位、学校、各类医疗机构等共有被监管对象 4000 余家，其中学校、托幼机构 450 家，各类医疗机构 1137 家，公共场所 2000 余家，生活饮用水、二次供水单位 80 余家以及多孩违法生育对象。

队伍建设 （一）以“两学一做”学习教育为契机，强化队伍建设，抓好内部党风廉政建设和行业作风建设。认真落实党风廉政建设责任制，党员目标管理、民主评议、民主生活会等基层党建工作，与各科室负责人、干部职工进行履职承诺，签订《党风廉政责任状》、《廉政承诺书》、《履职承诺书》；组织党员干部开展“两学一做”学习教育、学习十八大六中全会精神、“转作风，优服务”等党风廉政学习教育活动。（二）练好业务本领，提高服务水平。坚持定期学习制度，加强法制稽查、案卷质量、法律法规、文书制作等业务方面的学习培训，同时积极参加省市组织的业务技能培训学习，全年共派出 120 人次参加各类学习。利用国家、省、长沙市卫生监督网络培训平台、工作平台丰富的课件资源，组织干部职工积极参加学习。（三）严格法制稽查，规范依法行政。结合市卫计局“六个走在前列”考评活动方案，为规范监督执法行为，加大法制稽查工作的力度，制定《2016 年“六个走在前列”综合目标管理》方案，由局领导牵头，不通知、不定时对干部职工风容风纪、劳动纪律、卫生行政许可、案卷质量、业务开展、中心工作开展等进行随机稽查，并及时将稽查情况在内部公示，对违规行为及时通报处理，并与科室和个人的评先评优挂钩。（四）强化内涵建设，浓厚卫生监督文化氛围。一是以“爱心涌动浏阳河”等形式开展“仁心”志愿者活动为契机，促进工会、红会、妇、幼、老等各项工作全面开展。如内部开展“综合治理平安创建”、“无烟单位”创建、“平安家庭”创建等；二是积极参加各类工会活动，以工会活动增进同事之间团结协作精神；三是积极参加红会组织的献血等其他公益活动；四是扎实认真开展普迹五丰村卫生扶贫工作。在帮扶过程中，发现该村村支部和村小学学生饮用水检测不合格，立即安排专业人员多次到现场查找原因，免费配送消毒药物，并要求学校定期进行清洗消毒，同时党员干部积极捐款捐物帮扶该学校贫困儿童；五是将内部安全生产和综治维稳等工作与卫生监督有机结合，每科室确定一名卫生监督安全责任人，定期排查隐患，全年无安全、综治方面责任事故发生。

规范医疗市场 1. 开展打击非法行医专项行动。行动中落实四个“最严”，即“严查、严管、严处、严罚”，同时加大了对民营机构的查处力度。共计出动执法人员 273 人 / 次，车辆 106 辆 / 次，调查案件 98 起，立案查处 87 起，其中取缔游医 16 起，申请强制执行 3 起，移送公安 1 起，合议罚款金额 54.478 万元，没收违法所得 2.1099 万元，发放宣传资料 800 多份。2. 规范医疗市场秩序。按照长沙市所《关于印发“2016 年长沙市打

击非法行医专项行动工作方案"的通知》(长卫监发〔2016〕6 号)等相关文件精神,开展各类医疗机构医疗执业专项检查。一是 4 月份到 6 月份,开展了一次全市医疗机构执业情况综合整治,重点内容包括科室设置、人员资质、处方使用、医疗广告发布、医院感染和消毒隔离、医疗废物管理等,对存在有违法行为的单位均依法予以立案查处。二是开展打击"医托"、母婴保健技术服务情况、抗菌药物临床应用、民营医院虚假违法医疗广告、手足口病及人感染 H7N9 防治落实等传染病防治、疫苗流通和接种管理工作情况、打击代孕、校园周边医疗机构、医疗美容等十多项专项检查;共检查各类单位 252 家(次)。对每一次专项检查,针对存在的问题均下达卫生整改意见书,限期进行整改。对全市医疗机构违反《传染病防治法》的 21 家单位进行行政警告处罚及全市通报批评,还配合市局开展全市医疗机构年度校验工作以及查处多起医疗卫生单位违规执业行为。

开展公共场所专项整治 一是组织开展游泳场所、住宿业、美容美发、足浴、洗浴场所、集中式中央空调等公共场所专项监督检查,检查单位 860 家,监督覆盖率 100%,从业人员的体检培训率在 95%以上;同时对浏阳市城区范围内的公共场所单位全部建立分户档案,一户一档,建档率 100%,全年新增 100 家量化分级单位;二是开展全市公共场所无《卫生许可证》经营专项整治;三是新建公共场所示范店 20 家;四是加强对暑期全市游泳场所的卫生安全执法检查,开展快速检测,及时公示监督监测结果。

保障生活饮水卫生安全 开展两次集中式供水单位及城区二次供水单位专项检查,检查 31 家集中式供水单位及 58 家二次供水单位,检查重点包括制水工艺、水源保护、水质消毒、水质检测、日常卫生管理等各个环节,对各单位存在的问题提出书面意见,限期进行整改,同时联合市疾控中心对全市所有集中式供水单位进行监督抽检,立案查处违法经营生活饮用水单位 2 起(集里中学的分质供水和澄潭江自来水厂),罚款金额 6000 元。对存在较大饮水安全隐患的澄潭江镇水厂、七宝山乡水厂等 8 家单位进行专门约谈并将制水过程存在的安全隐患等情况向当地政府做出专题汇报,下达整改通知,签订食品安全责任状。

学校卫生安全综合监督 开展了春秋两季以学校、托幼机构学生饮水卫生、传染病防治、教学环境卫生及校园周边医疗机构专项治理为重点的学校卫生综合治理,检查全市各类学校、托幼机构 330 家,学校整体卫生状况有了明显改善。11 月上旬,由市政府牵头,联合市教育局、市场监督管理局开展一次对全市所有各级各类学校地毯式检查(包括单人校),检查重点为学生生活饮用水和传染病防治,检查后,及时将检查情况汇总并通报教育部门。

开展消毒产品专项卫生安全监督 3 月 30 日召开集中式餐具消毒生产单位负责人会议,进行法律法规知识和卫生知识培训,开展两次消毒餐具专项监督检查,检查消毒单位 17 家。同时,对出厂产品进行监督抽检,针对存在的问题,及时下达整改意见,责令整改;对检测不合格的 2 家单位进行立案查处。通过多措并举,多次整治,目前有 5 家餐具消毒公司已经进行了整合,其他单位仍在进一步整合中,各生产厂家卫生条件有大幅度改善。

计划生育执法 二孩生育全面放开,生育政策进行调整。全年审理、受理违法生育多孩案件 38 例,征收社会抚养费 64 万多元(不含乡镇代收),司法拘留 3 人,送达文书、下乡执行到达 23 个乡镇。将违法生育多孩对象全部纳入被执行人失信执行名单,并对其中 90 名执行对象在媒体上进行公告。"文明测评"、"创食品安全城市"、"创卫"、"城乡统筹环境同治"等中心工作稳步推进。一是为保证各项中心工作任务顺利完成,对城区所有的五小门店重新进行摸排,登记造册;同时加强指导、帮扶、协助五小门店提高卫生水平。对符合条件的门店,简化办证工作流程和办证手续;组织开展各类公共场所集中专项整治,大力打击无证经营、无证上岗等违法现象。检查各类五小门店 380 家,整改 250 家,取缔 40 家,立案 6 家,合议处罚 3 万元。通过集中整治,我市"五小"行业整体卫生状况明显好转,经营者的法律意识和卫生意识得到明显提高。二是专门安排科室和人员协助大瑶镇全力开展创国卫工作。9 月 2 日,大瑶镇顺利通过国家卫生城镇评估验收。

推进政务公开,快捷方便服务群众 进一步规范卫生许可,健全完善卫生许可程序和办事流程,并在大瑶等率先实行乡镇许可权限下放,农村群众真正做到不出乡镇即领取卫生许可证,及时接收、发布和处理全市商事许可信息,畅通投诉举报途径。接收长沙市商事信息 470 余条,办证率 82.51%;发放各类卫生许可证 726 户,其中公共场所 692 户,饮用水 34 户;全年查办各类投诉 23 起,其中 17 起医疗,3 起公共场所,2 起消毒餐具,1 起二次供水投诉,有效维护相对人的合法权益。

开展卫生法律法规知识宣传和行业培训 一是加强管理相对人培训学习,与市自来水公司组织开展了一期城区二次供水单位卫生管理员和负责人卫生法律法规知识培训,共培训 120 人,11 月上旬邀请长沙市公共卫生协会组织开展了一期全市各医疗机构放射医务人员卫生安全知识和法律法规知识培训,培训 98 人,依托网络培训系统,全年共培训各类卫生管理员共 600 余人。二是积极开展"3·15"、"5·31"世界无烟日、职业病防治宣传周、生活饮用水宣传周、"世界艾滋病日"等卫生法律法规知识宣传活动,公布投诉举报电话,向广大市民宣传卫生安全知识,提高人民群众卫生安全意识和维权意识。全年出动宣传人员 40 人次,宣传车辆 4 台次,制作宣传栏 4 期,宣传横幅 4 条,上街宣传 4 次,发放各类宣传资料 2000 余份,接受咨询 100 余起。三是在《浏阳日报》上公共场所无证单位查处及打击非法行医情况进行卫生公示,将集中式供水单位监督监测、中小学校饮用水卫生安全大排查、大整治行动及集中式消毒餐具监督监测的情况进行通报。四是组织开展国家、省级卫生监督信息报告系统填报和培训学习,按时按要求向各级各类上级单位报送各类卫生监督工作信息 110 余条。

(李先义)

浏阳市妇幼保健院
(浏阳市妇幼保健计划生育服务中心)

浏阳市妇幼保健院
(浏阳市妇幼保健计划生育服务中心)

党委书记、主任(院长)
　　龙湘泉 2016.09 兼主任
党委副书记、副主任(副院长)
　　黄其美(女,2016.09 任副书记)
党委委员、副主任(副院长)
　　李　珣(2016.09 兼副主任)
党委委员、副主任(副院长)
　　肖　波
党委委员、纪委书记
　　黄海霞(女,2016.09 任)

【概况】浏阳市妇幼保健院属公共卫生事业单位,始建于 1952 年,2016 年发展为集医疗、保健、教学、科研、健康教育为一体的妇幼保健机构。按照市委、市政府机构改革的实施意见,2016 年 6 月,将浏阳市妇幼保健院与浏阳市计划生育技术服务站整合,组建浏阳市妇幼保健计划生育服务中心,与浏阳市妇幼保健院实行“一个机构,两块牌子”。主要负责为全市妇女儿童提供孕产保健、妇女保健、儿童保健和计划生育技术服务等。2016 年医院顺应经济发展新常态,坚持稳中求进总基调,认真履职,成功创建国家级妇幼健康优质服务示范县,再次获评全国百姓放心示范医院。

公共卫生工作　2016 年全市活产婴儿数 20440 人,孕产妇死亡率、五岁以下儿童死亡率、婴儿死亡率分别为 4.89/10 万、4.60‰和 3.18‰,均远低于国家规定要求,其余 23 项 57 个群体保健指标,均全面达标。出生缺陷发生率由 2015 年 213.23/ 万下降为 2016 年的 136.87/ 万。经长沙市卫计委的综合目标考核再次获长沙地区 9 个区(县市)第一名,这也是连续 23 年获此殊荣。一是加强妇幼健康服务综合管理。年初召开全市妇幼健康服务工作大会暨业务管理培训会,统一工作作法。加强市、乡、村网络队伍的管理和培训、基层督导、爱婴医院管理,规范《出生医学证明》管理。二是落实孕产妇安全管理、控制孕产妇死亡。加强春节期间孕产妇安全管理,建立产科急危重症急救与转诊绿色通道。加强孕产期保健环节质控、助产机构的质量督查、危重孕产妇救治与评审、高危孕产妇和流动孕产妇管理。三是全面推进妇幼基本公共卫生服务和重大公共卫生项目,落实农村孕产妇住院分娩补助政策。四是积极落实出生缺陷综合防控措施,签订政府主导的出生缺陷综合防治目标责任书,浏阳市出生缺陷呈逐年下降趋势。五是加强儿童健康管理,巩固儿童保健服务合格市创建成果,规范托幼机构运行。六是开展健康教育,提高目标人群覆盖率和知晓率,抓实孕妇学校、家长学校的规范化建设。七是加强妇幼卫生信息管理,抓好各项原始数据的真实性,落实逐级质控。八是开展计划生育技术服务,依法执业,规范操作。已婚育龄夫妇享有免费计划生育基本技术服务项目落实率 100%,群众获得规范、安全、适宜的避孕节育服务,无手术并发症。近三年出生人流比逐年下降。通过创新管理、优化服务,全面抓好妇幼健康各项工作,树立行业良好形象。经妇幼健康服务电话调查,群众满意度 95%以上。

医疗业务工作　2016 年共完成门诊诊疗人次 46 万,住院人次 3.3 万,实现医疗业务收入 2.11 亿元,全年分娩量突破 1 万人次。全年药品收入占业务收入的占比控制在 13.86% 保持业务收入 9.6%的增速。

落实国家二孩政策　在严格执行国家生育政策的同时,针对出生增高形势,妇幼保健院着重强化硬件支撑,成立产科急救中心和儿科急救中心,开设重症监护病房,提高危重新生儿的抢救成功率。致力提升软实力,调整充实妇产科医生、助产士和儿科医生,加大新进人员的培训力度,为基层产儿科医务人员提供免费市级单位进修机会。开展“两孩生育健康直通车”活动,创新推行“一免三送”,即开设免费咨询门诊,送健康课堂下乡,送叶酸下乡,送直通车服务卡下乡,为两孩生育群体健康护航。

落实“互联网 + 医疗”行动计划　医院积极与长沙银行、金碟医疗公司合作,于 10 月 18 日成功启动“云端妇幼”患者移动服务平台。医院的发展进入“互联网 +”时代,湘赣边首家妇幼互联网医院。服务平台开通后,服务对象只需要通过关注“浏阳市妇幼保健院”微信公众号或支付宝服务窗,即可访问和调用“云端妇幼”服务平台功能。获取“就诊咨询、预约挂号、当天挂号、诊间支付、查看检验报告”等全流程服务,真正实现“不排队、不带现金、用手机玩转医院”的目标,极大限度地解决“看病就医排队愁,挂号缴费等候久”的现实问题。

提升医疗质量　一是强化医疗质量与安全管理。按照三级医院的标准,通过健全管理制度、加强业务培训、组织应急演练、开展专项整治、推行临床路径管理等措施,全面提升医疗质量。病历书写有明显改观,降低医疗纠纷发生率,杜绝院感事件发生。二是继续深化人事制度改革。按照学科体系建设要求,规范设置业务科室,并启动业务科室中层干部竞聘工作。共有 11 名 35 岁以下的优秀青年提拔担任中层干部,进一步激发干部队伍活力。三是继续推进文化建设。全面推行“患者至上”医院文化建设,将文化建设与业务查房有机结合,并纳入绩效考核内容,以文化建设促医院业务发展。四是全面推行优质服务。整合“学医为民、服务乡亲”活动机构和电话回访中心职能,成立“优质服务办公室”,实行“三个一”服务,即入院后一次探视、出院前一次探视,出院后一个月以内一次电话回访服务,不断提升服务对象满意率。五是科研工作取得新突破。周双红主任、潘芳科护士长主导的科研项目分别获省级和市本级立项。六是继续加强中医服务能力建设,提高中医适宜技术在妇幼保健中的应用比重,开设中医科,与湖南中医药大学中西医结合学院共同举办“西学中”培训班,加快中医人才培养。七是进一步规范药品管理,促进合理用药。建立健全高危药品管理、用药合理性分析、个人药占比、药品下架等制度,使药占比控制在 13.86%,抗菌药物占比控制在 59.63%,得到医保主管部门的充分肯定。八是与小河乡卫生院、永和镇七宝山卫生院结成医联体,与关口社区卫生服务中心开展新一轮合作办院,认真履行基层业务指导职能。

党建工作　一是扎实履行党委

主体责任。切实加强全体党员思想政治建设，以支部为单位，在党员干部中扎实开展“学党章党规、学系列讲话，做合格党员”学习教育，紧紧围绕“两学一做”和“两性一心”学习教育，开展形式多样的专题活动，使党员素质进一步提升。二是全面落实纪委监督责任。组织学习《中国共产党党内监督条例》和《关于新形势下党内政治生活的若干准则》，组织召开党风廉政建设与行业作风建设专题会议，以支部为单位开展“访贫思廉”思想分享会，组织中层干部和重要岗位科室负责人参观长沙市廉政教育基地，进一步筑牢拒腐防变的思想防线，使“两个责任”得到全面落实。

统筹兼顾，各项工作齐头并进 做好安全生产和社会管理综合治理工作。建立健全“党政同责、一岗双责”的齐抓共管安全生产工作机制，努力打造平安医院。创新机制，形成合力，较好地完成城乡统筹环境同治、城市文明指数测评、创卫、爱卫等政府交办中心工作。加强医院品牌、专科专家宣传，正确引导和及时处置网络舆情。对药品、耗材实行集中采购，为医院节约资金360余万元。组织开展首届青年职工职业生涯规划系列活动，为年轻人才的成长搭建平台。协调多方关系，食堂和立体停车场建设破土动工。认真开展群众工作站工作和精准帮扶工作。成功举办第七届职工运动会和第三届职工智力运动会。暑假期间组织职工子弟开办乒乓球、羽毛球和小主持人培训班。派出6名队员参加长沙市卫计系统羽毛球赛，获长沙市卫计系统团体冠军，积极参加市直机关运动会男子篮球赛，并取得良好成绩。

继续发挥全国示范引领作用 浏阳市妇幼保健院作为全国首家妇幼保健学科体系建设示范单位，2013年通过中国妇幼保健协会评估验收。三年来，共接待全国各地妇幼保健机构参观单位612家，约3000人次。接收培训进修人员711人次。2016年，全国示范引领作用进一步发挥。一是2016年接待来自全国20个省（市）参观学习团120批次，接收培训进修人员211人次。二是3月27～29日承办由中国妇幼保健中心主办的“新政策下妇幼保健机构管理与技术培训班”，此次大会共有来自全国100余家单位的300多位同行参加。三是11月28-30日承办由中国妇幼保健协会主办的全国第一期大保健管理院长专修班，共有来自全国29家单位91位院长参加。四是职能整合到位。按照国家、省、市机构改革文件要求，将妇幼保健院和原计划生育技术服务站合并，成立浏阳市妇幼保健计划生育技术服务中心，保留市妇幼保健院牌子。并规范设置计划生育技术服务部。（刘　学）

【创建全国妇幼健康优质服务示范县】 根据全国妇幼健康优质服务示范县创建标准，围绕“领导重视好、指标落实好、规范管理好、服务质量好、人民满意好”的工作目标，规范妇幼健康管理。完成市、乡、村三级妇幼保健和计划生育服务机构职能整合，实现“三级网络完善、三级职责明确、三级服务规范”的目标。成功创建国家级妇幼健康优质服务示范县，2017年1月20日，浏阳市卫计局欧阳武局长和龙湘泉院长陪同吴新伟市长赴北京领奖。创建工作得到国家卫计委妇幼司宋莉副司长的高度赞誉。

（刘　学）

社会生活

民　政

市民政局

党组书记、局长　姜林峰

党组成员、副局长

王朝晖　刘赋辉

林永红　陈　平(兼)

党组成员　刘迪清(2016.1任)

党组成员、市纪委派驻纪检组组长　邓章荣(女,2016.12任)

王慈秀(女,2016.08免)

【概况】 2016年，市民政局有在职干部职工92人，退休干部29人，内设办公室、优抚安置科、救灾救济科、基层政权和社区建设科、社会事务科、社会福利科、计财科7个科室。下设二级事业单位16个，其中全额拨款二级事业单位14个，分别为市生活无着人员救助管理站、市老区经济促进委员会办公室、市社会福利生产办公室、市民间组织登记管理局、市社会救助局、中心光荣院、官渡光荣院、古港光荣院、区划地名办、军队离退休干部休养所、婚姻登记处、社会福利院、烈士陵园建设管理办公室、慈善事业促进办公室；差额拨款二级事业单位1个，为社会福利有奖募捐办；自收自支事业单位1个，为市殡仪馆。

社会救助　一是城乡低保精准实施。出台《浏阳市社会救助申请家庭收入计算评估实施细则》，进一步完善居民家庭经济状况核查机制和信息比对机制，制定《浏阳市建档立卡贫困农户兜底保障和医疗救助实施方案》，推进低保制度与精准扶贫政策有效衔接，确保城乡低保精准识别到户、精准帮扶到人。全年共保障城市低保对象3869户、7481人，发放低保金3045万元；保障农村低保对象17565户、39285人，发放低保金6637万元。城乡低保人均月补差分别为333元和152元。二是特困人员供养。加强敬老院规范化管理，不断优化服务环境和质量，提升服务水平，投入4130万元提质改造7所敬老院，新增床位1000个。年发放五保供养资金4067万元，9156名分散或集中供养五保对象得到有效保障。三是开展医疗救助。资助全市4万余城乡低保对象进行医保。470余名尿毒症患者按月得到全免费血液透析治疗救助和400元临时门诊救助。免费为社会精神病人提供6次巡诊及药物救助，其中5580人次重性精神病人实现住院治疗全免费和应救尽救。截止2016年底，共救助大病患者5600人次，发放各类医疗救助资金2579万元。四是灾害救助。及时应对2016年内4次自然灾害，帮助128户因灾全倒房户恢复重建住房和423户倒损户修缮住房，发放建房补助资金232.2万元。开展省综合减灾示范社区创建活动，群众减灾抗灾能力得到加强。五是临时救助。下发《进一步规范临时救助的通知》，完善临时应急救助机制，提高重点对象救助额度，确保临时救助用准、用好。实施以春节走访慰问为主要内容的暖心工程，全市春节共走访慰问和重点救助困难户2.9万余户，发放救助金1773万元。开展慈善募捐，实施助学、助医、助困等各类慈善救助活动，发放善款1286万元，有效缓解困难家庭基本生活问题，充分发挥社会救助保基本、兜底线、促公平的作用。

优抚安置　一是双拥活动广泛开展。继续在广大退役军人中开展以“带头建设家乡、促进经济发展，带头维护稳定、促进社会和谐”为主题的“双带双促”活动，通过建立帮扶体系、健全保障机制、军地联手共抓，保障退役军人创业就业和安居乐业。结合元旦、春节、八一等节日，组织慰问优抚对象1万余人，发放慰问信10万余份，慰问款物300余万元。为1130名困难优抚对象解决临时救助85万元。通过在生活上真情关心，生产上倾力相助，政治上热情关怀，感情上交心融洽，军政军民关系更加密切。二是抚恤补助发放及时。严格按照政策规定发放重点优抚对象定期定量补助、医疗补助和义务兵家庭优待金等各类抚恤和生活补助资金，加强资金发放动态管理，主动做好优抚对象数据核查工作，全年发放8000余万元。做好享受补助人员的身份认定，落实军休干部的政治待遇和生活待遇。三是推进退役士兵接收安置工作。为439名选择自主就业退役士兵发放一次性地方经济补助金619万元，组织92名退役士兵参加职业技能培训工作，发放义务兵家庭优待金839万元。对51名符合政府安排工作条件的退役士兵，按照量化评分排序、公开选岗方式进行安置。四是烈士陵园管理规范。健全完善烈士陵园基础设施，积极开展烈士纪念相关活动，充分发挥爱国主义教育基地作用。市烈士陵园成功申报全国重点烈士纪念设施保护单位，并被评为全省文明优抚事业单位。

基层社会管理　一是村务公开民主管理。组织开展2次全市村务公开民主管理专项督查，指导64个村（社区）深化村务公开民主管理。制定《浏阳市村务公开民主管理实施办法》，进一步规范村务公开民主管理工作。按照全面建成小康社会的要求，完善以村（居）务公开、村规民约、自治章程为重点的各项民主管理制度，确保城乡居民依法自治的各项考核指标达标。二是城乡社区建设。农村社区继续按照重点培植、典型引路、示范带动的工作思路，确定8个示范村（社区）和20个布点村（社区），不断打造具有本地特色，功能齐全的新型农村社区。19个城市社区全面完成社区规范化建设。出台《浏阳市社区惠民项目资金使用管理办法》，每个社区安排惠民项目专项资金10万元。积极指导社区创新载体，完善服务功能，拓宽服务范围，提高服务水平，打造"精品社区"。三是社区提质提档。按照长沙市社区全面提质提档三年行动计划要求，制定工作方案和三年行动计划，将新北、北正、集里桥、长兴4个社区纳入2016年改造计划，全市投入资金1500多万元新建社区公共停车场8个，新增停车位1010个；确定10个文明街区创建计划，启动44个老旧小区的示范小区建设；投入资金6000多万元，新建4个街头花园，不断完善社区设施。推进"以社区为基础，以社会组织为载体，以专业社工为骨干"的"三社联动"建设机制。

专项社会事务　一是社会组织管理。实施公益慈善类、行业协会商会类、科技类、城乡社区服务类社会组织直接登记17个。深入开展行业协会商会与行政机关脱钩，56家行业协会商会完成脱钩。依法新注册登记社会组织51个，新增备案社区社会组织16个。建立浏阳市社会组织孵化基地，采取5+X的模式孵化、培育和扶持初创期公益慈善类、城乡社区服务类社会组织发展，第一批5家孵化组织入驻孵化基地。二是婚姻、收养登记依法办理。全年办理结婚登记9042对，离婚登记2912对，收养登记41起。设立婚姻家庭调适服务中心，调处离婚诉求，促进婚姻家庭关系和谐。三是殡葬改革推进。积极开展殡改宣传月活动，弘扬绿色殡葬新风尚。全面落实城乡居民基本殡葬服务补助政策，发放补助资金419万元。墓葬整治工作纳入城乡环境同治，殡葬秩序整治成果得到进一步巩固。建设普迹、杨花、溪江、社港、永和等5处农村公益性墓地和永安、大瑶2处乡镇集中悼念堂。全市共火化遗体4155具，火化率稳步提升。四是区划地名稳步推进。按照上级决策部署，开展建制村合并，全市共合并79个建制村，实现快速平稳过渡。推进地名普查定。积极稳妥开展创平安边界活动，加强界线界桩的日常管理，被评为2016年长沙市勘界工作先进单位。加大路牌管理和维护力度，全年新设置路牌67块，补做门牌3169块，为提升城市品位发挥作用。五是流浪人员救助。实施流动救助、劝导救助和主动救助，共救助2000余人次。组织开展"传递温暖，关爱救助"为主题的宣传月活动，基本实现城区街面无流浪乞讨未成年人的目标。

社会福利、老龄　一是孤儿保障。建立健全孤儿动态管理机制，年发放孤儿生活费88万元，123名散居和集中供养孤儿生活标准710元/月和1400元/月。对市社会福利院进行全面提质改造，社会弃婴"养、治、康、教"方面得到有效保障。二是养老事业。继续实施高龄老人生活补贴制度，全年对全市5100余名80周岁以上老人发放补贴520万元。对1322名失能、半失能的五保户和失能的低保户，发放100元/月的基本养老服务补贴，基本养老服务补贴率79%。加强养老福利机构建设，新建10所农村幸福院，建成日间照料中心4个、居家养老服务中心1所和民办养老机构1家。三是残疾人福利保障。落实残疾人两项补贴制度，为14000余困难残疾人发放生活补贴1990万元，为9203名重度残疾人发放护理补贴859万元。全市28家福利企业共安排540名残疾人就业，各项工资福利和社会保险均按照国家相关政策得到落实。四是福彩发行。通过加强销售站点规范化建设，提高销售队伍业务水平，拓宽福彩销售市场，全年完成销售2.09亿元，筹集福彩公益金900万元以上，为发展福利事业提供资金支撑。五是老龄服务工作。认真贯彻落实国家、省、市老年优待政策，进一步推动老年人免费乘坐城市公交车等政策的落实，积极推进为五类特殊困难老人购买老年意外伤害保险工作，切实维护老年人合法权益。以庆祝第二十八个湖南省老年节为契机，相继开展金银婚庆典活动、门球赛、趣味游艺、文艺汇演等系列活动，既陶冶老年人情操，丰富老年人精神文化生活，又强化社会尊老敬老意识，激发社会参与敬老助老活动的热情。（李伟　陈科）

【浏阳建制村合并工作】　按照省委、省政府和长沙市委、市政府的统一安排部署，浏阳市于2015年12月启动建制村合并工作，全市自3月14日启动建制村合并工作，涉及建制村合并工作的28个乡镇（街道），截至3月31日，浏阳79个建制村的合并工作全面完成。全市建制村从316个减少为237个，共减少建制村79个，新村的命名充分尊重历史和文化传承，考虑地方知名度和群众的认同感，在完成建制村合并工作之后，浏阳出现"才常村""南环村""鑫和村"等33个新村名。并对合并后新村实行项目、经费倾斜等多种针对性措施，新村呈现出蓬勃发展的新活力。浏阳的先进经验做法被湖南日报、长沙晚报等多家媒体宣传报道，并被评为全省乡镇区划调整改革工作先进单位。（李伟　陈科）

【浏阳市烈士陵园被列入全国重点烈士纪念设施保护单位和湖南省文明优抚事业单位】　浏阳市烈士陵园项目自2011年8月启动建设，于2014年8月投入使用，充分发挥在传承红色基因、缅怀革命先烈、开展爱国主义教育等方面的示范引领作用。2016年成功申报第六批全国重点烈士纪念设施保护单位，并被评为湖南省文明优抚事业单位。（李伟　陈科）

【浏阳首个社会组织孵化基地成立】　9月30日，浏阳首个社会组织（公益志愿服务）孵化基地在淮川街道联城社区正式揭牌成立，基地采取 5+X 的模式孵化、培育和扶持初创期公益慈善类、城乡社区服务类社会组织发展，第一批 5 家孵化组织已入驻孵化基地。（李伟　陈科）

【浏阳市第一个村级慈善基金成立】 3 月 30 日，浏阳慈善会与沙市镇白水村村委会签订“设立沙市镇凤凰台慈善基金协议”，现场募集善款 139640 元。善款存入浏阳慈善会账户，由浏阳慈善会与基金理事会共同管理，用于开展扶老、助残、助医、助残、赈灾等慈善救助。浏阳成立村级慈善基金作为典型经验在湖南卫视午间新闻栏目宣传报道。（李伟　陈科）

人力资源和社会保障

市人力资源和社会保障局

党委书记、局长
缪传良(2016.08 免)
陈国强(2016.08 任)
党委副书记、副局长　周雪峰
党委委员、副局长　苏高潮
陈伟林　钟　伟
党委委员、纪委书记
吴志长(2016.08 免)
党委委员、市纪委派驻人社局纪检组长　钟琼乳(女,2016.08 任)
工伤保险中心主任　谢雪菲(女)
养老保险中心主任　周逢成
失业保险中心主任　袁远航
医疗保险中心主任　冷长征(女)
人力资源服务中心主任　周水波

【概况】 浏阳市人力资源和社会保障局于 2011 年 2 月组建，整合原浏阳市人事局、浏阳市劳动和社会保障局和浏阳市卫生局农村合作医疗管理中心的管理职能。2016 年，成立社会保险费征缴管理中心。局下设 14 个职能科室，5 个副科级二级机构，在职在编干部职工 155 人。主要职责为贯彻执行人力资源和社会保障工作的相关法律、法规、规章和政策，拟订浏阳市人力资源和社会保障事业发展规划、政策并组织实施和监督检查，促进人力资源合理流动、有效配置，负责促进就业工作，统筹建立覆盖城乡的社会保障体系，会同有关部门拟订机关、事业单位人员工资收入分配政策和企业职工工资收入分配调控政策，综合管理全市专业技术人员工作，会同有关部门指导事业单位人事制度改革，会同有关部门拟订军队转业干部安置政策和安置计划，负责行政机关公务员综合管理，统筹拟订劳动、人事争议调解仲裁制度和劳动关系政策，完善劳动关系协调机制，负责全市劳动保障监察工作。2016 年，浏阳市增加城镇就业 16565 人，失业人员实现再就业 4495 人，就业困难对象再就业 1584 人，增加农村劳动力转移就业 11910 人，城镇登记失业率控制在 3.028%，创业就业培训 6086 人，发放创业就业小额担保贷款 1544 万元。社会保险基金累计收入 30 亿元；支付各类待遇 23 亿元。社会保险基金按时足额发放率（支付率）、社会化发放率、退休人员社会管理率 100%。

创业就业　建立“政府推动、部门联动、社会互动、个体主动”工作机制，成立市级领导机构；建立市、乡、村“三位一体”城乡公共就业创业服务体系，村（社区）人社公共服务平台建成率 100%；浏阳市人才市场每周五免费举办招聘会。通过“三跨两招”（跨多园区调研、跨周边省协作、跨地州市宣传和春风行动招聘、精准扶贫招聘）解决企业用工缺口。调查 868 家企业 2016 年春节后用工情况；与湘鄂赣 3 省 32 个市县劳务协作，与湘赣边地区 11 个县（市、区）签订劳务合作框架协议；由湖南日报牵头，联动全省 14 家地州市主流媒体同步刊发《“湖湘宝地•美丽浏阳”欢迎您》招工帖；开展招聘会 57 场，达成就业意向 2.96 万人，把招聘现场搬到溆浦、韶阳；部署建档立卡贫困人口中劳动力信息采集，拨付 65 万元用于扶持贫困人员创业项目 11 个，组织 7 场精准扶贫就业招聘会。建立创新创业基地和大学生就业创业基地；成立湖南省首家家政服务超市；参加“中国创翼”青年创业创新大赛；推动 9 个创业基地提质升级，建立区域性创业者服务站。

人才人事　提升引进人才品牌效应。组织招聘、选调考试 18 场次，引进或选调教师、卫计系统和市直机关事业单位工作人员 695 人。面向全国免费报考，在省市主流媒体刊发招聘信息，在省市两级人才考试网刊登招聘公告，浏阳人才“洼地”效应逐步形成。对部分单位采取差额考核选调，由其自行组织，人社局负责政策把关和业务指导；在招聘纪念馆讲解员时，降低笔试比重，增加语言表达和临场应变能力比重；安监员选调时，设置“一考多用”（只参加一次考试，根据编制需要多次录用）制度，避免反复组考。出台《考风监督员岗位职责》等 9 项考试制度；建立从笔试、面试、评委聘请全部委托第三方机构负责的工作机制；加强考生服务体系建设，开通考试微信服务平台，设计考试查分环节。加强人才队伍建设。开展烟花爆竹行业初级职称特殊评审；向上级申报 1044 名中、高级职称；复核长沙市人大代表专业技术职称；对全市教育系统 9000 多名专业技术人员进行职称过渡，增加中小学高级职称岗位 700 多个；完成公职人员 2015 年度年终考核（参加考核人员 23813 人，其中，优秀 3862 人，基本称职 30 人，不称职 65 人，不确定等次 13 人，补划 2014 年考核等次 2 人）。深化人事制度改革。完成工资调整、乡镇补贴、正常调整待遇等工作；严格执行生育待遇（生育假按 158 天，难产加 15 天，多生一孩加 15 天，生育保险待遇按 98 天计算）和年假政策（10 年以下为 5 天、10-15 年为 10 天、20 年以上为 15 天）；录用公务员 55 人，公开选调公务员 46 人；审批 687 名职级晋升；公务员培训采取“骨干集中培训、单位分散办班”的方式，培训辅导员 100 多人；开展“三超两乱”（超编制限额进人、超职数超规格配备领导干部、超范围分设党政职务、随意按年龄划线乱调整配备干部、违反规定程序乱进人）问题专项治理工作回头看；接收 12 份军转干部档案，做好企业军转干部解困和维稳。推进依法行政力度。完成 12 家用人单位特殊工时制度审批等行政许可；完成 5 起行政复议、21 起行政诉讼答辩、应诉；承接 2 项省直管县权力下放，完成公共服务事项清理及流程编制，编制 8 项行政审批事项流程，行政确认和行政备案事项网上办理 6 项，向大瑶镇及经开区、高新区赋权 11 项。

社会保险 成立征缴中心，实现养老、医疗、工伤、失业、生育保险的“五险合一”征缴（其中，企业职工社保缴纳费率分别为养老保险企业交20%，个人交8%；医疗保险企业交8%，个人交2%；工伤保险企业根据行业类别交1-3%不等；失业保险企业交1%，个人交0.5%；生育保险企业交0.5%）；采取“集中送卡、定点领卡和上门服务”等方式发放社会保障卡127万余张；推进机关事业单位养老保险和职业年金改革，医疗保险系统及政策与长沙市接轨，与浏阳市外31家协议医院联网结算，启动大病城乡居民保险和大病保险特殊药品支付；失业保险领取采取视频签到模式。提高享受待遇。企业离退休人员1.99万人，人均退休养老金2150元/月，城乡居民养老金待遇提升至145元/月；死亡丧葬费为8028元，抚恤金每缴1年发放1个月（最多不超过20个月，按省企业职工养老金平均水平2007元执行）；缴费养老保险征缴企业部分降至19%，失业保险征缴比例降至1.5%；处理工伤认定案件1776件，工伤死亡职工一次性工伤死亡补助金标准人均提高47020元，工伤死亡职工丧葬补助费人均提高2886元；支付36家企业稳岗补贴149万元。提质基金监督。纠正5878例重复参保、不符合政策享受社会保险待遇预警信息；对社会保险基金和其他专项资金进行“地毯式”检查，将5起案件线索移交浏阳市纪委，联合浏阳市卫生和计划生育局对3起骗取社会保险、套取社会保险情况立案调查，将16条问题信息移交乡镇（街道）纪（工）委调查处理。

劳动维权 开展《劳动法》日常执行情况巡视检查，走访单位111家，针对企业违反《劳动法》开展专项监察执法11次，接受案件370件，法定期限内结案率100%，完成案卷建档55卷。严格执行最低工资标准（最低工资标准为1250元，最低小时工资标准为11.9元）。配合浏阳市总工会指导1830家企业签订工资集体协商协议。化解维权矛盾。受理劳动人事争议案件917件，仲裁员人均每个工作日完成1.5件案件办理。积极处理信访。接到领导信箱信访件62份，12345热线工单117份，12333热线5261个，收到来信41件（次），办结率100%，有效化解社会矛盾。

内务管理 设立咨询引导台，提高窗口群众办事满意度，经开区人社分中心服务窗口2次被浏阳市政务中心评为红旗窗口；加强窗口单位作风建设；加强信息平台建设，社会保险系统与银行金融系统对接，为村（社区）提供自助一体机，实现“足不出户”网上办理社保、考试等人社业务；12345热线第二、四季度综合得分排名市直单位第1。

党群建设 健全党委中心组学习制度，建立党员学习长效机制；结合建党95周年、从严治党等主题，由党委书记、退休老干部和宣讲团成员分别讲党课；认真学习各级党代会、人民代表大会和市委经济工作会议精神，确保政令畅通。认真开展“两学一做”学习教育。以支部为单位开展党组织关系排查，实现学习层面全覆盖；教育形式灵活，集中学习5次，特色党课5次，专题讨论4次，党员活动3次；狠抓窗口服务保障，组织党员开展为村（社区）送资金、送政策活动。加强基层组织建设，完成老干支部换届选举，抓好党员纳新转正，评选表彰优秀党员；加强监督组织建设，聘请政风行风监督员；加强干部队伍建设，培养提拔年轻干部，80后占中层干部比例40%。坚持党建带群建，选派40名班子成员和中层干部党员与镇头镇贫困人员结对帮扶，开展精准扶贫工作；选派干部驻村，参加“一推行四公开”群工站工作；组织104名机关党员落实“下基层进社区”要求，让干部在一线锻炼成长。 （潘赛一）

【成立浏阳市社会保险费征缴管理中心】 1月1日，为实现养老、医疗、工伤、失业、生育保险的“五险合一”征缴，成立浏阳市社会保险费征缴管理中心，为人社局管理的事业单位，编制5人。从养老、医疗、工伤、失业保险中心抽调人员组建而成。负责用人单位及个人的社会保险参保登记、变更、管理；社会保险关系的管理和转移；社会保险费的预测算、基金收入预决算；社会保险费的征收、管理。 （潘赛一）

【浏阳医疗保险政策与长沙接轨】 为提高统筹层次和保障能力，推进“五险合一”征缴，1月1日起，浏阳市城镇职工医疗保险、生育保险与长沙市医疗保险、生育保险系统分别对接；3月1日起，浏阳市城乡居民医疗保险系统对接长沙市医保系统。浏阳市基本医疗保险药品目录、诊疗项目目录、医疗服务设施标准参照长沙市目录执行。至此，浏阳市参加医疗保险的患者在长沙市部分协议医院可联网结算，不需患者先行垫付医疗费用。 （潘赛一）

【启动城乡居民大病保险工作】 2016年5月3日，下发《关于切实做好城乡居民大病保险工作的通知》，明确一个年度内，城乡居民参加保险个人负担的合规医疗费用累计超过2万元的，可享受大病保险补偿政策。低保困难群众大病保险起付标准降低50%。按当年城乡居民医疗保险筹资标准的5%提取大病保险基金3375万元，实际补偿9226次4734.49万元，实现在联网协议医院基本医疗保险和大病保险对患者医疗费用“一站式”结算。 （潘赛一）

【浏阳市机关事业单位养老保险试点改革结束】 1997年开始，浏阳市试点机关事业单位养老保险改革。2016年，全国推行机关事业单位养老保险和职业年金制度改革。至此，浏阳机关事业单位养老保险试点改革也同时结束。截止2015年底，浏阳市参加试点改革的在职参保人数23580人，离退休人员11315人（其中离休人员68人）；基金累计总收入208315万元，累计总支出197686万元，基金累计结余10629万元。1997年至2015年试点期间，机关事业单位个人缴纳养老保险部分转入职业年金个人账户。 （潘赛一）

【浏阳两项目获全国创新创业大赛金翼银翼大奖】 9月29日，人力资源和社会保障部主办第二届“中国创翼”青年创业创新大赛的全国总决赛落下帷幕。整个赛事通过区县的初赛、长沙市复赛、湖南省淘汰赛，最终，浏阳孝文电子科技有限公司全球首创的无火药安全智能喷花机完美解决了上千年来烟花产品依赖于火药存在安全隐患、环境污染、成本高昂、禁止室内燃放等痛点问题，凭借29项国家专利和6项国际PCT专利，获得“中国创翼”青年创业创新大赛金翼奖，并取得“高端装备制造业类”项目全国总决赛第二名的好成绩。蒸浏记蒸菜连锁，在改良传统蒸菜工艺的基础上，更加注重饮食环境的舒适优雅、菜品的原汁原味、文化底蕴的挖掘，努力用互联网思维打造浏阳蒸菜品牌，荣获“中国创翼”青年创业创新大赛银翼奖。（潘赛一）

【浏阳市三家单位获评省级“创新创业带动就业示范典型”】 湖南省人社厅下发了《关于认定2015年度湖南省创新创业带动就业示范典型的通知》，浏阳市三家单位榜上有名。其中，大瑶镇党委、政府出台了推进大众创业、万众创新工作的相关政策文件，突出就业优先战略，有建立经济发展与扩大就业联动机制的规划措施，营造了浓厚的创新创业氛围，获评2015年度湖南省创新创业带动就业示范乡镇；新北社区、龚加桥社区各项创新创业政策措施落实到位，社区涌现了一批创新创业带动就业的好典型和突出工作亮点，获评2015年度湖南省创新创业带动就业示范社区。（潘赛一）

【劳动仲裁院获湖南省首批全省示范仲裁院】 2016年浏阳市人力资源和社会保障局劳动人事争议仲裁院受理劳动争议案件927起，涉及劳动者1942人，调解率达80%；所有裁决案件均在法定期限内审结，其中，处理927名劳动者与介面光电（湖南）有限公司劳动争议，为劳动者挽回工资等损失近1000万元。严格规范程序，完善设施设备，完成仲裁庭标准化建设，组建了一支经验丰富、专业水平高的调解仲裁队伍。指导并敦促乡镇（街道）、经开区及具备一定规模的企业完成调解组织组建，初步形成市、镇、企事业单位分级分层劳动人事争议调解组织预防网络体系。湖南省人力资源和社会保障厅下发《关于2016年全省劳动人事争议处理效能建设情况的通报》文件，确定浏阳市人力资源和社会保障局劳动人事争议仲裁院入选首批全省示范仲裁院。（潘赛一）

老龄工作

浏阳市老龄工作委员会

顾　问　曹立军
　　　　张绍春（2016.09故）
主　任　吴新伟
副主任　李爱民

【概况】 2016年，浏阳市围绕“五个老有”（老有所养、老有所依、老有所学、老有所为、老有所乐）的目标，落实全国、省、市老龄工作会议精神，积极开展应对人口老龄化行动，着力保障和改善老年民生，提升为老公共服务水平，进一步推动浏阳市老龄事业的健康、快速、持续发展。

一、制定全市全年老龄工作要点。经市政府主要领导签署同意，将要点文件印发至各乡镇街道和市直单位，并将重点工作如居家养老服务、老年人意外伤害保险等工作纳入全市的绩效考核。

二、贯彻落实习近平总书记关于加强老龄工作重要指示和“5.27”重要讲话精神。浏阳市老龄办将相关资料进行整理，报送给市委、政府领导阅处，在年中工作分析会上集中学习，同时将学习资料上传至全市的老龄工作QQ群和民政工作QQ群，以便于大家学习。

三、落实各项惠老优待政策。1.做好基本养老服务补贴和高龄补贴发放工作。根据浏阳市人民政府办公室关于建立基本养老服务补贴制度的通知（浏政办函【2015】9号）文件精神，对65周岁以上失能半失能五保老人和失能低保老人实施基本养老服务补贴，标准为每人每月100元，服务由乡镇街道民政办组织实施。基本养老服务应覆盖人群2150人，发放补贴1300多人（集中供养380人除外），覆盖率79%，全年下拨资金160万元。2.继续推进老年人意外伤害保险工作。全市收缴保费220万余元（含政府出资33.525万），理赔金额90余万元，赔付率约为41%。3.浏阳市对本年度内94位百岁老人下拨每人每月300元的长寿保健费，年终对每位老人进行慰问并发放慰问金400元，对本年度20多位满百岁生日老人登门祝寿，送2000元贺礼和寿匾，百岁老人去世（前提是火化）给予300元慰问，600元丧葬补助，百岁老人生病住院费用纳入医疗救助。4.高龄老人生活津贴发放严格实行动态化管理，按月与计生部门人口死亡信息、人社局养老保险人口异动信息、民政局社会事务科城乡死亡火化信息、以及乡镇民政办申报的人口异动信息进行信息比对，及时掌握和变更发放对象异动情况。5.一年两次为3800余人次离任村干部发放生活补贴共计365万余元。

四、加强养老服务，推进老龄事业全面发展。1.做好省、市城乡养老服务示范点项目。建立省、市城乡养老服务示范点信息库，通过资金支持和工作指导，督促这些养老服务示范点积极创造条件完善硬件设施，健全管理制度，建立服务队伍，提高服务水平，有力推进城乡养老服务工作。2.做好农村居家养老服务试点项目。浏阳市有55个村被列入长沙市农村居家养老服务试点3.加强基层老年协会建设。浏阳市32个乡镇街道，322个村（社区），建立老年协会，所有协会会长均由当地德高望重的“五老人员”担任，并结合各自所在村（社区）的实际情况创新开展工作。

五、精心组织庆祝老年节和敬老月系列活动。10月份市里组织老年节庆祝暨金银婚庆典活动，邀请200多对金银婚夫妇到现场，评选出20对金婚代言伉俪，还组织开展戏迷会、门球赛、文艺汇演、趣味游艺活动等一系列文体活动。各村（社区）组织运动会、文艺汇演、千叟宴等多种多样的活动，几乎每村都召开老年人座谈会，组织慰问特殊、困难老人的活动，志愿者为老服务逐渐成为一种主流，义工联、快乐家族等社团组织经常走进困难老人身边。通过敬老月活动，共同营造“尊老、敬老、爱老、助老”的良好社会风尚。（黎　敏）

居民生活

国家统计局浏阳调查队

队长　熊明威

【人均可支配收入、支出分析】 调查队开展城乡一体化住户调查，及时准确反映居民收入和消费变化等情况，对正确判断浏阳市发展形势、科学制定相关政策十分重要。浏阳调查队2016年对全市119家调查户抽样调查显示：2016年浏阳市居民人均可支配收入为33492元，同比增长8.5%。

一、居民人均可支配收入概况

2016年浏阳市城镇居民人均可支配收入39641元，较上年36631元增长8.2%，城镇化速度加快；农民居民人均可支配收入27182元，较上年25191元增长7.9%。收入结构基本真实地反应了浏阳市城乡居民的收入情况，整体收入情况与浏阳市高速发展的宏观经济形势走向基本相符。

2016年浏阳市人均可支配收入情况表

地区	全体居民人均可支配收入			城镇居民人均可支配收入			农村居民人均可支配收入		
	2016年	2015年	增速	2016年	2015年	增速	2016年	2015年	增速
	元	元	%	元	元	%	元	元	%
长沙市	37792	34860	8.4	43294	39961	8.3	25448	23601	7.8
浏阳市	33492	30877	8.5	39641	36631	8.2	27182	25191	7.9

工资性收入成为居民人均可支配收入的主要来源。从2016年住户调查的情况来看，全年浏阳市居民人均工资性收入为17041元，占期内全年可支配收入的50.9%，其中城镇工资性收入22176元、农村工资性收入11771元，分别占比55.9%、43.3%。

2016年经营净收入人均10476元，其中城镇8899元，农村12095元；转移净收入人均2632元，其中城镇2018元，农村3263元。

二、居民人均支出概况

2016年浏阳市城镇人均消费支出为24676元，食品烟酒、居住、交通通讯、教育文化娱乐仍然是占大头，占比符合实际情况。农村人均消费支出为16580元。

	城镇		农村	
	金额(元)	比重(%)	金额(元)	比重(%)
人均消费支出	24676	--	16580	--
其中：食品烟酒	6034	24.45	3845	23.19
衣着	1695	6.87	958	5.78
居住	4860	19.7	2578	15.55
生活用品及服务	1247	5.05	723	4.36
交通通信	5221	21.16	4516	27.24
教育文化娱乐	4360	17.67	2752	16.6
医疗保健	846	3.43	1056	6.37
其他用品和服务	415	1.68	153	0.92

生活消费支出“五增两减”：随着收入水平的不断提高，居民的消费观念也不断发生变化，生活消费水平不断提高，生活消费已不再局限于以往的食品、衣着等消费层次上，逐步向更高的层次扩展，呈现出多层次的消费结构。2016全年居民生活消费支出人均20680元，比2015年增加1921元，增长10.2%。其中食品烟酒消费支出人均为4953元，同比增长13.4%；衣着消费支出人均为1331元，同比增长7.6%；居住消费支出人均为3733元，同比增长1.1%；生活用品及服务支出人均为988元，同比下降3%；交通和通讯消费支出人均为4873元，同比增长24%；文化教育娱乐支出人均为3566元，同比增长17.6%；医疗保健支出人均为949元，同比下降6%。 （刘 倩）

奇闻趣事

浏阳“博士村”

浏阳市淳口镇杨柳村有着700多年历史，历来崇尚“耕读传家”，“尚学进取”在当地蔚然成风。杨柳村是浏阳有名的“博士村”，已走出13个博士生、32个硕士生、294个本科生，被誉为浏阳“博士村”。浏阳市沙市镇北部的秧田村，30年来，村里1288户人家出21位全日制博士、数百位硕士，同被誉为浏阳“博士村”。

淳口镇杨柳村“博士村”家训：“耕读、勤俭、诚实、善良”“尚学进取”“孝敬老人，严教子孙”

走进杨柳村，全省首个村级廉洁文化馆既有家风家训、二十四孝等宣传字画，又有廉政故事、廉政书画、警示拼图等。村居的外墙上，扇形的外框里，“廉、礼、俭、信、仁、诚”6个大字诗意呈现；每走进一户人家，都能看到厅堂内悬挂着《朱子家训》《忍字口诀》等书法作品，还有一幅装裱的《家风家训》，厅堂文化全面宣传家风家教知识。在浏阳沙市镇秧田村文体馆附近，正在筹备建设一座颇具特色的湖湘耕读文化馆，馆内分为家风文化展示区、乡贤文化展示区和传统文化体验区二大板块，文化馆建馆的目的是为了树立榜样，弘扬“知识改变命运，文化孕育美德”的风尚。

传承：好家风代代相传，历久而弥新

2016年，杨柳村组织开展了以“三个一百”为主题的家风家教活动，评选20对最美夫妻，20对最美婆媳，20对最美妯娌，20户最诚信家庭，20户最勤劳家庭，共计100户；100户最爱学习家庭；100户互帮家庭。村里还多次召开村组会议，广泛听取群众意见，通过故事会、评议会，进行民主评议，从而推出“三个一百”，并召开村民大会，进行表彰。通过平凡生活中不平凡的事迹，传递新时代的正能量。在好的家风家教熏陶下，村里涌现出大量的好人好事好家庭：好女婿朱春根为照顾患病岳父，甘当上门女婿；肖仁爱老人91岁了，仍能老骥伏枥，做一名好党员；肖西俭、王爱友三个好儿子、儿媳兄弟情深，妯娌义重，致富不忘家乡建设……在秧田村，谁家挣钱多并不让人眼热，谁家孩子的成绩好、肯用功才令人称道。“谁家出了几个大学生，哪家孩子考取了硕士、博士，这才是最有面子的事。”村民们说，重视教育已成为这里的独特民风。

罗碧波说，自家的好学风，得益于当地尚学进取的优良传统，还有母亲带了好头。“我母亲说，她要是生在现在，肯定也可以成为博士。”罗碧波笑着说，87岁的母亲张秋香，只读过两个月的夜校，却一辈子爱读书，现在每天早上还坚持阅读一小时。去年4月，这个大家庭在“书香湖南·我最喜爱的书香之家”活动中荣获“书香之家”称号。

好家风代代相传，历久而弥新。村民罗建植两个儿子都是上海交大毕业的博士。“再穷再苦不能穷教育苦读书。”罗建植表示，他当年做篾匠，省吃俭用，但孩子每一期的学费必定早早准备好。

罗建植是个有心人，儿子小时候的作文、成绩单及后来的录取通知书、往来书信等，他都精心保留下来了。前几年儿子给他买了个iPad，他就把这些“家庭档案”拍照存在里面。“你看，这是大儿子写给小儿子的，跟他交流学习情况……”罗建植表示，以前他把这些故事讲给孙女佳贝听，勉励她学习爸爸、叔叔艰苦朴素的生活作风和刻苦认真的学习作风，如今佳贝已在美国上大学。

“一个大学生能够改变一个家庭的命运，一批大学生可以改变一个村庄的精神面貌。”罗泽及表示，读书才有知识、有方向，村里将在尊师重教的良好基础上，建立促学奖学基金会，奖励成绩优秀者，扶持家庭困难者，续写“博士村”勤耕重读的故事。

沙市镇秧田村“博士村”榜样：首位博士年过八旬，毕业于哈佛

浏阳市沙市镇秧田村里的秧田片区有一面新奇而醒目的“博士墙”，村里21位博士悉数“上墙”。秧田村党支部书记罗泽及说，设立“博士墙”的初衷是树立榜样，弘扬“知识改变命运，文化孕育美德”的风尚。

第一位从小村走出去的博士是罗宣干，武汉大学化学与分子科学学院退休教授，如今已80多岁。罗宣干的侄子罗昊海告诉记者，三伯父罗宣干先后在华南理工大学、武汉大学、哈佛大学求学。

“三伯父一直是我们后辈的榜样，我们堂兄弟姐妹14个人，10个上了大学，现在他的孙辈也有4个正读大学。”罗昊海说，为了鼓励家人读书进取，罗宣干专门在银行存了一笔教育基金，“谁去美国读书就可获得资助。”

在秧田村，像这样培养出多个大学生的家庭并不少见。

在英国老牌名校格拉斯哥大学读了九年法学的罗兆婧是秧田村目前最年轻的博士，其父亲罗碧波是恢复高考后村里的第一个大学生。“我们兄弟姐妹六个，五个上了大学，弟弟罗晴是北方交大的工科博士。”站在“博士墙”前，罗碧波颇为高兴，他曾在当地中小学任教5年，墙上“既有自己的家人，也有原来教过的学生”。

乡贤文化：正谊明道，潜心兴教

离秧田村不到五华里的文光书院，琅琅书声从树林中传来。文光书院，是这里重要的文化记忆。走近书院，门楼镶着“文光书院”四个鎏金大字，两侧一副“文超班马，光射斗牛”的嵌字联雄劲有力。相传清朝举人彭子铨把自己的祖宅和100多亩田地都变卖捐赠。在他的带领下，当地开明乡绅、各姓祠堂、名人踊跃捐资，筹款建书院。2016年新乡贤李昌开成立教育教学奖励基金，为学校师生伙食费买单；黄蔚德捐出100万元成立敬老爱亲个人奖励基金……后来乡贤们组织成立了村教育基金会，对考取大学、获得硕士、博士学位的村民家庭进行奖励并张榜表扬。文光书院英语教师陈永流的家中有4个全日制博士，作为一名从事42年英语教学的一线教师，陈永流对博士村的“秘籍”这样总结：一是榜样的示范和带动作用。二是村里读书的氛围好，对教育很重视。20世纪80年代就对本科生到浏阳工作有奖励政策。这些年也在不断提高农村教师的待遇。陈永流说目前他的月工资在5000元左右，这在当地算比较高了。再过一年，陈永流就要从文光书院退休了。他深深热爱着这个有着100多年历史的老校。

事实上，不只是秧田村，整个浏阳市北区向来就有崇文重教的传统。新中国成立以来，位于这个片区的沙市镇沙市社区、秧田村、龙伏镇焦桥村培养的大学生约占村总人口的八分之一，其中有36名博士，成为有名的“博士村群”。“博士村是浏阳耕读文化的一个缩影。好家风、好乡风、耕读文化代代传承，凝聚成一股强大的力量，不仅改变了村容村貌，更强化了精神文明建设‘内核’。”长沙市委常委、浏阳市委书记黎春秋说。

（罗腊英　编辑）

街道·镇·乡

大瑶镇李畋广场（航拍图片）

淮川街道

工委书记　戴伟平(2016.08 任)
　　　　　李　翔(2016.08 免)
工委副书记
　唐文华(2016.08 任)
　刘刚(2016.08 免)
　邵新文　张艳平
　周奇志(2016.04 任)
纪工委书记　陈满红
工委委员　唐青山
　陈志刚(2016.09 任)
　陈满红
　周健芝(女，2016.04 任)
　胡燕群(女，兼，2016.04 免)
人大工委主任　邵新文
人大工委副主任
　涂传秀(女，2016.04 任)
办事处主任
　唐文华(2016.08 任)
　刘　刚(2016.08 免)
办事处副主任　唐青山
　陈志刚(2016.09 任)
　余忠国
　周水波(2016.09 免)
政协联络处主任　张艳平

【概况】 2016 年，街道辖区总面积 12.3 平方公里，下辖联城、北正、西正、朝阳、北园、城西、新北、城东 8 个社区居民委员会，户籍人口约 6.2 万人，出生 876 人，出生人口性别比 92.7，死亡 623 人。街道辖区有中学 1 所（浏阳河中学）、小学 4 所（浏阳河小学、嗣同路小学、人民路小学、黄泥湾小学）、幼儿园 23 所；在职教师 465 人，离退休教师 338 人，在校初中生 2701 人、小学生 7584 人，幼儿园学生 4207 人。全年实现财政税收 2.8 亿元；社会消费品零售总额 61.9 亿元，同比增长 12.3%；招商引资到位资金 2.54 亿元；固定资产投资完成 18.5 亿元。

经济建设　邮电路项目于 10 月份正式动工并建成售楼部；空置两年的原教师进修学校项目于 10 月份启动协议变更、重新签订工作，12 月底全面完成任务；历时六年的城东保障性安置房源项目 11 月主体完工，并进入分房阶段；停工两年的黄泥湾项目于 2016 年底月份正式复工；大西门项目完成征拆清零。按照“盘活存量、做优增量”的思路，引进希尔顿酒店、衣世界商贸公司、海鲜 e 族、美轮星天地、九方•北正西等商业项目，全面完成浏阳河市场、淮川大市场提质升级改造。2016 年，实际引进省外境内资金 6.2 亿元，引进市外境内投资 19 亿元。

城市建管　全面铺开公共停车场建设，有效缓解主城区停车难问题，梅花一街、城东市场前坪、车站路工行宿舍、北岭花炮厂等 4 处公共停车场相继建成，全年增加停车位 348 个。2016 年 9 月，西湖山路全线贯通。以“少拆多改”的思路全面推进旧城提质，全年完成 3 个老旧小区、2 处街心花园、6 处背街小巷的保护性提质改造。全年拆除违章建筑 280 余处、1.03 万平米，同时将拆违整治、拆违增绿、拆违添景有机结合，提升街域形象。践行“一线工作法”，实施网格化管理、领导干部联社区、干部进小区、“门前三包”责任制等制度，完成 63 个片区环境卫生综合整治，北园社区获长沙市文明卫生社区。强力推进环保工作，全年受理环保项目初审 22 件，下达整改文书 15 份，关停查封环保违法企业 3 家，清查未批先建、已批未验建设项目 52 起。依法取缔城东、解放路 2 个马路市场，城市面貌不断改善。实施浏阳河、济川河截污干管工程，建成金沙路绿色示范街。文明创建成效显著，联城社区成立全市首家社会（公益志愿服务）组织孵化基地，城西社区成功创建湖南省示范性青年之家综合服务平台，新北社区获评为“湖南省文明社区”。

民生保障　进一步扩大养老、医疗、失业、工伤、生育等社会保险覆盖面。新增低保户 35 户，总数 653 户，1251 人，全年发放低保金 40 余万元。为 29 个困难家庭办理临时救助，为 99 名精神病患者进行免费药物救助。新增城镇就业 2530 人，失业人员再就业 1511 人。加强残疾人综合服务，有持证残疾人 776 名，城东社区被授予长沙市善行“十佳扶残助残爱心集体”和“残疾人工作明星示范社区”。对 1867 套公租房进行年审。着力提升社保信息化水平，长沙市基层人社管理服务示范平台在北园社区揭牌。引导 1000 余万元社会资本投入养老事业，新增 1 家医养结合养护中心和 3 家日间照料中心，新增养老床位 180 张。

社会治理　以“大平安”统筹政法综治、信访维稳、安全生产等工作，群众工作民调位列浏阳市第 2 名，人

鸿宇城九方·北正西商场项目　　(图片来源:淮川街道)

民群众安全感和满意度持续提升。治安管理再出新招,全面打响“禁毒会战”,破获涉毒违法犯罪案件19起,刑事拘留21人,治安拘留157人,强制戒毒29人,社区戒毒36人,收缴毒品394克,涉毒案件破获率、打击量创近年来新高。创新推出“互联网+”精准巡防,首创巡防上公交,上下学巡防实现常态化,侵财类案件同比下降21%。麻将馆整治经验获中央政法委《长安》杂志等媒体报道推广。党政领导靠前调度,妥善处置沙建非法融资、鸿宇城建设等重大不稳定问题23起,调处矛盾纠纷132起,有效维护安定的社会局面。领导带队开展安全生产检查成为常态,全年检查生产经营单位410家,排除安全隐患320条,开展食品安全整治行动18次。

科学教育文化卫生　合理调配辖区中小学生源,严控班级人数,新改造教室26间,中小学新扩班12个,新增学位300多个,确保阳光招生政策落实;投资400余万元建成机关幼儿园百川里分园;浏阳河中学获全国青少年校园足球特色学校称号,黄泥湾小学获第八届“创作杯”全国青少年儿童作文大赛团体一等奖。贯彻落实计生政策,免费孕前优生检测442对,出生缺陷防控135对。建立居民健康档案5.7万份,其中重性精神病患者档案266份,孕妇健康档案652份,儿童健康档案3948份,高血压患者档案4518份。街道人口和计划生育工作荣获长沙市、浏阳市先进单位,计生协会获长沙市优秀单位,北正社区获长沙市计划生育基层群众自治模范社区,社区卫生服务中心获评湖南省群众满意社区卫生服务机构。“雅韵淮川”系列文化活动举办80余场次。朝阳社区获“全国科普示范社区”,城西社区获“全国综合减灾示范社区”。

队伍建设　扎实开展“两学一做”学习教育,朝阳社区党总支率先推出“掌上学党章”、“线上讨论会”和“社区微党课”等活动。在全街道党员干部中开展“两性一心”自我大检查活动,共收集到党员干部自我大检查材料195篇。突出小区功能型党组织建设,城西社区推出“财富小区党支部”模式。强化党建基础工作,对“三会一课”、发展党员、党费收缴等进行统一和完善,完成党组织关系排查2505名,按要求对15名失联党员进行处置,追缴应补党费72万元。全年获省、长沙市、浏阳市各级表彰的党员和党组织共15个,其中西正社区公益救援队支部获2项省级荣誉。全年纪工委对人大换届选举、安全生产、食品安全等开展履职监督12次,通过抽样分析,发现问题34个,对20名领导干部和中层干部进行提醒谈话。新北社区以体育新城小区为试点,重点打造“廉洁文化进小区”主题活动。对干部作风进行勤查访、勤通报,共开展作风查访25次,通报批评14人,全年对14起党员违纪案件开展纪律审查工作。加大干部引进培养力度,机关引进公务员3名;公开招录社区工作人员10名,公开选拔社区公共服务中心主任1名。(刘延喜)

【淮川街道成立浏阳市首家宗教界慈善基金】　8月29日,淮川街道宗教界慈善基金正式成立并举行首批“圆梦助学”捐赠发放仪式。此次慈善基金共募集善款11.4万元,其中城隍庙捐赠5万元,麻衣庙捐赠4万元,基督教捐赠1万元,问津寺捐赠5000元,青阳山道院捐赠4000元,升冲观捐赠3000元,观音殿捐赠2000元。首批获得救助的学生共18名,其中大一新生5名,在读大学生6名,在读高中生7名。淮川宗教界慈善基金由淮川街道工委、办事处发起成立,旨在促进淮川宗教界慈

9月5日,联城社区与台北忠顺里联合举办社会组织与志愿服务发展论坛
(图片来源:淮川街道)

善力量的有机整合，扩大宗教界在发挥公益慈善事业方面的社会影响力，引导宗教界公益慈善事业规范持续发展。（刘延喜）

【西湖山路全线贯通】市重点工程项目西湖山路（老火车站至金沙路段）提质改造项目于9月1日全线竣工通车。改造路段北起金沙路，南至老火车站，全长约850米，道路红线宽16米，车行道宽12米，双向两车道，设计时速30千米/时。竣工后，车辆可从邮电路口沿西湖山路直达通程广场，对提升西湖山景区形象、方便沿线居民出行以及分担金沙路交通压力均有重要作用。除路面改造外，还在北园社区服务中心和原交管站修建两个微型停车场，新增近80个停车位。（刘延喜）

【联城社区与台北忠顺里举办“社会组织与志愿服务发展论坛”】9月5日，台湾浏阳同乡会访问联城社区，并与联城社区共同举办“社会组织与志愿服务发展论坛”。双方就社区志愿者管理、社会组织筹资方法、发动居民参与、建立志工保险等方面交流相关做法和经验。长沙市台办、浏阳市委统战部、浏阳市民政局、淮川街道办事处等有关领导出席论坛。（刘延喜）

【浏阳市首个社会组织（公益志愿服务）孵化基地在淮川街道联城社区揭牌成立】为加强社会管理，增强社会自治功能，2016年9月30日，浏阳市民政系统首个社会组织（公益志愿服务）孵化基地在淮川街道联城社区揭牌成立。孵化基地按照孵化空间、创设空间、助力空间、运营空间、展示空间、分享空间的理念进行办公区域布局，可同时容纳8家社会组织入驻，计划每年至少孵化5个社会组织，开展6期社会组织培训及沙龙，培育5个以上具有创新性和可持续性的优秀公益项目。（刘延喜）

集里街道

工委书记　黄　刚
副书记　王　海
　　陈松权（2016.08免）
　　高让波　周奇志（2016.04免）
纪工委书记　吴维全（2016.04免）
　　刘翔宇（2016.04任）
工委委员　张竞（女，2016.08任）
　　张虎（2016.04任）
　　罗亚平　邓勍（女）
　　刘翔宇　吴维全
人大工委主任
　　陈松权（2016.08免）
　　张　竞（女，2016.08任）
副主任　李文英
办事处主任　王　海
副主任　张　虎（2016.04任）
　　罗亚平
　　邓　勍（女，2016.04免）
　　刘翔宇（2016.04免）
　　刘　鹏
　　杨沅光（2016.04免）
　　戴学文（2016.09免）
　　朱海峰（2016.09免）
　　寻　婷（女，2016.04任）
　　周水波（2016.09任）
政协联络处主任　高让波

【概况】2016年1-4月，集里街道辖7个社区、11个行政村，391个居（村）民小组。4月，集里街道完成建制村合并工作，原平水村、长青村合并，命名为西湖村；原东沙村、杉松村合并，命名为北城村；原道吾村、太和村、八仙村合并，命名为道吾村。建制村合并后，共辖7个社区、7个行政村。367个居（村）民小组，人口60095人。2016年出生人口829人，死亡人口191人，人口出生率为13.7‰，自然增长率为4.5‰。辖区行政区域总面积153.8平方公里。2016年7月，集里街道工委获评长沙市先进基层党组织，并在长沙市庆祝建党95周年表彰大会上作典型发言。

经济实力　全年完成财政总收入5.5亿元，比上年同期增加3133.6万元，增长6%，其中地方财政收入3.13亿元；完成工业总产值142亿元，其中规模工业总产值74.6亿元；完成招商引资到位资金7.92亿元；完成规模以上商贸限上零售额31亿元，完成固定投资35.2亿元。获评长沙市“十强乡镇（街道）”。城市综合体项目吸纳天虹百货、中国人保公司、联通浏阳总部等企业进驻，焕发商业新活力。烟花鞭炮、汽车销售、家居建材、物流仓储等优势产业全面提升。

项目建设　实行项目建设领导联点制、征拆工作进度日报制和“红旗工作法”，强力推进货币化安置政策，发扬连续作战精神，全年共完成征地154.8公顷、房屋拆迁147户，实现人民医院、道吾学校、三馆合建、

道吾山风景　（图片来源：集里街道）

天然气入浏等项目全面拆迁清零。强化项目招商，引进项目11个，其中总投资6500万元的美宝行项目落地。君悦城、太悦城、嘉悦城等在建项目顺利推进，道吾山路竣工通车。

农业工作　高质量推进太平桥片土地确权工作。推进现代农业模式，发展规模经营。浏跃小水果种养专业合作社进入规范化发展、品牌化运作阶段。发放油菜种子833.33公顷，打造美太路、浏跃路两条油菜花景观路。免费发放杉苗8万株、枫树苗2万株。6.67公顷低镉水稻品种集中展示圆满完成，建立规范性农产品检测室。积极应对7月3～4日洪灾，并积极帮助农民恢复生产自救。

人口与计划生育　积极稳妥地开展卫生计生优质服务工作，落实长效节育措施232例；落实孕前免费优生遗传检测436对，完成计划生育系列保险7万余元。全员信息完善、流动人口信息录入、反馈和合同签定率为100%。征收社会抚养费34.7万元。发放独生子女保健费1199户，奖扶金额14.04万元。积极探索社区流动人口卫生计生基础档案规范化建设。

环境整治　以“路长制+”为主抓手，创新城乡管理模式，不断改善城乡环境。推行“路长制+拆违控违”。拆除违法建筑500余处4.6万平方米，清理雨棚、户外广告3.7万平方米，拆除养殖场所1.3万平方米，实现新增违法建筑“零指标”。落实“路长制+环境整治”。路长制与网格管理有机结合，实现环境整治无死角目标，宏源村成功创建长沙市“垃圾分类示范村”。

安全生产　开展三个“百日攻坚”专项行动。对涉危涉爆企业实行百分制考核，严格兑现奖惩，对排名前6位的进行奖励，排名末位的进行黄牌或红牌警告；加强涉危涉爆企业服务，指导10家涉爆企业、8家危化企业换证。坚持严查严管严处严罚“四严”管理原则，全年立案24起，责令停产63家次。大力推进烟花爆竹企业退出工作，淘汰落后产能，全年退出生产企业18家、生产工区4家。创建长沙市“食品安全示范街道”，保障群众“舌尖上的安全”，普及食品安全知识，提高群众食品安全意识。

治安状况　2016年10月，街道率先在集里桥社区试点社区提质提档工作，社区呈现出组织体系健全，民主管理制度完善，生活生态环境更美，公共服务水平提升的崭新面貌，居民幸福感、获得感显著增强。打造“平安集里”，开展“五全”(“全员化、全覆盖、全天候、全稳控、全保障”)大巡防，发动群众参与8000余人次，做好信访维稳工作，化解信访积案2起。有效稳控长浏高速、养生养老园等不稳定因素，实现“零非访”目标，街道获评长沙市“社会治安综合治理模范单位”，集里桥社区获评全省和谐社区建设示范社区。

民政、社会救助　评议认定低保户1494户3178人，发放低保金880余万元，走访慰问困难户400余户，发放优抚、慰问、救助资金260余万元，危房改造24户。发放残疾人补助8万余元。精准扶贫推出教育、医疗、就业“三大礼包”，78户贫困户实现脱贫。

社会保障　完成792户城市低保、484户农村低保、184户五保户年审，对203户特困人员进行重新认定，取消8户农村特困人员、一户城市特困人员。开展社会保障兜底对象认定工作，认定86户164人为兜底对象。临时救济95人，发放救济金44900元。申请大病救助213人、门诊救助8人、药物救助卡15张。新屋岭片区保障房建成完工，拆迁户顺利入住；禧和片区保障房源项目一期完成配套施工，并完成12户房源分配，7户申请回购安置；二期完成前期选址和征拆扫尾工作。

科教文卫　全年完成科技专利申请94件，建立和完善科技创新型培育机制，鼓励和支持团队或者个人创新创业，搭建大学生创新创业孵化基地——“青创园”，组织各类科普知识讲座，在社区、村的主要小区和广场制作科普宣传栏260块，设置科普长廊5个、科技展板200余块。

道路桥梁改造　全面完成14个村(社区)农村道路桥梁现状调查，并登记造册。完成13条17.14公里省规道路的建设，农村公路三年行动计划共计完成31公里道路硬化和提质改造。疏通山体滑坡八处，整改村级道路安全隐患6处。（李　敏）

【创新开展“五全”大巡防】　2016年5月，街道以构建“全员化、全覆盖、全天候、全稳控、全保障”的“五全”防控体系为目标，正式启动“五全”大巡防活动。通过广泛深入动员，组织逾8000人参与社会治安巡逻。活动开展以来，街道发案明显减少(特别是侵财性案件)，发案率同比下降22%，环比下降16%，巡防调解民事纠纷82件，处置疑似传销团伙多个，制止行窃案件6起，得到辖区群众的一致好评。（李　敏）

【红旗湿地公园开园】　2016年6月5日，集里街道红旗湿地公园开园。红旗湿地公园占地面积约1.2万平方米、绿化改造面积约6000平方米。2016年建设好凝霞秋色广场、红旗

6月5日，集里街道红旗湿地公园开园　（图片来源：集里街道）

驿站、渔鼓道情、水漾影桥木栈道等景观，公园内首个党建屋场也建成对外开放，为市民提供一个休闲娱乐的好去处。（李　敏）

【集里敬老院主体工程竣工】 集里敬老院选址于原太平桥镇政府，建筑面积4211平方米，设计床位150个，于2016年3月立项，7月动工，12月完成主体工程建设，2017年入住。（李　敏）

【合盛大道提质改造竣工通车】 2016年11月30日，集里街道S103太平桥集镇段—合盛村油铺组的合盛大道竣工通车。合盛大道共投资（上级拨款＋自筹资金）400余万元，全长6000余米，路面宽6米，全程均为油砂路面，于2016年10月27日开工，11月30日竣工。接下来，合盛大道将以打造“荷文公路缩小版”为目标，在两厢实施“绿化、美化、亮化”工程，让美景走入大道沿线千家万户，助推市全域美丽乡村旅游在集里落地生根、造福群众。（李　敏）

荷花街道

工委书记　朱姿丰（2016.06免）
　　　　　余慧佳（2016.06任）
工委副书记
　　　　　殷志民（2016.04免）
　　　　　宋　孟（2016.06任）
　　　　　　　　（2016.06免）
　　　　　黎　靖（2016.07任）
　　　　　钟楚武　尹桂云
纪工委书记
　　　　　饶　岚（女，2016.08免）
　　　　　吴劲文（2016.12任）
工委委员　李盘思（2016.04任）
　　　　　谭日红（2016.04任）
　　　　　杨　辉（2016.04任）
人大工委主任　钟楚武
人大工委副主任
　　　　　寻　婷（2016.04免）
　　　　　吴光伟（2016.04任）
办事处主任
　　　　　殷志民（2016.04免）
　　　　　宋　孟（2016.04任）
　　　　　　　　（2016.07免）
　　　　　黎　靖（2016.07任）
办事处副主任　李盘思
　　　　　杨　辉（2016.04任）
　　　　　陈志刚（2016.09免）
　　　　　戴学文（2016.09任）
　　　　　胡燕群（2016.04任）
政协联络处主任　尹桂云

【概况】 2016年，荷花街道辖8个行政村，3个社区，372个村（居）民小组，总面积146.8平方公里。全年完成财税任务20717.83万元，农村商业银行荷花支行年末存款余额10.044亿元，净增1.1亿元，发放贷款6.9亿元，净增1亿元。完成固定资产投资23.7647亿元，招商引资到位5.88亿元、内资5.54亿元，全年实现规模工业总产值44.03亿元，完成工业固定资产投资1.66亿元。

工业　加速推进烟花爆竹产业升级，淘汰落后产能，积极帮助企业解决顾虑，结合实际为企业出谋划策，全年共协助企业进行各类项目资金申报60多项；大力推进科技创新，积极研发新产品，做强工业品牌，获得专利42件，孝文电子科技有限公司无火药全环保智能喷花机项目，获得第二届“中国创翼”青年创业大赛全国总决赛“金翼奖”。

商贸旅游　随着各项知名餐饮、娱乐休闲、文化创意品牌的不断入驻，唐洲片区形成以特色餐饮为主，融休闲文化、茶文化、酒文化、花炮文化于一体的环天马路美食商圈。30家近城农家乐汇集，打造集休闲、观光、旅游、度假、拓展体验于一体的西环现代农业观光旅游带，全年共接待游客30.25万次，实现旅游总收入5.4亿元，同比增长18.2%。

农业　依托近城优势，引导和扶持发展生态休闲农业，雨泽果业、荟铭兰花、杨家草莓等一批现代农业成为域内主导农产业，天子湾休闲度假中心、赐金滩农庄、紫云山庄等一批农庄，成为人们休闲、度假、旅游、美食的好去处，帅哥豆豉、笑哈哈食品等农产品品牌享誉全国。全年培育适度规模种植大户31户，科技示范户20户，完成早稻集中育秧和储备育秧106.67公顷，冬种油菜900公顷；办理农机补贴207台，补贴金额36.25万元；完成大小山塘维修加固14处、河坝修复8座，荷文公路21处水损点已全面修缮恢复；造绿复绿2.33公顷，裸地复绿8.67公顷，“三边四旁”植树21万株、育林抚育71.4公顷。农村公路畅通工程“三年行动”完成56公里，占总任务的84.8%。农业普查，水利地名普查全面铺开；农村土地经营权确权登记，完成调查摸底、核查认界、技术测绘、第一轮公示等工作；全国第二次地名普查圆满完成。

项目建设　2016年，荷花农贸市场第三期改造项目建设全面竣工；总投资5000万元的天子湾景区建设项目建成营业；神农三期、浦梓港片

2016年12月，荷花街道杨家弄村南流桥屋场竣工　（图片来源：荷花街道）

2016 年 12 月,底荷花街道荷花公寓及周边小区棚改项目竣工

(图片来源:荷花街道)

区拆迁安置保障性房源分配全面完成,杨家弄金沙苑安居工程、天马山公馆有序推进。荷花园社区澄潭江煤矿宿舍区、荷花公寓及周边附属设施棚改项目全面竣工验收。新月半岛二期7、8号楼主体建设即将完工,东区二期现房正在销售;落户项目广华塑料五金、华佑、新华印刷、金坤电瓶车、衡大饲料等投产达效。全年组织小分队外出招商3次,开开农场、玉龙酒店、星星印刷包装、犁尼斯青少年游学营地、浏阳长青谷旅游开发有限公司、浏河园乡村文化旅游休闲度假养生项目、浏阳慧明印刷包装厂、浏阳市萌肉之家农业开发有限公司等8家新项目完成自行签约,超额完成全年新项目任务。

党建工作 追求实效,不断加强组织建设。坚持周例会、月大会、季点评制度,强化督查考核,处、村班子成员全局意识和大局观念不断增强;围绕"两学一做"学习教育,创新基层党员管理,开展"即刻学堂"等形式多样的主题活动,争做"四讲四有"合格党员;按照"坚持标准、保证质量、改善结构、慎重发展"的方针,认真做好发展党员工作,今年发展党员20名;村级合并、人大、政协换届工作扎实开展,组织有序,确保换届选举工作顺利完成。网格管理,提高队伍素质。切实践行一线工作法,全面推行网格化管理,充分发挥群工站职能,处、村干部进组入户开展党员、群众走访,倾听民意、了解民生;抓好村级党组织后备干部培养工作,有效解决村委会换届"后继乏人"问题,采取"书记上党课"、主要领导到各线召开谈心会等形式,培养和激励青年干部善学好进。不断增强干部纪律和规矩意识,严格遵守党的政治纪律、组织纪律、财经纪律,规范公务接待、机关管理和领导干部从政行为,严格效能监督,实行上下班"OA"系统打卡考勤、挂牌上岗,通过月工作作风效能"流动红旗"评比,提升纪律要求,营造比学赶超氛围。全年发布《荷花督查》28期,公开通报违反工作纪律干部职工59人次,查办党员干部违纪案件17起,干部队伍更加风清气正。

综合治理 通过点线面结合,人防物防结合,打防管控结合的立体化防控体系,确保社会安全有序,群众安居乐业。街道新增投入40万元,专门用于社会治安防控体系建设;按照"专业队伍控面,义务队伍巡线,志愿队伍守点"的模式,构建全域覆盖,实时发现,及时处置的网格化大巡防工作格局;新组建10人的专业巡防队伍,实行"白+黑、城+乡"模式开展日常巡逻防控;组建村(社区)"红袖章"志愿者巡防队伍110人,开展辖区内麻将馆、内保单位、涉毒问题专项整治,成功处置樟槽水库溺亡等群体性事件和不稳定因素。不断完善和创新特殊人员的管理和服务,社区矫正工作在夯实中求创新,首次引入社工心理援助,代表市司法局接受省司法厅的检查,获得肯定。应对森林防火严峻形势,圆满承办市森林消防大比武活动,组织成立40人的森林消防专业队伍,配备森林消防车辆,定期开展应急演练,极大的提高森林防火的应急处置能力。

环境整治 按照市委建设全域美丽乡村的总体要求,推进"4211工程"建设,全年共拆除各类违法建筑329处3.56万平方米,取缔关闭非法企业及作坊9家。深入查处养殖治污,关停不合格养殖户16户,拆除栏栅2000平方米。总投资198万元的金沙南路人行道改造提质工程全面完成,唐洲社区创长沙市示范社区建设获得验收通过,群众生活幸福指数不断提高。全面落实"路长制"主体责任,对G319、G106、荷文公路等主要路段实行市场化运作模式,聘请专业团队从事公路管护、保洁、绿化等工作,及时清理路面障碍物和抛洒物,定时进行洒水降尘、路面清洁,定期清理路基、边坡杂草、杂物,清洁防护栏、隔离带等。累计共清理水沟1.52万米,路肩整理2.78万米,护栏维护1.4万米,洒水降尘1100余次,栽种花木10万余株,城乡道路环境面貌有效改观;积极创新工作模式,以杨家弄村南流桥幸福屋场乡村道路为示范点,引导"路长制"向乡村道路延伸。

教育卫生 投资720万元的人民路二小新建综合楼,秋季正式投入使用;新兴小学和人民路二小的标准化学校创建工作顺利完成;杨家弄小学、罗直小学综合楼项目完成招标前期工作,明年上半年将启动建设。计生工作全年计内出生677人,政策外生育率94.6%,政策外多孩率3.6%;完成孕前优生检查374对,占任务数的119.1%;新增各项计生奖扶对象191人,走访计生困难家庭10户。

社会保障 不断完善社会救助体系,推进社会保障扩面,养老、医保、工伤保险征缴工作排名全市前列,优待抚恤、低保五保、扶残助残、医疗救助、救灾救济、殡葬改革、创业富民等工作稳步推进。全年实现城乡低保1362户2667人,发放低保金703万余元,2016年实施危房改造41户,其中建档立卡贫困户20户,危改资金114万元。通过"雷锋超市"向贫困家庭、五保户、低保户发放爱心物资504份,发放助学金21.3万元,63名贫困学生得以圆梦大学。精准施策，脱贫攻坚绩效显著，年内建档立卡贫困户83户260人实现脱贫退出，验收工作圆满完成。

文化宣传　圆满完成市委宣传部要求的党报党刊任务，利用宣传舆论阵地服务街道中心工作，精心组织“跨越发展”主题宣传，加大新闻报送力度，积极组织系列外宣活动，塑造荷花形象，扩大对外影响。认真做好信息报送，准确、真实、全面地反映全场的新思路、新做法、新经验、新情况等。全年在电台、各级报刊共发表各类正面报道40条(篇)，其中浏阳日报21篇，湖南日报3篇，长沙晚4条(篇)。扎实开展“自在荷花，爱满城南”三八妇女节表彰会、“饮水思源”义务植树、免费孕前检查等民生活动，街道舞龙代表队在浏阳市“祥龙闹元宵”比赛中取得第一名的优异成绩，自编自演庆“七·一”广场文艺晚会取得圆满成功。　(廖　胜)

【荷花公寓及周边小区棚改项目】　该项目建设周期为12个月，建筑面积为43450平方米，片区改造路面约8700平方米，改造人行道约7824平方米，全面完善绿化、亮化、美化及地下等配套基础设施。2016年4月底完成项目手续报批、工程招投标等前期准备工作，5月至7月完成设计、工程预算、财评工作，8月至12月组织项目建设施工，12月底完成项目竣工验收。　(廖　胜)

【孝文电子科技有限公司无火药全环保智能喷花机项目获得第二届“中国创翼”青年创业大赛全国总决赛“金翼奖”】　9月29日，中国宋庆龄基金会和人力资源和社会保障部联合主办的第二届“中国创翼”青年创业创新大赛全国总决赛落下帷幕。浏阳孝文电子科技有限公司的无火药安全环保智能喷花机项目获得“中国创翼‘青年创业创新大赛金翼奖’”并取得高端装备制造业类项目全国总决赛第二名的成绩。颁奖典礼上，孝文科技董事长陈江波博士代表公司领取奖杯和捌万元资金。孝文科技全球首创的无火药舞台喷花机完美解决上千年来烟花产品依赖于火药存在安全隐患、环境污染、成本高昂、禁止室内燃放等痛点问题，拥有29项国家专利和6项国际PCT专利，并取得欧盟CE、ROHS、美国FCC、UL等多项国际认证，产品远销欧美，覆盖全球。　(《浏阳年鉴》编辑整理)

9月10日，关口街道在太阳龙医疗器械科技有限公司举行“情系教育，全民助学”捐资活动，现场募集善款7072650元　(图片来源：关口街道)

【南流桥屋场】　南流桥屋场位于浏阳市荷花街道杨家弄村，总面积38600平方米，该屋场有6个村民小组，共160户，屋场紧临长浏高速、金沙南路、荷中文公路、浏大公路，交通便捷，山水秀丽，田园秀雅。(廖　胜)

关口街道

工委书记　朱永建

工委副书记
- 刘学辉(2016.04任)
- 李升稳(2016.04任)
- 何昌全(2016.04免)
- 刘佳富
- 张贤贵(2016.08免)

纪工委书记
- 寻梓辉(2016.04任)
- 向前进(2016.04免)

工委委员
- 鲁正平(2016.08免)
- 李秀英(女)
- 寻梓辉(2016.04任)
- 朱　敏
- 向前进(2016.04免)

人大工委主任
- 李升稳(2016.04任)
- 何昌全(2016.04免)

人大工委副主任　肖桂炎

办事处主任
- 刘学辉(2016.04任)

办事处副主任
- 鲁正平(2016.08免)
- 李秀英(女)　朱　敏
- 王红兵(2016.08免)
- 陈学远(2015.12任)
- 吉红霞(女)
- 李升稳(2016.04免)
- 凌　旺
- 朱海峰(2016.09任)

政协联络处主任　刘佳富

【概况】　2016年，关口街道下辖长兴、占佳、水佳3个社区，炭棚、溪江、金口、金桥、杨溪湖、升平、金湖、和田、道源湖等9个行政村，总面积161.8平方千米，总人口5.04万人。东连古港镇、高坪镇，东南与荷花街道隔河相望，南邻淮川街道，西接集里街道，北接蕉溪乡和淳口镇。

2016年关口街道实际完成税收任务20384万元，其中国税完成12300万元，地税完成8084万元，地方一般公共预算收入8952万元；全年实现社会消费品零售总额25亿元，完成工业总产值85亿元，完成规模工业总产值75亿元，获全市绩效考核工业经济工作优秀单位。招商引资到位资金6亿元，引进黄花机场湘赣边浏阳城市候机厅、广发银行等优质项目8个，项目履约率100%，获全市绩效考核招商引资工作优秀单位。

产业经济　2016年，关口街道大兴水利建设，投入150多万元对辖区山塘、河坝、沟渠进行维修加固。升平村灌溉管道输水工程总投资390余万元，铺设主干网12公里、支网13公里，灌溉受益面积200公顷，顺利通过省市验收；全面完成杨溪湖、升平、溪江农村安全饮水工程建设任务，帮助6600余人解决安全饮水问题。在巩固烤烟、水稻、油菜等传统农业基础上，以现代农业、休闲农业、观光农业为突破口，以“三年造绿行动”为抓手，强化美丽乡村建设，创建兰园、水佳等星级农庄5家，整洁屋场3个，幸福屋场3个，道源湖村被评为“长沙市美丽乡村建设示范村”。通过第一、第三产业深度融合，传统农业焕发新的生机。着力突出工业主导地位，以关口工业小区为支撑，加快园区提质转型，着力打造浏阳城市产业园区。针对辖区中小企业“融资难”问题，召开银企对接会，现场授信额度2.7亿元。认真做好落地企业跟踪回访，真心帮助企业解决发展掣肘问题，先后协调解决东信机械设备等5个项目建设难题。帮助调处天福烟花、天宇包装、日升烟花等11家企业与周边村民的纠纷矛盾30余起，企业发展环境不断优化。

项目建设 2016年是关口街道项目“加速年”。坚持项目优先原则，开展重点项目建设“百日攻坚”大行动，32个重点项目有序推进。棉花大桥通车，7路城市公交车延伸站启动建设，农村公路建设三年行动计划推进，全面完成63.6公里目标任务。举办“引老乡、回故乡、建家乡”知名人士、企业家新春座谈会，制定招商引资优惠和奖励政策。在项目落地上，主动对接水建投、城建投这两个平台公司，全力攻坚征地拆迁，全年征地153.33公顷，拆除房屋120余栋，迁移坟墓1274座，保障长兴湖片区、蒙华铁路、道吾学校等重点项目稳步推进。

城市管理 以年度拆违数和“零”违建为目标，强力推进拆违控违，全年累计拆违面积51382.6平方米，其中城市规划区拆违26368.2平方米。实施环境综合整治，推动城管下村，整治浏东公路户外广告、乱搭乱建、店外经营等违规行为。深入实施网格化管理，广泛开展群众工作，将打非治违、环境整治、安全生产等工作向网格延伸，全体机关干部深入践行“一线工作法”，努力将矛盾化解在基层，把问题解决在基层，实现干部联村，干群连心。

安全生产 积极处置应对60年罕见的特大暴雨灾害，完善应急管理体系，提高应急管理能力，切实保障群众生命财产安全。严格按照“全覆盖、零容忍、严执法、重实效”、“强化红线意识”的总要求，全面深入排查安全隐患，全年未发生安全生产责任事故。积极做好落后烟花爆竹企业退出工作，退出落后企业12家。在夯实烟花爆竹、化工、矿山等高危行业安全监管的基础上，按照“管行业、管安全”的要求，广泛开展建筑、交通、校车、旅游、环保、水务、林业等领域的安全生产检查工作，落实浏东公路“路长制”工作责任，强化治超限载工作力度。

平安创建 以“平安关口”建设主题活动为抓手，成功创建“浏阳市两型示范单位”。落实社会稳定风险评估制度。开展国家食品安全城市创建工作，取缔小作坊、黑作坊10处，切实维护群众“舌尖上的安全”。健全矛盾纠纷排调机制，建立专职巡防队伍，严厉打击各类违法犯罪。全年调处矛盾纠纷718起，依法处理信访案45起，其中办理浏阳市级以上信访案件22起，查处治安案件101起，依法拘留52人，保持社会大局的持续稳定，群众安全感大幅提升。

科教文化 深化文明城市创建，丰富文明城市内涵，文明创建走上制度化和常态化轨道。通过经常化开展志愿服务活动和群众喜闻乐见的文娱活动，创建占佳社区“睿智骄阳”、长兴社区“善爱港”等系列志愿服务品牌，举办“今日新关口，百姓大联欢”文艺汇演、第一届“希望杯”村(社区)足球超级锦标赛等活动，街道全民健身中心启动建设，群众素质不断提高，干群关系更加密切。实施教育优先战略，关口中学教学质量综合评价获全市一等奖，关口小学通过长沙市标准化小学验收。开展“情系教育、全民助学”活动，募集资金700余万元，用于关口中学、湖里小学、溪江中学等改扩建工程。长兴湖小学完成主体工程建设。

民生保障 严格落实社会保障政策，建立社会救助“一门受理，协同办理”机制。重拳整治惠民政策落实不到位问题，落实市委、市政府“暖心工程”和节日走访慰问活动，发放各类社会救助、残疾人补贴、低保资金近700万元。推进医保、养保、工伤征缴扩面和社会保障卡发放工作。坚持把脱贫攻坚作为首要的政治任务和最大的民生工程，抓好精准扶贫对象就业、救助、危房改造等民生工作，全

3月29日，原溪江村与长溪村合并举行揭牌仪式　　(图片来源:关口街道)

年完成危房改造52户，完成脱贫目标任务327人。贯彻落实计生新政策，精细计生网格化、信息化管理，坚持为人民健康服务方向，完善公共卫生和基本医疗服务，加强人口计生服务，提高流动人口公共服务均等化水平。全年办理生育服务证和再生育证798本，免费孕前检查465对，落实计生各类奖扶对象380户，发放资金60万元，卫生和计划生育工作进入全市先进行列。

党政建设　通过竞争上岗的方式，大胆启用“5358”人才和招录干部，提拔5名年轻干部担任中层干部职务。严格执行周工作安排、绩效考核、党政联席交办制度，明确主体，落实责任，形成压力传导机制。全体干部职工发扬“跳起来摘桃子”的精神，团结拼搏，敢想敢闯，干事创业的氛围更加浓厚。落实基层党建目标管理，健全完善支村两委班子考核评价体系，突出抓好村(社区)党组织书记“双述双评”工作，将考核结果作为奖惩和使用干部的重要依据。全年新发展党员25人，接收预备党员转正审批28人。以建党95周年千人党员大会为切入点，开展“两学一做”和党建网格化“六个一”活动，落实党员“微服务”要求，引领党员干部在环境卫生、道路建设、征地拆迁、困难帮扶等方面发挥先锋模范作用，全年服务群众3800余件次。以“纠四风，治陋习”和“雁过拔毛”式腐败问题专项整治为抓手，严格落实党风廉政建设“两个责任”，党政领导、中层正职签订《廉洁纪律承诺责任书》，建立健全机关管理制度。进一步规范村级财务运行，面向社会公开，接受群众监督，有效堵住村级财务廉政风险漏洞。强化作风建设，对违纪人员坚决查处，全年共计党纪政纪立案9起，查处9人，警示约谈17人，对3名干部进行诫勉谈话，始终保持作风建设高压态势。　（汤志伟　陶嫦娥）

【关口街道建制村合并】　3月29日上午，关口街道4个建制合并村新村举行成立揭牌仪式。原仙源村与新湖村合并、浆田村与福田村合并、金龙村与珠江村合并、溪江村与长溪村合并，新村分别命名为：道源湖村、和田村、金湖村、溪江村。为完成建制村合并任务，2月份，街道成立建制村合并工作领导小组，进行宣传发动、清产核资、征求意见等。街道干部下村到户，通过户代表签字、召开村民代表会议的方式开展并村工作，顺利通过《关口街道建制村合并工作方案》。经浏阳市人民政府浏政函〔2016〕70号文件批复同意，关口街道由原来的13个村、3个社区合并调整为9个村、3个社区，并确定各新村村名和村部选址。此次并村工作有利于整合关口农村区域发展资源，拓展和优化发展空间，促进现代农业发展，加快全面小康建设进程。　（陶嫦娥）

【长兴湖小学教学楼完成主体工程建设】　长兴湖小学位于关口街道长兴社区，规划用地面积31961平方米，总建筑面积约13500平方米，计划总投资约3854万元。2016年底，长兴湖小学教学楼完成主体工程建设。（汤志伟）

古　港　镇

党委书记　刘守德
副书记　陈　建(2016.11任)
　　廖尚福(2016.04免)
　　黄　森(2016.04免)
　　尹灿文
纪委书记　刘作昌
党委委员　何启成(2016.04任)
　　陈桂伍
　　周雯生(2016.04免)
　　刘作昌
　　涂传秀(女,2016.04免)
　　陈爱民(女)
　　刘雨成(2016.04任)
　　李　胜(2016.04任)
人大主席　何启成(2016.04任)
副主席　胡文杰(2016.09任)
镇　长　陈　建(2016.11任)
代镇长　杨沅光(2016.11免)
副镇长　徐伟星　曹湘黔
　　刘雨成
　　李　胜(2016.04任)
　　肖志强(2016.04任)
　　杨　璐(2016.09任)
政协联络处主任　陈桂伍

【概况】　2016年，古港镇12个行政村，3个社区，570个村(居)民小组，人口6.5万人。辖区总面积210平方公里，耕地面积3773.33公顷，主要是水田和旱土，山林总面积2万公顷，林业用地面积1.27万公顷，森林覆盖率63.2%。截至年底，全镇全年新出生人口926人，死亡439人，人口出生率为14.4‰，自然增长率为7.6‰。全年完成财税总收入7072万元，完成比例100.01%，其中上划收入完成4318万元，地方收入完成2754万元，完成比例103.6%。全年完成工业总产值96.6亿元，其中规模工业总产值60.5亿元，同比增长101.3%。

农业生产　2016年，种植早晚稻2913.33公顷、蔬菜1133.33公顷、水果及花木800余公顷、油菜1833.33公顷。发展优质烤烟300公顷，送售50万千克，居东区第一。松

3月21日，浏阳市创建全域美丽乡村示范县(市)启动仪式　（图片来源：古港镇）

2016年6月22日，中央文明办一局局长张志勇（前排中）到古港松山屋场

（图片来源：古港镇）

山屋场、云盘屋场、金园村、花城村等千亩示范片，成为长沙、株洲、湘潭蔬菜重要生产基地。深入实施农田水利三年畅通工程，投资585万元完成梅田河小流域治理工程建设，投入238万元完成宝盖寺村山洪灾害防治预警系统工程建设，全年共清淤山塘10口、疏浚沟渠25公里、维修水库闸门3座，修建电灌站2座。

工业经济 全年完成固定投资21亿元，完成技术改革投资14.8亿元，新增浏阳市鑫亿出口烟花鞭炮厂一家规模企业，成功申报浏阳市三口白路出口烟花有限公司、浏阳市新彩虹烟花制作有限公司、浏阳市吉腾出口烟花制造有限公司3家“两化融合企业”，完成长沙市级技术创新项目立项数1个。调处企业矛盾纠纷105余次，帮助18家企业申报小额贷款贴息72余万元。新引进重点项目6个，全年到位资金2.43亿元，同比增长106.6%。

第三产业 实施“美丽乡村”建设，成功打造梅田湖村松山屋场，白鹭村大湾屋场、同心屋场等一批“明星屋场”，2016年3月19日，浏阳市创建全域美丽乡村示范县（市）启动式在古港镇举行；着力推进全域乡村旅游，深挖旅游资源优势，实现水果采摘、古寺观光、生态漂流等旅游景点有机结合，全年接待游客55万人次，同比增长25%。全镇从事商贸活动的商家5400余家，经营类型涉及大型超市、品牌服饰、饮食酒楼、摩托汽车等，全年社会消费品零售总额3.1亿元，同比增长106.2%，增加浏阳钰洋农产品销售有限公司限、浏阳凯华汽车贸易有限公司、浏阳市翰林农产品销售有限公司3家商贸企业。

基础设施建设 加快推进古港新城项目建设，新增临街门面80余个。启动浏阳农村商业银行古港支行异地新建项目建设，加快对接办理供销加油站用地手续。依法推进控制限制建设，拆除违章建设行动，全年拆除违章建筑、破旧建筑1.89万平方米，成功创建金汇步行街无违小区。强力推进征拆工作，完成征地42.56公顷，解决古港新城金汇西路征地遗留问题。投入800余万元，完成狮山路、鑫润路北段的路面改造和水管铺设工程。深入实施“浏阳市农村公路建设三年行动计划”，投资2000余万元，启动34个道路项目，改造建设农村公路30公里，其中10个项目完成省市验收工作。

环境整治 开展环保违规建设项目清理整治、浏阳河流域两岸500米范围内畜禽养殖场退出工作，共清查116家企业。改造和修缮集镇污水管网1200米，完成古港新城1000余米下水管道铺设；实施“路长制”管理模式，在集镇主要道路规范划定公共停车位和交通标识，确保停车规范有序，集镇面貌大为改观；深入实施“城乡统筹环境同治”，积极开展植树造林活动，全年植树4.3万株；推进“美丽乡村”建设，梅田湖村成功创建“湖南省美丽乡村示范村”，白鹭村成功创建“浏阳市美丽乡村特色村”。古港镇获2016年“湖南省文明村镇”、长沙市绿色示范乡镇”荣誉称号，被评为长沙市城乡环境卫生“一类”乡镇；范市村成功创建“长沙市垃圾分类示范村”。

公共服务 投资100万元完善古港廉租房1、2、3、6栋的进场道路和配套设施建设；投资1200万元，启动宝盖寺重建工程；启动实施三口骨伤科医院异地新建项目，中心卫生院顺利通过省文明卫生单位验收；投资160余万元，建成三口初级中学公共租赁房25套，古港中学学生公寓建成投入使用，古港完小被确定为全国青少年足球特色学校。

民生保障 全年发放低保金、救助金等696.9万元；建立各类残疾人档案256份，发放残疾人补助133.7万元；组织有关人群体检17696人次，建立居民健康档案61152份；改建农村危房76户，其中一般支援建设46户，重点支援建设30户；按照“3+1”的帮扶模式扎实推进扶贫攻坚，全年共实现154户、483人脱贫，人民群众获得感更强。2016年古港镇获长沙市城乡居民养老保险经办服务示范点、长沙市残疾人工作“明星乡镇”。

社会管理 积极创建“食品安全示范乡镇”，建立健全食品安全管理机制，保障广大群众吃得放心、用得安心；坚持用群众工作理念和方法推动信访工作，镇领导公开接访251场82人次；健全矛盾化解机制，全年调处各类纠纷169起，消除不稳定因素20起，全年未发生一起群体性事件，实现各特护期进京赴省到市“零非访”目标。

安全生产 坚持严查严管、严处严罚，加强交通、消防、矿山、烟花爆竹、建筑施工、危险化学品等领域安全监管，全年安全生产实现零事故。重拳打击违法犯罪行为，开展各类打击专项行动20余次，全年排查各类安全隐患2218处，下达各类执法文书880份，责令限期整改492处，立案查处8厂次，组织企业开展安全“巡回大讲堂”；开展消防安全、燃气安全、食品安全、农机安全等专项检查，严防各类事故发生。

党政建设　4月28日，古港镇召开中国共产党古港镇第一次代表大会。以全域党建助推全域旅游。党员志愿服务队倾情服务全市“创建全域美丽乡村示范市启动仪式”等重大活动。利用微信平台，定期宣传典型。注重宣传推介，省市媒体全年报道古港70余次。结合“党建主题日”，树立推介毛连党小组25年如1日的学习示范点，受到中国共产党新闻网等主流媒体的关注。加强基层党小组建设，营造创先争优的浓厚氛围，对全镇84个党小组阵地进行全面完善，将党小组服务竞赛活动与党政服务、党员教育等相结合，组织和引导党员积极参与社会管理，提升基层党员素质和工作能力，培育和挖掘更多先进典型。严格发展党员程序，保证发展党员质量，新培养入党积极分子55名，接收预备党员36名，审批39名党员转正。完善非公和社会组织建设，向已建立党组织的非公企业派驻党建指导员，指导其开展党组织活动并完善相关资料、台账。落实党风廉政建设责任制，细化党委主体责任和纪委监督责任，确保责任对等、履责到位。成立党风廉政建设督察组，通过实地查看、走访群众、受理诉求等方式，重点检查各级党政“一把手”落实党风廉政建设责任制、勤政廉政、整治“四风”等方面的情况。年内立案查处13起涉案13人，其中开除党籍5人，严重警告6人，党内警告4人，给予政纪处分2人。　（任　尚）

【两型产业园与古港镇融合】　2016年8月，古港镇党委书记兼任浏阳市两型产业园党组书记，标志着园镇融合迈出实质性步伐。自此，园镇在产城融合、规划修编、征地拆迁、环境整治等方面实现深度对接，实现良性互动。2016年，两型产业园签约引进14个项目，推动19个项目开工建设，促成11个项目建成投产，实现总产值86亿元，增长13.16%；完成规模工业产值56.25亿元，增长17.97%；完成财政税收1.327亿元，增长12.45%。获评长沙市两型产业双创基地。

（任　尚）

【浏阳市创建全域美丽乡村示范县(市)启动式暨十条休闲农业与乡村旅游精品线路新闻发布会】　3月21日，浏阳市创建全域美丽乡村示范县(市)启动式暨十条休闲农业与乡村旅游精品线路新闻发布会在古港镇松山屋场举行。浏阳市在湖南省率先拉开创建全域美丽乡村示范县(市)序幕，松山屋场成为浏阳乡村旅游的重要景区，日最高游客7000人。古港镇立足“旅游做精”，牢牢把握浏阳实施全域乡村旅游的契机，依托特色旅游资源，打造美丽乡村示范点，乡村休闲旅游产业发展强劲。湖南省人大常委会副主任王柯敏，长沙市市委常委、浏阳市市委书记曹立军，长沙市人民政府副市长陈中，浏阳市人民政府市长余勋伟等省市领导参加活动。　（任　尚）

【古港镇建制村合并】　古港镇采取镇村干部挨家挨户上门投票方式，拟合并的8个村绝大多数户代表签字表决通过：燕塘村和港星村合并后新村命名为燕港村，村部选址原燕塘村部；高联村和仙洲村合并后新村命名为仙洲村，村部选址原仙洲村部；中坪村和梅田湖村合并后新村命名为梅田湖村，村部选址原梅田湖村部；鹤源村和宝盖寺村合并后新村命名为宝盖寺村，村部选址原鹤源村部。2016年3月15日，古港镇由原来的16个村、4个社区合并调整为12个村、4个社区。　（任　尚）

高　坪　镇

党委书记
　　刘正再（2016.04任）
　　黄　根（2016.04免）
党委副书记、镇长
　　张　震（2016.04任）
　　宋　孟（2016.04免）
党委副书记
　　贝　倩（2016.04免）
　　周雯生（2016.04任）
党委副书记、人大主席
　　雷建军（2016.04任）
政协联络处主任
　　胡秋平（女，2016.04任）
　　贝　倩（女，2016.04免）
党委委员、副镇长
　　巫文根（2016.04任）
　　雷建军（2016.04免）
党委委员、副镇长
　　刘　波（2016.04任）
党委委员、纪委书记
　　杨访问（2016.04任）
　　胡秋平（女，2016.04免）
党委委员、组织委员
　　熊志山（2016.04任）
副镇长　陈招兴
　　杨访问（2016.04免）
人大副主席
　　何　滔（2016.04任）
　　巫文根（2016.04免）

【概况】　2016年，高坪镇辖双江村、杨潭村、向阳村、马鞍村、太坪村、三合水村、石湾村、株树桥村、沿甸村、船仓村、志民村11个村和高坪社区，土地总面积256.8平方公里，其中耕地面积2649.67公顷，林地19762.15公顷。全年全镇出生518人，死亡290人，自然增长率6‰，总人口3.8万(其中非农业人口884人)。完成财政总收入4461万元，同比增长8%；实现工业总产值27.6亿元，同比增长19%；完成农业总产值24.2亿元，同比增长11%；农民人均可支配收入1.43万元，同比增长12.5%；农村商业银行存款3.89亿元，同比增长18.2%；完成社会固定资产投资5亿元，同比增长8%。

农业　遏制耕地抛荒，全年实现粮食生产面积1866.67公顷，蔬菜种植面积533.33公顷。加大农业科技创新，创建杨潭百神冲和石湾两个国家早稻示范点。稳固发展烟草农业，完成船仓村33.33公顷烤烟基地的土地整理。发展现代农业，积极培育莲河种植专业合作社、神泉生态水产养殖专业合作社等特色农产品生产基地。加大生态保护力度，加强株树桥饮用水资源监管和保护。完成102家农业合作社分类管理。农村土地确权、防汛抗旱、动物防疫、农业普查等各项工作稳步推进。

工业　开展“走百家企业、解发展难题”活动，推动科技创新。全年企业投入1800万元技术改进项目资金。锦盛、志盛、品超、杨树潭等10多

双江口　　（图片来源：高坪镇）

家传统烟花爆竹企业通过兼并重组，实现厂房标准化建设、技术创新和转型发展，加大落后烟花爆竹企业的关闭退出。加强矿区治理。推进绿色矿山建设，实行开采与保护并行举措，整合马鞍、河西、神龙、泉山等4家矿山，成立新松矿业科技开发有限公司并投产。完成兆山、金墙坑、大坡、磊鑫等4家矿山资产资源核查，与南方水泥达成收购事宜，有效改变矿区无序开采的局面。加大招商引资。2016年引进项目2个，全年实现招商引资0.9亿元。

旅游业　山水世界综合旅游度假区建设项目，累计完成投资8000万元。以镇域小溪河流域为主体的国家级浏阳河湿地公园成功申报创建。福溪景区旅游基础设施项目纳入“十三五”规划。完成全域美丽乡村、农村休闲旅游的整体规划设计，构建一河二片二翼五湾五营的发展格局。被评为浏阳市十条休闲农业与乡村旅游精品线路。石湾村成功申报长沙市美丽乡村示范村，志民村、沿甸村分别创建浏阳市美丽乡村示范村、特色村，南车湾景区获2016年浏阳“十佳全域美丽乡村旅游示范点”。古风洞景区投入30多万元进行提质改造，完善洞内灯饰、安全消防和内外部环境，整体面貌大幅改善。白羊山投入1000余万元完成庙宇改扩建工程、生活楼主体工程交付使用，附属设施进一步完善，镇域景区（点）逐步形成连点成线，乡村生态旅游来势喜人。

基础设施　深入实施“农村公路建设三年行动计划”，2016年投入4500多万元用于路网建设。全面完成马鞍连接线、12个村（居）80余公里村组道路硬化；完成杨潭—南车湾、船高公路、高坪—石湾—株树桥、船仓—志民、荷石公路石湾段等35.6公里镇村主干道的（白改黑）提质改造；完成杨高公路升级改造前期可研和规划设计，并纳入浏阳市2017年改造实施计划。投资3000多万元启动高坪集镇和石湾集镇的提质改造项目，包括集镇道路砂改油、强弱电改造、居民房屋立面和广告招牌改造、人行道绿化和亮化等工作，项目分为两个阶段进行，2016年完成两个集镇提质改造一期工程。高标准完成高坪集镇、石湾集镇的部分民房立面和广告招牌改造、强弱电改造等一期工程；投入450多万元完成96套廉租房室内装修和配套基础设施工程建设；投入1250万元完成镇敬老院80套住房的新扩改建项目；投入200多万元的综合性文化站建设项目主体工程基本完成。

环境整治　深入开展“城乡统筹、环境同治”三年行动，打造沿甸村南车湾、三合水村杨林幸福屋场、志民村竹头社会治安综合治理平安屋场、高坪社区龙泉食品安全屋场、石湾村河坳、双江村河洲、马鞍村港口、志民村山枣、坳上、岗上等整洁屋场。完成大小溪河流域500米范围内288户养猪户的关停和治理工作，治理养殖污染面积5万余平方米。深入开展“新三年造绿大行动”，全年栽种各类树木共计40多万株，完成荒山造林100公顷，全面提升宜居指数。

安全生产　强化安全生产责任。严格落实“党政同责、一岗双责”，全面贯彻新《安全生产法》，完成全镇安全监控视频网络平台建设。2016年，领导干部到企业走访426次，化解矛盾16起，企业发展环境进一步优化。排查整治各类安全生产隐患1268起，立案8起，处罚11万元，加大非法生产打击处理力度，捣毁非法生产场所9处，行政拘留8人，确保全年未发生一起安全生产事故。

社会治安　深入推进“平安高坪”、“平安屋场”等创建活动，加大普法宣传力度，成立人民调解委员会，及时有效的处置化解各类矛盾纠纷共77起。集中开展“校园周边环境”、“黄赌毒”等专项整治行动，处理涉赌人员7名，涉毒人员27名。全面完成“三实”（实有人口、实有房屋、实有单位）信息采集工作。组织开展烟花爆竹应急救援演练和消防安全知识培训。加大食品安全监管力度，食品安全创建工作在市级考核中被评为一类乡镇。扎实开展“结对认亲、排忧解

浏阳河高坪九曲弯　　（图片来源：高坪镇）

难”群众工作，结对帮扶群众 160 户，走访群众 1.2 万人次。

社会保障　2016 年发放城乡低保金 360 余万元，各类救助救济资金 600 多万元；新型农村合作医疗补助 126 万元，发放城乡居民基本养老保险待遇 1046 万元。全面完成养老和医疗保险征缴任务，加大工伤参保力度。加强双拥优抚安置工作，全年共发放各种抚恤金 180 余万元；对全镇 73 名贫困小学生和 20 名贫困幼儿进行助学补助，成功申报雨露计划高职生 7 人。做实精准扶贫工作。各帮扶单位和帮扶责任人保持定力、持续发力，以超常举措推进精准扶贫，全面完成 2016 年脱贫工作任务，99 户 402 人实现脱贫。投入 260 万元改造农村危房户 80 户，有效保障困难群众住房安全。投入 1250 万元改造扩建高坪敬老院，进一步改善老人的生活居住条件，敬老院扩改建后，总占地面积为 8913 平方米，房屋建筑面积为 4468 平方米，有床位 110 张，入住老人 70 人，工作人员 6 人。认真抓好国防教育和征兵工作，为部队输送新兵 9 名。

科教卫生　投入 300 万元启动高坪中学综合楼建设项目，潭花完小、石湾完小通过标准化实验室和标准化学校验收。高坪完小搬迁重建纳入浏阳市“十三五”计划，出台《关于全面提高教育教学质量奖励机制的方案》，全力促进教育教学质量的提高。切实做好卫生和人口与计划生育工作，完成优生检测 312.5 对，符合政策出生率 93.63%，征收社会抚养费 15.5 万元，发放奖扶资金 74 万元。大力实施文化惠民工程，完成 12 个村（居）文化阵地建设，农村文化生活进一步繁荣活跃。投资 200 多万元启动高坪镇综合性文化站建设项目，该项目总工程建筑面积 980 平方米，2016 年完成文化站的主体工程建设。加大信用村创建力度。强化民间庙宇管理，引导江大仙人等宗教庙宇发挥公益作用。健全重大疫情预警机制，确保公共卫生安全。　（粟常云）

【交通路网建设】　深入实施“农村公路建设三年行动计划”，2016 年共投入 4500 多万元用于路网建设。全面完成马鞍连接线、12 个村（居）80 余公里村组道路硬化；完成杨潭—南车湾、船高公路、高坪—石湾—株树桥、船仓—志民、荷石公路石湾段等 35.6 公里镇村主干道的（白改黑）提质改造；完成杨高公路升级改造前期可研和规划设计，并纳入市 2017 年改造实施计划。　（粟常云）

【高坪镇黑山羊】　高坪镇土地肥沃，气候温和，饲草料资源丰富，具备黑山羊养殖的优越条件。从 1995 年起，高坪镇着力农业产业结构的调整和优化，积极引导农户发展黑山羊养殖，逐步形成以黑山羊、黑斑蛙、小龙虾等为主导的、良性发展的生态农业布局，黑山羊养殖户由最初的 30 多户发展为 419 户，年出栏上万头。2016 年，高坪镇黑山羊养殖 30 头以上大户 197 户，100 头以上大户 159 户，存栏羊 40150 头，种草养殖面积 133.33 公顷，获得良好的经济效益。（粟常云）

【夏布】　夏布属纯天然手工制品，是浏阳的传统产业，始于宋而盛于清，已有 1200 余年历史，在明代即被列为朝廷贡品。1901 年远渡重洋，销往日本、朝鲜、南洋等地，1910 年曾在南洋劝业会上获奖，列为浏阳市四大名产之一。历史上东南西北四乡都有分布，到 2016 年底主要分布在高坪镇的太坪、马鞍等村境内。高坪是浏阳夏布主产地，现有生产企业 5 家，2016 年，年产 8000 匹，创产值 3000 万元。（粟常云）

沿　溪　镇

党委书记　郭　驰
副书记　陈治国（2016.04 任）
　刘　琴（女，2016.04 任）
　曾宪文（2016.04 免）
　杨　辉（2016.04 免）
纪委书记
　张宜发（2016.04 免）
　许超群（女，2016.04 任）
党委委员
　曾宪文（2016.04 任，2016.12 免）
　张宜发（2016.04 免）
　易显旺（2016.04 免）
　杨传风（2016.04 任）
　厉　涛
　许超群（女，2016.04 任）
　叶绍秋（2016.04 任）
　欧阳山（2016.04 任）
人大主席　曾宪文（2016.12 免）
人大副主席　龚穗滨（2016.09 任）
镇　长　郭　驰（2016.10 免）
　陈治国（2016.04 任）
副镇长　厉　涛（2015.04 任）
　潘剑波（2016.04 任）
　罗　平（2016.04 免）
　易显旺（2016.03 任，2016.04 免）
　叶绍秋（2016.04 任）
　欧阳山（2016.04 任）
政协联络处主任
　杨　辉（2016.04 免）
　叶绍秋（2016.04 任）

沿溪镇沙龙村万亩蔬菜基地核心示范区　（图片来源：沿溪镇）

【概况】 2016年，沿溪镇辖沙龙村、礼花村、金桔村、花园村、建设社区、大光圆社区、沿溪桥社区，180个村(居)民小组，总面积123平方公里，其中耕地1301公顷，山林8849公顷，人口32741人，其中出生人口476人，死亡人口205人，人口出生率14.5‰，自然增长率8.2‰。完成财政总收入6698万元。获评"全国标准化林业工作站"、"湖南省林业站一站式全程代理示范站"、"长沙市现代农业发展优秀单位"、"浏阳市党风廉政建设先进单位"、"浏阳市党政服务先进单位"、"浏阳市安全生产先进单位"、"浏阳市两型社会先进单位"、"浏阳市新农村建设先进单位"、"浏阳市两型机关示范单位"等荣誉称号。

农业生产 对3733.33公顷山林实施封山育林，植树造林20万株，荒山造林33.33公顷。农业专业合作社110家，创新推行"公司+合作社+农户"经营模式，抓实万亩优质稻基地建设，加增种粮大户4户，早稻种植100公顷，推广水稻全程机械化栽培333.33公顷。冬种面积1620公顷，覆盖率90%以上。壮大无公害蔬菜、金桔、早桔、蜜枣等特色农业产业基地，重点扶持友华、燕翔等一批绿色养殖、绿色蔬果基地建设。引入"浏通天下"、"三知"等农村电商服务运营平台，畅通线上、线下销售渠道，百年沙龙全年实现销售额2000余万元，税收388万元。清淤山塘15处，除险加固骨干大山塘1处，修复小型河坝4处，更新改造机埠1处，疏浚渠道92公里。

工业经济 全年完成固定资产投资23.1亿元，增加规模企业1家，实现规模以上工业总产值58.3亿元，实现社会零售总额2.1亿元，增加商贸限上企业2家。申报专利15项。成功举办首届东信杯花炮职工技能大赛。在浏阳市举行的"花炮匠人"评选活动中，2人获浏阳市十大"花炮匠人"称号，6人获浏阳市"花炮能手"称号。东信烟花集团通过国家工业和信息化部组织的评审，被工信部纳入"2016年工业品牌培育试点企业"名单，与颐和隆等专业化企业集团为龙头的花炮企业，抢占里约奥运、北京APEC会议、中博会等高端燃放市场。

商贸旅游 优化金融环境，重点支持小商户、农户贷款，推进金融信用村创建工作。金融机构存款4亿元，贷款总量3.78亿元。依托东都商贸城和金玉家私、博创家具东西两大商圈，吸引战略投资加盟。金玉国际冬季博览会等商贸活动积聚人气商气财气。打造沙龙蔬果公园、大光洞书院、加勒比水世界、沿溪大草海、大光河游步道等旅游景点。增加完善32处旅游标识、安全警示牌，修建12个旅游厕所，印制美丽沿溪手绘导游图，组织旅游接待单位座谈培训，提升对外旅游接待水平。年内接待游客10万余人次，实现营业收入5000万元。

加勒比水世界 (图片来源：沿溪镇)

项目建设 2016年，铺排重大项目17个，其中长沙市重点项目1个，浏阳市重点项目2个，总投资7.3亿元。启动章盘大坝项目，完成勉刚桥、光辉桥、东冲桥主体工程建设。新建52套教师公租房竣工。上海蓝海园艺、浩野异果园、金凯园林、荣湖花海、浏河第一湾、大光河风光带、卫生院主体工程建设等项目落地实施，完成东恒路、敬老院、花园安置小区等配套设施工程。日丰、意丰、东乐等五家花炮类企业完成厂区规范化建设。城乡统筹环境同治项目深入推进，美丽屋场、幸福屋场不断涌现，启动立交桥美化、大光河生态治理项目。

美丽乡村 全域实施"美丽村庄、幸福屋场"建设，沙龙村和大光圆社区分别创建美丽乡村示范村和特色村，沿溪桥社区被评为浏阳市"美丽村庄"，打造光辉、古泉等2个幸福屋场和4个整洁屋场，大光圆社区成功创建"垃圾分类"示范村。接待中央文明办、湖南省精准扶贫培训班、湖南省乡镇党委书记培训班调研观摩，在全省美丽乡村现场推进会上广受好评。实施文化建设年活动，引导蔬果文化、楹联文化、乡贤文化、廉政文化、红色文化、安全文化进屋场，开展六比六看竞赛评选，涌现以罗秋连、刘萍珍为代表的道德典型，刘萍珍入选"湖南好人"，获评浏阳市见义勇为奖。开展"庆元旦 贺新春"趣味运动会、全民阅读月、屋场里的幸福等活动，引领乡村文明新风尚。

环境整治 安装集镇电子显示屏，设置镇、村(社区)道路标牌8处。集镇自来水管网改造扎实推进，完成污水处理厂整改工程，在东信大道、沿溪大道、景观大道、东远路等4条主干道上划定300多个摩托车停车位，增设充电桩500多个，更换垃圾中转站压缩设备。开展"环境整治月"集中行动，拆除破损广告和不规范招牌137个，落地广告和灯箱194块。签订《门前三包责任书》，下达《责令整改通知书》，发放《致门店业主的一封信》，规范集镇停车秩序，对违规乱停乱放的机动车进行抄牌管理，查处交通违法行为30余起。积极开展"路长制"工作，镇域范围道路"网格化"管理全覆盖，9名路长和7名村级分路长上岗。加强浏阳河沿岸畜禽污染治理，65户退出养殖，拆除栏舍面积11160.11平方米。

安全生产　成立安委会，设立镇集中监控平台，8家企业接入镇视频监控平台，所有烟花爆竹企业、危化企业等均建立企业视频监控。深入企业检查562家次，发现各类安全隐患986处，立案查处企业5家。召开法人代表和安全员会议13次，举办4期1.1级工序管理人员培训班，培训人员386人，举办2期安全员培训和1期新安全生产法培训。在和顺烟花制造有限公司进行应急演练，所有烟花爆竹企业负责人、安全员、管理人员、部分1.1级工序职工参加观摩。开展安全生产咨询日活动，印发宣传资料2000多份。开展送安全文化进企业、安全文化进社区、安全文化进屋场等形式多样的宣传活动。严厉打击非法违法生产经营行为，共组织执法行动6次，检查企业46家，排查整改各类隐患168处。全力推进企业淘汰退出工作，完成6家企业，1家工区退出协议的签订，超额完成市下达指标数。全年未发生一起安全责任事故。

综治维稳　推行领导公开接访，接待来访群众258人次，办理各类信访件201件，化解1例信访积案。划分群众工作管理网格201个，解决群众诉求242起，化解各类矛盾纠纷183起。落实"五包一"稳控方案，无集访事件，有效维护社会大局的稳定。完善综治维稳阵地建设，成立专业巡防队伍，开展排查、调解、帮教、禁毒、严打、反邪教等工作。对123家棋牌娱乐室进行专项整治，接处警487起，查处治安案件50余起，破处刑事案件40余起，打击2个侵财团伙，捣毁2个涉黄窝点，抓获各类违法犯罪人员41人。有效应对汛情，转移群众400余人，确保群众生命财产安全。

社会保障　成功创建长沙市示范敬老院。完成农村危房改造65户，救助特困学生18人，享受残疾人两项补贴300人，五保供养170余人，城乡居民医保参保率98%，养老保险参保率95.6%，工伤保险参保人数2412人，增加就业212人，增加农村劳动力转移就业623人，创业带动城乡就业314人，982人纳入最低生活保障。落实精准扶贫"十大工程"，完成精准扶贫小额贷款的摸底确认和授信工作，发放早桔等经济苗木1200余株，236户840人实现精准脱贫。实施"农村公路三年行动计划"，提质改造农村公路37公里。增加沙龙村、大光圆社区变电器3台，架设10千伏电线路800米，落实电能表远程抄控全覆盖，改造用户表6820户。完成蒙华铁路沿溪段1家非爆企业和17户居民房屋征拆工作。完成沿溪完小500米"白改黑"路面提质改造工程。新建沿溪中学标准化足球场，成功举办第一届校园足球赛。为3600名60岁以上老人进行免费健康体检，对五保老人实行住院费全免、医疗费减半政策。东区首家乐善家园沿溪残疾人服务中心获批，公共卫生服务体系逐步完善。

党政建设　完成市、镇两级党代表、人大代表和市政协委员选举工作，党委、人大、政府顺利换届。实施并村改革，大光社区和大光湖村合并成立大光圆社区。实施村级后备干部工程，增加和顺烟花制造有限公司非公党支部，发展新党员11名，积极开展"两学一做"学习教育、"两性一心""四讲四有"专题大讨论，开展"两学一做"微党课竞赛、"寻找我镇最美共产党员"、"七一颂党恩　聚力谋发展"文艺汇演、"两学一做"知识抢答赛、党小组阵地建设竞赛等十大活动为建党95周年献礼。组织党员干部到韶山毛泽东故居、文家市秋收起义纪念馆、胡耀邦同志故居参观学习。规范镇、村两级阵地建设，新增党建活动室3个，设立党员档案室，整理党员档案1158份。开展"党员微服务、群众大满意"活动，召开全镇"七一"党员大会，对先进党员、优秀党支部进行表彰。推行机关与基层党组织结对共建。七一期间和春节期间走访和慰问16户困难党员，发放10400元慰问金和物资。严格落实党风廉政建设，开展两个专项整治自查自纠，完成对大光圆社区的党风廉政建设专项巡查工作，开展作风建设和重点工作督查27次，对11名镇村干部和党员进行提醒谈话，发督查通报11期，问责干部21人次，党纪政纪立案共7起，开除党籍2人，党内严重警告3人，党内警告2人。　（邵　波）

【沿溪新型城镇化工作】　11月30日，全省美丽乡村建设工作现场推进会在浏阳召开。省委副书记乌兰，副省长戴道晋，省直有关单位负责人，长沙市委副书记徐宏源，长沙市副市长李蔚，各市州有关负责人一行来到沿溪镇沙龙村，现场观摩沙龙蝴蝶花园小区、长沙市万亩蔬菜示范片沙龙核心区等地。沙龙村推行的统规自建引导农户集中建设农民公寓保障农民合法居住权，建立沙龙村蝴蝶花园小区和万亩蔬菜基地的工作经验得到肯定。　（邵　波）

【大光河游步道建设】　立足"桥""溪"特色，投资约400万元在滨河新城大光河岸打造沿河步行亲水观光带，风光带起于沿溪古桥，止于浏东公路旁，全长约1050米，道路采用人行道、木栈道（配备防护栏杆）和游步道三种形式交替建设，路宽2.5米。沿溪古桥、联民岛、溪水阁、沿江亭、碧波观景台、山楂树之恋、望仙台等14处景点构作美丽乡村文章，公厕、休闲椅、自行车等一应俱全的公共服务设施让人暖心暖行。该处成为沿溪居民休闲观光、晨来暮往的好去处，也吸引着各地的游人。　（邵　波）

【获评全国标准化林业工作站】　不断完成站务建设，加强林业站机制建设、服务能力建设、工作作风建设，积极开展"一站式全程代理服务"，经国家林业局和省林业厅核查验收，沿溪镇林业站被国家林业局授予"全国标准化林业工作站"称号。　（邵　波）

【"三知农村电商服务运营中心"正式投入运营】　为发展"互联网＋农业"，由政府引资成立三知农村电商服务运营中心，中心设立于浏阳市东区沿溪镇沿溪大厦一楼，建设总面积1000平方米，其中有400多平米的农产品展厅，有可容纳50多人的培训室，有专业摄影棚和综合办公区，有专业电商团队26人，拥有完善的电子商务产品策划运营团队。将结合沿溪农特产品，同步线上线下销售。

（邵　波）

【东信烟花绽放里约奥运会】　东信烟花集团顺利通过国家工业和信息

化部组织的评审，被工信部纳入“2016年工业品牌培育试点企业”名单。里约奥运会开幕式焰火80%以上的产品由东信烟花集团有限公司供应，主要为3-6寸礼花弹、各种特效盆花，以及烛光花束等，其中各种造型礼花弹59种，共计4.5万余发，组合烟花及烛光花束32种，共计5万余发，其中新产品比例达到85%以上，安全环保、质量优良、效果绚丽。（邵　波）

【上海蓝海园艺有限责任公司草坪基地落户沿溪】 上海蓝海园艺有限责任公司选址沿溪镇花园村，一期种植33.33公顷百慕大草、百慕大加黑麦草，主要销往长株潭地区高尔夫球场、足球场等。草坪基地冒绿后迅速吸引八方游客前来游玩，节假日期间游客过万成为常态，成为沿溪著名旅游景点（沿溪大草海），直接盘活了整个乡村旅游带。（邵　波）

官　渡　镇

党委书记　李　锋
党委副书记
　张伯锋（2016.08免）
　张新平（2016.08任）
　夏代旭（2016.04免）
　苏杨辉（2016.04任）
纪委书记　李晓龙（2016.04任）
党委委员　宋　洁
　张　巍（2016.04任）
　李晓龙（2016.04任）
　厉　昶（2016.04任）
　戴明河（2016.04任）
　袁柏林（2016.04任）
人大主席　夏代旭（2016.04免）
　宋　洁（2016.04任）
人大副主席
　汤晓丽（女，2016.04任）
镇　长　张新平（2016.08任）
副镇长　张　巍（2016.04任）
　李晓龙（2016.04免）
　厉　昶
　袁柏林（2016.04任）
　彭　靖
政协联络处主任
　张巍（2016.04任）

【概况】 2016年，官渡镇总面积102平方公里，辖4个行政村，3个居委会，327个村（居）民小组，47个村级小区，8583户，3.2万人，耕地1840公顷，其中水田1750公顷，旱土89公顷。全年完成规模工业总产值26.2亿元，增长15%；固定资产投资16.8亿元，增长22%；财政收入6580万元，增长7.6%。乡村旅游线路被评为“长沙热门自驾游线路”，获长沙市小城镇建设先进单位、长沙市美丽乡村优秀乡镇、湖南省城乡社区建设示范乡镇和湖南省文明村镇等荣誉称号。

农业　坚持科技兴农富农，举办专家基地行、种养技术服务、烟叶生产等培训25场，培训2000多人次。全年完成烤烟186.67公顷，蔬菜466.67公顷，油菜866.67公顷，有效遏制耕地抛荒。全年共识别建档立卡贫困户420户1139人，实现脱贫146户456人，达到2016年度脱贫目标。完善农业基础设施，金鸡水库扩容提质项目顺利推进，向市级争取小农水项目资金55.5万元用于加固山塘3处，修复河坝3处，疏浚渠道4处。围绕官渡古镇、紫薇花海、玫瑰花海、水上乐园、四大农庄、浙绿葡萄基地和农大特色水果采摘基地等重点项目建设，加大对星级休闲农业企业、休闲农业旅游产品进行宣传推介，促进古镇旅游与现代农业互动发展。

工业　制造工业转型升级。湖南佳海电梯设备制造有限公司、卓远动力配件设备制造有限公司和湘冠胶粘科技有限公司正式投产，引进的湖南东吉智能设备制造有限公司完成征地拆迁。建设落户企业配套设施，推动工业集中区升级。加速花炮产业供给侧改革，引导烟花企业加大兼并重组力度，颐和隆烟花集团成功收购淮东烟花和湘吉花炮厂。颐和隆、银都、华盛等花炮企业主动适应新常态，以新产品、微焰火开拓新市场。

项目建设　全年铺排项目38个，其中上级投资的重点项目3个，

2月20日，观音庙的“乡村舞龙大赛”　（图片来源：官渡镇）

吃唆螺　　（图片来源：官渡镇）

分别是官渡境内10公里的蒙华铁路建设、投资1.1亿元的金鸡水库扩容和投资6000多万元的农业综合开发和土地整理项目。总投资超过5000万元的项目10个，其中投资6000万元的大围山狂野水世界当年规划、当年建设、当年运营。颐和隆烟花集团成功重组淮东烟花和湘吉花炮厂。一期投资5000万元的东吉智能自动售货机项目落户工业集中区，征地5.33公顷。引进深圳盛鹏达集团对古镇进行整体运营，打造一道湾民俗美食街。采用建新如旧、修旧如旧的手法，对新安街棚户区进行改造，打造沿河风光带，古镇二期基本成型。聘请专业公司，对古镇区域进行整体亮化，让古镇夜景成为一道亮丽的风景。全面落实农村公路建设“三年行动”，提质改造公路25.2公里。投资近千万元，对集镇污水处理厂进行全面提质改造，日处理污水2000吨。

全域旅游　引进旅游项目11个，随着大围山狂野水世界、一道湾民俗美食街、桂园国际亲子耕读园和嘉园度假山庄等一批旅游项目的开业运营，乡村旅游呈现井喷态势，成为汇集人气、繁荣官渡、富裕人民的新兴支柱产业。成功举办第二届唰螺美食节、浏阳市首届民俗文化节、相约长沙最美乡村闭幕式和美丽乡村发展首发仪式等节会活动，助推官渡商贸旅游的繁荣昌盛。桂园国际度假村获全国最美休闲农庄称号，竹联村中州屋场被评为浏阳市十佳全域美丽乡村旅游示范点，大围山狂野水世界被纳入浏阳市八款夏季旅游产品，镇域乡村旅游线路入选浏阳市十条休闲农业与乡村旅游精品线路。竹联村被评为湖南省美丽乡村示范村，观音塘村被评为浏阳市美丽乡村特色村，南岳社区被评为浏阳市美丽乡村示范村，官渡镇被评为浏阳市美丽乡镇。贯彻落实城市管理向乡村延伸工作部署，用城市管理的理念管理集镇和屋场，打造城市管理向乡村延伸的新样板。

社会保障　通过开展扶贫、助学、解难等“温暖官渡”主题服务活动，全年为116位病患者申请大病救助，帮助55户家庭渡过难关。由镇财政承担敬老院供养对象的住院医疗费用，保证46位老人的基本医疗。推进精准扶贫工作，全镇284名贫困户走上脱贫致富的道路。尝试“合作社+贫困农户”的产业帮扶模式，共有60户建档立卡的贫困户，通过扶贫项目资金入股农业生产合作社，每户提前分得红利2000元。

教育卫生　加大对教育的投入，官渡中学、启明完小、兵和完小、田郊完小公租房建设全面竣工并投入使用，南岳小学整体搬迁正式启动。落实各项计生政策，完成孕前免费优生检测200对，计生率95.13%。加大畜禽污染治理力度，拆除栏舍9876平方米。

幸福屋场建设　落实“路长制”，全镇主要干线公路更加畅通、安全、舒适和美丽。深入推进环境综合整治，成功创建4个整洁屋场和2个幸福屋场，竹联村被评为长沙市卫生村，南岳社区被评为长沙市首批垃圾分类示范村。

综治维稳　围绕“保增长、保民生、保稳定”的要求，维护社会安全稳定。全面落实安全生产“一岗双责”，深入开展安全生产大检查和“九打九治”工作，加大校园周边环境整治力度，加强校车管理和治超工作，全镇安全形势持续稳定好转。深入开展倾听群众诉求活动，及时化解各种矛盾纠纷，2016年共接待群众诉求250件330余人次，受理各类纠纷266件，调解成功263件，调解成功率99%。严格执行领导公开接访制度，创新推行“群众工作站+网格化”模式，全年没有发生一起群体性事件和群众越级上访事件，人民群众的安全感和满意度明显提升，综治民调全市排名从上年的第28名进位到本年度的第6名。

群众工作　结合“平安进基层，综治大走访”、“三联三访”活动和群众工作，组织党员干部深入基层全覆盖走访：①下村入户走访群众3600多户，其中队员对自己的结对认亲对象均走访3次以上；②收集群众意见、建议及诉求400多条；③化解各类矛盾、纠纷240起，调处成功率95%，受理各类信访件34起78人次，大部分圆满办理；④帮助村（社区）解决道路、水利、环卫、春耕、烤烟等难题76起；⑤走访慰问、帮扶困难群众900多户；⑥帮助群众代办事务300多起。开展好“承诺办事”主题活动，群工站承诺的35件实事全部办完。11月下旬群工站组织的驻村（社区）干部年度述职群众民主测评活动中，群工站和群工队员的满意率在98%以上。　（汪　献）

【官渡镇获评湖南省城乡社区建设示范单位】　2014年以来，官渡镇党委、政府积极推进社区建设工作，率先实施社区规范化建设试点工作。官渡镇社区建设逐步实现制度化、规范化，各项服务管理功能概括为以下五个方面：一是深化认识、管理有序，加强领导。镇党委、政府将社区建设创新纳入全镇经济和社会发展的总体规划，做到与经济建设同规划、同部署、同检查、同落实。二是示范带动，指导推动上促实效。在示范带动下，各村（社区）工作人员可以从繁重的行政性事务中解脱出来，更多的时间和精力去完成村（居）的自我管理、自我服务、自我教育，开展诸如居家养老、结对帮扶、环境卫生整治等活动，工作的自主性和灵活性得到加强，社区服务水平得到提升。三是深入调研、服务完善，创新招法上做文章。各村（社区）建立农村社区、社会组织、社会工作联动机制，承接政府服务项目，拓宽农村社会专业服务平台，选配社区专业人才，促进社区体系完备。四是政策支持、健全体系，工作保障上出新招。镇党委政府加大对社区

官渡古镇新貌　　　　（图片来源：官渡镇）

建设的政策支持和工作保障力度，本着尊重历史、尊重群众意愿和方便管理、方便服务的原则，根据实际情况将全镇357个村民小组划分为49个小区进行管理。五是整体推进、村容秀美，夯实基础上显成效。党委、政府积极探索模式，以密切党群干群关系和解决实际问题为出发点和落脚点，融洽的干群关系，夯实的群众基础，为全镇社区建设的有效推进打下了坚实的基础。（汪　献）

【官渡镇获评湖南省文明村镇】继2014年成功创建长沙市文明乡镇后，官渡镇进一步全面落实省市关于全面推进美丽乡村建设的工作部署，坚持把美丽乡村建设与产业发展、农民增收和民生改善紧密结合起来，按照科学规划布局美、村容整洁环境美、协调发展产业美、创业增收生活美、乡风文明风尚美的目标要求，全面建设宜业、宜游、宜居的幸福古镇，不断提高城乡居民生活品质，促进全镇物质文明、精神文明和生态文明全面丰收。通过三年努力，该镇在2016年荣获湖南省文明村镇的荣誉称号。（汪献）

【官渡镇获评浏阳市美丽乡镇】以“建设全景官渡，打造湘东明珠”为目标，着力构建“一名镇二画廊三片区”空间格局。一名镇：将官渡集镇打造成为极具特色的历史文化名镇。推进官渡古镇建设，丰富其人文内涵，努力创建湖南省特色景观旅游名镇、国家AAAA级旅游景区、国家历史文化名镇。二画廊：着力打造风情画廊和滨水画廊。以S309绿道、官渡大道、浏东公路、鑫湘大道为主轴，打造风情画廊。沿金鸡河和大溪河两岸打造滨水画廊。三片区：中部娱乐休闲游、东部生态观光游、西部乡村风情游。1、东部生态观光游：以田郊村和观音塘村的紫薇带、花卉苗木基地，兵和村的禅意玫瑰花海为依托，以官渡的镇花紫薇花为主要品种，主打花海、民宿品牌，辐射兵和村、田郊村、观音塘村。2、中部娱乐休闲游：以官渡古镇为龙头，狂野水世界为典范，主打城镇休闲慢生活品牌。3、西部乡村风情游：以湖南农大特色水果基地、浙绿水果基地、鑫联蔬菜合作社、雄丰蔬菜合作社、桂园国际度假村、居陵农场为依托，主打观光农业、生态农庄、房车营地、有机食品等品牌，辐射竹联村、南岳社区。（汪　献）

【竹联村被评为湖南省美丽乡村示范村】竹联村位于官渡镇西部与沿溪镇交界，占地10.8平方公里，距离浏阳市区32公里，浏东公路、浏铜公路（S309）穿村而过。2004年由原来荆冲、竹联、蔗棚、松洲4个自然村合并而成，总人口3168人。以桂园国际休闲度假村为入口，原乡花海为纽带，蔬菜观光公园为主产业，与中州屋场相连接，依次建设有亲子农耕文化体验园、紫薇花海、鲁冰花园、黄菊基地、蔬菜公园、中州花海湖等大型休闲旅游项目，是一个集农耕体验、农村休闲、农事体验、有特色有文化的美丽乡村，先后有中央文明办与国家农业部等各级领导来村考察与指导工作，2016年被评为湖南省美丽乡村示范村。（汪　献）

【桂园国际度假村获评全国最美休闲农庄称号】浏阳市桂园国际度假村计划投资1万多万元，于2012年开始建设，2015年4月18日全面营业，总流转土地69.13公顷，农庄以桂花为主题，以生态环境、客家美食、农耕文化为核心竞争力，以长株潭、湘赣边为市场定位，力求建设成全国示范农庄和田园综合体试点。桂园国际度假村于2015年获得湖南省和国家五星级农庄称号，同时获得湖南省、长沙市、浏阳市三级示范农庄称号。2016年5月份，应农业部邀请参加全国最美休闲农庄评选，通过网络三轮投票评选、专家团队现场考察综合评价、省市农业部门评分、经多轮筛选，浏阳市桂园国际度假村被评为全国最美休闲农庄十佳之一。2016年12月农业部下发文件认定浏阳市桂园国际度假村为全国最美休闲农庄。（汪　献）

【2016“相约长沙最美乡村”闭幕式暨浏阳市首届旅游民俗文化节开幕式在官渡举行】12月24日，2016“相约长沙最美乡村”闭幕式暨浏阳市首届旅游民俗文化节开幕式在“湘东明珠”官渡镇举行。此次活动由长沙市委、市政府主办，长沙市委宣传部、农业委员会、旅游局、长沙晚报报业集团、长沙文明办、浏阳市委、市政府承办；浏阳市委宣传部、农业局、旅游局、文明办、官渡镇人民政府执行。现场“逛官渡古街，品湖湘美食”，一道湾民俗美食街开街，官渡嗦螺、剁辣椒、油豆腐等100多种湖湘民俗特色小吃荟萃于官渡古镇。山地车环游古镇，“缘遇古镇　寻梦乡愁”摄影大赛等多个活动呈现一个丰富多彩的冬日盛典。（汪　献）

永　和　镇

党委书记　孔祥全
党委副书记
　　刘学辉（2016.04免）

大溪河沿河风光带 （图片来源：永和镇）

刘家文（2016.04 免）
刘　宽（2016.04 任）
祝易滔（2016.04 任）
纪委书记　毛雄伟
刘　琴（2016.04 免）
党委委员
刘家文（2016.04 任）
毛雄伟（2016.04 任）
杨　斌（2016.04 任）
陈啸林（2016.04 任）
沈水艳（女，2016.04 任）
吴芝超（2016.12 免）
汤达愉（2016.12 任）
人大主席　刘家文（2016.04 任）
人大副主席　黎浩（2016.04 任）
镇　长　刘　宽（2016.04 任）
副镇长　陈啸林
汤达愉（2016.12 任）
杨　斌（2016.04 任）
王文斌（2016.04 任）
喻　鍠（2016.04 任）
张　凡（2016.04 任）
刘　友（2016.10 免）
杨志前（2016.10 任）
政协联络处主任
吴芝超（2016.12 免）
汤达愉（2016.12 任）

【概况】 2016年，永和镇辖11个村，1个社区，286个村（居）民小组，总人口39142人，其中农业人口30531人，非农业人口8611人，总面积234.5平方公里，森林面积1.93万公顷，耕地面积1333.3公顷，其中旱土面积近266.6公顷，是中国菊花石艺术之乡。全年财政总收入6123.31万元；其中地方收入2648.43万元。实现工业生产总值36.01亿元；规模工业总产值19.24亿元；完成工业固定资产投资16.69亿元，同比增长23%；招商引资到位资金4430万元，人均可支配收入1.8万元。

农业发展 全年种植水稻1200公顷、油菜800公顷、花木200余公顷，蔬菜133.33公顷，棉花66.67公顷，苎麻等33.33公顷。完成田间沟渠疏浚30公里、机埠更新改造5处、小型河坝改造8处。加速农业现代化发展，全年发放农机补贴32.24万元，成功创建湖南省平安农机示范乡镇。引进万众烟花自动化生产线，有望成为全市首家自动化生产线基地。

集镇面貌 推进集镇优化提质，摊铺集镇油砂路面1.4万平方米。完成集镇农贸市场改造。实施沿河风光带绿化提质改造，完成金水湾、金满地河边绿化提质，创建廉政屋场等幸福屋场3处，佳成村成功创建长沙市美丽乡村特色村，石佳村成功创建浏阳市美丽乡村示范村。完善垃圾回收点建设，对集镇400多个垃圾收集桶进行更换，新建垃圾分类包装箱40个，鞭炮燃放桶10个，对镇域内4个大型焚烧炉进行维修，镇域形象明显提升。

社会保障 永和镇有序开展7.18洪水抢险工作，转移群众45人，修复堤坝12座、沟渠15公里、山塘8口。积极开展助学、帮困等救助工作，全年发放各类救助资金897.2万元，发放重残人员补贴89.3万元；新型农村合作医疗参保率99.5%，城乡居民养老保险收缴率92%，社会保险覆盖面不断扩大。完成总投资495万元的新敬老院建设，建成公租房80套，改造棚户区120户。扎实推进精准扶贫，完成128户脱贫任务，发放小额贷款170户。

教育卫生 社会事业加快发展，总投资1700万元的李贞小学开工建设，总投资超过1000万元的怡家幼儿园完成主体建设，七宝山中学成功创建标准化学校，获评长沙市安全文明校园。新建永和卫生院职工宿舍，有效解决职工住房难。加大“两孩”生育政策宣传力度，符合政策生育率94.76%，获评长沙市流动人口管理示范乡镇。

党政建设 办理人大代表建议68条，完成8个行政村合并工作。推行早会制度，出台《永和镇干部职工

永和镇李家大屋鸟瞰图 （图片来源：永和镇）

绩效考核实施方案》和《村(社区)及站办所绩效考核实施方案》,实施重点工作季度讲评等制度。成立"青年干部突击队",有效提升青年干部干事创业热情。严肃干部作风,严格抓好干部上下班考勤管理,引入"短码通"在线平台对干部职工进行实时考勤,聘请退休老干部对干部作风建设情况进行不定期督察,通报批评违纪人员67人次。

党的建设　落实党员百分制考核和党小组实绩考核等工作,督导验收党小组规范化建设,严格落实党组织书记"双述双评"。突出党建主业,聚焦党建"服务工程",组织党员参与"微服务"活动,启动小微型项目66个,引导党员参加"环境整治先锋行"活动20余次,激发党员活力。开展"两学一做"学习教育,切实抓作风,严考核,廉政建设工作得到长沙电视台等多家媒体推介。严管意识形态,强化舆论引导,运用"菊香永和"、政务网站等各类信息平台发布各类信息108条。(钟子阳)

【永和镇建制村合并】　3月31日,永和镇4个建制合并村新村(社区)成立挂牌仪式举行。全镇对15个行政村(社区)调整改革,撤除永宝村、菊溪社区,合并成菊香社区,办公地点设定在原永宝村办公楼;撤除孚田村、新联村,合并成永福村,办公地点设定在原孚田村办公楼;撤除蒋埠江村、宝山村,合并成七宝山村,办公地点设定在原宝山村办公楼;撤除升平村、荷塘村,合并成升平村,办公地点设定在原升平村办公楼。合并后永和镇为11个行政村(社区)。各新村(社区)负责人接过新牌新章,全镇并村工作圆满收官。在本轮并村工作中,永和镇从14个村1个社区合并为10个村1个社区,减幅率为27%。(钟子阳)

【七宝山片区棚改及配套设施建设项目(一期)竣工】　七宝山片区棚改及配套设施建设项目(一期)属于永和镇2016年政府投资项目,位于永和镇铁山村,总投资320余万元,主要涉及七宝山片区120户危旧房屋修缮更新、房屋主体加固、违章建筑及废旧防盗窗拆除、外墙粉饰、漏水修复,配套综合管线及电力改造、人行道改造、污水管网建设、铺设沥青路面、绿化亮化和环境整治等工程,于2016年11月底顺利竣工。(钟子阳)

【永和镇万众烟花自动化生产线建设】　万众烟花自动化生产线建设内容包括建设两条组合烟花自动化生产线、生产用工房120栋、配套仓储8栋、油压机、泥头机等配套自动化机械设备共50余台(套),建筑面积28000平方米。改扩建项目投产后,年产能可达到400万箱,可直接提供就业岗位300余个,缴纳税收上千万元。12月21日,长沙市委常委、浏阳市委书记曹立军到永和镇调研浏阳市万众烟花公司,实地查看两条自主研发的组合烟花自动化生产线安装情况。(钟子阳)

【永和镇敬老院竣工】　永和镇新建敬老院项目属于省、长沙市和浏阳市2015年度"为民办实事"重点民生项目,位于永和镇铁山村,总投资495万元,占地面积4000平方米,总建筑面积3276平方米,可容纳150位五保老人入住,2016年底顺利竣工,并完成70余位五保老人搬迁入住工作。(钟子阳)

达浒镇

党委书记　周逢明(女)
党委副书记　汪万江
　张平平(2016.04任)
纪委书记
　吴劲文(2016.12免)
　胡　滨(2016.12任)
党委委员　龙　游(2016.04任)
　金　涛(2016.04任)
　吴劲文(2016.12免)
　张　巍(2016.04免)
　易　亮(2016.04免)
　江　新(2016.04任)
　胡　滨(2016.04任)
　肖　胡(2016.04任)
　左常达(2016.12任)
人大主席　何启成(2016.04免)
　龙　游(2016.04任)
人大副主席
　黎善录(2016.09任)
镇　长　汪万江
副镇长　金　涛(2016.04任)
　张　巍(2016.04免)
　易　亮(2016.04免)
　江　新(2016.04任)
　胡　滨(2016.12免)
　左常达(2016.11任)
　廖　康(2016.04任)
政协联络处主任　金　涛

【概况】　2016年,达浒镇辖5个村,2个社区,299个村民小组,7614户,27962人,总面积202平方千米,耕地面积2026公顷,山林面积18666公顷。全年出生481人,死亡196人,人口出生率82.8‰,人口自然增长率10.19‰。完成财政总收入2592万元,其中地方收入846万元。

工业经济　完成工业总产值37.5亿元,规模工业总产值16.2亿元,固定资产投资8.0732亿元,招商引资到位资金5329万元。世纪红烟花、象形精品烟花、东信神奇分厂、盛易鞭炮烟花、锦程烟花、利安花炮厂等项目的建设发展,成为工业经济的重要板块,产效明显。

农业生产　稳定烤烟种植面积99.2公顷,生产烤烟17.64万千克,实现烤烟收入485万元。发展油菜种植933.33公顷,蔬菜种植400公顷,扶持以浏东公路为主轴的绿色经济走廊建设。发展培育农业合作社141家,流转土地400公顷,充分激活合作社在引领农业产业发展中的主力作用。推广农业技术,全年举办油菜、水稻、养蜂等各类培训班10场次,参训农民1000余人,发放病虫情报和技术资料1万余份。投资2700万元的农业综合开发项目全面完成。土地确权颁证工作稳步推进。

旅游工作　全面实施封山育林;成功举办"浏阳河上花正开"2016年赏花季嘉年华、浏阳丙申年春季祭孔大典、万葵园开园仪式等活动;投资400万元推进象形3A级风景区提质改造,新建景区门楼,完成景区道路提质;万葵园赏花、百丈漕瀑布观瀑、榴花洞漂流、金坑溯溪、牛塘水上越野、露营等项目,吸引游客近10万人次,生态旅游逐步成为达浒镇产业发展的重要支撑和新的增长极。

基础建设 投资1300万元完成官白公路达浒段和象形支线道路的提质改造；投资209万元完成感恩街、达金路、达市路等集镇道路提质改造；投资1200万元实施达兴沿河老街棚户区改造项目，成为达浒镇旅游发展的新亮点；开展农村公路三年行动，实施道路通畅工程5.18千米，完成道路提质改造20.16千米，加固危桥1座。加强农村水利建设，投入206万元完成1平方米以上沟渠清淤硬化维修10处（共3.6千米），山塘清淤、维修4口，河坝维修21座，河提修复3处；配合水务局做好椒花水库规划设计、可行性研究论证等前期服务与协调工作；全力配合蒙华铁路达浒段建设工作，按时完成土地征收与房屋拆迁，并高标准推进安置区建设。

10月8日，达浒镇党委政府为“最美家庭、最美创业、最美女性”先进典型颁奖

（图片来源：达浒镇）

环境整治 推行集镇“城市化”管理模式，增聘3名城管协管员，开展集中整治行动。实施常态化管理，购置铁质环卫桶155个，环卫箱39组；拆违拆旧执行有力；禽畜养殖污染专项治理取得实效，浏阳河流域两岸500米范围内132户养殖户全面退出养殖，关停拆除养殖场2万余平方米；投资120万元对污水处理厂进行提质改造，11月完成验收。美丽乡村建设全域铺开，成功创建垅里、新桥、大冲、正洞等4个整洁屋场，采取以奖代补的方式高标准打造桃花城、鼓塘等2个幸福屋场，充实乡村旅游点，象形村被评为“中国乡村旅游模范村”。全面落实公路“路长制”，将全镇56.99千米镇村道路划分为14名镇村组干部的责任田，加强养护、管护，实现公路干净、整洁、安全、有序、美观。全面实施三年造绿大行动，完成造林任务3500亩，对浏东公路达浒段绿化带及集镇绿化树木加大养护力度。书香村成功创建“长沙市绿色村庄”。

安全生产 严格落实安全生产“党政同责”、“一岗双责”，实施安全生产巡查制度，党政领导带队督查安全生产工作216家次，全年开展企业日常安全检查258家次，责令改正、限期改正违法行为821起，责令停产整顿9家次，立案查处3家次，全年未发生任何安全生产事故。

3月26日，浏阳丙申年春季祭孔大典在达浒镇金石村孔氏家庙举行

（图片来源：达浒镇）

综合治理 建立健全矛盾调处机制，全年调解矛盾纠纷182起，成功处置突发性事件9起，立刑事案件14起，处理治安事件38起，预防民转刑案件2起；实施综治述职，通过出动宣传车、悬挂宣传标语等方式加强法制教育、平安建设的宣传；严格执行领导值班接访制度，开展“进百家门，解百家难”等大走访活动，接受处理信访案件31起，成功化解信访积案2起，全年无非法上访；深入开展禁赌禁毒、校车安全、企业周边发展环境、校园周边环境整治和食品安全巡查等专项行动，积极落实创建国家食品安全城市工作。

宣传工作 举办“浏阳河上花正开”2016赏花季嘉年华。强化精神文明建设，培育和践行社会主义核心价值观，成功举办“爱国爱家，舞比快乐”2016年达浒镇广场舞比赛、“最美家庭、最美女性、最美创业”评选等活动。依托“美丽达浒”微信平台，及时对外宣传推介工作动态。共对外宣传报道31次，其中新华网3次，中国新闻网1次，红网2次，新湖南1次，湖南日报2次，长沙晚报2次，浏阳日报20次。

社会保障 积极落实各项社会保障政策，扎实推进城镇和农村贫困人口低保、五保、大病医疗救助、危房改造、精准扶贫、残疾人就业保障等各项工作。落实低保、五保对象1104人，报销合作医疗4819人次，费用

499.66万元；为32家企业1600人办理工伤保险参保和异动，收缴保费160万元；落实59户危房改造，为精准扶贫户发放慰问金15万元，举行长沙市电商扶贫动员大会暨电商农企对接会，开启电商扶贫新模式，目前全镇已完成185户脱贫任务。

教育卫生 卫生院整体搬迁项目、丰田小学等项目都顺利竣工，投入使用。坚持计划生育基本国策，两宣传两孩生育政策，孕前优生检测228对，征收社会抚养费36.6万元。（刘 湘）

【浏阳丙申年春季祭孔大典】 3月26日上午，浏阳丙申年春季祭孔大典在达浒镇金石村孔氏家庙举行。来自各地的孔子后人齐聚一堂，表达对伟大先贤孔子的敬仰与尊崇。（刘 湘）

【卫生院整体搬迁】 达浒镇卫生院整体搬迁项目于6月20日正式投入使用，共计投资1200余万元。卫生院包括一栋综合服务楼和一栋公共租赁房，其中综合服务楼总面积2996.6平方米，含门诊、住院部、基本公共卫生办公区、手术室、会议室、行政办公室等；公共租赁房总面积1349平方米，是一所集医疗、预防、保健为一体的综合性非营利性卫生院。（刘 湘）

【万葵园开园】 6月29日，达浒镇万葵园正式开园迎客。万葵园是以“葵花向日、大象无形”为核心价值理念的农耕休闲创意景区，一期占地18.67公顷，园内种植向日葵、醉蝶花、鼠尾草等11个品种的花卉，配以风车、七彩木屋、趣味帐篷、透明栈道、游乐吊桥等互动体验设施，营造心向阳光、幸福花开的生活场景，是创意休闲、互动社交的野外旅游平台。（刘 湘）

【“最美家庭、最美女性、最美创业”评选】 达浒镇自8月份启动“最美家庭、最美创业、最美女性”评选活动，通过组织推荐、他人推荐、自我推荐等多种形式，评出罗启梅、汤伟香等2个浏阳市级最美家庭，李郁芳等7个镇级最美家庭，刘庆满、杨露霞等2名镇级最美创业女性及镇级最美女性林运兰。通过选树典型，宣传先进，鼓励广大妇女树立自尊、自信、自强的时代精神，进一步推进家庭文明建设，打造达浒最美巾帼力量。10月8日，达浒镇党委政府特为先进典型颁奖。（刘 湘）

【象形村被评为“中国乡村旅游模范村”】 象形村为丹霞地貌，红色土壤，总面积22.5平方公里，其中林地面积2000公顷，为杉木竹林基地。水田174.67公顷，栽种水稻、蔬菜、烤烟、油菜、金桔等。象形风景区位于湖南省长沙市浏阳市达浒镇象形村。国家3A级景区，素有“湘东小桂林”之美称。位于湘东连云山脉山麓西南，距浏阳市区40公里，距南昌市约300公里。2016年被国家旅游局评定为中国乡村旅游模范村。（《浏阳年鉴》编辑部）

大围山镇

党委书记 熊湘东
副书记 卢焕新
　　廖春华（2016.04免）
　　易 亮（2016.04任）
纪委书记 杨传风（2016.04免）
　　卢 义（2016.05任）
党委委员 陈洪斌（2016.04免）
　　易显旺 罗 伟
　　卢 义 胡 亮
　　陈 香（女） 孔 江
人大主席 廖春华（2016.04免）
　　易显旺（2016.04任）
镇 长 卢焕新
副镇长 卢 义（2016.04免）
　　陈洪斌（2016.04免）
　　罗 伟
　　胡 亮（2016.03任）
　　孔 江（2016.04任）
　　朱礼锋
人大副主席 宋新丰（2016.04免）
　　周 波（2016.09任）
政协联络处主任
　　罗 伟（2016.05任）

【概况】 2016年，大围山镇辖10个行政村、2个居委会，405个村（居）民小组，8823户，27400人，其中农业25102人、非农业2298人，出生人口307人，死亡人口222人，人口出生率11.2‰，人口自然增长率3.1‰。总面积410平方公里，耕地面积2223.07公顷，其中水田面积1423.07公顷，旱土面积800公顷，林地面积35460公顷，山林覆盖率83%。全年实现地区生产总值12.5亿元，同比增长9%；一般公共预算收入1227万元，同比增长12.7%；农村居民人均可支配收入10622元，同比增长12%。

农业 全镇水果种植面积1666.67公顷，销售产值1.2亿元，被农业部评定为全国“一村一品示范镇”。湘东水果合作社持有的“大围

大围山国家森林公园游客接待中心　（图片来源：大围山镇）

大围山镇森林小镇　　（图片来源：大围山镇）

山”水果商标被省工商局认定为2016年著名商标。以养蜂为主的养殖业快速发展，全镇养蜂700余户，年产值3000万元。红哺鸡食用笋、黑木耳种植初具规模，粮食、油菜、烤烟生产结构不断优化。大围山水果合作社联合社等9家合作社被评为浏阳市一类合作社，20家合作社被评为二类合作社。成功申报长沙市美丽乡村与休闲观光农业示范片，为浏阳市唯一获批乡镇。落实防汛抗旱责任，做好防汛值班和汛期安全检查，确保安全度汛；土地确权前期工作完成99%以上，进入第一轮公示阶段。

工业　全年实现工业总产值9亿元，规模工业总产值4.9亿元，招商引资8500万元，完成长沙市固定资产投资4500万元。培育扶持企业做精做强，2家企业完成厂房搬迁和技术改造并投入使用，浏阳淬火液厂新建淬火油生产线。注重打造行业知名品牌，推进蜜蜂哥哥蜂业、锦寿堂蜂业、恒春木业等公司持续发展。

第三产业　生态旅游产业的核心地位不断凸显，旅游经济产业链不断延伸。成功举办长沙市第八届漂流节和大围山镇第七届水果旅游节，万亩桃林、香薰花海和玉米迷宫成为游客流连忘返的旅游景点。土特农产品销售和休闲农家乐、家庭旅馆不断繁荣，2016年有农产品销售商户45户，休闲农家乐96家，家庭旅馆50家。随着旅游基础设施的不断完善和旅游配套产业的发展，生态旅游呈现蓬勃发展的势头，游客年递增20%以上，接待游客40万人次，实现旅游收入8000余万元。

交通路网　投入交通扶贫和农村公路三年行动建设补助资金4600万元，创历史最高。列入规划的项目59个共76.23公里，完成道路硬化、提质改造项目22个41.5公里，开工建设的项目13个11.4公里，新建大小桥梁7座，全长123.6米，基本实现村级公路与主要干线公路、相邻村镇道路互联互通，形成四通八达的乡村生态旅游路网。

配套设施　政府路、都佳路全面提质改造，新汽车客运站、农贸市场建成并投入使用。河西街提质改造顺利完成，公共租赁房项目进入建设攻坚期。新建社会停车场2处、公厕2处。实施农村水利通畅工程，修复水损河坝25座，疏浚沟渠13公里，清淤扩容山塘4口。自来水供水覆盖范围不断扩大，农村安全饮水保障能力不断增强。完善电力、环保、信息网络等基础设施，为经济社会发展提供保障。

村镇建设　中岳门楼大围山镇游客服务中心暨水果特产交易展示中心建成投入使用，成为大围山旅游第一接待点；泥坞森林小镇基本建成，实现森林公园西大门下移；狮口战地漂流房车露营基地开门迎客，成为长株潭地区品质最高的漂流景区；成功创建长沙市卫生镇、长沙市环境整洁行动优秀乡镇、长沙市垃圾分类示范村（金钟桥村），新建锣背山、鱼头、鹅公坳、新屋等一批示范屋场；中岳村、楚东村分别被定为长沙市美丽乡村示范村和特色村，白沙社区、北麓园村分别被定为浏阳市美丽乡村示范村和特色村。推进拆违控违、三年绿化等攻坚行动，全面完成浏阳河流域500米范围内畜禽养殖退出治理任务，为保护浏阳河源头水质扫清障碍。

综合治理　围绕“平安大围”主题，健全维稳工作机制，组建专职巡防队伍，全面开展综治述职。实行领导包案处理，信访、维稳积案基本清零。成功接待省信访局局长许忠建一行调研并获得好评。获评浏阳市社会治安综合治理优秀单位、610工作优秀单位。做好杜鹃花节、漂流节、水果节和自行车赛等节日赛事期间安全维稳，确保全镇大局和谐稳定。集中整治校园周边环境，加强社区矫正管理和重点人员监控，化解各类社会矛盾纠纷100多起，社会秩序明显好转。落实安全生产“党政同责、一岗双责”和领导带队检查制度，深入开展安全生产大宣传、隐患大排查大整治行动，全镇全年未发生安全生产责任事故。加强森林防火队伍建设，严肃查处野外用火，确保森林消防安全。创新卫计工作模式，加强湘赣边区域协作，与江西温泉镇、棋坪镇、高桥乡签订流动人口卫生计生区域协作协议，协同管理流动人口，以流动人口管理带动综合治理。获评长沙市、浏阳市两级人口和计划生育工作优秀乡镇，获评长沙市、浏阳市两级计划生育协会优秀乡镇。

社会保障　城乡农村养老保险全面实施，农村合作医疗参保率不断提高，最低社会保障进一步完善，获评长沙市城乡居民基本养老保险经办服务示范乡镇。全年实现城乡低保1326人，发放低保金216.6万元，缴纳社会养老保险135.5万元、农村合作医疗357.95万元。精准扶贫完成219户732人脱贫，获评长沙市、浏阳市两级精准扶贫工作优秀单位。投入700万元完成新敬老院建设，设置床位150个。完善住房保障体系，完成农村危房改造81户。

教育科技　不断改善教学条件，完成大围山中学、东门完小教师公租房、中学体育运动场建设、东门完小教学楼改造和六角亭、风雨走廊建设，教学质量荣获市综合评价一等奖。推进科技创新，完成科技专利14件，积极引进新技术、新产品、新工艺6项。

党政建设 3月8日，大围山镇党委政府对接江西铜鼓县温泉镇，两镇达成初步合作意向，提出“推进浏阳大围山——铜鼓大沩山共建区建设”目标。6月7日大围山镇率先启动金融扶贫工作，市扶贫办、市农商行为贫困人口创造更多的就业机会、创业机会，让他们有更多的创收渠道、更稳定的收入来源。

人物 廖上高，浏阳市大围山镇人，男，汉族，中共党员，1968年10月出生，大专学历。1991年12月参加工作，现任浏阳市大围山镇党政综合办公室主任。始终坚持“把平凡的事做好，就是不平凡”的人生信条，1993～2016年被浏阳市政府嘉奖14次，记三等功三次。2016年被评为长沙市优秀党务工作者，记第六届湖南省一等功一次。该同志参加工作首先从事计生工作，任计生办主任，使原白沙乡计生工作连续十年获得市先进及模范单位，本人也多次被评为十佳生办主任。后来并入大围山镇，从事十多年党务及政务工作，组织举办10期入党积极分子培训，共培训500多人，发展新党员300多名，加强基层建设，党建创新项目反向测评在全市推广。关怀离任村干部创新项目已形成一项制度，得到广大离任村干部的好评。任党代表活动室代表，在党代会闭会期间开展征集提案、建议、议案活动，提案工作作法在全市乡镇党委换届工作中进行推广。任组织人事专干期间，经他手办理的人事、工资调级晋档、编制调整、养老保险、医疗保险，离退休、干部档案等手续，不下几百人次，从没出现过差错。他从事的党政服务工作2015年绩效考核被评为浏阳市先进单位；本人被评为出席长沙市2016年度建党95周年优秀党务工作者，记第六届湖南省一等功一次。（陈礼浩）

【大围山镇白沙社区举办麻衣庙会】 一年一度的大围山镇白沙麻衣庙会于8月3日~8月12日举办，庙会期间，镇民赶集，参拜麻衣老爷，长沙歌舞剧院送戏下乡。为进一步弘扬麻衣庙会孝道文化， 8月9日大围山镇党委、政府在白沙剧院表彰镇域内17名“敬老爱老好媳妇”，弘扬社会美德、倡导社会新风，营造争创文明家庭的和谐社会氛围。（陈礼浩）

【大围山新建敬老院】 11月29日，大围山镇敬老院正式启用。新敬老院位于东门社区东顺组，是大围山镇2016年重点民生工程之一。工程投资700余万修建而成，设置床位88个，配有电梯。按照医养结合的模式打造，新敬老院与镇卫生院相距仅200米，老人们看病就医十分方便。（陈礼浩）

【大围山镇林业站获评湖南省林业站“一站式 全程代理服务”示范站】 12月26日，大围山镇林业站获评湖南省林业站“一站式全程代理服务”示范站，此次全省评出54个林业站为湖南省林业站“一站式 全程代理服务”示范站。近年来，大围山镇林业站完善服务项目，健全服务网络，规范工作流程，特成立山林纠纷调解办公室，调处林权纠纷400余起，协商解决率100%，调处争议面积86.67公顷，确保工作顺利推进。（陈礼浩）

【浏阳市大围山镇获评水果种植一村一品示范村】 大围山镇现有耕地面积1533.33公顷，山林面积3.25万公顷，山林覆盖率82.8%。依托大围山的自然优势，政府引导农民发展水果产业，成立浏阳市大围山水果科技协会和浏阳市大围山水果专业合作社联合社，入社农户数占专业乡镇从业农户数的80%。全镇水果产业实施统一规划、统一品种、统一技术、统一包装、统一销售，提供产前、产中、产后的优质服务。2016年全镇种植绿色水果1666.67公顷，其中桃533.33公顷、梨800公顷、李133.33公顷，其他水果200公顷，销售产值1.2亿元。成为湘东最大的知名水果基地，带动本镇农产品加工、旅游服务、商贸流通等二、三产业的协调发展。2016年，被农业部评定为全国“一村一品示范镇”。（廖上高）

张坊镇

党委书记 刘飞舞（2016.03任）
陈傲冰（2016.03免）
党委副书记
周秀星（2016.04免）
张贤前（2016.10任）
罗金卫（2016.09免）
黎　志（2016.04任）
纪委书记 黎　志（2016.04免）
何俊雄（2016.04任）
组织委员 黄　腾（2016.04任）
人大主席 袁思来（2016.04任）
毛先知（2016.03免）
人大副主席
黄英正（2016.04免）
彭　浩（2016.04任）
镇　长 罗金卫（2016.09免）
张贤前（2016.09任）
副镇长 胡海英（女，2016.04任）
毛先知（2016.04免）
何俊雄（2016.04免）
黄　腾（2016.04免）
黄英正（2016.04任）
陈　勇（2016.04任）
罗晓晖（2016.04任）
政协联络处主任
周秀星（2016.04免）
胡海英（女，2016.04任）

【概况】 张坊镇辖7个行政村、2个社区，116个村（居）民小组，9696户，32001人。行政区域面积319.7平方公里，耕地面积1973.5公顷，山林面积2.67万公顷。全年实现工业总产值6.6亿元，固定资产投资5.5亿元，招商引资到位资金2191万元，财政总收入1232万元，居民人均可支配收入10105元。

农业 加大生态资源保护和培育，严查毒鱼电鱼等破坏生态行为，完成荒山造林234.86公顷、楠竹低改400公顷、森林抚育120公顷、油茶林抚育137.93公顷；新增小水果种植面积40公顷，集优质稻、小水果、油菜、蔬菜、烤烟于一体的现代农业产业格局基本形成。创建整洁屋场4个、幸福屋场2个、美丽村庄1个、垃圾分类示范村1个。引导和扶持蟹形、田园、聚贤、龙泉、板溪、青青世界等一批休

张坊古山贡纸造纸作坊　　（图片来源：张坊镇）

闲农庄、家庭农场做大做强。

项目建设　完成蒙华铁路红线内190户房屋、74.67公顷土地征拆工作，以及总面积7.7万平方米、安置106户征拆户的三个安置区的规划设计。2016年8月启动，集镇滨河风光带开工建设，将大围山南大门功能配套区与集镇的扩容提质相结合，打造旅游服务综合体。

综合治理　坚持政法综治工作月例会制度和综治工作村（社区）述职活动，组建红袖章义务巡防队，加大巡查力度，形成大综治工作格局。开展"整治黄赌毒"和优化发展环境专项行动，规范整治麻将馆206家，取缔主干道两旁麻将馆26家，严厉打击强揽工程、非法阻工等行为。开展大走访，加强司法调解，排查隐患，社会大局稳定；狠抓高危行业和网吧、歌厅等娱乐场所的安全监管，开展校园周边环境整治，强化食品安全卫生检查，严查严处超载车辆，全年无一例安全责任事故发生；规范集镇经营秩序，打击和查处违法经营300余例。加强环境卫生综合整治，关闭菜牛养殖场1个，取缔落后生产厂（点）2家，清理整治环保违规建设项目37家，拆除违章建筑1500余平方米、规模养殖户养殖用房7000平方米。全年接待群众来访200余人次，处理群众信访案件41件，满意率98%以上。

社会保障　全年发放养老金812万元、城乡医保补助金额931万元，发放安居工程、低保金、暖心工程特困救助、残疾人生活补助等各类救助、慰问资金956.6万元，城乡居民基本养老保险参保率100%，医疗保险参保率、农业保险参保率98%。大力开展殡葬管理和整治，不断提高双拥优抚工作水平，重点优抚对象合法权益全面落实，启动贫困户易地搬迁工作，加强对贫困户技术培训和服务力度启动贫困户易地搬迁工作，加强对贫困户技术培训和服务力度，引导贫困户加入合作社，全年脱贫151户、573人。精准扶贫工作先后接受国家统计局、省督查组和长沙市扶贫办的检查，均获好评，小额农贷排名全市第一。

教育卫生　坚持教育优先发展战略，投入近200万元改善办学条件，田溪希望小学成功创建长沙市标准化学校。计划生育工作有序推进，计生政策符合率94.83%，征收社会抚养费31.8万元。实施农村改水改厕项目，全镇共计改造旱厕317座。镇卫生院添置专业医疗设施设备，开设中医理疗科，开展公共卫生均等化服务、老年体检、慢性病管理、妇女同志两癌普查等工作，人民群众就医条件得到改善。

旅游业　浏阳市建筑勘察设计院对张坊镇上洪社区蟹形组十余幢土坯居房完成房屋的加固和改造。新增专业合作社10个、水果种植面积40公顷；基本建成西溪屋场，拓宽湖洋梯田路基，改造上洪社区古民居建筑群，完成李白烈士故居停车场征地拆迁和土方平整；以农村公路三年行动为契机，提质改造道路20.52公里，畅通道路22.18公里，拆除重建桥梁6座、250米，上洪大桥、田溪下竹山桥验收通车；落实张小公路"路长制"，进一步规范道路标识和指示牌，安装太阳能路灯132盏；全面推进农田水利工程建设，疏浚渠道189公里；启动省示范性敬老院创建，危房援建105户。

存在的困难和问题：经济基础较为薄弱，镇村两级财力困难，产业结构较为单一，基础设施建设不够完善，基础产业培育刚刚起步，民生保障、社会管理需要不断完善，干部作风、队伍素质需要不断提升。

（陈　庚）

【张坊镇建制村并村】　3月29日，张坊镇上洪社区举行新上洪社区成立大会。新成立的上洪社区由原上洪社区、七星岭村两个建制村合并而成，村部选址原上洪社区村部。合并后，新村共有村民小组22个，人口5275人，辖区面积67.4平方公里。七星岭与上洪一衣带水，根源深厚，通过合并进一步有效整合旅游资源，加大大围山国家森林公园东大门片区的王首道故居、湖洋梯田、黄石洞漂流等旅游景点的建设力度，有效对接"浏阳十大休闲农业与乡村旅游精品线路"建设，促进生态旅游产业发展，加快全面小康建设进程，提升公共服务能力，激发发展活力。　（陈　庚）

【张坊"古山贡纸"拯救行动】　张坊古山贡纸起于宋元，乾隆年间曾被朝廷官府纳用，素有"贡纸"之称，在民国时期，达到鼎盛，曾远销东南亚，现濒于绝迹。古山贡纸为纯手工造纸无污染、纤维长，保存几十年纸面如新，不上潮，不易碎，尤其适宜书画，有着机器纸不可取代的优点。6月29日，由长沙市文化广电新闻出版局、长沙市非物质文化遗产保护中心、浏阳市委宣传部等单位牵头，湘籍著名书画家、散文家杨福音带领张锡良、何立伟等50余位书画家、非遗保护工作者与关注者、媒体记者80余人齐聚浏阳发起一场"拯救"古山贡纸的公益行动。7月23-9月10日，由长沙市文化广电新闻出版局牵头，在长沙市图书馆二楼展览厅举行的《纸上春秋——浏阳古山贡纸非遗抢救特展》开展，展览分为四个部分。第一部分通过展板及文献资料等实物的陈列，展示古山贡纸的发展历史、传承谱系、工艺流程等，同时播放古山贡纸纪录片。第二部分是古山贡纸工艺展，有造纸作坊局部场景复原，造纸所用原材料、半成品、生产工具、老物件和成品展示等。第三部分展出著名书画艺术家以古山贡纸为载体创作的书法和绘画作品51幅，相关摄影作品30幅。第四部分展出编辑出版的《纸上春秋》画册。展览获得各级媒体广泛关注报道。（陈 庚）

【张坊镇手工造纸制作技艺和油纸伞制作工艺入选长沙市级非物质文化遗产名录】 2016年底，长沙市人民政府办公厅公布第五批市级非物质文化遗产代表性项目名录，浏阳手工造纸制作技艺、浏阳夏布、浏阳蒸菜传统制作技艺、浏阳油纸伞制作工艺、浏阳豆豉传统制作技艺、浏阳油饼制作技艺等6项非遗项目入选。

（陈 庚）

【蒙华铁路张坊段红线内征拆工作全面清零】 蒙华铁路张坊段建设正线全长26.4公里，其中，铁路桥梁15座、隧道6个、交通水涵洞共54个，涉及6个村（社区）、61个村民小组。全线共征地74.67公顷，全线红线内应拆迁村民房屋190户；红线内迁坟1600座，涉及800户；地面花卉苗木迁移11.97公顷，涉及260余户，蒙华铁路张坊段征拆任务完成190户，完成比例100%，29标、30标施工全线动工，并实现“零上访、零冲突、零事故”。（陈 庚）

【张坊镇举办首届湘东泼水节】 张坊镇联合浏阳市旅游局及张坊黄石洞风景区于7月1日、2日举办首届湘东泼水节，并计划每年的7月1号到2号在张坊镇黄石洞风景区举办湘东泼水节。结合黄石洞风景区特色及客家风俗推出包括漂流、蒙古包住宿、溯溪游、客家美食制作等项目的三大游玩套餐，吸引游客。

（陈 庚）

小 河 乡

党委书记　古长根
副书记　宋国辉（2016.04免）
　　梁　民（2016.04任）
　　陈　经（2016.04任）
党委委员　毛先知　钟诗勇
　　章伟锋　魏兆义
　　杨　林　周建华
　　易争光（2016.04免）
　　王文斌（2016.04免）
纪委书记　宋国辉（2016.04免）
　　章伟锋（2016.04任）
人大主席　宋国辉（2016.04免）
　　毛先知（2016.04任）
政协联络处主任　钟诗勇
乡　长　古长根（2016.04免）
　　梁　民（2016.04任）
副乡长　易争光（2016.03免）
　　刘　波（2016.03免）
　　陈　经（2016.04免）
　　杨　林　周建华
　　李　艳
人大副主席　邹　智（2016.09任）

【概况】 2016年，小河乡辖田心社区、新河村、潭湾村、乌石村、皇碑村5个行政村（社区），总人口1.6万人，乡境内有初级中学1所，4所小学，1个教学点。乡域面积有110平方千米，其中耕地面积1766.67公顷，水田面积1660公顷，旱地面积107.05公顷，山林面积8000公顷，属长沙株树桥水库引用水源核心保护区。乡政府机关在编60人，内设机构：党政综合办公室、纪检监察室、财政所、经济发展办公室、社会事务办公室、社会管理综合治理办公室、计划生育办公室、农业综合服务站、烤烟办、规划建设环保站、环境综合整治办公室、水源保护和水务管理办公室、林业服务站。

全年实现地区生产总值14.78亿元，同比增长11.97%；完成工业总产值10.06亿元，增长4.79%；完成工业固定资产投资2507万元，增长9%；实现招商引资900万元；完成财税总收入1523万元，同比增长12%，其中地方收入479.67万元，同比增长12.15%，实现工业收入1.1亿元，旅游收入360万元。2016年，小河乡被评为长沙市精准扶贫先进乡镇、长沙市综治工作模范乡镇、长沙市安全生产示范乡镇，获浏阳市绩效考核一类乡镇，以及浏阳市精准扶贫、社会治安综合治理、城乡统筹环境同治、

小河乡向日葵节　（图片来源：小河乡）

小河乡百合花海　（图片来源：小河乡）

城镇建设、财政工作、路长制工作、治超工作、食品安全等八个单项工作先进单位。

经济概况　坚持走特色农业发展之路，做好优质稻、烤烟、油菜，蔬菜和小水果等农作物发展，遏制耕地抛荒，水稻种植面积1300公顷，其中优质稻613.33公顷，冬种油菜333.33公顷，种植烤烟124.2公顷，送售烟叶24万千克，收购金额750万元，完成烟叶税146万元。继续推进农田水利三年行动，完成疏浚河道、沟渠50公里，山塘清淤17处，维修河坝12座，机埠改造3处，农田管道灌溉4公里。坚持市场导向，壮大龙头企业，扶持“小河大米”等加工企业开展订单农业，深入打造“三黑”（黑鸭、黑兔、黑山羊）特色产业品牌。积极推进生态休闲旅游产业，围绕大围山生态旅游“一园四镇”和浏阳市十条精品旅游路线，打造“四季花海”旅游品牌，投入200余万元完善红军医院布展、罗汉松景区旅游道路、鳄鱼嘴湾观景平台等各类旅游基础设施，新设置旅游标识标牌4处、新建旅游厕所2处、乡域旅游导览图1块、电子屏1块、直饮水点1处。成功举办百合花旅游文化节、向日葵节等节会，吸引各地游客10余万人次，被省、市各级媒体报道82次，带动旅游收入500万元以上，“世外原乡、秀美小河”的旅游品牌深入人心。

基础建设　围绕发展主题，贯穿项目建设和环境整治两条主线，全年完成项目30余个。投入交通建设资金2300余万元完成X001、Y001县道、石马公路等26.2公里道路的路面改造、16.8公里的村组道路硬化，新建和修复桥梁4座，基本形成“四通八达、内外成环”的交通路网。以“环境美、秩序美、风尚美”为标准，打造精美集镇，由点及面全线提质，投入1400万元进行集镇立面改造、对人行道进行绿化、亮化提质。加强村级阵地建设，投入90万元完善田心社区村部大楼建设。投入300余万元完善污水处理厂、集镇排水等配套设施建设，实现雨污分流，解决集镇下雨积水和生活排污的问题。

环境整治　实施自来水普及工程，全力维护集镇自来水厂正常运转，加快推进皇碑、乌石两个村级自来水单体工程和新河、潭湾两个村扩网工程，确保村民安全饮水全覆盖。开展农村电网改造，保障群众通照明电、生产生活用电平稳。推进“全域美丽乡村”建设，新河、潭湾和皇碑三个村被纳入长沙市“美丽乡村”示范村和特色村建设，其中潭湾村和皇碑村分获长沙市、浏阳市美丽乡村规划设计大赛第一名。实施“城乡统筹、环境同治”三年行动，全年打造1个美丽村庄、1个垃圾分类示范村、2个幸福屋场和4个整洁屋场，继续推进三年造绿大行动，全年造绿绿化40余公顷，义务植树5.3万株，草皮覆盖3000余平方。加大林业资源管理力度，实现病虫害监测、生产管理和防火管理三个到位。加大古树名木保护，投入20余万元对千年罗汉松进行救治修复。加大水源污染的控制力度，重点推进改水改厕，引进生态环保技术，农业面污染源得到有效控制。积极推进全域美丽乡村建设，2016年有三个村被纳入长沙市“美丽乡村”示范村建设，其中潭湾村获评长沙市规划设计第一名。

教育文化　推进教育强乡，完成新河完全小学食堂、21套教师周转房、潭湾公办幼儿园建设，启动金沙小学恢复重建，投入10余万元改善小河中学操场以及体育设施，浓厚尊师重教氛围，对10名优秀教师进行表彰奖励。规范校车运行，严格治理校园周边环境。牵手广播电视台、民政局等单位，举办六一文艺汇演，“爱的背包”等爱心助学活动。2016年小河中学获初中教学质量综合评价一等奖和教学智联评价优胜单位。发展群众文化事业，成功举办“庆七一、唱红歌”合唱比赛、广场舞比赛，丰富群众业余文化生活。组织队伍参加大围山登山节、浏阳市第十一届机关运动会。强化内外宣传，全年在人民日报、新华社等国家级媒体刊发报道7篇，湖南日报5篇，长沙晚报6篇，浏阳日报56篇，在湖南卫视、经视等各类电视媒体报道8次，积聚社会发展正能量。

医疗卫生　加强乡、村两级医疗队伍建设，提高医疗服务水平，积极推动医院结对帮扶，卫生院大楼改造完毕，山区医疗服务水平得到明显提升。全面落实两孩政策，截止到2016年9月30日，全乡出生人口266人，出生率为1.6%，符合政策生育率为95.04%；出生人口性别比为92∶100；落实长效节育措施113例；征收社会抚养费28.61万元；国家免费孕前优生检测145对；妇女病普查917人次；老年人体检1170人次。

社会保障　做实民政部门救济困难群众工作，全年共计发放农村低保、大病救助、抚恤救助、医疗补偿等各类资金273万元。农村合作医疗参合率、城乡居民养老保险参保率分别为98%、90.2%。做好扶贫建档立卡工作，全年帮扶42户脱贫。促进民生保障项目实施，完成危房改造69户，共计补助资金139万元。加强敬老院管理，提升服务水平。大力推进殡葬改革，切实治理“三乱”工作。强化优质计划生育服务，全年出生人口257人，符合政策生育率为84%，征收社会抚养费43.3万元。

文明创建　以淳风美德润育秀美小河，推介先进典型，金沙村罗忠南被评为市“十大孝星”。将客家传统道德与核心价值观融会贯通，绘制500余平方米的文化墙，举办送廉政春联、与孤寡老人团圆过年、文明办酒签字等活动。弘扬文明新风。加强社会主义核心价值观教育，开展“最美教师”、“最美家庭”、“阳光少年”等评选活动，社会风气明显好转，文明程度不断提高。健全公共文化服务体系，实施文化惠民工程，有线电视、“村村响”广播系统实现广覆盖无盲村。浓厚山乡文化氛围，新建机关篮球场、工会活动室，成功组织举办金沙村庆七一“季季乐”文艺汇演、农民运动会等大型文体活动，丰富群众文化生活。

社会管理　深入推进和谐小河建设。严格落实领导公开接访制度，认真开展群众工作，全年公开接访162批次，事务代办51起，办理12345市民服务热线、市长信箱等各类诉求30余件，综治民调排名浏阳市第二、长沙市第三，群众工作民调排名全市第四，群众满意度不断攀升。加强花炮、建筑、校车、消防、食品等重点领域安全监管，实现安全生产事故“零发生”。狠抓社会治安防控体系建设，建立健全边界联防、一线调处制度，严厉打击违法犯罪，全年共接警出警56次，刑事立案9起，行政立案17起，行政拘留31人，调处各类矛盾纠纷255起，挽回经济损失663.9余万元。扎实开展打非治违、安全生产月等活动，加强花炮、建筑、消防、食品等重点领域安全监管，注重产品质量安全和农产品安全检测，全年进行专项检查20余次，排查隐患80余处，有效保障群众生产生活环境。

队伍建设　强化干部学习意识，提升干部素质，全年开展各类学习活动20余次；加强基层投入保障，注重人才培养，夯实基层堡垒。全面从严治党，落实党风廉政建设责任制，优化两级目标管理考核，坚持以实绩排名次，以实绩论英雄，塑造了一支拼搏肯干、奋发向上的干部队伍。在全市率先完成潭湾、新河2个行政村撤并工作，实现工作平稳过渡，群众思想稳定。从严治党，推进干部作风整顿和经济环境优化，主动立案查处严重违纪农村党员3人，通报批评违反工作纪律25人次，政府执行力和公信力进一步提升。实施干部竞争上岗、双向选择，落实领导干部联村、干部联网格的"一线工作法"，建立健全住乡学习、开门办公、财经管理、机关管理等各项制度，通过以制度管人、以制度管事，创建良好的工作氛围和规范的工作机制，干部职工业务水平和服务能力得到有效提升。(李紫艳)

【小河乡村组合并】　按照乡镇区划调整改革中合并村工作的要求，小河乡快速行动展开并村工作，在3月10日完成严坪、金沙、新河、潭湾四个村村民票决工作之后。2016年3月18日下午，在全市乡镇（街道）中率先召开新村成立大会。乡党委书记古长根同志对并村前四个村取得的成就表示肯定，认为支村两委和党员以及村民能够与党委政府保持高度一致，积极拥护并村工作，促进工作顺利开展。希望新开始要有新气象，新合并的新潭湾（由潭湾村、严坪村合并）、新新河（由新河村、金沙村合并）的村民要坚定发展信心和决心，抛开并村顾虑，劲往一处使，力往一处用；要狠抓当前各项工作，确保并村成果惠及千家万户；要严抓并村纪律，形成齐抓共管的工作局面。(李紫艳)

【小河乡扶贫脱贫工作】　自精准扶贫实施以来，根据省、市减贫计划及上级精准扶贫工作的重要指示与要求，乡党委政府与上级派驻的各帮扶单位积极对接，两年共实现脱贫164户562人。积极推进精准扶贫"五个全覆盖"：一是结对帮扶单位全覆盖，实现了所有行政村精准扶贫结对帮扶全覆盖；二是对口帮扶责任人全覆盖，各帮扶单位的驻村工作队按要求于2016年1月迅速到位履职；三是因户施策全覆盖，坚持"一户一策"机制落实到户，责任到干部，共同打响脱贫攻坚战；四是产业帮扶启动资金发放全覆盖，动员鼓励126户贫困户积极参与到产业精准扶贫，增强贫困户内生发展动力；五是脱贫产业技术培训全覆盖，3月至6月先后精心组织了贫困户参加了辣椒种植技术培训班、魔芋高产栽培技术培训班、蜜蜂哥哥中蜂养殖技术培训班、稻田养鱼技术培训班等脱贫产业的扶贫技术培训，其中优质稻栽培技术培训班面向全乡所有未脱贫户近170多人培训。"五个全覆盖"精准扶贫工作经验在省、市各级媒体进行推介，并分别获得了2016年长沙市和浏阳市精准扶贫工作"优秀乡镇"的荣誉。(李紫艳)

【小河乡乡村旅游】　2016年，小河乡开启全域美丽乡村建设，依托山水禀赋，人文风俗，以"四季花海"为切入点，驶入旅游发展轨道。小河乡政府利用政务微信"今日小河"推出小长假赏花专题，吸引市民短期旅游，5月20日，小河乡田心村举办以"百年好合"为主题的首届百合花旅游节，当天有10对盛装的新人在百合花中情定今生。此次百合花旅游文化节的6.67公顷百合花海在"五一"三天假日吸引游客4万余人。十一国庆节黄金周小河再次推出金葵岛旅游点，金葵岛内13.33公顷向日葵欢乐绽放，以"关爱留守儿童"为主题的向日葵节以及菊花节，吸引游客10余万人次，带动旅游收入500万元以上。为浏阳打造全域美丽乡村建设和发展乡村休闲旅游提供"可复制、可推广"的经验，有效提升乡内"鳄鱼嘴湾"、"罗汉松树王"等景点的知名度，扩大小河乡旅游影响力。(李紫艳)

澄潭江镇

党委书记　陈训武
党委副书记
　　刘双辉（2016.04免）
　　冯　旻（2016.04免）
　　黄　武（2016.09任）
　　王新兰（女，2016.04任）
纪委书记
　　王新兰（女，2016.04免）
　　王立志（2016.04任）

大爱澄潭——党员先锋行活动，荆坪村党员修桥　(图片来源：澄潭江镇)

党委委员
张贤前(2016.09 免)
冯　旻(2016.04 免)
伍昶林(2016.04 任)
王立志(2016.04 任)
李永伯(2016.04 任)
刘　辉(2016.04 任)
曹剑章(2016.04 任)
人大主席　冯　旻(2016.12 免)
副主席　陶长富(2016.11 任)
镇　长
陈　静(女,2016.09 免)
黄　武(2016.11 任)
副镇长　张贤前(2016.09 免)
伍昶林(2016.11 任)
刘　辉(2016.11 任)
曹剑章(2016.11 任)
汪　东(2016.11 任)
政协联络处主任
刘双辉(2016.04 免)
曹剑章(2016.04 任)
张贤前(2016.04 任,2016.09 免)

【概况】 2016 年 3 月 17 日完成建制村合并,原大圣村、小源村合并为大圣村,村部选址原大圣村部。新村有村民小组 78 个,人口 7384 人,辖区面积 28.4 平方公里。原荆坪村、大源村合并为荆坪村,村部选址原荆坪村部。新村有村民小组 25 个,人口 6254 人,辖区面积 28.5 平方公里。并村后澄潭江镇辖 10 个村,2 个社区,396 个村(居)民小组,17768 户,总人口 67418 人,157.83 平方千米,有耕地 1569 公顷,其中水田 1273.53 公顷、旱土 295.47 公顷,山林 11466 公顷。完成财政总收入 10051 万元,其中地方一般预算收入 2999 万元。工业经济实现生产总值 81 亿元,其中规模工业总产值 54.3 亿元。实现社会固定资产投资 19.3 亿元,社会消费品零售总额 2 亿元,招商引资到位资金 1.2 亿元,城乡居民人均可支配收入 20799 元。2016 年获浏阳市党风廉政建设、党政服务、党建、精准扶贫、城乡统筹环境同治、工业经济、教育、财政、公务员考核等绩效考核专项工作及部门单项工作先进单位奖项 19 个。张文香、缪昌联荣登 2016 年度"湖南好人"榜。

农业　新注册成立专业农业合作社 9 家、农业农林开发公司 7 家、家庭农场 3 家;遏制耕地抛荒,全年粮油种植面积 2573.3 公顷;投入资金 700 多万元,对 9.7 公里沿潭湾渠道进行清淤维修,完成水损工程 16 处、冬修小农水工程 38 处,完成团结水网供水扩网 6080 余人,加强防汛物质储备,2016 年被评为浏阳市"防汛抗旱先进单位"。全年植树 13.3 万株,造林 53.33 公顷,2016 年被评为浏阳市"森林防火先进单位"。

工业　全年新增规模企业 1 家,完成两化融合企业建设 5 家,市级以上创新项目立项企业 1 家;推进 18 家落后烟花爆竹企业(工区)关闭退出,花炮产业进一步培优培强;基本完成关停退出的 13 家煤矿退出扫尾工作。推动金融单位和企业合作,通过金融一线行等活动平台促使农村商业银行等 3 家银行与浏阳市艳阳天烟花制造有限公司等 4 家企业达成合作意向,授信额度 3500 万元。

项目建设　先后启动 99 条共计 100.42 公里村组道路建设,其中建设水泥道路 63 条,油砂道路 36 条;投资 180 万元完成和家村－毛坪环线项目建设,打造全长 3.2 公里的精品道路;拉通 3 条连接江西省上栗县金山镇和桐木镇的跨省断头路,"对外大开放、对内大循环"的交通格局逐步形成。完成山下二桥主体工程建设并通车使用。基本完成集镇棚户区改造、敬老院等项目建设。投资 350 万元,启动长度 2320.66 米的集镇老街改造,建设内容包括道路沥青改造,完善雨污管网、综合管线整理、绿化亮化等配套设施建设。

环境整治　完成拆违拆旧 50 栋 1.2 万平方米。落实精细化管理要求,在集镇区域划定 16 个摩托车停车区,优化电子抓拍系统和启用城管执勤亭。推进"城乡统筹、环境同治"新三年行动,贯彻落实"路长制"管理要求,城镇品质全面提升。成功创建美丽村庄 2 个、垃圾分类示范村 2 个、幸福整洁等各类屋场 22 个、绿色示范庭院 80 余个,荆坪村被评为长沙市美丽乡村示范村。成立澄潭江镇环境保护委员会,明确各成员单位职责,生态环境保护工作扎实推进。组织开展"美丽澄潭"摄影大赛,2016 年被评为浏阳市"城乡统筹环境同治先进单位"

安全生产　落实"党政同责,一岗双责"要求,突出花炮、煤炭行业安全监管,全年下厂检查烟花爆竹企业 3675 厂次,排查安全隐患 5613 处,责令部分停产整顿企业 125 厂次,立案查处企业 18 家,有效防范各类安全事故的发生;联合上栗县金山镇、桐木镇成立"湘赣边区域合作平安边界三镇共建理事会",开展联合打非 13 次,成功打造平安边界"试验田"。开展常态化检查,治超限载工作开创新局面。

综治维稳　强化网格化管理制度,开展综治大走访,共协调解决各类民生诉求问题 131 个。开展棋牌娱乐场所专项整治行动,构建镇村两级

澄潭江龙家学校生活　(图片来源:澄潭江镇)

治安巡防体系，全年依法取缔麻将馆25家，收缴麻将机30台，严厉打击藏匿于麻将馆等娱乐场所中的涉赌违法犯罪活动；始终保持对违法犯罪行为的高压态势，全年破获刑事案件41起，逮捕直诉39人，查处行政案件89起，行政拘留141人，治安和刑事犯罪案件数同比下降27%。

文化教育医疗卫生 稳步实施“全面二孩政策”，人口计生工作方式方法不断改进，全年符合政策生育率92.7%，完成525对孕前优生健康检查，落实长效节育措施325例，排查处置“两非”案件1起。投入750万元用于大圣完小学校建设，投入3300余万元改善全镇教育教学装备，学校基础设施不断完善，全面推进澄潭江镇卫生院改扩建项目，进一步提升教育、医疗、文化等公共服务均等化程度。

社会保障 强化各类保险征缴扩面，新农保征缴率居全市第一，提前半年全面完成任务。开展扶残助残工作，获长沙市残疾人工作“明星乡镇”。全面落实各项惠民政策，实施危房改造114户，全年发放低保、五保、临时救济、大病救助、优抚、重症残疾人补助等各类救助资金930.91万元，完成澄潭江镇敬老院主体工程建设。探索尝试“花炮企业+贫困农户”的小额信贷分贷统还模式，推动企业参与精准扶贫，完成放贷178户237万元，工作经验被湖南卫视专题报道，全年脱贫99户288人。

党政建设 推出“大爱澄潭—党员先锋行”活动，由村级给予每个党员1000元活动经费，党员利用活动经费以民生需求为导向，引领群众广泛投入水圳维修、屋场道路建设、小型桥梁修筑等微实事项目，通过活动经费撬动解决5万元以上的民生实事项目13个，5万元以下的民生实事项目82个。制定完善《澄潭江镇工作作风和工作绩效考核方案》，考核对象上至党政班子成员下至村干部，考核内容涵盖作风建设、本职工作和中心工作，考核结果与镇村干部的待遇、评价、使用挂钩，将镇党委政府中心工作、村级工作与镇村干部个人紧紧地捆绑在一起。加强党风廉政建设，立案查处10人，处理违反各类规定人员66人次。

（李紫薇）

【与江西省上栗县桐木镇、金山镇建立湘赣边区域三镇平安边界共建理事会】 3月30日，“湘赣边区域合作三镇平安边界共建理事会”成立大会在澄潭江镇举行。大会宣读《平安边界共建理事会章程(草案)》，并举行章程签字和揭牌仪式。章程明确三镇建立“矛盾纠纷联调、社会治安联防、突出问题联治、突发事件联处、违法犯罪联打，情报信息共享”的“五联一共享”协作机制，共同致力于平安边界的共建，为边界地区经济快速发展奠定坚实基础。江西省上栗县委常委、政法委书记刘培圣，浏阳市委常委、政法委书记邱山东，上栗县政法委副书记柳振金，浏阳市政法委常务副书记、综治办主任高志仕，金山镇、桐木镇、澄潭江镇党政主要负责人等出席会议。理事会成立以后，有效破解跨界矛盾纠纷调处和治安治理类别多预防难、地处偏排查难、机制弱联动难、管辖异调处难等问题，三镇治安案件发案率同比下降30%。开展两省三镇的县乡多部门的联合打非行动3次，小型联合行动10余次，先后查处烟花爆竹非法生产行为21起，查获药物48千克，依法扣押半成品、成品1000余件，成功打造湘赣边平安边界“试验田”。同时，充分利用该平台加速推进三镇在产业、交通建设、党建、文化、新农村建设等多方面交流合作。（李紫薇）

【“大爱澄潭—我身边的好人”活动】 6月28日，澄潭江镇党委、政府在南川河畔举行第六届“大爱澄潭—我身边的好人”颁奖典礼，向现场观众展示敬业奉献的澄潭江镇政府工作人员陶长旭、躬身基层11年的好支书曾佑如、独自照顾五保老人5年的孝老爱亲村民陶惠、勇救落水孩童的89后草根青年刘熙祥、在幼教事业上燃烧青春的80后女教师易海英等5位“好人”的先进事迹，并进行颁奖。通过大爱澄潭先进人物回忆片《大爱永远在我们身边》，展播历届32位“大爱澄潭——我身边的好人”的先进事迹，感受道德模范的力量，传递人间大爱，六届共37位先进个人与集体共同登台合影，刘旭、邓阳锋等市领导出席活动现场。

从2011年开始，澄潭江镇党委、政府连续举办六届“大爱澄潭—我身边的好人”颁奖典礼，先后评选出37位先进个人和1个先进集体，7人获全国、湖南省浏阳市道德模范的称号。如连续两届获得全国道德模范提名奖的“向日葵女孩”何平，荣登中国好人榜的 欧阳崇辉 、陶长彪，全国师德标兵缪昌联、长沙市道德模范罗木香，长沙市文明标兵张文香等。“大爱奉献，敬业拼搏”的大爱澄潭精神被广大澄潭江人认同和践行，企业老板、社会贤达十年累计捐资4300余万元，有力推动澄潭江经济社会发展。从党委、政府引导弘扬，到企业自发参与，到干群自觉行动，“大爱澄潭”精神成为澄潭江镇践行社会主义核心价值观的纽带。（李紫薇）

【澄潭江山下初级中学成功创建省级文明卫生单位】 澄潭江镇投入资金近1000万元，推进“城乡统筹，环境同治”工作。山下中学以精细管理为理念，建立健全《学校文明卫生制度》《办公室卫生制度》等制度，按照“每日两清扫、每周一评比、每月一汇总”的模式推进保洁工作；投入258万元，先后对学校升旗台、操场等进行提质改造，增建教师餐厅、教师公寓、学生浴室等基础设施；结合世界或国家有关卫生健康的节日，开展“改陋习，树新风”“养成好习惯21天行动”等多种形式的活动，提高学生、老师、家长的知晓率与参与率。12月24日山下中学通过长沙市、浏阳市两级检查组验收，成功创建省级文明卫生单位。

（李紫薇）

中　和　镇

党委书记　谢　波(2016.12免)
张　清(女,2016.12任)
党委副书记　唐万明(2016.08免)
张新飞　刘宗斌(2016.04免)
纪委书记　汤凯希(2016.04免)
唐建华(2016.04任)
党委委员　汤凯希
暨朝佐(2016.04免)
李丽莎(女)　唐建华
陈　涛　何　强

人大主席　刘宗斌
人大副主席　唐建华(2016.04免)
　　　　　　钟立柱
镇　长　唐万明(2016.08免)
　　　　张　清(女)
副镇长　暨朝佐(2016.04免)
　　　　汤凯希　陈　涛
　　　　何　强　刘艳林
政协联络处主任
　　　　张新飞(2016.04免)
　　　　汤凯希

自行车游道　　(图片来源:中和镇)

【概况】 2016年4月，完成浏阳市建制村合并工作，由原来的9个村(社区)合并为7个村(社区)，原小江村与原苍坊社区合并为苍坊社区，原丁字桥村与原雅山社区合并为雅山社区。

行政区划　2016年，中和镇辖5个行政村，2个居委会，180个村(居)民小组。总面积152.55平方公里，耕地面积1350公顷，其中水田825公顷、旱地525公顷，山林面积15436公顷。人口24638人，出生人口404人，死亡人口211人，人口出生率16.3‰、自然增长率7.3‰。

经济发展状况　全年地区生产总值20.15亿元，完成财政总收入3330万元，同比增长4.06%。

农业生产　种植水稻734.08公顷，油菜333.33公顷，粮食总作物面积101.37公顷，垦复耕地80.54公顷，全面遏制耕地抛荒；新增观光农庄5家，农业合作社76家，推进土地流转206.67公顷，拓展农业发展新途径；植树造林50万株，完成楠竹低改66.67公顷、森林抚育试点66.67公顷，荒山造林124公顷，油茶抚育20公顷，并实行全镇封山育林。

工业经济　全力调优产业，坚持转方式、调结构、强基础、促和谐的方针，推进镇域经济安全、持续、快速发展创造优越的环境，帮助11家企业完善换证整改审批手续，引进花炮生产机械，完成工业总产值13.6亿元，同比增长10.8%，其中规模工业产值12.8亿元，同比增长12%，占工业总产值的76.3%，培育2家规模企业及1个社零限上企业入库，申报两化融合企业2家。

美丽乡村建设　投资1000余万元打造长寿屋场、荷花博览园两个浏阳市十佳全域美丽乡村示范点。以“味道长安”、“莲韵苍坊”为定位，打造味蕾享受、景观特色的标签；在长安村打造80余公顷的荷文公路“十里锦绣长廊”核心示范带，在苍坊社区打造的200公顷核心示范片包括千亩荷博园、16公里自行车骑行绿道示范带，通过精品项目建设，吸引游客参观游览消费，年接待游客量突破150万人次(含故居)。对接旅游发展资源，新增餐饮住宿、旅游特产经营户106家，新建水上乐园、农家渔趣等游乐项目，旅游产业发展迅速；新增水果基地40公顷，农家乐15家，1000余农民直接受益；投资3000万元建设的沐心谷现代农庄完成一期建设。6月14日，财政部农业司司长吴奇修一行30余人到中和镇调研农业综合改革美丽乡村建设情况。6月26日，湖南省5个市州美丽乡村示范创建村村支书(主任)一行200人到中和参观考察浏阳美丽乡村建设情况。7月26日，中和镇获评长沙市文明乡镇称号。

项目建设　投资1170万元建设污水处理厂，并对集镇进行污水管网改造；自来水厂完成建设并投入使用；公租房及农产品交易市场项目完成主体工程建设；新建雅山完小正式投入使用，对旸谷小学、苍坊小学等9所学校进行提质改造；实施“农村公路三年行动”提质改造24千米，新修公路27.6千米。

卫生文化　贯彻落实国家生育政策，符合政策生育率91.02%。10月，中和农家乐协会开展食品卫生交叉检查，开创行业自治管理新模式。全年开展村民技能培训20余起。举办第三届“星耀中和”评选活动，广泛宣传先进人物事迹，用身边的典型影响教育群众。开展送文艺节目进敬老院、“耀邦兄弟”中和首演、心理咨询进屋场等活动，文化活动进一步贴近民生。成功举办“荷文化节”、“村民广场舞大赛”、“全民健身运动会”、“欢乐浏阳河中和专场文艺晚会”等，丰富文化活动，提升中和美誉度。2月5日至7日，中和镇长安村、苍坊社区、雅山社区丁字桥三个村，连续三天举办三场村民文艺汇演，客家小镇文化氛围浓厚。3月11日，开展共筑“长寿”清廉林植树活动。9月中下旬，开展中和镇首届全民运动会，举办篮球赛、自行车障碍赛、象棋大赛、趣味运动会等赛事。9月26日，以“创新放飞梦想、科技引领未来”为主题的浏阳市全国科普日湖南省科技馆科普进校园活动在中和中学举行。9月30日，“耀邦故里　青秀中和”庆祝中华人民共和国成立67周年“欢庆浏阳河”广场文艺晚会中和专场，在浏阳河广场热闹上演。

队伍建设　扎实开展“最美身边党员”、“我为美丽乡村代言”等文明宣传活动，引导群众投入家乡发展建设。11月9日,中和镇第六届人民代表大会第一次会议选举张清同志为中和镇人民政府镇长,汤凯希、陈涛、何强、刘艳林等4为同志为中和镇人民政府副镇长,刘宗斌同志为中和镇第六届人民代表大会主席,钟立柱同志为中和镇第六届人民代表大会副主席。

综合治理　落实安全生产责任制,加大安全生产检查和整治力度,实现安全生产零事故;加强社会综合治理工作,创建平安中和,2016年获浏阳市政法综治先进单位,实现社会管理零非访;通过加大森林防火预防和宣传力度,加大防火设施投入,实现森林防火零伤亡;通过农家乐协会行业自查,细化食品安全管理方式,实现食品安全零投诉。

社会保障　2016年走访困难群众发放慰问金12万元。脱贫工作稳步开展,全年脱贫107户345人,山枣潭村联合养殖合作社为贫困户提供技术支持,免费发放鸡鸭苗;雅山雅居合作社带动贫困户入股参与到特色水稻种植中,加快脱贫致富步伐;其他村(社区)依托扶贫政策,实施产业帮扶。

存在的困难与问题。一是基础设施建设任务依然繁重,要通过启动东南干线建设,建设西岭公路、35千伏变电站等项目解决交通任务重、用电压力大等问题。二是旅游配套严重不足,将游客资源转化为百姓致富门路方法不多,旅游服务业有发展但缺乏特色项目。三是管理水平亟待加强,集镇管理、旅游服务业管理现有水平不能满足旅游名镇发展的需要,管理的整体提升迫在眉睫。四是群众创业创富意识不足,老百姓看重眼前利益、不愿创业、害怕创业的意识,严重制约了中和百姓的致富。(陈玮东)

【中和镇获评湖南省特色旅游小镇】3月,湖南省人民政府出台《湖南省旅游业"十三五"发展规划纲要》,浏阳市中和镇和宁乡县花明楼镇、灰汤镇,韶山市韶山乡等乡镇跻身湖南省特色旅游小镇名录。"十三五"期间,中和围绕"红色伟人故里、省级旅游名镇"目标,重点开发客家风情和绿色生态旅游资源,建成风景秀美、镇容精美、生活和美、民风淳美的旅游名镇。(陈玮东)

【花鼓戏《耀邦兄弟》巡演】5月下旬至7月中旬组织开展廉政题材大型花鼓戏《耀邦兄弟》下乡巡演活动。《耀邦兄弟》是由浏阳市纪委、浏阳市委宣传部监制,浏阳市文化体育广播电视局创作出品,由全国著名戏剧导演曹其敬、陶先露执导、浏阳市花鼓剧团演出,历时一年多时间潜心打造的廉政题材大型现代花鼓戏。该剧再现了胡耀邦、胡耀福兄弟之间的深情厚谊,展示了胡耀邦以身作则、严于律己、廉政为民、大公无私的廉政精神和高尚品质,传扬了良好的社会风尚,是以地方戏曲形式传播廉政文化和正能量的有益探索,获湖南省纪委、省文化厅廉政文化优秀作品一等奖,在湖南省第五届艺术节上荣获田汉新创剧目奖等四大奖项。

(陈玮东)

【第三届"星耀中和"先进人物(团队)评选活动】9月12日,中和镇第三届"星耀中和"先进人物(团队)评选通过网络评选、部门意见、实际调查的方式,评选出希冀教育助学基金会、水口客家屋场2个先进团队,刘耿、张冬连、潘莎、王德明、叶宗全、张松林、柳春先、刘景明等8名先进人物。(陈玮东)

【中和荷博园】荷花博览园位于苍坊社区域内,规划用地66.67公顷,一期33.33公顷,投资1000万元,打造成集旅游观光、休闲娱乐、科普教育为一体的特色荷花博览园。完成一期33.33公顷荷花种植;建设配套栈道、文化标识、停车场等设施;拉通16.1公里自行车游道并进行绿化、美化。2016年7月正式开园并举办荷花节。苍坊清廉(音同青莲)文化,结合耀邦故居特点做强做新廉政文化,同时突出宗祠文化中家风家训特色;"莲韵苍坊"景点文化,种植20余种荷花品种,建设苍坊青莲文化馆,同时营造秀美环境,景区标准打造一个"在镜像中绽放的花样村庄";休闲生活文化,建设16千米鲜花盛开的骑行游道、打造慢骑精品线路。打造荷花博览园,配套荷花系列农产品、商品的销售,拓宽荷花博览园发展出路;通过建设停车场,配套公共自行车系统,发展农家乐、民宿等餐饮、住宿产业,完善旅游服务业;打造趣味骑行线路、车友之家、野外露营点,积极承办省级自行车赛事。(陈玮东)

【长寿屋场】坐落在山清水秀的长寿山脚下,位于有着"幸福长安、锦绣长廊"之美誉的荷文公路中和段。屋场面积1.8平方公里,辖堤下、刘家、岭下3个村民小组,总人口656人,144户。该屋场遵循"两型两美"(即资源节约、环境友好和村庄美、乡风

荷博园　(图片来源:中和镇)

美）的理念，突出“三自三宜”（即建设自发、管理自主、用材自然和宜居、宜业、宜游）的特色，采取村民筹资、政府配套的方式，2015年集资近百万元，耗时2个月，完成屋场路面硬化、立面改造、绿化亮化及文化建设等多维度的整治工程。2016年，中和镇采取村民筹资、政府配套的方式为长寿屋场进行整体提质和升级。完成灵鹿古井、体验农场、向日葵基地、农家渔趣等旅游休闲项目建设，完善配套电子屏、标识标牌、公厕、停车场等旅游配套设施。屋场主打三大文化特色：长寿文化，建设长寿广场、灵鹿古井、长寿步道，整体提质屋场长寿文化内涵；农耕文化，建设4个蔬菜、水果采摘基地，开发“农家渔趣”“啄玉·农趣谷”等亲子旅游项目；饮食文化，鼓励发展农家乐等餐饮、结合客家饮食、长寿食谱做好“味道长安”的食文化。（陈玮东）

文家市镇

党委书记　卢　铠
党委副书记
谭应启（2016.03免）
易志坚（2016.04任）
汪建国（2016.04任）
纪委书记　汪建国（2016.04免）
彭　伟（2016.04任）
党委委员　胡　南（女）
汤　卓（2016.08免）
彭　伟（2016.04任）
阳　鹏（2016.04任）
钟宏亮（2016.04任）
邱　可（2016.04任）
张会连（2016.11任）
人大主席
胡　南（女，2016.04任）
魏湘江（2016.04免）
人大副主席
张永成（2016.11任）
镇长　谭应启（2016.03免）
易志坚（2016.04任）
副镇长　胡南（女，2016.04免）
汤　卓（2016.08免）
彭　伟（2016.04免）
袁思来（2016.04免）
钟宏亮（2016.04任）
邱　可（2016.04任）
张会连（2016.11任）
汤德刚（2016.04任）
政协联络处主任
汤　卓（2016.08免）
邱　可（2016.08任）

【概况】2016年，文家市镇辖11个行政村，1个社区，103个村（居）民小组，56628人，出生人口1116人，人口增长率1.9%。总面积148平方公里，耕地面积1793.8公顷，其中水田1428.8公顷、旱土365公顷。全年完成工业固定资产投资8.7亿元，工业招商引资8270万元，实现规模工业总产值42亿元。全年实现财政收入1.43亿元，其中地方公共财政预算收入3508万元，同比增长14.87%。全年获评长沙市安全生产示范乡镇、湖湘风情文化旅游小镇、长沙市卫生乡镇等荣誉。

工业　全年完成工业固定资产投资8.7亿元，工业招商引资8270万元，实现规模工业总产值42亿元。

农业　全年完成粮食种植1400公顷，油菜种植1266.67公顷，发展现代粮食种植大户26户，农民人均纯收入1.59万元，比上年同期增长8%。

商贸旅游　紧扣“全域旅游”热点，挖掘红色旅游内涵，“会师小镇”品牌号召力增强，纪念馆年接待量攀升至150万人次；传统“牛马会”规模升级，年总成交额超过5000万元，成为湘赣边影响力最大的边贸盛会；“红色边城”投资吸引力不断提升，全年引进投资项目4个，签订投资意向书1家，到位资金1.06亿元，完成省外到位资金任务的102%。

改革创新　“镇馆合一”创新体制迈出实质性步伐。创新景区开发和特色城镇运营新模式，镇馆联合第三方公司共同打造秋收起义纪念园景区，管理体制相对统一，机构设置优势互补，资源配置相对集中的镇馆运作机制不断迸发新活力；“区域合作”联盟机制获得现实性突破。搭建“湘赣边大巡防”合作平台，联合黄茅、慈化等县共同构筑湘赣边安全大屏障；工业、农林、安全监管等改革创新取得实质性进展。首推安全生产黑名单制度，有效遏制多股东分线生产、厂房出租等行为；农村土地确权工作位列全市第一，先进典型经验在全市进行介绍推广。

城镇建设　全年投资5000万元新建、改建村级公路96公里，提质、新建桥梁2处。以最美公路标准，投资500万元建设高升岭红色旅游公路，投资600万元重新规划建设文塅公路，拉近湘赣联通距离，逐步建起“对外互联互通，对内成环成网”的湘赣边交通网。秋收起义纪念园新馆主体工程全面竣工，会师广场、纪念馆景区进出口道路、游客服务中心、大型生态停车场等配套设施建设基本成型，扎实迈好5A景区申创第一步；立足特色乡镇定位，招商引资1.2亿元，启动湖湘文化影视城建设，重磅打造全国实景影视拍摄基地与爱国主义教育基地。

城乡环境　着力塑造第一条集镇规范化管理示范街——创业大道，规范打造文中路“门前三包”、“门店招牌”示范街，创新首建流动摊贩集中疏导区，大幅提升城乡品质。以“浏阳全域美丽乡村建设”为契机，秉承规划精准、建设精致、管理精细的原则，创建市级“幸福屋场”1个、“美丽片区”1个、“垃圾分类示范村”7个、“整洁屋场”7个。落实“路长制+环境整治”，将路长制与网格管理有机结合，实现环境整治无死角目标，永丰村成功创建长沙市“垃圾分类示范村”。

民生保障　全年发放低保金274万元、大病救助金54万元、慈善助学37人，发放助学金11万元，改造棚户区268户、农村危房105户。大力实施精准扶贫“十大工程”，2016年全镇完成脱贫91户361人，清除四类对象22户91人，低保兜底43户，113人。

安全生产　扎实开展安全生产巡查工作，以铁的手腕推动责任落实，安全生产形势稳定向好。全年共开展安全执法大检查及打非专项整治工作200余次，立案查处企业26家，停产整改企业117家次，治安拘留11人。安全生产连续五年实现无重大安全责任事故，获评浏阳市安全生产先进单位。

综治维稳　坚持严查严管打击违法犯罪，通过技术防控、人员防控、物防构建社会治安防控体系。全年共

文家市镇“镇馆司”三方合作探索景区开发和特色城镇运营新模式

（图片来源：文家市镇）

安装摄像头20余个，覆盖主要街道村落；投资购买巡防车、修建治安岗亭，设立10人专职巡防队，强化重点路段、重点部位、重点企业防控；全年创建市级平安村1个、平安屋场4个，矛盾纠纷调解率100%。（张　晗）

【红色文化影视城】 2017年为“秋收起义”胜利会师90周年。为纪念中国历史上这一重大事件，由嘉娜•沙哈提导演的重大革命历史题材电视剧《秋收起义》将于2018年8月播放，为祖国母亲献礼。为真实再现那段宏伟历史，投资商携手浏阳市文家市镇政府打造红色文化影视城，投资商一期投资3000万元。该影视城坐落于浏阳市文家市镇，占地面积约2.67公顷。影视城建筑包括：长沙城及城门，浏阳城及城门，酃县城及城门，铜鼓县城及城门。城内各种店铺、大小宅院、民房、警署、邮局、洋行、衙门、监狱、军营校场、马厩、政府公房以及河道索桥、桥头茶楼浏阳小吃铺等一应俱全，几乎浓缩民国时期湖南地域的全部功能性建筑，真实还原那个时代的建筑风格。据悉，电视剧《衡阳保卫战》、《刘少奇》等影视剧也将在此取景，随着这些影视剧的拍摄需要，影视城将逐步扩充，增加相应场景和建筑，最终成为以红色题材拍摄为特点，全国领先的实景影视拍摄基地与爱国主义教育基地。（张　晗）

【《秋收起义》电视剧开机仪式】 12月26日下午，大型红色史诗电视剧《秋收起义》在湖南省立第一师范旧址大礼堂开机。这一天，适逢毛泽东同志诞辰123周年纪念日，《秋收起义》意在向伟人致敬，献礼中国人民解放军建军90周年。该剧由湖南省委宣传部，长沙市委宣传部，浏阳市委、市政府和湖南广播电视台、广东广播电视台联合出品，芒果影视、和光传媒、古瑞和文化等联合摄制，预计拍摄30集，届时将在湖南卫视首轮独播。省委宣传部巡视员魏委，长沙市委常委、宣传部部长、副市长黎春秋、湖南广播电视台党委委员、副台长、总编辑张华立等领导出席开机仪式并致辞。（张　晗）

【蔺相如后人祭祖】 在浏阳市文家市镇生活着一群“名门之后”——蔺氏人。据蔺氏族谱记载，他们是战国时期著名的政治家、外交家蔺相如的子孙，至今已传到第97代。蔺氏600余族人在玉泉村蔺氏中山堂内，用延续千多年的古礼祭祀祖先，传承家风。祭祀典礼庄严肃穆，执事者身着黑马褂，头带礼帽，用祖辈一代代传承的仪式符号吆喝，族人身披绶带，按字辈轮流参与祭祀。典礼共18道程序，拜天拜地是对大自然的崇拜，叩拜先祖，则是缅怀先人，记住自己从哪里来。

典礼结束后，各省各行业代表轮流发言，传承家训，总结心得，表彰先进。

蔺氏64字家训：培植心田，品行端正。破除迷信，奋志芸窗。勤劳创业，切忌游荡。扶贫帮困，和睦邻乡。禁止赌博，严惩窃攘。争讼酗酒，四时谨防。婚姻随缘，恩爱情长。孝顺父母，教子有方。（张　晗）

大　瑶　镇

党委书记　李爱民（2016.01免）
　　　　　周森源（2016.01任）
副书记　　黄　武（2016.04免）
　　　　　任飞跃（2016.01免）
　　　　　刘国泰　雷　健
纪委书记　杨启露
党委委员　黄　武（2016.04免）
　　　　　肖长春（2016.09任）
　　　　　施祖平
　　　　　陈慧娜（女，2016.04任）
　　　　　林健美（女）
　　　　　杨启露
　　　　　刘凤娥（女）刘正德
人大主席　肖长春（2016.09任）
副主席　　左春林
镇　长　刘国泰
副镇长　施祖平　刘凤娥（女）
　　　　刘正德　赵舟飞
　　　　钟圣家　陈和龙
　　　　周意平
政协联络处主任
　　　　施祖平（2016.04任）
浏阳市花炮材料制造产业基地管委会主任　肖长春
　　　　杨　志（2016.12聘）
浏阳市花炮材料制造产业基地管委会副主任　杨　志　刘华杰

【概况】 2016年，大瑶镇辖11个行政村和4个社区居委会，200个村（居）民小区（片区），25016户，94092人，其中农业户21086户，农业人口84330人。总面积149.3平方公里，其中耕地面积1780公顷，山林13994公顷。全年实现粮食总产量16669吨，完成农业总产值4.2亿元，乡镇工业企业总产值112亿元，其中规模工业总产值74亿元。固定资产投资47亿元，社会消费品零售总额25.8亿元。财政一般公共预算收入25310万元，比上年增长11.1%，其中上划收入9933万元，地方一般公共预算收入15377万元。国税部门征收11697万元，地税部门征收13613万元。

农业 强化农业基础地位，培育种粮大户8户，种植水稻1193.4公顷、蔬菜水果213.33公顷，冬种油菜670公顷。完成三年绿化任务，荒山造林48.67公顷，植树40公顷，栽种苗木180万株。加强渠道山塘清理，沟渠疏浚护砌17.2千米，山塘清淤扩容14口、除险加固2口，河坝重建6座。

工业 一园区经济。巩固花炮材料制造产业基地环保整改成效，园区全年用气量46万吨、用水180万吨、污水处理380万吨(生活污水150万吨)、产纸40万吨，完成税收3500万元。新亮彩印包装厂投资7000万元启动二期建设，宏宇公司10万吨造纸项目进入环保立项阶段。二花炮产业。科学有序淘汰落后产能，引导烟花爆竹企业（含工区）自愿退出26家，兼并整合1家。开展“走百家企业，解发展难题，联系服务一线行”等活动，调解企业矛盾纠纷200多场次。搭建银企对接平台，“金融一线行”活动实现企业授信2.3亿元，企业发展环境不断优化。

城镇建设 一是布局设计。立足新大瑶的基础和现状，科学整合大瑶和杨花片区城乡一体规划。着手启动“特色小镇”整体规划，聘请和玺文化创意公司规划设计花炮文化元素塑造工程。按照“北向融城”发展思路，设计金沙南路及两厢土地使用规划和环团结湖“慢运动”休闲区概念规划。二是招商引资。到位资金5.58亿元，其中省内市外资金2.2亿元，省外资金3.38亿元。争取特色小镇、产城融合示范镇等国家政策性资金支持，实现争资融资26474万元。新增金融机构2个，形成“政府自筹、社会投资、银信融资”一体的融资模式。三是项目建设。全年铺排重点项目19个，计划投资11.77亿元，完成投资12.86亿元。拓展延伸城乡路网，农村公路建设三年行动全面启动，西环线二期加快建设。加快实施城市风貌塑造工程，投资470万元建设迎宾广场，扮靓入城口形象窗口。投资1.6亿元建设李畋彩印包装基地，投资1600万元改造育才路片棚户区，烟花王朝、大瑶公馆、万家乐商城等综合体项目竣工投产。四是征拆安置。坚持一线工作、情法结合，妥善解决征拆遗留问题28起。西环线二期征拆安置36户，29个村民小组的预留地安置进入扫尾阶段。调解土地纠纷20余次，解决李畋彩印包装基地项目6.67公顷征地问题。与南川社区林家组签订征地补充协议，新安公司土地勘探顺利进行。南川河安置区拆迁户入住36户，年底可达80户。

环境与生态 启动“数字化大瑶”建设，增设高清摄像头181支，实现治安、交通、城管监控三网合一。开展综合整治70多次，拆除破旧及违规广告580处，清除牛皮癣4330处，规范店外经营、乱堆乱放4161处，取缔流动摊点72处，集镇品质不断提升。加强土地执法动态巡查，全年拆违控违2万多平方米，超额完成目标任务。全面推行“路长制”，重点打造G319最美国道风景线。

社会与民生 一是社会保障。强力推进精准扶贫工作，实现脱贫203户、660人。全年发放农村低保、大病救助、抚恤救助、医疗补偿等救助救济资金1874万元，惠及群众2.8万人次。征缴城乡居民医疗保险、养老保险、工伤保险等各类社会保险2800万元。成立乡镇首家残疾人服务中心，残疾人工作连续五年获评长沙市明星乡镇。农村幸福院建设成效显著，创建湖南省居家养老服务示范点1个，长沙市养老示范点2个。开通全省首个乡镇农村公交系统，打通城区连接乡村交通脉络。二教育计生实行阳光招生，启动浏阳二中、大瑶中学扩建，李畋小学二期顺利开工建设。落实全面二孩政策，全年出生1702人，完成长效节育措施582例，孕前优生健康检查751对，征收社会抚养费66万元。三是文化宣传。注重传递大瑶声音，中央、省市媒体专题报道大瑶50多条（篇)，“大瑶心声”公众号发出132期、245条消息。成立乡镇最大的文化艺术界联合会，成功举办庆“七一”文艺汇演、篮球赛、广场舞赛等重大活动26场次，民俗民风不断淳化。四是社会治安。加强社会治安防控管理，做实群众工作，调处矛盾纠纷184起，综合治理民意调查位居浏阳市第9位，综治工作年度排名乡镇第一。强化安全监管，检查企业1200余厂次，排除隐患2100余处，交叉检查企业160余家，整改到位率100%。铁腕推进“打非治违”，查处非法生产42例、非法运输36例、非法储存32例，治安拘留42例。扎实做好建筑、交通、消防、食品、药品、校车等重点领域安全监管和防汛抗旱、森林防火等工作，社会大局持续和谐稳定。

党群工作 通过“支部建在小区、片区、群体、产业、协会”等方式，完善各类支部设置173个，新成立花炮产业商会党总支、文联和供电所党支部，新建成高标准党建活动室3个、规范化党员档案室1个。全年拨付村级运转经费390万元、党建工作经费37.6万元，确保基层组织活动开展有经费、组织运行有保障。选派优秀党员干部到村担任“第一书记”，依托帮扶单位市政府办，整顿南山村软弱涣散党组织，解决困难问题5

大瑶镇花炮始祖李畋庙 （摄影 邹奇江）

大瑶镇新城一角 （摄影　邹奇江）

个，涉及资金480万元。深入实施“两学一做”“七个一”工程，创办“大瑶掌上党校”微信公众号，及时向广大党员推送党建信息，共发布政策制度、活动动态、工作经验等微信110多条。抓实党员冬春训，打好理论、实践和体验教育的“组合拳”。坚持典型引路，倡树全镇各行业党员先锋6名，推选全市最美党员3名。倡导“党员十带头”，南阳村实行党员家庭亮身份、亮出“十带头”，党员身份意识和争先意识更强。坚持标准，严把入口，发展预备党员31名，培养入党积极分子39名。开展党组织关系集中排查，限期改正处置失联党员8名。深化党风廉政教育，加大执纪问责，党纪立案审查违纪党员27名，回访教育近三年受到党纪政纪处分的党员36名。 （陈怀奇）

【大瑶创建国家卫生镇】 9月2日，大瑶成功通过创建国家卫生镇的验收，这也是湖南第一批国家卫生乡镇。三年来，大瑶镇通过加强领导，全面提升了创卫实效；通过加快建设，夯实了创卫基础；通过狠抓整治，攻克了创卫难题；通过宣传发动，凝聚了创卫合力，扎实推进爱卫创卫工作。三年共打造整洁村11个、整洁屋场4个、幸福屋场2个、美丽村庄1个、长沙市垃圾分类示范村1个，获评长沙市2016年城乡卫生整洁行动一类乡镇。全国爱卫会委派专家组成的评审小组，宣布了此次评审的结果：大瑶镇创建国家卫生镇，顺利通过了全国爱卫会委派专家的技术评估，获得优秀，有幸成为湖南省第一批国家卫生乡镇！爱卫组织管理得到加强，健康教育工作全面提升，镇容环境卫生面貌大为改观，环境保护工作突飞猛进，重点场所卫生整治效果明显，食品和生活饮用水安全得到加强，公共卫生与医疗服务措施落实，病媒生物防制工作到位，居民卫生意识和文明素质大大提高，广大干部群众积极支持、参与并高度肯定创卫工作，各项指标均达到国家卫生镇要求！ （陈怀奇）

【中央编办调研大瑶强镇扩权】 大瑶镇自2012年纳入中央编办确定的全国经济发达镇行政管理体制改革试点镇以来，多项改革工作走在前列。4月21日，中央编办三司副司长马露萍率山西、山东、福建、四川、湖南等省编办相关负责人到大瑶调研，并对该镇在行政管理体制改革中的创新举措和试点成绩表示赞赏。从2010年起，浏阳市财政返还土地出让金及新增地方收入的80%，大瑶可支配财力明显增加；96项县级权限下放给大瑶，确保群众在家门口即可享受优质公共服务；在全省率先实行国税、地税、财政收入合署办公，方便纳税人，提高财税征管效率。近年来，浏阳结合大瑶实际和改革需要，围绕“财权”“地权”“人权”“事权”四项权力的下放，鼓励大瑶抢抓强镇扩权机遇先行先试，取得明显成效：扩大“财权”，确保有钱办事；放宽“地权”，确保有地扩容；改革“人权”，确保有人干事；下放“事权”，确保有权管事。马露萍认为，大瑶行政管理体制改革试点成果已经显现，希望浏阳继续围绕机制、制度的建立和完善深入探索，为下一步全国深化此项改革工作提供有益参考和借鉴。 （陈怀奇）

【大瑶在全省率先启动国税、地税、财政合署办公改革】 2月14日，新春上班第一天，大瑶国税、地税、财政三方“一站式”服务大厅正式合署办公，这是全省第一家国税、地税、财政合署办公机构。进一张门，办三家事，‘一站式’服务大厅带来的是更加便捷、优质的政务服务。财税办公室设立国税、地税、财政3个窗口，共有工作人员20人，充分整合三个部门的管理和服务资源。三方合署办公后，人员统一管理和考核，实现三方征管信息的资源共享，堵塞征管漏洞，可极大提高征纳双方办税效率，降低运行成本。 （陈怀奇）

【大瑶开通公交路线】 4月26日，大瑶公交车正试运行。新的公交车车身为环保绿，车内线路图、投币机、报站器、安全扶手一应俱全。为方便群众，大瑶公交实行统票制，集镇范围内票价为2元，其他范围内票价为3元。65岁以上老年人，残疾人及1.2米以下的儿童等特殊人群免票乘车，与城市公交无异。大瑶是全省首家开办公交系统的乡镇，前期先后投入150万元对行驶道路进行维护维修，建设50多座公交站亭。投入15辆公交车参与试运行，开通集镇线、金刚线、杨花线、上升线、东风界线、澄潭江线等6条线路。让公交覆盖大瑶各主要村（社区），直达澄潭江、东风界、金刚界口，与上栗、醴陵等湘赣边相邻乡镇无缝对接，推动合并乡镇的融合、湘赣边的融通。 （陈怀奇）

【中共大瑶镇第一次代表大会召开】 2016年，是原大瑶镇和原杨花乡合并为大瑶镇的第一年。4月28日，中共大瑶镇第一次代表大会在镇政府召开，91名党代表全部与会。大会由周森源同志作了《行稳致远，创新突破，为建设田园城市、打造幸福家园而努力奋斗》的党委工作报告，杨启露同志作了《坚持从严治党，加强反腐倡廉，为建设田园城市、打造幸福家园提供有力保证》的纪委工作报告；大会通过了《党委工作报告》和《纪委工作报告》的决议，根据党章和中国共产党基层组织选举工作的有关规定，选举周森源、刘国泰、雷健、黄武、施祖平、林健美、杨启露、陈慧娜、刘正德等9位同志为中共大瑶镇第一届委员，选举杨启露、唐小波、周国治、陈新如、刘守武等5位同志为纪律检查委员会委员。同日，中共大瑶镇第一届委员会和纪律检查委员会分别召开了第一次全体会议，选举周森源同志为镇党委书记、刘国泰、雷健同志为镇党委副书记，杨启露同志为镇纪委书记、唐小波同志为镇纪委副书记。（陈怀奇）

【大瑶镇第一届人民代表大会第一次会议召开】 11月7~8日，大瑶镇第一届人民代表大会第一次会议在镇政府召开，会议应到代表102名，实到101名。大会由刘国泰同志作了《政府工作报告》、肖长春同志作了《人大工作报告》、危建红同志作了《大瑶镇2016年财政预算（草案）和执行情况报告》，通过了《大瑶镇第一届人民代表大会第一次会议关于政府工作报告的决议》、《大瑶镇第一届人民代表大会第一次会议关于人大主席团工作报告的决议》、《大瑶镇第一届人民代表大会第一次会议关于大瑶镇2016年财政预算（草案）和执行情况报告的决议》，根据中华人民共和国选举法及相关法律规定选举肖长春同志为镇人大主席、左春林同志为镇人大副主席；刘国泰同志为镇政府镇长、施祖平、刘凤娥、刘正德、赵舟飞、钟圣家、陈和龙、周意平等7位同志为镇政府副镇长。（陈怀奇）

【大瑶镇全年荣获四块国家级奖牌】 2016年，大瑶镇获全国深化城镇基础设施投融资模式创新特色镇、国家卫生镇、中国第一批特色小镇、全国社区教育示范镇四块国家级奖牌牌和湖南省第一批产城融合示范镇、湖南省创新创业带动就业示范乡镇、长沙市文明村镇等省市荣誉称号。（陈怀奇）

【省府授权大瑶镇成立综合行政执法局】 湘办发【2014】25号文件明确在大瑶镇开展经济发达镇行政管理体制改革试点工作。2015年2月，湘编办复字【2015】8号文件批复大瑶镇行政管理体制改革试点工作方案。2015年10月成立浏阳市大瑶镇综合行政执法大队。2016年4月报长沙市编办同意更名为浏阳市大瑶镇综合行政执法局，7月湘政法办【2016】15号文件批复同意在大瑶镇开展相对集中行政处罚权试点工作，集中行使11个浏阳市直部门635项行政处罚及相关的行政检查、行政强制权。自执法权限下放以来，大瑶综合行政执法局共受理行政处罚案件360多件，开出处罚决定书320多份，立案查处40多人。（陈怀奇）

【全力推进农村土地制度改革三项试点】 2016年，大瑶镇围绕农村土地制度改革推出了三项试点：农村宅基地制度改革、农村集体经营性建设用地入市、盘活农村资源流转交易市场、建设用地市场。一年来，大瑶率先在全省颁发了宅基地使用权与房屋所有权合一的《不动产权证书》256本，办理不动产抵押登记810宗；节约集约用地，推进村民集聚建设，通过调整土地规划，完善农村空间布局，因地制宜规划了25个集中居民点；探索有偿退出机制，按照政府主导、村民自愿的原则，积极探索宅基地有偿使用和自愿退出机制；健全宅基地管理制度，以强镇扩权改革为契机，有效承接浏阳市下放的宅基地审批权。开展市场运作，探索农房抵押贷款，与农商行大瑶支行等银信部门共同推进农村产权抵押融资、农村土地流转收益保证贷款等金融服务；探索集体经营性建设用地入市，率先在全省实现集体经营性建设用地入市，村集体、个人均可享受土地增值收益；探索宅基地有偿配置，鼓励在集中居民点建设中，采用公开竞争的方式进行竞价择位，鼓励宅基地在本市范围内符合申请条件的农村居民之间跨区域流转，实现宅基地真正的市场化配置。（陈怀奇）

【大瑶获评长沙市经济社会发展十快乡镇】 大瑶镇坚持"稳住、进好、调优"的总要求，主动适应新常态，全面落实五大发展理念，以供给侧结构性改革为主线，以创新释放发展动力，以实干厚植发展优势，经济社会持续健康发展，综合实力显著增强，社会和谐进步。根据《长沙市乡镇街道经济社会发展综合考核评价实施办法》，经长沙市委、长沙市人民政府审定，大瑶镇被评为"2016年度长沙市经济社会发展十块乡镇街道"。（陈怀奇）

【建制村合并】 根据(瑶发〔2016〕23号)文件，将原杨花乡山斗村、大山村两个村合并为一个村，合并村命名为鑫和村，村部选址原山斗村村部；原山斗村23个村民小组和原大山村21个村民小组合并为9个小区，原山斗村：山斗小区（白石、塘上、潭下、永聚、盐塘、岸山），榱木小区（洞门、石家、文仲、中关、牛角、泉山），汉塘小区（龙头、塘冲、汉塘、泉冲、肥珠），荷花小区（荷花、槐树、徐家、图场、古胜、泉塘），原大山村：和祥小区（老屋、塘冲、建新、大星），向前小区（凤仙、塘前、油铺、易家），奋发小区（荷叶、新龙、胡申、茂松），齐心小区（东背、文家、田塝、罗下、茶铺、），合力小区（雷公、马石、万家、大树）。

原杨花乡华园村、黄岗冲村两个村合并为一个村，合并村命名为华园村，村部选址原华园村村部；原华园村38个村民小组和原黄岗冲村22个村民小组合并为4个片区，原华园村：华园片区（水门、岭上、坡里、大水、新屋、易马、下门、园坪、华园、尧化、上元），早花片区（文桥、湾里、仙汝、大土、夏家、新田、樟树、塘前、处水、摇钱、中早、洋芙、）西元片区（定志、桂花、冲口、冲里、冲中、麻园、西元、岸带、志木、上塘、塘湾、西冲、上埠、树山、芦花）。原黄岗冲村：黄岗片区（何家、福利、桃花、彭家、中上、中前、沿树、灯心、齐心、兰冲、胡林、枫树、亭子、下湾、上湾、戏台、棚湾、樟树、桐子、箵箕、板冲、大坡）。原杨花乡迎新村、老桂村、观阁村三个村合并为一个村，合并村命名为老桂新村，村部选址原观阁村村部；原迎新村26个村民小组、原老桂村24个村民小组和原观阁村21个村民小组合并为12个小区，原迎新村：复兴小区（葫芦组、新屋组、林家组、上棚组、万古组、戏台组、复兴组、坳下组），泉水小区（金星组、枫树组、泉水组、水龙组），桑园小区（桑园组、马家组、大元组、灯元组、由子组），三元小区（桃子组、三元组、山早组、山早组、油部组、火光组、宏大组、青山组、高石组）。原老桂村：大丰小区（高峰组、自力组、风洞组、上屋组、上屋组），官山小区（梅坪组、桐排组、椿树组、张家组、茶斗组、大坡组、湾里组、冲尾组），香禾小区（菖蒲组、排上组、上屋组、下屋组、新屋组），老桂小区（斗华组、桂花组、下屋组、吊楼组、烟冲组、木家组），原观阁村：何湾小区（新河组、新屋组、和平组、金塘组），武圣小区（樟树组、槽门组、铁部组、街口组、张坊组），松树小区（下屋组、中屋组、上屋组、枫树组、水龙组、沿背组），松柏小区（红星组、新建组、上屋组、乌石组、杨家组、罗家组）。自此，大瑶镇设11个行政村和4个社区居委会，200个村（居）民小区（片区），其中，上升村13个小区，枫林村16个小区，汇丰社区21个小区，崇文社区19个小区，南川社区14个小区，天和社区10个小区，南山村10个小区，南阳村10个小区，强盛村23个小区，李畋村15个小区，杨花村19个小区，端里村5个小区，华园村4个片区，鑫和村9个小区，老桂新村12个小区。（陈怀奇）

金刚镇

党委书记	雷　义（2016.08免）
	鲁常战（2016.08任）
副书记	李中秋（2016.08任）
	李峥嵘（2016.01免）
	鲁常战（2016.08免）
	刘守成（2016.04任）
纪委书记	罗　武（2016.04免）
	张昆池（2016.04任）
党委委员	罗　武　张昆池
	陈美江（2016.12免）
	张辉署（2016.04任）
	何焱庭（2016.04任）
	李　晓（女，2016.04任）
	夏广奎（2016.12任）
人大主席	罗　武（2016.04任）
人大副主席	宋力强（2016.04任）
镇　长	鲁常战（2016.08免）
	李中秋（2016.08任）
副镇长	陈美江（2016.12免）
	张昆池（2016.04免）
	张辉署（2016.04免）
	何焱庭　李　晓
	夏广奎（2016.12任）
	陈子谦
政协联络处主任	刘守成（2016.04免）
	陈美江（2016.04任，2016.12免）

【概况】2016年，金刚镇辖7个行政村、3个社区，376个村（居）民小组，总面积79.88平方公里，其中耕地面积1428公顷，山林面积4146公顷，年降水量1750毫米。据2016年末数据，全镇户籍人口64531人，全年共出生1136人，死亡391人，人口自然增长率11.7‰。全年实现工农业生产总值68.2亿元，增长1.5%，其中工业总产值65.5亿元，农业总产值2.7亿元；全年固定资产投入9亿元；完成财税收入6180万元，增长3%，其中地方一般预算收入1680万元，增长12%；工业招商引资到位资金1亿元。

农业　积极开展农民技能培训和创业培训，扶持种植经济作物20多公顷，蔬菜13.33公顷，发放绿壳蛋鸡1500只，全年实现98户355人如期脱贫。继续严格控制耕地抛荒，重点发展优质超级早稻和双季稻，粮食产量平稳增长，推广农业机械26台（套），耕地复种指数2.0以上；加强古树名木保护治理，严查林木盗伐，植树造林121.33公顷。加快新型农业业态培育，指导组建农民合作社8家，有效推进彩色稻、生态农庄、药材、水果等特色农业项目建设，"农+旅"、"农+商"生产经营模式日益成熟。完成山塘、机埠更新改造12处，改造小溪河坝8处，投入近800万元进行南川河河道综合治理工程。

工业　2016年自愿申请退出烟花爆竹企业9家、工区5个，积极引进中洲烟花压模基地、强鹰包装集团项目建设，顺利实现当年引进、当年落地、当年建设。深入开展各类安全专项整治行动15次，停产整改企业124家次，立案查处企业9家次。强力推进"打非治违"和打击烟花爆竹非法生产"清剿行动"。累计向公安部门移交非法生产人员71人，捣毁生产工具100余件，没收销毁处理非法成品、半成品1200余件、引线40多件、排除重大安全隐患11处，取缔非法生产窝点35处。

旅游　编制《金刚镇旅游发展总体规划》和《石霜寺核心景区修建性详规》。投入1380万元、全长14.05公里的旅游环线提质改造和湖南省第一条乡村公路生命安全防护示范全面竣工，石霜寺游客服务中心建成并投入使用，启动石霜寺景区旅游公共厕所项目建设，寺院房屋主体维修工程正在进行，寺内管理日趋规范。高标准建好旅游标识标牌，全力推进旅游基础设施建设发展，引导社会资本成立金刚镇桃树湾文化旅游开发公司，加大旅游招商引资力度，成功

石霜寺　（图片来源：金刚镇）

入围浏阳市全域乡村旅游十条精品路线，桃树湾古民居群被评为浏阳“十佳全域美丽乡村旅游示范点”。全力推进旅游基础设施建设，组建专门的旅游办公室，招聘专门的管理人员和解说员，全面加强景区管理，旅游服务水平不断提高。全镇累计接待游客10余万人次，实现旅游产业收入700余万元，全域旅游成效初显。

项目建设　2016年7月，启动总投资1.2亿元的中洲烟花集团启动太子湖村界口片新建烟花模压模具生产项目。农村道路建设三年行动扎实推进，旅游环线提质改造和湖南省第一条乡村公路生命安全防护示范工程全面竣工。投资4000多万元的106国道提质改造如期完成；完成道路提质改造31.89公里、畅通工程14.84公里，维修加固桥梁护栏5座，消除道路安全隐患36处，实现集镇规划区内道路和到景点景区所有道路全面提质提标；污水处理厂完成主体工程建设并投入试运行。投入近1000万元新建敬老院，启动村级便民服务综合中心建设，完成农村广播“村村响”工程，建好政府标准化档案室，落实危房改造83户。

文化教育　深挖金刚湘剧、佛教和湖湘古建筑文化元素，组织筹建金刚镇首届“新乡贤”理事会，引导全镇人民知乡贤、学乡贤、做乡贤；认真开展“敬老爱亲”、“六比六看”评选活动和爱心涌动浏阳河——暖冬行动，创新做好“福主庙会”、“南岳圣帝庙会”文章，成功举办《屋场里的幸福》主题活动，镇广场舞代表队荣获湖南赛区比赛“一等奖”。中央和省市主流媒体对镇文化旅游、屋场建设、文明创建等工作宣传报道30余次。扎实开展地名普查、农业普查工作，扎实做好昭明完小建设前期工作，金刚中学校门基本建成，完成70套教师周转房和3所小学食堂建设。

美丽乡镇　完成96家环保违规项目清理，分步落实黄标车治理工作，有效推动禽畜养殖污染治理。大力开展环境综合整治，全年创建整洁屋场4个、幸福屋场2个、美丽村庄1个、垃圾分类示范村1个。常态开展“拆违控违、建新拆旧”，共拆除违法建筑47处，拆违面积12005平方米；常态化、长效化推进“路长制”管理，组织开展路面站点治超治限38次、源头企业和路面治超巡查89次，卸载、转运货物380.5吨，清除公路两厢路障256处，疏通路边水沟32.6公里。每月定期召开矛盾纠纷排查会议，加强各村（社区）调委会的组织网络建设，深入开展矛盾纠纷和积案化解攻坚月活动；充分发挥“和事佬”协会、企业家俱乐部的作用，切实做到把矛盾纠纷化解在基层；组织多部门联合执法，全年共调处矛盾纠纷399件。指导组建公益救援队1支，成立应急救援队伍2支，全年共破获刑事案件42起，刑事拘留46人；办理行政案件107起，行政处罚177人。

社会保障　实现城乡合作医疗、农村养老保险全覆盖，全年共发放农村养老保险1248万元、报销医疗费用3364万元、大病救助58.7万元，发放城乡低保金449.8万元、慈善助学金28万元，发放重残护理补贴和重残补助共计127万元；统筹68万元资金开展暖心行动，走访慰问困难户1400余户。按时按质完成征兵工作任务。开展卫计集中服务活动，破获“两非”案例2起。　（赵自如）

【举办浏阳首届屋场节目——《屋场里的幸福》】　5月13日，由浏阳市委宣传部、浏阳市广播电视台和浏阳市文明办联合举办的大型屋场节目——《屋场里的幸福》在金刚镇桃树湾屋场举行首场演出。活动以“善”文化为主线，讲述屋场建设带头人乐善好施的先进事迹和五保老人捐献遗体的感人故事，对“六比六看大竞赛”先进人物进行表彰，并对屋场自发成立的“屋场志愿服务队”进行授旗。市委常委、市委宣传部部长刘旭出席活动。　（赵自如）

【金刚镇旅游规划通过评审】　2016年6月2日，金刚镇旅游规划及石霜寺修建性详规设计意见征集暨评审会在浏阳市行政中心二楼会议室召开，并通过与会专家的评审，成为浏阳市首个乡镇旅游规划。作为传统烟花爆竹生产主产乡镇，为实现产业转型升级，打造全域美丽乡村，金刚镇旅游规划依托千年古寺——唐石霜寺，把握湘赣边区域合作和浏阳市全域美丽乡村建设契机，认真做好石霜寺、桃树湾、六栋堂以及金刚“十八景”的整体包装和招商引资工作，推进旅游基础设施建设发展，完善全域旅游体验的多种方式，把金刚建设成为禅宗文化体验、山水生态游憩、生态农业休闲、乡村民俗度假、红炮工艺娱乐、旅游综合服务、金刚旅游环线七大产品特色于一体的湘赣边贸风情禅游小镇。　（赵自如）

【金刚镇开展社会治安严打整治“飓风行动”】　2016年8月5日全面启动社会治安严打整治“飓风行动”，开展走访排查、治安巡防和专项整治等工作。全镇各村（社区）、各部门和网格干部结合“二访二解二促二树”主题活动要求，共计走访居民5752户，出动巡逻车辆380余台次，

2016年9月，金刚镇新建敬老院工程破土动工　（图片来源：金刚镇）

排查涉赌场所51处，非法生产场所166处，查获涉毒对象13名，私藏管制刀具8名，调解矛盾纠纷29起。期间，在镇村干部的宣传和教育下，村民主动上缴管制刀具3把，气枪2支；派出所受案12起，行政拘留吸毒人员2人，采取强制戒毒1人。查处超载车辆2台、无危物运输手续车辆1台。捣毁非法生产烟雾窝点一处，收缴、销毁成品烟雾内筒5124个、原材料近200千克，向公安机关移交非法生产人1人。（赵自如）

【金刚镇旅游环线提质改造】2016年9月底，金刚镇投入1380万元资金，全面启动旅游环线道路提质改造，并将之打造成湖南省第一条乡村公路生命安全防护示范工程，该工程起于106国道上黄段，将金刚镇石霜寺、桃树湾等著名景点串珠成链，全长14.05公里。（赵自如）

【强鹰包装基地启动建设】2016年10月1日，强鹰集团包装基地一期工程完成环评、审批、征地等前期准备工作，投资6000万元人民币的总部中心厂房及办公楼、生活区启动工程建设。强鹰包装基地项目占地2公顷，总投资约1.2亿元人民币，产品主要面向食品、医药、烟酒、鞋业、烟花等全国包装市场。集团全面投产运营后，年产值合人民币2.5亿元，上缴利税200万元，吸纳社会劳动力100余人。（赵自如）

【金刚镇开展环境卫生综合大整治大竞赛活动】2016年10月，金刚镇组织各村(社区)大力开展环境卫生综合大整治大竞赛活动，由党政领导亲自带队，镇村干部亲力亲为，党员群众广泛参与，共投入人工2235个，通过规范导向路牌，提升绿化环境，评选“最美路段”、“最美屋场”、“最美庭院”和“最美景观”等措施，提升基础设施品位，创建人文特色，全面提升城乡环境品质，为金刚镇深入实施全域美丽乡村建设奠定基础。（赵自如）

【金刚镇列入湖南省发改委2017年省际边界“口子镇”发展专项省预算内投资计划】2016年12月28日，湖南省发改委公布《关于2017年省际边界“口子镇”发展专项省预算内投资计划的公示》，金刚镇列入20个省际边界“口子镇”财政专项计划之一。项目总投资3580万元，建设内容为升级提质改造美丽乡村旅游环线干线道路、道路两厢美化及道路安保工程，总长度19公里。城镇主次干道水泥路面白改黑，全长3.6公里，面积50.4万平方米，安装路灯400盏。新建集镇雨污分流排水管线6公里，金刚大道至污水处理厂管网2.8公里，新拉通及升级改造给水管网5公里，集镇老街强弱电线路升级改造6.5公里。（赵自如）

葛家镇

党委书记　罗拥军
副书记　戴圣伟(2016.11任)
　　于焕民(2016.04免)
　　刘良平(2016.04免)
　　余耀东(2016.04任)
纪委书记　刘良平(2016.04免)
　　吉　钟(2016.04任)
党委委员　于焕民　吉　钟
　　曾祥浩　周清萍(女)
　　陶雄志
　　牛春旭(2016.12任)
人大主席　于焕民
人大副主席
　　吉　钟(2016.04免)
　　柳　鑫(2016.09任)
镇　长　吕立生(2016.11免)
　　戴圣伟(2016.11任)
副镇长　罗　严(2016.04免)
　　曾祥浩　陶雄志
　　柳建成(2016.12免)
　　孔伟兴(2016.09免)
　　牛春旭(2016.12任)
　　郭晓蔚(女，2016.09任)
政协联络处主任
　　刘良平(2016.04免)
　　柳建成(2016.04任，2016.12免)
　　吉　钟(2016.12任)

【概况】2016年3月，根据《浏阳市建制村合并工作实施方案》有关精神，葛家乡将马家湾村、乌石龙村、新源村、西宏村、金塘村、大源村、新建村、玉潭村8个村撤并为葛家园村、新宏村、金源村、新建村、玉潭村等5个村，下设44个大组、198个小组。辖区总面积107.26平方千米，有耕地1340公顷，其中水田1227公顷，旱土113公顷。林地面积7717.2公顷。2016年8月，根据《浏阳市人民政府办公室关于葛家乡撤乡设镇的通知》〔浏政办函［2016］67号〕，撤乡建镇，称葛家镇。年末总人口20274人，总户数5486户，其中女性9520人，人口出生率1.3%。全年完成财政总收入2734万元，其中地方一般预算收入839万元，同比增长6.1%和7.4%，完成工农业总产值43.3亿元。

农业　种植彩稻、优质稻30公顷、花木30公顷、辣椒20公顷，铁皮石斛、蝴蝶兰、百合等种植规模稳中有扩。完成浏阳河流域500米禁养区170户养殖场(户)退出工作，拆栏拆舍5万多平方米。加强农业基础设施

8月，葛家镇农副产品交易市场建成投入试运营　（图片来源：葛家镇）

8月29日，浏阳市葛家乡撤乡设镇揭牌仪式　（图片来源：葛家镇党政办）

建设，4个农村安全饮水工程开始运行，山塘清淤18口，冬修河坝8处，疏浚沟渠40公里，建机埠4处。2012年以来，镇政府大力推进养殖污染治理工程，大多数养殖场（户）建有沼气池、沉淀池等截污设施。因中小养殖户监管难，治污设施投入大等原因，养殖污染防控呈现出"源头监督难度大、面上管控总量大、治污投入压力大"局面，养殖污染治理任务依然任重道远。

工业　工业企业增至50家，其中规模以上工业企业13家。实现工业总产值34.2亿元，其中规模以上工业总产值21.6亿元，同比分别增长12%和13%。全力推动烟花爆竹企业转型升级，年纳税100万元以上企业6家。引进招商项目2个，到位资金6500万元。产业结构较为单一。虽为花炮主产区，但企业不强，结构不优，造血功能不足。产业特色、基础设施、辐射能力优势不明显。财源培育没有新的增长点，机关运转压力大，运转经费缺口近五百万元。

旅游　商贸三产等新兴产业稳步发展，集镇餐饮、住宿、休闲、零售等传统服务业业态不断丰富。乡村旅游加快起步，先后推出3条精品旅游线路，发展2家长沙市星级农庄，油菜花、樱花、玫瑰花等观赏项目不断涌现，现代休闲体验农业得到初步发展。

项目建设　加快基础设施建设，城建工作获评浏阳市级年度先进。推进棚户改造项目，投入1170万元完成集镇全面提质改造。以"农村公路三年行动计划"为契机，投入600多万元完成马青公路提质改造。加快推进群众文化广场、新型养老服务中心、幼儿园、农副产品交易市场、公租房二期等一批民生项目基本建成，自来水厂投入试运营。

综合治理　深化网格化管理服务，坚持抓早抓小抓苗头，集中化解不稳定因素，排查调处各类矛盾纠纷114起，接访群众328批次，集中化解重信重访案件12起，综治民调排名位居长沙、浏阳市前列。推进安全生产监管，全面排查安全隐患，铁腕打击非法生产。做好建筑、消防、食品、校车等重点领域安全监管和防汛抗旱、森林防火等工作。

城乡环境同治　镇村环境逐步改善，环境整治工作获评市级年度先进。加强集镇管理，加大日常保洁力度，配备专业城管力量，取缔马路市场，有效规范商贸集会。深化拆违控违，拆除违章建筑5082平方米。全面推行"路长制"，完成浏跃公路葛家段绿化提质。推进"三年造绿大行动"，完成造绿7余公顷。积极推进美丽乡村建设，先后打造13个整洁绿色幸福屋场，金源村列入"长沙市100个美丽乡村建设示范村"名单。

社会保障　新型农村合作医疗基本覆盖到位，新农保征缴率98%，发放农村低保、大病救助、抚恤救助、医疗补偿和危房改造等救助救济资金420万元，惠及群众1万余人次。推进精准扶贫工作，实现脱贫54户、178人。（王苗苗）

【葛家撤乡设镇】 8月29日，根据《浏阳市人民政府办公室关于葛家乡撤乡设镇的通知》（浏政办函〔2016〕67号）文件，举办撤乡设镇揭牌仪式。近五年来，葛家镇实施"项目带动，三产联动"战略，乡村面貌日新月异。（王苗苗）

【农副产品交易市场投入试运营】 8月，葛家镇农副产品交易市场建成投入试运营。葛家镇马家湾村农产品交易市场位于葛家镇葛家园村（原马家湾村）百合组，占地5013平方米，建筑总面积2760平方米。计划总投资400万元，实际完成投资460万，该项目于2015年6月开始开工建设，2016年5月底全面竣工，历时11个月。（王苗苗）

枨冲镇

党委书记　陈国强（2016.08免）
　　刘　刚（2016.08任）
党委副书记　刘正再（2016.04免）
　　周　剑（2016.04免）
　　唐润东（2016.04免）
　　章学良（2016.04任）
　　潘定一（2016.04任）
纪委书记　宁志强（2016.4任）
党委委员　周　剑　唐润东
　　龙　游　宁志强
　　黎　烨（女，2016.04任）
　　王　罗（2016.04任）
　　龚　娜（女，2016.12任）
镇长　刘正再（2016.04免）
　　章学良（2016.4任）
副镇长　龙　游（2016.4免）
　　唐润东（2016.04任）
　　潘定一（2016.04免）
　　周建国（2016.04免）
　　吴高峰
　　王　罗（2016.04任）
　　唐银亮（2016.09任）
人大主席　周剑
人大副主席　宁志强（2016.04免）
　　古善良（2016.04任）

政协联络处主任

唐润江(2016.04 任,2016.12 免)

【概况】 2016 年,枨冲镇辖 7 个村、2 个社区,472 个村民小组,总面积 197.94 平方公里,耕地 2357.7 公顷,其中水田 1995.93 公顷,旱土 361.53 公顷,林地 12592.2 公顷。根据 2015 年全镇人口统计:总人口 47123 人,其中男性 24078 人,女性 23045 人;全年出生 636 人,死亡 321 人,人口出生率 13.6‰,人口自然增长率 6.8‰;百岁老人 1 名。2016 年全年完成财政总收入 7680 万元,完成工农业总产值 66.4 亿元,规模工业总产值 56.6 亿元,同比增长 10.6%;固定资产投资 11 亿元。

农业生产　全年粮食播种面积 1666.67 公顷,烤烟 119.2 公顷,冬种油菜 533.33 公顷。

工业经济　2016 年,全镇企业共有 120 家。引导 21 家花炮企业或工区退出生产,为产业升级创造空间。全年引进招商项目 2 个,增加规模企业 1 家,限上商贸业 1 家。完成招商引资到位资金 1.1 亿元。

村镇建设　2016 年,枨冲镇成立南横线项目部,启动南横线征拆工作。投资 480 万元,完善商贸街橙冲社区和平息村管线规范整理、广告牌制作、人行道铺设、街道内亮化、绿化、路面"白改黑"油砂铺设、下水道疏通和铺设整改等。争取 31 个项目纳入"浏阳市农村公路三年行动",完成高家洲、沿河等 21 个项目 18.05 公里提质改造。完成杨家桥、荷叶桥、白泥桥提质工程。完成 X008(枨冲 - 大园地)道路提质改造工程,创造 43 天通车的建设速度。启动花木走廊提质改造,投入 110 万元完成环境卫生整治、树枝修剪、景点打造、接入口硬化等内容。新建花树岭、板桥、东湾等多个美丽屋场,确定两批 71 户危房改造,争取上级补助资金 198 万元,农村人居环境得到较大改观。完成立项五年未能动工的污水处理厂项目,投入 980 万元完成基建,启动厂区建设和管网铺设,污水处理已经运行。投入 450 万元完成敬老院扩建,增加 110 个床位。完成 6 个村的农村饮水安全工程,解决 7830 人饮水安全;积极化解自来水厂遗留问题,完善配套设施,自来水厂具备制水能力并试供水多次。投入 1960 万开展棚户区改造,实施桥头打造、立面改造、配套路改、绿化亮化、管网铺设等项目。对青草、枨冲两个集镇和 9 个村级废品回收点进行规范。7 月 15 日,曹立军现场调研花木走廊提质改造工作,要求全面升级改造花木走廊,打造浏阳生态林荫大道。

幸福屋场　集镇街道安装电子眼 2 处、新增停车位 450 个。开展治超治限 15 次,查处超限超载 23 台次。深入开展城乡统筹环境同治工作,严格落实集镇"门前三包"、农村"庭院三包"责任制,清除违规广告牌 200 余处。推进浏阳河 500 米范围内养殖户退出工作,拆除 255 处,面积 4.36 万平方米,整改治理 420 户。严格国土管理,强力推进拆违控违,完成拆违面积 18800 平方米。开展"三年造绿大行动",完成造林 44.67 公顷,人居环境进一步优化。

文化教育　推进村级文化广场建设,完成青草影剧院装修和重新开放。建成首个"党建•文化"主题屋场——东湾屋场,将屋场内"空白墙"区域变成一条约 500 平米的党建壁画长廊。画廊将党建宣传教育工作融入到群众的日常生活中。加大教育、文化、卫生等公共事业的财政投入,教育质量稳步提升,教学质量排名全市一类。2 月 22 日元宵佳节,枨冲镇政府与枨冲镇民间信仰场所管理协会的戏班一道到敬老院开展尊老敬贤活动,给 87 位老人送上花鼓戏和元宵节汤圆。7 月 20 日上午,在枨冲完小举行"青春建功十三五,携手共筑中国梦"爱心支教成果汇报演出,湖南省外贸职业学院"雏鹰"社会实践服务队和浏阳市枨冲镇小桔灯留守儿童文化关爱中心的志愿小老师们为小朋友们送去学习用品和温暖。

综合治理　坚持严查严管、严处严罚,实现安全生产双零目标。安监队伍建设和管理水平跃上新的台阶,向其他乡镇输送两名优秀站长;深入开展校园周边环境、校车安全、麻将馆整治等专项行动,全年无涉校安全事故发生,报案率和刑事发案率大幅下降;组建枨冲治安巡防大队,并将队伍建成为全市管理最规范、体系最健全、巡防最频繁、作用最明显的义务巡防队。率先建设长沙市示范化司法所,充分发挥劳动民事纠纷调解功能,长沙、浏阳司法领导给予高度评价。开展"访百组、解千忧、进万家"大走访活动,走访 6136 户,搜集问题和建议 2622 条。政法综治工作连续三年获评市先进,民众安全感和幸福感明显增强。

社会保障　建立健全社会救助体系,严格低保五保评审,加大城乡低保、大病救助等弱势群体帮扶,落实精准扶贫政策,全年脱贫 152 户 518 人。加强敬老院规范化管理,投入 300 多万元推进扩容提质。加大养老和医疗保险征缴力度,圆满完成征缴任务。全年符合计划生育率 97.5%,落实长效节育措施 227 例,切实做好计生优质服务。

党建建设　6 月 30 日,枨冲镇隆重举办庆祝中国共产党成立 95 周年表彰大会暨"两学一做"微剧场首场巡演。10 月 9 日,市委常委、统战部部长郭瑞一行来我镇橙冲社区走访慰问联点帮扶贫困户。全面担当从严治党政治责任,深入推进党风廉政建设 10 月 19 日,市委常委、市纪委书记秦跃平,市纪委副书记、监察局局长杨厚波,办公室主任张继龙一行调研枨冲镇党风廉政建设。11 月 8 日,枨冲镇召开第六届人民代表大会第一次会议。会议审议并通过政府工作报告、人大工作报告及枨冲镇2016 年财政预算执行情况报告等决议,选举产生了新一届镇人大、政府班子。　(张　涛)

【枨冲镇获评湖南省安全生产示范乡镇】 2014 年起,枨冲镇明确"争创安全生产示范乡镇,全力打造枨冲平安绿洲"的工作目标,全面加强日常监管,紧紧围绕"安全发展、和谐枨冲"开展工作,在各级各部门支持下,举全镇之力做好安全生产工作,2014 年成功创建长沙市安全生产示范乡镇并获评浏阳市安全生产先进单位,2015 年以全市排名第一的总成绩获评长沙市标准化安监站并获评浏阳市安全生产先进单位,2016 年创建省安全生产示范乡镇并获省人民政府批复。　(黄锦周)

【青草杨家桥路段通车】 12 月 19

日早晨，青草杨家桥路段正式通车，比预计通车提前 9 天。此前青草集镇两边道路有 10 余米宽，而杨家桥只有 8 米，严重影响此路段的交通顺畅。拆除重建后，路面宽度从 8 米变成 17 米，跟青草两边的街道宽度一致。 （张 涛）

【板桥安全文化平安屋场】 板桥安全文化平安屋场，位于佳和村，面积 5.33 公顷，有住户 45 户。2016 年总投资 120 万元，启动以安全文化为主题的文化屋场，这是 X036 线上的标志性景点。屋场建设包含内容：烟花爆竹行业安全、危险化学品行业安全、非煤矿山行业安全、食品卫生安全、消防安全监管、森林防火安全、交通安全监管、电力安全监管、建筑施工安全监管、综治巡防、打非治违领域安全监管、校车、校园安全领域安全监管、道路、交通、水利、防汛安全监管。 （张 涛）

【敬老院扩建】 枨冲镇敬老院始建于 2004 年，原址由原青草乡政府宿舍改造而成。2016 年，枨冲镇投资 450 万元对敬老院进行扩建，并完善各项配套设施。其中新增住宿楼 3 层，建筑面积 1780 平方米，新增房间 48 间，可增加 100 余位老人入住。 （张 涛）

【X008 道路提质】 X008 道路为县级公路，是浏阳市重点项目工程，由浏阳市农村公路局主管，提质改造项目从橙冲社区至大园地，项目全长 7.67 千米，总投资 1200 万元，资金来源为浏阳市农村公路建设三年行动融资。 （张 涛）

【建设污水处理厂】 污水处理厂，位于橙冲社区白泥桥边上，项目总投资 977.22 万元，其中建安工程 609.82 万元，污水管网工程 262.35 万元，征地拆迁和其它费用 105.05 万元，工程建设施工委托有资质的招标代理机构实行公开招标。项目建设计划争取环保专项资金 340 万元，本级政府解决 200 万元。日处理污水近 1000 吨。2016 年，完成主体工程和设备安装。 （张 涛）

镇 头 镇

党委书记 孙 谦
党委副书记 潘擎炬
刘双辉（2016.04 任，2016.12 免）
杨 旭（2016.04 免）
刘 宽（2016.04 免）
纪委书记 罗红艳（女，2016.04 免）
罗 柱（2016.04 任）
党委委员 罗红艳（女）
罗 柱 熊 辉
蔡伟来 袁海军
胡学文
人大主席 刘宽（2016.04 免）
罗红艳（女，2016.04 任）
人大副主席 王彪（2016.04 任）
镇 长 潘擎炬
副镇长 罗 柱 熊 辉
周 悦（2016.04 免）
袁海军 胡学文 李云峰
政协联络处主任
杨 旭（2016.04 免）
蔡伟来（2016.04 任）

【概况】 2016 年，镇头镇辖 9 个行政村，2 个社区，476 个村（居）民小组，14434 户、57361 人，出生人口 746 人，死亡人口 472 人，人口出生率 12.97‰。行政区域总面积 158 平方公里，耕地面积 3208 公顷，其中水田 3100 公顷，山林面积 9066 公顷。全镇属变质岩丘陵亚区，为亚热带季风气候，沿浏阳河两岸地势较平坦，年降水量 1400 毫米，有利于双季水稻和各类喜温作物生长。全年完成农村经济总收入 81.6 亿元，工业总产值 66.4 亿元，农业总产值 10.7 亿元，第三产业总产值 4.6 亿元；完成财政税收 3565 万元；招商引资市外到位资金 6.57 亿元；畜牧水产业总产值 3.03 亿元，农民人均可支配收入 19696 元。

工业经济 完成环保园区主、次干道建设；电力、雨污管道建设、护坡挡土墙工程、安置区建设等配套设施基本完成。日处理 1.5 万吨的污水处理厂一期工程土建和设备部分完成验收，至园区的污水管道工程全面完工。新奥天然站对企业进行供气。基地入驻企业 33 家，引进湖南捷坤门业有限公司、湖南联豪建材科技有限公司等 6 个优质项目，增长幅度 31%。长沙城通塑业有限公司、湖南雷仕机械有限公司、湖南世容纸塑包装有限公司、湖南绿之盟装饰材料有限公司等 9 家企业进行试生产，湖南金拇指环保设备有限公司、湖南润宇塑业科技有限公司等 13 家企业即将完成厂房建设，湖南长原环境科技有限公司、湖南萨法尔科技有限公司等 9 家企业正在建设当中。食品小区金桥路砂改油，三期道路征拆清零。园区食品基地唯湘食品有限公司等企业不断壮大；园区税收 650 万元。金叶烟花、良智烟花等花炮企业年销售均 4000 万元以上，全镇花炮企业实现效益、安全双丰收。

农业经济 2016 年新增各类农民专业合作经济组织 24 个，种粮大户 19 户，最大单户种植面积 20 余公顷。花卉苗木、油茶、果蔬等产业依然占据优势地位，新发展西瓜、葡萄等果蔬 36.67 公顷、油菜 73.33 公顷、稻田龙虾 6.67 公顷，花卉苗木种植面积 4200 公顷；油茶采摘秩序良好，绿化工作全面完成，迹地造林 73.33 公顷；双季稻单产列全市第三，600 万田间新增产能工程通过验收。完成田间沟渠疏浚 213 千米，开展农业科普宣传与培训，发放资料 1 万余份，119 人参加农民实用人才技能培训。

服务业经济 拓宽产业发展思路，挖掘乡村旅游资源，在甘棠村建设“铜锣之乡”，建设内容包括铜锣广场、铜锣雕塑、铜锣文化墙、爱鸟林等景观点，吸引来自浏阳、株洲、长沙等地的市民到此观光，进一步丰富金牌车田屋场、浏阳河风光带（镇头段）、百步滩、万亩油茶林、章甫爱国主义教育基地、钟佛寺文化旅游综合区这一乡村游精品线路。

城镇建设 浏阳河（镇头段）风光带三期游道、儿童乐园、雨润花开广场等正在建设当中；镇株路提质改造全长 1068 米，总投资 950 万元，住户 268 户，全部完成道路基础设施与立面改造工作，改造面积 3 万余平米，统一门面招牌面积约 2000 平米。跃龙集镇提质改造历时五个月，投入资金 200 余万元，完成街道排水管道修缮、路面拓宽、行道树修补、围墙新建等工作，改善跃龙集镇的基础设施

长沙市美丽乡村——甘棠村“铜锣之乡”　　(图片来源：镇头镇)

条件。全面完成辖区内高铁沿线150米可视范围内综合环境整治的目标任务，对沪昆高铁镇头段可视150米范围的破损房屋进行屋顶、墙壁翻新改造，完善屋场路灯等基础设施建设以及道路绿化等工程。

交通项目　落实农村公路三年行动计划，通畅公路44.55公里，提质改造6.6公里，危桥改造4座，争取上级公路建设资金达1000万元。做好南横线(镇头段)的建设前期工作，| 期间完成35.4公顷土地征拆协议，所涉及到的4个村边界勘定、组界勘定及各组面积测量工作全部完成。镇头大桥目总投资7077万元，完成大桥红线内征地拆迁、花木移栽、迁坟、大桥下部结构建设及路基工程，桥梁上部结构及路面工程建设正在建设中，完成项目工程总量72%。

群众工作　以群众工作站为载体，打通为群众服务的“最后一公里”。为村民搭建代理服务“新平台”，完成“向群众承诺、为群众办事”的事务代办1000余项；继续开展“百日大走访”活动，完善民情民意收集反馈工作制度，镇村干部全员参与，走访到户率98%以上，解决民生实际问题180余件，结对帮扶困难户及专业户200余户。成立帮扶帮带服务中心，实行首问责任制，每日接待10余人次；配合市“12345”平台解决群众投诉及咨询等问题80余次，做好群众服务工作。

环境整治　抓好浏阳河生态环境保护，对域内河道采砂场进行联合执法，予以整治关停；对环保违规企业进行全面巡查，整改32家，处理群众举报8起。在全市率先启动浏阳河流域畜禽养殖污染治理工作，完成沿线500米范围内畜禽养殖户退出，达到验收率100%。加强村级与集镇环境规范化管理，全面推进城市管理进村(社区)，创新保洁员绩效考核制度，定期开展检查评比，长效机制基本完善。顺利通过湖南省卫生镇验收，获“湖南省卫生镇”、“长沙市优秀乡镇”称号；干口村获“湖南省卫生村”称号，甘棠村获“长沙市卫生村”“浏阳市美丽村庄”等称号。甘棠石坑、连山枫树成功创建幸福屋场，江东安坡、柏树石子等成功创建整洁屋场。

综治维稳　落实各项综治措施，严厉打击各类违法犯罪行为，成立专业的治安巡防队伍和民兵应急分队，开展“扫黄治赌治毒”专项整治行动、“红袖章”治安巡防及“百日攻坚保平安”、“消防安全检查”等主题活动，在先后50余次的清查行动中，取缔麻将馆31家，收缴麻将100余副，销毁麻将桌58台，解决麻将馆扰民、涉赌等突出治安问题。成功承办全省铁路护路宣传教育月活动启动仪式，被评为“长沙市高铁护路示范单位”。积极做好信访维稳及矛盾纠纷化解，全年受理各类纠纷280件，调解成功率90%，社会大局和谐稳定。

安全生产　浓厚安全生产宣传氛围，全年开展安全生产教育培训20余场(次)，强化安全生产主体责任意识。认真履行安全监管职责，对境内烟花爆竹生产企业、危险化学品生产经营企业、矿山企业、工贸企业、烟花爆竹经营门店开展计划执法检查82家次，开展“打非治违”等专项检查和大宣传大排查大整治集中行动16次，全年查处各类不安全隐患232余处，下达各类法律文书180余份，立案查处企业4家，停产整改12厂次。全镇涉危涉爆企业安全生产主体责任进一步落实，安全生产形势持续稳定，全年未发生一起人员伤亡的安全生产事故。

人口与计划生育　多方面开展计划生育政策宣传，打造“阳光计生”；开展村组人员政策知识培训30余场，在全市开展的“居民健康知识竞赛”中，镇头镇获第二名。开展计生基础工作管理，实现计生率99.2%。“诚信计生”试点工作全面铺开，计生协会和村民自治作用发挥好，金牌村创建为省级示范村。加强流动人口管理，全员人口管理到位率100%。

社会保障　实现社会保障全面覆盖，全年新增创业主体366个，创业带动就业599人。因地制宜，挖掘精准扶贫“金点子”，通过危房改造、小额贷款、产业扶贫、教育助学等方式，发放贴息贷款400余万元，实现2016年脱贫人数为508人。推进合作医疗及养老保险收缴工作，办理合作医疗8628人次，报销金额697万元。养老保险超额完成上级下达任务，发放和新增社会保障卡1万余张，发放低保金580余万元，发放大病救助金额57万元，发放大学生贫困救助14.7万元全年发放和新增社会保障卡1万余张。

科教文化卫生　加大教育投入力度，镇头中学生活服务大楼、马井幼儿园建成投入使用；镇头中学连续五年获浏阳市教学质量一等奖。浏阳市艺术科技博物馆建成航空航天馆和兵器馆。公共文化基础设施进一步完善，“农家书屋”、村级健身广场丰富群众文化生活。食品安全加大监管力度，成立食品安全办公室，联合出动检查人员340余人次，取缔黑作坊4家，关停整顿问题食品厂7家，收缴“三无食品”、过期变质等食品及无

镇头镇国地税实现合署办公　　(图片来源:镇头镇)

防疫肉制品共440余斤,保障群众的饮食安全。

人物　陶山麓,男,镇头镇司法所所长,在基层工作36年,他主持调处的纠纷总数超过3000起,赴全国十个以上省市解决跨地区纠纷超过60起,近10年他所获得各种嘉奖60余次,先后获得湖南省优秀司法所长、长沙市优秀共产党员、雷锋式忠诚卫士、文明市民标兵、浏阳市政法系统办案能手、五带头政法标兵、全国十佳人民调解员、湖南省优秀共产党为等60多次嘉奖,被省政府记一等功2次,市政府记三等功6次,被聘为湖南省和长沙市两级重大矛盾纠纷人民调解专家库专家。他在工作实践中创造的调解方法被上级命名为"山麓群众工作法"和"山麓十五技巧调解法",并在全省推介推广。　(刘　琼)

【建制村合并】 建制村合并工作在全市率先完成,全镇5个工作组60余人全面参与,以同意率98%以上稳步完成南门村和柏树村的合并,连山村与干口塅村的合并,合并后分别改名为柏树村、干口村。　(刘　琼)

【铜锣之乡建设】 花鼓戏《打铜锣》故事原型来源于人民公社时期的镇头镇生产队,2016年,镇头镇甘棠村结合美丽乡村建设,从解决最迫切、最基本的环境问题入手,最大限度保留乡土元素,深入挖掘本土文化,以《打铜锣》的故事素材,打造"铜锣之乡",总投资300万元,建设铜锣雕塑、铜锣广场、文化长廊、墙体绘画、甘棠古井、爱鸟林等,将景观打造、环境整洁与文化特色相融合,寄托乡愁,丰富内涵。初步建成后,迎来浏阳、株洲、长沙等地游客,并获得一致好评。　(刘　琼)

【扩权强镇试点】 2016年,镇头镇被纳入长沙市扩权强镇行政体制改革试点范围,成立以镇党委书记为组长、镇长为常务副组长的改革领导小组,财政、城建、国土、园区等部门负责人为成员,编制《浏阳市镇头镇扩权强镇改革试点工作方案草案》,先行启动政务服务中心的建设规范工作,开设合作医疗、帮扶帮代、养老保险等9个服务窗口。2016年6月,镇头国地税实现合署办公,极大地方便群众、企业来访办事。　(刘　琼)

【创建"湖南省卫生镇"】 全面开展环境整治、城乡除"四害"防传染病、农村卫生厕所改造和健康教育等为主要内动的湖南省卫生镇创建工作,加强村级与集镇环境规范化、常态化管理,开展一系列卫生镇创建宣传活动,广泛发动全社会共同参与,不断增强群众的文明卫生意识和健康意识,城乡环境面貌焕然一新,成功创建"湖南省卫生镇"。　(刘　琼)

【湖南省农村社区建设示范乡镇】 完善农村社区治理体制,将农村社区建设规划与镇经济社会发展规划相衔接。加快农村社区综合服务建设,所辖11个村(社区),有10个村(社区)建立公共服务中心,实行"一门式"办公、"一站式"服务。推进农村社区环境综合整治,强化社区精神文明建设,开展"道德讲堂"、"最美家庭"等主题活动,建设环境优美、秩序优良、关系和谐的农村社区。　(刘　琼)

普　迹　镇

党委书记
　李恒海(2016.04免)
　廖尚福(2016.04任)
副书记　黄杰伟
　卢长发(2016.04免)
　陈崎辉(2016.04任)
纪委书记　蔡　华
组织委员　吴高松(2016.04任)
党委委员　卢长发　蔡华(女)
　吴高松　晏　武
　黄　珣(2016.04任)
　高　优(2016.04任)
　吴高松
人大主席　卢长发(2016.04任)
副主席　黄　珣(2016.11免)
　李　杰(2016.11任)
镇　长　黄杰伟
副镇长　陈崎辉(2016.04免)
　李云峰(2016.04免)
　吴高松(2016.04免)
　晏　武
　黄　珣(2016.11任)
　高　优(2016.11任)
　张　晓(女,2016.11任)
政协联络处主任
　卢长发(2016.04免)
　晏　武(2016.04任)

【概况】 2016年,普迹镇辖6个行政村,3个社区居委会,232个村民小组,12665户,4.2401万人,出生人口548人,死亡408人,人口出生率13%,自然增长率1.3%。辖区行政区域总面积178.6平方千米,耕地面积2533公顷,山林面积12667公顷。全年实现农村经济总收入31.35亿元;

完成财政总收入1564.26万元，其中地方收入517.3万元；实现规模工业总产值14.1亿元，增长12.8 %；固定资产投入5.45亿元，增长27.63%；银行存贷款余额分别为8.1亿元、2.6亿元。

农业　农作物播种面积6400公顷，其中早稻种植735公顷，中晚稻种植2286公顷，蔬菜种植1020公顷，冬种油菜825公顷，烤烟种植90公顷，其他经济作物种植1379公顷，全镇耕地复种指数达到2.0以上。无公害蔬菜生产基地认证面积322公顷，无公害蔬菜产品24个，被列入长沙市一线蔬菜基地，新期绿、绿洲等合作社千亩大棚蔬菜基地积极打造省城菜园子，形成菜苔、辣椒，毛豆、茄子，秋豆角，白黄瓜六个具有地方特色的优势产品，在马王堆、家乐福、海吉星等市场、超市开设品牌直销点。新期绿农业合作社成功获批省级农业综合示范园。中国电子商务湖南（普迹）生态农产品交易中心项目主体建设完成。牲猪养殖18.8万头，出栏9.4万头；黑山羊饲养量5400只，出售4200只，家禽养殖50.5万羽，出售25万羽。新修水圳7.5千米，维修山塘20口，渠道清淤10千米，安装电排3座；植树造林23.6公顷，2.4万棵；种植杂交油茶800公顷，发展各种果树果园0.7公顷。

交通建设　投资600万元完成普官公路一期工程4.1千米的提质改造，投资1300万元普官公路二期提质改造已登报招标；投资2000万元完成花木走廊普迹段14千米公路的提质改造，完成南横线一期普迹段的征地补偿和苗木迁移；投资1714万元完成农村畅通工程28.66千米，提质改造工程2.19千米，硬化村级公路12千米；加固桥梁3座。

供电供水　新架线路14.89千米，新安装变压器17台，新装电表295户，全镇各单位和农户用电得到保障。全镇96%的农户靠机井水饮用，3%的农户引流山泉水，1%的农户靠天然井肩挑饮用水。城镇居民80%饮用自来水，20%的居民饮用机井水，饮水清洁卫生无污染。

城镇建设　高标准完成新城9栋近4万平方米的商住楼建设。投资1000万元建成建筑面积2100平方米的西区农产品蔬菜交易市场，建成面积2840平方米的生鲜超市。投资150万元新建污水处理厂已顺利启动运行。集镇道路、管网、绿化、亮化等配套基础设施基本完成。新增商贸、餐饮、住宿、娱乐网点100家，总数706家，就业人员超2000人。增加城镇住户43户，集镇人口9000人。打造河家湾浏阳市十佳乡村旅游示范点、浏阳河跑马塘戏曲民俗文化公园。

环境整治　推进拆违拆旧。拆除违章彩钢棚36处11700平方米，拆除违章建筑17栋3120平方米，取缔砂场5个，钓鱼棚25个。攻坚治理养殖污染。普泰村、普花村、书院新村、新府社区、新街社区5个村（社区）共拆除浏阳河沿河500米范围内的猪栏猪舍500余户，8万余平方米。

综治维稳及安全生产　整合力量成功破获5.29“高铁破坏案”、西区系列盗窃案。创新安全生产巡查方式，与官桥镇联合开展交叉巡查。调解各种民事纠纷案件70起，处理各种治安事件2起，成功率91%，挽回经济损失10万元。荣获“浏阳市综合治理模范乡镇”称号，获得市安委第二批安全生产巡查好评。

社会保障　精准扶贫脱贫136户341人，在档贫困户64户155人纳入兜底保障系统，21户贫困户完成危房改造。征收养老保险754.4万元，完成率99.86%，其中农村养老保险529万元，完成率99.8%，城镇居民养老保险（16892人）225.4万元，征收率100%。慈善助学金审核发放48户。医疗保险住院报销576人次，报销金额21万元。大病医疗救助33.5万元，民政救助五保户、困难户366.8万元。

教育卫生　教育兴镇深入人心，改变办学条件新建校舍1万平方米，救助困难学生650人，救助金额39万元。学校学生入学率100%，升学率98%；新办高等级幼儿园1所，630平方米；明星幼儿园10亩用地顺利摘牌。征收抚养费52680元，下发计划生育奖扶款101.1万元。投资1000万元，建成建筑面积4000平米的镇卫生院，该卫生院是一所集治疗，预防，卫生保健，社区服务于一体的综合性医院。（李统成　朱中海　张鸣放）

【端午文化节系列活动开幕】　6月7日，普迹镇端午文化节系列活动在普迹新城拉开帷幕，活动包括有书法比赛、河家湾民俗表演、普迹镇第二届农民趣味运动会以及电影美食节等多个项目。河家湾屋场村民组建的“向日葵民俗表演队”自编自演自唱现代花鼓戏《幸福屋场在这里》。普迹镇第二届农民趣味运动会设置拔河比赛、同心协力跑、往返接力赛、吃包子比赛、包粽子比赛、猪八戒背媳妇、我是大力士、书法比赛等内容，共有来自各村（社区）、普迹中小学、普迹新城业主代表的十二支代表队共计400余人参赛。这次端午文化节开幕吸引镇村群众及各路游客千余名观看参与。

（李统成　朱中海　张鸣放）

【普迹镇首届向日葵民俗文化旅游节开幕】　6月18日，“向阳花旅·普迹之湾”普迹镇首届向日葵民俗文化旅游节在千年古渡河家湾景区火爆开幕。现场除有竹马灯、皮影戏、蚌壳灯等民俗文化表演和陶泗王爷庙会，还有自行车骑行、放风筝、竹马灯制作体验、特色小吃制作品尝、包粽子比赛、水上乐园等形式多样、内容丰富的体验活动。当天共接待长株潭和浏阳各地游客逾两万人，旅游节期间游客总数超20万人。

（李统成　朱中海　张鸣放）

【湖南省第四届戏迷大赛（复赛）暨普迹镇“戏曲之舞·浏河恋蝶”民俗文化旅游节】　9月3日，湖南省戏迷大赛复赛暨“戏曲之恋、浏河蝶舞”普迹民俗文化旅游节在普迹镇书院新村千年古渡河家湾景区开幕！比赛现场，来自省内各地的30多位选手进行韵味的京剧、花鼓戏以及戏曲流行风的表演，选手中有六七十岁的爷爷奶奶，更有七八岁的小学生，他们跨越年龄的界限同台飙戏，让现场数千名观众重温戏曲文化的魅力。

（李统成　朱中海　张鸣放）

【美丽乡村环境整治】　9月上旬，普迹镇本着坚持“以人为本，生态优先，因地制宜”的原则，大力改善农村生产生活的生态环境，构建具有西区特色的美丽乡村建设格局。全镇拆除违章建筑3120平方米，取缔沙场5个，违章钓鱼台25个。特别是养殖污染治理，拆除浏阳河两岸500米以内的猪场猪舍8万平方米。林业生态绿化，水面生态环境保护等综合治理。按照全域美丽乡村的建设要求，全面打造“百里花木，浏河走廊”的旅游线路。 （李统成 朱中海 张鸣放）

【普迹花木走廊改造工程】 花木走廊普迹段全长14公里，是普迹镇境内的主要交通干道，8月份启动花木走廊全线提质改造以来，助推了普迹的美丽乡村建设和乡村旅游发展。普迹镇围绕花木走廊和浏阳河沿线布局打造浏阳河跑马塘文化公园、2公里浏阳河沿河风光带、青山屋场、大水市屋场、河家湾景区等项目，将乡村旅游景点、幸福屋场、美丽集镇串珠成链，呈现焕然一新的全域美丽乡村建设和全域乡村旅游新面貌，打造了浏阳十条乡村旅游线路之一。12月15日，长沙市委常委、浏阳市委书记曹立军调研花木走廊普迹段提质改造工程，并实地视察普迹浏阳河跑马塘文化公园的设计规划与施工进度，指导普迹全域美丽乡村建设和全域乡村旅游发展。 （李统成 朱中海 张鸣放）

官 桥 镇

党委书记 刘法裕
党委副书记
　江洪兵（2016.04免）
　宋国辉（2016.04任）
　李爱萍（女，2016.04免）
　李　双（女，2016.04免）
　刘　科（2016.04任）
纪委书记 刘　科（2016.04免）
　赵旭林（2016.04任，2016.09免）
党委委员 左兴逊（2016.04免）
　刘　科（2016.04免）
　李爱萍（女，2016.04任）
　赵旭林（2016.04任）
　沈详谋（2016.04任）
　凌　欣（2016.04任）
　饶弟明（2016.04任）
　王　成（2016.04任）
人大主席 李爱萍（女）
人大副主席
　凌　欣（2016.04免）
　刘　琼（2016.11任）
镇　长 江洪兵（2016.04免）
　宋国辉（2016.04任）
副镇长 左兴逊（2016.04免）
　沈祥谋
　吴光伟（2016.04免）
　赵旭林（2016.04免）
　凌　欣（2016.04任）
　饶弟明（2016.04任）
　王　成（2016.04任）
　李　原（2016.04任）
政协联络处主任
　李　双（女，2016.04免）
　凌　欣（2016.04任）

2016年1-3月份，官桥镇辖9个行政村，1个社区居委会。3月份因建制村合并，现辖6个行政村，1个社区居委会，68个村（居）民小组，7742户，28779人。行政辖区面积89.7平方公里。耕地面积1872公顷，其中水田1618公顷，旱土254公顷。全年共完成财政总收入1320万元。实现工业总产值11.2亿元，规模以上工业产值9.8亿元，完成固定资产投资8.6亿元。2016年，官桥镇被评为长沙市精准扶贫工作先进单位，浏阳市环境同治工作先进单位，浏阳市精准扶贫工作先进单位，浏阳市财税工作先进单位，群众工作绩效考核名列全市第一。

工业 忆江南烟花、鑫利粉末冶金等企业增势强劲，官桥新区、苏故门业、一江门业等开工建设，官桥镇从仅有1家企业产值过500万到拥有8家企业年产值突破1000万元。通过积极招商，成功引进6家企业，实现招商引资到位资金9890万元。投资1500万元的恒源农牧完成一期建设；投资2000万元的2家门窗加工企业完成厂房建设和设备调试，已经进入生产阶段。开展“创新放飞梦想，科技引领未来”主题活动，成功组织8家企业完成专利申请，不断强化企业研发创新能力。

农业 培植水稻、烤烟、花木、畜牧、蔬菜、油茶、中药材、茶叶等优势产业，集中开发80公顷药材种植加工基地，发展并稳定万亩早稻和万亩油菜、千亩烤烟生产基地、200公顷花木基地、200公顷蔬菜基地。投入500多万元推进“VIP+N”耕地修复技术项目；启动千亩重金属污染治理区休耕项目；举办西区水稻生产全程机械化现场观摩会，全镇双季稻生产实现全程机械化，完成耕地“零抛荒”目标。完成峡山片管网灌溉工程，金钩、莲塘、郭家塘等3座水库的除险加固，并通过验收进行蓄水。严格农产品质量监测，全年完成2400批次的农产品质量安全监测，确保农产品质量安全。

项目建设 投入资金近100万元，开展花木走廊两厢整治，实现两厢绿化美化2.4公里；有序推进南横线征地拆迁，截止2016年底，完成项目内房屋拆迁；投资944万元的污水处理厂功能日趋完善，已经投入运行；投资1360万元完成全长14公里的官桥环线建设，对接沪昆高速和浏醴高速；新建、改造、硬化岐峰公路、官杨公路、石贝公路等多条主次干道。实施集镇美化、亮化工程，完成鹤源广场、裕昆路、府前路、岸山路等油砂路面改造工程。全面完成黄茅岭征拆工程，集镇的聚集效应和辐射效应日趋明显，主体规模日趋扩大。环境整治成效明显。推进乡村环境建设，创建长坡、雷家咀、合力等整洁屋场及九龙山、何家、码头等幸福屋场。完成沪昆高铁沿线150米范围内的环境整治项目，推进石灰嘴村株木港生态旅游区和苏故村美丽乡村示范村建设。

社会保障 实现建档立卡贫困户成功脱贫183户，516人。宣传各项惠民政策，鼓励农民积极参保，新型城乡居民合作医疗保险参合率95%，农村居民基本养老保险参保率102%。组织开展妇女免费体检、孕前免费检查、老年人免费体检等活动，不断优化服务、夯实基础。建立老年人日间照料中心，全面改善孤寡老人生活环境。进一步健全低保民主评议制度，全年发放最低生活保障金156.4万元。有效改善弱势群体住房条件，全年实现危房户改造132户。

教育文化卫生 完善教学基础设施，大力支持杉山完小、中心完小综合大楼、中学、中心完小生活服务大楼等教育教学基础项目建设。9月9日，浏阳市人民医院、官桥镇卫生院举行医疗服务联合体授牌仪式，

官桥镇产业扶贫——宁贤辉湘莲种植　(图片来源:官桥镇)

九龙山幸福屋场　(图片来源:官桥镇)

推进市、镇两级医疗卫生事业发展。组织开展多次妇女免费体检、孕前免费检查、老年人免费体检等活动。加强新闻报导、舆情引导，共有20余篇稿件被湖南日报、浏阳日报等媒体采用。强化民间庙宇管理，规范宗教行为，引导钟馗庙等宗教庙宇发挥公益作用。

交通建设　2016年，官桥镇完成花木走廊、裕昆路、府前路等道路提质改造；对岸山路、石灰嘴老街、株木港幸福屋场道路、保华路段等道路进行白改黑，启动一江村燕子组1公里长的道路全面拓宽、硬化工程。建立健全公路管理养护长效机制，落实"路长制"建设，将全镇68条村组道路，共计200多公里，都纳入路长制的工作范围，组织道路负责人进行业务培训，对建成的公路全面实行"保姆"式养护，确保农村公路良好运行。安排专人对乡村道路急弯、急坡、交叉路口和危险路段进行排查，危险路段安装警示桩，设置安全警示标志，完善全镇道路的安全保障设施。

环境整治　加强对集镇线路、店外经营、农贸市场、车辆停放、广告牌设置等的规范管理。改善集镇居民生活环境，树立集镇窗口良好形象。推进乡村环境建设，创建长坡、雷家咀、合力等整洁屋场及九龙山、何家、码头等幸福屋场。完成沪昆高铁沿线150米范围内的环境整治项目，推进石灰嘴村株木港生态旅游区和苏故村美丽乡村示范村建设。完成浏阳河流域500米内养猪户的治理工作，全面启动全镇范围内畜禽养殖污染治理工作，镇村环境卫生明显好转，人居环境得到整体改善。

综治维稳　狠抓矛盾纠纷排查化解，全年调解各类矛盾纠纷350起，其中重大矛盾纠纷15起，调处成功率100%。集中梳理化解突出信访问题，通过明确重点、细化责任、积极介入，确保省市"两会"、9.30等特护期间的社会稳定。成立"红袖章"义务巡防队、铺开"十户联防"防控体系、打击"黄赌毒"治安犯罪、做好高铁护路护线、创新边界联防联治，针对治安重点和难点保持严打态势，有力促进"平安官桥"创建工作。多次组织召开食品药品知识培训和农村厨师培训，成立村级食品安全协管员队伍，规范餐饮服务经营秩序。安全生产常抓不懈，继续保持"零事故"、"零伤亡"的目标。

党建工作　着力发挥各党小组在落实惠民政策、维护社会和谐等方面的"一线堡垒"作用，书记带领党建、民政、财政、综治等职能部门深入全镇37个党小组逐一召开集中座谈会，通过采取"党委书记一线授课、干群关系一线融洽、队伍素质一线锤炼、基层组织一线夯实"的方式，解决落实涉及民生民利的各类建议诉求795条。在市镇两级人大换届选举中，通过召开党小组座谈会，与每一位党员沟通交流法律法规、方针政策、系列讲话、案例警示等方面的教育，不断增强党性观念，激发示范作用，营造良好氛围，助力党委决策部署有效落实。推进石灰嘴村党支部软弱涣散党组织整顿，通过组织党员赴耀邦故居等红色胜地开展主题教育强化队伍建设；组织全体镇村干部、人大代表、党代表、党小组长200余人到北盛镇亚洲湖村、浏阳国际家具产业园、湖南一朵生活用品有限公司、永安镇湾里屋场、华山屋场参观学习，为官桥未来的发展制定规划。发动广大党群种植湘莲、烤烟等作物扶持主导产业；推动石贝公路、村民服务中心等改造升级完善基础设施，力促该支部逐年逐步"摘帽脱贫"。2016年9月7日下午，湖南省扶贫办党组书记、主任王志群一行到官桥镇检查指导精准扶贫产业扶贫工作。　(文　婷)

【官桥镇绕镇公路全线竣工通车】2016年10月1日，绕镇公路石灰嘴新元段竣工，官桥镇环镇公路全路段实现通车。近三年来，官桥镇根据市级农村公路行工作要求，加大力度对全镇绕镇公路全面提质改造，此次竣工通车实现镇域内各村(社区)有效串联，推动全镇"对外大开放、对内大循环"的工作步骤。官桥镇绕镇公路全长14公里，分为三段，其中苏故段全长4公里，水泥有效路面宽5.5米，总投资约295万元，于2015年2月份竣工验收通车；保华段全长3.9公里，其中水泥有效路面宽5.5米1公里，宽6米1.7公里，宽4.5米1.2公里，总投资约235万元，于2015年底竣工验收通车；石灰嘴新元段全长6公里，水泥有效路面宽6米，总投资约300万元，2016年10月1日竣工验收通车。　(文　婷)

【官桥镇九龙山屋场】　九龙山屋场位于官桥镇九龙村路边组，总面积约9.2公顷，周边村民34户，在镇、村两级投资60余万，历时一个月时间基本完成建设。仁、礼、孝等中华传统美德，在九龙屋场内传承流传。九龙梦，创建美丽村庄，共享幸福生活。

（文 婷）

柏 加 镇

党委书记
　詹萍萍（女，2016.08 免）
　张伯锋（2016.08 任）
副书记　唐文华（2016.08 免）
　何志刚（2016.04 免）
　张 震（2016.04 免）
　何 勇（2016.09 任）
　王柏林（2016.04 任）
纪委书记　潘盛开
党委委员　何志刚　潘盛开
　张 征　徐红星
　胡录明　龙雪辉
人大主席　何志刚
副主席　徐红星（2016.04 免）
　李 倩（女，2016.11 任）
镇 长　唐文华（2016.08 免）
　何 勇（2016.09 任）
副镇长　王柏林（2016.04 免）
　张 征
　李 原（2016.04 免）
　胡录明　龙雪辉
　毛科宇
政协联络处主任
　张 震（2016.04 免）
　张 征（2016.04 任）

【概况】 2016 年，柏加镇位于浏阳市最西端，地处长沙、株洲、浏阳三地交界处，总面积 87.5 平方公里，下辖 4 个行政村 1 个社区居委会，188 个村民小组，总人口 2.6 万人。2016 年，全镇新增人口 335 人，死亡 294 人，人口自然增长率 1.72‰。

经济概况　2016 年，完成财税总收入 1092 万元，完成固定资产投资 49181 万元，实现社会零售品销售总额 4881 万元，完成工业总产值 1230 万元，实现招商引资到位资金 14160 万元，农民人均可支配收入29000 元，人均富裕指数居全市前列。

农业工作　发挥湖南省花卉苗木协会牵头作用，顺利完成商会换届选举，成立多家花木合作社，指引农户种植、拓宽销售渠道、巩固柏加苗木地位。加强为农服务，举办面向花农的种、养实用技术培训，参训人员 800 余人次。提交新型栽培技术、栽培器具等专利申请 6 项，提高苗木科技化水平。完成蔬菜农残检测 2000 例，合格率 100%，全年无农产品质量安全事故。加强农用车管理，全年无农机安全责任事故。进一步加强村级基础设施建设，完成水损修复、水利冬修和 3 座小二型水库除险加固工程，完成渡头、双源、楠洲村共 310 户的安全饮水项目。

金科山水洲　（图片来源：柏加镇）

商贸服务　积极发展电子商务，湖南柏加购苗网实现网上交易，成为长沙市现代服务业试点项目，做活“互联网 + 花木”文章。支持鼓励现有餐饮、娱乐、零售个体户转型升级，建成一批集观赏、休闲、餐饮于一体的生态休闲农庄。新增长沙银行助农服务网点 1 个，金融保险、仓储物流等现代服务业有序发展。积极推动浏阳河文化旅游产业带和旅游精品线路建设，进一步推动以婚庆摄影、马术、水上游玩为主题的金科山水洲生态休闲游，努力创建国家 AAA 景区。积极做好浏阳河产业带开发建设，完善旅游标识标牌、旅游公厕等公共旅游基础设施，全年接待参观旅游人数 10 万余人。

基础设施　3.5 万伏变电站、污水处理厂交付使用，花木产业带提质改造和绿化美化全面完成；顺利完成公租房、金科安置区管网、绿化等配套设施建设；花木交易大市场一期项目顺利推进；赣湘第一街区全面启动建设，完成水系恢复以及 3 栋商住楼 3000 余平方米的基础工程建设；敬老院主体工程初步竣工，建设面积 2900 平方米；卫生院、派出所搬迁新建项目完成征地移苗工作。投资 200 余万元对集镇道路绿化、给排水系统、节能路灯进行改造建设，投入 20 万元在金明街、柏沱路安装 60 盏太阳能路灯，极大提升集镇品位。

人口与计划生育　提高计生服务水平，全年计划生育率 96.76%。

环境整治　加强集镇管理，搬迁马路市场，组织集中整治行动 30 天，拆除集镇及主干道违规广告牌 450 余块，拆违拆旧 18518 平方米。对集镇浏阳河边、老街、背街小巷、腹地等脏乱差区域及各村陈年垃圾区域进行重点整治。持续开展农户环境卫生评比，营造镇、村、组、户多级共同打造美好家园的良好氛围。柏铃社区率先推行上户收集垃圾模式；双源村打造铁坡组幸福屋场、建设村部健身广场，楠洲村打造坡里幸福屋场取得成效。加强生猪养殖污染治理，拆除 29 户养殖栏舍 4091.5 平方米，排名全市第一。加强污染治理，未发生环境污染事件。查处绿心违规违法用地 51 处，及时督促整改恢复，复绿工作成效明显，湖南卫视、长沙晚报等媒体专题报道绿心保护工作。

安全生产　开展安全生产“大宣传、大排查、大管控、大整治”专项行动，打击取缔非法生产场所 2 个（均为非法生产霹雳星产品），行政拘留 18 人，进一步遏制辖区非法生产行为。实现全年无食品安全问题、无农机安全责任事故、无重大森林火灾的目标。

综治维稳　开展矛盾纠纷排查和化解，确保“小事不出网格，大事不出村”，确保特护期稳定。开展“三实”信息采集，采集速度和质量居全市前列。在集镇主要区域增设监控设备近20处，持续不断开展义务巡防和打击黄赌毒违法犯罪行动。

社会保障　全年发放各项惠农政策补贴资金440余万元，发放各类慰问金及慰问品共计70余万元。落实城乡低保440户730人，累计发放补助150余万元。企业养老保险和工伤保险分别完成102%和101%，城乡居民养老保险首次全面实现居民到银行自主缴费，完成任务的116%，排名全市第一；全面完成城乡居民医保参保任务；发放养老金650余万元，报销医药费350余万元。发放社保卡13808张，发卡率78.25%。农村危房改造65户，发放补助资金182万元。实施产业精准扶贫，年度内脱贫20户55人，脱贫率达到89.4%。

队伍建设　圆满完成党委、人大、政府换届选举，成功选举产生浏阳市党代表、人大代表、镇党代表、人大代表。科学调整党组织设置，全镇共设11个党支部，每个支部配备党建联系领导和指导员，5个村（社区）配齐“第一书记”，组织结构更加清晰合理。全面开展“两学一做”学习教育，党政领导带头上党课20余次，支部书记上党课50余次，邀请专家授课5次，基本实现党员参与全覆盖。开展“党员微服务，群众大满意”活动，以奖代补下拨为民办实事专项资金14万余元。评选表彰优秀共产党员、优秀党务工作者、先进党小组、先进党支部、柏加好党员等，发挥典型示范带动作用。开展“党员先锋行”和“花木走廊精品路　柏加党员示范建”主题活动，深入推进“路长制”及“两学一做”活动，镇党委、政府启动“花木走廊精品路　柏加党员示范建”主题活动，由村（社区）党支部分段包干，通过每月开展“主题党日活动”的形式做好花木走廊柏加段卫生保洁、道路畅通、绿化维护和秩序管理志愿服务，推动形成花木走廊党员养护长效管理机制。

文化宣传　开展“柏加好人”系列评选活动，共评选好媳妇、好青年、好少年、好党员、好军人、好长辈等44人，以典型引领正党风、淳民风、树新风。2016年10月，柏加镇骄阳、五老两支健身队代表浏阳参加湖南省第七届“体彩杯”全民健身节暨健身广场舞表演赛并获优胜奖。

（江　雀）

【3.5万伏变电站建成通电】　7月，柏加镇3.5万伏变电站建成通电，有效缓解居民用电难问题。3.5万伏变电站位于仙湖村境内，总用地面积2010.72平方米（折合3.02亩），生产建设面积及附属用房190.20平方米，总投资1654.27万元，由国网湖南省电力公司长沙供电分公司承建。

（江　雀）

【浏阳河流域禽畜养殖污染治理】　8月22日，柏加镇启动浏阳河流域养殖污染整治行动。全镇浏阳河沿线500米范围内的禽畜养殖产业30天实现全部退出。本次整治行动退出养殖户29户，拆除栏舍4086.5平方米，全市排名第一。（江　雀）

【柏加镇整合产业链脱贫】　柏加镇共有建档立卡贫困户170户491人。2016年，柏加镇立足花木产业，创新用好扶贫政策，整合扶贫产业链，打出扶贫组合拳：倡流转，鼓励将土地向种植大户或合作组织流转，通过获取租金或以土地入股获取分红的形式，增加贫困户收入；供种苗，政府专款配农资，跟踪指导贫困户培植销售，达到劳动致富；送技术，部门组织开展各项技术培训提升贫困户技能，实现“自身造血”；巧融资，引入一级园林企业参与分贷统还项目积极筹措资金；助销路，政府帮助免费在“购苗网”发布苗木信息，积极去库存帮销售。通过一系列措施，推进贫困户脱贫致富，截至2016年12月，有152户贫困户实现脱贫，脱贫率89.41%。（江　雀）

绿瓴并立　龙腾盛世　　生态柏加　　智慧花乡　　（图片来源：柏加镇）

【打击取缔非法生产】　9月26日，柏加镇接民众举报查获一非法生产霹雳星居民点，抓获参与非法生产人员9人，查封非法生产成品、半成品700多件。查获的原材料和成品、半成品已集中安全销毁，行政拘留非法生产人员10人，有力保证周边地方群众的生命财产安全。

（江　雀）

【柏加中学三学生获国际发明奖】　11月，柏加中学初二学生杨卓嘉、易晓倩和初一学生林家乐发明的“平稳流出液体的容器”和“恒力剪刀”，在第九届中国国际发明展览会上，均获得“发明创业奖·项目奖”铜奖。

（江　雀）

洞 阳 镇

党委书记　唐建国
副书记　傅庭信
　　王大辉(2016.04 任)
　　张　虎(2016.04 免)
　　刘　恋(女,2016.04 免)
纪委书记　谭景祥
党委委员　谭景祥
　　邵　劭(2016.08 免)
　　罗建云(2016.04 任)
　　刘　恋(女,2016.04 免)
　　曹　广(2016.04 任)
　　周　曦(2016.04 任)
　　吴尚水(2016.04 任)
　　汤　明(2016.08 任)
人大主席　张　虎(2016.04 免)
　　罗建云(2016.04 任)
政协联络处主任
　　刘　恋(女,2016.04 免)
　　邵　劭(2016.04～08)
　　曹　广(2016.09 任)
镇　长　傅庭信
副镇长　黄珍敏(2016.03 免)
　　戴凤仙(女,2016.04 免)
　　曹　广(2016.04 任)
　　周　曦(2016.01 任)
　　汤　明(2016.08 任)
　　姜雨薇(女,2016.04 任)
　　肖　斌(2016.04 任)
　　曾　义(2016.04 任)
人大副主席　曹广(2016.04 免)
　　张勇(2016.04 任)

【概况】 2016 年,洞阳镇辖长东村、砰山村、九溪洞村 3 个村,洞阳社区、东园社区、北园社区、西园社区、南园社区、幸福泉社区 6 个社区,266 个村(居)民小组,户籍人口 4.2 万人,流动人口 5 万余人。总面积 105 平方公里,耕地面积 1527.8 公顷,其中水田 1480.8 公顷,旱土 47 公顷,山林 6271 公顷。2016 年完成财政总收入 4887 万元,同比增长 18.16%,地方收入 2886 万元,同比增长 15.34%;完成工业总产值 40.8 亿元,农业总产值 4.8 亿元。2016 年度获评市绩效考核红旗单位、党管武装工作优秀单位、党风廉政建设优秀单位、宣传思想工作优秀单位、社会治安综合治理工作优秀单位、精准扶贫工作优秀单位、城镇建设优秀单位、人口和计划生育工作优秀单位、安全生产工作优秀单位、食品安全示范乡镇、长沙市城乡环境卫生整治优秀乡镇、长沙市综治工作优秀乡镇、长沙市人口和计划生育工作优秀单位、湖南省流动人口基本公共卫生计生服务均等化示范乡镇。获评 2015 年度长沙市“经济社会发展综合实力十快乡镇”。

农业生产　2016 年发展优质水稻 1333.33 公顷、油菜 1000 公顷、烤烟 97.53 公顷、蔬菜 133.33 公顷、药材 66.67 公顷。基本形成优质稻、油菜、烤烟、蔬菜、药材五大产业体系,是湖南省“两型农业”试点乡镇、万亩油菜示范乡镇。扎实做好防汛、防火、防疫、抗旱等工作,全年未发生农业灾害。

工业经济　2016 年完成工业总产值 40.8 亿元,同比增长 9.5%,现有规模工业企业 11 家,规模工业总产值 7.5 亿元,同比增长 15.3%,完成工业固定资产投资 18 亿元。

基础设施　园镇共投入 5046 万元改造基础设施,推进南阳小区、牛泸路等提质改造,隐真大桥竣工通车,金阳大道一期建成通车,投入 145 万元完成 319 国道洞阳段、永社公路绿化提质改造。落实“路长制”工作要求,开展农村公路建设三年行动,投入 1359.1 万元完成村级道路提质改造 40.26 公里。投入 85 万元修缮山塘 17 口、小型水坝 6 座,疏通河道 7 公里。实施农村安全饮水工程,为 4469 人解决安全饮水问题。查处超限超载车辆 103 台次,科技治超、源头治超工作成效显著。完成 2 个建制村合并工作,完成南园社区村部建设。

人口与计划生育　理顺园镇流动人口管理体制,配备 13 名组级指导员和 15 名网格员,在企业和小区建立计划生育联络员制度,流动人口计生工作实现稳步推进。组级指导员队伍建设成效显著,管理和服务流动人口 5 万余人,获湖南省流动人口基本公共卫生计生服务均等化示范乡镇。

环境整治　建成幸福屋场 2 个、整洁屋场 4 个、美丽乡村 1 个、长沙市垃圾分类示范村 1 个,被评为长沙市环境卫生整洁行动优秀乡镇。推进最严城市管理向乡村延伸,拆除违章建筑面积 2.4 万平方米。

安全生产　加强企业监管,排查各类安全隐患 620 余处,立案查处企业 2 家,清理整治环保违规项目 48 个,查处环境非法生产企业 4 家,实现安全生产领域零事故目标,继续保持省“安全生产示范乡镇”称号。全年未发生森林火灾,森林消防大队在浏阳市森林消防大队比武中获团体冠军。

治安状况　用“三大行动”优化社会环境,以“三个中心”畅通信访渠道,党政领导接访 725 人次,调解纠纷 333 起。健全立体化治安防控体系,全面升级完善监控系统,群众安全感不断提高,综治民意调查排名长沙市第 6 名,荣获长沙市社会治安综合治理工作先进单位。

社会保障　发放各类救济款 497.16 万元,医疗保险、养老保险参保率分别是 99%和 98%,发放基本养老金 1058.4 万元,新型农村合作医疗全年累计补助 1570.1 万元。关爱残疾人,发放重残补贴 73.8 万余元,获长沙市残疾人工作明星乡镇。以产业扶贫、教育扶贫、社会扶贫等举措,扎实推进精准扶贫,申报建档立卡贫困户危房改造 18 户;申报“雨露计划”中等职业学校、高等职业学校学生享受补助 16 人;帮助 31 人就业;产业扶贫直接帮扶 488 人;共帮助 66 户 247 位贫困人口顺利脱贫,实现“一超过、两不愁、三保障”(家庭当年人均纯收入稳定超过 4000 元,不愁吃、不愁穿,基本医疗、义务教育和住房安全有保障)目标。

文化教育卫生　组织开展趣味运动会、歌唱比赛等内容丰富、形式多样的活动,丰富群众文体生活。发挥微信自媒体、网络论坛、公益活动、村级广播等宣传作用,联合金阳新区文化志愿者、公益救援队、义工组织等传播社会正能量,引导广大群众积极践行社会主义核心价值观。

队伍建设　扎实推进党建“642”工程,开展“两学一做”学习教育、“三微”(微实事、微党课、微故事)活动、“干部夜读”等,全面激发党员干部干事创业的热情。办理“微实事”55 件,开设“微党课”63 堂次,累计听课党员达 2000 余人次。圆满完成镇党委、人大、政府、政协换届选举和建制村合并工作。开展村级重点工作季度讲评，形成"周调度、月考核、季度讲评、半年观摩"考核机制。从严管党治党，完善民主生活会、项目管理、三公经费管理、村级"三资"(集体资金、资产、资源)监督等制度。建立日常督查机制，镇纪委共立案20件，给予开除党籍处分2人，留党察看处分1人，党内严重警告处分7人，党内警告处分8人，政纪警告处分2人。发布作风建设通报12期，对19名违规人员实行通报批评。

【推进园镇融合】 2016年，洞阳镇秉持"工作同心、规划同图、资源同用、成果同享"的工作理念，推进园镇深度融合。依托浏阳经济技术开发区的产业动力来助推经济发展、城镇建设、民生改善，发挥洞阳镇的行政职能助推社会管理、公共服务、征地拆迁，浏阳经济技术开发区和洞阳镇环卫保洁、城市管理、拆违控违、征地拆迁等工作实现融合，园镇城管、环卫实现一体化，开展各类整治行动60余次，打造出园镇融合的城市管理样本；实施征拆工作重心下移，2016年完成征地234.13公顷，签订拆迁协议166户，拨付征拆款2.55亿元，实现百草堂、两安用地等17个项目征拆清零。（唐潺潺）

【获评"湖南省流动人口基本公共卫生计生服务均等化示范乡镇"】 随着蓝思科技总部、欧智通、百草堂、宝湾物流等一批重大项目落地投产，流动人口呈现数量不断增加、规模继续壮大的趋势，洞阳镇坚持创新管理服务举措，获"长沙市人口和计划生育工作优秀单位"。一是加强领导，提供组织保障。镇党委、政府将创建示范乡镇工作摆在重要议事日程，成立创建工作领导小组，每月组织召开专题会议，强调工作职责，把握工作进度，加强部门联动合作，确保各项工作落实到位。健全网络，筑牢队伍保障。在镇卫生和计划生育办、镇卫生院配备专业技术人员14名；在村(社区)配备13名组级指导员和15名网格员；在企业、小区都配备专门的计生联络员，在车间、班组配备兼职计生信息员，切实构建起"横向到边，纵向到底"的服务队伍。加大投入，增强财政保障。2016年，财政预算流动人口服务管理支出60.8万元。财政投入逐年增加，为流动人口基本公共卫生计划生育服务提供强有力的财力支撑。

以蓝思科技体检中心和卫生院体检中心为阵地，设置流动人口药具免费发放点128个，为流动人口建立规范化的电子健康档案4万余份，6个月以上流动人口健康档案建档率90%以上。为老年人进行健康检查，对35名高血压患者、8名糖尿病患者进行健康管理。为100余名流动儿童建立电子健康档案并开展预防接种及访视服务，共接种580人次。为106名孕产妇免费提供产前随访和产后访视服务。对20—64岁已婚妇女进行全面系统的普查普治，为328名流动妇女进行"两癌"筛查，提高流动妇女健康水平。开展各类健康知识讲座12次，培训人数达3000人次。免费为流动人口办理一孩、二孩生育证21本，办理流动人口婚育证明40本。结合精准扶贫、精准脱贫活动，对贫困流动人口进行结对帮扶，慰问特殊流动人口17人，慰问金额约3万元。

为流动人口提供就业、就学、居住、社会保险、维权等较为完善的服务体系。公开流动人口居住证办理程序及户口迁入程序，便利流动人口安家落户；做好流动人口子女接受义务教育工作，镇辖内中小学校实现流动人口就学率100%；举办招聘会2场，举办就业培训16场；公开维权监督电话，实地解决流动人口纠纷4起。辖区内流动人口凭居住证或工作证可免费办理自行车卡。为流动人口提供优质医疗资源，流动人口在镇卫生院、中医院、市二医院免费享受艾滋病、结核病、肝炎等传染病防治优质服务。与江西省湘东镇、岳阳市木金乡等8个乡镇签订区域协作协议，推进形成"一盘棋"的流动人口常态化管理格局。

成立蓝思科技健康管理中心。在蓝思科技公司内运用1800平方米的场地，设立健康教育室、心理咨询室、亚健康测评室、中医治疗室等15个科室，配备中西医诊疗、检验、影像等先进设备，选派市级医院医务人员，与企业管理人员、卫生计划生育专干共同组成20余人的服务团队，免费提供健康教育、预防接种、孕产妇健康管理、儿童健康管理、传染病防控、心理咨询、知识讲座等服务。设立了卫生和计划生育服务室，定期开展健康教育培训、健康体检，随时接受员工的健康咨询与心理咨询，全方位为流动人口提供"零距离"服务。蓝思科技"亚健康关爱基地"项目案例已在国家卫生和计划生育委流动人口健康促进大会上交流。10月，国家电视纪录片《世纪大迁徙》到洞阳拍摄蓝思科技亚健康关爱基地为流动人口提供基本公共卫生计生服务均等化情况和流动人口工作情况。（唐潺潺）

德天花海　（图片来源：洞阳镇）

【金阳大道一期建成通车】 10月26日，金阳大道一期通车。金阳大道一期起于永安镇浏阳河酒业段，止于洞阳镇后塘边，全长13.765公里，自

2014年8月启动建设以来，先后完成路基工程、72道涵洞和通道、市政管网、边沟水系、7座/804米桥梁工程，全线水稳层、沥青面层、路面标线、标牌、护栏等附属工程也完成施工。（唐潺潺）

【综合治理“三个中心”建设】洞阳镇狠抓重点整治、治安巡防和综治宣传三个重点工作，着力打造信访接待中心、矛盾纠纷调处中心和流动人口管理服务中心，2016年长沙市综治民意调查洞阳镇排浏阳市第3名，长沙第6名。成立信访接待中心、矛盾纠纷调处中心、流动人口管理服务中心，实行专人、专管、专款，采取“一站式接待、一条龙办理、一揽子解决”的工作模式，党政领导共接访725人次，调解纠纷333起。信访接待中心对群众反映的问题进行整理汇总，建立台账，分类处理，限时交办，提高初访办结率；全面落实领导公开接访制度，重视群众呼声，倾听群众疾苦。矛盾纠纷调处中心完善矛盾排查机制，对一些苗头性、倾向性的突出问题，尤其是征拆的历史遗留问题，及时排查和研讨，制订调处方案。充分发挥村级调解员、党政机关、司法部门、社会团体等各方合力，实现人民调解、行政调解和司法调解的良性互动，切实将问题解决在基层，将矛盾化解在内部，将隐患消除在萌芽。流动人口管理服务中心在于提高流动人口归属感。提供免费法律咨询千余人次，为园区流动人口提供就业咨询、户籍管理等社会管理服务3万多人次。（唐潺潺）

【联防联治，优化经济社会发展环境】完善专职治安巡防队伍建设。民警带队携带单警装备徒步在武装巡逻，每天三班，形成常态，将警力布控在街面，增强打击违法犯罪的针对性。加强对重点企业、在建重点项目周边及务工人员上下班高峰时段的车巡和盘查力度，实现企业周边有人看、有人巡、有人管的稳控局面，维护务工人员的平安出行。开展“红袖章”工程，以村级义务巡防队、单位内保力量、平安志愿者为基础，全镇组成500人的“红袖章”治安巡防队伍，全面开展社会治安巡逻防控。完善村级义务巡防队伍，建成村级义务巡防队伍9个，治安巡防车辆14辆，治安巡防队员140余名，坚持每日夜间在洞阳镇村巡防。健全“天网工程”。在镇派出所设立情报系统中心，全镇安装摄像头77个，设监控点55个，在集镇重要路口建设警银亭1个，全面升级完善监控系统，确保镇域电子监控全覆盖。2016年，洞阳派出所共接处警1176起，相同比下降15%，刑事案件发案189起，同比下降11%，破获125起，破案率66.1%，刑事拘留38人，行政拘留164人。（唐潺潺）

【落实路长制，管好责任路】在道路上公布党员姓名、职务和服务承诺，创建“党员示范路”，及时加强路面养护、路面保洁、秩序维护等工作。通过党员带群众的传、帮、带活动，发挥党员的先锋模范作用，架起党员和群众之间的“连心桥”。向群众各类宣传资料500余份，设置宣传牌9块，发布专题微信3次，发放群众共同参与路长制管理工作。将洞阳镇路长办公室设置在路上，在G319牛泸路互通口设置路长办公室执勤点，确保第一时间响应、第一时间赶赴现场。聘请4名专职环卫工每天对G319和永社公路进行清扫保洁，并投入50多万配备洒水车一台，定时洒水降尘，及时清理路面障碍物和抛洒物，清除路基、边坡的非植物和公路用地范围内的堆积物，确保道路沿线干净清洁。组织4名专职巡查人员对洞阳境内沿线公路进行巡查，对公路安全隐患和侵犯路产路权行为早发现、早制止、早处理。道路两侧无流动摊贩、无占道经营、乱涂乱贴、乱停车辆等乱象，确保环境干净整洁，广告整齐划一，车辆有序停放，共同维护美观的路容路貌。洞阳镇交通、城管、安监等部门联合行动，组织开展对道路交通违法行为整治行动，在主要道路排查运输车辆是否存在安全隐患，检查超载超限情况；在人流量较大的路段，重点打击非法载客运营的行为。投入10余万元，对所有的标志、标线等交通安全设施进行完善和更新。加强对道路沿线的日常巡查，严格管控新违法建筑，严厉拆除违法建筑，10月9日起，洞阳镇城管中队联合经开区城管分局开展为期一个月的拆违攻坚专项整治行动，重点对金阳大道一期、二期工程、G319沿线违法建筑进行专项整治。对沿线可视范围内建筑、构筑物全面开展排查清理，及时下发限期自拆通知书等，共清理出48户、8000余平方米的违法违章建筑。对未自行拆除的违章建筑，依法强制拆除，严格按照时间要求，全面、彻底拆除道路沿线违法建筑，确保违建零增长。（唐潺潺）

隐真大桥建成通车　（图片来源：洞阳镇）

开发热土　（图片来源：洞阳镇）

永　安　镇

党委第一书记
　　　喻　辉(2016.08任)
党委书记　周耀辉(2016.08免)
　　　李　建(2016.09任)
副书记　唐万明(2016.08任)
　　　陆伟光(2016.04免)
　　　易志坚(2016.04免)
　　　黎正标
纪委书记　朱丽娥(2016.03免)
　　　刘胜光
组织委员　张　青(女)
党委委员　龙明胜　陈　科
　　　陈　琳
人大主席
　　　陆伟光(2016.04免)
　　　暨朝佐
副主席　刘胜光(2016.04免)
　　　张宋姣(女)
镇　长　李　建(2016.08免)
　　　唐万明(2016.08任)
副镇长　龙明胜
　　　江　晓(2016.01免)
　　　陈　科　陈　琳
　　　张开成
政协联络处主任
　　　黎正标(2016.04免)
　　　龙明胜
武装部长　龙明胜

【概况】 经济建设　农业经济2016年年粮食播种面积4400公顷，其中早稻1866.67公顷，晚稻1866.67公顷，一季稻666.67公顷，增加3个6.67公顷以上规模大户；落实烤烟种植面积466.67公顷，完成烟叶收购90.71万千克。全年实现农业总产值6.58亿元。工业经济方面，园镇2016年引进项目53个，合同引资105亿元，同比增长24%。其中投资10亿元以上的项目3个，投资5亿元以上的项目5个，智能装备制造和汽车零部件项目占新引进项目总数的60%。园镇规模企业新增12家，共有113家。新增税收过3000万元、2000万元企业各1家，新增税收过1000万元企业2家。园区各项经济指标均居长沙市省级园区前列，在长沙市绩效考核排名中位列九个省级园区第二名，综合评价排名居全省134个省级以上园区第三名，获“中国循环经济十佳绿色发展园区”。第三产业方面，快速消费、优质地产、现代家居等行业迅猛发展，全镇社会零售额完成6.2亿元，同比增长22%；服务业完成1.5亿元，同比增长21%。中南地区最大的家具研发、生产、展览、销售集散地浏阳国际家具城一期于2016年元旦正式营业，首日营业额突破3000万元，10万平米的家具市场出租率100%；9月份举办浏阳市第一届家博会，节会期间成交额突破3亿元，全年营业额突破10亿元。华美达五星级酒店正式营业，博大中央广场成功签约伯爵假日酒店。华润新都汇娱乐示范区正式开放，二期项目华天大酒店开工建设，商业配套进一步完善。

城乡建设管理　城乡建管分为城市建设、乡村建设、城乡管理三个方面。城市建设方面，继续坚持园镇一体、规划同图，配合、参与金阳新区统筹规划，完善园镇基础设施建设布局设计，优化发展格局。按城市次干道标准，对长浏高速永安互通口进行全面提质改造，修建长972米的府前路，建成入浏口艺术地标。完成沿河路一期建设，复建文昌阁和魁星楼两座历史建筑，打造永安的文化新坐标。建成占地2万多平米的文昌安置小区，成立小区义务服务队实行自治管理。完成丰裕集镇、永中街提质改造，推进市场路征拆和建设工作，启动新河南路建设，园镇交通路网不断升级。加快建设万福农贸市场，城镇承载能力不断提升。乡村建设，以被列为长沙市城乡融合示范镇为契机，以打造全省美丽乡村样板示范区为目标，全面开展全域美丽乡村建设，把华山屋场、湾里屋场打造成为全市乃至全省的美丽乡村示范点。2016年11月底，成功承办全省美丽乡村建设工作推进会，代表浏阳充分展示全域美丽乡村建设成绩。加大农村公路路网建设和管养力度，全年硬化和提质改造村组道路48公里。铺排中央财政小农水项目500万元，镇财政铺排小农水项目30万元，完成山塘清淤、改造20口，渠道硬化3公里。持续推进三年造绿大行动，全年在“三边、四旁”植树16公顷，荒山荒地造林28公顷，植树25万余株，打造绿色精品旅游线路。城乡管理，推进“史上最严”城管行动，强力整治违章停车、户外经营、违规广告、违章搭设以及脏乱差等现象，着力构建常态化管理机制，基本实现城市管理“三个一个样”(白天与晚上一个样、工作日与节假日一个样、检查与不检查一个样)的目标。开展城市管理进乡村、进屋场工作，落实“庭院三包”制度，城乡统筹环境同治取得新突破，全市二季度现场点评会在永安成功召开。开展环境污染隐患大排查，打造“洁、净、美”的农村环境。继续强力推进拆违控违工作，拆除违章建筑2.16万平方米。率先全面推行“路长制”管理，初步形成管理全覆盖、镇村全动员、巡查全天候、整改全方位的工作格局，实现负责路段“畅通、安全、舒适、美观”。

综合治理　推动“平安创建”全覆盖，打造华山屋场、湾里屋场等“平安屋场”示范点。深入开展大走访、大排查、大调解活动，排查各类不稳定因素131起，化解矛盾纠纷652起。重拳开展“维稳保安”和“百日扫毒攻坚”专项行动，全年破获刑事案件80余起，查处各类治安案件377起。创新“三防一打”模式，12个村(社区)全部成立义务巡防队伍，在全市率先实现义务巡防工作全覆盖、全领域。指导债主自治，成功处置“华野事件”，形成民间债务问题处理的永安经验。全面落实安全生产责任制，对110家生产经营单位开展计划执法检查，排查整治各类安全隐患70余处，全年安全生产责任事故“零发生”、“零伤亡”。

社会管理　社会事业主要分为卫计、社会保障、教育文化三个方面。卫生和计划生育方面，超额完成市单项考核指标，完成孕前优检495对，同期超额完成16对；征收社会抚养费135万元；符合政策生育率98.5%，高出全市平均水平5个多百分点。连续十二年获得长沙市人口计生工作优秀单位称号。卫生工作大力开展“三个一”优质服务活动，深入落实行业作风工作建设要求，实现医疗服务水平和人民群众满意度“双提升”。社会保障方面，建设园镇公共自行车系统，投放500辆免费公共自行车，开通园镇至长沙、浏阳的通勤班车，居民工作生活更加便利。全年征缴城乡医保基金776万元，城乡养老保险268万元，征缴企事业单位五大保险基金2950万元，基金总量全市乡镇第一。发放全国社保“一卡通”4.1万张，发放城乡低保金、特困人员救助金、特殊人群补助金共计960余万元，发放城乡养老保险金1800万元，兑付城乡医保补助2.4万余人次，累计补助金额2900万元。提高敬老院硬件条件和管理水平，提供优质养老服务。扎实推进精准扶贫工作，因村施策、因户施法，探索推进分贷统还模式，带动农户94户324人，完成188万元贷款。镇财政投入资金4.7万元，率先长沙为所有建档立卡贫困户购买“三类”保险。

319国道入浏标志建筑 （郭立亮摄）

教育文化方面，永安新中学项目建设加快，完成主体工程，推进永安小学整体改建工程，完成征地拆迁工作；准备利用老永安中学引进一所职业学校，为高新区产业发展培养技工人才。大力开展“新家园、新生活”运动，组织开展“和谐家庭”评选活动，树立了一批先进典型，有效带动了乡村文明新风的培育和弘扬。

存在的困难和问题 一是城市建设管理相对滞后。城市规划滞后，建设品质不高，骨架尚未完全拉开；管理难度较大、效果不佳，已难以满足园区建设千亿级、国家级高新区和一些精英人群的配套需求。二是建设融资瓶颈突出。2016年，永安镇平台公司银行负债接近一个亿，主要是近几年的小城市建设和交通基础设施建设的支出。要进行新一轮的城市开发建设，需要充足的资金来源作保障，但平台公司融资规模和渠道受限，加之政策缩紧，资金压力很大。三是社会稳定压力加大。作为高新区所在地、长沙浏阳融城“桥头堡”，经济发展相对活跃，开发建设项目多，加上政策调整等原因，信访维稳的压力加大。四是项目推进难度较大。主要表现在群众对于征拆期望值较高，诉求和政策不一致，矛盾较为突出，以致城市开发建设和重大招商项目落地难度大。 （佘林智）

【连续三年跻身长沙十强乡镇】 5月19日，长沙市下发文件《中共长沙市委办公厅 长沙市人民政府办公厅关于2015年度经济社会发展“十强十快”乡镇街道考评结果的通报》（长办〔2016〕25号）通报2015年度经济社会发展“十强十快”乡镇街道考评结果，永安镇获“长沙市经济社会发展综合实力十强乡镇”，为浏阳市唯一连续三年跻身“十强”的乡镇（街道），与长沙县星沙街道共享此殊荣。“十强十快乡镇街道”是对长沙市160多个乡镇、街道的主要指标得分进行加权计算，排定综合实力位次，经长沙市委、市政府审定后评出。永安紧挨长沙城区，是浏阳融入省会的“桥头堡”。近三年来，永安紧紧围绕“建设具有全省中等县市综合实力的幸福永安”目标，在双向融合上提速，畅通“三纵两横”的交通脉络；以园镇融合为支撑，交出财税总收入突破10亿元的优异答卷；向产城融合要品质，打造山青水秀、宜居宜业的魅力城镇。 （佘林智）

【计生工作连续十一年获评长沙市优秀】 2016年2月2日，长沙市“两办”发文（标题：中共长沙市委办公厅长沙市人民政府办公厅关于全市2015年度人口和计划生育工作考核评估结果的通报；文号：长办发〔2016〕2号）通报2015年度全市人口和计划生育工作考核评估结果，永安镇再次获评优秀单位，连续十一年获此殊荣。永安镇近十一年来把流入人口列入常住人口管理服务。流入人口有权享受与常住人口同等的计生服务和奖励优待，有义务履行相应的责任义务。对流出人口，采取跟踪服务制，在流出人口相对集中的地方以镇或村（社区）为单位设置信息联络员，负责本镇在该地区流出人口的信息采集与反馈，使流出信息上做到“现居住地、联系电话、婚育变更、孕情监测、措施落实”五反馈。围绕计生对象“生产、生活、生育、生殖”有针对性地开展各种服务。坪头村计生专干李仕仁，曾获“全国优秀计划生育工作者”和“全国优秀药具专干”，她独创的计生温馨提示薄上清楚地记载着期内孕妇的怀孕日期、预产期，新生儿的出生日期，流出已婚育妇的流出地址、联系电话，一到孕妇检查日期、小孩打防预针日期，她总会按时上门或电话提示，让群众备感温暖。

（佘林智）

【全省美丽乡村现场推进会在永安召开】 2016年11月30日，湖南省美丽乡村建设工作现场推进会在永安召开，上午，湖南省委副书记乌兰，省委常委、长沙市委书记易炼红，副省长戴道晋，省直有关单位负责人以及来自全省各市州县“三农”战线的代表200余人来到华山屋场、湾里屋场，实地观摩浏阳全域美丽乡村建设成果。下午，全省美丽乡村建设工作现场推进会在浏阳高新区滨海华美达广场酒店召开。会上，长沙市委常委、浏阳市委书记曹立军代表浏阳作

永安镇华山屋场漱口塘、太极养生园地　　（图片来源：永安镇）

典型发言：浏阳通过围绕思路提升，优化全域美丽乡村建设的顶层设计；围绕品质至上，展示全域美丽乡村建设的崭新形象；围绕农村发展，释放全域美丽乡村建设的综合效应，着力打造全域美丽乡村的升级版和新样板。省委副书记乌兰强调，下一步要加强调查研究，用改革的精神、创新的思路、得力的措施来解决美丽乡村建设面临的矛盾和问题，以"五美"为目标，规划先行、产业富民、绿色发展、提高质量、扎实推进，彰显布局之美、培育产业之美、塑造环境之美、构建生活之美、展现风尚之美。压实各级各部门责任、创新多元投入的机制、强化督查考核工作、加强农村基层组织建设、充分调动农民群众的积极性，建设村村宜居宜业、人人共享共建的幸福家园。（佘林智）

【"新乡贤"刘谷君】 刘谷君，男，1942年3月生，中共党员，大专文化，小学高级教师，长沙市作家协会会员。在浏阳市永安镇中小学工作47年，历任教师、校长，退休后长期担任学校关心下一代协会常务副会长、中小学校外辅导员，同时任退休党支部书记、镇老科协副会长兼秘书长、退休教师协会常务副会长；系长沙"五老"金牌讲师团讲师、长沙市优秀"五老"网络宣传员。主持编写过数十篇乡土教材，常到中小学为师生、家长讲课，先后担任《浏阳市永安镇志》《浏阳制造产业基地志》执行主编。2014年编写出版《永安记忆》一书。2016年，《湖南日报》在"寻找新乡贤"栏专题报道刘谷君"德高为范"事迹。（佘林智）

北　盛　镇

党委书记　李　斌
党委副书记　刘林志
罗建云（2016.04免）
吴　兵（2016.04免）
邹江莲（女，2016.04任）
纪委书记　吴　兵（2016.04免）
杨　茂（2016.04任）
党委委员　李道江（2016.04免）
邹江莲（2016.04免）
吴　兵（2016.04任）
张　健（2016.04任）
杨　茂（2016.04任）
彭继有（2016.04任）
张　环（女，2016.04任）
周岳峰（2016.04任）
人大主席　罗建云（2016.04免）
吴　兵
副主席　沈　伟（2016.04任）
镇　长　刘林志
副镇长　李道江（2016.04免）
张　健　彭继有
周岳峰
暨皓明（女）
政协联络处主任
吴　兵（2016.04免）
张　健（2016.04任）

【概况】 2016年，北盛镇辖12个村（社区），5.95万人，镇域面积77.9平方公里，耕地面积3193.33公顷。北盛镇距浏阳城区28公里，距长沙城区38公里，地处省会半小时经济消费圈内，地理位置优越。319国道、永社公路、开元路、浏醴高速呈"井"字形贯穿全镇，交通十分便利，是国家级浏阳经济技术开发区的重要组成部分、长株潭城市群重点开发区域以及金阳新区副中心城市。2016年，出生人口1025人，死亡人口440人，人口出生率17.2‰，人口自然增长率9.8‰。

经济发展状况　2016年，实现地区生产总值52.8亿元，增长10%；固定资产投资18.8亿元，增长16%；财税收入3512万元，增长22.8%，增速位居全市乡镇前列；城乡居民人均可支配收入32395元，增长8.7%；金融机构存贷款余额为9.97亿元、9.32亿元，分别增长36.2%、25.1%；主要经济指标保持较快增长，实现"十三五"良好开局。

工业经济　实现工业总产值27.9亿元，增长9%；完成规模工业总产值12.6亿元，增长12%。新增规模企业1家，超额完成1家。涌现了大时代、诚棉世家、帅而沃等一批品牌微商企业，棉纱针织商贸、家具原辅材料等民营经济进一步发展壮大。1月10日，远大住宅工业集团股份有限公司携手途家网，与北盛政府签订"互联网+度假"——途远原乡休闲旅游项目战略合作框架协议，共同打造"互联网+度假"——原乡休闲旅游项目。

农业经济　巩固粮食产业。推进土地有序流转，发展适度规模经营，新增规模种植大户11个，新增双季稻面积200多公顷，建成袁隆平院士"超优千号"超级稻百亩示范片，成功举办全国水稻新品种和新技术展示现场观摩会。推广新型农机，新增各类农业机械60台（套），农业机械化水平继续领跑全市。升级现代烟草。栽种烤烟574.33公顷，累计收购烟叶111.01千克，累计均价13.85元，收购总量和均价位列全市第二。提质基础设施。争取"农村公路三年行动计划"资金727万元，改建农村公路44.6公里，争取中央小农水和烟田

北盛回乡创业园 （图片来源：北盛镇）

农田整改资金2360万元，进一步完善农田水利基础设施建设。推行“路长制”管理模式，提升镇、村主干道管理水平。北盛获长沙市农业农村工作先进单位。

园镇融合　融园交通加速对接，永社公路完成提质，捞刀河景观大桥建成通车，健康大道开工建设，健安大道征拆清零，北盛大道启动拆迁，北盛与经济技术开发区核心区的连接路网不断完善。融园产业发展强劲，全年拆迁房屋73户、征地55.07公顷，协助北园平地110公顷，尔康制药总部及淀粉胶囊产业园、爱康管业一期建成投产，保利协鑫、豫园生物、海鸥环保、百沃丰药业、金汉制药等一批重大项目加快建设，北园路、公园路、工业路、经十路完成路面硬化，燃气站完成建设，北园开发建设全面拉开，经济技术开发区主战场地位凸显。融园环境不断优化，出台服务园区工作方案，成立专项工作组，积极化解征拆遗留问题和矛盾纠纷，依法严厉打击抢揽工程、阻工闹事等违法行为，全力保障园区项目建设环境，“园镇一家”的理念日益深入人心。

城乡建设　城镇建设管理。坚持以城市的理念经营建设北盛。完成车站路棚户区和仓前路提质改造，美宿酒店、芒果影院、长沙银行等相继进驻，新增注册商家企业350户，集镇配套商贸服务日趋完善。嘉盛二期、金盛星城、沙江河商贸城等房产项目完成主体工程，南片新城初具规模。推行“最严城管令”，试点城市管理进乡村，集镇管理规范有序、形成常态。强力拆违控违，全年拆违拆旧2.79万平方米，创造拆违拆旧“北盛速度”。精心做好集镇绿化美化，成功获评长沙市“绿色示范集镇”。美丽乡村创建样板。整村建设亚洲湖美丽乡村，修建文体广场，提质村级道路，建设月牙湖和农业观光园，塑造亚洲湖义工队、文化志愿者等典型，建成湖南首个村级农村改革展示馆，成功打造浏阳整村推进美丽乡村建设新样板，中央电视台新闻联播、湖南卫视等媒体聚焦报道。整片打造捞刀河田野公园，按照“农民的家园、市民的公园、游客的乐园”定位，启动总体规划编制，完成环线拔茅段和百塘村道提质，建设翰林文化主题屋场。整体发展卓然度假原乡，“互联网+度假”项目建成别墅12栋，德人牧业千亩牧场动工开建，创意十里荷塘实施土地翻耕，完成远大路拓宽提质，完善“住原乡别墅、游千亩牧场、赏十里荷塘”文化标识。整线开展永社路提质改造，突出“路面提质、环境整治、屋场建设、棚户区改造”四大重点，高标准完成永社公路北盛段提质，高起点打造边洲新长廊、乌龙桃花屋场、燕舞党建主题屋场建设。亚洲湖、马战村、燕舞洲村分别获评长沙市美丽乡村示范村、长沙市垃圾分类示范村、长沙市卫生村，北盛镇获评长沙市环境卫生优秀乡镇和浏阳市美丽乡村示范镇。

社会管理　创建食品安全示范镇，开展“十佳放心餐饮门店”评选，2万多人次参与投票，加强食品安全监管，保障广大群众舌尖上的安全。深化平安北盛创建，全面加强治安防控，坚持领导公开接访和干部一线走访并举，加强矛盾排查调处和信访积案化解，全年案发率下降17%。开展安全生产大检查大整治行动，严格推动责任落实，全面排处安全隐患，实现安全生产零事故，人民群众安全感进一步增强。依托“新北盛”微信，开展“为北盛村级特色工作点赞”和“为北盛先进党小组投票”活动，吸引十余万人参与。积极推动移风易俗，开展文明乡村创建，亚洲湖文明新风建设获央视新闻联播报道，“人心和善、家庭和睦、邻里和气、社会和谐”的良好氛围更加浓厚。

社会保障　发放各类低保金、五保金、救助金等434.45万元，城乡医保报销1969.95万元。改造棚户区415户、农村危房76户。收缴养老保险250万元、医疗保险693.85万元，名列全市第一。创造以“温暖过冬”“爱心助学”“产业帮扶”精准扶贫“北盛模式”，实现128户贫困户脱困，涌现“全省最美扶贫人物任向阳”等先进典型。依法依规完成建制村合并，全面完成全国第二次地名普查，强力推进殡葬改革和墓葬整治。

教育卫生文化　浏阳六中塑胶运动场投入使用，乌龙中学综合服务楼竣工，北盛中学综合服务楼完成平地，大桥小学扩建启动征地，中小学扩容提质项目快速推进。做实计生工作，优化卫计服务，征收社会抚养费145.3万元，发放奖扶资金28.32万元，计划生育率96.98%，代表浏阳迎接国家妇幼健康优质服务示范县市现场迎检复核，获得高度评价。5月9日上午，以“精准助学，让贫困大学生向阳成长”为主题的助学基金成立在北盛镇政府举行，向33名贫困大学生发放45万元助学金。开展“十佳教师”评选，精心举办美丽乡村“亚洲湖杯”篮球赛等文体活动，人民群众幸福感进一步增强。5月22日，由34名湖南省直机关女厅级干部组成的合唱团，到浏阳市北盛镇卓然村进行慰问演出。

党政建设　北盛镇第六次党代会于4月28日召开，大会选举产生李斌、刘林志、邹江莲、吴兵、张健、杨茂、彭继有、张环、周岳峰为新一届党委委员；杨茂、周丹、罗世学、卜麟、万朝望为新一届纪委委员。会议明确，未来五年，北盛要树立创新、协调、绿色、开放、共享发展理念，围绕建设副中心目标，主攻园镇融合发展和美丽乡村建设，强力实施产城融合、城乡一体、淳化民风战略，对接经济技术开发区，融入工业城，力争用五年乃至更长一些时间把北盛建设成为园区主战场、新区副中心。7月1日，建党95周年，北盛集会，回顾党的光辉历程，动员全镇各级党组织和广大共产党员牢记使命担当，学习先进典型，更加意气风发地为把北盛建设成为园区主战场，新区副中心而凝神聚力。2015年底，北盛镇党委组织的“微爱心，让北盛贫困户温暖过冬”活动，吸纳北盛内外爱心人士加入，截至2016年1月24日，687位爱心人士、爱心单位捐助近28万元。

人物　任向阳，浏阳市北盛镇泉水村人，今年41岁。因为家贫，高中毕业后南下东莞打工。2002年创办东莞沃德精密机械有限公司，到2015年，任向阳的公司年产值突破8亿元，多家世界五百强企业成为他的客户。任向阳现任东莞沃德精密机械有限公司董事长。2016年5月9日任向阳出资200万元成立“向阳精准助学基金”，当天为精准扶贫户大学生发放45万元爱心存折，以后每年根据学生情况拿出50-100万元来助学。同时为受助大学生提供假期工以及就业岗位，打通精准扶贫“最后一公里”。他的扶贫事迹被中央、省、市等多家媒体报道，并于2016年8月被湖南省扶贫开发领导小组办公室评选为全省“百名最美扶贫人物”。

易刚，男，1974年5月出生，汉族，中共党员，本科毕业，中级职称，现任浏阳市北盛镇中心卫生院书记、院长。系浏阳市卫生管理先进干部、优秀共产党员，连续5年获得浏阳市政府嘉奖，并担任浏阳市及北盛镇两级党代表，2016年获评全国乡镇卫生院优秀院长。　（刘　鹏）

【北盛建制村合并】　3月25日，北盛镇完成建制村合并工作，新乌龙社区（由原乌龙社区和原联芳村合并而成）和泉水村（由原芭蕉村、原波扬村、原闸口村合并而成）正式挂牌成立。　（刘　鹏）

【2016年国家水稻新品种与新技术展示现场观摩会在北盛举行】　9月13日，“世界杂交水稻之父”袁隆平院士踏上北盛丰收的土地，喜看超级稻，盛赞超优千号是水稻中的核武器。9月19日，2016年国家水稻新品种与新技术展示现场观摩会在北盛镇隆重举行。本次现场观摩基地位于北盛镇环园村，占水田面积9.2公顷，共展示来自全国51家科研单位和种子企业的优良水稻品种238个。品种类型包含超级杂交稻、高档优质香稻、镉低积累品种、耐旱型品种等，集合当前长江中下游地区各类优良水稻品种，也集合未来3-5年即将推出的主导品种。　（刘　鹏）

【湖南首个村级改革展示馆在北盛开馆】　12月6日，湖南省首个村级农村改革展示馆——北盛镇亚洲湖农村改革展示馆正式开馆，并免费对外开放。亚洲湖农村改革展示馆于8月开建，11月份建成。其主厅面积170余平方米，主要以农村土地改革为切入点，分为沃十放歌、乡土变革、乡村变形、乡城变迁、“苗”味乡情五个篇章，通过实物、照片、沙盘等陈列形式，分别呈现敢为人先的垦荒精神、自强不息的进取风尚和融城发展的乡城变迁。　（刘　鹏）

【全国首家乡镇芒果微影城北盛开映】　12月9日下午，全国首家芒果微影城——芒果汇影微影城在北盛镇步行街开映。芒果汇影微影城是北盛镇首家院线数字放映影院，由湖南芒果影业打造，耗资150余万元，为全国电影行业乡镇电影首创项目，也是全国为数不多的高起点、高标准、高配置乡镇室内数码影院。作为全国电影文化产业的领头羊，芒果汇影微影城填补乡镇室内电影放映的空白，给居民带来新的娱乐方式与场所。全国首家乡镇芒果微影城北盛的开映，是北盛镇致力繁荣文化事业一个尝试，也是涉足文化产业的一次抢滩。

（刘　鹏）

沙　市　镇

党委书记　李渔海
党委副书记　熊宜武
苏小麟（2016.04任）
寻梓辉（2016.04免）
陈洁璐（女，2016.01免）
赵　炜（2016.04免）
纪委书记　杨　茂（2016.04免）
瞿朝阳（2016.04任）
党委委员　赵　炜（2016.04任）
李　双（女，2016.04任）
瞿朝阳（2016.04任）
邱凯章（2016.04任）
谢祥华（2016.04任）
董爱众（2016.09任）
易先超（201604任，2016.09免）
杨　茂（2016.04免）
人大主席　寻梓辉（2016.04免）
赵　炜（2016.04任）
人大副主席
易先超（2016.04免）
朱纯清（2016.04任）
镇　长　熊宜武
副镇长　苏小麟（2016.04免）
李　双（女，2016.04任）
瞿朝阳（2016.04免）
谢祥华（2016.02任，2016.04免）
董爱众（2016.11任）
谢伟明（2016.04任）
政协联络处主任
赵　炜（2016.04免）
李　双（女，2016.04任）

【概况】　沙市镇位于浏阳市西北部，总面积209.8平方公里。2016年，辖11个村、4个社区，581个村（居）民小组，18791户，6.9万人。全年出生人口1177人，计划生育率98.3%。全年完成工农业生产总值56.3亿元，同比增长14.9%，其中规模工业40亿元，农业8.2亿元；完成财政总收入3949.8万元，同比增长9.6%，其中地方一般预算收入2387万元；完成固定资产投资26亿元，同比增长25%，完成招商引资到位资金2.2亿元，其他主要经济指标保持稳定增长，实现“十三五”良好开局。

工业　以“打造浏北经济核心

浏阳市"屋场里的幸福•走进秧田"文艺汇演　　(图片来源:沙市镇)

区、建设都市旅游特色镇"为发展目标。园区家具制造、食品加工、服装服饰三大产业稳步发展。贵太太入选第二批国家林业重点龙头企业，盼盼、冠湘等产品畅销全国；湖南奥斯利食品有限公司成功投产；大周门业与长沙盼盼联手合作打造国内防盗门生产基地。宏伊房产一期竣工，二期启动建设。

农业　烤烟年种植面积800公顷，送售烟叶170万千克，烤烟生产工作再夺全市一等奖；东门村率先推行全村土地合作经营模式，被长沙市作为典型予以推介；三年造绿行动不断深入，全年发放苗木16万株。启动2333.33公顷高标准农田建设，清淤硬化山塘320口。加强国土整治和土地管理，完成3066.67公顷农田土地确权登记工作，拆违13340平方米。

旅游业　赤马湖景区基础设施不断完善，游客接待量逐年提高，被列入浏阳市十条乡村精品旅游线路之一；新增投资500多万元打造大源峡生态谷项目，蒿山、寻江桥三国文化、秧田耕读文化成为乡村旅游开发中的新亮点。

村镇建设　投入8800万元沙赤大道建成通车，高标准完成沙秀公路、永龙路、书院西路、永社公路沿线提质改造等主要道路和秀山、赤马集镇提质改造工程。新增红绿灯4处，城镇品位得到全面提升，获"长沙市绿色集镇"称号。深入开展农村公路三年行动，硬化农村道路56公里，实施主干道"路长制"常态化管理，被评为省农村公路示范乡镇。城乡环境治理效果明显，获评"长沙市环境卫生优秀乡镇"。加快全域美丽乡村建设，投入1500万元重点打造秧田、中洲、团农、河背四大幸福屋场；东门村美丽乡村建设加快推进；高标准建成永社、沙秀、书院西路三条绿化风光带。10月11日，浏阳市三季度城乡统筹环境同治工作现场点评会在沙市镇召开。全市各乡镇街道、市直单位以及部分村（社区）的300余名负责人观摩学习沙市秧田城乡统筹环境同治工作的"沙市经验"和"秧田做法"。

教育卫生文化　深入实施"八大民生工程"。坚持教育优先发展，完成沙市小学教学楼、赤马小学教师公租房建设；推进沙市公租房项目建设，完成主体工程，沙市卫生院与长沙市三医院组建医联体，"家庭医生"签约试点有序推进，医疗服务水平大幅提升。进一步优化计生服务，建立计生贫困家庭关爱基金。沙市镇举行庆祝第106个"三八"国际劳动妇女节，活动包括妇女干部座谈会、反家庭暴力千人大签名活动、禁毒反家庭暴力宣传、文艺汇演4部分。参加浏阳市12个乡镇（街道）的舞龙比赛沙市镇获一等奖。12月8日，沙市镇秧田村举办"屋场里的幸福•走进秧田"群众文艺汇演活动，当地村民用自排自演的节目，诠释秧田屋场"耕读传家"的精神。

社会保障　全年发放养老金1800万元、城乡医疗补助2300万元、低保660万元、困难慰问99万元、残疾救助144万元，慈善助学28万元，危房改造166户，社会保障工作更加有力。全面推进精准扶贫，全年实现脱贫178户581人。

综治维稳　加强企业、食品药品、校车等行业和领域的安全监管巡查，全年未发生安全生产责任事故。信访维稳、社会治安综合治理等工作扎实推进，全年共调处各类矛盾纠纷297起，受理刑事案件115起，行政拘留88人，社会大局保持和谐稳定，综治民调排名跃居长沙市第9名，浏阳市第4名。

队伍建设　召开中共沙市镇第三次代表大会，推进"一心"、"三区"、"五路"建设，围绕"打造浏北经

秧田大屋屋场"博士墙"　　(图片来源:沙市镇)

济核心区、建设都市旅游特色镇”发展目标，选举产生中国共产党沙市镇第三届党委委员和纪委委员。召开“两学一做”学习教育工作部署会，沙市镇全体党政领导、村(社区)两委成员、党小组长、镇机关支部党员等260余人参加会议，成立“两学一做”学习教育宣讲团。召开庆祝建党95周年党员大会，全体党政领导、党员代表、党员发展对象、非党员的村委成员、市级以上人大代表和政协委员等1100余人参加会议。　(熊理格)

【成立浏阳市第一家村级慈善基金——沙市镇凤凰台慈善基金】 3月30日，沙市镇举行凤凰台慈善基金成立仪式，来自沙市镇各界的爱心人士，慷慨解囊，筹得善款20余万元。凤凰台慈善基金的宗旨是“扶助勤劳朴实、遵纪守法、道德高尚的困难村民，支持学校发展，扶助贫困学子”。慈善基金将开展扶老、助残、救孤、助医、助学以及因自然灾害导致生活陷入困境的家庭等各种社会公益慈善活动。

(熊理格)

【沙市举办贫困计生家庭精准帮扶暨慈善义演活动】 5月28日，沙市镇计生协会携手镇党团员志愿者，举办计生贫困家庭精准帮扶暨慈善义演活动，活动现场筹得善款283432元，加上前期通过浏阳爱心协会在网上募捐的31933元，最终善款总额是315365元。这些款项首次按每人5000元标准发放给困难“独生子女户”、“双女户”、“失独家庭”的16个青少年，其余均委托沙市教育基金统一管理，并专款专帐，以后有类似符合条件的家庭也可以按照规定程序进行申请。　(熊理格)

【湖南立康制衣有限公司捐赠沙市教育卫生建设】 10月18日上午，“立康有爱，情暖沙市”湖南立康制衣有限公司捐赠仪式在沙市镇政府前坪举行。湖南立康制衣有限公司董事长朱恩馀，现场捐赠沙市文光中学和沙市完小300万元用于塑胶运动场建设，向沙市卫生院捐赠价值42万元的救护车一辆。市领导郭瑞、张葵红出席捐赠仪式。

(熊理格)

淳　口　镇

党委书记　胡汉堂(2016.04免)
　　　　　殷志民(2016.04任)
党委副书记
　　　　　马超容(2016.04免)
　　　　　周建国(2016.04任)
　　　　　李道江
纪委书记　张　健(2016.04免)
　　　　　陈　奇
党委委员　黄才胜(2016.03免)
　　　　　付　湘(2016.04任)
　　　　　张　健(2016.04免)
　　　　　陈　奇(2016.04任)
　　　　　卢义兵　金传芳
　　　　　张　轲(2016.04任)
　　　　　汤　洋(2016.04任)
镇　长　马超容(2016.04免)
　　　　周建国(2016.04任)
副镇长　罗昌华(2016.04免)
　　　　付　湘(2016.04任)
　　　　王　广(女)
　　　　陈　奇(2016.04免)
　　　　卢义兵
　　　　张　轲(2016.04任)
　　　　汤　洋(2016.04任)
人大主席　黄才胜(2016.03免)
　　　　　付　湘(2016.04任)
人大副主席
　　　　　卢义兵(2016.04免)
　　　　　周光义 2016.11任)
政协联络处主任　卢义兵

【概况】 淳口镇辖12个村(鸭头村、狮岩村、杨柳村、高田村、山田新村、谢家村、枫林湖村、南冲村、同辉村、向坪村、炉烟村、黄荆坪村)，3个社区(鹤源社区、羊古滩社区、农大社区)，254个村(居)民小组，19428户，68983人，其中农业人口65277人，非农业人口3706人。域内总面积233.46平方公里，森林覆盖率64.2%。2016年，完成并村工作，枫林村、永乐村和佛岭村合并为枫林湖村，狮岩村、金源村和洞庭村合并为狮岩村。完成一般公共预算收入3210万元，其中地方一般公共预算收入1730万元；农民人均可支配收入17470元，增长12%。完成社会固定资产投资8.9亿元；实现规模工业总产值12.5亿元；实现招商引资到位资金8800万元。获得“长沙市小城镇建设管理先进单位”、浏阳市绩效考核红旗单位等荣誉称号。

农业生产　大力推进土地确权颁证，认真开展第三次全国农业普查工作，完成269个农民专业合作社和72家家庭农场分类定级。六大万亩特色农林产业巩固提升，全年播种水稻4453.33公顷、油菜1118.67公顷、蔬菜300公顷。种植烤烟513.33公顷，烤烟生产实现总产值3200万元，承办全市专业烘烤和专业分级现场会。建立羊古滩、鹤源两个千亩油菜核心示范片，提质改造果园93.33公顷，改良农田120公顷。打造农产品供应基地，培育炉烟黑山羊、苗田土鸡、红头岭生猪等养殖行业龙头，与步步高集团农产品超市“联姻”，特色农副产品走向市场。域内有马尾皂水库、南康水库两座中型水库，日供自来水5100吨，供水范围涉及淳口、沙市、北盛、龙伏等乡镇的15个村，用户5.3万人。

工业企业　新增规模企业1家，4家家居装饰企业建成投产，引进上市公司千山药机等4家企业签约入户。3家企业完成信息化和工业化结合创建工作。为企业解决融资1000余万元。开展黄标车及老旧车百日清零行动和环保违法违规建设项目清理，63家企业完善环保手续。书面审查企业两家，日常巡查32家，保障企业和员工合法权益。

项目建设　蒙华铁路连云山隧道淳口段1、2号斜井提前一年贯通，岩泉特大桥主体工程完成60%。提质改造主干道路84.36公里、完成通畅工程26.63公里，改造危桥2座、新建1座。沿线安装护栏15公里、标牌标识103处。启动金淳大道规划设计。提质改造106国道、淳乌公路、开元路淳口段亮化工程。开展道路交通安全宣传，严厉打击超限、超载等违法行为。深入推进“路长制”工作，道路实现制度化、精细化、常态化管理，辖区路段干净、整洁、安全、有序、美观。投入资金472万元完成危房改造168户，建设4个集中安置点。机关公租房、省级示范性敬老院等在建工程进展顺利。投入1000余万元，提质改造山田小学操场、楼古中学运动

淳口河鹤源社区段两岸风光 （图片来源：淳口镇）

场、淳口中学礼堂。苗田小学恢复重建，楼古中学、黄荆坪小学、南冲小学顺利通过省标准化学校验收。

基础设施 整理国土400公顷，整理烟田13.33公顷。投资420万元对五口大山塘除险加固，捞刀河完成河道治理，清淤山塘32口，改造机埠、河坝11座。完善1000公顷高标准农田水利设施，2个村创建山洪易发避险示范村。炉烟、谢家安全饮水单村工程解决2300余人饮水难题。开展农产品农药残留检测，建立银峰茶叶、淳峰茶叶、淳农金银花农业标准化生产基地。成立城管执法中队，实现重心下移，规范集镇建设管理。完成拆违控违1.3万平方米，实施集镇提质工程，对教育街进行立面改造，新建山田农贸市场。统一集镇店面标牌标识。维修改造集镇下水管道和路灯管线，实现亮化率100%，进一步规范用地行为，办理村民建房规划审批手续326宗。全镇15个村(社区)实现"村村响"工程和移动信号全覆盖。

美丽乡村 扎实推进"城乡统筹环境同治"。实施垃圾分类减量和农村改厕，人居环境不断优化。农大岭背、鸭头培元、炉烟冲头等屋场被评为浏阳市整洁屋场，狮岩西坡滩、梨树园等屋场被评为浏阳市幸福屋场。南冲村高培屋场被评为长沙市"十佳美丽屋场"、浏阳市绿色屋场。依托"一山两湖两河"，建设两条精品乡村旅游线路。高田村被评为长沙市卫生村、浏阳市两型示范村庄、浏阳市美丽乡村特色村。狮岩村创建长沙市美丽乡村示范村。向坪村被评为浏阳市美丽乡村。枫林湖村入选全国乡村旅游扶贫重点村。高田村千年古樟纳入浏阳市古树名木保护项目，永乐千年母子杏成功申报长沙市古木保护项目。植树24万株、荒山造绿93.33公顷、抚育油茶13.33公顷、竹林低改33.33公顷，全面实行封山育林，林木资源保护有力。

社会保障 征缴城乡居民养老保险320万，参保率93%；医保参保率94%。楼古分院、山田分院完成提质改造，医疗救治水平得到提高。发放低保909户321万元，发放各类救助款355万余元。推行殡葬改革，倡导厚养薄葬之风。全年出生994人，符合政策生育率97%，开展优生检测1006人，征收社会抚养费91万元。举办新型职业农民培训班3期。扎实开展精准扶贫，191户680人成功脱贫。深入开展群众工作，走访慰问困难群众361户。

综合治理 深入推进平安淳口创建。落实网格管理，开展"两抢一盗"违法犯罪专项行动、麻将馆整治专项行动和综治述职，组织义务巡防队开展治安巡防。实行"党政领导轮流公开接访"，共受理各类信访件103件，接处12345市民服务热线工单101条，无越级上访及群体性上访事件发生。同辉村、狮岩村被评为浏阳市平安创建示范村。严格落实"党政同责、一岗双责"，开展专项安全检查，排查督促整改安全隐患872条，引导2家落后花炮企业退出，安全生产形势良好。开展食品安全专项整治，实现零事故。通过"关、停、并、转"，规范民间信仰场所，拆除非法庙宇4处，合并19处。

文明创建 率先在全市建立法律服务站，狮岩村首创全市公共法律服务点。狮岩村、向坪村创建同心乡村示范。开展"爱心涌动浏阳河"志愿服务，组建应急救援队，评选表彰"十佳教师"和"十大孝星"。全面落实党委意识形态责任制，加强舆论引导，《长沙通讯》、长沙晚报、掌上长沙、浏阳日报、浏阳电视台等多家媒体宣传推荐淳口工作。

队伍建设 圆满完成党委、人大、政府、政协换届工作。深入开展"两学一做"学习教育，举行七一文艺汇演暨表彰大会。开展党员培训2期，400多名党员参培。70个党小组为民办实事400余件，发放党员救助资金8万元。扎实推进党小组规范化建设，狮岩村支部书记吴远图获评长沙市优秀基层党组织书记；鸭头村、杨柳村获评浏阳市先进基层党组织；新屋党小组、炉烟片党小组、永乐党小组获评浏阳市先进党小组。坚持党管武装，开展"八一"慰问走访，圆满完成征兵任务。深入推进党风廉政建设和反腐败工作，认真开展"雁过拔毛式腐败问题"和"纠四风、治陋习"专项整治工作。以"零容忍"态度启动问责追责程序，办结来信来访37件，党纪处分8人，警告处分1人，严重警告处分2人。严格落实八项规定，狠抓作风建设。 （王芳艳）

【精准扶贫工作】 实施金融扶贫，发放扶贫贷款258.2万元；组织技能培训，培训学员550人次，帮助100余人解决就业问题；推进教育帮扶，通过雨露计划，为15名高职、职高学生提供助学金，为14名高中生免除学费，为36名中小学生提供食宿补助；开展幸福迁居，易地搬迁41户145人。在炉烟村、枫林湖村两个省定贫困村，因地制宜发展产业，炉烟村成立黑山羊养殖基地和蜜蜂养殖合作社，枫林湖村推广生姜和花生种植，实现增产增收。2016年全镇191户680人成功脱贫。 （董 碧）

【美丽乡村建设】 高田村投资1500余万元开展美丽屋场建设，建成新屋场、金盆屋场、鄢家屋场3个美丽屋场；提质改造沥青路面3.4万平方米，种植桂花树、银杏树3万多株，安装太阳能LED路灯400余盏；全村主干道11.9公里全部硬化，通组公路覆盖率95%，2016年被评为浏阳市美丽乡村特色村。狮岩村以增加农民收入为目标，以调整产业结构为重点，以改善农村基础设施条件为关键，培育发展绿色、生态、主导产业，利用辖区内的山、水、田、土及自然生态景观，致力打造一个以乡村体验、休闲度假、观光农业、美食购物的山水田园小镇，2016年入选长沙市美丽乡村示范创建村。向坪村推进基础设施建设，三年共投入2000多万元对村内主干道进行提质改造，全村实现绿化亮化；实施安居工程，建设高山散居山民集中安置点及老年公寓共7处；建设全域美丽乡村，打造向坪花谷溪、玫瑰花海、河堤文化，主干道路沿线结合自然特色因势造景，发展乡村休闲养生度假旅游，2016年被评为浏阳市美丽乡村。枫林湖村投入30万元，实施主干道拓宽改造2.5公里；投入近35万元安装太阳能路灯114盏；投入10万元完善村部设施建设的附属工程；投入10万元建设农家书屋；帮扶村内的中沃旅游有限责任公司解决旅游大巴通行困难等发展瓶颈问题，对旅游资源多方位宣传推介，吸纳23个贫困人口在家门口就业，带动当地农家乐、旅馆18家，打开当地农产品销路，有效增强贫困户的造血功能和内生动力，2016入选全国乡村旅游扶贫重点村。 （董 碧）

【招商引资成效显著】 大力开展招商引资，引进上市公司千山药机，收购浏阳市华原出口花炮厂（系浏阳市2016年退出花炮企业之一，地处淳口镇同辉村，占地12公顷），新成立湖南乐福地医药包材科技有限公司；引进湖南新茂农业科技开发项目，选址高田村与农大社区交界处（原淳口建材厂），利用丰富的稻草和烤烟秸秆等农田废弃物，生产专用生物有机肥；引进浏阳中州烟花集团公司，对浏阳市佳华出口花炮厂（成立于2002年，位于淳口镇同辉村）进行收购重组，计划总投资5000万元；引进浏阳市茴香之旅生态农业旅游园、玫瑰大峡谷项目等企业签约落户，总投资上亿元。 （董 碧）

【时代楷模评选树榜样】 制定淳发〔2016〕57号《关于弘扬经济社会发展正能量对道德模范、行业标兵、时代精英等进行表彰奖励的若干规定》，挖掘正面典型，淳化社会民风。按照文件开展时代楷模评选，在教师节评选表彰10名“十佳教师”和10名“优秀教师”；重奖4名以优异成绩顺利考录重点高校的优秀学子，对考录北京大学的张佳兰奖励现金1万元，对考录南京大学的张英姿、复旦大学的彭琪和武汉大学的王成分别奖励现金5000元，弘扬崇学上进重教之风。 （董 碧）

9月10日，淳口镇表彰“十佳教师” （图片来源：淳口镇）

【名优特产—茶叶】 1964年，农业学大寨创建路口、淳口两个千亩茶场，年年坚持培植，不断改造。2003年改制为浏阳河银峰茶业有限公司。2004年该场茶叶被长沙市政府授予“长沙名牌”茶，紧接着浏阳河银峰茶连续三次获得湖南省第六、第七、第八届“湘茶杯”金奖。淳口现有银峰、淳峰两大茶叶生产基地，品质优良、远近闻名。2016年采取公司+合作社+农户的模式，共种植茶叶66.67公顷，年产值2000万元。 （董 碧）

【六叠泉漂流】 六叠泉漂流基地位于淳口镇枫林湖村。河流发源于石柱峰南麓，总落差400多米，泉流分六个层级落入山谷。2008年，中沃旅游发展有限公司在此落户，开发休闲旅游漂流，命名为“六叠泉漂流公司”，配套建设游客中心、休息室、停车场等基础设施，是长株潭地区避暑休闲娱乐的好去处，高峰期日接待游客1700人。 （董 碧）

【金卫合作社被评为省级示范社】 浏阳市金卫专业合作社位于淳口镇鹤源社区，于2011年4月组建，2011年7月正式登记注册，现有社员499个，其中烟农494户，依照“有偿服务、市场运作”的原则，面向淳口烟区提供烟叶生产过程的全方位专业化服务。通过建设发展，合作社已实现“六有”，即有制度、有场所、有服务、有资产、有标准、有效益。2016年6月，该社的专业烘烤和专业分级服务模式在全省烟草经验交流会上作典型介绍。经湖南省两烟协调领导小组审核评定，金卫合作社被评为湖南省烟农专业合作社优秀示范社。 （董 碧）

【戴氏木业楼梯踏板获“湖南省名牌产品”称号】 戴氏木业有限公司位于淳口镇同辉村，是一家集楼梯、楼梯扶手生产的专业工厂，厂房面积4万多平方米。公司拥有先进的生产设备、专业的产品设计开发人员和专业的安装队伍，用传统加工工艺与新兴科技相结合的独特生产工艺精制成品，款色新颖多样，风格高雅独特。公司销售网络遍布全国，有近150家加盟直销店，本着以“客户至上、质量第

一、优质服务”的原则，致力打造最具影响力的楼梯扶手制造专家。2016年，经省名牌产品审定委员会评审，授予戴氏牌木质楼梯踏板“湖南名牌产品称号”，并由省质量技术监督局颁发名牌产品证书。（董　碧）

蕉　溪　乡

党委书记　曾云峰
党委副书记、乡长　江敦明
党委副书记、工会联合会主席
　肖孟良（2016.04 任）
党委委员、人大主席
　罗　严（2016.04 任）
党委副书记、政协联络处主任
　谭日红（2016.04 免）
党委委员、政协联络处主任
　张世敦（2016.04 任）
党委委员、副乡长
　刘林峰（2016.04 免）
　李彩凤（女）
　周　毅（2016.04 任）
　吴中杰（2016.04 任）
党委委员、纪委书记
　徐江洪（2016.04 任）
副乡长　黄龙明（2016.09 免）
　陈建敏（2016.10 任）
人大副主席
　徐江洪（2016.04 免）
　鲁　进（2016.04 任）

【概况】 2016年，蕉溪乡辖6个村，105个村民小组，总面积86.7平方公里，耕地面积809.47公顷，其中水田744.4公顷。旱土65.07公顷，山林5950.07公顷，8208户，29979人，其中农业人口28510人，非农业人口1469人。年内共出生432人，死亡278人，自然增长率4.75‰。完成经济总收入30.02亿元，同比增长10%；完成财政税收1487.2万元，社会固定资产投资8.5亿元；实现社会消费品零售总额5960.7万元。

农业　全乡农村经济总收入30.02亿元，同比增长10%。农业基础持续巩固，水稻、蔬菜、烤烟、油菜、生态养殖等传统产业效益提升。力推“一村一品”特色农业发展，耘龙彩米、窑前红梨等特色农产品逐渐成为蕉溪产业名片。万丰山水库清淤和堤坝除险加固有序推进。完成常丰、早田等5个村土地整理，建设高标准农田333.33公顷。组建金云村土地合作社，流转土地66.67公顷。成功承办第三次全国农业普查市级综合试点现场会。治理修复常丰、蕉溪等重金属污染耕地192.67公顷。

2016年12月，大浏高速蕉溪互通至G319国道　（图片来源：蕉溪乡）

工业　完成工业总产值14.3亿元，其中规模工业总产值7.8亿元。年产值过千万企业增加至4家，鸿啟堂木业、古月纸塑等新引进项目顺利投产。花炮产业转型升级步伐加快，淘汰落后烟花爆竹生产企业2家，华冠烟花投入8000万元成功研制全自动组合烟花生产线，被国家安监总局推介为行业创新典范。兆丰仪器、汉元药材基地等园区优质项目落地建设。

第三产业　完成云峰台青少年GRIT基地项目投资5000万元，自2016年10月开园营业至年底累计接待游客7万余人次。完成万丰湖湿地公园11.73公顷荷花池升级改造和环湖绿化提质，建成环湖游道、生态停车场和凤形湖区屋场。“绿心蕉溪”形象逐步深化。

医疗卫生与计划生育　落实计划生育4项措施，推行生殖健康优质服务，成功创建长沙市流出人口计划生育优质服务示范乡镇。全面建立居民健康档案，适龄儿童基础免疫接种率100%，65岁以上老年人健康体检实现全免费，乡村医疗水平不断提高，蕉溪乡卫生院入选全国2016年度“群众最满意乡镇卫生院”。

科技教育文化　科普教育全年培训农民3200余人次，发放各类科普资料8000余份。乡农业综合服务站制发病虫情报12期。持续实施“教育强乡”战略，完成蕉溪中学生活服务大楼、常丰小学塑胶跑道和篮球场建设，沙德小学教师公租房交付使用。蕉溪中学和常丰小学通过浏阳市“标准化学校”验收。村级新建农民文化广场6处。组织开展“庆七一”篮球比赛，群众踊跃参与，常丰村篮球队获得第一名。完成蕉溪乡地名普查。

安全生产、治安状况　社会治理不断深化，强化食品药品安全监管工作力度，获评浏阳市“创建国家食品安全城市工作优秀单位”；创新开展安全生产日常监管，成功实现“零事故”目标；重拳打击违法犯罪行为，全力实施社会矛盾化解机制，调处各类矛盾纠纷130起，全年无一例民转刑案件发生，社会大局保持和谐稳定。

社会保障　社会保障逐步完善，城乡居民养老保险、医疗保险等社会基础保障实现全域覆盖。深入开展慈善助学、助医、助孤、助困等活动，投入20余万元实施“暖心工程”，全年发放低保金、优抚金、五保金共计443万元。大力实施精准扶贫，启动工商联蕉溪分会和民间信仰活动场所“扶贫帮困”基金，捐助资金10余万元，146人成功脱贫。

公路交通 梁高公路通车，金阳大道二期（含G319跨线桥）加快推进，完成土地征收17公顷，迁坟118座，拆迁房屋23栋。深入实施“农村公路建设三年行动”，投入70余万元提质改造蕉砰公路黄龙市至万丰山水库堤坝段，提质改造村组公路32.9公里，全乡村级主干道基本实现“白改黑”。在全市率先实施“全域路长制”，成功打造“G319安全文明双示范路段”和“106国道生命安全防护示范路段”，并得到新华社、长沙晚报等媒体推介。

集镇建设 集镇功能进一步完善，征地6.67公顷，新建三街、四街，设立标准道路标线和停车标线，改善下水管网等配套设施。组建城管中队，推行镇街最严管理制度，拆除违章建筑及老旧土坯房8700平方米，拆除破旧广告牌100余块，规范店铺经营，集镇形象焕然一新。

美丽乡村建设 全力推进美丽乡村建设，成功创建“长沙市环境卫生优秀乡镇”，水源、高升分别获评长沙、浏阳美丽乡村建设示范村，蕉溪村通过长沙市“垃圾分类示范村”验收，书院屋场、大源冲屋场获评浏阳市幸福屋场；开展“环保春雷”行动，整治畜禽养殖污染，乡村环境提质上档。（罗　露）

【蕉溪乡召开第十三次党代表大会】 4月28日，召开中国共产党蕉溪乡第十三次代表大会，会上听取和审议以《凝心聚力、务实奋进，为建设富裕、法治、生态、文明蕉溪而努力奋斗》为题的党委工作报告，回顾总结过去五年的主要成绩和经验，分析展望未来五年的奋斗目标和发展举措。大会选举曾云峰、江敦明、肖孟良、罗严、张世敦、徐江洪、李彩凤、周毅、吴中杰等9位同志为中共蕉溪乡第十三届委员，选举徐江洪、鲁双利、伍志强、罗敢、张素勤等5位同志为纪律检查委员会委员。51名代表团提交提案10件，参与率100%，其中涉及经济类1件；文化类1件；社会类1件；党建类3件；其他类4件。会上通过三个提案决议，其中《在全乡范围内开展“党员微服务、群众大满意”活动》决议受到各个代表的一致赞许。（罗　露）

【蕉溪乡“八件实事”惠民生】 2016年，蕉溪乡党委、政府铺排八大民生实事。梁高公路顺利通车。金阳大道二期（含G319跨线桥）完成土地征收15.53公顷，拆迁房屋26栋。成功拉通高升集镇三街，排水等配套设施逐步完善。力推“一村一品”特色农业发展，扶持打造耘龙彩米、窑前红梨等特色名片。建设蕉溪村安全饮水工程，蕉溪安置区年底实现全面通水。支持设立农村商业银行高升社区银行，方便G319沿线群众和企业金融业务办理。开展“党员微服务、群众大满意”活动，14个党支部筹集资金212万元，累计达成微实事项目44个。创新实行“群众来乡办事站办所包班制”，以“首问责任制”和“限时办结制”为基准，确保群众办事能够“找得到人、办得成事”。（罗　露）

【新华社湖南分社到蕉溪采访“路长制”】 2016年以来，蕉溪乡紧扣“浏阳绿心、山水蕉溪”定位，凸显全域美丽蕉溪建设主题，全力创建“G319安全文明双示范路段”，全面实施全域路长制，着力打造浏阳“路长制”的蕉溪样板，取得群众满意的效果。10月31日上午，新华社湖南分社副总编辑苏晓洲、农村部主任周楠等一行3人到蕉溪采访调研“路长制”工作。在G319安全文明双示范路段，乡党委副书记、乡长江敦明代表乡政府向采访组介绍蕉溪通过路长制助推全域美丽乡村建设的主要做法：一是践行城市管理下乡村和交通安全属地担当两种理念；二是率先实施全域路长制，推行路长机制进村组，乡、村、组三级路长分级包干，责任上肩；三是突出示范引领，打造“G319安全文明双示范路段”和村级崔溪冲示范路段；四是做好结合文章，紧扣全市农村公路三年行动政策机遇，动员发动村组路长筹资推动农村公路畅通工程和提质改造。苏晓洲副总编辑指出，蕉溪乃至浏阳全市通过率先实施路长制，找到一条建设全域美丽乡村的有效途径，效果明显，值得各界媒体向全社会广泛推介宣传。（罗　露）

【华冠花炮牵手千山药机　全自动烟花生产线试投产】 3月，千山药机与华冠花炮集团投资20亿元、占地200公顷的花炮生产基地完成选址，厂房通过安监部门的验收后分期投放200条生产线，可打造出一个世界规模最大、自动化、智能化程度最高、最安全、环保最可控的花炮产业园。千山药机（300216.SZ）和浏阳市华冠花炮集团历时三年，共同设计的全智能研制、全自动化组合烟花生产线于9月下旬试投产。生产线能够全部实现全智能、全自动化机械流水线生产，达到远程智能、人药分离、人机分离、机械化换人和机械化减人的操作目标。（《浏阳年鉴》编辑部）

龙伏镇

党委书记　杨　钢
党委副书记
　陈　庆（2016.04免）
　黄　朴（2016.08免）
　黄珍敏（2016.08任）
　刘洋（挂职　2016.12免）
　肖生祝（2016.04免）
　邹甘林（女，2016.04任　2016.09免）
纪委书记
　邹甘林（女，2016.04免）
　高积义（2016.04任）
党委委员　徐伟才　寻瑾瑜
　高积义（2016.04任）
　吉智取（2016.04任）
　肖许兵（2016.04任）
　彭　礼（2016.04任）
人大主席　陈　庆（2016.04免）
　徐伟才（2016.04任）
人大副主席
　高积义（2016.04免）
　刘　永（2016.09任）
镇　长　黄　朴（2016.08免）
　黄珍敏（2016.09任）
副镇长　徐伟才（2016.04免）
　寻瑾瑜
　肖许兵（2016.04任）
　彭　礼（2016.04任）
　陈雄伟
政协联络处主任
　肖生祝（2016.04免）
　寻瑾瑜（20.16.04任）

【概况】 2016年，龙伏镇将10个村、1个社区、1个居委会撤并为8个

龙伏镇工业集中区湘赣食品厂 （图片来源：龙伏镇）

村、1个社区、1个居委会（石江村并入龙伏社区、尚埠村并入石柱峰村），328个村民小组。龙伏镇总面积117.4平方公里，耕地2535.1公顷（其中水田2262.4公顷，旱土272.7公顷）山林地7698.1公顷，水域面积130.7公顷。2016年度，龙伏镇共有48740人口，出生814人，死亡419人，人口出生率15.4‰，自然增长率7.6‰，年降水量1346mm，无重大自然灾害。龙伏镇2016年实现工农业总产值18.75亿元，财政总收入1333.1万元，其中地方一般公共财政预算收入837.3万元，农民人均可支配收入16498元。

工业 龙伏工业集中区与浏阳高新区建立"大园带小园"的合作关系，新增加佰加海绵厂等3家企业落户，共有越泰食品、尤米制衣等7家企业建成投产。完成烟花爆竹企业机械化改造1家，退出1家，新增名河床垫等规模工业企业5家，全年工业总产值13.1亿元。

农业 积极推动农业生产规模化、机械化、专业化、标准化改造，深入实施"一村一品"工程，全年水稻种植面积300公顷，烤烟种植面积280公顷，发展农业大户3户，推广种植有机蔬菜、火龙果、甜心草莓、无花果等特色高效农产品共计约480公顷。铺排38条乡村道路畅通工程项目，总里程48.34公里。清淤整治山塘21口，除险加固大山塘10口，更新改造3座机埠，维修加固6座河坝，疏浚1平方断面以上渠道17.6公里，水库除险加固5座，安全饮水工程1处，交通、供水、排水、供电等涉农基础设施不断完善。

乡村旅游 编制龙伏全域旅游和美丽乡村建设规划、石柱峰景区修建性规划和沈家大屋保护发展规划，促进石柱峰景区公司、凤凰峡漂流公司运营管理模式转变和规范，集中精力启动打造"龙伏－新开－达峰－坪上"的人文景观和"泮春－柘庄－尚埠－石柱峰"的山水精品两条旅游线路。旅游收入较前年增长15%，500万元，年接待游客超过100万人次。

基础设施 按照"城乡统筹，环境同治"总体要求，加强三个集镇及106国道、永社公路沿线的拆违拆旧等综合整治，完成龙伏转盘红绿灯改造及浏醴高速龙伏出口、永社公路沙市接口亮点打造。推进"路长制"工作，添置洒水车、扫路机等环卫作业设备，完善全镇主次干道路面、排水、护栏、标线等设施，打造畅安舒美的公路环境。高质量推进荒山改造、屋场建设、道路绿化等工程，重点打造寄马、栗山两个幸福屋场，1个垃圾分类示范村、1个美丽村庄和4个整洁屋场成功通过上级验收。推进农村公路新三年行动计划，共提质改造、新建通畅36条农村公路，总里程33.62公里，其中相市、坪上、达峰村进行村主干道的"白改黑"，总里程13.6公里。

集镇管理 按照"定点划线、有序停车；及时清扫，有效保洁；洒水降尘、适时清洗；规范门店、店内经营"管理要求，新划停车位365个，完成焦桥集镇下水管网改造，实行日常巡查纠违制度，对店外经营、垃圾乱倒、招牌乱设等违章行为进行强力整治，镇容镇貌有效改观。

综合治理 开展平安龙伏和法治龙伏建设，有效化解矛盾纠纷93起，成功调处信访积案5起。严厉打击"三抢两盗"、诈骗、地下六合彩等违法犯罪活动，刑事、治安发案率同比下降16.5%、17.3%，人民群众的安全感和满意度大幅提升。

社会保障 全年发放低保金、临时救济款、民政医疗救助款、慈善助学金等共计355万元，惠及4200余人。新增低保户35户，城乡居民基本养老保险参保率95%以上，医保参保率100%。投入50余万元完善敬老院附属设施，对全镇散居的195位五保老人进行入户走访和慰问。推进137户危房改造，其中第一批74户全面竣工。推进精准扶贫工作，深化"一对一"结对帮扶，全年有17名贫困人口享受雨露助学计划，69户享受小额贴息贷款，21户享受分贷统还金融扶持政策，34户享受易地搬迁政策，76户享受兜底政策，290户享受面上产业扶贫政策，教育助学补贴全覆盖，实现2016年精准扶贫122户361人脱贫。完成劳动技能培训100余人次，农民农村实用技术培训500多人次，组织就业招聘3次，采集农村贫困劳动力转移就业信息512份。

文化教育卫生 积极引导文化事业发展，成立镇文联，为繁荣文化艺术注入新的活力。深入开展"先进模范人物"、"最美家庭"等系列评选活动，进一步倡导创树良好社会风尚。龙伏中学完成校园内油砂道路建设，泮春中学新建综合楼。龙伏镇卫生院通过国家卫计委"建设群众满意乡镇卫生院"复核，并得到专家组的一致好评。

党政建设 为进一步推进镇服务型基层党组织建设，实现"实力龙伏、幸福龙伏、醉美龙伏"提供更加坚固的组织保障，镇党委组织开展"春润龙伏"主题活动，搭建党员服务平台，开展"党员微服务，群众大满意"

2月21日，农业部药物鉴定所一行到龙伏镇鼎均联合社调研工厂化育秧建设项目

（图片来源：龙伏镇）

活动，坚持一切从实际出发，切实找准村级工作的结合点和切入点，多做打基础、管长远、增后劲的工作，紧密联系全镇改革发展稳定大局，不断创新活动形式和举措，努力打造党员群众满意工程。

存在问题与困难　经济总量偏小，财税增长困难，镇村两级保发展、保民生、保运转的压力仍然很大；产业特色不明显，结构性矛盾突出，转型升级任务繁重；部分群众思想观念不够解放，发展环境还不优，阻工、扰工现象还时有发生。

（陈喆　黄军）

【工厂化育秧】　以现代技术装备培育壮秧，可实现增产12%以上，亩产达到650千克以上，品质达到标准优质粳稻二级以上。项目建成后，将全面辐射和服务于龙伏、社港、沙市、淳口、北盛等乡镇的种粮大户、农业企业和农户。　（陈喆　黄军）

社　港　镇

党委书记　汤建军
副书记　周熊晏（2016.04免）
　　　　杨品正　张海丰
纪委书记　梁　民（2016.04免）
　　　　钟立敏（2016.04任）
党委委员　周熊晏　何招兵
　　　　唐世标　钟立敏
　　　　黎　艳（女，2016.4任）
　　　　张　敏（2016.04任）
　　　　梁　民（2016.04免）
人大主席　周熊晏
　　　　张海丰（2016.04免）
政协联络处主任
　　　　周熊晏（2016.04免）
　　　　何招兵
镇　长　杨品正
副镇长　何招兵　唐世标
　　　　张　敏
　　　　张金辉（2016.04任）
　　　　邱凯章（2016.04免）
　　　　姜雨薇（女，2016.04免）
人大副主席
　　　　寻　强（2016.09任）
　　　　钟立敏（2016.04免）

【概况】　2016年，社港镇总面积171平方公里，耕地面积4055.97公顷，其中水田3421公顷、旱土634.53公顷，山林面积11907.75公顷，水域55公顷。辖区总人口13652户，4.94万人，其中农业人口47169人、非农业人口2204人，2016年出生人口730人，死亡人口322人，人口出生率1.48%，自然增长率0.83%。2016年，域内16村（社区）合并为12个村（社区），清江村与清源村合并为新的清江村，新光社区与龙华村合并为新的新光社区，镇北社区与汇源村合并为新的镇北社区，淮洲村与高寿村合并为新的淮洲村。2016年，社港镇辖有清江村、源田村、合盛村、淮洲村、浏北村、永兴村、石牛村、丹霞村、周洛村9个村和社港社区、镇北社区、新光社区3个农村社区一共12个村（社区），下设406个村（居）民小组。2016年，社港镇财政收入2769万元，增长7%，地方公共财政预算收入1514万元；实现工农业总产值25.2亿元，增长88%；招商引资到位资金2.45亿元，增长157%；固定投资完成2.45亿元。

工业　企业转型步伐加快。辖区内9家烟花企业完成“三库”（中转库、危险品库、成品库）改造和机械化升级；鑫磊矿业完成安全环保技术改造，开采能力与效率大大提升。

农业　投入69.1万元完成小农水项目10个，投入80.43万完成灾损水利项目6个，投入112万元完成扶贫水利项目2个，浏北等6个村高标准农田建设全面推进，周洛村新农水项目和新光等4个村自来水项目启动建设。烤烟生产提质增效。全年种植烤烟205.67公顷，产量41.55万千克，产值1140.78万元，港背烟叶家庭农场成为浏阳家庭示范农场。规模农业形势良好。粮食种植面积达2398.8公顷，培育种粮大户13户、适度规模户65户，评选4星级农庄1家，注册土地合作社2家。

医药产业　永兴等村启动枳壳等中药材种植前期工作。湖南中医药大学中医文化传承基地落户骨伤科医院，医院门年诊量26万人次，实现业务收入2.2亿元，带动超过70万人入社港消费。江林医生获得“感动湖南”评选第二名，江氏正骨术入选湖南省非物质文化遗产。

旅游　周洛大峡谷获批国家3A级景区，周洛、丹霞湖、石牛寨、寻淮洲故居等景区基础设施逐步完善，全年接待游客超过45万人次。

项目建设　集镇提质改造、新敬老院项目基本完工，公租房、文化中心实现改造升级，新港片区开发、芦花大桥建设快速推进。永社公路社港段全面提质，社大公路“最后一公里”完成改造，蒙华铁路境内征拆安置工作，7天完成征地任务57.2公顷。落实“农村公路三年行动计划”，完成村组道路硬化41公里、提质改造23公里、危桥改造7座，村组公路体系进一步完善。

环境优化　对社大路和永社公

革命烈士寻淮洲故居　　（图片来源：社港镇）

路进行全线绿化升级，共栽种花木1万余株。建成永社公路入镇口、清江段小型花园、中医正骨文化广场、浏北出市通道和捞刀河风光绿带等精品节点，三年绿化行动获评浏阳市一类乡镇先进单位。建立镇村组三级“路长制”管理机制，实现镇内公路常态化治理。推进“门前三包”、“庭院三包”及垃圾分类减量工作，引进保洁公司，实现专业化长效保洁。推进拆违拆旧工作，全年拆违总面积18756平方米。按程序关停7家沙场，打好关山水库环境“保卫战”，生态环境日益改善。美丽乡村、幸福屋场百花齐放，社港成功创建浏阳市美丽乡镇，淮洲村获评浏阳市十佳美丽乡村旅游示范点和长沙市美丽乡村示范村，丹霞村获评浏阳市美丽乡村特色村和“两型村庄”。教军坪、小邓、中心、石牛寨等屋场火热建设，全域美丽乡村魅力彰显。

社会保障　全年发放农村低保金372万元，城镇低保金36.3万元，医疗保险报销1208万元，发放养老金1311万元；建立公益性墓地（一期工程）300余座；全面落实精准扶贫“七个一批”工程，174户561人实现脱贫。

教育卫生　启动了石牛小学新建、淮洲小学改扩建项目；社港中学课改和双狮坪中学音乐教学创新取得突破，成功举办双狮首届器乐节，获得社会高度评价。社会治理不断深化。优化计生服务，全年开展孕前优检、防癌检查、长效节育措施等服务共2万余人次。

综合治理　贯彻落实“路长制”管理工作，社港镇采取“一路一长”的管理方式，镇、村、组“三级”齐心协力，共同将社港打造成公路交通环境整洁、干净、安全、美观的“最干净集镇”。强化安全生产巡查机制，增强企业安全意识，组织全市非煤矿山应急演练，举办安全知识宣讲19场，投入20余万元完善政府监控平台，实现对镇内高危企业作业现场监控；创新综治工作机制，成立为民调解室，全年成功调解矛盾151起，老干部调解经验在全市推广；配齐专职巡防和民兵义务巡逻队伍，新增巡防电瓶车、高清摄像头等设备，形成专业巡防、义务巡防、视频巡防“三位一体”的治安巡防新格局，社会大局保持和谐稳定。

队伍建设　2016年，社港镇胜利召开社港镇第六次党代会，完成党委、人大、政府换届，树立“建设浏平长区域性中心重镇”的目标，并成功实现首战告捷。镇政府收到人大代表、政协委员意见、建议51件，办结率100%。完成新光、镇北、清江、淮洲等行政村合并工作。严格执行“三个一律”，财税、项目、公车、招投标等管理更加规范。通过12345市民服务热线等渠道，受理并办结各类诉求62件。全面推行干部网格化管理和一线工作法，干部队伍“想为、敢为、勤为、善为”的思想意识进一步强化。开展“两学一做”学习教育和“两性一心”大讨论，落实全面从严治党要求，推进干部作风整顿和经济环境优化，查处各类作风问题6起，政府执行力和公信力进一步提升。　　（马炼堪）

【周洛大峡谷成功创建国家AAA级景区】　2016年，周洛大峡谷景区开发坚持以市场运营为主体，完善景区设施、规范管理。项目品牌定位为“十里花谷、迷人周洛”，总计投资5000多万元，完成大门景观、停车坪绿化、景区公厕、环形游道、古亭、露营基地、游览船换新，票房及游客中心及春、夏、秋三季花谷等建设。2016年

周洛天线瀑布　　（图片来源：社港镇）

12 月社港镇周洛大峡谷景区获批国家 AAA 级景区，成为浏阳第 7 个国家 3A 级景区。（马炼堪）

【精准扶贫创造“新光经验”】 新光社区地处社港镇西北部，林旱地面积占总耕地的 97%，属典型的边远贫困山区，共有建档立卡贫困户 121 户，贫困人口 351 人，为省定贫困村。虽然面临困难，但龙华人进取思富的意识强烈，近三年来，在市委市政府领导关怀下，联点帮扶单位和市镇村三级的辛勤耕耘下，新光社区“内提精神、外强产业”，扎实推进“七个一批”工程（产业发展、易地搬迁、危房改造、医疗救助、教育助学、社会兜底、生态补偿），确立以“种养殖为主体”、“就业创业为主导”的脱贫模式，同时推进交通、水利、电力等基础设施建设不断优化发展环境，建立长沙市首个贫困村金融扶贫服务站，贫困户生产经营和村庄整体面貌都发生可喜的变化。2016 年 9 月 21 日，长沙市委常委、浏阳市委书记曹立军率队到社港镇新光社区龙华片调研精准扶贫工作，强调要大力推广精准扶贫脱贫、建设全面小康的“新光经验”，确保 2017 年全面脱贫。（马炼堪）

【湖南中医药大学中医文化传承基地落户社港】 2016 年 7 月 10 日，湖南中医药大学中医文化传承教学实践基地在浏阳骨伤科医院揭牌成立。浏阳骨伤科医院以百年传承的“江氏正骨术”闻名，学生们在这里将着重学习中医在临床医学上的有效性。传承教学基地的成立，一方面有利于培养实践型、应用型中医药传承医学人才，增强学校办学的社会适应能力和可持续发展能力。另一方面，为中医事业的蓬勃发展注入新的活力，提升中医药文化的社会影响力，为中医药事业的繁荣做出更多的贡献。（马炼堪）

人　物

（排名不分先后）

新任市级领导

吴新伟

吴新伟，男，汉族，湖南省长沙县人，1970年1月出生，1992年4月加入中国共产党，1997年8月参加工作，华中理工大学金属材料专业学习，博士研究生学历，获工学博士学位。

1988.09-1992.07　华中理工大学机械工程二系金属材料专业学习，大学毕业

1992.09-1994.02　华中理工大学材料系金属材料专业学习，研究生肄业，保送直博

1994.03-1997.06　华中理工大学材料系金属材料专业学习，研究生毕业，获工学博士学位

1997.08-1998.12　长沙经济技术开发区管委会主任助理

1998.12-2001.07　长沙县政府县长助理

2001.07-2003.12　邵东县政府党组成员、副县长（其中：2002.09-2003.03　省委组织部第二批中青年干部赴美培训班学习）

2003.12-2004.07　邵阳市政府副秘书长（2004.06任邵阳市政府办公室调研员）

2004.07-2011.03　长沙市发展和改革委员会党委委员、副主任

2011.03-2015.04　长沙市发展和改革委员会党委副书记、副主任

2015.04-2016.06　中共长沙县委副书记、中共长沙县委党校校长

2016.06-2016.07　中共浏阳市委副书记、市人民政府市长提名人选

2016.07-2016.11　中共浏阳市委副书记、市人民政府党组书记、代理市长

2016.11-　中共浏阳市委副书记、市人民政府党组书记、市长

领导市政府全面工作。负责监察、审计、机构编制、老龄、国防动员方面工作。联系金阳新区工作。（资料来源：浏阳政府网）

秦跃平

秦跃平，男，汉族，湖南省邵阳市人，1968年6月出生，1990年12月加入中国共产党，1991年6月参加工作，湖南省委党校科技哲学专业毕业，研究生学历。现任中共浏阳市委常委、纪委书记。

1998.09-1991.06　湖南医学专科学校医学检验专业学习，大专毕业

1995.09-1997.06　湖南省委党校科技哲学专业学习（脱产），研究生毕业

1991.06-1997.07　湖南中医学院附一院医师（期间脱产学习两年）

1997.07-1998.06　中共长沙市开福区区委办干部

1998.06-1998.10　中共长沙市开福区区委办副科级干部

1998.10-2001.08　中共长沙市开福区区委办公室副主任、政研室主任（200006任正科）

2001.08-2002.08　中共长沙市纪律检查委员会政策法规室副主任

2002.08-2007.03　中共长沙市纪律监察委员会办公厅副主任

2007.03-2008.12　中共长沙市纪律检查委员会调研法规室主任

2008.12-2012.10　中共长沙市纪律检查委员会执法监察室主任

2012.10-2014.09　中共长沙市纪律检查委员会执法监察室主任、财务监察室主任（兼）

2014.09-2015.07　中共长沙市纪律检查委员会第一纪检监察室主任

2015.07-2016.08　中共长沙市纪律检查委员会党风政风监督室主任

2016.08至今　中共浏阳市委常委、纪委书记（资料来源：市委办公室）

邓阳锋

邓阳锋，男，汉族，1972年1月出生，浏阳市淳口镇人，1989年7月参加工作，1997年6月加入中国共产党，中央党校函授学院法律

专业毕业，大学学历，获湖南大学公共管理硕士学位。

1985.09-1989.07　湖南省机械工业学校机械制造专业学习，中专毕业

1991.09-1994.07　北京大学管理科学专业学习，函授专科毕业

1998.08-2000.12　中央党校函授学院法律专业学习，大学毕业

2008.04-2013.12　湖南大学法学院公共管理专业学习，获公共管理硕士学位

1989.07-1993.01　浏阳县农机修造厂技干

1993.01-1997.07　浏阳通用机械厂(原农机修造厂)生技科科长、副厂长

1997.07-1998.09　浏阳市柏加乡乡长助理

1998.09-1998.11　浏阳市柏加乡副乡长、纪委委员

1999.04-2000.01　浏阳市柏加乡副乡长、监察员、纪委委员

2000.02-2001.10　浏阳市柏加乡党委副书记、纪委委员、监察员

2001.10-2004.01　浏阳市柏加镇党委副书记、镇长

2004.01-2006.03　浏阳市大围山镇党委书记

2006.03-2008.07　浏阳市官渡镇党委书记

2008.07-2009.09　浏阳市大围山森林公园管理处主任、市林业局党委书记

2009.09-2012.11　浏阳市大围山森林公园管理处主任、市林业局党委副书记、局长

2012. 11-2013.10　浏阳市政府党组成员、副市长、大围山森林公园管理处主任

201310-201601　浏阳市政府党组成员、副市长

2016.01-　中共浏阳市委常委、办公室主任(资料来源:市委办公室)

郭　瑞

郭瑞，女，汉族，山西省侯马市人，1980年8月出生，2000年5月加入中国共产党，2006年7月参加工作，北京化工大学管理科学与工程专业毕业，研究生学历，管理学硕士，高级工程师。

1998.09-2002.07　中南大学铁道学院土木建筑学院管理工程专业学习，大学毕业

2003.09-2006.07　北京化工大学管理科学与工程专业学习，研究生毕业，获管理学硕士学位

2002.07-2003.09　长沙优派百富林公司总经理助理

2006.07-2008.10　湖南省林业厅机关党委干事

2008.10-2009.05　湖南省林业厅机关党委副主任科员

2009.05-2009.11　湖南省林业调查规划设计院院长助理、正科级干部

2009.11-2012.06　湖南省林业调查规划设计院党委委员、院长助理、正科级干部

2012.06-2016.08　湖南省林业调查规划设计院党委委员、副院长

2016.08-　中共浏阳市委常委、统战部部长(资料来源:市委办公室)

莫小佳

莫小佳，男，汉族，中共党员，湖南省长沙市人，1978年1月出生，1996年8月参加工作，中南大学行政管理与公共关系硕士。

2003.07-2004.08　中共望城县委办公室干部

2004.08-2005.12　中共望城县委办公室督查室主任

2005.12-2006.08　中共望城县委办公室副主任

2006.08-2008.08　望城经开区管委会办公室主任

2008.08-2011.02　望城县招商合作局党组副书记、局长

2011.02-2011.09　望城县商务局党委副书记、局长

2011.09-2012.03　望城县(区)高塘岭镇党委副书记、镇长

2012.03-2012.09　望城区白箬镇党委书记

2012.09-2016.08　浏阳市政府党组成员、副市长

2016.08-2016.09　中共浏阳市委常委、宣传部长、副市长

2016.09-　中共浏阳市委常委、宣传部长(资料来源:市委办公室)

戴武明

戴武明，男，1973年5月出生，1990年参加工作，1995年加入中国共产党，研究生学历，现任浏阳市委常委、政法委书记。

1990.04-1996.12　浏阳市食品公司工作

1996.12-1997.11　浏阳市方竹皮件厂副总经理

1997.11-1999.09　浏阳市方竹皮件厂总经理

1999.09-2001.01　浏阳市商业总公司副总经理、方竹皮件厂总经理

2001.01-2001.08　浏阳市三口乡党委副书记

2001.08-2004.03　浏阳市三口乡党委副书记、乡长

2004.03-2006.03　浏阳市三口乡党委书记

2006.03-2009.09　浏阳市沙市镇党委书记

2009.09-2012.09　浏阳市大瑶镇党委书记

2012.09-2016.08　浏阳市人民政府副市长

2016.07-　中共浏阳市委常委、政法委书记(资料来源:市委办公室)

尹乐平

尹乐平，男，汉族，湖南益阳人，1973年12月出生，1990年12月入伍，1992年7月加入中国共产党，桂林陆军学院步炮指挥专业全日

制大专，国防科技大学政法专业函授本科，现任中共浏阳市委常委、浏阳市人武部政委。

1990.12-1993.08 42集团军126师侦察连战士

1993.08-1996.08 桂林陆军学院步炮指挥转业学员

1996.08- 1999.12广州军区政治部军事监狱劳改队正排职干事

1999.12-2002.12 广州军区政治部军事监狱劳改队副连职干事

2002.12-2004.12 广州军区政治部军事监狱劳改队正连职干事

2004.12-2007.01 广州军区政治部军事监狱劳改队副政治教导员

2007.01-2009.06 广州军区政治部军事监狱劳改队政治教导员

2009.06-2010.04 广州军区政治部军事监狱政治协理员

2010.04-2013.08 广州军区政治部军事监狱狱长

2013.08-2015.02 广州军区政治部保卫部刑事侦查处正团职干事

2015.02-2016.08 浏阳市人武部政委

2016.08- 中共浏阳市市委常委、浏阳市人武部政委(资料来源：市委办公室)

孙文君

孙文君，女，汉族，湖北省荆州市人，1979年4月出生，2006年11月加入中国共产党，2000年7月参加工作，华中科技大学经济法专业毕业，研究生学历，法学硕士学位。现任中共浏阳市委常委、市政府党组成员、副市长(挂职)。

1996.09—2000.07 中南财经政法大学法学专业学习，大学毕业，获法学学士学位

2000.07—2001.03 上海亚都生物科技有限公司行政助理

2001.03—2003.07 上海淳钰电子国际贸易有限公司行政专员

2003.07—2005.09 武汉庆铃汽车销售公司行政专员

2005.09—2007.07 华中科技大学经济法专业学习，研究生毕业，获法学硕士学位

2007.08—2013.02 国家土地督察武汉局干部、督察一室主任科员、审核处主任科员

2013.02—2016.10 国家土地督察武汉局审核处副处长

2016.10—2017.01 中共浏阳市委常委、市人民政府副市长候选人(挂职)

2017.01- 中共浏阳市委常委、市政府党组成员、副市长(挂职)(资料来源：市委办公室)

詹萍萍

詹萍萍，女，汉族，湖南省浏阳市人，1982年4月出生，2003年11月加入中国共产党，2007年7月参加工作，湖南师范大学中国现当代文学专业毕业，研究生学历，文学硕士。

2001.09-2005.06 湖南师范大学中文专业学习，大学毕业，获文学学士学位

2005.09-2008.06 湖南师范大学中国现当代文学专业学习，研究生毕业，获文学硕士学位

2005.08-2006.06 隆回县九中支教(中国青年志愿者扶贫接力计划研究生支教团)

2008.07-2010.04 中共开福区委组织部党建科科员

2010.04-2010.05 开福区伍家岭街道办事处科员

2010.05-2010.12 共青团开福区委副书记(公选)

2010.12-2012.08 共青团长沙市委副书记(公选)

2012.08-2015.05 共青团长沙市委党组成员、副书记

2015.06-2016.08 浏阳市柏加镇党委书记、副县级干部

2016.08-2016.11 浏阳市人民政府党组成员、副县级干部

2016.11- 浏阳市人民政府党组成员、副市长，负责商务、招商引资、粮食、旅游、大围山旅游开发管理、旅游投、文旅公司、科技、科协、知识产权、石油、盐业、海关等方面工作。协助负责政务公开与政务服务、电子政务和信息方面工作。(资料来源：浏阳政府网2017.06.30)

李爱民

李爱民，男，汉族，湖南省安化县人，1971年8月出生，1994年6月加入中国共产党，1995年7月参加工作，湖南师范大学汉语言文学专业毕业，大学学历，获湖南大学公共管理硕士学位。

1992.09-1995.06 益阳师范高等专科学校历史专业学习，大专毕业

1998.09-2000.12 中央党校函授学院经济管理专业学习，大学毕业

1999.06-2002.12 湖南师范大学汉语言文学专业学习，大学毕业

2006.04-2008.05 湖南大学政治与公共管理学院公共管理专业学习，获公共管理硕士学位

1995.07-2000.03 浏阳市第一中学教师

2000.03-2001.03 中共浏阳市委办公室科员

2001.03-2003.01 中共浏阳市委常委秘书

2003.01-2003.05 中共浏阳市委办公室副主任

2003.05-2004.08 中共浏阳市委办公室副主任、正科级研究员

2004.08-2006.08 中共浏阳市委办公室副主任、市机关后勤服务中心主任

2006.08-2009.09 浏阳市沿溪镇党委书记，浏阳市花炮精品园管委会主任(兼)

2009.09-2013.01 浏阳市文家市镇党委书记

2013.01-2015.08 浏阳市大瑶镇党委书记

2015.08-2016.01 浏阳市经济技术开发区管委会副调研员、大瑶镇党委书记

2016.01-　浏阳市人民政府党组成员、副市长，负责农业农村、水务、林业、民政、畜牧兽医水产、株树桥水库、森林公安、库区移民、烟叶生产、烟草经营、气象、水文、扶贫开发等方面工作。协助负责老龄和国防动员方面工作。联系人武部工作。(资料来源:浏阳政府网2017.07.30)

周耀辉

周耀辉，男，汉族，湖南省浏阳市人，1972年11月出生，1997年7月加入中国共产党，1992年7月参加工作。中央党校函授学院法律专业毕业，大学学历。

1988.09-1992.06　湖南省林业学校林学专业学习，中专毕业

1993.09-1996.07　中南林学院成人教育学院林学专业学习，大专毕业

1999.08-2001.12　中央党校函授学院法律专业学习，大学毕业

1992.07-1998.10　浏阳县(市)古港林业站干事、站长

1998.10-2001.10　浏阳市高坪乡党委副书记

2001.10-2005.02　浏阳市高坪乡党委副书记、乡长

2005.02-2008.01　浏阳市葛家乡党委书记

2008.01-2011.04　浏阳市洞阳镇党委书记

2011.04-2013.11　浏阳市永安镇党委书记、湖南浏阳制造产业基地党工委副书记(兼)

2013.11-2016.08　湖南浏阳制造产业基地党工委副书记、管委会主任、浏阳市永安镇党委书记

2016.08-2016.11　浏阳市人民政府党组成员、副县级干部

2016.11-　任浏阳市人民政府党组成员、副市长，负责住建、交通运输、城管、人防、规划、住房保障、工务、招投标、自来水、水建投、交建投、公路、住房公积金、征地拆迁、小城镇建设、房地产、海事等方面工作。协助负责国土、城建集团、督查、重点工程方面工作。(资料来源:浏阳政府网)

王坤球

王坤球，男，汉族，湖南省浏阳市人，1975年11月出生，1996年6月加入中国共产党，1996年8月参加工作，湖南省委党校行政管理专业毕业，研究生学历，获中南大学公共管理硕士学位。

1994.09-1996.06　湖南省财会学校电算会计专业学习，中专毕业

1995.04-2000.06　湖南省高等教育自学考试会计专业学习，大专毕业

2000.08-2002.12　中央党校函授学院法律专业学习，大学毕业

2006.09-2009.07　湖南省委党校行政管理专业学习，研究生毕业

2007.03-2009.12　中南大学公共管理学院公共管理硕士专业学习，获公共管理硕士学位

1996.08-2000.09　浏阳市达浒镇财政所农税员、团委书记

2000.09-2001.05　浏阳市柏加乡财政所所长、共青团浏阳市委常委

2001.05-2003.02　浏阳市财政局办公室秘书

2003.02-2005.02　浏阳市财政局预算科副科长

2005.02-2006.03　浏阳市政府办经济研究室副主任、浏阳市青联常委

2006.03-2008.01　浏阳市工资统发中心主任、国库科科长

2008.01-2011.01　浏阳市财政局党组成员、副局长、市青联副主席

2011.01-2013.01　浏阳市统计局党组书记、局长

2013.01-2013.12　浏阳市发展和改革局(物价局)党组副书记、局长

2013.12-2016.08　浏阳市发展和改革局(物价局)党组书记、局长

2016.08-2016.11　浏阳市人民政府党组成员

2016.11-　浏阳市人民政府党组成员、副市长，负责工业经济、环保、市场和质量监督、供销、两型产业园建设、食品安全、电力、花炮测试、应急管理、矿山资源、企业改制、邮政、电信、移动、联通等方面工作。协助负责发展改革(物价)方面工作。联系省、长沙市驻浏企业工作。(资料来源:浏阳政府网2017.07.30)

刘来宏

刘来宏，女，汉族，1980年12月出生，浏阳市镇头镇人，1998年9月参加工作，民盟成员，中央党校函授学院法律专业毕业，大学学历。现任浏阳政协副主席、市工商联合会主席。

1995.09-1998.06　湖南林业学校法律专业学习，中专毕业

1996.04-2001.06　湖南高等自学考试法律专业(湘潭大学)，大专毕业

2004.08-2006.12　中央党校函授学院法律专业学习，大学毕业

1998.09-2001.11　浏阳市神农山庄前厅部主管

2001.11-2002.11　长沙市华清景观雕塑艺术有限公司副总经理

2003.01-2008.01　浏阳市永安镇副镇长

2008.01-2009.09　浏阳制造产业基地管委会经济发展局副局长

2009.09-2011.01　浏阳制造产业基地管委会经济发展局局长

2011.01-2013.12　浏阳制造产业基地管委会副主任

2013.12-2016.11　浏阳科学技术协会主席

2016.11-　浏阳市政协副主席、市工商联合会主席

(资料来源:市政协办公室)

先进人物

孔标

孔标，男，1983年10月出生，湖南省浏阳市达浒镇金石村人，1998年7月初中毕业外出打工，2009年初回浏阳，加入三力公司。先后从事车间贴标工、仓库打包工、车间硫化工、机械维修工和橡胶车间车间主任兼机修。他工作任劳任怨，踏实工作，吃苦耐劳，从不迟到、早退、缺席，做好机械的日常维护保养，钻研机械操作技术并逐步掌握所使用的机械常见故障的处理，出色完成各项工作任务，从操作机械、维护保养设备、观察设备故障到动手修理开始，不断摸索出设备的基本性能与常见故障的解决办法，他与车间设备的所有供应商建立网络或QQ联系平台，经常保持工作学习联系，只要凭着自己一听、一看、一摸就能把住机械故障原因，已经完全掌握车间十多中设备的维修、保养技术，已经成为公司一名优秀机械维修师傅；他虚心学习管理知识，不断总结管理经验，把一个脏乱差的车间整理的规范标准。2009—2011年连续三年获得公司优秀员工，2012年度获得优秀车间主任，2011年加入中国共产党。

4月29日，在湖南省庆祝“五一”国际劳动节大会上，孔标获全国五一劳动奖章。此次会议共表彰湖南省获誉的全国五一劳动奖状5个、全国五一劳动奖章34人，省委、省政府对全国五一劳动奖章获得者授予湖南省劳动模范和湖南省先进工作者荣誉称号。新中国成立以来，浏阳共有6人获评全国劳模，20余人获评省级劳模，孔标是其中之一。

（资料来源：总工会办公室）

汤勇

汤勇，1972年出生，2003年，创办金满地鞋城，2009年，他被公推直选为集里桥社区党总支书记。

2012年，他牵头组织成立“黄帽子”志愿服务队，在环境保护、文明劝导、关爱弱势群体、调解纠纷矛盾、义务治安巡逻等方面开展志愿服务活动。至2016年已有志愿者920人，开展志愿服务活动600多次，帮助居民解决各类问题200多件。2014年，“黄帽子”志愿服务站正式注册为民办非企业单位，成为村（社区）中首个为居民服务的专业社会化组织。汤勇创新推出实现群众微心愿的“圆梦墙”，将居民大大小小的心愿被做成卡片贴到墙上，由社区网格员了解群众的心愿并进行认领；推出电子喇叭打更，提醒居民注意防火防盗；组织设立文明劝导服务岗；他率先创办社区微信公众号。他创新的工作方法和工作事迹在各类媒体报道60多次。社区先后荣获全国社区侨务工作示范单位、湖南省和谐社区、长沙市和谐示范社区等20余项荣誉。他个人多次被评为浏阳市先进个人，荣获“长沙市雷锋式人民公仆”等称号。2016年3月，在中央文明办举办的中国好人榜评选活动中被评为“敬业奉献好人”。

（资料来源：集里街道办事处党政办）

文献选编

中共浏阳市委
关于印发《浏阳市党风廉政建设巡察
工作方案》的通知

浏发〔2016〕9 号

各乡镇党委、街道工委，市委各部、办、委，市直机关各单位、各人民团体党组（党委）：

《浏阳市党风廉政建设巡察工作方案》已经市委同意，现印发给你们，请认真贯彻执行。

中共浏阳市委

2016 年 5 月 10 日

浏阳市党风廉政建设巡察工作方案

为贯彻省委、长沙市委关于探索开展县级巡察工作的精神，推广基层巡察工作模式，提高监督实效，解决党风廉政建设突出问题，根据《中国共产党巡视工作条例》、《中共湖南省委贯彻〈中国共产党巡视工作条例〉实施办法》和《中共浏阳市委关于落实党风廉政建设党委主体责任和纪委监督责任的实施意见（试行）》（浏发〔2014〕9 号）精神，参照中央和省委巡视工作的做法，结合我市实际，制定本方案。

一、指导思想

全面贯彻落实十八届中央纪委六次全会精神，按照全面从严治党要求，扎实开展党风廉政建设巡察工作，推动“两个责任”落实。坚持问题导向，着力发现并解决一批作风、纪律、腐败问题，着力纠正群众身边的“四风”问题，着力查处各类“雁过拔毛”式腐败问题，着力解决严重违反民主集中制、班子不团结问题，深入推进基层党风廉政建设，将我市打造成党的巡视制度向基层延伸的样板，努力建设更加优良的政治生态环境。

二、机构设置

1. 成立全市党风廉政建设巡察工作领导小组，由市委常委、纪委书记任组长，市委常委、组织部长任副组长，纪委副书记、组织部分管干部和干部监督工作的副部长，财政、审计、农业等部门主要负责人为成员。领导小组办公室设在纪委，由纪委分管副书记兼任办公室主任，抽调相关人员负责综合管理、日常协调等工作。

2. 成立五个巡察组，负责具体实施巡察工作。建立巡察组组长、副组长人选库，从科级干部中选择一批原则性强、作风正派、群众口碑好的人员作为备用人选，巡察时按照“一事一授权”的方式从中选用。开展巡察时，各巡察组另设一名副组长，由乡镇（街道）纪（工）委书记、派驻市直单位纪检组长或联系被巡察单位的纪委内设纪检监察室主任担任。成员在纪委、组织部、财政局、审计局、农业局干部以及全市纪检监察干部中抽调产生。

三、巡察方式

巡察工作采取常规巡察与专项巡察相结合，实行定期与不定期、选择性与随机性相结合的巡察方式。定期方式主要为分上、下半年两批进行，不定期方式主要是根据工作需要临时实施；选择性方式主要是针对问题比较突出的单位开展巡察，随机性方式主要是按一定比例抽签确定单位开展巡察。巡察实行一次一授权。

四、巡察对象

巡察对象主要为浏阳市管领导班子及其成员，党组织关系在浏的省、长沙市驻浏单位领导班子及其成员，必要时村（社区）党组织及其班子成员也可列为提级巡察对象。

五、巡察内容

巡察组对巡察对象执行《中国共产党章程》和其他党内法规，落实全面从严治党履行党委主体责任、纪委监督责任等情况进行监督，着力发现以下问题：

1. 违反党的政治纪律、组织纪律、廉洁纪律、群众纪律、工作纪律和生活纪律等问题；

2. 违反中央“八项规定”、省委“九项规定”、长沙市委“两规定一办法”和浏阳市委“三个一律”等问题；

3. 违反中央、省委、长沙市委和浏阳市委重大决策部署情况等问题；

4. 违反“三重一大”事项集体决策、党政正职“三个不直接分管”、末位表态制度等问题；

5. 违反规定选拔任用干部，存在“带病提拔”“带病上岗”等问题；

6. “不作为、缓作为、乱作为”等问题；

7. 其他需要巡察的问题。

六、工作程序

（一）组织动员阶段

1. 制定巡察总体方案，调配巡察人员并组织业务培训，向各巡察组通报被巡察单位相关信息。

2. 各巡察组根据巡察总体方案制定实施方案，在与被巡察单位党委（党组）沟通后下达巡察通知，被巡察单位在本部门、本系统公布巡察通知内容。

3. 巡察组发布巡察公告，将巡察对象、巡察内容、举报电话和邮箱等向社会公开。

（二）进驻巡察阶段

1. 听取意见。围绕巡察重点内容，通过集中汇报、个别谈话、组织暗访等形式，广泛听取被巡察单位领导班子成员、干部职工、下属单位主要负责人意见，深入了解被巡察单位党风廉政建设情况。

2. 查阅资料。巡察组可调阅复制有关文件、财务账目、档案、会议记录等资料。

3. 受理来访。巡察组及时处理反映巡察对象问题的来信、来访和网上举报等。

（三）核实处置阶段

集中巡察后，巡察组向领导小组报告巡察所掌握的重大情况和问题线索，领导小组对巡察发现的问题，依据干部管理权限和归口管理的原则，按照以下方式处理：

1. 巡察对象涉嫌违纪的问题线索和作风方面存在的突出问题，移交纪委按有关规定处理。

2. 巡察对象及有关干部在执行民主集中制、干部选拔任用、领导班子建设等方面存在的问题，移交组织部处理。

3. 其他问题移交相关单位处理。

（四）督促整改阶段

1. 专题反馈。巡察组对在巡察中掌握的被巡察单位党风廉政建设情况，形成巡察报告。并组织召开会议，向被巡察单位反馈巡察情况。

2. 督促整改。被巡察单位党组织主要负责人为落实整改工作的第一责任人。被巡察单位在收到反馈意见后，要召开专门会议研究制定整改方案，认真整改落实，在巡察组规定的时间内完成整改并撰写整改情况报告。整改方案和整改落实情况分别报市委巡察办和巡察组，并在一定范围内进行公开。巡察组对被巡察单位的整改落实情况进行督导检查，并向领导小组报告检查情况。

3. 及时总结。市委巡察办和巡察组要及时对巡察工作的开展情况进行总结，分析存在的问题和不足，总结和推介好的经验做法。

七、结果运用

1. 巡察结果及整改落实情况纳入党风廉政建设年度考核，作为对被巡察单位领导班子考核评价和对干部选拔任用、奖励惩处的重要依据。

2. 巡察结果及整改落实情况以适当形式向社会公开。

八、工作要求

1. 巡察组应当严格执行请示报告制度，对巡察工作中的重要情况和重大问题及时向市巡察工作领导小组请示报告，如遇特殊情况，巡察组可直接向市巡察工作领导小组组长报告。巡察组及其工作人员应认真履行巡察监督职责，严格遵守巡察工作纪律，对于疏于职守，应当了解监督的事项而没有了解，应当报告的事项而没有报告的，以及违反巡察工作纪律规定的，将严格追究责任人的纪律责任。巡察组不干预被巡察单位的正常工作，不履行执纪审查的职责。

2. 被巡察单位及其工作人员应当积极配合开展巡察工作，按要求如实汇报情况，及时提供有关资料和必要的工作条件。对隐瞒不报或者故意提供虚假情况、不按要求提供相关文件资料、阻碍巡察工作、不按要求整改问题的，将对单位主要负责人和直接责任人进行严肃处理。

3. 市直有关部门应积极支持配合党风廉政建设巡察工作，对巡察组交办的任务积极接受，认真落实。

4. 各乡镇（街道）和下属二级机构较多的市直单位应参照本方案成立巡察工作机构，组织对所辖村（社区）及重点站办所、二级机构开展巡察。

5. 领导小组建立巡察工作考核评价机制，从工作态度、工作质量、工作成效等方面，对各巡察组作出评价，评价结果与任命授权挂钩。

6. 纪委第三纪检监察室负责对各巡察组工作开展、遵规守纪等情况进行监督检查，并对反映巡察组及其成员的投诉举报进行调查核实。

中共浏阳市委
浏阳市人民政府
印发《贯彻落实〈中共中央国务院关于打赢脱贫攻坚战的决定〉的实施方案》的通知

浏发〔2016〕13号

各乡镇党委、街道工委，各乡镇人民政府、街道办事处，市直各单位：

现将《贯彻落实〈中共中央国务院关于打赢脱贫攻坚战的决定〉的实施方案》印发给你们，请结合实际认真贯彻落实。

中共浏阳市委
浏阳市人民政府
2016年9月11日

贯彻落实《中共中央国务院关于打赢脱贫攻坚战的决定》的实施方案

为贯彻落实《中共中央国务院关于打赢脱贫攻坚战的决定》(中发〔2015〕34号)、中共长沙市委长沙市人民政府下发的《贯彻落实〈中共中央国务院关于打赢脱贫攻坚战的决定〉的实施方案》(长发〔2016〕11号)文件精神，结合我市实际，特制定以下实施方案。

一、总体要求

(一)指导思想

深入贯彻落实习近平总书记关于精准扶贫的系列重要讲话精神、中央扶贫开发工作会议精神、省委省政府和长沙市委市政府关于扶贫开发的决策部署，以“五大发展理念”为指针，按照“精准扶贫、不落一人”的要求，围绕“率先建成全面小康、加快实现基本现代化”的总体目标，以建档立卡贫困户和省定贫困村为主要对象，坚持扶贫开发与经济社会发展相互促进，精准帮扶与社会保障有效衔接，整合社会资源，凝聚各方力量，打好政策组合拳，全面实施脱贫攻坚行动计划，坚决打赢脱贫攻坚战，为建设“两个中心”、进军全国十强奠定坚实基础。

(二)目标任务

确保省定贫困村全部“摘帽”。到2017年，全市33个省定贫困村全部“摘帽”。主要指标为：贫困村现行标准下的建档立卡贫困户全部脱贫，人均可支配收入10000元以上，村集体经济收入达到4万元以上，基础设施和基本公共服务主要领域突出问题得到有效解决。

确保建档立卡贫困人口全部“清零”。到2017年，全市现行标准下的建档立卡贫困人口全面实现脱贫。主要指标为：实现“两不愁、三保障”，即稳定实现贫困户不愁吃、不愁穿，义务教育、基本医疗和住房安全有保障；贫困户家庭年人均可支配收入稳定超过现行国家扶贫标准，达到4000元以上。

(三)基本原则

坚持党委领导、政府主导。充分发挥党委总揽全局、协调各方的领导核心作用，严格执行脱贫攻坚一把手负责制，市乡村三级书记一起抓，切实加强贫困村党组织建设。强化政府职责，引领协同发力，构建社会参与的扶贫大格局。

坚持精准扶贫、精准脱贫。按照规划到村、帮扶到户、责任到人的要求，因地制宜，因户施策，全面落实扶持对象、扶贫项目、资金使用、措施到户、因村派人、脱贫成效“六个精准”，切实做到扶真贫、真扶贫、真脱贫。

坚持保护生态、绿色发展。牢固树立绿水青山就是金山银山的理念，始终把保护生态、绿色环保作为脱贫之基、致富之道，积极探索生态扶贫新路子，让贫困人口在生态建设与修复中得到更多实惠。

坚持问题导向、改革创新。针对扶贫开发的新形势、新问题，创新扶贫开发路径，由“大水漫灌”向“精准滴灌”转变；创新扶贫资源使用方式，由多头分散向统筹集中转变；创新扶贫考评体系，提高脱贫攻坚成效考核权重。

坚持自力更生、艰苦奋斗。充分发挥贫困群众主体作用，注重扶贫先扶志，激发贫困人口自主脱贫内在动力，增强贫困人口自我发展能力，由偏重“输血”向注重“造血”转变，避免政府大包大揽和全兜底的简化模式。

二、工作分解

根据全省“1+10+17”(1个实施意见、10个保障机制、17个专项扶贫工作规划)的脱贫攻坚政策支撑体系建设要求，结合浏阳实际，在全市开展易地扶贫搬迁、金融扶贫、社会扶贫、农网改造、道路交通、就业扶贫、教育扶贫、医疗救助、危房改造、电商扶贫、旅游扶贫、产业发展、水利和饮水安全、兜底保障14项专项扶贫工作，具体分解如下：

(一)易地扶贫搬迁工作组

组　长：吴　敏

牵头部门：发改局

成员单位：住建局、财政局、国土局、农业局、林业局、环保局、规划局、移民局、金融办

目标任务：到2017年底，完成符合条件、自愿搬迁的建档立卡贫困户的搬迁任务，确保搬迁对象“搬得出、稳得住、有事做、能致富”。

实施重点：

1. 制定易地扶贫搬迁工作实施方案及年度计划，制定相关配套政策，建立易地扶贫搬迁工作运行机制，制定易地扶贫搬迁工作考核办法。

2. 指导乡镇合理确定易地搬迁区域，确定易地扶贫搬迁投融资主体和建设主体，多方筹措易地扶贫搬迁建设资金；保证易地扶贫搬迁用地指标，用好城乡建设用地增减挂钩政策。

3. 指导和支持乡镇因地制宜选择搬迁安置方式，积极引导扶持实施整体移民搬迁安置，合理确定分期搬迁安置目标、搬迁范围、安置地点和住房建设标准，做好集中搬迁安置区建设规划和基础设施配套建设规划，统一规范零散易地搬迁户的管理。

4. 加强易地扶贫搬迁项目资金管理，积极落实土地、产业、就业、户籍和社会保障政策。

(二)金融扶贫工作组

组　长：吴　敏

牵头部门：金融办

成员单位：财政局、农业局、人民银行浏阳支行、农村商业银行

目标任务：通过政策性扶贫资金和金融信贷的联动，发挥政策性扶贫资金撬动信贷资金的杠杆作用，有效缓解贫困户发展产业面临的资金短缺问题，加快脱贫致富步伐。

实施重点：

1. 制定金融扶贫工作实施方案及年度计划，引导金融机构加大扶贫信贷支持力度，创新扶贫金融产品及服务。

2. 利用相关金融机构提供的政策性贷款等资金，推动易地扶贫搬迁、扶贫产业开发、基础设施建设、医疗卫生服务等扶贫项目建设。

3. 开展扶贫小额信贷工作，全面完成建档立卡贫困户评级授信工作，切实完成好上级分配的年度扶贫小额信贷任务。

4. 创新精准扶贫担保模式，建立风险补偿机制，运用财政杠杆促进金融机构加大对贫困户小额信贷的支持力度，缓解农村贫困群众小额信贷融资难的问题。

5. 开展金融服务站建设工作，在社港镇龙华村、源田村先行先试，力争在2017年末实现33个省定贫困村金融服务站全覆盖。

(三)社会扶贫工作组

组　长：郭　瑞

牵头部门：统战部

成员单位：民政局、人社局、总工会、团市委、妇联、工商联、残联

目标任务：鼓励支持民营企业、社会组织、个人参与扶贫开发，实现社会帮扶资源和精准扶贫有效对接，引导全社会形成帮助贫困群众的良好氛围。

实施重点：

1. 制定社会扶贫工作实施方案及年度计划，落实税收优惠、职业培训补贴等就业创业扶持政策，对定点培训机构组织符合条件的贫困人口参加职业培训给予职业培训补贴和职业技能鉴定补贴；对输送贫困劳动力就业的职业中介机构给予职业介绍补贴。

2. 建立社会扶贫捐助基金，落实企业和个人公益扶贫捐赠所得税税前扣除政策，全面及时公开扶贫捐赠信息，提高社会扶贫公信力和美誉度，构建社会扶贫信息服务网络，探索发展公益众筹扶贫。

3. 充分发挥各民主党派、无党派人士在人才和智力扶贫上的优势和作用；组织民营企业参与精准扶贫，开展“百企帮百村”精准扶贫行动。

4. 组织开展“10•17”全国扶贫日活动，动员社会力量参与精准扶贫，开展扶贫志愿者活动，形成实施扶贫志愿者行动计划和社会工作专业人才服务贫困地区计划。

(四)农网改造工作组

组　长：王坤球

牵头部门：发改局

成员单位：供电公司、地方电力公司

目标任务：加大电网通村达户工程建设，到2017年底，实现国家电网贫困地区配网改造全覆盖，确保解决贫困村、贫困户生产、生活用电问题。

实施重点：

1. 制定农网改造工作实施方案及年度计划，摸清全市所有贫困村、贫困户的供电网络和供电服务现状，制定分区域、分年度的农网改造计划。

2. 优化改造农村电网中低压网络，解决变压器重过载、低电压等问题，全面提升农网供电能力和供电质量，保障贫困地区特色产业发展和易地搬迁集中安置区用电需求。

3. 实现贫困地区供电服务均等化，市域电网同网同价。

(五)道路交通工作组

组　长：周耀辉

牵头部门：交通运输局

目标任务：2017年年底前解决好贫困村道路交通瓶颈问题，改善贫困村发展条件。

实施重点：

1．制定道路交通工作实施方案及年度计划，将贫困村通畅工程建设优先纳入市农村公路建设三年行动，25户以上村民集中居住区域的道路在2017年全部实现硬化。2016年33个省定贫困村安排99公里的计划指标，且补助标准相对非贫困村提高20%。

2．加强贫困村公路安全防护和危桥改造，重点投资通乡油路（硬化路）建设、县乡道改善、村道完善等“毛细血管”工程建设，解决贫困村道路交通“最后一公里”问题。

3． 支持贫困地区农村道路公益性基础设施管理和养护。

（六）就业扶贫工作组

组 长：吴 敏

牵头部门：人社局

成员单位：经信局、财政局、农业局、商务合作局、总工会、工商联、残联

目标任务：对吸纳贫困劳动力的企业和开发公益性岗位的用人单位给予优惠政策；对贫困家庭劳动力免费提供就业信息、职业指导、职业介绍、就业创业培训和创业帮扶等服务，形成就业扶贫长效机制，实现“就业一人，脱贫一户”的目标。

实施重点：

1．制定就业扶贫工作实施方案及年度计划，切实加强农村人力资源服务平台建设，开展农村贫困劳动力转移就业信息采集，掌握农村贫困劳动力基本信息、转移就业意向和职业技能培训需求，按照“一人一卡”的要求，为有转移就业愿望和培训需求的贫困劳动力建档立卡，建立动态管理电子台账，制定有针对性的就业帮扶措施。

2．建立本地企业用工调查长效制度，适时对空缺岗位信息进行统计分类，筛选出适合贫困劳动力就业的工作岗位，积极帮助有就业意向的贫困劳动力求职应聘、上岗就业，帮扶指导有创业意愿的贫困劳动力实现创业。

3．加强技能培训，根据贫困劳动力就业意愿和自身素质情况以及当地企业用工需求，依托全市职业（技工）教育培训资源开展定向、订单式职业技能培训，按政策规定享受培训补贴，提升贫困劳动力就业创业能力。依托全市农技推广和农业科技教育资源，加强农村创业和农业实用技术培训，引导贫困劳动力参加创业就业。

4．探索公益性岗位就业扶贫方式，对于其他方式无法实现就业的贫困劳动力，采用政府购买服务的办法，按照《长沙市公益性岗位目录》，开发基层社会管理和公共服务公益性岗位，就地就近安置就业。

（七）教育扶贫工作组

组 长：邓雪琴

牵头部门：教育局

成员单位：财政局、人社局、农业局

目标任务：构建覆盖全市所有学段贫困家庭学生的帮扶工作机制，实现所有贫困家庭学生国家助学政策全覆盖，不让一个贫困家庭学生因贫失学，不让一户农村家庭因学致贫。

实施重点：

1．制定教育扶贫工作实施方案及年度计划，支持贫困村义务教育学校改造建设，优先安排项目建设，并给予补助资金倾斜，确保贫困学生就近入学。

2．落实好各学段贫困家庭学生教育资助政策，建立健全教育资助制度，实现贫困家庭学生应助尽助、应贷尽贷。

3．对建档立卡贫困家庭的学生实施普通高中、中等职业教育免除学杂费政策，实施好雨露计划，让贫困家庭“两后生”（初、高中毕业未能继续升学的贫困家庭中的富余劳动力）都能接受适应就业需求的职业教育或职业培训。

4．全面落实贫困家庭大学生、研究生资助政策，开办大学生、研究生生源地信用助学贷款，确保贫困家庭大学生、研究生不因贫失学。

5． 实施农村教师人才津贴政策和农村教师周转房建设，全面改善农村教师待遇。

6．充分发挥市教育基金会“拾遗补缺”的帮扶作用。

（八）医疗救助工作组

组 长：邓雪琴

牵头部门：卫计局

成员单位：民政局、财政局、人社局、残联、红十字会

目标任务：统筹合作医疗、大病保险、医疗救助、慈善救助等相关政策，让全市因病致贫的贫困人口得到相应的医疗救助，着力解决因病致贫、因病返贫问题。

实施重点：

1．制定医疗救助工作实施方案及年度计划，安排专项医疗救助扶贫资金，制定针对建档立卡贫困人口的特殊医疗救助政策，将其全部纳入城乡居民基本医疗保险范围，贫困人口参加城乡居民基本医疗保险个人缴费部分全部由财政给予补贴。

2．从2016年起将建档立卡贫困户全部纳入大病救助范围；建立贫困人口大病分类救治机制和先诊疗后付费的结算机制；加大医疗救助、大病救助力度，将贫困人口门诊和县级以上住院基本医疗费用报销比例提高10%，贫困人口大病保险报销起付线标准降低50%，完善24种农村重大疾病按病种付费工作。

3．组织人民医院、中医院、妇幼保健院等医院专业医疗队伍到贫困村开展义诊活动。

4．加大农村贫困残疾人康复服务和医疗救助力度，扩大纳入基本医疗保险范围的残疾人医疗康复项目。

5．支持每个贫困村建一所标准化卫生室，加大贫困地区医疗卫生人才队伍建设力度。

（九）危房改造工作组

组长：周耀辉

牵头部门：住建局

成员单位：民政局、财政局、农业局、残联

目标任务：2017年年底前完成全市符合危房改造条件、有改造意愿的贫困户危房改造任务，确保建档立卡贫困户有安全的基本住房。

实施重点：

1．制定危房改造工作实施方案及年度计划，建立农村建档立卡贫困户危房改造台账，完成农村建档立卡贫困户危房改造对象的精准认定工作。

2．在坚持群众自筹为主的前提下，进一步加大帮扶力度，充分发动全社会积极参与，形成部门帮助、社会扶助、干部援助、邻里资助的帮扶机制，共同推进农村贫困

家庭危房改造。

3. 坚持先规划后建设，将农村贫困户危房改造与新农村建设、传统村落保护发展等结合起来，引导村民科学选址、理性建房。

4. 落实建档立卡重点援建户再享受扶贫部门1万元建房补贴政策，民政部门对房屋因灾全倒的建档立卡贫困户落实灾后重建补助1—2万元，残联对建档立卡残疾人家庭危房改造给予0.4万元的跟进补贴。

(十)电商扶贫工作组

组长:詹萍萍

牵头部门:商务合作局

成员单位:经信局、市场和质量监督局、供销社、邮政公司

目标任务:加快贫困村宽带网络建设，建立农产品直销、农村电子商务等新型流通渠道，加大对贫困地区农产品品牌推介营销支持力度，促进贫困村产业发展。

实施重点:

1. 制定电商扶贫工作实施方案及年度计划，完善电信普遍服务补偿机制，推进宽带网络覆盖贫困村。

2. 支持电商企业拓展农村业务，加强贫困村、贫困户农产品网上销售平台建设，推进知名电商平台在贫困村建立区域电商服务中心。

3. 加快农村物流配送体系建设，支持邮政、供销合作等系统在贫困村建立服务网点，到2017年年底实现33个贫困村都有电商服务站。

4. 加强贫困村农村电商人才培训，支持每个贫困村培训1名以上网络信息员和电商人才，对贫困家庭开设网店给予资费优惠。

(十一)旅游扶贫工作组

组长:詹萍萍

牵头部门:旅游局

目标任务:到2017年底，通过旅游品牌打造、乡村旅游精品线路串联和规划指导、人才培训等措施带动沿线地区贫困群众脱贫，初步形成旅游扶贫产业格局。

实施重点:

1. 制定旅游扶贫工作实施方案及年度计划，指导支持贫困村因地制宜做好旅游与民俗文化、生态农业、传统手工业融合发展规划，建设3—5个特色鲜明、亮点突出的旅游名村，打造一批红色文化旅游、休闲观光农业旅游、养生度假旅游、种植采摘体验旅游等旅游品牌。

2. 制定乡村自驾游产品线路规划，重点支持贫困村旅游基础设施配套建设，以线路带动整村推进，实现贫困户脱贫。

3. 大力开展乡村旅游智力扶贫，组织实施旅游规划扶贫公益行动，组织开展乡村旅游扶贫重点村村干部培训和乡村旅游服务人员培训。

(十二)产业发展工作组

组　长:李爱民

牵头部门:农业局

成员单位:科技局、财政局、林业局、畜牧局

目标任务:通过实施农业产业扶贫项目，帮助全市建档立卡贫困户中有劳动能力和农业产业发展需求的贫困人口脱贫。

实施重点:

1. 制定产业发展工作实施方案及年度计划，出台支持产业扶贫项目的特殊政策，统筹全市涉农产业项目扶贫资金，根据产业扶贫效果和投入安排产业扶贫资金。

2. 在申报、实施、审批产业项目(政策性扶持补助项目)时，将精准扶贫工作纳入项目实施内容，发动项目申报单位依托项目实施参与扶贫工作。

3. 通过分贷统还等多种方式吸引、鼓励新型经济组织参与精准扶贫，带领贫困群众脱贫致富。

4. 指导贫困村制定特色产业发展规划，支持贫困村因地制宜发展特色产业，实施贫困村“一村一品”产业推进行动，着力培育致富带头人，每个贫困村扶持3—5个产业带头人，发展1—2个示范产业合作组织，每个有劳动能力和就业需求的贫困户至少加入1个合作组织。

5. 针对贫困户开展产业技能培训，提升贫困人口自主脱贫能力，增强“造血”功能。

(十三)水利和饮水安全工作组

组　长:李爱民

牵头部门:水务局

成员单位:财政局、卫计局

目标任务:2017年年底前完成饮水安全扶贫工程建设任务，使全市饮水困难和无安全饮水的贫困人口都能喝上干净、方便、稳定的饮用水。

实施重点:

1. 制定水利和饮水安全工作实施方案及年度计划，全面摸清全市水利建设和饮用水源情况，根据自然、经济条件，分类制定水利建设和安全饮水工程实施方案。

2. 合理选择饮水工程的类型、规模及供水方式。强化水质监管，采取有效措施，保护好饮用水源。单村单井小型供水工程要完善日常自检设备，配备专职人员，并由卫计局对水质进行定期抽检，确保饮水安全。

3. 对人口相对集中的偏远贫困村采取单村或联村工程供水方式;对山丘区人口分散区域可采取多户、单户引泉或深井取水方式;对能够就近依托已建成的水厂的，通过水厂管网延伸解决饮水问题。

(十四)兜底保障工作组

组　长:李爱民

牵头部门:民政局

成员单位:财政局、人社局、残联

目标任务:到2017年底，将全市因丧失劳动力，缺乏自我发展能力，无法通过生产扶持、就业创业、搬迁安置和其他措施脱贫的家庭纳入最低生活保障范畴，将不符合最低生活保障条件的建档立卡贫困户按政策实施临时救助，不让一户贫困，不让一人掉队。

实施重点:

1. 制定兜底保障工作实施方案及年度计划，统筹安排兜底保障扶贫资金，制定针对贫困人口的特殊扶助政策，对符合条件的对象纳入最低生活保障，做到应保尽保;通过提标，确保到2017年低保标准不低于扶贫标准，不断提高贫困人口人均救助水平。

2. 建立农村低保和扶贫开发的数据互通、资源共享

信息平台，实现动态监测管理。进一步加大最低生活保障城乡统筹力度，到2017年全面实施城乡低保一体化，实现低保与扶贫“两线合一”。

三、工作机制

（一）统计监测机制

利用好全省扶贫开发的大数据平台，逐乡逐村建立精准扶贫台账，实行脱贫销号、返贫录入，做到精准识别、精准脱贫。建立科学有效的贫困监测体系，形成与关联行业部门信息互联、数据共享的资源平台，解决好“扶持谁”的问题。

（二）退出激励机制

根据我省贫困村和贫困人口的退出标准、退出程序和验收办法，对“摘帽”的省定贫困村在2020年底前保持扶贫政策不变、扶贫投入不减；对已脱贫的农户，在一定时期内让其继续享受扶贫相关政策，避免出现边脱贫、边返贫的现象，解决好“如何退”的问题。

（三）驻村帮扶机制

按照“贫困村驻村帮扶全覆盖，贫困户结对帮扶全覆盖”的要求，市级驻村帮扶责任单位和各乡镇（街道）要提高干部派出比例，确保33个贫困村都有驻村工作队、全市所有建档立卡贫困户都有结对帮扶责任人“两个全覆盖”。派出单位要从资金、项目、技术、市场、培训等方面，为帮扶队员开展工作提供条件和保障。建立驻村工作队督查、考核、激励、问责机制，切实做到不脱贫不脱钩。

（四）贫困村约束机制

制定关于建立贫困村约束机制的实施意见，从必须作为、禁止作为、提倡作为三个方面引导贫困村将工作重点放在扶贫开发工作上，切实加强各类扶贫资金的投向、使用与项目监管，引导将扶贫资金用于建档立卡贫困户脱贫、解决贫困村基础设施和基本公共服务主要领域突出问题、发展集体经济项目上来，禁止借扶贫之名搞各类形象工程。

（五）扶贫资金管理机制

要统筹涉农资金投入，加大资金管理力度，发挥财政资金的引导和放大作用，撬动社会资本和金融资本投向贫困村和贫困户，有效解决融资难的问题。以脱贫规划为引领，以扶贫项目为载体，完善扶贫资金使用管理办法，提高扶贫资金使用效率，建立扶贫项目公告公示制度，健全扶贫项目动态监督管理机制和扶贫资金违规使用责任追究制度。

（六）督查考核机制

将脱贫攻坚工作纳入年度重点督查工作内容，制定督查方案，定期组织督查督办，确保市委、市政府关于脱贫攻坚决策部署得到全面贯彻落实。对脱贫攻坚责任不落实、机制不健全、帮扶不到位、任务不完成等现象进行通报并严肃处理。制定扶贫工作考核办法，将脱贫攻坚纳入绩效考核重要内容，制定对乡镇（街道）、市直部门、省定贫困村、驻村工作队的考核办法。强化考核结果运用，对落实不力的乡镇（街道）和市直部门，由市精准扶贫工作领导小组向市委、市政府报告并提出责任追究建议；对未完成年度减贫任务的乡镇（街道）和未完成年度扶贫任务的市直部门，要对其党政主要领导进行约谈，年终考评不能评先评优。对扶贫责任不落实、假脱贫、被脱贫和“数字脱贫”的乡镇（街道），由市委对乡镇（街道）党（工）委书记进行诫勉谈话或按有关规定问责免职。对在精准扶贫工作中表现优秀、政绩突出、群众公认的乡镇（街道）党（工）委书记，符合条件的可以提拔使用。

四、保障措施

（一）落实工作责任

乡镇（街道）党（工）委、政府（办事处）承担主体责任，党政一把手是第一责任人，做好精准识别、进度安排、项目落实、资金使用、人力调配、推进实施等工作，每年年底向市委、市政府作脱贫攻坚进展情况的报告。乡、村两级要逐级递交脱贫攻坚责任状，层层传导压力，级级压实责任。各乡镇（街道）和33个省定贫困村要制定脱贫攻坚公示公告栏，将精准扶贫领导机构及职责、贫困村和贫困人口基本情况、帮扶措施、工作任务、脱贫年限、帮扶单位和责任人等进行公示公告。市直部门要按照部门职责落实精准扶贫工作责任，实现部门专项规划与脱贫攻坚规划的有效衔接，市直部门一把手要履行精准扶贫第一责任人责任，14个专项扶贫工作组的牵头部门要结合成员单位规划制定专项工作规划，报市精准扶贫工作领导小组办公室备案，每年年底向市委、市政府作精准扶贫工作进展情况的报告。

（二）加强基层组织

结合乡镇领导班子和村支两委换届，选优配强乡镇和省定贫困村领导班子尤其是一把手。抓好以村党组织为领导核心的村级组织配套建设，集中整顿软弱涣散村党组织。加大驻村干部考核力度，不稳定脱贫不撤队伍。对在驻村扶贫中干出成绩、群众公认的驻村干部，要重点培养使用。加快推进省定贫困村村务监督委员会建设，继续落实好“四议两公开”、村务财务公开、村账乡镇代管等民主管理制度，规范扶贫资金使用范围、程序和监管等。

（三）强化队伍建设

强化乡镇（街道）精准扶贫工作领导小组和工作机构，强化精准扶贫工作领导小组及其办公室的决策部署、统筹协调、督促落实、检查考核的职能。要充实配强精准扶贫工作力量，形成大扶贫办工作格局；各乡镇（街道）要配备1—2名扶贫专干专职负责精准扶贫工作。加大对乡镇（街道）领导干部和扶贫干部、省定贫困村书记、驻村帮扶工作队员的培训力度，全面提升扶贫干部队伍能力水平。

（四）营造浓厚氛围

坚持正确舆论导向，全面准确宣传解读中央和省、市扶贫开发决策部署、政策举措，宣传部门和扶贫部门要制定精准扶贫宣传工作方案，广泛宣传我市精准扶贫的先进典型和经验做法。各乡镇（街道）和33个省定贫困村要制作精准扶贫政策宣传栏，让广大群众知晓精准扶贫政策，增强贫困人口脱贫的内生动力。建立扶贫信息报送制度，纳入扶贫考核内容，加强扶贫信息沟通。报社、电视台等新闻媒体要开设专栏，策划宣传主题，开展系列深度报道。建立扶贫荣誉制度，对精准扶贫工作作出突出贡献的单位和个人进行通报表扬，引导和鼓励社会各界更加关注、广泛参与精准扶贫工作。

LYDR—2016—00002

浏阳市人民政府
关于加速推进花炮产业发展的意见

浏政发〔2016〕2号

各乡、镇人民政府，街道办事处，市直各单位：

为加速推进全市花炮产业转型升级，加快推动产业集约化、设备机械化、生产标准化、管理信息化，使浏阳花炮产业朝着安全环保的方向持续、健康、稳定发展，根据《浏阳市人民政府关于鼓励和支持民营经济发展的若干意见》（浏政发〔2013〕17号）精神，结合实际，特作出如下意见：

一、加速推进整合提升

（一）建立健全烟花爆竹企业兼并重组、淘汰退出机制，严格控制企业数量，到2018年末我市烟花爆竹企业总数控制在600家以内。

（二）鼓励烟花爆竹企业组建企业集团，兼并其他烟花爆竹企业和实行连锁经营模式，提升企业抗风险能力和市场控制能力。

（三）3年内不再新批烟花爆竹企业和异地扩建生产线。从严控制企业原厂址外围新增用地扩建，从严控制产能的扩大。

（四）烟花爆竹生产企业的生产产品许可范围原则上只减不增；产品级别除出口企业有要求且能达到安全生产条件的，原则上只降不升，逐步实现企业专业化生产。

（五）继续深入开展黑火药、引火线、礼花弹、退役单基火药、电点火头五个专项整治，达到“控制企业数量，提升安全生产条件”的目标。

（六）深入开展厂房达标改造，中转库、药物总库、成品总库以及防爆、防火、防雷、防静电（即“三库四防”）等专项治理行动，提升防范事故能力。

二、加速推进安全监管

（一）建立健全安全监管责任体系。全面建立“党政同责、一岗双责、齐抓共管”的安全生产责任体系，强化安全生产目标管理考核，严格执行安全生产“一票否决”制度。

（二）强化企业主体责任落实。督促企业内部检查落实到位，实行安全隐患公示通报和安全生产约谈制度，深入推进企业隐患排查治理“自查、自报、自改”系统建设。

（三）推行安全监管刚性执法。依照烟花爆竹行业刚性执法处罚标准，将五项安全生产管理制度的制订与落实七项作业现场严重违法行为统一处罚基准，依法实施刚性执法。

（四）全面实施分类管理。深入推行《浏阳市烟花爆竹非煤矿山危险化学品安全生产管理记分暂行办法》，建立健全烟花爆竹企业分类管理制度，对一类企业重点扶持，给予政策倾斜，对三类企业严格监管。

（五）全面深入打击非法生产。强化乡镇、街道和相关职能部门烟花爆竹“打非”职能职责，落实“打非”驻点督导机制，充分发挥新闻媒体宣传和社会监督作用，常态化开展排查执法行动。

（六）建立健全安全生产专家服务机制。鼓励支持科研院所、行业协会、专业服务组织和注册安全工程师事务所参与安全生产工作，积极提供安全管理和技术服务。

三、加速推进质量监管

（一）加强产品质量管理。生产经营单位应成立产品质量管理和标准技术部门，按规定配备标准技术人员和质量检验人员，建立有效的质量保证体系。对具备完善质量保证体系的优先纳入质量信誉等级评定。

（二）鼓励企业制定严于国家标准的产品标准，从严规定产品规格、药量等重要质量安全技术指标。引导支持花炮总会、各分会、花炮技术协会和各花炮集团成立质量技术联盟，制定高于国家标准、团体标准的行业联盟标准；引导支持各花炮集团统一标准体系，制定高于国家标准、地方标准的集团标准；对制定实施联盟标准和集团标准的，优先纳入省、市标准化良好行为企业申报范围。

（三）加强质量检验服务，充分发挥花炮检测中心和湖南出入境检验检疫局浏阳办事处的检验检测职能。强化新型材料、新产品的研发检测试验论证、产品本质的安全质量评价论证。针对企业质量检测结果，定期驻厂进行质量分析和讲评，支持企业进行质量检测、质量控制体系建设，延伸检测范围，规范质量把关程序，提供系统检测服务，加强与全国烟花爆竹检测机构检测结果互认。

（四）组织开展花炮质量安全专项整治行动，严厉打击假冒伪劣花炮产品及原辅材料生产经营行为。市文体广电、市场和质量监督、知识产权等部门要加强花炮招纸印刷企业监管，规范商标、质量标志等标识的印刷使用管理，提高印刷产品质量。

四、加速推进科技创新

（一）大力支持企业科技研发及成果推广应用。重点鼓励产品性能佳、主要技术指标先进，市场前景好，满足产业发展需求，具有显著降低成本、安全环保、节能减排效果的新材料、新机械、新工艺、新技术、新产品科技研发，带动和提升产业科技水平。

(二)大力推进花炮机械化生产工程。建立花炮生产机械提质改造名录，有序淘汰产能落后、技术含量低、安全性能差的设备、工艺和厂房结构，鼓励花炮机械企业、科研院所、专业人士研究开发自动化、智能化、科技化的机械设备，通过“机械化换人、智能化减人”，提高企业安全生产水平。

(三)重点支持企业技术创新平台建设。支持企业自建或与科研单位共建科研、检测平台，鼓励企业以项目合作、联合攻关等方式联合高校、科研单位开展产学研合作，引导企业或科研平台领办花炮重点科研项目，以产学研合作形式培养技术人才，加快培育科技创新型企业。

(四)鼓励企业规范化建设。大力推进工厂设计标准化、生产工艺标准化、安全操作标准化和安全管理标准化进程，每年评定一批高标准厂房建设和使用成效显著的示范企业。

(五)大力推进信息化建设。推进行业安全生产监管信息化、市场销售信息化、现代物流信息化服务平台建设，加强对行业原材料质量、生产安全、产品质检等内容的信息共享，提升花炮企业信息化管理水平，鼓励发展电子商务，推进行业信息化进程。

五、加强行业合作自律

(一)建立花炮企业安全生产、依法经营、产品质量、金融信贷、依法纳税等体系的诚信记录制度。对不执行有关安全生产、质量管理、金融信贷、按章纳税等国家法律、法规、标准要求，年度内被相关部门立案查处两次以上或造成产品质量不符合国家标准且有重大安全质量隐患、偷逃税收违法违规行为的生产企业，列入花炮企业诚信管理失信名单，由执法部门采取综合措施从严管控，并通过媒体适时向社会公布。

(二)加强行业自律。进一步加强烟花爆竹总会、各省外分会、乡镇分会和专业产品协会的建设。规范市场秩序，健全各项自律性管理制度，大力推动行业诚信建设，建立完善行业自律性管理约束机制，规范会员行为，协调会员关系，保障从业人员的合法权益，构建和谐的劳资关系，维护公平竞争的市场环境。

(三)鼓励花炮企业集约经营。通过集团或联盟的形式，建立统一标准、统一采购原材料和统一品牌的生产销售合作组织，鼓励创建网上电子商城、探索020等新型花炮零售模式，推进各类专业产品协作组织建设。

(四)市花炮局、湖南出入境检验检疫局浏阳办事处要加强出口产品生产秩序管理，严厉查处经营公司、生产企业非法下单和无税下单行为。

(五)市场和质量监督部门要加强花炮标识包装与印刷行业秩序整顿，严厉打击印刷假冒花炮包装、伪造变造运输证的行为。

(六)规范燃放企业行为。严格规范燃放企业市场秩序，严厉查处恶意竞价、扰乱市场秩序的行为。

(七)强化烟花爆竹主产区协作。加强湘赣烟花爆竹主产区交流协作，加快花炮产业主产区转型提质步伐。

六、加大政策扶持力度

(一)加强对花炮产业集群发展的财政支持。每年市财政安排2500万元专项资金用于支持花炮产业兼并重组、机械化研发及推广应用、科技创新、转型提质、品牌文化宣传、市场开拓、服务平台建设等。

(二)鼓励兼并重组。支持企业优势互补，强强联合。凡当年收购生产企业或与5家以上企业合作，并统一采购原材料、统一经营品牌、统一销售，收购或控股的资金达到2000万元以上的企业或企业集团（有经营权，下同)，给予10—20万元奖励；当年收购或控股域外经营公司且资金达500万元以上的企业或企业集团，给予10—20万元的奖励。

(三)大力推进花炮机械化研发及推广应用。鼓励开展花炮机械难题攻关，重点扶持涉及药物生产的花炮机械研发项目。对当年投入研发花炮机械、攻克难题资金达100万元以上的企业，给予10—20万元奖励；对当年获得1个单项以上机械发明专利且用于单项开发研究投入(包括仪器设备、材料试剂、鉴定实验等费用)100万元以上，给予10—50万元奖励；鼓励开展花炮机械提质改造，对当年购买使用涉药新机械的花炮企业，每购买一台按购买金额的10%给予奖励，单个企业奖励最高不超过50万元(以购买机械设备增值税发票核算，不含三类企业)；鼓励企业制定组合烟花成套机械、内筒装药机、组盆机等重点自动化机械标准，对标准上升为行业标准及以上的企业，给予5—10万元奖励。

(四)鼓励企业与大专院校和原辅材料企业开展技术合作，共同进行科技研发，实现科研成果产业化。对进行新材料、新工艺、新技术、新产品研发的企业，获得1个单项以上发明专利的，且用于单项开发研究投入(包括仪器设备、材料试剂、鉴定实验等费用)200万元以上，每年评选2—5个发明专利给予10万元—50万元奖励。

(五)大力推进企业规范化建设。重点提升安全生产条件，逐步实现工厂设计标准化、生产工艺标准化、安全操作标准化和安全管理标准化。对当年提升安全生产条件，达到安全生产标准化二级以上的，给予10万元扶持；大力推进标准化建设，对主导制修订国家、行业标准的，每项一次性给予5—10万元奖励，对主导制修订国际标准的每项一次性给予10—20万奖励。

(六)鼓励自建与共建技术平台。对企业在我市成立的长沙市级及以上技术开发中心、实验工程中心和检测中心并获得相关资质认可的，给予10—20万元奖励；对于领办国家、省重大科技项目的企业或科研平台，其年度项目固定资产投资300万元以上的，给予10—20万元奖励。

(七) 加快国家级出口烟花爆竹质量安全示范区建设。入驻示范区企业，优先实施无纸化报检、电子转单、电子通关、集中审单和无纸化通关等；优先安排示范企业的现场检验，由企业自行管理、加贴验迄标识；在产业发展资金中安排专项，用于减免示范企业的检测费用，降低示范企业的送检抽批率(送检抽批率最低可达10%)；示范企业具备现场燃放(场地)条件的，可以申请现场燃放完成检验（专业燃放烟花即GB10631—2013中A、B级烟花除外);优化出口商检登记证延续复查审核程序。

(八)加快花炮运输物流服务业发展,对企业或个人投资组建花炮危货运输专业物流企业,当年固定资产投资达500万元、1000万元、2000万元以上,分别给予10万元、20万元、30万元奖励。

(九)加大对出口花炮企业的扶持力度

1. 设立出口生产奖。对年生产出口花炮产品15万箱、20万箱以上,年纳税额在500万元以上且出口量增幅达到行业平均增速的,分别给予5万元、8万元奖励。

2. 继续实施对特殊花炮产品和出口混合包类产品扶持政策。特殊花炮产品奖励仅限于出口0440月旅行、顿鞭、彩炮、黑药炮、花皮炮、啄木鸟、红炮等,且单个产品年出口量达1万箱以上。特殊产品定点生产企业严格实行年度审批制,定点生产企业名单及奖励办法由市花炮局另行制定。

七、加强产业组织保障

(一)建立全市烟花爆竹产业联席会议制度,设立联席会议办公室,统筹协调烟花爆竹产业发展中的重大问题。要按照各自职责,全面落实本意见提出的各项任务,加强协调配合,形成工作合力。烟花爆竹主产乡镇、街道应根据工作需要,建立相应的工作机制,明确工作职责,落实工作责任。

(二)优化发展环境。加强产业发展指导,建立管理服务体系,完善政策支持措施,优化发展环境。相关部门要密切协作,优化行业服务措施,净化发展环境,为花炮产业发展保驾护航。

(三)严格落实责任机制,实行绩效目标管理与考评。对花炮乡镇和相关职能部门及个人进行花炮产业绩效考核,由市花炮局牵头制定具体的工作目标任务、考核方法和考评标准,年终进行绩效考核表彰奖励。

八、附则

本意见自2016年3月6日起施行,凡涉及花炮产业奖励政策均按本意见执行。

浏阳市人民政府
2016年2月6日

浏阳市人民政府关于做好第三次全国农业普查的通知

浏政发〔2016〕3号

各乡、镇人民政府，街道办事处，市直有关单位：

根据《全国农业普查条例》有关规定和《国务院关于开展第三次全国农业普查的通知》（国发〔2015〕34号）、《湖南省人民政府关于做好第三次全国农业普查的通知》（湘政发〔2015〕42号）和《长沙市人民政府关于做好第三次全国农业普查的通知》（长政发〔2015〕28号）的文件精神，现就我市做好第三次全国农业普查有关事项通知如下：

一、普查目的和意义

农业普查是全面了解“三农”发展变化情况的重大国情国力调查。组织开展第三次全国农业普查，查清农业、农村、农民基本情况，掌握农村土地流转、农业生产、新型农业经营主体、农业规模化和产业化等新情况，反映农村发展新面貌和农民生活新变化，对科学制定“三农”政策、促进农业现代化、全面建成小康社会，具有十分重要的意义。

二、普查对象和范围

我市第三次全国农业普查的对象是本市境内的下列个人和单位：农村住户，包括农村农业生产经营户和其他住户；城镇农业生产经营户；农业生产经营单位；村民委员会；乡镇人民政府。

普查的行业范围包括：农作物种植业、林业、畜牧业、渔业和农林牧渔服务业。

三、普查内容和时间

普查的主要内容包括：农业从业者基本情况；农业土地利用与流转情况；农业生产与结构情况；新型农业经营主体与农业规模化、产业化发展情况；新农村建设情况；农村人居环境与农民生活方式变化情况。

普查的标准时点为2016年12月31日，时期资料为2016年度资料。

四、普查组织和实施

农业普查工作是一项庞大的社会系统工程。为加强组织领导，市人民政府决定成立浏阳市第三次全国农业普查领导小组，负责组织和领导我市第三次全国农业普查工作，协调解决农业普查中的重大问题。领导小组办公室设在市统计局，负责农业普查日常工作的组织和协调。

全市各级各部门要按照统一组织领导、部门分工协作、地方分级负责、各方共同参与的原则，突出重点，优化方式，统一组织，创新手段，认真做好农业普查的宣传动员和组织实施工作。其中，涉及经费保障方面的事项，由市财政局负责和协调；涉及宣传方面的事项，由市委宣传部负责和协调。各有关部门要按照各自职能，各负其责、通力协作、密切配合。

各乡、镇人民政府和街道办事处要参照设立相应的普查领导小组及其办公室，认真做好本辖区农业普查的组织和实施工作。对于普查中遇到的困难和问题，要及时协调解决。各级普查机构要充分发挥乡、镇人民政府、街道办事处和村民委员会、居民委员会的作用，从乡镇、村干部中选调现场组织和调查人员。有关部门应积极参与并认真配合做好普查工作，各级普查机构应当根据工作需要，聘用或者从有关单位商调符合条件的普查指导员和普查员，确保普查工作顺利进行。

五、普查经费保障

国务院国发〔2015〕34号规定，第三次全国农业普查所需经费，按照分级负担的原则，由中央和地方各级人民政府共同负担，并列入相应年度财政预算，按时支付普查指导员和普查员的劳动报酬。各乡、镇人民政府和街道办事处要切实落实普查经费，按时拨付、确保到位。

六、普查工作要求

（一）坚持依法普查。监察机关和统计执法机构要按照《中华人民共和国统计法》和《全国农业普查条例》有关规定，严肃查处普查工作中的违法违纪行为，确保普查工作顺利进行，确保普查数据质量。普查取得的农户和单位资料，严格限定于普查目的，不得作为任何单位和部门对普查对象实施考核、奖惩的依据。各级普查机构及其工作人员，对普查所获取的普查对象个人和商业秘密，必须履行严格的保密义务；要做好普查资料管理、开发和共享，发布普查数据必须经上一级普查机构核准。

（二）充分运用现代信息技术。使用智能手持电子数据采集设备，建立普查数据联网直报系统，提高普查工作信息化水平和效率，减轻基层普查人员工作负担。

（三）加强宣传引导。各级普查机构要会同宣传部门认真做好普查宣传的策划和组织工作，主动向新闻媒体提供情况。要通过报刊、广播、电视、互联网等方式，广泛深入宣传普查的重要意义和要求，宣传普查工作中涌现出的典型事迹，报道违法违纪案件查处情况，引导广大普查对象依法配合普查，教育广大普查人员依法开展普查，为普查工作顺利实施创造良好的舆论环境。

市人民政府将对农业普查各阶段主要工作进展情况进行督查。

附件：浏阳市第三次全国农业普查领导小组组成人员名单

浏阳市人民政府

2016年3月10日

附件

浏阳市第三次全国农业普查领导小组组成人员名单

组　长：　李爱民　市人民政府副市长
副组长：　周孟德　市政府办副主任
　　　　　陈傲冰　市统计局党组书记、局长
　　　　　熊明威　国家统计局浏阳调查队队长
　　　　　林湘国　市委宣传部副部长
　　　　　游湘江　市发改局总经济师
　　　　　彭金龙　市财政局副局长
　　　　　熊　伟　市农业局副局长
成　员：　陈　平　市民政局副局长
　　　　　邱先棠　市司法局副局长
　　　　　黎成红　市国土资源局总工程师
　　　　　刘良琨　市水务局副局长
　　　　　寻树人　市林业局副局长
　　　　　陈东红　市文体广电局工会联合会主席
　　　　　罗新源　市畜牧兽医水产局工会主席
　　　　　陈志刚　市统计局副局长
　　　　　张伟成　国家统计局浏阳调查队副队长
　　　　　瞿桂平　市扶贫办主任

领导小组办公室设在市统计局，陈志刚同志兼任办公室主任。

浏阳市人民政府
关于授予2015年度全市见义勇为奖的决定

浏政发〔2016〕4号

各乡镇人民政府、街道办事处，市直各单位：

2015年度，全市广大人民群众在市委、市政府的领导下，积极参与社会管理综合治理工作，为打击违法犯罪，创建平安浏阳作出了贡献，涌现出了一批见义勇为先进典型。他们面对危险，奋不顾身，挺身而出，用鲜血捍卫了人民群众生命财产安全，极大地鼓舞了广大人民群众同违法犯罪行为和各种灾害作斗争的勇气。为表彰先进，树立典型，市人民政府决定，授予许大恩、罗建平、钟伟兴、刘熙祥、杨香玉、张运三、张运春7名同志2015年度见义勇为奖。

希望受奖励的见义勇为人员珍惜荣誉、再接再厉，为维护社会治安秩序，弘扬时代正气再立新功。全市广大干部群众要以先进为榜样，学习他们临危不惧、奋不顾身的勇敢精神，学习他们舍己为人、伸张正义的崇高品德。全市各级各部门要大力宣传见义勇先进事迹，努力构建惩恶扬善、扶正压邪的浓厚社会氛围，为深化平安浏阳建设、维护社会和谐稳定作出新的更大贡献。

附件：浏阳市2015年度见义勇为事迹材料

浏阳市人民政府

2016年4月7日

附件

浏阳市2015年度见义勇事迹材料

一、许大恩同志见义勇为事迹材料

许大恩，男，53岁，中共党员，浏阳市人民法院法警大队副大队长，住浏阳市荷花街道新月半岛小区。

2015年8月16日20时许，许大恩与妻子李淑兰在浏阳河边将军路散步，走到浏阳河冬泳基地码头时，看见一大群人围聚在码头上，正议论着“有人溺水了”，顺势往河中望去，只见下游河中心处有一个黑影在晃动，陆续传来急促的“救命”声。此时离岸边10余米远的地方正有一名中年男子(此男子系溺水者叔父，当天带溺水者下河游泳)往溺水者方向游去。“他这样下河救人可不行，我得下去”。来不及多想，许大恩立即脱下衣服，向岸边的一位泳者借过一个救生浮球，便纵身跃入水中，往溺水者方向游去。由于当时天色渐暗，许大恩看不清楚溺水者的具体位置，所幸快到河中心时，先下水的中年男子向他喊“快点游过来！我们在这！在这！”此时许大恩通过声音准确地判断出溺水者的方位，迅速朝他们游过去。临近身旁，看见先到的男子往上托了溺水男青年几把，但是无济于事。许大恩迅疾游到溺水青年身边，并将救生浮球塞到他手中，由于溺水者精疲力竭，抓了几把都没能抓牢，许大恩只好将救生浮球塞到他的腹下，并握住他的手安抚道：“别害怕，有我在你就安全了”。经过片刻的休息调整，溺水者方才牢牢抱住救生浮球，许大恩则一手抓着浮球的绑带，另一手单臂划水，奋力向岸边游去，就这样，溺水男青年在许大恩的营救下成功脱险。事后溺水者被送往医院进行救治，所幸并无大碍，另一名中年男子也安全地上了岸，并向旁人说道：“今天多亏了这位好心人，不然我和我侄子都危险了”。任何时候都把民众的生命安全放在首位，遇到危难毫不退缩，许大恩的义举，值得我们每一个人学习。

二、罗建平同志见义勇为事迹材料

罗建平，男，45岁，群众，浏阳市张坊镇张家坊社区红阳组村民。

2015年7月29日下午3时许，罗建平与妻子陈春秀在张坊镇罗家坝河滩边清洗薄膜，这时有三名十五六岁的女孩来到河边，询问此处是否可以游泳，罗建平夫妇便提醒她们“河水较深，不要下河游泳”。其中一名女孩并未理会劝告，径直下河戏水。过了十来分钟，岸边传来一阵喧闹声和“救命”声，罗建平闻声望去，只见这名女孩在水里不停地扑腾挣扎着，人也时沉时浮。“不好，那个女孩肯定溺水了！”说罢，罗建平连衣服都没来得及脱，便朝溺水女孩奔去，临近深水区时纵身一跃，一个猛子扎入水中，迅速朝女孩游去。靠近女孩时，罗建平发现此处水域情况复杂，水流湍急打漩涡，女孩已卷入漩涡中，由于她极力想挣脱出去，体力已经严重不支，几乎虚脱，眼见女孩就要慢慢沉入水底。罗建平心急如焚，没有多想，又是一个猛子扎入水底，将女孩托起，单臂向漩涡外游去。但是漩涡大，水流急，连续两次罗建平都失败了。随着时间的流逝，罗建平感觉到自己身体严重透支，如果不采取强力的措施，后果不堪设想。一心想着救人的罗建平，并未顾及个人安危，而是再次潜入水底，用尽全身力气双脚猛力一蹬，借助脚底的力量带着女孩猛地一冲，最终将女孩带出了漩涡，并安全送到岸边。由于呛水和惊吓，女孩脸色煞白、身体瘫软。休息半小时后，女孩才逐渐恢复过来。在场人都说：“如果不是罗建平及时拼命相救，女孩今天一定凶多吉少了”。

三、钟伟兴同志见义勇为事迹材料

钟伟兴，男，49 岁，中共党员，浏阳市永和镇宝山村大屋组村民。

2015 年 7 月 29 日 11 时 30 分许，在外劳作的钟伟兴准备回家吃饭，刚到家门口，看见有七八个人正围聚在距家 30 米开外的水渠旁，还听到有人在呼喊“救命啊！有人触电了！”钟伟兴急忙丢下手中的工具，向水渠边跑去。上前一看，只见本村的小女孩萌萌正趴倒在水渠中，左手还抓住一根电线杆的拉线。围观的群众议论纷纷，但无人敢上前去施救，情况十分危急。钟伟兴见状后，一个箭步冲到水渠旁，只见萌萌已是奄奄一息、不省人事，情况万分紧急。心急火燎的钟伟兴当即想用手将萌萌从水渠中拉上来。“不行，先得把手中的拉线拨开，否则我也会触电！”一个理智的念头使得钟伟兴没有鲁莽行事，他立即向旁边的群众要来竹竿，用竹竿将萌萌的手从拉线上拨开，随即弯腰用右手去抓萌萌的衣服，想把她从水渠中拉上来。可刚一触到衣服，一股强烈的电流立即冲击全身，他的右手顿时麻木，胸口一阵剧痛，瞬间头晕目眩，他本能地就要将手松开。但想着萌萌仍身处险境，钟伟兴忍着剧痛、冒着生命危险死死地揪住萌萌的衣服，迅速将其提起，并慢慢地将她放到田埂上。围观群众也迅速拨打了急救电话，并及时将萌萌送往医院进行紧急救治，经过近两个多小时的抢救，萌萌才渐渐恢复意识，最终脱离生命危险。钟伟兴不仅见义勇为，而且见义智为，成功挽救了触电女孩的生命。

四、刘熙祥同志见义勇为事迹材料

刘熙祥，男，26 岁，群众，浏阳市澄潭江镇洲田村麦土组村民。

2015 年 8 月 5 日 13 时 40 分，刘熙祥正在澄潭江镇大圣村崇武农业科技有限公司鱼塘旁帮助同事调配除草剂。当时有几人在池塘对岸钓鱼，不远处有两个大人带着小孩在浅水区域戏水。这时，一个十岁左右的男孩骑着自行车来到塘边，他看到有人在鱼塘中游泳，便脱衣服想要下水游泳。刘熙祥见状劝告他“鱼塘水很深，不要下去！”但是男孩并没有听从他的劝告，而是径直跳入塘中。刚一入水，男孩就觉得水深触不到底，立马慌了神，水性不佳的他连忙大呼“救命”。刘熙祥闻声望去，只见男孩在水中拼命挣扎，溅起了一片水花。刘熙祥意识到这男孩溺水了，他丢下药剂，边跑边脱衣服，刚到水塘边就猛扎进水中，迅速朝溺水男孩游去。由于下水过猛，他的左膝盖不小心磕到了隐藏在水中的台阶上，刘熙祥顿感左腿麻木、刺痛，但他全然不顾，奋力游向男孩。当靠近事发水域时，男孩已是无影无踪了。看到此情刘熙祥心想，男孩肯定沉到水底了，于是他潜入水中仔细搜寻，经过三四次来回之后，仍然没见到男孩踪影。刘熙祥心急如焚，于是卯足了劲，再次潜入水中，尽最大努力寻觅着男孩的下落，终于在距水底 2 米多的位置找到了水中的男孩，此时的男孩已经是昏迷不醒，刘熙祥迅速潜到男孩身后，全力将男孩往上托，最终将其托出水面。因刘熙祥在水中时间过长，又磕伤了左腿，此时的刘熙祥已经是精疲力竭，但为确保男孩的安全，刘熙祥紧咬牙关，尽力死死托住男孩，单臂奋力地向岸边游去，最后将小男孩成功营救上岸。危难之际显身手，刘熙祥奋不顾身，勇救溺水男孩的壮举，在当地被传为佳话。

五、杨香玉、张运三、张运春等同志见义勇为事迹材料

杨香玉，男，36 岁，群众，浏阳市文家市镇新发村严家滩片洲上组村民。

张运三，男，47 岁，群众，浏阳市文家市镇新发村严家滩片洲上组村民。

张运春，男，51 岁，群众，浏阳市文家市镇新发村严家滩片洲上组村民。

2015 年 1 月 6 日下午，杨香玉、张运三、张运春三人像往常一样在文家市镇严家滩鞭炮厂做工。同事张园园被其前夫赖某以要求带孩子回家为由反复纠缠，一直到下午 6 点多仍吵闹不休。同事们看了都担心，出于对她和其母亲李淑珍的安全考虑，纷纷劝她们早点收工回家。于是张园园和母亲便收拾好手中的工具，向厂区停车棚走去，赖某见状又紧跟其后。待李淑珍给摩托车开锁时，赖某突然从身后一把抱住张园园头部，抽出早已准备的水果刀，对着张园园喉咙直接割去，张园园一声尖叫，瘫倒在地上，顿时血流如柱。此时的赖某不但没收手，反而丧心病狂地用刀尖往张园园身上乱捅。李淑珍见状，丢下摩托向女儿飞奔过去，同时大喊道“香妹、春哥快来啊！赖某杀我女儿了！”赖某看到李淑珍向他跑来，转身朝李淑珍就是狠狠一刀。幸运的是，刀锋被停车棚的柱子挡了一下，刀尖刺在李淑珍的大腿上。此时，杨香玉、张运三、张运春听到李淑珍的呼救声后，纷纷从车间赶来。只见张园园和李淑珍躺在地上，身边还有一大堆血。见到此状，杨香玉来不及多想，一个箭步向前，从身后一把抱住赖某，并大喊：“春哥、运三赶快抢开他的刀，这畜生杀人啦”。张运三和张运春立即冲向前，张运三双手紧紧揪住了赖某右手，张运春随之将水果刀夺下，杨香玉随即又抱住赖某的双脚猛力往后一拍，才将赖某摔倒在地，三人压在赖某身上。但此时赖某并没有束手就擒，反而奋力反抗，并不时地发飙道：“少管闲事，不然，老子同样宰了你们”。杨香玉、张运三、张运春三人并没有被威胁所吓倒，反而临危不惧，合力将赖某的双手反扣到背后，压着他动弹不得，随后电话报警。事后张园园及其母李淑珍被送往医院救治，但张园园最终因伤势过重，经抢救无效死亡。杨香玉、张运三、张运春三位群众面对穷凶极恶的歹徒临危不惧，敢于斗争，他们身上迸发出来的英勇无畏不怕牺牲的精神，值得弘扬。

LYDR—2016—00004

浏阳市人民政府
关于促进电子商务发展的实施意见

浏政发〔2016〕7号

各乡、镇人民政府,街道办事处,市直各单位:

为进一步优化我市电子商务发展环境,加大政策支持力度,促进经济转型升级,推动产业快速发展,根据《湖南省人民政府关于大力发展电子商务加快培育经济新动力的实施意见》(湘政发〔2015〕50号)、《长沙市人民政府办公厅关于促进电子商务产业发展有关事项的通知》(长政办发〔2014〕28号)等文件精神,结合我市实际,现提出如下实施意见:

一、指导思想

紧紧围绕"建设省会副中心和湘赣边区域性中心城市"战略目标,以"十三五"规划为主线,坚持创新推动发展,主动适应新模式,积极引领新常态,以"政策扶持、管理创新、服务主动"为抓手,进一步激发电子商务创新动力、创造潜力、创业活力,力争3—5年内创建"全国电子商务进农村综合示范市",把我市打造成湘赣边具有较强影响力的区域性电子商务中心。

二、目标任务

运用"互联网+"推动我市产业创新模式,加快转型升级,力争3年内,建成浏阳市电子商务产业园和电子商务创业中心(创业大厦),培育200家村(社区)电子商务服务站(点),申报成为"全国电子商务进农村综合示范市";到2020年末,全市电子商务产业规模突破200亿元,打造500位100万元级,100位1000万元级,10位亿元级别市场主体,培育10家省级以上电子商务示范企业,中小企业电子商务应用比例超过80%,规模以上企业电子商务应用比例超过90%,完成人员培训3万人次,成功创建省级电子商务示范聚集区和国家级电子商务示范基地,形成人才聚集浏阳城、产业引领湘赣边、平台辐射国内外的电子商务生态格局;经过持续发展,形成较为完善的电子商务发展基础和支撑体系,电子商务与实体经济高度融合,对三次产业的促进作用明显增强,跻身国家电子商务示范城市。

三、工作机制

成立浏阳市电子商务产业发展领导小组,由市长任组长,分管副市长任副组长,市发改局、经信局、科技局、财政局、人社局、国土局、农业局、林业局、市场和质量监督局、商务合作局、供销社、花炮局、团市委、财源办、金融办等单位为成员。领导小组下设办公室,设在市商务合作局。切实强化商务主管部门对电子商务的宏观指导,完善部门协调配合机制,召开全市电子商务发展工作联席会议,共同研究制定发展规划,研究部署全市电子商务发展重大政策措施,着力推进我市电子商务各项重点工作。充分发挥行业协会等中介组织在行业自律、技术推广、交流合作等方面的积极作用,确保我市电子商务组织机构运转协调。

四、政策措施

(一)专项财政支持

设立电子商务产业发展专项资金,市财政每年安排1000万元以内的专项资金,用于扶持和引导全市电子商务产业发展、电商服务支撑体系建设、电商人才培育及相关扶持补助奖励。

(二)加强规划引导

紧紧围绕湘赣边区域性电子商务中心的目标,按照"市场导向、整合资源、因地制宜、和谐发展"的要求,安排一定资金用于编制电子商务产业发展相关规划,以引领推动经济创新发展和转型升级。

(三)浓厚电子商务发展氛围

1. 支持电子商务协会发展壮大。协会吸收会员突破100户、500户、1000户,且有效组织会员开展相关活动,经考核认定,分别给予3万元、5万元、10万元的一次性工作经费补助;协会在运营、监督、自律、服务等方面成效较好,被省、长沙市评为优秀协会的,另行给予3万元工作经费补助。

2. 支持电商推广活动。每年安排50万元支持本地电子商务产业运营平台、独立电子商务应用企业在第三方平台设立商城并参与宣传推广活动,同时鼓励行业协会、知名企业主办或承办商务部门认可的峰会、论坛、展览会、网商网货大会、资本对接会等各种形式的电子商务推广活动。

3. 引导电子商务企业积极参加由上级商务部门组织的国内外企业相关行业性会展活动。按照其展位费30%的比例对参会企业给予补贴。

(四)加快建设电子商务产业园区

按照"政府推动、企业主导、市场运作"的机制,在规划、用地、资金以及相关配套设施等方面予以重点扶持,加快推进电子商务产业园区建设。经市政府认定的市级电子商务产业园,连续5年安排一定扶持资金用于园区引导企业聚集发展和公共平台建设以及相关配套设施建设等。支持园区开展创业(孵化)服务,按年新增实缴税收纳税人2万元/家给予奖励。

(五)支持本地第三方电商平台建设

引导优势产业通过整合资源建设专业性(区域性)第三方交易平台，对第三方交易平台纳税年度电商营业收入首次达到1000万元之年起5年内，按其交易额每1000万元给予5万元奖励，每年最高不超过50万元。

(六)拓展跨境电子商务业务

对在我市设立服务中心的知名跨境电子商务平台或者我市自建跨境电子商务公共服务平台，当年实现出口额1000万美元以上的，每1000万美元给予10万元人民币奖励，最高不超过30万元人民币。

(七)引导传统企业转型升级

1.鼓励生产型、流通型企业利用第三方电子商务平台销售本地企业生产或经营的产品。对在第三方平台开设网上商城，年度销售额在500万元以上的按照其平台服务费用50%的比例给予一次性补贴，每家企业补贴金额不超过2万元。

2.支持生产型、流通型企业成立电子商务销售公司。对进入湖南省联网直报平台的限额以上（全年电商零售额500万以上、批发额2000万元以上)管理的电子商务销售公司给予一次性奖励5万元。后续年度增幅达35%以上的奖励1万元/年。

3.鼓励“浏品网上行”，争创名牌产品。对年度电子商务销售额在2000万元以上且本地产品有效销售产值占企业总有效销售产值的50%以上的企业按销售额的2‰给予一次性奖励，最高不超过10万元。

(八)支持农村电子商务发展

加强互联网与农业农村融合发展，每年安排100万元资金专项扶持农村电子商务发展。加快农村电子商务运营和服务网络体系建设，通过整合资源，优势互补，培育一批覆盖全市的农村电子商务运营服务中心(站)。实施农产品、工业品“认证”工程，鼓励开展鲜活农产品标准体系、动植物检疫体系、安全追溯体系、质量安全监管体系建设以及地理标志产品技术标准体系认证，积极主动向上争取政策支持，争创全国电子商务进农村综合示范县(市)。具体实施办法由市财政局和市商务合作局另行制定。

(九)实施电子商务示范工程

对电子商务应用在同行业中处于先进水平，具有示范意义和推广价值的乡镇、村（社区)，每年分别评选“电子商务示范”单位各5家，给予一次性奖励3万元；推广“互联网+产业”工程，每年扶持“互联网+”应用示范项目10个，奖金从加强推进新型工业专项发展资金中安排，每个奖励5—10万元；被评为省级、国家级“电子商务示范”称号的分别配套奖励5万元、10万元。

(十)加强人才引进与培育

1.鼓励电子商务企业引进高端专业人才。每年设立20万元人才奖励资金，对电子商务企业引进且聘用时间两年以上的高级管理人才、高端营运人才、核心技术人才等，给予适当奖励，具体实施办法由市财政局和市商务合作局另行制定。

2.鼓励电子商务培训机构、电子商务企业或电子商务行业协会开展电子商务培训活动。经商务主管部门备案认可的，每年举办4次(含)以上、每次规模不少于30人的培训活动，根据培训规模、影响力和实际效果，50人以下培训班，每人补助100元；50人(含)以上培训班，每人补助200元，同一承办主体资金补助标准不超过5万元。

3.奖励创新创业优秀人才。每年安排20万元资金，专项用于电子商务形式的创新创业。支持经营能力强、资产规模大的个体网商向小微企业转型升级，鼓励品牌创建，年度网上销售额达100万元以上的，根据业绩和品牌美誉度，评选出“十佳电商创业明星”，分别给予奖励。

(十一)积极引进和培育电子商务重大项目

1.对市场带动作用明显、商业模式新、技术含量高的第三方交易平台、支付平台、互联网金融等重大电子商务项目，优先列为全市重大产业项目，在用地、资金、人才政策等方面实行“一事一议”政策。

2.鼓励知名电子商务企业在我市设立分支机构。对国内知名电子商务企业在我市新设立具有独立法人资格的分支机构，实际投资额度2000万元以上的，实行“一事一议”政策。

3.鼓励市外电子商务企业落户浏阳。对将注册地及纳税地迁入我市并承诺经营期限在5年以上的电子商务企业，根据其发展前景和发展潜力给予一次性奖励，每家企业奖励不超过50万元。

(十二)规范网络交易秩序

规范我市电子商务市场竞争行为，促进建立开放、公平、健康的电子商务市场竞争秩序。完善我市网络主体数据库建设；按照《网络交易管理办法》规定，有序引导独立网站、网店公开营业执照电子链接标识；查处侵害消费者权益、假冒伪劣等网络违法行为。

(十三)财政扶持政策兑现。对项目实施年度内发生重大责任事故，涉及偷税、漏税、侵权、假冒伪劣、实施强制认证的产品无“3C”强制认证、无全国工业产品生产许可证等违法违规行为受到查处的，以及刷单形成的额度不享受财政扶持政策。同一企业的同一项目，享受上级和本级财政相关扶持政策类同的，按照就高不就低的原则予以兑现奖扶政策，不重复享受。对同一企业不同项目的奖励，按最高奖励项目进行奖励，不重复享受。兑现所需奖扶资金按财政体制规定安排。

五、本实施意见自2016年9月1日起施行。

浏阳市人民政府

2016年8月1日

浏阳市人民政府
关于发布《浏阳市国民经济和社会发展第十三个五年规划纲要》的通知

浏政发〔2016〕8号

各乡、镇人民政府，街道办事处，市直各单位：

《浏阳市国民经济和社会发展第十三个五年规划纲要（草案）》已经浏阳市第十六届人民代表大会第五次会议审查批准。现将《浏阳市国民经济和社会发展第十三个五年规划纲要》予以发布。各单位要在市委的坚强领导下，解放思想，抢抓机遇，奋发进取，埋头苦干，全面完成“十三五”规划各项目标任务，为率先全面建成小康社会、加快实现基本现代化努力奋斗。

浏阳市人民政府
2016年7月14日

浏阳市国民经济和社会发展第十三个五年规划纲要

《浏阳市国民经济和社会发展第十三个五年（2016—2020年）规划纲要》主要阐明未来五年我市国民经济和社会发展的战略、任务和措施，是政府履行经济调节、市场监管、社会治理和公共服务职责的重要依据，是组织和团结全市人民共同奋斗的宏伟蓝图和行动纲领。

一、发展基础

“十二五”时期，是浏阳综合实力提升最快，项目建设抓得最实，城乡面貌变化最大，人民群众得实惠最多的五年。市委、市政府团结带领全市人民，凝心聚力，攻坚克难，紧紧围绕“挺进三十强、再创新辉煌”的奋斗目标，突出“交通融城、产业兴城、人才活城、生态美城”四大发展战略，圆满完成了“十二五”规划的主要目标和任务，为我市未来发展奠定了坚实的基础。

（一）综合实力跨越增长。2015年，实现地区生产总值（GDP）1112.8亿元，十二五期间年均增长13.6%（可比价）；人均地区生产总值8.5万元，完成全口径预算收入136.9亿元（含基金、国有资本经营预算收入和土地收入）；完成浏阳口径财政总收入112亿元（含土地收入），十二五期间年均增长27%；一般公共预算收入85.9亿元（长沙考核口径），十二五期间年均增长25%，其中地方一般公共预算收入49.9亿元，十二五期间年均增长29.2%；实现工业总产值2039.5亿元，十二五期间年均增长25.5%；累计完成固定资产投资2937.7亿元，十二五期间年均增长24.4%；实现自营进出口总额16亿美元，十二五期间年均增长20.9%；实现社会消费品零售总额242.7亿元，十二五期间年均增长14.4%；居民增收明显，2015年城镇和农村居民人均可支配收入分别为36631元和25191元，十二五期间年均增长11%和14.1%；财政总收入、工业总产值等主要指标提前一年实现“十二五”目标。全国工业百强县（市）中排名第15位，居湖南省首位，浏阳花炮文化品牌价值位居全国品牌百强第12位，并上榜中国“五星级地理标志”。入选中国全面小康十大示范县（市）、湖南省全面小康推进工作“十快进县”和“十大经济强县”、成功跻身福布斯中国大陆最佳县级城市榜前30强，成为中部地区唯一上榜县（市）。县域经济与县域基本竞争力大步跨入全国百强县（市）第28位，5年跃升了37位。

（二）发展后劲显著增强。发展平台更加夯实。获批全国发展改革试点城市、国家级经济技术开发区、国家再制造示范基地、全国休闲农业与乡村旅游示范县（市）、湖南省首家特色食品工业园、湖南省可持续发展实验区等。浏阳经开区、制造产业基地、两型产业园、浏阳河文化产业园、花炮材料制造产业基地、浏阳河生态经济示范区、大围山生态旅游示范区等园区发展势头强劲。区位优势明显提升。大浏、长浏、浏醴等高速顺利通车，境内高速公路总里程达227公里，位居全省县(市)第一。重点项目强力推进。西北环线、浏阳河第六大桥、开元大道东延线、荷文公路等一大批交通设施项目建成通车，浏东、浏跃、大文、蕉溪岭隧道群等提质改造，打造了“对外大开放、对内大循环”的交通路网和县域“1小时”经济圈。茶林互通至白沙公路、金阳大道一期、蒙华铁路、长兴湖片区开发等项目启动建设。人才强市战略成效明显，实施“5358”工程，人才培养、人才选拔、人才任用等选人用人机制日臻完善，干部驾驭力、决策力、创造力、执行力显著增强。

(三)区域发展明显加快。城区建设扩容提质，配套设施不断健全，城市功能不断完善，绿化亮化不断推进，城区面貌更加靓丽。永安、大瑶、镇头、沿溪、大围山、中和等重点城镇建设亮点纷呈，“一轴三带”新型城镇化格局初步形成，城镇化率达55.4%。乡村建设彰显成效，农村交通、电力扩容、安全饮水、水利建设、“城乡统筹、环境同治”扎实推进，“美丽乡村、幸福屋场”建设逐步铺开，农村生产生活条件明显改善。产业支撑有力，培育壮大了电子信息、生物医药、机械制造、烟花爆竹、健康食品、生态旅游、现代服务、文化创意八大产业集群，全市规模企业达829家，其中通过IPO上市企业5家、新三板挂牌企业4家、纳入省上市后备企业资源库的9家，蓝思科技、尔康制药等跻身湖南上市企业市值前10强。蓝思科技三期及总部、尔康制药淀粉胶囊基地、利美健康产业园、欧智通智能终端产业园、基伍手机生产基地等产业项目开工建设，孕育了新的发展动力。三产持续活跃，金融业快速发展，节会市场繁荣，花炮节跻身全国十大节会，荣获湖南省旅游产业发展十佳县市、湖南省旅游强县。农业结构优化，全市粮食、油菜、蔬菜、烤烟、油茶、花木、水果、茶叶、药材等产业不断壮大，畜牧水产等产业效益不断提升。2015年实现农林牧渔业总产值139.6亿元。

(四)改革开放纵深推进。经济体制、生态文明、行政体制、民主法制、司法体制、社会体制和党的制度建设、纪律检查体制等领域改革全面推进。获批全国宅基地制度改革、省直管县经济体制改革(省级试点)、高标准农田建设综合改革等多个试点，成立全省首家农村资源交易流转中心。行政审批、商事登记、农房抵押、园镇融合、大瑶强镇扩权等体制改革成效明显，市域经济发展动力明显增强。深化财税体制改革，全面实施“营改增”，建立全口径预算管理制度。推进投融资体制改革，债券融资取得突破，成功发行债券74亿元。医疗卫生体制改革取得阶段性成果，公立医院及基层医疗机构服务水平明显提高。发起并举办首届湘赣边区域开放合作交流会，启动了湘赣边区域开放合作试验区建设，建立了常态化、制度化的合作机制，区域开放合作开创了新局面。

(五)两型建设成绩斐然。积极开展两型社会建设，创建国家级生态乡镇5个，国家级生态村6个，获批22家省两型示范单位，78家长沙市两型示范单位。浏阳河、捞刀河、南川河三大河流综合治理效果明显。完成“4511”绿化工程，森林覆盖率达66.2%。实施清霾、碧水、静音行动，主要污染物排放量年均下降5%，城区生活垃圾无害化处理率达100%，城区空气优良率保持96%(老标准)以上，城乡环境卫生整洁行动和文明城市创建考核测评中均名列湖南省首位，入选“中国十佳生态文明城市”，获得“全国文明城市提名奖”，被授予“中国生态魅力市”。节能减排成效显著，万元GDP能耗五年累计下降24%，获批湖南省清洁低碳技术推广试点县(市)。建成长沙至经开区天然气传输管道，启动建设管道天然气入浏工程。太阳能、沼气、绿色建筑等清洁低碳技术得到广泛推广，获批全国可再生能源建筑应用示范县(市)，湖南省清洁低碳技术推广试点县(市)。群众环境满意度和幸福感不断提升。

(六)社会事业全面提升。全面实施教育三年行动计划，加大教育投入，改造薄弱学校213所，建设教师周转房1861套，创建省合格学校105所，教育强乡(镇、街道)率达100%，改善特殊学校办学条件，各类教育协调发展，教育强市目标胜利实现。奎文小学、教师进修学校附属小学投入使用，禧和、人民路、浏阳河、黄泥湾等小学扩容改造，新增城区学位3500余个，极大缓解了城区小学大班额难题。全面实施基本药物制度，公办基层医疗机构全面启动基本药物零差率销售制度，门诊和住院次均费用分别累计下降21.6%、14.4%。市中医医院被确定为国家三级甲等中医医院，市公共卫生中心、市骨伤科医院住院大楼投入使用，投资1.5亿元扩、改建乡镇卫生院7.8万平方米。启动市精神病医院住院综合楼建设和精神病医院管理体制改革。全市居民健康水平稳步提升，人均预期寿命由75岁提高到78.2岁。建成乡镇示范性综合文化站26个，农家书屋覆盖全市行政村。全民健身运动蓬勃发展，成功举办或承办市第一、二届全民健身运动会、全国女子摔跤冠军赛、百强县男子篮球邀请赛、第十二届全运会男子篮球赛预赛、湘鄂赣边区第十届老年人运动会等体育赛事。新增谭嗣同祠、谭嗣同墓、浏阳文庙、锦绶堂、耀邦故居等5处国家级文物保护单位。浏阳文庙祭孔音乐入选国家级非物质文化遗产项目。浏阳市国家综合档案馆顺利建成并投入使用，档案工作跃居全国60强。浏阳电视台跻身全国县(市)电视台20强。科技创新能力居全国县(市)级第48位，成为湖南省唯一进入前50强的县(市)。专利授权量和发明授权量逐年增加。社会保障逐步健全，养老、失业、工伤、医疗和生育等五大社会保险参保人数逐年提高，城镇登记失业率控制在2.8%。实施暖心工程，开展慈善助学、助医、助孤、助困活动。

(七)从严治党开创新局。深入开展党的群众路线教育实践活动和“三严三实”专题教育，人民群众反映强烈的“四风”问题得到有效遏制。干部作风明显转变，“一线工作法”、“三个一律”深入人心，推动改革发展的强大正能量加速形成，群众满意度大幅提升。

(八)民主法治明显进步。人民代表大会制度不断完善，党领导的多党合作和政治协商制度得到加强，爱国统一战线进一步巩固和发展。武装工作取得新成绩。工会、共青团、妇联、工商联、残联等群团组织的职能作用明显增强。依法行政工作成效明显。民主决策机制进一步完善。基层民主政治建设进一步加强，村民自治全面推进。司法体制进一步完善，普法工作卓有成效。全力抓好安全生产、信访维稳等工作，获评“全省安全生产先进县(市)”，实现各特护期赴上级党政机关“零非访”目标。社会治安防控体系更加健全。

五年来，全市始终弘扬“自强不息、敢为人先”的浏阳精神，坚持改革创新不停步，用改革的办法破解难题，用创新的思维寻找出路，不断激发县域发展活力；始终坚持“持之以恒、久久为功”的工作信念，坚持切合实际的发展思路，一张蓝图干到底、一以贯之抓落实，保持定力不折腾，不断催生县域发展活力；始终扭住“转变方式、调整结构”的发展主线，主动适应经济发展新常态，大力推进经济结构调整，提高经济整体素质和市场竞争力，不断提升县域发展活力；始终保持“踏石留印、抓铁有痕”的务实作风，营造真抓实干的发展氛围，认真较真不含糊，坚决做到“以实绩论英雄、以发展排座次”，不断增添县域发展活力；始终践行“和谐发展、民生为本”的执政理念，把改善民生放在突出位置，健全为民办实事长效机制，扎实推进“平安浏阳”建设，推进基本公共服务均等化，使发展成果惠及全市人民。

五年来，全市发展也显现出一些问题和不足：粗放型经济增长方式尚未得到根本转变，转型升级任务繁重；人才结构和总量与发展要求不相适应，自主创新能力不够强；资金、土地、环境、能源等要素制约突出，市场配置资源的决定性作用还没有充分发挥；服务业发展不够快，产业结构有待优化；社会治理机制尚未健全，教育、卫生、文化等公共产品供给能力相对不足。这些困难和问题，需要在发展和改革中逐步加以解决。

二、发展环境

将浏阳发展置于区域发展大局中来审视和谋划，我们站在了一个新的历史起点上。其内涵体现在：

——正处于顺势而为、乘势而上的重要机遇期。从国际看，“十三五”时期，全球经济处在国际金融危机后的深度调整期，主要经济体走势和政策取向继续分化，围绕市场、资源、人才、技术、标准的竞争更加激烈。经济全球化、社会信息化深入发展，新一轮科技革命和产业变革蓄势待发，信息和智能制造等新技术的应用可能出现重大突破。从国内看，我国经济发展进入“新常态”。发展速度将从高速增长向中高速增长换挡，发展质量将从中低水平向中高水平迈进。产业结构将深度调整。随着“一带一路”、长江经济带、“中国制造 2025”和“互联网 +”等国家战略实施，政策的叠加效应、乘数效应将不断释放。从浏阳看，浏阳作为全国发展改革试点城市，省直管县、农房抵押贷款、不动产统一登记等多项改革试点落户浏阳，有利于浏阳抢抓新机遇、培育新动力、争创新优势、实现新发展。

——正处于开放开发、创新创业的发展黄金期。长沙将浏阳定位为省会副中心城市，融入大长沙、借力大发展迈入新阶段。湘赣边区域合作经济带成功纳入长江经济带发展规划和长江中游城市群发展规划，标志着浏阳发展进入了国家层面的战略视野。浏阳作为长沙东部开放型经济走廊战略支点、湘赣合作试验区核心区域，将发挥自身独特优势，努力在更大空间、更广范围内吸引汇集人流、物流、资金流、信息流、产业流。“十三五”时期是我市率先全面建成小康社会、率先打赢扶贫攻坚战的决胜阶段，浏阳人民对美好生活的追求，将转化为巨大的市场需求和极大的创造热情，为开放开发、创新创业注入强大的动力与活力。

——正处于转型发展、加快发展的攻坚关键期。经过多年的持续快速发展，浏阳经济规模跃上千亿量级台阶，一般公共预算收入即将突破百亿元大关，主要经济指标增速连续多年领跑长沙九区县（市）。电子信息、生物医药、机械制造、烟花爆竹等优势产业加速壮大，浏阳经开区、制造产业基地、两型产业园等七大板块园区竞相发展。等等这些，为我市转型发展、加快发展奠定了坚实基础。特别是随着一大批新产业、新业态、新产品、新模式不断涌现、加速成长，产业结构加快转型、产业体系日趋完备、产业空间不断拓展的良好态势正在形成。

三、指导思想、发展原则和发展目标

(一)指导思想

“十三五”时期总的指导思想是：高举中国特色社会主义伟大旗帜，以邓小平理论、“三个代表”重要思想和科学发展观为指导，全面落实党的十八大、十八届三中、四中、五中全会和习近平总书记系列重要讲话精神，按照“五位一体”总体布局和“四个全面”战略布局的要求，牢固树立创新、协调、绿色、开放、共享发展理念，顺应经济发展新常态，坚持稳中求进总基调，以率先全面建成小康社会、加快实现基本现代化为总揽，不断优化“一轴三带”、“两城七园”、“三河三山”发展格局，深入实施“交通融城、产业兴城、人才活城、生态美城”发展战略，始终坚持改革推动、创新驱动、区域带动、项目拉动、城乡联动发展路径，努力把浏阳建设成省会副中心和湘赣边区域性中心城市。

(二)发展原则

1. 坚持深化改革，推动创新发展。把改革创新作为加快发展的根本动力。重点突破与整体推进相结合，着力增强改革的系统性，努力实现行政管理体制改革、经济体制改革、社会体制改革、生态文明体制改革、文化体制改革协调推进。加快自主创新体系建设，集聚创新资源要素，激发各类创新主体活力，以创新带动经济转型升级。

2. 坚持城乡统筹，推动协调发展。把城乡统筹作为协调发展的重要内容。统筹城乡产业发展、基础设施建设、社会事业发展，促进城市与农村相联结、工业与农业相联动、人与自然相和谐。建立健全以工促农、以城带乡的政策体系和体制机制，促进公共财政向农业倾斜、公共设施向农村延伸、公共服务向农民覆盖、现代文明向农村传播，实现城乡良性互动、协调发展。

3. 坚持生态建设，推动绿色发展。把生态文明作为科学发展的重要标杆。加大生态环境突出问题综合治理力度，维护生态安全。大力发展生态经济，构建有机、低碳、循环的产业体系，倡导绿色消费，推进绿色发展。促进资源节约与循环利用，建设美丽浏阳。

4. 坚持内外联动，推动开放发展。把对外开放作为区域发展的重要途径。顺应区域深度合作的发展趋势，奉行互利共赢的开放战略，坚持引进来和走出去并重、引资和引技引智并举，发展更高层次的开放型经济。

5. 坚持和谐包容，推动共享发展。把公平共享作为社会发展的根本追求。紧扣和谐社会建设，更加注重经济社会协调发展。坚决破除各种形式的社会排斥，实现机会均等和公平竞争。全面推进法治浏阳建设，加强和创新社会治理，促进社会公平正义。完善社会保障体系，推动基本公共服务均等化，使群众共享改革发展成果。

(三)发展目标

总体目标是：率先全面建成小康社会，加快实现基本现代化，打造省会副中心和湘赣边区域性中心城市。“省会副中心”主要体现在融入长株潭，致力打造省会功能配套基地、新兴产业发展高地、都市休闲度假胜地；“湘赣边区域性中心城市”主要体现在辐射湘赣边，致力打造湘赣边区域的交通物流中心、科教文卫中心、金融贸易中心、创新创业中心。浏阳的吸纳力、竞争力、影响力全面提升。

具体目标是：

1. 综合实力更强大

打造实力浏阳。到2020年，迈入城镇人口70万的中等城市行列，综合实力达到省内中等地级市水平；地区生产总值接近2000亿元，年均增长10%以上；一般公共预算收入突破145亿元，年均增长11%以上，其中地方一般公共预算收入突破81亿元；人均地区生产总值140000元以上，人均一般公共预算收入11000元以上。

2. 产业体系更完善

打造智慧浏阳。现代化、智能化、科技化、高端化的产业体系更加完善，“大众创业、万众创新”的活力更加彰显，“浏阳智造”、“浏阳创造”的支撑更加强大。三次产业结构明显改善。继续加强第一产业，巩固第一产业的基础地位；提升第二产业，增强第二产业的核心竞争力；大力发展第三产业，让第三产业在县域经济中发挥更大作用。企业创新主体作用充分发挥。到2020年，二、三产业比重占94%左右；规模工业增加值占地区生产总值比重达60%以上；服务业增加值占地区生产总值比重达25%以上；全社会研发经费占GDP的比重达3%以上，专利授权率达70%以上，高新技术产业增加值占GDP的比重达30%以上。

3. 生态环境更优美

打造美丽浏阳。切实抓好环境保护，不断改善人居环境，全面提升城镇品位，使浏阳的自然生态更加秀美、城乡环境更加精美、城乡风貌更加优美，充分彰显“湖湘宝地、美丽浏阳”城市形象。绿色建筑、绿色交通、绿色能源、“美丽乡村、幸福屋场”建设深入推进，生态宜居环境进一步优化，主要污染物排放总量继续减少，生态环境质量保持领先。“十三五”期间，单位GDP综合能耗年均下降2.5%，森林资源蓄积量年均增长3.2%；到2020年，城镇污水处理率88%以上，空气质量达标率75%以上，万元工业增加值用水量下降到30立方米以下，地表水质达标率100%，森林覆盖率66.8%以上，城镇建成区绿化覆盖率38%以上。

4. 改革开放更深入

全面深化经济、行政、文化、社会、生态各个领域的改革，显著提高治理能力和治理体系现代化水平，完善市场配置资源的决定性作用的体制与机制。政府职能进一步转变，开放型经济更加突出，经济社会发展活力极大增强，形成系统完备、科学规范、运行有效的制度体系，创新创业的环境更加良好。加快开放融合，主动对接长江中游城市群和长江经济带，深度融入长株潭，积极投入长沙东部开放型经济走廊建设，全力推进湘赣边区域开放合作试验区建设。

5. 群众生活更幸福

打造幸福浏阳。加快促进城乡融合发展、一体发展、均衡发展，让老百姓有更多的获得感。公共预算支出中民生支出比重明显提高，教育资源配置合理，城乡、区域、校际差距明显缩小。市、乡、村三级卫生服务网络健全，居民医疗卫生得到有效保障。公共文化服务得到加强，县域本土文化得到传承。到2020年，与现代化相适应的公共服务体系基本建立，义务教育、就业服务、基本养老、基本医疗卫生、计划生育、公共文化、住房保障等公共服务基本覆盖全部常住人口，城乡居民基本达到学有所教、病有所医、老有所养、住有所居、闲有所乐，新型城镇化得到创新发展，城镇化率达65.4%以上。城乡居民就业充分，增收明显，居民幸福指数显著提高。

6. 社会大局更和谐

倾力打造法治浏阳、平安浏阳、和谐浏阳，全面提升人民群众的安全感、认同感。到2020年，社会安全指数达到100%，城镇居委会和农村村委会依法自治达标率达93%，法治建设群众满意度达88%，亿元GDP生产安全事故死亡率控制在0.015以下。

在实现上述目标的基础上，再经过5到10年的努力，省会副中心和湘赣边区域性中心城市基本形成，战略地位更加显著。

四、主要任务

(一)坚持统筹发展，不断优化空间布局

根据现有空间结构和经济社会发展状况，围绕省会副中心和湘赣边区域性中心城市的战略定位，构建功能清晰、导向明确、分工合理的有序发展格局。

1. 推进形成主体功能区

统筹谋划人口分布、产业布局、国土利用和城镇化发展格局，引导人口、产业向适宜开发的区域集聚。建立分类绩效考核评价、分类财政激励、分类产业准入、分类土地管理等政策体系，对优化开发、重点开发、限制开发、禁止开发区域实行分区分类管理，保护农业和生态发展空间，构建高效、协调、可持续的空间开发格局。

优化开发区域。系经济比较发达、人口比较密集、开发强度较高、资源环境问题比较突出，从而应该优化进行工业化、城镇化开发的地区。主要包括主城区(含淮川、集里、关口、荷花四个办事处)的规划区和集镇规划区。该区域要严格控制建筑容积率和开发密度，大力提升城镇综合承载能力，推动“退二进三”，加快发展现代服务业和现代农业，合理集聚城镇人口，改善城镇人居环境。

重点开发区域。系有一定经济基础、资源环境承载能力较强、发展潜力较大、集聚人口和产业的条件较好，从而应该重点进行工业化、城镇化开发的区域。主要包括浏阳经开区、制造产业基地、两型产业园、乡镇工业集中区、西北环线沿线新型工业区等。该区域要适度拓展产业空间，成为全市经济和人口的密集地区。

限制开发区域。系影响农产品供给安全和生态安全，不适宜大规模、高强度工业化和城镇化开发的区域。分为两类：一类是农产品主产区，主要包括农业优先类乡镇；一类是重点生态功能区，主要包括生态优先类乡镇，以及浏阳河、捞刀河、南川河沿岸50—500米范围内区域。该区域要突出生态经济优势，切实保护好当地的生态环境与文化传统，大力发展现代农业与生态休闲旅游业。

禁止开发区域。系依法设立的各类自然文化保护区域及其他需要特殊保护，禁止工业化、城镇化开发的生态区域。主要包括自然保护区、风景名胜区、森林公园、地质公园、水源保护区、生态绿心区、河流源头、湿地，以及浏阳河、捞刀河、南川河沿岸50米范围内区域等生态保护红线区，市域内水库等水工程的保护范围区。该区域要严格保护、严禁开发、严控建设、严抓管理，使其成为浏阳市生态屏障和休闲度假旅游胜地。

2. 优化城镇空间布局

综合考虑各区域发展基础、历史文化、资源禀赋等因素，科学优化“一轴三带”、“两城七园”、“三河三山”的发展格局，构建覆盖全市城乡、协调互动发展、山水脉络清晰的新型城镇体系。不断壮大“一轴”，即沿浏永公路—浏大公路—大文公路的城镇发展主轴；着力延伸“三带”，即以浏东公路为轴线的浏东城镇发展带、以浏跃公路为轴线的浏西城镇发展带、以永社公路为轴线的浏北城镇发展带。提质发展“两城”，即浏阳主城区和金阳新区；统筹建设“七园”，即浏阳经开区、制造产业基地、两型产业园、浏阳河文化产业园、花炮产业集中区、浏阳河生态经济示范区、大围山国家级生态旅游示范区。精心保护“三河三山”，即浏阳河、捞刀河、南川河，大围山、连云山、九岭山。坚持“以城带乡、以镇带村、以点带面”，高品位推进大瑶、永安等小城市，镇头、沿溪等中心镇，大围山、中和等特色镇建设，加快打造一批工业重镇、旅游新镇、文化名镇、边贸强镇。

3. 优化产业空间布局

按照市场引导、园区带动、产业集聚、错位发展、保护耕地的原则，调整优化三次产业空间布局。

(1)农业布局。在保障国家粮食安全的基础上，北区重点发展水稻、烤烟和油茶，西区重点发展花卉苗木，东区重点发展蔬菜和水果。全市重点打造“一廊两带三区四基地”。“一廊”即贯穿东西的花木走廊；“两带”即浏东特色水果产业带、浏阳河休闲农业示范带；“三区”即在龙伏、淳口等乡镇建立农业现代化示范区，在镇头、柏加等乡镇建立精品花木示范区，在高坪、永和等乡镇建立黑山羊养殖示范区；“四基地”即永安、北盛万亩超级稻示范基地，镇头、葛家标准化生猪养殖基地，张坊、小河优质稻米生产基地，普迹、古港、沿溪万亩蔬菜基地。

(2)工业布局。北区重点建设以生物医药、电子信息、健康食品为主的浏阳经开区，以再制造、智能制造、汽车零部件为主的制造产业基地，着力打造金阳大道、开元大道、G319三条黄金产业带，将覆盖两园四镇的金阳新区打造为全市工业主阵地。西区重点建设环保科技示范园。东区重点建设以健康食品为主的两型产业园。南区重点建设以大瑶为中心的花炮产业经济示范区，依托大瑶花炮商贸城，发展花炮总部经济。城区重点建设荷花新型都市工业区和关口物流工业区。支持沙市、官渡等乡镇工业集中区有序发展。

(3)服务业布局。根据区域资源禀赋和产业基础，结合全市服务业发展现状，布局“一核一区多点”的重点服务业集聚区。“一核”即浏阳主城区，重点发展教育、文化创意、现代物流、卫生、金融、商贸、休闲、娱乐等服务业。“一区”即金阳新区，重点发展信息、金融、物流、会展、商务等生产性服务业，经开区、制造产业基地、永安、北盛、洞阳主动融入长沙市临空经济区，逐步发展航空保障、现代物流等高端服务业。“多点”即大瑶新城突出发展烟花爆竹生产性服务业，打造全国花炮及原辅材料研发、交易中心，建设花炮产业旅游接待和花炮文化传承基地；文家市、金刚、社港等边界镇突出发展商贸业，打造边界商贸中心；沿溪、镇头等中心镇形成区域生活性服务业聚集点。

(4)旅游业布局。重点规划实施“一带两圈五组团”。“一带”即浏阳河文化旅游产业带；“两圈”即浏阳城市休闲圈、大围山生态旅游圈；“五组团”即红色研学旅游组团、山水运动休闲旅游组团、花木—休闲农业旅游组团、花炮—宗教文化旅游组团、工业旅游组团。

旅 游 业 布 局

	范围	功能定位	发展方向
浏阳河文化旅游产业带	浏阳河沿线乡镇、街道	统领浏阳旅游发展，发挥纽带作用，整合浏阳河周边资源，引导开发山水生态资源、特色小镇、滨水景观，构建融合文化、景观、休闲“三位一体”的复合功能空间。	发展生态度假、山地观光、乡村休闲、民俗体验、运动娱乐、特色餐饮多种旅游产品，形成浏阳生态文化旅游品牌。
大围山生态旅游圈	“一园四镇”生态示范区范围	带动浏阳生态旅游龙头，形成浏阳生态旅游品牌，建成国家AAAAA级景区和国家级风景名胜区，成为大长沙生态度假基地。	联动周边特色乡镇，打造“一园四镇”旅游发展格局。突出“生态度假”、“山岳休闲”、民俗文化体验旅游、“花海奇石”、自驾车旅游等新业态。
浏阳城市休闲圈	淮川、集里、荷花、关口	发挥城市综合服务功能，整合“吃、住、行、游、购、娱”六大产业要素，形成集合信息咨询、交通集散、会议会展、城市休闲、购物娱乐等多功能的综合旅游核心。	提质改造“一河两岸三山”，打造市民休闲活动新空间。整合谭嗣同故居、文庙等浏阳文化旅游资源，打造文化旅游名城。增加主题节庆活动，展示浏阳城区新魅力。
红色研学旅游组团	中和镇、文家市镇、永和镇	集修学养生、科普教育、革命传统教育、文化体验于一体的红色休闲旅游区。	以革命圣地体验、伟人故里旅游、历史文化体验、革命教育体验、修学养生旅游为发展重点，构建以红色旅游为核心功能的旅游目的地；重点提升打造秋收起义文家市会师纪念馆、耀邦故居等红色文化旅游景区（点），形成红色文化旅游新体系。
山水运动休闲旅游组团	社港镇、龙伏镇、沙市镇、淳口镇、古港镇	以生态观光旅游、运动休闲旅游、乡村旅游、健康养生为发展重点，构建以文化观光、运动休闲体验为核心功能的主题旅游功能区。	发展运动休闲旅游，开展乡村休闲旅游，打造中南地区运动休闲旅游创新示范区。
花木-休闲农业旅游组团	柏加镇、葛家乡、镇头镇、官桥镇、普迹镇、枨冲镇	集农业观光、休闲度假、民俗体验为一体的度假旅游区。	以生态观光、农业观光、民俗体验、休闲度假为发展重点，构建以自然生态观光体验与农业观光为核心功能的农业旅游目的地；依托百里花木走廊、仙人湖、夹洲岛，开展生态农业观光旅游。
花炮-宗教文化旅游组团	大瑶镇、金刚镇、澄潭江镇	集科普教育、宗教观光、民俗体验于一体的文化旅游区。	以花炮文化旅游、历史文化旅游、佛教文化旅游为发展重点，着力提升李畋庙、中国花炮文化博物馆、李畋广场、石霜寺、大屋遗址等文化旅游景区（点）开发层级，打造国内历史文化与佛教文化旅游示范区。
工业旅游组团	浏阳经开区、制造产业基地、两型产业园、永安镇、北盛镇、洞阳镇	集科技观光、工业旅游、生产体验为一体的高新产业旅游区。	联合各大高新科技企业，培育高新科技工业旅游项目；以工业观光、生产体验为发展重点，构建以高新科技与新兴工业旅游为核心功能的旅游示范区。

（二）突出转型升级，构建优势产业体系

着力加强供给侧结构性改革，以技术创新为引领，加快质量诚信体系建设，持续推进产业结构优化升级，加速传统产业现代化转型，提高供给体系质量和效率，形成竞争优势，增强竞争能力。

1．加快推进农业现代化

按照生态安全、绿色高效的要求，提高农业产业化、合作化、科技化、机械化、信息化、生态化水平，加快发展现代农业。到2020年，重点扶持做大做强10家农业产业化龙头企业，培育100个现代农业合作社，发展1000户家庭农场。重点建设10个种植结构调整示范片，100个现代农业示范基地，培养1000名农技人员为现代农业服务。

⑴提升传统农业。粮食产业：稳定粮食种植面积，推进高标准农田建设，提高规模化程度，建设以古港为中心沿浏阳河延伸的东区粮食基地，以北盛为中心沿捞刀河延伸的北区粮食基地，以张坊、小河为中心的优质稻基地，全市粮食复种面积稳定在75万公顷以上，总产量稳定在65万吨以上。蔬菜产业：坚持规模化、标准化、精品化方向，扶持发展设施栽培，建设沿溪、古港、官渡、普迹等乡镇为主的无公害蔬菜基地，以大围山、张坊、小河等乡镇为主的绿色有机蔬菜基地。烤烟产业：积极引导适度规模种植，提升烤烟品质，重点做强沙市、社港、龙伏、淳口、北盛、永安、古港、官渡、达浒、张坊等基地，烤烟种植面积稳定6—7万亩。油菜产业：推广种植“双低”油菜，到2020年，全市油菜种植面积稳定在45万亩以上。养殖产业：引进培育优良品种，发展健康养殖，推进镇头、葛家、普迹、枨冲、淳口等乡镇规模化、标准化生猪养殖，做强做响小河、高坪、永和、官渡、沿溪、张坊等乡镇黑山羊品牌。

⑵壮大特色农业。花卉苗木产业：重点建设“花木走廊”和花卉苗木交易市场，推进形成比较完整的产、供、销花卉苗木产业链条，提升浏阳花卉苗木区域性品牌影响力。水果产业：利用大围山水果节等平台，加强宣传推介，扩大浏阳水果知名度，建设关口、古港、沿溪、官渡、高坪等乡镇无公害水果产业基地，加快大围山、达浒、张坊等乡镇特色小水果基地建设。油茶产业：以丘陵山区为主发展油茶种植，重点加快淳口、沙市、龙伏、镇头、官桥、普迹、葛家等基地建设。药材产业：加大中药材培植支持力度，以生物医药和国内中药材市场需求为导向，在沙市、淳口、洞阳、中和等乡镇开展药材种植。茶叶产业：以北区为主发展生态茶叶，扶持做强淳峰、银峰等本土茶叶品牌。

⑶扶持休闲农业。依托现有产业和景观资源，深耕长株潭，对接湘赣边，实现纯生态农业向休闲观光农业转型。关口、集里、高坪等乡镇、街道主要发展集生态休闲、餐饮娱乐为一体的环城都市农业。柏加、镇头等乡镇主要发展集休闲赏花餐饮为一体的体验农业。大围山、张坊、小河等乡镇主要打造集休闲、度假、漂流、水果采摘于一体的休闲农业。古港、达浒、沿溪等乡镇发展蔬菜、油菜观光农业。建设一批农家乐园，开发一批休闲农业体验项目，进一步拓展休闲空间，推进全市休闲农业快速健康发展。

⑷加快建设现代农业体系。完善农业人才体系。培育新型职业农民，制定专门规划和切实可行的政策，吸引年轻人务农，造就高素质的新型农业生产经营者队伍。加强与省农科院等农业院校的深度合作，加速新技术、新成果的示范推广，加强农业科技产业开发与成果转化，抓好农业科技人才引进，布局实习实训示范基地，建立制度化教育培训机制。完善农产品市场体系。发展现代物流、连锁配送、电子商务等流通方式，建立批发市场、集贸市场、零售经营门店和超市等网点。完善农业综合服务体系。加大新型农业机械的推广力度，不断提升农业机械化水平；建立农产品市场信息服务平台，促进农产品信息共享。完善农产品检验检测体系。加强农产品质量安全和农药经营监管，开展农药安全使用的技术指导；推进重大动物疫病防控体系建设，建立动物疫病风险防范机制。创建全国农产品质量安全示范县（市）。

⑸培育新型农业经营主体。加快培育家庭农场、专业大户、农民合作社、农业产业化龙头企业等新型农业经营主体。加强农民专业合作社和土地股份合作社规范化建设，创新农业产业链组织形式和利益联接机制，支持龙头企业开展跨区域、跨行业、跨所有制联合，构建农户、合作社、企业之间互利共赢的合作模式。

2．加快推进新型工业化

按照主攻高端、提升低端、转型为先的总体要求，精心实施兴工强市三年行动计划，大力发展先进制造业，改造提升传统产业，支持传统企业利用互联网技术、平台，创新产品和服务，优化流程和管理，进行智能化生产、网络化营销，着力提升工业素质和效益。发展壮大产业园区，到2020年，将浏阳经开区打造为2000亿元级园区，制造产业基地打造为1000亿元级园区，两型产业园打造为200亿元级园区。

⑴重点培育电子信息产业。重点发展手机高端零部件及整机产业、新一代显示技术产业，加快推进蓝思科技三期及总部、欧智通智能终端产业园、基伍手机等项目建设进度，巩固电子信息产业发展基础。加大电子信息产业的研发力度，在新型显示、无线网络等核心领域实现突破。以国家新型工业化产业示范基地为载体，以长沙E中心为平台，依托蓝思科技等骨干企业，加强电子信息产业链条招商，大力引进电子信息企业，不断延长产业链条，打造世界一流的移动智能终端产业集群，将浏阳经开区打造为中部地区电子信息产业中心。

⑵发展壮大生物医药产业。发挥国家级生物产业基地和国家创新药物孵化基地的领先优势，继续支持尔康制药、九典制药等生物医药龙头企业做强做优，大力引进国内生物医药龙头企业总部和生产厂家入驻，形成生物药、中药、化学药等产业集群，打造中西部地区国家级生物医药产业龙头园区。以浏阳利美医院为基础，加速推进利美健康产业园项目建设，引导产销研一体化，促进生物制品、医疗器械、制药设备、健康产品快速发展。抓好创新平台建设，加大科研投入，引导企业研制具有自主知识产权和市场竞争力的新药，不断提升生物医药产业的核心竞争力，将浏阳国家生物产业基地打造成为中部地区生物技术研发中心。

(3)提升发展先进装备制造业。积极对接《中国制造2025》和《湖南制造2020》,引导制造业朝分工细化、协作紧密方向发展,推动生产方式向柔性、智能、精细、绿色转变。围绕"浏阳智造"的战略定位,重点发展智能成套装备制造产业,着力引进机器人、自动化设备等企业,推动传统制造技术与信息技术相融合,积极培育高端精密数控装备产业,实现装备制造业的智能化和高端化。依托动力电池领先优势,积极引导新能源汽车产业发展,加强整车关键技术攻关,完善电动汽车产业链,致力打造国内先进的新能源汽车基地。瞄准航空航天、电力、高铁、轨道施工装备等产业,培育产业集群,将浏阳制造产业基地打造成一流的工程机械再制造基地。依托长沙汽车整车产业,增强核心零部件配套能力,加快汽车、电子电器、车桥和底盘等零部件配套产业发展,形成核心竞争优势,打造完整的零部件配套产业链。完善再制造生产配套中心、展示交易中心、检测鉴定中心等再制造公共服务平台,打造再制造企业集聚的洼地。到2020年,力争将制造产业基地打造为国家级高新技术产业区。

(4)促进烟花爆竹产业转型升级。大力推动"产业集约化、设备机械化、生产标准化、管理信息化和过程安全型、产品环保型"的进程,大力实施"机械化换人、自动化减人"专项行动,强力推进整合提升、科技攻关、品牌营销、文化创意"四大工程"建设,力争在重点领域和核心技术上取得新突破,提高产业竞争力。以更加有效的措施和政策,运用"互联网+烟花爆竹"新思维,逐步提升国内外市场占有率,培育一批专业化的生产、经营、物流、燃放企业集团和上市公司,做大做强浏阳花炮国家地理标志品牌,建设国家级出口烟花爆竹质量安全示范区,建设以大瑶镇与上栗县金山镇交界处20平方公里范围内为核心的浏阳烟花爆竹产业安全环保科技示范园,成为湘赣边烟花爆竹安全环保科技示范基地和"四化两型"先导区。强化烟花爆竹与旅游、演艺、电子等其他产业的深度融合,着力开发微焰火等跨界产品,打造一条浏阳花炮黄金发展带,把浏阳花炮产业培育成技术领先、品质卓越、产能强大、门类齐全、领先国际潮流的传统文化产业。关停并转,淘汰一批散小乱差的烟花爆竹企业,到2020年,烟花爆竹企业总数控制在600家以内,其中10亿元产值以上的企业5家以上,1亿元产值以上的企业超过50家。

(5)做大健康食品产业。充分发挥资源优势,把握食品消费升级趋势,加强园区与专业院校深度合作,加快发展现代食品工业,推广应用生物工程、非热杀菌等先进适用技术,全面提升自动化水平。以浏阳经开区、两型产业园为核心,引进和培育农产品精深加工企业,鼓励企业争创绿色食品标志,打造浏阳绿色食品品牌。强化食品安全和质量管理,加速培育一批大型龙头企业,扶持一批特色中小企业。支持盐津铺子、飘香食品等市场潜力大、经济效益高、带动能力强的企业上市。

(6)培育现代家居产业。整合永安、北盛、沙市的市场资源,实行差异发展。积极承接长沙市大型家居建材专业市场转移,培育家居及其配套专业市场,打造永安国际家具商贸城。以沙市、北盛的办公家具、家居建材及其组合配套件生产为基础,加快推进湖南林业(长沙)家具产业园、中南家居材料市场建设,引进品牌规模企业入园,促进产业集聚化、规模化、专业化、品牌化发展,打造中部家居制造中心。支持组建家具行业协会、行业创新中心等服务平台,争取建立家居技术中心或工程研发中心。

(7)鼓励发展新能源新材料产业。因地制宜,科学开发利用风能、太阳能、地热能、生物质能。大力发展面向先进装备的复合、纳米、智能等材料,提升新材料的发展水平,打造国内领先的新能源材料、先进复合材料、金属新材料产业基地。

3. 加快推进服务业集约化

坚持把服务业作为调结构促转型的战略重点,以集聚发展生产性服务业促进产业融合,推动生产性服务业向专业化和价值链高端延伸,以提升发展生活性服务业完善城镇功能,推动生活性服务业向精细和高品质转变,将浏阳打造成为旅游休闲都市、现代物流枢纽、湘赣边金融中心。到2020年,服务业增加值占GDP比重达25%,生产性服务业增加值占全部服务业的比重超过50%。

(1)优先发展与新型工业化相适应的生产性服务业

——金融保险。完善社会诚信体系,巩固金融安全区创建成果,推进现代金融业健康发展,基本构建市场完善、机构健全、功能完备、环境优良的现代金融产业体系。规划建设金融街区,引导金融机构集聚发展,切实强化地方金融功能,支持本土金融机构走出去、沉下去,不断发展壮大,打造立足浏阳、服务湘赣边的区域金融中心。鼓励发展小额贷款公司、村镇银行等新型金融机构。支持发展金融服务中介机构,健全资产评估和中小企业担保体系。加强金融市场监管,防患金融风险。拓展金融业务空间,创新商业保险品种,扩大保险范围,探索发展质押、票据、担保、租赁等新兴金融业务。设立专项扶持基金,引导金融资源重点向小微企业倾斜。鼓励发展产业投资基金,大力推进企业上市融资。

——现代物流。依托长浏、大浏、浏醴等高速公路和蒙华铁路,大力整合物流资源,培育重点物流企业,创新产业发展模式,将浏阳打造成现代物流枢纽城市。完善物流信息网络,规划建设冷藏中心、仓储中心等基础设施项目,重点建设集里、关口仓储物流集聚区,金阳新区综合型物流中心,两型产业园冷链物流中心,大瑶花炮物流基地,镇头、柏加花卉苗木物流基地。

——商务会展。推进电子商务产业园区建设,加快跨境电子商务试点。拓展网上购物,加强农村和农产品电子商务应用。支持一朵等企业和花炮、花木等产业开展网上交易。重点发展会计、审计、资产评估、法律事务等专业服务,推进公共关系、商业咨询、市场调查和包装策划等领域加快发展。规划建设会展中心,鼓励发展会展业,引导会展业专业化发展,完善会展软硬件设施,拓展会议、论坛等会展市场,提高会展企业竞争力。不断丰富花炮节等节会的内涵和方式,培育和引进具有较大影响力的品牌专业展览和消费品展览。

(2)提升发展与现代生活相适应的生活性服务业

——文化旅游。把文化旅游产业作为战略性支柱产业来培育,将浏阳打造为中国旅游目的地。塑造浏阳河文化品牌,抓好浏阳河文化旅游产业带建设,以大围山为龙头，以浏阳河为主轴，融合花炮文化、历史文化、生态文化、红色文化、宗教文化等文化资源，打造"一湾一特色"、"一湾一风情"、"一湾一故事"、"一湾一品牌"的特色文化旅游体验项目，将浏阳河打造成世界级文化旅游名片。加快推进全域旅游，创新丰富旅游产品，利用农田景观、田园风光、山水资源、人文特色，改造提升一批集休闲、观光、体验、展示为一体的乡村旅游景点。精心策划荷文公路、花木走廊等10条旅游精品线路。完善大围山、耀邦故居、秋收起义纪念园等旅游景区配套设施，创建5A级景区。完善大瑶花炮博物馆，积极创建国家博物馆和4A级景区。纵深推进柏加、镇头为核心的浏阳河生态经济示范区建设，加快花木走廊提质改造，升级做强花卉苗木、休闲旅游等产业，着力打造西向融城桥头堡、西区发展主引擎。发展壮大浏阳河文化产业园，深入挖掘浏阳独特文化资源，高品位开发旅游纪念品，打造具有地方特色的文化产业。加快文化创意与烟花爆竹、旅游、生物医药、健康、动漫等产业相结合，实现文化产业集群化、园区化、规模化、专业化。深入推进"湘赣边文化产业外环线"建设，将浏阳打造成为湘赣边区域文化创意中心。

——商贸流通。加快商贸流通产业发展，建立现代市场体系，基本形成"一核两轴五区多点"的商贸流通网点格局。一核：浏阳主城区。两轴：金阳新区—浏阳城区—大瑶新城南北商业发展轴和镇头—葛家—浏阳城区—古港—官渡—张坊东西商业发展轴。五区：在浏阳商业发展轴线上的金阳新区、大瑶集镇、沿溪集镇、镇头集镇和张坊集镇等五个浏阳市商业发展重点区域。重点建设金阳新区和大瑶集镇两个区域，形成金阳新区区域商业中心和大瑶集镇区域商业中心；逐步挖掘、开发东西商业发展轴线上的沿溪集镇、镇头集镇和张坊集镇三个区域，将其升级建设成为区域商业中心。多点：社港、普迹、金刚、文家市、永和、澄潭江等商业集中点。深入推进万村千乡工程，加大农村流通基础设施建设力度，扩大城市房交会、家博会等影响力，有效拉动和激活城乡消费市场。扩大汽车消费，积极培育汽车4S店和二手车交易市场，引导集里平水汽车销售区和关口汽车销售区集聚发展。支持商贸企业创建品牌产品，增强核心竞争力，引进2-3家国际知名品牌商贸流通企业，努力把浏阳打造为环境优越、品牌突出、特色鲜明的湘赣边商贸中心。发展对外贸易，引导各类所有制企业主动、有序参与对外投资、对外工程承包、劳务合作等各种形式的国际经济技术合作和竞争。引导"浏阳蒸菜"产业健康发展，推进品牌建设，加强品牌保护，创新营销模式，打造"浏阳蒸乡"名片。

——房地产业。加快农民工市民化，扩大有效需求，打通供需通道，消化库存，稳定房地产市场。以满足市民住房需求为主要出发点，以建立购租并举的住房制度为主要方向，把公租房扩大到非浏户籍人口。发展住房租赁市场，鼓励自然人和各类机构投资者购买库存商品房，成为租赁市场的房源提供者，鼓励发展以住房租赁为主营业务的专业化企业。鼓励房地产开发企业顺应市场规律调整营销策略，促进房地产业兼并重组，提高产业集中度。

——健康养老产业。通过规划引导、政策引导、资金引导、服务引导，发展个性化健康检测评估、咨询服务、调理康复、保健促进等健康管理服务产业，建设一批功能齐全、设施完备、服务配套的养老院、敬老院、养老村等综合性健康服务业机构。着力发展运动健身、修身养性、康复疗养等产业。

——其他服务业。加快社区生活服务业发展，重点发展社区商业、卫生、家政、物业、就业服务、养老托幼、快递外卖、修理服务、废旧回收等生活性服务业。

(3)加快发展互联网产业

抓住互联网+、物联网、新一代移动通信网络经济发展的历史机遇，推进互联网与工业、农业、服务业高度融合，创造新供给，拓展经济增长新空间，壮大信息网络、移动互联网等产业。发展大数据经济，推进大数据应用，构建浏阳云体系，基本建立人口、法人、空间地理、宏观经济信息四大基础数据库和市大数据云计算中心。逐步推动信用、交通、医疗、社保、公共安全等民生保障服务相关领域大数据应用向商业应用转变。大力推动电子政务内外网升级改造，整合各部门业务应用系统，形成全市统一的电子政务平台，推动政府办事向网上迁移，提升服务效率，打造"网上政府"。开展公路出行、汽车租赁、出行路线规划、智能公交、智能打车、智能停车等信息便民服务。建设"健康云"服务平台，推动医疗卫生机构实现互联互通。建设"数字图书馆"、"数字博物馆"、"数字文化馆"等。全市移动互联网、物联网等新一代信息技术产业形成一定规模。信息化发展水平总指数达到0.9。

(三)深化湘赣边合作，打造区域发展高地

贯彻落实《湘赣开放合作试验区发展规划》、《湘赣边区域开放合作浏阳共识》、《湘赣边县域城市战略合作框架协议》，依托长浏萍合作廊道，加强湘赣边区域开放合作，将浏阳打造为湘赣边区域发展高地。

1. 深化重点领域合作。加强重大交通项目建设规划对接，形成布局合理、衔接紧密、内通外联、便捷高效的综合运输网络。加强产业对接协作，共同推进烟花爆竹产业转型升级；协同开展技术创新，推动电子信息、生物医药、智能制造等产业关键共性技术产业化；加强旅游合作，合力打响湘赣边旅游新品牌；共建优势农产品生产加工基地，完善农业社会化服务体系，加强农产品质量安全合作。推动区域金融合作，探索建设湘赣边特色银行，引导成立产业发展基金，实现金融区域性联动。推进生态一体化建设，协同开展水资源保护与利用，共同推动大气污染治理，实现区域环境信息共享。研究建立医疗资源共享机制，强化区域间卫生应急合作。推进社会保障网络互联、信息互通，逐步实现社会保障跨区域转移对接、住房公积金缴存异地互认和转移续接。推动区域内学校共建、师资交流和统一招生。完善市场规则，健全市场信用，共同构建统一开放、竞争有序的市场体系，促进资源要素无障碍流动。推动部门信息共享、资质互认、品牌互认、执法互助。推进物流信息平台建设。推行通关一体化改革，加强电子口岸平台合作，设立海关特殊监管区。

2. 推进共建区建设。积极推进浏阳—上栗共建区、浏阳大围山—铜鼓大沩山共建区建设，抓好共建区内水、电、路、气、通信等基础设施建设和对接，引导资金、技术、人才和优势产业向共建区集聚，实现一体化发展。浏阳—上栗共建区重点推进花炮产业转型升级，积极发展装备制造业，承接先进制造等产业转移。浏阳大围山—铜鼓大沩山共建区依托生态资源优势，重点发展生态观光、旅游休闲、文化创意和健康养生等产业，打造长株潭及赣西地区新兴旅游目的地。探索成立共建区建设管理专门机构，科学划分和配置共建区与属地政府之间的职责权限。务实抓好共建区土地利用、产业发展、财税、金融、行政审批、人才等方面政策落地。

3．完善合作机制。强化湘赣边区域开放合作秘书处的牵头组织、联络协调能力。完善高层协调机制，加强对区域合作、争资争项等方面的统筹协调。完善联席会议和重大项目调度机制，务实推进区域开放合作落实到位。完善资源共享和信息通报机制，实现跨区域信息互通互享。创新区域利益协调机制，探索建立产业跨区域转移的利益共享机制。

(四)增强综合承载能力，推进新型城镇化

优化城市布局，加强城镇之间规划的协调衔接，实现要素资源的深度整合和优化配置，推进"一轴三带"、"两城七园"、"三河三山"城镇建设，逐步构建分工合理、功能互补、规划协调的城镇网络体系。

1．提升服务功能，做优浏阳城区

实施城区功能分区。按照产业基础和资源优势，科学合理划定生产、生活、生态空间，加快高端要素、高端平台、高端功能向中心城区集聚，着力完善主城区的服务、消费、流通和创新等功能，打造城区功能板块，全面提升区域引领辐射能力。引导汽车销售服务、健康医疗、职业教育、商贸物流、都市工业等业态集聚发展。重点打造平水、关口汽车城，淮川、集里商贸区，浏阳河两岸、环长兴湖等生活区，道吾山、西湖山、天马山、思邈公园、新屋岭公园、翠园公园等生态区，荷花都市工业区、西北环线服务业集聚区。

拉开城市发展骨架。加快城市东进西延步伐，到2020年，城市建成区达37平方公里，城市人口达37万人。大力推进西北环线沿线、长兴湖、蒙华铁路溪江中心站周边片区开发。加快城市路网建设，建设金沙路浏阳河大桥，启动建设东南环线、西南环线，拉通城区外环线；新建道吾西路、予倩西路、白沙东路等东西走向和南泥湾路、石霜路、复兴路等南北走向城市主干道；拉通翠园路、集里路、龚家桥路、禧和路、菊花石路、东沙路、花炮大道南北辅道等城市次干道；着力打通北正北路、圭斋路、西湖山路等城区断头路，提质背街小巷，实现城区道路网格化，打造畅通城市。

提升城市品位。充分挖掘和传承地域文化，在城市规划和建设中，融入浏阳河、花炮等文化元素，形成独具浏阳地域和产业特色的城市文化。精细开发"一河两岸三山"城市景观带，规划建设花炮主题公园、公共绿地和街心花园。城市公园500m服务半径达标率达80%以上。鼓励城市垂直绿化、屋顶绿化，提高城市俯视绿化效果和空间绿化效益。加强城市的建筑色彩和建筑风格的规划引导，塑造城市独特风貌。积极稳妥推进城中村、旧城改造。改善城乡结合部环境，完成浦梓港、原氮肥厂、浏阳河东路、黄泥湾、西门口、西湖山小区等片区改造。加快数字化城管平台建设，深化城市精细管理，构建高效城市管理体系。创建全国文明城市和全国卫生城市。

完善城市服务功能。强化医疗、教育、科研、文化、体育等公共服务设施建设，着力引进大学院校(分校)。在西北环线片区高起点规划布局医院、学校等配套设施。规划建设集规划展示馆、博物馆、科技馆、非物质文化遗产展示中心等于一体的浏阳综合馆和集文化馆、图书馆、音乐馆于一体的浏阳文化活动中心，提升城市软实力。优先发展公共交通，增加优化公交线路，推广应用新能源公交车，加强场站、枢纽等重要节点建设，增加长兴湖等新开发片区公共自行车站点。科学布局和加大停车场建设，开放单位停车场所，逐步缓解城区停车难问题。加大街头直饮水、公共厕所等便民设施建设力度，稳步推进海绵城市建设，完善城市给排水设施，有效防范城市内涝发生。

2．推进产城融合，做强金阳新区

按照规划引领、节约集约、产城融合、彰显特色的原则，将金阳新区打造为改革创新的先行区、产城融合的示范区、两型社会的引领区、城乡一体的样板区，使之成为长沙"东中心"、中部新亮点。

科学描绘新区蓝图。高起点编制新区发展规划，实现"多规融合"。合理规划新区人口、产业、城镇、公共服务、基础设施、生态环境和社会管理等方面的发展方向和布局重点。整合相关规划的控制管制分区，划定园区开发边界、永久基本农田红线和生态保护红线，形成合理的城镇、农业和生态空间布局。以《浏阳市城市总体规划》修订为契机，将金阳新区纳入城市规划区、统一规划管理，整体规划园区建筑外观、色调、天际线和商业布局。抓紧组织片区控规编制和供水、排水、道路交通、金阳湖片区概念规划等专项规划的编制。

完善新区基础设施。加快交通路网建设，高标准建设长浏高速互通口和经开区连接线，提质改造G319和开元东路新区段，推进金阳大道、健康大道、北盛大道、制造产业基地新河南路、捞刀河风光带等项目建设，拉开新区大发展的骨架。积极推进新区公共交通系统建设，实现公交车、出租车、公共自行车覆盖"两园四镇"。有效整合"两园四镇"优势资源，科学布局，统筹推进自来水厂、变电站、消防站、污水处理厂、垃圾处理场等基础设施建设，增强新区综合承载能力。探索地下综合管廊建设，提高城市空间综合利用水平。

提升新区城市品位。推进主要干道绿化、美化、亮化，打造康宁路、健寿大道等示范街。高品位建设金阳广场和金阳湖中央商务区，繁荣粤港城、东润万象城、豫园步行街、嘉利新世界等城市综合体。加强教育、医疗、文化、体育等公共服务设施建设，大力引进名校、名院，提升公共服务水平。坚持发展与保护并重，突出新区特色，建设捞刀河生态廊道、蕉溪湿地公园，创建3A级旅游景区，打造美丽新区。

3．立足示范引领，做精特色城镇

完善城镇规划体系，调优城镇乡村区划，建设空间形态布局更加合理，资源要素流动更加快捷，产业关联度更加紧密，农村生产生活环境更加优美，城乡一体化水平更高的小城镇。根据交通区位、资源禀赋、发展基础与潜力，确立古港、镇头、洞阳、永安、北盛、沙市为园区开发型城镇；枨冲、普迹、官桥、淳口、葛家、龙伏为现代乡村型城镇；高坪、官渡、达浒、小河、张坊、大围山、文家市、中和、蕉溪为旅游导向型城镇；沿溪、大瑶、澄潭江、永和、金刚、柏加、社港为商贸带动型城镇。根据当地人口规模、产业布局及经济发展等情况，科学预测城镇体量，合理规划城镇规模，明确开发时序。统筹城乡基础设施布局与建设，推动水电路气等基础设施城乡联网，推行城乡公交一体化，探索城镇建设配套标准化体系，提升居住、科技、教育、医疗、文化等服务功能，实施城镇出入口提质工程，着力提升城镇品位。实行集镇城市化管理，探索建立集镇管理的标准化体系，切实落实“定点划线、有序停车，及时清扫、有效保洁，洒水降尘、适时清洗，规范门店、店内经营”等集镇管理要求，提升集镇管理水平。以绿色村镇建设为抓手，保护好青山绿水，保留住乡村风貌，凸显出地域特色，精心打造“城镇化的乡村、乡村式的城镇”，让居民“望得见山、看得见水、记得住乡愁”。

(五)完善基础设施，构筑发展坚实基础

按照适度超前、布局合理、功能完备的要求，加强综合交通、农田水利、能源供应、信息网络建设，努力提高城乡基础设施的承载能力和运行效率。

1.构建畅通的道路交通体系

以打造区域性交通枢纽为目标，全面完善外部大通道。加快融入长株潭交通路网，重点建设金阳大道、南横线、北横线，拉通金阳大道浏阳经开区至主城区段，打通西接长沙武广新城、南连株洲云龙新区的高规格无费快速通道，力争建设长浏城际铁路，推动浏阳全面融入长沙“半小时经济圈”，接受长沙、株洲、湘潭的三重辐射。建设蒙华铁路，力争规划建设渝长厦铁路，提质改造至江西铜鼓、万载、萍乡及沪昆高速连接线等出省、市通道，实现“对外大开放”。加强“对内大循环”路网建设，打造“畅通浏阳”。建成大围山旅游干线公路、沙赤公路、七宝山至官渡公路、小河至中和公路、提质改造永社公路、浏大公路，G354浏阳至官渡公路二期、沿宝公路。规划建设环城线、南北横线连接线、龙伏—枨冲、大围山—小河—中和等线路，完善主城区与园区、各中心镇的快速通道。实施农村公路建设三年行动计划，提质升级城镇支线公路、农村公路、乡村道路，全面完善县域交通路网。到2020年，新建干线公路405.5公里（国道81.3公里、省道324.2公里)，新建和提质农村公路2000公里，铁路96.7公里，疏浚航道75公里，力争实现浏阳河长沙到双江口通航。

2. 构建稳定的能源保障体系

推广利用太阳能、沼气等绿色能源，加快连云山风力发电建设，发展分布式光伏发电、天然气分布式能源站，推进生物质多元化利用，实施煤炭清洁高效利用。建成长沙-浏阳天然气输气管道工程，并延伸至大瑶、沿溪、镇头，逐步覆盖广大农村。规划建设交直流特高压输电工程，新建浏阳500KV、制造产业基地南园柞树塘110KV、北盛110KV等变电站，加快电网升级和电网智能化改造，增强电网优化配置能力。积极推进成品油、天然气等能源储备和供应网络设施建设。

3. 构建便捷的信息互联体系

加快建设网络化、智能化、数字化为主要特征的“智慧浏阳”。 加快推进光纤宽带网络、下一代互联网和广播电视网建设和升级改造，优化提升网络质量。推进城乡宽带网络发展，扩大城乡宽带覆盖范围。加快推动浏阳数字档案馆建设，打造快捷便民的全市馆室一体的档案信息化网络，开发利用地理、人口、金融、档案等基础信息资源。实施“网优浏阳”信息工程，加快4G通信建设和应用推广，力争到2020年，宽带信息网络覆盖城乡，城区4G覆盖率达到100%，农村4G覆盖率达95%，商务楼宇、景区、商场等公共领域实现WiFi全覆盖。

4. 构建安全的水利保障体系

以全面提升水环境品质为核心，统筹推进城乡水利设施建设。科学布局重点水利工程，新建椒花水库、扩建金鸡水库、扩容马尾皂水库，科学调节河流流量，实现旱涝互补，有效防范旱涝灾害。加强农村水利建设，清淤扩容山塘、疏浚渠道水圳，改造灌区、机埠、泵站和病险水库、病险水闸，推进小型农田水利工程建设，建设标准化、节水化的基本农田灌溉系统。加强河道综合治理，禁止河道采砂，修建生态防护堤，增强水体自净能力。实施农村饮水安全工程，到2020年，农村居民安全饮水比率达100%。

5. 构建完备的农业设施体系

严格落实耕地保护制度，实施耕地质量保护与提升行动。按照统一规划、统一标准、统一实施的原则，整合财政、国土、发改、水利、农业等各类资金，建设48万亩高标准农田。完善烟田设施及配套设施建设，推进基本烟田整理向优势单元、优势乡镇集中。鼓励农业经营大户、合作社加大农业设施投入，支持发展设施农业。推进农业气象服务体系和农村气象灾害防御体系建设，完善防灾减灾应急响应体系，提升防灾减灾气象服务能力。

(六)坚持两型发展，建设美丽幸福家园

把生态文明建设融入经济社会发展全过程，加大环境治理力度，实行最严格的环境保护制度，着力推进绿色、循环、低碳发展，建设天蓝水净、地绿山青的美丽浏阳。

1. 加强生态保护。加强生态环境保护制度体系建设，建立健全生态保护红线管理、生态补偿、生态文明考评考核、生态环境损害责任追究等制度。综合整治浏阳河、捞刀河、南川河三大流域生态环境，加强株树桥水库等饮用水源保护，对水源地实行永久性封山育林，严禁周边污染物排放和农药化肥使用。实施“三年造绿大行动”，推进城镇、交通干线的绿化，河流沿岸绿化种植，提高公共绿化水平；实施天然林禁伐和公益林保护，巩固退耕还林成果，加大植树造林力度，提高森林覆盖率。建设省际、市际、县缘边界和重点区域周边200千米的生物防火林带，构建环浏阳绿色防火墙。强化自然保护区、风景名胜区、地质公园、森林公园、柏加生态绿心区、湿地等各类特殊保护区域的规划、保护和建设，严禁不符合保护区功能定位的开发建设活动。加强水土保持，做好地质灾害防治，实施永和(七宝山)、蕉溪等地区重金属污染综合防治工程。加大环保科技投入，推广应用环保科技成果。鼓励社会公众建立生态保护民间组织，支持开展生态保护活动。积极应对气候变化，加强大气污染治理。

2. 实施环境整治。防治大气污染。加强机动车污染治理，加快淘汰黄标车，大力发展公共交通，优先发展城市公交，推广新能源公交车，到2020年，城市建成区公交机动化出行比例达到20%，新能源公交车占公交车比例达50%以上；全面整治燃煤锅炉，推广应用清洁能源，开展扬尘和餐饮油烟综合治理；鼓励农作物秸秆综合利用，禁止秸秆焚烧；建立大气污染联防联控机制，切实提高大气质量，实现城区空气质量优良率达75%(新标准)以上。防治土壤污染，控制污染源，推进七宝山、永和、蕉溪等重点区域污染治理，科学规划利用工矿废弃地，推进矿区转型发展。强化城镇污水治理，完成城区截污管网改造，完善乡镇污水处理设施，发挥城乡污水处理厂作用，增强污水收集处理能力，城镇污水处理率达88%以上。狠抓工业污染治理，全面取缔不符合国家产业政策、严重污染环境的企业和项目，加强对造纸、水泥、食品、药品等重点行业监管，确保达标排放。推进农业农村污染治理，重点治理畜禽养殖污染、农业面源污染。科学调整畜禽养殖禁养分区，依法关闭或搬迁禁养区内畜禽养殖场所。大力推广生物农药、有机肥料和测土配方肥料，推广无公害种植技术和生物净化技术，降低农业面源污染。

3. 推进节能减排。提高行业准入门槛，强化节能、环保、土地、用水、安全等指标约束，加强固定资产投资项目节能评估和审查，严格执行环境影响评价，从源头上控制能源消费总量、用水总量和主要污染物排放。加强重点用能单位监管，实施能效提升计划，开展合同能源管理，推进节能技术改造，加快淘汰落后产能。着力推进工业、商业、交通、建筑、公共机构等重点领域节能，推进近零排放区、低碳园区、低碳社区试点建设，严格控制能源消费过快增长，加快建成能源节约型社会，创建国家新能源示范市。加强城乡垃圾处理，在经开区、城区及东南西北区合理布局垃圾处理厂。推进“城市矿产”再利用，完善废旧物回收网络，开展废纸、废油、秸秆等废弃物综合利用。规划建设餐厨垃圾处理工程，实现市区餐厨废弃物资源化利用和无害化处理率达到70%以上。推进资源循环利用与企业发展相结合，以再制造产业、废弃物循环利用、生活垃圾资源化利用为重点发展循环经济，创建全国循环经济示范市。到2020年，全市实现落后产能全面淘汰退出，清洁生产全面实施。

4. 建设美丽乡村。深入实施农村环境连片整治，加强农村生态环境绿化、美化、亮化，全面推进农村改水改厕工程，不断完善农村生活垃圾收集处理、生活污水处理、畜禽养殖污染治理模式。大力发展农业循环经济，构建“两型”清洁生产格局，打造一批环境秀美、低碳节能的“两型”村庄，评选一批“两型”家庭。扎实推进“城乡统筹、环境同治”新三年行动，大力加强“美丽乡村、幸福屋场”建设。通过政府引导，村组为主，调动群众的积极性和创造性；按照提升品质、完善配套、彰显文化、打造特色的要求，因地制宜发展农村特色产业，挖掘保护乡村文化，打造“一村一业”、“一村一景”、“一村一韵”，推动乡村旅游发展，促进农民增收，增加经济效益和社会效益；把幸福屋场建设作为打造美丽乡村的重要抓手，制订标准体系，建立长效机制，加大支持力度，引导银行信贷、民间资本和社会力量参与美丽乡村建设。到2020年，全市主要道路沿线宜林宜绿地实现“全绿化、不露荒”，创建绿色集镇10个以上，美丽乡村示范村100个以上，示范幸福屋场300个以上、绿色庭院2000户以上。

(七)突出改革引领，激活发展内生动力

坚持社会主义市场经济改革方向，正确处理政府、市场、社会的关系，充分发挥市场在资源配置中的决定性作用，深入推进供给侧结构性改革，着力破除转型创新发展的深层次问题和结构性矛盾，加快形成有利于市场经济、开放经济、服务经济和创新经济的科学发展体制机制，进一步增强全市发展的动力和活力。

1. 深化经济体制改革。着力创新园镇管理，进一步完善“园镇合一”、“镇馆合一”、“一园带四镇”等发展模式，积极推动经开区与洞阳镇、北盛镇，制造产业基地与永安镇，文家市镇与秋收起义纪念馆，中和镇与耀邦故居管理处，两型产业园与古港镇，大围山国家级生态旅游示范区与大围山镇、张坊镇、达浒镇、小河乡深度融合，加大人、财、物等资源统筹力度，科学明确园区(场馆)与乡镇各自的主要职责和考核重点，做到各司其职、各尽其责、各显其长。实施商事登记制度改革，全面推行“多证合一、一照一码”。实施市场负面清单管理制度，对市场准入负面清单以外的行业、领域、业务等，各类市场主体皆可依法平等进入。大力发展非公有制经济，落实促进民营经济和非公有制经济发展的政策措施，鼓励有条件的私营企业建立现代企业制度，支持和引导符合条件的个体工商户发展壮大为私营企业。推进市场要素改革，规范农村资源流转交易市场、人力资源市场、建设用地市场、技术交易市场等，促进生产要素自然流通。深化产权制度改革，落实不动产登记制度。深化财税体制改革，完善收入征管机制，改革预算管理制度，加强国有资产管理，理顺市、镇(乡)、园财政管理体制，建立现代财政管理制度。按照适度控制、科学配置的原则，加强政府债务管理。推进投融资体制改革，推动发展股权融资，支持企业上市和到“新三板”、区域性股权交易市场挂牌融资，促进国有投融资平台转型，着力推进PPP项目建设。推进价格体制机制改革，着力构建主要由市场决定价格、政府重点监管价格行为的管价机制，减少政府对价格形成的干预，全面放开竞争性领域商品和服务价格，最大限度缩小政府定价范围，政府定价范围主要限定在重要公用事业、公益性服务业、网络型自然垄断环节。

2. 深化行政体制改革。深化行政审批制度改革，进一步转变政府职能，推进简政放权，放管结合，优化服务，推行权力清单和责任清单管理，加强行政审批标准化建设，将我市打造成全省审批事项最少、时限最短、成本最低的县(市)，激发市场活力和社会创造力。全面推进政务公开，建立互联网信息公开平台，完善民意监督机制。依法规范行政收费行为，进一步减少行政事业性收费项目，规范收费标准。深入推进省直管县改革，承接好、使用好上级赋予的经济社会管理权限，理顺体制机制，促进县域经济又好又快发展。继续深化大瑶强镇扩权改革，并逐步在条件成熟的乡镇推广。

3．深化其他领域改革。深化生态文明体制改革，深入推进两型社会建设综合配套改革，完善两型标准体系，加快浏东两型综合示范片区建设；推进自然资源生态空间统一确权制度改革，逐步对全市森林、水体、湿地、风景名胜等各类自然生态空间实现统一登记。深化农业农村领域改革，开展农村土地制度改革，推进宅基地制度改革，实施农村土地承包经营权确权登记，开展农民住房财产权抵押、担保、转让试点。推进文化体制改革，有效利用市场机制，加快文化产业发展，推动政府部门由办文化向管文化转变。推进公共法律服务中心镇村试点，建设公共法律服务平台，健全受理、指派、组织办理公共法律服务事项工作机制。深化户籍制度改革，加快提高户籍人口城镇化率，有序推进农业转移人口市民化，加快城乡一体化建设。

（八）推进创新创业，打造经济发展新引擎

把创新放在浏阳发展的核心位置，把创业作为就业的源动力，着力优化创新创业环境，激发创新创业活力，推动大众创业，万众创新，创建国家级可持续发展试验区，打造“创业之城，圆梦之都”。

1．着力提升创新创业能力。加强与中南大学、湖南大学等科研院校的深度合作，加大科技攻关，坚持应用研究为主，开展一批全国一流、国际领先的重大科技专项研究。聚焦重大战略产品和重大产业化目标，在电子信息、生物医药、先进装备制造、汽车制造、烟花爆竹、新材料、新能源、节能环保、现代农业等领域，实施重大科技专项，攻克核心关键技术，开发高端产品。加强创新基础能力建设，强化基础性、前沿性和共性技术平台建设，重点建设浏阳经开区、制造产业基地、两型产业园等科技产业化平台，规划建设国家级和省级工程研究中心和成果转化、知识产权交易等公共信息服务平台，争取国家重大、省重大科技基础设施、重大创新项目落户浏阳。到2018年，工业企业长沙市级以上技术中心、重点实验室、工程中心达100家。培育创新主体，积极引导创新资源向企业集聚，每年选择30项关键共性技术联合攻关、实施100项重点新产品和100项专利转化推进计划，使企业真正成为创新主体。支持科技人员自主创业，鼓励市内外科技人员创办、领办或与企业家合作创办科技型企业、科技服务机构。引导和鼓励回乡创业高端人才和域外高端人才来浏创办高科技企业。深入推进人才强市战略，加强创新创业人才引进，加快建设院士工作站、创新创意中心、大学生创业就业基地等公共服务平台，积极对接国家“万人计划”、“千人计划”和省“百人计划”等重点人才工程，落实各项扶持和激励政策，加大对青年创新创业人才的发现、培养、使用和资助力度，集聚一批创新创业领军人物。

2．优化创新创业发展环境。大力培育敢于创新、敢于突破、包容失败的文化氛围，形成全民创新创业的鲜明导向。强化政策支持，构建普惠性创新支持体系，健全财税优惠政策，加大对创新产品和服务的采购力度，把政府采购和支持创新创业紧密结合起来；建立有利于创新的市场监管体制，实行严格的知识产权保护制度，破除限制新技术、新产品、新模式的各种不合理准入障碍，推动创新创业向不同所有制、不同行业延伸；拓宽创新创业融资渠道，加大对初创期科技中小企业贷款力度，扩大科技金融试点，有效解决创新创业企业信贷难题。

3．推进创新创业载体建设。搭建众创平台、众包平台、众扶平台、众筹平台，大力推广创客空间、创新工场等新型孵化模式。支持经开区、制造产业基地、两型产业园、文化产业园等园区，构建一批创新与创业相结合、线上与线下相结合、孵化与投资相结合的创新创业基地，为创业者提供低成本、便利化、全要素的工作空间、网络空间、社交空间和资源共享空间。支持北盛回乡创业园（湖南省中小微企业创业基地）建设。发展创业社区，支持对现有的孵化载体、闲置厂房、闲置办公楼等进行改造，聚集相关产业联盟、创业服务机构，为创业者提供集公共办公区、会议室、活动区和住宿区为一体的价廉宜居的创业空间。到2020年，力争建设5个市级示范创新创业载体，全社会研发经费投入占地区生产总值比重达3%，高新技术产业增加值占地区生产总值比重达30%以上，专利申请量及授权量年均增长20%以上。科技进步贡献率达60%。

（九）推进民生改善，提高人民幸福指数

始终坚持关注民生，重视民生，保障民生，改善民生，构建符合市情、覆盖城乡的基本公共服务体系，使全体人民在共建共享发展中有更多获得感，共同迈入全面小康社会。

1．实施精准扶贫

全面加快贫困村小康社会建设和贫困人口脱贫致富步伐，到2017年实现贫困村“摘帽”、建档立卡贫困户“清零”。

（1）构建精准扶贫机制。建立精准识贫机制，找准不同贫困村、贫困户的致贫原因，建立脱贫需求清单。加强贫困人口建档立卡信息化建设，全面动态掌握贫困底数。完善民政兜底机制，加大对农村三无人员、因残因病因智致贫的贫困人口基本生活的保障力度，推动精准扶贫和农村最低生活保障制度有效衔接，做到贫困人口应保尽保。健全精准扶贫机制，进一步整合资源，全面开展精准扶贫对口帮扶活动，确保贫困村不摘帽、贫困户不脱贫，帮扶组不撤队。建立精准脱贫机制，严格落实中央提出的“四个一批”和省委提出的“五个突出”要求，实行台账管理，倒排工期，确保如期完成脱贫目标。

（2）实施精准扶贫工程。按照精准扶贫、整体推进、全力攻坚、一户一策、群众参与的原则，强力推进建档立卡制度农户扶贫助学、危房改造、兜底保障和医疗救助以及金融产业扶贫等工作，切实推进贫困村和贫困农户脱贫进程。全力实施村级道路畅通工程、农田水利建设工程、农村电力保障工程、农村危房改造工程、农户易地搬迁工程、特色产业增收工程、乡村旅游发展工程、农村教育雨露工程、卫生文化保障工程、促进就业工程等十大工程，着力改善贫困村基础设施，培育主导产业，提升贫困人口素质，增加贫困人口收入。

（3）构筑精准扶贫合力。进一步动员社会力量参与扶贫事业，创新完善“人人皆愿为、人人皆可为、人人皆能为”的社会扶贫参与机制，积极构建政府、行业、社会协同推进的“大扶贫”格局。加强引导和指导，积极培育社会公益组织，充分发挥公益慈善资源作用，实现与政府扶贫工作有效衔接。坚持政府引导，搭建社会参与平台，完善政策支持体系，充分发挥各类市场主体、社会组织和社会各界作用，营造良好社会氛围，形成强大合力。

2. 发展社会事业

⑴加快发展教育事业。推进义务教育均衡发展，优化学校布局，合理配置新区开发和旧城改造地区的中小学和幼儿园，加大薄弱学校改造，稳定农村教师队伍，推动公共教育资源向农村和贫困地区倾斜，保障进城务工人员随迁子女平等接受义务教育，逐步实现教育资源和教育机会均等化。实施永安中学整体搬迁，新建西北环线、长兴湖、金田、金刚等学校。加强教师队伍建设和教育人才引进，加强师德师风建设，提高教师整体水平。重视发展学前教育、特殊教育，普及高中教育，积极推进国民终身教育，规范发展民办教育，分类推进现代职业教育，大力引进大学或科研院所来浏办学，建立多层次、开放式教育体系。加强标准化学校建设，科学布局公办幼儿园，加大公办和普惠制幼儿园建设力度，加大中小学校硬件设施建设，新建浏阳三中体艺馆等基础设施，积极推进市职业中专城区校区建设和科研院校实训基地建设。加大对贫困学生资助力度，逐步分类推进中等职业教育免除学杂费，率先从建档立卡的家庭经济困难学生实施普通高中免除学杂费，实现家庭经济困难学生资助全覆盖。促进教育对外合作交流，加强与东部及沿海发达地区、国际友好城市及港、澳、台地区的教育交流与合作，拓展教育交流渠道，吸收、借鉴国内外教育发展先进经验。推进教育城域网和数字化校园建设，提高教育信息化水平，率先实现教育基本现代化。

⑵提高卫生服务水平。进一步完善基层医疗卫生服务体系，加强薄弱基层医疗卫生机构硬件设施建设，改善就医环境，推进卫生服务均衡化发展。加强卫生人才队伍特别是基层卫生人才队伍建设，提升公共卫生服务能力，促进基本公共卫生服务均等化。全面深化医药卫生体制改革，理顺药品价格，实行医疗、医保、医药联动，建立覆盖城乡的基本医疗卫生制度和现代医院管理制度；建立并完善分级诊疗模式，逐步实现基层首诊，双向转诊，上下联动，急慢分诊。加强慢性病、传染病等特殊病种的预防和治理。积极发展社会办医，引导民营医疗机构健康有序发展；吸纳社会资本参与公立医院改革，满足群众就医需求。深入推进健康城市建设，规划整体搬迁浏阳市人民医院和建设市肿瘤医院，建设妇幼保健院儿童医院住院综合大楼、精神病医院住院大楼、集里医院门诊医技楼、经开区三甲医院等，支持市三医院扩建升级二甲医院，提质改扩建乡镇卫生院、村卫生室，推动惠及全民的健康信息服务和智慧医疗服务。

⑶ 繁荣文体广电事业。加强社会主义精神文明建设，加强思想道德建设和社会诚信建设，增强国家意识、法治意识、社会责任意识，倡导科学精神，弘扬中华传统美德。加强文化人才队伍建设，大力培养基层文化工作者。加强公共文化服务标准化体系建设，加快实现公共文化服务均等、免费。完善全民阅读基础设施，逐步形成覆盖城乡的全民阅读服务体系，建设书香浏阳。加大公共文化设施建设投入，新建城区文化活动中心，提质改造32家示范性乡镇综合文化站和部分村级、屋场综合文化室，推进乡镇、街道综合文化站，村、社区文化活动中心和文化屋场建设，新建工人文化宫和文艺活动中心。推进重点文物景点建设，传承和保护非物质文化遗产。新建谭嗣同纪念园，重点修缮王震、焦达峰、廖静文等名人故居，楚东村、桃树湾民居、官渡观音塘客家文化村等传统村落，沈家大屋、锦绶堂等古名屋。深入挖掘浏阳花鼓戏等本土文化艺术资源，创作一批具有本土特色和时代特点的文艺精品。加快数字档案馆建设，提升档案便捷服务能力和水平。积极发展广播电视，提升广播电视数字化、网络化水平。建设国家级浏阳综合性体育训练示范基地，加快公共体育设施和健身场地建设，将公共体育设施建设纳入城乡规划和土地利用规划。鼓励社会力量参与全民健身和承办体育赛事，大力培育体育健身服务主体市场。实施全民健身计划，开展全民健身活动，建立全民健身运动长效机制，增强人民体质，促进人的全面发展。

⑷做好人口和计划生育工作。全面实施一对夫妇可生育两个孩子政策，加强优生优育服务，做好妇幼保健工作，提高出生人口素质，平衡出生人口性别比。创新人口服务管理机制，加强流动人口计划生育服务和管理。积极应对人口老龄化趋势，加快完善老年教育设施和社会化养老服务体系建设，建设老年学校和公立、公建民营、私营养老服务机构。培育壮大养老服务产业。推进医养结合，以社区卫生服务中心为载体，积极吸引和利用社会力量参与养老机构、社区托养机构以及居家老人的医疗服务，实现各类老年群体医疗服务全覆盖，基本养老服务补贴覆盖率达100%。切实保障妇女合法权益，加强未成年人保护。建立健全农村留守儿童、留守妇女、留守老人关爱服务体系。发展青少年、妇女、儿童、关心下一代事业。加大对孤寡老人、留守妇女儿童等弱势群体的社会保障力度。发展残疾人事业，加大残疾人社会保障和综合服务力度，加快推进残疾人“人人享有康复服务”。

3. 完善社会保障体系

⑴健全社会保险体系。建立更加公平、可持续的社会保障制度，实施全民参保计划。积极推进“五险合一”征缴新模式，完善养老保险制度和保险关系转移接续机制。完善城乡一体化医疗保障服务体系，提高城乡居民医保筹资标准和补助标准，全面实行城乡居民大病保险制度，大病保险覆盖所有城乡居民基本医保参保人群，不断提高医疗保障水平。鼓励有条件的单位和个人参加商业保险，充分发挥商业保险的补充作用。积极推进机关事业单位养老保险制度改革，建立资金来源多渠道、保障方式多层次、管理服务社会化的养老保险体系。

⑵完善社会救助体系。编密织牢基本民生安全网，切实维护困难群众生存权益，不断促进社会稳定和公平正义。完善最低生活保障、特困人员供养、受灾人员、医疗、教育、住房、就业等救助制度，提高救助水平，构建政府救助和社会力量参与相结合的社会救助制度体系。加强福利机构建设，大力发展社区社会服务组织和慈善组织，落实优待抚恤政策，推进慈善和其他社会福利公益事业发展。

(3)改善居民居住条件。适时调整保障性住房准入标准,大力发展公共租赁住房,加快建设动迁安置房,鼓励探索更多保障性住房供给方式,进一步健全廉租住房、公共租赁住房和动迁安置房“三位一体”的住房保障体系。加强住房保障信息化建设,实现住房保障管理的信息化和便捷化。完善财政、金融、土地等支持政策,继续加大农村危房、棚户区改造、保障房建设力度,改善居民居住条件,创造优美宜居环境,全面提升城市品质和人居环境质量。

4. 提高就业和收入水平

把促进就业放在经济社会发展优先位置,完善税收优惠、金融扶持、小额贷款担保等鼓励创业政策,实施创业带动就业工程。健全公共就业服务体系,发展职业技术教育,强化职业技能培训,提高劳动人口的就业能力。统筹做好高校毕业生、农村转移劳动力、下岗失业人员等群体的就业工作,加大就业困难人员帮扶力度,加强对灵活就业、新就业形态的支持,实现城乡劳动力稳定就业。建立就业群体信息资源库和企业用工信息资源库,搭建求职者和用人单位之间信息对接服务平台,吸引更多外地尤其是湘赣边地区劳动者来浏就业创业。到 2020 年,累计新增城镇就业 8 万人、市场主体 5 万个,登记失业率控制在 4%内。加强与劳务输入地合作,有组织地开展劳务输出。加强劳动执法,完善劳动争议处理机制,保障劳动者合法权益,构建和谐的劳动关系。努力提高居民经营性收入和劳动收入,严格执行最低工资制度,提高技术工人待遇。坚持居民收入增长和经济增长同步,劳动报酬提高与劳动生产率提高同步。全面落实各项惠农政策,探索实行低收入居民生活补贴和低收入居民基本生活费用与价格指数联动机制,增加城乡居民转移性收入。不断拓宽租金、股金、红利等财产性收入增长渠道,确保城乡居民收入稳定增长,家庭财产普遍增加。

(十)创新社会治理方式,促进社会和谐稳定

围绕社会治理体系和治理能力现代化目标,加强和创新社会治理,推进社会治理精细化,强化法治浏阳建设,健全公共安全体系,促进社会和谐稳定。

1. 完善社会治理结构。加强党和政府的领导,健全社会治理主体,加快构建以党委领导、政府主导、社会协同、公众参与的社会治理结构。正确处理政府和社会的关系,加快实施政社分开,重点培育和优先发展行业协会公益慈善、城乡社区服务等社会组织,鼓励和支持社会各方面参与社会治理。健全村民委员会和居民委员会等基层自治组织,提升村民委员会和居民委员会的自治能力。规划村级债务管理,防范村级债务风险。创新基层群众自治制度,探索建立新型社区服务管理模式,激发社会组织活力,促进社会治理科学化、现代化。

2. 健全依法治市制度。完善党领导经济社会发展工作体制机制,加强党的各级组织建设,强化基层党组织整体功能。切实加强民主法制建设,坚持和完善人民代表大会制度、中国共产党领导的多党合作和政治协商制度。严格依法行政,强化权力监督,推行“阳光政务”,完善“权力清单”,加快建设职能科学、权责法定、执法严明、公开公正、廉洁高效、守法诚信的法治政府。健全民主集中、专家咨询、社会公示与听证、合法性审查、决策后评价、社会稳定风险评估、反馈纠偏和决策责任追究等制度,不断提高政府决策的科学化、民主化水平。深化行政执法体制改革,建立权责统一、权威高效的综合行政执法体制,加强基层执法力量,提高执法和服务水平。推进司法体制改革,完善人民调解、行政调解、司法调解联动工作体系,建立健全调处化解矛盾纠纷综合机制;扩大法律服务领域,推进覆盖城乡居民的公共法律服务体系建设,保障人民群众合法权益;健全普法宣传教育机制。实现网上受理信访制度,建立涉法涉诉信访依法终结制度。建立健全社会征信体系,推进政务诚信、商务诚信、社会诚信、司法公信等重点领域信用体系建设。

3. 推进平安浏阳建设。以建设“平安浏阳”为目标,强化管理职能和监管责任,加强生产安全、交通安全、校园安全、消防安全、网络安全、金融安全等公共安全保障能力建设,提高公共安全保障水平,有效防范和遏制重特大安全事故发生,维护人民生命财产安全,不断增强人民群众的安全感。全面落实安全生产主体责任,严格安全目标考核与责任追究,加强安全监管监察执法能力建设,完善安全生产监管信息平台和安全生产视频监控平台,建立安全生产违法行为信息库,严查严管、严处严罚,确保生产安全。健全统一权威的食品药品安全监管机构,建立食品药品质量追溯制度和标识制度,实现从生产源头到终端消费的全程严格监管,保障食品药品安全。健全统一指挥、反应灵敏、协调有序、运转高效的应急管理机制,有效应对自然灾害、事故灾难、公共卫生、社会安全等突发公共事件,提高危机管理和抗风险能力。探索推进网络虚拟社会治理体系建设,强化网络舆情危机应对能力。强化国防观念,开展国防教育,推进国防动员,抓实各项武装工作。建立全方位、立体化治安防控网络,实现全市城乡公共区域和重点部位电子监控全覆盖。2020 年,社会安全指数达到 100%。

五、发展保障

保证规划有效实施,要在党的坚强领导下,更好地履行政府职责,凝聚各界力量,加强项目支撑,健全实施机制,发挥指导作用,确保目标任务圆满实现。

(一)坚持党的领导

坚持党总揽全局协调各方,充分发挥全市各级党委(党组)在经济社会发展工作中的领导核心作用,凝聚全市人民的智慧和力量,为实现规划蓝图提供强有力的政治保障。深化干部人事制度改革,建立健全激励和惩戒机制,充分调动各方面干事创业的积极性。加大人才引进力度,继续推进“5358”工程。落实党风廉政建设主体责任和监督责任,强化执行力,营造干部清正、政府清廉、政治清明的发展环境。

(二)完善规划体系

进一步发挥总体规划的统领作用,提高规划的权威性、可操作性和实效性。做深做实专项规划,把“十三五”规划确定的主要目标任务落到实处,强化专项规划、园区规划与总规的衔接。专项规划、园区规划要切实贯彻本规划战略意图和主要任务,确保各类规划在总体上指向一致,空间配置上互相协调,时序安排上科学有序。推进“多

规合一”试点，逐步实现规划一张图、一个信息平台、一个协调机制、一个监督体系。

（三）分解目标任务

强化目标导向，明确分工责任，加大绩效考核力度。国民经济和社会发展年度计划、财政预算计划要按照本规划明确的目标任务，分解明确年度目标、工作指标和推进措施。约束性指标具有法律效力，要纳入各部门单位和园区发展综合评价和绩效考核，确保认识到位、组织到位、措施到位。预期性指标主要依靠市场手段进行调节。

（四） 加强监督评估

完善监督评估制度，强化组织实施，扩大公众参与，形成落实规划目标任务的合力。加强监测评估能力建设，拓宽规划实施监督渠道，发挥监察、审计、统计等部门对发展规划实施的监督作用，跟踪分析规划实施过程，定期分析规划执行情况，进行期中和期末评估，并将评估结果向市人大报告。加强发展规划实施的社会监督，开展规划宣传和展示工作，及时公布规划实施进展情况，让社会公众通过法定程序和渠道参与规划的实施和监督，营造全社会共同参与和支持规划纲要实施的氛围。

六、重大项目

充分发挥政府投资的杠杆作用和民间投资的主体作用，调整优化投资结构，引导投资重点投向基础设施、民生和社会事业、农业农村、生态环保、科技创新以及重大基础产业等领域，提高投资质量和效益，拉动经济平稳较快增长。加强项目包装、策划和储备，建立“十三五”重大项目库。“十三五”期间，计划安排218个项目（含预备项目），总投资3371.7亿元。其中，基础设施项目40个，总投资1262.2亿元；民生项目28个，总投资314亿元；生态环境项目16个，总投资132.6亿元；产业项目112个，总投资1246.5亿元；发展平台项目22个，总投资416.4亿元。部分政府投资重大项目见附件3。

《纲要》作为战略性、纲领性、综合性规划，是制定相关专项规划、各项经济政策和年度计划的重要依据，各级各部门应根据本规划纲要和相关专项规划，明确工作职责和任务，将《纲要》的实施落到实处。全市上下要在市委、市政府的坚强领导和市人大、市政协的监督支持下，同心同德、群策群力、锐意进取、艰苦创业，为把我市打造成省会副中心和湘赣边区域性中心城市，率先全面建成小康社会，加快实现基本现代化而努力奋斗。

附件：

1. 浏阳市“十二五”规划主要目标完成情况表
2. 浏阳市“十三五”时期经济社会发展主要目标表
3. 浏阳市部分政府投资重大项目表

附件 1

浏阳市“十二五”规划主要目标完成情况表

指标	单位	规划目标		实际完成		指标完成情况
		2015 年	年均增长%	2015 年	年均增长%	
地区生产总值（GDP）	亿元	1000	13.5	1112.8	13.6	
人均 GDP	元	70000		85000	15.2	
第一产业增加值	亿元		5.1	93.4	5.1	
第二产业增加值	亿元		9.25	781.6	15.4	
第三产业增加值	亿元		10.5	237.8	10.8	
工业增加值	亿元		16.7	713.7	13.2	
三次产业结构比			7:73.5:19.5	8.4:70.2:21.4		
财政总收入（浏阳口径）	亿元	100	25	112	27	
地方一般公共财政预算收入	亿元	41	25.5	49.9	29.2	
全社会固定资产投资	亿元	〔2500〕	20	〔2940.7〕	26.7	
招商引资	亿元	53	15	55	16	
实际利用外资	亿美元	〔6.5〕		〔7.6〕		
自营进出口总额	亿美元	11.5	13	16	20.9	
社会消费品零售总额	亿元	226.6	13	242.7	14.4	
城镇化率	%	55		55.4		
城镇建成区总面积	k㎡	92		92.6		
总和生育率		<1.8		1.7		
研发经费支出占 GDP 比重	%	2.5		2.9		
万元 GDP 能耗	%	〔20.8〕		〔24〕		
城镇登记失业率	%	<6.5		2.8		
城镇居民人均可支配收入	元	39000	13	36631	11.1	
农村居民人均可支配收入	元	21600	16	25191	14	

注:〔 〕符号系“十二五”期间五年累计数。

附件 2

浏阳市“十三五”时期经济社会发展主要目标表

指标类别	序号	指标名称	2020年总额	年均增长%	指标属性
经济发展	1	地区生产总值（亿元）	2000	10	预期性
	2	人均地区生产总值（2010年不变价）（万元）	14		预期性
	3	一般公共预算收入（亿元）	145	11	预期性
	4	地方一般公共预算收入（亿元）	81	11	预期性
	5	人均一般公共预算收入（万元）	1.1		预期性
	6	税收占财政总收入比重（%）	90		预期性
	7	三次产业结构	6：69：25		预期性
	8	高新技术产业增加值占GDP比重(%)	30		预期性
	9	文化产业增加值占GDP比重(%)	20		预期性
	10	城镇化率(%)	65.4	1.8	导向性
	11	规模工业增加值	1000	12	预期性
	12	园区规模工业增加值占规模工业增加值比重(%)	90		预期性
	13	金融机构各项贷款余额（亿元）	877	15	导向性
	14	固定资产投资(亿元)	1650	14	导向性
	15	社会消费品零售总额(亿元)	400	12	预期性
	16	进出口总额（亿美元） 出口	13	6	导向性
		进出口总额（亿美元） 进口	4	6.7	导向性
	17	利用外商直接投资(亿美元)	3	9	导向性
人民生活	1	城镇居民人均可支配收入（万元）	56200	9	预期性
	2	农村居民人均可支配收入（万元）	39960	9.5	预期性
	3	人均住房使用面积（平方米）	58	1.1	导向性
	4	人均储蓄存款（万元）	4.4	14.5	预期性
	5	人均预期寿命（岁）	79	0.2	导向性
	6	每千人拥有医生数（人）	3		导向性
	7	城市人均拥有道路面积（m²）	7.5	1.0	导向性
	8	城市居民公共交通出行分担率(%)	20		导向性
	9	行政村客运班线通达率(%)	100		导向性
	10	居民文教娱乐服务消费支出占消费总支出比重(%)	18		导向性
	11	农村居民安全饮水比率(%)	100		约束性

指标类别	序号	指标名称	2020年总额	年均增长%	指标属性
社会发展	1	高中阶段毛入学率（%）	95.3	0.2	导向性
	2	平均受教育年限（年）	11.8	0.1	导向性
	3	城乡基本养老保险覆盖率（%）	≥90		预期性
	4	城乡基本医疗保险覆盖率（%）	98		预期性
	5	每千人拥有医疗床位数（张）	7		预期性
	6	5岁以下儿童死亡率(‰)	≤7		预期性
	7	注册志愿者人数占城镇人口比例（%）	15		导向性
	8	基本养老服务补贴覆盖率（%）	100	6	预期性
	9	人均拥有公共文化体育设施面积（平方米）	3.8	7.6	导向性
	10	登记失业率（%）	≤4		预期性
	11	每年新增城镇就业岗位(万个)	8	1.6	预期性
	12	亿元GDP生产安全事故死亡率	≤0.015		约束性
生态环境	1	单位GDP综合能耗下降（%）	12	2.5	约束性
	2	单位GDP化学需氧量排放强度（千克/万元）	0.28		约束性
	3	单位GDP二氧化硫排放强度（千克/万元）	0.39		约束性
	4	单位GDP氨氮排放强度（千克/万元）	0.01		约束性
	5	单位GDP氮氧化物排放强度（千克/万元）	0.19		约束性
	6	城镇污水达标处理率(%)	≥88		约束性
	7	空气质量达标率(%)	75		预期性
	8	地表水质达标率(%)	100		约束性
	9	森林覆盖率(%)	66.8		约束性
	10	森林资源蓄积量增长率(%)		3.2	约束性
	11	城镇建成区绿化覆盖率(%)	≥38	1.0	约束性
	12	生活垃圾无害化处置率(%)	90	4	约束性
	13	人均公园绿地面积（m²）	8.8	1.0	预期性
民主法治	1	城镇居委会依法自治达标率(%)	93		导向性
	2	农村村委会依法自治达标率(%)	93		导向性
	3	社会安全指数(%)	100		导向性
	4	法治建设群众满意度(%)	88		导向性

附件 3

浏阳市部分政府投资重大项目表

类别	项目名称
重大基础设施	蒙华铁路
	争取渝长厦铁路长沙至赣州途经浏阳或长浏城际铁路建设
	北横线、南横线、南北横线连接线建设
	金阳大道（一、二、三期）
	建设金沙路浏阳河大桥、金沙南路延伸至大瑶
	G354 关口至 G106 荷花公路（东南环线）、西南环线、浏阳大道延伸至大浏高速溪江互通连接线
	古港至澄潭江公路建设、中和—七宝山—小河公路建设、S209、S104 镇头—土桥公路建设、S205 普迹镇牧马冲—锉断坳公路、S309（上洪—七星岭）、沙市—金井（长沙县）、社港—安定（平江县）
	提质改造 G319（蕉溪至永安）、花木走廊、永社等公路
	葛家、柏冲、镇头、普迹、柏加、官桥等西区乡镇对接株洲、长沙道路建设
	浏阳双江口—长沙航道建设
	城区路网建设
	通用航空机场
	“气化浏阳”工程
	浏阳城区三水厂三期扩建、城乡安全饮水工程
	浏阳城市防洪工程，新建椒花水库、扩建金鸡水库、扩容马尾皂水库

类别	项目名称
重大基础设施	48 万亩高标准农田建设、永和（七宝山）整治土地污染治理项目
	大瑶、永安小城市建设；沿溪、镇头中心镇建设；大围山特色镇建设；官渡古镇开发建设
	浏阳 500KV、制造产业基地南园柞树塘 110KV、北盛 110KV、柏加 110KV 等变电站建设
民生工程	全市中小学校基本建设、薄弱学校改造、永安中学、浏阳三中体艺馆等学校建设
	人民医院整体搬迁、新建中医院急危重症外科大楼、建设精神病医院住院大楼、新建浏阳市肿瘤医院、集里医院门诊医技楼、妇幼保健院儿童医院住院综合大楼、经开区三甲医院、市三医院提质
	国家级浏阳综合性体育训练示范基地
	浏阳市综合馆（规划展示馆、博物馆、科技馆、非物质文化遗产展示馆等）、浏阳文化中心（图书馆、音乐馆、文化馆）、浏阳市会展中心
	浏阳市工人文化宫
	谭嗣同纪念园
	经开区文体中心、金阳新区消防站
生态环境	垃圾处理厂建设（经开区以及东、南、西、北和城区各布局一个）
	污水处理厂建设（经开区、两型产业园和相关乡镇等）
	城乡绿化工程
	农村面源污染治理项目
	重金属污染区环境综合治理
	综合整治浏阳河、捞刀河、南川河三大流域生态环境
	整治改造浏阳河城区段和淮川河、济川河

LYDR—2016—00006

浏阳市人民政府
关于进一步推进户籍制度改革的实施意见

浏政发〔2016〕12 号

各乡、镇人民政府，街道办事处，市直各单位：

为深入推进国家新型城镇化综合试点工作，促进城乡一体化发展，根据《湖南省人民政府关于进一步推进户籍制度改革的实施意见》(湘政发〔2015〕16 号)和《长沙市人民政府关于进一步推进户籍制度改革的实施意见》(长政发〔2015〕31 号)精神，现就推进全市户籍制度改革工作提出以下实施意见。

一、总体要求

(一)指导思想

深入贯彻落实党的十八大、十八届三中、四中、五中全会精神，发挥市场在资源配置中的决定性作用，适应推进新型城镇化需要，进一步深化户籍制度改革，统筹推进全市工业化、信息化、城镇化和农业现代化同步发展，推动城乡一体化发展、产业和城镇融合发展，引导农业人口向城镇转移，推进农业转移人口市民化，吸引外来有就业能力人员落户浏阳，促进人力资源合理有序流动。

(二)基本原则

1. 稳步推进。按照城乡人口合理布局和自由流动的要求，充分考虑浏阳经济社会发展水平和城镇综合承载能力，积极稳妥地制定城乡人口规划和改革措施，合理引导农业人口落户城镇的预期和选择。

2. 以人为本。充分尊重群众意愿，由城乡居民自主选择是否落户城镇，依法保障城镇常住人口的合法权益。进城镇落户的农民，其城乡合法权益依法予以保障。

3. 合理引导。从浏阳实际出发，合理确定落户条件，科学引导有条件的农民向城镇集中，把引导农民就近落户城镇作为工作重点，加快城镇化进程。

4. 完善配套。及时制定完善与户籍制度相关的配套政策，同步推进相关领域改革，统筹推进基本公共服务均等化，不断扩大城镇基本公共服务覆盖面。

(三)改革目标

统一城乡户口登记制度，进一步放宽户口迁移政策，重点解决外来务工经商人员和农业转移人口落户问题，促进有能力在城镇稳定就业和生活的常住人口有序实现市民化，稳步提高户籍人口城镇化率水平，2017 年全市户籍人口城镇化率达到 50%；2020 年全市户籍人口城镇化率达 55%以上。推进义务教育、就业服务、基本养老、基本医疗卫生、计划生育、公共文化、住房保障等城镇基本公共服务覆盖全部常住人口。到 2020 年，基本建立与全面建成小康社会相适应，有效支撑社会管理和公共服务，依法保障公民权利，以人为本、科学高效、规范有序的新型户籍制度。

二、改革内容

(一)建立城乡统一的居民户口登记制度

取消农业户口与非农业户口性质区分，户口统一登记为居民户口，不再标注户口性质，实现现有与户口挂钩的政策与户口性质脱钩。不再依据户口性质统计农业人口与非农业人口，改为根据户口登记地的城乡地域属性划分统计城镇户籍人口和农村户籍人口。

(二)进一步放宽户口迁移政策

重点解决就业能力强、可以适应城镇产业转型升级和市场竞争环境的人员落户问题，在现执行《长沙市常住户口登记管理办法》(长公通〔2014〕140 号)的基础上，进一步放宽以下三个方面的户口迁移政策：

1. 全面放开浏阳市城镇地区落户限制。凡在浏阳市城镇地区有合法稳定住所(含租赁)的，可以在当地落户。

2. 全面放宽浏阳市城镇地区落户条件。在浏阳市城镇地区范围内购买商品住房的，购房合同在房产管理部门登记备案即可在当地城镇地区落户；购买商铺、商住两用房或办公用房的，购房合同在房产管理部门登记备案即可在当地派出所落公共集体户。外来务工人员参加城镇社会保险满一年的，可在当地城镇地区落户。投资兴办企业的，企业法人代表和工商部门确认的企业合伙人、出资人、股东等，均可以在当地城镇地区落户。

3. 全面落实长株潭三市间的户口迁移政策。凡户籍在株洲、湘潭市市辖区范围内的居民，只要在长株潭三市中的任一市市辖区有合法稳定就业和合法稳定住所（含租赁)并参加城镇社会保险的，可在我市市辖区落户。

符合以上三种情形的，其共同居住生活的配偶、未婚子女、父母等，均可以随迁登记常住户口。

(三)保障农业转移人口及其他常住人口合法权益

1. 保障进城镇落户农民权益。在全市实行城乡统一的居民户口登记制度后，农民进城镇落户的，与城镇居民同等享受社会福利；其原有的农村“三权”(土地和山林承包经营权、宅基地使用权、集体收益分配权)保留不变。自落户之日起 3 年内继续执行原户籍地生育政策。加快推进农村土地确权、登记、颁证，积极探索农村集体经济组织成员资格认定办法和集体经济有效实现形式，建立完善农村产权流转交易市场。坚持依法、自愿、有偿的原则，引导农业转移人口有序流转土地承包经营权。探索开展在进城落户农民自愿的前提下有偿退出“三权”试点。现阶段，不得以退出“三权”作为农民进城落户的条件。

2. 扩大基本公共服务覆盖面。以居住证为载体，健全完善基本公共服务提供机制。积极创造条件，不断向居住证持有人扩大公共服务的范围，确定并公布具体服务内容。保障农业转移人口及其他常住人口随迁子女依法享有受教育权利；将随迁子女义务教育纳入各级政府教育发展规划和财政保障范畴；贯彻落实好随迁子女在流入地接受中等职业教育免学费和普惠性学前教育的政策以及接受义务教育后参加各层次升学考试的实施办法。完善就业失业登记管理制度，面向农业转移人口提供政府补贴职业技能培训服务，加大创业扶持力度，提供创业优惠政策，促进农村转移劳动力就业。将农业转移人口及其他常住人口纳入社区卫生和计划生育服务体系，提供卫生计生基本公共服务。建立健全城乡一体化的社会保障制度，在农村参加的养老保险和医疗保险规范接入城镇社会保障体系，落实医疗保险关系转移接续办法和异地就医结算办法，实施统一的城乡居民基本医疗保险制度和城乡医疗救助制度。实施统一的城乡居民基本养老保险制度，落实城镇职工基本养老保险关系转移接续政策。加快建立覆盖城乡的社会养老服务体系，促进基本养老服务均等化。完善以低保制度为核心的社会救助体系，推进城乡社会救助统筹发展。把进城落户农民中符合住房保障条件的完全纳入城镇住房保障体系，采取多种方式保障农业转移人口及其他常住人口基本住房需求。建立健全公共文化保障机制。

3. 加强基本公共服务财力保障。完善基本公共服务供给机制，合理划分各级各部门基本公共服务供给事权和支出责任。完善财政转移支付制度，逐步建立财政转移支付同农业转移人口市民化挂钩机制。加大财力均衡力度，提高政府提供基本公共服务的能力。

三、工作要求

(一)加强组织领导。市政府成立以市长任组长，市委常委、常务副市长，市委常委、政法委书记，市政府分管副市长任副组长，市政府办、发改局、教育局、住建局、公安局、民政局、财政局、人社局、国土局、农业局、林业局、文体广电局、卫计局、统计局、住房保障局、信访局、各乡镇、街道、园区等单位主要负责人及市公安局分管副局长为成员的全市户籍制度改革工作领导小组，负责全市户籍制度改革的组织领导和综合协调工作。领导小组办公室设在市公安局，由市政府副市长沈学军兼任办公室主任。各领导小组成员单位应当成立相应机构，确保全市户籍制度改革全面推进，取得实效。

(二)统一思想认识。深化户籍制度改革是一项基础性改革，事关人民群众切身利益、经济平稳较快发展和社会和谐稳定。各乡镇、街道、园区和有关部门要按照市委、市人民政府的总体部署，确保在 2016 年 10 月 20 日前全面启动全市户籍制度改革，并切实抓好各项配套改革政策措施的出台和贯彻落实，统筹推进全市户籍制度改革工作。

(三)明确部门职责。市发改局、教育局、住建局、公安局、民政局、财政局、人社局、国土局、农业局、林业局、文体广电局、卫计局、统计局、住房保障局等部门要从经济社会发展和新型城镇化建设大局出发，密切配合，各司其职，各负其责，积极向上级业务主管部门请示汇报、衔接协调，在 2016 年 10 月 31 日前制定出台本部门的具体实施细则，明确配套改革措施，确保户籍制度改革达到预期效果。

(四)做好宣传引导。各乡镇(街道)和相关部门要通过多种渠道深入宣传推进户籍制度改革的重大意义，准确解读户籍制度改革主要内容及相关配套政策，大力宣传各地在解决农业转移人口及其他常住人口落户城镇、保障合法权益、提供基本公共服务等方面的好经验、好做法，密切关注并合理引导社会预期，回应群众关切，凝聚各方共识，形成改革合力，营造全社会支持、理解、参与户籍制度改革的良好氛围和社会环境。

(五)强化督导考核。户籍制度改革工作纳入市政府绩效考核，全市户籍制度改革工作领导小组办公室要对各乡镇、街道、园区和相关部门改革推进情况进行督导。市政府办公室要对改革实施情况进行督导，对改革主动性不强、敷衍塞责、措施不力、进展滞后、效果不佳、群众反映问题突出的单位予以通报批评，并对相关责任部门和人员按规定追责，确保全市户籍制度改革稳步推进。

附件：推进户籍制度改革重点任务分工表

浏阳市人民政府
2016 年 10 月 20 日

附件

推进户籍制度改革重点任务分工表

序号	重点任务	负责部门
1	以居住证为载体，将健全完善基本公共服务纳入国民经济与社会发展规划；推进基本公共服务相关项目的建设；协调各相关部门制定提供公共服务的相关政策措施	市发改局
2	取消农业户口与非农业户口性质区分，统一登记为居民户口，不再标注户口性质，不再依据户口性质统计农业人口与非农业人口，改为根据户口登记地的城乡地域属性划分统计城镇户籍人口和农村户籍人口	市公安局
3	全面放开浏阳市城镇地区落户限制、放宽落户条件；全面落实长株潭三市间的户口迁移政策	市公安局
4	负责全市户籍制度改革相关政策、措施和文件的合法性审查；组织对与户籍制度相关的规范性文件的清理	市法制办
5	建立健全养老保险、医疗保险、就业保障机制实施细则	市人社局
6	建立健全教育保障机制实施细则	市教育局
7	建立健全社会救助和福利服务保障、优抚安置保障机制实施细则	市民政局
8	建立健全宅基地延续机制实施细则	市国土局
9	建立健全住房保障机制实施细则	市住房保障局
10	建立健全承包地延续机制实施细则	市农业局
11	建立健全承包林地延续机制实施细则	市林业局
12	建立健全计划生育、基本公共卫生和基本医疗保障机制实施细则	市卫计局
13	建立健全公共文化保障机制实施细则	市文体广电局
14	通过多种渠道深入宣传进一步推进户籍制度改革的重大意义，准确解读户籍制度改革主要内容及相关配套政策，大力宣传各地在解决农业转移人口及其他常住人口落户城镇、保障合法权益、提供基本公共服务等方面的好经验、好做法，密切关注并合理引导社会预期，回应群众关切，凝聚各方共识，形成改革合力，营造全社会支持、理解、参与户籍制度改革的良好氛围和社会环境	市委宣传部、市政府办、发改局、公安局、人社局等
15	为推进户籍制度改革工作做好财力保障	市财政局
16	做好全市推进户籍制度改革的有关信访工作	市信访局
17	认真组织本辖区户籍制度改革实施的具体工作	各乡镇、街道

LYDR—2016—00007

浏阳市人民政府
关于公布规范性文件清理结果的决定

浏政发〔2016〕13 号

各乡、镇人民政府，街道办事处，市直各单位：

为加强行政管理，规范行政行为，推进法治政府建设，根据《湖南省规范性文件管理办法》（湖南省人民政府令第 242 号）要求，市人民政府对 2016 年 6 月 30 日以前发布的规范性文件进行了全面清理。现将清理结果公布如下：

一、废止《浏阳市人民政府关于印发〈浏阳市旅游产业发展奖励办法〉的通知》（浏政发〔2009〕8 号）等 11 个规范性文件（见附件 1）。

二、宣布《浏阳市人民政府关于印发〈浏阳市社会精神病人药物救助实施方案〉的通知》（浏政发〔2006〕13 号）等 13 个规范性文件失效（见附件 2）。

三、确认《浏阳市人民政府关于印发〈浏阳市城市污水处理费征收使用管理暂行办法〉的通知》（浏政发〔2004〕25 号）等 113 个规范性文件继续有效（见附件 3）。

四、重新公布《浏阳市人民政府关于公布浏阳市本级取消调整保留的行政许可项目目录的决定》（浏政发〔2010〕17 号）等 26 个规范性文件（见附件 4）。

上述废止、宣布失效的规范性文件，自本决定发布之日起不再执行；上述确认继续有效的规范性文件，有效期与本决定发布前连续计算；重新公布的规范性文件，自本决定发布之日起重新计算有效期，但规范性文件自身规定了有效期的按其规定执行；市人民政府和市人民政府办公室在 2016 年 6 月 30 日以前制发的规范性文件，凡未列入继续有效、重新公布的规范性文件目录的，自本决定发布之日起不再执行。

附件：1. 废止的规范性文件目录
2. 失效的规范性文件目录
3. 继续有效的规范性文件目录
4. 重新公布的规范性文件目录

浏阳市人民政府
2016 年 10 月 26 日

附件 1

废止的规范性文件目录

序号	制定机关	文　号	发文或重新公布日期	文件标题
1	浏阳市人民政府	浏政发〔2009〕8 号	2014. 10. 9	关于印发《浏阳市旅游产业发展奖励办法》的通知
2	浏阳市人民政府	浏政函〔2009〕304 号	2014. 10. 9	关于印发《浏阳市征地补偿安置补充规定》的通知
3	浏阳市人民政府办公室	浏政函〔2009〕308 号	2014. 10. 9	关于加强“三边”林地保护管理促进生态建设的通告
4	浏阳市人民政府	浏政办发〔2006〕7 号	2014. 10. 9	关于建立征地拆迁补偿调节专项资金制度等事项的通知
5	浏阳市人民政府办公室	浏政办发〔2006〕32 号	2012. 12. 21	关于印发《浏阳市突发环境事件应急预案》的通知
6	浏阳市人民政府办公室	浏政办发〔2007〕21 号	2012. 12. 21	关于印发《浏阳市农村饮水安全工程项目建设管理办法》的通知
7	浏阳市人民政府办公室	浏政办发〔2009〕3 号	2014. 10. 9	关于转发市地税局制定的《浏阳市私有经营性房屋税收征收管理办法》的通知
8	浏阳市人民政府办公室	浏政办发〔2010〕37 号	2014. 10. 9	关于印发《浏阳市被征地农民纳入社会保障范围的有关规定》的通知
9	浏阳市人民政府办公室	浏政办发〔2010〕42 号	2014. 10. 9	关于印发《浏阳市水上交通安全管理办法》的通知
10	浏阳市人民政府办公室	浏政办发〔2014〕5 号	2014. 3. 25	关于印发《浏阳市食品安全违法行为举报奖励办法》的通知
11	浏阳市人民政府办公室	浏政办函〔2014〕47 号	2014. 5. 8	关于印发《浏阳市气象灾害应急准备工作认证管理办法》和《浏阳市气象灾害应急准备工作认证实施细则（试行）》的通知

附件 2

失效的规范性文件目录

序号	制定机关	文　号	发文或重新公布日期	文件标题
1	浏阳市人民政府	浏政发〔2006〕13 号	2014.10.9	关于印发《浏阳市社会精神病人药物救助实施方案》的通知
2	浏阳市人民政府	浏政发〔2006〕25 号	2014.10.9	关于批转市财政局人民银行浏阳支行《浏阳市国库集中支付制度改革试点方案》的通知
3	浏阳市人民政府	浏政发〔2010〕15 号	2014.10.9	关于印发《浏阳市城乡居民基本养老保险办法》的通知
4	浏阳市人民政府	浏政函〔2011〕349 号	2011.9.29	关于规范公路两侧建房的通告
5	浏阳市人民政府办公室	浏政函〔2014〕31 号	2014.2.16	关于印发《浏阳市商事登记制度改革工作实施方案》的通知
6	浏阳市人民政府	浏政函〔2015〕272 号	2015.12.7	关于浏阳市城乡实施不动产统一登记的通告
7	浏阳市人民政府办公室	浏政办发〔2007〕26 号	2012.12.21	关于印发《浏阳市新型农村合作医疗住院补助垫付办法》的通知
8	浏阳市人民政府办公室	浏政办发〔2009〕46 号	2014.10.9	关于印发《浏阳市村级公益事业建设一事一议资金管理办法（试行）》的通知
9	浏阳市人民政府办公室	浏政办发〔2010〕43 号	2014.10.9	关于印发《浏阳市财政投资项目支出的管理暂行办法》的通知
10	浏阳市人民政府办公室	浏政办发〔2011〕13 号	2011.4.6	关于切实加强工伤保险征缴工作的通知
11	浏阳市人民政府办公室	浏政办发〔2013〕1 号	2013.1.21	关于印发《浏阳市境内河流水质考核及生态补偿办法（试行）》的通知
12	浏阳市人民政府办公室	浏政办发〔2013〕16 号	2013.7.8	关于印发《浏阳市 2013—2015 年金属非金属矿山整顿工作实施方案》的通知
13	浏阳市人民政府办公室	浏政办函〔2014〕25 号	2014.3.6	关于调整城乡居民医疗保险有关补助标准的通知

附件 3

继续有效的规范性文件目录

序号	制定机关	文　号	发文或重新公布日期	文件标题
1	浏阳市人民政府	浏政发〔2004〕25 号	2014.10.9	关于印发《浏阳市城市污水处理费征收使用管理暂行办法》的通知
2	浏阳市人民政府	浏政发〔2005〕21 号	2014.10.9	印发《关于实施浏阳花炮地理标志产品保护的若干规定》的通知
3	浏阳市人民政府	浏政发〔2007〕2 号	2012.12.21	关于进一步深化乡镇街道教育机构改革的意见
4	浏阳市人民政府	浏政发〔2007〕14 号	2012.12.21	关于印发《浏阳市优惠照顾残疾人若干规定》的通知
5	浏阳市人民政府	浏政发〔2008〕8 号	2014.10.9	关于印发《浏阳市水利工程管理体制改革实施方案》的通知
6	浏阳市人民政府	浏政发〔2008〕9 号	2014.10.9	关于城市规划区地下弱电管网实行共沟建设与管理的通知
7	浏阳市人民政府	浏政发〔2009〕5 号	2014.10.9	关于印发《浏阳市国有土地有偿使用若干规定》的通知
8	浏阳市人民政府	浏政发〔2009〕7 号	2014.10.9	关于印发《浏阳市城市户外广告设置及其位置使用权管理办法》的通知
9	浏阳市人民政府	浏政发〔2009〕16 号	2014.10.9	关于规范城市基础设施配套费征收管理的通知
10	浏阳市人民政府	浏政发〔2012〕5 号	2012.3.9	关于印发《浏阳市城市建设垃圾管理规定》的通知
11	浏阳市人民政府	浏政发〔2012〕7 号	2012.3.21	关于浏阳市价格调节基金征收管理工作的通知
12	浏阳市人民政府	浏政发〔2012〕16 号	2012.8.23	关于印发《浏阳市社会主体投资土地开发项目奖励办法》的通知
13	浏阳市人民政府	浏政发〔2012〕17 号	2012.11.13	关于对国省干线公路两厢及浏阳河沿河两岸用地实施规划控制的通知
14	浏阳市人民政府	浏政发〔2012〕21 号	2012.12.19	关于印发《浏阳市政府投资建设项目管理办法》的通知
15	浏阳市人民政府	浏政发〔2013〕4 号	2013.3.15	关于印发《浏阳市企业上市扶持奖励办法》的通知
16	浏阳市人民政府	浏政发〔2013〕6 号	2013.5.9	关于印发《浏阳市税收保障实施办法》的通知
17	浏阳市人民政府	浏政发〔2013〕7 号	2013.5.13	关于公布市本级保留的非行政许可项目以及取消、调整行政许可项目目录的决定

序号	制定机关	文　号	发文或重新公布日期	文件标题
18	浏阳市人民政府	浏政发〔2013〕9号	2013.5.21	关于印发《浏阳市国有投资项目招标投标管理办法》的通知
19	浏阳市人民政府	浏政发〔2013〕10号	2013.6.23	关于印发《浏阳市村级财务管理办法》的通知
20	浏阳市人民政府	浏政发〔2013〕15号	2013.9.11	关于印发《浏阳市重点建设项目管理办法》的通知
21	浏阳市人民政府	浏政发〔2013〕17号	2013.9.16	关于鼓励和支持民营经济发展的若干意见
22	浏阳市人民政府	浏政发〔2013〕22号	2013.11.7	关于印发《浏阳市医疗救助实施办法》的通知
23	浏阳市人民政府	浏政发〔2013〕23号	2013.11.16	关于加快供销合作社改革发展的实施意见
24	浏阳市人民政府	浏政发〔2013〕24号	2013.11.20	关于印发《浏阳市退役士兵安置办法》的通知
25	浏阳市人民政府	浏政发〔2014〕8号	2014.3.27	关于印发《浏阳市征地补偿安置实施办法》的通知
26	浏阳市人民政府	浏政发〔2014〕13号	2014.8.18	关于公布市本级行政审批项目目录的决定
27	浏阳市人民政府	浏政发〔2014〕15号	2014.9.2	浏阳市人民政府浏阳市人民武装部关于加强人民防空工程建设与管理的若干意见
28	浏阳市人民政府	浏政发〔2014〕20号	2014.11.28	关于加强道路交通安全工作的实施意见
29	浏阳市人民政府	浏政发〔2014〕22号	2014.12.31	关于加强房地产税收一体化管理的通知
30	浏阳市人民政府	浏政发〔2015〕3号	2015.1.28	关于加快现代农庄发展的意见
31	浏阳市人民政府	浏政发〔2015〕4号	2015.1.26	关于印发《浏阳市防雷减灾管理办法》的通知
32	浏阳市人民政府	浏政发〔2015〕5号	2015.2.4	关于印发《浏阳市旅游宣传促销奖励办法》的通知
33	浏阳市人民政府	浏政发〔2015〕6号	2015.3.2	关于加强市域高速公路、国省干线公路两厢及重要河流两岸建设管理的通知
34	浏阳市人民政府	浏政发〔2015〕9号	2015.5.13	关于印发《浏阳市被征地农民纳入社会保障范围实施办法》的通知
35	浏阳市人民政府	浏政发〔2015〕10号	2015.5.13	关于进一步加强知识产权保护工作的意见
36	浏阳市人民政府	浏政发〔2015〕11号	2015.7.15	关于推进政府购买服务的实施意见

序号	制定机关	文　号	发文或重新公布日期	文件标题
37	浏阳市人民政府	浏政发〔2015〕13 号	2015.11.23	关于印发《浏阳市征收集体土地货币安置区保障性房源分配和指标回购暂行办法》的通知
38	浏阳市人民政府	浏政发〔2016〕2 号	2016.2.6	关于印发《关于加速推进花炮产业发展的意见》的通知
39	浏阳市人民政府	浏政发〔2016〕5 号	2016.5.4	关于印发《浏阳市政府法律顾问管理办法（试行）》的通知
40	浏阳市人民政府	浏政函〔2005〕100 号	2014.10.9	关于加强水工程管理的通告
41	浏阳市人民政府	浏政函〔2006〕216 号	2012.12.21	关于加强松脂生产管理的通告
42	浏阳市人民政府	浏政函〔2007〕70 号	2012.12.21	关于整治殡葬秩序推进殡葬改革的通告
43	浏阳市人民政府	浏政函〔2007〕79 号	2012.12.21	关于进一步做好大中型水库移民后期扶持有关工作的通知
44	浏阳市人民政府	浏政函〔2007〕88 号	2012.12.21	关于进一步明确烟花爆竹安全监管职责和安监、公安烟花爆竹安全监管体制的通知
45	浏阳市人民政府	浏政函〔2007〕157 号	2012.12.21	关于遏制耕地抛荒提高耕地利用率的通告
46	浏阳市人民政府	浏政函〔2008〕126 号	2014.10.9	关于加强有线电视网络卫星电视广播地面接收设施管理的通告
47	浏阳市人民政府	浏政函〔2008〕245 号	2014.10.9	关于公共场所禁止吸烟的通告
48	浏阳市人民政府	浏政函〔2009〕60 号	2014.10.9	关于加强涉爆企业等单位森林消防工作的通知
49	浏阳市人民政府	浏政函〔2010〕335 号	2014.10.9	关于依法严厉打击传销活动的通知
50	浏阳市人民政府	浏政函〔2010〕349 号	2014.10.9	关于禁止在城市规划区内进行违法建设的通告
51	浏阳市人民政府	浏政函〔2010〕393 号	2014.10.9	关于加强集里花炮展示交易中心和大瑶花炮大市场安全管理的通告
52	浏阳市人民政府	浏政函〔2013〕393 号	2013.11.20	关于加强墓葬管理的通告
53	浏阳市人民政府	浏政函〔2014〕191 号	2014.7.29	关于封山育林的通告
54	浏阳市人民政府	浏政函〔2014〕194 号	2014.7.25	关于加强旅游景区环境综合整治的通告
55	浏阳市人民政府	浏政函〔2014〕221 号	2014.8.6	关于开展车辆超限超载运输专项治理的通告
56	浏阳市人民政府	浏政函〔2015〕138 号	2015.6.11	关于进一步深化殡葬改革的通告
57	浏阳市人民政府	浏政函〔2015〕143 号	2015.6.16	关于开展违法建筑整治的通告

序号	制定机关	文　号	发文或重新公布日期	文件标题
58	浏阳市人民政府	浏政函〔2016〕13号	2016.1.25	关于禁猎陆生野生动物的通告
59	浏阳市人民政府		2014.3.11	禁火令
60	浏阳市人民政府办公室	浏政办发〔2006〕5号	2014.10.9	转发市商务局关于做好外派劳务工作的实施意见的通知
61	浏阳市人民政府办公室	浏政办发〔2005〕27号	2014.10.9	转发市总工会市地税局《关于委托市地税局代收各企事业单位应上缴工会经费的意见》的通知
62	浏阳市人民政府办公室	浏政办发〔2006〕38号	2012.12.21	关于印发《浏阳市国家通用语言文字管理办法》的通知
63	浏阳市人民政府办公室	浏政办发〔2007〕4号	2012.12.21	关于印发《浏阳市重点建设项目档案验收办法》的通知
64	浏阳市人民政府办公室	浏政办发〔2007〕7号	2012.12.21	关于印发《浏阳市招商引资项目等级认定实施办法》的通知
65	浏阳市人民政府办公室	浏政办发〔2007〕12号	2012.12.21	关于印发《浏阳市农村居民最低生活保障制度实施办法》的通知
66	浏阳市人民政府办公室	浏政办发〔2010〕29号	2014.10.9	关于印发《浏阳市财政农业专项资金报账管理实施细则》的通知
67	浏阳市人民政府办公室	浏政办发〔2010〕33号	2014.10.9	关于印发《浏阳市加速推进新型工业化专项发展资金管理办法》的通知
68	浏阳市人民政府办公室	浏政办发〔2010〕35号	2014.10.9	关于落实相关优惠政策推进住房保障工作的通知
69	浏阳市人民政府办公室	浏政办发〔2012〕6号	2012.5.29	关于印发《浏阳市餐饮环境污染防治管理办法》的通知
70	浏阳市人民政府办公室	浏政办发〔2012〕9号	2012.6.21.	关于印发《浏阳市公共机构节能管理办法》的通知
71	浏阳市人民政府办公室	浏政办发〔2012〕12号	2012.8.15	关于进一步加强农村集体资金资产资源管理的实施意见
72	浏阳市人民政府办公室	浏政办发〔2012〕13号	2012.8.29	关于进一步加强中小学幼儿园学生用车管理工作的实施意见
73	浏阳市人民政府办公室	浏政办发〔2013〕3号	2013.1.28	关于印发《浏阳市市级公立医院改革试点实施方案》的通知
74	浏阳市人民政府办公室	浏政办发〔2013〕6号	2013.4.21	关于印发《浏阳市农村扶贫开发（2011—2020年）实施意见》的通知
75	浏阳市人民政府办公室	浏政办发〔2013〕8号	2013.5.9	关于印发《浏阳市科技发展专项资金及科技计划项目管理办法》的通知
76	浏阳市人民政府办公室	浏政办发〔2013〕9号	2013.5.6	关于印发《浏阳市安全生产责任追究和行政问责办法》的通知

序号	制定机关	文　号	发文或重新公布日期	文件标题
77	浏阳市人民政府办公室	浏政办发〔2013〕13号	2013.6.19	关于印发《浏阳市城市规划区地块用地性质和容积率修改管理办法》的通知
78	浏阳市人民政府办公室	浏政办发〔2013〕14号	2013.6.20	转发市住房和城乡建设局、城乡规划局关于《浏阳市市政工程规划和建设管理规定》的通知
79	浏阳市人民政府办公室	浏政办发〔2013〕17号	2013.8.20	关于转发市财政局《浏阳市乡镇财政财务管理办法》的通知
80	浏阳市人民政府办公室	浏政办发〔2013〕19号	2013.8.26	关于印发《浏阳市国有土地上房屋征收补偿资金管理办法》的通知
81	浏阳市人民政府办公室	浏政办发〔2013〕20号	2013.8.22	关于印发《浏阳市政府投资建设项目竣工决算审计监督办法》的通知
82	浏阳市人民政府办公室	浏政办发〔2013〕30号	2013.12.31	关于印发《浏阳市公共场所安全事故应急预案》的通知
83	浏阳市人民政府办公室	浏政办发〔2014〕10号	2014.1.27	关于印发《浏阳市火灾事故应急预案》的通知
84	浏阳市人民政府办公室	浏政办发〔2014〕11号	2014.6.26	关于印发《浏阳市突发事件应急救援工作预案》的通知
85	浏阳市人民政府办公室	浏政办发〔2014〕14号	2014.9.23	关于印发《浏阳市湿地保护管理办法》的通知
86	浏阳市人民政府办公室	浏政办发〔2014〕15号	2014.10.8	关于印发《浏阳市病媒生物预防控制管理办法》的通知
87	浏阳市人民政府办公室	浏政办发〔2014〕17号	2014.10.21	关于印发《浏阳市爱国卫生管理办法》的通知
88	浏阳市人民政府办公室	浏政办发〔2014〕20号	2014.12.4	关于印发《浏阳市企业税收贡献奖励办法》的通知
89	浏阳市人民政府办公室	浏政办发〔2014〕24号	2014.12.15	关于印发《浏阳市突发环境事件应急预案》的通知
90	浏阳市人民政府办公室	浏政办发〔2014〕25号	2014.12.15	关于印发《浏阳市突发性地质灾害应急预案》的通知
91	浏阳市人民政府办公室	浏政办发〔2015〕3号	2015.2.4	关于印发《浏阳市政府投资建设项目结算初审管理办法》的通知
92	浏阳市人民政府办公室	浏政办发〔2015〕9号	2015.5.17	关于印发《浏阳市市属国家出资企业重大事项报告管理办法》的通知
93	浏阳市人民政府办公室	浏政办发〔2015〕10号	2015.5.26	关于印发《浏阳市市级财政专项资金分配审批管理办法（试行）》的通知
94	浏阳市人民政府办公室	浏政办发〔2015〕11号	2015.6.30	关于印发《浏阳市农村公路竣（交）工验收管理办法（试行）》的通知

序号	制定机关	文　　号	发文或重新公布日期	文件标题
95	浏阳市人民政府办公室	浏政办发〔2015〕12号	2015.11.12	关于印发《浏阳市水上搜救应急预案》的通知
96	浏阳市人民政府办公室	浏政办发〔2015〕14号	2015.11.30	关于进一步规范国有投资项目招标投标行为的实施意见
97	浏阳市人民政府办公室	浏政办发〔2016〕1号	2016.1.6	关于印发《浏阳市气象灾害应急预案》的通知
98	浏阳市人民政府办公室	浏政办发〔2016〕2号	2016.1.8	关于印发《浏阳市促进就业奖励办法》的通知
99	浏阳市人民政府办公室	浏政办发〔2016〕4号	2016.2.5	关于印发《浏阳市安全生产示范奖评选办法》的通知
100	浏阳市人民政府办公室	浏政办发〔2016〕5号	2016.2.6	关于印发《浏阳市老城区私人房屋改建管理办法》的通知
101	浏阳市人民政府办公室	浏政办发〔2016〕10号	2016.5.4	关于印发《浏阳市科学技术奖励办法》的通知
102	浏阳市人民政府办公室	浏政办发〔2016〕11号	2016.4.21	关于印发《浏阳市食品药品违法行为举报奖励办法》的通知
103	浏阳市人民政府办公室	浏政办发〔2016〕12号	2016.4.22	关于印发《浏阳市进出口贡献奖奖励办法》的通知
104	浏阳市人民政府办公室	浏政办发〔2016〕13号	2016.4.22	关于印发《浏阳市新型职业农民培育认定管理办法（试行）》的通知
105	浏阳市人民政府办公室	浏政办函〔2005〕31号	2014.10.9	关于明确市乡联营林场林权证换发有关事项的通知
106	浏阳市人民政府办公室	浏政办函〔2007〕175号	2014.10.9	关于加强枯水季节饮用水源保护工作的通知
107	浏阳市人民政府办公室	浏政办函〔2015〕4号	2015.1.18	关于禁止现场搅拌混凝土的通知
108	浏阳市人民政府办公室	浏政办函〔2015〕77号	2015.10.24	关于实施个体及零散税收委托代征工作的通知
109	浏阳市人民政府办公室	浏政办函〔2015〕104号	2015.12.31	关于印发《浏阳市兴工强市三年行动计划（2016—2018)》的通知
110	浏阳市人民政府办公室	浏政办函〔2016〕1号	2016.1.8	关于划定浏阳市集中式生活饮用水水源保护区的通知
111	浏阳市人民政府办公室	浏政办函〔2016〕5号	2016.2.6	关于印发《浏阳市森林禁伐三年行动（2016-2018）实施方案》的通知
112	浏阳市人民政府办公室	浏政办函〔2016〕9号	2016.3.2	关于印发《浏阳市清理整治环保违规建设项目工作实施方案》的通知
113	浏阳市人民政府办公室	浏政办函〔2016〕37号	2016.5.8	关于做好困难残疾人生活补贴和重度残疾人护理补贴工作的通知

附件 4

重新公布的规范性文件目录

序号	制定机关	文　号	原发文或原重新公布日期	文件标题
1	浏阳市人民政府	浏政发〔2006〕11 号	2012.12.21	关于转发《湖南省生产经营单位安全生产风险抵押金管理暂行办法》的通知
2	浏阳市人民政府	浏政发〔2010〕17 号	2010.12.1	关于公布浏阳市本级取消调整保留的行政许可项目目录的决定
3	浏阳市人民政府	浏政发〔2010〕18 号	2010.12.1	关于公布浏阳市本级取消调整保留的年检项目目录的决定
4	浏阳市人民政府	浏政发〔2011〕1 号	2011.1.4	关于鼓励外来投资的决定
5	浏阳市人民政府	浏政发〔2011〕17 号	2011.11.15	关于印发《浏阳市耕地质量管理办法》的通知
6	浏阳市人民政府	浏政发〔2011〕18 号	2011.11.18	关于印发《浏阳市城乡建筑工程规划管理规定》的通知
7	浏阳市人民政府	浏政发〔2013〕20 号	2013.10.10	关于印发《浏阳市企业国有资本经营预算试行办法》的通知
8	浏阳市人民政府	浏政发〔2014〕4 号	2014.2.17	关于鼓励和支持文化产业发展的若干意见（试行）
9	浏阳市人民政府	浏政函〔2010〕384 号	2010.12.13	关于明确城市治丧规范区范围的通告
10	浏阳市人民政府	浏政函〔2011〕15 号	2011.1.14	关于加强树木资源收购和采挖运输管理的通告
11	浏阳市人民政府	浏政函〔2011〕395 号	2011.11.16	关于规范烟花爆竹燃放的通告
12	浏阳市人民政府办公室	浏政办函〔2007〕70 号	2014.10.9	关于印发《浏阳市教育强乡（镇、街道）评估验收办法（试行）》的通知
13	浏阳市人民政府办公室	浏政办函〔2014〕38 号	2014.4.24	关于印发《浏阳市知识产权补助办法（暂行）》的通知
14	浏阳市人民政府办公室	浏政办发〔2007〕16 号	2014.10.9	关于印发《浏阳市部门预算管理试行办法》的通知

序号	制定机关	文　号	原发文或原重新公布日期	文件标题
15	浏阳市人民政府办公室	浏政办发〔2009〕17号	2014.10.9	关于转发市劳动和社会保障局制定的《浏阳市工伤医疗服务管理暂行办法》的通知
16	浏阳市人民政府办公室	浏政办发〔2011〕1号	2011.1.7	关于印发《浏阳市森林消防行政过错责任追究办法》的通知
17	浏阳市人民政府办公室	浏政办发〔2011〕73号	2014.10.9	关于印发《浏阳市行政事业单位国有资产管理暂行办法》的通知
18	浏阳市人民政府办公室	浏政办发〔2011〕77号	2011.11.3	关于印发《浏阳市基金监管实施办法》的通知
19	浏阳市人民政府办公室	浏政办发〔2011〕74号	2014.10.9	关于印发《浏阳市企业国有资产监督管理暂行办法》的通知
20	浏阳市人民政府办公室	浏政办发〔2011〕76号	2014.10.9	关于印发《浏阳市企业国有产权转让管理暂行办法》的通知
21	浏阳市人民政府办公室	浏政办发〔2011〕80号	2011.12.8	关于印发《浏阳市城乡居民医疗保险实施办法》的通知
22	浏阳市人民政府办公室	浏政办发〔2013〕10号	2013.5.16	关于印发《浏阳市财政专项资金公开公示暂行管理办法》的通知
23	浏阳市人民政府办公室	浏政办发〔2013〕24号	2013.11.12	关于印发《浏阳市政府投资项目工程变更暂行办法》的通知
24	浏阳市人民政府办公室	浏政办发〔2013〕29号	2013.12.31	关于印发《浏阳市机关单位和参照公务员法管理的事业单位参加工伤保险实施办法（试行）》的通知
25	浏阳市人民政府办公室	浏政办发〔2014〕9号	2014.4.28	关于印发《浏阳市突发事件预警信息发布管理办法（试行）》的通知
26	浏阳市人民政府办公室	浏政办发〔2014〕26号	2014.12.17	关于印发《浏阳市保障性住房管理暂行办法》的通知

浏阳市人民政府关于印发《浏阳市安全生产巡查问责办法》的通知

浏政发〔2016〕14号

各乡、镇人民政府，街道办事处，市直有关单位：

现将《浏阳市安全生产巡查问责办法》印发给你们，请认真贯彻执行。

浏阳市人民政府
2016年11月27日

浏阳市安全生产巡查问责办法

第一条　为加强安全生产巡查工作，强化安全监管责任落实，根据《中华人民共和国安全生产法》《湖南省安全生产条例》《长沙市安全生产行政问责办法》《浏阳市人民政府办公室关于印发〈浏阳市安全生产监督管理职责规定〉的通知》（浏政办发〔2014〕1号）等法律法规及相关文件规定，制定本办法。

第二条　安全生产巡查问责（以下简称问责）是指对巡查中发现相关单位和安全监管工作人员在安全监管工作中的严重不作为、乱作为行为，以及对巡查发现的各类重大安全事故隐患整改查处不力而实施的责任追究。

第三条　问责的对象为乡镇人民政府、街道办事处、园区管委会，负有安全生产监督管理职责的部门及其工作人员，以及对巡查整改进行监督管理、跟踪督促的责任单位和责任人。

第四条　问责坚持实事求是、依法依规、惩戒与教育相结合的原则。

第五条　完善安全生产工作责任制，实行"一级抓一级，层层抓落实"，实行层层问责。

（一）各乡镇人民政府、街道办事处、园区管委会必须对本辖区内安全生产工作抓好落实，实行层层问责；

（二）各专项整治和重点行业整治主管部门必须对相关整治工作抓好落实，实行层层问责；

（三）负有安全生产监督管理职责的部门（安全生产监督管理部门和对有关行业、领域的安全生产工作实施监督管理的部门）对各自职责范围内涉及安全生产需审查批准（包括批准、核准、许可、注册、认证、颁发证照等）或验收事项必须承担相应的监管责任，实行层层问责；

（四）市直各部门必须对本单位、本行业（系统、领域）的安全生产工作抓好落实，实行层层问责。

第六条　巡查发现相关单位和安全监管工作人员在安全生产监管工作中存在严重不作为或乱作为问题，有下列行为和情形之一的，应当进行问责：

（一）接到安全生产举报信息不及时核查和进行调查处理的；

（二）发现非法生产经营行为不依法进行查处的；

（三）在监督检查中发现生产经营单位存在严重安全生产违法行为不依法予以查处的，或发现重大事故隐患不依法及时处理的；

（四）对不符合法定安全生产条件的涉及安全生产的事项予以批准或验收通过的；

（五）党政同责、一岗双责未履行或履行不到位的；

（六）其他应当问责的情形。

第七条　建立安全生产巡查整改落实行政问责机制，对巡查发现交办问题和隐患整改不落实，有下列情形之一的，应当进行问责：

（一）未明确整改责任人、整改期限、整改措施的；

（二）对巡查发现的重大安全生产非法违法行为未依法进行调查取证，未依法处理的；

（三）对核实的安全隐患未依法下达整改文书或未按期复查，未记录或未如实记录复查情况；对逾期未整改的企业未依法进一步采取处置措施的；

（四）未督促企业建立完善安全管理制度，导致同一隐患整改后又反复出现的；

（五）降低整改复查标准，未按安全生产法律、法规、规章、强制性国家标准或者行业标准的规定和要求进行整改的；

（六）在整改复查或案件调查核实中，被巡查单位授意或威胁被抽查单位故意提供虚假整改情况，或不如实反映整改情况的；

（七）其他应当问责的情形。

第八条　安全生产巡查问责方式包括：

（一）对责任单位的问责方式：警示约谈、责令限期整改、责令作出书面检查、通报批评、取消评先资格；

（二）对责任人员的问责方式：责令作出书面检查、通报批评、岗位调整、诫勉谈话、停职检查、引咎辞职、责令辞职、免职、纪律处分。

以上问责方式可以单独使用，也可合并使用。

第九条　安全生产巡查问责按照以下程序进行：

（一）启动调查。发现在安全监管工作中存在应当问责的问题后，由安全生产巡查组或市安委办根据具体情况提出问责调查建议报市人民政府批准后予以实施。安全生产行政问责调查组由市监察局牵头，市安监局等有关部门参与。调查组有权向有关单位和个人了解情况，要求提供相关文件、资料的，有关单位和个人必须予以配合。

（二）提出建议。调查结束后，调查组应形成书面调查报告，上报市人民政府。调查报告应包括：被调查人员基本情况、问责事实、问责依据、基本结论、建议采用的问责方式和相关整改措施。调查报告应当附具相关证据材料，安全生产行政问责调查组成员应当在调查报告上签名。

（三）作出决定。安全生产行政问责调查组提出的问责建议，经市人民政府同意后由市监察局作出决定并负责落实，其中采取停职检查、引咎辞职、责令辞职、免职等问责方式的，由市监察局按照干部管理权限报请市委、市政府或相关部门作出决定并组织落实。

第十条　有关安全生产巡查工作通报和问责情况，列入对乡镇、街道、园区和市直部门年度工作绩效考核及安全生产单项考核的重要内容，并作为个人年终考核依据。

第十一条　各乡镇、街道、园区、市直部门安全生产相关工作问责制度参照本规定制定和实施。

第十二条　本办法自公布之日起施行。

中共浏阳市委办公室
浏阳市人民政府办公室
关于印发《浏阳市建制村合并工作实施方案》的通知

浏办发〔2016〕1 号

各乡镇党委、街道工委，各乡镇人民政府、街道办事处，市直各单位：

《浏阳市建制村合并工作实施方案》已经市委、市政府同意，现印发给你们，请认真贯彻落实。

中共浏阳市委办公室
浏阳市人民政府办公室
2016 年 3 月 11 日

浏阳市建制村合并工作实施方案

根据《中国共产党农村基层组织工作条例》《中华人民共和国村民委员会组织法》和《湖南省实施〈中华人民共和国村民委员会组织法〉办法》有关规定，按照《中共湖南省委湖南省人民政府关于开展乡镇区划调整改革工作的意见》(湘发〔2015〕15 号)和《长沙市乡镇区划调整改革领导小组关于做好乡镇区划调整改革中合并村工作的通知》(长区改发〔2015〕3 号)的要求，为进一步精简我市建制村数量，结合我市实际，特制定本方案。

一、指导思想

贯彻落实乡镇区划调整改革工作总体要求，立足实际，围绕全面深化农村综合改革，促进城乡一体化发展，加快全面小康建设进程，着力加强农村基层组织建设，提升公共服务能力，优化资源配置，激发农村改革发展活力。

二、目标任务

此次建制村合并(以下简称“并村”)工作，全市目标任务数为减少 79 个建制村(任务安排见附件)。我市建制村按地形分类，分为丘陵(B 类)、半山半丘(C 类)、山区(D 类)(具体分类见附件)。B 类建制村合并后，乡镇(街道)建制村平均人口达到 6000 人以上；C 类建制村合并后，乡镇建制村平均人口达到 5500 人以上；D 类建制村合并后，乡镇建制村平均人口达到 4000 人以上。本次并村工作以人口数作为主要指标，面积数作为参考指标。农村社区纳入本次调整范围，纯非农业户口社区是否合并，由乡镇自行决定。村与社区合并继续设立社区可纳入任务数，但不能直接由村改设为社区。同时，要规范处理现有村名不雅、同名、同音等情况。

三、基本原则

(一)乡镇为主的原则。乡镇(街道)党(工)委是并村工作的责任主体，负责本乡镇(街道)并村工作的具体组织实施。

(二)并准并顺的原则。综合考虑历史沿革、风俗习惯、自然条件和群众意愿等具体情况，因地制宜地制定并村方案。要从实际出发，准确选定拟合并的建制村，坚持民主协商，充分发动，稳妥推进，顺利完成并村任务。

(三)优势互补的原则。通过建制村的合并，实现优势互补、规模适度、实力增强、班子更优、机制更活的目标。全市 1000 人以下(含 1000 人)的建制村原则上必须合并。

(四)依法推进的原则。按照《中国共产党农村基层组织工作条例》《中华人民共和国村民委员会组织法》依法推进并村工作。坚持农民享有的政策不变，农村山林、土地、水利、资源等权属不变，农业经济利益关系不变的“三个不变”原则。

四、组织机构

成立浏阳市建制村合并工作领导小组(以下简称领导小组)，曹立军任组长，余勋伟、吴震(常务)、鲁建文、李家喜、谭果、张作林、刘旭、邱山东、周文舜、邓阳锋、沈学军、李爱民任副组长，刘广、王星辉、杨厚波、高志仕、熊文、李斌、周孟德、林湘国、焦清平、李兆佳、王坤球、汤显华、姜林峰、陈清、王英定、李声义、邓华、黄永忠、赵文兵、欧阳武为成员，领导小组下设办公室和六个专项工作组。

(一)领导小组办公室

主　任:吴　震

副主任:谭　果　张作林　刘　旭　邱山东

周文舜　邓阳锋　李爱民(常务)

成　员:王星辉　熊　文　周孟德　林湘国

姜林峰　赖明汉　刘赋辉　肖　峰

罗海洲

主要职责:牵头组织指导制定并村工作方案;协调、调度全市并村工作。

(二)专项工作组

1. 综合协调组

组　长:李爱民

副组长:周孟德　姜林峰(常务)

成员单位:市委办、政府办、民政局

主要职责:制定并村工作实施方案;指导乡镇(街道)开展并村工作;及时掌握工作动态,把握工作进度;做好与上级相关部门的衔接协调工作。

2. 资产处置组

组　长:张作林

副组长:陈　清　黄永忠

成员单位:监察局、教育局、财政局、国土局、农业局、林业局、卫计局

主要职责:督促指导乡镇(街道)做好并村过程中村级资产移交处置和村干部离任审计工作。

3. 组织指导组

组　长:周文舜

副组长:李　斌　姜林峰

成员单位:组织部、民政局

主要职责:指导新村内部机构设置;组织、指导合并后新村支村"两委"换届选举工作。

4. 监督检查组

组　长:谭　果

副组长:王星辉　杨厚波　熊　文

成员单位:纪委、组织部、财政局、市委督查室、政府督查室

主要职责:监督相关单位和干部严格执行政治纪律、组织人事纪律、财经纪律、廉政纪律和工作纪律;依法依纪查处各类扰乱并村工作的违法违纪行为。

5. 信访维稳组

组　长:邱山东

副组长:刘　广　孙仕定　焦清平

成员单位:政法委、信访局、公安局

主要职责:排查并村工作中的不稳定因素;受理群众来信来访,调处好各类社会矛盾;依法打击并村工作中的各种违法犯罪行为。

6. 宣传报道组

组　长:刘　旭

副组长:林湘国　刘赋辉

成员单位:市委办、宣传部、政府办、民政局

主要职责:负责全市并村工作的宣传组织、指导工作,营造良好的舆论氛围;组织市内及上级媒体开辟宣传专栏,宣传推介并村工作的好经验、好做法;加强舆论引导和信息管理。

五、实施步骤

全市并村工作在领导小组的统一领导和部署下,由各乡镇(街道)具体组织实施。从2016年3月初启动,3月底全面完成。具体工作步骤如下:

(一)宣传发动。市委、市政府召开工作动员大会,安排部署全市并村工作。各相关单位、乡镇(街道)、村(社区)要通过召开会议、媒体报道、印发宣传资料等多种形式,广泛深入宣传并村工作的重要性和必要性,让基层干部群众充分认识并村工作的重要意义,动员基层干部和广大群众参与并村工作。

(二)清产核资。各乡镇(街道)组织专门班子和力量指导各村(居)务监督委员会对村集体资产、债权债务和财务收支情况等进行全面清理核查,摸清家底,核定权属,登记造册,并张榜公布清理结果,接受群众监督,防止集体资产资金流失。并村工作期间,支村"两委"及其他村级组织的公章一律上交乡镇(街道)。

(三)制定方案。一是征求意见。制定并村方案前,要深入开展调查研究,广泛征求意见,重点摸清现有各村(社区)地域面积、人口等情况,根据村集体资产、债权债务和群众意愿等,因地制宜地提出并村工作基本思路。对新村布局、选址、命名等群众关心的问题,要充分论证,形成共识。二是拟定方案。各乡镇(街道)在调查研究的基础上,提出科学合理的并村方案,报领导小组办公室初审。新村命名要严格按照国务院《地名管理条例》的有关规定,充分尊重历史和文化传承,考虑地方知名度和群众认同感。新村办公场地要按照方便群众办事和发挥现有资产作用的原则,选择交通便利、人口相对集中、村级活动场所条件较好的地方。三是通过方案。并村方案要经拟合并的建制村召开村民会议表决通过。召开村民会议应当有本村十八周岁以上村民的过半数参加,或者本村三分之二以上的户代表参加,并村方案应当经到会人员的过半数通过。同时,可根据实际情况,以户代表签字或者村民小组会议等适当形式召集村民会议。如采取户代表签字形式召集村民会议,应当至少有本村三分之二的户代表签字,其中过半数签字同意,始得通过。

(四)方案报批。乡镇(街道)人民政府(办事处)以文件形式将关于并村工作的请示上报市政府,由领导小组办公室统一报市政府审批,下发批准文件。同时,上报相关资料:

1. 村民会议记录(有与会人员签字)或建制村合并表决票;

2. 村民会议决议;

3. 建制村合并前后有关村地域面积、人口、户数、党员人数、支村"两委"干部等基本情况。

(五)组织实施。一是公布方案。并村方案经市政府审批后,乡镇(街道)召开村组干部、党员、村民代表会议,公布并村方案。原支村"两委"牌匾由乡镇(街道)统一收回。二是设立新村党组织领导班子。合并后新设立的村要根据党员人数等情况及时设立党组织(支部、总支部),选优

配强新村党组织书记，同时设立新村临时工作委员会，以新村党组织为核心，结合原村支村“两委”其它成员组成。新村党组织书记兼任临时工作委员会主任。原村支村“两委”成员的任期不断、待遇不变，直到2017年村级换届选举为止。三是接管集体资产财务。新村成立后，由乡镇(街道)负责主持村集体资产财务移交工作。原则上属于原村集体经济组织收益按原范围分配不变；原村集体经济组织债务按性质分类处理，逐步化解；原学校、村级组织活动场所、集体土地及附着物等集体资产一并转入新村资产分类统一管理。集体资产处置必须经乡镇（街道）党(工)委批准。四是筹备选举。所有的建制村(包括新合并设立的建制村)村民委员会将在2017年上半年进行换届选举，各级各部门要按照市委、市政府统一部署，组织做好新一轮支村“两委”换届选举工作，确保村级各项工作平稳有序推进。

(六)检查验收。并村工作结束后，领导小组办公室将对各乡镇(街道)并村工作情况进行检查验收。

六、工作要求

(一)加强组织领导。各级各部门要充分认识并村工作的必要性和重要性，把思想行动统一到市委、市政府的决策部署上来，把并村工作作为一项打基础、利长远的重大基础性改革来抓。各乡镇(街道)党(工)委书记是本辖区并村工作的第一责任人，要切实履行好职责，加强对并村工作的组织领导，配备强有力的班子负责组织实施，集中力量抓好工作落实，确保并村工作顺利推进。建立乡镇(街道)党政领导班子成员包片、包村的工作责任制，坚持一抓到底。联系乡镇(街道)的市级领导对所联系乡镇(街道)的并村工作进行指导。各单位派驻在村的各类工作队员要积极配合，协助乡镇(街道)搞好并村工作。各乡镇(街道)并村工作将纳入2016年年度绩效考核。

(二)加强部门联动。市直各部门要积极配合，按领导小组统一部署，依照各自的职能职责做好相关工作。认真落实省、长沙市的配套政策措施，并因地制宜，针对本地实际出台配套政策措施。市财政拨付的村级运转经费按合并时的村数和标准连续发放三年，提标部分按新村发放。原村卫生计生室、学校、教学点等机构保持不变，并对合并后的新村优先安排农村基础设施和公共服务设施项目，“十三五”期间，新增项目优先安排到合并后的新村。在条件成熟的中心村或大村开展新型农村社区建设试点村和示范村创建。市委、市政府将定期或不定期组织对各乡镇(街道)并村工作情况进行督查督办，确保责任落实到位。

(三)严明工作纪律。并村工作是一项重要的改革工作，必须要有铁的纪律作保证。对未在规定期限内完成并村工作或因工作不力引发集体上访，造成负面影响的相关责任人严格问责。全市所有干部职工要大力支持本人籍贯所在地和原工作所在地并村工作。对借机浪费、侵吞、损坏国家、集体和公民财产，扰乱正常社会秩序等违纪行为，坚决严肃查处，涉嫌违法犯罪的移送司法机关追究法律责任。

(四)确保社会稳定。各乡镇(街道)要及时化解处理各类矛盾，特别是要解决好群众最为关注的资产处置、债权债务处理、新村命名、村部选址等热点难点问题。妥善做好村干部思想稳定工作，鼓励他们积极参与和支持并村工作。要充分估计各种不稳定因素，分类研究，做好风险评估，沉着应对，妥善处理好群众来信来访，坚决杜绝群体性事件发生。

附件：浏阳市建制村合并工作任务安排表

附件：

浏阳市建制村合并工作任务安排表

单位：个

建制村类别	乡镇（街道）	建制村减少任务数	建制村类别	乡镇（街道）	建制村减少任务数
B	集里街道	4	C	葛家乡	3
	荷花街道	2		枨冲镇	2
	关口街道	4		镇头镇	2
	大瑶镇	4		普迹镇	3
	洞阳镇	2		官桥镇	3
	永安镇	1		柏加镇	0
	北盛镇	3		沙市镇	4
C	古港镇	4		淳口镇	4
	高坪镇	5		蕉溪乡	0
	沿溪镇	1		龙伏镇	2
	官渡镇	1		社港镇	4
	永和镇	4	D	达浒镇	3
	澄潭江镇	2		大围山镇	5
	中和镇	2		张坊镇	1
	文家市镇	2		小河乡	2
	金刚镇	0	合计	79	

说明：因淮川街道无建制村，不纳入本次并村工作。

榜上有名

获国家（部、委）奖励（命名）单位名表（排名不分先后）

获奖(被命名、入选)单位	获奖(命名、入选)名称	授奖(命名)单位	授奖(命名、入选)时间
浏阳市	2016年度“国家级妇幼健康优质服务示范县(市)”	国家卫生计生委办公厅	2016.12
浏阳市	第一批国家农产品质量安全县(市)	农业部	2016.12
浏阳市	第一批国家农产品质量安全县(市)	农业部	2016.12
浏阳市	中国美丽乡村建设示范县	中国互联网新闻中心	2016.12
浏阳市	美丽中国典范城市	新华社半月谈杂志社、中国国情调查研究中心	2016.11
浏阳市	2016年中国全面小康十大示范县(市)	中国扶贫开发协会、《小康》杂志社	2016.12
浏阳经济技术开发区	国家新型工业化示范基地(电子信息类)	国家工信部	2016.01
浏阳经济技术开发区	长江经济带国家级转型升级示范开发区	国家发展和改革委员会	2016.06
浏阳高新技术开发区	中国循环经济十佳绿色发展园区	科博会组委会办公室　新华社《中国名牌》杂志社	2016.05
胡耀邦故居和陈列馆	全国红色旅游经典景区	国家发改委、中央宣传部、财政部、国家旅游局、国家文物局等14部门	2016.12
浏阳市工商业联合会	2015年度全国“五好”县级工商联	中华全国工商业联合会	2016.05
浏阳市文物管理局	2016年度全国文物行政处罚案卷评查优秀案卷（湖南省浏阳市和信花炮文化传播股份有限公司擅自损毁不可移动文物古墓葬案）	国家文物局	2016.12
浏阳市农业行政执法大队	2016年全国农业综合执法示范窗口	农业部	2016.01
浏阳市农业局	全国农业先进集体	农业部	2016.12
浏阳市教育局	2016年国家义务教育质量监测实施优秀组织单位	教育部基础教育质量监测中心	2016.12
浏阳市公安局	全国公安机关执法示范单位	公安部(公发(2016)9号)	2016.10
浏阳市公安局	全国优秀公安局	公安部	2017.05
浏阳市看守所	2015年度全国一级看守所	公安部	2016.03
浏阳市看守所	全国看守所“五化建设”成绩突出单位	公安部	2016.02
浏阳市拘留所	2015年度全国一级拘留所	公安部	2016
浏阳市拘留所	2016年度全国一级拘留所	公安部	2017
浏阳市政务服务中心	全国基层政务公开标准化规范化试点	国务院办公厅	2017.05

续表

获奖(被命名、入选)单位	获奖(命名、入选)名称	授奖(命名)单位	授奖(命名、入选)时间
浏阳市疾病预防控制中心	中国慢性病前瞻性研究项目2016年度先进集体	中国医学科学院 英国牛津大学CTSU	2017.04
浏阳市中医医院	全国健康管理示范基地	中国健康促进基金会 华医学会健康管理学分会	2016.10
浏阳市中医医院	全国百姓放心百佳示范医院(2016年10月-2018年9月)	中医医院协会	2016.10
浏阳市蕉溪乡卫生院	全国2015-2016年度群众满意的乡镇卫生院	国家卫计委办公厅	2016.12
浏阳市龙伏镇卫生院	全国2015-2016年度群众满意的乡镇卫生院	国家卫计委办公厅	2016.12
浏阳市枨冲镇卫生院	全国2015-2016年度群众满意的乡镇卫生院	国家卫计委办公厅	2016.12
浏阳市葛家乡卫生院	全国2015-2016年度群众满意的乡镇卫生院	国家卫计委办公厅	2016.12
浏阳市官渡镇中心卫生院	全国2015-2016年度群众满意的乡镇卫生院	国家卫计委办公厅	2016.12
浏阳市镇头镇中心卫生院	全国2015-2016年度群众满意的乡镇卫生院	国家卫计委办公厅	2016.12
浏阳市第一中学	中华国学实验学校	教育部中国下一代教育基金会教学校园专项基金科研管理办公室〈中华国学融入学科创新教学的实验研究〉总课题组	2016.10
浏阳市大围山镇	第六批全国"一村一品"示范镇(大围山梨)	农业部	2016.07
浏阳市大瑶镇	全国深化城镇基础设施投融资模式创新特色镇	国家发改委	2016
浏阳市大瑶镇	国家卫生镇	全国爱卫会	2016.09
浏阳市大瑶镇	中国第一批特色小镇	住房城乡建设部 国家发展改革委 财政部	2016.07
浏阳市大瑶镇	2015年全国社区教育示范街道(乡镇)	中国成人教育协会社区教育专业委员会	2016.03
浏阳市集里街道集里桥社区	2015年度"全国社区侨务工作明星社区"	国务院侨办	2016.09
浏阳市关口街道长兴社区	2015年度优秀暖心工程社区服务站	中国社会福利基金会	2016.04
大围山地质公园	湖南浏阳大围山国家地质公园	国土资源部	2016.06
浏阳烈士陵园	第六批国家级烈士纪念设施	民政部	2016.09
湖南省烟草公司长沙市公司浏阳市分公司紫荆进取QC小组	二〇一五年全国优秀质量管理小组	中国质量协会 中华全国总工会 中华全国妇女联合会 中国科学技术协会	206.04
湖南省烟草公司长沙市公司浏阳市分公司紫荆进取QC小组	QC课题《散烟打捆机的研制》获"全国首届质量创新大赛"一等奖	中国质量协会	2016.0
湖南省烟草公司长沙市公司浏阳市分公司紫荆进取QC小组	二〇一六年全国优秀质量管理小组	中国质量协会 中华全国总工会 中华全国妇女联合会 中国科学技术协会	206.09
浏阳市卫计局	全国2016年流动人口健康优秀典型案例《建设亚健康关爱基地 促进企业流动人口身心健康》案例	国家卫计委	2016.11
浏阳日报社	2016全国地市网络媒体十大最具价值品牌(浏阳网)	中国地市新闻网联盟第九次年会	2016.08
浏阳日报社	2015-2016年度全国最佳微信公众号("微浏阳"微信公众号)	中国互联网联盟	2016.04
浏阳桂园国际度假村	2016中国最美休闲农庄	美丽乡村研究院	2016.11

获国家(部、委)奖励(命名)个人名表(排名不分先后)

获奖人所在单位	获奖人	获奖名称	授奖单位	授奖时间
浏阳市三力实业有限公司橡胶车间机修班班	孔　标	2016 年全国五一劳动奖章	中华总工会	2016.04
浏阳市林木种苗管理中心	潘　磊	全国生态建设突出贡献先进个人	国家林业局	2016.05
浏阳市公安局情报分中心	黄怡群	全国优秀人民警察	公安部	2017.05
浏阳市地方税务局	祝顺阳	2016 年全国税务系统业务大比武税务稽查岗位优胜个人	国家税务总局	2017.01
浏阳市人民医院护理部	李　红	2016 年全国优秀护理部主任	国家卫生计生委医院管理研究所　《中国护理管理》杂志社	2016.06
湖南省烟草公司长沙市公司浏阳市分公司	裴晓东	“滕王阁”杯全国烟草行业精益改善达人大赛年度精益改善达人	国家烟草专卖局经济运行司	2016.11
中国移动通信集团湖南有限公司长沙分公司浏阳市分公司	余明哲	中国移动通信集团公司劳动模范荣誉称号	中国移动通信集团工会委员会	2016.03
浏阳市集里街道集里桥社区	汤　勇	2016 年 3 月中国好人榜（敬业奉献）（敬业奉献好人）	中央文明办	2016.03
中国致公党浏阳市工作委员会	黄谷成	中国致公党宣传思想理论工作先进个人	中国致公党中央委员会	2016.10
浏阳市人民法院	李明耀 刘　菁	全国法院系统第二十七届学术讨论会论文《陪审场域与二元法庭：人民陪审员参与“事实审”的隐忧与化解》获优秀奖（合作完成）	最高人民法院国家法官学院	2016.03
浏阳市人民法院	刘　菁	撰写的《行政诉讼瑕疵证据补救——理论规则与司法裁量》一文，在中国审判理论研究会行政审判理论专业委员会 2016 年年会暨“法治政府建设与行政审判”主题论坛征文比赛中获一等奖	中国审判理论研究会	2016.08
浏阳市人民法院	陈淑文	“中国从事财会工作满三十年，为社会主义建设事业做出贡献”荣誉证书	财政部	2016.12
浏阳市人民法院	刘　菁	撰写的论文《法律规制与路径探寻：特许经营权提前收回之非制度化隐忧与化解》，获第四届“长江中游城市群法治论坛”征文比赛一等奖	第四届长江中游城市群法治论坛组委会	2016.12
浏阳市人民法院	李明耀	撰写的论文《“绿色”语境下环境司法之能动类型及其改进——基于实证的分析视角》，获第四届“长江中游城市群法治论坛”征文比赛三等奖	第四届长江中游城市群法治论坛组委会	2016.12
浏阳市人民法院	刘　菁	全国法院系统第二十八届学术讨论会论文《法律规制与路径探寻：特许经营权提前收回非制度化隐忧与化解》获二等奖、论文《司法改革背景下法官离职倾向及关键性因素考察—基于 H 省 311 份法官调查》获三等奖	最高人民法院国家法官学院	2016.12
浏阳市骨伤科医院	江　林	2017 年 3 月中国好人榜（敬业奉献）（敬业奉献好人）	中央文明办	2017.04

获省（厅、局）奖励（命名）单位名表（排名不分先后）

获奖（被命名）单位	获奖（命名）名称	授奖（命名）单位	授奖（命名）时间
浏阳市	2016 年度湖南省美丽乡村建设先进县	中共湖南省委农村工作领导小组办公室	2016.12
浏阳市	2016-2018 年度湖南省财政监督工作示范点	湖南省财政厅	2016.10
浏阳市	2015 年度县市区非税收入征收管理工作先进单位	湖南省财政厅	2016.03
浏阳市	2016 年度全省农业综合开发宣传信息工作先进县	湖南省农业综合开发办公室	2017.01
浏阳市	湖南省林业站“一站式全程代理”服务示范县市区	湖南省林业厅	2017.03
浏阳市	2016 年度全省教育通联工作考评一类通联站	湖南省教育厅	2017.01
浏阳市	2016 年度湖南省中小学校责任督学挂牌督导创新县（市、区）	湖南省教育督导委员会办公室	2017.05
浏阳市	2015 年度全省福彩销售先进市	湖南省民政厅	2016.01
浏阳市	2016 年度全省村务公开民主管理示范市	湖南省民政厅	2016.12
浏阳经济技术开发区	“生物制药特色产业园”和“电子信息特色产业园”	湖南省人民政府	2016.06
浏阳市文化产业园	湖南省特色文化产业示范园区	湖南省文化改革发展领导小组	2016.12
浏阳经开区	湖南省大众创业万众创新示范基地	湖南省发展和改革委员会	2016.10
胡耀邦故里旅游景区	湖南省二〇一五届文明风景旅游区	湖南省精神文明建设指导委员会	2016.03
胡耀邦同志故居、纪念馆	文化遗产保护利用“五好”园区	湖南省文化厅、湖南省文物局	2016.06
胡耀邦故里旅游景区	湖南省两型旅游景区	方圆标志认证集团	2016.12
浏阳市中和镇	湖南省特色旅游小镇	湖南省人民政府	2016.04
浏阳市枨冲镇	安全生产示范乡镇	湖南省人民政府	2016.12
浏阳市中和镇	湖南省卫生镇	湖南省爱卫办	2016.12
浏阳市中和镇	湖南省经典文化村镇（首批）	湖南省文化厅	2017.06
浏阳市文家市镇	第二批湖湘风情文化旅游小镇（会师小镇）	湖南省旅游局、省文化体制改革和发展办公室	2016.05
浏阳市文家市镇	湖湘风情文化旅游小镇	湖南省旅游局和省文化产业改革发展办公室	2016.12
浏阳市文家市镇	文明卫生单位	湖南省爱国卫生运动委员会	2017.04
浏阳市文家市镇	湖南省经典文化村镇（首批）	湖南省文化厅	2017.06

续表

获奖(被命名)单位	获奖(命名)名称	授奖(命名)单位	授奖(命名)时间
浏阳市官渡镇	2016 届湖南省文明镇	湖南省精神文明建设指导委员会	2017.03
浏阳市古港镇	2016 届湖南省文明镇	湖南省精神文明建设指导委员会	2017.03
浏阳市官渡镇竹联村	湖南省美丽乡村建设示范村	中共湖南省委农村工作领导小组办公室	2016.12
浏阳市洞阳镇	2016 年湖南省流动人口基本公共卫生计生服务均等化示范街道（乡镇）	湖南省卫生和计划生育委员会	2016.12
浏阳市镇头镇	湖南省卫生镇	湖南省爱卫办	2016.12
浏阳市镇头镇干口村	湖南省卫生村	湖南省爱卫办	2016.12
浏阳市大瑶镇	湖南省第一批产城融合示范镇	湖南省发改委	2016.06
浏阳市大瑶镇	2015 年度湖南省创新创业带动就业示范街道（乡镇）	湖南省人力资源和社会保障厅	2016.06
浏阳市大围山	2016 湖南最佳避暑胜地	湖南省旅游协会	2016.07
浏阳市大围山镇井头富康林果种植专业合作社	湖南省绿色食品示范基地（示范产品：砂梨）	湖南省绿色食品办公室	2016.01
浏阳市大围山镇林业站	湖南省林业站“一站式全程代理服务”示范站	湖南省过林业厅	2017.03
浏阳市沿溪镇林业站	湖南省林业站“一站式全程代理服务”示范站	湖南省过林业厅	2017.03
浏阳市财政局	2016 年度预算绩效管理工作一等奖	湖南省财政厅	2017.06
浏阳市财政局	2016 年度全省财政系统信息宣传工作先进单位	湖南省财政厅	2017.01
浏阳市财政局	2016 年度全省财政综合工作考核先进单位	湖南省财政厅	2017.07
浏阳市财政局	2016 年度全省财政监督检查工作先进单位	湖南省财政厅	2017.05
浏阳市财政局	2016-2018 年度湖南省财政监督工作示范点	湖南省财政厅	2016.10
浏阳市财政局	2015 年度市县财政总决算工作先进单位	湖南省财政厅	2016.12
浏阳市财政局	2015 年度全省财政监督检查工作先进单位	湖南省财政厅	2016.04
浏阳市非税局	2015 年度非税收入征收管理工作先进单位	湖南省财政厅	2016.03
浏阳市农业综合开发办公室	全省农业综合开发工作先进单位	湖南省财政厅	2016.10
浏阳市教育局	2016 年度全省档案宣传工作先进单位	湖南省档案局	2016.6
浏阳市文化市场综合执法局	2016-2018 全省依法办事示范窗口单位	中国湖南省委法治湖南建设领导小组办公室	2016.12
浏阳市文化市场综合执法局	2016 年湖南省“扫黄打非”工作先进集体	湖南省“扫黄打非”工作小组	2017.01

续表

获奖(被命名)单位	获奖(命名)名称	授奖(命名)单位	授奖(命名)时间
浏阳市文物局	2016年度全省文物工作先进单位	湖南省文物局	2017.01
浏阳市文化体育广播电视局	2016年度全省文化工作先进单位	湖南省文化厅	2017.01
浏阳市图书馆	2016年全省公共图书馆服务成果二等奖 《悦读尚学，书香浏阳——浏阳市机关读书月》 项目	湖南省文化厅	2016.11
浏阳市民政局	全省乡镇区划调整改革工作先进单位	湖南省乡镇区划调整改革领导小组	2016.12
浏阳市民政局	爱国拥军模范单位	中共湖南省委 湖南省人民政府 湖南省军区	2016.07
浏阳市民政局	全省文明优抚事业单位 (浏阳烈士陵园)	湖南省民政厅	2016.11
浏阳市民政局	湖南省村务公开民主管理示范市	湖南省民政厅	2016.12
浏阳市公安局	2016年度全省公安队伍建设工作成绩突出集体	湖南省公安厅	2016.12
浏阳市公安局	全省公安机关首届“平安湖南杯”微改革微创新大赛 (“‘一键式’通讯数据智能分析系统”项目)	湖南省公安厅	2016.11
浏阳市公安局	2015年度全省公安机关侦破命案工作成绩突出集体	湖南省公安厅	2016.01
浏阳市公安局	2015年度全省县级公安机关执法质量考评优秀单位	湖南省公安厅	2016.02
浏阳市公安局	全省公安机关“四项建设示范单位”	湖南省公安厅	2017.02
浏阳市看守所	2015年度全省公安监所深挖犯罪工作先进集体	湖南省公安厅	2016.04
浏阳市公安局刑事犯罪侦查大队	2015年度全省公安机关打黑除恶工作成绩突出集体	湖南省公安厅	2016.01
浏阳市交通警察大队车辆管理所	2014-2015年度全省一等县级车辆管理所	湖南省公安厅	2016.08
浏阳市公安局	2016年度全省公安机关侦破命案工作成绩突出单位	湖南省公安厅	2017.02
浏阳市公安局	全省公安机关执法规范化示范单位	湖南省公安厅	2017.02
浏阳市公安局	2016年度全省公安机关“三实”信息集中采集专项行动成绩突出单位	湖南省公安厅	2017.02
浏阳市公安局	2016年度全省公安机关收缴整治枪爆物品专项行动成绩突出单位	湖南省公安厅	2017.02
浏阳市公安局	全省公安机关侦破命案工作成绩突出单位	湖南省公安厅	2017.02
浏阳市公安局警务督察大队	2015-2016年度全省公安机关警务督察工作成绩突出集体	湖南省公安厅	2017.03
浏阳市公安局	2014-2016年度全省公安机关执法示范单位	湖南省公安厅	2017
浏阳市公安局人口与出入境管理大队	2016年全省出国境部门优秀服务窗口	湖南省公安厅	2017.02
浏阳市农业局	2016年度全省农民专业合作组织建设先进单位	湖南省农民专业合作组织建设领导小组办公室	2017.01

续表

获奖(被命名)单位	获奖(命名)名称	授奖(命名)单位	授奖(命名)时间
浏阳市农业局	2016年度全省农村土地承包经营权流转及仲裁工作先进单位	湖南省农业委员会农村经营管理处、湖南省农村经营管理服务站	2017.01
浏阳市农业局	2016年度全省村级集体经济发展工作先进单位	湖南省农业委员会农村经营管理处、湖南省农村经营管理服务站	2017.01
浏阳市地方税务局	保持湖南省二〇一四届文明单位	湖南省精神文明建设指导委员会	2017.05
浏阳市地方税务局第四税务分局	2016-2018年全省依法办事示范窗口单位	中共湖南省委法治湖南建设领导小组办公室	2016.02
浏阳市国家税务局	2016届湖南省文明标兵单位	湖南省精神文明建设指导委员会 湖南省发展和改革委员会	2017.03
浏阳市政府投资项目管理局	2016年全省发改系统青年文明号集体	共青团湖南省委委员会	2017.01
浏阳市国土资源局	2016年度全省国土资源行政处罚案卷质量评查先进单位	湖南省国土资源厅办公室	2016.12
浏阳市工商业联合会	2015年度湖南省“五好”县级工商联	湖南省工商业联合会	2016.03
浏阳市信访局	2010-2015年度全省信访工作先进集体	湖南省人力资源和社会保障局、湖南省信访局	2016.12
浏阳市司法局	集体三等功	湖南省司法厅	2016.06
浏阳市中医医院	2016届湖南省文明单位	湖南省精神文明建设指导委员会	2017.03
浏阳市人民医院妇二科	湖南省巾帼文明岗	湖南省妇女联合会	2016.05
浏阳市疾病预防控制中心	实施《湖南省结核病防治规划（2011-2015年）》先进集体	湖南省结核病防治所	2016.12
浏阳市疾病预防控制中心	县级甲等疾控中心	湖南省卫生和计划生育委员会	2016.02
湖南省烟草公司长沙市公司浏阳市分公司紫荆进取QC小组	2015年度全省系统QC小组活动成果一等奖《半自动散叶成捆的研制》项目	中国烟草总公司湖南省烟草公司	2016.03
浏阳市经济和信息化局	2016年度全省经济和信息化系统规范行政执法示范单位	湖南省经济和信息化委员会法规处	2016.12
中国移动通信集团湖南有限公司长沙分公司浏阳市分公司党支部	先进基层党组织	中国移动通信集团湖南有限公司党组	2016.06
中国移动通信集团湖南有限公司长沙分公司浏阳市分公司工会	2011-2016年度湖南移动先进部门工会（小组）	中国移动通信集团工会湖南省委员会	2016.10
中国移动通信集团湖南有限公司长沙分公司浏阳市分公司	2016届湖南省文明单位	湖南省精神文明建设指导委员会	2017.03

续表

获奖(被命名)单位	获奖(命名)名称	授奖(命名)单位	授奖(命名)时间
浏阳市淮川街道新北社区	湖南省二〇一五届文明社区	湖南省精神文明建设指导委员会	2016.03
浏阳市淮川街道新北社区	湖南省科普示范社区（2017-2021 年）	湖南省科学技术协会	2016.12
浏阳市淮川街道新北社区	2015 年度湖南省地震安全示范社区	湖南省地震局	2016.12
浏阳市淮川街道新北社区	全民健康生活方式行动健康社区	湖南省全民健康生活方式行动领导小组	2016.01
浏阳市淮川街道城西社区	全民健康生活方式行动健康社区	湖南省全民健康生活方式行动领导小组	2016.01
浏阳市淮川街道城西社区	湖南省示范性青年之家	共青团湖南省委	2016.11
浏阳市淮川街道城西社区	湖南省科普示范社区	湖南省科学技术协会	2016.12
浏阳市淮川街道城西社区	湖南省五四红旗团支部	共青团湖南省委员会	2017.05
浏阳市集里街道龚家桥社区	2015 年度湖南省创新创业带动就业示范社区（村）	湖南省人力资源和社会保障厅	2016.06
浏阳烈士陵园	全省文明优抚事业单位	湖南省民政厅	2016.11
浏阳市戴氏木业有限责任公司	湖南名牌产品称号（戴氏牌木质楼梯踏板）	湖南省质量技术监督局	2016.12
湖南富丽真金家纺有限公司	（有效期：2016 年 12 月至 2019 年 12 月）湖南名牌产品称号（配套床上用品）	湖南省质量技术监督局	2016.12
湖南省湘嘴巴食品有限公司	湖南名牌产品称号（豆制品）	湖南省质量技术监督局	2016.12

获省（厅、局）奖励（命名）个人名表（排名不分先后）

获奖人所在单位	获奖人	获奖名称	授奖单位	授奖时间
浏阳市永安镇人民政府 湖南浏阳制造产业基地管委会	周耀辉	湖南省优秀乡镇党委书记	中共湖南省委	2016.06
浏阳市镇头镇司法所所	陶山麓	湖南省优秀共产党员	中共湖南省委	2016.06
镇头镇司法所	陶山麓	2015年度全省最具影响力法治人物	中共湖南省委法治湖南建设领导小组办公室 湖南省司法厅	2016.06
浏阳市大围山镇人民政府党政办	廖上高	记第六届湖南省一等功一次	湖南省人民政府	2017.02
浏阳市人民法院	许大恩	湖南省见义勇为先进个人，记二等功	湖南省人民政府	2016.10
浏阳市国土资源局	唐　平	2014-2016年度全省国土资源系统信访工作先进个人	湖南省国土资源厅办公室	2017.03
浏阳市地方税务局	祝顺阳	2016年湖南省地税系统业务大比武暨职业技能大赛一等奖	湖南省地方税务局 湖南省总工会	2016.10
浏阳市地方税务局	祝顺阳	湖南省五一劳动奖章	湖南省总工会	2016.10
浏阳市地方税务局	祝顺阳	第八届稽查能手	湖南省地方税务局	2016.11
浏阳市地方税务局	刘　云	第五届省级优秀办税服务员	湖南省地方税务局	2016.12
浏阳市地方税务局	刘　云	2016年湖南省地税系统业务大比武暨职业技能大赛二等奖	湖南省地方税务局 湖南省总工会	2016.10
浏阳市地方税务局	刘莹莹	第五届省级优秀办税服务员	湖南省地方税务局	2016.12
浏阳市地方税务局	王清瑶	湖南省地税系统金税三期系统应用技能全员考试先进个人	湖南省地方税务局办公室	2016.11
浏阳市地方税务局	李若鸿	湖南省地税系统金税三期系统应用技能全员考试先进个人	湖南省地方税务局办公室	2016.11
东莞沃德精密机械有限公司	任向阳	湖南省百名最美扶贫人物	湖南省扶贫开发领导小组办公室	2016.10
淳口镇狮岩村支部	吴远图	湖南省百名最美扶贫人物	湖南省扶贫开发领导小组办公室	2016.10
浏阳市澄潭江镇	张文香	2016年4月上榜"湖南好人"(助人为乐)	湖南省委宣传部湖南省文明办	2016.04
浏阳市骨伤科医院	江　林	2016年7月上榜"湖南好人"(敬业奉献)	湖南省委宣传部省文明办	2016.07
浏阳市澄潭江镇山下中学龙家教学点	缪昌联	2016年8月上榜"湖南好人"(敬业奉献)	湖南省委宣传部湖南省文明办	2016.08
浏阳市沿溪镇礼花村	刘萍珍	2016年12月上榜"湖南好人"(见义勇为)	湖南省委宣传部 湖南省文明办	2017.01
浏阳市	廖能明	2015湖南十大孝行人物	湖南省文明办 湖南广播电视台都市频道 快乐老人报	2016.02
浏阳市人民法院	刘　菁	湖南省法学会诉讼法学研究会第二届"永雄优秀诉讼法论文奖"征文比赛三等奖 《司法改革背景下法官离职倾向及关键性因素考察—基于H省311份法官调查》	湖南省法学会诉讼法学研究会	2016.11
浏阳市张坊镇田园农庄	孔瑞林	2015年度湖南省自主创业就业先进个人	湖南省人力资源和社会保障厅	2016.06

附　录

2016 年度机关事业单位工作人员考核优秀人员

（共 3897 人）

一、乡镇、街道工作人员（共 592 人）

淮川街道：邵新文　余忠国　张茂林　万品新
李晓玲　陶雪梅　罗　明　罗稻菽
张安信　刘　恋　廖　琦　刘　川
余水平　寻　真　聂红如　甘本余
罗　姣　杨　枚　王洁泓　李淑兰
罗　婧

集里街道：黄　刚　王　海　刘　鹏　邓　勍
钟　慧　陈建荣　黎　武　陈松权
胡　军　吴　奇　陈　翔　张人和
温汉志　汤显乐　肖志丹　刘　勇
王　芬　郭海斌　胡　亿　潘永清
彭　明　黄双雁　张端春　李曲平
付兰艺　颜招贤　潘　翔　金忠富
陈庆华　蔡鹏飞　鲁　熙　李　忱
谭　艳　陈　婕

荷花街道：李盘思　马　静　郑曼翠　谌　荣
廖　胜　张文胜　赵陈维　唐　检
尹湘林　胡　敏　甘　露　王　昶
曹　勇　谭应征　廖　勇　彭李宪
阙伦发　肖　璜　汤国平

关口街道：李升稳　肖桂炎　罗马英　袁　维
汤志伟　柳小路　邱昌智　李　萍
叶伟文　陈　松　钟艳波　田　鸥
罗彩峰　彭　向　张甲成　谭鹏飞
赖明兴　罗添力　陈圣文　罗　建
陶嫦娥　周学农　周　峰　谭金平
曾海龙　曾辉武　廖辉如　陶　鸿
罗　敏

古　港　镇：刘守德　陈　建　尹灿文　刘作昌
任　尚　罗　翼　卢贻文　张小宏
石　丹　陈　剑　刘长来　胡河清
李　湘　熊　辉　陶焕明　郑振华
张兆荣　刘　灵　周康宏　曹志敏
林志宏　黄金兰　孔　军　曾秀文
孔海娟　陈志勇　张勇军　李雪华
唐　琼　李　锋

高　坪　镇：雷建军　胡明辉　林小平　周仲平
徐其文　李　成　许高峰　刘　刚
鲁　拓　陈长贵　曾志敏　喻贤亮
李　锐

沿　溪　镇：郭　驰　潘剑波　张　然　张少卿
李　颖　欧玉成　李乐见　徐松德
祝建平　高　彬　李　路　李学平
鲁浩杰　肖永荣　黄　振　钟利芝

官　渡　镇：李　锋　苏杨辉　周智锋　黄　文
张祖文　谢　坚　钟　敏　陈世江
胡耀文　王　成　曹　鹏　叶振华
杨　祎　杜学斌　周　樑　潘瑞兰

永　和　镇：祝易滔　陈友锋　肖镇辉　汤继辉
罗小阳　戴　敏　黄喜慧　彭传初
焦　健　陈力健　杨　武　刘　成
张　鹏　王　勇　罗昭钦　周纪来
张常坤　陈　瑜　蒋剑宏　欧阳淦
廖　文

达　浒　镇：周逢明　张平平　苏长松　卢　梅
马明贤　郑　磊　喻　海　陈庆发
彭　波　肖　洒　黄　聃　宋立良

吕　龙

大围山镇：熊湘东　卢焕新　罗　伟　廖上高　钟楚文　张世宏　陈礼浩　杨　文　黄细端　卢　爱　李　海　王　成　黄星祥　陈　鑫　熊德文　陈　立　陈　娴　潘永珍　刘　礼

张 坊 镇：黎　志　陈　勇　孔琦芸　周继光　叶　剑　万　翔　胡志祥　谢宝良　柳彦博　张　果　陈莉华　杨程鹏　寻　娟　许小娟　李　强

小 河 乡：古长根　梁　民　毛先知　陈东柳　李太明　刘辉伟　林水清　卜继红　陈素林　杜国贵　李友根　陈明宇

澄潭江镇：陈训武　王新兰　陈新勇　何春启　何胜前　贺龙江　李飞玲　李沛英　刘守龙　卜　敏　陈　宏　陈家发　李志美　陶宗台　王贤波　熊世洪　杨　婷　曾凡检　张　胜　张江林　周孟德　周英运

中 和 镇：谢　波　刘宗斌　邓　谋　唐　露　杨健全　唐蔚庭　张　鼎　蔺学成　汪良柏　戴绍胜　刘桂发　丑攀科

文家市镇：卢　铓　钟宏亮　胡文博　周洪文　曾惠华　甘家森　喻　扬　张　磊　陶庆松　兰　谆　张　阳　何　侣　邱　辉　刘　友　陈时和　余汝光　周向锋　何发成　蔺和华　徐治海

大 瑶 镇：周森源　刘国泰　杨启露　刘正德　孔爱国　危建红　陈茶英　唐小波　陈红娥　黄梦婷　伍艳兰　张龙阶　李志武　周国治　邱小和　钟　美　易　武　彭振华　屈先文　黄松林　许　红　张　彬　张桂花　廖振华　卢新明　黄向群　寻小荣　黄明锬　肖　剑　李志平　张开林　徐治方　谭应财　李彦青　徐　融　刘宗淼　黎天才　徐　耀

金 刚 镇：鲁常战　罗　武　周正阳　黄　再　陈　颖　李升招　邓　辉　彭小春　邓卫杰　黎善洪　唐振华　雷　明　王业圣　汤　磊　黄　雷　钟　斌

葛 家 镇：余耀东　曾祥浩　章江艳　任　敏　唐文亮　苏　兰　张　浩　宋　首　吴　瑶　许航宇　刘灵犀　包立婷　彭焕珍　汪成美

枨 冲 镇：潘定一　黄锦周　潘　勇　廖利辉　张方成　高海秋　黄　鑫　杨亭达　蒋璐瑶　汪海涛　唐文玲　高　歌　金　亮　黄　斌　孙杜渡

镇 头 镇：孙　谦　罗　柱　法玉宽　魏明智　胡小慧　冯　曙　陶山麓　陈宝良　冯洲兰　刘　琼　邓　浩　陈　立

朱开田　周峰源　唐长富　李　果　彭　路　项海平　彭　金

普 迹 镇：蔡　华　晏　武　付红英　宋　挥　熊虹云　李申亮　李慧琪　寻汉民　喻娅晖　陶佑强　娄　标　袁亮成　鄢佳辉　刘萌春

官 桥 镇：刘法裕　刘　科　邓　磊　易梦婷　柳盼仁　周佰练　刘建雄　唐　良　聂　提　张庆伟　伍善芳

柏 加 镇：张伯锋　何志刚　熊红梅　何湘为　袁　滔　何根亮　江　雀　李家霆　龚紫昌　王　意　谭　景

洞 阳 镇：唐建国　傅庭信　曹　广　胡耀和　罗淑连　许剑标　唐潺潺　赵晓芳　杨　宏　欧建光　余　刚　周星辉　周诗圣　敬　波　苏启元　徐　赫　杨　艳　谭剑锋

永 安 镇：李　建　唐万明　张开成　易　玲　易　茜　龙　强　曾　崴　朱京龙　任修乾　凌向荣　潘　芳　陈　沈　梁贵响　寻德才　邵庆忠　孔　丰　李　红　赵光炬　赖律池　曹　勇　王　翔　邓光荣　胡　磊　张海红　余林智　周　璞

北 盛 镇：李　斌　刘林志　吴　兵　寻　勇　周　丹　刘　鹏　陈　彪　陈敏林　罗新梅　邵力文　刘　豪　朱　波　蒋会忠　曹　斌　高华杰　李艳辉　刘　振

沙 市 镇：李渔海　熊宜武　李　双　罗传义　许祖望　熊理格　郝荣荣　赵牡丹　何阿力　戴建辉　罗荣模　伍利奇　李国庆　罗　栋　易海平　李锟鹏　朱学忠　邓序良　喻科武　屈旦平　龙冬花

淳 口 镇：殷志民　周建国　付　湘　王芳艳　张友根　熊　樱　欧阳意　林　炬　徐玉平　周长征　罗永望　赵　敏　沈村义　罗世湘　李坤民　厉平波　刘　景

蕉 溪 乡：曾云峰　吴中杰　郭　洪　高　团　罗　敢　王成超　彭仕宇　罗玉红　肖　熊　于志刚　孙伯平　张成芳　张　国　谢　玲

龙 伏 镇：高积义　寻接政　聂光辉　石　盼　潘志雄　徐根源　黎志雄　罗思超　鲁海峰　黄　锟　钟　柱　喻　斌　李伶俐　蔺长征

社 港 镇：周熊晏　黎　艳　寻想萍　张　唯　章　莹　周　兴　周继湘　袁　伟　陈先礼　林昌玉　罗湘波　陈　波　杨　琼　孙文斗　周　晓

二、市直单位工作人员（共 3281 人）

纪委（监察局）：杨厚波　肖敏利　彭　运　张　玉　周红科　黎贤兴　吴升红　粟大平

经 开 区：李人泰　张春果　邱义成　黄厚德　罗克宏　周　志　罗　浩　周良才　龚兰桂　黄　鹤　李岳峰　童　艳

市 委 办：谢　庆　周平波　刘辉成　袁　江　陈　辉　黄晓静　罗业永　周　琳

人大机关：唐林军　蔡晨波　邓立波　杨浪浪　李　勤　屈向华　周厚坤

政 府 办：韩　昶　李在跃　张　剑　章正光　黄　镇　谭清红　张颂华　罗从叔　黄朝阳　潘小松　朱石良　罗　琪　梁明科　孙　滔　邓　宇　王安军　张义根　苏　婵　孔祥辉　周　全　陈　艳　胡登京　李　灿　张　强　赖　鹏　徐宵兰

政协机关：李贤美　王　斌　陈武明　陶　亮

组 织 部：李　斌　杨　海　卢义胜　陈　珍　张祖建　黄　成

宣 传 部：潘　立　李　林　苏阳灿　罗　静

政 法 委：高志仕　孙仕定　凌　剑　余　舟　周　丽　江志勇　王晓晴

统 战 部：赖才腾　何继春　李　银　盛元芝

编 委 办：彭要政　邱林峰　汤　丽　邹文顺

老 干 局：胡国平　陈双球　李　明

信 访 局：吕正红　任飞跃　王　钧　张　镝　程　敏

610　办：刘　颖　陈昌波

党　　校：张安文　张蓉荣　周　波　王世武

档 案 局：李兆佳　李利华　黄　英　唐继武

报　　社：刘家川　熊　玮　贝红英　林川波　周开敏　沈铁军

广播电视台：王桃文　陈　威　付　苹　谢　锋　邝　丽　李鸿林　肖志高　陈　娜　陈　健　贺双江　张热心　余　智　厉江波　杨永红　黎　明　何继主　蒋　珂　陈安桂　黄奇志　郭剑波　邹建伟　何国辉　丁来峰　冯　伟　陈炎飞　张　军　唐　军　张顶木　杨立勇　罗鸿辉　聂祖茂　陈招贤　何形学　周　文　魏　国　彭劲松　罗江波　王中梁　徐　静　陈江东　姜晓明　秦易长　钟修江　彭晨光

法　　院：周　超　高德懋　杨　舟　周友庚　罗艳芳　左　凯　曹　科　刘敢德　陈愈超　王　波　于舒利　杨　柳　蔡腾飞　左　芬　黄　琼　吴昺阳　吴银辉　王诗谱　陈　存　陈南飞　卢方荣　罗　勇　陈淑文　汪先珍　宋　娇　姚龙武

检 察 院：王金振　杨志雄　陶　剑　黄　悦　岳芬芳　陈有道　彭　超　刘先玲　戴伏秋　唐　科　刘继来　谭怡芳　胡海军　黄求蛟　唐　瑜　邹　婧

发 改 局：李　翔　黄　琦　张佳丽　余培飞　黄雅玲　夏新泉　廖　洲　蔺姿慧　李　澳　张　瑶　何明亮　吴强松　付晨辉　刘　斌

经 信 局：邓科建　彭庆辉　周志刚　刘晓玲　李　强　左红平　李　勇　伍彩霞

教 育 局：汤显华　唐新华　潘　明　屈加亮　易贵辉　谭应湘　李克助　罗曝忱　郝贻奇　王梅荣　熊柱石　李　凡　屈求知　缪贤根　罗渐长　熊文娟　徐晨辉　杨志刚　鄢平建　林志刚　胡伏珍　何绍益　邱凤玲　石自行　肖　力　蔺绍桃　黄　程　邹坤平　陈国建　罗凯波　胡　辉　彭晓珍　喻国林　陈凤辉　赵世强　黄六合　熊银华　江资健　孙晓清　贺注国　聂正国　刘定初　刘连瑞　肖　平　罗移丰　陈　蓉　尹水军　彭承满　易杨志　姜霞珍　王　睿　晏　雄　寻耀邦　杨　桢　林雪冰　谭应良　罗　阳　陈　亮　陈巧俐　宋金玉　朱清平　张明清　刘剑波　李丽珍　李之林　黄　岚　肖运生　张雅利　邹辉煌　邓　玲　柳树旺　许　金　周小杏　罗飞翔　曾德贵　鲁教长　兰奇思　袁建怀　贺　翔　杨果平　张晓玲　黎尚青　胡爱萍　林继红　熊明利　宋先江　郑灿辉　胡日亮　黄　忠　孙乐英　龙佐文　刘　俊　成亚明　郑明忠　彭洋明　李　暖　谢仙彩　曾梦玲　张贤明　陈菊珍　曹慧龄　周红文　彭卫平　李盛华　苏耀斌　张祖民　王运珍　周英武　钟阳莲　寻卫平　刘朝柏　邱　勇　彭望朗　彭　彬　冯细平　郑　冬　袁　忠　高余良　陈礼国　欧阳益珍　钟　洪　李友桂　孔菊荣　陈银美　李慧鸣　喻斌斌　张小黎　孔　丹　黎　莉　章永顺　罗冬秀　孔令国　罗　标　卢　荻　杨建德　刘三妹　钟英姿　黄志辉　汤隆俊　刘　君　张艳娟　王　婷　彭小波　刘志强　卢冬香　陈碧贞　戴红梅　董晓航　胡冬华　江艳飞　李云德　李志辉　刘雄姿　聂江南　彭海娥　屈康英　唐　纯　唐敬松　田志坚　田志杰　吴　倩　吴湘文　延佳慧　颜　君　易振祥　张强文　张振华　陈春莲

陈淑平　傅广学　高承义　何　娟
李伟红　蔺桃江　刘圣桃　潘日明
彭　悦　宋荣辉　唐　祥　王　芹
魏孝道　肖　谦　肖雪梅　阳统政
杨美华　杨旭东　袁飞向　张　卓
周建辉　周盛良　吴丛笑　朱红赞
戴辉玲　朱伯俊　林三忠　卢　利
黄宏图　周日红　李卓娟　许　威
张荣辉　吴枚保　周思理　邱向军
刘海和　易武葵　邓冬胜　李芳芳
汪良元　辜咏岳　唐新辉　李春兰
陈宏亮　邓方武　张家红　邓玉美
邓　鹏　李朝群　黄升龙　刘建平
刘家斌　廖红梅　吴素贞　李　奇
吴小佩　陈元湘　胡新和　唐召平
刘赛阳　周华珍　何艳花　李　琼
吴又红　贺统一　李　骎　肖鼎平
沈申文　张景新　陈晓玲　文波兰
肖　牡　陈　萍　雷　春　唐佑红
朱凌云　鲁松鹤　李永久　陈旺轩
周　雯　孔　伟　邓吕兵　沈江南
桑云惠　刘丙松　刘根盛　彭本斗
周　辉　邓纯珏　文小华　张　华
郭　珍　罗　耀　彭佳兴　陈　正
卢　珊　王祥亮　张　斌　寻泰平
苏雪珍　朱运龙　熊　彪　罗小红
邓志林　罗政球　王仲豪　王运生
罗　艳　唐桂秋　陶庆秋　黄歧鸣
杨喜利　肖应江　苏　芳　周　朴
文　卫　刘　蜜　何　光　杨先谊
汪　洋　胡　芝　钟　浪　谭　磊
罗茂坤　张双勤　曾桂林　杨春年
宋炎平　左庆珍　李小春　李文娟
王　玲　彭灿军　林　穹　阳　陵
李　巧　张　卫　张　智　张喜连
晏建忠　肖志坚　熊　焱　寻湘沅
杨培燕　黄自强　刘艳清　张明干
蒋阳春　刘军训　周正恒　黄楚宏
陈彩莲　汤世霞　胡安明　刘　治
许志豪　刘　佳　张爱红　沈小艳
胡　兵　张淼英　欧阳瑞婷　邱　青
舒　媚　邱兰芳　刘　义　周彩萍
徐　堃　王辉沅　袁志银　刘向美
杨明蓬　周雪鹏　刘爱莲　王　辉
刘　波　陈春生　黄　莺　黄爱华
蒋清明　李　忠　李春华　李　勇
罗　娜　罗奇艳　钱永红　宋　群
宋迎旦　谭飞跃　唐　娟　王丽珍
熊　琳　杨　玲　杨建林　张　毅
张冀湘　张晓阳　赵慧君　赵倩岚
周绍凤　戴毅飞　董　昱　贺慧玲
孔竹英　李　清　刘　敏　彭新宇

王洪艳　王燕飞　夏　雀　张德顺
郑培英　周晓燕　朱细常　高　宇
屈行素　瞿海平　唐　玲　武　红
徐　曹　寻姝平　张　芬　张自玲
周明霞　左谊芳　陈　姣　陈松林
胡双辉　黄　莉　李　婷　李　姣
蔺　洁　彭新华　吴仲坤　肖阳敏
周　红　周惠平　李　彭　罗迪逊
彭书义　彭　滔　邱承辉　肖　玲
肖小琴　谢　熙　张美玲　何伟珍
彭常毅　郑　毅　周　丹　李真健
刘　畅　刘小明　罗绍怀　罗玉琪
皮奕旭　童　达　吴春玲　吴华连
夏　群　夏　葳　肖冬花　寻　晖
易大华　周翠娥　张艳辉　张咏梅
邹惠明　黄　旻　李　聪　刘　婧
卢　莹　袁江玲　彭新民　郭　群
何利辉　李海英　李红霞　李洁洁
屈于兰　谭艳辉　汤达如　袁　芳
张继霞　朱运成　冯丽萍　黄仙宇
兰　新　林　萍　卢海波　罗杰满
潘　丽　王灿明　王惠娟　熊慕容
易礼国　周美霞　周　敏　邓　媛
付细霞　刘辉强　肖　娟　肖仲开
寻　倩　朱月华　曾伟芳　陈利莎
戴红艳　胡茂加　黎坤明　刘银娟
罗莎莎　肖华淼　杨　蓉　张芳芳
熊　欢　李红艳　邹　蓉　冷雄姿
吉如意　杨　旭　邹　萍　陈海平
李　波　黎　超　谢光友　李　峰
张月军　彭　辉　于佩双　陈小艳
钟　秀　张益明　张　洁　鲁　新
刘建达　施红霞　李友清　张　荣
王成林　罗小林　乐金红　朱　斐
汪花菊　刘祥佳　付群英　龙夕烟
彭　清　谭亮芝　许　锋　李江萍
谭水英　颜渊峰　周春文　王　晖
张彩霞　周　伟　余发兰　丁观平
赵陆军　罗　艳　周　祥　廖光泰
张细金　杨书英　何　倩　蒋赛美
戴春香　孔阳龙　王　成　李荣幸
王晓冰　王深根　欧阳波浪　邓育红
唐旭辉　汤　瑶　杨盛林　冯艳平
林　敏　陈梦萍　陈青乐　张涛涛
祝曲波　唐真理　廖瑞玲　肖小平
张伟平　杨伟成　彭　莉　吴秋香
戴小兰　贝雪华　刘　会　李丽平
赖　芳　张　婷　粟　丹　邹　成
熊光锡　姚　玲　唐　莉　刘采星
周　卫　杨水生　陶玉芝　肖永胜
何　娟　夏水萍　林秀芳　周洪文
胡里湘　谭建红　张　培　李辉连

黎彩玲　蔡　诚　邓细英　任环珏
卢继明　黄海英　吴新华　章瑞红
张绍平　谭　磊　黄招兰　贝先凰
贺江华　张　平　陈　红　刘小伟
谢海英　罗　葵　李谟平　肖怀扬
肖淡明　唐　甜　欧晓辉　柳双玲
李利平　刘昌兰　温佐根　欧阳惠琳
李　艳　吴冬连　肖怀晔　周建明
钟职荣　梁　玲　张国利　李明娥
肖梅珍　周　勇　万兰英　罗正富
罗纪荣　符　红　李青红　李运珍
李志军　鲁先同　马英春　欧佑林
唐　艳　文　进　张　伟　张新跃
熊　真　王南昭　邓映耿　姜翠国
熊　凤　汤双华　卢爱英　张晓玲
邹红波　曾圣芳　蒋艳娟　李　韬
张　娟　邱艳平　李　丽　李耀长
汤继德　罗　琳　杨玉英　李美玲
周贤珊　刘娅阳　文治平　张　岚
张艳霞　张欢欢　李清章　李茂明
高　华　谢瑞阳　李庆瑜　朱荣国
刘善兴　张红红　谢舟舟　张剑平
肖艳红　沈向文　李秋平　杨绍连
李秋玲　廖瑞华　张开贵　杨　玲
李和华　刘海清　王　姣　陈　鑫
肖远平　冯和清　刘映辉　姜长春
孔守文　罗　菊　黎春辉　卜　爻
卜传寅　彭望娟　周文英　卢月明
刘文娇　李和英　古水根　林文根
卢　玲　杨　丽　沈海林　谭菊荣
汤远继　魏素华　张基细　江　涛
李小芳　徐新建　徐保华　张晓卫
李　清　沈观连　杨雪梅　张　敏
陈春明　张菊香　谢海英　张志武
张　雄　唐　莉　刘　更　胡　丽
吴玉兰　陈建平　邹翠兰　李端兰
王红兵　唐静芳　陈　菊　张　聪
邹允桃　钟善芬　柳高英　赖秋成
鲁章华　邱俊龙　廖　佳　李　玲
李　群　李玉平　涂绪依　杨银花
罗颂德　廖辉明　温观珍　王玉球
王　腾　曾光明　张金亮　唐月娥
陈义民　卜茂成　何沙珍　何招兰
蔡虹波　陈柏梅　陈　励　陈　琳
陈美霞　陈贤慧　陈　晔　程启孝
戴育群　丁　丹　何　丽　何珍秀
胡凤娇　胡红玲　胡景辉　黄晓晗
黎升豪　李才兴　李仕化　李　文
廖志新　刘慈萍　刘海春　刘辉玲
刘　娟　刘　朋　刘世礼　刘　霞
刘晓艳　刘宜先　刘志宏　刘　庄
鲁红文　陆赏萍　欧　玲　潘小平

彭晶星　彭小玲　彭优勤　邱辉文
邱　丽　邱小明　邱小祥　谭和平
汤达满　唐白兰　王淑平　危丽霞
谢莎莎　姚　亮　张才法　张才富
张　宏　张联壁　张小梅　张英雷
张咏琦　张红元　吴平文　陶贤初
朱箫箫　唐箭波　杨　洪　周　琴
佘曼妮　周　雄　陶凯敏　汤文胜
宋文峰　郭红英　聂婷婷　兰奇夫
陈　洁　彭桂香　陶　潜　陶庆汉
杨小红　周芳平　何荣春　黄昌柏
张新元　汤菊英　陈唯唯　廖　婷
李永松　陶建新　胡耀平　杨沅平
杨　武　黎升光　李喜阳　王允良
李煌辉　陈　红　贺晓珍　李爱明
黄中心　赵　婷　张艳明　陈剑虹
龚　礼　李红辉　刘守木　黄小玲
刘胡英　邱楚芳　杨雪梅　黄子珍
汤晓东　李　锋　何启国　焦　琼
陈　媞　邹　婷　詹莎利　李佳美
高　敏　周珊珊　谢　玮　邓超君
何宗淼　杨翠婷　黎　国　胡皇英
黄　会　黄启发　刘致台　彭显和
宋　静　唐文杰　涂　敏　吴孟然
徐建辉　余兴敏　张金波　卢志飞
赵　畅　胡贵收　黎　建　唐翠环
张勇刚　傅培莉　卜继伟　黄新华
王　颖　陈湘其　陈水泉　刘景雄
刘　涛　江松枚　高振范　唐曙光
杨　敏　谢志丹　陈　艳　何志娟
黎纶青　罗利兴　柳花明　张志平
刘　庆　彭晶晶　张志红　刘青梅
刘早文　吴佑平　邓桂林　刘玉兰
彭细平　张运明　杨庆林　易良芳
万杏林　刘桂文　赖银辉　庞　颖
彭小冬　汤湘伟　王建武　刘海红
廖桃珍　李猷飞　胡　亮　甘本淼
王仕波　余　宇　刘　娟　黄玲利
胡　荣　王秋凤　梁　灿　黄新文
陈和兵　谭工恋　肖松梅　孔　丽
刘姚胜　周小娜　黎书桂　胡厚新
张秀华　郭长谋　廖新明　杨　丽
吴月华　付艳成　杨清平　杨书忠
邓从扬　张长龄　陶辉良　温正湘
曾会平　李　贞　李　勇　刘利彬
石胜新　刘　丹　雷新华　冯映波
刘　勉　易飞雪　谭　欣　兰小平
熊　艳　肖红梅　刘　娜　黄巧文
陈阳春　邓　玮　胡庆丰　黄　娟
黎晓娥　李旭明　彭卫平　舒　静
宋　凡　周甫华　张春连　石小磊
黎思斯　沈　艳　曾令武　李　杉

陈辉明　江　澜　陈　玲　魏　娜
陈　莉　李　敏　黎　明　李　情
刘　杰　胡艾连　李　安　李振泉
伍艳玲　钟启文　周海燕　刘佑生
袁美玲　陈　姣　袁方钦　赵杏莲
黄鹏飞　唐忠刚　卜勇红　张德敏
陈果红　潘向阳　张旭斌　张幕林
杨　坤　周满林　江　娟　钟　迈
陈　晓　刘乐平　黄凤英　袁向阳
王双跃　陈再珍　易　鹏　段文军
卢桂英　陈　洁　刘俊山　尤利平
娄玉萍　黄　娟　付国平　尹许清
潘向阳　潘正宽　罗弟春　黄春霞
李　杰　张先平　陈新年　陈跃建
付向前　李春英　李艳湘　刘群晖
王松柏　王一凤　易继英　蓝思娥
周增文　卢　湘　陈　峰　江细清
严聪明　陈林术　陈咏仙　唐喜峰
张检院　赵　娜　陈　利　周英姿
黄　芹　阳　赞　林　玲　熊宇平
陈　虎　沈丹阳　卢正桂　刘迎春
陈金菊　张小兰　朱　勇　张湘江
冯　卫　陈咏兰　刘相林　易　娟
陈　卓　董　强　赵智鹰　林娴慧
赵　波　黄常青　柳　丹　黄　娟
万年星　李　聪　万　婷　刘利群
李学辉　屈　艳　肖光红　陈德文
周志坚　于　洁　于杏芝　李　娟
屈姣媛　蒋功豪　陈金玉　彭君玲
刘　聪　于浩江　丑俊平　邓　超
胡永红　罗美姿　王　琴　许金桔
李春兰　苏启明　刘迎春　罗武辉
蒋德泉　栗小雪　周　华　雷莲英
丁　蓉　胡　蓉　胡汉元　陈茶英
杨梦蕾　潘晓平　柳奕华　罗青龙
罗龙根　罗　进　范兴才　邵渐胜
张和珍　彭姣红　龙艳红　高　歌
何丽娟　罗文中　张胜优　刘　牡
李卫明　田　芳　潘　舒　陈　新
胡　细　邹豪标　汪良举　彭志平
谢湘平　任　亮　左淑兰　肖志红
陈大禹　罗江红　邵卫平　黄可珍
沈会艳　丁爱芳　肖　华　朱　笑
朱朝艳　任月娥　孙小华　赵新喜
易峥嵘　周书易　朱菲菲　陈光福
高加会　许庆锋　周美荣　张湘豪
周细仁　张海燕　罗　艳　邵　静
王美仁　赵　畅　周春香　张玉祥
李　静　易玲玲　屈六一　易秋成
陈　敏　张阳光　伍红波　焦永忠
罗小冬　赵志辉　汤春雨　瞿风雷
邓美华　周上清　陈小贤　肖葵花

张壮志　唐卫平　高会萍　赵秋玲
刘　广　李素平　罗迈年　李花平
肖家荣　李　凤　邹　娟　肖　星
阳承利　苏　秒　肖　敏　王诗果
肖　敏　柳水文　王　娜　温飞跃
李林芝　彭　炎　董汉忠　陈赛妃
彭　波　刘辉阳　聂娜香　张晚良
袁桂君　易桂珍　鄢平艳　周小英
李梦玲　张祥龙　朱武光　代　红
寻喜然　张　慧　许　清　张　湖
黄金华　肖玉平　黄亭亭　戴　瑛
肖凤英　戴　萍　吉爱求　吴琼玉
宋　斌　吴兴旺　吴　江　吉　兆
许浪辉　罗素青　陈玉喜　张亚洲
杨卫平　张长景　罗　琼　张望舒
周杏仁　黄　敏　罗红阳　肖娓妮
陈梅英　喻　醒　罗芝南　邹　琪
许必华　于正武　李湘强　屈维主
张　皓　朱　晖　许发荣　罗艳玲
汪志华　喻名中　邓细干　李义辉
张　龙　张新台　张希辉　龙厚志
李妒姣　李　龙　许德才　陈晓飞
熊利芳　彭　燕　屈江沙　浣　硕
黄　瑜　刘　威　王梦娟　颜昔泉
李　辉　谢名扬　黄菊馨　周剑和
王　前　夏显辉　罗平香　喻雄伟
罗　卫　李群英　袁红亮　刘飞周
蒋含英　张桂华　凌喜君　徐新天
李　平　李映辉　李　耀　孔敏球
何丽萍　周强飚　周昆鹏　张清华
徐莒艳　周欢荣　吴小林　徐益源
首健平　陈洪涛　周青林　寻宁胜
刘小龙　潘如萍　汤会新　唐天生
徐伶俐　喻承德　邹欢舞　寻裕兴
周友媛　李争光　周　栋　徐夕映
寻　莉　肖　滢　黄　政　阊　旻
唐素庄　胡晓娟　黄喜悦　林　丽
寻银霞　陈桂花　黄文彬　蔺洪辉
刘再喜　刘松柏　彭碧芬　张　碧
张宏平　宋　伟　张小宝　罗传良
周晓波　苏启平　郭检来　杨科荣
梁技昌　叶宗林　罗中平　肖　敏
王国平　唐　宋　娄迪清　黎谟海
蔺传次　罗建平　魏红霞　胡云保
熊振宇　王　怀　张国光　阳科湘
潘　文　张素平　肖劲松　贺　雄
赵世福　寻景辉　杨　恝　汤松柏
何宗武(荷花)　汤显辉　刘后才
余建湘　熊金曦　鲁华雄　高　鹏
章朝晖　唐景亮　李腾方　周曙平
邹志刚　罗　谦　何宗武(金刚)
刘志源　李启胜　赖英瑜　张　涛

周名西 黄建新 王五逵 马志奇
陈　征 唐全友 张桂红 杨　雨
刘旭林 聂　荣 刘继荣 沈　琦
高光辉 刘贤明

科技局：黎　云 汪坦岳 孙梦依 周卫清

住建局：张益平 黎　毅 刘文钦 陈　林
陈治国 赵有根 唐文波 郝鹏飞
周　涛 周文钰 宋文辉 刘　辉
李　平 张良文 张　超 巫明霞
叶　磊 许细辉 罗　璋 王志明
冷正棋 刘　华 张新宇 李炳坤
黎升斌 伍　璨 郑席武 刘　明
罗春阳 杨开来 陈　新 徐　娟
蔡　易 周　曦 欧阳建新 李　青
彭志坚 王宇和 陈统根 张　功

公安局：郭　彦 谭建辉 侯　静 陈　丽
黄友良 吴晓翼 樊　毅 雷　觉
杨松杰 刘圣俭 许娟娟 蒋　骞
鲁彦谦 潘储粮 胡治国 谢德平
周伟临 聂红专 李学斌 喻小武
张世雄 李拥军 吴昊峰 戴灿明
唐小年 黄怡群 刘题伟 张　艺
彭扩军 陶贤全 罗　红 杨　思
颜书毅 李申超 李建国 熊　章
易　韬 胡波涌 罗铁军 胡自国
朱成祝 陆进化 林　敏 赖道单
李　琳 邱小明 冯　敏 郭汉才
涂洪波 袁雁军 黄文星 李智勇
朱　怀 杨　涛 罗树辉 黎　渊
刘　亮 寻兵役 任学森 王祖兴
袁　锋 陈振祥 彭建清 黎　鹏
陈拥军 雷金福 梁清文 张小松
张明皋 黄　剑 任　彬 罗景新
李　冰 刘跃林 彭功品 吴洪芳
吴德长 易　宇 吴会平 李志迪
周行伟 胡　鸿 胡　洁 唐　雷
张　煜 刘江文 曾祥建 蒋　智
刘　军 黄　斌 刘志勇 吴　骏
廖　志 黄　冕 裴坚任 卜学峰
秦　杰 曹开江 张　麟 李志邦
陈　桢 周书琰 张至钰 郑　君
刘　攀 汤文化 张志洲 李志刚
汪丰产 曾　帆 陈国雄 黄武林
刘　强 温益平 唐国浩 何　滔
余政友 李兴佳 曾海华 夏　忠
潘满军 汤晓登 何传力 朱放清

民政局：陈　平 黄坤华 李跃华 张龙进
刘　晓 廖友文 李　伟 刘　军
袁　强 陈　科 龚志坚 左实践
俞荣梅 彭显利 彭镇发

司法局：李　强 江　源 宋怀林 刘红色
邱　赞

杨孟良 罗传美 吴宪明 陈伯昌
曾　智

财政局：陈　清 彭金龙 刘志奇 周　鹏
陈　浩 陶慧平 王　莹 王安仁
袁英杰 黄章宏 刘华东 罗飞进
刘良晃 黄　伟 张惠明 王　娟
史文立 雷　晓 姜　义 陈艾梅
罗红梅 邓　茜 周　亮 陈　楠
罗　伟 邹　敏 肖　丹 刘光辉
黄红英 邱　琳 易　欣 胡　丹
吴晓聪 周思放

人社局：陈国强 钟　伟 谢雪菲 吴志长
潘赛一 罗会光 刘良佳 罗　威
汤美珍 潘景询 官国旗 付文闯
罗招生 寻湘湘 杨　毅 刘　平
周朝辉 朱　敏 凌洁茹 罗冬明
杨　晋 李立斌 黄丽萍 刘立忠
李　虎 吴治国 黄震威 刘　智
高　志 潘义雄 黄志强 李文博

国土局：王英定 邓忠社 王艺辉 黄海军
何峰安 寻果林 曹普辉 蒋洪辉
黄龙进 陈洪斌 高文杰 陈海波
吴晓阳 张红梅 李　刚 彭　涛
邓春雷 何光俊 张开文 何　伟
唐招伟 余莱茵 张　苏 邓应学
罗　芳 刘亚辉 李向阳 付　勇
易路军 李　勇 罗淑琴 卢　碧
袁持铎 刘京彪 刘芳仁 李昌刚
李东炯 陈松桂 王学文 欧　智
刘　念 罗学武 刘品军 王崇武
王庆乐 陈　皓 陶长波 罗　锋
张劲源 袁　辉 余海波 颜晓广
刘思瑶 王　战 朱永奇 陈　安
任承果 雷　利 唐飞虎 杨向前

交通运输局：胡　浩 张佑江 黄　峻 柳闯江
刘　锋 陈晓平 陈军辉 朱建优
黄尚贤 刘　涛 邱佑成 曾凡孝
戴　亮 罗　文 袁巧玲 张　林
邱许钦 连　鹏 黎　晓 葛　明
胡文勇 李先富 陈　斌 张凤平
徐　英 曾伏文 王松柏 刘文涛
邓灿辉 舒　畅 谭继业 邱忠波
李正军 余　敏 何建光 王庆国
余露林 李　常 卜小峰 彭洁林

水务局：周方旺 王　武 邓秋华 黄先智
刘高兴 陈道江 王菊英 彭　辉
宋仁海 邹丽丽 张才连 曾　智
汤异峰 沈阿丽 张明赞 邹　旭
曾　权 周运良 董文站 葛恒超
陈　娟 周逢春 周　飞 石文彬
饶世全 唐　义 邓　伟 刘春辉
周红江 吴彦明

夏　宇　王建春　刘　全　邹先跃
肖长贵　王再强　邓　彬　罗　威
彭燎原　高志强　周艳华　钟定君
蒋利宾　杨　萍　刘良伟　陈茂胜
高惠平　王秋连　何　红　熊杏芳
彭少龙　徐尔会　易伟霞　张向前
聂辉莉　鄢碧艳　蒋洪林　王湘江
苏志敏　张　柳　江育红　周小虎
胡学艺　金跃进　邓旭宁　易修文
潘　英　吴金谷　罗素红　熊　琼
邓光强　杨广鑫　周觉来　林金艳
寻鹏程　刘贤才　龙姣英　周曼雪
卢方觉　钟振华　胡红兴　彭国强
刘宗继　李　光　陈　源　于国强
杨开阳　谭　伟

农业局：王　建　廖上鉴　田　丰　张朔义
周军徐　施学义　李应忠　宋才章
柳辉林　陶维红　陈应坤　刘建英
梁　露　陈宇新　宋新兵　喻仲生
王学明　黄汉军　吴小年　童金花
刘红梅　张韶华　冯春水　罗志勇
张再仁　瞿德民　黎良平　王　娟
文　萍　任江姿　王　雄　张　璋
杨如君　胡正祥　吉甫成　周书信
张　磊　李誌诚　袁　齐　王航海
周宏伟　张　懿　钟　弦　袁治国
罗永志　万一佳

林业局：陈希见　吴晓文　罗闺秀　周学义
唐天真　寻标兵　高瞻远　罗安利
刘弘波　刘守厚　张海军　胡柏松
赵文斌　陶　章　谢　勇　李　绍
郑建波　郭明春　袁晓阳　潘　磊
柏承权　方世屏　张龙曦　周　萍
杨　锋　张　鹏　王　毓　李继承
薛　飞　罗干兵　钟　海　何文峰
徐建伟　罗　超　廖一兵　王利伟
黎尚林　喻　焰　陈水秀　李光强
熊　文　王汉明　谢　敏　戴静兰
周书昌　孔令如　林芒果　孙　良
徐松柏　徐谷文　罗兴云　戴良选
苏自兴　邝启贵　刘明建　孔　觉
陈迎红　陈昌怀　李勇琴　谢绍红
戴雪求　龙忠于　黎满珍

文体广电局：张孟兰　凌江楼　邓　芳　罗其德
李继章　陈小兵　李楚峰　罗高吾
刘建国　张新岚　邱　强　杨国森
张雪章　熊才维　徐可卫　左　珂
王关怀　杨振文　王娜娜　谭晓琴
戴文强　黄　薇　林　洪　寻艳艳
高天佑　晏意成　王柳根　鲁子龙
陈　宇　苏浩然　刘慧萍

卫计局：欧阳武　李峥嵘　邓宗伟　吴海波
许　欣　龙湘泉　黄友花　李岳华
叶常青　甘享明　郑海洋　娄平胜
朱志刚　张会芝　唐　瑛　唐晓峰
寻继萍　戴　敏　李勇燕　王科明
王忠清　李建青　李先义　罗　鹏
谭文新　施海斌　汤明宇　唐建湘
李寿玖　罗国辉　王允强　刘家武
蒋章荣　黄海东　胡德才　黄　敏
张　红　罗　艳　陶贤意　宋海平
陈小玲　阳　历　罗　忠　邹智勇
刘江林　刘　宇　王建河　朱兴盛
邓红军　汤　伟　连文平　张惠民
易　刚　李江林　卢要文　李崇禹
李冬敏　江　涛　沈威扬　陈　德
高　洁　李　强　肖筱武　罗江平
赵维林　刘建军　陈　迎　高明果
邓　伟　刘　辉　刘题章　周志勇
孔春初　刘红兵　寻威悉　陈建伟
熊稳科　贾维芳　张小明　邝忠学
李先知　黄振兴　李　钧　罗　韬
孔　琴　汪碧玉　叶光明　刘　磷
周书进　易勤珍　邹喜梅　熊　婴
陈艳清　吴芝芬　李菊香　汤　勤
聂三河　陈艳华　陈静辉　熊晓彬
陈　娟　何　娟　袁新平　周双红
黄晓亮　刘春香　唐嗣信　邹智伦
李建声　朱　砂　陈　新　张　婷
刘海燕　杨培美　张凤英　汤艳平
张小玲　刘　旭　彭　娜　罗国辉
刘　莉　刘伟红　卢跃华　徐　晶
张　英　王好平　屈会兰　王　婧
范　丹　宋　璐　蒋爱华　蔡　敏
吉新晚　周　赞　吴为汉　廖鑫华
何　苏　黄金莲　陈月莲　叶　青
刘　翠　张容容　李桂珍　黎　艳
黄贞贞　邓　娟　罗　婧　文小银
张　栩　李先见　汤　乐　曹艳红
谌承志　王　磊　张美莹　刘　芳
汪建国　何更跃　刘　君　张　敏
周雪梅　田　红　曾　丹　李　宁
沈雪凤　沈宏英　易　慧　李　学
曾芸莉　杨　明　陈吉麟　黎　强
闫湘勇　宋　慧　聂孝福　黎近涛
张　燕　罗　苗　罗乒乒　付开珍
刘　乐　黄慧如　熊　亮　张　婷
戴　璋　汤华章　罗小玲　彭敦莽
许　令　唐　帅　罗马林　冷　晶
古美林　吴朝姿　马　骅　张　球
胡兵跃　何伟香　冯细文　苏　坡
兰芬芬　刘佳秀　戴　敏　鲁姣连
刘　红　张运芝　胡喜连　聂朝霞
李　红　陈向锋　张　桢　杨玉林

唐冰 吕静 杨莉 罗跃
陆宏霞 余丹 刘小娟 赖宁
张安 徐丹 李为先 汪平帮
谢华波 张文 李凡金 鲁果
李花兰 刘滔 夏海舟 唐明英
周平专 涂赤辉 卢显冬 刘琦
易茜 黄萌根 沈波 钟英才
罗永超 肖恒松 丁向真 陈祖荣
张玉兰 吴珊珊 李雪梅 王颂华
周舒 董全美 寻红艳 黄要
温晒英 刘清平 郭弘 鲁彩虹
罗华 周燕飞 李志英 罗庆华
扶桂升 彭虎 蒋伟 刘志坚
娄振华 陈青 鲁建国 黄仲玉
陈培亮 苏建斌 唐志勇 杨娥
许莹 黎亮 孔小美 周玲芝
周晓芬 黄朝霞 周海平 罗莉
罗海兰 罗凌云 郑红艳 彭春晴
罗艳 黄燕青 张良 杨章兴
李水华 冯帆 谭静 潘战虎
黄港 潘俊安 徐柯 黄小寒
姜艳 陈隆桂 付志平 邱叔玲
陈平 王丹 林水平 戴昆
张莉 李平 丁亮莲 范春华
刘超辉 熊伟 冯智威 邱宇玲
毛艳 曾江 熊波 陈丽娜
汤艳 林琼华 龙冰 吴铁军
刘敏 吴海华 肖娴颖 杨长春
梁新初 黄丽 陈花 何清锋
王孟云 黄细 刘少林 龙传滔
刘海玲 罗兰桂 胡哲 施春华
王小再 唐煌 李琨 李伟芝
赵小年 李足意 焦辉煌 吴善芝
屈美伦 杨敏 李晶 汤玉芳
甘斌 钟益明 王春红 王丽
罗爱武 李霞 邹开来 毛玲湘
刘世枚 张孟兰 邹丽明 李友玲
宣艳红 陶振 彭婵 李国平
黄剑 万雅利 朱利 王忆琴
唐琴 魏宗华 陈珊珊 周志平
马丽 周辉 钟爱荣 汤惜勤
黄丽凤 朱其颖 罗磊 寻晓歌
汪朝晖 印泽海 卜波兰 黄柏江
喻俊飞 曾秀香 叶银梅 潘何桂
崔三明 戴建平 戴美容 黄丽
李喆 李志国 刘梅 刘法明
刘建容 刘开朗 刘茂发 刘艳芳
刘招光 阳芳 杨深平 曾平
郑志 郑艳艳 熊灿霞 黄力强
刘华平 彭江兵 秦健康 邱正苗
卢桂 曾利君 谭小燕 张京湘
郭晓明 刘姣娜 张洋 谭悦斌
李淑 罗敏 周海岸 张元
鲁扬扬 刘平 夏安平 邓玉芳
王波 肖美英 周春花 邹平
聂献忠 张莉 张献民 潘彬
苏光要 周旋 杨红霞 刘会文
李筱 蒋向 孔新平 龙玉冬
汪贤俊 李腾飞 胡彩霞 戴小平
罗剑飞 林茜 李冬秀 彭惠玲
郑建渠 蔺代武 晏资林 阳兰兰
黄科平 黄华 李晶 张艳红
毛承玲 郭冬贵 马君 邱建
宋伟 宋海霞 赖春标 刘祥富
彭小利 唐亮 黄海华 陶阳波
周舟 肖成元 许兰兰 周学
宋伟 张星 张正明 郑淑清
胡柳 胡江兰 陈杰 李清和
喻浪 李蓬 黄强 周丹好
王阳玉 周石坚 孙强 罗艳花
邓全清 尹怀洲 焦芙蓉 曹姣
戴群 张翔宇 陈静 陈易金
刘宗江 黄奖平 李艳 黄意华
邵恩 汤达华 冯丽 吴萍
黎书开 连义平 陈建煌 陈本阳
陈良威 伍文学 曾博 吴柳青
周正平 贝玉章 蒋树龙 龙红丹
邓嫣红 许敏 黎锐 罗南芬
赵双喜 李模江 陈艳芳 张开学
李雪媛 陈艳林 唐运乐 陈家兴
谢建林 胡湘红 曾美华 田雨辉
晏世涛 冯正光 沈立健 江慧平
陈柳 林雪 喻琼 汪爱花
寻坤沅 黎意丰 刘度量 袁军
涂华 陶功林 党旗 黄以
阳军 张路 罗铁池 欧阳深根
王瑛 宋亚辉 张佐文 陈拥华
寻筱红 许灿明 何丽珍

审计局：阙一飞 冯羽 袁晓 李瑶瑶
张明务 邱国英 陈蛟

城管局：唐洪胜 罗永昌 胡舟 汤光磊
高路 张丹 李益民 刘世如
姜洪波 魏群 谭龙秋 张雁飞
文武滨 张伟 吴号 刘敏中
周方根 周杰 闵杰平 陈黎明
颜道春 邵锋 朱清波 徐少华
黎骏 易武桥 张道胜 王林起
高怡新 何桂湘 彭麒 陈立新
熊善湘 徐伟 袁佳成 周智
何宗勇 谢利平 张树仁 宣向阳
陶瑚琏 杨小平 徐谷林 熊德顺
陈光辉 卢美容 李训科 陈建新
张敏 李建军 郑新辉 唐韵霞
黎明

环保局：雷　义　彭　武　邓　琴　罗倩兰　彭建梅　黎　刚　何光义　袁　炜　马晓辉　张　敏　周　敏

统计局：陈傲冰　陈志刚　王雪松　黎　菱　欧阳明　李　建

安监局：蔺传球　刘劲松　曾　伟　凌　卫　唐志纲　彭　玲　胡　义　张继良　张天夏

市场和质量监督局：余湘怀　陈水清　唐征辉　王永坚　王　强　张华英　戴勇波　孙建新　朱宏伟　李　武　易　勇　黎　谦　宁茂钦　冯松涛　聂骁勇　郭　奇　卢学良　罗荣富　李厚坤　祖壮志　皮晓斌　黎　文　陈延集　张　良　严　涛　寻辉阳　邓力臧　邱　钢　曾良山　张秋伟　钟　智　刘　日　刘世伟　陈　雄　周　明　贝　文　胡纳德　李　鑫　刘中付　汪建军　喻江辉　邓日涛　刘　武　李运秋

人防办：陈　静　汤　永

商务合作局：段云鹏　许运良　罗淼池　黎　涛　刘益球　李元红　刘　梅　陈常伟　彭优玲　林　俊　王　杰　刘海红　古　旭

规划局：屈文毅　张雄雷　李劲如　聂建斌　李文道　游　平　肖明辉　黄　建　黎懋铭　李珊娜　刘良辉　郭　滔　唐建成　张玉刚　方幼平

粮食局：吴世平　李　勇　赖　和　张麟翔　周艳青

旅游局：陈　刚　邓剑锋　杨　荣　李　慧

畜牧局：孙　龙　蔺春文　李名忠　陈秋香　李安定　张　革　伍国强　熊　连　唐嗣佩　谢齐帮　王承义　杨深进　吴梦阳　肖　锋　任　杰　张建超　汤向前　何丙寅　马小青　罗昭海　肖文广　彭　维　熊茂鹏　黄　湘　徐　敏　潘友权　叶友其　聂厚福　陈海宴　杨　辉　王　征　李作舟　邹　成　陈　柳　高智勇　席旭晴　钟　杰　张富华　徐永升　桂　榕　朱习文

住房保障局：陈　旭　林　湘　陈泽军　陈战辉　付　安　胡　志　黄艳平　李友义　龙海辉　罗　辉　马爱梅　聂竞屹　邱　普　沈　琼　王大伟　肖　慧　游　丽　张建如　周建萍　周　琼　朱乐平　朱莉菲　邹　丽　肖凤嬉

政务中心：熊满初　连　旭　刘守响　易修义　吴素华　罗　勇　杨　辉　刘　丰　朱丽梅　张　福　徐钦富　郭玲玲　王海军　杨汉湘　周小明　林娟娟　刘小红　李露琼　潘　攀　曾玉龙　张　幸

供销社：张　平　陈　剑　周静忠　罗章生

工务局：胡汉堂　陈　锋　屈玉明　姜丹青　周　敏　吴晚强　苏银海　谢向辉

花炮局：汪剑波　李仕飞　肖　宏　张　莹　张　飘　黄将佑　蔡建红

招投标办：袁　锋　黄　永　王　超

总工会：陈纯清　蒋旭明

团市委：暨喜喜

妇　联：龙花明　黎升强

残　联：周卫东　兰词贵

工商联：黄　萍　罗永昌

科　协：周秀星　盛佩璋

红十字会：周建国

制造产业基地：张　露　邵　叶　胡喆旻　段小虎

大围山森林公园：彭书恒　沈少武　何小平　王　红　汤新厚　张小艳　潘　敏　戴舒怀　彭　建　徐治如　凌　云　彭艳武　高飞翔　黎永红　刘志明　朱际操

两型产业园：王卫民　张　强　戴明志　周佳驹　向小玉

文化产业园：高　志　曾　煦

株树桥水库管理局：周孟秋　唐　敏　高卫东　肖庆元　林宝艳　刘　勇　刘雁强　唐　沙　聂中堂　陈　勇　李　卫　王远根　李正国　周新华　徐　维　谭森焱　李　昕　孙　波　彭　芬　涂联三　王焱明　李坤林　何遇雨　喻明革　彭显彪　鲁庆格　曾卫民　谢伍垣　张蓉晖　曾　文　张江波　李　锋　刘　岚　陈　艳　鲁志坚　张　敬　邹文兴　陈　怡　唐　卫　陈　旭　张和国　廖　华　周新陵　苏北海

森林公安局：李志勇　杨　耀　严海宏　谭兰玉　彭　钢　吴湘阳　张劲锋　陈先政　周诗运　周志钢　秦志勇　杨　武

移民局：谭　力　熊善良　甘新辉

烤烟办：张俊贤　易理新　施立新

机关事务局：刘国雄　朱　辉　胡　容

公路局：陈建政　罗学贤　黄　科　陈阳春　戴　驰　邓国强　邓剑波　丁文锋　冷　敏　李凌斌　刘伯根　刘　辉　邱小林　石松年　汤琳玲　陶庆感　汪建伟　吴光高　吴集平　杨飞进　喻宏辉　卓　武　何腾方　胡茂松　兰建成　李　杰　李美玉　梁　勇　林红武　罗永康

彭　蔚　邱　晖　盛新跃　孙立新
王永富　尹海雄　张加桂　赵　姣
刘　杰　张健康　赵　平　周宇锋
曹剑青　邱洪刚　周治国　罗学慧

金融办：李　峰　叶宗荣

耀邦故居管理处：陈文金　彭　兵　苏　娟
陈晴柔　胡丁玲

秋收起义纪念馆：陈　英　肖吉贤　张成根
彭洪波　汤亿友

基础设施投资中心：于永强　张冬生　彭东升
周　勤　李佑平　杨恒亮
陈　粮　张佐伟　李世国
宋　明

自来水公司：周树成　吴勇前　罗　平　谢治安
李　学　黄　东　周　超　魏超元
陈　莉　施建枝　曾向峰　鲁　平
周建宇　熊春荣　李　骥　潘永波
孔祥忠　钟　勇　李　伟　黄凤良

熊志国　彭文芳　谭　雅　唐孝武
胡　明　潘雄辉　陈　峰　邓高峰
辜长青　陈　璐

工业园投资管理中心：陈靖湘

人武部民兵训练基地：张　斌

三、参加市委、市政府中心工作10个月以上工作人员（共24人）

“两学一做”学习教育协调小组：
卜　洋　田　蔚　胡　珊　徐　迎　左宜政
李　广　黎岳华　杜碧恩　黄建康　王文杰

文明城市创建办：刘　康　文　聃

城乡统筹环境同治办：冯早成　王承水　鲁忠良
李仕久　李仕知　吴安荣　汤　亚　邱正春

复退办：胡泛舟

南北横线建设协调小组：张祖庆　陈洪斌

扶贫办：李紫晗

（资料来源：浏考发〔2017〕1号）

浏阳市乡镇(街道)区划调整改革结果公示
(不含未调整乡镇)

集里街道

(原集里街道和太平桥镇合并,办事处驻地为原集里街道办事处驻地, 总面积153.8平方公里, 总人口5.73万人,辖7个村7个社区)

西湖村(平水村、长青村合并)、道吾村(道吾村、太和村、八仙村合并)、北城村(东沙村、杉松村合并)、宏源村、唐家园村、星镇村、合盛村、禧和社区、龚家桥社区、集里桥社区、神仙坳社区、百宜社区、太平社区、锦美社区

荷花街道

(总面积134平方公里,总人口4.67万人,辖8个村3个社区)

杨家弄村、西环村、嗣同村、牛石岭村、南环村(聂桥村、樟槽村合并)、东环村、浏河村、建新村、荷花园社区(荷花园社区、胡坪村合并)、南市社区、唐洲社区

关口街道

(原关口街道和溪江乡合并,办事处驻地为原关口街道办事处驻地,总面积161.8平方公里,总人口5.04万人,辖9个村3个社区)

升平村、金桥村、金口村、杨溪湖村、金湖村(金龙村、珠江村合并)、和田村(浆田村、福田村合并)、炭棚村、溪江村(溪江村、长溪村合并)、道源湖村(仙源村、新湖村合并)、长兴社区、水佳社区、占佳社区

古港镇

(原古港镇和三口镇合并,镇政府驻地为原古港镇政府驻地,总面积210平方公里,总人口6.27万人,辖12个村4个社区)

范市村、梅田湖村(中坪村、梅田湖村合并)、燕港村(港星村、燕塘村合并)、仙洲村(高联村、仙洲村合并)、沔江村、新园村、宝盖寺村(宝盖寺村、鹤源村合并)、金园村、花城村、白路村、华湘村、东盈村、桃园社区、古港社区、古城社区、郭家亭社区

高坪镇

(总面积257.4平方公里, 总人口3.86万人, 辖11个村1个社区)

杨潭村(兰花园村、杨潭村合并)、向阳村、三合水村、船仓村、志民村、沿甸村、太坪村(太坪村、新建村合并)、马鞍村、石湾村(石湾村、南枫村合并)、双江村(桃花村、双江村合并)、株树桥村、高坪社区(高坪社区、河西村合并)

沿溪镇

(总面积119.6平方公里,总人口3.2万人,辖4个村3个社区)

沙龙村、花园村、礼花村、金桔村、沿溪桥社区、建设社区、大光圆社区(大光湖村、大光社区合并)

官渡镇

(总面积106.3平方公里,总人口3.13万人,辖4个村3个社区)

田郊村、兵和村、观音塘村、竹联村、新云山社区(云山村、新安社区合并)、南岳社区、竹山社区

永和镇

(原永和镇和七宝山乡合并,镇政府驻地为原永和镇政府驻地,总面积234.5平方公里,总人口4万人,辖10个村1个社区)

永福村(孚田村、新联村合并)、佳成村、金盆村、石佳村、井泉村、铁山村、狮子山村、升平村(升平村、荷塘村合并)、增加台村、七宝山村(蒋埠江村、宝山村合并)、菊香社区(永宝村、菊溪社区合并)

达浒镇

(总面积185.6平方公里,总人口2.71万人,辖5个村2个社区)

金田村(金坑村、石源村合并)、象形村、金石村、书香村、椒花新村(椒花村、达兴村合并)、达浒社区(丰田村、长益社区合并)、麻洲社区

大围山镇

(总面积401.7平方公里,总人口2.74万人,辖10个村2个社区)

金钟桥村、楚东村(长鳌江村、楚东村合并)、大围山村(泥坞村、永幸村合并)、田心桥村、中塅村、中岳村(中岳村、鲁家湾村合并)、同幸村、北麓园村、浏河源村、上坪村、东门社区(东兴社区、三元桥村、都佳村合并)、白沙社区

张坊镇

(总面积319.3平方公里,总人口3.18万人,辖7个村2个社区)

茶林村、陈桥村、白石村、田溪村、富溪村、江口村、人溪村、张家坊社区、上洪社区(七星岭村、上洪社区合并)

小河乡

(总面积111.8平方公里,总人口1.55万人,辖4个村1个社区)

乌石村、潭湾村(潭湾村、严坪村合并)、新河村(新河村、金沙村合并)、皇碑村、田心社区

澄潭江镇

（总面积 158.8 平方公里，总人口 6.51 万人，辖10 个村 2 个社区）

山下村、渠城村、大圣村（小源村、大圣村合并）、达坪村、荆坪村（大源村、荆坪村合并）、吾田村、和家村、虎形村、洲田村、碧溪村、集镇社区、槐树社区

中和镇

（总面积 151.8 平方公里，总人口 2.37 万人，辖 5 个村 2 个社区）

江河村、清江村、中和村、长安村、山枣潭村、苍坊社区（苍坊社区、小江村合并）、雅山社区（雅山社区、丁字桥村合并）

文家市镇

（总面积 155.9 平方公里，总人口 5.38 万人，辖 9 个村 1 个社区）

新发村、沙溪村、岩前新村（岩前村、白溪村合并）、五神村、永丰村、大成村、湘龙村、文华村、玉泉村、文家市社区（文家市社区、双田村合并）

大瑶镇

（原大瑶镇和杨花乡合并，镇政府驻地为原大瑶镇政府驻地，总面积 149.3 平方公里，总人口 9.13 万人，辖 11 个村 4 个社区）

南山村、枫林村、强盛村、上升村、南阳村、李畋村、老桂新村（迎新村、老桂村、观阁村合并）、鑫和村（山斗村、大山村合并）、端里村、华园村（华园村、黄岗冲村）、杨花村、南川社区、崇文社区、汇丰社区、天和社区

葛家乡

（总面积 106.8 平方公里，总人口 2.07 万人，辖 5 个村）

新建村、葛家园村（马家湾村、乌石龙村合并）、玉潭村、新宏村（新源村、西宏村合并）、金源村（金塘村、大源村合并）

枨冲镇

（总面积 186.3 平方公里，总人口 4.48 万人，辖 7 个村 2 个社区）

平息村、和平村、三元村、才常村（红卫村、黄板桥村合并）、新南桥村、牙际山村、佳和村（张家店村、沿河村合并）、青草社区、橙冲社区

镇头镇

（总面积 158.8 平方公里，总人口 5.71 万人，辖 9 个村 2 个社区）

土桥村、干口村（干口墈村、连山村合并）、跃龙村、双桥村、金牌村、柏树村（柏树村、南门村合并）、江东村、金田村、甘棠村、田坪社区、北星社区

普迹镇

（总面积 176.5 平方公里，总人口 4.19 万人，辖 6 个村 3 个社区）

普泰村、普花村、普官村、大鸡头村、书院新村（双洲村、书院村合并）、五丰村、新街社区（团结村、新街社区合并）、金江社区（金江社区、古寺村合并）、新府社区

官桥镇

（总面积 87.9 平方公里，总人口 2.66 万人，辖 6 个村 1 个社区）

九龙村、苏故村（苏故村、保华村合并）、一江村、八角亭村、石灰嘴村（石灰嘴村、新元村合并）、涧江河村（林塘村、德慎村合并）、集镇社区

洞阳镇

（总面积 106.9 平方公里，总人口 4.1 万人，辖 3 个村 6 个社区）

砰山村、九溪洞村（九溪村、龙洞村合并）、长东村、南园社区、北园社区、东园社区、洞阳社区（洞阳社区、观前村合并）、幸福泉社区、西园社区

永安镇

（总面积 112.1 平方公里，总人口 6.57 万人，辖 8 个村 4 个社区）

坪头村、永和村、水山村、礼耕村、芦塘村、大安村、督正村、西湖潭村、心源社区（心源社区、建新村合并）、永安社区、永新社区、丰裕社区

北盛镇

（总面积 78.4 平方公里，总人口 5.84 万人，辖 10 个村 2 个社区）

拔茅村、马战村、卓然村、环园村、泉水村（闸口村、波扬村、芭蕉村合并）、百塘村、窑金村、燕舞洲村、边洲村、亚洲湖村、北盛仓社区、乌龙社区（乌龙社区、联芳村合并）

沙市镇

（总面积 209.7 平方公里，总人口 6.77 万人，辖 11 个村 4 个社区）

团农村、敦睦村、中洲村、秧田村、文光村（杨林村、黄花村合并）、东门村、莲塘村、白水村、友助村、赤马村（赤马村、龙凤村合并）、桃源村（桃花村、大源村合并）、沙市社区、河背社区、秀山社区、长春社区（长兴社区、荷芳村合并）

淳口镇

（总面积 233.5 平方公里，总人口 6.69 万人，辖 12 个村 3 个社区）

杨柳村、黄荆坪村、谢家村、南冲村、炉烟村、鸭头村、高田村、狮岩村（狮岩村、金源村、洞庭村合并）、山田新村、同辉村、枫林湖村（枫林村、永乐村、佛岭村合并）、向坪村、农大社区、羊古滩社区、鹤源社区

龙伏镇

（总面积 132.7 平方公里，总人口 4.66 万人，辖 8 个村 2 个社区）

坪上村、焦桥村、新开村、黄桥村、达峰村、柘庄村、相市村、石柱峰村（石柱峰村、尚埠村合并）、龙伏社区（龙伏社区、石江村合并）、泮春社区

社港镇

（总面积 175 平方公里，总人口 4.69 万人，辖 9 个村 3 个社区）周洛村、丹霞村、石牛村、淮洲村（淮洲村、高寿村合并）、永兴村、浏北村、源田村、合盛村、清江村（清江村、清源村合并）、社港社区、镇北社区（镇北社区、汇源村合并）、新光社区（新光社区、龙华村合并）

（资料来源：湖南日报　发布时间 04 月 15 日）

浏阳市旅行社名册

旅行社名称	服务范围	地址	负责人	手机电话	办公室电话	传真
长沙方舟国际旅行社有限公司	国内游 入境游	长沙市浏阳市浏阳大道商会大厦二楼	刘彩云	13975837198	0731-83666880	0731-83666990
长沙市大鸿运国际旅行社有限公司	国内游 入境游	湖南长沙市浏阳市金沙北路412号	张伟文	13574150188	0731-83685388	0731-83681699
长沙市风光假日旅行社有限公司	国内游 入境游	长沙市浏阳市石霜东路恒宜新村C栋3号（环线路口）	罗加辉	13507449796	0731-83664528	0731-83664529
长沙市浏阳河旅行社有限公司	国内游 入境游	长沙市浏阳市集里街道碧桂园岭誉一街5栋108号	罗笑丰	13874980048	0731-83611111	0731-83648772
浏阳市平安旅行社有限公司	国内游 入境游	长沙市浏阳市淮川街道圭斋东路218号	张　波	13755183666	0731-83649555	0731-83649666
浏阳市满意旅行社有限公司	国内游 入境游	浏阳市劳动北路体育中心9号	王志坚	13548553370	0731-83663605	0731-83655025
浏阳市缤纷旅行社有限公司	国内游 入境游	长沙市浏阳市民俗文化步行街39号	寻金会	13808435416	0731-83685685	0731-83685919
长沙三名旅行社有限公司	国内游 入境游	长沙市浏阳市浏阳河中路206号	刘　彩	13874935893	0731-83658622	0731-83658621
浏阳市九洲旅行社有限公司	国内游 入境游	浏阳市经济技术开发区	陈　浩	13548969111	0731-83607878	0731-83607877
浏阳康辉国际旅行社有限责任公司	国内游 入境游	浏阳市淮川街道劳动中路01号财富公寓栋0112号	刘建芝	13507451108	0731-83665111	0731-83665222
浏阳市浏之旅旅行社有限公司	国内游 入境游	浏阳市金沙北路927号	陈　妹	13808498162	0731-83370999	0731-83370999
浏阳市金海旅行社有限公司	国内游 入境游	浏阳市邮电路123号	查银银	13755121880	0731-82385555	0731-83640999
浏阳市华湘旅行社有限公司	国内游 入境游	浏阳市集里街道花炮大道25号	谢小红	13549687568	0731-83640681	0731-83640661
浏阳市蓝天旅行社有限公司	国内游 入境游	浏阳市浏河中路300号	陈红伟	13974927060	0731-83892678	0731-83892678
浏阳银天国际旅行社有限公司	国内游 入境游	浏阳市将军路1号银天大酒店内	沈雪芳	13467655888	0731-83685888	0731-83617575
浏阳市佳辉旅行社有限公司	国内游 入境游	浏阳市体育中心31号	陈利民		0731-83611555	0731-83501789
浏阳宝中旅游国际旅行社有限公司	国内游 入境游	浏阳市集里街道民俗文化步行街40号	罗加辉	13507449796	0731-83836060	0731-83836062
浏阳市幸福国际旅行社有限公司	国内游 入境游	浏阳市行政中心旁东紫门小区10栋804室	王正鹏	18684923626	0731-83669188	0731-83657078
浏阳市顺安旅行社有限公司	国内游 入境游	浏阳市集里街道花炮大道63号	李巧明	13874991239	0731-83329999	0731-83329999

驻浏阳市证券公司名册

序号	企业名称	姓　名	联系电话	成立（注册）时间	地址
1	财富证券有限责任公司浏阳世纪大道证券营业部	陈金鑫	(0731)82720725	2002-8-1	浏阳市世纪大道创意•东方新天地四期3#号楼19F
2	华林证券股份有限公司浏阳世纪大道证券营业部	郭卫林			浏阳市集里街道世纪大道125号东方新天地大厦19楼
3	中国中投证券有限责任公司长沙浏阳车站路证券营业部	徐灼锐	(0731)83899857	2014-11-24	浏阳市淮川办事处车站路107号北岭春城小区12栋
4	湘财证券股份有限公司浏阳劳动路证券营业部	吴敏志	0731-83623509 (0731)83623249	2001-3-7	浏阳市劳动中路88号鸿福源舞彩阁一、三楼
5	方正证券股份有限公司浏阳金沙路证券营业部	王卫宇	0731-83637025	1994-10-26	浏阳市圭斋路与金沙中路交叉处中央公园A栋4楼
6	西南证券股份有限公司浏阳环府路证券营业部	甘申良	(0731) 83836681	2014-11-27	浏阳市关口街道办事处长兴社区浏阳大道46号

浏阳市融资担保、小额贷款公司

公司名称	董事长	总经理	成立(注册)时间	联系电话	地址
湖南金信担保有限责任公司	谢　冰	刘宏伟	2005年6月15日	(0731)83188007	浏阳市淮川办事处新文路04号长鑫时代广场
浏阳市企业信用担保有限责任公司	袁国兴	周绍益	2003年1月3日	(0731)83668858	浏阳市圭斋东路31号
浏阳市恒信融资担保有限公司	朱乐平	朱乐平	2000年8月1日	(0731)3625686	浏阳市圭斋东路
浏阳市通源小额贷款股份有限公司	汪贤利	周木平	2009年9月28日	(0731)83226999	浏阳市行政中心旁环府路24号
浏阳市银盛小额贷款有限公司	胡　淼	李柏生	2011年9月5日	(0731)83489888　(0731)83285499	浏阳市庆泰中路32、34、36号门面
浏阳市汇银小额贷款有限责任公司	曾　力	蒋克平	2012年12月	(0731)83281419　(0731)83283588	湖南长沙长沙市浏阳经济技术开发区
浏阳市恒丰小额贷款有限责任公司	黄兢雄	汪建行	2014年5月22日	(0731)83554888	浏阳市劳动中路35号

驻浏阳市银行名册

序号	单位名称	姓　名	职务	座机	地址
1	中国人民银行浏阳支行	寻　真	行　长	83612380	白沙东路31号（传真：83631169）
		李　旻	副行长	83613656	
		彭亚青	纪检组长	83626153	
		焦　萍	办公室主任	83652996	
2	中国工商银行浏阳支行	梁国树	副行长	83612113	北正南路98号（传真：83612625）
		王自乐	副行长		
		邹祖国	副行长		
		戴朝文	副行长		
		彭冬玲	纪委书记		
		赵彩虹	办公室主任	83612625	
3	农业银行浏阳支行	凌庆联	行　长		圭斋东路1号（传真：83611397）
		张兴华	副行长		
		丁　华	副行长		
		熊　云	副行长		
		陈　佩	副行长		
		张小河	办公室主任	83611880	
4	中国银行浏阳支行	曾　滔	行　长		北正中路70号（传真：83612553）
		胡　斌	副行长		
		邓永红	副行长		
		徐义安	办公室主任	83611351	
5	建设银行浏阳支行	张朝晖	行　长	83623888	圭斋东路9号（传真：83616065）
		暨淑丰	副行长		
		刘建红	副行长		
		彭宇辉	副行长		
		蔡玉红	办公室主任	83612996	
6	农业发展银行浏阳支行	张若兰	主持工作	83623208	北正北路76号（传真：83628979）
		张爱民	副行长		
		刘　任	办公室主任	83623208	
7	长沙银行浏阳支行	彭　洁	行　长		劳动南路88号（传真：83678549
		黄志斌	副行长		
		李　清	副行长		
		王　亮	办公室主任		
8	浏阳农商行	邓来发	董事长		浏阳大道1号（传真：83667123）
		李寿树	行　长	83667123	
		刘毅敏	监事长		
		胡琦文	副行长		
		谭继友	副行长		
		毛　圣	办公室主任	83611373	
		刘　义	办公室副主任	83611373	

序号	单位名称	姓　名	职务	座机	地址
9	邮政储蓄银行浏阳支行	喻　荣	行　长	83602988	圭斋东路 172 号（传真：83611357）
		李　娴	副行长		
		黄　祥	副行长		
		李友明	办公室主任	83602888	
10	华融湘江银行浏阳支行	黄艳君	主持工作		圭斋西路 9 号　（传真：83687382）
		王　勇	行长助理		
		易海平	办公室主任	83687385	
11	中信银行浏阳支行	曾　钊	行　长		金沙中路 360 号　（传真：83688168）
		文　峰	副行长		
		罗娟娟	副行长		
		易　辉	行长助理		
		廖主任	办公室主任	83688168	
12	交通银行浏阳支行	黄　珊	行　长		劳动中路 33 号（传真：83610721）
		熊　华	副行长		
		何曼曼	副行长		
		李凌云	办公室主任	83610721	
13	光大银行浏阳支行	欧阳灿	行　长		金沙中路 213 号
		晏　波	副行长		
		李智明	行长助理		
		刘　婷	办公室主任	83188891	
14	招商银行浏阳支行	姚中霖	行　长		车站东路 21 号
		周　毅	副行长		
		黎　静	办公室主任	83839678	
15	民生银行浏阳支行	胡荣华	行　长		车站中路 139 号
		周　平	副行长		
		陶慧敏	办公室主任	83839952	
16	江淮村镇银行	胡祖越	行　长		劳动中路 1 号（传真：83339663）
		谭　晓	副行长		
		陈晓娟	办公室主任	83339660	
17	兴业银行浏阳支行	杨振威	行　长		庆泰南路 32 号
		谢宗达	办公室主任	89639818	
18	广发银行浏阳支行	郑长明	行　长		浏阳大道 118 号
		赵国庆	副行长		
		杨开兰	办公室主任		

驻浏阳市保险公司名册

序号	公司名称	联系电话	地址
1	华安财产保险股份有限公司湖南分公司浏阳市支公司	83653575	浏阳市花炮大道 229 号
2	富德生命人寿保险股份有限公司浏阳支公司	83716208	浏阳市集里办事处浏阳大道 85 号
3	中国平安财产保险股份有限公司浏阳支公司	83625512 83622512	湖南省长沙市浏阳市浏阳大道 8 号地 89 号门面陈和庆私房
4	中华联合财产保险股份有限公司浏阳市支公司	83795587 83795585	浏阳市浏阳大道 1 号浏阳市农村信用合作社 12 楼
5	英大泰和财产保险股份有限公司浏阳支公司	18607316988	浏阳市浏阳大道 46 号威尼斯国际花园 G2 栋 101、102 号门面
6	华凯保险销售股份有限公司湖南浏阳营业部	13755061555	浏阳市关口街道浏阳大道 108 号 1-2 楼
7	太平财产保险有限公司浏阳支公司	83501999	浏阳市关口街道浏阳大道平鼎景都 1 栋 101 室
8	中国大地财产保险股份有限公司浏阳支公司	3660692	浏阳市金沙北路 279、281、283 号
9	长安保险销售有限公司湖南分公司浏阳支公司	13973661661	浏阳经济技术开发区湘台路 18 号长沙 E 中心 A2 栋 501 号房
10	中国平安人寿保险股份有限公司浏阳支公司	83625448	浏阳市关口街道办事处长兴社区浏阳大道 46 号 2 楼 217 房、3 楼 320 房
11	阳光财产保险股份有限公司浏阳市支公司	83667428	湖南省长沙市浏阳市浏阳大道 99 号
12	华夏人寿保险股份有限公司湖南分公司浏阳市支公司	83634341	浏阳市淮川办事处新文路 80 号长鑫时代广场五楼 507 室
13	中国人寿保险股份有限公司浏阳支公司	83612083	圭斋东路 11 号(传真:83612084)
14	湖南永通保险经纪有限公司浏阳营业部	82053101	浏阳市关口工业小区内
15	中国太平洋人寿保险股份有限公司浏阳支公司	83652902	浏阳市金沙北路 58 号阳光大厦 2 楼
16	国泰诚信(湖南)保险代理有限公司浏阳集里营业部	15292216388	浏阳市集里办事处礼花路一街官兴公寓 C 栋 1 单元 2 楼 2 号
17	吉祥人寿保险股份有限公司浏阳支公司	13077321314	浏阳市环府路威尼斯国际花园综合楼 3 楼 301-302、306-311 室
18	民生人寿保险股份有限公司浏阳支公司	13237485464	浏阳市集里邮电路 105 号
19	湖南德益保险代理有限公司浏阳分公司	18390988489	浏阳市集里街道办事处浏阳大道 77 号 4 楼 401 室
20	太平人寿保险有限公司浏阳支公司	83530999	湖南省长沙市浏阳市车站西路 89 号城市阳光 2 楼

序号	公司名称	联系电话	地址
21	中国太平洋财产保险股份有限公司浏阳支公司	83895500	浏阳市金沙北路与礼花路交叉处(湖南泰平置业有限公司内石化大厦楼上)
22	中国人寿财产保险股份有限公司浏阳支公司	82728681	湖南省长沙市浏阳市石霜路153号、155号、157号、159号1楼、2楼
23	泰康人寿保险股份有限公司浏阳支公司	83664468	浏阳市圭斋东路81号附2、3楼
24	紫金财产保险股份有限公司浏阳支公司	13808435678	浏阳市高新技术开发区博大中央广场A2栋402号
25	长沙精英保险代理有限责任公司浏阳分公司	13327318558	湖南省长沙市浏阳市大塘冲路35号
26	长安责任保险股份有限公司湖南省分公司浏阳支公司	83682858	浏阳市体育运动中心东大门1楼
27	阳光人寿保险股份有限公司浏阳支公司	83633115	浏阳市浏阳大道99号
28	中国人民财产保险股份有限公司浏阳支公司	83672555	浏阳市集里金沙北路279号
29	幸福人寿保险股份有限公司湖南省分公司浏阳支公司	13528490717	湖南省长沙市浏阳市孙隐路56号301室
30	亚太财产保险有限公司浏阳支公司	88961601	浏阳市大塘冲5号地块1号商住楼7-8号门面
31	永鑫保险销售服务有限公司浏阳永和营业部	18684970710	浏阳市永和镇菊香小镇B栋3-4号门面
32	华泰保险销售有限公司浏阳营业部	83839729	浏阳市淮川劳动北路体育中心12号门面
33	信达财产保险股份有限公司湖南分公司浏阳支公司	18874965555	浏阳市关口街道办事处浏阳大道471号
34	安邦财产保险股份有限公司浏阳市支公司	83689358	浏阳市劳动北路103号和105号楼
35	新华人寿保险股份有限公司湖南分公司浏阳营销服务部	83663090	浏阳市淮川办事处才常路93号3楼301室
36	天安财产保险股份有限公司长沙中心支公司浏阳营销服务部	89636656　84318800	湖南省长沙市浏阳市淮川办事处劳动北路173号
37	合众人寿保险股份有限公司湖南分公司浏阳营销服务部	13974996547	浏阳市淮川办事处新文路04号长鑫时代广场7楼
38	渤海财产保险股份有限公司湖南分公司浏阳营销服务部	8366002	浏阳市集里街道办事处禧和社区新桥组32号
39	农银人寿保险股份有限公司湖南分公司浏阳营销服务部	18974998488	浏阳市北正中路96号二楼
40	永诚财产保险股份有限公司湖南分公司浏阳支公司	83895552	浏阳市礼花路礼花城商贸大厦4楼
41	中英人寿保险有限公司湖南分公司浏阳营销服务部	88939516	湖南省长沙市浏阳市浏阳大道018号新天地商务会所四楼401

2016 年浏阳市乡镇、街道、园区主要指标

乡镇、街道名称	辖区面积（平方公里）	年末户籍总户数（户）	年末户籍总人口（人）	一般公共预算收入（万元）	地方一般公共预算收入（万元）	固定资产投资额（万元）	规模工业总产值（万元）	社会消费品零售总额（万元）
经开区	32	-	-	289416	133036	1563656	10011650	195542
高新区（永安镇）	112.1	19135	68026	72404	49680	1277534	3506315	58900
两型产业园	2.4	-	-	13271	11859	348049	562475	2466
淮川街道	6.3	22656	59304	27311	13793	61739	4090	761704
集里街道	153.8	18905	59967	55082	31270	349180	746537	805271
荷花街道	134	13836	48334	20718	10592	235060	453857	174628
关口街道	161.8	13508	52494	20383	8952	317440	756426	86897
古港镇	207.3	17487	64102	7072	2755	210000	606323	36600
高坪镇	257.4	10387	38484	4461	1554	63814	261505	10019
沿溪镇	119.6	8755	32705	6698	1926	267878	583494	21570
官渡镇	106.3	8677	31713	6625	1926	152438	260892	28400
永和镇	234.5	13021	39503	6123	2648	164964	197210	24769
达浒镇	185.6	7650	27915	2592	846	80732	162080	9140
大围山镇	401.7	8703	27415	1236	584	113080	49534	15038
张坊镇	319.3	9721	32501	1231	560	55016	20008	9000
小河乡	111.8	4743	15840	1523	480	35468	31686	1350
澄潭江镇	158.8	17363	66746	10051	2999	193410	547402	20168
中和镇	151.8	6383	24358	3331	953	45090	117917	11204
文家市镇	155.9	13958	55677	14306	3872	105298	383148	24440
大瑶镇	149.3	25216	94211	25310	15377	478930	745980	268753
金刚镇	79.8	15583	64350	6180	1680	91275	294418	19796
葛家镇	106.8	5898	21164	2734	839	94392	217535	2610
枨冲镇	186.3	12413	45617	7680	2671	120096	567406	20749
镇头镇	158.8	17021	58612	3562	1647	581923	269598	26400
普迹镇	176.5	12543	42546	1564	517	53421	147945	11043
官桥乡	87.9	7749	26759	1332	570	68244	91031	7320
柏加镇	50.3	7345	24549	1093	486	45965	-	10000
洞阳镇	80.5	12267	42620	4886	2286	180874	75002	50250
北盛镇	73.4	16779	60656	3512	1981	186907	121376	22311
沙市镇	209.7	19701	69599	3950	2387	230504	409671	18461
淳口镇	233.5	19435	68651	3210	1730	85703	124472	20088
蕉溪乡	87.4	8097	29749	1487	703	83800	78261	7915
龙伏镇	132	13522	47556	1333	837	171558	158446	15763
社港镇	174.7	13758	47583	2770	1514	81600	145891	14641

2016年全国省市及区、县（市）主要经济指标(一)

	地区生产总值（亿元）		第一产业增加值（亿元）		第二产业增加值（亿元）		工业增加值	规模工业增加值		第三产业增加值（亿元）		固定资产投资（亿元）	
	绝对额	增长速度（%）	绝对额	增长速度（%）	绝对额	增长速度（%）	增长速度（%）	绝对额	增长速度（%）	绝对额	增长速度（%）	绝对额	增长速度（%）
全　国	744127	6.7	63671	3.3	296236	6.1	6.0	—	6.0	384221	7.8	606466	7.9
湖南省	31244.7	7.9	3578.4	3.3	13181.0	6.6	6.6	—	6.9	14485.3	10.5	27685.5	13.8
长沙市	9323.7	9.4	371.0	3.0	4513.2	7.3	7.5	3253.0	7.9	4439.5	12.4	6693.3	13.9
芙蓉区	1159.8	10.4	0.1	-39.3	168.4	6.2	7.2	101.1	7.8	991.2	11.2	501.5	15.1
天心区	777.7	10.0	2.0	-26.0	252.6	6.0	6.0	117.5	6.6	523.1	12.2	609.5	15.5
岳麓区	912.2	9.8	20.0	-4.2	390.4	7.4	7.0	255.4	7.1	501.8	13.0	829.2	16.0
开福区	816.9	11.1	1.9	-38.2	137.7	6.1	6.1	44.5	6.6	677.4	12.5	710.3	15.1
雨花区	1618.4	4.7	6.9	-12.6	888.9	0.1	-1.0	748.9	-1.0	722.6	12.0	563.9	15.1
望城区	582.2	11.3	43.3	4.7	416.3	11.6	13.0	288.3	13.6	122.6	12.7	607.1	14.6
长沙县	1263.3	9.4	74.0	4.5	814.8	8.6	8.7	470.9	9.0	374.6	13.0	815.9	16.3
浏阳市	**1218.2**	**11.0**	**102.5**	**4.5**	**840.9**	**11.2**	11.8	**689.1**	**13.5**	**274.8**	**12.9**	**913.8**	**16.2**
宁乡县	1098.4	11.0	120.2	4.4	726.4	11.5	12.3	537.2	13.3	251.8	12.9	948.8	16.2

2016年全国省市及区、县（市）主要经济指标(二)

	一般公共预算收入（亿元）		地方一般公共预算收入（亿元）		社会消费品零售总额（亿元）		外商直接投资实际到位资金（亿美元）	实际到位省外境内资金（亿元）	城镇居民人均可支配收入（元）		农村居民人均可支配收入（元）	
	绝对额	增长速度（%）	绝对额	增长速度（%）	绝对额	增长速度（%）			绝对额	增长速度（%）	绝对额	增长速度（%）
	159552	4.5	—	—	332316	10.4	8132.0	—	33616	7.8	12363	8.2
	4252.1	6	2697.9	7.3	13436.5	11.7	128.5	4361.8	31284	8.5	11930	8.5
	1231.0	10.6	743.7	2.7	4117.4	11.6	48.14	784.6	43294	8.3	25448	7.8
	111.2	9.1	37.1	3.8	788.5	10.7	6.37	99.5	46382	8.6	—	—
	111.3	9.0	40.7	10.5	485.4	7.9	6.39	100.0	46561	8.0	—	—
	77.0	10.7	29.5	10.6	310.9	13.3	7.67	103.0	45911	8.5	—	—
	131.1	9.2	46.0	2.3	726.2	10.0	6.39	97.6	45719	8.3	—	—
	137.5	6.0	58.4	0.7	693.3	8.2	6.37	104.0	46435	8.2	—	—
	70.0	9.5	40.5	5.4	127.4	27.2	2.50	65.4	40179	8.3	27639	7.9
	166.0	20.1	73.3	-2.3	428.8	14.8	6.92	74.5	39765	8.5	27171	7.8
	95.5	**11.2**	**58.9**	**15.9**	**281.3**	**15.9**	**2.40**	**67.2**	**39641**	**8.2**	27182	7.9
	65.6	9.0	42.7	6.7	275.5	16.5	3.13	73.4	36714	8.2	23145	7.8

浏阳市全面建成小康社会统计监测结果

指标名称	单位	目标值（2020年）	权重	2016年	
				数值	实现程度
一、经济发展	-	-	45		85.7
1.人均地区生产总值(按2010年不变价)	元	≥110000	5	89044	80.9
2.人均财政总收入	元	≥12000	7	7280	60.7
3.税收占财政总收入的比重	%	≥85	7	77.5	91.2
4.结构指数	%	100	12		97.7
二、三产业增加值占GDP比重	%	≥96		91.6	95.4
高新技术产业增加值占GDP比重	%	≥30		30.2	100.0
文化产业增加值占GDP比重	%	≥8		17.9	100.0
5.城镇化率	%	≥65	4	60.9	93.7
6.园区规模工业增加值占规模工业增加值比重	%	≥90	5	61.8	68.7
7.金融机构各项贷款增长率	%	≥100	5	100.6	100.0
规模以上企业农产品加工产值与农业产值比	%		0	213	0
二、人民生活	-	-	19		93.5
8.居民收入水平	元		7		87.4
城镇居民人均可支配收入	元	≥50000		39641	79.3
农村居民人均可支配收入	元	≥25000		27182	100.0
9.人均住房使用面积	平方米	≥32	2	59.8	100.0
10.人均储蓄存款	元	≥32000	3	29550	92.3
11.居民文教娱乐服务消费支出占消费总支出	%	≥18	3	17.2	95.8
12.农村居民安全饮水比率	%	100	2	100.0	100.0
13.行政村客运班线通达率	%	≥98	2	100.0	100.0
三、社会发展	-	-	15		96.8
14.社会保障发展水平	%		4		100.0
基本医疗保险覆盖率	%	≥90		98.1	100.0
基本养老服务补贴覆盖率	%	≥50		79.2	100.0
15.教育发展水平	%		4		88.0
高中阶段毛入学率	%	≥95		90.8	95.6
平均受教育年限	年	≥11.5		9.3	80.5
16.医疗卫生水平	%		4		100.0
每千人拥有床位数	张	≥4		5.7	100.0
5岁以下儿童死亡率	‰	≤12		4.6	100.0
17.人均拥有公共文化体育设施面积	平方米	≥3	3	4.6	100.0
四、民主法治	-	-	9		96.3
18.城乡居民依法自治	%		2		100.0
城镇居委会依法自治达标率	%	≥90		100.0	100.0
农村村委会依法自治达标率	%	≥90		100.0	100.0
19.社会安全指数	%	100	7	95.3	95.3
刑事犯罪率				6.248	81.1
交通事故死亡率				0.2514	100.0
火灾事故死亡率				0.0000	100.0
亿元GDP生产安全事故死亡率				0.0107	100.0
群体性食品安全事故年报告发生数				1.0000	100.0
五、生态文明	-	-	12		100.0
20.单位GDP能耗	吨标煤/万元	≤0.62	3	0.405	100.0
21.环境质量指数	%		7		100.0
城镇污水处理率	%	≥75		85.5	100.0
空气质量达标率	%	≥95		96.2	100.0
地表水质达标率	%	100		100.0	100.0
22.绿化水平	%		2		100.0
森林资源蓄积量增长率	%	≥3		4.0	100.0
城镇建成区绿化覆盖率	%	≥26		33.5	100.0
全面建成小康社会总实现程度	-	-	100		91.5

浏阳市2016年度国民经济和社会发展统计资料

指　　　　标	计量单位	2016年	2015年	增长率(±%)
一、综合指标				
（一）人口和耕地				
1.总户数	户	422215	421163	0.2
2.总人口	人	1489306	1469104	1.4
男	人	761399	752310	1.2
女	人	727907	716794	1.6
总人口中：				
农业人口	人	706858	694908	1.7
非农业人口	人	782448	774196	1.1
市辖镇人口	人	1269207	1252440	1.3
街道属人口	人	220099	216664	1.6
3.年内出生人口	人	23918	24000	-0.3
4.年内死亡人口	人	12107	11300	7.1
5.自然增长人口	人	11811	12700	-7
6.年内迁入人口	人	4971	3912	27.1
7.年内迁出人口	人	4008	4624	-13.3
8.人口出生率	‰	15.96	16.14	-0.18
9.人口死亡率	‰	8.08	7.67	0.41
10.人口自然增长率	‰	7.89	8.47	-0.58
11.行政区划面积	平方公里	4997.35	4997.35	0
12.常住人口	万人	131.74	130.74	0.8
13.年末耕地面积	公顷	77310	77700	-0.5
其中：水田	公顷	68230	68670	-0.6
旱土	公顷	9040	8980	0.7
（二）生产总值（2015年不变价）	万元	12350859	11127590	11
第一产业	万元	976287	934015	4.5
第二产业	万元	8690559	7815822	11.2
工业	万元	7980518	7136614	11.8
建筑业	万元	735259	701760	4.8
第三产业	万元	2684013	2377752	12.9
交通运输、仓储和邮政业	万元	245744	237022	3.7
批发和零售业	万元	532723	515115	3.4
住宿和餐饮业	万元	253741	236194	7.4
金融保险业	万元	175285	152293	15.1
房地产业	万元	246595	229470	7.5
营利性服务业	万元	454496	352277	29
非营利性服务业	万元	723692	609969	18.6
（三）生产总值(现价)	万元	12182051	11127590	9.5
第一产业	万元	1025140	934015	9.8
第二产业	万元	8408829	7815822	7.6
工业	万元	7692733	7136614	7.8

浏阳市2016年度国民经济和社会发展统计资料

指　　标	计量单位	2016年	2015年	增长率(±%)
建筑业	万元	740406	701760	5.5
第三产业	万元	2748082	2377752	15.6
交通运输、仓储和邮政业	万元	248226	237022	4.7
批发和零售业	万元	537588	515115	4.4
住宿和餐饮业	万元	260641	236194	10.4
金融保险业	万元	177265	152293	16.4
房地产业	万元	252305	229470	10
营利性服务业	万元	462645	352277	31.3
非营利性服务业	万元	758473	609969	24.3
人均生产总值	元	92823	85432	8.7
产业结构：第一产业	%	8.4	8.4	0
第二产业	%	69	70.2	-1.2
第三产业	%	22.6	21.4	1.2
二、农业				
（一）农业总产值（绝对额用现价，增长率按可比价计算）	万元	1582706	1445571	4.8
1. 农业	万元	909052	845117	6
2. 林业	万元	179822	167286	7.5
3. 牧业	万元	408850	356390	-0.4
4. 渔业	万元	44863	42192	6.3
5. 农林牧渔服务业	万元	40120	34586	16
(二)农业增加值（绝对额用现价，增长率按可比价计算）	万元	1051768	956876	4.8
1. 农业	万元	687314	610469	5.7
2. 林业	万元	104476	95520	7.2
3. 牧业	万元	204548	201361	-0.4
4. 渔业	万元	28802	26665	6
5. 农林牧渔服务业	万元	26629	22861	16
（三）农作物总播种面积	公顷	189970	188550	0.8
1. 粮食作物	公顷	84650	84600	0.1
其中：稻谷	公顷	75890	75740	0.2
2. 油料	公顷	32200	32160	0.1
3. 棉花	公顷	100	100	0
4. 麻类	公顷	10	10	0
5. 甘蔗	公顷	110	100	10
6. 烟叶	公顷	4330	4330	0
7. 药材	公顷	2360	2350	0.4
8. 蔬菜	公顷	44140	42780	3.2
9. 瓜果类	公顷	4240	4100	3.4
10. 其他农作物	公顷	17830	18020	-1.1
（三）主要农产品产量				

浏阳市2016年度国民经济和社会发展统计资料

指　　　　标	计量单位	2016年	2015年	增长率(±%)
1.粮食总产量	吨	564690	572895	-1.4
其中：稻谷	吨	525629	533059	-1.4
2.棉花	吨	180	180	0
3.油菜籽	吨	47155	48510	-2.8
4.烤烟	吨	8300	8119	2.2
5.苎麻	吨	20	20	0
6.水果	吨	198059	195019	1.6
7.茶叶	吨	1615	1607	0.5
8.蔬菜	吨	1387333	1359995	2
9.药材（人工栽培）	吨	21418	21327	0.4
（四）畜牧水产				
耕牛年末存栏	头	43612	44526	-2.1
生猪年末存栏	头	797400	945700	-15.7
生猪年内出栏	头	1879200	1931100	-2.7
山羊年末存栏	只	429200	493200	-13
山羊年内出栏	只	708700	721100	-1.7
肉类总产量	吨	170079	174417	-2.5
水产品总产量	吨	26769	25770	3.9
其中：鲜鱼产量	吨	26158	25182	3.9
（五）林业生产				
造林面积	公顷	13053	18245	-28.5
苗木产量	万株	1130	1300	-13.1
森林抚育面积	公顷	5334	5333	0
主要林产品产量				
木材采伐量	万立方米	5.5	5.93	-7.3
楠竹采伐量	万根	180	127.69	41
油茶籽	吨	60000	67368	-10.9
板栗	吨	23870	33000	-27.7
（六）农业现代化建设				
1．农业机械总动力	千瓦	1559920	1532800	1.8
主要农业机械与设备				
拖拉机	台	13790	13434	2.6
	千瓦	297203	283796	4.7
农用排灌机械	台	24375	25419	-4.1
	千瓦	119411	124610	-4.2
联合收获机	台	2746	2610	5.2
	千瓦	126316	96026	31.5
耕整机	台	13422	13358	0.5
	千瓦	48961	48728	0.5
机耕（滚）船	艘	706	721	-2.1
	千瓦	11872	12124	-2.1

浏阳市2016年度国民经济和社会发展统计资料

指　　标	计量单位	2016年	2015年	增长率(±%)
水稻插秧机	台	473	428	10.5
	千瓦	2465	2161	14.1
渔业机械	台	360	336	7.1
	千瓦	1308	1321	-1
2. 农村用电量	万千瓦时	43232	39772	8.7
3. 农村化肥实物施用量	万吨	18.3	18.34	-0.2
氮肥	万吨	4.18	4.19	-0.2
磷肥	万吨	3.56	3.57	-0.3
钾肥	万吨	2.21	2.21	0
复合肥	万吨	8.36	8.37	-0.1
4. 农用塑料薄膜用量	吨	2253	2278	-1.1
其中：地膜	吨	1609	1613	-0.2
（七）农村劳动力构成				
1. 农村劳动力资源总数	万人	80.69	80.81	-0.1
2. 乡村从业人员数	万人	73.03	76.15	-4.1
农林牧渔业	万人	27.45	27.5	-0.2
工业	万人	24.7	24.68	0.1
建筑业	万人	6.18	6.19	-0.2
交通运输仓储邮电业	万人	2.85	2.82	1.1
信息传输、计算机服务和软件业	万人	1.24	1.22	1.6
批发、零售业	万人	5.85	5.83	0.3
住宿和餐饮业	万人	2.94	2.96	-0.7
其他	万人	4.82	4.95	-2.6
三、工业				
（一）工业总产值（现价）	万元	26890007	23666003	13.6
1.规模以上工业总产值	万元	22621807	19753403	13.9
2.规模以下工业总产值	万元	4268200	3912600	9.1
规模工业企业个数	个	837	825	1.5
（二）规模以上工业主要产业				
生物医药	万元	3569004	2783729	23.8
机械制造	万元	2882631	2223651	23.4
电子信息	万元	5289750	4698270	12.1
(三)园区规模工业总产值				
经开区	万元	10011650	8551985	15.6
高新区	万元	3506315	2910885	20.1
两型产业园	万元	562475	464162	15.5
（四）规模以上工业财务况				
1.存货	万元	657575	578325	13.7
2.资产总计	万元	6887905	5904549	16.7
3.负债合计	万元	2790454	2499933	11.6
4.营业收入	万元	21903626	19302133	13.5

浏阳市2016年度国民经济和社会发展统计资料

指　　　　标	计量单位	2016年	2015年	增长率(±%)
5.营业成本	万元	18867233	16340779	15.5
6.营业税收及附加	万元	466431	454251	2.7
7.管理费用	万元	672759	267827	151.2
8.利润总额	万元	1135824	1171840	-3.1
9.应交增值税	万元	701000	860419	-18.5
（五）高新技术企业个数	个	103	101	2
高新技术产品总产值	万元	12182100	9385606	29.8
高新技术产品增加值	万元	3674447	2878538	27.6
四、交通运输、邮电				
公路里程	公里	8646	6857	26.1
民用汽车拥有量	辆	189736	167563	13.2
公路客运量	万人次	4698	4428	6.1
公路客运周转量	万人公里	241906	236236	2.4
公路货运量	万吨	4064	3685	10.3
公路货运周转量	万吨公里	255648	231775	10.3
邮电业务总量	亿元	10.9	9.8	11.2
年末移动电话用户	户	1325000	1171000	13.2
互联网宽带接入用户	户	190000	173035	9.8
五、财政、金融				
（一）财政收入				
1.一般预算收入	万元	955392	859476	11.2
其中:上划收入	万元	366880	360944	1.6
地方一般预算收入	万元	588512	498532	18
2.土地出让金收入	万元	309334	260380	18.8
（二）财政支出	万元	950576	851019	11.7
其中：农林水事务支出	万元	151484	135835	11.5
科学技术支出	万元	10301	7023	46.7
医疗卫生支出	万元	81951	79063	3.7
教育支出	万元	201339	177318	13.5
（三）金融				
1.金融机构年末存款余额	万元	6378679	5271667	21
其中：住户存款余额	万元	3957329	3285343	20.5
2.金融部门年末贷款余额	万元	4720623	4293018	10
①短期贷款	万元	2032987	2014926	0.9
②中长期贷款	万元	2641894	2287064	15.5
六、内外贸易				
（一）社会消费品零售总额	万元	2813206	2427263	15.9
1.按销售地区分				
城镇	万元	2033595	1775635	14.5
乡村	万元	779611	651628	19.6
2.按行业分				

浏阳市2016年度国民经济和社会发展统计资料

指　　标	计量单位	2016年	2015年	增长率(±%)
①批发业	万元	200600	169754	18.2
②零售业	万元	2281950	1970168	15.8
③住宿业	万元	29341	24981	17.5
④餐饮业	万元	301315	262360	14.8
（二）进出口总额	万美元	157674	117416	34.3
其中:出口总额	万美元	122343	86995	40.6
进口总额	万美元	35331	30421	16.1
七、固定资产投资及房地产开发				
（一）固定资产投资额	万元	9138176	7864179	16.2
其中:工业投资	万元	5937211	5046934	17.6
工业技术改造投资	万元	2455386	2781484	-11.7
（二）房地产开发				
房地产完成投资	万元	261194	318194	-17.9
商品房销售面积	平方米	1203160	1026148	17.3
商品房销售额	万元	542337	464347	16.8
施工面积	平方米	5706751	4753576	20.1
其中：住宅	平方米	3414079	2852742	19.7
竣工面积	平方米	636060	417943	52.2
其中：住宅	平方米	411239	275808	49.1
八、单位从业人员和劳动报酬				
(一)单位数	个	659	802	-17.8
(二)从业人员期末人数	人	122267	142078	-13.9
其中:女性	人	54092	50552	7
非全日制	人	3715	2964	25.3
管理人员	人			
1.在岗职工	人	112883	133151	-15.2
2.劳务派遣人员	人	2794	2783	0.4
3.其他从业人员	人	6590	6144	7.3
(三)全部从业人员平均人数	人	121887	149961	-18.7
1.在岗职工平均人数	人	113151	141217	-19.9
2.劳务派遣人员平均人数	人	2758	2792	-1.2
3.其他从业人员平均人数	人	5978	5952	0.4
(四)从业人员工资总额	万元	698877	739974	-5.6
1.在岗职工工资总额	万元	660364	706221	-6.5
基本工资	万元	421581	396274	6.4
效工资	万元	124177	138198	-10.1
工资性津贴和补贴	万元	45691	51551	-11.4
其他工资	万元	68915	120198	-42.7
2.劳务派遣人员工资总额	万元	12259	8704	40.8
3.其他从业人员工资总额	万元	26254	25049	4.8
(五)从业人员平均工资	元	57338	49334	16.2

浏阳市2016年度国民经济和社会发展统计资料

指　　标	计量单位	2016年	2015年	增长率(±%)
1.在岗职工平均工资	元	58361	50010	16.7
2.劳务派遣人员平均工资	元	44449	31174	42.6
3.其他从业人员平均工资	元	43918	42085	4.4
(六)法定在岗职工平均工资	元	58361	50010	16.7
九、旅游、招商引资				
（一）旅游				
1.旅游直接收入	万元	2002000	1461700	37
2.接待游客人数	万人次	1925	1433.07	34.3
（二）招商引资				
1.全年引进项目	个	200	190	5.3
其中：过亿元项目	个	49	43	14
2.到位外资	万美元	23999	21250	12.9
3.省外境内到位资金	万元	671900	585700	14.7
4.完成长沙市外境内固投	万元	1210500	1063200	13.9
十、卫生事业				
（一）卫生机构数	个	50	50	持平
其中：医院数	个	42	42	持平
卫生防疫站	个	1	1	持平
妇幼保健院	个	1	1	持平
（二）卫生机构床位数	张	7568	7271	4.1
其中：医院床位数	张	7240	6764	7
妇保院床位数	张	507	507	0
（三）卫生工作人员数	人	9098	9071	0.3
卫生技术人员数	人	7259	7247	0.2
其中：中、西医师	人	3205	3115	2.9
护师、护士	人	2999	2867	4.6
其中：医生	人	3205	3115	2.9
（四）诊疗人次数	万人次	360	351	2.6
入院人数	人	358805	353880	1.4
出院人数	人	357852	353256	1.3
治愈率	%	60	60	0
病死率	%	0.03	0.04	-0.01
5岁以下儿童死亡率	‰	4.6	5.26	-0.66
婴儿死亡率	‰	3.18	2.99	0.19
产妇住院分娩率	%	100	99.99	0.01
十一、教育事业				
（一）各类学校数	所	364	364	持平
小　　学	所	296	296	持平
中　　学	所	64	64	持平
中等职校	所	3	3	持平

浏阳市2016年度国民经济和社会发展统计资料

指　　标	计量单位	2016年	2015年	增长率(±%)
特　　校	所	1	1	持平
（二）教职员工数	人	9260	9100	1.8
小　　学	人	3960	4105	-3.5
中　　学	人	4927	4752	3.7
中等职校	人	373	243	53.5
（三）在校学生数	人	175092	168843	3.7
小　　学	人	101171	99946	1.2
中　　学	人	65594	63775	2.9
中等职校	人	8115	4910	65.3
特　　校	人	212	212	0
（四）招生数	人	44205	43419	1.8
小　　学	人	17340	18200	-4.7
中　　学	人	23312	21784	7
中等职校	人	3480	3401	2.3
特　　校	人	73	34	114.7
（五）毕业生数	人	38830	34918	11.2
小　　学	人	15744	14136	11.4
中　　学	人	20895	19904	5
中等职校	人	2191	878	149.5
十二、文化、体育、广播、电视、电影				
（一）文化事业				
1. 文化馆站	个	38	38	持平
2. 艺术表演团体	个	1	1	持平
3. 艺术表演观众人次	万人次	26	25	4
4. 公共图书馆藏书数	万册	197	193	2.1
（二）体育事业				
1. 举办县以上运动会	次	6	45	-86.7
参加人数	万人次	3	2.5	20
2. 获国家级奖牌数	枚	-	11	-
金　牌	枚	-	4	-
银　牌	枚	-	3	-
铜　牌	枚	-	4	-
3. 获省市级奖牌数	枚	35	27	29.6
金　牌	枚	8	10	-20
银　牌	枚	12	8	50
铜　牌	枚	15	9	66.7
（三）广播、电视				

浏阳市2016年度国民经济和社会发展统计资料

指　　　　标	计量单位	2016年	2015年	增长率(±%)
1.电视台	个	1	1	持平
2.有线电视台	个	1	1	持平
3.广播电台	个	1	1	持平
4.电视人口覆盖率	%	98.5	98.1	0.4
5.广播人口覆盖率	%	98.8	98.6	0.2
6.有线电视入户数	万户	21.5	20.21	6.4
7.农村有线广播站	个	13	13	持平
十三、城市建设				
1.城镇化率	%	60.9	58.2	2.7
2.城镇建成区面积	平方公里	167	160	4.4
其中：主城区面积	平方公里	30	29	3.4
3.市内公共汽车营运路线	条	18	17	5.9
4.年末实有市内公共汽车	辆	83	99	-16.2
5.市内公共汽车全年客运量	万人次	1700	1600	6.3
6.年末实有出租汽车	辆	400	400	持平
十四、居民生活				
（一）城乡居民				
1.城乡居民人均可支配收入	元	33492	30877	8.5
2.城乡居民人均生活消费支出	元	20680	18759	10.2
(二)城镇居民				
1.城镇居民人均可支配收入	元	39641	36631	8.2
2.城镇居民人均生活消费支出	元	24676	22411	10.1
食品	元	6034	5011	20.4
衣着	元	1695	1513	12
居住	元	4860	4269	13.8
家庭设备和用品	元	1247	1093	14.1
医疗保健	元	846	1011	-16.3
交通通讯	元	5221	5185	0.7
文教娱乐	元	4360	3884	12.3
其他	元	415	446	-7
（三）农村居民				
1.农村居民人均可支配收入	元	27182	25191	7.9
2.农村居民人均生活消费支出	元	16580	15150	9.4
食品	元	3845	3729	3.1
衣着	元	958	965	-0.7
居住	元	2578	3119	-17.3
家庭设备和用品	元	723	949	-23.8
医疗保健	元	1056	1020	3.5
交通通讯	元	4516	2688	68
文教娱乐	元	2752	2194	25.4

浏阳市2016年度国民经济和社会发展统计资料

指　　标	计量单位	2016年	2015年	增长率(±%)
其他	元	153	485	-68.5
十五、社会保障				
城镇基本医疗保险参保人数	人	118950	118929	0.02
城镇基本养老保险参保人数	人	82000	70783	15.85
失业保险参保人数	人	75400	75251	0.2
城镇登记失业人数	人	2836	3977	-28.68
新型农村合作医疗参保人数	人	1247897	1285096	-2.89
新型农村合作医疗参保率	%	98.6	98.47	0.13
新型农村养老保险参保人数	人	842000	817809	2.96
各种社会福利收养性单位数	个	60	55	9.1
各种社会福利收养性单位床位数	床	7096	6792	4.5
城镇居民最低生活保障人数	人	7481	7960	-6
农村居民最低生活保障人数	人	48488	38151	27.1
十六、能源消耗、环境保护				
单位GDP能耗下降率	%	7.74	7.5	0.25
单位规模工业增加值能耗下降率	%	19.79	14.58	5.21
单位规模工业增加值取水量下降率	%	9.5	5.89	3.61
单位电耗下降率	%	2.59	4.66	-2.07
工业二氧化硫(SO_2)排放量	吨	4157	4291	-3.1
氮氧化物(NOX)排放量	吨	2191	2285	-4.1
烟(粉)尘排放量	吨	2013	2037	-1.2
工业烟尘排放达标率	%	94	94	0
工业废水排放达标率	%	92.5	93	-0.5
城镇生活污水处理率	%	91.3	83.3	8
城区空气质量优良天数	天	318	340	比上年增加3个监测参数,不可比。
十七、安全生产				
亿元GDP事故死亡率	人/亿元	0.008	0.012	-0.004
煤炭百万吨事故死亡率	人/百万吨	0	4.761	-4.761
交通事故死亡率	人/万人	0.25	0.28	-0.03

索　　引

说明

一、本索引把年鉴的条目(特载、大事记、人物、统计资料、附录、彩页除外)用主题分析方法,按汉语拼音字母顺序排列。

二、类目、专稿标题用黑体字表明。

三、索引名称后的阿拉伯数字表示内空所在的页码,拉丁字母(a、b、c)表示栏别(从左至右分 1、2、3 栏)。

图书在版编目（CIP）数据

浏阳年鉴. 2017 / 浏阳市市志档案局编. -- 北京：方志出版社，2017.10

ISBN 978-7-5144-2636-6

Ⅰ. ①浏… Ⅱ. ①浏… Ⅲ. ①浏阳市—2017—年鉴 Ⅳ. ①Z526.43

中国版本图书馆CIP数据核字（2017）第266400号

浏阳年鉴（2017）

编　　者：浏阳市市志档案局
责任编辑：齐　笑

出 版 人：冀祥德
出 版 者：方志出版社
地址　北京市朝阳区潘家园东里9号（国家方志馆4层）
邮编　100021
网址　http://www.fzph.0rg
发　　行：方志出版社图书经销中心
电话（010）67110500
经　　销：各地新华书店
印　　刷：长沙市精美彩色印刷有限公司

开　　本：889×1194　　1/16
印　　张：32
字　　数：1264千字
版　　次：2017年10月第1版　　2017年10月第1次印刷
印　　数：0001~1000册

ISBN　978-7-5144-2636-6　　定价：268.00元